Gottfried Voigt · Die himmlische Berufung

GOTTFRIED VOIGT

Die himmlische Berufung

Homiletische Auslegung der Predigttexte
Neue Folge: Reihe IV

VANDENHOECK & RUPRECHT
IN GÖTTINGEN

CIP-Kurztitelaufnahme der Deutschen Bibliothek

Voigt, Gottfried:
Homiletische Auslegung der Predigttexte /
Gottfried Voigt. –
Göttingen:
Vandenhoeck und Ruprecht
    Bis 1973 u.d.T.: Doerne, Martin: Homiletische
    Auslegung u. Doerne, Martin: Homiletische
    Auslegung der alten Evangelien
N.F.
N.F., Reihe 4. – Voigt, Gottfried: Die himmlische
Berufung

Voigt, Gottfried:

Die himmlische Berufung / Gottfried Voigt. –
Göttingen:
Vandenhoeck und Ruprecht, 1981.
    (Homiletische Auslegung der Predigttexte /
    Gottfried Voigt; N.F., Reihe 4)

ISBN 3–525–60249–9

Schutzumschlag: Karlgeorg Hoefer. 1. Auflage 1981. Lizenzausgabe der Evangelischen Verlagsanstalt GmbH. Berlin, © 1981. Printed in the German Democratic
Republic. Alle Rechte vorbehalten. Ohne ausdrückliche Genehmigung des Ver-
lages ist es nicht gestattet, das Buch oder Teile daraus auf foto- oder akusto-
mechanischem Wege zu vervielfältigen.

Vorwort

„Die himmlische Berufung" (Phil. 3,14; Hebr. 3,1) dürfte ein angemessener Ausdruck für das sein, was sich in jeder Predigt ereignen soll. Gott ruft heran, herbei, lädt ein. Er selbst ist der Rufende (Röm. 9,12). Die Christen sind „die κεκλημένοι schlechthin" (ThWNT III, S. 489). Ruf wird durch „Erwählung" erläutert (Röm. 11,28; 1. Kor. 1,27 – zu letzterem die Auslegung zum 1. S. n. Epiphanias). Jesus ruft in die Nachfolge. Der Ruf kommt von „oben" (Phil. 3,14) und ruft nach „oben" (Phil. 3,14.20); damit sind Ursprung und Ziel des Christseins bezeichnet. Gerade dies beides wird in den epistolischen Perikopen dieses Jahrgangs oft zur Sprache kommen.

In Zielsetzung, Anlage und Machart dieser „homiletischen Auslegungen" bin ich auf der bisher eingehaltenen Linie geblieben. Das Genus „homiletische Auslegung" – ich übernehme den Ausdruck von Martin Doerne – sieht seine Aufgabe als *begrenzt* an. Es gilt, den Text so zu *verstehen*, wie das für die *Predigt* erforderlich ist. Die Aufgabe des Verstehens wäre nicht erfüllt, wenn man sich etwa darauf beschränkte, herauszufinden, ob ein Ausdruck aus hellenistischen Mysterien oder aus jüdischer Gnosis kommt. Es muß möglichst deutlich werden, wovon geredet und wie diese Rede gemeint ist und was sie der glaubenden Gemeinde und den noch nicht glaubenden Menschen „draußen" zu sagen hat. Mehr wollen die Auslegungen nicht. Wie aus dem, was sich ergibt, *Predigt* wird, ist zwar oft angedeutet, aber nicht ausgeführt. Ich wiederhole früher Gesagtes: es bedarf in jedem Falle noch einer Umsetzung, die dem Prediger nicht abgenommen werden kann noch soll. Auf „Predigteinfälle" war ich nicht aus; mir kam es zuerst aufs Hören an.

Die angebotenen Gliederungen sind zumeist mehr für den Gebrauch in der Werkstatt des Predigers geeignet als für den auf der Kanzel. Daß die Felder übersichtlich abgesteckt werden, ist fürs Verstehen wichtig und dient besonders auch der Rechenschaft über das gewonnene Verständnis. Für die Kanzel müßte manches gemeindewirksamer formuliert sein. Auf keinen Fall soll sich der Benutzer des Buches darin bevormundet fühlen.

Den vielen, die mir ihre aus den Auslegungen entstandene innere Verbundenheit bezeugt haben, danke ich herzlich. Ich bitte um Verständnis und Nachsicht, wenn ich mich auf den in dieser Form erstatteten Dank beschränken muß.

Leipzig, im Juni 1980   G. V.

Abkürzungsverzeichnis

A.	Anmerkung
a.a.O.	am aufgeführten Ort
Adv. haer.	(Irenaeus,) Adversus haereses
Ant.	(Josephus,) Antiquitates
App.	Apparat
AT	Altes Testament
atl.	alttestamentlich
Ausl.	Auslegung
Bkm.	Günther Bornkamm
Bl.-Debr.	Blass-Debrunner, Grammatik des neutestamentlichen Griechisch
Bltm.	Rudolf Bultmann
CA	Confessio Augustana
Cl.	Otto Clemen, Luthers Werke in Auswahl, Bonner Ausgabe
Clem.	Clemensbrief
Czlm.	Hans Conzelmann
De praescr. haer.	(Tertullian,) De praescriptione haereticorum
Dib.	Martin Dibelius
ebd.	ebenda
EKG	Evangelisches Kirchengesangbuch
Ep	(Martin Doerne,) Die Alten Episteln
EPM	Evangelische Predigtmeditationen
EvTh	Evangelische Theologie
EVuB	(Ernst Käsemann,) Exegetische Versuche und Besinnungen
FC	Formula Concordiae
Gen. obj.	Genitivus objectivus
Gen. part.	Genitivus partitivus
Ges. Aufs.	Gesammelte Aufsätze
Ges. Stud.	(Gerhard von Rad,) Gesammelte Studien zum Alten Testament
Ges. Stud. z. NT	(Herbert Braun,) Gesammelte Studien zum Neuen Testament und seiner Umwelt
GPM	Göttinger Predigtmeditationen
Hist. nat.	(Plinius,) Naturalis historia
HNT	(Lietzmann,) Handbuch zum Neuen Testament
Hs, Hss	Handschrift(en)
Jer.	Joachim Jeremias
KD	(Karl Barth,) Kirchliche Dogmatik
Komm.	Kommentar
Ksm.	Ernst Käsemann
LA	Lesart
LXX	Septuaginta

MA	Borcherdt-Merz, Martin Luther, Ausgewählte Werke, Münchener Ausgabe
Mg.	(Ignatius,) Brief an die Magnesier
MT	Masoretischer Text
Nic.	Nicaenum
NT	Neues Testament
NTD	Das Neue Testament Deutsch
Ntl. Theol.	(Joachim Jeremias,) Neutestamentliche Theologie 1
OP	Ordnung der Predigttexte 1958
Pred.Med.	Predigt-Meditationen
PTO	Predigttext-Ordnung 1978
1 Q	Qumran Höhle 1
QH	Qumran Hodajoth
QM	Qumran Kriegsrolle
QS	Qumran Sektenrolle (Gemeindeordnung)
RGG	Die Religion in Geschichte und Gegenwart, 3. Aufl.
Schnbg.	Rudolf Schnackenburg
Schnwd.	Julius Schniewind
S.Luk.	Sondergut des Lukas
Str.-B.	Strack-Billerbeck, Kommentar zum Neuen Testament aus Talmud und Midrasch
Tr.	(Ignatius,) Brief an die Trallianer
Tritjs.	Tritojesaja
ThAt	Theologie des Alten Testaments
ThLZ	Theologische Literaturzeitung
ThNT	Theologie des Neuen Testaments
ThWNT	Theologisches Wörterbuch zum Neuen Testament
Umwelt	(J. Leipoldt/W. Grundmann,) Umwelt des Urchristentums
V., VV.	Vers(e)
Vf.	Verfasser
Vg.	Vulgata
WA	Luthers Werke, Weimarer Ausgabe
WB	(W. Bauer,) Wörterbuch zum Neuen Testament
ZdZ	Zeichen der Zeit
ZNW	Zeitschrift für Neutestamentliche Wissenschaft
Zshg.	Zusammenhang
z.St.	zur Stelle

1. Sonntag im Advent. Offb. 5,1–5(6–14)

Die Szene ist dieselbe wie in Kap. 4, wo der himmlische Raum mit seinen Inhalten beschrieben ist; das einzige Geschehnis ist dort die in liturgischen Formen vor sich gehende Huldigung der himmlischen Wesen und der Presbyter. Jetzt, in Kap. 5, kommt mehr Bewegung in das Bild. Lohmeyer weist auf die kunstvolle Gliederung des Kapitels. Das Hervortreten der Person des Sehers in der 1. Pers.Sing. (VV. 1.2.4.6.11.12 – meist analog dem Imperf.cons. des Hebräischen) markiert die Abschnitte; nur auf dem Höhepunkt (V. 8) schweigt das Ich, dafür wird der neue Absatz durch Wiederholung des Verbums gekennzeichnet: εἴληφεν – ἔλαβεν. So ergeben sich sieben Strophen zu je sieben Zeilen (Lohmeyer).
V. 1: Der auf dem Thron Sitzende wie 4,2 (dort ἐπί mit Akk.), auf seiner Rechten (wieder ἐπί mit Akk., vgl. 20,1 – Spracheigentümlichkeit des Vf.) ein Buch (in Rollenform), innen und außen (Textabweichungen im Apparat) beschrieben (wie Hes. 2,9f.). (Die Innenschrift ist nicht sichtbar; aber man beschreibt die Außenseite natürlich nur dann, wenn die Innenseite schon voll ist.) Die zweiseitige Beschriftung deutet auf „die unabsehbare Fülle der Ereignisse" (ThWNT I, S. 617). Zehnfache Versiegelung (gehört das „außen" etwa hierzu?) bei römischen Testamenten üblich, wie erhaltene Originale beweisen; zu denken ist an die Unabänderlichkeit der göttlichen Willenskundgabe. – V. 2: Was die darbietende, ausbietende Gebärde Gottes aussagt, verbalisiert die laute Stimme des Engels. Das Wort ἄξιος meint „eigentlich ‚den anderen Waagebalken heraufführend', ihn ins Gleichgewicht bringend = gleichwertig" (ThWNT I, S. 378); die Wiedergabe „imstande" (ebd.,S. 379) ist zu blaß; wir würden vielleicht sagen „kompetent"; es handelt sich wohl um ein Wort aus der Sprache des Kaiserkultes. Die Siegel eröffnen bedeutet: „den Willen des Testators vollstrecken und den Eintritt der Ereignisse wirklich herbeiführen" (ebd.,S. 618). – V. 3: Die geschaffene Welt ist dreistöckig gedacht (wie Exod. 20,4; Phil. 2,10). Keines der kreatürlichen Wesen ist qualifiziert, Gottes Pläne zu kennen und zu verwirklichen. – V. 4: Daß Sinn und Gang der Geschichte verschlossen sind, läßt den Seher wie im Alptraum weinen. – V. 5: Da der irdische Gottesdienst (Älteste umgeben [halb]kreisartig die Kathedra des Bischofs, vgl. Ign. Mg. 13,1; Tr. 12,2 u.ö.) dem himmlischen entspricht, sind die Presbyter liturgische Funktionsträger (4,10; 5,8–10; 11,17f.; 19,4), jedenfalls nicht „erlöste oder verklärte Menschenwesen" (ThWNT VI, S. 668). Die Zahl 24 mag aus astralreligiösen Vorstellungen der Umwelt kommen, eher noch von den 24 Klassen der Priester und Leviten (1. Chron. 24,5ff.; 25,1ff.). „Siehe!" – Hebraismus. νιχᾶν ist ein Vorzugswort der johanneischen Schriften; der „Sieg" besteht nach 3,21 in der sessio ad dextram Dei (vgl. 7,17: in der Mitte des Thrones), wobei freilich an die „Erhöhung" im Doppelsinn zu denken ist (Joh. 3,14; 12,32 u.ö.); das Kreuz ist eingeschlossen (V. 6). Der Löwe aus dem Stamm Juda: vgl. Gen. 49,9; die Wurzel Davids: vgl. Jes. 11,1.10.
Die VV. 6ff. zeigen das „Lamm". Der die Siegel des Buches aufbricht, also die Geschichte Gottes mit der Welt realisiert, ist kein anderer als der Gekreuzigte. Dieser entscheidende Gedanke darf nicht untergehen; es empfiehlt sich also, die in ( ) stehenden Verse nicht beiseite zu lassen! – V. 6: Betontes „inmitten": der Blick soll sich auf das Lamm richten (in Apk. 28 mal ἀρνίον, so auch Joh. 21,15; Joh. 1,29.36 heißt es ἀμνός). „Wie geschlachtet" deutet auf das Kreuz, die „sieben Hörner" auf die Allmacht, die „sieben Augen" auf die Allerkenntnis. – V. 7: εἴληφεν ist aoristisch gebrauchtes Perfekt. – V. 8: Die Huldigung in den liturgischen Formen der Urkirche. Daß „ein jeder" zugleich die Harfe schlägt und räuchert, sollte man dem Apokalyptiker nicht zu schwer ankreiden. Die Himmlischen bringen die Gebete der Gemeinde vor Gott. – V. 9: Die Hymnen der Apk. dürften liturgisches Gut der kleinasiatischen Gemeinden sein. Zum theol. Sinn s.u. – V. 13: Der ganze Kosmos ist an der himmlischen Liturgie beteiligt. Vgl. V. 3!

Was sich beim Einzug Jesu in Jerusalem in kleinem Maßstab ereignet hat, vollzieht
sich hier in kosmischer, mehr noch: in Himmel und Erde umgreifender Weite, wobei
mit „Himmel" der „Raum" Gottes und der der unsichtbaren Kreaturen gemeint ist,
mit „Erde" zugleich das, was unseren Planeten umgibt (V. 13). Der Huldigungsruf der
wenigen, die in den Passatagen kurz vor der Kreuzigung in Jesus den Messias entdeck-
ten und dies in ihrer Akklamation zum Ausdruck brachten, hat sich inzwischen ver-
vielfacht und schwillt im Verlauf der hier beschriebenen Szene stufenartig an. Der drei-
mal-heilige Gott ist nicht nur der, der „war" und „ist" (Jes. 6,3 mit Exod. 3,14 verbunden), sondern auch *„der Kommende"* (4,8, vgl. 1.4.8). Konnte man in Matth. 21,9 bei
dem „Kommenden" noch ganz schlicht an einen unter den zahllosen Jerusalempilgern
denken: hier ist der Kommende der Christus, der A ist und O (1,8), der Erstgeborene
von den Toten und Herr über die Könige auf Erden (1,8), der in seiner Parusie „mit
den Wolken kommt" (1,7; Dan. 7,13), also der erwartete Menschensohn. Der Apokalyptiker sieht, wie dem Herrn, indem er das Buch aus Gottes Hand empfängt, die
Schlüsselstellung in Gottes Welt bereits gegeben ist, und er weiß, was alles noch geschehen muß (1,1), bis Christus auch vor seinen Feinden in dieser unvergleichlichen Stellung als Träger der Herrschaft Gottes sichtbar wird (1,7, vgl. Joh. 19,37 – beide Male
nach dem Urtext).
Die Apokalypse enthält das Programm Gottes zwischen Jesu Erhöhung und Parusie.
Aber man muß klar sehen, daß dieses Programm nicht beziehungslos – wie die Fabel
eines Zukunftsromans – aufs Papier gebracht oder gar in die Luft konstruiert ist. Was
hier „gezeigt" wird (1,1), ist der kleinasiatischen bzw. – Siebenzahl! – der *ganzen*
Kirche gesagt, die durch Domitian (81–96) unter Druck gesetzt, durch seinen Anspruch
auf göttliche Würde herausgefordert und ins Zeugnis der Leiden geführt ist. Hier vollzieht sich härteste Auseinandersetzung des Glaubens mit der sich göttlich verstehenden
christusfeindlichen „Welt", wobei die durch den Kaiserkult und Domitians imperiale
Anmaßung geschaffene Lage nicht bloß zeitgeschichtlich, sondern grundsätzlich zu
sehen ist. Hier zeigt sich „die Wesensgestalt des Weltreiches schlechthin", „die Wesensgestalt des antichristlichen Herrschers" (L.Goppelt, ThNT 2, Berlin 1978, S. 513). „Was
geschehen muß", interessiert also nicht um der Neugier willen, die gerne wissen
möchte, wie es mit uns und der Welt wohl weitergehen wird. Hier wird im Bekenntnis
zu Christus das erste Gebot durchgestanden. Hier fallen Entscheidungen. Die Apokalypse ruft zu dem Kommenden. Wer zu ihm gehört, hat an seiner Zukunft teil.
Wie stark jeweils gerade *die* Gemeinde angesprochen ist, die das hier Aufgeschriebene
liest oder hört (1,3), wird daran deutlich, daß die gesamte Apokalypse ein Buch vom
christlichen *Gottesdienst* ist. Gottesdienst – weltferne und darum windgeschützte Erbau-
lichkeit? Keineswegs – mit Domitian und seinen Anmaßungen stehen die Fragen auf
der Tagesordnung, die damals die junge Christenheit aufs tiefste beunruhigten und her-
ausforderten. Also: Gottesdienst – ein weltliches Geschehen? Keineswegs, wenn an eine
Weltlichkeit gedacht wäre, die gegen den Himmel und das Eschaton verschlossen und
abgeriegelt ist und es nur noch mit Tagesfragen oder – auf weite Sicht – mit der Zukunft dessen zu tun hat, was doch sterben muß. Gottesdienst vollzieht sich nach der
Apokalypse (und auch sonst nach biblischer Sicht) zugleich im Himmel und auf Erden.
Davon wird noch zu reden sein. Wer hier hermeneutisches Herzdrücken hat, dem sei
sofort gesagt, daß mit „Himmel" und „Erde" nicht zwei gleichartige Wirklichkeiten zu
einem homogenen Ganzen summiert werden sollen. Der „Raum" Gottes ist kein abge-
teilter Bezirk im natürlichen Kosmos. Die Wirklichkeit Gottes und dessen, was ihn
„umgibt" (wir können nur unangemessen-räumlich denken), ist so anders, daß sie in
das Unsere nicht eingeordnet werden kann. Aber wenn der qualitative Unterschied be-

dacht ist, dann hat es Sinn, von himmlischer „Wirklichkeit" zu sprechen, also auch vom himmlischen und irdischen Gottesdienst.

Nach Goppelt, der in 5,8–10 mit Recht „den zentralsten Satz der Offenbarung" sieht, lautet deren Thema „Christus und die Geschichte" oder „die endgeschichtliche Heilsoffenbarung und die Geschichte" (a.a.O., S. 518, ähnlich S. 513; S. 514). Wir könnten für die Predigt formulieren: *Die Zukunft der Welt – in Jesu Hand. Alles bestimmt* (1) *der Eine,* (2) *der Geopferte,* (3) *der Gepriesene.*

I.

Geschichte, wie sie hier gesehen wird, ist das Geschehen zwischen Gott und seiner Welt. Wie es zwischen Gott und seiner Kreatur (4,11) steht, das ist überhaupt *das* Thema der Geschichte. Keine Frage: hier wird in anderen Relationen gedacht als in einer bewußt nicht-theologischen Sicht der Welt, die an ihrem Ort selbstverständlich ihr Recht hat. Man träfe freilich das in der Apokalypse Gemeinte nicht, wenn man die Gott-Kreatur-Relation immer nur in dem übergeschichtlichen Lot sähe, das auf die Geschichte mit ihrer horizontalen Erstreckung gefällt würde. Die Gottesbeziehung wirkt sich auf den irdischen Verlauf der Dinge aus, wie man von Kap. 6 an immer wieder – mit Schrecken und Freude – wahrnimmt. Von, durch und zu Gott sind alle Dinge, würde Paulus sagen (Röm. 11,36). Gott bestimmt den Lauf der Geschichte. Ja, er hat ihn schon vorausbestimmt: dies der Inhalt des Buches. Das apokalyptische Motiv der Versiegelung (Dan. 12,9) ist aufgenommen und zugleich – aus dem eschatologischen Zeitbewußtsein heraus – verwandelt: in der Christuszeit wird nicht nur das Buch des Apokalyptikers entsiegelt, sondern Gottes eigenes Weltprogramm wird, Schritt für Schritt, „entsiegelt", indem es – verwirklicht wird. So erfahren wir, „was in Kürze geschehen soll" (1,1).

Die Aufwertung der Apokalyptik im theologischen Denken (es sei an Käsemanns Aufsatz in EVuB II, S. 105ff. erinnert) korrespondiert der Situation der Menschheit, die auch in unserem Jahrhundert das „apokalyptische Wetterleuchten" erfahren hat. Wohin treibt es mit unserer Welt – und welche Verantwortung erwächst uns aus ihren Problemen und Gefährdungen? Die Predigt der Kirche wird, gerade wenn es um ihre prophetische Dimension geht, die Grenzen ihrer Vollmacht und Zuständigkeit zu sehen haben. Wir haben, als Gott das „Buch" schrieb, ihm nicht über die Schulter gesehen. Das Buch ist versiegelt, siebenfach. Der Gott der Geschichte ist für uns zunächst der Deus absconditus. Also haben wir nicht den Schlüssel zum Sinn des Geschehens – weder im Schicksal des einzelnen Menschen noch in dem der Völker und der Menschheit im Ganzen. Gott und sein Wirken können nicht rational bewältigt werden. Wir haben uns zu bescheiden.

Man kann sich über die Unerkennbarkeit des göttlichen Weltplans freuen, denn mit ihr ist – für uns jedenfalls – auch die Offenheit unseres Daseins für geschichtlich-personales Leben begründet. Wäre alles erkanntermaßen determiniert wie in dem Laplaceschen Denkmodell – die ganze Welt bis in alle Details für jeden beliebigen Augenblick des Weltgeschehens berechenbar –: wir hätten keinen Raum der Freiheit. – Aber das Nichtwissen um das Wohin kann auch bedrücken. Dann etwa, wenn man sich in der Lage der Gemeinden Kleinasiens in den letzten Jahren Domitians befindet. Das Verhältnis Kirche – Welt ist in eine dramatische Phase getreten. Johannes selbst ist um des Wortes Gottes und um des Jesuszeugnisses willen auf die römische Sträflingsinsel Patmos verbannt (1,9). Schon hat es einen Blutzeugen gegeben, Antipas (2,13). Die Christenheit befindet sich in der „Bedrängnis" (1,9; 2,9f.22; 7,14). Christen haben sich auf Gefangenschaft gefaßt zu machen; vielleicht, daß sie ihre Treue „bis an den Tod" bewähren müssen (2,10). Der Glaube der Christenheit hat im Staat – also auch im römischen Staat – Gottes gute Ordnung gesehen. Woher auf einmal der Konflikt? Schon Caesar hatte sich „göttlich" nennen lassen. Oktavian galt als Sproß der Venus und wurde Augustus genannt, d.h.: „der Anbetungswürdige". Caligula ließ sich gern mit goldenen Zacken im Haar sehen: man sollte daran erkennen, daß er Gott in Menschengestalt war. Domitian war der erste, der sich in Rom offiziell „Gott der Herr" nennen ließ, „Gott und Heiland in Ewigkeit". Seine Erlasse – von ihm selbst diktiert – leitete er so ein: „Der Herr unser Gott befiehlt". In Ephesus wurde ein Kaisertempel errichtet mit einem Kultbild in vierfacher Lebensgröße. Vor dem Kaiserbild fiel man nieder, streute man Weihrauch. Aus dem Staat von Röm. 13, der göttlichen Ordnungsmacht, war das „Tier" von Apk. 13 geworden. Der Kaiser hatte sich an die Stelle Gottes gesetzt. Für die Christen war damit der Konflikt unausweichlich geworden: „Du sollst keine anderen Götter haben neben mir." Wir Nachgeborenen verfolgen den langen Weg der Märtyrerkirche. Der Apokalyptiker steht an dessen Anfang, aber er hat die Unvermeidbarkeit dieser Auseinandersetzung begriffen.

Wer erkennt und – was noch wichtiger ist – vollzieht den in dem Buche aufgezeichneten Plan Gottes mit seiner Welt? Wichtig schon, daß es diesen Plan *gibt*. Der Apokalyptiker sieht die testamentarische Urkunde, verschlossen noch und versiegelt, auf der Hand des thronenden Gottes. Die Welt- und Kirchengeschichte läuft (oder schlittert) nicht ins Ungewisse. Gott hat, was er vorhat, schriftlich niedergelegt. Die Geschichte wird nach seinem Ratschluß und Willen verlaufen. Nur: wer vollzieht, was Gott vorhat? Die Frage, die der Engel „mit großer Stimme" ausruft, kann nicht lauten: Wer hat Lust?, sondern: Wer ist *würdig?* Das Wort findet sich VV. 2.4.9.12 – an den letzten beiden Stellen in der liturgischen Formel (so auch 4,11). „Er ist würdig" oder „Du bist würdig", sagen die Hofdichter von Domitian. Der Apokalyptiker braucht das Stichwort nur aufzunehmen, und jeder weiß, welche Urfrage sich hier stellt: Gott oder Götze? Der wirkliche Herr und Gott oder der falsche, angemaßte? Der, der alle Dinge geschaffen hat (4,11), oder das sich selbst zur Göttlichkeit hinaufsteigernde Geschöpf? Domitian hätte seine „Kompetenz" sehr schnell mit einem „Hier!" behauptet, aber er hätte die Buchrolle nicht aus Gottes Hand entgegengenommen. So, wie die Frage gestellt und gemeint ist, wie sie angesichts des das Buch hinhaltenden Gottes auch allein verstanden werden kann, kann kein Geschöpf sie mit „Ich" beantworten. Betretenes Schweigen in allen Stockwerken der kreatürlichen Welt. Der Apokalyptiker empfindet es als quälend, er muß weinen.

Das große kosmische Schweigen ist ein *wissendes* Schweigen. Man könnte auch so sagen: Wenn es viele gäbe, die darin kein Problem fänden, die Buchrolle aufzubrechen, und wenn es auf die Frage des Engels geradezu ein Gedränge gäbe: zum göttlichen Weltregiment und zum Vollstrecker des verbrieften Willens Gottes „hat" eben tatsächlich keiner „das Zeug" (auch dies ein Versuch, ἄξιος wiederzugeben). Wirklich in Gottes Namen handeln kann keiner von uns. Das große Schweigen ist nur der akustische Hintergrund für die große christologische Aussage. Zur Errichtung der Herrschaft Gottes kompetent ist nur Jesus Christus. Herrschaft *Gottes* ist eben Herrschaft des *Christus*. Das Wort vom Löwen – ursprünglich auf den Stamm Juda bezogen, dem das bleibende Königtum zugesagt ist, „bis daß" der Messias kommt (Gen. 49,9f.) – nimmt alttestamentliche messianische Hoffnung auf und wendet sie auf Jesus an (auch das Spätjudentum hat die Stelle auf den Messias gedeutet, ThWNT IV, S. 258). Messianisch auch der Hinweis auf „die Wurzel Davids" (Jes. 11,1). – Ein ungleicher Kampf zwischen der „Welt", die ihn nicht aufnahm (Joh. 1,11), und dem machtlosen, verachteten Jesus! Aber er hat „gesiegt" (V. 5), sich als der Stärkere und Überlegene erwiesen, denn er wurde von den Toten auferweckt (1,5.18). Wieder könnte man sagen: ein ungleicher Kampf – jetzt nur mit umgekehrten

Positionen. Gott hat zu Jesus, indem er ihn auferweckte, das nicht mehr in Frage zu stellende, mehr noch: das nie wieder rückgängig zu machende Ja gesprochen; darin besteht das νικᾶν. Die Zukunft der Welt liegt in Jesu Hand, weil er der Eine, der Konkurrenzlose, der Unvergleichliche ist. Nicht eine Größe dieser Welt, die sich, wie Domitian, in anmaßender Weise nach vorn spielt; nicht einer aus dem Bereich des Relativen, der sich selbst eigenmächtig verabsolutiert. Durch sein Sterben und Auferstehen hat Jesus die Position gewonnen, die ihn allen anderen Größen gegenüber zum Überlegenen macht: Gott steht zu ihm, wirkt in ihm, hat alles, was er selbst tut, zur Ausführung in seine Hände gegeben. Jesu Werk ist Gottes Werk (Joh. 5,17.19.30.36; 6,37; 16,15). Darin ist Jesus „der Eine", der „würdig" ist, die Geschichte Gottes mit seiner Welt – und die ist ja der Inhalt des versiegelten Buches –zu realisieren. Die bedrängte, bedrohte, verschreckte Gemeinde in ihrer „Trübsal" (1,9; 2,9f.; 7,14) hat allen Grund, zuversichtlich zu sein. Zu wem Gott ja sagt, der ist unter allen Umständen der Gewinner. Der Lauf der Dinge ist in Jesu Händen.

2.

Dieser Eine aber wird in der Szene sichtbar als *der Geopferte*. Eben noch: Löwe. Jetzt: Lamm. Was von diesen beiden ist nun richtig?
Ein wenig Bereitschaft, sich die uns fremde Denk- und Sprechweise der Bibel gefallen zu lassen und sich in sie hineinzufinden, wird man aufbringen und der Gemeinde abverlangen müssen. (Es ist aus mehr als einem Grunde nicht gut, wenn wir in falscher – vermeintlich missionarisch-pädagogischer – Akkommodation im Denken, in der Vorstellungswelt, im Sprachgebrauch usw. immer nur bei uns selbst bleiben und uns zum Maß aller Dinge machen.) Das bedeutet nicht, daß man die Geschmacklosigkeiten einer süßlichen „Lämmlein"-Poesie hinnehmen müßte. Wir übersehen auch nicht, daß die visionäre Schau des Lammes – ähnlich wie in nicht-gegenständlicher, expressionistischer Kunst – die Lammvorstellung stark variiert und umschmilzt. Sieben Hörner: Ausdruck der Kraft. Sieben Augen: Merkmale des Wahrnehmens und Erkennens. Sieben – die Zahl der Ganzheit; also: All-Kraft, All-Erkenntnis. In 6,16 kann man lesen: Lieber von Bergen und Felsen begraben als dem „Zorn des Lammes" ausgesetzt! Von sentimentaler Verspieltheit ist da nichts mehr. – Aber neben den Hörnern und Augen: die Schächtwunde. „Ich sah . . . ein Lamm – wie geschlachtet." Man denkt an Jes. 53,7; im Zusammenhang der Johannes-Schriften (mit denen die Apokalypse, trotz des spürbaren Unterschiedes im literarischen Genus, so vieles gemeinsam hat) an Joh. 1,29.36. Wohlgemerkt: wir finden das Lamm im himmlischen Raum, mitten zwischen dem Thron und den vier Wesen und mitten unter den himmlischen Ältesten – nicht mehr im Weltgetümmel, nicht mehr dem Haß der Widersacher preisgegeben, nicht mehr tot, sondern auferweckt (1,18), der „Sieger" (V. 5). Aber eben dies alles als der Geopferte – und *darum* angeschaut als Lamm. Dem Geopferten wird mit dem Buch die Vollzugsgewalt über die Geschichte zwischen Auferstehung und Parusie in die Hand gegeben. V. 9 ist für das Verständnis der Apokalypse entscheidend (Goppelt, a.a.O., S. 513.518). Das Reich Gottes (1,9; 11,15; 12,10; 19,6), also die Durchsetzung der Herrschaft Gottes über seine abtrünnig gewordene Welt verwirklicht sich durch den Gekreuzigten. Ein seltsames Gegenüber: da Domitian – hier der am Kreuz Geopferte. Sehr ungleiche Erfolgschancen: da Macht und Pracht – hier der „Erwürgte", der Geschlachtete. Gott betreibt seine Sache „im Widerspiel", wie Luther sagen würde, in tiefster Selbstverhüllung, unter dem Anschein des Gegenteils.
Schon daran wird deutlich, daß wir viel zu kurz gegriffen hätten, wenn wir das Weltregiment des „Lammes" lediglich von der Kampfesweise der Gewaltlosigkeit her erläuterten.

Es geht um etwas viel Tieferes. Christus unterwirft sich die Menschen nicht; er gewinnt sie durch sein priesterliches Eintreten für sie im Opfertod. Daß der in Jerusalem Einziehende (Matth. 21) auf dem Weg zum Kreuz ist, ist keine biographische Zufälligkeit. Der römische Kaiser bezwingt die Völker mit Gewalt. Jesus gewinnt sie mit Liebe und Hingabe. Deutlicher: Domitian macht aus freien Menschen Unterworfene. Jesus befreit die an die Macht des Bösen Versklavten, indem er ihr Schuldkonto zu seinem eigenen macht. Mit einer neuen Befehlsgewalt, mit neuen Gesetzen und Vorschriften wäre solchen, die vor Gott verspielt haben, nicht zu helfen. Jesus begründet durch sein Opfer die neue Gemeinschaft zwischen Gott und den Verlorenen. Indem Gott Christus das Weltregiment übergibt, begegnet er dem Aufruhr der Menschheit – also *unserer* Auflehnung – damit, daß er bedingungslos *für* uns ist. So wahr die Apokalypse von Gottes richtendem Handeln in der Weltgeschichte und an ihrem Ende spricht: seine Absicht geht allein darauf, uns vor und aus dem Gericht zu *retten*. Aus der Unheilsgeschichte wird gewissermaßen durch „Subtraktion" *Heils*geschichte. „Wie viele ihn aber aufnahmen, ..." (Joh. 1,12); „wer an ihn glaubt, der wird nicht gerichtet" (Joh. 3,18).

Kräftiger kann der Selbstvergottung Domitians nicht widersprochen werden. Der Entfaltung seiner Macht und Herrlichkeit widersprechen die Himmlischen mit dem an das „Lamm" gerichteten „neuen Lied": „Du bist würdig", – das Wort kommt in unserer Liturgie vor, die vor diesem Hintergrund begriffen sein will – „das Buch zu nehmen und seine Siegel zu öffnen; denn" – jetzt ist man gespannt, wie diese letzte und höchste Kompetenz Jesu begründet wird – „du wurdest geschlachtet und hast für Gott in deinem Blut (Menschen) aus jedem Stamm und jeder Sprache, aus jedem Gottes- und Heidenvolk losgekauft und hast sie für unseren Gott zum Königreich und zu Priestern gemacht." Man muß wohl sagen: eine unerhört neue Weise, die Welt zu regieren und Menschen zu gewinnen! Bei Domitian hieß es – gegen Ende seiner Regierungszeit immer häufiger –, wenn einer sich nicht fügen wollte: Kopf ab! Aber der hier, im Text, „kommt" (Thronbesteigung) und das Buch aus Gottes rechter Hand empfängt (Übernahme des Weltregiments), begründet seine „Würdigkeit" auf andere Weise. Sein munus regium ist identisch mit seinem munus sacerdotale.

3.

Daß der, der die Geschichte zwischen Gott und Menschen verwirklicht, nun auch *der Gepriesene* ist, sahen wir soeben. Es gilt, dies noch besser zu verdeutlichen.

Wir haben eine Vision miterlebt, in der ein himmlischer Vorgang veranschaulicht wird. Man könnte einwenden: weit weg von uns – im Himmel wird (angeblich) Welt- und Kirchengeschichte programmiert, aber auf Erden tobt Domitian, und die Geschichte geht ihren Gang ohne jeden himmlischen „Eingriff". Wo bleibt Christi Advent? Mag sein, er „kommt" – am unbestimmten, fernen Tage seiner Parusie. Wie aber wirkt sich das, wovon bisher die Rede war, *jetzt* aus? – Es wäre mancherlei zu antworten. Wir versuchen, das nachzuzeichnen, was gerade dieser Text enthält.

Am „Tag des Herrn" (1,10) weiß der nach Patmos Verbannte die Gemeinden auf dem kleinasiatischen Festland (Kapp. 2f.) zum Gottesdienst versammelt. Sie sind nicht unter sich: im Himmel geht die Tür auf (später die „königliche Tür" in der Ikonostasis des östlichen Kirchenbaus), das himmlische Heiligtum ist zur irdischen Gemeinde hin offen. Daß himmlischer und irdischer Gottesdienst zueinander in Kommunikation stehen, ist kein neuer Gedanke. Schon das Heiligtum der Mosezeit ist nach dem gestaltet, was Mose im Himmel gesehen hat (Apg. 7,44, vgl. Exod. 25,9; Hebr. 8,5). Der alte Christushymnus weiß die Kreaturen Gottes in allen „Räumen" zur Huldigung vor dem Erhöhten vereint

(Phil. 2,10f.) – fast genau so wie in unserem Text. Wer zur irdischen Gemeinde gestoßen ist, ist damit auch mit der himmlischen verbunden (Hebr. 12,22–24). So nimmt es nicht wunder, daß das obere Heiligtum und der gottesdienstliche Raum der irdischen Gemeinde und auch die liturgischen Vorgänge einander entsprechen. Thron und Kathedra des Bischofs sind – bei allem Unterschied – vergleichbar. Presbyter gibt es auch im Himmel. Die Flammen des siebenarmigen Leuchters vergegenwärtigen die sieben (= alle) Gemeinden (1,12.20; 2,1). „Wahrhaft würdig und recht" hört man die irdische Gemeinde singen, wie sie es von der himmlischen gehört hat (s.o.). Man betet hier wie dort das „Dreimal-heilig" (4,8) und das „Agnus Dei" (5.9.12). Ein Gottesbote verkündigt das ewige Evangelium (14,6). 7,14 und 22,14 könnte an die Taufe erinnern, 22,17 an das Abendmahl (vgl. 3,20). Auf letzteres könnte auch das Maranatha weisen (22,20; vgl. 1. Kor. 16,22). Im christlichen Gottesdienst sind Himmel und Erde aufs engste verbunden. Der „Himmel" ist nicht irgendwo „oben", er ist überhaupt nicht „anderswo", sondern „anders" und darum nur in Gottes „Geheimnissen" uns erschlossen. In seinen Gnadenmitteln „kommt" der Herr und macht das Himmlische im Irdischen präsent.

Spannender Augenblick, in dem Jesus das versiegelte Buch und damit den Auftrag, seinen Inhalt zu vollziehen, aus Gottes Hand empfängt. Die vier himmlischen „Wesen", „voll Augen vorn und hinten" (wieder denkt man an expressionistische Kunst), im Trishagion den Gesang der Seraphim aufnehmend (4,6.8), sodann aber auch die 24 Presbyter fallen vor dem „Lamm" nieder: die Proskynese der himmlischen Welt vor dem erhöhten Herrn (vgl. noch einmal Phil. 2,10f., dazu 1. Tim. 3,16; Hebr. 1,6). Die im Protestantismus verbreitete Vernachlässigung oder gar Geringschätzung der kultischen Gebärde kann sich nicht auf das Neue Testament berufen (schon gar nicht die Hemdsärmligkeit, die den, der sich erstaunlicherweise zu unserm „Bruder" gemacht hat, Hebr. 2,11, „Kumpel" nennt). Die Himmlischen huldigen dem Inthronisierten. Im Gottesdienst kann die *Anbetung* nicht fehlen. „Du bist ‚würdig', das Buch zu empfangen." Zum Gottesdienst gehört die *Musik*. Das „neue Lied" (V. 9), das das eben vor den Augen der Beteiligten sich abspielende Geschehen besingt, erklingt neben den Gesängen der Väter (die ganze Bibel, auch die Apokalypse, läßt erkennen, wie „heutiger" Glaube sich im Strom der Überlieferung bewegt). „Zithern" – repräsentativ für die Instrumentalmusik – haben ihren Platz im Gottesdienst. Im Räucherwerk werden die *Gebete* der Heiligen anschaulich (V. 8); mancher Protestant bekommt beim Räuchern eine Gänsehaut, aber im Himmel nimmt man offenbar daran keinen Anstoß. Nimmt man dies alles mit den vorhin genannten Elementen des Gottesdienstes zusammen, dann wird deutlich: unser Gottesdienst auf Erden ist ein Einstimmen in die himmlische Liturgie, darum nämlich, weil im Wort und in den Sakramenten der, der im Himmel die „Mitte" ist, auch zu uns „kommt".

Wer hier nicht mitzugehen bereit wäre, den müßte man darauf aufmerksam machen, wie in unserm Text das gottesdienstliche Geschehen sich immer mehr ausweitet. Zuerst stimmen die Myriaden und aber Tausende von Engeln ein (V. 11) und nehmen das jubelnde Agnus Dei auf (V. 12, vgl. V. 9). Und dann – der Musiker würde von „Terrassendynamik" sprechen – schaltet sich in den Huldigungsgesang der ganze Kosmos ein (V. 13a). Das Christuslob auf Erden ist Fortsetzung und Aufnahme des himmlischen Lobgesangs. Und man vergesse nicht: wer diesen sich für die Welt einsetzenden Christus preist, der unterwirft sich damit seiner Herrschaft. „Dein ist das Lob und die Ehre und die Herrlichkeit und die Kraft in Ewigkeit ..." Es klingt fast wie in der Doxologie des Vaterunsers. Im Advent des Herrn – hinein in unsere Welt und unser Leben – wird die „Königsherrschaft Gottes" Wirklichkeit. Der Gottesdienst, als Ereignis dieses Advents, ist der Ort, an dem dies geschieht und von dem aus das Herrsein Christi in das Alltagsleben einzieht und ausstrahlt. Hoffentlich haben wir inzwischen nicht vergessen, daß die Herrscherqualifikation Jesu („würdig") in seiner priesterlichen Rolle („Lamm") besteht: nicht in der Aufrichtung eines neuen Gesetzes, sondern in seinem rettenden und versöhnenden Eintreten für uns. Sein „Herrschen" besteht im Dienen, genauer: darin, daß er „der Welt Sünde trägt".Werden wir, seine Gemeinde, durch ihn zu „Königen und Priestern" (V. 10), so liegt in diesem Hendiadyoin, daß wir – wie er – in dieser Welt nicht anders „regieren" können als so, daß wir – *dienen*, uns für die Welt einsetzen, vor Gott „vorstellig werden" (Röm. 8,34) zu ihrem Besten. Wie die Königsherrschaft Christi in seinem Versöhnungswerk besteht, so die Weltfunktion der Christenheit in ihrer priesterlichen Proexistenz. In jedem Gottesdienst geschieht sie – weltwirksame Arbeit der Herzen. Im praktischen Leben will sie sich auswirken, weil wir einen Herrn haben, der paradoxerweise nicht anders herrscht als so, daß er dient.

2. Sonntag im Advent. Jes. 63,15–16(17–19a)19b; 64,1–3

Der Kern der Prophetie Tritojesajas (Kapp.60–62, wozu wohl noch 57,14–20; 65,16b–25; 66,6–16 zu rechnen sind) ist Heilsbotschaft. Sie ist von *Klageliedern des Volkes* umrahmt (63,15 –64,11 „wohl der gewaltigste Volksklagepsalm der Bibel", Westermann), auf die sie (im Sinne des „Heilsorakels") antwortet. Die Volksklagelieder (ihr Aufbau übersichtlich dargestellt bei C.Wstm., Das Loben Gottes in den Psalmen, Berlin 1953, S. 35ff.) haben ihren Sitz in einer gottesdienstlichen Begehung, die die Zerstörung Jerusalems und des Tempels zum Anlaß und Gegenstand hat (aus ihr stammen auch die Threni, vgl. auch Sach. 7,1ff.; 8,18f., wo „70 Jahre lang" Fastenbegehungen bezeugt sind). Die Klagepsalmen dürften also von Tritjs. vorgefunden und aufgenommen sein, stammen also nicht von ihm (Volz, Wstm.; anders K.Elliger, Die Einheit des Tritojesaja, 1928; ders., Deuterojesaja in s. Verh. zu Tritojesaja, 1933, S. 278ff.). Entstehung also bald nach 586 (anders H.-J.Kraus, der wie Elliger an unmittelbar nachexilische Zeit denkt).
Gliederung: Einleitende Bitte um Zuwendung und Bekenntnis der Zuversicht (VV. 15f.) – Klage in drei Gliedern (VV. 17–19a) – Bitte um Eingreifen in Form einer Epiphanie (V. 19b. VV. 1–4) (nach Wstm.).
V. 15: וְתִפְאַרְתֶּךָ ist, weil überfüllend, gestrichen worden, vgl. aber 63,12.14 und 64,10. Am Versende lies mit BHK אַל־נָא תִתְאַפָּק (bei Wstm. Druckfehler!), vgl. 64,11: „halte doch nicht an dich!" – V. 16: vgl. 64,7. Vateranrede nur in diesem Psalm (ältere Texte wollen wohl das Mißverständnis einer physischen Vaterschaft von Göttern meiden). „Erlöser": Der nächste Verwandte hatte die „Einlösungspflicht", z. B. bei Schuldsklaverei (Lev. 25,25ff.,bes. 48), von daher Gottes „erlösendes" Tun (Deut. 7,8; 13,6 u.ö.). Ursinn von גאל : beschützen (von Rad, ThAT I, S. 179, A. 2). – V. 18 ist offensichtlich verderbt. „Für kurze Zeit haben sie dein heiliges Volk in Besitz genommen" (so der Text). Konjektur Marti (der sich Wstm. anschließt): לָמָה צָעֲדוּ רְשָׁעִים ק = „Warum verachten Übeltäter dein Heiligtum?", was zur folgenden Parallelzeile stimmen würde. – In V. 19b hat Luther נָזֹלּוּ fälschlich von נזל abgeleitet (so noch der revidierte Text); es ist aber ni. von זלל = erschüttern, wanken machen.
64,1: Stelle ganz unsicher. Man könnte übersetzen: „wie Feuer das dürre Reisig" (הֲמָסִים nur hier) „entzündet, Feuer das Wasser anschwellt" (= zum Überkochen bringt). LXX: ὡς κηρὸς ἀπὸ πυρὸς τήκεται καὶ κατακαύσει πῦρ τοὺς ἐναντίους – das ergäbe einen erheblich anderen Sinn; der von BHK (s. Apparat) rekonstruierte Text entspricht dem nur in der ersten Halbzeile (vgl. Ps. 97,5). Eine sichere Lösung findet sich nicht. – V. 2: „Wir erwarten es nicht" – damit ist in etwas holpriger Weise ausgedrückt, daß die („unerhörten") Machttaten Gottes über alles Vorstellbare hinausgehen werden. V. 2b wiederholt 63,19b: dort vermutlich vom Abschreiber vergessen, dann an den Rand geschrieben und irrigerweise von dort hier eingeschoben. V. 3a dürfte dann die zweite Halbzeile zu V. 2a sein. – V. 3b wird ursprünglich gelautet haben לֹא הֶאֱזִינָה אֹזֶן (vgl. 1. Kor. 2,9). Statt des absoluten יַעֲשֶׂה („er handelt an...") könnte man (ähnlich wie LXX: „tut Barmherzigkeit an") יוֹשִׁיעַ („er hilft, rettet") denken. – Der Psalm geht eigentlich weiter: Sündenbekenntnis, Bekenntnis der Zuversicht, Bitte um

Zuwendung mit Motiv und Klage um Zion, Appell an Gottes Willen (nach Wstm.) Für die Predigt ist die Eingrenzung zweckmäßig.

Gut, daß dieser Text seinen Platz an dem Adventssonntag gefunden hat, der auf Christi Kommen in Herrlichkeit schaut. Die innere Not, die hier in ergreifender Weise geklagt wird, besteht ja nicht darin, daß Menschen, die nichts von Gott wissen, ihn aber ahnen, den Himmel verschlossen finden. Sie liegt darin, daß man Gotteserfahrung hat, ja, sich eigentlich mit Gott verbunden weiß, aber es nun erleiden muß, daß Gott sich zurückzieht und unkenntlich macht und seine Leute gnadenlos fallen läßt. Gelitten wird hier daran, daß der Gott, der erklärt hat, er wolle für und mit uns sein, uns noch immer tief verhüllt begegnet, unter dem Vorzeichen des Kreuzes geradezu entstellt, ungöttlich und – scheinbar – ungnädig. Der Glaube muß die Anfechtung bestehen, so lange, bis – am Tage des letzten großen Advents Jesu Christi – Gott uns anschaubar wird, „wie er ist" (1. Joh. 3,2).

Hier spricht sich also nicht eine allgemeine Gottessehnsucht aus. Auch von ihr könnte wohl die Rede sein. „Die Völker haben dein geharrt." Daß wir in einer religionslosen Welt, wenigstens in einem religionslosen Zeitalter leben, darüber ist das letzte Wort noch nicht gesprochen. Möglich, daß auf Gott mehr gewartet wird, als wir meinen, und daß man auch das ungeduldige und leidenschaftliche Heilsverlangen der säkularen Welt von daher verstehen muß. Wo ist nun dein Gott? (Ps. 42,4), zeig ihn mir doch! – solche Anfrage und Herausforderung braucht durchaus nicht aus der triumphierenden Haltung dessen zu kommen, der es besser weiß, sondern kann auch aus dem mehr oder weniger bewußten Verlangen entstehen, Gottes wirklich ansichtig zu werden. Das Verlangen nach Gottunmittelbarkeit für Sinne oder wenigstens Verstand ist begreiflich, und so sehr der Glaube Sinn und Notwendigkeit der Gottesoffenbarung in Unkenntlichkeit einsieht und bejaht, auch er, der Glaube, drängt auf Unmittelbarkeit der Gottesbegegnung. „Wir sehen jetzt durch einen Spiegel in einem dunklen Wort; dann aber von Angesicht zu Angesicht" (1. Kor. 13,12). Enthusiasten nehmen das „Dann aber" eigenmächtig voraus. Der Glaube weiß, daß er warten muß. In dem vorliegenden Klagepsalm wird die Spannung des Wartenmüssens bis zum Zerreißen erfahren und erlitten. Glaube und Anfechtung gehören zusammen. Noch geschieht Advent *immer wieder* – so, daß die Anfechtung dadurch immer aufs neue überwunden wird. Am Tage Christi wird sie dann *ein für allemal* behoben sein. Inzwischen muß der Glaube sich von einem Mal zum andern durchhelfen lassen. Wir können bisher unseren Standort nicht dort suchen, wo es keine Anfechtung mehr gibt. Man denke an Aussagen der Adventslieder wie EKG 7,5; 8,2–6; 10,3ff.; 14,4. Dennoch: wir predigen nicht die Anfechtung, sondern deren Überwindung; nicht den abwesenden, sondern den kommenden Gott; nicht den Gott, der sich „hart gegen uns hält" (V. 15), sondern den, der unser Gebet erhört; wir predigen nicht den verschlossenen, sondern den aufgerissenen Himmel. Ohne in eine theologia gloriae zu verfallen, ohne also die Verhülltheit des Offenbarungsgeschehens zu übersehen, können wir doch sagen: *Der Himmel ist aufgerissen.* (1) *Gott läßt mit sich reden.* (2) *Gott steigt zu uns herab.* (3) *Gott dringt in uns ein.*

I.

Ob die das Exil einleitende Katastrophe (vgl. 64,9f.) eben erst geschehen ist, so daß man in frischem Schmerz darüber klagt, oder aber schon länger zurückliegt, so daß man den Zustand der Heillosigkeit schon allzu lange hat ertragen müssen: Gottes Volk fühlt sich von seinem Gott wie abgeschnitten und losgetrennt. Eine „Gottesfinsternis" (M. Buber), der Zustand also, in dem die Wirklichkeit Gottes durch anderes verdeckt ist, braucht sich nicht nur dann einzustellen, wenn besonders Belastendes durchzustehen ist. Gottesfinsternis ist, da wir Sünder sind, die allgemein gegebene Ausgangssituation. Da wir „ohne Gottesfurcht und Gottvertrauen" leben (CA II), leben wir auch ohne Gotteserkenntnis, und wir haben damit zu rechnen, daß Gott – sofern wir überhaupt meinen, daß „es ihn gibt" – gegen uns ist. Das würde auch für glückliche Zeiten unseres Lebens gelten, in denen wir geneigt sind, Gott für überflüssig zu halten und zu vergessen: Glück im üblichen Sinne braucht noch lange nicht Heil zu sein. In schweren Lagen ignorieren wir Gott nicht so leicht; wir verklagen ihn aber, weil wir meinen, er sei uns, was seines Amtes ist, schuldig geblieben. Auch hier kann von Gotteserkenntnis nicht die Rede sein, denn der hier vermeinte Gott ist nicht wirklich Gott. Die Situation des Textes ist nun aber eine ganz andere. Ausgangspunkt ist hier nicht die Gottentfremdung des heillosen Menschen, sondern die Gottesenttäuschung des Menschen, der von spezifischer Gotteserfahrung herkommt; besser: das Volk Gottes, also die „Kirche" in ihrer alttestamentlichen Gestalt, ist an ihrem Gott irre geworden. Hier ist auch nicht eine Theorie über Gott („wenn es ihn denn wirklich geben sollte") zusammengebrochen, sondern eine lebendige Gewißheit. Sie hatten sich getragen, gehalten, geführt und bewahrt gefühlt. Nun finden sie sich verlassen und preisgegeben. Nicht einmal sein Heiligtum hat Gott schützen wollen. Es ist zerstört (64,10); solche, die es nie hätten betreten dürfen, „trampeln" herum auf dem heiligen Boden (63,18). „Wir sind geworden wie solche, über die du niemals herrschtest, wie Leute, über denen dein Name nie genannt wurde" (63,19). Gott hat seine Gemeinde fallenlassen.

Was die äußeren Lebensumstände angeht, ist die im Text vorausgesetzte Lage nicht die unsere. Immerhin: diejenigen unter uns, die nicht mehr ganz jung sind, haben Vergleichbares erlebt; Erfahrung aus solchen Grenzsituationen sollte nicht untergehen. Man sollte aus den Erprobungszeiten des Lebens lernen und das Erfahrene bewahren. Das gilt auch für das individuelle Schicksal. Nicht nur in Extremsituationen, sondern immer muß sich der Glaube in der Anfechtung bewähren; er muß gegen das an-glauben, was gegen Gottes Güte und Zuwendung spricht. Es ist keine Banalität, wenn wir sagen: der Himmel ist verschlossen, es sei denn, es geschehe das Wunder, daß er sich öffnet. Wir haben Gott nur, sofern er sich uns erschließt (offenbart).

Einst hat er es getan, in Israels klassischer Zeit, in den Tagen des Mose. Man lese von V. 7 an, was für Machttaten, Gnadenerweise und Liebesbezeigungen Gottes da geschehen sind. Damals war von Gottes Verbundenheit mit seinem Volk noch etwas zu sehen! Dies scheint vorbei. Ist also der Faden ein für allemal abgerissen?

Das Überraschende an dem Text ist, daß es zu solchem Kurzschluß nicht kommt. Gott wird sehr leidenschaftlich herausgefordert, ja geradezu angeklagt (V. 17a, Westermann). Aber man liest nicht, daß es nun, nachdem Gott sich von Israel distanziert habe, für sein Volk Zeit sei, sich auch seinerseits von Gott zu distanzieren, etwa nach der Melodie: „Mit so einem Gott sind wir fertig, wir glauben nun an gar nichts mehr." Der bohrende, tobende Schmerz über Gottes Abkehr von seinem Volk und über Gottes Versagen wird – *Gott* vorgetragen. Hier spricht der Glaube, der sich nicht abweisen läßt (vgl. Matth. 15,27f.). Unsere Anfechtungen sollten wir vor Gott bringen, vor niemand anderen sonst. So paradox es ist: die Heilung und Abhilfe kommt nur von dem, der in der Anfechtung gerade fraglich geworden ist. Man könnte einwenden, daß es da noch nicht zu einer totalen Gottesfinsternis gekommen ist, wo man sich noch in der Lage sieht, sich an Gott zu wenden; in der letzten, äußersten Anfechtung sieht man überhaupt kein anderes Ufer mehr! Wie also, wenn man feststellen muß, daß der Glaube an seinen Nullpunkt gelangt ist? Man kann an einem Text wie diesem studieren, daß der Glaube nicht über sich selbst nachdenkt, also weder seine Größe und Festigkeit noch seine Brüchigkeit und Armut reflektiert.. Es ist wahr: was Gott tut, zielt auf unseren Glauben und will im Glauben angenommen sein. Aber es wäre ganz verfehlt, Gottes Tun und menschlichen Glauben voneinander abhängig zu sehen wie die Flüssigkeitssäulen in kommunizierenden Röhren. Gott gibt über Bitten und Verstehen, und sein Tun ist höher als alle Vernunft. Wo dem Glauben alles finster scheint und er nur seine eigene Kehrseite, die Anfechtung, wahrnimmt, kann Gott zur Stelle sein und alles fest in der Hand haben. Gott hat uns mehr, als wir ihn haben. Es sollte zu der Weisheit gehören, die dem Glauben eigen ist, daß man gut tut, sich Gott auszuliefern, auch wenn man von seiner Macht und Güte nichts spürt.

Das eben Gesagte sollte noch ekklesiologisch verankert werden. Das Klagelied des einzelnen und das des Volkes sind geradezu die kultische Gestaltwerdung dieser Einsicht. Wir glauben im Ganzen der Kirche. Die Glaubensgewißheit der anderen kann meine Glaubensgewißheit mittragen, so wie denn, wenn vorhanden, mein Glaube den der anderen mitträgt. Es ist unweise und sachfremd, wenn ich meinen jeweiligen Bewußtseins- und Glaubenshorizont für das einzig Stichhaltige ansehe. Mehr noch: wenn ich weiß, wie brüchig mein Glaube ist, werde ich meinen eigenen Anfechtungen mißtrauen. Dies gilt auch, wie der Text zeigt, von der Kirche, dem Volke Gottes, in der Erstreckung der Zeit. Es ist wahr: „Abraham weiß von uns nichts, und Israel (= Jakob) kennt uns nicht" (V. 16); wir können nicht an die Väter, wir können auch nicht an ihren Glauben glauben. Aber wir können uns der Glaubenserfahrungen der Väter erinnern. „Bist du doch unser Vater; ,unser Erlöser', das ist von alters her dein Name" (ebd.). In der Liturgie der Kirche – hier: im Volksklagelied – ist die Erfahrung, die man mit dem sich offenbarenden Gott gemacht hat, gespeichert, um von uns aktualisiert zu werden. Wir sollten uns in Situationen der Glaubensnot das Credo, das Vaterunser, andere Gebete der Kirche (z.B. Psalmen) ins Gedächtnis rufen und die Lieder der Kirche summen. (Daß wir in der heutigen Kirche von der Eingewöhnung in das Glaubensgut der Kirche so wenig halten, vielmehr immer nur auf Novitäten aus sind, signalisiert unseren Mangel an Erfahrung!) „Ich will der Gnade des Herrn gedenken" (63,7). „Und sie gedachten der Tage voreinst, des Mose, seines Knechts..." (63,11). Vielleicht merken wir, daß Gott keineswegs mit uns Schluß gemacht hat: „Deine große Barmherzigkeit" hat nicht etwa aufgehört, sie „hält nur an sich" (V. 15); sie möchte sich am liebsten uns ungehemmt zuwenden, nur: im Augenblick tut sie es (darf sie es?) nicht. „Wo ist dein Eifer und deine Heldenmacht, das Brausen deiner Liebe und deines Erbarmens?" (V. 15 nach Kraus, bei Eichholz/ Falkenroth, hören und fragen, 1967, S. 3). Antwort: Gottes Liebe ist keineswegs dahin, wir sind von ihr auch im schlimmsten Falle nur wie durch eine dünne Wand getrennt. Gott läßt mit sich reden! Im Gebet, wie es in diesem Volksklagepsalm vor Gott gebracht wird, ist der Himmel schon offen. Das ist nicht unser Postulat, sondern das beruht auf Gottes vielfältig gegebener und verbriefter Verheißung (z.B. Ps. 50,15; Jer. 29,13). In dem Augenblick, in dem wir uns an Gott wenden, ist die Lage schon grundlegend anders als eben noch.

Die Rückerinnerung an das, was Gott in klassischer Zeit getan hat, hat also nicht nur den Sinn, das bedrückende Heute der Exilssituation davon abzuheben („wie bist du, Gott, dir selbst so untreu geworden!"), sondern, umgekehrt, Gott an sein gegebenes, also noch immer gültiges Wort zu erinnern. Der Glaube appelliert, wie wir von Luther gelernt haben, vom zornigen Gott an den gnädigen; er spielt sozusagen Gott gegen Gott aus. „Bist du doch unser Vater!" „Unser Erlöser." Die Stämme deines Volkes sind ja „dein Erbe", dein unverlierbares Eigentum! Wo man um Gottes Treue weiß, da denkt man nicht punktuell-aktualistisch, sondern man sieht das Jetzt im unlösbaren Zusammenhang mit dem, was Gott einst getan hat und künftig tun wird. Schon: aufs Heute kommt es an! Aber was heute geschehen soll, ist verankert in dem, was war, und es lebt von dem, was noch kommt. „Kehre um!", wird Gott zugerufen (V. 17); es wird dasselbe Wort gebraucht, das sonst uns Menschen zur Buße ruft. Gott läßt es sich gefallen. Sein eigenes Wort ermutigt uns. Wann immer wir ihn – auf seine Verheißung hin – anrufen, geht (und wäre es nur für einen Augenblick) der Himmel auf.

2.

„O Heiland, reiß die Himmel auf! Herab, herab vom Himmel lauf!" (EKG 5,1). Gott „fährt herab" zu uns. Advent: der Himmel öffnet sich. – Es wird uns nicht anfechten, daß hier in den Weltvorstellungen der Alten gedacht ist. Gott wohnt danach oben in seiner heiligen, herrlichen Wohnung. Es dürfte in unserem Text nicht, wie in der Priesterschrift, an eine „gestampfte" Himmelskuppel gedacht sein (רָקִיעַ von רקע = stampfen), eher an einen Zeltteppich (54,2; Ps. 104,2). Wir werden nicht vergessen, daß die räumlichen Vorstellungen vom AT selbst durchbrochen werden (1. Kön. 8,27; Deut. 10,14; Ps. 139,8ff.; Jer. 23,24). Wir haben Gott nicht irgendwo im Kosmos zu lokalisieren. Denn Gott ist ja nicht Welt – weder stoffliche noch geistige Welt. Wäre er es, dann wäre er ja nicht der verborgene Gott. Das Gleichnis von dem Himmelsteppich, der ihn unseren Blicken entzieht, ist ernst zu nehmen. Dieser Teppich – abstrakt: die Jenseitigkeit Gottes – bewirkt die Gottesfinsternis. Jedes Ding dieser Welt ist uns grundsätzlich zugänglich. Die Welt ist erkennbar. Wäre Gott Welt, dann wäre er es auch. Aber niemand hat ihn je gesehen (Joh. 1,18; 5,37; 6,46; 1. Joh. 4,12.20); er wohnt in einem Licht, da niemand zukommen kann (1. Tim. 6,16). Zu dieser Unzugänglichkeit, die in seinem Gott-Sein begründet ist, kommt nun noch die andere, die geschichtlich begründete: Gott „hält an sich", verweigert sich, läßt uns ohne seine Offenbarung; er verhängt über uns sein Gericht, indem er die Grenze seines Gottseins nicht durchbricht.

Mit Leidenschaft ruft die Gemeinde Gottes danach, daß Gott nun doch aus seiner Verborgenheit hervortrete. Sie ersehnt Gottes *Epiphanie*. Wer die bildhafte Sprache der Bibel versteht, mag das Gemeinte sich an Stellen verdeutlichen wie Ps. 18,8–16; 114; Micha 1,3f.; Habak. 3,3–15; Richt. 5,4f. (vgl. Wstm., Das Loben . . .,S. 65ff.). Die Epiphanie Gottes wird im AT, im Unterschied zum kosmisch-mythischen Denken der außerbiblischen Religion, geschichtlich verstanden: Gott kommt herbei, seinem Volk zu helfen. Am eindrucksvollsten: das Ereignis am Schilfmeer. Die Natur ist in dieses Geschehen einbezogen: Berge beben, ein Brand entsteht, wie wenn dürres Reisig Feuer fängt, es entsteht Bewegung, wie wenn Wasser zum Sieden und Brodeln kommt. All dies sollen wir als gewaltige Demonstration von Gottes Macht verstehen, durch die Gott seine Gemeinde vor einer feindlichen Welt rehabilitiert. Taten, meint man, müßte Gott tun, von denen den Menschen angst und bange wird (נוֹרָאוֹת). Gottes Advent!

Wären wir darauf aus, Gott so – und nur so – zu erfahren, so würden solche Erwartungen im NT kräftig korrigiert. Gottes adventliche Offenbarung und seine Verborgenheit schließen einander nicht aus. So kommt es – vorerst – *nicht* zu der erwarteten Machtdemonstration Gottes. Gott kommt, aber er kommt in dem einfachen, machtlosen Menschen Jesus von Nazareth. Die Weltgeschichte läuft weiter wie bisher. Daß Gott aus seinem Dunkel hervortritt und sich mit seiner Welt befaßt, auf sie zugeht, sie sich erneut gewinnt in einer Großaktion seiner unaufdringlichen, aber aufs Ganze gehenden Liebe: dies vollzieht sich in ganz unauffälliger, beinahe lautloser Weise. Die Berge beben nicht – es sei denn, man denkt an Matth. 27,52, ein Ausdruck apokalyptischer Tiefendeutung des Karfreitag. Die Erde gerät nicht in Brand – es sei denn, man denkt an Luk. 12,49, wo ein geistliches, d.h. aber: ein stilles, unscheinbares Geschehen gemeint ist. Gewiß, Gott tut die „unerhörtesten" Dinge (64,3). Aber seine Allmacht wirkt ganz im stillen (EKG 7,3). Die Exilsgemeinde hat es damals schon lernen müssen: daß er die Seinen wieder zusammenbringt und sie auf das Kommen seines Reiches vorbereitet, das geschieht ganz anders, als sie es erwartet haben. Gottes Kommen ist Sache des Glaubens, nicht des Schauens. Auch Christen buchstabieren daran immer wieder herum. Was gegen Gott und seine gütige Zuwendung zu uns zu sprechen scheint, wird uns, solange wir unter dem Kreuz leben, nicht erspart. Der Christus, der den Himmel aufreißt, geht selbst ans Kreuz; ja, eben indem dies geschieht, geht der Himmel auf: „Und siehe, der Vorhang im Tempel zerriß in zwei Stücke von oben bis unten" (Matth. 27,51, s. o.). Wir haben den freien Zugang zu Gott (Röm. 5,2; Eph. 3,12; Hebr. 4,16; 10,20). Das Herabsteigen Gottes in Jesus Christus hat sich für uns als die Möglichkeit unseres Aufsteigens zum Gott und seiner Herrlichkeit erwiesen: wir dürfen kommen, weil er gekommen ist. Der Himmel ist aufgerissen.

So wenig der Glaube die Anfechtungssituation überspringen kann, so wenig wird er sich mit ihr abfinden. Daß der Himmel zerreißen möchte, bleibt darum das dringende Begehren der glaubenden Gemeinde. „Die Kirche, die sich nicht mehr ungeduldig und leidenschaftlich nach dem letzten Kommen Gottes sehnt, ist im Grunde eine sterbende Kirche" (Kraus, a. a. O., S. 9). Daß wir uns der biblischen, besonders der neutestamentlichen Zukunftserwartung hier und da schämen, ist Symptom eines tiefgehenden Konflikts mit der uns aufgegebenen bzw. anvertrauten Sache. Unsere Vorstellungen von Jesu letztem Advent und dem Hereinbrechen der Auferstehungswirklichkeit bzw. unseres Hereingenommenwerdens in sie dürften sich gewandelt haben; aber die Naherwartung der Urchristenheit wird auch unsere Hoffnung sein, oder wir sind nicht mehr beim Evangelium. Es steht uns auch nicht gut an, jeden Satz christlicher Hoffnung sofort dadurch zu verbiegen, daß wir – apologetisch beflissen – beteuern, es solle ja niemand „vertröstet" und es müsse, was der Christ hofft, selbstverständlich in dieser Welt, also hier und heute, verwirklicht werden. Der uns den Zugang zum Vater frei gemacht hat, der wird den Himmel noch auf eine andere, neue Weise „aufreißen" und uns in die – heute noch so schmerzlich entbehrte – Gottunmittelbarkeit führen. Wir zitierten bereits: „. . . dann aber von Angesicht zu Angesicht" (1.Kor. 13,12). „. . . ihn sehen, wie er ist" (1. Joh. 3,2). Das schauen, „was kein Auge gesehen und kein Ohr gehört hat und keines Menschen Herz gekommen ist, was Gott bereitet hat denen, die ihn lieben" (1.Kor. 2,9, Rückgriff auf 64,3 unserer Perikope). „Wir sind zwar gerettet, doch auf Hoffnung" – auf Hoffnung, die man nicht sieht (Röm. 8,24f.). Man hat gesagt, christlicher Glaube sei „zukunftssüchtig"; wir deuten den ungewöhnlichen Ausdruck auf die Leidenschaftlichkeit des Hoffens und der Vorfreude. Sind wir Kinder, so sind wir auch Erben (Röm. 8,17).

Also doch wieder nur ein Hinweis auf das, was noch nicht ist? Keineswegs. Wir lenken jetzt nicht um, weil wir vom Künftigen doch nicht viel hielten und uns statt mit der Taube auf dem Dach lieber mit dem Sperling in der Hand beschäftigten. Im Gegenwärtigen liegt die Bürgschaft für das Kommende. Im Kommen Jesu Christi ist die Tür zu Gott für uns aufgegangen. Gott „hält" nicht mehr „an sich". Er hat sich so mit uns verbündet, daß trotz der noch nicht aufgehobenen Unsichtbarkeit Gottes, trotz der noch bestehenden Anfälligkeit unseres Glaubens- und Heiligungslebens, trotz der Unentrinnbarkeit des Sterbenmüssens unser Kindesrecht bei Gott – „bist du doch unser Vater" (63,16) – außer jeder Frage steht. Weil Gott in Christus zu uns herabgestiegen ist, ist uns der Himmel offen.

3.

Daß Gott „in uns eindringt", wie wir formulierten, mag im Text nicht hinreichend begründet erscheinen. Man darf nur nicht übersehen, daß die Frage, wie es zwischen Gott und uns steht, ihren Drehpunkt in dem Thema der menschlichen Schuld hat. „Sie waren widerspenstig und betrübten den Heiligen Geist; darum ward er ihr Feind und stritt wider sie" (63,10). Die zur Gemeinschaft mit Gott bestimmten Menschen „fürchteten" Gott „nicht" (63,17). „Siehe, du zürntest, als wir von alters her gegen dich sündigten und abtrünnig wurden" (64,4 – wenn dies ursprünglich dagestanden hat). „Nun sind wir alle wie die Unreinen, und all unsre Gerechtigkeit ist wie ein beflecktes Kleid" (64,5). Die an ihrem Schicksal leiden, wissen, daß sie ihre Leiden verdient haben.

Aber hängt nicht auch das Sündigen mit der Gottesfinsternis zusammen? Die Zurückgezogenheit und Nichtwahrnehmbarkeit Gottes verführt uns zu dem Irrtum, wir seien unter uns, keinem Herrn jenseits dieser Welt verpflichtet. In der Tat: Böses kann da nicht geschehen, wo Menschen sich der Gegenwart Gottes – des gnädigen, sich erbarmenden Gottes! (V. 15b) – bewußt sind. Das Gefühl des Abgehängt- und Preisgegebenseins verdirbt das Ethos. Hoffnungslosigkeit demoralisiert. Wie soll man überdies fromm sein, wenn man den Eindruck haben muß, Gott kehre einem nur den Rücken zu? „Kehre um . . .!" – das ist der „Bußruf" an Gott. Man könnte auch übersetzen: „Dreh dich um, wende dich wieder deinen Knechten zu!"

Der Text rührt an eine schwere und tiefe Frage. War es also gar Gott, der Israel so abirren ließ (63,17)?, der ihr Herz verstockte (ebd.)? Je ernster Gott in seiner Allwirksamkeit genommen wird, desto leichter stellt sich die Frage ein, ob Gott uns nicht auch da in der Hand hat, wo wir sündigen, – das heißt aber: ob er nicht auch hinter unserer Sünde steht. Wir stehen vor dem Rätsel der Prädestination. – Die Probleme von Luthers „De servo arbitrio" können hier nicht durchgeknetet werden. Wir werden auch schwerlich das Ineinander von göttlicher Allwirksamkeit und menschlicher Freiheit auf eine befriedigende Formel bringen. Nur soviel ist festzuhalten: Wir würden unsere Befugnisse überschreiten, wenn wir uns unter Berufung auf den Gott, von dem alle Dinge sind, von unserer Verantwortlichkeit und damit von unserer Schuld freisprächen. Theoretisches Denken versucht immer wieder solche Konsequenzen zu ziehen: Du bist es, der mich gemacht hat; auf dich geht auch meine Sünde zurück. Aber existentielles Denken widerspricht dem; das Gewissen weiß um Verantwortung und Schuld. Wahr ist aber, daß Gott, wenn wir uns einmal gegen ihn entschieden haben, uns tiefer in Sünde fallen läßt. Das lehrt schon die Erfahrung: Jeder gewonnene Kampf um den Gehorsam stärkt mich; jede verlorene Schlacht entmutigt. War ich böse, kann ich Gott nicht in die Augen sehen; der Gedanke an ihn ist mir lästig, und mein Gebet versandet. Aber Gottes „Dahingeben" (Röm. 1,24; Offb. 22,11a) vollzieht sich wohl in verborgeneren Tiefen, als wir empfinden und beschreiben können. Es kann schon Gottes Strafe sein, daß wir „abirren". Gott straft uns an dem, worin wir sündigen.

Soll uns der Himmel aufgehen, dann müßte der Herr nicht nur über uns und zwischen uns, er müßte *in* uns sein. Der Text spricht es nicht so aus, wie wir es von Christus her nun aussprechen können. Christus in uns! Und wir sind *doch* solche, über die Gott herrscht, und sein Name ist *doch* über uns genannt (63,19)! Indem der Himmel sich über uns öffnet, wird unser Herz zum Tempel Gottes zubereitet (EKG 6,4). Eigentlich war, daß wir auch in der Anfechtung so beten konnten wie dieser Klagepsalm, bereits eine Wirkung der Nähe Gottes. Die Christenheit hat die Adventszeit immer als Bußzeit begangen und sollte es, wo nötig, wieder lernen, sie so anzusehen. Geholfen werden kann uns nur, wenn wir nicht mehr abirren; auf dem Boden des Evangeliums kann das nur heißen, daß er uns, trotz unseres Versagens, fest an der Hand hält. Gott hat sich tatsächlich zu uns bekehrt (V. 17c) – so können wir uns nun auch zu ihm bekehren. Sein Advent ist der Angriff auf unsere Herzen; Gott will uns gewinnen. Sein letzter Advent wird, was jetzt noch im Zwielicht der Äonen geschieht, endgültig machen. Der Himmel ist wirklich offen.

3. Sonntag im Advent. Röm. 15,4–13

Eigentlich müßte die Perikope mit V. 1 einsetzen; sie schließt den Zusammenhang ab, der mit 14,1 beginnt. Nach dem „Trugschluß" (das Wort im musikalischen Sinne verstanden) in VV. 5f. weitet sich noch einmal der Horizont, und es kommt in V. 13 zu einem echten Schluß.
V. 4 will sagen, wieso das (auf Christus gedeutete) Psalmzitat (69,10) in V. 3 sinnvoll ist. Die vor- bzw. urbildliche Haltung des Christus, der sich nicht selbst gefallen will (V. 3), sich vielmehr um Gottes willen schmähen läßt, ist nicht zufällig und darum für uns auch nicht unverbindlich, sondern in der Schrift angesagt; sie mahnt uns zur Geduld und gibt uns Trost. Ist auch διὰ τῆς ὑπομονῆς (wie διὰ τῆς παρακλήσεως) von τῶν γραφῶν abhängig? Nein wird antworten, wer den Unterschied betont, daß die Schrift zwar Geduld *lehrt*, aber Trost *gibt*. Bejahen wird, wer (mit Blick auf V. 5, wo das Begriffspaar wiederkehrt) darin die Pointe sieht, daß Geduld letztlich nicht von uns aufgebracht, sondern durch die Schrift von Gott gewährt wird – so, wie auch der Trost; beide sind seine Gaben. – V. 5: κατὰ Χριστὸν Ἰησοῦν = wie dies seinem Willen, noch mehr: wie dies seinem Heilswerk gemäß ist. – V. 6: ὁμοθυμαδόν, Vorzugswort des Lukas (in Apg.), stammt aus der politischen Versammlung; „einmundig" (= unisono) aus der gottesdienstlichen Chorpraxis, ein interessanter Hinweis auf urchristliche Kirchenmusik (vgl. 1. Clem. 34,7). – V. 7: προσλαμβάνεσθαι gastlich aufnehmen (Philem. 17; Apg. 28,2), wobei wohl auch an die sakramentale Tischgemeinschaft gedacht ist. Das Wort schon 14,1.3 – wir sind also immer noch bei dem dort verhandelten Thema. Καθώς geht nicht nur auf Entsprechung (Vorbild), sondern auf Begründung. Die LA ὑμᾶς dürfte den Vorzug verdienen.
Ab V. 8 „äußerste Ausweitung" (Ksm.): auch die Heiden werden „angenommen". Λέγω γάρ: ich verkündige es als verbindliche Lehre (Bauer, WB λέγω II,1e). Pls. blickt auf Jesu Erdenleben als σχ̔γ̓ (vgl. Mark. 10,45). Das Perfekt sagt: indem er Diener *geworden* ist, *war* er es auch. Pls. weiß um die Begrenzung der damaligen Wirksamkeit Jesu (Matth. 10,5; 15,24). Das Wort ἀλήθεια dürfte hier eher für ‚ϑ̔τ̓ als für σζ̔δ̓ stehen (vgl. 3,3; anders Michel): Diener der Juden ist Jesus geworden und gewesen „um der Bundestreue Gottes willen", die Heiden aber preisen Gott „um des Erbarmens willen" – so V. 9. Die beiden Ausdrücke stehen in kontrastierender Parallelität. In V. 9 ist der Akk. τὰ δὲ ἔθνη noch von λέγω γάρ (V. 8) abhängig. Zitat Ps. 18,50: die „Exhomologese" ist das Danklied-bekenntnis eines einzelnen. Klimax: Hier wird „in der Völkerwelt" durch einen einzelnen gebetet. V. 10 fordert die Völker zum Einstimmen auf. V. 11 weitet dies auf *alle* Völker aus. V. 12 verspricht mit der Epiphanie des Davidssprosses die Erfüllung der messianischen Hoffnung der Heiden. Das Verb εὐφραίνειν (V. 10) „hat häufig kultischen oder eschatologischen, jedenfalls emphatischen Sinn" (Ksm.). Καὶ πάλιν = weiterhin. – V. 11: War schon eben vom Gottesdienst die Rede, so wird das in dem erklingenden Lob nun universal. – V. 12: Es geht nicht um Unterwerfung – wie sollten die Heiden sonst auf den „Sich-Erhebenden" (Christusprädikat) *hoffen?* – V. 13: Motive von VV. 5f. kehren wieder. Der Gott der *Hoffnung* möge alle *Freude* und allen *Frieden* geben – man bedenke, wie dies zusammengehört. „Der Weg der Gemeinde muß im Glauben gegangen werden" (so fast alle Hss.) „und läßt sich durch keine Doxologie überspringen" (Ksm.).

Ein Prediger, der gewohnt ist, den Text – Vers für Vers – umschreibend weiterzusagen, und darauf vertraut, daß der Text, wenn er wirklich ein Ganzes ist, dabei seine Ganzheit und Einheit von selbst manifestieren werde, ist in einer leichteren Situation als der, für den die Suche nach dieser Einheit – bis hin zu deren thematischer Formulierung – die Hauptaufgabe des Verstehens darstellt. Vielleicht hat, wer für die Homilie ist, in diesem

Falle recht: es sieht zunächst so aus, als handele es sich in diesem Abschnitt um lockere Assoziationen, so daß der Versuch, ein einheitliches Anliegen der Perikope herauszustellen, am Material scheitern müßte. Wiederholt taucht das Stichwort „Hoffnung" auf (VV. 4.12.13 – in letzterem Vers zweimal). Zweimal ist von „Geduld und Trost" die Rede (VV. 4.5), einmal von „aller Freude und allem Frieden" (V. 13); dies letztere fügt sich wieder gut zu „untereinander dasselbe denken" bzw. „auf dasselbe bedacht sein" und zu der betonten Einstimmigkeit des Gotteslobes (VV. 5.6). Aber es ist nicht leicht, zu sehen, wie dies alles ineinandergreift. Helfen wird dabei die Besinnung auf die Thematik der Einheit der Gemeinde in der Freiheit, die Starke und Schwache (15,1; vgl. 14,1ff.) um Christi willen haben und einander gewähren. Aber der Text schaut ja von V. 9 an weit über die Gemeinde hinaus in die Welt der Völker. Wie kommt es dazu? Zudem werden diese ekklesiologischen Sachfragen merkwürdig gekreuzt von Aussagen über die Schrift (V. 4) bzw. dem Beweis aus der Schrift (VV. 9ff.). Sollte gar dies der Leitgedanke sein: nachzuweisen, wie und was die Schrift uns lehrt? – Beinahe gefährlich müßte in solcher Verlegenheit das Thema „Advent" werden, wenn wir ihm die Funktion des Schlüssels geben wollten, der das Sinngefüge des Ganzen aufschließen müßte. Das Wort „Hoffnung" könnte dazu ermutigen, zumal das Motiv in V. 12 wiederkehrt, wo sich eine der messianischen Weissagungen zitiert findet. Sollte dies die Väter der alten wie der neuen Perikopenordnung veranlaßt haben, uns diesen Text für den 3. Advent zu geben und aufzugeben?

Halten wir fest: V. 4 ist nur zufällig der Anfang der Perikope, keinesfalls ihr Programmsatz. Was der Text will, ergibt sich aus dem Zusammenhang (von 14,1 ab). Christen mit verschiedener christlicher Lebenspraxis, die „Schwachen" und die „Starken" im Glauben, sind in Gefahr, einander die Gemeinschaft aufzukündigen. Die Einheit der Gemeinde ist bedroht. Paulus, der sich selbst den sog. „Starken" zurechnet (15,1), versucht nicht, der anderen Partei seinen Standpunkt aufzureden und so die gefährdete Einheit der Gemeinde zu retten. Er argumentiert konsequent evangelisch, d.h. so, daß er von Christus her denkt. Ihm gehören sie alle, und jeder steht oder fällt seinem Herrn. Keiner von uns ist des anderen Richter. Für alle ist Christus gestorben. Er bindet uns zusammen. Dies wird im Text im Schema zweier konzentrischer Kreise bedacht. Zunächst ist Paulus noch ganz bei den Spannungen innerhalb der Gemeinde; aber was die Gemeinde verbindet, das verbindet, wenn es zum Glauben kommt, die Menschen in allen Völkern. Daß uns die Schrift in beidem vergewissert, ist nicht thematisch, will aber in, mit und unter der Hauptaussage mit bedacht sein. Man könnte sich dann folgenden Weg für die Predigt denken: *Unser Trost und unsere Hoffnung: Gott hat uns in Christus angenommen. Darum sind wir* (1) *untereinander verbunden,* (2) *weltweit vereint.* Oder – unter derselben Gesamtüberschrift – noch ein wenig anders: (1) *Das hält uns zusammen.* (2) *Das führt uns zusammen.*

I.

Wer, wie Paulus, Gemeinde (Kirche) zu leiten hat, muß um deren Einheit besorgt sein. Wir finden solches Bemühen wiederholt (1. Kor. 1;10ff.; 2. Kor. 13,11; Phil. 2,1–4; 4,2). Beinahe ein Trost: die Gefahr und Not des Auseinanderbrechens besteht nicht nur bei uns; die Bildung einander widerstreitender Gruppen und Parteien, Richtungen und Observanzen ist ein altes Leiden in der Kirche. Die Unterschiede im Frömmigkeitstyp und im christlichen Lebensstil, in den Vorstellungen davon, was Gemeinde ist und in welchen Formen sie lebt und arbeitet, Differenzen auch in der Art, in der wir uns das Evangelium verständlich machen, können unser Zusammenbleiben aufs härteste gefährden. Muß die

Vielfalt ein Leiden sein? Keineswegs – wenn dabei die Einheit gewahrt bleibt. Aus Röm. 14–15 kann man lernen, daß Einheit nicht in Einheitlichkeit, unitas nicht in uniformitas bestehen muß. In der Gemeinde Jesu Christi freut man sich der Vielfalt der Gaben (12,6; 1. Kor. 12,4ff.; Eph. 4,7), der Vielfalt in der Weitergabe der Botschaft (Luk. 1,1; vgl. Hebr. 1,1), der Freiheit, die wir durch Christus haben und einander gewähren können (Röm. 14,4; Gal. 5,1 u.ö.). So besteht die Weisung des Apostels auch in unserem Text nicht darin, daß die „Schwachen" – so dürften die anderen sie bezeichnet haben – ihre Haltung aufgeben hätten und „Starke" werden müßten, aber auch nicht darin, daß das Umgekehrte geschieht. Genug, wenn sie nur beisammenbleiben, und das heißt: einander „annehmen".

Dies könnte sich so anhören, als sei es hier einfach auf eine neue sozialethische Einstellung abgesehen, für die Christus (V. 7) ein schönes Beispiel gegeben hat, die man sich aber ebensogut ohne Christus realisiert denken könnte. Etwa so: Man muß nur ein genügend weites Herz haben, alle und alles gelten lassen, die Menschen also so nehmen, wie sie sind. Wer Paulus so verstünde, müßte alles vergessen haben, was dieser sonst über das Werk Jesu sagt. Nicht: Ein Mensch läßt (toleranterweise) Andersdenkende und -lebende gelten. Sondern: Gott nimmt – in Christus – Verlorene an. Wollte jemand einwenden, damit werde doch das Schema der Entsprechung hinfällig, in dem V. 7 denkt, so wäre zu antworten: eben so ist es gemeint, „denn καθώς hat nicht vergleichenden..., sondern begründenden Sinn" (Ksm.). Christus als Vorbild: damit wären wir noch immer beim Gesetz. Was hier steht, ist aber Evangelium. Dies gilt es verständlich zu machen.

Wir sind hier an einem Punkt, an dem deutlich werden kann, was „gelebte Rechtfertigung" ist. Stand schon die Ermahnung, die mit 12,1 beginnt, unter dem Vorzeichen der „Erbarmungen Gottes", so können sich die die Gemeinde zerspaltenden Konflikte nur von eben daher lösen. Geben wir eine bestimmte Lebenspraxis, eine bestimmte Frömmigkeitshaltung (usw.) als *die* christliche aus, dann wird menschliches Verhalten zur nota ecclesiae, und Pluralität muß die Einheit zerstören. Wenn unser So-Sein und So-Verhalten unsere Geltung vor Gott und die von Gott uns widerfahrende Anerkennung begründet oder auch nur mitbewirkt, dann muß die Verschiedenheit unter uns unsern Status vor Gott – herüber und hinüber – in Frage stellen. Umgekehrt: Je deutlicher wir wissen, daß das „Gott-für-uns" allein unsere Beziehung zu Gott bestimmt, verliert der von uns für spezifisch-christlich gehaltene „way of life" seine Heilsbedeutung und werden wir frei füreinander. Du auf deine Weise, ich auf meine – und über uns beide entscheidet der Herr, nein: er *hat* schon über uns entschieden, denn er hat uns „angenommen", wie wir sind. Ein Gleichnis: Das perspektivische Zeichnen haben wir gelernt, indem wir einen langen geraden Gang darstellten; die Geraden trafen sich im Fluchtpunkt, so weit sie auch im Vordergrund noch voneinander entfernt sein mochten. Je dichter an Christus, desto näher sind wir einander. Der Vergleich hinkt: Nicht unsere Linien laufen auf Christus zu, sondern er kommt uns entgegen, den Gang entlang, trotz unserer Linien, mindestens ohne sie. Er wird es nicht verkennen, daß ich es ernst meine mit meiner bewußten und betonten Freiheit oder mit dem Verzicht auf Fleischgenuß (14,2), mit Beachtung oder Nichtbeachtung eines Fasten- oder Festkalenders (14,5), mit meiner Weltoffenheit oder meiner Abstinenz in dem oder jenem, mit meiner mehr aktivistischen oder mehr rezeptiv-kontemplativen Art des Christseins. Vieles hat Raum in Jesu Gemeinde. Aber wir alle leben nicht von dem, was wir sind und tun, sondern von dem, was Er ist und tut. Wohlgemerkt: nicht einmal die christliche Freiheit – die sich rühmen mag, mit dem „Gott-für-uns" am konsequentesten Ernst zu machen – kann das Fundament unserer Rechtfertigung sein. Denn der Glaube glaubt nicht an sich selbst, sondern an Christus. „Propter Christum – per fidem": mit der sorgfältigen Wahl der Präpositionen ist ausgeschlossen,

daß der Glaube (und damit auch die in diesem Glauben gelebte Freiheit) zu einem rechtfertigenden Werk verfälscht wird. So unterschiedlich wir auch in der christlichen Gemeinde denken und leben mögen: hat Christus uns angenommen, dann hat der eine vor
dem anderen nichts mehr voraus, und dann werden die unter uns bestehenden Unterschiede bedeutungslos. Nicht die unter uns ausgehandelten und praktizierten Gemeinsamkeiten schließen uns zusammen, nicht einmal die vereinbarte Toleranz, sondern die
grundlose Liebe unseres Herrn. Er hat die zwischen ihm und uns bestehenden Barrieren
beseitigt; so können auch die Barrieren nicht mehr wirksam sein, die uns untereinander
trennen könnten.

Wer sich darüber wundert, daß Paulus hier so offen und weitherzig denkt, während er an
anderen Stellen bemerkenswert hart und kompromißlos urteilt (z.B. 16,17f.;
1. Kor. 15,12ff.; Gal. 1,6ff.; Phil. 3,2ff.; Kol. 2,4.8.16 u.ö.), der muß sich und der Gemeinde klarmachen, daß die hier bezeugte Freiheit nur *einen* Rechtsgrund hat: eben den, daß
Gott in Christus zu uns bedingungslos ja sagt und wir nun auch wirklich nicht noch anderswo unser Heil suchen. Christus *und* das Gesetz? Christus *und* die Beschneidung?
Christus *und* die „Weltelemente" (Kol.)? Christus *und* die Gregorianik (oder der Jazz
bzw. die Gitarre)? Christus *und* die sozialethischen Aktivitäten? Da wären die alten
Trennungen sofort wieder da. Wir wären nicht mehr „allesamt einer in Christus"
(Gal. 3,28). Oder aber – unmögliche Folgerung! – Christus wäre zerstückelt (1. Kor. 1,13),
das Kreuz wäre entleert (ebd.,V. 17). Muß die in unserer Perikope proklamierte Freiheit,
die uns mit dem anders stilisierten Bruder verbindet, wirklich so tief begründet werden?
War, damit es diese Freiheit und darum auch diese Gemeinsamkeit gebe, das Kreuz Christi nötig? Ja, würde Paulus sagen. Den Affront der Menschen gegen Gott hat Christus auf
sich gezogen (V. 3); und dies entsprach offenbar einer tiefen inneren Notwendigkeit, denn
die Schrift hat es – uns zu Lehre (V. 4) – längst zuvor so ausgesprochen. (Wenn Luther in
seiner Psalmenauslegung in dem alttestamentlichen Frommen Christus wiedererkannte,
so konnte er sich auf Paulus berufen; damit ist noch nicht über *unseren* Schriftgebrauch
entschieden.) Christus erleidet den Widerstand der „gegen ihren Herrn rebellierenden
Welt"; „er war der Geschmähte schlechthin und mußte es um Gottes willen sein"
(Ksm.). Begreift man, was unser aller (unfromme oder fromme) Auflehnung gegen Gott
ihn gekostet hat, dann muß es einem vergehen, die Vorzüge der eigenen Weise des Christseins gegen den anderen auszuspielen und ihm z.B. vorzuhalten, er sei noch nicht so weit,
daß man ihn als einen „bekehrten" Christen ansehen könne. *Wenn* es schon einen Unterschied zwischen „starken" und „schwachen" Christen gibt, dann kann er keinesfalls
Trennung und Absonderung begründen, auch nicht ein dünkelhaftes Sich-selbst-Gefallen,
sondern nur das folgt daraus, daß man bereit ist, die Schwächen der Schwachen zu tragen
(VV. 1f.), aber wiederum nicht in gönnerhafter Überlegenheit, sondern in dem Wissen,
daß Christus lauter solche „angenommen" hat, die es nicht wert waren.

Dasselbe stellt sich im Text noch auf eine andere Weise dar. Daß Christen in der Einheit
des Glaubens beisammenbleiben, ist eine Sache der *Hoffnung.* Damit kommt neben dem
Woher – Christus hat uns angenommen – ein *Wohin* in den Blick. Hoffnung blickt in die
Zukunft. Wir könnten auch, wie vorhin schon, von dem auf uns zu-kommenden Herrn
reden, von dem adventlichen Christus. Der Ist-Zustand der Kirche und die gegenwärtige
Verfassung unseres Christseins mit seinen sehr unterschiedlichen Ausprägungen kann ertragen werden („durch Geduld" im Sinne des „Darunterbleibens") und steht unter dem
„Trost" der Schrift, wenn wir uns wie die Gemeinde Gottes aller Zeiten unter Gottes in
die Zukunft weisende Zusicherungen (Verheißungen) gestellt wissen. Müßten wir das, was
wir jetzt sind (Starke, Schwache, Leute nach Art der High-Church oder der Low-Church,
intellektuell Anspruchsvolle oder „Stille im Lande" usw.), als das Ende der Wege Gottes

ansehen, dann käme es unter uns leicht zu einem humorlosen Eifern und zu verbissenen Diskussionen darüber, wie der liebe Gott sich den von uns darzustellenden und zu realisierenden Endzustand gedacht hat. Was für ein Trost ist das, daß Gott mit keinem von uns schon am Ziel ist. Man bedenke doch: auch die Gnadengaben, die mancher von uns besonders hoch veranschlagt, wie Prophetie, Zungenrede und Erkenntnis, *vergehen* (1. Kor. 13,8), und unsere christlichen Stilarten (zuweilen müßte man wohl auch von christlichen Modetorheiten reden) werden eines Tages total überholt sein, nicht etwa dadurch allein, daß auch in der Kirche die Richtungen einander ablösen, sondern dadurch, daß Christus kommt und allen unsern Christentümern durch seine unmittelbare, sichtbare Gegenwart (1. Kor. 13,12) ein Ende setzt. Das bedeutet für heute: Wir sollten, wir dürfen uns gegenseitig in der „Hoffnung" ansehen, die zugleich gespannt und zuversichtlich darauf wartet, was Gott aus „uns" und „euch" noch machen wird! Dabei sollten wir nicht nur daran denken, daß solche Hoffnung uns Geduld und Trost gibt, sondern daß Gott selbst der Gott der Hoffnung (V. 13) und darum ein Gott der Geduld und des Trostes ist. Er selbst ist geduldig und trägt uns, wie wir sind; vielleicht kann man Paulus sogar so verstehen, daß Gott nicht nur uns, sondern auch sich selbst tröstet, vor allem aber: daß Gott selber für uns hofft. Mit der Hoffnung, die er für uns hat, ist er über den Zustand, in dem er uns – auch was unsere Christlichkeit angeht – vorfindet, immer schon hinaus. Rechtfertigung blickt in die Zukunft (Gal. 5,5; Röm. 8,23–25).
Auf diesem Hintergrund wird noch einmal deutlich, was mit „annehmen" (V. 7) gemeint ist. „Wie Gott, (bzw. Christus) jedes Glied der Kirche in seine volle Gemeinschaft aufgenommen hat, so bezieht einander ein in euren christlichen Lebenskreis ohne jeden inneren Vorbehalt" (Delling, ThWNT IV, S. 16). Vielleicht ist speziell an das Herrenmahl gedacht. Wir haben es im Ohr: „Wenn jemand den Herrn nicht lieb hat, der sei ausgeschlossen" (1. Kor. 16,22). Hier die ganz andere Lage: Alle, die hier angeredet sind, „leben dem Herrn" (14,7f.); er hat sie angenommen. Der Herr in seinem Mahl für uns alle! Daß wir nicht fehlgehen, wenn wir an das gottesdienstliche Miteinander denken, zeigt V. 6. Es geht nicht nur um Einstimmigkeit im Sinne gemeinsamer Willensbildung, sondern um das Unisono des gottesdienstlichen Lobgesangs. Nicht zufällig nehmen die Gedanken des Apostels diese Wendung. Einmal: Man kann Gott nicht „mit einer Stimme" loben, wenn man zerstritten ist und sich nicht mehr als *eine* Gemeinde weiß. Und dann: Was Christus an uns getan hat, hatte nicht nur den Sinn und das Ziel, unter uns ein möglichst gutes Einvernehmen herzustellen, sondern uns zu befreien und zu verbinden zum Lobe Gottes. In nichts hat er größere Ehre als darin, daß er uns Unannehmbare annimmt. Besonders schön bringt es der Epheserbrief zum Ausdruck: das ganze Heilsgeschehen ereignet sich „zum Lob seiner herrlichen Gnade" (1,6), „zum Lob seiner Herrlichkeit" (1,12.14). Was Christus uns getan hat, löst uns die Zunge. Die Gemeinde lobt ihren Gott und Herrn.

2.

Der Fortgang des Textes überrascht. Verläßt Paulus sein Thema? Durchaus nicht! Daß der Segenswunsch von VV. 5f. in V. 13 variierend wiederaufgenommen wird, läßt erkennen: Paulus befindet sich noch immer in demselben „Raum" – sagen wir: in der „Stadt Gottes", nur auf erhöhtem Standort, auf einem Turm etwa oder (wenn der Anachronismus erlaubt ist) auf der Plattform eines Hochhauses. Der Blick wird weit, er erfaßt die Ökumene. Wo „Trost" ist und „Hoffnung", da müssen die Gedanken weit ausgreifen. Innergemeindliche Probleme kehren in dem, was Christen und Heiden trennt, in vergrößertem Maßstab wieder, und – was noch viel mehr ins Gewicht fällt – daß Christus Menschen unverdientermaßen „annimmt", verbindet ja nicht nur Christen untereinander, sondern vereint uns mit den Menschen aus allen Völkern zu der einen Gemeinde Jesu in aller Welt, so daß die, von denen wir meinten, sie könnten nie zu uns gehören, in Christus unsere Brüder und Schwestern werden. Christus legt alle Schranken nieder (Eph. 2,11–22). Binnenkirchliche Enge, genießerisch-selbstgefällige (vgl. VV. 1–3) Zurückgezogenheit, ein Ausruhen auf dem, was man den anderen vorauszuhaben meint, all dies wäre Verleugnung der großen Einladung Jesu und unseres Angenommenseins als seine Tisch- und Hausgenossen.

Sofort freilich erleben wir eine weitere Überraschung. Es ist nicht so, daß die universale Liebe Gottes von jeher alle Menschen – ob sie es wußten und gelten ließen oder nicht – „angenommen" bzw. vereinnahmt hätte, nicht einmal so, daß nun, seit Christus da ist, alle Menschen – sozusagen über ihren Kopf hinweg – automatisch Angenommene seien. Paulus brauchte sich nicht (wie man z.B. gleich anschließend an unsere Perikope lesen kann) erneut auf den Weg zu machen und die (in der Tat *allen* geltende) Einladung seines Herrn unter die Leute zu bringen, wenn sich das Seligwerden automatisch einstellte und darum von selbst verstünde. Das Heil ereignet sich *geschichtlich,* also *konkret.* Nicht über die Köpfe hinweg, sondern in den Köpfen und Herzen und Leibern. Der einladende, uns bei sich aufnehmende Gott geht einen bestimmten Weg durch die Welt. Paulus beschreibt, in aller Kürze, diesen Weg. Ob es uns gefällt oder nicht, Christus hat sein Werk zunächst unter den Juden getan. „Geht nicht auf der Heiden Straße und zieht nicht in der Samariter Städte, sondern geht hin zu den verlorenen Schafen aus dem Hause Israel" (Matth. 10,5f.; 15,24.26). Es muß für den Heidenapostel Paulus ein harter Knoten gewesen sein, damit fertig zu werden; aber er hat (allem Gegenteiligen zum Trotz, das man ihm immer nachsagt) den irdischen Jesu, aus guter Kenntnis, so ernst genommen, daß er diese Beschränkung seines Wirkens auf Israel nicht nur hinnahm, sondern seinerseits behauptete. „Christus ist ein Diener der Juden geworden", genauer: er „war" es, aber nicht, weil der Zufall dies so mit sich gebracht hätte, sondern kraft einer Entscheidung, eben dies zu „werden" (dies ergibt sich aus der Perfektform γεγενῆσϑαι). Diese Entscheidung wiederum bedeutet ein Ja zu dem Weg, den Gott kraft seines freien und gnädigen Entschlusses gegangen ist. Das Heil verwirklicht sich in einer bestimmten Geschichte! Daß der Begriff Heilsgeschichte mißbräuchlich entstellt worden ist – als sei der handelnde Gott einer ihm selbst gemäßen Gesetzmäßigkeit unterworfen oder als enthalte jeder Augenblick der Geschichte keimhaft alles in sich, was noch kommen soll –, kann uns nicht davon abhalten, ihn dennoch zu gebrauchen: Mit seinem je und je ergehenden, freien Wort bewirkt Gott ein leibhaft-konkretes Geschehen durch die Jahrtausende hindurch, das der Glaube – trotz allem Auf und Ab und trotz allem Wechsel – als das Tun Gottes erkennt. Dazu gehört, daß Gott Israel zum Volk seiner Wahl, zu seiner „Kirche" gemacht hat (hierzu bes. Röm. 9–11). Einen erstaunlich *schmalen* Weg ist Gott gegangen! Kein Grund für das alttestamentliche Gottesvolk, sich seiner Erwählung zu rühmen (Amos 9,7; Deut. 7,7). Aber Gottes Bund und Zusagen gelten (Röm. 11,29). Es ist nicht Gottes Art, durch einen Global-Ukas alle Menschen ab sofort zu seinem Eigentum zu erklären. Er geht den beschwerlichen Weg des Ringens und Werbens um seine verlorenen Menschen. Und er bleibt sich darin selber treu, indem er zu seinen „Zusagen" steht: seine „Wahrhaftigkeit" oder, was dasselbe ist, seine „Treue" (V. 8: ἀλήϑεια = אֱמֶת). Damit ist Christus der Weg vorgezeichnet. Er wurde zunächst der Vollstrecker und Einlöser der Verheißungen, die den „Beschnittenen", also dem Gottesvolk des Alten Bundes gegeben waren. Gott macht wahr, was er verspricht. Er will auf seine Zusicherungen angesprochen, er will von uns, indem wir glauben und hoffen, auf sie festgelegt *sein,* deshalb nämlich, weil er sich – in aller Freiheit, nicht weil wir ihn hätten nötigen können – selbst zu unseren Gunsten festgelegt *hat.* So ist das Werk Christi zu verstehen. EKG 11.

Damit, daß wir soeben „uns" sagten, waren wir voreilig. Der Text redet zunächst von Israel als dem alttestamentlichen Bundesvolk. Für dieses liegen die gültigen Zusagen Gottes vor. Für die Heiden nicht. Ihnen hat sich Gott nicht verpflichtet, aber er läßt sein „Erbarmen" walten. Auch Israel sollte „Gottes gnädige Wahl" (11,28) als reines Wunder verstehen; aber das Wunder hat bei ihm, weil Gott es so fügte, feste Gestalt gewonnen. Bei den Heiden ist das nicht so. *Noch* nicht so, sollten wir sagen. Aber indem sie zu „Mitbürgern mit den Heiligen und Gottes Hausgenossen" werden (Eph. 2,19), gelten alle Zusagen Gottes – sozusagen mit Brief und Siegel – auch ihnen (1.Petr. 2,9f.). Nun sind aus den „Hündlein" doch noch „Kinder" geworden (Matth.15,26ff.). Johanneisch gesprochen: Der erhöhte Christus zieht uns alle zu sich (12,32). So nimmt also Christus nicht nur den Mitchristen an, der neben mir auf der Kirchenbank (oder im Hauskreis oder in der Synode) sitzt, sondern auch den, der noch „draußen" ist.

Wir beachten, daß die Schriftzitate, die von den Heiden handeln, wiederum davon reden, wie dieses Eingehen in die Gemeinschaft mit Gott („Annahme") sich geschehnishaft verwirklicht, Schritt für Schritt (dies der sachliche Sinn der schönen Klimax, die wir bei der Verlesung des Textes dezent spürbar machen sollten). Wie fängt es an? So, daß einer mitten in nichtchristlicher Umgebung Gott lobt (V. 9b). Vielleicht löst, was er von Gott zu sagen weiß, Befremden aus, aber er sagt – und singt – es. Und dann macht er den Nichtchristen Mut, sich mit Gottes Volk zu freuen (V. 10). Aus Befremden wird Staunen und Mitfreude. (Wenn es uns nur gegeben wäre, so glaubhaft von unserem Herrn zu reden, daß andere Lust bekommen, sich mitzufreuen!). Dritte Stufe: Alle Völker werden aufgerufen, ihrerseits Gott zu loben (V. 11). „Der Preis des christlichen Gottesdienstes wird universal" (Ksm.). Wir sollten, wenn wir in unseren Gottesdiensten Gott loben und ihn bekennen, daran denken, daß der Lobgesang aus der Weite der Ökumene zu Gott aufsteigt. Das kann und darf ein sehr vielstimmiges und verschiedensprachiges Lob sein; dennoch werden wir uns freuen, wenn die Gemeinsamkeit (V. 6: „mit *einem* Munde") auch in gemeinsamer Liturgie ihren Ausdruck findet. – Und nun, vierte Stufe, die messianische Hoffnung der Heiden, die dem Advents-König entgegenkommt. Paulus zitiert (nach LXX, die hier entbehrliche Zeitangabe ist weggelassen) Jes. 11,10, eine der messianischen Weissagungen, gerade die, die, genealogisch hinter David zurückgehend (doch vgl. 1,3), von dem „neuen David" spricht, doch wohl in scharfer Kritik am damals regierenden Königshaus (G. von Rad, ThAT II, S. 180). Dieser Messias wird „über die Völker herrschen", aber nicht als der unerwünschte Unterwerfer, sondern als der, auf den sie „hoffen". (Übrigens: wie mag es in den Ohren der ersten Christengeneration geklungen haben, wenn von dem die Rede ist, der „erstehen" wird?) – Wir lesen dies mit großer innerer Beteiligung. Wie die Messiashoffnung der Alten zunächst politisch konzipiert war, so sind auch die Hoffnung der Christen in der weiten Welt auf ein besseres, friedliches, freies, sorgloses Leben politischer Art. An seinem Ort hat dies auch sein Recht. Christliche Weltverantwortung darf nicht nur auf „Mildtätigkeit", sie muß auf die neuen, gerechten *Ordnungen* zielen. Aber die Herrschaft des „Christus" geht weit darüber hinaus. Was wir eigentlich und im tiefsten hoffen, überschreitet alle Grenzen dieser vom Tode umschlossenen und am Verlust der Gottunmittelbarkeit leidenden Welt. „Hoffnung" heißt das Leitwort des Textes – und, weil von dem „Gott der Hoffnung" die Rede ist, liegt darin auch der „Trost". Daß er uns in Christus annimmt, vereint uns weltweit. Wo immer die Menschen auf Erden leben und wer immer sie seien: sie sind, wie wir selbst, Gott willkommen. Wir sollten keinen Menschen mehr anders ansehen als im Zeichen dieser Hoffnung.

4. Sonntag im Advent. 2. Kor. 1,18–22

Dreimal hat Paulus, wie es scheint, seine Reisepläne geändert. Aus Ephesus (I 16,8) schreibt er – ursprünglicher Plan –: er wolle die Korinther nicht nur auf der Durchreise besuchen, sondern nach seinem Zug durch Mazedonien für längere Zeit zu ihnen kommen (I 16,5ff.). Erste Änderung: In Korinth auftretende Gegner des Paulus („Superapostel", II 11,5, Bestreiter der apostolischen Vollmacht des Paulus) veranlassen Paulus zu einem „Zwischenbesuch" in Korinth (2,1; 12,14; 13,1), bei dem es zu einem schweren Zusammenstoß kommt (2,5; 7,11ff.). Zweite Änderung der Pläne: Paulus nimmt sich einen weiteren Zwischenbesuch vor (1,15f.), durch den die Korinther ein zweites Mal „Gnade empfangen" sollen (das erste Mal: I 2,1–4; vgl. Röm. 1,11); danach will Paulus nach Mazedonien reisen (weiter wie I 16,5ff.). Diesen Plan gibt Paulus auf (dritte Änderung), er kehrt zum ursprünglichen Plan zurück. Ist der Konflikt mit den Korinthern auch inzwischen behoben (7,6ff.), muß Paulus doch dem Vorwurf der Unzuverlässigkeit (1,17) entgegentreten; für die Änderung des Plans hatte er seine Gründe (2,1ff.).

Die Perikope ist mitten aus dem Zusammenhang genommen; sie isoliert die Grundsatzaussagen vom konkreten Anlaß. V. 18: Was zunächst einfach als Beteuerungsformel zu verstehen ist, erweist sich bald als Vorzeichen des ganzen Abschnitts: „Gott ist zuverlässig." Paulus ist nicht doppelzüngig. Der Vergleich mit V. 17 („ja, ja – nein, nein") läßt an synoptische Überlieferung denken (Matth. 5,37, noch mehr Jak. 5,12, eine der Anspielungen des Jak. auf Q-Tradition). – V. 19: Daß Paulus seine Zuverlässigkeit mit der Zuverlässigkeit Christi Jesu, des Sohnes Gottes (gefüllte christologische Formel!), begründet, überrascht und will theologisch bedacht sein (s. u.). Silvanus (= Silas), nach Apg. 15,22 ein „angesehener Mann" der Jerusalemer Gemeinde (der nach 1. Petr. 5,12 später die Arbeitsgemeinschaft mit Petrus wieder aufgenommen hat), wird des Paulus Begleiter auf der zweiten Missionsreise (Apg. 15,40; 18,5; nach den Briefpräskripten Mitverfasser der Thess.–Briefe). Ähnlich Timotheus, aus Lystra, den Paulus wiederholt mit Aufträgen zu Gemeinden sandte (1. Thess. 3,1ff.; Phil. 2,19–23; 1. Kor. 4,17; 16,10f.) und der als Mitabsender mehrerer Briefe erscheint. Paulus ist der Gründer der Gemeinde (Apg. 18,1ff.; 1. Kor. 2,1ff.; 4,15). – V. 20: Röm. 15,8; vgl.1,2; 1. Kor. 15,3–5. Nach Offb. 3,14 wird Christus geradezu „der Amen" genannt. Er selbst bewirkt das Amen der Gemeinde, mit dem diese („Gott zu Ehren"!) bekräftigt: „Es steht fest, es gilt" (ThWNT I, S. 339), so bei vielen ntl. Doxologien, vgl. auch 1. Kor. 14,16. – V. 21: Gott „macht uns fest" – „in Christus hinein". Vgl. Kol. 2,6f.; 1. Kor. 1,8, letzteres wahrscheinlich tauf-terminologisch zu verstehen (ThWNT I, S. 602f.), wie auch „salben" und – V. 22 – „versiegeln", d. h. „mit einem Erkennungszeichen versehen" (Bauer, WB), nämlich mit dem Geist (Eph. 1,13), was „ohne Zweifel auf die Taufe" „geht" (Bltm., ThNT, S. 140), eine Bezeichnung der Taufe, die Paulus offenbar schon voraussetzt (ebd.). Der in unsere Herzen gegebene Geist ist „Anzahlung" auf das Eschaton (5,5; Eph. 1,14).

Die PTO hat erfreulicherweise diesen großen Text vom „Rande" weg- und in das System der sechs Reihen hineinversetzt. Der vierte Sonntag im Advent hat überhaupt ein besonders reiches Textproprium; man bedauert, daß in der vorweihnachtlichen Geschäftigkeit und Hast meist nur sehr wenige daran teilhaben. Man darf freilich die Mühe nicht scheuen, die es kostet, diesen Abschnitt zu verstehen. Das dogmatische Thema ist leicht zu erkennen: Verheißung und Erfüllung. „Wie viele Verheißungen Gottes es nämlich geben mag: in ihm, Christus, ist das Ja." Die in Gottes eigenen Zusagen begründete Hoffnung der Väter – in vielen Jahrhunderten – ist in Jesus Christus erfüllt. Das wäre ein einigermaßen „handliches" Thema. Schwierig werden die Aussagen des Textes dadurch, daß sie diese Thematik nicht lehrbuchartig isoliert und „rein" verhandeln, sondern im direkten Bezug auf das gelebte Leben, in diesem Falle: in Anwendung auf die Spannungen zwischen den Korinthern und dem Apostel. Man versteht das Gesagte wahrscheinlich dann am besten, wenn man bestimmte im Text und seiner Umgebung vorkommende Vokabeln als Stich- und Schlagworte dieses Konflikts und bestimmter gegen den Apostel gerichteter Animositäten versteht. Dir fehlt es an „Heiligkeit" und „Lauterkeit", du denkst und lebst „in fleischlicher Weisheit" (V. 12). Du verstellst dich und redest doppelzüngig (V. 13). Du bist „leichtfertig", deine Pläne und Entschlüsse sind menschlich, ja „fleischlich", nicht

vom Geist Gottes bestimmt und daher widersprüchlich (V. 17). Wir haben auf dich gewartet, und du bist nicht gekommen. Auf dich ist kein Verlaß. – Auf diesem Hintergrund
sind die großen Glaubensaussagen des Textes zu sehen. Das heißt aber: es gilt zu
verstehen, wie Paulus dies beides, Lehre und Leben, ineinander verschränkt sieht. Etwa
so: Was haben die in Christus erfüllten großen Zusagen Gottes mit den Reiseplänen des
Paulus zu tun? Wie verbinden sich die – relativ kleinen und unbedeutenden – Probleme
und Problemchen des Alltags mit „des großen Gottes großem Tun" (EKG 371,8) im
Geschehen der Jahrhunderte und Jahrtausende? Wie kann man beides so direkt miteinander verknüpfen: Gott ist zuverlässig, also bin ich es auch!? Oder gar so: Wenn ihr an
meiner Verläßlichkeit zweifelt, dann negiert ihr damit die Verläßlichkeit Gottes. Das
Verstehen wird uns nicht leicht gemacht. Wir können es ja nur begrüßen, daß Lehre und
Leben, Glaube und Alltag so unmittelbar aufeinander bezogen sind; unsere Verkündigung und, schlimmer noch, die Praxis unseres Christseins leidet darunter, daß es uns so
schwerfällt, das Zusammengehörige auch zusammenzubringen. Hier, im Text, wird uns
vorgeführt, wie es sein sollte und sein kann. Aber in dieser Chance liegt auch die Schwierigkeit.
Es liegt auf der Hand, daß wir damit in ähnlicher Lage sind wie bei dem voraufgehenden
Text. Nicht nur um der direkten sachlichen Berührung willen (Röm. 15,8), sondern vor
allem wegen des geistlichen Denkstils. Auch dort wird ein unmittelbar bedrängendes Ge-
meindeproblem im großen Horizont der Zusagen und Vorhaben Gottes gesehen. Man
könnte sich denselben Sachverhalt auch an anderen Texten deutlich machen. Beispiel:
Das Thema der Versöhnung wird in 2. Kor. 5,16ff. nicht abstrakt verhandelt, sondern
mitten hineingedacht und -gesprochen in den Konflikt mit den Korinthern: „So bitten
wir nun an Christi Statt: Laßt euch versöhnen mit Gott." Es ist wichtig, dies einzusehen,
es dann auch in der Predigt im Gedächtnis zu haben und damit Ernst zu machen. Es gilt
nicht, ein Kolleg über Verheißung und Erfüllung zu halten, sondern den Gott zu verkündigen, der mit seinem großen Ja in unsere Situation hineinkommen will und, indem diese
Predigt gehalten wird, auch tatsächlich hineinkommt. Es passiert uns Predigern zu oft,
daß wir über Gott wie über einen Abwesenden reden und ihn und sein Tun in Lehrsätzen
objektivieren. Es ist in der Art der Offenbarung Gottes „im Fleische" begründet, daß wir
in der Tat ohne objektivierende Aussagen nicht auskommen. Aber was Verkündigung
soll, dazu kommt es erst dann, wenn unsere „Er"-Aussagen über den in Christus offenbaren Gott transparent werden für seine „Ich"-Aussagen (Luk. 10,16a). In aller Predigt will
der dreieinige Gott zu uns kommen; alle Predigt ist also Adventsgeschehen.
Damit sind, denke ich, die Voraussetzungen geschaffen für einen Versuch, das Ganze des
Textes knapp zu fassen: *Der Advent des verläßlichen Gottes*: (1) *Gott hält sein Wort.* (2)
Gott spricht sein Ja.

I.

Daß einer seine Reise- (und damit auch Arbeits-) Pläne ändert, braucht noch kein Grund
zur Aufregung zu sein. Es kann äußere Hindernisse geben (Röm. 1,13). Es kann sogar
sein, daß Gott selbst menschliches Vorhaben durchkreuzt (Apg. 16,7.10). Die Vorwürfe
der Korinther gegen Paulus müssen einen anderen Sinn haben. Zunächst besagen sie einfach: Paulus ist unzuverlässig und doppelzüngig. Er verspricht zu kommen, und dann
hält er nicht Wort. Oder noch schlimmer: schon das gegebene Wort kann man nicht ernst
nehmen, denn in seinem Ja-ja kann sich ein Nein-nein verbergen. (Das doppelte Ja und
Nein erinnert, wie wir sahen, an Matth. 5,37; die dort vorliegenden traditionsgeschicht-
lichen Fragen müssen jetzt unerörtert bleiben. Die Verdoppelung ist ungewöhnlich,

könnte als Schwurformel verstanden werden. Paulus scheint – wieder einmal – Synoptisches im Ohr zu haben.) Es fehlt an der „Lauterkeit" (V. 12); sie wird in 1. Kor. 5,8 mit der „Wahrheit" zusammengestellt.

Paulus kann solche Anschuldigungen nicht auf sich sitzen lassen. Er hat auch sonst in den Korintherbriefen viel Anlaß, sich gegen seine Kritiker zu verteidigen, besonders in unserem Brief. Auch wenn die uns aufgegebene Stelle zum jüngsten der uns erhaltenen Korintherbriefe gehört (1, 1–2,13 + 7,5–16 + 8), das Zerwürfnis also bereits behoben ist: man kann einen solchen Vorwurf nicht einfach hinnehmen. – Bewegend, wie Paulus darauf eingeht. Er verwahrt sich nicht, er wird nicht scharf; er fragt sein eigenes Gewissen (V 17). Sollte der Vorwurf wirklich zu Recht bestehen? Paulus pocht nicht auf seine sittliche Integrität. Er ruft Gott zum Zeugen an (VV. 18.23). Gott ist ja, wie in allem, so auch in dieser Sache sein Mitwisser. Vor diesem Zeugen gibt es keine Verstellung und Täuschung. Gott weiß, daß bei Paulus das Ja nicht zugleich ein Nein ist. Hat Paulus Ja gesagt, dann hat er auch Ja gemeint. Wenn aus dem geplanten Besuch doch nichts geworden ist, dann hat das andere Gründe (V. 23), nicht den der Doppelzüngigkeit des Apostels (V. 18). Soll man – mit Bousset – sagen: „Wie der Herr, so der Bote"? In der Tat, Paulus pariert den Vorwurf der Unzuverlässigkeit im Reden und Tun mit dem Hinweis auf seinen Gott und Herrn. Wie könnte ich, Paulus, so unzuverlässig, so wetterwendisch, so leichtfertig sein, wie ihr Korinther es mir zutraut, wenn ich im Dienste eines so „treuen" (πιστός), verläßlichen Gottes stehe?

Man könnte diese Argumentationsweise für äußerst gefährlich halten. Wie der Herr, so der Bote – wenn das nicht nur behauptet, sondern auch durchgehalten werden soll, dann würde – im Rückschluß – jedes Versagen, Ungenügen, Abirren, Einbrechen des Boten zugleich den Herrn unglaubwürdig machen. Es klingt so plausibel, wenn in Predigten oft beteuert wird, das Tatzeugnis der Christen sei die verständlichste, eindeutigste Predigt; niemand wird, was damit gemeint ist, bestreiten wollen (man denke nur an Matth. 5,16). Aber der Christ wird nie auf sich selbst weisen, als könne man an ihm erkennen, wie Gott ist; er wird auf Gott selbst zeigen, wie er in Christus für uns anschaubar geworden ist, und jeden, den es angeht, nur aufs dringlichste bitten, sich durch sein, des Boten, Versagen nicht an diesem Gott irre machen zu lassen. Es soll nicht bestritten sein, daß Christus in uns Christen Gestalt gewinnt (Gal. 4,19). Aber das, was uns wirklich neu macht, ist die Tatsache, daß unser Leben seinen Schwerpunkt in Christus gefunden hat, wir also gerade nicht mehr darauf aus sind, unsere Integrität in uns selbst zu suchen und zu behaupten, sondern in ihm.

Gerade dies kann man aber an der Gedankenführung in unserem Abschnitt ablesen. „Gott ist treu", das ist zunächst Beteuerungsformel; kaum ausgesprochen, wandelt sich der Satz in eine Bekenntnisaussage über Gott. Es ist, als hätte Paulus das Thema seiner eigenen Zuverlässigkeit im Handumdrehen vergessen! Er spricht nur noch von der Zuverlässigkeit Gottes. Wenn die Änderung der Reisepläne des Paulus bei den Korinthern Zweifel an dessen Verläßlichkeit ausgelöst haben, so wird das zu überstehen sein (vgl. 13,7). Wirklich interessant ist nur eins: daß der von Paulus gepredigte Gott zuverlässig ist. Käme man darüber zum Einvernehmen, dann erledigt sich die Frage, was von Paulus zu halten ist, von selbst. Hauptsorge: daß die Korinther nur nicht an Gott irre werden. Wie der Mensch Paulus dabei wegkommt, ist zweitrangig (1. Kor. 4,3–5). – Wenn uns das aufgegangen ist, dann ist auch sofort deutlich, daß Paulus mitten in der Sache ist. Die Korinther haben sich viel zu sehr für den Menschen interessiert, heiße er nun Paulus, Kephas, Apollos oder wie immer. Ihnen war der Pneumatiker als solcher interessant. Darum war die inkriminierte Unzuverlässigkeit des Paulus für sie ein Argument von höchstem Gewicht. Paulus dagegen beharrt darauf: Christus ist uns „zur Weisheit und zur Gerechtigkeit und zur Heiligung und zur Erlösung geworden" (1. Kor. 1,30) – er ist auch unsere Verläßlichkeit. Denkt meinetwegen über mich, wie ihr wollt; Hauptsache, ihr habt begriffen, daß der Herr, in dessen Dienst ich stehe, die Vertrauenswürdigkeit in Person ist. Wenn es mir gelänge, eure Blicke jetzt ganz auf *ihn* zu richten, dann wäre die Frage meiner sittlichen Kreditwürdigkeit und der Gültigkeit des von mir gegebenen Wortes zugleich mitbeantwortet.

„O ein treuer Gott!", übersetzt Luther (Urfassung) den Anfang von V. 18; wir werden das nicht nachmachen, aber das Umschlagen der Beteuerungsformel in eine evangelische Aussage daran wahrnehmen. Unser Gott hält Wort. Wen dieser Satz langweilt (weil er meint, „das Moralische versteht sich" – mindestens für Gott – „von selbst"), der weiß nichts von der Freiheit Gottes, der uns nichts schuldet, und nichts von unserer Abkehr von Gott, die uns schuldig macht. Die Stetigkeit und Konsequenz in seiner Zuwendung zu uns ist etwas höchst Erstaunliches und Wunderbares. Gott hat sich mit seinem Wort gebunden, nicht weil er müßte, sondern weil er in seiner Gnade *will*. Das Evangelium, das Paulus predigt, ist „zuvor verheißen" durch die Propheten „in der heiligen Schrift" (Röm. 1,2). Gestorben und auferstanden ist Christus „nach der Schrift" (1. Kor. 15,3f.). Christus ist – so gesehen – nicht die große Überraschung in dem, was sich zwischen Gott und den Menschen abspielt. Er stürzt auch nicht wie ein Meteor unversehens aus dem Himmel auf unsere Erde. Uns ist zuvor gesagt, wen wir da zu erwarten hatten. Er kommt von dem Gott, der in seinem Vorhaben mit der Welt unbeirrbar ist. Eher weichen Berge und fallen Hügel hin, als daß Gottes Friedensbund mit seinem Volk zunichte würde (Jes. 54,10). Wir sollen nicht einen Gott haben, der heute so will und morgen ganz anders, wetterwendisch, launisch, unberechenbar. Er steht zu seinem Wort, man kann, man soll es ernst nehmen. Er will, daß wir uns daran halten. Sofern er sich selbst gebunden hat – „Bund" meint Selbstverpflichtung –, macht er sich uns „verfügbar". Niemand könnte ihn vom „Himmel" herunterholen; niemand kann ihn in seine Gewalt bringen und ihn sich hörig machen; das wäre der Irrtum, nein die Sünde heidnischen Aberglaubens. Aber wo Gott sich gibt, da sollen wir ihn nehmen. Er will auf seine Zusagen angesprochen, beim Wort genommen werden.

So kommt es zu dem, was wir *Heilsgeschichte* nennen. Wohlgemerkt: der Text redet nicht von einer innergeschichtlichen Evolution, sondern von „Gottesverheißungen", die Gott – je und je – „senkrecht von oben" an sein Volk hat ergehen lassen. Die von Gott in Gang gehaltene Heilsgeschichte ist also nicht ein Prozeß, bei dem sich eines immer aus dem andern ergibt. Hier ist nichts zu konstruieren, auch nicht im nachhinein. Aber was Gott in seinem offenbarenden Handel einmal zugesagt hat, „das hält er gewiß" (Ps. 33,4). Wir können jetzt nicht das ganze Alte Testament nach solchen Zusagen durchgehen. Nur ein paar Stichworte: Land, Erbe, Heil, Friede, Freiheit – Bund, Gotteserkenntnis, Gerechtigkeit, Vergebung – Königtum Gottes, Messias. Die christliche Gemeinde denkt am 4. Adventssonntag besonders an die sog. messianischen Weissagungen. Sie singt: „Gott sei Dank durch alle Welt, der sein Wort beständig hält" (EKG 11). Dieser zuverlässige, sich in seinem Wollen und Planen gleichbleibende Gott steht hinter dem missionarischen Wirken des Apostels, speziell hinter seiner Christusverkündigung. Indem Gott Christus sandte, hat er alle seine Verheißungen bejaht, bekräftigt, bewahrheitet. Das bedeutet einmal, daß Christus von den Verheißungen her gesehen und verstanden sein soll. Zum andern aber, daß in Christus eigentlich erst herauskommt, was mit diesen Verheißungen gemeint ist. An der Umwandlung der Messiasvorstellung wird es am ehesten deutlich, aber man könnte all die soeben genannten Schlagworte alttestamentlicher Hoffnung daraufhin durchgehen, wieso das Kommen Christi sie transformiert, mit neuem Gehalt füllt: sie sind oft sarkisch verstanden worden und bekommen in Christus einen pneumatisch-eschatologischen Sinn. Gedankenspielerei? Keineswegs. Denn es ist für unsern Glauben entscheidend wichtig, daß wir lernen: unser fleischlich-irdisches Sehnen, Begehren und Hoffen wird nur so erfüllt, daß es sich auf die Güter des Glaubens richtet, letztlich auf die Gemeinschaft mit Gott selbst. Eben dies ereignet sich in Christus, mit dem uns nicht weniger als „alles" geschenkt wird (Röm. 8,32). Ihre Gültigkeit, ihr „Ja", haben die alttestamentlichen Zusagen in ihm.

Wir würden von dem, was Paulus sagt, einen falschen Gebrauch machen, wenn wir jetzt die auf Christus zustrebende Heilsgeschichte wie einen an die Wand gemalten Prospekt ansähen, gewissermaßen aus fünf Schritten Abstand. Verheißungen sind nicht Weissagungen, die, addiert, ein Weltprogramm ergeben, das abschnurrt und an dem man betrachtend teilhat. Verheißungen sind „Zusagen", mit denen Gott persönlich auf uns zukommt, weil er es auf uns abgesehen hat und mit uns in persönliche Gemeinschaft kommen will. Wir sprechen vom Advent des verläßlichen Gottes. Darin liegt beides: Gott sucht uns – heute – und will uns zu seinem Gegenüber machen, in dem wir unsere menschliche Bestimmung haben (coram Deo); er bewegt sich also auf uns zu und spricht uns mit seinen Zusagen persönlich an; aber dies nicht anders als so, daß er die Verheißungen von einst, gültig ausgesprochen und gewissermaßen festgeschrieben, in diese Begegnung mitbringt. Jede Gottesbegegnung heute ist qualifiziert durch die „Vorgabe" seiner Verheißungen. Gott ist „treu", zuverlässig. Das ist das Evangelium des Paulus, durch das auch sein, des Apostels, Verhältnis zur Gemeinde in Korinth bestimmt ist und das überhaupt das Verhältnis von Christen untereinander bestimmt. Was uns zusammenbindet, ist der Gott, der unter allen Umständen Wort hält.

2.

Welches der Inhalt dieses Wortes ist, davon zu sprechen haben wir in dem bisher Gesagten bewußt vermieden, denn davon soll jetzt im Zusammenhang die Rede sein. In welchem Sinne Gott konstant ist in seinen einmal gefaßten Beschlüssen, in welcher Meinung und Einstellung zu uns er sich treu bleibt, dies bedarf noch genauerer Entfaltung. Konstant könnte Gott auch in der Unbestechlichkeit sein, in der er fromme und gehorsame, gefestigte und leistungsstarke Menschen annimmt, die ihm Abgewandten und die Aufsässigen, die Entgleisten und Versager aber zurückstößt und aus seiner Nähe verbannt. Verläßlichkeit aufgrund der Tatsache, daß Gott sich gleich bleibt, ist zunächst ambivalent; wir müssen fragen, *worin* verläßlich.

„Der Sohn Gottes, Christus Jesus" bestätigt und bewahrheitet nicht nur die Zusagen Gottes im Sinne eines bündigen Ja. Er ist dieses Ja als Person und als Ereignis. Gott bejaht nicht nur sich und sein einmal gegebenes Wort; er bejaht in Jesus Christus zugleich *uns*. Nicht Ja und Nein, so daß man besorgt wartet, wie wohl das Los fällt oder der Prozeß ausgeht. Christus – das heißt: lauter Ja. „In ihm ist Ja geschehen"(V. 19). Man muß die Aussage so ernst nehmen, wie sie dasteht. Das Ja Gottes ist nicht eine unveränderliche, mit der Konstanz einer ewigen Wahrheit über uns schwebende positive Grundeinstellung Gottes zu seiner Welt. Gottes Ja hat geschichtlichen Charakter, es „ereignet" sich. Man ist also nicht automatisch unter Gottes Ja; man ist es, indem man sich in Christus „festmachen" läßt (V. 21). „In ihm" – wir täten nicht gut, wenn wir diese Formel in abgeblaßtem Sinne oder gar gedankenlos verwendeten. Paulus, Silvanus und Timotheus haben seinerzeit Christus nach Korinth gebracht (V. 19). Nicht: sie haben einen Christus bekannt gemacht, mit dem man es sowieso zu tun hat, wissend oder nicht, wollend oder nicht. Es wäre sicher nicht alles falsch daran, daß jemand so dächte; „in ihm ist alles geschaffen", auch „zu ihm" (Kol. 1,16). Aber Verkündigung hat nie bloß kognitiven Sinn, als wolle sie nur bekanntmachen, was sowieso schon Faktum ist. Verkündigung bringt den für uns geborenen, gestorbenen und auferstandenen Christus mit, denn er selbst vergegenwärtigt sich in ihr, indem er sich in das Wort – und, wie wir gleich noch sehen werden, in die Taufe – hineingibt, um uns konkret zu begegnen. Wäre Paulus, wie geplant, nach Korinth gekommen, hätte er „eine zweite Gnade" mitgebracht. Damit hätte sich der Advent Christi in Korinth gewissermaßen wiederholt (V. 15).

Man erschrickt, wenn man sich dies klarmacht. Wenn die Korinther nicht so sehr mit der Person des Apostels und ihrer – vorhandenen oder nicht vorhandenen – menschlichen oder pneumatischen Qualität beschäftigt wären, hätte ja das Ausbleiben des Apostels für sie eine noch viel einschneidendere Bedeutung gehabt. Sie hätten es als die verweigerte Absolution verstehen müssen, gewissermaßen als das zurückgenommene Evangelium, mindestens als die verweigerte „zweite Gnade" (noch einmal V. 15). Nach Lage der Dinge hätte der Besuch des Apostels tatsächlich diese Wirkung haben müssen, Paulus weiß von der Vollmacht seines apostolischen Amtes, Sünden nicht nur zu vergeben, sondern, wo es sein muß, sie auch zu behalten (1. Kor. 5,3–5). Daß Paulus seinen Reiseplan umgestoßen hat, war ein Akt der Geduld, des hoffenden Zuwartens. „Ich rufe Gott an zum Zeugen über meine Seele, daß ich euch *schonen* wollte und darum nicht wieder nach Korinth gekommen bin" (V. 23; vgl. 13,10). Und wie konnte er das? Warum nicht ein Durchgreifen in Härte und Konsequenz?

„Laßt euch versöhnen mit Gott!", hat Paulus (wenn die neuere literarkritische Analyse des 2. Kor. zutrifft) früher den Korinthern zugerufen (5,20). Und noch im Tränenbrief: „Testet euch selbst, ob ihr im Glauben seid; prüft euch selbst! Oder erkennt ihr euch selbst nicht, daß Christus in euch ist?" (13,5). In Christus hat Gott sein unwiderrufliches Ja gesprochen. Nicht „vielleicht", nicht mit „Wenn" und „Aber". Wie stark dieses Wissen um das in Christus geschehene unverbrüchliche Ja Gottes Paulus in seiner ganzen Motivation und in seiner Einstellung zu den (ihm verfeindeten) Korinthern bestimmt hat, kann man an 2,1ff. ablesen. So geht man mit Menschen um, mit denen man zerstritten ist, mindestens in schmerzhaften Spannungen lebt, wenn – ja, wenn man um den Christus weiß, der über sie und über einen selbst das große, nie zurückgenommene Ja Gottes ist. Wäre Paulus trotz der „dicken Luft" nach Korinth gekommen, hätte er wahrscheinlich nur dieses göttliche Ja undeutlich gemacht. Aufgegeben hat er die Korinther nicht. Titus ist bei ihnen gewesen. Der „Tränenbrief" des Apostels hat um sie gerungen; er hat sie davon abbringen wollen, auf etwas anderes zu setzen als auf die Gnade, die in der Schwachheit ans Ziel kommt. Aber das ist es ja eben: das Christus-Ja gilt, und in der Gemeinde hört man darauf das Amen (V. 20). Weiß die Gemeinde, was sie tut, wenn sie Amen sagt? Das sprichwörtliche „Amen in der Kirche" ist uns vielfach leere Formel geworden. Es bedarf im Bewußtsein der Gemeinde der Aufwertung. Amen, das heißt: Wir haben verstanden. Auf diesen Boden treten wir. Dieses eben vernommene Ja Gottes soll uns binden und tragen. Gott hat das Gespräch wieder einmal mit uns aufgenommen – wir antworten ihm: Amen. Keine große Leistung, Amen zu sagen. Aber was soll christlicher Glaube auch anderes als eben dies: annehmen, gelten lassen, mit beiden Händen ergreifen, was Gott gibt? Das Amen: die menschliche Antwort auf das göttliche Ja – „Gott zu Lobe". Die Welle, die unser Land bespült hat, flutet zurück. Wie Gottes Ja *in Christus* zu uns kommt, so wird es von uns als Amen *durch Christus* doxologisch auf Gott zurückgestrahlt. Christus: der uns Menschen zugewandte Gott – und zugleich, stellvertretend für uns alle, der Gott zugewandte Mensch. Das Ja und das Amen finden sich in ihm.

Woher hat Paulus das Vertrauen genommen, daß dies alles nicht nur frommer Wunsch bleiben, sondern daß in den Korinthern der große Umschwung stattfinden würde? War es seine Weisheit, in der er unerschüttert hätte feststellen können: es kommt ja doch, wie

es kommen muß? Oder war es gar die gute Meinung, die er letztlich doch von den Korinthern hatte („an das Gute im Menschen glauben")? Es ist auf die Korinther zu beziehen, wenn Paulus (7,5f.) schreibt: „Als wir nach Mazedonien kamen", (ohne daß der zuvor geplante zweite Zwischenbesuch stattgefunden hatte) „fanden wir keine Ruhe; sondern allenthalben waren wir in Trübsal: auswendig Streit, inwendig Furcht." (Denkt nicht, mir sei das, was euch beschwert hat, etwa nicht unter die Haut gegangen!) „Aber Gott, der die Geringen tröstet, der tröstete uns durch die Ankunft des Titus . . . " Die Wende, über die Titus mittlerweile hat berichten können, hat sich nicht von selbst verstanden. Was Paulus in dem schweren Zerwürfnis zwischen den Korinthern und ihm nie hat aufgeben lassen, ist das Ja Gottes, das er auch über ihnen gesprochen und gültig weiß. Macht man sich klar, daß die Wurzel אמן (daher das Amen) es mit dem „Festmachen" zu tun hat, dann bedeutet das βεβαιῶν (V. 21) – Gott „macht euch samt uns in Christus hinein fest", – daß auch das „Amen" gottgewirkt ist und darum gilt und trägt, was auch immer die einen Christen gegen die anderen vorzubringen und einzuwenden haben. Man darf ja nicht übersehen, daß dieses göttliche Ja, das das Amen provoziert und ausgelöst hat, in sehr konkreter Weise ergangen ist. Zunächst im Wort (V. 19) – davon war schon die Rede. Sodann in der Taufe. Das Für-uns-Sein Gottes hat sich ja geradezu leibhaft ereignet. Was immer an Sonderbarem, Befremdlichem und Schmerzlichem Paulus mit und von den Korinthern hat erleben und erleiden müssen: die Taufe, durch die man gemeinsam („euch samt uns"!) in Christus hinein festgemacht worden ist, schafft niemand mehr aus der Welt. Man kann das gar nicht ernst und grundsätzlich genug nehmen (wir erinnern uns wieder an die vorangegangene Perikope): Paulus appelliert nicht an ein „selbsttragendes" soziales Ethos, an die Menschlichkeit der Korinther, an ihre hoffentlich vorhandene Flexibilität im Umgang untereinander und mit Paulus, an ihr doch wohl vorhandenes Anpassungs- und Kompromißvermögen (usw.). Er sieht von allem ab, was man hier menschlicherweise geltend machen und einsetzen könnte. Er weist darauf hin, daß wir Christen – er schließt sich ja mit den Korinthern zusammen – „versiegelt", also mit dem Eigentumszeichen Gottes versehen sind (im Judentum wurde die Beschneidung als Versiegelung beschrieben, ThWNT VII,S. 947), und „gesalbt", also mit der Propheten- oder gar Königswürde ausgezeichnet. Allen unseren Schwierigkeiten, Verstimmungen, Mißverständnissen, Meinungsverschiedenheiten, Konflikten voraus und überlegen und darum, auch wenn wir's miteinander schwer haben, allein stichhaltig: das Ja Gottes, in dem er sich selbst treu bleibt. Im Geist haben wir miteinander schon ein Stück ewiges Leben in uns. „Ein Stück" – denn der Geist ist Pfand, Anzahlung, noch nicht das Ganze. Es ist nötig, dies gerade den Korinthern noch einmal knapp, aber deutlich in Erinnerung zu rufen (1. Kor. 15,19,vgl. 2.Tim. 2,18). Aber das Ja gilt und ist wirksam.
Es soll auch an dieser Stelle noch einmal daran erinnert sein, daß man dies alles nicht statisch und objektivierend predigen soll, als gelte es nur, etwas „zur Kenntnis zu nehmen", ohne Stellungnahme, ohne Folgerungen. Das von außen auf uns zukommende Ja gilt, vor uns und unabhängig von uns; aber wir haben zu predigen, daß es auch zu uns kommen will, ja, indem es gepredigt wird, ereignet es sich. Unser so vielfach variiertes Nein – in der Gemeinde, in der Familie, im Beruf, im Rechtsleben, in der Politik, im Zusammen- bzw. Auseinanderleben der Völker – ist überholt im Ja des auf uns zukommenden Gottes.

Christvesper. Jes.9,1–6

Trotz inzwischen vorgebrachter Bedenken (u. a. H.–J. Kraus in: G. Eichholz, Herr, tue meine Lip-
pen auf, Bd.5, 1961, S.43ff. und H. Wildberger im Kommentar) noch immer interessant: A. Alt,
Jes. 8,23 – 9,6. Befreiungsnacht und Krönungstag. Kleine Schriften Bd. 2, 1959, S. 206ff. Lit. sonst bei
Wildberger z. St.
Abgrenzung: In Matth. 4,15f. ist 8,23aβb mit 9,1 verbunden; dem entspricht die Kapiteleinteilung in
LXX und Vg. Alt begründet die Zusammengehörigkeit (darin mit den Kritikern einig) eingehend;
dies kann hier nicht wiedergegeben werden. Hinsichtlich des Metrums (er sieht – mit Gunkel ab
3. Aufl. – durchgängig Doppelzweier) ist z.B. Wildberger anderer Meinung. Dennoch geben wir im
Anschluß an Alts (nach Wbgr. „scharfsinniger", aber „reichlich kühner") Rekonstruktion des Textes
eine Übersetzung, die versucht, das seltene Versmaß der gepaarten Zweier wiederzugeben:

8,23abβ Anfangs hat Jahwe / in Schande gebracht
        Saron-Eb'ne / und Gileads Höhen,
        Sebulons Land / und Naphtalis Land.
        Doch dann bracht zu Ehren / er den Weg am Meer,
        das Land überm Jordan / der Heiden Gau.
9,1 Das Volk im Finstern / sah großes Licht,
        im Lande des Dunkels / schien's über ihnen.
2 Du schufst viel Jubel / groß machtst du die Freude.
        Vor dir sie sich freuten / wie in Freuden der Ernte,
        wie man sonst jubelt / beim Teilen der Beute.
3 Denn das lastende Joch / sein Schultertragholz,
        den Treiberstock brachst du / wie zu Midians Tag.
4 Denn jeder Stiefel / trampelnd mit Dröhnen,
        jeder Uniformmantel, / gewälzt in Blut,
        wurde zum Brand / und zum Fraß dem Feuer.
5 Denn ein Kind ward geboren / ein Sohn uns gegeben,
        und es kam das Amt / auf seine Schulter.
        Genannt ward sein Name: / Wunderbar-Rat,
        starker Gott, / ewiger Vater,
        Fürst des Friedens, / (Priester in Ewig)keit.
6 Groß seine Herrschaft / und Heil ohne Ende
        auf Davids Thron / und über sein Reich,
        um es zu festigen, / zu untermauern
        mit Recht und Gerechtigkeit / immer und ewig.
        Der Eifer Jahwes / wird dies tun.

In 8,23 ist vorauszusetzen, daß Tiglatpileser III. im Jahre 732 Teile Israels, also des Nordreichs, zu
assyrischen Provinzen gemacht hat (2. Kön. 15,29 – vgl. M. Noth, Geschichte Israels, S. 236). E. For-
rer hat aus assyrischen Nachrichten deutlich gemacht, daß außer den Stammesgebieten von Sebulon
und Naphtali sowie transjordanischen Wohngbieten Israels auch Stücke der Küstenebene zu assyrischen Provinzen geworden sind. Dieser Landstrich, zwischen Karmel und Apheq, heißt in den
assyrischen Texten die Provinz Du'ru = Dor, auch „Weg des Meeres" genannt, weil unweit der Küste
„die wichtigste Verkehrslinie ganz Palästinas lief" (Alt); sonst im AT „Saronsebene" genannt. Aus
dem (vollständig erhaltenen) positiven zweiten Teil von V.23 rekonstruierte Alt die fehlenden Stücke
des ersten. Vgl. uns. Ausl. von Matth. 4,12–17 in: Die geliebte Welt, 1. S.n.Epiphanias.
Die prophetischen Perfekta nehmen Erwartetes voraus, als wäre es schon Wirklichkeit. Gattung:
Danklied, in das traditionelle Elemente des Königsrituals eingegangen sind (Wbgr., S. 366f.). Jesaja-
nischer Ursprung umstritten, doch sind die Gegengründe nicht durchschlagend (Wbgr.).
9,1: „Wer in ‚Finsternis‘ wandeln muß, ist faktisch bereits im Bereich der Unterwelt" (Wbgr.), aber
wer Licht sieht – Symbol der heilvollen Gegenwart Gottes –, darf bereits in der Finsternis der schüt-
zenden und rettenden Präsenz Gottes gewiß sein (ders.). – V. 2: s. BHK. Ernte und Beutemachen sind
nur Vergleiche. – V. 3: Mit כִּי wird stilgerecht die Begründung der Freude eingeleitet. Alles deutet
auf das beseitigte Assyrerjoch. – V. 4: סְאוֹן = Soldatenstiefel, akkadisches Lehnwort; das gleichlau-

tende Verb bedeutet wohl „trampeln, dröhnen". – V. 5: Geburt und Inthronisation werden ineinander gesehen. Alt deutet entschlossen auf letztere, doch wäre bei der von ihm vorausgesetzten Adoptionsvorstellung statt des „uns" ein „mir" zu erwarten. Das Imperf.cons. וַתְּהִי zeigt, daß das Kind bereits geboren ist. Bereits mit der Geburt eignet ihm königliche Würde (Wbgr.). Die Nennung von Thronnamen gehört im ägyptischen Ritual zur Herrschaftsübernahme (geschultertes Zepter). –V. 6 Anfang: Auffällig das ם finale mitten im Wort; die ersten beiden Buchstaben לם gehören wohl zum vorangehenden Vers und stellen eine Textruine dar. Alt läßt die Lücke offen. Wir haben versuchsweise in () einen fünften Titel hinzugefügt: כֹּהֵן לְעוֹלָם (im Sinne von Ps. 110,4 – ebenfalls Königsritual). Die Erklärung der beiden Buchstaben als Dittographie befriedigt (nach Alt) wegen des Metrums nicht, außerdem läßt das ägyptische Vorbild an fünf Königsprädikate denken. Wbgr. liest רָבָה הַמִּשְׂרָה wofür es gewisse (nicht wörtliche) Parallelen in Ägypten und im AT gibt, etwa Ps. 2,8; 72,8.

Die Zusammensetzung der Gemeinde, die wir am Christabend zu erwarten haben, und die exegetisch-hermeneutische Problematik des Textes verursachen in ihrem Widereinander beim Prediger Verlegenheit. Diesmal müssen wir's besonders einfach sagen, ohne den Ballast schulmäßiger Auslegung. Fast scheint es, daß uns nur eines bleibt: den Text auf die VV. 5f. zu beschränken und diese Verse einfach so zu predigen, als stünden sie im Neuen Testament und als meinten sie ganz einfach und unmittelbar das Ereignis von Bethlehem. Das wäre freilich nichts anderes als ein homiletischer Gewaltakt oder aber die Ausflucht in eine künstlich erzeugte Naivität. Nun gibt es allerdings eine Textgemäßheit, mit der wir Prediger nicht nur am Evangelium – als dem zentralen Sollgehalt der Predigt – schuldig werden, sondern auch Funktion und Intention aller Verkündigung verfehlen. Unsere Aufgabe besteht nicht bloß und nicht eigentlich darin, ein Stück alter biblischer Überlieferung, wie schwer das auch sei, den Nachgeborenen nahezubringen und aufzuschließen; sie soll Medium dafür sein, daß der in Christus offenbare Gott selbst – heute und hier – den Weg zu seiner Gemeinde finden und Gemeinschaft mit ihr schaffen, erneuern und erhalten kann. Der Text interessiert lediglich darum, weil der heute mit uns reden wollende Gott nur von seiner konkreten Offenbarung her zu erkennen und zu kennen ist. Das „uns" in V. 5 muß wirklich auf die heute anwesende Gemeinde bezogen werden können; andernfalls geht die Predigt an dem, was sie soll, vorbei. Wir brauchten darüber kein Wort zu verlieren, wenn nicht immer wieder so viele Predigten gehalten würden, die im historisch-exegetischen Rohmaterial – das oft mit respektablem Fleiß erarbeitet wurde – steckenbleiben. Es geht nicht um den Text, sondern um den Gott, der – mit dem „Eifer des Herrn Zebaoth" (V. 6 Ende) – zu seiner Gemeinde kommen will.

Mühsam könnte es werden – doppelt mühsam gerade in diesem Gottesdienst –, nicht nur den zeitlichen, sondern auch den sachlichen Abstand des Textes zur Christgeburt und erst recht zu uns Heutigen und zu unseren Vorstellungen und Erwartungen zu überbrücken. Auch wenn es gelänge: der Weg wäre weit. Wir sollten uns vornehmen, historische Details so weit wie nur möglich auszuklammern. Die Textausgabe aber von ihrem historischen Hintergrund abzulösen und zur zeitlosen Wahrheit zu machen, dies würde sie allerdings übel verfälschen. Wir würden damit nicht nur unser exegetisches und dogmatisches Gewissen belasten. Wir würden auch der Gemeinde einen schlechten Dienst tun. Denn es ist wohl wahr: je tiefer wir in die Perikope eindringen, desto fremder wird sie uns. Gleichzeitig könnten wir aber entdecken, daß das, was wir von Gott erwarten, dem, was das Prophetenwort sagt, viel näher ist als seine Erfüllung im Jesuskind von Bethlehem. Es dürfte im großen Weltgeschehen auch unserer Tage viele Menschen geben, die – sei es, daß sie eigene Not beklagen oder für andere schreien, denen sie sich solidarisch wissen – in den Sachverhalten des Textes ihre eigenen Anliegen wiedererkennen: Befreiung von fremder Knute, radikale Beseitigung aller Schrecknisse des Krieges, Recht und Gerechtigkeit für alle und darum ein „Herrscher" – das Wort „König" vermeidet der

Text –, der dies alles verwirklicht. Die Sehnsucht der Menschen nach Frieden, Freiheit und Gerechtigkeit findet in der alttestamentlichen Messiashoffnung – falls wir den Begriff hier anwenden dürfen, Wildberger findet ihn problematisch (S. 387f.) – ergreifenden Ausdruck. Und man fragt mit Recht, nicht nur in der gelehrten Forschung, sondern auch auf dem Boden der Gemeinde: ist denn nun das Kind von Bethlehem – und später der Mann am Kreuz – der Erfüller dieser Hoffnung? Wenn wir in der Christvesper nicht nur von Kerzen und Lametta predigen wollen, dann stellt sich diese Frage ein. Ist uns „heute" wirklich „der Retter" geboren, „der Christus" in der „Stadt Davids" (Luk. 2,11)? Vielleicht liegt die Entdeckung, die wir diesmal machen, darin, daß wir begreifen: Geholfen wird uns zuletzt nicht durch das, was wir erwarten, sondern durch das, was Gott – vielleicht allen unseren Vorstellungen entgegen – tut. Denn es ist Gottes Art, uns auf andere Weise zu helfen, als wir dachten; anders auch, als die prophetische Überlieferung es sich vorstellte. Gleichwohl: was Gott tut, *ist* die „Hilfe", die „Rettung". Wieso, das sollten wir zu begreifen suchen.

Von diesen Überlegungen her könnte man sich etwa folgenden Ansatz vorstellen: *Ein Kind ist uns geboren – das bringt* (1) *die große Wende – ganz anders,* (2) *den ersehnten Frieden – ganz anders,* (3) *den gegenwärtigen Gott – ganz anders.*

I.

Weihnachten ist nicht zum Träumen da. Gottes Eintritt in Menschsein, Welt und Geschichte bewirkt die denkbar engste Beziehung Gotes auf die Wirklichkeit unserer Welt mit all ihrer – im Text eindrucksvoll dargestellten – Dramatik. Auch wenn es einem selbst gut geht und man nichts auszustehen hat: man kann, man darf nicht wegsehen von dem Schicksal solcher, die „im Finstern wandeln" und „im dunklen Lande wohnen". (Zur Übersetzung von V. 1: צַלְמָוֶת ist in LXX mit „Todesdunkel" wiedergegeben: צֵל (= Schatten) + מָוֶת (= Tod), so dann auch Luk. 1,79; die Deutung ist schön, sachlich auch nicht falsch – s.o. – , aber sprachlich unrichtig: die Wurzel צלם bedeutet nur „dunkel sein", während ית bzw. ות Abstraktendung sind, vgl. Ges.– K.§ 86,6. Der Prediger soll die Menschen nicht beschimpfen, die sich am Christabend gern in den engsten Kreis der Familie zurückziehen. Die Geburt des Kindes – man achte auf das verbindende „denn" in V. 5 – hat es aber mit einer geschichtlichen Wende größten Ausmaßes zu tun (8,23 –9,4). Der Prophet sieht, was kommen wird, als wäre es schon geschehen. Die „große Freude" soll „allem Volk" widerfahren; wir müssen hinzufügen: allen Völkern – und denen am meisten, deren Schicksal das dunkelste ist.

Während diese Zeilen geschrieben werden, läßt sich natürlich nicht absehen, was an Erschütterndem, Empörendem, Ängstigendem in den Zeitungen steht, wenn dieser Text zu predigen sein wird. Man hofft von Jahr zu Jahr, es möchten *weniger* Völker sein, die dem Druck der Gewalt und der Menschenquälerei ausgesetzt sind. Aber es ist zu befürchten, daß – trotz der hier und in der Welt erkämpften und erreichten Fortschritte – noch genug Jammer und Schrecken die Menschen belastet. Gott „wartete auf Gerechtigkeit – siehe, da war Schreien nach Hilfe" (5,7). Was Israel von Assur erlitten hat, hat sich in ungezählten Variationen im Laufe der Geschichte wiederholt. (Wenn es beispielhafter Veranschaulichung bedürfte, so könnte man an das Schicksal Vietnams in dem jahrzehntelangen Krieg denken.) „Lastendes Joch, die Zugstange auf der Schulter, der Stecken des Treibers – dröhnende Kommißstiefel, blutige Uniformen – Schnellfeuerwaffen und Panzer, Bomben und Napalm. Und im Hintergrund: Raketen aller Reichweiten als Werkzeuge des Massentodes. Wobei zu bedenken ist, daß die Greuel und Unmenschlichkeiten der Menschheitsgeschichte nicht erst da beginnen, wo Blut fließt und brutale Gewalt gebraucht wird.

Es sollte, auch für Christen, selbstverständlich sein, daß die Beseitigung von Menschenquälerei und Unterdrückung zunächst ganz einfach eine Sache der sittlichen und – im weitesten Sinne des Wortes – politischen Vernunft ist. Dazu hätte es nicht Weihnachten werden müssen, daß wir diese Verantwortung erkennen und dann auch tun, was sich aus solcher Erkenntnis ergibt. Man muß „Assur" ausschalten – alles, was Menschen ausbeutet, knechtet, unterdrückt. Es ist jedoch nicht schwer zu sehen, daß der Prophet darüber hinaus noch ganz anderes im Sinn hat. Natürlich ist Assurs erster harter Zugriff nach Volk und Land des Nordstaates – mit dem man sich insoweit in Jerusalem offenbar solidarisch fühlt – zunächst einfach ein Faktum der Geschichte des vorderen Orients. Jedoch: Assur ist nur Werkzeug, nur ausführendes Organ (7,18–20: der Fliegenschwarm, das gemietete Messer; 10,5: Rute und Knute). Gott ist es, der „gedemütigt" hat (קֵלַל hi. eigtl. „leicht machen", jemandem die Würde nehmen, ihn der Schande preisgeben). Gott ist es auch, der wieder „zu Ehren bringt" (כבד hi. eigtl. „schwer machen", jemandem seine „gravitas", seine Würde geben). Hinter dem hier gemeinten Geschehen stehen Gottes Gericht und Gnade, ja, beides vollzieht sich *in* diesem Geschehen. So wahr wir, wie eben dargelegt, die Welt nach dem Maße unserer natürlichen Einsicht und Kraft in Ordnung zu bringen und zu halten haben: hinter allem, was Menschen tun und leiden, steht der Gott, der mit seinem Volk seine ganz persönliche Geschichte hat. Man kann und muß es noch umfassender sagen: „Welt ging verloren." Es ist nicht schwer, Symptome dieses Verlorenseins aufzuzeigen. Wichtig, daß man begreift: daran, wie Gott zu uns steht, entscheidet sich zuletzt unser Wohl und Wehe. „Gedemütigt" – „zu Ehren gebracht": so kann man es auch einmal sagen. Die Gewalttaten der Assyrer sind schlimm und schmerzhaft; aber in und unter diesem Geschehen spielt sich ein Stück der Geschichte Gottes mit seiner Welt ab.

Gott selbst verwandelt diese lichtlose Situation, in der man zuletzt ihn selbst zum Feind hat, in eine helle und freudige. Die große Wende ist das Auftreten Jesu Christi (Matth. 4,12–16). „Durch die herzliche Barmherzigkeit unseres Gottes hat uns besucht der Aufgang aus der Höhe, auf daß er erscheine denen, die da sitzen in ‚Finsternis' und ‚Schatten des Todes'" (Luk. 1,77–79). Jesaja hat sich in der Zeit geirrt – schon darin ist, was gekommen ist, „ganz anders" als das Erwartete. Die zu assyrischen Provinzen gemachten Nordgebiete (s.o.) sind nicht befreit worden. Das Kind, das „uns" geboren ist, war auch nicht der Kronprinz in Jerusalem. Zu der Siegesfeier, wie Jesaja sie sich vorstellte, ist es nicht gekommen. Wozu kam es nun aber in Wirklichkeit?

Seit Christi Geburt ist unsere Lage vor Gott grundlegend verändert. Wir haben Gott nicht mehr gegen uns. Kräftiger kann Gott sich nicht zu uns bekennen als so, daß er einer von uns wird. Das ist mehr als eine bloß verbale Erklärung; wir werden das (unter 3) noch des näheren zu bedenken haben. Was am weitesten auseinander und am härtesten widereinander war – Gott und Mensch –, das wird in dieser Geburt *eins*. Wieder müssen wir sagen: „ganz anders", als Jesaja es sich gedacht hat. Obwohl bei den Würdenamen des Königskindes einmal das Wort אֵל fällt („ אֵל גִּבּוֹר heißt nichts anderes als ‚starker Gott'", Wbgr.z.St.), unterscheidet alttestamentliches Denken auch den Mächtigsten, den Messias, klar von Gott, der sein Auftraggeber ist. Es steht auch nicht da, daß der eben Geborene der große Befreier sein werde, dem die Nordgebiete ihr neues Glück und die ausgelassene Freude verdanken; der „Du", der in VV. 2f. angeredet ist, ist Jahwe, dessen Eifer dies alles bewirken wird (V. 6 Ende). So wird man fragen müssen, wie dies beides, die Befreiung (8,23 – 9,4) und die Geburt des Königskindes (9,5–6), miteinander zusammenhängt. Alt meint: kraft einer „prästabilierten Harmonie", d.h. ohne kausalen Zusammenhang. Das in Bethlehem Geschehene ist in der Tat „ganz anders": Jesus Christus ist in Person der Befreier, und die hier gemeinte Freiheit gibt es nirgendwo anders als durch ihn und bei und in ihm. Und noch ein Unterschied: Was uns knechtete, ehe dieses Kind geboren

wurde und für uns wirkte, war nicht „Assur" oder eine vergleichbare irdische Macht. So sieht es das Neue Testament: Nicht „Fleisch und Blut" (Eph. 6,12), sondern unsichtbare Mächte des Verderbens bedrängen uns. Als die an der Verlorenheit der Welt Mitschuldigen befanden wir uns im Status der Angeklagten und Zu-Verurteilenden. Das Gesetz verlangte unerbittlich das Anderswerden; es lag auf uns wie ein Joch (vgl. aber Matth. 11,29) und war wie der Stecken des Antreibers. Aber das ist vorbei: „Zur Freiheit hat Christus uns befreit" (Gal. 5,1), indem er alles wegräumte, was zwischen Gott und uns gestanden hat. Man mag es an Liedern der Kirche lernen und meditieren (EKG 16,3f.; 17,4; 21,6; 22,3f.; 26,3; 27,3–5.11; 28,3; 29,2).
Jesaja schildert die Freude der Befreiten in einem kräftigen („Ernte"), ja sogar in einem deftigen Bilde („Beute" – bei uns entgiftet in der kindlichen Freude an den Weihnachtsgeschenken). Können wir mit? Mancher würde auf das intakte Gottesverhältnis verzichten, wenn nur, nach seinen Vorstellungen, die Welt am Schnürchen geht. Kurz gesagt: eine Milchmädchenrechnung. Ernsthafter: Was vermag das Kind, was hat der Mann vermocht? Müßte, wenn Gott uns wieder „zu Ehren bringt" (EKG 10,4), die Welt nicht weniger „Assyrisches" enthalten? Das Kind von Bethlehem wird selbst mitten in den Bedrängnissen der römischen Census-Prozedur geboren; die bildende Kunst hat nicht selten die Dachbalken des Stalles zum Kreuz verbunden. Aber das Volk sieht ein großes Licht. Die Szene könnte, ihres Hell-Dunkels wegen, Rembrandt reizen. Unsere weihnachtliche Sitte mit ihren Lichtern deutet es an. – Und: man meditierte das Perfectum propheticum des Jesaja. „Wir sind zwar gerettet, doch auf Hoffnung" (Röm. 8,24).

2.

Das Kind bringt den ersehnten Frieden. Man könnte diesen Satz als Entfaltung des Vorangehenden verstehen. Doch er geht weiter. Der Text weiß von mehr zu reden als von der Befreiung vom assyrischen Joch. Er spricht von dem Herrscher, der ein Friedensreich „ohne Ende" aufrichtet (V. 6). Er ist der „Friedefürst" (V. 5). Es bleibt nicht bloß dabei, daß das vom Assyrer zurückgelassene Kriegsmaterial in Flammen aufgeht. Es kommt eine neue Ordnung, in der der Alpdruck von Kriegsgefahr oder gar der Jammer von Kriegsschicksal von uns genommen sein wird.
„Frieden auf Erden." Wir haben auch bei diesem Thema auf zwei Ebenen zu denken. Der Friede in der Welt ist ständig im Blick zu behaltender, ja, er ist der oberste Gesichtspunkt allen politischen Handelns. Hier erübrigt sich jedes Wort der Begründung, zumal in einem Zeitalter, das zur Gewaltausübung und Weltvernichtung über Instrumente verfügt, wie man sie noch vor wenigen Jahrzehnten sich nicht träumen ließ. An das Neugeborene von Bethlehem zu erinnern, erscheint in diesem Zusammenhang geradezu als absurd. Die Bemühung um den Frieden wird zunächst eine Sache politisch-gesellschaftlicher Willensbildung in allen Völkern der Welt sein, eine Sache auch der vernünftigen Behebung von Interessenkonflikten, der bewußt gewollten Entspannung und des Herrwerdens über politische Zwangsläufigkeiten. Gemeinsam mit allen nichtchristlichen Menschen werden die Christen im Gebrauch ihrer politischen Vernunft (s. o.) und der einschlägigen Mittel weltlichen Handelns für den Frieden einstehen.
Gibt es noch eine andere Ebene? Wir würden das Spezifikum christlichen Glaubens und Hoffens verleugnen, wenn wir hier verneinten. Das „Friede auf Erden" – in einem Atem mit dem „Ehre sei Gott in der Höhe" – gehört zur Christuspredigt. Das Reich Jesu Christi ist zugleich die Herrschaft Gottes. Wir müssen uns auch hier des Unterschiedes der Vorstellungen zwischen Altem und Neuem Testament bewußt werden. Jesaja redet von dem „Beauftragten" (שַׂר) Gottes auf dem „Thron Davids", dessen Reich eine Größe

innerhalb der Weltgeschichte ist. Das Alte Testament kann zwar von „letzter Zeit", von „Endzeit", von „jenen Tagen" sprechen; aber was da erhofft wird, wird sich – wie sollte man auch vor der Auferstehung Jesu Christi anderes erwarten können? – im Kontinuum dieser Welt ereignen und verwirklichen. Jesaja selbst scheint, da das „Kind" bereits geboren ist, diesen Heilszustand der Welt für sehr nahe zu halten. – Das Neue Testament denkt in anderen „Räumen", denn es denkt eschatologisch. Wem in diesem Augenblick nichts weiter einfiele als „die lange Bank" und „Utopie" und „billige Vertröstung", der hätte nicht viel begriffen. Christi Reich kommt wirklich. Nur indem wir es als ein streng zukünftiges glauben, wird es sich auch als gegenwartswirksam erweisen. Es ist „nicht von dieser Welt", also „ganz anders". Aber es ist Wirklichkeit, die auf uns zukommt und auf die wir im Glauben zugehen. Das Neue Testament denkt sehr nüchtern (z. B. Matth. 24,6), aber es erwartet den Christus, der *seinen* Frieden gibt (Joh. 14,27), höher als alle Vernunft (Phil. 4,7).

Wer dies erwartet, für den können alle innerweltlichen Spannungen und Konflikte keinesfalls mehr unter dem Fluch der Endgültigkeit und Unüberwindbarkeit stehen. Gott – in seinem „Eifer" (V. 6) – wird sich mit einer Welt voll Kriegsrüstung, Kriegsdrohung und Kriegsführung nicht abfinden. Zudem: Das Reich Gottes als Reich des großen Friedens soll nicht wie etwas uns Fremdes über uns kommen, sondern als die Wirklichkeit, an der wir im Glauben jetzt schon Anteil haben. Wer Jesus heute nicht nachfolgen will, wird auch dann nicht zu den Seinen gehören. Denn Jesu Friedensreich ist ein Reich der Freiheit. Dazu gehört dann freilich, daß Jesus – schon heute – uns „regieren" will: „Christus, der Herr – in der Stadt Davids." Wie geschieht das?

Es macht für das theologische Verständnis von VV. 5f. nicht viel aus, ob man dabei an die Geburt des neuen Herrschers bzw. einen an dem Kinde vollzogenen Investiturakt (Kraus, Wbgr.) denkt oder an die Thronbesteigung (Alt, von Rad). Das Jesuskind übt die Herrschaft noch nicht aus, und auch der Mann wird eigentlich erst durch seine „Erhöhung" zum König in Gottes Reich. Dennoch: wer an ihn glaubt und ihm nachfolgt, hat ihn zum Herrn, vor Ostern schon, erst recht danach. Das Zepter symbolisiert seine Herrschaft; man denke an die schöne Statue Ramses' II. (Turin): der Thronende hält in der rechten Hand den auf der Schulter aufliegenden Krummstab (vgl. Ps. 110,2). Die Thronnamen, in denen Jesaja inhaltlich vom ägyptischen Vorbild charakteristisch abweicht, werden wir aus unserer Erfahrung mit Jesus Christus zu deuten haben. *„Wunderbar-Rat"* oder „ein Wunder an Ratgebung": der Titel „bezieht sich . . . auf die Beratung, die er mit dem Weltkönig pflegt (vgl. 2. Sam. 16,23); er steht in ständigem Gespräch mit Jahwe über die Regierung der Welt" (von Rad, ThAT II, S. 183). Nicht einer, der nach seinem eigenen Kopf und in Willkür regiert, selbstherrlich und launenhaft. Er hört auf Gott, er tut nichts anderes, als was er den Vater tun sieht (Joh. 5,19.30). *„Starker Gott"* oder „Gott-Held": ein gerade für israelitisches Denken gewagter Titel, denn der Unterschied zwischen Gott und Menschen darf nicht verwischt werden. Ist in ihm Gott selbst zur Stelle? Es wird davon noch zu reden sein (unter 3). Genug: die Stärke, in der dieser König regiert, ist nicht Menschenkraft – etwa gar Waffengewalt –, sondern Gottes eigenes Können und Tun. „Auf daß die überschwengliche Kraft sei Gottes und nicht von uns", sagt Paulus in anderem Zusammenhang (2. Kor. 4,7); aber letztlich ist dies doch nichts anderes als eine Variation des „Wortes vom Kreuz". Der vor dem ewigen Vater der Sohn ist, ist für uns der *„Ewig-Vater"* : ein Regierer, der väterlich mit dem Regierten umgeht; der sie als die Seinen ansieht und darum liebhat. Der Titel *„Friedefürst"* will in weitem Sinne verstanden werden; שָׁלוֹם „ist mit ‚Friede' nur unzulänglich übersetzt, denn das Wort bezeichnet einen Zustand der Ausgeglichenheit, in dem die Ansprüche einer Gemeinschaft erfüllt sind, also ein Zustand, der nur im Schutz einer Rechtsgemeinschaft verwirklicht werden kann" (von Rad, ThAT I, S. 370, A. 6). Das Friedensreich Jesu Christi wird also „gestärkt" und „gestützt" „durch Recht und Gerechtigkeit" (V. 6), denn wo die einen den anderen ihr Recht vorenthalten, kann nicht Friede sein. Sollten wir mit unserem Textvorschlag *„Priester in Ewigkeit"* (s.o.) das Ursprüngliche getroffen haben (man vergleiche, was Kraus zu Ps. 110,4 im „Biblischen Kommentar" schreibt), so wären wir damit nicht nur im Jerusalemer Königsritual angesiedelt, sondern träfen zugleich eine wesentliche Seite des Friedenswirkens Jesu Christi. Er übt das „unvergängliche Priestertum" (Hebr. 7,24), in dem er für die Seinen und für alle Welt bittet. Der hier gemeinte Friede umfaßt Himmel und Erde, so wie schon die Herabkunft des eingeborenen Sohnes in unsere Welt ein priesterliches Werk der Versöhnung und Vereinigung von Himmel und Erde ist. Sooft die Kirche – ja, auch sie – sich am Frieden in der Welt versündigt hat, hat sie den Herrn verleugnet, dessen ganzes Werk darin bestand, den umfassenden, alles durchdringenden Frieden zu bringen, indem er die in den Thronnamen ausgedrückten Voraussetzungen dafür schuf.

3.

„Ganz anders" ist, was hier verkündigt wird; es weicht von den uns gewohnten Vorstellungen in vielem ab. Wir möchten es zuletzt noch da aufzeigen, wo der Text gewissermaßen eine offene Stelle hat.

Im alttestamentlichen Horizont denkt Jesaja gerade darin, daß der angekündigte Herrscher ein Mensch ist – und nur ein Mensch. Das Kind ist – nach Wildberger – „Zeichen" der heilvollen Gegenwart Gottes unter den Seinen, nicht mehr (S. 388). Es ist eindeutig Jahwe, der die Wende herbeiführt. Der „er" in 8,23 ist Gott; das „du" in VV. 2.3 redet Gott an. Keiner der Feiernden hat auch nur einen Finger krumm gemacht, um die Wende herbeizuführen. Wie am Midianstag: die Rettung geschieht über Nacht, und es braucht gar nicht gekämpft zu werden (bes. Richt. 7,19–22). „Wurde geboren – wurde gegeben" (V. 5): wer steht handelnd hinter diesen Passiva? Der Gott, der in leidenschaftlichem Wollen sein Gutes auf die Erde bringt (V. 6 Ende). Der König auf dem Davidsthron ist „nur ein Mandatar" (von Rad, ThAT II, S. 182).

Dennoch: die dem Kind gegebenen Namen transzendieren die geschichtliche Bedeutung eines jeden Davididen bei weitem (Wbgr. S. 387). Es „läßt uns aufmerken, daß da im Namen Gottes ein Herrschaftsanspruch von universaler Reichweite und ein Retteramt einem kleinen judäischen König zugesprochen wurde, in dem diese göttliche Beauftragung gar nicht zu ihrem Ziel kommen konnte" (von Rad, a.a.O., S. 388). Man höre doch: „Gott-Held", „ewiger Vater", vielleicht noch: „ewiger Priester" und das „von nun an bis in Ewigkeit" „befestigte" und „untermauerte" Reich. Gott *schickt* einen, der uns rettet? Was im Text auseinanderklafft und nur kraft der „prästabilierten Harmonie" (s. o.) zusammengedacht werden kann, koinzidiert in dem Ereignis von Bethlehem. In dem, der in dieser Nacht geboren worden ist, ereignet sich „die Präsenz des transzendenten Gottes mitten in der Geschichtlichkeit" (Wbgr., S. 378). Matthäus hat, wie schon vermerkt, in Jesu Kommen diese Koinzidenz gesehen. Wir haben unsern Gott nicht irgendwo – in einem fernen Jenseits, in einem unerreichbaren Himmel. „Den aller Welt Kreis nie beschloß, der liegt in Marien Schoß." Er bringt die Wende, er bringt den Frieden; er bringt auch, nein er ist in Person die Gegenwart Gottes. So, wie seit dem Ereignis von Bethlehem, war er vordem nicht in der Welt. „Ganz anders" ist er gekommen, als wir dachten: er kam in der Niedrigkeit des Inkarnierten, und eben damit war seine Herrlichkeit in der Welt (Joh. 1,14).

Man wird den Verfasser kritisch an seinen Rat erinnern, an diesem Abend „einfach" zu sprechen. Die theologische Durchdringung, die wir Theologen einander schuldig sind, ist eine schwere Aufgabe. Dies zum Trost: ist sie bewältigt, dann wird in der Tat alles einfach, gerade zu Weihnachten.

1. Christtag. 1. Joh. 3,1–6

Die Perikope ist sinnvoll aus dem übergreifenden Abschnitt 2,28 – 3,10 herausgeschnitten. Schon 2,28 weist, wie 3,2, auf die Parusie, wobei freilich zu beachten ist, daß der Ausdruck φανεροῦσθαι auch auf das Sichtbarwerden der Inkarnation bezogen sein kann (1,2; 3,5.8). Aber 2,28 spricht (in den johanneischen Schriften nur hier!) von Parusie.

V. 1: Das „siehe!" bzw. „seht!" (Semitismus!) ist „zur Partikel erstarrt" (Bauer, WB), also formelhaft gebraucht; ob johanneisches Denken nicht zugleich an ein meditatives „Hinsehen" denkt, sei immerhin gefragt. Ποταπός ist zugleich quantitativ und qualitativ zu deuten. Die Formel υἱοὶ θεοῦ, die Paulus unbefangen gebraucht, wird in den johanneischen Schriften konsequent vermieden; statt dessen heißt es τέκνα θεοῦ. Die „wir" sind die, die Christus aufnahmen und von Gott geboren sind (Joh. 1,12f.), also die (getauften) Christen. In dem δέδωκεν („erzeigt" ist zu schwach!) liegt, daß uns die Liebe des Vaters ein für allemal gehört. Die Worte καὶ ἐσμέν fehlen nur in jüngeren Hss., sind also gut bezeugt. Gotteskindschaft ist nicht nur eine neue Geltung, sondern auch ein neues Sein. Die Welt kennt weder den Vater noch den Sohn (Joh. 7,28; 8,19; 16,3; vgl.1. Joh. 4,6 und Matth. 11,27); so kennt sie auch die nicht, die dem dreieinigen Gott zugehören, also „aus ihm" sind. – V. 2: νῦν – darin liegt: wir sind es durch das Liebeshandeln Gottes erst geworden, aber wir sind es, wenn auch noch unkenntlich, jetzt schon. Das eschatologische οὔπω vgl. mit Mark. 13,7 (οὔπω τὸ τέλος) und Offb. 17,10.12. Bultmann sieht auch hier die kirchliche Redaktion am Werke. Schnackenburg betont dagegen, daß „die heilsgeschichtliche Betrachtungsweise durchaus nicht nur ein übergeworfenes Kleid ist ... Die Vollendungszeit, die mit der Parusie (2,28) eröffnet wird, enthüllt etwas, was bis dahin noch nicht offen zutage lag (ἐφανερώθη)" (z. St.), vgl. Röm. 8,19ff. In V. 2b ist nicht eindeutig, was Subjekt zu φανερωθῇ ist: nach rückwärts müßte man an „was wir sein werden" denken, nach vorn könnte in bezug auf das αὐτῷ und das bald folgende αὐτόν an Christus in seiner Parusie gedacht sein. Das οἴδαμεν scheint an geprägte Gemeindeüberlieferung zu erinnern (breiter Konkordanzbefund, auch im Corpus Paulinum). Gotteskindschaft wird sich in der Gottähnlichkeit zeigen. Das Schauen und Offenbarwerden am Tage Christi: 1. Kor. 13,12; 2. Kor. 3,18; Kol. 3,4; auch Matth. 5,8; Offb. 22,4 u. ö. Ist ὀψόμεθα Erkenntnisgrund oder Realgrund? Im letzteren Falle würde es bedeuten: der Anblick Gottes hat verwandelnde, neuschaffende Wirkung. – V. 3: Aus dem, was künftig sein wird, ergeben sich sofort Folgerungen für heute: ἁγνίζειν, mit ἅγιος sprachlich verwandt, in LXX und NT selten gebraucht, hat kultischen Sinn (Joh. 11,55; Apg. 21,24.26 und 24,28) bzw. geht auf die Reinigung des inneren Wesens (Jak. 4,8; 1. Petr. 1,22 und an uns. Stelle; vgl. auch 2. Kor. 7,11: unschuldig; 2. Kor. 11,2: unberührt). Das Wort ἐλπίς in den Johannesschriften nur hier.

V. 4: Geht es gegen die libertinistische Irrlehre der Gnostiker oder (wahrscheinlicher) gegen die antinomistische Laxheit der Christen? Die Begriffe ἁμαρτία und ἀνομία werden Röm. 4,7f. und Hebr.10,17 synonym gebraucht. An unserer Stelle dürfte es sich um ein synthetisches Urteil handeln: Sünde erweist sich darin, daß man die Normen des erklärten Willens Gottes (νόμος) verläßt oder sogar prinzipiell ablehnt. Schnbg. verweist auf V. 8: man entfernt sich mit der ἀνομία nicht nur von Gottes explizitem Willen, sondern fügt sich damit in das satanische Herrschaftssystem ein, so daß man das Wort statt mit dem formalen „Gesetzlosigkeit" lieber durch „Bosheit" wiedergibt. – V. 5: Darum ist das Wegnehmen der Sünde und die Zerstörung der Teufelswerke (V. 8b) dasselbe: darin liegt der Sinn des „Erscheinens" des Sohnes Gottes. (Man beachte übrigens, wie in dem ganzen Abschnitt der Vater und der Sohn ganz eng zusammengesehen sind, so daß man nicht unterscheiden kann, wen der Vf. im Blick hat.) Sündlosigkeit Jesu: 2. Kor. 5,21; 1. Petr. 2,21ff.; 3,18; Joh. 8,46. Hier geht es auf die „Unvereinbarkeit von Sünde und göttlichem Wesen" (Schnbg. z. St.). – V. 6: Sofern wir „in ihm" oder „aus ihm" sind, sündigen wir nicht, ja, *können* wir nicht sündigen (V. 9). Doch ist dies „weder eine apodiktische Aussage („kann nicht sündigen") noch ein verkappter Imperativ („darf nicht sündigen"); vielmehr will dieses kategorische Präsens eine Beobachtung und Regel angeben" (Schnbg., S. 188). Es deutet auf eine innere Unmöglichkeit des Sündigens für den, der Christus gesehen und erkannt hat.

Ein Weihnachtstext? Man könnte gewiß mit nicht weniger Recht auf Quasimodogeniti oder auf den 6. S. nach Trinitatis, den Taufsonntag, kommen. Von der Menschwerdung Gottes ist im Text nicht ausdrücklich die Rede. Das weihnachtliche „Christ ist erschienen" findet sich freilich in V. 5; es umfaßt die ganze Sendung Jesu Christi. Von einer Tat der Liebe Gottes ist die Rede, auf die Johannes uns mit dem nachdrücklichen „Sehet!" hinweist; aber da geht es darum, daß wir Kinder Gottes werden, nicht, daß Gottes Sohn Mensch geworden ist. Freilich, daß Gott uns in seiner Liebe zu seinen Kindern macht, hängt aufs engste damit zusammen, daß er in eben dieser Liebe seinen Sohn „gab" (Joh. 3,16). Es fällt auf, daß in unserer Perikope dasselbe „gab" (hier Perfekt, s. o.) erscheint; man bedenke doch: „Liebe", die – ein für allemal – uns „gegeben" wurde! Es wäre grundverkehrt, unsere Erhebung zur Würde von Kindern Gottes von Christus und seinem Kommen und Wirken zu lösen. Athanasios hat den Zusammenhang zwischen dem Weihnachtswunder und unserm neuen Sein in dem klassischen, wenn auch gefährlich scharf pointierten Satz zum Ausdruck gebracht: „Er ging ins Menschliche ein, damit wir gottgleich würden" (αὐτός ἐνηνθρώπησεν, ἵνα ἡμεῖς θεοποιηθῶμεν – man könnte geradezu übersetzen: „vergottet würden"). „Ihr werdet sein wie Gott" (Gen. 3,5) – das wird nun auf eine ganz andere, schlechthin neue Weise wahr (V. 2). „Zuletzt müßt ihr doch haben recht, ihr seid nun worden Gotts Geschlecht" (EKG 17,6). Der selige Tausch hat stattgefunden: Christus nahm das Unsere und gab uns das Seine. Er schämt sich nicht, uns Brüder zu nennen (Hebr. 2,11). Durch ihn sind wir Kinder seines Vaters geworden. „Wie viele ihn aber aufnahmen, denen gab er Macht, Gottes Kinder zu werden" (Joh. 1,12).
Es dürfte also keine Fälschung sein, wenn wir für die Predigt das Weihnachtliche des Textes ein wenig akzentuieren. *Das Wunder von Bethlehem: Gott schenkt uns seine Liebe – und darin* (1) *eine neue Würde,* (2) *eine große Hoffnung,* (3) *eine tiefe Verwandlung.*

1.

Gottes Liebe: wir blicken in sein Herz. Liebe – ein Vorgang bloß in seinem Herzen? Nur wie ein Hauch, eine Stimmung, die allen möglichen atmosphärischen Schwankungen unterworfen ist? Die Liebe Gottes ist uns „gegeben"; wir sahen, was das bedeutet. Die Liebe hat Gestalt gewonnen, sie ist geradezu gegenständlich geworden. Gott hat den Sohn gegeben. Er ist „erschienen", sichtbar geworden (1,1ff.). Das Sichtbarwerden war aber nicht wie ein fernes Aufleuchten, etwa in einer Vision, die Menschen erlebt haben und – vielleicht – erleben werden. Das Erscheinen des Sohnes Gottes war seine Menschwerdung, sein „Kommen im Fleisch" (4,2). Gott wurde Mensch – das ist das Geschenk seiner Liebe. Wen das nicht außer Fassung bringt, der hat es nicht verstanden. Die Engel Gottes hätten, ehe sie in das große Gloria in excelsis ausbrachen, verwundert tuscheln können, was Seltsames sich der „Vater aller Geister" (Hebr. 12,9) hat einfallen lassen, daß er seinen eingeborenen Sohn ausgerechnet *Mensch* werden ließ. Nach allem, was sich die Menschheit in ihrer Geschichte an Unmenschlichem geleistet hat, und nach aller Mißachtung, in der sie ihrem Schöpfer und Herrn gegenübergestanden hat und -steht! Es wird für die Predigt wichtig sein, das verwunderte „Sehet!" nicht zu überlesen. Wir wären auf ganz falscher Spur, wenn wir meinten, der Text behaupte, unsere Kindeswürde vor Gott sei im Humanum schlechthin begründet. Wir sind zwar von der Schöpfung her als Menschen mit wunderbaren Gaben ausgestattet: mit der Fähigkeit, unsere Hände zu schöpferischem Tun zu gebrauchen, mit der Vernunft, die denkt und spricht, mit unserer Verantwortlichkeit für uns selbst, für unsere Mitmenschen und unsere Welt, mit der

Fähigkeit zur Erkenntnis – auch unser selbst – und zu kulturellem Handeln, in unserer Gemeinschaftsbedürftigkeit und -fähigkeit, in unserer hohen Bestimmung, personales Gegenüber Gottes zu sein, „Mensch vor Gott". Was sollten und könnten wir sein – und was sind wir wirklich? Es braucht jetzt nicht dargelegt zu werden, wieso unsere Gottebenbildlichkeit, die Ähnlichkeit zwischen Vater und Kind, entstellt und unverkennbar geworden ist. Einfach dahin und vernichtet ist sie nicht. Sie kommt noch in der Verleugnung unseres Woher, ja sogar noch im verbissensten Sich-Sträuben gegen Gott und im Anrennen gegen ihn zum Ausdruck. Wir werden Gott sowenig los wie unsern Schatten. Indem er uns fordert und – da wir uns ihm verweigern – uns schuldig spricht, sind wir ihm ausgesetzt und bleiben so auf ihn bezogen. Vom „Gesetz" würde Paulus sprechen; unser Brief gebraucht das Wort nicht (es steckt freilich in ἀνομία ,V. 4), man vergleiche aber z.B. Joh. 1,17; 7,51. – Aber sowenig wir Gott entrinnen können: zu seinen *Kindern* können wir nicht durch das werden, was wir sind. Die oft behauptete natürliche Affinität des Menschen zu Gott, die sich angeblich in Spitzenleistungen des Denkens, des künstlerischen Schaffens und der sittlichen Leistung kundtut, kann man im Sinne der Kindeswürde nur dann auslegen, wenn man unsere Lage vor Gott, d.h. aber unsere Sünde verkennt. „Ich bin nicht wert, daß ich dein Sohn heiße" (Luk. 15,19).

Aber uns wurde die Liebe Gottes „geschenkt", „gegeben". „Darin steht die Liebe: nicht daß wir Gott geliebt haben, sondern daß er uns geliebt hat und gesandt seinen Sohn zur Versöhnung für unsere Sünden" (4,10). Oder mit den Worten unseres Abschnittes: „Er ist erschienen, damit er die Sünden wegnehme" (V. 5 – dasselbe Verb wie bei dem Wort vom Gotteslamm, Joh. 1,29). So wurden wir zu Kindern Gottes.

Wir werden Gotteskinder „genannt". Hier klingt wohl ein Wort des synoptischen Jesus nach: Υἱοὶ ϑεοῦ κληϑήσονται (Matth. 5,9 – übrigens in nächster Nachbarschaft zu τὸν ϑεὸν ὄψονται , das in unserm Text V. 2 aufgenommen ist). Es geht also zunächst um unsere neue Geltung und Würde. Paulus spricht von Adoption (υἱοϑεσία). „Imputierte" Kindschaft, könnte man in der geläufigen theologischen Formelsprache sagen. Jedoch wird sofort hinzugefügt: καὶ ἐσμέν . Fast klingt es, als solle eine Fehldeutung des Jesuswortes abgewehrt werden. „Als Gotteskinder deklariert": das wäre in der Tat zu wenig. Gemeint ist ein neues Sein. Nicht ein Sein, das im Gegensatz stünde zum Werden und Geschehen. Wie könnte man sonst von unserem „Geborensein aus Gott" sprechen (2,29; 3,9; 4,7; 5,1.4.18 – auch Joh. 1,13; 3,3.5.6.8 und alle Stellen, die vom εἶναι ἐκ sprechen, vgl. Bultmann, ThNT, § 42,2; 43,2)? „Und wir sind es (wirklich)" deutet also nicht auf den idealen Hintergrund des Wandelbaren und Sichtbaren. So besteht auch unser „Gezeugtsein aus Gott" nicht bloß darin, daß wir – als der natürliche Mensch, der wir sind – neue Gedanken denken und neue Entschlüsse fassen und so „umfunktionalisiert" werden. Christ wird man nicht einfach dadurch, daß unser altes Leben neue Inhalte gewinnt. Wir werden von neuem, von oben geboren (Joh. 3,3). Es entsteht ein neues Leben, das seinen Ursprung in Gott selbst hat und in dem wir – das Kind ähnelt dem Vater – Gottes Art an uns haben. Obwohl das Wort σπέρμα gebraucht ist (vgl. 1. Petr. 1,23: σπορά), darf man den Zeugungsvorgang nicht naturalistisch verstehen; sonst wäre es geradezu absurd, wenn in V. 10 als Gegenbild die Teufelskindschaft erscheint. Gottes Schaffen ist analogielos und darum unbeschreibbar. Aber es ist die Gotteszeugung doch ein schöpferischer Akt, in dem neue Wirklichkeit entsteht. Wir sind als Kinder Gottes nicht von „unten", nicht von der „Erde", von der „Welt" her, erst recht nicht vom Diabolos her (Stellen bei Bltm., a.a.O.). Sofern wir „in Ihm" sind, sind wir nicht mehr die, die wir waren. „Siehe, etwas Neues ist entstanden", würde Paulus sagen (2. Kor. 5,17). Noch einmal: „ihr seid nun worden Gotts Geschlecht". Indem der Sohn bei uns „erscheint", ja „Fleisch wird", nicht nur *unter* uns „wohnt", sondern *in* uns wohnt, so daß dann gleichzeitig *wir in ihm* wohnen (zu letzterem z.B. Joh. 15,4–7): indem dies geschieht, haben wir – heute schon – Anteil an dem eschatischen Sein. Es macht keinen Unterschied, ob wir vom Gezeugtsein aus dem Geist (Joh. 3,6) oder von der Gotteszeugung sprechen (wir sahen überdies, daß unser Text nicht deutlich erkennen läßt, wo vom Vater und wo vom Sohn die Rede ist). Ist Joh. 3,6 an die Taufe gedacht – „Wasser und Geist" –, so haben wir auch hier die Gotteskindschaft als durch die Taufe vermittelt anzusehen. Der Gnostiker versteht sich als φύσει πνευματικός (Irenäus, Adv.haer. I,1.11). Johannes weiß, daß wir es erst werden mußten, da wir von Hause aus „Fleisch" sind. Wir wurden zu Kindern Gottes, indem Christus in die Welt und als der in die Welt Gekommene in der Taufe auch zu uns einzelnen kam. So ist die Liebe Gottes für uns konkret geworden. „Vater", dürfen wir sagen, weil Jesus, der Sohn, unser Bruder geworden ist. Aus Verlorenen, weil Feinden, wurden Kinder. Wir brauchen Jesus nur anzunehmen (Joh. 1,12).

2.

Daß wir Gottes Kinder nicht nur „heißen", sondern es auch „sind", könnte uns überzogen vorkommen. Gottes eigenes Leben in uns? Sein Wesen und seine Art – an uns abzulesen? „Dem Vater wie aus dem Gesicht geschnitten"? Es wäre schön, aber es ist nicht so. Die vielbesprochene Gegenwarts-Eschatologie der johanneischen Schriften ist nicht, wie man gemeint hat, eine Spielart schwärmerischer theologia gloriae, als hätte der Christ nichts mehr zu erwarten, habe vielmehr die Grenze zum Eschaton bereits überschritten. Das Wahrheitsmoment dieser Auffassung ist natürlich nicht zu übersehen. Wer glaubt, hat schon das Leben, wird nicht gerichtet, ist schon auferstanden. Aber was damit gesagt ist, darf nicht enthusiastisch mißverstanden werden. Der Gnostiker meint, er sei „drüben". Der Christ weiß, daß sein neues Leben zwar wirklich ist – „und wir sind es auch" –, aber noch nicht wahrnehmbar. „Es ist noch nicht sichtbar geworden, was wir sein werden." Man könnte sich auch denken, daß es heißt: „. . . was wir sind." Nur zeigt sich hier wie auch sonst nicht selten in unserem Brief, daß der Verfasser in seinen Gedanken den Standort wechselt. Wir sind schon der neue Mensch. Aber der alte, der vorfindliche, der empirisch faßbare Mensch ist ja noch nicht vergangen. (Wir werden unter 3 darauf zurückkommen müssen.) Ich muß immer wissen, ob ich von dem eschatischen Menschen rede, dem himmlischen „Doppelgänger", der meinen Namen trägt und im Jetzt und Hier schon anwesend ist, – oder aber von dem Menschen, wie ihn jeder sehen und beobachten kann, der sich äußerlich von keinem anderen Menschen unterscheidet. Das Wort Doppelgänger gebraucht Lohmeyer zu Phil.3,1–4; Oepke weist zu Gal. 2,20 darauf hin, daß das mystische Doppel-Ich bei Paulus im Nacheinander der Äonen vergeschichtlicht ist. Alle Versuche, den Sachverhalt auszudrücken, können nur Behelf sein. Aber tatsächlich finden sich, „was vom Fleisch geboren ist" (Joh. 3,6) und „das von Gott Geborene" (1. Joh. 5,4) in einer anthropologischen Abwandlung der Zweinaturenlehre beieinander vor, in dem einen Menschen meines Namens, der beides ist.
Man sieht mir mein neues Sein-aus-Gott, also meine Gotteskindschaft nicht an. „Die Welt kennt uns nicht" (vgl. 3,13; Joh. 15,19). Sie weiß nicht, was Christen sind. In dem Augenblick, in dem sie es wahrnähme, hätte sie ja das andere erblickt, was „nicht von der Welt ist" (Joh. 15,18), und damit wäre sie ja sofort in diesen eschatischen „Stromkreis" oder Wirklichkeitszusammenhang einbezogen. Hier läuft die Grenze aller Empirie im theologischen Denken und Erkennen. Sicher kann und soll eine empirisch-kritische Theologie aufzeigen, wie Kirche sich in der Welt vorfindet, was sie getan hat und was sie versäumt, worin sie ihren Auftrag erfüllt und worin sie ihn verleugnet hat (usw.). Man muß nur wissen: was die Kirche zur Kirche macht, entzieht sich aller Empirie. „Denn

wir wandeln im Glauben und nicht im Schauen" (2. Kor. 5,7). Ja, der Glaube wird sich
gerade darin als das erweisen, was er ist, daß er sich durch die handfesten Tatsachen des
Feststellbaren – gerade auch auf dem Gebiete der Religion – nicht beirren läßt. Man
meditiere es etwa an der Gestalt des greisen Abraham (Röm. 4,18–21). Es ist verführerisch, der Welt das, was wir sind, (indem wir die Verheißung von Matth.5,16 zur Methode verfälschen), durch „gute Werke" zu beweisen. Nur: die Welt sieht nur zu scharf
auch unser Versagen, und es geschieht nicht selten, daß wir von Nichtchristen durch
„gute Werke" beschämt werden. Und wenn es schon für uns günstiger stünde: die Gotteskindschaft, also das eschatische Sein, ist mehr als das überzeugendste Ethos. Und dasselbe noch einmal anders: Wir könnten in schwerste Anfechtungen geraten, ja an unserem ganzen Zuhausesein bei Gott irre werden, wenn wir nicht wüßten (und in der Praxis
unseres Lebens dann auch gelten ließen!), daß das, was uns zu Christen macht, tatsächlich nicht greifbar ist. Luther: „Haec vita non habet experientiam sui" (WA 1,54).
„Die Welt kennt *uns* nicht, denn sie kennt *ihn* nicht" (V. 1). Die vorhin einen Augenblick
lang gezogene Parallele zur Zweinaturenlehre ist nicht so gewagt, wie es scheinen mochte.
Wir werden wieder, wie schon unter 1, veranlaßt, der Geburt unseres Herrn in unsere
Welt hinein zu gedenken. „Ich bin nicht von dieser Welt" (Joh. 8,23). Wer sieht ihm das
an? Man kennt seine Eltern, seine Heimat. Im Gedränge der überfüllten Herberge, mitten
unter dem zusammengetriebenen Volk (Schätzung) kommt dieses Kind zur Welt. Der
zum Manne Herangereifte wird zwar viele zum Aufhorchen bringen. Aber daß er „der
Sohn" ist (wir sahen: das Wort υἱός bleibt in den johanneischen Schriften dem Einen vorbehalten), der Schöpfungsmittler, der Richter der Welt, der König in Gottes Reich, der
Menschensohn: das sieht ihm niemand an. Man muß das „Andere" in ihm erst entdek-
ken, ehe man sagen kann: „wir sahen seine Herrlichkeit". – Auch darin stimmt die Parallele: Wie sein ganzes Gott-Sein in dem Erdenmenschen Jesus gegenwärtig ist, so unser,
der Christen, Gezeugtsein-aus-Gott in unserm Menschsein. Unser Brief zieht auch hier
deutlich die Parallele: „Gleichwie *er* ist, so sind auch wir in dieser Welt"(4,17).
Die Parallele wird nun auch im Blick auf das Kommende ausdrücklich gezogen. „Wir
werden ihn sehen, wie er ist." Es hat ihn bisher noch keiner so gesehen, auch nicht der
Apokalyptiker in seinen Visionen, in denen das Himmlische in den Vorstellungen der
religiösen Welt gefiltert und gebrochen ist (vgl. die folgende Perikope). Er ist ja „im Fleische" gekommen, als der unscheinbare „Jesus" (4,2f.). Das wird bei seiner Parusie anders
sein. Dies „wissen" wir – das Wort erscheint im Neuen Testament häufig da, wo an die
urchristliche Elementarunterweisung bzw. an die Missionspredigt erinnert wird. (Die
Frage, ob hier die kirchliche Redaktion die theologische Konzeption des Verfassers verdeckt bzw. verdirbt, sei nicht abermals erörtert. Wir sind in unserem Perikopenwerk
schon wiederholt darauf gestoßen. Die im Text – so, wie er dasteht – abgehandelten Gedanken sind m.E. bei richtigem Verständnis stimmig.) Christen freuen sich auf ihren in
Herrlichkeit kommenden Herrn. Noch angefochten, oft beirrt, glaubend wie an einem
Seidenfädchen, freuen sie sich auf das Kommende: „ . . . dann aber von Angesicht zu Angesicht" (1. Kor. 13,12). Wen man lieb hat, den möchte man auch sehen. Geliebt werden
und wiederlieben, das ist das Glück des Christenlebens (4,19). Eine Gemeinde, die sich
nicht nach der Unmittelbarkeit zu Gott sehnen würde, müßte man fragen, was für einen
Glauben sie hat. – Damit aber hängt nun das andere unmittelbar zusammen: „Wir werden ihm gleich (ähnlich) sein." Wir werden nicht Götter sein. An ein mystisches Einswerden mit Gott ist im ganzen Alten und Neuen Testament nicht gedacht. „Wir werden ihn
sehen . . . "! Er bleibt, er wird jetzt erst richtig unser Gegenüber. Ist die Gegenwart unseres Herrn im Geist jetzt schon das Motiv und die Kraft eines geheiligten Lebens, so wird
unser seliges „Gefangensein" vom Anblick Gottes uns erst recht zu dem machen, wozu

wir bestimmt sind: homines coram Deo. Das Weihnachtslied singt: „Eia, wärn wir da!"

3.

Wieder geht es uns so, wie es immer ist, wenn wir auf biblische Zeugnisse hochgespannter Hoffnung stoßen: es steht in uns leicht der Verdacht auf, das Zeugnis der Hoffnung verführe uns zu einem Ausweichen auf die Zukunft, mit dem wir uns an der Gegenwart nur schuldig machen können. Der Text zeigt wieder einmal, daß das Gegenteil richtig ist. Nicht, daß am Ende nun alles Bisherige zurückgenommen würde und wir nun erführen, mit der soeben bezeugten Zukunftshoffnung sei es nichts – oder mindestens: man müsse das Erwartete möglichst vergessen, damit man das Gegenwärtige nicht versäume. Umgekehrt: die Zukunft wirft ihre Lichter voraus! „Ein jeglicher, der solche Hoffnung hat zu ihm, der reinigt sich, gleichwie auch er rein ist." Man übersehe nicht die Entsprechung der beiden Aussagen: Wir werden ihn sehen, wie er ist; wir reinigen uns, wie er rein ist. Daß unser neues Leben noch verhüllt und sein Heraustreten ans Licht Sache des mit der Parusie offenbar werdenden Eschaton ist, bedeutet mitnichten eine Sanktionierung unseres alten, verkehrten Lebens, wie denn auch des Sohnes Kommen im Fleische nicht eine Legitimierung des „Fleischlichen" ist, sondern seine Inanspruchnahme für das Heilige. Da unser Brief sich mit gnostischen Lehren auseinandersetzt (bes. deutlich 4,1ff.), tut man gut, sich das Gemeinte am Gegensatz klarzumachen. Die Gnosis sieht die Erlösung darin, daß man sich – als „Erkennender" – von allem losmacht, was zu dieser Welt gehört, und daß man der Hyle seine Verachtung bekundet, indem man in ihr zügellos lebt und alles zugrunde richtet (im einzelnen gibt es in den gnostischen Systemen eine Menge Differenzen). Ganz anders unser Brief. Man kann die Sünde nicht als etwas zu Übersehendes und zu Übergehendes ansehen, als ob nach Sünde oder Nicht-Sünde künftig niemand mehr frage. Doch, doch: Sünde ist ἀνομία, Gesetzlosigkeit, schlimmer: Gesetzwidrigkeit, schlimmer: Bosheit, Schlechtigkeit, Empörung, Auflehnung gegen Gott (ThWNT IV, S. 1079). Christus ist erschienen, um die Sünde „wegzunehmen" (V. 5), nicht, um sie zu neutralisieren, zum Adiaphoron herunterzuspielen oder auch nur sich mit ihrem Fortbestand abzufinden. Sind wir Gottes Kinder, dann ergibt sich aus dieser neuen Würde und Geltung und aus der damit verbundenen großen Hoffnung eine neue Praxis unseres Lebens, also eine tiefe Verwandlung. Wie geschieht sie?

Wir sahen, wie unser Kindesstatus mit Christi Menschwerdung zusammenhängt. Durch sie ist unser Menschsein geheiligt. Größeres konnte dem Menschen nicht widerfahren als dies, daß Gott selbst Mensch geworden ist. Man könnte sagen: Noblesse oblige. Nur könnte diese Formel sich wieder als *Gesetz* darstellen: Jetzt müßt ihr euch noch viel mehr zusammennehmen! Es wäre dabei vergessen, daß das Eingehen ins Menschliche gerade deshalb geschieht, weil wir Sünder sind, also der Versöhnung bedürfen (4,10). Wie es auch immer mit uns stehe: wir haben Christus an unserer Seite. Wer „wider das Gesetz steht" (ursprünglicher Luthertext: „Unrecht tut"), übersieht, vergißt den unsichtbar neben ihm stehenden, gehenden, sitzenden Christus; er tut so, als sei Gott weit weg und als hätte Gottes Liebe („welch eine Liebe . . .!") sich ihm gar nicht zugewandt. Aber seit Weihnachten ist menschliches Leben durch Gottes – d. h. Christi – Anwesenheit geheiligt. Menschenleben ist hinfort zugleich sein und mein Leben. – Oder dasselbe eschatologisch abgewandelt bzw. weitergedacht: Wer Böses tut, nimmt seine eigene Zukunft („was wir sein werden") nicht ernst, ja, er verleugnet damit, was er verborgenermaßen heute schon ist. Wir sollen ja eines Tages *ihm* gleich sein; so muß alles, was wir jetzt denken, vorhaben, aussprechen, tun, meiden, leiden (usw.) im Lichte dessen stehen, was aus uns werden soll und was wir heimlich schon sind. Alle Sünde, die jetzt noch geschieht, ist

also ein Herausfallen aus dem neuen Sein und ein Irrewerden an unserer herrlichen Zukunft.
„Wer in ihm bleibt, der sündigt nicht." Perfektionisten haben sich immer wieder auf diesen Satz berufen. Er ist offensichtlich in gewollter Schärfe formuliert. Kann sein, daß er
manchen, der sich sehr gemüht hat, mit der Sünde fertig zu werden, tief erschreckt und
gequält hat. Wie, wenn wir doch sündigen? Johannes weiß sehr wohl, daß es auch im
Christenleben Sünde gibt, ja, er warnt geradezu davor, daß man sich an diesem Punkte
Illusionen macht (1,8–10). Dies hat ihn nicht gehindert, 3,6.9 zu schreiben. Beide Aussagen sind wahr und wollen zusammen gesehen sein: Simul iustus et peccator. Die Formel
Luthers wäre falsch verstanden, wenn man sie im Sinne eines „teils – teils" interpretierte;
auch dann, wenn sie einen faulen Frieden zwischen Gehorsam und Sünde beschönigen
sollte. „Wer in ihm bleibt", sündigt nicht; man könnte wohl auch formulieren: „sofern
einer in ihm bleibt". Ist jemand ein von Gott Gezeugter, „gehört er nun auch der himm-
lisch-geistigen" – ich würde lieber sagen: himmlisch-geistlichen – „Sphäre, dem göttlichen Lebensbereich an"(Schnbg.). Dieses in der Taufe entstandene (Auferstehungs-)
Leben ist noch mit Christus verborgen in Gott (Kol. 3,3); aber es ist so wirklich wie der
auferstandene Christus, der auch mein neues Leben ist und lebt (Gal. 2,20; Phil. 1,21a). In
diesem eschatischen Stromkreis meines Seins gibt es keine Sünde. Der andere – „fleischliche", weltliche, natürliche – Stromkreis ist noch nicht abgebaut; es wäre Illusion, ja
Anmaßung, wenn ich hier sagen wollte, ich hätte keine Sünde. Noch bin ich Christus
nicht gleich, denn diese eschatische Wirklichkeit ist „noch nicht erfahrbar geworden". Es
wäre aber seltsam, wenn diese beiden Stromkreise – das Bild wird jetzt technisch ungenau
und will nicht strapaziert werden – nicht aufeinander einwirkten; anders; wenn die
himmlisch-eschatische Wirklichkeit mein (noch immer bestehendes) altes Leben nicht
„induktiv" beeinflußte. Uns widerfährt eine tiefe Verwandlung. Nicht, daß wir selbst
etwas aus uns machen sollten. Indem Christus zu uns kommt, geschieht das Neue an uns.
Ihn „sehen und erkennen" (V. 6 Ende): dies wird sich als ein uns verwandelndes Geschehen erweisen (EKG 27,11).

2. Christtag

Der von PTO vorgesehene Text Offb. 7,9–12 (13–17) kennzeichnet den 26.Dezember als
„Tag des Erzmärtyrers Stephanus". Damit wird eine in herkömmlicher Begehung des
Kirchenjahres vorhandene Lücke geschlossen. Aus R. Spieker, Lesung für das Jahr der
Kirche, Berlin 1950, S. 33: „Die Kirche begeht das Gedächtnis ihres ersten Blutzeugen an
Weihnachten, damit über dem Jubel und der Freude nicht vergessen werde, daß ihr eige-
ner Weg auf Erden gleich dem ihres Meisters mit dem Blut der Märtyrer gezeichnet ist."
„Auch wenn der 26. Dezember als ‚Zweiter Christtag' begangen wird, sollte doch des Erz-
märtyrers Stephanus gedacht werden, und das Gebet und eine Lesung des Tages...
Aufnahme finden."
Mir ist jedoch keine Gemeinde bekannt, die diesen Tag nicht als Zweiten Christtag begeht und daher auch ein spezifisch weihnachtliches Proprium erwartet. Damit nirgends
Verlegenheit entstehe, wird darum nach der (etwas kürzeren) Behandlung des vorge-
sehenen Textes noch eine weihnachtliche Perikope besprochen (aus den – in dieser Reihe
nicht bearbeiteten – Texten zur „Christnacht").

Offb. 7,9–12(13–17)

Zur Abgrenzung: Speziell auf das Märtyrerproprium bezogen sind gerade die in () stehenden Verse.
Wenn man sich schon für diese Perikope entscheidet, wird man gerade sie nicht weglassen dürfen.
Die Szene ist noch immer die der Kapp. 4 und 5 (vgl. unsere ausführliche Auslegung zum 1. Advent;

dort Gesagtes soll hier nicht wiederholt werden). Das μετὰ ταῦτα (V. 9) grenzt diese Vision gegen das Vorausgehende klar ab. Sie zeigt uns „die weißgekleidete Schar" (Lohmeyer) der „Überwinder" (Hadorn). Ist sie mit den 144 000 des vorigen Abschnitts identisch? Gleich, ob man die Frage bejaht oder verneint: man sollte aus der Antwort keine großen Schlüsse ziehen. Dort die Symbolzahl (faktisch unzählbar sind auch die 12mal 12 000, die Zahl muß dem Seher gesagt werden, V. 4) – hier die unmittelbare Schau. Dort wohl das vollständig aus der Diaspora zusammengeführte und wiederhergestellte Israel – hier die „Menge" aus allen Völkern. Aber reflektiert ist dieser Unterschied nicht. V. 9: Die weltweite Kirche der Vollendung vor Gottes Thron. Das Weiß, schon in der griechisch-römischen Welt „als die den Göttern genehme und gemäße Farbe" angesehen (ThWNT IV, S. 248), kennzeichnet die Zugehörigkeit zur himmlischen Wirklichkeit, z. B. bei Jesu Verklärung (Matth. 17,2), bei der Erscheinung von Engeln (Matth. 28,3). Hier wohl Symbol für „die Gabe des ewigen Lebens" (a. a. O., S. 255, vgl. 3,4f.; 6,11), besonders auch für die dort gewonnene Reinheit (7,14). Die Palmzweige gehören zum Laubhüttenfest mit seiner überquellenden Freude (Lev. 23, 40; Neh. 8, 15–17; Sach 14,16); also keine liturgische Steifheit wie in mancher bildhaften Darstellung. – V. 10: κράζειν ist ein Rufen im Geist (Gottesdienst!). Thron und Lamm: s. Ausl. z. 1. Advent; dasselbe gilt für VV. 11f. Das Siegeslied hat (nach Lohse) vorausweisende Bedeutung. „Der Sieg ist so gewiß, daß er vom Seher bereits geschaut wird, ehe die Kämpfe durchgestanden sind" (z. St.). Die Hymnen der Apokalypse (4,8; 5,9f. 12f.; 11,15.17f.; 12,10–12; 15,3f.; 19,3–7) dürften aus dem Gottesdienst der kleinasiatischen Gemeinden stammen (vgl. Lohse S. 48). Noch zu V. 10: σωτηρία in der Apok. nur noch 12,10 und 19,1. Nach Bauer (WB) ist der Dativ τῷ θεῷ Hebraismus, vgl. Ps. 3,9: beim Herrn (ליהוה) ist die Rettung bzw. Hilfe. (Es ergäbe sich sonst der Unsinn, daß Gott Rettung widerführe.) – V. 14: εἴρηκα svw. εἶπον (vgl. 8,5; 19,3. κύριέ μου: es scheint, daß (auch irdische) Presbyter so angeredet wurden. Die „große Trübsal" ist geprägter Ausdruck für die Not der Endzeit vor der Parusie (Dan. 12,1; Mark. 13,19; Offb. 3,10). Das ἐν am Satzende dürfte instrumental, aber im übertragenen Sinne gebraucht sein: „weiß machen" „durch Blut" ist gewollte Paradoxie. – V. 15: Ewiger Gottesdienst als Inbegriff der Seligkeit. Ps. 84. σκηνώσει greift die in der Bibel verbreitete Zeltvorstellung auf (vgl. G. von Rad, Zelt und Lade. Ges. Stud., 1958, S. 109ff.), im NT bes. Joh. 1,14; 2. Kor. 12,9; Hebr. 8,2; 9,11; Offb. 15,5; 21,3. Auffällig der Akkusativ der Richtung bei ἐπ᾽ αὐτούς: „er wird sein Zelt über sie ausbreiten". – V. 16: Lohmeyer will (mit Swete) statt πέσῃ lieber παίσῃ lesen („steche" wie 9,5).

Daß wir auf das Proprium achtgeben, hilft uns, Wiederholungen zu vermeiden, die bei der starken Gemeinsamkeit mit dem ersten Text dieser Reihe geradezu unumgänglich wären. Wir werden also gerade auf die eingeklammerten Verse besonders einzugehen haben. Es „wird von den Unsern also gelehrt, daß man der Heiligen gedenken soll, auf daß wir unsern Glauben stärken, wenn wir sehen, wie ihnen Gnade widerfahren, auch wie ihnen durch Glauben geholfen ist" (CA 21). Von den Märtyrern wird dies in besonderer Weise zu gelten haben, auch dann, wenn die Grenzsituation der Blutzeugenschaft uns erspart ist und bleibt und wir an ihr nur die mögliche Belastbarkeit unseres Glaubensgehorsams durchexerzieren. Dies freilich kann sich der Glaube nicht ersparen. Kein Christ wird sich nach dem Zeugnis der Extremsituation sehnen oder sie gar provozieren; die Kirche hat in den klassischen Verfolgungszeiten der ersten drei Jahrhunderte – und auch sonst – immer wieder vor dergleichen gewarnt. Wir haben zu stehen, wenn die Situation es fordert; niemand kann sagen, ob es dazu kommt und wann es sein wird. Paul Schneider und Dietrich Bonhoeffer – um nur diese beiden zu nennen – haben sich ihr Märtyrerschicksal nicht träumen lassen, aber als sie gefordert waren, haben sie es auf sich genommen. Die Älteren unter uns werden sich fragen, ob, wenn wir den letzten Einsatz unseres Zeugnisses nicht gescheut hätten, nicht Millionen anderen das Todesschicksal auf den Schlachtfeldern und in den Gaskammern erspart geblieben wäre. Das Alibi der Jüngeren schützt sie nicht vor der Frage, wie sie in analoger Situation gehandelt hätten und, käme sie wirklich, handeln würden. Man kann an den Märtyrern studieren, wie schwer für sie die Entscheidung des Glaubens wog – und wie ernst wir unseren Glauben zu nehmen haben. Wo ist der kritische Punkt, an dem es uns zu kostspielig wird und wir aufgeben? Es wäre grundverkehrt, wenn wir uns in Fanatismus hineinsteigerten; er reimt sich nicht mit der Freiheit des Evangeliums. Stephanus ist kein Fanatiker, aber „voll Gnade und Kraft" (Apg. 6,8). Überhaupt: es täte der Gemeinde gut, die Gestalt des ersten Blutzeugen der Kirche deutlicher vor sich zu sehen. Ein wenig erzählen sollte die Predigt auf alle Fälle. Freilich leitet der Text uns an, das Grundsätzliche zu sehen und zu bedenken. Die Gemeinden unter der Pression Domitians haben sich auf die dramatische Auseinandersetzung einzustellen, stellvertretend für die Kirche aller Zeiten. Darum redet der Text davon in größten Zusammenhängen: *Die Zukunft der Bewährten:* (1) *das große Gotteslob* (2) *nach der großen Trübsal* (3) *aufgrund der großen Gnade.*

I.

Noch bevor unser Abschnitt auf die „große Trübsal" zu sprechen kommt, lenkt er unseren Blick auf den „Freudenort", „da die Engel singen mit den Heilgen all" (EKG 26,4). Was die verfolgte Kirche ängstet und drückt, ist von vornherein überholt durch die Hoffnung auf das Kommende, ja sogar durch das Wissen darum, daß die gottesdienstlich versammelte Gemeinde im Glauben an diesem Kommenden schon Anteil hat. Es ist wie bei Stephanus: noch ehe ihn der erste Stein trifft, sieht er zum Himmel auf und erblickt die Doxa Gottes und sieht Jesus zur Rechten Gottes stehen (Apg. 7,55). So haben nach ihm viele Blutzeugen ihr großes Opfer gebracht in der befreienden und ermutigenden Gewißheit: jetzt gelangen wir zur unmittelbaren, durch nichts mehr gebrochenen Gemeinschaft mit Gott. Das gilt für jeden Christen, wann, wo und wie immer er sterben mag. Man denkt an Sören Kierkegaard, der für sein Grab die (nach Aussage von Kennern kaum übersetzbare) Liedstrophe von Hans Adolf Brorson bestimmte: „Noch eine kleine Zeit, / so ist's gewonnen, / so ist der ganze Streit / in Nichts zerronnen. / In Rosensälen darf ich / ohn Unterbrechen / in aller Ewigkeit / mit Jesus sprechen." Wir denken an die Perikope von gestern: „Wir werden ihn sehen, wie er ist."
In dem eben Gesagten haben wir uns bereits aus der apokalyptischen Bilderwelt, erst recht aus dem frühbarocken Vorstellungs- und Sprachmaterial eines Liedes wie „Jerusalem, du hochgebaute Stadt" herausgelöst und sind, wie wir meinen, auf das aus gewesen, worauf es ankommt. Man kann dem modernen Menschen den „Himmel" damit verleiden und zuschließen, daß man die Bildersprache der Bibel nicht als übertragene Rede versteht (Joh. 16,25), sondern in der Direktheit eines groben, humorlosen Fundamentalismus. Die visionäre Bildersprache will gedeutet, mehr noch: einfach geschaut und im Schauen verstanden werden. Tag und Nacht Gottesdienst vor dem Thron Gottes (v.15): wer's nicht versteht, was da gemeint ist, kann nur eine Gänsehaut bekommen und wird vielleicht gern „verzichten". Weiße Gewänder – unablässig sanft mit Palmen wedeln – nach festem Stundenplan (man kennt den Spott) Halleluja (oder nur „luja") singen und „frohlocken": das ist Karikatur aus grobem Mißverstand; unsere Predigt hüte sich, dem Vorschub zu leisten. Man muß ja auch nicht, wo die Väter „die Schellchen klingen" hörten (EKG 26,4 – vgl. J. Kulp, Die Lieder unserer Kirche, Sonderband des Handbuchs zum EKG, S.61), in liturgistischer Enge von Psalmengesang reden (so der jetzige Text).
Nach solcher Warnung darf man aber nun doch den Text nach seinen Aussagen abhorchen. In der Mitte dessen, was der Apokalyptiker schaut, steht (wie bei Stephanus) der Thron Gottes, wo man auch Christus findet, erkennbar als das „Lamm" (vgl. die Ausl. zum 1. Advent). „... denn sie werden Gott schauen" (Matth. 5,8), der für uns noch im unzugänglichen Lichte wohnt (1. Tim. 6,16) und nach dessen Anblick der Glaubende sich sehnt (Ps. 42,3). Endliches und Unvollkommenes langweilt und lähmt uns. An Gott werden wir uns nicht satt sehen. Nicht nur, weil der unerschöpfliche, immer tätige Gott

„interessant" ist – ein Schauspiel ohne Längen und Flauten –, sondern weil Gott liebt und in seiner Zuwendung zu uns „unser" Gott sein wird (21,3b). Für den, der das Bild des Lammes zu deuten weiß (gerade in seiner expressionistischen „Überzogenheit", 5,6), wird Gott hier zum Retter der Menschen, zum grund- und grenzenlos Liebenden. – Das große Volk aus allen Völkern: die Kirche der Vollendung und darin die neue Menschheit. Die Ökumene vor Gottes Thron! Schon jetzt erleben wir, anfangsweise, auf Versammlungen der weltweiten Christenheit etwas von der einigenden, sammelnden Kraft des Evangeliums. Christus will aber nicht nur einzelne Vertreter aus allen Völkern, sondern wirklich die ganze Menschheit. Hier wird es kein Widereinander mehr geben, keinen Rassismus und auch sonst keine Feindseligkeiten.

„Aus allen Nationen und Stämmen und Völkern und Sprachen" ist die große, die universale Gemeinde Gottes zusammengesetzt. – Gemeinde? Die Szene ist die des Gottesdienstes. Was diese unzählbare Schar eint, ist das, was V.15 zusammenfaßt und was V.10 praktisch vorführt. Alle versammelt vor Gottes Thron, alle eins in der neu gewonnenen Gottunmittelbarkeit, im Anschauen von Gottes Herrlichkeit, im Überwältigtsein von dieser beglückenden, ungetrübten, ungebrochenen, nicht mehr bruchstückhaften (1. Kor. 13,12) Gotteserfahrung. Es bedarf keiner geistlichen Übung, keines Aufschwungs, erst recht keines – falls denn der oder jener es so empfindet – liturgischen Zwanges mehr. Das „Amen" drückt das bewußte Sich-Hineinziehenlassen in Gottes rettendes Handeln, in die Gemeinschaft mit ihm, in das Geschehen seiner Offenbarung aus (vgl. das in der Auslegung zum 4. Advent Gesagte). Die sieben Zurufe, ähnlich wie 5,12, lassen in ihrer Häufigkeit – und die Sieben ist die Zahl der Ganzheit – den Überschwang des Gotteslobs erkennen. Wer die einzelnen Worte durchginge, würde merken, wie Gottes Herrlichkeit und deren Spiegelung im Bekennen und Loben der Gemeinde durcheinandergehen. Das pneumatische Geschehen ist *ein* Stromkreis. – Der 15. Vers bietet ein ähnliches Bild. Die vollendete Gemeinde hält ununterbrochen, Tag und Nacht, ihren Gottesdienst vor dem Thronenden; aber indem das Wort „zelten" gebraucht wird, wird an das Heiligtum der Wüstenzeit Israels erinnert, zu dem Gott herniederfährt, um Mose und Josua zu begegnen, mit ihnen zusammenzutreffen, in Kommunikation mit ihnen zu treten (Exod. 33,7ff.; Deut. 31,14f. u.ö.). Hier wird kein stummer Gott angebetet, der Funke springt über. Noch einmal: ER – unser Gott, wir – sein Volk; er geradezu der „Gott-mit-uns" (21,3). Wem jetzt noch immer graut vor der liturgischen Sterilität und Übergeistlichkeit des Himmels, der lese VV.16f., wo das Kreatürliche in seiner Vielfalt im Blick ist. Nicht Hunger noch Durst, nicht Sonne noch Hitze (für Sibirien und Grönland und Alaska darf man gern hinzufügen: nicht grimmige Kälte und eisiger Sturm), und – man muß den Herzton hören – Gott selbst wischt den Weinenden die Tränen ab. Wer johanneisch denken kann, erkennt in dem „lebendigen" (immerzu fließenden, klares Wasser spendenden) Brunnen die Fülle des „Lebens" (vgl. Joh. 4,5ff.; 7,38ff.; Offb. 21,6c; 22,17c – einer der zahlreichen sachlichen Berührungspunkte der Apokalypse mit dem vierten Evangelium). So „weidet", d.h. regiert der Herr sein Volk. Die Seinen sollen „das Leben und volle Genüge haben" (Joh. 10,10).

Es dürfte wohl richtig sein, die Mitte und das Bewegende des vollendeten Lebens in dem großen Gotteslob zu sehen. Das Ekstatische – ob christlich, heidnisch oder säkular – ist Ausdruck der Sehnsucht, über sich selbst hinauszugelangen zur Spontaneität eines erlösten Lebens. Man kann es zuweilen beobachten, daß das Hingerissensein (1. Kor. 12,2) junger Menschen ekstatischer Leerlauf ist. Wer sich ungehemmt an Gott und der Fülle des von ihm ausgehenden Lebens freuen kann, bei dem formt sich die Spontanäußerung zum *inhaltlich gefüllten* Lobe Gottes, zu einer Freude also, die weiß, *woran* sie sich freut.

2.

Das große Gotteslob – nach der großen Trübsal. Es muß uns zu denken geben, daß – seltsame zeitliche Inversion – erst jetzt gesagt wird, woher die vor Gottes Thron Versammelten gekommen sind. Johannes ist der Gedanke an die „Bedrängnis" der Gemeinden nicht fremd. Er selbst ist ja „Teilhaber an der Trübsal und am Reich und im Ausharren bei Jesus", auf die Insel Patmos verbannt „um des Wortes Gottes willen und des Zeugnisses von Jesus" (1,9). Zeugnis – μαρτυρία, also das persönliche Einstehen für das Bekenntnis zu Christus und für dessen Geltung und Kraft, selbstverständlich mit allen wirklichen oder möglichen Folgen dieses Engagements. Man hat in der späteren Kirchengeschichte den Unterschied zwischen Märtyrern und Konfessoren gemacht. Im Neuen Testament ist der Märtyrer zunächst ganz einfach der Zeuge für Christus. Daß sein Zeugnis unter dem Widerstand der Welt vor sich geht, ja, diesen Widerstand noch verstärkt, weiß er, und er nimmt es in Kauf. Aber zunächst ist Stephanus, dessen wir heute besonders gedenken, ganz einfach Christuszeuge. Wir finden ihn im Streitgespräch (Apg. 6,9) und in seiner Apologie (Apg. 7) seinen Glauben bezeugen. Es kann nicht anders sein: das positive Zeugnis hat immer auch eine kritische Wirkung (Apg. 7,51–53) und gerät mit dem, was ihm entgegensteht, in Konflikt (Apg. 7,9ff.54). Wir sahen: Johannes ist auf die Sträflingsinsel verbannt „um des Wortes Gottes willen und des Zeugnisses von Jesus" (Offb. 1,9). Jesus selbst ist „der treue und wahrhaftige Martys" (1,5; 3,14). Wer Christus bekennt, hat sich darauf einzustellen, daß er in die Christusleiden hineingezogen wird. Sein Schicksal wird dem Sterben Christi gleichgestaltet (vgl. Apg. 7,58f. mit Luk. 23,34.46). Hier heißt es treu sein bis an den Tod (Offb. 2,11), es bedarf der Geduld und des Glaubens der Heiligen (13,10). Im Leiden und, wenn es sein muß, in der Hingabe des Lebens zeigt man seinem Herrn, was er einem wert ist. Der Glaube erweist sich als eine Bindung, die das Ganze des Lebens betrifft und auch das Sterben einschließt. An den Märtyrern sehen wir, was es heißt, mit dem Glauben Ernst machen. Niemand kann sagen, wie weit in einer solchen Bewährungsprobe seine Treue, sein Mut, sein Durchhaltevermögen und die Kraft zum Glauben und Hoffen reichen würde. Man tut gut, in seinen heimlichen oder gar vernehmlichen Beteuerungen äußerst zurückhaltend zu sein (Matth. 26,33–35). Es stünde auch unserer Predigt schlecht an, wenn sie eine heroische Tonart anschlüge und in ein verlogenes Pathos geriete. Was sie freilich nicht verschweigen darf, ist, daß die große Trübsal (V. 14) zu dem gehört, was die Gemeinde Jesu für ihren Weg durch die Geschichte einzukalkulieren hat (Joh. 15,18–21; 1. Petr. 4,12–19 u.a.). Die Apokalypse ist geschrieben, um die junge Christenheit Kleinasiens für die große Erprobung und – hoffentlich – Bewährung ihres Glaubens zu rüsten. Es ist von Gott offensichtlich nicht nur dies zu sagen, daß er „alles so herrlich regieret", sondern auch das andere: daß er seine Gemeinde auf den Christusweg des Kreuzes schickt. Jesu Kommen „ins Fleisch" ist der Beginn dieses Weges. Der „Anfänger und Vollender des Glaubens ... hätte wohl können Freude haben", aber er „erduldete das Kreuz und achtete der Schande nicht" (Hebr. 12,2). Der Entschluß, in die Welt zu kommen, ist die Entscheidung für diesen Weg.
Jetzt können wir die Frage wieder aufnehmen, warum uns erst jetzt gesagt wird, woher die „große Schar" gekommen ist. Der Apokalyptiker ist weit davon entfernt, aus der Bewährung in der großen Trübsal einen Anspruch auf himmlische Seligkeit oder gar auf Privilegien in der „oberen" Welt abzuleiten. „Wer sind diese, ... und woher sind sie gekommen?" Nicht einmal die Frage fällt ihm selbst ein. Sie wird von einem der himmlischen Presbyter gestellt (ἀπεκρίθη entspricht dem וַיַּעַן, das oft nicht „antwortete" bedeutet, sondern „nahm das Wort"). Auch nachdem die Frage gestellt ist, kommt es Johannes nicht in den Sinn, zu erklären, dies verstehe sich doch wohl von selbst: mit die-

ser himmlischen Seligkeit werde natürlich die bis in den Tod bewährte Glaubenstreue honoriert. Nein, hier versteht sich nichts von selbst. „Mein Herr, du weißt es.“

Die Antwort kommt von „oben“: „Diese sind es, die aus der großen Bedrängnis gekommen sind“ (V. 14). Es würde nicht dem umfassenden Sinn von ϑλῖψις im biblischen Gebrauch entsprechen, wenn wir jetzt nur an die Märtyrer denken wollten; wir sagten schon, das Wort sei geprägter Ausdruck für die endzeitliche Not und Bedrängnis, das heißt aber in der apokalyptischen Geschichtsschau: für alle Drangsale der noch nicht erlösten Welt (Bengel sogar: alle adamitische Mühe und Arbeit auf Erden). Schon die Unzählbarkeit der Menge aus allen Völkern und Sprachen zeigt, daß es sich nicht um eine Märtyrer-Elite handelt. Der Gedanke an irgendeine Privilegierung liegt völlig fern. Der ganzen Christenheit in ihrer Kreuzessituation ist die ewige Zukunft bei Gott zugesagt.

Darum nun noch einmal: was bedeutet es, daß die Schau der Vollendung dem Wort von der großen Trübsal vorausgeht? Der auf die Insel Patmos Verschleppte weiß, daß – denkt man nur in der Weite der Räume und Pläne Gottes – Domitian den Kampf verloren hat, noch ehe er beginnt. Johannes sieht schon, wie es sein wird, wenn alles überstanden ist. Während er dies schreibt, ist die Gemeinde noch nicht einmal mitten drin im Hexenkessel der Verfolgungen, denn was für die Zukunft anzukündigen ist, bis Kap. 18, bedeutet noch ein deutliches Crescendo. Aber im Himmel singt man schon den Siegeshymnus (V. 12, vgl. die oben genannten anderen Hymnen), ja, man singt ihn sogar schon in der irdischen, noch in der Pression befindlichen Gemeinde (denn: „Im himmlischen Gottesdienst werden die Lieder angestimmt, die auch im Gottesdienst der Gemeinden auf Erden gesungen werden“, E.Lohse z.St.). „Das sind die, die aus der großen Trübsal kommen“ – mehr wird in diesem Abschnitt über die – gewiß dramatische – Situation der Gemeinde in der Verfolgungszeit gar nicht gesagt. „In dem allem überwinden wir weit“, würde Paulus sagen (Röm. 8,37). „Ich sehe den Himmel offen“ (Apg. 7,55).

Wir sollten es als Zuspruch an die – des Trostes gewiß sehr bedürftigen – Gemeinden Kleinasiens hören: Wer sind die, die von Gottes Anblick so überwältigt und in ihrer Seligkeit so überströmend fröhlich sind, daß sie nicht anders können als singen, singen, singen? *Ihr* seid es, aus Ephesus und Smyrna und Pergamon usw., die ihr euch jetzt ängstet und verschüchtert seid und bangt vor dem, was auf euch zukommt. Es lohnt sich! „Noch eine kleine Zeit, so ist's gewonnen.“

3.

Dabei sollte man recht genau darauf achten, worin das Daseinsrecht vor Gott begründet ist, kraft dessen wir die „Überwinder“ – die Sieger, die „Gestandenen“ – in der Situation des Sieges finden. „Sie haben ihre Kleider gewaschen und gebleicht im Blut des Lammes.“ Also nicht: sie sind im Martyrium standhaft geblieben und haben auch sonst die ihnen auferlegten Leiden tapfer getragen. Wie nahe läge es, so zu denken! Das vorhin dazu Gesagte verschärft sich hier noch. Kein Zweifel, der Verdienstgedanke mischt sich bei allem, was wir leisten und auch ausstehen, wie von selbst mit ein. Wir leiten gern, auch vor Gott, aus dem, was wir geschafft haben, Vorrechte und Ansprüche ab. In unserm Text hat dieser Gedanke nicht nur keinen Raum, sondern es wird, im Gegenteil, darauf hingewiesen, daß das Daseinsrecht der Vollendeten wirklich nur in Christi Sühnetod begründet ist (vgl. Joh. 1,29; 1. Joh. 1,7; 4,10 u. a. m.). Die Kleider in Christi Blut getaucht – und man zieht sie weiß und fleckenlos wieder heraus! Die Paradoxie will stark empfunden sein. Weiße Kleider (V. 9) – jetzt wissen wir, wieso. Daß das Weiß das Kennzeichen des Himmlischen ist (s. o.), bleibt in Geltung; nur: daß wir Sünder daran Anteil haben, verdanken wir Christus allein. Wir werden uns schon heute, wir werden uns erst

recht dann, wenn wir Gott unmittelbar begegnen werden, auf nichts anderes berufen können als darauf, daß Christus mit allem, was er ist und hat, für uns eingetreten ist und
noch eintritt. Von daher allein kommt „die Gerechtigkeit der Heiligen", auf die die
„reine und schöne Leinwand" deuten will (19,8). Das gilt für heute und künftig. Es wird
gut sein, daß wir auch hierin schon vorausnehmen, was einmal kommen wird, und uns
darin einüben, damit wir, wenn es so weit sein wird, vor Gottes Thron nicht auf den
lächerlichen (gleichwohl im Herzen heimlich immer wieder anzutreffenden) Gedanken
kommen, etwas anderes für uns geltend machen zu wollen als eben: Christi Blut.

Kol. 2,3–10

Der Brief ist eine Streit- und Warnschrift. Seine Auslegung wird dadurch schwierig, daß eine
bestimmte Irrlehre angegriffen wird, die wir nur rekonstruieren können; darin gibt es aber abweichende Auffassungen. Schenke (Einleitung I, S. 171) faßt in zwei Gruppen zusammen: „heterodox-
jüdisch-mysterienhaft-gnostisch" (so z. B. Bornkamm, Conzelmann, Lohse, Kümmel, Marxsen) oder
nur „heterodox-jüdisch-mysterienhaft" (so etwa z. B. Percy, Hegermann, Lähnemann). Vgl. bes. G.
Bornkamm, Die Häresie des Kolosserbriefes, ThLZ 1948, S. 1ff., auch in: Das Ende des Gesetzes,
München 1963, S. 139ff. Zitate hiernach; E. Käsemann, Art. Kolosserbrief in RGG³ III,
Sp. 1727f.; Schenke-Fischer, Einleitung in die Schriften des Neuen Testaments I, Berlin 1978,
S. 158ff.
Die Perikope ist nach homiletischen, nicht nach exegetischen Gesichtspunkten abgegrenzt; maßgebend wohl die „weihnachtlichen" Zentralaussagen VV. 3 und 9. Ohne das andere wegzulassen,
wird der Prediger sich ihnen verpflichtet wissen und das Dazwischenstehende nur insoweit heranziehen, als es im Dienste dieser Zentralaussagen steht.
V. 3: Der Relativsatz greift auf Christus als das „Mysterium Gottes" zurück, von dem schon in 1,26f.
die Rede war (zur Sache vgl. 1. Kor. 2,7f.; Röm. 16,25f.; Eph. 3,3–6). Der Inhalt dieses Geheimnisses
genauer: „Christus in euch" (1,27), der unter den Völkern gepredigte Christus. Die atl. Anklänge
(Nestle: Fettdruck) stammen vielleicht aus Jes. 45,3; Spr. 2,3f.; Sir. 1,24 (kein genaues Zitat); σοφία
und γνῶσις (nur ein Artikel für beide!) ein Hendiadyoin (vgl. Röm. 11,33). Das Verborgene will auf-
gespürt und entdeckt werden, oder aber: es wird erst bei der Parusie deutlich herauskommen (3,4).
Weisheit und Erkenntnis dürften beliebte Programmworte der Häretiker sein (ähnlich schon
1. Kor. 1,18 – 2,9). – V. 4: Die bekämpfte Irrlehre ist „Betrug", „Täuscherei" (παραλογίζεσϑαι) durch
„Überredungskunst" (πιϑανολογία im abwertenden Sinne), vgl. 1. Kor. 2,4. Sie gibt sich anspruchsvoll
als „Philosophie", V. 8. – V. 5: „leiblich abwesend", da gefangen (4,3.18). Anwesenheit im Geist (vgl.
1. Kor. 5,3): mit meinen Gedanken bei euch oder (wahrscheinlicher) innerhalb der alle Räume ausfüllenden und so verbindenden Wirklichkeit des göttlichen πνεῦμα (mit der Vorstellung vom
πλήρωμα verwandt und darum schon ein Beitrag zu der umstrittenen Sache). Auch in den (militärischen) Ausdrücken τάξις (Posten, „Stellung") und στερέωμα (Befestigung) könnte eine polemische
Bezugnahme auf Häretisches liegen: ihr müßt „in Reih und Glied marschieren" (στοιχεῖν), wir „stehen auf festem Boden". Gemeint ist dann doch im übertragenen Sinne: „Der Glaube der Gemeinde
ist fest gegründet, weil er sich allein auf Christus richtet" (Lohse z. St.).
V. 6: Nicht Neuerung, sondern Bleiben auf dem Empfangenen und entsprechende Praxis (vgl.
1. Kor. 15,3; Gal. 1,9; Phil. 4,9). „Jesus Christus, der Herr" ist das Urbekenntnis der Christenheit
(Röm. 10,9; 1. Kor. 12,3; Phil. 2,11). – V. 7: der „feste Boden" nun in anderem Bildzusammenhang
(das vorausgehende „wandeln" paßt freilich schlecht zum „Verwurzelt-" und „Gegründetsein";
aber Paulus ist darin nicht pedantisch, vgl. Röm. 11,17ff.). Die εὐχαριστία (vgl. 4,2) wohl gottesdienstlich gemeint, vielleicht gar im Sinne der Sakramentsfeier. – V. 8: vgl. zu V. 4. „Philosophie" ist
Selbstbezeichnung der gegnerischen Lehre, „nicht mehr Bezeichnung einer rationalen Wissenschaft,
sondern gleichbedeutend mit Offenbarungslehre und Magie" (G. Bornkamm, Das Ende . . ., S. 143),
gekennzeichnet durch παράδοσις (vgl. V. 6!) und „freiwillige Kultprozeduren" (V. 23). Zu στοιχεῖα
s. u. – V. 9: πλήρωμα hier: die das All „ausfüllende" Wirklichkeit Gottes. Vgl. 1,19, wo im Unterschied
zu den aus Gott hervortretenden Emanationen etwa der valentinianischen Gnosis „mit dem πλήρωμα
Gott selbst gemeint ist" (Lohse). Wie 1,20 zeigt, ist dort vom geschichtlichen Jesus die Rede, hier, in
2,9, „wird die ganze Fülle des Gottseins . . . dem Erhöhten zugesprochen" (ThWNT VI, S. 302), ohne
daß das zu 1,19 Gesagte damit rückgängig gemacht wäre. Der „Leib" ist aber nicht Jesu Menschsein,

sondern die ἐκκλησία (vgl. ThWNT VII, S. 1073; Bkm., a.a.O., S. 145; Lohse z. St.; Schweizer z. St.). Darin korrigiert Paulus das gnostische Verständnis, das im Soma den Kosmos sieht. –V. 10: „Mit ihm seid ihr erfüllt" (vgl. 1,27) – erfüllt werden mit ἐν und Dativ der Sache (wie Eph. 5,18), vgl. Bauer, WB (1b). Oder: „In ihm habt ihr Anteil am Pleroma" – so daß euch die Stoicheia (in denen das Pleroma angeblich wohnt) nichts angehen.

Der Text ist nicht ganz so weihnachtlich, wie er scheint, wenn man die religionsgeschichtlichen Hintergründe nicht kennt, von denen her er verstanden werden muß. Sie zu ermitteln ist schwierig, weil der Text sie nicht direkt anspricht. Rekonstruktionsversuche führen zu verschiedenen Ergebnissen. Erschwerend kommt hinzu, daß die Forschung zwar bestimmte Sachverhalte erheben kann, aber sich schwer damit tut, das Gemeinte anschaulich und damit einleuchtend zu machen. So bleibt z. B. das Wort πλήρωμα meist unübersetzt (bewußt, wie Delling im ThWNT VI, S. 297 ehrlich bekennt), oft auch als „Fülle" wiedergegeben, wobei die gern verwendeten Anführungsstriche andeuten, daß mit dieser Übersetzung das Eigentliche nicht angemessen wiedergegeben ist. Wir würden uns erheblich überschätzen, wenn wir uns den Anschein gäben, als könnten wir das vermißte – noch dazu in einer solchen praxisorientierten kurzen Auslegung – erbringen. Genug, wenn wir vom Hintergrund soviel wissen, daß die kerygmatische Aussage Stand bekommt. Es bleibt dann immer noch zu erörtern, welche Relevanz diese Aussage auf dem Hintergrund moderner Denkvoraussetzungen bekommt.
„Der Kolosserbrief warnt vor einer Irrlehre, welche die Engelmächte als Hüter der Weltordnung und so als auch für Christen noch zu respektierende Schicksalsträger wertet. Die Verkündigung bezeugt gegen solche Dämonisierung der Welt die Alleinherrschaft Christi über die Kirche als erneuerter Schöpfung und seinen eschatologischen Sieg über die kosmischen Mächte . . . Die Anschauungen der Häretiker . . . sind nur fragmentarisch zu erschließen. Werden die Mächte verehrt, weil sie als gefährlich gelten oder weil sie die himmlische ‚Fülle‘ repräsentieren? Jedenfalls scheint die Vergebungsbotschaft allein nicht gegen die Schicksalsdrohung zu sichern. Man sucht dem durch Askese . . ., Beachtung heiliger Zeiten und Reinheitsvorschriften abzuhelfen . . . Der Kult dient der Weitergabe esoterischer Tradition, welche das Christentum als Mysterienreligion und insofern nach dem Sprachgebrauch der Zeit als ‚Philosophie‘ (2,8) verstehen läßt" (Ksm., a.a.O.).
Wir werden 2,9 nicht im Sinne von Joh. 1,14 deuten dürfen (s. o.). Die zentrale Aussage des Textes könnte man in dem „Christus allein" sehen. Daß dieser Christus ein Himmelswesen ist, das mit Jesus von Nazareth nichts zu tun hat, ist, wie die Kreuzstellen zeigen (1,20.22; 2,14), für den Kolosserbrief ausgeschlossen. Christus ist der Erlöser als die „Epiphanie" Gottes (Ksm., EVuB I, S. 43). Der Brief spricht von dem Christus der kirchlichen Tradition (V. 6). Den weihnachtlichen Ton könnte, ohne Zwang, eine Zitat-Überschrift anschlagen: *Kommt und laßt uns Christum ehren.* (1) *In ihm allein haben wir Gott.* (2) *In ihm haben wir den ganzen Gott.* (3) *In ihm haben wir unsern Gott.*

I.

Gnostische Denk- und Sinnesart mutet uns Heutige oft abstrus an und ist uns insoweit keine Versuchung mehr. So könnte der Umgang mit Texten wie diesem ein geistesgeschichtlicher Museumsbesuch werden. Trotzdem: es gibt Punkte und Anliegen, in denen sich modernes Denken mit dem der Gnosis trifft. Unser Kernsatz: In Christus allein haben wir Gott (wir verstehen ihn in soteriologischer Zuspitzung) dürfte auch heute bestritten sein, zumal dann, wenn wir bei „Christus" an den Deus incarnatus denken. Die Griechen fragen nach Weisheit (1. Kor. 1,22) – „wir sind allzumal Griechen", mindestens in einem Winkel unseres Herzens. Wir suchen, wie die Gnostiker, außer Christus noch *andere Zugänge zu Gott*: in der unmittelbaren Erfahrung, im spekulativen Denken, im Umgang mit dem Schönen, in der Meditation (sofern sie nicht der Offenbarung Gottes in Jesus Christus nach-sinnt, sondern eigene Wege sucht), in Visionen und anderen mystischen Erlebnissen, im ekstatischen Rausch, in der Aktivierung verborgener innerer Organe, die (wie die Lichtfunken des Gnostikers) dem Menschen von Hause aus eignen. Ich sage nicht, daß dies alles „Gnosis" sei; man wird aber das Gemeinsame nicht übersehen. „Weisheit und Erkenntnis" – Schlagworte der kolossischen Irrlehre – haben auch bei uns mitunter eine faszinierende Wirkung. Und dies nicht selten mit einem gewissen elitären Selbstbewußtsein, wie es dem Gnostiker als „Pneumatiker" eignet – er schaut auf die bloßen „Pistiker", die Menschen eines schlichten Gemeindeglaubens, und natürlich erst recht auf die „Hyliker" hinab. Er „rühmt sich mit seinen Visionen und ist ohne Ursache aufgeblasen in seinem" – Paulus verschießt einen spitzen Pfeil: – „fleischlichen Sinn" (V. 18; vgl. 1. Kor. 1,31; 2. Kor. 12,1ff.; 1. Kor. 8,1b; 13,2.4 Ende). Wir sind nicht mehr bei Christus, wenn in Glaubensdingen einer vor dem anderen etwas vorauszuhaben meint. In der „Religion" – verstanden als das Vermögen, die innere Verfassung und Lebensäußerung des frommen Menschen – mag man vergleichen; aber dabei hat man seinen Lohn dahin. Es kommt nicht auf den frommen Menschen an, sondern auf den in Christus sich erschließenden Gott. Niemand schmeichle sich, er habe mehr, als man von dem uns zugute in die Welt gekommenen Jesus Christus empfangen kann (1. Kor. 4,7). Lernen wir von dem Weihnachtsprediger Luther: „Hier soll man die Kunst" – das Können des Menschen – „heraus lassen, allen Verstand gefangengeben, da wir predigen ...; da gilt's nicht Kunst, Weisheit und Vernunft suchen, denn (die Sache) ist zu hoch" (WA 36,408). Gott selbst hat bestimmt, wie er erkannt werden will. Er gibt sich in Christus, „damit für uns eine bestimmte Weise, ihn zu lernen und zu erkennen, feststehe, d. h., daß wir ihn nicht suchen, indem wir in irgendwelchen müßigen Spekulationen sein Gottsein durchforschen" (WA 34^{II},561). Wie sagt Gott? „Meine Gottheit ist ganz und gar in ihm, und wenn du ihn anbetest, dann betest du auch mich an ... Da nimmt unser Herr Gott das ganze erste Gebot und zieht es dem Sohne an" (WA 32,287). „Das Kindlein liegt in der Wiegen. Das ist mein Sohn. Ich hab dir'n geben, gehorche ihm. Nehmt ihn an für ein Gott, denn er *ist* ein Gott. Werdet ihr ihn nicht annehmen, werdet ihr mich auch nicht haben. Denn im Sohn will ich mich und sonst nirgends finden lassen" (WA 49,241).

Nun werden „Weisheit und Erkenntnis" in unserem Text aber nicht weggeschoben und verachtet. Es ist wie im 1. Korintherbrief: Paulus ist „nicht mit hohen Worten und hoher Weisheit" nach Korinth gekommen, aber wovon er redet, „das ist dennoch Weisheit bei den ,Eingeweihten'; nicht eine Weisheit dieser Welt, auch nicht der Archonten dieser Welt ..., sondern wir reden von der heimlichen, verborgenen Weisheit Gottes" (2,1.6f.). In Christus „liegen verborgen alle Schätze der Weisheit und der Erkenntnis" (Kol. 2,3). Man denkt an den ϑησαυρος κεχρυμμένος in Matth. 13,44 (enthält der Text etwa gar eine Anspielung auf Synoptisches?) oder an den Schatz im irdenen Gefäß (2. Kor. 4,7). Wie Christus selbst – und unser Leben mit ihm – verborgen ist in Gott, so auch Weisheit und Erkenntnis (vgl. 3,3). Wir finden und haben bei Christus nicht weniger, als die Gnostiker bei ihren „Himmelsreisen" erfahren.

„Alle Schätze der Weisheit und Erkenntnis": die Predigt wird das Mißverständnis abwehren, als sei Jesus Christus für alles zuständig, was Menschen wissen oder wissen können. Die Entgötterung bzw. Entdämonisierung der Welt, wie das Christusevangelium, ja biblisches Denken überhaupt sie vollzieht, ist geistesgeschichtlich die Voraussetzung dafür geworden, daß weltliche Wissenschaft frei forschen kann. Theologie und Kirche haben, wie wir wissen, lange Zeit gebraucht, um die Tragweite dieser Erkenntnis zu begreifen, und

einige Widerstandsnester versuchen sich noch immer in ihrem Irrtum zu halten, vermeintlich zu Gottes Ehre. Nein, Christus ist gültige und stichhaltige Antwort auf die Fragen, die die Gnosis stellt und mit ihrer „Sophia" zu beantworten meint, nicht aber die
Generalauskunft zu allem, was Menschengeist fragt und forscht. Es geht um das Menschsein, um seine Freiheit, um das Zurückfinden zum verlorenen Ursprung, um das Heil.
Hier meinte die „Gnosis" die Antwort zu haben. Der Pneumatiker begriff sich als der aus
der Lichtwelt stammende Funke wahren Seins; ihm wird in der Gnosis gezeigt, wie er in
die Lichtheimat zurückfindet. Wie man zu Gott zurückfindet: das ist auch das „Thema"
der Christusoffenbarung; in dieser Richtung liegt, was wir von Christus zu erwarten
haben. Er ist uns zur Weisheit *geworden* (1. Kor. 1,30) – er hat uns Weisheit nicht nur
vermittelt, beigebracht, angelernt. In ihm erschließt sich uns die Wirklichkeit Gottes, und
indem dies geschieht, kommt zugleich heraus, wer *wir* sind: Geschöpf, Gegenüber, Ebenbild Gottes, ja, geliebtes Kind Gottes. Von daher eröffnet sich auch ein neues Verständnis
der Welt: sie ist Schöpfung Gottes und soll es erst recht wieder werden, indem Gott durch
Christus und in ihm seine Herrschaft aufrichtet. Man müßte das Ganze christlicher Lehre
entfalten, wenn man sagen wollte, was es mit diesen „Schätzen" auf sich hat. V. 2 redet
vom „Reichtum an Gewißheit, wie sie die Einsicht verleiht" (Übers. n. Bauer, WB zu
πληροφορία). Keiner kommt zu kurz, wenn er sich „nur" an Christus hält.
Die Behauptung von V. 3 mutet uns freilich etwas zu. Was hier gemeint ist, liegt nicht zutage. Die „Schätze" sind in Christus „verborgen". Tief verborgen, wenn man an den
„Leib seines Fleisches" denkt (1,22), an das in der Krippe beginnende und am Kreuz
endende Dasein in Niedrigkeit. Wer sieht es dem Neugeborenen in Bethlehem an, daß in
ihm der ganze Gott ist, der, „den aller Welt Kreis nie beschloß", im Schoße seiner Mutter, und damit alle Schätze Gottes konzentriert auf diesen einen Punkt, auf dieses kleine
Menschenkind in seiner Unscheinbarkeit? Wer wird es dem zum Tode Verurteilten ansehen, wenn er so elend und grausam umgebracht wird (1,20.22; 2,14), daß er Gott und
die Welt wieder zusammenbringt („versöhnt")? Und wenn es, wie in unserem Text, um
den Erhöhten geht: wer sieht ihn, den Verborgenen (3,3), und wer erkennt in ihm die
Schätze der Weisheit und Erkenntnis, die in diesem Verborgenen verborgen sind?
Menschwerdung Gottes: in bescheidenster, unattraktivster, unansehnlichster Gestalt begegnet er uns; der Reichtum, den er schenkt, ist „verborgen" wie der Schatz im Acker.
Der Glaube muß das Medium der Niedrigkeit (noch einmal 1,22: „Fleischesleib") durchdringen, um die Schätze zu entdecken.
Dazu gehört dann auch, daß der Christ sein Heil nicht in irgendwelchen Mysterienriten
und ekstatischen Erlebnissen findet, sondern in der Predigt, in dem Wort, das von Christus spricht und in dem Christus selbst zu ihm kommt. Man prüfe durch, wie oft unser
Brief vom Kundmachen, Verkündigen, Predigen, Lernen, Annehmen, Hören u. ä. redet
(1,5.6.7.8.9.23.27.28.; 2,6; 3,16; 4,3.4.16). Für irgendwelche Gotteserlebnisse neben
Christus braucht man keine Gnadenmittel. Hängt aber der Glaube am Deus incarnatus,
dann bedarf es des äußeren Wortes – auch der Taufe (2,12) und der Eucharistie (4,2 –?) –,
also auch des Stehens in der Überlieferung der Kirche („Wie ihr nun angenommen habt,
... seid verwurzelt und gegründet in ihm und fest im Glauben, wie ihr gelehrt seid",
VV. 6f.). In Christus allein haben wir Gott.

2.

Mit dieser Schlagzeile unseres ersten Überlegungsganges ist das zweite noch nicht gesagt:
In ihm haben wir den ganzen Gott. Es könnte ja sein, daß in Jesus Christus und seinem
Kommen wirklich ein Strahl durch den sonst dichten Vorhang dringt, dieses schmale

Strahlenbündel aber nur einen winzigen Teil der göttlichen Wirklichkeit in unsere Welt und speziell in unser Erkennen einfallen läßt, so daß „die Tiefen der Gottheit" (1. Kor. 2,10), „das Geheimnis seines Willens" (Eph. 1,9), „der ganze Reichtum des vollen Verständnisses" (Kol. 2,2) zum großen Teil unentdeckt, ja grundsätzlich unerforschlich bleiben. In gewisser Hinsicht *ist* es ja tatsächlich so: Paulus selbst spricht von Gottes unbegreiflichen Entscheidungen und von seinen unerforschlichen Wegen (Röm. 11,33). In der Tat, wir kennen nicht Gottes Wege. Aber kennen wir nicht sein Herz? Oder ist uns Gott in Christus nur partiell erschlossen, nur bedingungsweise und mit Einschränkung? Wenn schon der Lichtstrahl Christi uns trifft: was tut sich sonst noch hinter dem Vorhang? Die „Fülle" Gottes: damit ist das „Ganze" der göttlichen „Wirklichkeit" gemeint, eben das, was den „Raum" hinter dem gedachten Vorhang „ausfüllt". (Die „Fülle" eines Korbes ist das Obst, das er enthält, die „Fülle" eines Kruges der Wein.) Wir erleichtern uns das Verständnis dieses Begriffes, wenn wir – nur hypothetisch und versuchsweise – im Weltbild der Alten denken. Das Ganze der den „Himmelsraum" ausfüllenden Wirklichkeit Gottes – erschließt es sich wirklich dort, wo das Wunder der Menschwerdung Gottes geschieht?

Es liegt ja gar nicht so fern, zu behaupten oder wenigstens zu argwöhnen, Gott habe auch noch eine andere Seite. An den liebenden Vater, den Jesus uns verkündigt und bringt, kann man ja sowieso nur glauben *gegen* eine Unmenge Erfahrungen und Befürchtungen, gegen das Unheimliche und Unberechenbare, gegen das willkürliche Walten des Schicksals, wie es sich uns darstellt, gegen das unverbrüchliche Naturgesetz, das in Kraft ist, ohne nach unserm Wohl und Wehe zu fragen, und das – z. B. mit dem Rhythmus der Jahreszeiten – wohl unser Leben ermöglicht und erhält, das uns aber auch – z. B. als Erdbeben oder Sturmflut – erbarmungslos vernichten kann. Wir sind mit dem allem nicht weit von den Gedanken der kolossischen Irrlehre. Sie spricht – Paulus gebraucht dafür das Wort στοιχεῖα – von kosmischen Kräften und Mächten, „die in den Erscheinungen der Natur und den Schicksalen der Menschenwelt geheimnisvoll und gebieterisch, lebensbedrohend und lebensspendend, walten" (G.Bkm., a. a. O., S. 141). Das Verbum στοιχεῖν heißt ursprünglich: in Reih und Glied marschieren, in fester Ordnung; wir würden das Wort „spuren" assoziieren, jedenfalls ein Verhalten gemäß unverbrüchlicher Gesetzlichkeit. Der Gnostiker sieht die in Gesetzen verfaßte Welt und findet gerade sie grauenerregend. Die Harmonie des Kosmos ist ihm Gefängnis! Er sieht darin Widergöttliches. Wohl oder übel: man muß – neben Gott – auch diesen Mächten (ἀρχαί, ἐξουσίαι, ἄγγελοι – 2,8.10.18) „dienen", z. B. durch strenge Askese oder durch Einhalten bestimmter Kalendertage (2,16), welch letzteres an Planetengeister denken läßt (die Gestirne galten ja als belebte, herrscherliche Wesen, die Schicksale bewirken). Vielleicht sind es diese Mächte, die – wieder nach gnostischer Meinung – dem auf dem Weg zur himmlischen Heimat befindlichen Pneumatiker den Weg versperren und ihn zurückhalten wollen. Der ganze „Dienst" (V. 18) wäre dann gar nicht ernst gemeint; in gespielter Demut (V. 18) mogelt man sich sozusagen durch die Planetensphären durch, um auf diese Weise – der Weg ist gefährlich genug – doch noch bei Gott anzulangen (vgl. Schenke/Fischer, Einleitung, S. 161). Wer so dächte, dem würde gesagt: Keine Angst vor solchen Mächten und Gewalten! Christus hat sie längst und ein für allemal besiegt (2,15 – der Zusammenhang mit dem vorangehenden Vers wäre zu erläutern, doch würde das hier zu weit führen; vgl. Röm. 8,38f., wo der Sache nach dasselbe steht).

Es könnte auch sein, die Häretiker von Kolossä meinen es noch anders. Der Satz V. 9 könnte die Gegenthese zu der Lehre sein, das „Ganze" der „Wirklichkeit" (πλήρωμα) Gottes wohne in den Stoicheia (M. Dibelius, E. Lohmeyer, G. Bornkamm). Der Gedanke legt sich dadurch nahe, daß im Galaterbrief (4,3.9 – s. den ganzen Zusammenhang) die

Stoicheia mit dem Gesetz Gottes (!) in Zusammenhang gebracht werden. Daß Gott in allen Bereichen der geschaffenen Welt *wirkt,* sollten wir nicht bezweifeln; daß er darin *wohnt,* wäre etwas ganz anderes. Wirken kann Gott in den Mächten auch, wenn diese ihm – und uns – feindlich gegenüberstehen. Aber so, wie Gott in Christus ist, ist er in ihnen gerade nicht! Gott inkarniert sich nicht in der Welt – von ihr ist und bleibt er unterschieden –; aber er inkarniert sich in Jesus Christus. Es ist darum ganz abwegig, zu meinen, seine Menschwerdung in Jesus Christus habe nur den Sinn, *anzuzeigen,* daß er – nicht nur im Stall von Bethlehem, sondern – *überall* in der Welt gegenwärtig sei. So wie da, wo er Mensch geworden ist, ist er sonst nirgends. Unser Text sagt es in der Sprache der Gnosis, aber in seiner Ausschließlichkeit ihr entgegen: Das Ganze der Wirklichkeit Gottes wohnt in Christus. „Kol. 1,19: Es hat Gott gefallen, daß die ganze Wesensfülle in Christus Wohnung nehme (Aorist). Nach dem Zusammenhang wird das... vom geschichtlichen Jesus ausgesagt... In Kol. 2,9 wird die ganze Fülle des Gottseins... dem Erhöhten zugesprochen (Präsens)... Die πλήρωμα-Aussagen in Kol stellen die völlige Einheit des Wirkens zwischen Gott und Christus so heraus, daß ihr Personsein nicht aufgehoben und zugleich der Monotheismus gewahrt wird; Gott wirkt durch Christus in seiner ganzen Fülle (1,19), seinem vollen Gottsein (2,9) (ThWNT VI, S. 302).
Lösen wir das Gesagte aus dem gnostischen Denkkontext heraus, dann sieht man sofort: Es geht auch hier einfach um das Evangelium. Gott – nicht teils für uns, teils wider uns. Nicht: du bist bedingungslos angenommen, aber du mußt fürchten, daß du bei nicht ausreichender frommer Leistung unterwegs noch hängen bleibst. Nicht: das Wort spricht dich frei, aber es könnte sein, daß es in der Tiefe des Herzens Gottes noch einen Winkel gibt, in dem nicht die Gnade gilt, sondern der Zorn. Nicht: du sollst dich geborgen fühlen, aber vielleicht läßt Gott dich, wenn es aufs Letzte geht, doch noch fallen. Man wird es „nach Tische" gewiß nicht „anders lesen". Der ganze Gott ist in unserer Mitte, einer von uns. Ehren wir Christus, dann ehren wir Gott. Vertrauen wir uns ihm an, dann sind wir in Gottes Händen.

3.

In Christus haben wir *unsern* Gott. Christus ist der uns zugewandte, uns mit sich verbindende Gott. Es wäre der hier gemeinten Sache völlig unangemessen, wenn wir uns auf dogmatische Aussagen und Richtigkeiten beschränken und lediglich eine dogmatische Verirrung abwehren und zurechtstellen wollten. Der Text hat paränetischen Charakter. „Wandelt in ihm" (V. 6). Wenn wir das hören, wird uns auch klar, daß wir uns nicht damit begnügen können, andächtig die Szenerie des Weihnachtswunders von Bethlehem zu betrachten: das Kind, seine improvisierte Wiege, das „traute, hochheilige Paar", dem die Römer mit ihrem Census besonders übel mitgespielt haben, die Hirten als die ersten erschrockenen und dann so fröhlichen Empfänger der Botschaft von Christi Geburt. Alles richtig und gut! Nur, der Text beschränkt sich mit dem, was er sagen will, nicht auf die Heilige Nacht. Wir sahen schon: das „leibhafte" Wohnen des göttlichen Pleroma in unserer Mitte geht – heilsgeschichtlich gesehen – noch einen Schritt weiter als die Aussage von Joh. 1,14. Seit Christus erhöht ist und sich im Sakrament seiner Kirche schenkt (ist dies in 2,7 und 4,2 gemeint?), ist zwar seine Menschwerdung nicht etwa rückgängig gemacht – er ist auch als der Erhöhte beides, Gott und Mensch –, aber er ist nun auf eine neue Weise in der Welt : das σωματικῶς deutet auf die Kirche. Man könnte sagen: „Einwohnung" zweiten Grades! Zugleich freilich ist die Kirche „in ihm". Man sehe den ganzen Brief daraufhin durch, wie oft es heißt: „in Christus", „in ihm"! In der Kirche „wohnt" der Herr (κατοικεῖ). Und die Seinen sollen „in ihm wandeln". „In ihm" sind wir als die in seinen Leib Hineingetauften (1. Kor. 12,13) und als die, die seines Leibes teilhaftig sind (1. Kor. 10,17), hineingezogen in den himmlischen „Raum", der er selbst ist und der kraft seines „leibhaften" Einwohnens in seiner Ekklesia mit dieser zusammenfällt. Hier kann man denn auch in der Tat „eingewurzelt" sein, so daß man festen Halt hat wie ein Baum, den das Erdreich festhält und der durch die Wurzeln Nahrung, Saft, Kraft und Leben bekommt. Hier kann die Gemeinde „gegründet" und zugleich „aufgebaut" sein nach den Strukturgesetzen, die in Christus selbst liegen. Hier können wir „fest" und zugleich „gestärkt" sein – alles im Glauben an Jesus Christus. Wir kennen ihn gut. Er hat unser Fleisch angenommen. Er ist auf unseren Straßen gegangen. Er, der vom Himmel gekommen ist, kennt alles, was uns zu schaffen macht. Ihn haben wir, den inzwischen Erhöhten, noch heute in seiner ganzen Menschlichkeit unter uns.

1. Sonntag nach dem Christfest. 1. Joh. 2,21-25

Der natürliche Abschnitt würde die VV. 18–27 umfassen. Die vorliegende Abgrenzung ist von homiletischen Gesichtspunkten her nicht nur vertretbar, sondern geradezu geboten (sonst müßte ausführlich vom Antichrist und auch von der Salbung gesprochen werden). Der Brief setzt sich mit (aus der Christenheit hervorgegangenen, V.19, sich selbst für christlich haltenden) Gnostikern auseinander. V.21: ἔγραψα dürfte Aorist des Briefstils sein (anders Hauck), vgl. auch V.14. Doppelte Negation ist verstärkte Bejahung. Die Gnostiker werden behauptet haben, erst durch sie werde der Gemeinde die „Wahrheit" erschlossen. Dagegen schon V.20: „Ihr seid *alle* Wissende", nicht nur die Gnostiker. „Wahrheit"ist im johanneischen Sinne nicht einfach die Wirklichkeit, sofern sie zutreffend erkannt ist, sondern die sich uns öffnende Wirklichkeit *Gottes* (vgl.Bltm., ThNT § 42,2). Ist hier und V.22 von Lüge und Lügner die Rede, dann steht dahinter die Meinung, daß die Häretiker nicht nur irren („ihr seht es falsch"), sondern sich gegen erkannte Wahrheit auflehnen („ihr könntet es besser wissen, aber ihr wollt nicht"). Die Wahrheit kommt aus dem Bereich Gottes; die Lüge kommt von „unten", aus der Welt (4,4 u.ö.). Hier geht es nicht nur darum, „Richtiges" zu sagen, sondern in dem Kampf zwischen Gott und dem „Unten" auf der richtigen Seite zu stehen.– V.22: „Jesus ist der Christus" ist altes Gemeindebekenntnis (Joh. 11,27; 20,31; auch 1,49; vgl. 1. Joh.3,23). Nicht, daß die Gnostiker *Christus* verwerfen. Sie lassen den irdischen „Jesus" nicht gelten und sehen in ihrem „Christus" ein himmlisches Geistwesen, das sich nur scheinbar mit dem irdischen Jesus vereinigt und diesen, worauf wohl 5,6 deutet, vor der Passion wieder verläßt. Demgegenüber nun: *„Jesus* ist der Christus."" Vgl. 4,2f.15; 5,1.5–8; 2. Joh.7. Mit „Antichrist" ist eine gemeinchristliche Vorstellung (2.Thess. 2,1–12; Mark.13,14 Par; vielleicht auch Offb. 13,1–18) aufgenommen und auf die Irrlehrer (V.19: Plural!) angewandt. Die Antithese: Christus – Antichristus ist gewollt. So ernst beurteilt Johannes die hier gemeinte Irrlehre. Das τὸν πατέρα bedeutet einen Gedankensprung; der nächste Vers sagt, was gemeint ist.– V.23: johanneische Stileigentümlichkeit ist das Denken in Negation und Position. Der Jude würde den Satz kräftig bestreiten. Vgl. Joh.8,19.55; 15,21, besonders aber 14,6f. „Haben" ist mehr als von ihm wissen, sondern persönliche Gemeinschaft in „Unbefangenheit" (παρρησία , V.28) und Zuversicht. Und: nur im Sohn ist der Vater uns anschaulich (Joh. 14,8f.). – V.24: Das ὑμεῖς ist nicht etwa vorausgenommenes Subjekt zu ἠκούσατε, sondern steht absolut (unkonstruiert) und gilt für das Ganze, also auch für den zweiten Satz des Verses (Bl.–Debr., § 466,1). Rückgriff auf 1,1–3. Das „Bleiben" bzw. „Wohnen"ist wechselseitig: das Gehörte (die kirchliche Lehrüberlieferung) bleibt in den Glaubenden und damit der Herr selbst; und so bleiben bzw. wohnen die Christen dann im Sohn und im Vater (vgl. den Exkurs über „Immanenzformeln" bei Schnackenburg, S. 105ff.).– V.25: αὐτός kann nur Christus meinen. Das „ewige Leben", in den johanneischen Schriften meist als gegenwärtig gedacht, ist hier Gegenstand der „Verheißung", also zukünftiges Gut. Doch wir gingen an der Eigenart johanneischen Denkens vorbei, wenn wir nur für *eines* optierten, für das Gegenwärtige oder für das Künftige. Vgl. das zum 1. Christtag Gesagte. (V.18: es ist „letzte Stunde"!)

Wer sich nur an den Luthertext hält, nimmt das grammatisch beziehungslose „ihr" nicht wahr, mit dem V.24 beginnt. Die Leser des Briefes – also wahrscheinlich auch die Hörer der zu haltenden Predigt – werden auf eine Position angesprochen, die sie innehaben und innehalten, aus der sie sich nicht verdrängen lassen sollen. Die Andersgesinnten, vor deren Lehren Johannes warnt, dürften, wenn wir die Johannesschriften nach kirchlicher Tradition in Kleinasien ansiedeln, sich kaum von denen unterscheiden, von denen sich der vorher besprochene Kolossertext abgrenzt. „Ihr" – nicht wie sie! „Was ihr gehört habt von Anfang, das bleibe in euch" (V.24). Ihr müßt wissen, wo ihr steht.

Weihnachten leitet uns an, über die Frage nachzudenken: Wer ist Jesus Christus? Man wird nicht ohne weiteres annehmen dürfen, daß jeder in der Gemeinde dafür aufgeschlossen ist, christologische Fragen zu bedenken, mehr noch: Jesus als den „Sohn" zu *bekennen* (V.23). Gerade auf dem Felde der Christologie hat sich dogmatische Rechthaberei in peinlicher Weise ausgetobt. Nicht wenige unter uns sind auch der Meinung, die Gemeinde des ersten Jahrhunderts habe Jesus die Hoheitsaussagen erst nach und nach „beigelegt", und in dem ersten Halbjahrtausend habe die Kirche mit ihren – uns problematisch gewordenen – Denkmitteln den Zwei-Naturen-Christus so beschrieben, daß sie sich vom wirklichen Jesus weit entfernt habe. Mehr als 200 Jahre „Geschichte der Leben-Jesu-Forschung" waren überwiegend von der Absicht bestimmt, die dogmatische Übermalung des Jesusbildes abzuheben und so zu dem schlichten, einfachen Jesus zu gelangen, auf den es auch heute mancher noch abgesehen hat.

Nun kann kein Zweifel darüber bestehen, daß sich die Christus*erkenntnis* der Christenheit – wir denken vorerst nur an die neutestamentliche Zeit – erst allmählich ausgebildet hat. Nur: die Christus*wirklichkeit* ist allem Erkennen voraus. Den „schlichten" Jesus – nicht „Herr", nicht „Menschensohn", nicht „Christus", nicht „Logos", nicht „Sohn", nicht „Gott" – hat es nie gegeben. Was Jesus war, das *war* er, auch unerkannt. Der Glaube muß daran interessiert sein, das Geheimnis seiner Person zu entdecken. Nicht, es aufzulösen; eben im Geheimnis sind wir bei dem wirklichen Jesus Christus. Wir werden Melanchthons Satz aufnehmen: „Das heißt Christus erkennen, daß man erkennt, was er zu unserm Besten *getan* hat" (Loci, Ausgabe Plitt-Kolde, 1890, S. 64). Also hätten wir doch nicht nach dem Subjekt Jesus Christus zu fragen, sondern nur nach den Prädikaten? Etwa so: ganz gleich, wer Jesu Worte gesprochen, Jesu Taten getan, Jesu Leiden auf sich genommen hat, – auf das Geschehen allein kommt es an? Grundfalsch! Zu *diesem* Tun, von dem das Evangelium redet, ist nur *dieses* „Subjekt" bevollmächtigt. Hier gilt wirklich, daß, wenn zwei dasselbe tun, es nicht dasselbe ist. Zudem: zum Tun Jesu Christi gehört auch seine *Menschwerdung*. „Was er zu unserm Besten *getan* hat" – Melanchthon schreibt kurz „beneficia" –, das ist gar nicht anders zu beschreiben als so, daß man von seiner *Person* spricht. „*Jesus* ist der Christus" (V.22). Das volle Menschsein des Erlösers wurde von der Gnosis bestritten. Aber: „Das Leben, das ewig ist, welches bei dem Vater war und ist uns erschienen –, was wir *gesehen* und *gehört* haben, das verkündigen wir euch" (1,2f. – Epistel des Sonntags).

Es muß auffallen, daß der Verfasser unseres Briefes, der soviel von Liebe und lieben spricht wie keine andere Schrift des Neuen Testaments, an dieser Stelle so scharf wird. „Ihr kennt die Wahrheit" (V. 21) – der Gegensatz zu Wahrheit ist ihm nicht der Irrtum, sondern die *Lüge*. Man mag daran zunächst ablesen, für wie gefährlich er die gnostische Häresie hält. Nach ihr ist Christus ein himmlisches Geistwesen, das durch das Irdische lediglich hindurchgegangen ist, ohne daß es zum Einswerden von Gottheit und Menschheit in der einen Person Jesu Christi gekommen wäre. Nur in einem Scheinleib, meinte man, sei er auf Erden erschienen – denn alles Geschaffene sei verabscheuenswert –; oder aber: nur vorübergehend habe sich der himmlische Erlöser in das Gewand eines irdischen Wesens verkleidet, zwischen Taufe und Passion. Johannes sieht hier das ganze Evangelium verdorben und verlassen. Er kann nicht meinen, es müsse jedem unbenommen sein, sich Christus zu denken, wie er will. Gott vollbringt sein Größtes, sendet den Sohn, verbindet sich in ihm mit Fleisch und Blut, kommt seinen abgefallenen und verlorenen Menschenkindern so nahe wie nur möglich, indem er im Sohn einer von ihnen wird, – und da stehen aus der christlichen Gemeinde (V.19b) – sie könnten es besser wissen! – solche auf, die das Wunder der Menschwerdung Gottes leugnen und in einer Art idealistisch-natürlicher Theologie den Erlöser zu einem Geistwesen machen, das nichts weiter zu tun hat als die Menschen an ihre himmlische Heimat und damit auch an ihr Geist-Sein zu „erinnern" (vgl. Bltm., ThNT § 15,1). Das ist nicht nur Irrtum, das ist „Lüge": hier wird Gottes rettendes Tun nicht nur geleugnet, sondern, sofern jemand dieser Lehre glaubt, durchkreuzt! Wir wissen, wer der „Vater der Lüge" ist (Joh. 8,44), also Gott das Konzept verderben will. So ernst ist die Lage. Rabies theologorum? oder Sorge, die christliche Gemeinde könnte das Beste verspielen und verschleudern, was sie hat, und damit ihr Heil?

Auf diesem Hintergrund könnten wir den Text etwa so abhören: *Gott ist Mensch geworden. Darum bekennen wir:* (1) *Gott in Jesus.* (2) *Jesus im Wort.* (3) *Im Wort das Leben.*

I.

Die gnostische Verirrung ist nicht unsere größte Gefahr. Ehe wir in Jesus Christus ein reines Gottwesen erblicken, das unserer geschaffenen – materiellen – Welt immer fern und fremd bleibt, sind wir vielleicht eher geneigt, in Jesus – wie sagten die alten dynamistisch denkenden Monarchianer? – einen ψιλὸς ἄνϑρωπος zu sehen, einen Menschen und nichts als einen Menschen, einen solchen freilich, der sich durch die „Kräftigkeit seines Gottesbewußtseins" auszeichnet oder durch „die Echtheit seiner Gemeinschaft mit Gott" oder dadurch, daß der Mensch Jesus „sich aus der Gottheit Gottes" – geschichtlich – „empfängt". Bei keinem andern Menschen ist das so gewesen; aber bei jedem Menschen hätte es so sein können. Ich vermag nicht einzusehen, daß dies dasselbe sei, was die neutestamentliche Gemeinde und die alte Kirche mit ihrem Christusbekenntnis gemeint haben. Ist Jesus das Urbild der Glaubenden – und nur insofern auch der, *an* den man glaubt –, ist er also der Mensch, *an* dem und *durch* den Gott handelt: wie vollzieht sich dann dieses Himmel und Erde verbindende Ur-Handeln Gottes *an Jesus?* Man muß sagen: so, daß Gott dabei – als das göttlich handelnde Subjekt – *nicht* „im Fleische kommt" (4,2), sondern in seiner göttlichen Jenseitigkeit verbleibt. Unser Brief legt aber größten Wert darauf, zu bekennen: Gott rettet seine verlorene Welt auf dem Wege, der in der Inkarnation beginnt. Nicht: er schafft sich auf spirituelle Weise einen ersten Glaubenden, an dessen Glauben sich dann der Glaube der anderen entzündet. Sondern: Gott selbst kommt im Sohne, indem er sich mit „Fleisch und Blut" (EKG 15,2) zur Einheit der gottmenschlichen Person verbindet. Wem bei der klassischen Zweinaturenlehre das Wort „Natur" Kummer macht, halte sich vor Augen, daß es sich (auch) hier um einen Behelfsbegriff handelt; gemeint ist „das, was Gott zu Gott" und den „Menschen zum Menschen macht" – wohlgemerkt: einschließlich des Personalen und Geschichtlichen, als gerade des göttlichen und menschlichen Subjektseins. Nur wer Gott *ist,* kann göttlich handeln. Nur, indem er abstrichslos Mensch wird, kann er das Menschliche auf sich nehmen.

Jesus ist der Christus, denn das Wort ward Fleisch. „Fleisch" ist der stärkste Ausdruck der biblischen Sprache für das Niedrige, für das von der Wirklichkeit Gottes Entfernte und ihr Entgegengesetzte. Hier wehrt sich der Gnostiker. Was Goethe den Teufel sagen läßt: „... alles, was entsteht, ist wert, daß es zugrunde geht" (Faust I, Studierzimmer), könnte ein gnostischer Satz sein. Dahinter steht – ergreifend genug – ein tiefes Leiden an der Welt. Auch Johannes weiß, daß die Welt „Finsternis" ist (1,5f.; 2,8f.11; Joh. 8,12; 12,35.46). Aber verloren und ihrer Nichtigkeit verfallen ist die Welt nicht, weil sie *Welt* ist – so die Gnostiker –, sondern weil „die Menschen die Finsternis mehr geliebt haben als das Licht" (Joh. 3,19). Gott hat die Welt nicht abgeschrieben, sondern geliebt (Joh. 3,16), und zwar in seinem Sohne. Und dieser ist wieder kein anderer als der Mensch-(Fleisch)-Gewordene (4,2; 2. Joh. 7; Joh. 1,14). Der Christus ist nicht das himmlische Geistwesen, dessen Sohlen – wenn es welche hätte – die Erde nicht berühren könnten und dürften, sondern der in Bethlehem Geborene, der Mensch, den man hören, sehen und mit Händen greifen konnte (1,1ff.). Was dem Gnostiker eine Ungeheuerlichkeit scheint – der Ewige in die Niedrigkeit und Abscheulichkeit des „Fleisches" eingegangen und so zur Einheit der Person verbunden, daß man beides nicht mehr auseinanderbekommt –: das eben ist zu Weihnachten geschehen. Wir sollen unsern Gott nicht über, außer und jenseits der Welt finden, sondern in diesem Stück „Welt", mit dem Gott sich auf einmalige Weise vereinigt hat und das den Namen Jesus trägt.

Sieht man genauer hin, so ist die gnostische Versuchung – nur in veränderter Gestalt – auch die unsere. Vielleicht sind wir sogar nicht wenig stolz darauf, Gott mehr zu ahnen als zu kennen, ihn als „das Unbedingte", „das Absolute", das „être suprême", als den „Grund alles Seins" zu bezeichnen und damit zu beweisen, daß wir nicht einfältige, sondern kritische Menschen sind. Der Prediger soll niemanden verunglimpfen. Auf der Suche nach Gott und im Wissen um seine Unerreichbarkeit kann solches Reden etwas Ernstzunehmendes meinen. Man muß nur wissen: Gott und Götze dürfen nicht miteinander verwechselt werden, und abstraktes Reden ist keine Garantie dafür, daß man auf dem Wege zum wahren Gott ist. Wir sollen nicht irgendwo suchen – nicht in der Höhe noch in der Tiefe, nicht in weiter Ferne noch in der unmittelbaren Nähe des eigenen – so gottfernen – Herzens. Gott in Jesus, wird uns gesagt. Hier, wo er Mensch geworden ist, sollen wir ihn suchen.

Das Wunder der Menschwerdung: Gott ist für uns konkret geworden, „faßbar", lasen wir 1,1. Wir sehen ihn nicht mehr leibhaft vor uns, und er wurde uns nach seiner äußeren Gestalt weder abgebildet noch beschrieben. Aber wir können ihn kennen. Das Jesuszeugnis der Evangelien ist nicht blaß, auch nicht von der Überlieferung bis zur Unkenntlichkeit entstellt. Einen „historischen Jesus", der strengen Maßstäben der Forschung genügt, haben wir nicht. Einen „undogmatischen Jesus" brauchen wir nicht, denn den hat es nie gegeben (s. o.). Den „Jesus in den Tagen seines Fleisches" (Hebr. 5,7) kennen wir, denn die – zugegeben: filtrierenden – Überlieferungen der bekennenden und predigenden Kirche sind nicht phantasiereiche Dichtungen, sondern Zeugnisse von dem, den man kannte. Wir werden nachher sofort noch einmal darauf zurückkommen. Jetzt genügt es, daß wir uns klarmachen: indem Gott für uns konkret wird, wird es ernst mit Gott. Wir können nicht mehr in Ruhe über Gott philosophieren, denn hier heißt es: „Folge mir nach!" Wir können die Gottesfrage nicht mehr dilatorisch behandeln, denn jetzt heißt es: „Das Reich Gottes ist (in meiner Person) mitten unter euch!" Wir können nicht mehr unverbindlich über Verhaltensgrundsätze diskutieren, denn wir hören: „Ich aber sage euch." Wir brauchen vor Gott nicht mehr auszuweichen, denn er sagt uns: „Deine Sünden sind dir vergeben." Die Reihe könnte fortgesetzt werden. – Aber „Gott konkret" sagt noch mehr. Der unnahbare, unsichtbare, unverständliche Gott hat, indem er Mensch wurde, unser Schicksal auf sich genommen, unser Sein in der Welt, die Erdenschwere, das Verstricktsein in naturhafte und geschichtliche Notwendigkeiten; er teilt unsere Freude, aber auch unser Leid und unsere Angst, unsere Versuchlichkeit und Anfechtung, auch das Sterbenmüssen. Und in dem allem hält er zu uns: nicht nur deklaratorisch und verbal, sondern im tathaften Einstehen für uns. Menschwerdung: der Jesus der Passion geht den Weg, den wir eigentlich gehen müßten (Joh. 11,50). „Ich heilige mich selbst für sie . . ." (Joh. 17,19). Gott unter den Sündern als ihr Anwalt, Priester, ja als ihr Opfer.

Wenn es der Predigt gelingt, dies deutlich zu machen, dann ist es nicht weit zu der Einsicht, daß man den Vater nicht anders haben kann als im Sohne (VV. 22f.). „Niemand kommt zum Vater denn durch mich" (Joh. 14,6). Im Dialog mit der Welt der Religionen muß dieser Satz angefochten und umstritten sein. Er muß jedoch im Vollzug des Glaubens aufrechterhalten werden. Die Gottesfrage spitzt sich in der Begegnung mit Jesus zu zur Frage nach der Vergebung der Sünde und damit der Neubegründung unserer Existenz vor Gott. Wenn er mir begegnet – in dem Hohlweg, da es kein Ausweichen gibt – und mich stellt, dann kann ich nicht mehr über „das Göttliche" und „die Tiefe des Seins" diskutieren, sondern da wird die Gottesfrage zur Existenzfrage. Und *wie gut:* Jesus – und in ihm der Vater – kommt nicht, um mich einbrechen zu lassen, sondern um mich freizusprechen und anzunehmen. Diese Wende ist entscheidend wichtig. Suche ich Gott extra Christum, dann werde ich – früher oder später – dem Gott des Gesetzes in die Arme laufen; denn extra Christum *ist* er das. Und tatsächlich versuchen wir es, solange wir nicht bei Christus vor Anker gegangen sind, selbst immer wieder mit dem Gesetz, d. h. wir sind immerzu darauf aus, uns mit dem, was wir selbst sind und leisten, vor Gott zu behaupten, uns seines Urteils durch Selbstverteidigung zu erwehren und uns Gott auf diese Weise, wenn wir nur könnten, vom Leibe zu halten. Wir verlieren den Vater, wenn wir den Sohn verwerfen. „Wo bist du?", ruft Gott dem Adam (Gen. 3,9), aber Adam hat sich versteckt. Wir brauchen uns nicht mehr zu verstecken, seit Gott in Christus bedingungslos zu uns steht.

2.

Unser Glaube wird also an einem kleinen Stück Geschichte fixiert sein, an dem Ereignis Jesus von Nazareth, geboren unter Augustus, hingerichtet unter Tiberius und seinem Prokurator Pontius Pilatus. Daß wir unsern Gott so menschlich finden dürfen, kostet einen nicht geringen Preis. Uns wird zugemutet, uns mit diesem uns fernliegenden Stück Geschichte vertraut zu machen, die fast 2000 Jahre, die uns davon trennen, zu überbrücken, uns in ganz andere Weisen des Denkens und des Lebensverständnisses, in andere Gewohnheiten und Sitten, in eine andere soziale Ordnung (usw.) hineinzudenken. In der Tat, dies alles ergibt sich notwendig aus der „Fleischwerdung" des „Wortes", also des Sohnes Gottes. Natürlich soll die Zeit nicht angehalten und mit dem Jahr 30 zum Stehen gebracht werden. Jesus, der inzwischen Erhöhte, will Zugang zu unserm *heutigen* Leben gewinnen. Nur bedeutet dies, daß wir den Weg, den wir eben rückwärts, zur Zeit Jesu hin, zurückgelegt haben, nun wieder nach vorn gehen müssen, bis in unsere gegenwärtige Lage hinein; auf die historische Regression muß eine hermeneutische Progression folgen. Ziemlich mühsam, wird man feststellen, und Kenner der theologischen Diskussion werden dieses Urteil mit vielen Tatsachen belegen können.
Nicht verwunderlich, daß immer wieder versucht wird, an dieser Gottesoffenbarung „im Fleische" vorbeizukommen und eine irgendwie geartete Gottunmittelbarkeit zu gewinnen. Hierher gehören alle Varianten natürlicher Theologie: Gott aus der *Natur* erkennen – aus ihrem Reichtum, ihrer Schönheit, ihrer Ordnung (auch aus ihren Schrecken?) – oder seiner mit den Mitteln des menschlichen *Denkens* inne werden, vielleicht durch *mystische Erlebnisse* oder aus den Schöpfungen der *Kunst*. Ganz anders begründet und doch der natürlichen Theologie im Effekt sehr ähnlich ist das enthusiastische Streben nach Gottunmittelbarkeit: Da weiß man zwar um das „Ganz-Andere" der pneumatischen Wirklichkeit, aber man meint, den Umweg über das „Fleisch", also die Verhüllung Got-

tes in die Niedrigkeit des Menschlichen, überspringen oder vermeiden zu können. Unmittelbare Gottesschau, Hören auf die innere Stimme, Anblasen des inneren Funkens, Warten auf das Wehen des Geistes. Es liegt auf der Hand: weder zur natürlichen Gotteserkenntnis – wenn sie uns wirklich zu Gott führte – noch zur enthusiastisch-pneumatischen Gotteserfahrung brauchte es den Umweg über das Geschehen zwischen Bethlehem und Golgatha. Es wäre alles viel einfacher und müheloser. Es wäre, wie man meint, auch viel echter und überzeugender. Was hilft in Glaubensdingen schon Angelerntes, von außen Mitgeteiltes, also Übernommenes?

Wären wir für solche Argumente anfällig, so könnte ein Satz aus dem vorliegenden Zusammenhang uns darin bestärken, die pneumatische Gottunmittelbarkeit zu begehren: „Die Salbung" – die in der Taufe euch widerfahrene Geistbegabung –, „die ihr von ihm empfangen habt, bleibt in euch, und ihr bedürft nicht, daß euch jemand lehre" (V. 27). Man hat den Satz tatsächlich so verstehen wollen, als ob, wer den Heiligen Geist hat, der Predigt des Wortes – und der anderen Gnadenmittel – nicht mehr bedürfe. Man könnte V. 21 – und damit sind wir wieder innerhalb unserer Perikope – von daher verstehen: Ich schreibe euch nicht, als wüßtet ihr die Wahrheit nicht; ihr *wißt* sie. – Doch Johannes ist weit davon entfernt, das „äußere Wort" für entbehrlich zu halten. V. 27 ist aus der Auseinandersetzung mit den Gnostikern zu verstehen. Diese waren es doch, die die schlichten „Pistiker" auf eine höhere Stufe der „Erkenntnis" führen wollten, indem sie sie die Gottunmittelbarkeit zu „lehren" versuchten. Johannes dagegen: Solche „Lehre" habt ihr nicht nötig. „Was ihr gehört habt von Anfang, das bleibe in euch. Wenn in euch bleibt, was ihr von Anfang gehört habt, so werdet ihr auch in dem Sohn und dem Vater bleiben" (V. 24). Kein Gedanke daran, daß Christen, weil sie die „Salbung" haben, auf das verkündigte Wort verzichten könnten! Im Gegenteil, sie werden immer wieder auf das schon Gehörte verwiesen und ermahnt, darin zu „bleiben", also zu „wohnen" (μένειν), dort ihren festen Platz zu haben, darin zu Hause zu sein.

Daß der Geist an das Wort gebunden ist – Luthers ceterum-censeo gegenüber den Schwärmern –, ergibt sich aus der Inkarnation (vgl. uns. Ausl. zur „alten" Epistel, 1,1–4, Das heilige Volk, S. 58ff.): „Was wir gesehen und gehört haben, das verkündigen wir euch" (1,3). Wer dies einmal begriffen hat, dem ist das Angewiesensein der Kirche auf ihre Überlieferung nicht mehr anstößig. Kein Zweifel: es gibt engherziges, geistloses, gesetzlich-stures, ängstliches, gegenwartsfremdes, schulmeisterliches (usw.) Tradieren. Daß Johannes dies nicht will noch meint, ist klar. Aber der Glaube braucht die Tradition. Geschehenes kann man nicht konstruieren; man muß es, wie es geschehen ist, wahrnehmen, also sich sagen lassen, sofern man nicht selbst „gehört, gesehen und betastet" hat. Die Botschaft von dem Menschgewordenen „läuft" über die Erde, von einem zum andern. Paulus sieht es nicht anders als Johannes (1. Kor. 15,3a.58a).

Jesus im Wort. Das Wort also: Mitteilung über Jesus? Nachricht von dem, was einmal war? Dies sicher auch. Aber wir übersähen, wenn wir hier stehen blieben, das, worauf es nun doch eigentlich hinaus will: das „Anteilhaben" am Überlieferten ist zugleich das „Anteilhaben" am Vater und seinem Sohn Jesus Christus (1,3), oder dasselbe mit den Worten unseres Abschnitts: „so werdet ihr auch in dem Sohn und dem Vater bleiben" (V. 24). Den Deus incarnatus verkündigen wir, weil er auch nach seiner Auferstehung und Einsetzung in Herrlichkeit *derselbe* ist, der einst in Bethlehem geboren wurde (Hebr. 13,8). Das Wort, das wir verkündigen, redet nicht nur *über* ihn; in diesem Wort spricht *er selbst*. Das Menschenwort, dessen er sich dafür als Medium bedient, ist, wenn man so will, eine Erniedrigung zweiten Grades, die der Herr auf sich nimmt. Aber er will es so (Luk. 10,16a; 1. Thess. 2,13). Erstaunlich: das in uns „bleibende", also „wohnende" Wort (Kol. 3,16) bewirkt, daß wir wiederum im Vater und im Sohne „bleiben", „wohnen", „zu Hause sind". Übersehen wir nicht, daß es auf Stetigkeit abgesehen ist, sowohl im Hören und Behalten des Wortes (Luk. 8,15) als auch in der Gemeinschaft mit Gott. Johannes verspräche sich wahrscheinlich wenig von „missionarischen" Stimmungs- und darum Augenblickserfolgen, so unentbehrlich – für einen ersten Anfang – eine (sensationelle) Stimulierung der Aufmerksamkeit sein kann. Aufs Bleiben kommt es an (Joh. 8,31; 15,4f.). Auch dies dürfte mit der Inkarnation zu tun haben. „. . . und wohnte (zeltete) unter uns" (Joh. 1,14). „Rabbi, wo wohnst du?" „Komm, und sieh es!" (Joh. 1,38). Gott wohnt in dieser Welt, damit wir, die in dieser Welt Lebenden, bei Gott unser Zuhause bekommen.

3.

Im Worte: *das Leben.* Denn „das Leben ist erschienen", sichtbar geworden (1,2). Weil das Wort uns auf den Menschgewordenen weist und weil dieser selbst in diesem Wort mit uns Gemeinschaft herstellt, kommt es dazu, daß wir selbst an diesem Leben Anteil gewinnen.

Soll, was die johanneischen Schriften mit dem Begriff „Leben" sagen wollen, der Gemeinde nicht blaß und formelhaft bleiben, muß deutlich werden, daß hier nicht an die physische Lebendigkeit gedacht ist, die der Mensch mit allem organischen Leben gemeinsam hat, sondern an mehr. Menschliches Leben muß, sofern es im Entscheiden, Ergreifen, Wählen, Verantworten (usw.) besteht, vom bloßen Bios unterschieden werden. Pflanze und Tier sind, was sie sind, und genügen so ihrer Bestimmung. Der Mensch kann seine Bestimmung verfehlen. Es ist schon viel, wenn der Mensch zu bewußter Wahrnehmung seines Daseins und seiner Möglichkeiten gelangt – also über das hinaus, was lediglich (unmittelbar oder mittelbar) der Erhaltung seines Lebens und der Art dient. Aber „Leben" ist bei Johannes noch mehr. Es geht um das *ewige,* das der schrecklichen Notwendigkeit des Vergehenmüssens entnommene Leben. So wichtig dies ist, daß der Tod überwunden wird und sich nach dieser Zeit ein Neues auftut, wir müssen im Sinne des Johannes *noch* eine Stufe weiter. Eine ganze Ewigkeit voll nicht-endenden, nicht-zerstörbaren Lebens könnte die Bezeichnung „ewiges Leben" nicht verdienen, wenn uns das eine fehlte, worauf alles ankommt: „Das ist aber das ewige Leben, daß sie dich, der du allein wahrer Gott bist, und den du gesandt hast, Jesus Christus, erkennen" (Joh. 17,3). Dieses Leben meint der Text (V. 25). Wer Gott nicht hat, hat das Leben nicht.

Wenn es wahr ist, daß Gott selbst in der Verkündigung die Gemeinschaft mit uns herstellt, dann haben wir dieses Leben schon jetzt. Es fällt auf, daß diesmal durch das Wort Verheißung auf die Zukünftigkeit der Gabe hingewiesen ist. Wir können uns – diesmal – Ausführungen über die Raumtiefe der johanneischen Eschatologie ersparen. Diese – nur quasi-stereoskopisch erfaßbare – Raumtiefe wäre fatalerweise gerade übersehen, wenn wir uns auf den Vorschlag einließen, die echt-futurischen eschatologischen Aussagen in den johanneischen Schriften einer – verständnislosen – kirchlichen Redaktion zuzuschreiben. Gegenwärtigkeit und Zukünftigkeit christlichen Glaubens und Hoffens gehören zueinander.

Daß hier von Verheißung die Rede ist, scheint mir auf zweierlei zu deuten: Wer Inkarnation sagt, sagt Erniedrigung, Vermummung, Verhüllung, Eingehen ins Unscheinbare, ja ins Schändliche. Indem Johannes sagt: „wir sahen seine Herrlichkeit", hat er den Anstoß, das Befremdliche des Kommens im Fleische keineswegs aufheben oder auch nur abmildern wollen. Er ist kein Vertreter einer „Theologie der Herrlichkeit". Wir bekennen „den Sohn" gerade in seiner Erniedrigung. Aber Erniedrigung ist ein Vorletztes. Sie wird im

Eschaton aufgehoben werden. – Das gilt auch von der christlichen Existenz (vgl. uns. Ausl. zum 1. Christtag). In diesem Sinne ist das „ewige Leben" immer auch Gegenstand der Verheißung. – Das andere: Christen *haben* nur, indem sie *empfangen.* Wir „bleiben" im Vater und im Sohn nur, indem Vater und Sohn uns „zu sich ziehen" (Joh. 6,44; 12,32). Christliches „Haben" ist immer ein Nicht-Haben, das – durch Gottes wunderbares Tun – in das Alles-Haben übergeht (2. Kor. 6,10c), und zwar in jedem Augenblick. Also ist christlicher Glaube etwas Ungewisses und Unstetiges? Völlig falsch gefolgert. Stetigkeit, Kontinuität, ja! Nur ist sie nicht in *uns* begründet, sondern in dem Gott, der in seiner Verheißung – darum also das Wort auch hier! – sich selbst treu bleibt und diese Treue uns zusagt. In der Inkarnation wird diese Treue nicht etwa nur veranschaulicht, sondern darin *geschieht* sie, leibhaft, greifbar, nicht mehr aus der Welt zu schaffen. Die Gott so geliebt hat, daß er seinen Sohn gab, die läßt er nie wieder fallen.

Altjahrsabend. 2. Mose 13,20–22

Ein jahwistisches Stück (wie man u.a. am Gebrauch des Jahwenamens oder an dem J-Vorzugsstamm αὐτῷ = die Zeltpflöcke herausreißen, das Lager abbrechen, also aufbrechen, weitermarschieren, sehen kann). In 14,19b setzt sich diese Linie – gewissermaßen den Engel Gottes des Elohisten ablösend – fort; in beidem geht es um Erscheinungen der göttlichen Gegenwart. „Die Manifestation Jahwes in der Wolke gehört nach sämtlichen Erzählern zu den charakteristischen Zügen der Geschichte des Wüstenzuges" (ThWNT IV, S.908). Neben der dem Volk voranziehenden Wolken- bzw. Feuersäule ist die Wolke auch die Jahwes Gegenwart zugleich bezeichnende und verhüllende Erscheinung beim „Zelt der Begegnung" (Luther: Stiftshütte) (33,9f.u.ö.) – beides quasi in Konjunktion Num. 9,15–23, in Exod. 40,34–38 eindrucksvoll als Schlußmotiv des Buches verwendet. Auch in der Kultdichtung kommt das Motiv vor: Ps.78,14; 105,39. Paulus kann die Korinther, indem er von den Vätern unter der Wolke spricht (1. Kor. 10,1), auf Bekanntes hinweisen.

V.20: In 12,37–39 findet man die Israeliten in Sukkot (ebenfalls J), von wo aus sie nun – wohl eine Tagesreise weit – nach Etam aufbrechen. Die Ortsnamen geben geographisch nicht viel her. „Sukkot" bedeutet „Wohnzelte" und kommt häufig als Ortsbezeichnung vor. „Etam" dürfte auf ein ägyptisches Wort zurückgehen, das „Festungsmauer" bedeutet, „nicht minder allgemein" (L. H. Grollenberg, Bildatlas zur Bibel, ²1958, S. 48); die Ägypter hatten an der Linie des heutigen Suezkanals eine Menge Grenzbefestigungen. „Am Rande der Wüste": wir befinden uns also noch in der Nähe des Kulturlandes – vor Israel liegt die unbekannte Wüste. – V.21: Die theologisch entscheidende Aussage in Form eines Nominalsatzes (Dauersachverhalt): Jahwe geht vor ihnen her. Nicht in personhafter Gestalt, sondern als „Säule" (αὐτόν) – dasselbe Wort für die metallenen Säulen vor dem Tempel (1. Kön. 7,15–22 u.v.a.) oder für eine Marmorsäule (Esth. 1,6). Von einer Rauchsäule spricht Richt. 20,40; hier: Wolkensäule. οἴδαμεν (hi., Ges.-K., § 53q) mit Akk. der Person und der Sache: „um sie auf dem Weg zu leiten". So am Tage. In der Nacht ist die Säule feurig, so daß sie leuchtet. Wichtig: so können sie Tag und Nacht auf dem Marsch sein; dem entspricht auf Jahwes Seite die Kontinuierlichkeit seiner führenden Gegenwart. – V.22: ὀψόμενα ist iteratives Imperfektum (Ges.-K., § 107,1): (immer wieder wurden sie aufs neue gewahr:) die Wolkensäule am Tage und die Feuersäule in der Nacht wich nicht vor den Augen des Volkes. Gemeint ist Gottes Führung nicht nur in diesem Marschabschnitt, sondern „darüber hinaus vorausblickend überhaupt die göttliche Führung Israels in der Wüste" (M. Noth z. St.).

„Überlieferungsgeschichtlich stammt das Erzählungselement von der Wolken- und Feuersäule aller Wahrscheinlichkeit nach aus der Sinaitradition. Wolkenartig aufsteigender Rauch und Feuer gehören zu den Erscheinungen der Sinaitheophanie (19,18 J), und das Phänomen der Wolken- und Feuersäule geht vermutlich zurück auf die Beobachtung eines tätigen Vulkans, wie sie in die Erzählung von den Vorgängen am Sinai zweifellos hineinspielt. Die wegweisende Wolken- und Feuersäule, die Israel zum Sinai führte, wird von J schon vom Auszug aus Ägypten an als göttlicher Führer den Israeliten beigegeben" (Noth, ebd.). Die historischen bzw. topographischen Fragen, die sich aus dem Fehlen von aktiven Vulkanen auf der Sinaihalbinsel in historischer Zeit ergeben, brauchen uns hier nicht zu beschäftigen (vgl. M. Noth, GI, Berlin 1953, S. 124).

Für „das wandernde Gottesvolk" wird hier gewissermaßen das Rahmenprogramm seiner Zukunft, die Generalverheißung sichtbar. Eine gute Neuerwerbung des neuen Perikopensystems. Die Plazierung zu Silvester ist glücklich.

Oder sollten wir lieber von der Zukunft der *Menschheit* reden? „Gottesvolk" ist ein ekklesiologischer Begriff. Was der Text erkennen läßt, gilt nicht für die Ägypter oder Kanaaniter oder – späterhin – für Aram, Assur und Babel. Die Wolken- und Feuersäule gehört in den Geschehenszusammenhang, der mit Gen. 12,1 beginnt. Wohl heißt es dort, es sei auf den „Segen" für „alle Geschlechter der Erde" abgesehen, aber dieser Segen wird nicht sozusagen direkt vom Himmel über die ganze Welt breitgestreut, sondern er ergeht auf einem bestimmten geschichtlichen Wege an dieses bestimmte Gottesvolk, die Ekklesia Gottes, und an die anderen, indem sie in dieses „eingepfropft" werden (Röm. 11,17ff.). – Wäre heute abend nicht ein Text angebracht, der von vornherein *menschheitlich* denkt und uns den Weg der Völker durch die Geschichte und ihre Schicksalsgemeinschaft deutet? Zu Silvester drängen sich die Fragen der Zukunft der Menschheit besonders auf. Die Zeit ist nicht anzuhalten. Da sie nicht leer ist, sondern mit Geschehen gefüllt, erinnert uns der Stundenschlag der Geschichte nicht nur an Durchlebtes, Gewonnenes, Verlorenes, Ausgestandenes, sondern zugleich an die zu bestehende Zukunft: Aufgaben, Chancen, unbewältigte Probleme – darunter Probleme auf Leben und Tod –, Hoffnungen, Befürchtungen, vielleicht Ängste. Der Silvesterrausch ist keine Bewältigung, sondern nur Verdrängung. Liefert Gott uns das Konzept für die Zukunft der Menschheit?

Apokalyptische Zukunftsbilder der Bibel könnten am ehesten solche Erwartung befriedigen. Nur: sie liefern weder das Programm der Weltgeschichte noch die Lösungen für die Menschheitsprobleme. Sie sagen, wie es in der Welt zwischen Jesu erstem und zweiten Kommen zugeht; sie beschreiben Ort und Zeit, an dem und in der die letzte Entscheidung, die des Glaubens oder Unglaubens, von jedem von uns zu treffen ist. Im „Vorletzten", in den Fragen des Fortbestands der Welt (Friede, Ernährung, Rohstoffe, Energie, Gesundheit, Wohnlichkeit der Welt u.ä.), ist unsere *Vernunft* gefordert. Gut, wenn Glaube sie weckt, sie ihrer Verantwortlichkeit bewußt macht, sie von Illusionen befreit, sie in den Dienst der Liebe stellt. Aber die fertigen Lösungen der Weltprobleme liefert der Glaube nicht. Wir täten nicht gut, wenn wir in der Silvesterpredigt uns Kompetenzen anmaßten, die wir nicht haben.

Aber von der – in den Lauf der Weltgeschichte „eingelassenen" – Geschichte, besonders von der Zukunft des *Gottesvolkes* haben wir zu sprechen, von dem Weg, den es *im Glauben* gehen soll (hierzu bes. die Epistel des Tages). Was auch immer auf uns zukommt: Gott ist für uns. Wir wären sehr im Irrtum, wenn wir diesen Satz im Sinne einer „Gott-mit-uns"-Ideologie verstünden, d.h. so, daß Gott naiv und frech für eine irdisch-menschliche Sache in Anspruch genommen wird. Gott hat uns für *sein Reich* bestimmt. Dahin sind wir unterwegs. Das ist die Blickrichtung, in der der uns gegebene Text zu sehen ist. Das Programm für den Wüstenzug wird uns zur Botschaft. *Volk Gottes auf dem Weg in die Zukunft*: (1) *Immer im Aufbruch.* (2) *Immer in Gottes Gegenwart.* (3) *Immer unter Gottes Führung.*

I.

Kirchenbauten der letztvergangenen Jahrzehnte haben den heiligen Raum gern als *Zelt* gestaltet. Die Kirche lebt „zwischen den Zeiten", sie ist in der Welt nicht seßhaft, sie muß weiter. Sie versteht sich als Exodusgemeinde. Die Lage Israels, wie sie der Text festhält, ist nicht eine vorübergehende Situation, die man bald wieder hinter sich haben wird. Man ist aus „Ägypten" aufgebrochen. Man ist zu Neuem unterwegs. Der Ortsname „Sukkot" bedeutet „Zelte". Man wohnt nicht mehr in festen Häusern. Bald reißt man die Zeltpflöcke wieder heraus (wir sahen: dies die Urbedeutung von נסע), packt ein und zieht weiter. Sollte auch der zweite Ortsname symbolisch auszulegen sein: „Etam" heißt „Grenzbefestigung" – Ägypten hat versucht, die billigen Sklaven zu halten, und die Rückkehr zu den (idealisierten) „Fleischtöpfen Ägyptens" wird den Wandernden selbst eine bleibende Versuchung sein. Das Gottesvolk befindet sich „am Rande der Wüste" (V. 20), noch in der kritischen Zone, in der man leicht die Zukunft, in die man aufgebrochen ist, preisgeben und in das Alte zurückfallen kann. Aber der Blick ist doch nach vorn gerichtet. Für lange Zeit wird es das Los der Leute Gottes sein, nicht zu wissen, wo man in ein oder zwei Wochen sein wird.

Darin bildet sich etwas ab, was überhaupt zur menschlichen Existenz gehört: unterwegs zwischen gestern und morgen. Es ist immer so, zu Silvester wird man sich dessen nur besonders bewußt. Für *jugendliche Menschen* bestimmt es das ganze Lebensgefühl, daß es morgen anders sein wird als heute. Man wartet auf das Kommende: älter werden, die Ausbildung hinter sich bringen, den anderen Menschen finden, beruflich Fuß fassen, „sich sein Leben aufbauen". Ach, wäre, was jetzt ist, doch erst vorbei! Tröstlich, wenn man weiß, daß die Zukunft schon begonnen hat. Das Abenteuerliche, das in diesem Nach-vorn-Gewandtsein liegt, stimuliert das Plänemachen. – *Ältere* oder erst recht *alte Menschen* verharren gern im Gewohnten und wehren sich gegen die Veränderung. Ihnen wird leicht bange vor dem Künftigen; vielleicht bringen sie es nicht mehr über sich, sich darauf einzustellen, vielleicht meinen sie Gründe zu haben, es zu fürchten, vielleicht sind sie überhaupt für „ägyptische Fleischtöpfe". Immer im Aufbruch: unsere Predigt könnte darauf aus sein, die Hörer zukunftsbereit zu machen.

Aber es geht hier um *Radikaleres.* Immer im Aufbruch – das könnte der Lebensstil eines Menschen sein, dem immerzu Neues einfällt und der von der – meist nicht reflektierten – Voraussetzung bestimmt ist, das andere müsse immer das Bessere sein. Hier, im Text, ist aber nicht vom mobilen, veränderungsbereiten, vielleicht unruhigen Naturell die Rede, von einer Lebenseinstellung, die auf Neues aus ist und darum den Wandel erstrebt, sondern vom Eingehen auf einen Ruf Gottes. Es geht nicht um irgend etwas anderes, sondern um dieses bestimmte Andere! Es geht nicht um Mobilität um ihrer selbst willen, sondern um das, was in der Sprache der Bibel „das Erbe" heißt: auf der Ebene alttestamentlichen Denkens das Land der Verheißung (3,17), im Neuen Testament „das unvergängliche, unbefleckte und unverwelkliche Erbe, das im Himmel für euch bereitgehalten wird" (1. Petr. 1,4). Immer im Aufbruch, das ist also nicht nur die Bereitschaft, neuen Situationen und Konstellationen im Lauf der Weltgeschichte gerecht zu werden, sich auf neue Möglichkeiten und Aufgaben einzustellen, dem Alten und Überlebten endlich den Abschied zu geben; sondern das ist das Unterwegssein zur „himmlischen Berufung" (Phil. 3,14; Hebr. 3,1), also eine radikale Distanz zu dem, was ist, in der Offenheit für das, was sein wird, also: die eschatologische Existenz. Nur schweres Mißverstehen könnte jetzt folgern, die Welt von heute und auch morgen müßte oder dürfte uns gleichgültig werden. Wo anders haben wir denn unsere Hoffnung zu leben, wenn nicht heute und hier? Wo anders fällt denn die Entscheidung über die ewige Zukunft, wenn nicht im zeitlichen Heute? Jede Stunde des kommenden Jahres wird das Gewicht ihres Bezogenseins auf das Letzte haben. Jede Entscheidung, die wir zu treffen haben, geschieht unter den Augen Gottes, der über uns das letzte Wort spricht. Ohne die eschatologische Distanz würde uns die „unbedingt kritische" Haltung zu den Dingen fehlen – eine von Alfred Dedo Müller gern gebrauchte Formel –, die zu verantwortlichem Handeln nötig ist.

„Die Wüste als Gelobtes Land" (J. Chr. Hoekendijk): Israel würde nur fassungslos den

Kopf geschüttelt haben, wenn man ihm diese Parole serviert hätte. Wir wissen wohl, daß uns das Letzte – verborgen – im Vorletzten entgegentritt und Christus uns auch im kommenden Jahre besuchen will (ders., Die Zukunft der Kirche und die Kirche der Zukunft, Stuttgart-Berlin 1964, S. 15 und 14). Aber die Wüstenwanderung ist ein Interim. Vollends das neutestamentliche Zeitverständnis ist im Warten auf ein Letztes, auf *das* Letzte, bestimmt. Darum: „Zelte". Wir wohnen alle in festen Häusern mit einigem, vielleicht sogar mit erheblichem Komfort. Nicht darin wird sich die „Aufbruchs"-Haltung zeigen müssen, daß wir alles, was wir haben, stehen- und liegenlassen. Es wäre sogar unverantwortlich, wollten wir uns auf ein Zigeunerleben umstellen; es ist nicht schwer, einzusehen, daß damit unsere Welt – so, wie sie ist – zusammenbrechen müßte. Die eschatologische Existenz wird in der inneren Freiheit bestehen, die wir von den Dingen haben. „Haben, als hätte man nicht" (1. Kor. 7,29ff.). „Ich kann niedrig sein und kann hoch sein; mir ist alles und jedes vertraut; ich kann beides: satt sein und hungern, beides: übrig haben und Mangel leiden" (Phil. 4,12). Es wird auch für den Fortbestand unserer Welt entscheidend wichtig sein, ob wir diese Distanz haben. Mancher hat sein Erspartes, Erarbeitetes, Erbautes lassen müssen; entscheidend – auch für sein Lebensglück – war, ob er dazu die Freiheit hatte. Unsere Abhängigkeit von „Fleischtöpfen" verschiedenster Art wird uns auf die Dauer immer unglücklicher machen. Wir setzen die Welt aufs Spiel, wenn wir unsern Reichtum wie einen Raub festhalten.

Das gilt besonders auch für die Kirche. Sie ist heute das wandernde Gottesvolk (Hebr. 3,7 –4,10), die Gemeinde der „Fremdlinge und Pilgrime" in der Welt (1. Petr. 2,11). Es sollte uns nicht überraschen, wenn die Welt uns als solche ansieht, die nicht richtig in den Streifen passen. Unsere Verpflichtung zum Dienst an unseren Mitmenschen, wer sie auch seien, wird dadurch nicht geschmälert. Aber die Kirche sollte sich in der Welt nie häuslich eingerichtet haben, als wäre ihre Heimat nicht im Himmel (Phil. 3,20). Zelte? Wir müssen uns schämen, denn in der Geschichte der Kirche und auch noch in ihrer Gegenwart ist von „Exodus" oft nicht viel zu spüren gewesen. Macht, Reichtum, Ansehen, Sicherheit, Behäbigkeit, Abhängigkeit von den Mächtigen und Einflußreichen, Verfälschung der Botschaft ihnen zuliebe, Gebrauch der Mittel dieser Welt: das alles ist „Ägypten". Wer aufbrechen will, muß bereit sein, vieles zurückzulassen, und was er noch hat, soll er in der Freiheit gebrauchen, die dazu fähig ist, wenn's sein muß, auch Liebgewordenes dranzugeben. Der Kirche bleibt die Verkündigung des Wortes Gottes an Nahe und Ferne, Große und Kleine, ihr bleibt der Brauch der Sakramente, das Gebet, das Gotteslob, das Bekenntnis, der Dienst an den Menschen. Dies alles hat der Herr selbst ihr befohlen und damit garantiert. Aber eben damit wird die Kirche das wandernde Gottesvolk sein, immer im Aufbruch.

2.

Man muß die ersten Kapitel des Exodusbuches lesen, um das eben Ausgeführte als *befreiend* zu verstehen. Uns wird nichts genommen. „Wir haben's gut", bekennt G. Tersteegen in seinem Lied vom Wüstenzug des Volkes Gottes (EKG 272 – zur Meditation hilfreich). Dem wandernden Volke Gottes ist *die ständige Gegenwart Gottes* zugesagt. Sie gibt sich in der Wolken- und Feuersäule zu erkennen.

Offensichtlich eine Erinnerung aus Israels Frühzeit, die sich in der Überlieferung vielfältig niedergeschlagen hat. Religionsgeschichtliche Betrachtungsweise macht das Phänomen sehr leicht verständlich: das Naturschauspiel des Vulkanismus, das man sich auf naturwissenschaftlichem Wege nicht zu erklären wußte, wird als Zeichen der Präsenz Gottes gedeutet. Man kann, wenn man durchaus will, sehr leicht folgern: da die Wolken- und Feuersäule nach unserm Erkenntnisstand als vulkanische Erscheinung zu deuten ist, wird die Verlegenheitserklärung „Gott" überflüssig, und wir haben es nun heraus: Israel ist nicht dem Ruf (eines) Gottes gefolgt, sondern hat sich durch ein falsch gedeutetes Naturphänomen auf den Weg bringen lassen. Eine verbreitete Art zu denken. Wer die Dinge mit den Augen des Glaubens sieht und darum theologisch urteilt, wird von solcher Art des Argumentierens kaum beeindruckt sein. Er weiß, daß Gott sich *immer* nur in Phänomenen zu erkennen gibt, die man auf ganz natürliche Weise erklären kann, weil ja die Offenbarung Gottes das natürliche Geschehen nicht zerreißt oder unterbricht, sondern sich des natürlichen Geschehens als seines Ausdrucks- und Sprachmittels bedient. Man hätte ja auch die Intention des Textes gründlich verfehlt, wenn man meinte, es sei nur darum gegangen, irgend etwas Unverstandenes zu *erklären*. Wer erklären will, befindet sich in theoretischer Haltung; er sucht, auf die ihm mögliche Weise eine Lücke im Erkennen zu schließen, und dies im Abstand des Betrachters, der Objekte wahrnimmt und sich verständlich macht. Eine Erkenntnislücke schließen: das verändert nicht das Leben des Erkennenden. Hier, im Text, ist es ganz anders. Hier wird ein Ruf vernommen. Eine ganze Gruppe von Menschen bricht auf und begibt sich auf eine lange Wanderung ins Unbekannte. Hier wird nichts „erklärt", hier wird ein *Geschehen* ausgelöst – in einer ganz anderen Dimension des Wirklichen, nämlich der des Geschichtlichen. Wer den Anruf zur personalen Entscheidung und zu geschichtlichem Handeln vernommen hat, der versteht sich nicht mehr nur als Bauteilchen in einem großen Mechanismus, dessen Anlage und Funktion es zu „erklären" gilt, der weiß vielmehr, daß er jetzt „aufbrechen" und der Stimme folgen muß.

So wahr das Gottesvolk kraft eigenen Entschlusses dem Rufe seines Gottes folgen mußte (4,30f.), der Ruf war das erste (3,15ff.). Tersteegen: „Wir kennen ja den Treuen, der uns gerufen hat" (EKG 272,2). Die christliche Gemeinde sollte sich darüber klar sein, was es mit ihrem Weg durch die Zeiten auf sich hat. Wir wandeln jetzt die Betrachtungsweise von vorhin ein wenig ab: Wir betrachten am Altjahrsabend den Lauf der Weltgeschichte nicht, wie man auf der Leinwand einen Film ablaufen sieht – zuschauerisch, mit Abstand, an rührenden Stellen höchstens einmal eine Träne im Augenwinkel zerdrückend. Wir werden in die Zukunft gerufen – in Gottes Reich.

Doch nicht genug damit. Gott ruft nicht nur, er *geht mit*. Das Gottesvolk wandert immer in Gottes Gegenwart. Die Wolke verhüllt Gott – aber sie zeigt zugleich an, daß er da ist. Wenn es abends dunkel wird, erscheint sie erleuchtet durch den aus den Tiefen der Erde hervorbrechenden Feuerschein. Gott läßt das Naturphänomen zum *Zeichen* werden. – Man könnte entgegnen, die Zusage der Präsenz Gottes sei eine theologische Binsenweisheit. Allgegenwärtig ist Gott doch sowieso. Kein Wort dagegen – wenn wir nur mit Gottes Allgegenwart Ernst machten! Aber nun gilt es doch zu unterscheiden, ob Gott *da* ist, oder ob er *mir* da ist (nach Luther). Der Satz von Gottes Allgegenwart könnte wieder ein theoretischer Satz sein, der nichts in Bewegung bringt. Außerdem wäre zu fragen, was ein solcher Satz bedeuten würde. Was habe ich von diesem Allgegenwartsgott zu erwarten? Wer hier eine schnelle Antwort bereit hat, weiß nicht, wovon er redet. „Er will uns allzeit ernähren, Leib und Seel auch wohl bewahren" (EKG 132,1) – das ist ein *Glaubens*satz, kein Lehrsatz in einer festgeschriebenen, säuberlich ausgearbeiteten Weltdeutung. Wir haben nicht den Auftrag, beim Übergang in ein neues Jahr zu proklamieren: „Es wird schon alles gut werden." Daß Gott *für* uns ist, hält Paulus fest trotz Trübsal, Angst, Verfolgung, Hunger, Blöße, Fährlichkeit und Schwert (Röm. 8,31.35 – Epistel). In der Sprache unseres Textes: Es geht in die unbekannte, unwegsame, wasserarme, karge Wüste. Es wäre natürlich wieder Rückfall in objektivierendes Denken, wenn wir proklamierten: das kommende Jahr wird ein Wüstenjahr werden. Die guten Wünsche, die wir zum Jahreswechsel tauschen, sollen *gelten*! Aber es bleibt dabei, daß Gottesglaube keine

Lebensversicherung ist. Genug: Gott geht mit! Uns wird auf dem Weg in die Zukunft nichts zugemutet werden, woran Gott sich durch seine Präsenz nicht beteiligte. Wird uns die Sonne scheinen, so wird es *seine* Sonne sein. Ist uns der Tisch gedeckt, so sind wir *seine* Gäste. Finden wir uns nachts im Sturm auf dem Wasser und erschrecken wir vor etwas Undefinierbarem, so ruft er aus dem Dunkel: „Seid getrost, ich bin's, fürchtet euch nicht!" (Mark. 6,50).

Wir sehen keine Wolken- und Feuersäule. Es wäre sehr eindrucksvoll, wenn wir die Gegenwart Gottes so erführen wie das wandernde Israel. Man muß es sich bildhaft vorstellen. Vorn, an der Spitze des Zuges, das Geheimnis der Gottespräsenz – am Tag die Wolke, nachts der Feuerschein. Wir sind nicht allein, Gott geht mit, ja, er geht *voran*. Wohin wir den Fuß setzen, da ist *er* zuvor gewesen. Wüßten wir das nur auch so sicher wie die Gemeinde damals! – Wir haben es nicht schlechter. Wir brauchen kein Naturschauspiel mehr. Der mitgehende Gott ist der Menschgewordene. Nichts, woran Gott sich nicht beteiligte: der Satz von vorhin muß jetzt christologisch gefüllt werden. Wir haben den Deus praesens – eben den Gott, der in Christus *unser* Gott geworden ist – im Wort und den Sakramenten. Hörbar, greifbar, sichtbar, schmeckbar geht er mit. „Christo praesente omnia superanda" (Luther). Wir marschieren nicht auf eigene Faust. Vorn ist Er.

In unseren Schlagzeilen findet sich dreimal das Adverb „immer". Dafür bedurfte es vorhin keiner besonderen Begründung: solange man zum Lande der Verheißung unterwegs war, hieß es immer wieder: Aufbruch. Hat das „immer" auch jetzt Anhalt am Text? Aus dem Deutschen erkennt man es nicht. Im Hebräischen ist V.21 ein Nominalsatz, stellt also etwas Zuständliches, Dauerndes, bleibend Gültiges dar. V.22 weist überdies noch ausdrücklich darauf hin, daß das Zeichen der Gegenwart Gottes – „immer wieder" nahm man es wahr (iteratives Imperfekt) – nicht wich. Schon kündigt sich an, was im Bundesschluß noch ausdrücklich Gestalt gewinnen wird: Gott wendet sich den Seinen nicht nur flüchtig zu, in besonderen Stunden des Wohlgesinntseins, immer auf Widerruf – sondern er ist treu, zuverlässig, unbeirrbar in seiner gnädigen Gegenwart. Wir brauchen nicht zu fürchten, wir könnten irgendeines bösen Tages ohne ihn sein.

3.

Tags die Wolke, um sie den rechten Weg zu führen; nachts die Feuersäule, um ihnen zu leuchten. Die beiden Um-zu-Sätze sind jetzt noch zu bedenken.

Der Weg des Gottesvolkes durch die Zeit bestimmt sich nicht vom Wandertrieb und Unternehmungsgeist, von der Schau- und Erkundungslust oder vom Fernweh der Wandernden her. Gott hat gerufen – wir sprachen davon –, und er führt. Wohin es geht, bestimmt *er*. Von der Naturerscheinung her kann man es sich leicht anschaulich machen: der rauchende Berg, den man vor sich hat, gibt die Generalrichtung an, und dann wird man – je nach dem Gelände – versuchen müssen, den Weg dahin zu finden. Israel hat, mindestens im nachhinein, das Führen Gottes als noch viel mehr ins einzelne gehend empfunden: bleibt die Wolke stehen, so bleiben sie auch; setzt sich die Wolke in Bewegung, geht es auch für sie weiter (40,36–38; Num. 9,15–23). Auf uns bezogen: Keine klug ersonnene Kirchenstrategie, die langfristig festlegt, welche Schritte zu tun, welche Richtung einzuschlagen, welches Marschziel zu erreichen ist. Gott selber führt.

Es könnte sein, wir gehen mit dem eben Gesagten zu weit. Es wäre vielleicht manches leichter, wenn unsere Synoden und Konzilien die wandernde Säule vor sich sähen und unsere Kirchenleitungen nur anzuschauen brauchten, wohin Gott selbst uns führt. Die Frage „Was will Gott in dieser Stunde?" hat uns schon manchmal hart bedrängt. Die Christenheit weiß, daß Gottes Geist uns zuweilen zu bestimmten Entscheidungen drängt (Apg. 16,6f.10). Eine Methode der Leitung der Kirche kann man daraus nicht machen. Daß Gott führt, wird jedenfalls bei uns nicht so anschaulich wie damals. – Gleichwohl sollte die Kirche die Gefahr sehen, in die sie sich begibt, wenn sie nicht streng in Gottes Spur bleibt. Christus selber will seine Kirche leiten. Es ist schlimm, wenn die Regie in die Hände der Menschen gerät und die Kirche menschlichen Zielen und Zwecken untergeordnet wird. Es kommt dabei auf dasselbe heraus, ob Kirchenfürsten die Gemeinde Jesu sich und ihren Interessen unterwerfen oder ob weltliche Mächte die Kirche zu ihrem Werkzeug machen. Es geschieht, wenn sich dergleichen ereignet, *zweifaches* Unglück: die Kirche wird nicht nur ihrem eigentlichen Auftrag entfremdet, tut also anderes, als ihr aufgetragen ist; sie betreibt darüber hinaus in solchem Falle Menschliches unter dem Anspruch, „im Namen Gottes, des Vaters, des Sohnes und des Heiligen Geistes" zu handeln und nimmt Gott für Vorhaben in Anspruch, die nicht Gottes sind. Haben wir es also schwerer als die Wüstengeneration, den Gott vorgezeichneten Weg zu finden: die Aufgabe, das Führen Gottes zu erkennen und in der „Nachfolge" zu bleiben, bleibt ungeschmälert bestehen. Eine Kirche, die Selbstersonnenes und Selbstgewünschtes betreibt, wird kraftlos sein. Etwas ausrichten wird die Kirche nur da, wo sie nach ihres Herrn Auftrag und Verheißung (mandatum und promissio) handelt.

Sicher bleibt auch dann, wenn man dies fest ins Auge faßt, noch viel zu bedenken. Denn was es in concreto heißt, dem Auftrag des Herrn gerecht zu werden und sich an seine Zusagen zu halten, will immer neu gefunden sein. Was heißt Christusnachfolge heute und morgen? – das immer neu gestellte Thema. Es ist nicht zu erwarten, daß wir immer alle auf dieselbe Antwort kommen. Aber darum muß es gehen, daß wir uns in dem, was wir beschließen und tun, auf sein ausdrückliches Wort berufen können. Ohne Wagnis kein geschichtliches Handeln; dies gilt auch für die Kirche. Aber *was* da zu wagen ist, ist nicht das Selbsterwählte, sondern das, was Christus uns selbst aufgetragen hat. „Predigt das Evangelium aller Kreatur!" „Tauft sie!" „Lehrt sie halten, was ich euch befohlen habe!" „Solches tut zu meinem Gedächtnis!" „Bittet, so wird euch gegeben!" „Welchen ihr die Sünden erlaßt, denen sind sie erlassen!" „Was ihr einem dieser Geringsten getan habt, das habt ihr mir getan." Wir werden auch im neuen Jahr viel zu tun haben. Uns werden Aufgaben vor die Füße gelegt sein, mehr, als wir schaffen können. Gut, zu wissen, daß Jesu Befehlen in nichts anderem besteht als in seinem Vorangehen.

Neujahr. Jos. 1,1–9

Thematik des Buches Josua: Landnahme (1–12), Landverteilung (13–19), Anweisungen für das Wohnen im Lande (20–24). Das schon im Pentateuch dominierende Thema des verheißenen Landes wird also hier abgeschlossen. Das Buch ist von anderem Gepräge als die fünf Bücher Mose. Die übernommenen Stoffe sind durchgreifend deuteronomistisch überarbeitet, und zwar in predigtartiger Weise. Historisches Zeugnis über die Vorgänge der Landnahme ist das Buch nur mittelbar. Um so stärker fällt die theologische Aussage ins Gewicht. Hier spricht die Zeit des Exils. Die Aussagen über das Geschehen der Josuazeit sind Glaubensaussagen, mit denen der Ist-Situation von Gottes Verheißung her widersprochen wird. Ein schönes Beispiel dafür, wie durch überlieferungsgeschichtliche Betrachtung die Texte an theologischer Raumtiefe gewinnen. Die Umwandlung der Aussage setzt sich für uns darin fort, daß die Landverheißung kein Gegenstand national-israelitischer Ansprüche und Hoffnungen mehr sein kann, sondern in die eschatologische Zukunft weist (s. u.).

V. 1: Mit ו cons. knüpft das neue Buch an Deut. 34 an, als würde das vorangehende Buch einfach fortgesetzt. Josua, aus dem Stamm Ephraim, ist nach Deut. 31 schon zu Moses Lebzeiten zu dessen Nachfolger bestimmt. Er „ist zunächst nur Moses Diener und empfängt die Dinge sozusagen aus zweiter Hand. Am Schluß des Buches heißt auch er, gewiß nicht ohne Absicht, ‚Knecht Jahwes'

(24,29)" (H. W. Hertzberg im ATD). – V. 2: „Überschreite diesen Jordan" – man sieht also den Fluß vor sich, ein wichtiger Augenblick im Gesamtgeschehen. Der Jordan, in der tiefgelegenen Senke sehr reißend, ist schwer zu überschreiten, zumal für ein aus der Wüste kommendes Volk. Den partizipialen Ausdruck am Versende (Nominalsatz) sollte man nicht wie Luther (auch rev. Text) mit „gegeben habe" übersetzen, sondern: „im Begriff bin zu geben", so daß dann in V. 3 das Perfektum „ich habe gegeben" noch eine Steigerung darstellt: Gott hat die Verheißung schon wahr gemacht, obwohl man eigentlich noch vor ihrer Realisierung steht. – Die in V. 4 angegebenen Grenzen („von – bis – bis") entsprechen etwa der Größe des Reiches von David und Salomo (1. Kön. 5,1.4 – das unbewohnte Niemandsland wird großzügigerweise mitgerechnet); in der Zeit der Entstehung unseres Buches eine verwegene Glaubensaussage. Bei „diesem Libanon" findet sich kein „von" oder „bis"; das Gebirge soll als zum Lande der Verheißung gehörig bezeichnet werden; das seltsame „diesem" fehlt bei LXX, übrigens auch „das ganze Hetiterland". – V. 5: Hinter „widerstehen" muß man sich wohl ein „können" denken; Israel wird sich ja gerade auf viel Widerstand gefaßt zu machen haben. רפה hi. = fallen lassen. – V. 6: אמץ = mutig sein. Betonendes אַתָּה: „gerade du bist es, der . . .". נחל hi. mit doppeltem Akkusativ: das Volk mit dem (einem jeden zukommenden) Erbanteil (נחלה) versehen. Die Zusage Gottes ist alt (Gen. 12,7; 13,15–17; 15,18–21 u. v. a.). – V. 7: Auffälligerweise werden Stärke und Mut aufgerufen nicht zur Einnahme des Landes, sondern zum Gehorsam gegen das Gesetz. Das Maskulinsuffix in מִמֶּנּוּ ist nach תּוֹרָה nicht anängig, s. BHK. Die Tora dürfte später eingefügt sein, in LXX steht das Wort nicht. – V. 8 spricht ausdrücklich vom „Buch des Gesetzes". „Der Glaubensgehorsam erscheint als Wort-, ja Buchgehorsam" (Hertzberg z. St.). – V. 9: „Gott ist der Handelnde; der Mensch gehorcht und geht getrost seinen Weg" (Hertzberg z. St.).

In den Motiven weist dieser Text manches auf, was auch dem vorangehenden eigen ist. Gottes Volk befindet sich hier wie dort im Übergang: dort, „am Rande der Wüste", der Aufbruch ins Wanderdasein; hier, angesichts „dieses Jordans", der Beginn des Seßhaftwerdens im Lande der Verheißung, das freilich erst noch einzunehmen ist. Dort wie hier hat man das Unbekannte vor sich; was jetzt geschehen soll, schließt auf alle Fälle das Wagnis ein. Dort: „Jahwe zog vor ihnen her." Hier: „Wie ich mit Mose gewesen bin, so will ich auch mit dir sein." In beiden Fällen das Gottesvolk, das seine Zukunft aus der Zusage Gottes empfängt. Nicht allgemeine Aussagen über den Gott, „der alles so herrlich regieret", sondern die ermutigende Anrede Gottes an solche, denen er als den Seinen besonders zugewandt ist. Die Predigt wird die Gemeinsamkeiten nicht verschweigen und vertuschen, aber sie wird nun erst recht nach dem Besonderen dieses Textes fragen.

Die Übersetzungsaufgabe ist diesmal besonders schwierig. Die Situation Josuas und seiner Leute – die Darstellung weitet, was Stammesgeschichte gewesen sein dürfte, auf das ganze Israel aus (G. von Rad, ThAT I, S. 300) – ist nicht die unsere. Wir sind weder aus Ägypten geführt, noch sind wir im Begriff, in das Land Kanaan einzuwandern. Wir haben nicht dem Volke Israel zu predigen, sondern der christlichen Gemeinde. Die Landverheißung, „fleischlich" verstanden, spielt bis zum heutigen Tage in den territorialen Ansprüchen des Staates Israel eine äußerst problematische Rolle (vgl. V. 4). Wir Christen lesen das Buch Josua mit ganz anderen Augen. Wir knüpfen an die Einsicht an, daß Gott wohl zu seinen Zusagen steht – „alles ist gekommen" (21,45) –, daß aber das Land *Gottes* Land bleibt und sein Besitz nie zum einklagbaren Recht wird (23,13–16). Die deuteronomistische Geschichtsschreibung – das ganze Werk will „als ein umfassendes Schuldbekenntnis Israels verstanden werden" (v. Rad, ThAT I, S. 336) – muß die Katastrophenerfahrungen der Jahre 722 und 587 verarbeiten. Daß Gott zu seinem Wort steht, kann man nun nur noch gegen allen Augenschein glauben. Die neutestamentliche Gemeinde weiß, daß Gott, in dem er zu seinen Zusagen steht, wie an einem Nullpunkt neu beginnen muß. Wir sind noch gar nicht zu der uns zugedachten „Ruhe" gelangt, das Land der Verheißung liegt noch vor uns (Hebr. 4,1–11). Die Auferstehung Jesu Christi von den Toten hat uns das „Erbe" verschafft, das im Himmel für uns bereitgehalten wird (1. Petr. 1,4), das Erbteil der Heiligen im Licht (Kol. 1,12). Den Sanftmütigen hat Jesus selbst es zugesagt: „sie werden das Erdreich erben" (Matth. 5,5). Die irdische Zukunft – das neue Jahr, das wir mit diesem Tage beginnen – hat für den Glaubenden die Bedeutung, daß sie zu der ewigen Zukunft hin offen ist. Die auf den Lauf dieser Welt bezogenen Hoffnungen sind darum nicht von einer letzten, endgültigen Hoffnungslosigkeit umzingelt, weil sie von der großen, der aufs Eschaton gehenden Hoffnung durchdrungen und zugleich überboten sind. Der Boden der irdischen Heimat wird zum Gleichnis für die himmlische Heimat.

Was in Jos. 1 gesagt ist, gilt der Kirche Jesu Christi, weil sie die legitime Erbin aller alttestamentlichen Verheißungen ist, die sich freilich, indem sie in Christus „Ja" und „Amen" sind (2. Kor. 1,19f. – 4. Advent), unter der Hand verwandeln. Wir wissen nicht, was sich in dem heute angerissenen Jahr begeben wird. Gott bleibt in seinem Geschichtshandeln der verborgene Gott. Aber wir erkennen in allem schwer Durchschaubaren ihn selbst, der zu seinem Worte steht und sich in Jesus Christus uns aufgeschlossen hat. Den Namen Josua geben die LXX mit „Jesus" wieder, sprachlich korrekt. Der Helfer, der Retter, kommt von Gott, ist selbst Gott. Was das neue Jahr auch bringen wird: es wird unter diesem Vorzeichen stehen. Versuchen wir die Textbotschaft knapp zu fassen: *Bei unserm Gott steht die Zukunft. Darum* (1) *die Verheißung,* (2) *die Bedingung,* (3) *die Ermutigung.*

I.

Da – der Jordan! Jetzt steht man vor der Notwendigkeit des „Übergangs" (עבר, V.2). Das Wort könnte den Prediger zu „erbaulich"-allegorisierenden Spielereien verführen („Übergang" ins neue Jahr); davor sei gewarnt. Was wir mit Josua und seinen Leuten gemeinsam haben, ist dies, daß wir uns am Neujahrstag bewußt werden: vor uns liegen – wieder – zu bewältigende Aufgaben, das zu leistende Leben, Probleme, mit denen man fertig werden muß, – und in und über dem allen die dem Glauben gestellte Aufgabe: „ergreife das ewige Leben" (1. Tim. 6,12 – in den voranstehenden Überlegungen ist deutlich geworden, wieso wir jetzt nicht auf eine falsche Ebene geraten). Es könnte sein, wir sehen so etwas wie einen Jordan vor uns, eine Sperre, ein Hindernis, das uns entmutigt und uns veranlaßt, stehenzubleiben, passiv zu werden, fällige Entscheidungen aufzuschieben oder gar vom Programm abzusetzen. Josua und das Volk könnten *die* große Chance verspielen, wenn sie vor den Schwierigkeiten scheu würden und sich zu den nun fälligen Entschlüssen nicht aufraffen könnten. Alles geschichtliche Leben verlangt das Wagnis. Nichts tun oder sich einfach schieben lassen, entscheidungslos: das wäre nicht Leben, sondern Vegetieren. „Überschreite den Jordan!"

Zur Bewältigung unserer Aufgaben fürs neue Jahr könnten uns die Lehren der Geschichte dienen. Wir müßten der Bibel Gewalt antun, wenn wir übersehen wollten, wie stark sie „der alten Zeit, der vorigen Jahre" gedenkt (Ps.77,6). Der Glaube macht Erfahrungen, die er nicht preisgeben wird. Geschichtslos zu denken und zu leben könnte uns nicht gut bekommen. Die ganze deuteronomistische Arbeit geht von dieser Einsicht aus. Was wir sind, sind wir von dem her, was an uns, mit uns, durch uns geschehen ist. – Aber was wir sind, sind wir erst recht von der *Zukunft* her. Glaube schaut und schreitet in die Zukunft hinein, er denkt und lebt von ihr her. Sie ist ja nicht ein Nichts, in das hinein wir uns zu verwirklichen hätten. Sie ist also auch nicht ein leeres Blatt, das wir erst beschreiben werden. Sie ist gefüllt mit den Verheißungen und Zusagen Gottes. Kausales Denken versteht das Heute – eben nach dem Gesetz von Ursache und Wirkung – als das Ergebnis dessen, was gestern war, und folgert aus dem, was heute ist, wie es morgen sein wird. Geschichtliches Denken rechnet mit Vorhaben, Entschlüssen, Akten der Freiheit, auf dem Boden biblischen Glaubens mit Vorhaben *Gottes,* die in seinen Zusagen feste Gestalt gewonnen haben: „wie ich Mose zugesagt habe", „wie ich ihren Vätern geschworen habe" (VV.3.6). Worin Gott sich für die Zukunft festgelegt hat, darin wird für uns die Zukunft, darin werden zumindest die in ihr liegenden Chancen bestehen. Etwas Großes und Schönes, von dem ich weiß, daß es auf mich zukommt, erfüllt, motiviert, beschwingt mein Heute. Wir werden das am Neujahrstag aufmerksam hören, daß Gott uns unsere Zukunft gewährt. In zweierlei Sinne. Bei Gott liegt die Zukunft, in der sich die Zeitachse Vergangenheit–Gegenwart ins Noch-nicht verlängert; bei ihm liegt erst recht die Zukunft jenseits des Bruches, den 1.Kor.15,36 markiert, das Dann-aber von 1. Kor. 13,12. Gott hat sich für uns entschieden. „Wie ich mit Mose gewesen bin, so will ich auch mit dir sein." „Der HERR, dein Gott, ist mit dir in allem, was du tun wirst" (VV. 5.9).

Die Situation, in die Josua sich mit den von ihm Geführten hineinzubegeben im Begriff ist, ist voller Risiko. Es ist nicht schwer, sich dies auszumalen; wir können uns Einzelheiten an dieser Stelle sparen. Man kann das Risiko begrenzen. Vorausbedachte Probleme kann man bis zu einem Grade in den Griff bekommen. Es gehört zu den dem Menschen verliehenen Gaben, daß er planen, entwerfen, versorgen kann. Es gibt Gesetzmäßigkeiten des Geschichtsverlaufs; wir wissen davon mehr als noch die Generation unserer Urgroßväter. Dennoch: die Geschichte enthält Unwägbares, Nicht-Voraussagbares. Welche Widerstände werden sich Josua und den Seinen entgegensetzen? Hier der Jordan – und keine Brücke, keine Boote. Man wird nicht ins Leere marschieren. Die Kanaanäer wohnen in befestigten Städten. Sie unterhalten Streitwagenkorps – die Panzertruppe der Alten Welt. Sie haben zwar morsche, aber immerhin seit Jahrhunderten eingespielte Formen staatlichen Zusammenlebens. Was hat dagegen Israel einzusetzen? Die Geschichte bietet keine glatten Lösungen. Israel hat sich mit dem Verbleib der kanaanäischen Urbevölkerung abfinden müssen (Richt. 1,16ff. – A. Alt sprach vom „negativen Besitzverzeichnis", Kleine Schriften I, S. 116ff., 197). Wir dürfen ausweiten: was im kommenden Jahre „machbar" ist und was nicht, wird sich zeigen müssen. „Gelingen", heißt es im Text (V.8); wir werden uns darauf einzustellen haben, daß manches, was wir uns vornehmen, *nicht* gelingen wird. Niemand kann sagen, wie die Ernte dieses Jahres ausfallen wird, ob er selbst gesund sein wird oder krank, ob er das kommende Neujahr erleben wird oder nicht.

Der Text spricht freilich nicht von dem, was wir uns vornehmen, sondern von dem, was *Gott* vorhat. Und da ist nun nicht mehr vom Vielleicht oder Möglich die Rede. In V. 2 heißt es noch: „das ich ihnen, den Israeliten, im Begriff bin zu geben". In V. 3 lesen wir: „Jeden Quadratmeter" – wir übersetzen „Ort" etwas frei –, „auf den eure Fußsohle treten wird, habe ich euch gegeben." Was ihr einnehmen werdet, gehört euch, noch ehe ihr selbst hingekommen seid. Man stelle es sich lebendig vor: Noch stehen sie diesseits des Jordans, kein Streifchen Landes ist eingenommen; aber Gott sagt: „Ich habe gegeben." Es wäre nicht im Sinne des Textes gedacht, wenn wir meinten, der Verlauf der Weltgeschichte bzw. Heilsgeschichte sei mit dem Willen Gottes *identisch* (so wie nach Hegel alles Vernünftige wirklich und alles Wirkliche vernünftig, man könnte auch sagen: göttlich ist). Gott ist mit seinem zusagenden Wort unserm Zugreifen immer *voraus*. Wir lösen uns bewußt von der Textsituation: Was auch immer Gott uns schenkt und anbietet, er kommt uns damit zuvor, ja, er hält es uns geduldig wartend hin in der Hoffnung, wir greifen zu und nehmen's an. Gott bietet seine Gemeinschaft an, seine Aufmerksamkeit auf uns, sein Hören, seine Vergebung, die Gaben seines Geistes, das ewige Leben, ehe wir es merken und wissen, *ehe* wir zugreifen, geduldig auch dann, wenn wir (vorerst) *nicht* zugreifen. Er bietet mehr, als wir bitten oder verstehen (Eph. 3,20 – von daher könnte man vielleicht auch den V. 4 unseres Textes deuten). Die Gabe Gottes liegt da wie das noch nicht eingenommene Land der Verheißung, als ein Externum, das von uns nur angeeignet zu werden braucht. Wir werden gut tun, im Alltag des begonnenen Jahres an das Bereitliegende zu denken – z. B. in einer spannungsreichen Ehe, die heil und fröhlich werden kann, wenn die beiden Menschen nur begreifen: Gott hat, was wir brauchen, für uns hingelegt, wir müssen's nur *nehmen*. Was extra nos passiert, ist wichtiger und trägt kräftiger als alles, was *in* uns ist. Wir können das eben Gesagte auf alle Lebensbereiche anwenden. Josua weiß nicht, wie es in den nächsten Wochen und Monaten gehen wird; genug: Gott weiß es. Auf seine Zusagen hin kann man leben.

2.

Wir werden längst mit der Frage beschäftigt sein, was die glaubenden *Menschen* nun zu tun haben, um auf Gottes Geben einzugehen und das, was Gott in seinem Wollen konzipiert hat, im Tun zu vollstrecken. Die Antwort, die der Text bereit hat, dürfte enttäuschen. Ein Volk führen, das fordert mehr strategisches und taktisches Überlegen, als es hier sichtbar wird. Verantwortliches Handeln in Josuas Lage verlangt, daß man sich den militärischen, das schließt ein: den ethnologischen, geographischen, daß man sich aber auch den wirtschaftlichen und siedlungspolitischen Problemen stellt, die die „Landnahme" mit sich bringt. Für uns heißt das, daß wir ins neue Jahr nicht naiv und unüberlegt hineingehen dürfen. Die Probleme der Menschheit – in der letzten Konsequenz sind es solche um Sein oder Nichtsein – sind zu schwer und zu kompliziert, als daß man die Dinge dem Selbstlauf überlassen und sich einfältig stellen dürfte. Dies könnte bedeuten, daß wir das in VV. 7f. Gesagte als völlig weltfremd und unzureichend beiseite tun.

Es könnte noch einen Grund mehr geben, sich gegen diese beiden Verse zu sträuben. Sie atmen den Geist des Judentums mit seiner Gesetzes- und Buchreligion, könnten uns also auf eine Einstellung fixieren, die von niemand Geringerem als von Jesus selbst überholt und abgetan worden ist. Wir brauchten dies nicht auszuführen, wenn es nicht auch in der christlichen Gemeinde heute hier und da gesetzliche Enge und Buchstabengläubigkeit gäbe, die es mit Gott ganz ernst zu nehmen meint und doch an dem, was Jesus will, vorbeigeht. „Ein *neues* Gebot gebe ich euch", sagt Jesus (Joh. 13,34). „Wo der Geist des Herrn ist, da ist Freiheit", schreibt Paulus (2. Kor. 3,17), und er weiß: „der Buchstabe (des Gesetzes) tötet, aber der Geist macht lebendig" (2. Kor. 3,6).

Wir werden, was Jos. 1 steht, ins Evangelische hinein zu übersetzen, wir werden es aber keineswegs aufzugeben haben. Es liegt in der deuteronomistischen Geschichtsdeutung – wir sahen: sie ist wie eine große Beichte – zuviel geistliche Erfahrung, als daß wir uns die Mühe sparen dürften, dem Gemeinten nachzugehen. So, wie uns die Szene vor dem Jordan hier erzählt wird, stammt sie aus der Zeit des Exils, aus der Situation also, in der das, was hier noch nicht einmal gewonnen wurde, bereits wieder verspielt ist. Wieso verspielt? Gottes Volk – voran seine Könige – ist aus der Verbundenheit mit seinem Gott ausgebrochen und hat sein Gericht auf sich herabgezogen. Die Landverheißung galt nicht bedingungslos. Man kann sich Gottes Gaben nicht verdienen, aber man kann sie verscherzen. Mag Josua überlegen, wie er es anstellt, über den Jordan hinüberzukommen und das Land zu gewinnen: er wird es nicht schaffen unter Außerachtlassen oder gar bewußtem Übergehen des göttlichen Willens, sondern – Bedingung Nr. 1 – nur im Einklang mit ihm. Man kann nicht mit der einen Hand Gottes Gaben empfangen und mit der anderen diesen Gott abwehren. Die erste Sorge im Blick auf die Zukunft – damals und heute –: daß wir bloß nicht von Gott und seinem erklärten fordernden Willen weichen. Matth. 6,33 wäre der Kommentar dazu aus Jesu Munde.

Christliche Ethik hat es mit der Frage zu tun, was Gott von uns fordert. Sie wird ihrer Aufgabe nicht dadurch gerecht, daß sie eine Unzahl von Vorschriften sammelt, nach denen zu handeln ist. Es gibt kein geschichtsloses Gesetz und keine durch alle Zeiten konstante Weltordnung. Was Gott in *dieser Situation* von mir erwartet, ist immer neu zu fragen. Aber die Situation ist nicht schon das *Gebot*. Es ist zu fragen, was Gottes unverrückbares Gebot gerade in dieser Lage verlangt. Wir können an dieser Stelle die Fragen nur andeuten; sie verlangen ständige Überlegung (s. u.). Die Freiheit, die das Evangelium uns verkündigt, ist nicht Entlassung in die Eigengesetzlichkeit der verschiedenen weltlichen Bereiche oder gar in die Willkür. Unsere Gerechtigkeit soll besser sein als die der Schriftgelehrten und Pharisäer (Matth. 5,20). Gottes Wille soll mehr geehrt werden, nicht weniger. Für Josua und sein Volk kann die Parole nicht heißen: Seht zu, wie ihr euer Land gewinnt, gleich, mit welchen Mitteln! Es hat den Macchiavellismus – in offener oder getarnter Form – immer wieder gegeben, nicht selten mit verheerenden Folgen. Niemand schafft Glück durch Unrecht. Kann sein, das Recht ist *gegen* mich: dann werde ich, indem ich mich dem Recht beuge, im Augenblick wahrscheinlich Nachteile haben, auf weite Sicht kann ich aber nur gewinnen. „Der eine fragt: Was kommt danach?, der andere: Was ist Recht? Und darin unterscheidet sich der Freie von dem Knecht" (C. F. Meyer). Opportunismus ist nicht nur ethisch nicht zu verantworten, er ist auf die Dauer auch zersetzend und zerstörend, also „inopportun". „Weiche nicht vom Gesetz, weder zur Rechten noch zur Linken, damit du es recht ausrichten kannst, wohin du auch gehst ... Betrachte es Tag und Nacht, daß du hältst und tust in allen Dingen nach dem, was darin geschrieben steht. Dann wird es dir auf deinen Wegen gelingen, und du wirst es recht ausrichten" (VV. 7f.). Gewissensentscheidungen können nicht durch Zweckmäßigkeitsüberlegungen ersetzt werden. Josua hat nur *eine* Chance zu siegen: nicht, indem er der Schlauste und Gerissenste ist, sondern der Gerechteste.

Das alles ist ein wenig hart formuliert, in Schwarzweißtechnik. Selbstverständlich können Zweckmäßigkeitsüberlegungen im Dienste der Gewissensentscheidung stehen. Es gehört zur sittlichen Entscheidung, zu prüfen, was „frommt" (1. Kor. 6,12), also dem Leben dient und zuträglich ist. Der Jesus, der uns die Einfalt der Tauben mit der Schlangenklugheit verbinden lehrte (Matth. 10,16b), war kein Verfechter der Parole: Pereat mundus – fiat iustitia. Aber von ihm haben wir es mit Paulus gelernt, zu „prüfen, was Gottes Wille ist, nämlich das Gute und Wohlgefällige und Vollkommene" (Röm. 12,2). Es wird für unsern Weg durchs neue Jahr die alles andere einschließende Frage sein, ob Gott zu dem, was wir tun, *ja sagen* kann. Sicher ist es wichtig, ob ich im angefangenen Jahr gesund sein werde, ob ich Erfolg habe, ob ich mir dies und jenes werde leisten können usw. Aber dies alles ist dem einen untergeordnet: ob ich die Spur einhalte, auf der Gott mich sehen will. Ich sollte bereit sein, manches daranzugeben, was mir lieb ist, wenn ich damit, daß ich es festhielte, bei Gott ausbrechen würde. Wir bitten im Vaterunser, daß Gottes Wille auch bei uns geschehe. Die dritte Bitte rangiert vor der vierten. Mißachten wir Gottes Willen, dann verspielen wir unsere Zukunft. Im Achten auf Gottes Willen nimmt die Christenheit ihre Verantwortung für die Welt wahr. Sie wird darin wach sein müssen: Tag und Nacht sollte sie darauf bedacht sein, wie das aussehen müßte: im Einklang sein mit Gottes Willen. Solches „Betrachten" schließt die Sachfragen ein, vor denen wir im täglichen Leben, im Beruf (usw.) stehen, im großen Maßstab die Fragen nach der Zukunft der Menschheit überhaupt. Gott will, daß uns das Leben „gelingt".

3.

Daß unsere Zukunft bei unserm Gott steht, bedeutet für uns die große *Ermutigung*. „Sei nur getrost und unverzagt!" Wir haben dabei nicht nur an die VV. 6 und 9 zu denken; der ganze Abschnitt ist auf diesen Ton gestimmt.

Den Satz, daß Optimismus Feigheit sei, verwerfen wir. Der Optimismus darf nur nicht auf Wunschträumen und Gedankenlosigkeit, er muß auf Realitäten beruhen. Die Situation Josuas und der Menschen, für die er Verantwortung trägt, ist nicht dazu angetan, sich in Illusionen zu bewegen. Die Predigt sollte es nicht schwer haben, dies anschaulich zu machen. Wir wünschen einander ein gutes, glückliches neues Jahr. Es ist nicht ausgeschlossen, daß mancher, den wir so angesprochen haben, einen schweren Weg vor sich hat. Vielleicht gehören wir selbst zu denen, deren Glaube im begonnenen Jahr hart erprobt werden wird. „Siehe, ich habe dir geboten, daß du getrost und unverzagt seist." Geboten? Es ist gewagt, jemandem eine bestimmte Verfassung seines Herzens – Getrostheit und Mut – zu *gebieten*. Einer, dem ernstlich bange ist, könnte solchen Zuspruch als Hohn empfinden. Unser Stimmungsleben ist nicht steuerungsfähig. Es mag Menschen geben, denen es nützt, wenn man sie liebevoll knufft: „Reiß dich zusammen!" Dem wirklich Entmutigten hilft man so nicht. Es hat keinen Zweck, an das zu appellieren, was ihm gerade fehlt. – Aber der ganze Text läßt ja erkennen, daß es gerade nicht darum geht, in Josua und seinesgleichen „autogenen" Mut zu erzeugen. Die Ermutigung hat ihren Grund wiederum „außerhalb", nämlich in dem Gott, der mit Josua sein wird, wie er mit Mose gewesen ist, und auch in dem Gesetz, das ihm den rechten Weg zeigt. Wir haben vorhin diese Feinheit übergangen: „Sei nur getrost und unverzagt", lesen wir, „daß du hältst und tust in allen Dingen nach dem Gesetz . . ." (V. 7). Gehorsam gegen Gott – eine Weise, Mut und Stärke zu praktizieren! Mit Gott in innerer Übereinstimmung: das aktiviert und macht zuversichtlich, und umgekehrt: man braucht zum Gehorsam gegen Gott nicht weniger Getrostheit als zur Überschreitung des Jordan und zur Eroberung von Jericho und Ai. „Ich will mit dir sein", das ist in jedem Fall der Ursprung des Mutes.
Darüber soll nicht vergessen sein, daß Gott, weil er Gott ist, ein Recht auch auf unser *Vertrauen* hat. Man denke an Luthers Erklärung zum ersten Gebot. Auch das erste Gebot steht auf dem Hintergrund des Evangeliums: „Ich bin der Herr, dein Gott" – für Christen gefüllt mit der ganzen Christuserfahrung, die in dem Jesusnamen (s. o.) konzentriert ist. Wer Christus kennt und damit seinen Gott, der kann es sich leisten, getrost und couragiert zu sein. Er weiß ja, mit wem er es zu tun hat. Noch einen Schritt weiter: Bewährungsproben seines Glaubens, seines Vertrauens, vielleicht auch seiner Leidensfähigkeit sind Gelegenheiten, diesem Gott zu zeigen, daß man ihm alles Gute zutraut und sich, komme was will, in seine Hand gibt. Solange ich mit Gott um mein Schicksal rechte, kann ich nicht mutig sein. Machen wir Ernst damit, daß unsere Zukunft bei Gott steht, dann lassen wir ihn gern entscheiden. Er will uns viel mehr geben als „das Land". Schwierige Situationen sind also Chancen, Gott unser Vertrauen zu beweisen. Getrostheit ist eine Weise, Gott zu loben. Wer unverzagt ist, läßt Gott wirklich *Gott* sein – und zwar eben *unsern* Gott, der sich uns versprochen hat. Selbst wenn Gott uns im kommenden Jahr dies und jenes mißlingen lassen sollte, wird er bei uns sein, vielleicht gerade dann am meisten.

2. Sonntag nach dem Christfest. Jes. 61,1–3(4.9)10–11

Die Kapp. 60–62, von Volksklageliedern eingerahmt, bilden den Kern der Botschaft Tritojesajas (vgl. uns. Ausl. zum 2. Advent). Zur Abgrenzung unserer Perikope: Während das Vorhergehende ein Gottesspruch war, redet hier einer, der mit Gottes Geist gesalbt ist – deutlich ein Neueinsatz. Die Infinitive in den VV. 1–3 hängen alle von שְׁלָחַנִי ab. Ab V. 4 ein neues Subjekt („sie"), dennoch besteht zwischen VV. 4–11 und dem Eingang ein enger Zusammenhang (Wstm. z. St.). Jedoch „fallen" VV. 5f. „sowohl sachlich wie im Stil heraus" (Wstm.): Segenszusage in 2. Person (sonst 3. Person); die Angehörigen fremder Völker hier in ganz anderer Funktion als 60,4ff. Die VV. 5f. dürften nach-

träglich eingefügt sein (Volz, Wstm.). VV. 7f. sind für die Predigt entbehrlich, wohl auch V. 9. Westermann stellt das Loblied V. 10 hinter V. 11, von der Form her einleuchtend.
V. 1: יהוה ist der Punktation nach als אלהים zu lesen. „Er hat mich gesalbt" und „er hat mich gesandt" besagen dasselbe; an einen förmlichen Salbungsakt ist nicht zu denken. Anknüpfung an die Geistbegabung der alten Seher (Num. 24,2; 2. Sam. 23,1–7)? Der in den Infinitiven beschriebene Auftrag „besteht ausschließlich in einem Reden", freilich in einem effektiven Reden (Wstm.). Was der Prophet seinen Hörern zuspricht, wird ihnen eben darin zuteil. Dritte Zeile: LXX liest τυφλοῖς ἀνάβλεψιν, so daß also פְּקַחְקוֹחַ (als *ein* Wort zu schreiben) nicht die Öffnung des Kerkers der אֲסוּרִים (Gefesselten) wäre, sondern die Öffnung der Augen Blinder (Köhler liest: סַנְוֵרִים); der Parallelismus spricht jedoch für den masoretischen Text. – V. 2: Ausgerufen wird das Jahr der Gnade Gottes, die Heilszeit. „Wohlgefallen" und „Vergeltung" sind im Sinne des Propheten nicht widereinander; „Vergeltung" ist heilsame Wiederherstellung guter Ordnung. V. 2c gehört mit V. 3 metrisch zusammen; das ergibt freilich eine Überfüllung. Man wird mit Duhm, Volz und Westermann statt לָשׂוּם besser לְשַׂמַּח lesen (= zu erfreuen). פְּאֵר תַּחַת אֵפֶר ist ein Wortspiel: (festliche) Kopfbinde statt Staub, Asche (aufs Haupt gestreut), also etwa: „Zierde statt Erde" oder „Putz statt Schmutz". Der Gebende könnte Gott, aber auch der Prophet sein. – V. 4: Tritojesaja spricht oft vom Bauen (58,12; 60,10; 65,21.23; 66,1). Die Trümmer sind schon „uralt". Das עמדו von V. 5 ist zu V. 4 zu ziehen: das Zerstörte „steht auf". – V. 9: Rehabilitation Israels vor den Heiden. – Wir nehmen mit Westermann V. 11 voraus: Schon in V. 3 wurde das Heil im Wachstum dargestellt; dies ist auch hier Vergleich, der „das stetige und ganze undramatische Segenswirken" Gottes (Wstm.) anschaulich macht. – V. 10: ein „eschatologisches Loblied" (Wstm., Das Loben Gottes in den Psalmen, Berlin 1953, S. 104): aufrufende Einleitung, sodann berichtender Hauptteil, jedoch so, daß die Heilszusage Gottes, als sei sie bereits verwirklicht, im Perfekt erscheint (Beispiele: 40,9–11; 42,10–13; 44,23; 45,8; 48,20f.; 49,13; 54,1–2 – vielleicht eine Neubildung Deuterojesajas, die vom Nachfolger hier übernommen wäre). יכהן = „er wird als Priester dienen" gibt keinen Sinn; lies יָכִין = „er wird (den Turban) aufbauen", also winden, knüpfen. Was den Lobenden festlich macht, sind „die Kleider des Heils", „der Mantel der Gerechtigkeit"; man achte auf den Parallelismus.

Ein denkwürdiger Predigttext. Kein Geringerer als Jesus selbst hat – nach dem Zeugnis des Lukas (4,18ff.) – über diesen Text gepredigt, wobei mit dem ἤρξατο λέγειν (4,21) angedeutet sein dürfte, daß diese Predigt mehr enthielt als den einen (allerdings entscheidenden) Satz: „Heute ist dies Wort der Schrift erfüllt vor euren Ohren." Und wenn es bei diesem Satz geblieben wäre: alles, was Jesus gesagt, getan, ausgestanden, gelitten hat und was ihm in seinem Tod und seiner Auferstehung widerfahren ist, *ist,* wenn man so will, Predigt über Jes. 61.
Wenn das so ist, warum predigen wir dann über dieses Tritojesajawort und nicht sogleich über seine Erfüllung in Jesus Christus? (Vgl. Reihe I, Neujahr – Der schmale Weg, S. 72ff.) Tut man das eine, so bedeutet dies keinesfalls, daß man das andere lassen sollte. Was uns hier gesagt werden soll, hat seine *Geschichte.* Allgemeine – z. B. mathematische – Wahrheiten sind, indem sie entdeckt und eingesehen werden, schlagartig „da". Geschichtliche Vorgänge aber – man denke etwa an das Werden einer Liebe zwischen zwei Menschen – haben ihren Hergang, ihre Stationen und Phasen. Wohl gibt es auch hier „Sprünge", situationsverändernde Geschehnisse; es gibt auch Krisen und Rückschläge. Das, worum es hier geht, will nicht nur eingesehen und zur Kenntnis genommen, es will *ergriffen* sein. Darum gibt es auch immer wieder ein Ausschauen-nach und ein Warten-auf, wohl auch ein Irrewerden-an und dann hoffentlich ein neues Finden. Ist das Geschehen wechselvoll, dann kann es schmerzliche Erfahrungen einschließen. Ja, ohne sie wird es nicht das, was es werden soll: das bewußt ergriffene, auch in Erprobungen bewährte personale Miteinander. Der Glaube ist Anfechtungen ausgesetzt und muß sie bestehen. Das gilt, wenn er aufs prophetische Wort gegründet ist, aber auch dann, wenn er das „Heute" erlebt, das Jesus in Nazareth ansagt. – Auch darum ist das Hören auf das prophetische Wort wichtig, weil die Gemeinde erfahren soll, wie Gott zu seiner Zusage

steht. Man hat Tritojesaja getadelt, weil er aus der Prophetie Deuterojesajas schöpft. Wo bleibt da die Originalität und Kreativität? Wir können nur entgegnen: grundfalsche Kategorien! Es ist für den Glauben von höchster Bedeutung, daß – nachdem die von Deuterojesaja angekündigte große Weltwende nicht eingetroffen, die Heimkehr aus dem Exil vielmehr in bescheidensten Formen vor sich gegangen ist – Tritojesaja die Zusage der Heilszeit in vollem Umfang *aufrechterhält* und *aktualisiert*. Er kennt den Gott, der sich treu bleibt. Die *Tyche* (Fortuna) ist launenhaft. Das *Schicksal* ist in seinem Verhängnis blind, ohne Überlegung, ohne Plan, ohne Sinn, ohne Gerechtigkeit. Aber *Gott* denkt und fühlt für die Seinen und hält an seinen Verheißungen und „Ratschlüssen" fest, an seinen Zusagen und Angeboten, an seinem gegebenen Wort und an seinem „Schwur". „Ich will ihnen den Lohn in Treue geben und einen ewigen Bund mit ihnen schließen" (V. 8). Gerade in der Lage, in der die Heimgekehrten sich befinden, gilt Gottes situationsveränderndes Wort.

In welcher Lage sind denn die Angeredeten? Das Exil ist vorbei, aber man führt ein trauriges, kümmerliches Leben. Was in den VV. 4–9 steht, ist Zukunftshoffnung! Noch haust man zwischen Trümmern, noch gibt es Städte, die seit Generationen verwüstet liegen (58,12; 61,4). Was auf den Feldern wächst, verzehren immer noch andere (62,8). Nahezu katastrophale sozialrechtliche Verhältnisse (57,1f.; 58,6), in Jerusalem eine unfähige Regierung (56,9ff.), ein Kultbetrieb, dem ein zum Himmel schreiendes Verhalten zum Mitmenschen nebenherläuft (58,1ff. – zum Ganzen: von Rad, ThAT II, S. 291ff.). Manches, was Tritojesaja sagt, erinnert an die scharfe Kritik, die Amos und der erste Jesaja an den Zeitumständen üben (59,1ff.), auch weiß Tritojesaja von Gottes richtendem Zorn (65,6ff.). Aber er predigt, auf die Mitte der Botschaft gesehen, das *Heil.* „Gute Nachricht zu bringen", hat Gott ihn gesandt (V. 1b). Er kann das Gute, das er ansagt, nicht aus den gegebenen Lebensumständen ablesen oder ableiten; im Gegenteil, er widerspricht dem, was ist, mit dem ihm aufgetragenen Wort, das nicht nur Besseres ankündigt, sondern das Bessere *auslöst, kommen läßt, verwirklicht.* Das Wort bewirkt, was es sagt. Der Prophet hat es sich ja auch nicht aus den Fingern gesogen; er redet aus Gottes Geist und aufgrund der ihm widerfahrenen Sendung. In dieser Sendung liegt, daß Gott die „Verantwortung" übernimmt für das, was verkündigt werden soll.

Die heutige Predigt darf, indem sie sich auf Luk. 4,21 beruft, die Aussage des Propheten zur eigenen Aussage machen: *Wir leben im gnädigen Jahr des Herrn, denn in Christus haben wir* (1) *die neue Freiheit,* (2) *die neue Freude,* (3) *das neue Ansehen.*

I.

Was der zweite Jesaja den Verbannten zum Trost zu sagen hatte, lief auf die bevorstehende Heimkehr hinaus; die aufmunternden Worte hatten also einen konkreten Sinn. Das Angekündigte ist eingetreten, die Verbannten durften heimkehren. Bei den Heilsankündigungen des dritten Jesaja lassen sich keine so scharfen Konturen feststellen. Das „gnädige Jahr des Herrn" könnte das „Erlaßjahr" von Lev. 25 meinen, „da jedermann wieder zu dem Seinen kommen soll", also das jeweils 50., das Jobeljahr. Aber wie es scheint, ist diese theologisch bedeutsame Konzeption nie durchgeführt worden. Wenn hier eine Gedankenverbindung besteht, ist sie symbolischer Art. „Gefangene, Gefesselte": dies würde ja auch nicht der Situation der Schuldsklaverei entsprechen. Erst recht nicht würde es auf die Gola passen; es kann darum nicht an die Rückkehr von in Babylonien verbliebenen Resten der Exilierten gedacht sein. Auch sonst wird man die Aussagen des Textes auf die *Heilszeit ganz allgemein* deuten müssen. Deuterojesaja hatte ihren Beginn angekündigt, die Rückkehr ins Land der Väter als eines ihrer Elemente. Aber diese erwar-

tete Weltwende war nicht gekommen. Wir sagten schon: die Lage der Heimgekehrten war
jämmerlich. Die in der Schrift Tritojesajas aufbewahrten Klagelieder zeigen es an. Die
,,gute Botschaft", die auszurichten der Prophet gesandt ist (V. 1), nimmt aber eben die
umfassende Heilszusage Deuterojesajas ausdrücklich auf. Der Gott Israels hat sein Wort
keineswegs zurückgenommen. Er hat mit seiner Gemeinde Gutes, Erfreuliches, Tröstliches vor. Er will sich gerade denen zuwenden, die seine Hilfe am nötigsten haben.
Wir erkennen aus dem Prophetenwort den dezidierten Willen Gottes, seiner Welt eine
neue gerechte *Ordnung* zu geben. Daß die einen auf Kosten der anderen leben, sie nieder-
halten, ihnen Gewalt antun (es sei noch einmal auf Kap. 59 verwiesen), sie zu Schuldskla-
ven machen, sie dann, wenn sie aufbegehren, in Kerker verschließen und sie in Ketten
legen, dies alles soll ein Ende haben. Wir können uns kein genaues Bild davon machen,
wie es um 530, also in der Zeit Tritojesajas zuging. Der Tempel ist noch nicht gebaut
(60,13; Hagg. 1,2–11) – aber es gibt Menschen, die ,,in getäfelten Häusern" wohnen
(Hagg. 1,4). Man bedenke: dies letztere in einer Zeit, in der die Exilierten eben heim-
gekommen sind, arm und elend dahinlebend in den alten Trümmern (V. 4). Sie werden
von den sozial und ökonomisch Einflußreichen betrogen: deren ,,Gewebe taugen nicht zu
Kleidern, und ihr Gespinst taugt nicht zur Decke; ihre Werke sind Unheilswerke, an
ihren Händen ist Frevel" (59,6). Die Lage der Ohnmächtigen und Unterdrückten wird gewissenlos ausgenutzt. Von ,,Gefangenschaft" könnte man auch dann reden, wenn sie
nicht hinter Schloß und Riegel sind, sondern ihr Alltagslos tragen müssen. Wie Menschen
mit Menschen umgehen: ein Thema mit ungezählten Variationen durch die Jahrtausende
hindurch. ,,Eure Hände sind mit Blut befleckt" (59,3); auch dies leider ein immer wieder-
kehrendes Motiv der Sozialgeschichte.
Man wird sehen müssen, daß die vom Text angekündigte Vorstellung von der großen
Veränderung in der Welt nicht die uns nächstliegende ist. Wir sagen mit gutem Grunde,
daß die Unterdrückten ihre Fesseln selbst sprengen und abwerfen müssen. Das kostet
Kampf und Opfer. Aber ohnedies kommt es nicht zu der neuen gerechten Ordnung. Wir
werden dies auch als Christen nicht bestreiten. Die ehedem verbreitete ,,christliche" Meinung, man müsse, statt Klassenkampf, die Not der Niedergehaltenen auf karitativem
Wege und durch Appelle an die guten Herzen der Menschen beheben, sind unrealistisch;
man weiß dies gerade dann, wenn man die totale Sündigkeit des natürlichen Menschen
wahrgenommen hat. Was eine säkulare Weltbetrachtung als die geschichtsimmanente
Notwendigkeit der gesellschaftlichen Prozesse und Veränderungen ansieht, wird der
Christ von seinen Voraussetzungen her als das Geschichtswalten des verborgenen Gottes
verstehen. ,,Er stößt die Gewaltigen vom Thron und erhebt die Niedrigen" (Luk. 1,52). So
entsteht noch nicht das, was wir ,,Reich Gottes" nennen. Wir befinden uns auf der Ebene
des ,,weltlichen Dinges", in dem der Mensch ,,etlichermaßen" einen freien Willen hat
(CA 18,1), diesen auch aufbieten und einsetzen soll, ohne daß doch auf diesem Wege das
im Evangelium gemeinte ,,Heil Gottes", die Wiederherstellung der Gemeinschaft zwischen Gott und seiner verlorenen Welt, erreicht würde oder erreicht werden könnte.
Tatsächlich: der Text zielt auf noch etwas anderes als auf die Befreiung der Unterdrückten im Sinne des ,,weltlichen Dinges", wie denn auch Jesus noch mehr im Sinne hat als
dies allein. Wir sahen: Jesus bekennt sich zu der Botschaft des dritten Jesaja und sieht
sich selbst als deren Erfüller an. ,,Den Armen wird das Evangelium verkündigt"
(Matth. 11,5; Luk. 4,18; 6.20). Man hat in Jesus den Verfechter eines neuen Ethos gesehen, das er selbst beispielhaft verwirklicht. Daran ist sicher Richtiges. Nur, indem er das
Kommen des Gottesreiches ankündigt, denkt er im eschatologischen Horizont. Oder anders: Was zwischen Menschen geschieht, fügt sich in das ein, was zwischen Gott und der
sündigen Welt geschieht. Es wäre im Sinne Jesu zu wenig, wenn man dem Armen so viel

zukommen ließe, daß er genug zum Leben hat, und dem Eingekerkerten die Fesseln ab-
nähme und die Zellentür öffnete. Alles, was aus menschlicher Not zum Himmel schreit,
ist Symptom für das gestörte Verhältnis zwischen Gott und Welt (übrigens: nicht im
Sinne eines individuellen Vergeltungsdogmas). So war das schon beim zweiten und dritten Jesaja. Israels Geschick war verdientes Gottesgericht. Kann Deuterojesaja Trost predigen, dann deshalb, weil Jerusalems *Schuld vergeben* ist (40,2), oder anders: weil der
über dem Schuldigen gebrochene Stab nicht vollends zerknickt und dem beinahe zum
Tode Verurteilten das Lebenslicht – der Docht glimmt nur noch – nicht völlig ausgebla-
sen wird (42,3). Tritojesaja: Die Gerichtszeit, die Zeit des Abtragens von Schuld, ist zu
Ende, das große „Erlaßjahr" Gottes ist da. Ja, es naht sich der „Tag Jahwes", der ein Tag
des großen Ordnungmachens sein wird (vgl. 34,8; 63,4; Jer. 46,10), der Tag also, an dem
Gott sein Recht in der Welt durchsetzen wird. Für alle Bedrängten ist dieses eschatolo-
gische Zeitbewußtsein ein großer Trost (V. 2). Gottes Volk lebt, weil Gott ihm seine
Gnade zuwendet, in einer total veränderten Gesamtsituation. Bisher hat die prophetische
Gerichtspredigt es deutlich gesagt, und die Ereignisse (bes. 722 und 587) haben es in er-
schütternder Weise bestätigt: Das Volk der Wahl Gottes hatte seinen Gott *gegen* sich.
Unter dem Vorzeichen des richtenden Gesetzes Gottes, in der Lage also, in der nichts zu
hoffen ist, wird man wahrscheinlich zu allen Zeiten ohne viel Skrupel „sehen, wo man
bleibt". Die in Kap. 59 angesprochenen Ausbeuter, Betrüger, Gewalttäter, denen es
nichts ausmacht, die ihnen Unbequemen im Kerker verschwinden zu lassen, und die eiskalt bleiben, auch wenn Blut an ihren Händen klebt, sind letzten Endes die Desperados,
die genau wissen, daß sie an dem richtenden Gott nicht vorbeikommen, und die gerade
darum, solange ihnen noch Gelegenheit gegeben ist, ihren Vorteil suchen.
Nun aber: Wir leben im gnädigen Jahr des Herrn. Paulus: „Siehe, jetzt ist die Zeit der
Gnade, jetzt ist der Tag des Heils" (2. Kor. 6,2). Weil Christus da ist, hat Gott nichts
mehr gegen uns. Wohin auch das Evangelium kommt, verbreitet sich wie ein Frühlings-
duft (2. Kor. 2,14f.) die Atmosphäre eines heiligen Optimismus. Es lohnt wieder zu
leben, zu arbeiten, für Mitmenschen da zu sein, sich ihrer anzunehmen, für sie zu kämpfen und zu hoffen. Wir brauchen nicht, als wäre unsere Lage vor Gott aussichtslos, darauf
bedacht zu sein, „unser Schäfchen ins Trockene zu bringen"; es *ist* – mit Verlaub – im
Trockenen. Wir haben den Rücken und die Hände frei. Gott will uns *wohl,* er will unser
und unserer Mitmenschen Bestes. Ihm ist an denen am meisten gelegen, denen Hilfe am
nötigsten ist. Jesus hat sich solchen Menschen am intensivsten zugewandt: Armen, Miß-
achteten, Kranken, Siechen, körperlich und geistig Geschädigten, Schuldiggewordenen,
Entgleisten, am Leben Gescheiterten. Die, auf denen die anderen herumhackten, hat er
seine Brüder und Schwestern sein lassen. Sie hat er geehrt. Ihnen hat er – sola gratia – ein
neues Bewußtsein ihres Wertes gegeben: „. . . das habt ihr *mir* getan" – und: „wer aber
einen dieser Kleinen, die an mich glauben, zu Fall bringt, dem wäre der Mühlstein besser" (Matth. 18,6). Wie auch unsere äußere Lage in der Welt sein mag: bei Gott stehen
alle Türen offen. Das gilt für uns und für alle anderen. Jetzt ist Zeit der Gnade.

2.

Wenn die Predigt das Bisherige glaubhaft dargelegt hat, wird der Hinweis auf die *neue
Freude* nicht überraschen. Je ungezwungener dieses Teilthema aus dem Vorangehenden
hervorwächst, desto besser. Freude kann man nicht befehlen und erzwingen. Sie kann nur
da sein, wo sie begründet ist, d. h. wo auf solches hingewiesen werden kann, was Gegenstand des Sich-Freuens ist und Freude auslöst. „Wem der große Wurf gelungen . . .",
– Schillers „An die Freude" spricht davon. Wir sehnen uns alle nach Freude. Man

möchte sie jedem gönnen. Schlimm, wenn Freude auf dem Programm steht und nicht gelingt. Nichts deprimiert mehr als befohlener Humor und zur Pflicht gemachte „Stimmung". Wir sagen das nicht, um die jahreszeitlich bedingten Amüsements zu verunglimpfen. Es ist ein verständliches Bedürfnis, hin und wieder einmal „aus sich herauszugehen" (wir werden zu Sexagesimä darauf zurückkommen). Nur: wieviel Krampf und wieviel Rausch ist dabei! – Hierher würde übrigens auch der Kanzelsatz gehören, daß Christen fröhliche Menschen sein sollen. Sie *sind* es – oder, wenn sie es nicht sind, dann wären sie dadurch froh zu machen, daß man ihnen zeigt, was sie zur Freude motiviert.

Wir sahen, daß die Kapp. 60–62 von Klageliedern umrahmt sind. Sie gehören zu Begehungen, in denen die Traurigkeit geradezu „gepflegt" wird (z. B. 58,5: sich in Sack und Asche betten). Der Prophet bläst diese Riten kultivierter Trauer ab. Gottes Tag kommt, um alle Trauernden zu trösten. Was kommen wird, wirkt sich heute schon aus. Die Vorfreude – wenn man des künftigen Erfreulichen gewiß sein darf – gehört zum Schönsten, was es zu erleben gibt: beim Ersteigen eines Berges die Vorfreude auf das Gipfelerlebnis; das fröhliche Warten, wenn man hoffen darf, einen lange ersehnten Menschen endlich wiederzusehen (u. a. m.). Vorfreude stimuliert, aktiviert, verändert das Lebensgefühl. Wer jeden Hinweis auf Künftiges mit dem Wort Vertröstung abtut, weiß gar nicht, wie Hoffnung uns im Heute beschwingen kann. Weg mit der Asche – statt dessen den festlichen Turban (auf das schöne Wortspiel V. 3 wiesen wir schon hin)! (Der Turban ist in V. 10 auch der Kopfputz des Bräutigams, in 3,20 der Schmuck der vornehmen Jerusalemerinnen.) Zum Freudenöl vgl. Ps. 23,5; 45,8; vgl. auch Luk. 7,46, wo es Ehrung bedeutet. Statt des betrübten (eigentlich „verlöschenden") Geistes nun ein Loblied (so V. 3).

Trotz der vorhin bezeichneten Einschränkungen: man kann die Freude *lernen*. Der Kopfputz und das edle Parfüm werden's allein nicht schaffen. Aber wir sollten unser Herz offen halten für das Gute, das Gott uns getan hat, tut und tun wird. Wir sagen das deshalb, weil die Traurigen zu trösten die Aufgabe auch dieser Predigt sein wird. Es gibt Virtuosen der Traurigkeit, denen mit nichts zu helfen ist. Untröstlichkeit kann eine Methode unseres Unbewußten sein, uns den anderen Menschen wichtig zu machen; kann sein, ein Mensch genießt es in vollen Zügen, daß er es so maßlos schwer hat. Freilich, ein kostspieliger Genuß! Selbstquälerei – und dazu noch Quälerei der anderen, nicht selten mit Erfolg, daß diese anderen es satt bekommen und Abstand suchen. Folge: jetzt, in der Einsamkeit, wird es *wirklich* traurig! – Der Circulus vitiosus sollte aufgebrochen oder – meinetwegen – gegenläufig gefahren werden. Könnte ich das hören, daß ich (um mit den Worten des Textes zu reden) im gnädigen Jahr des Herrn lebe, in der Zeit also, in der für mich bei Gott alle Türen offenstehen! Könnte ich Gott nur glauben, daß er es mit mir gut meint! Ich müßte ihn dann auch in schwerer Situation auf mich zukommen sehen, müßte merken, wie ihm an mir gelegen ist und wie er sich täglich Gutes für mich ausdenkt. Mein tägliches kleines Dankeschön gäbe ihm zu erkennen: ich hab's gemerkt! Morgen schon wäre ich für die kleinen Hilfen und – auf alle Fälle – den guten Zuspruch bereits ein Stück weit offener. Ich würde mehr Gutes vernehmen und erkennen. Ich würde fröhlicher. Mir würde mehr gelingen. An meiner Fröhlichkeit würden andere sich aufrichten. Was für ein Glück: sie gehen nicht mehr auf Distanz, sie kommen! Ich kann ihnen sogar etwas sein! Und so fort – man sieht: daß ich mir durch Gottes Zuspruch aus meiner verbockten Traurigkeit heraushelfen lasse und anfange, mich zu freuen, bringt etwas Gutes in Gang. Freude ist kreativ. Man hat es schon manchmal gehört: „Jetzt müßte es einen Knall geben, und es müßte . . ." – und dann kommen die Wünsche und das Ersehnte, das sich in diesem einen Augenblick verwirklichen müßte. Ein Knall? Der Text spricht von „Bäumen der Gerechtigkeit" und von einer „Pflanzung des Herrn"

(V. 3). Wir vermerken: es ist an die einzelnen gedacht, aber auch an die Gemeinde Gottes als ganze. Und wir vermerken: der Text meint keinen sensationellen Szenenwechsel, sondern stilles, stetiges Wachstum. Vielleicht entdecke ich in mir die Freude wie ein ganz langsam keimendes Pflänzchen im Blumentopf. Dahinter steht freilich die nicht niederzuhaltende Keimkraft der „selbstwachsenden Saat", in der Jesus das Geheimnis des Reiches Gottes dargestellt findet (Mark. 4,26–29). Gott will nicht roden und ausreißen, sondern pflanzen und wachsen lassen (vgl. Jer. 1,10).

Von Tritojesaja bis zu Jesus war es ein halbes Jahrtausend. Und auch als Jesus da ist, bleibt noch vieles von der traurigen Situation, wie wir sie um 530 v. Chr. fanden, bestehen; ja, Jesus zieht uns erst recht auf den Kreuzesweg. Also doch immer wieder Vertröstung? Also doch trügerische Freude? Zunächst: Daß die Heimgekehrten wieder eine Zukunft vor sich sehen, indem sie sich im gnädigen Jahr des Herrn wissen, ermutigt sie zum Wiederaufbau (V. 4). Wie vorhin schon sagen wir jetzt: es lohnt sich – Gott ist für uns! Wer die frohe Zukunft ernst nimmt, lebt in der Gegenwart zukunftsgemäß. Wir verstehen das nicht im Sinne der Utopie – als würde dem das Wägelchen ziehenden Esel ein Büschel Heu vorangetragen – immer in 30 cm Abstand –, damit er vorwärts geht. Gott wird wirklich wahr machen, was er zusagt. Sein Gnadenjahr ist der heimliche Anbruch des Kommenden. Heute schon ist Gott in Jesus Christus uns ganz zugewandt. Wir können nur noch gewinnen.

3.

Wollen wir, was der Text sagt, noch zu Ende denken, dann muß auch von dem *neuen Ansehen* die Rede sein, das aufgrund der im Text angesagten Wende die Seinen gewinnen werden. Wir denken an V. 9, wo von der Einschätzung die Rede ist, die Gottes Volk unter den anderen Völkern zuteil wird. Aber auch an das Loblied V. 10, das von den Kleidern des Heils spricht und von dem Mantel der Gerechtigkeit. In beidem: eine wunderbare gnädige Aufwertung, ein Prestigegewinn, eine neue Achtung, die Gott seinen Leuten widerfahren läßt.

Man kann, was hier gesagt ist, einfach aus dem Schicksal des alttestamentlichen Gottesvolkes erklären. Was hat dieses Volk im Laufe seiner Geschichte an Schmähungen auf sich nehmen müssen! Es wäre hart und hochmütig, wollten wir Israel kritisieren, wenn es sich danach sehnt, endlich einmal zu Ehren zu kommen. (Wir haben aus stilistischen und inhaltlichen Gründen die VV. 5f. als Zuwachs angesehen; hier scheint dieser Gedanke in sarkischer Weise weitergesponnen: Plus und Minus werden vertauscht.) – Aber wahrscheinlich sollen wir den Text noch anders hören. Es geht nicht um Ausgleich, um nachträgliche Korrektur eines unerträglichen Fehlbetrags. Es geht auch nicht um Ruhm vor Menschen. Es geht um die Urtatsache, daß der Mensch nicht ohne das ihm gebührende *Ansehen* sein kann (καύχημα, vgl. Septuagesimä). Das hängt mit dem Besonderen des Menschen zusammen, damit nämlich, daß er geschaffen ist, seiner *Bestimmung* als Mensch, und das heißt für den Glauben immer: als Mensch *Gottes* gerecht zu werden. Der Mensch kann – im Unterschied zum Tier – seine Bestimmung verfehlen. Wenn herauskommt, daß dies tatsächlich der Fall ist, ist der Mensch unglücklich. Er erträgt es nicht, daß Menschen ihm – mehr oder weniger ausdrücklich – bescheinigen, er sei nicht, was er sein sollte. Hätte er immer Gott vor Augen, dann würde sich die Frage nach seinem καύχημα zur Frage um Sein oder Nichtsein zuspitzen; ja, man muß sagen, daß die Gott-Mensch-Relation („Gerechtigkeit") das Allerfragens- und Bedenkens- und Sorgenwerteste am Menschen ist.

„Kleider des Heils" und der „Mantel der Gerechtigkeit" – daß dem Propheten dies zuteil geworden ist, begründet (man achte auf das „denn"), daß seine Seele in seinem Gott fröhlich sein kann (V. 10). Wir brauchen uns jetzt nicht mit der subtilen Frage aufzuhalten, ob der alttestamentliche Prophet diese Aussage bereits im Sinne der paulinischen Rechtfertigungsbotschaft verstanden hat. Wir lesen den Text als Christen. Der heimgekehrte Sohn in Luk. 15,22 bekommt das Gewand des freien Mannes. Die weißen Kleider kennzeichnen die zu Gott Gehörigen (Offb. 7,9). Noch direkter: Die auf Christus getauft sind, haben Christus „angezogen" (Gal. 3,27). Wir schalten zurück zu Tritojesaja: Nach Zeiten härtesten Gerichts steht hier – und er spricht für alle Glaubenden – einer, der sich von „Heil" und „Gerechtigkeit" so umgeben, in beides so eingehüllt weiß, daß das Gott-für-uns (im Sinne von Röm. 8,31) an ihm anschaulich wird. Auch die Völker umher merken es: hier ist „ein Geschlecht – gesegnet vom Herrn" (V. 9). Eine größere Würde können wir nicht erhalten. Wir leben in der „angenehmen Zeit" (2. Kor. 6,2), unter dem geöffneten Himmel.

Epiphanias. Kol. 1,24–27

Die natürliche Perikope würde bis V. 29 reichen, doch ist das Thema der weltweiten Christuspredigt schon in V. 27 enthalten. Nach dem Präskript, dem Dank und der Fürbitte wendet sich Paulus (oder „Paulus") den Themen „Christus" (VV. 13–20), „Gemeinde" (VV. 21–23) und „Apostelamt" (VV. 24–29) zu (nach Lohmeyer, im Kommentar S. 9, kommen diese Themen, in verschiedener Reihenfolge, auch in 1. Thess. und Röm. vor). Beim Thema „Apostolat" ist Paulus – zwanglos – schon V. 23 Ende angelangt.
V. 24: Paulus schreibt aus der Gefangenschaft (vgl. 4,3.10.18 – indirekt: Philem. 23 in Vbdg. mit Kol. 1,8; 4,12). So ist er am Verkündigungsdienst gehindert (dies ist ihm nicht gleichgültig, 4,3f.), aber auch als Gefangener steht er im apostolischen Dienst. Sein Leiden kommt der Gemeinde zugute („für euch", „für seinen Leib, d.i. die Gemeinde"). Darum trotz allem: Freude (vgl. Phil. 1,19–24). „Die Fehlbeträge an Christustrübsalen" besagen nicht, „daß Jesu Tod, nach seiner Bedeutung für Gott ... einer Ergänzung bedürfe. Am Versöhnungswerk Jesu hat keiner neben ihm teil" (A. Schlatter, Erläuterungen z.St.). Vgl. 1,14.20; 2,13f. Das Wort ist auch nicht im Sinne einer Passionsmystik zu deuten (L. Goppelt, ThNT 2, S. 426ff.). Die Urchristenheit weiß um ein endgeschichtliches „Pensum" von Christusleiden, die die Gemeinde als ganze zu bestehen hat (Mark. 13,19f.); hiervon nimmt Paulus für die Gemeinde ein ordentliches Stück auf sich. Sprechendes Bikompositum: ἀντ-ανα-πληρῶ – das ανα zeigt, wie in dem „Gefäß" der Flüssigkeitsspiegel steigt, das ἀντι drückt die Stellvertretung aus. Die Leiden betreffen nur die σάρξ ; der „innere", der „neue" Mensch hat seinen Standpunkt schon anderswo. – V. 25: ἧς bezieht sich auf ἐκκλησία (οὗ in V. 23 hingegen auf εὐαγγέλιον). Das Wort οἰκονομία ist doppelgesichtig: es meint den „Heilsplan" Gottes, aber auch die „Haushalterfunktion" des Apostels, in letzterem Sinne: 1.Kor. 9,17; Eph. 3,2 und unsere Stelle (obwohl gerade hier das τοῦ θεοῦ erkennen läßt, daß das „Amt" seinen festen Platz im „Heilsplan" bzw. im Heilswirken Gottes hat). Auf die geprägte Formelsprache werden wir nachher noch zurückkommen. Inhalt der apostolischen Beauftragung: „das Wort Gottes zu erfüllen"; das kann heißen: den im Wort vernehmbaren Willen und Befehl Gottes verwirklichen; oder: das Wort (= die Botschaft selbst) dahin bringen, daß es sich erfüllt (etwa wie Röm. 15,19, vgl. ThWNT II, S. 729). – V. 26: Das „Mysterium" ist der große Weltplan Gottes, in dessen Mitte Christus steht (2,2); Gott hat ihn längst im Sinne gehabt, ehe es „Weltzeiten" und „(Menschen-) Generationen" gab – so, wenn man ἀπό vom zeitlichen Abstand her versteht; man kann auch deuten: „verborgen vor Äonengeistern und Menschengeschlechtern". Das „jetzt aber" läßt die zeitliche Deutung bevorzugen. „Wahrnehmbar geworden" ist dieses Geheimnis den „Heiligen" Gottes, also denen, die zur Gemeinde gehören (und zwar ihnen allen, nicht nur den Gnostikern). – V. 27: Der Relativsatz will den Kreis nicht einschränken, zumal das, was das Geheimnis ausmacht, nämlich daß „Christus in euch" ist (vgl.V. 18), „in den Heidenvölkern" sich ereignet. Die Apposition kennzeichnet den in seiner Verborgenheit gegenwärtigen Christus als „die Hoffnung der Herrlichkeit": die Christuspräsenz in der Gegenwart verbürgt die eschatische Zukunft („Hoffnung" auch 1,5.23). Eine die eschatologische Grenze überspringende theologia gloriae vertritt der

Kol. *nicht* (hierzu auch: 1,24; 3,4.24f.). – VV. 28f. sprechen von der Autorität des Apostelamts im weltweiten Verkündigungs- und Seelsorgedienst. Der eigentlich Wirkende ist Gott (V. 29, vgl. 1.Kor. 15,10).

Die *Epiphanie des Herrn* kann im neutestamentlichen Sprachgebrauch sein künftiges Erscheinen in Herrlichkeit, also seine Parusie sein (2.Thess. 2,8; 1.Tim. 6,14; 2.Tim. 4,1.8; Tit. 2,13). Der Gebrauch dieses Wortes im Bereich des Gottesdienstes und damit des Kirchenjahres knüpft an die andere Bedeutung des Wortes „erscheinen" an: an das Sichtbarwerden Jesu in der Welt, also an sein Kommen – die Konkordanz bezeugt, wie häufig und in wie vielen Schichten der Überlieferung gerade dieses Wort auftaucht –, sein Auftreten und Wirken, wobei immer im Blick ist, daß im äußerlich Sichtbaren auch das Unsichtbare, das Göttliche aufscheint (2.Tim. 1,9f.; Tit. 2,11; 3,4). In der Umwelt des Neuen Testaments sprach man von der „Erscheinung" von *Göttern,* die ins irdische Geschehen eingegriffen, indem sie unvermutet sichtbar wurden und einen irdischen Vorgang – etwa eine Schlacht (ThWNT IX, S. 8f.) – nach ihrem Willen und durch ihre machtvolle Präsenz entschieden. Die Vergegenwärtigung von Göttern geschah, erwartetermaßen, auch im Kult. Von „Erscheinung" sprach man auch, wenn ein irdischer Machtträger (Kaiser, König, Gouverneur) sich irgendwo im Lande „sehen ließ", dabei allerdings auch seine Würde und seine Dynamis demonstrierte und damit mehr zu erkennen geben wollte als nur sein äußeres Erscheinungsbild. Der Begriff der Epiphanie ist also doppelbödig: sichtbar wird die äußere Gestalt und ihr Wirken, aber es leuchtet in diesem sinnlich Erfaßbaren eine unsichtbare Doxa auf.

Der Begriff eignet sich also zur Bezeichnung dessen, was die glaubende Gemeinde an ihrem Herrn erfährt und entdeckt. Man hat in den ältesten Zeiten am 6. Januar Geburt und Taufe Jesu bedacht: also Jesu Eintreten in diese Welt, zugleich sein Auftreten in ihr – und das Offenbarwerden dessen, was in ihm verborgen ist: „Dies ist mein lieber Sohn, an dem ich Wohlgefallen habe". Wir lassen jetzt außer Betracht, wieso den Gnostikern gerade an Jesu Taufe gelegen war und nur an ihr (vgl. Das heilige Volk, S. 89); wir haben guten Grund, *beides* zu sehen und zu beachten, das Sichtbare der Person Jesu und ihr Geheimnis. So leitet uns das Epiphanienfest an, dem nachzudenken, was *Offenbarung* ist. Offenbarung: Gott gibt sich zu erkennen, sucht die Begegnung mit uns und die Gemeinschaft, die ihn und uns verbinden soll. Es handelt sich um ein Geschehen von Gott her, um ein Tun Gottes selbst. Es steht ja nicht in unserer Macht, die Wirklichkeit Gottes auf empirischem oder rationalem Wege freizulegen. Wer es als einen Mangel des Glaubensdenkens ansieht, daß es Gottes mit den Mitteln des natürlich-menschlichen Erkennens nicht habhaft werden kann, es also bemängelt, daß jeder Versuch, Gott aus unseren Erkenntnisvoraussetzungen abzuleiten und zu beweisen, scheitern muß; wer also die Erfahrung des Ganz-Anderen in seiner freien, von uns in keiner Weise erzwingbaren Selbstkundgabe nicht gelten lassen will: der hat keine Ahnung davon, was sich zuträgt, wenn Gott die Grenze seines Andersseins durchbricht und als das souveräne Subjekt in unser Denken, Fühlen, Wollen und Existieren eintritt. Dem, was hier geschieht, haben wir nachzudenken, indem wir von Jesus Christus sprechen.

Die andere Dimension des Epiphaniasfestes bekommt man in den Blick, wenn man fragt, vor welchem Forum sich diese Selbstkundgabe Gottes im Kommen Jesu Christi ereignet. Die Perikope von den Magiern kennzeichnet seit alters das Gesicht dieses Tages. Das Kommen Jesu Christi ist ein/das *Weltereignis.* Die Predigt von Jesus Christus soll alle Völker erreichen. Die Gemeinde Jesu Christi kann ihr Christusbekenntnis nicht als eine unverbindliche Geschmacksangelegenheit und Privatliebhaberei ansehen, wenn sie gewiß ist, daß Christus Herr ist über das All (2,10.19), und zwar in der Weise, daß sein „Leib" die Kirche ist (1,18). Die Christuspredigt hat darum weltweit zu geschehen (V. 27).

Damit wäre das thematische Feld einigermaßen abgesteckt. Wir werden uns vor Augen halten müssen, daß unsere Perikope die Parallele zu Eph. 3,1–7 ist, worüber vor zwei Jahren zu predigen war. Der zeitliche Abstand reicht vermutlich hin, unvermeidliche Wiederholungen nicht scheuen zu müssen. Der Text spricht von dem lange verborgenen, nun aber offenbarten Geheimnis: Χριστὸς ἐν ὑμῖν (V. 27); wir tun wohl gut, dies zur Kernaussage auch der Predigt zu machen. *Christus ist in seiner Kirche.* (1) *Das ist das aufgeschlossene Geheimnis.* (2) *Das sagt die weltweite Predigt.* (3) *Das schafft das hoffnungsvolle Leiden.*

I.

Indem Jesus Christus in die Welt kommt, „scheint" etwas „auf", was der Welt und den Menschen vordem verschlossen und unzugänglich gewesen ist und was nur Gott in seinem Herzen bewegt und sich für die Stunde vorbehalten hat, in der „die Zeit erfüllt" sein würde (Gal. 4,4). Wir werden auf ein Jenseitiges hingewiesen, das den Äonen und Generationen unbekannt war. Wir blicken in die „Tiefen der Gottheit" (1. Kor. 2,10) und in Gottes Pläne für die Welt (οἰκονομία, von Luther mit „Ratschluß" übersetzt, meint Gottes Heilsvorhaben sowohl in seinem Entwurf als auch – als „Heilsgeschichte" – in seiner Verwirklichung). Wir werden auf Christus als den „Erstgeborenen vor allen Kreaturen" hingewiesen, in dem alles, Irdisches und Himmlisches, Sichtbares und Unsichtbares, geschaffen ist" (V. 16). Dieser Christus ist nun in der Welt, genauer: „in euch" (V.27), in der Gemeinde, die sein Leib ist (VV. 18.24) und in der er „leibhaft wohnt" (2,9). Diese Christuspräsenz, anfänglich in der Krippe und jetzt – auf eine neue Weise – in dem „Ursakrament Kirche" (vgl. Vaticanum II, Dogmatische Konstitution über die Kirche, I,1) ist das Geheimnis, das bisher verborgen war und nun aufgeschlossen ist, so daß nun Gott und Welt in diesem Christus praesens wieder zueinander gefunden haben, d. h. „versöhnt" sind (VV. 20.22).
Vielleicht muß der Prediger die Gemeinde erst dafür gewinnen, daß sie sich auf solche hintergründigen Gedanken einläßt. Man kann sich „Epiphanie", wie wir sahen, viel schlichter vorstellen. Da ist dieser bemerkenswerte Galiläer in seinem Reden und Tun – man muß ihn hochachten, liebhaben, ihm Vertrauen schenken; man fühlt sich durch sein Wort getroffen und ermutigt; es kommt im eigenen Leben durch ihn etwas in Gang, was sich ohne ihn nicht ereignet hätte. Man sieht sich ernst genommen, zwar tief durchschaut, aber dennoch akzeptiert und auf diese Weise befreit. Sollte man sich an solchen Erfahrungen nicht genügen lassen? Wozu die Rede von dem göttlichen „Geheimnis", von Gottes ewigem „Heilsvorhaben", von der Schöpferwirksamkeit dieses Christus vor aller Zeit und Welt? Die christliche „Gnosis" (V. 27: γνωρίζειν) betrachtet das Jesusgeschehen in unerträglicher Weise mit dogmatischen Gedanken, vielleicht muß man sogar sagen: sie überfremdet es.
Wir entsinnen uns der Doppelbödigkeit des Epiphaniebegriffs. Wir sehen Jesus wohl auf schlicht-anschauliche Weise agieren und hören ihn reden. Zugleich aber erfahren wir, daß in ihm Gott selber wirkt. Der neue Anfang, dieses befreiende Handeln, das den Sünder ermutigt: das vollzieht sich doch nicht einfach im menschlichen Kompetenzbereich und im Spielraum menschlicher Möglichkeiten. Besteht Sünde darin, daß wir mit *Gott* gebrochen haben, dann kann das neue Zueinanderfinden von Gott und Menschheit („Versöhnung") nur Gottes eigene Sache sein. Das wäre dann die nicht abweisbare Frage, ob im Handeln Jesu Gott selbst das Subjekt ist, und wenn ja: wie solches sich verwirklicht. Es genügt nicht, Jesus nur wie auf einer Bühne handeln zu sehen; was hinter den Kulissen

sich abspielt, gehört dazu. Oder wenn man das Gleichnis noch ein wenig strapazieren will: entscheiden wird, ob der auf der Bühne Agierende sich regiegerecht verhält. Wir vergessen den Vergleich; er kommt so schnell ins Hinken, daß er leicht die Sache verundeutlicht. Jetzt nur soviel noch: Das „Geheimnis" hinter der Bühne will mitbedacht sein. Indem Gott seine verlorene Welt zurückzugewinnen trachtet, sind tatsächlich Himmel und Erde miteinander ins Geschehen verwickelt. (Es erübrigt sich wohl, zu beteuern, daß Himmel und Erde nicht wie gegenständliche Größen unserer Welt zueinander addiert werden sollen.)

„Selig sind eure Augen, daß sie sehen, und eure Ohren, daß sie hören . . . Viele Propheten und Gerechte haben begehrt zu sehen, was ihr seht, und haben's nicht gesehen, und zu hören, was ihr hört, und haben's nicht gehört" (Matth. 13,16f.). Ist nur an das Seh- und Hörvermögen gedacht, das instand gesetzt wird, längst Vorhandenes wahrzunehmen, – oder daran, daß ein früher gewahrtes Geheimnis jetzt erst, im Kommen Jesu, erschlossen wird? Wenn das letztere gemeint ist, träfe sich das Jesuswort mit dem in V. 26 unseres Textes Gesagten. Was in den Tiefen des göttlichen Herzens verborgen war, wird in Jesu Epiphanie aufgedeckt.

Man wird freilich das „nun aber" (V. 26) heilsgeschichtlich zu verstehen haben. Ebensowenig wie man den „Raum" der Transzendenz Gottes zum Raum, in dem sich irdisches Leben abspielt, addieren darf, ebensowenig darf man Gott in ein Zeitschema einordnen, das dem unsern parallel läuft. Das Nacheinander ist bei *uns*, nicht bei Gott. Tausend Jahre sind vor ihm wie der Tag, der gestern vergangen ist, und wie eine Nachtwache (Ps. 90,4). Die Menschen haben durch Äonen und Generationen auf den Tag Christi warten müssen, nicht er. Daß wir Gottes Heilsvorhaben von seiner Verwirklichung in der Heilsgeschichte unterscheiden, also den ewigen Willen Gottes von seiner Erfüllung in Christus, soll nur die Unverbrüchlichkeit der Zusagen Gottes und Gottes nichtaufhebbares Voraussein aussagen. Die Frage, womit Gott sich beschäftigt habe, ehe er die Welt schuf, ist tatsächlich dumm. Das in V. 26 dargelegte Nacheinander ist also menschlich gedacht – wie sollen wir anders denken können als eben menschlich? Wir erfahren die Verwirklichung des göttlichen „Heilsprogramms" (οἰκονομία) als „Heilsgeschichte" (wofür es im NT keine eigene Vokabel gibt, der genannte Begriff kommt dem am nächsten, vgl. O. Cullmann, Heil als Geschichte, 1965, S. 57). Wir meinen damit eine lange Folge von Geschehnissen, die durch Gottes von „oben" einfallendes Reden und Tun zu einem zusammenhängenden Ganzen werden. Es ist also nicht an immanente Entwicklungen und Prozesse gedacht, sondern als eine Kette von Ereignissen, die Gott in seiner Freiheit selbst bewirkt.

„Nun aber", im Erscheinen Jesu Christi, verwirklicht Gott den in der Tiefe seines Herzens „längst" bedachten und beschlossenen Plan, sich seine verlorene Welt heimzuholen, indem er seinen Sohn zum Versöhner der Welt und zu ihrem Herrn macht. Keiner konnte das vorher wissen. Denn das Evangelium spricht ja nicht von einem zeitlos gültigen Sachverhalt, von dem man nur – je eher, desto besser – Kenntnis zu nehmen hätte. Es spricht von dem den ewigen Ratschluß Gottes realisierenden *Christusereignis, an dem man nur teilgewinnen kann, indem es geschieht* und man sich *glaubend* ihm öffnet. Meinte das Evangelium irgendeine allgemeine Wahrheit – und wäre es die, daß Gott Liebe ist! –, so müßte man zu dieser Wahrheit jederzeit Zutritt haben. Um den Satz des Thales oder das Archimedische oder das Ohmsche Gesetz zu begreifen, bedarf es nicht der großen „Stunde" der Offenbarung Gottes. Sicher sind diese Gesetze jedes in einer bestimmten Stunde entdeckt worden, aber grundsätzlich hätte dies auch zu einem anderen Zeitpunkt geschehen können, ja es gibt Erfindungen und Entdeckungen, die an verschiedenen Orten und zu verschiedenen Zeiten unabhängig voneinander gemacht worden sind.

– Hier, da Gott sich selbst aufschließt, ist es anders. Die Tür zu Gottes Geheimnis geht nur von innen, von Gott her, auf. Daß Gott Liebe ist, ist kein allgemeiner Satz; er hat seine Wahrheit im *Geschehen,* darin nämlich, daß Gott „seinen Sohn gesandt hat zur Versöhnung für unsere Sünden" (1. Joh. 4,10). Gott erschließt uns sein Geheimnis, indem Jesus Christus „erscheint" und in unserer Welt Wohnung nimmt.

Wohnung nimmt? Er hat es getan, einst. Und jetzt? Wo sein Wort ist (3,16) und seine Sakramente sind (2,12; vielleicht auch 4,2), da ist er selbst, und indem er selbst in seiner Gemeinde gegenwärtig ist, ist sie sein Leib (noch einmal: VV. 18.24). „Christus in euch": das ist das aufgeschlossene Geheimnis Gottes (V. 27). Der Text spricht vom „Reichtum der Herrlichkeit dieses Geheimnisses", also von dem himmlischen Lichtglanz, der ihm eigen ist. Man sieht davon äußerlich nichts. Genau wie beim irdischen Jesus. Daß er der große Frieden-Macher zwischen Gott und der verlorenen Welt ist, das weiß nur der Glaube. Die „Heiligen", also die zur Gemeinde Gehörigen, haben dieses Aufleuchten – in ganz unsensationeller Weise – erfahren. Sie erfahren es in gleicher Weise, indem sie –„mitten unter den Heiden" (V. 27) – sich, die Gemeinde, als den Ort der Christusprä- senz glauben. Nur wer staunt, hat begriffen: es gibt Orte mitten in der Welt, an denen der Herr des Himmels und der Erde „leibhaft" (2,9) wohnt, eben: die Kirche. Zwei oder drei versammelt in seinem Namen – und er mitten unter ihnen (Matth. 18,20). „Christus in euch". Das ist das Geheimnis, das uns „entdeckt" worden ist (V. 27a).

2.

Wie ist es dazu gekommen, daß die hier angesprochenen Menschen dieses Mysterium entdeckt haben? In das „Heilsprogramm" Gottes gehört auch das Amt des Apostels. In- dem Paulus zum Diener am Evangelium geworden ist (V. 23), wurde er auch zum Diener der Gemeinde, des Leibes Christi (V. 25). Er – betontes ἐγώ in V. 25 – ist es gewesen, der mit dem „Haushalteramt" (vgl. 1. Kor. 4,1; 9,17) betraut worden ist, das den Heiligen das bis dahin verborgene Geheimnis „auftun", „sichtbar machen" sollte. Wir sollen dies ganz allgemein verstehen. Paulus hat die Gemeinde Kolossä nicht selbst gegründet (V. 7). Aber der apostolische Dienst als ganzer hat in dem großen Versöhnungsgeschehen zwischen Gott und Menschheit eben diese Bedeutung. Von den anderen Aposteln redet Paulus hier nicht (vgl. aber Eph. 2,20). Sollte unser Brief „ein verklärtes Bild von der Person, dem Amt und dem Werk des Paulus" entwerfen (so H.M. Schenke in der Einleitung S. 165 zu unserer Stelle)? Wird hier Paulus „als eine Art Heros der Kirche gesehen"? Ich bin nicht sicher. Es fällt auf, daß auch hier ein Sprachgebrauch vorliegt, den man nicht anders denn als formelhaft bezeichnen kann. Die *Haushalterfunktion* (s.o.) ist dem Apostel „ge- geben"; meist spricht er davon, ihm sei die *Gnade* „gegeben" (Röm. 12,3.6; 15,15; 1.Kor. 3,10; Gal. 2,9; Eph. 3,2.8 und unsere Stelle), und „Gnade und Apostelamt" werden in Röm. 1,4 geradezu als ein Hendiadyoin genannt. Kol. hält sich auf alle Fälle nicht nur in den Grenzen, sondern auch in der Formelsprache, die sich auch anderwärts findet. Paulus beruft sich auf seine Ordination, die ihm vom Herrn selbst widerfahren ist. Der Dienst des autorisierten Boten des Evangeliums ist in der Kirche nicht etwa entbehrlich. Denn durch diesen Dienst kommt das Christusgeheimnis zu den Menschen, die es im Glauben annehmen. Es ist die Art dieses Mysteriums, daß es nicht ohne die Verkündi- gung des Wortes zur Gemeinde kommen und in ihr bleiben kann.

So wird die Gemeinde gut tun, sich deutlich zu machen, was eigentlich geschieht, indem ihr (z.B.) diese Predigt gehalten wird. Sie ist ja nicht eine private Meinungsäußerung zu Fragen des Glaubens, auch nicht die Selbstdarstellung eines religiösen Menschen, der zum besten gibt, was ihm Gott bedeutet. Die Predigt ist das Tun eines bevollmächtigten

„Verwalters" des Christusgeheimnisses, das nach Gottes Willen jetzt unter die Leute kommen soll. Oder anders: sie ist das Wort (V. 25 Ende), das es nach Gottes Befehl auszurichten gilt oder das (wir fanden eingangs beide Möglichkeiten gegeben) „zu seiner Verwirklichung zu bringen" ($\pi\lambda\eta\rho\tilde{\omega}\sigma\alpha\iota$) ist (eine Wiedergabe, die nicht nur deutlich, sondern auch schön ist, fällt mir zur Zeit nicht ein). Gottes Wort *redet* nicht nur von der Geschichte, es *ist* selbst eine Größe der Geschichte, und es *macht* Geschichte. Indem jetzt die Epiphanie Christi gepredigt wird, geht der Herr selbst auf seine Gemeinde zu, zeigt sich ihr und nimmt Wohnung in ihr (noch einmal: 3,16). Das Christusgeheimnis wird (auch) in *dieser* Gemeinde Ereignis.

Wir sprechen in unserer Schlagzeile von der *weltweiten Predigt.* Denn die „Heiligen", denen das Christusmysterium sichtbar geworden ist, sind ja Menschen aus den „Heiden". V. 27 spricht von dem unter den Völkern gepredigten Christus (Lohse vergleicht 2.Kor. 1,19: „Christus Jesus, der unter euch von uns Verkündigte"). Der weltweiten Bedeutung des Christus – als Schöpfer und Versöhner – entspricht die an alle Völker ergehende Predigt. Wollten wir noch zweifeln, die folgenden Verse sagen es deutlich: „Den verkündigen wir und ermahnen einen jeden Menschen und lehren einen jeden Menschen in aller Weisheit, damit wir einen jeden Menschen, in Christus vollkommen, (Gott) darbringen" (vgl. 1,22). Dreimal: „einen jeden Menschen"; dies geschieht, „um den wahrhaft ökumenischen Charakter der apostolischen Botschaft hervorzuheben, die in aller Welt verkündigt wird" (Lohse z.St.). „Darbringen": vor Gott stellen (2.Kor. 4,14), als „lebendige Opfer" Gott übereignen (Röm. 12,2; 15,16), jedenfalls Gott zuführen. Das ist die Aufgabe apostolischen Dienstes.

Die Magier sind *gekommen.* Paulus geht, reist, knüpft Verbindungen, spricht Menschen an, die ihren Schöpfer und Herrn noch nicht kennen, zeigt ihnen, wo in dieser Welt der Herr über alle wohnt. Ist die Kirche der Leib Christi (s.o.), dann ist das Missionsziel die Eingliederung der Menschen in diesen Leib. Wir achten noch einmal darauf: „Christus ist der Herr über das All, sein Leib aber ist die Kirche" (Lohse zu V. 18). Der Unterschied will wohl bedacht sein. Hinsichtlich des Verständnisses der Inkarnation gibt es unter uns fatale Fehlbeträge – auch mit erheblichen ekklesiologischen Auswirkungen. Christus ist in seiner Kirche *anders* gegenwärtig als in der Welt. Eph. 4,12f. ist davon die Rede, wie diese Differenz überwunden werden soll. Weltweite Predigt geschieht mit dem Ziel, daß (möglichst) alle in der $\dot{\epsilon}\varkappa\varkappa\lambda\eta\sigma\iota\alpha$ ihren Platz finden, in der Gott und Menschheit versöhnt sind.

3.

Ob wir den V. 24 unserer Predigt mit zugrunde legen oder uns für eine andere Gelegenheit aufsparen wollen, sollte immerhin überlegt werden. Daß er in unserm Brief seinen Platz gefunden hat, ist von zwei Einsichten her verständlich. Einmal: Wenn Kol. ein Gefangenschaftsbrief ist, so drängt sich – gerade nach dem bisher Gesagten – die Frage auf: Wenn der in der Oikonomia Gottes so wichtige Träger des Apostelamts ausfällt und stillgestellt ist, was dann? Sodann: Wenn unser Brief sich mit einer gnostischen theologia gloriae auseinanderzusetzen hat, dann wird der Frage nach dem Sinn des Apostelleidens standzuhalten und es wird darzulegen sein, wieso dieser Ohnmachtsbeweis des „Herrn der Welt" mit dem Christusgeheimnis der Kirche zusammenstimmt. Nein, ein anderes – etwa gar deplaziertes – Thema ist das Leidensthema nicht.

Unsere Schlagzeile hat dem Thema bewußt einen positiven Akzent gegeben. Dies ist jetzt zu begründen.

Nicht so, daß wir das Leiden glorifizieren. Der Christ – auch wenn er weiß, daß er einem gekreuzigten Herrn nachfolgt – wird nicht leidenssüchtig sein. Der Christ wird, wenn es ihm gegeben ist, für das Wohlbefinden des Leibes und der Seele dankbar sein. Er wird die Konflikte und Demütigungen, die Leiden und Schmerzen, er wird auch den Tod nicht wollen und suchen. Auch dem gefangenen Apostel liegt daran, daß er wieder freikommt und seinen Dienst in normaler Weise weiterversehen kann (4,3). Aber er freut sich in dem Leiden, das ihm auferlegt ist (V. 24). Ein Sonderfall im Rahmen der Einstellung des Christen, der seinen Herrn auf seiner Seite weiß: „wir rühmen uns auch der Trübsale" (Röm. 5,3). Sonderfall – wieso? Was der Apostel leidet, kommt der Gemeinde zugute („für euch", sahen wir, für Christi Leib, die Kirche, V. 24). Sollte Paulus – ich greife Formulierungen aus Barth, KD IV/3, S. 732 auf – sich als Teilnehmer an Christi Versöhnungsleiden, ja, als dessen Fortsetzer und Vollender vorgestellt haben – oder von seinem unter seinem Namen schreibenden Schüler so gesehen worden sein? 1.Kor. 1,13: „Ist etwa Paulus für euch gekreuzigt?" Wir hatten bereits im exegetischen Vorspann diese Meinung abgelehnt und uns zu der anderen bekannt, daß nach urchristlicher Sicht bis zum Kommen Christi in Herrlichkeit ein gewisses Pensum an Leiden durchzustehen ist, an „Bedrängnissen des Christus" (V. 24), die offenbar da nicht ausbleiben können, wo die eschatische Dynamis Christi sich an der alten Welt und ihrem „Schema" (1.Kor. 7,31) reibt. Die Leiden Christi „fließen" auf Paulus „über", er trägt das Sterben Jesu an seinem Leibe (2.Kor. 1,5; 4,10). Er weiß, daß die Kirche des gekreuzigten Christus nichts Triumphales an sich haben kann, ja, er weiß – im Unterschied zu den Gnostikern, mit denen der Brief sich auseinanderzusetzen hat – , daß der Glaube vor der eschatologischen Grenze stehenzubleiben hat. Noch hat Christus seine Doxa nicht offenbart (3,4), noch ist das Leben der Christen mit ihm verborgen in Gott (3,3). Noch sind die Leiden Christi auszustehen, die bis zu seiner Parusie anhalten. Die Doxa des Christusleibes ist noch Gegenstand der *Hoffnung* (V. 27), und von dieser „*Hoffnung* des Evangeliums" soll man nicht weichen (V. 23), wie denn das, was das christliche Leben trägt, die „*Hoffnung"* ist, die für uns „im Himmel bereitgehalten wird" (V. 5). So wird der schwierige V. 24 vor unsern Augen zu einem eindrucksvollen Zeugnis der Hoffnung: „in dieser schweren, betrübten Zeit" (EKG 207,2) bringen die Leiden, die der Apostel auf sich nimmt und mit denen er aus dem Gesamtpensum ein gutes Stück auf sich zieht, stellvertretend für die anderen, die Kirche dem Tage Christi immer näher. Man mache sich klar, daß dies nicht nur für Apostelleiden gilt. In der großen „Oikonomia" Gottes wirkt sich alles, was wir im Glauben aus Gottes Händen nehmen, förderlich aus. Auch dies ein Beitrag zu dem Thema: „Christus in euch." Auch mit seinen Leiden, auch mit der Stellvertretung, in der einer den anderen etwas abnimmt, auch mit dem in Christus gültigen Gesetz, daß nichts, was getragen und ausgestanden wird, verloren geht. Das wäre noch einmal ein Einblick in das „Geheimnis" Christi und, wie Paulus betont, ein Grund, sich zu freuen.

1. Sonntag nach Epiphanias. 1. Kor. 1,26–31

Seit V. 10 – und noch bis zum Ende von Kap. 4 – ist Paulus mit den Gruppenbildungen innerhalb der Gemeinde beschäftigt. Indem er zur Einheit der Gemeinde mahnt, zeigt er die Ursachen der Spaltung auf und arbeitet in verschiedenen Gedankengängen heraus, wie das Christusevangelium das Zertrennende und damit die Spaltungen selbst überwindet. Conzelmann überschreibt unsern Abschnitt: Die Gestalt der Gemeinde.

V. 26: βλέπετε – Indikativ? Imperativ? In letzterem Falle, also nach Ausrufen, Beteuerungen γάρ = „also", „doch" (Bauer, WB 3). κλῆσις hier der Akt der Berufung, oder vielleicht so: „Seht doch an, Brüder, in welcher Verfassung euch der Ruf getroffen hat." Da es auch *christliche* Weisheit gibt (2,6), müssen die hier gemeinten Weisen durch κατὰ σάρκα gekennzeichnet werden. Neben den Weisen werden die Einflußreichen (Mächtigen) und die Menschen von hoher Herkunft genannt. „Nicht viele" – immerhin einige (man könnte etwa bei 11,22 an solche denken). – V. 27: „Das Törichte", nicht: „törichte Menschen"; Paulus geht folgends durchweg zum Neutrum über, um niemanden persönlich zu treffen und zu beschämen; nur bei der Beschämung der Weisen läßt er es noch einmal beim Maskulinum. – V. 28: Der Gedanke wird immer mehr ausgeweitet und damit verallgemeinert. „Etwas sein": vgl. Gal. 6,3, auch Apg. 5,36; 8,9. Während das „Beschämen" auf die Qualität und Geltung des Betroffenen ging, geht das „Zunichtemachen" auf sein Sein überhaupt; die Worte sind also mit Bedacht gewählt. – V. 29: καυχᾶσθαι meint nicht nur den prahlerischen Selbstruhm, sondern auch – ohne daß es zu aufdringlichen Demonstrationen der Selbsteinschätzung kommen müßte – die Haltung, in der „der Mensch auf sich selbst stehen und nicht von Gott abhängen will, . . . (also) auf das baut, was er selbst kann und worüber er verfügt" (ThWNT III, S. 647). In der Coram-Deo-Situation (ἐνώπιον θεοῦ) ist das Sich-Rühmen „ausgeschlossen" (Röm. 3,27). Nur der Glaube, der alles von Gott empfängt, ist die Gott gegenüber angemessene Einstellung des Menschen. – V. 30: ἐξ αὐτοῦ deutet auf die Erwählung (V. 27: ἐξελέξατο) durch Gott, aufgrund deren sie nun „in Christus" sind (in sein σῶμα hineingetaucht, 12,13). Er ist ihnen – von Gott her – zur Weisheit, Gerechtigkeit, Heiligung und Erlösung „geworden"; es wird noch zu bedenken sein, was diese Formulierung theologisch besagt. Ebenso werden die vier Begriffe noch einzeln zu umschreiben sein. – V. 31: Jer. 9,22 – worüber am Sonntag Septuagesimä zu predigen sein wird. Vgl. auch 2. Kor. 10,17. Will sich einer „in" bzw. „vor Gott" rühmen, dann kann er es nur um Christi willen (Röm. 5,11) bzw. in Christus (Phil. 3,3) bzw. in seinem Kreuz (Gal. 6,14).

Fragt man, wie sich dieser Text dem Proprium des Sonntags zuordnet, dann kommt man am ehesten auf das Evangelium (Matth. 3,13–17) als Bezugstext: seine christologische Aussage trifft sich mit V. 30 unserer Perikope. Daß „der geliebte Sohn" sich in die Reihe der Sünder stellt und sich taufen läßt, um „alle Gerechtigkeit zu erfüllen", dies läßt ihn *uns* zur Weisheit, zur Gerechtigkeit, zur Heiligung und Erlösung werden. Indem Jesus sich so mit den Menschen solidarisiert, ereignet sich der „selige Tausch", von dem Luther im Anschluß an 2. Kor. 5,21 gesprochen hat. Gott hat Jesus zur Sünde gemacht, damit wir in ihm die Gerechtigkeit würden, die vor Gott gilt.

Wir würden freilich, wenn wir den – zweifellos zentralen – V. 30 isoliert betrachteten, also davon absähen, welche Funktion er innerhalb der korinthischen Auseinandersetzung hat, die Chance der *Konkretisierung* ausschlagen. Das ist ja der Reiz besonders der Korintherbriefe, daß das Evangelium hier in angewandter Form erscheint, so also, daß man sehen kann, was es für die Probleme und Entscheidungen des gelebten Lebens austrägt. Die Gemeinde ist in Gruppen und Richtungen zerspalten. Paulus ist darum bemüht, daß sie zur *Einheit* findet. Wahrhaftig ein Anliegen, das uns interessieren muß. Auf dem Gebiet der „Religion" ist die Gefahr des Auseinanderstrebens oder Auseinanderfallens besonders groß. Liegt es daran, daß man hier mit Unsichtbarem umgeht, über das jeder sich gerne seine eigenen Gedanken macht? Oder liegt es daran, daß die Absicht, Gott ganz ernst zu nehmen, uns leicht zum „Ich kann nicht anders" an ganz unangebrachter Stelle verführt? Oder daran, daß wir persönlichste Erfahrungen gern für alle verbindlich machen wollen? Oder daran, daß die dem Menschen angeborene Ichzentriertheit im Lebensbereich der Religion geradezu metaphysisch zementiert wird, allen gegenteiligen Beteuerungen zum Trotz? In der Tat, wir befinden uns hier auf vulkanischem Boden. Nun kann man an dem vorliegenden Stoff ausgezeichnet studieren, wie *Einheit* und *Wahrheit* miteinander zusammenhängen. Einheit in der Kirche kommt nicht dadurch zustande, daß man sich auf die Tugend der Weitherzigkeit einigt und nahezu alles gelten läßt. „Wir vermögen nichts wider die Wahrheit, sondern für die Wahrheit" (2. Kor. 13,8). Die Einheit der Kirche kann nicht in der Beliebigkeit ihrer Predigt, ihres Bekennens, ihres Glaubens und Lebens bestehen. Wenn aber nur die Wahrheit eint, *welche* Wahrheit soll dann gelten? Soll man paulisch oder kephisch oder apollisch sein (V. 12)? Wer noch so fragt, hat nicht begriffen, daß wir nicht zwischen *unseren* Wahrheiten (Richtungen,

Programmen, Frömmigkeitstypen, Leitbildern, Arbeitsmethoden usw.) zu wählen haben, sondern daß uns nur die Wahrheit *Christi* verbinden kann. Also der Paulus-, der Kephas- und der Apollos-Partei noch eine Christuspartei an die Seite stellen? Eben *nicht*! An die Seite stellen – das hieße doch: nun auch Christus zum Symbol einer Richtung, eines Programms, eines Frömmigkeitstyps usw. machen. Die Wahrheit, die vereint, besteht darin, daß wir einen Platz *jenseits* aller unserer Standpunkte einnehmen, nein: daß wir von Christus an diesen ganz anderen Platz gestellt werden. Pietisten, Konfessionalisten, Pfingstler, Liturgiebeflissene, Leute von Volksmission und „Christusdienst" (usw.): sie werden in dem Maße eins sein können, in dem ihr καύχημα nicht in ihrem Programm, ihrem Stil, ihrer Couleur, ihrem Fündlein, ihrer Leidenschaft besteht, sondern darin, was *Christus* ihnen „geworden" (ἐγενήϑη, V. 30) ist. „Es ist alles euer, es sei Paulus oder Apollos oder Kephas" – ihr könnt gerne sein, was ihr seid –; nur: „ihr aber seid Christi" (3,21–23). Das heißt: Das, was euch vor Gott bestehen läßt, euch ein Recht gibt, euch vor ihm überhaupt sehen zu lassen und ihm sogar ins Auge zu schauen, ist nicht das, was ihr seid, wollt, vertretet, verfechtet, zu eurem „Anliegen" gemacht habt, sondern nur das eine: daß Christus für euch gutsteht. Vor Gott wird euer καύχημα nicht nur nicht ins Gewicht fallen, es wird geradezu „vernichtet". Wir werden das im einzelnen noch zu bedenken haben.

Paulus macht, worauf es hier ankommt, im Laufe der vier Kapitel an verschiedenen Punkten deutlich. Das Zunichtewerden des „Ruhms" und seine Neubegründung „in Christus" wird in unserm Text am Erscheinungsbild der Gemeinde exemplifiziert. Wir werden aufmerksam bedenken müssen, was eigentlich an diesem Beispiel aufgezeigt werden soll. Um es gleich im voraus anzumerken: es geht nicht darum, daß die Gemeinde sich den Himmel statt bisher durch imponierende Frömmigkeitserweise und ein eindrucksvolles Auftreten in der Welt nunmehr durch Unscheinbarkeit, Schäbigkeit und Armseligkeit verdient. Unsere Gerechtigkeit haben wir weder aus diesen noch aus jenen „Werken". Dies gilt es jetzt am Schaubild der Gemeinde zu verdeutlichen. Wir versuchen, den Sachverhalt ohne die Lehrbuchtermini über Rechtfertigung auszudrücken: *Christus schafft's mit einer armseligen Kirche.* (1) *Er erwählt das Geringere.* (2) *Er entwertet das Hohe.* (3) *Er ist der Wert des Entwerteten.*

I.

Die Kirche will hoffentlich, sie soll jedenfalls nicht sein eine Gemeinschaft von solchen, die, aus welchen Gründen auch immer, etwas menschlich Großes, Imponierendes, Herausragendes darstellen. Christus erwählt das Geringe. An der Gemeinde in Korinth kann man es schön ablesen. „Seht eure Berufung an", also den Hergang der Dinge, als ihr Christen wurdet. Die κλῆσις, also der heilige Ruf (2. Tim. 1,9), die von „oben" her ergehende (Phil. 3,14), die „himmlische Berufung" (Hebr. 3,1) traf Menschen, die ihrer Art und ihrem Herkommen nach zumeist ganz weit „unten" waren. Nicht viel Weise – in den Maßstäben der Welt gedacht –, also, was Bildung und Wissen angeht, gerade nicht die Creme, sondern ganz einfache Menschen (obwohl man staunt, was die paulinischen Briefe solchen Menschen intellektuell zumuten und offenbar auch zutrauen!). Nicht viel Mächtige, Einflußreiche, also kaum Schlüsselfiguren des staatlichen und gesellschaftlichen Lebens. Nicht viel Edle, also kaum Menschen, die durch Geburt und Herkunft privilegiert sind. Von „proletarischer Zusammensetzung der Gemeinde" spricht Barth (Die Auferstehung der Toten, ²1926, S. 8). Menschen, „die nichts haben", sind darunter (11,22), auch Sklaven (7,21–24). Korinth ist Hafenstadt; wo sich, oft anonym, Menschen aus allen Ländern flüchtig begegnen und die Stunden an Land auf ihre Art „genießen", blüht auch das Laster. Man hat damit zu rechnen, daß die Aufzählung 6,9–11 vom Klischee solcher Lasterkataloge mitbestimmt ist: Hurer, Götzendiener, Ehebrecher, Homophile und Päderasten, Diebe, Habsüchtige, Säufer, Schmäher und Spitzbuben; wir erörtern jetzt nicht, was sozialethisch zu diesen „Lastern" zu sagen wäre. Immerhin: „Dergleichen" – Fascher: „solches Gesindel und Gelichter" – „wart ihr zum Teil" (6,11). Staat machen kann man mit solchen Leuten nicht. Niemand kann auf den Gedanken kommen, die Gemeinde Jesu Christi sei ein elitärer Verein, zusammengesetzt also aus solchen, die nach den Wertskalen der Welt in hohem Ansehen stehen und auf besondere Verdienste hinweisen können. Sich zu „rühmen" ist hier kein Anlaß. Jesus erwählt das Geringe.

Paulus sagt es so: „Das Törichte (aus) der Welt hat Gott erwählt..., das Schwache..., das Unedle..., das Verachtete" (VV. 27f.). *Gott* hat erwählt? Man hat es so ansehen wollen, als seien *die* Menschen Christen geworden, die in dieser Welt nichts zu hoffen hatten und darum auf das Angebot himmlischer Güter ansprachen. Wer wollte leugnen, daß es dies – sogar oft – gegeben hat? Man übersehe andererseits nicht, daß es späterhin auch viele gab, die ein reiches, sorgloses Leben gegen ein solches in Armut und Verzicht eintauschten, Christus zuliebe. Und man mache sich klar, daß die, die – z. B. in Korinth – zu Christus stießen, in eine neue Weise des Lebens eintraten, in der sie das Leben nicht etwa billig einkauften. Doch das ist jetzt nicht unser Thema. Wie immer auch es menschlicherweise beim Christwerden der Korinther zugegangen sein mag, Paulus sieht darin das Wählen *Gottes*. Die Korinther sind, wie alle Christen, „berufene Heilige" (1,2; vgl. auch 1,9; 7,15.17–24). Zum Christsein entschließt man sich nicht wie zu irgendeinem Beruf, zu einer Liebhaberei, zu einer beliebigen Gemeinschaft unter Menschen. Gott wählt. Man kann auch sagen: Christus ruft in seine Nachfolge. „Nicht ihr habt mich erwählt, sondern ich habe euch erwählt" (Joh. 15,16.19). Und was für Menschen wählt Jesus? Wieder muß man sagen: die Geringen. Nicht die Weisen und Klugen, sondern die Unmündigen (Matth. 11,25). Die geistlich Armen, die nach Gerechtigkeit Hungernden und Dürstenden (Matth. 5,3.6), die Armen (Matth. 11,5), die Verachteten wie Zöllner und Heiden, die mit dem verpfuschten Leben, die mit Gebrechen Gezeichneten, die, von denen man meinte, Gott habe sie endgültig abgehängt. – Wir sind sehr schnell dabei, Jesu Wirken an solchen Menschen unter den Gesichtspunkt der sozialen Gerechtigkeit und der Befreiung aus einem gesellschaftlich unerträglichen Schicksal zu stellen. Daß dies *auch* im Spiel war, soll keineswegs abgestritten sein. Daß dies das Ganze oder das Eigentliche des Wirkens und Wollens Jesu gewesen wäre, ist aber zu bestreiten. Wäre Jesu eigentliches Wirkungsfeld das Reich Gottes „zur Linken" gewesen, dann müßte man feststellen, daß er – wie auch Paulus (vgl. 7,20–24) – die eigentlichen Nöte nicht oder doch zumindest völlig unzureichend angepackt hätte. Jesus bringt Verlorene, also Sünder, zu Gott zurück. Das ist sein erstes und Eigentliches. Er ist der Heiland der *Sünder*. Prüft man an V. 30 nach, wozu er uns „geworden" ist, dann kommt man, summa summarum, auf nichts anderes.

Wir sahen: man darf das Erscheinungsbild der Gemeinde von Korinth nicht zum Gesetz machen. „Nicht viele", heißt es dreimal (V. 26) – also doch einige. Meist Zöllner und Sünder – aber doch auch Pharisäer und Angesehene in Jesu Umgebung. Und in unseren Gemeinden heute Menschen verschiedenster Art und Herkunft. Es wäre nicht nur zuviel verlangt bzw. erhofft, wollten wir jetzt mit ein paar Sätzen eine Soziologie der Kirche skizzieren; es wäre auch für die Erschließung unseres Textes ohne Gewinn. Paulus will nicht, daß wir die um ihrer Lebensleistung willen Angesehenen und die Gebildeten wegschicken oder gar wegekeln, weil das Niedrigsein sozusagen die natürliche Disposition für die Zugehörigkeit zu Jesus wäre. Am Pharisäer von Luk. 18 ist nicht zu tadeln, daß er Leistung erbringt, sondern daß er sich ihrer vor Gott rühmt. Und am Zöllner ist nicht die

Demut und die Verdienstlichkeit seines Sündenbewußtseins zu rühmen, als werde er, statt durch Christus, durch ebendiese „Werke" der Demut und durch sein Sündenbewußtsein gerecht. Vor Gott entscheidet nicht, was wir sind oder nicht sind, zustande bringen oder nicht zustande bringen, sondern was Christus für uns ist.

Trotzdem läßt sich das, worauf es Paulus ankommt, an der „armseligen" Kirche leichter demonstrieren als an ihrem Gegenteil. Man braucht nicht weit zu gehen, um hierfür Anschauungsmaterial zu finden. Es ist eigentlich erstaunlich, wie oft uns fatalerweise und, ohne daß wir es je wahrhaben würden, der Gedanke unterläuft, als betrieben wir die Sache Jesu Christi eben doch kraft unserer Vortrefflichkeit und unseres hohen christlichen Standards. Es ist ja auch eine große Versuchung, die uns in 2000 Jahren Geschichte zugewachsenen Möglichkeiten, Erfahrungen, Fähigkeiten, Mittel und Werkzeuge als das anzusehen, was unsere Kirche trägt und was sie auch in den Augen Gottes wert macht. Wir können und wollen diese 2000 Jahre Geschichte nicht verleugnen; wir werden z. B. nicht ohne Not unsere Dome einstürzen lassen und in Baracken umziehen. Aber es ist eine Versuchung, sich auf den empirischen Ist-Zustand der Kirche – mit ihren frommen Leistungen, ihrer missionarischen, pädagogischen, organisatorischen Aktivität, ihrem theologischen Niveau, ihrer kulturellen Selbstdarstellung (usw.) – zu verlassen. Da ist die *armselige* Kirche tatsächlich in geringerer Gefahr. Und sie ist, was sie ist, *deutlicher.* Jesus macht sich für „die Kleinen" stark (Matth. 18,6); wir sind es alle, und wir sind gut dran, wenn nichts uns zu der Illusion verführt, wir wären es nicht. „Die Niedrigkeit seiner Magd" hat Gott „angesehen" (Luk. 1,48); er „sieht" die „Elenden" „an" und „die zerbrochenen Geistes" sind (Jes. 66,2). Es soll sich niemand dessen rühmen, was er ist und hat, sondern nur dessen, der ihn unverdientermaßen liebt und beschenkt.

2.

Es bedarf noch eines weiteren Schrittes. Gott erwählt nicht nur das Niedrige, er *entwertet* auch *das Hohe.* Zweimal heißt es, daß Gott „zuschanden mache", einmal, daß er „zunichte mache" (VV. 27 f.). Gott „baut" also nicht nur auf solchem Gelände, auf dem noch nichts steht; er will auch dahin bauen, wo schon etwas steht, und das muß er abreißen, um Baufreiheit zu gewinnen. Man denke an die Wirkung, die das Wort vom Kreuz notwendigerweise hat (VV. 19 f.), an die Umwertung, zu der es kommt, wenn man Christus gewinnt (Phil. 3,4–9).

Es sollte niemanden wundern, wenn ein solches Urteil über den Menschen und seine Leistung als zynisch und misanthropisch empfunden wird. Der Prediger wird sich der Gemeinde nicht verständlich machen können, wenn er nicht zu erkennen gibt, daß ihm dieser Anstoß am Evangelium durchaus vertraut ist. Mehr als das: er wird differenziert zu denken und zu reden haben, damit Gott nicht verwechselt werde mit dem „Geist, der stets verneint" (Faust I, Studierzimmer). Ist Gott etwa ein Verächter der Menschen? Es hieße das Evangelium auf den Kopf stellen, wenn man so dächte. Sagen wir es unmißverständlich: Der Mensch ist etwas Großes, die höchste aller Kreaturen. „Du hast ihn wenig niedriger gemacht als Gott, mit Ehre und Herrlichkeit hast du ihn gekrönt. Du hast ihn zum Herrn gemacht über deiner Hände Werk, alles hast du unter seine Füße getan" (Ps. 8,6 f.). Großes wäre zu sagen über des Menschen Weisheit, Macht und Würde, über seine denkerischen, weltgestalterischen, kulturellen, sittlichen und auch religiösen Leistungen. Es sollte auch ohne Ressentiments anerkannt werden, daß es hier unter den Menschen Unterschiede gibt; die Großen bekommen ihren Artikel im Lexikon, wir Kleinen nicht. Auf der Ebene des Sittlich-Menschlichen hat das seine Ordnung. – Anders, wenn wir uns in unserer Situation *vor Gott* sehen. Da wird tatsächlich, was man für „Ge-

winn" hielt, als „Schaden" erkannt, das „Haben" wird zum „Soll" (Phil. 3, s. o.). Die
iustitia civilis hat an ihrem Ort ihr Recht. Menschlichkeit ist nicht nur eine hohe Forderung, sondern es *gibt* sie auch; sie wird von ergreifenden Vorbildern uns vorgelebt, und
sie bewährt sich bei ungezählten Menschen in der Unscheinbarkeit ihres Alltags – etwa in
opferbereiter, hingebungsvoller Arbeit, im stillen Dienst der einen an den anderen,
vielleicht in einem stattlichen Lebenswerk, vielleicht in der Art, wie ein Mensch sein
schweres Schicksal meistert. Noch einmal: dies alles hat an seinem Ort sein ungeschmä-
lertes Recht, und es ist auch nicht Gottes Art, dies zu übersehen oder geringzuachten.
Nur: der Mensch mit all seinen Fähigkeiten und Leistungen befindet sich im Widerspruch zu Gott. Er ist Sünder. Sünde ist nicht bloß und schon gar nicht in ihrem Kern
der moralische Defekt (obwohl sie nicht selten mit ihm verbunden ist). Sie besteht erst
recht nicht in der Kriminalität (obwohl Sünde und Verbrechen schon miteinander zu tun
haben). Sünde ist der Affront gegen Gott. Der Sünder läßt Gott nicht mehr seinen Gott
sein. Er will nicht mehr aus seiner Liebe leben, sich von ihm nichts schenken lassen. Er
will sich ihm auch nicht mehr beugen. Er macht sich ihm gegenüber selbständig. Er will,
was er ist, aus eigener Kraft sein. Indem er auf seine Verdienste pocht, will er gar Gott
noch zu seinem Schuldner machen; aus seinen Vorzügen leitet er Forderungen ab.
Wohlgemerkt: diese Haltung ist nicht etwa die des Nichtglaubenden – da der Atheist
nicht mit Gott rechnet, kann es bei ihm nicht zum bewußten Affront gegen Gott kommen –, sondern die des Frommen. Paulus ist es am Kreuz Christi aufgegangen: Dahin
bringt es der Mensch, gerade der fromme Mensch, daß Gott an der Sünde des Sünders zugrunde gehen muß. Der Verbrecher, der vor seiner Untat erschrickt, dürfte Gott näher
sein als der stolze Mensch, der sich in dem sonnt, was er selber ist und schafft, und (ohne
aus der Kirche auszutreten) heimlich der Meinung ist, es brauchte keinen lieben Gott,
wenn sie alle so wären wie er. „In den höheren Kräften" des Menschen sitzt die Sünde
(Apol. II, 25). Der gegen Gott gerichtete Stolz und Hochmut des Menschen ist da am
gefährlichsten, wo dieser sein Größtes vollbringt. Sünde ist die zerstörte Gott-Mensch-
Relation, sofern diese Störung vom Menschen verschuldet ist. Wäre Gott nicht, dann
gäbe es keine Sünde, nur moralisches Versagen. Daß wir Sünder sind, besagt keineswegs,
daß wir – im menschlichen Sinne – nichts als Böses täten, sondern dies, daß wir im Zentrum unserer Person von Gott abgewandt und darum im Konflikt mit ihm sind. Stimmt's
aber im Zentrum nicht, dann sind wir *ganz* Sünder.
Wir müssen nun denselben Sachverhalt von anderer Seite her angehen. Wie kommt es zu
den Gruppenbildungen in Korinth? Indem man auf Menschen schwört – Paulus, Kephas,
Apollos –, ist man auf das aus, was Menschen sind und tun, also auf menschliche Vorzüge, Begabungen, Fähigkeiten, Erkenntnisse. Was hat uns ein Paulus oder wer es auch
sei zu bringen? Das, meint man, worin er uns voraus ist und woran er uns Anteil geben
oder ins Schlepp nehmen kann. Wäre das richtig gesehen, dann wäre das, was uns Heil
und Rettung bringt, die *Steigerung des Menschlichen.* Dann wäre, was uns zu Gott
bringt, aus unserm eigenen Vermögen heraus zu entwickeln und darzustellen. Dann
wären Menschen unsere Heilande. Paulus dagegen: *er* sei es doch nicht, der für die
Korinther gekreuzigt ist (V. 13, s. o.). Was ihn zum Apostel macht, ist ja nicht sein persönliches Vorausein gegenüber den Korinthern; er ist nur Verwalter der Gnadenmittel
Gottes (4,1). Man könnte entgegnen, es sei bisher immer nur an die natürlichen, also
schöpfungsmäßigen Vorzüge der korinthischen „Stars" gedacht. Könnte das Vorausein
nicht als göttliche Begnadung angesehen werden? Der Gnostiker versteht sich von seinem
himmlischen Ursprung her als den anderen Menschen überlegen. Er könnte sagen: Nicht
Natur, sondern Gnade hebt mich über die anderen hinaus. Man könnte dies verallgemei-
nern und etwa so umformen: Die höhere Religiosität gibt dem korinthischen Gruppen-

haupt den Vorrang. Noch etwas zugespitzter: Bei wem die Gnade – wie an seinen religiösen Qualitäten abzulesen – am meisten ausgerichtet hat, an den halten wir uns. Man
bedenke nur: Damit hält man sich an die fromme Persönlichkeit – und eben damit an das
von ihr repräsentierte Programm, an deren Frömmigkeitsstil (usw. – s. o.). Kurz: Man ist
wieder beim „Gesetz".

Nein, Gott entwertet, was hoch ist. (Wir sahen: es soll niemand persönlich getroffen und
verletzt werden; darum wählt Paulus die neutrale Aussage. Paulus will niemanden „ab-
schießen", sondern nur das Evangelium zur Geltung bringen.) Hier ist keiner dem anderen voraus. Hier kann keiner sich selbst einbringen und an die Stelle Christi setzen. Was
der eine vor dem andern vorauszuhaben meint, wird uninteressant. Noch mehr: es wird
abgebaut, zunichte gemacht. „Darum rühme sich niemand eines Menschen" (3,21). „Wer
sich rühmt, der rühme sich des Herrn" (1,31).

3.

Das eben Gesagte ist nur die (negative) Kehrseite dessen, was uns nun noch zu beschäftigen hat: die Christusaussage V. 30. Erst von daher bekommt das kritische Wort seinen
Sinn und seine Kraft. Wer noch nicht entdeckt hat, was Christus für ihn ist, muß sich –
wohl oder übel – mit dem trösten und an dem aufrichten, was er selber ist. Tritt Christus
in unser Leben, das heißt aber zugleich: bekommt unser Leben seinen Ort „in Christus"
(V. 30), bekommt dieses Leben einen ganz neuen Wert. Ich werde mich nicht mehr dessen
rühmen, was ich bin und vollbringe, sondern nur noch dessen, was er ist und vollbringt.
Wir werden die vier Substantiva anzusehen haben, die Jesu Bedeutung für uns beschreiben. Er ist unsere „Weisheit". Man hat in Korinth die Christusoffenbarung „als pneuma-
tisch-gegenwärtige Erkenntnis verstanden (2,10–16), durch die die Offenbarungsempfänger
selber zu Pneumatikern (2,13–16) und zu Weisen geworden seien, denen schlechthin alles,
Welt, Leben, Tod, Gegenwart und Zukunft, zur Verfügung offenstehe (3,21ff.), die also
bereits jetzt jenseits des eschatologischen Gerichts in der Vollendung des neuen Äons lebten (4,7f.)" (ThWNT VII, S. 521). Dies wäre aber eine „Weisheit", die am Kreuz Jesu
Christi vorbeigeht. Es gibt keine pneumatische Gottunmittelbarkeit. Wir haben den Zugang zu Gott nur durch den gekreuzigten Christus. Er ist unsere Weisheit. – So auch
unsere Gerechtigkeit, also die heile Gott-Mensch-Relation, in der wir das sind, was nach
dem Willen Gottes unsere Bestimmung ist: homines coram Deo zu sein, also in der unge-
störten Gemeinschaft mit ihm, in der Gott seine Doxa hat und in der wir die Doxa erlangen, die wir bei Gott haben sollten (Röm. 3,23). – So auch unsere Heiligung. Heilig ist,
was – vom Gottwidrigen „abgesondert" – Gott gehört und ihm zur Verfügung steht. Heiligung ist also der Übergang unserer Existenz in die Herrschaftsgewalt Gottes, d. h. aber,
in den Machtbereich seiner Liebe. – So auch unsere Erlösung. Das Wort ist „ein fester
jüdischer eschatologischer Begriff", dessen ursprüngliche Bedeutung man aus Luk. 24,21
erkennen kann (Fascher z. St.) und der bei Paulus als „unseres Leibes Erlösung"
(Röm. 8,24) eindeutig im eschatologischen Licht steht (Fascher zieht noch Stellen wie
7,31; 1,7; Phil. 3,21 heran).
Dies alles bringt uns Christus. Bringt? Wir müssen uns korrigieren: er ist es uns „geworden". Es könnte zuletzt so aussehen, als sei Jesus gekommen, um den homo religiosus –
versteht sich: nicht ohne seine Gnade! – aufzubauen, der dann doch wieder auf eigenen
Füßen steht. Jesus – Bringer des neuen Heilszustandes für den Menschen, so aber, daß,
wenn Christus sein Werk getan hat, er abtreten und den regenerierten Menschen sich
selbst überlassen kann? Ein Christus, der sich selbst gewissermaßen überflüssig macht? Es
steht nicht da: „wir haben durch ihn . . .", sondern: „er ist uns geworden". Noch einmal

hören in V. 29 hinein: „Gott macht zunichte, was etwas ist." Auch der glaubende Mensch lebt noch immer „im Fleische"; aber eigentlich lebt gar nicht mehr er, sondern Christus lebt in ihm (Gal. 2,20). So entsteht die neue Kreatur – Schöpfung aus dem Nichts; da ist denn wirklich das Alte vergangen, und Neues ist entstanden (2. Kor. 5,17). Das Neue leben wir „in Christus" (V. 30). Gott weiß, was dies auch für das Leben des „alten" Menschen bedeutet, für die Figur, die sich noch immer auf dem Brett befindet, obwohl schon mattgesetzt (Barth). Ganz gewiß verändert die Zugehörigkeit zu Christus auch das empirische Leben. Aber darauf baut der Christ nicht. Hier ist nicht sein καύχημα begründet. Das Zeugnis des Christen wird nicht lauten: „So bin ich – der Christ", sondern: „So ist er – mein Herr."

2. Sonntag nach Epiphanias. 1. Kor. 2,1–10

Unmittelbare Fortsetzung der vorangehenden Perikope. Über den Rest des Kapitels wird am Pfingstsonntag zu predigen sein. Die Kommentare sehen VV. 6–16 als Einheit an, mit einer gewissen Zäsur hinter V. 9. V. 10 dürfte, da er verbindet, sowohl zum Vorangehenden als auch zum Folgenden gehören. Wie stark der thematische (und auch theologische?) Bruch zwischen VV. 5 und 6 ist, muß die Auslegung zeigen.

V. 1: Κἀγώ: Was man am Schaubild eurer Gemeinde ablesen konnte, dafür bin auch ich selbst Beispiel. Mit einem zweiten κἀγώ wird derselbe Gedanke zu Beginn von V. 3 erneut aufgenommen. Paulus blickt gern auf seine ersten „Eingänge" (1. Thess. 1,9; 2,1) bei den (nachmaligen) Gemeinden zurück (Gal. 4,13; Phil. 1,5; 1. Thess. 1,5; 2,5ff.). „Ich kam nicht so, daß ich mich bei der Predigt des Gotteszeugnisses (oder -geheimnisses, s. Apparat) mit Wort und Weisheit hervortrat." – V. 2: κρίνειν hier = sich entschließen. Die Verdeutlichung: „und diesen als den Gekreuzigten" ist wohl nicht so sehr deshalb nötig, weil sonst nur an den Jesus der Erdentage, also den „historischen Jesus" gedacht sein könnte (Fascher), sondern weil Paulus gegen den gnostischen Geist-Christus polemisieren muß, der gar nicht sterben kann. – V. 3: „Schwachheit" – vgl. τὰ ἀσϑενῆ in 1,27; der Prediger Paulus ist selbst einer von den Schwachen. „Furcht und Zittern": vgl. 2. Kor. 7,15; Phil. 2,12. γίγνεσϑαι πρός = auftreten bei (jemandem). – V. 4: Ein Adjektiv πειϑός = überredend, „durchschlagend", ist sonst nicht bekannt; die LA ist jedoch gut bezeugt. Man könnte auch an den Dativ von πειϑώ, also πειϑοῖ denken = Überredungskunst (so z.T. spätere Textzeugen). Was „Beglaubigung durch Geist und Kraft" ist, davon nachher. – V. 5: vgl. 1,20ff. Gegen den Irrtum der Korinther, die deshalb auf die Gruppenhäupter schworen, weil sie auf die im Menschen liegenden Kräfte aus waren.

V. 6: Das von Luther eingebrachte „dennoch" verstärkt das δέ – eine Hilfe zum Verstehen, vielleicht auch eine Erschwernis. τέλειος nimmt wahrscheinlich ein Schlagwort der Gegner auf, das Paulus aber auf seine Weise gebraucht: „einer, dem nichts fehlt", der im Glauben „Erwachsene" (ThWNT VIII, S. 76f.). Conzelmann deutet von der Mysteriensprache her: „die Eingeweihte". Dies ist m.E. akzeptabel, wenn man sich die „ – " dazudenkt: was die Gnostiker für die besondere Schicht der Pneumatiker (V. 13) in Anspruch nehmen, gilt gerade nicht für sie (sie sind in Wirklichkeit „fleischlich", weil sie vom Menschen her denken, 3,1), sondern für jeden mündigen Christen. „Weisheit der Welt" vgl. 1,19f.25 – sie gehört auf die Seite des Heillosen, wobei zugleich an die unsichtbaren widergöttlichen „Mächte" zu denken ist, die Christus ausschaltet (15,24–28). – V. 7: Von dem einst verborgenen, jetzt offenbarten Geheimnis Gottes ist nach dem „Revelationsschema" geredet (Kol. 1,26f. – uns. Ausl. zu Epiphanias – ; Eph. 3,5.9f.; 2. Tim. 1,9f.; Tit. 1,2f.; 1. Petr. 1,20; daß dieses Schema nicht erst beim späten Paulus bzw. in seiner „Schule" vorkommt, zeigen unsere Stelle und Röm. 16,25; der Sache nach gehören hierher alle Aussagen über die – vorzeitliche – Erwählung). – V. 8: Die Archonten (es dürfte wieder an die *unsichtbaren* „Machthaber" gedacht sein) haben den Verfechter der Sache Gottes beseitigt, ohne zu wissen, daß sie es mit dem „Herrn der Herrlichkeit" selbst zu tun hatten, worin zugleich liegt, daß sie damit zu Vollstreckern des gegen sie gerichteten

Gotteswillens wurden. An „Überlistung des Teufels" (H. Lietzmann) braucht man dabei nicht zu denken. – V. 9: Herkunft des Zitates unklar; am nächsten vielleicht: Thomasevangelium 17 (ThLZ 1958, Sp. 484; Hennecke-Schneemelcher, Ntl. Apokryphen I, S. 217) und Jes. 64,3; Ps. 30,20, wobei es sich um ein Mischzitat handeln dürfte, das nur ein Satzfragment ergibt, also der Ergänzung bedarf. – V. 10: Diese Ergänzung bietet nun dieser Vers. „Jetzt ersetzt Paulus die σοφία durch das πνεῦμα" (Czlm.). βάϑος hier nicht, wie in der Gnosis, Gott selbst, sondern „die Unergründlichkeit des geschichtsschaffenden Heilshandelns Gottes" (W. Ullmann in: Karl-W. Tröger, Gnosis und NT, 1973, S. 387; der Beitrag von Ullmann ist zum Verständnis unseres Textes sehr hilfreich).

Eine der schwierigsten Stellen der paulinischen Briefe. Innerhalb des Textes, zwischen VV. 5 und 6, wechselt Paulus die Tonart. Auch das Thema? VV. 1–5 stimmen gut zum Vorangegangenen: das Evangelium ist das Wort vom Kreuz, das alle Weisheit der Welt zur Torheit macht. Jetzt aber, von V. 6 an, ist von der Weisheit im positiven Sinne die Rede. Ja, es tauchen Worte auf, die gnostischem Denken und Reden entnommen sind: τέλειος, σοφία, μυστήριον, οἱ ἄρχοντες τοῦ αἰῶνος τούτου das in V. 9 zitierte, in der Gnosis besonders beliebte, vermutlich apokryphe Schriftwort, vielleicht das Wort ἐρευνᾶν sicher die βάϑη τοῦ ϑεοῦ. Sollte Conzelmann damit recht haben, daß nicht nur die Sprache, sondern auch „der Inhalt von 2,6–16 in der Substanz nicht christlich ist" (Kommentar, S. 76)? Es herrsche „ein pneumatischer Enthusiasmus". „Das Ärgernis des Kreuzes scheint zugunsten der direkten Erkenntnis von Geist durch Geist verdrängt zu sein" (a.a.O., S. 74). „Es widerspricht den bisherigen Ausführungen" (1,18 – 2,5), „wenn Paulus nun doch eine positive, undialektische Möglichkeit ankündigt, Weisheit der ,Vollkommenen' zu betreiben" (ebd.). Sollte sich Paulus also – so Bultmann – im Eifer der Widerlegung dazu hinreißen lassen, an die Gedanken der Gegner so anzuknüpfen, daß er dabei selbst ein Stück weit in diese hineingerät (Glaube und Verstehen I, S. 43f.)?
Wäre dem so, dann müßte der Prediger die Hände von diesem Text lassen. Dies gerade darum, weil die Faszination der (vermeinten) Gottunmittelbarkeit – an Christus und seinem Kreuz vorbei – etwas so gefährlich Naheliegendes ist, daß man Versuchungen dieser Art besser nicht nachgibt. Die Triebkräfte dieser korinthischen Theosophie sind – so Martin Doerne in einer Predigt – in die Geistes- und Seelengeschichte unseres Kulturbereichs eingegangen „als ein Golfstrom im Ozean unserer geistigen Überlieferung, zeitweise verborgen, dann wieder als überraschend starke Strömung fühlbar" (Das Wort der Wahrheit, 1971, S. 33). Gottes direkt ansichtig zu werden, nicht in der indirekten Sicht des Spiegels und nicht im Rätselwort vom Gekreuzigten, sondern – jetzt schon – von Angesicht zu Angesicht (13,12): das ist sicher das heimliche Begehren jedes Menschen, der sich Gott verbunden weiß oder sich nach dieser Verbundenheit mit ihm sehnt. Ekstasen und mystische Identitätserlebnisse, der Anspruch, das „innere Licht" zu haben, die Überzeugung von der „Homousie" von Gottes- und Menschengeist im deutschen Idealismus und seiner Denk-Mystik: all solche geistigen Phänomene zeigen, wie leicht man „korinthischem" Denken verfällt. Sollte dies dem Apostel, für ein paar Augenblicke nur, ebenfalls widerfahren sein?
Es kann uns nicht darum gehen, diesen Text (koste es, was es wolle) zu „retten". Wir müssen ihn jedenfalls genau abhören. Nach W. Ullmann (a.a.O., S. 384) „scheinen die genannten terminologischen Anklänge dem Verständnis dieses Kapitels eher hinderlich gewesen zu sein". Paulus ist, wie er den Juden ein Jude, den Griechen ein Grieche geworden ist, hier den Gnostikern wie ein Gnostiker geworden. Ich möchte aber behaupten: in der Sprache, nicht in der Sache; die Worte der Gesprächspartner bekommen neuen Sinn. So z. B., wenn Paulus, der harte Kritiker gesetzlichen Denkens, vom „Gesetz Christi" oder vom „Gesetz des Geistes" spricht (Gal. 6,2; Röm. 8,2) oder wenn er die von gnostischer Seite gern gebrauchte Formel „Mir ist alles erlaubt" seinerseits benutzt, um die

(ganz anders geartete) christliche Freiheit zu proklamieren (6,12; 10,23). Es wird hier nicht anders sein. Paulus verficht nicht eine über das „Wort vom Kreuz" hinausführende „höhere Weisheitslehre" (Czlm., S. 81), sondern sozusagen die andere Seite der Kreuzespredigt. Versuchen wir es mit folgendem Aufriß: *Die Predigt von der Kraft des Gekreuzigten:* (1) *die schockierende Weisheit,* (2) *die unzugängliche Weisheit,* (3) *die vom Geist erschlossene Weisheit.*

I.

Paulus knüpft an die vorhergehende Perikope an; die Predigt sollte es ebenfalls tun. Wie die Korinther mit ihrem überwiegend bescheidenen menschlichen Status – nicht viel Weise, Einflußreiche, aus höheren Ständen Stammende – den Verdacht nicht aufkommen lassen, als sei das Christsein nichts als eine gesteigerte, sozusagen optimale Variante des Menschseins, so verhält es sich auch mit Paulus und seiner Predigt. Predigt kann nicht darin bestehen, daß der predigende Mensch das Seine darbietet, Selbstentwickeltes also, Selbsterdachtes, aus der Substanz des eigenen Menschseins Hervorgebrachtes. Man muß sich den Unterschied zu jeder anderen vergleichbaren Tätigkeit des Menschen klarmachen. Der Philosoph baut seine Weisheit aus eigenem Wissen und eigener Denk- und Reflexionskraft auf. Der Dichter sieht, erlebt, erleidet seine Welt und filtert das Erfahrene durch sein Inneres, um ihm mittels der eigenen Formkraft Gestalt zu geben. Für jeden anderen schöpferischen Menschen – und in irgendeiner Weise sind wir es ja alle – gilt Analoges. Man kann sich auf der Ebene des Menschlichen treffen, kann das Selbsterfahrene, Selbstgedachte, Selbstgestaltete dem anderen verständlich machen, indem man an die in ihm vorhandenen analogen Anlagen und Fähigkeiten anknüpft. Beim Prediger ist es anders. Er spricht von dem Gott, den keiner seiner Hörer gesehen hat, er selbst ebensowenig. Also operiert er mit selbstersonnenen Vorstellungen? Die eben muß er zerstören! Bei Bearbeitung der Pfingstperikope wird es genauer auszuführen sein: es ist nichts mit der immer wieder behaupteten Wesensverwandtschaft zwischen Gott und Mensch, so daß der Mensch, als Partikel der Gottheit oder als der in seinem Gegenüber zu sich selbst kommende Gott, nur in sich hineinzuhorchen brauchte, um seinen Gott zu finden. Erst recht ist der von Paulus verkündigte Gott nicht der an den Himmel projizierte, ins Unendliche gesteigerte Mensch. Das alles wäre „Menschenweisheit" (V. 5), mit der in dieser Sache nicht nur niemandem geholfen ist, sondern die darin gefährlich ist, weil sie Illusionen erzeugt, aus denen es, wenn der wirkliche, der lebendige Gott offenbar wird, nur ein peinlich-ernüchterndes Erwachen geben kann. Der Prediger, wenn er denn wirklich die Linie des Apostels einhält, predigt einen Gott, den keiner von uns sich so gedacht hätte, wie er da offenbar wird: den gekreuzigten Gott – schändlich hingerichtet, grausam umgebracht. Man muß sich klarmachen, was in einem Todesurteil beschlossen ist: Du bist nicht mehr wert, in der Welt zu leben; in dem unter Menschen gültigen System von Normen, Werten, Grundsätzen, Überzeugungen, von Idealen gar nicht zu reden, ist für so einen, wie du bist, kein Platz; wo kämen wir hin, wenn wir gelten ließen, was *du* bist! Man mache sich klar: dies dem unter uns anwesenden Gott ins Angesicht gesagt! Hier findet ein Zusammenprall statt zwischen den Menschen, samt allem, was ihnen gültig ist, und dem wirklichen Gott, ein Zusammenprall, wie man ihn sich heftiger nicht denken kann: die Konfrontation auf Tod und Leben! Mit *dieser* Predigt ist Paulus nach Korinth gekommen.

Schwachheit, Furcht und großes Zittern hat man psychologisch erklären wollen: nach dem Mißerfolg von Athen (Apg. 17,32 a) konnte der Apostel den neuen Schauplatz seines missionarischen Wirkens nur mit größtem Bangen betreten. Wie es Paulus in dieser Hinsicht wirklich ging – er war ja auch nur ein Mensch von Fleisch und Blut – wissen wir nicht; worauf es in unserm Zusammenhang ankommt, ist aber etwas gänzlich anderes. Die Bangigkeit ist in der *Sache* begründet. Wer wird einen solchen Gott und Herrn annehmen und eine Botschaft, die ihrem Wesen nach im Urteil des natürlichen Menschen nur Anstoß und Nonsens (1,23) sein kann? Und nun achte man darauf, daß der Apostel nicht etwa – weil ihm bange war – diese harte, schockierende Botschaft gemildert, gedämpft, mit anderen, einleuchtenderen Aussagen gepolstert hat. Die Kirche hat dies immer wieder getan, und sie ist damit der ihr aufgetragenen Sache untreu geworden. Wenn es zutrifft, daß wir in einer zweiten Welle der Aufklärung leben: die Aufklärung hat aus der biblischen Botschaft nur das gelten lassen wollen, was sich vor der Vernunft rechtfertigen, mehr noch: was die Vernunft sogar von sich aus (ohne Christus) hervorbringen kann. Paulus hätte versuchen können, seine Predigt schmackhafter zu machen. Aber er ist nach Korinth nicht mit überredenden Worten menschlicher Weisheit gekommen (V. 4), also nicht mit – wie könnte man πειϑός wiedergeben? – eingängiger, einleuchtender, die Hörer schnell einfangender oder gar beschwatzender Rede. (Es könnte in V. 1, auch in V. 4, etwas wie Kritik an dem „redegewandten" Apollos zu vernehmen sein; er wird Apg. 18,24 als λόγιος charakterisiert, was zu seiner Herkunft aus Alexandria passen würde. Wenn das stimmt, könnte diese Kritik freilich eher dessen Gefolgsleute als ihn selbst treffen, vgl. 3,6; 4,6; 16,12.) Und dies nun nicht so, wie die Korinther später gemeint haben, als sie Paulus Schwachheit vorwarfen (2. Kor. 11,29; 12,9f.); Paulus hat, als er sich „in Schwachheit und in Furcht und mit großem Zittern" in den Spuren seines gekreuzigten Herrn bewegte, eine bewußte Entscheidung getroffen (ἔκρινα). Nicht mangels Besserem hat er diese Botschaft nach Korinth gebracht, sondern weil diese Botschaft die einzig stichhaltige ist. „In Schwachheit" kann bei einem Paulus am allerwenigsten als Eingeständnis der geistigen Minderbemitteltheit gedeutet werden. *Diese* „Torheit" (1,23) ist, man kann es ruhig aussprechen, eine ungeheure geistige Leistung, und man wird, wenn man ihr gerecht werden will, der Gemeinde auf jeden Fall Denkarbeit zumuten müssen. (Es den Menschen leicht zu machen und ihnen – natürlich nur zum „Einstieg" und zur „Abholung"! – sanft eingehende, auf Anhieb plausible Reden zu servieren, ist eine völlig unsachgemäße und darum untaugliche Missionsmethode.) Paulus scheut nicht die Predigt, die das ganze enthusiastische Denksystem der Gottunmittelbarkeit ins Wanken bringt.

Wie kann er dann hoffen, daß seine Predigt gehört oder gar angenommen wird? Würde sie nicht nur dann verständlich sein können, wenn sie sich in ein Ganzes von Einsichten, Erfahrungen, Überzeugungen (usw.) einbaue und mit ihm sinnvoll verbinden ließe? Wir stellen damit die hermeneutische Frage in einer Grundsätzlichkeit, die wir im Rahmen einer Predigthilfe gar nicht durchhalten können. Jetzt nur soviel, wie sich aus dem Text ergibt. Paulus verläßt sich auf den Beweis des Geistes und der Kraft, den nicht er, Paulus, zu erbringen hat, sondern den die Botschaft bzw. der in ihr wirkende Herr selbst leistet. „Die Predigt von der Kraft des Gekreuzigten" schrieben wir über diesen Auslegungsversuch. „Wir predigen (ja) Christus als göttliche Kraft und göttliche Weisheit" (1,24). „Das Reich Gottes steht in keinem λόγος, sondern in δύναμις" (4,20). Das Evangelium ist die „rettende Dynamis Gottes" (Röm. 1,16). Beglaubigung durch Wunder? Man hat δύναμις so deuten wollen; lexikalisch möglich, vom Zusammenhang der paulinischen Gedanken her unmöglich. Läsen wir das Kapitel zu Ende, würde es vollends deutlich. Nicht das erwartet Paulus, daß durch bestimmte in die Augen springende Machttaten am Ende doch noch der natürliche Mensch umgestimmt und überzeugt wird (vgl. V. 4), sondern er meint die Selbstbeglaubigung Gottes in seinem Wort, sozusagen „höher als alle Vernunft", indem es Menschen ergreift. Um das zu begreifen, müssen wir noch einmal auf die schockierende Wirkung solcher „Weisheit" kommen. Die Vertreter einer natürlichen Theologie, eines gnostischen Enthusiasmus, eines die Gott-Verwandtschaft des Menschen lehrenden Idealismus sehen die Kommunikation zwischen Gott und Menschen einfach als ein Erkenntnisproblem an. Paulus weiß hingegen, daß die Gemeinschaft mit Gott durch die Sünde gestört ist – vom Sünder her gesehen: hoffnungslos – und nur dort (wieder-) hergestellt werden kann, wo der Gott-Mensch-Konflikt bis zur letzten Konsequenz ausgetragen wird und Christus mit dem Sünder und der Sünder mit Christus stirbt. Der Enthusiast drückt sich an der Hölle des Karfreitags vorbei; ja, er sieht gar nicht, daß das eine Hölle ist. Die Botschaft vom gekreuzigten Christus verkündigt und bringt uns den Gott, der mit dem *Sünder* Verbindung aufnimmt und ihn sich heimholt. Hier geschieht die große Wende von der Verlorenheit zum Heil. Paulus weiß, warum er den Korinthern nicht „billiger" kommen kann.

2.

Bisher war im Text (VV. 1–5) dreimal von Weisheit die Rede, durchweg im kritischen, verneinenden Sinne („nicht mit hoher Weisheit", „nicht mit plausiblen Worten menschlicher Weisheit", „nicht auf Menschenweisheit"). Nun, V. 6, heißt es: „Weisheit ist das schon". Wenn unser Abschnitt einen Bruch in der Gedankenführung enthält: liegt er hier? Sicher nicht. Paulus unterscheidet – und dies schon 1,22–25! – zweierlei Weisheit: die der Welt – und die heimliche, verborgene Weisheit Gottes. Schon von der Kreuzespredigt (VV. 1–5) gilt: sie wirkt zwar auf Außenstehende wie „Torheit", aber von Gott her gesehen ist sie „Weisheit" – „weiser, als die Menschen sind" (1,25). Warum sind die beiden Arten von Weisheit nicht auf einen Nenner zu bringen?
Das, was die Weisheit Gottes ausmacht, also die im Kreuz Christi wirksame göttliche Weisheit, ja, die Weisheit, die Christus selbst ist (1,24): dies ist dem natürlichen Menschen schlechterdings *unzugänglich.* Zu Pfingsten wird ausdrücklich davon zu reden sein: Der Mensch erkennt, was im Menschen ist, aber für die Wirklichkeit Gottes hat der natürliche Mensch keine Antenne. Gleiches kann nur von Gleichem erkannt werden. Das weiß sogar die Philosophie (Demokrit, Platon, Poseidonios). Der „psychische" Mensch vernimmt nichts vom Geiste Gottes (V. 14). So muß ihm die „heimliche, verborgene Weisheit Gottes" unzugänglich sein, und er kann darum auch nicht wissen, mit wem er es in diesem Jesus Christus zu tun hat.
Die Korinther würden scharf protestieren. Sie gerade tun sich viel darauf zugute, die Pneumatiker zu sein, und sie schauen auf die bloßen Pistiker herunter. Paulus: „Ihr seid noch fleischlich" (3,3). Den Korinthern wird abgesprochen, worauf sie so stolz sind wie auf sonst nichts. Eine boshafte Übertreibung? Ein übler Scherz? Paulus meint es ernst. Die bruchlose Theologie und Anthropologie der Enthusiasten, die dem gnostischen Elitemenschen – so, wie er ist, ohne das rettende Geschehen von Kreuz und Auferstehung – die Affinität zu Gott zuspricht, ist, bei Licht besehen, *natürliche* Theologie. Man ist, was man ist, kraft der Lichtnatur, die einem als Gnostiker eigen ist. Es bedarf des Erlösers nicht, der einen heillosen Zustand des Getrenntseins von Gott durch die Sünde überwindet (Kreuz); er muß nur die Lichtbestandteile der sowieso Gott zugehörigen Menschen auf dem Wege der Gnosis heimbringen ins himmlische Lichtreich. Sterben und auferstehen? Man ist schon, was man zu sein hat, und ist eigentlich schon da, wo man hingehört (4,8). Die eschatologische Grenze braucht nicht mehr überschritten zu werden. Wenn die Gnostiker vom Geist reden, dann meinen sie nicht den Geist Jesu Christi (Röm. 8,9; Phil. 1,19; Gal. 4,6; 2. Kor. 3,17).
Dem natürlichen Menschen freilich ist die Weisheit Gottes nicht zugänglich. Da müßte

man in der Erkenntnis schon weit genug vorangekommen sein (3,1–3), ein „Vollkommener" (V. 6), ein „Eingeweihter" (Czlm.), letzteres nicht im Sinne einer Stufung, sondern
„gnostisch-antithetisch" (Ullmann, S. 385) zu verstehen. Der Glaubende hat den Blick für
das Gottsein Jesu und für die in Jesus sich erschließende Gottesweisheit; wer nicht
glaubt, dessen Sinn ist hier „verblendet" (2. Kor. 4,3f.). Die Welt, wie sie ist, ist überhaupt gottblind; wenn sie Gott zu sehen meint, ist es gar nicht der wirkliche Gott, den sie
sieht, sondern, wie Luther sagen würde, der Deus fictus. „Weil die Welt durch ihre Weisheit Gott in seiner Weisheit nicht erkannte, gefiel es Gott wohl, durch törichte Predigt zu
retten, die daran glauben" (1,21). Damit ist nicht etwa weltliches Wissen und Denken
überhaupt abgelehnt; das kritische Wort gegen die Weisheit dieser Welt bedeutet keinesfalls eine Herabsetzung der Wissenschaft, die sich sachgerecht mit den Dingen dieser Welt
beschäftigt. Nur: für das Göttliche ist das natürliche Erkenntnisvermögen des Menschen
nicht zuständig. Wer von uns verlangt, wir möchten ihm einen kontinuierlichen Denkweg
vom menschlichen Wissen her zu Gott aufzeigen, verlangt Sinnloses.

„Gottesweisheit im Geheimnis" predigen wir, „die verborgene" Weisheit (V. 7). Es dürfte
im Sinne Paulus sein, wenn wir die Unzugänglichkeit Gottes für natürliches Erkennen
auf zweierlei Weise begründet sehen. Einmal: Gott ist in dem, was er ist, und in dem, was
er will, plant und beschließt ($\pi\rho o\acute{\omega}\rho\iota\sigma\varepsilon\nu$) allezeit „Geheimnis" – einfach deshalb, weil er
anders ist, „der ganz Andere", eben Gott und nicht Mensch. Daran dürfte gedacht sein,
wenn von der verborgenen Weisheit die Rede ist, „die Gott vorherbestimmt hat vor den
Welten (oder: Weltzeiten) zu unserer Verherrlichung". Wer von uns hat schon Einblick
in Gottes Gedanken vor aller Zeit und Welt (Röm. 11,33–36)? Was sich zwischen ihm
und uns Menschen ereignet, sieht und bedenkt er voraus. Daß er uns, die ihm verlorengegangenen Menschen, wiederhaben will, entspringt nicht der Eingebung oder gar Laune
eines Augenblicks, sondern Gott bewegt dies in seiner Weisheit und in seinem ewigen Erbarmen jenseits von Raum und Zeit, und seine Liebe sorgt sich um uns und sucht uns,
ehe wir um uns selbst, erst recht: ehe wir um ihn wissen können. In diese Abgründe des
göttlichen Vordenkens und Vorausliebens schaut kein Mensch hinein. – „Verborgen" ist
Gott uns aber noch auf eine andere Weise. Als er sich aufmachte, mit uns Verbindung
aufzunehmen – nun wirklich in unserm Raum und in unserer Zeit –, da geschah es so,
daß sein Göttliches erst recht unerkennbar wurde. Jetzt war Gott nicht nur anders, sondern er erschien, als der Gekreuzigte, in der ungöttlichsten Gestalt: erniedrigt, gedemütigt, verhöhnt, verabscheut, gequält, vernichtet. Wir sagten vorhin, es habe sich an Jesus
gezeigt, daß er nicht in das System menschlicher Normen, Werte und Überzeugungen
passe. Jetzt wird, umgekehrt, deutlich: Unsere Vorstellungen von Gott lassen sich nicht
mit dem wirklichen Gott verbinden, der am Kreuz hängt und elend stirbt. Wo bleibt da
das Göttliche? Schon in den Erdentagen Jesu war es im Menschlichen verdeckt. „Fleisch
und Blut" konnte nicht wahrnehmen, was es mit diesem Jesus auf sich hat (Matth. 16,17).
Erst recht am Karfreitag.

Hierher gehört auch die Stelle von den unwissenden Archonten (V. 8). Es scheint, daß
Paulus ein vorgefundenes Motiv – gleich, woher es stammen mag – aufgegriffen und
daran erläutert hat, was er meint. Lietzmanns Meinung, gedacht sei an den geprellten
Teufel, könnte das, worauf es ankommt, eher verdecken als verständlich machen. Der
Widerstand der unsichtbaren gottwidrigen Mächte gegen Jesus, bis hin zu seiner Vernichtung durch das Kreuz, ist nur von daher verständlich, daß sie überhaupt nicht gemerkt
haben: dieser Tod entspricht dem göttlichen Heilsplan und dient ja gerade dazu, das
Gottwidrige zu entmachten, ja zu „beseitigen" (V. 6). Der vom Tod verschlungene wahrhaft Lebendige ist für den Tod das Gift, an dem er selber sterben muß (nach dem Text
von Nag Hammadi C VI p. 41,13–42,21 bei H. M. Schenke in: Tröger, Gnosis und NT,

S. 220). Die „Mächte" vergreifen sich am „Herrn der Herrlichkeit" (übrigens eine
für die Christologie hochwichtige Stelle), um Gott das Konzept zu verderben – und in
Wirklichkeit müssen sie unwissend seinen Plan vollstrecken. Wieder möchte man an
Röm. 11,33ff. denken.

3.

Wie aber nun, wenn die Erkenntnis dessen, wer Jesus ist, und die in der Ewigkeit
gründende Heilsabsicht Gottes so „unter Verschluß" sind: wie soll dann überhaupt
jemand zum Glauben und Erkennen kommen? Wir sahen ja: *zweifach* verschlossen ist
Gott in seinem Tun – als der *Ganz-Andere* und als der in der Niedrigkeit und Schande
des Kreuzes *Entstellte,* also der zur Horrorgestalt Gewordene. Dasselbe aufs menschliche Erkennen bezogen: einerseits keine Antenne für Gott beim natürlichen Menschen,
andererseits, wo man nun wirklich *sieht,* das Schaudern vor dem Abstoßenden und
keine Möglichkeit, diese skandalöse Art des Handelns Gottes als seine Offenbarung zu
durchschauen. Wie soll sich uns die für den Menschen unbegreifliche „Weisheit"
erschließen?
„Uns hat Gott es offenbart durch seinen Geist." Wir sahen: Gleiches kann nur von
Gleichem erkannt werden. Also erkennt der Menschengeist Gott *nicht.* Anders, wenn
Gott seinen eigenen Geist, seine eigene Lebendigkeit und Dynamis in den Menschen
hineingibt. Der Heilige Geist: Gott in uns. Nicht, daß der Menschengeist zum Gottesgeist hinaufgesteigert würde. Gottesgeist und Menschengeist sind und bleiben zweierlei
(„der Geist selbst gibt Zeugnis unserm Geist", Röm. 8,16). Aber indem Gott uns seinen
Geist gibt, haben wir in uns eine Art himmlischer Exklave, in der Sprache des Paulus:
die „Anzahlung" auf das Kommende (2. Kor. 1,22; 5,5; Eph. 1,14). Jetzt versucht nicht
mehr der natürliche Geist Gott zu erreichen – er müßte ja, da Gleiches nur von Gleichem erkannt wird, bei einem *weltlichen* Gott anlangen. Jetzt sind wir an den himmlischen, den göttlichen Stromkreis angeschlossen: Gottes Geist in uns erkennt Gott.
Hier, hat man gesagt, liege nun wirklich der Bruch zwischen dem Paulus der Kreuzestheologie und dem enthusiastischen Paulus. Ich greife schon Erwähntes nochmals auf.
Was wir von V. 6 ab lesen, sei „in der Substanz nicht christlich". „Das Ärgernis des
Kreuzes scheint zugunsten der direkten Erkenntnis von Geist durch Geist verdrängt zu
sein." Paulus deute hier doch „eine zusätzliche, höhere Weisheitslehre" an (Czlm.,
S. 76.74.81). Es wäre so, wenn der Geist von der Gottesoffenbarung in Christus abgelöst
und verselbständigt werden könnte. Wir müßten, wenn wir Paulus so verstehen wollten,
nicht nur in unserer Perikope den bezeichneten Bruch konstatieren, sondern auch
anderwärts. „Der Herr ist der Geist" (2. Kor. 3,17). Vom Geist sagt Paulus, daß er „lebendig macht in Christus Jesus" (Röm. 8,2). „,Gottes Geist' ist in euch, ,der Geist
Christi' ist in euch, ,Christus' ist in euch: das steht in Röm. 8,9–11 gleichsinnig nebeneinander" (Goppelt, ThNT 2, S. 450). Daran, daß einer sich zu Jesus als dem Herrn
bekennt, ist abzulesen, ob es sich um dämonischen oder heiligen Geist handelt (12,3).
Wir lassen es bei diesen Beispielen. Der Geist führt nicht am Gekreuzigten vorbei oder
über ihn hinaus. Er zeigt die „andere Seite" des Kreuzesgeschehens, eben das, was die
Archonten nicht haben wahrnehmen können. Er macht die Hülle, unter der der erniedrigte Gott und Herr uns begegnet, durchsichtig. Gekreuzigt wurde tatsächlich „der
Herr der Herrlichkeit", und zwar so, daß eben darin Gott das nur ihm selbst versteh-
bare Werk der Versöhnung der Welt geschehen ließ. In der Tat, kein Auge konnte und
kann dieses geheimnisvolle Wollen, Planen und Wirken Gottes sichten, kein Ohr es

vernehmen, und kein Menschenherz kann sich solches ausdenken (und wenn es sich dergleichen ausdächte, wäre es mythische Fiktion). Keine Spekulation erreicht den wirklichen Gott – und kein Mensch könnte, in seiner schuldhaften Verlorenheit, Gott dergleichen abverlangen. Aber Gott hat, was er in Jesus Christus an uns tut und durch ihn zum herrlichen Ende führen wird, für uns „bereitgelegt" (V. 9, vgl. Kol. 1,5; 1. Petr. 1,4). Noch sehen wir es nicht von Angesicht zu Angesicht (13,12); im Gegenteil: „in diesem Leben" sind wir noch aufs stärkste aufs Hoffen angewiesen (15,19; Röm. 8,18.23). Aber der Geist beglaubigt uns gerade am gekreuzigten Christus das wunderbare Gott-für-uns.

Warum noch immer dieses Warten? Die Enthusiasten in Korinth wollten es sich nicht eingestehen, daß sie noch immer vor der eschatologischen Grenze stehen (4,8). Der Versuch einer umfassenden Antwort wäre, meine ich, ein eigenmächtiges Aufreißenwollen des Geheimnisses Gottes. Aber wenn wir lesen: „denen, die ihn lieben", dann liegt darin ein zarter Hinweis. Die hier gemeinte Liebe zu Gott ist keine zu erbringende Vorleistung. Aber indem Gott sie entstehen läßt, indem er also selbst durch seine Liebe unsere Liebe erweckt, schafft er die *personale Beziehung,* in der allein sein Geheimnis uns erschlossen sein soll. Für Theoretiker exponiert Gott sich nicht. Er öffnet sich für solche, die er wieder zu den Seinen machen kann. Die stolzen Gnostiker, die sich für unanfechtbar halten und eigentlich nur auf eine Veränderung ihrer äußeren Situation – soweit diese überhaupt noch nötig ist – warten, nämlich die Befreiung aus der Welt der Hyle, haben nicht verstanden, daß wir etwas ganz anderes nötig haben: die Errettung aus unserm heillosen schuldhaften Konflikt mit Gott. Nach dem in den Tiefen Gottes, in den Abgründen seines Erbarmens gefaßten Plan unserer Errettung und Wiedergewinnung ist Christus für uns gestorben. Das ist die Weisheit, die der Geist uns erschließt und in der die Kraft des Gekreuzigten wirksam ist.

3. Sonntag nach Epiphanias. 2. Kön. 5,(1–8)9–15(16–18)19a

Unter den Elisa-Erzählungen (mit geringen Ausnahmen 2,1 bis 9,10; 13,14–21) nehmen *die* Texte eine Sonderstellung ein, die sich, obzwar teils mit wunderhaften Zügen, der Geschichtserzählung nähern, darunter unser Kapitel. Die in () stehenden Verse wegzulassen, käme einer gewaltsamen, auch theologisch bedenklichen Störung des Erzählungsfadens gleich. Der kontrastierende Schluß (VV.19b–27) darf gern wegbleiben.

In der Sammlung der Elisageschichten steht der Text ganz für sich. Während wir Elisa sonst auf dem Karmel (2,25; 4,25) oder in Gilgal (4,38) finden, wohnt er hier in Samaria. In 8,4 tritt Gehasi auf, als wäre er gesund, wo er doch nach 5,27 bleibend mit Aussatz behaftet ist. Zusammenhänge außerhalb der Perikope werden wir also nicht suchen.

V.1: Vorausgestelltes Subjekt, also betonter Name. Naeman ist Generalissimus und Kammerherr (V.18), der wichtigste Mann nach dem König. Zeit der Jehu-Dynastie; weder der Name des Aramäerkönigs noch der des Königs von Israel ist genannt. Daß Jahwe es gewesen ist, der (durch Naeman) Aram Sieg gegeben hat, ist eine theologisch bedeutsame Aussage (Greßmann verdirbt mit seiner Fußnote die Pointe: Jahwe „hier so viel wie Gott"). Die Paradoxie: „ein tapferer Kriegsmann – aussätzig" ist in der recensio Luciana der LXX gestrichen; das ist eine Glättung, aber m.E. zu Recht, denn das vorangestellte וְהָאִישׁ ist adversativ zu übersetzen („aber"). – V.2: Bei einem „Angriff" bzw. „Überfall", wie ausdrücklich vermerkt, ist das (ungenannte) „kleine Mädchen" als Kriegsgefangene aus ihrer Heimat nach Damaskus verschleppt worden („vor" der Frau Naemans, d.h. als ihre Sklavin). – V.3: אַחֲלֵי = „o wenn doch . . .!"; das Mädchen, obwohl Gefangene, läßt sich das Schicksal des Generals zu Herzen gehen; Elisa ist als Wunderheiler bekannt. – V.5: Ordnungsgemäß Urlaub. Geschenke: Naeman wird als Bittender kommen und will höflich sein. – V.6: Der Brief, ohne Grußformel, ist in barschem Ton gehalten. Der König in

Samaria ist Arams Vasall. Den Königen wird Heilungskraft zugeschrieben. Dem Abhängigen wird einfach befohlen, den Aussätzigen zu heilen. – V.7: Der König in Israel versteht den Brief richtig als Befehl. V.8: Elisa schickt nur einen Boten. Man scheint in Damaskus gar nicht zu wissen, daß es in Israel einen Propheten gibt! – V.10: Auch mit Naeman verhandelt Elisa nicht unmittelbar. Große Leute lassen sich nicht so leicht sprechen! Siehe jedoch weiter unten! – V.11: Naeman nimmt daran Anstoß, auch erwartet er etwas viel Spektakuläreres. Schöner verstärkender inf. absol.: יָצֹא יֵצֵא = „er hätte sich wahrhaftig herausbemühen können". Damaskus liegt an den beiden Flüssen Abana und Parpar. – V.13: Wieder sind es die Untergebenen, die ihm gut raten, und – V.14 – Naeman geht darauf ein. Sein Fleisch „kehrte zurück". – V.15: Nun „kehrt" auch Naeman „um" (dasselbe Wort) zum Propheten. Jetzt erst Direktbegegnung. Jahwe-Bekenntnis Naemans. – V.16: Die angebotene Segensgabe (wie 1.Sam.30, 26; Jos.15,19) nimmt Elisa nicht an, trotz Drängens. – V.17: israelitische Erde, soviel zwei Maultiere tragen können – zur Bedeutung s.u. Darin liegt zugleich das Gelöbnis, Jahwe zu verehren. – V.18: Die Teilnahme am Staatsopfer gehört freilich zu des Generals Amtspflichten, ja, als Kammerherr muß er sogar den König stützen (7,2.17). Lies mit LXX: „bei *seiner* Proskynese"; die Luciana-Fassung der LXX erleichtert Naemans Gewissen: er will beim Fußfall vor Rimmon sich Jahwe vorstellen; doch wohl eine allzu glatte Lösung (doch s.u.).

Die Naemangeschichte, ein erzählerisches Kunstwerk, auch in der Predigt am besten *nachzuerzählen*, ist das alttestamentliche Gegenstück zur Perikope vom Hauptmann von Kapernaum (Evangelium des Sonntags): Jesus erweist sich als der Heiland auch der Heiden. Nach dem Zeugnis des Lukas hat unsere Perikope in Jesu Wirken einmal eine besondere Rolle gespielt: wie bei der Witwe aus dem heidnischen Sarepta, so kann man, meint Jesus, auch an der Naemanerzählung ablesen, wie Gott sich gerade dem Heiden zuwendet, während das unzugängliche Israel leer ausgeht (Luk.4,24–27). Die Leute von Nazareth hätten Jesus, erzählt Lukas weiter, wegen dieser Provokation beinahe in den Abgrund gestürzt; was ihnen ärgerlich war, ist unser Glück.
Die Exklusivität Israels ist hier – ähnlich wie im Jonabuch – deutlich durchbrochen. Israels Gott ist der Herr aller Welt und hat sein Gutes auch anderen Völkern zugedacht. Naeman wird zu der Erkenntnis gelangen, „daß kein Gott ist in allen Landen außer in Israel" (V.15), das heißt aber: daß dieser eine Gott der Gott aller Welt ist. Die Erzählung weiß es, was Naeman zu Anfang nicht wissen kann: daß dieser Gott Jahwe es gewesen ist, der den Aramäern – unter Naemans Oberkommando – Sieg gegeben hat, *gegen* sein Volk Israel (V.1). Jahwe ist kein Nationalgötze (wie z.B. der Syrergott Rimmon, V.18). Israel hat ihm gegenüber keine Ansprüche auf Beistand und Sieg. Und: dieser Gott hilft nicht nur denen, die ihn kennen und bekennen. Alle sind in seiner Hand, ob sie es wissen oder nicht. Den Guten und Bösen gibt er Sonne und Regen (Matth. 5,45), und alle Heiden sind seine Kostgänger, die er gut versorgt (Apg. 14,17). Naeman findet im Verlauf der Geschichte nicht einen *neuen* Gott, sondern den, mit dem er es unwissend schon immer zu tun hatte. Gott ist ja nicht nur *da* am Werke, *wo*, bzw. nicht nur *insofern* für uns von Bedeutung, *als* er in unser Bewußtsein tritt, als wäre er überhaupt nur als Inhalt unseres Bewußtseins real. Er will von uns entdeckt und als unser Gott angenommen und geehrt sein – die ganze Naemangeschichte zeigt an einem eindrucksvollen Beispiel, wie dies geschieht – , aber er ist, was er ist, ehe wir ihn entdecken. Als der, der er ist, will er nun freilich seine „Geschichte" mit uns haben. Er will aus seiner Verborgenheit heraustreten und sich uns persönlich verbinden. Es ist nicht schwer, zu sehen, wieso Jesus Christus mehr ist als Elisa (vgl. Matth.12,41f.), wieso uns darum auch Größeres widerfährt als Naeman (vgl. Matth.11,11b). Wir erfahren in Christus Gott-selbst, während Gott für Naeman noch hinter dem verborgen bleibt, was er ihm tut. Und doch kommt es bei Naeman

bereits zu dem Jahwe-Bekenntnis, aus dem man erkennen kann, daß Naeman in seiner eigenen – bewegten und bewegenden – Geschichte eben diesen gewissermaßen identifizierbaren Gott erkannt hat. Man kann fragen: Warum diese Geschichte mit ihrem Ab und Auf, mit Angst, Verzweiflung, stürmischem Begehren nach Heilung, törichten Erwartungen und Irrwegen, mit gehorsamem Glauben und Hoffen (usw.) nötig war. Das ist ja immer wieder die Frage nach dem Sinn unseres eigenen Lebensschicksals. Also im Blick auf Naeman gefragt: Warum am Körper dieses hochangesehenen Mannes auf einmal das weißliche Geschwür, mit dem normalerweise nicht nur das Todesurteil, sondern auch das Verhängnis eines grauenvollen Lebensrestes dokumentiert ist? Man könnte mit Joh. 9,3 antworten: Gottes Werke sollen an ihm offenbar werden. Vielleicht lernen wir manches, was uns ganz sinnlos scheint, von daher ansehen oder gar begreifen. Die letzte, die entscheidende, die auf weite Sicht eigentlich allein fragenswerte Frage lautet nicht: Werde ich los, was mich plagt?, sondern: Finde ich meinen Gott? Wer Gott wirklich findet, für den lösen sich, früher oder später, auch alle anderen Fragen; dem werden, wenn es Zeit ist, auch die schweren Lasten abgenommen.

Wie Gott uns dahin bringt, erzählt unsere Geschichte beispielhaft. Es muß nicht so gehen, wie hier beschrieben; jede Geschichte zwischen Gott und einem Menschen ist original. Trotzdem zeichnen sich hier einige Züge ab, die – mutatis mutandis – für jeden, der Gott findet bzw. von ihm gefunden wird, von Bedeutung sind. Ich hoffe, wir treffen Wesentliches, wenn wir den Finger auf folgendes legen: *So macht es Gott, wenn er uns helfen will:* (1) *Er weist uns ans Unscheinbare.* (2) *Er schenkt uns das Unbezahlbare.* (3) *Er bindet uns an sich.*

I.

Der zweite Mann im Syrerstaat, „sein Angesicht erhoben" – er steht also im Thronsaal auf einer höheren Stufe als alle anderen, denn er ist „groß vor seinem Herrn", dem König in Damaskus. „Aber dieser Mann war mit Aussatz geschlagen" (mit „geschlagen" geben wir den passiven Sinn des Pu'al wieder). Was für ein Sturz! Der Angesehenste und Mächtigste nach dem König – erledigt, unrein, aus der Gemeinschaft der Menschen grundsätzlich ausgeschlossen, auch wenn er jetzt eben noch daheim ist; nach menschlicher Erfahrung kann ihn nichts vor dem Los des unaufhaltsamen Verfalls, der fortschreitenden Auflösung bewahren. Er wird sein Nötigstes zusammenpacken und sein Haus verlassen müssen, auf Nimmerwiedersehen, und unter seinen Schicksalsgenossen, den Hoffnungslosen, dahinvegetieren. Daß ein Mensch so gedemütigt werden muß!

Was tut der Mensch nicht alles, wenn er verzweifelt ist! Er hört sogar auf die kleine israelitische Sklavin, die seine Leute von einem der Grenzübergriffe auf benachbartes Gebiet mitgebracht haben. Keine maßgebende Person, fürwahr. Erstaunlich, daß sie überhaupt den Vorschlag machen darf, ihr „Herr" möchte vor dem Propheten in Samaria „erscheinen", vielleicht gar „sich ihm vorstellen"; erstaunlich auch, daß sie das überhaupt *will,* denn sie ist unfreiwillig nach Damaskus gekommen, in das Haus des Feindes. In ihr begegnet Naeman der „Kirche". Die ungenannte Magd ist repräsentativ für die Kirche in der Diaspora. Sie ist in andersgläubige Umgebung versetzt, weil Gott sie dort braucht. Die Sklavin sieht ihre Lage keineswegs als Anlaß an, sich abzuriegeln und einzuigeln. Ihre Aufgabe: dorthin zu zeigen, wo Hilfe ist. Eine unscheinbare Funktion einer unscheinbaren Person. Man kann sagen: darin stellt sich die Kirche dar.

Der Vorschlag der Sklavin ist fatal. Naeman muß den Verdacht auf sich ziehen, dem Aberglauben einer Dienstmagd zum Opfer zu fallen. Schlimmer noch: Der zweite Mann im Aramäerstaat soll als Bittender – er kann ja auch seine hoffnungslose Lage in keiner Weise ver-

bergen – hinüberziehen ausgerechnet zu den Besiegten und Abhängigen. Wer ist nun von wem abhängig? Ein peinliches Politikum. Unscheinbar – wenn wir das Wort einmal so wenden wollen – wird nun *er,* dem bisher der Sieg gegeben war. Wie kann man es bloß drehen und hinbiegen? Der König hat den (vermeintlich) rettenden Einfall. Der Brief an den israelitischen Vasallenkönig, eigentlich nur ein Zettel, ohne eine Spur von Höflichkeit, ist weder eine Bitte noch ein Empfehlungsschreiben, sondern ganz einfach ein Befehl. Die Kommentare verweisen darauf, daß man Königen Heilungskräfte zuschrieb. Naeman muß aber aus dem Zeugnis der Sklavin (V. 3) wissen, daß die Heilung von dem (bisher nicht genannten) *Propheten* in Samaria zu erwarten ist. Der König in Samaria versteht den Brief richtig: als Drohung (V. 7 Ende). Soll diese Drohung Naemans ungünstige taktische Lage verdecken? Oder steht dahinter die Meinung, der König (es ist vielleicht Joachas, vgl. Eißfeldt, Einleitung, S. 356) habe es in der Hand, seinen Propheten zum Eingreifen zu nötigen? Das hieße dann: die beiden Mächtigen aus Damaskus meinen, die Sache lasse sich sozusagen „auf dem Dienstwege" erledigen, so also, daß man sich auf den Mechanismus der Macht verläßt. „Es ist deine Sache, Joachas, wie du den Naeman gesund bekommst. Setz gefälligst den Propheten unter Druck! Kommt der General nicht geheilt zurück, so werde ich dies als Unfreundlichkeit oder Provokation auffassen." Man kennt aus der Geschichte die Sprache der Mächtigen bzw. Machtgläubigen. – Nur: wo Gott zuständig ist, da ist mit Machtandrohung nichts zu wollen. Der König zerreißt seine Kleider – Zeichen des Entsetzens, des Schreckens, der Trauer. Wird Gott gelästert, dann zerreißt der fromme Israelit sein Kleid. Der Brief verlangt vom König in Samaria, was nur Gott kann. „Bin ich denn Gott?"
Elisa behält die Ruhe. „Keine Panik – laß ihn zu mir kommen. Der Mann muß lernen, wo die zuständige Stelle ist." Vielleicht auch noch anders: „Laß ihn nur kommen, diesen Mühseligen und Beladenen, ich will ihn erquicken" (J. Hamel, ZdZ 1950, Pr.H. S. 21). – Der Mann, der eben noch einen Drohbrief übergab, muß sich bequemen, einige Gassen weiterzuziehen. Statt einen König zu erpressen, muß er einen Propheten – bitten.
Nun steht der mächtige, kranke Mann vor dem Hause Elisas. Er wird nicht hereingebeten. Elisa kommt auch nicht heraus. Nur durch einen Boten verhandelt der Prophet mit dem Aramäer. Naeman ist aufgebracht. Er ist anderes gewöhnt, und er darf vollends von einem Israeliten anderes erwarten. Aber man sollte Elisa nicht tadeln. Naeman muß vom hohen Pferd herunter. Er soll sich ja nicht vor Elisa demütigen, sondern vor Gott. Vor Gott ist er nicht Generalissimus. Man könnte den Satz aus der Perikope vom Hauptmann umdrehen: Ich bin nicht wert, unter dein Dach zu gehen, aber sprich nur ein Wort . . .!
Nur ein Wort: wieder ein Anstoß für den Heiden. Naeman erwartet eine eindrucksvolle liturgische Prozedur, einen „feierlichen Hokuspokus" (von Rad, ThAT II, S.43). Er denkt wohl: große Wirkungen – und eine Heilung wäre, wenn sie geschähe, wirklich eine große Wirkung – verlangen entsprechend große Ursachen. Magisches Denken des Heiden: Viel hilft viel, darum muß einiges aufgewandt werden. Statt dessen nur der Befehl, siebenmal im Jordan zu baden. Man sieht: auch in der Wahl des Mittels ist Gott offenbar darauf aus, Naeman aufs Unscheinbare zu verweisen, ihm also etwas ganz Simples, etwas enttäuschend Alltägliches zuzumuten. Die Kraft Gottes will nicht mit den kreatürlichen Kräften verwechselt werden; wir haben dies in den beiden vorhergehenden Auslegungen eingehend bedacht. Das Heilende ist nicht das Jordanwasser als solches, sondern dieses Wasser, sofern Gott in seiner Freiheit es für seinen Zweck benutzt. Sein Größtes hat Gott in der Unscheinbarkeit des Kreuzes getan. Er kommt heute zu uns in seinen äußerlich so bescheidenen Gnadenmitteln. Schlichtes Menschenwort – und Gott läßt es *sein* Wort sein. Das Wort mit dem Wasser oder mit Brot und Wein verbunden – und Gott selbst darin wirksam und leibhaft gegenwärtig. Der Freispruch für einen Sünder – und was ge-

bunden war, ist sogar im Himmel *los*. Gott weist uns ins Unscheinbare. Es ist darum seel-sorgerliche Weisheit, daß Elisa Naemans Wundersucht „bis auf den Grund enttäuschen" will; „hier soll nicht ein Mythos von einem anderen überboten werden. Deshalb rückt auch der Prophet den Vorgang der Heilung ganz von sich ab und appelliert mit der Auf-forderung, sich im Jordan unterzutauchen, an den Gehorsam" (ebd.). Wird Naeman ge-horchen lernen? Wenn das geschähe, dann hätte er etwas von dem Gott begriffen, bei dem er Heilung finden soll.

Noch zweimal muß er sich demütigen. Er muß Lehre von seinen „Knechten" annehmen (V.13), die offenbar in ihrer Einfalt mehr von dem begriffen haben, worauf es Gott an-kommt. Und die zweite Zumutung: Naeman, der sich entschlossen hat, das ihm Befoh-lene zu tun, zieht nun hinunter in den Jordangraben, eine Strecke von 40 km. Der Mann, der zu befehlen gewöhnt ist, gehorcht. Er geht, wie ihm geheißen wurde, „ohne daß etwas ‚passiert' ist, ohne daß er etwas erlebt und gefühlt hat von der Erfüllung seiner Bitte". „Nicht sehen und doch glauben!" „Solchem blinden Glauben ans Wort folgt schlicht und fast selbstverständlich die Hilfe des Herrn" (Hamel ebd.).

2.

Will Gott uns helfen, so schenkt er uns das Unbezahlbare. Auch hierin muß Naeman umlernen. Wir achten besonders auf die VV. 5b und 15b.

Es ist bewegend zu lesen: Was Naeman beim Aufbruch aus Damaskus auf die Wagen laden läßt, ist ein ganzes Vermögen. Neben den ungeheuren Werten in Silber und Gold die Feierkleider – der Luxus, wie er unmittelbar in die Augen sticht und das Begehren weckt. Wer etwas haben will, muß auch etwas geben. Und was gibt der Mensch nicht, wenn es um Gesundheit und Leben geht! Aber Naeman wird seine 10 Silbertalente und die 6000 Sekel Gold nicht loswerden. Elisa weist die „Segensgabe" zurück. Es wird nicht gesagt, warum. Suchten wir nach unmittelbar menschlichen Beweggründen, so könnte man daran denken, daß Elisa dem (anfänglichen) Stolz des Generals nun mit *seinem* Stolz begegnet: eine Genugtuung für einen aus dem besiegten Volk, die „Segensgabe" des Siegers auszuschlagen. Aber das wäre „fleischlich" gedacht. Schon der Rat der kleinen Sklavin in Naemans Haus ließ nichts von feindlicher Animosität erkennen. Auch gegen Ende der Erzählung kommt heraus, daß Elisa dem Aramäer wohlwill: „Zieh hin in Frie-den!" Die ganze Erzählung ist vom Glauben her gedacht. Wir werden auch hier auf nichts anderes aus sein dürfen.

Die Hilfe Gottes durch irgend etwas „abzugelten": das ist heidnisch gedacht. Da wähnt man sich mit der Gottheit in einem zweiseitigen Kontrakt. Am deutlichsten wird das Ge-meinte da, wo man Gott durch frommes Tun sich verpflichtet, sich also durch Verdienste seine Gnade gewinnt und auf die Belohnung des Wohlverhaltens wartet. „Do ut des." – Es sähe sich zunächst anders an, wenn es lautete: „Do quia dedisti." So wäre es ja hier. Weder der Prophet noch gar Gott selbst soll bestochen oder durch Vorauszahlung zu ge-wünschtem Eingreifen genötigt werden. Als Naeman seine Kisten abladen will, ist ja die Heilung schon geschehen. Man könnte in der angebotenen „Segensgabe" eine Bekundung des Dankes sehen (Ps.50,14). Es kann kaum in der Absicht des Erzählers gelegen haben, uns die Dankbarkeit auszureden. Er hat, so doch wohl die wahrscheinlichste Deutung, auch hier zeigen wollen, wie der Heide sein heidnisches Denken aufgeben muß. Der Ge-danke der Vergeltung bzw. Erstattung könnte ja auch dann noch im Spiel sein, wenn die בְּרָכָה *nachkommt*. „Ich werde mir doch nichts schenken lassen." „Ich will ja nicht der Schuldner dieses Gottes sein." Für gesundete Haut – eine Drittelmillion, da macht der Gott Jahwe noch einen ganz schönen Schnitt. Man könnte, im Rückblick auf das unter

(1) Gesagte, sogar noch heraushören: „Ich habe mich demütigen müssen, nun will ich die Szene mit der großen Geste der Freigebigkeit verlassen – zuletzt bin ich noch immer, auch eurem Gott gegenüber, der Generalfeldmarschall." – Aber Elisa wehrt ab: „Unser Gott kassiert keine Honorare. Was er dir schenkt, kannst du sowieso nicht bezahlen. Ja, wenn du es begriffest, daß er Gott ist und du der Mensch, er der schlechthin Gebende und du der durchweg aufs Empfangen Angewiesene: dann wird es dir nicht mehr in den Sinn kommen, dein Verhältnis zu ihm als eine Art Geschäftsverbindung anzusehen. So oder so: du bleibst der Nehmende." Naeman kann es nicht sofort begreifen. „Er nötigte Elisa, daß er's nehme; aber der wollte nicht."

„Aus Gnade seid ihr gerettet worden" (Eph. 2,5). „. . . der nehme das Wasser des Lebens *umsonst*" (Offb. 22,17). Wir sollten nicht versuchen, das ganze Evangelium von der schenkenden Gnade Gottes aus 2. Kön. 5 herauszuholen. Aber die dargestellte eine Seite der Sache kommt doch schön heraus. Ganz schnell begreift es Naeman nicht. Dies wird auch an der Nachgeschichte (VV. 19b–27) deutlich. Man sollte diese Nachgeschichte (darf man sie überhaupt so nennen?) nach Hamel (a.a.O., S. 20) auf keinen Fall unterschlagen. Naeman glaubt – Gehasi jedoch sucht Sicherheit. Naeman liefert sich dem Erbarmen Gottes aus – Gehasi meint, etwas auf der hohen Kante sei neben den großen Taten Gottes nicht zu verachten. Elisa hat Naeman „geschont" (V. 20) – Gehasi hat kein Bedenken, ihn ein bißchen zu rupfen, und dies mit erlogenem Verwendungszweck, so daß er das Geld, gedacht als „Segensgabe", für sich unterschlägt. Neben diesem allem – er wird dafür hart gestraft – übersehe man nicht, daß Gehasi dem Proselyten Naeman eine schlechte Glaubensunterweisung erteilt: als gebe Gott es eben doch nicht umsonst, als kassiere er am Ende eben doch noch, wenn auch nur einen verminderten Betrag. Schade – man hätte es dem Naeman gegönnt, daß er die Güte des schenkenden Gottes ohne solche werkerische Entstellung und Trübung des Geschehenen erführe. Denn, was immer einem von uns an Gutem widerfährt: Gott schenkt uns das Unbezahlbare.

3.

Aber wir sind im Gang der Erzählung bereits ein Stück vorausgeeilt. Ehe Naeman dazu ansetzt, dem Propheten die Riesensumme samt den Feierkleidern auszuhändigen, kommt es zu dem schönen Bekenntnis zum Gott Israels: „Siehe doch, jetzt habe ich gemerkt (oder auch: begriffen), daß es keinen Gott auf der ganzen Erde gibt außer in Israel" (V.15). Dies besagt ja nicht nur, daß all die Götter, die ringsumher verehrt werden, Nichtse sind, sondern – wichtiger noch – auch das andere: Wer den einen Gott finden will, der muß ihn „in Israel" suchen (Joh. 4,22). Naeman ist, wie man sieht, weit davon entfernt, die ihm zuteil gewordene Hilfe als Zauberwerk des Elisa anzusehen. Er hat es mit dessen himmlischen Auftraggeber, also mit Gott selbst zu tun bekommen. Und er stellt nicht nur fest, was der Gott dieses israelitischen Propheten vermag – man hat in jener Zeit gern die verschiedenen Götter miteinander verglichen und gefragt, welcher am meisten kann –; er hat gemerkt, daß dieser Gott Israels *sein* Gott geworden ist. Denn so macht es Gott, wenn er uns helfen will: er bindet uns an sich.

Als ein Geheilter wird Naeman nach Damaskus zurückkehren. Sein „Fleisch" ist wieder heil geworden (Luther schrieb: es wurde „erstattet"), Urtext: es „kehrte wieder zurück". Aber Naeman kommt auch als ein zu Gott Bekehrter heim. Man könnte an den „dankbaren Samariter" (Luk. 17,11–19) denken: er ist nicht nur gesund geworden wie die übrigen neun, sondern er hat Jesus seinen Herrn gefunden, sein Glaube hat ihn „gerettet". Am Ende der Naeman-Geschichte ist von der Heilung schon gar nicht mehr die Rede – und sie wäre wirklich „der Rede wert"! Es geht nur noch um Gott selbst. *Das ist die* eigentliche, die große Wende in Naemans Leben. „Wenn ich nur dich habe,..." (Ps. 73,25f.).

Man könnte sich, was hier geschehen ist, etwa so denken: Ein Heide, für den bisher jedes Volk seinen besonderen Gott hatte und der darum wie selbstverständlich seinen syrischen Gott Rimmon verehrte, hat begriffen, daß es nur einen Gott gibt, und diesen *einen* Gott, der letztlich hinter allen Religionen steht, wird er fortan bekennen und ehren. Aber es ist anders. Es heißt in V.15 nicht: כִּי אִם אֱלֹהֵי יִשְׂרָאֵל, sondern כִּי אִם בְּיִשְׂרָאֵל. Also nicht: Gleich, wo man ihn sucht, es ist immer der eine und selbe Gott. Sondern: Hierher muß man kommen, um ihn zu finden. Ein ergreifendes Zeugnis dafür ist die Bitte um die zwei Maultierladungen israelitischer Erde. Naeman „sucht für seinen Glauben eine gewisse Geborgenheit, denn er will diese Erde gewissermaßen als Isolierschicht gegenüber der Penetranz des Heidentums (oder der Profanität?) haben", „so etwas wie einen sakramentalen Halt" (von Rad, a.a.O.). Niemand erhebe sich über Naeman, als sei sein Verlangen ein Zurückbleiben hinter den Vorzügen einer „geistigen Religion", die dergleichen nicht nötig hat. Die Bibel bezeugt es an vielen Stellen, daß Gott sich, wenn er *unser* Gott werden will, an „etwas" bindet, also auf leibhafte Weise zu uns kommt. Wir zitieren noch einmal von Rad: „In dem theologischen Gespräch zwischen dem biblischen Glauben und dem griechischen Geist, das im Abendland immer neu geführt werden muß, wird gerade jene Maultierlast Erde eine Rolle zu spielen haben" (a.a.O., S. 44). Man sagt sonst gern – z. B. in der Abendmahlsdiskussion –, dem semitischen Denken komme es auf das Geschehen, dem Griechischen auf das Substantielle an; hier stellen sich die Dinge genau umgekehrt dar. „Nur in Israel", lasen wir. Naeman will ein Stück leibhaftes Israel in Damaskus haben. Der Zugang zu Gott ist nicht irgendwo, sondern da, wo er sich gibt.

Wir haben schon einmal der Diasporasituation der Kirche gedacht, wie sie uns am Schicksal und an der Haltung der kleinen Sklavin anschaulich wurde. Jetzt tritt Naeman selbst in die Problematik dieser Situation ein. Er bedarf der Gnade, der Nachsicht Jahwes, denn er wird sich als einer, der den einzigen Gott kennengelernt hat, den Ansprüchen seiner heidnischen Umgebung nicht entziehen können. Er wird in amtlicher Funktion am Staatskult teilnehmen müssen. Der Brauch verlangt, daß der König sich – beim Niederfallen und Wiederaufstehen vor dem Gott Rimmon – auf des ersten Ministers Hand bzw. Arm stützt. Der Satz – man muß es hebräisch lesen – klingt wie ein verlegenes, sich entschuldigendes Stocken und Stammeln. „Bei der Proskynese (des Königs) im Rimmonstempel muß ich selbst mich ja auch niederwerfen im Rimmonstempel"; zweimal die Entschuldigung: „In diesem Stück (was diese eine – peinliche – Angelegenheit angeht) wolle Jahwe deinem Knecht (!) verzeihen." Es gibt ja ein erstes Gebot: Du sollst keine anderen Götter neben mir haben; bete sie nicht an und diene ihnen nicht (vgl. V.17). Immer wieder stehen die schweren Gewissensfragen auf, wo Christen in nichtchristlicher Umgebung leben. Man denke an 1. Kor. 8–10: bei der Frage nach den Götzenopfern haben wir es mit der gleichen Anfechtung zu tun. Soll man von Naeman verlangen, daß er sein Amt aufgibt? Die Anfechtung wird in verschiedenen Lebenslagen von verschiedener Dichte sein; entgehen kann man ihr nicht. Soll man sich etwa der Diasporasituation zu entziehen suchen? Das wäre nicht recht, auch nicht möglich (1. Kor. 5,9–10). Wichtig: Elisa entläßt den Naeman nicht mit gesetzlichen Vorschriften (den Versuch, es mit einer gängigen Lösung sich zu erleichtern, stellt die im Vorspann erwähnte Variante der LXX dar). Wie er sich zu verhalten hat, wird von der Situation abhängen. Je verbindlicher das Heidentum sich versteht, desto mehr wird der an den wahren Gott Gebundene zum klaren Bekennen gefordert sein. Und je mehr das Gewissen der Schwachen bedrängt und verführt werden könnte, desto mehr bin ich, den es (vielleicht) nicht anzufechten brauchte, dem andern mein klares, hilfreiches Wort und Handeln schuldig

(1. Kor. 8,9 – vgl. den ganzen Zusammenhang). Das andere aber: Dem Naeman wird von Elisa nicht etwas auferlegt, was er doch nicht halten kann. Man könnte einwenden: Elisa läßt den Naeman im Stich; er gibt ihm keine Weisung. Aber es ist anders. Hier bittet ein Mensch um Nachsicht, ja um Vergebung (zweimal heißt es: יִסְלַח יְהֹוָה). Ein Mensch, der sehr wohl um die kritische Situation weiß, aber nicht herausfindet. Ihm, dem im Gewissen Betroffenen, sagt Elisa: „Zieh hin in Frieden!" Nicht, damit er nun mit der nie versagenden, der unfehlbaren Auskunft in der Tasche nach Damaskus ziehe und sich einrede, die Lage sei nun gar nicht mehr schwierig und Gott werde ihm nichts vorwerfen können. In seiner schweren Lage begleitet ihn Gottes Trost, und ihm wird, bleibt er nur im Frieden mit Gott, auch zu rechten Entscheidung geholfen werden. Wie gut, daß der Friede Gottes nicht erst als etwas zu Gewinnendes und zu Erdienendes vor uns liegt, sondern daß wir das tröstende Wort: „Zieh hin in Frieden!" im Rücken haben.

4. Sonntag nach Epiphanias. Eph. 1,15–20a

Die Briefsitte will es, daß dem Präskript (VV. 1f.) das Lob Gottes (VV. 3–14), sodann Dank und Fürbitte folgen (unser Abschnitt). Nun sind auch hier, wie in VV. 3–14, hymnische Elemente aus der urchristlichen Liturgie eingeschaltet (VV. 17–23 – nach Petr Pokorný, Der Epheserbrief und die Gnosis, Berlin 1965, S. 112 ist Corp. Herm. I, 1ff. zu vergleichen). Formal wie auch inhaltlich würden die VV. 20b–23 dazugehören; sie sind jedoch von PTO dem Himmelfahrtstag (Reihe VI) zugewiesen. Das bedeutet, daß die Thematik gerade dieses Sonntags („Der Herr der Naturmächte") aus der Perikope ausgeklammert ist. Schluß der Perikope: „als er ihn von den Toten auferweckte" (so in Anlehnung an die Revision 1975, die die exegetisch stichhaltige Fassung an dieser Stelle wiederherstellte).
V. 15: διὰ τοῦτο dürfte nur Übergangsformel sein, ohne begründenden Sinn; das in κἀγώ enthaltene καί zielt wahrscheinlich auf das οὐ παύομαι εὐχαριστῶν. Die Konstruktion mit κατά ersetzt das Possessivpronomen (Bauer, WB II 7b) wie Apg. 17,28; 18,15; Röm. 1,15), also: „von euerm Glauben". πίστις ἐν wie Gal. 3,26; Kol. 1,4; 1. Tim. 3,13; 2. Tim. 3,15: Glaube im Präsenzbereich Christi und darum (nach den ältesten Hss., die τὴν ἀγάπην τήν nicht bieten, die Einfügung dürfte Erleichterung sein) sich erstreckend auf alle Heiligen. Anders Schlier: „Τὴν ἀγάπην kann trotz relativ schlechter Bezeugung nicht gefehlt haben." Dank dafür, daß die Leser Christen sind (wie Röm. 1,8; Phil. 1,3.5; Kol. 1,4 u. ö.). – V. 16: Unaufhörliche Danksagung und Fürbitte wie 1. Thess. 1,2; 2,13; 5,17; Röm. 1,9f.; 1. Kor. 1,4; Kol. 1,3. Auch μνείαν ποιεῖσθαι ist ein in diesem Zusammenhang von Paulus gern gebrauchter Ausdruck (Röm. 1,9; 1. Thess. 1,2; Philem. 4; ähnlich Phil. 1,3). – V. 17: „Der Gott unseres Herrn Jesu Christi" wie 1,3, auch Röm. 15,6; 2. Kor. 1,3; 11,31; Kol. 1,3, eine christologisch jedenfalls nicht „überzogene" Formel. Wie ein Vergleich von Röm. 6,4 mit 1. Kor. 6,14 zeigt, sind δόξα und δύναμις Gottes bedeutungsgleich. Schlier: „Der Glanz Gottes ist der Glanz seiner Macht, und die Macht Gottes ist die Macht seines Glanzes." Δῴη ist ein Koine-Optativ; vielleicht ist auch der Konjunktiv δῷ zu lesen (Bl.-Debr.§ 95,2). „Weisheit" ist „die Einsicht in das Mysterium, dessen Erkenntnis sich in ihr auswirkt" (Schlier zu 1,8, aus 1,9ff. – Revelationsschema – kann man erkennen, worauf sie sich erstreckt). „Offenbarung" „ist göttlicher Akt, Enthüllung des Verborgenen" (ThWNT III, S. 586), mit Erkenntnis, Prophetie und Lehre zusammen der Glossolalie gegenübergestellt (1. Kor. 14,6.26.30, vgl. auch Gal. 2,2), hier ausdrücklich auf die Erkenntnis Gottes bezogen. – V. 18: „Erleuchtete Augen des Herzens" ist nicht von „gebe" abhängig, man beachte das Perfekt. Vgl. 5,14c (Taufe!) und 2. Kor. 4,6. Dreierlei können diese „erleuchteten Augen" sehen: Welches die „Hoffnung" ist, zu der sie durch den an sie ergangenen Ruf des Evangelium gelangt sind. Sodann welches der Reichtum der Herrlichkeit seines Erbes ist, des „himmlischen Erbbesitzes" also (vgl. VV. 3.11.14). Die ἅγιοι sind nach Schlier wahrscheinlich die Engel – nach atl. Sprachgebrauch, zahlreiche Belege bei Schlier S. 84 A. 2 –, nach 2,19; 3,18 kann man aber ebensogut an die (himmlische) Gemeinde denken. Das dritte, was die „erleuchteten Augen" sehen, ist die übermächtige Größe der Kraft Gottes, die sich auf (εἰς) die Gemeinde auswirkt und – V. 20 – in der Auferweckung Jesu Christi. Die Christen sind hier als „Glaubende" bezeichnet; unter ihnen wirkt Gott. Häufung von Worten, die Gottes Kraft bezeichnen.

Hier bricht die Perikope ab. Die folgenden Verse beschreiben in hymnischer Form die Wirkung des Erhöhten, in dem die Macht Gottes „bleibend wirksam" ist (so das Perf. in ἐνέργηκεν).

Die Briefeingänge bei Paulus (oder „Paulus") reden meist so grundsätzlich und sind in ihren Aussagen so weit gespannt, daß unsere Predigt in Gefahr geraten muß, in Allgemeinheiten stecken zu bleiben, zumal dann, wenn geprägte liturgische Stücke einbezogen sind, die nicht Material der Verkündigung sein wollen, sondern das Vernommene in Anbetung zu Gott hin zurückspiegeln. Die Kürzung der Perikope, die PTO vorgenommen hat, ist – mag man exegetisch auch Bedenken haben – der Erfassung des Konkreten dienlich. Das Thema: „Christus – der Herr über die Mächte der Natur" wäre, wenn die Perikope bis V. 23 reichte, sowieso nur ein Punkt unter vielen gewesen, wobei noch zu fragen wäre, was der Text zu diesem Thema wirklich hergibt.

Epiphanie hat zwei Seiten. Da ist einmal der Gott, der sich zu erkennen gibt, indem er „erscheint", „sich sichtbar macht". Und da ist auf der anderen Seite der Mensch, der Gottes ansichtig wird, indem ihm die „Augen" für Gott aufgehen. Die in den VV. 3–14 vorliegende Eulogie schaut mehr auf den sich aufschließenden Gott; VV. 15ff. sehen mehr auf die von Gottes Selbstkundgabe betroffene Gemeinde, wobei bis V. 20a der Blick einstweilen noch überwiegend auf dem liegt, was sich in der auf Erden versammelten Gemeinde ereignet und vorfindet, während die nachfolgenden Verse Himmel und Erde in Christus verbunden sehen. Das Gegenüber drängt auf ein „alle Dinge" (V. 22) umfassendes Zusammen. Die Perikope umfaßt also tatsächlich nur einen Ausschnitt aus dem großen Gemälde.

Die Briefsitte will es so, daß man mit Dank und Fürbitte beginnt. Mag unser Brief auch „ein brieflich nur eingekleideter Traktat mit einheitlichem Thema und systematischer Gliederung" sein (Ksm. in RGG³ II, Sp. 517), er nimmt es auf sich, die liturgischen Aussagen fast „etwas gewaltsam" (Schlier, S. 37) zu zerreißen und die Leser brieflich direkt anzusprechen. Wo die (im engeren oder weiteren Sinne) paulinischen Gemeindebriefe dem Brauch folgen (anders Gal., nur bedingt 2. Kor.), sieht es so aus, als habe Paulus ein geradezu unwirkliches Bild der Gemeinde vor Augen. Wer immer die ersten Empfänger dieses Schreibens gewesen sein mögen (s. d. Apparat zu 1,1): Paulus spricht nicht von Problemen und Schwächen, Verirrungen und Gefahren, sondern nur von dem Erfreulichen, das Gott in der Gemeinde bewirkt hat, und auch die Bitte läßt keinen Bruch oder Riß erkennen. Wenn es wirklich die Briefsitte so gewollt hätte und damit einen Formzwang ausübte, gerade der Christ würde sich dieser Notwendigkeit gerne beugen. Denn was immer den Apostel zur Besorgnis veranlassen könnte: zuerst denkt er immer an das, was Gott an dieser Gemeinde getan hat und weiter tun will. Wir könnten in unserer Predigt entweder so tun, als sei unsere Gemeinde – wie sich jeder überzeugen könne – einfach das, was hier gesagt ist, oder wir könnten mit einem großen Seufzer feststellen, daß das hier Gesagte für uns – bei dem empirischen Zustand, in dem sich unsere Gemeinde befindet – nicht gültig sei und uns nur erschrecken, keinesfalls trösten könne. Das eine wäre so falsch wie das andere. Was auch bei uns der Kritik des Wortes Gottes unterworfen ist, was auch immer der Veränderung, des Umbaus, der Umsinnung bedarf: das hier Gesagte *gilt*. Wo Gottes Wort und Sakramente sind, da ereignet es sich, und da gibt es das, was Gegenstand des Dankes ist. Vielleicht wird uns gerade in den Dingen, die in unserer Gemeinde problematisch sind, dadurch geholfen, daß wir – unter vorläufigem Absehen von den Schad- und Konfliktstoffen – dankbar werden für das, was wir haben, um das bitten, was wir brauchen, und uns den Blick schenken lassen für die uns verbindende Hoffnung. Das könnte wie ein Ausweichen oder Ablenken aussehen, und zweifellos gibt es eine Flucht ins (vermeintlich) Geistliche, die – wie leicht zu zeigen ist – durch das Ganze der paulinischen Briefe nicht gerechtfertigt ist. Aber ehe wir von konkreten Gravamina reden, sollten wir uns immer deutlich machen, was Gott „vorlaufend", ja sogar „ehe der Welt Grund gelegt wurde" (V. 4), an uns getan hat.

Aufriß etwa so: *Geistliches Leben ist Gabe des reichen, mächtigen Gottes.* Darum: (1) *Danken für das, was wir haben.* (2) *Bitten um das, was wir brauchen.* (3) *Den Blick haben für das, was uns erwartet.* Die Ausführung der Predigt wird die formal gehaltenen Teilüberschriften inhaltlich füllen müssen.

I.

Das, was unser Brief – in liturgischer Sprache und darum – sehr allgemein formuliert, aus den vorauszusetzenden Gemeindeverhältnissen mit Anschauung zu füllen (etwa wie bei den Korintherbriefen), gelingt leider nicht. Der Grund dafür liegt nicht so sehr bei der Verfasserfrage; auch bei Unechtheit würde der Brief ja aus der Paulusschule stammen, und der pseudonyme Verfasser würde darauf bedacht sein, seinem Schreiben einen Hintergrund zu geben, der, soweit ihm bekannt, der Wirklichkeit entspricht. Schwierig ist, daß die Adressierung nach Ephesus (1,1) nur von jüngerer Überlieferung bezeugt ist. Handelt es sich um ein mehreren Gemeinden zugedachtes Schreiben – die „weiße Stelle" hinter τοῖς οὖσιν (1,1) wäre dann in der jeweiligen „Ausfertigung" zu füllen gewesen –, dann darf man Sonderprobleme einzelner Gemeinden so wenig erwarten wie z. B. beim 1. Petrusbrief. Daß Paulus die Gemeinde nicht gekannt habe, ist aus 1,15; 3,2 nicht zu schließen; auch wenn man einander kennt, kann man voneinander hören, und es muß gerade einem gefangenen Apostel wichtig sein, Nachrichten darüber zu empfangen, wie es mit dem Glauben und der Liebe einer Gemeinde steht, und dies erst recht dann, wenn diese von gnostischer Lehre angefochten ist (hierzu das Buch von Pokorný, s. o.). Wenn ein Paulusschüler unter dem Namen seines Meisters geschrieben hat, dann doch, wie der Brief zeigt, weitestgehend in seinem Sinne. Wie schon beim Kolosserbrief: den Gnostikern ein Gnostiker (in Thematik und Vokabular, 1. Kor. 9,19 ff.) – und dies eben doch um des Evangeliums willen (1. Kor. 9,23), in Abwehr gnostischer Verirrungen. Wie also wird es mit „Glaube" und „Liebe" bei den Empfängern des Briefes (Rundschreibens?) stehen? Paulus sieht sich veranlaßt, unaufhörlich zu *danken.* Doch, die Aussagen bekommen schon etwas Farbe, wenn man sich dazu verstehen kann, den Brief so zu nehmen, wie er sich gibt. Aber das sind höchstens Einzelheiten.

Indes muß es kein Schade sein, wenn die Sprache der Liturgie aussagt, was für *alle* Gemeinden, für *alle* Christen gilt. Der Apostel *dankt* Gott. Er wendet sich Gott zu, weil er weiß, daß Gott auch bei den Menschen, an die sein Schreiben sich richtet, etwas Grundlegendes und Großes getan hat, das man nicht stumm und stumpf hinnehmen kann, als müßte es so sein, sondern als wunderbares Geschenk empfindet, als ein ungeschuldetes Handeln Gottes, das Dank verdient. Dank gehört, wie die Freude, zu den kaum beschreibbaren Urregungen menschlichen Lebens. Im Dank spricht der Sich-Freuende das personale Woher seiner Freude an. Du hast mir, hast uns Gutes getan, ich habe es gemerkt und verstanden, ich will dir's nicht vergessen und weiß mich als der Empfänger Deines Guten dir verbunden.

Und wofür dankt Paulus? Es gibt in Ephesus (Laodizea, Hierapolis . . ., Kol. 4,13.16) *Christen!* Freut sich Paulus seines persönlichen Erfolgs? Anders als in Philippi, Thessalonike, Athen und Korinth (um nur diese Gemeinden zu nennen) ist er in diesem Gebiet nicht der Pioniermissionar (Kol. 1,7; Apg. 18,19 stößt sich mit 18,24ff. und könnte Zufügung sein, mit der Paulus in Ephesus die Priorität gesichert werden soll, vgl. Haenchen z. St.). Nein, Paulus dankt einfach dafür, daß bei den Lesern *Glaube* ist. Er dankt – nicht

nur flüchtig, sondern unaufhörlich –, weil er darin Tat und Gabe Gottes sieht. Wo immer
sich Christen finden, überall da hat Gott etwas getan, was ohne ihn nicht wäre. Es hieße,
im Sinne des ganzen Neuen Testaments, kräftig daneben greifen, wenn wir die „Reli-
gionszugehörigkeit" als eine Sache persönlicher Neigung und Liebhaberei und des individuellen Geschmacks ansähen – oder aber als eine Sache des Herkommens, der Gewöhnung, der Sitte. „Glaube" ist mehr als das alles, hat seinen Ort auf ganz anderer Ebene.
Die Unterscheidung wird für die Predigt wichtig sein. Stimmen wir in den Dank des Apostels in bezug auf unsere eigene Gemeinde ein, dann hoffentlich nicht deshalb, weil wir
unseren äußeren Bestand als Kirche (bisher) erhalten haben und sich Menschen einfinden, die meinen, Religion müsse sein und die Gewohnheiten der Väter solle man doch
nach Möglichkeit beibehalten. Glaube ist eschatisches Wunder. Wo geglaubt wird, da
entstehen mitten in der „verlorenen" Welt Gemeinschaften von Menschen, die zwar *in*
dieser Welt, aber nicht *von* dieser Welt sind; „in Christus erwählt, ehe der Welt Grund
gelegt war" (V. 4), damit sie „etwas seien zum Lobe seiner", nämlich Gottes „Herrlichkeit" (V. 12). Die Gemeinde: Anfang der neuen Welt.
Dem entspricht es, daß vom „Glauben in dem Herrn Jesus" die Rede ist (V. 15): Jesus
Christus ist die Wirklichkeit, in die die Glaubenden einbezogen sind. Man wird von einer
„lokalen Grundvorstellung" auszugehen haben (ThWNT II, S. 538): der kosmisch-escha-
tologische Christus, „in" den wir „hineingetaucht sind" (1. Kor. 12,13), umschließt uns
als unser neues, eschatisches Sein. Sollte der von den ältesten Handschriften gebotene
Kurztext der ursprüngliche sein, dann ist sofort gesagt, daß der Glaube „im Herrn Jesus"
seine Richtung (εἰς) hat „auf alle Heiligen hin", also die Einzelgemeinde aufgrund ihres
Seins in Christus immer sofort zur ökumenischen Weite tendieren muß. – Es ist kein sehr
großer Unterschied, wenn wir nun doch mit den jüngeren Texten zugleich von der Liebe
zu allen Heiligen sprechen. Auch sie nicht eine allgemein-menschliche ethische Gesinnung, Einstellung und (hoffentlich) Praxis, sondern etwas, wofür man Gott zu danken
hat, weil es seine Gabe ist, man sollte sogar formulieren: sein wiederum eschatologisch zu
verstehendes Wunder. Was mit dieser Liebe gemeint ist, kann man etwa an 5,2 ablesen,
aber auch an Stellen wie 3,17.19; 4,2.16. Es ist wieder das neue Sein, sofern es sich in der
Hingabe (5,2) an den anderen auswirkt, im Dasein für ihn.
Denken wir in der hier gemeinten Dimension, dann muß es uns im „immerwährenden"
Dank tief bewegen, daß es dies gibt! Wer die Tatsache, daß es in „Ephesus" – oder wo
auch immer – Christen gibt, lediglich durch Farbflecke auf der Religionskarte darstellt
und nichts anderes darin sieht als ein Phänomen menschlicher Einstellung, Meinung,
Verhaltensweise, vielleicht auch bloßer Gewöhnung oder gar gedankenlosen Vorurteils:
der hat das Wunder der Kirche Jesu Christi noch nicht entdeckt. Man sage nicht, wir
Christen hätten eben den Vorzug, diese Entdeckung gemacht zu haben. Uns selbst zu
loben ist jedenfalls kein Anlaß. Wer aber wundert sich eigentlich, daß es uns gibt? Wer
betritt die Gemeindeversammlung mit dem Dank an Gott dafür, daß mitten in unserer
Welt – so, wie sie ist und wie κατὰ σάρκα auch wir in ihr sind – sich diese Sammlung
derer findet, die Gott in seiner Liebe sich „erwählt" hat? Begriffen haben wir nur in dem
Maße, in dem wir uns *wundern* – nicht zuletzt darüber, daß wir selbst dabei sind! Von
Erwählung reden wir ja nicht, um einen christlichen Dünkel zu kultivieren, sondern um
unser Staunen auszudrücken; auch nicht, um uns von anderen abzusetzen, sondern um
die, die es noch nicht wissen, erst recht heranzuholen. Denn der Glaube, von dem der
Text spricht, ist ja nicht die unverbindliche Meinung über die Dinge der Religion, sondern die durch Gottes liebenden Zugriff entstandene und auf diesen Zugriff sich bezie-
hende Bereitschaft, sich von Gott annehmen zu lassen. Ich glaube: das heißt nicht, daß
ich – zwischen Wissen und Meinen – einen göttlichen Sachverhalt für wahrscheinlich

halte. Ich glaube, das heißt: Es hat mich getroffen. Ich bin in dem mich ansprechenden und freisprechenden Wort meines Gottes gemeint. Ich weiß gewiß: er hat es mit seiner Liebe auf mich abgesehen, er *will* mich! Er will – und nun gehen wir nach der Absicht des Textes bewußt ins ekklesiale Wir über –, „daß wir seine Kinder seien durch Jesus Christus nach dem Wohlgefallen seines Willens" (V. 5). Gott sei Dank: es gibt in Ephesus (usw.) Menschen, bei denen dies angekommen ist und die davon und darin leben. „Gottes Gabe ist es", wird Paulus noch in anderem Zusammenhang sagen (2,8). Danken für das, was wir haben. Trotz allem, was uns an ihr irremachen will: Danken für die Kirche.

2.

Der Dank ist kaum zu Papier gebracht, da geht der Brief auch schon zur Bitte über. Ist geistliches Leben Gabe Gottes, so muß es erbeten werden. Welches von beidem ist nun richtig: daß wir's *haben* – oder daß wir's *brauchen*? Falsch gefragt. Die Turbinen eines Wasserkraftwerks rotieren: *hat* das Kraftwerk Wasser, oder *bedarf* es des Zuflusses von Wasser? Wo Bewegung ist, trifft beides zu. Wir haben Grund, uns in der Kirche dessen, was geschieht, zu freuen, sofern es Gottes Gabe ist. Aber mit dem, was wir haben, werden wir in keinem Augenblick – als beati possidentes – von Gott unabhängig. Wer glaubt, hat begriffen, daß er Gott – sozusagen „über alle Dinge" – *nötig* hat. Besitzen kann man hier nur, was man in jedem Augenblick neu empfängt. Darum müssen die Gemeinden in der Fürbitte des Apostels immer wieder vorkommen, er muß „ihrer Erwähnung tun", wie der auch außerhalb des Neuen Testaments geläufige Ausdruck heißt. Die Gemeinde selbst bittet im Gottesdienst um den Bestand und die Erhaltung der Kirche und um den Glauben und die Liebe bei ihren Gliedern. Wir leben als Kirche „von der Hand in den Mund" – versteht sich: aus Gottes „Hand" in unsern „Mund". Das eben ist ja der Glaube: sich bleibend an Gott und sein Geben gebunden wissen.
Dies gilt schon für den „Normalbetrieb". Es gilt erst recht, wenn man an ein Wachstum und Fortschreiten des Glaubens denkt. Man denke an Stellen wie 3,16ff. und 4,14ff. Man kann hier Falsches erstreben und erwarten. Wenn es zutrifft, daß unser Brief, ähnlich dem Kolosserbrief, sich mit gnostischen Gedanken und Einflüssen auseinanderzusetzen hat, dann könnten „Weisheitsgeist" ($\pi\nu\epsilon\tilde{\nu}\mu\alpha$ $\sigma o\varphi i\alpha\varsigma$, beides ohne Artikel) und „Offenbarungsgeist" (analog) auf das (beanspruchte) Proprium besonders Erleuchteter deuten, mit dem diese sich über die normalen Kirchenchristen hinausgehoben meinen. Die Stichworte finden sich auch im 1. Korintherbrief (bes. 2,1ff.; auch 14,6, wo $\dot{\alpha}\pi o\varkappa\dot{\alpha}\lambda\upsilon\psi\iota\varsigma$ und $\gamma\nu\tilde{\omega}\sigma\iota\varsigma$ dicht nebeneinander stehen). Paulus nimmt, wie auch anderwärts, die Worte der Enthusiasten (Gnostiker, Pneumatiker oder wer immer sie seien) auf. Indem er das von ihnen beanspruchte Besondere für *alle* Christen erbittet, macht er dem Denken in Stufen ein Ende und weist er dem hier Erbetenen einen ganz anderen Platz an. Die Gaben sind verschieden, aber der Geist ist einer und derselbe (1.Kor. 12,4ff.). Es gibt nicht Christen verschiedenen Ranges und verschiedener „Dichte". Für alle Glieder der Gemeinde erbittet der Apostel dasselbe: daß Gott ihnen Geist der Weisheit und Offenbarung gebe „in seiner Erkenntnis". Man kann das final wiedergeben: „damit ihr ihn erkennt"; nur deutet das $\dot{\epsilon}\nu$ darauf hin, daß bei Geistempfang und Gotteserkenntnis an ein Ineinander gedacht ist, was nun wieder an 1.Kor. 2,11–16 erinnert. Einen gegen die Gnosis gerichteten kritischen Unterton könnte man auf dem Kompositum $\dot{\epsilon}\pi i\gamma\nu\omega\sigma\iota\varsigma$ heraushören. Es soll nicht der Verdacht entstehen, als wolle Paulus den sektiererischen Bestrebungen derer beistimmen, die das Wort „Gnosis" zu ihrem Programmwort gemacht haben. Auf recht verstandene Erkenntnis kommt es allerdings an. Es ist eine auch unter Mitgliedern der Kirche nicht selten anzutreffende Meinung, daß, da man von Gott Genaueres sowieso nicht wissen könne,

sich jeder seine Vorstellung bilden müsse und zuzusehen habe, wie er damit zurecht-
kommt. Ja, wenn es im Glauben um „Vorstellungen" ginge oder auch um die Aufstellung
und Aneignung von Theorien über Gott! Man könnte auch dann im Unverbindlichen
verharren, wenn hier jeder seine inspirativen, mystischen, ekstatischen Privaterlebnisse
hätte. Der Text sieht es ganz anders an, indem er von der Erkenntnis des Gottes unseres
Herrn Jesu Christi, des Vaters der Herrlichkeit, spricht (V.17). Damit ist nicht lediglich
dies gesagt, daß im Rahmen der Beliebigkeit, mit der Menschen eine Religion wählen, die
Wahl auf den christlichen Gott gefallen sei. Wir wären damit ja noch immer auf der
Ebene des Zuschauerischen ($\vartheta\varepsilon\omega\varrho\acute{\iota}\alpha$). Wie Gott uns „in Christus" erwählt hat (V. 4), uns
„durch Jesus Christus" zu seinen Kindern gemacht hat (V.5), „durch dessen Blut" uns
die Vergebung der Sünden geschenkt hat (V.7) – wir könnten die Reihe der Aussagen
lange fortsetzen – : so findet Gotteserkenntnis nie abgesehen von Jesus Christus statt oder
über ihn hinaus. Gotteserkenntnis ist nicht Kenntnisnahme von Lehrsätzen über Gott,
sondern *Begegnung* mit ihm, in bestimmtem *Geschehen,* in dem es zu einer Beziehung
auf du und du kommt, in einer Weise also, in der die Distanz der theoretischen Haltung
aufgehoben ist durch den Zuspruch und Anspruch der uns zugewandten und uns rettenden, an sich reißenden Gottesliebe.

Allerdings gibt es hier etwas zu *erkennen.* Wer Christus ist, das haben wir uns nicht zu-
sammenzufabulieren. Wir erkennen es – durch das Zeugnis seiner Apostel und Propheten
und überhaupt seiner Kirche – an ihm selbst. Indem wir „die Liebe Christi erkennen, die
doch alle Erkenntnis übertrifft", werden wir „erfüllt mit aller Gottesfülle" (3,19). Von
dieser Liebe Christi kann man ein deutliches Bild haben. Je klarer es wird, desto deutlicher sehen wir auch den – nicht sichtbaren – Gott unseres Herrn Jesu Christi.

Dazu brauchen wir freilich „erleuchtete Augen des Herzens" (V. 18). Die natürlichen
Sinne nehmen Gott so wenig wahr wie die nicht-illuminierte Vernunft. Unser Text
spricht auch ausdrücklich nicht vom natürlichen Gesichtssinn. „Augen des Herzens"! Es
gibt ein „inneres Schauen" – auch ohne alle das Normale überschreitenden Erlebnisse
und Erfahrungen. Wer Herz sagt, meint die Personmitte des Menschen. Lange mag einer
an Jesus Christus vorbeigegangen sein oder von ihm den Abstand der Unverbindlichkeit
gehalten haben; aber da geht ihm mit einem Mal der Blick für das Besondere an Jesus
auf. Jetzt könnte er ihm nur noch gegen sein besseres Wissen und Gewissen ausweichen.
Jetzt muß – und will – er auf ihn hören. Indem er Jesus begegnet, begegnet er Gott.

Wären die „Epheser" denn Christen, wenn dies bei ihnen nicht längst geschehen wäre?
Sicher ist es geschehen (1.Kor. 12,3; Matth. 11,27). Aber wer begriffen hat, was mit „Begegnung" gemeint ist, muß wissen, daß das so entstandene persönliche Verhältnis zum
dreieinigen Gott seine Geschichte hat, also in immer neuer Gemeinschaft – im Hören
und Antworten, im Beten und Loben (usw.) – praktiziert werden will. Gerade so aber erfährt man, was das natürliche Auge nie wahrgenommen hat und auch nicht wahrnehmen
konnte: die alles übertreffende Größe der Macht Gottes, die auf die Glaubenden zugeht
und einwirkt (V. 19). Fast scheint es, als sei das Wort vom Kreuz vergessen, das uns Gott
in seiner selbstgewählten Schwachheit zeigt; freilich: „die göttliche Schwachheit ist stärker, als die Menschen sind" (1.Kor. 1,25). Will Gott uns an sich ziehen und uns für immer mit sich verbinden – trotz allem, was wir an ihm und seinen Menschen verschuldet
haben – , dann gibt es keine Macht in der Welt, die ihm das Konzept verderben könnte.
Diese Gewißheit erbittet der Apostel für seine Gemeinden.

3.

Der Blick des Herzens geht auch auf das, was uns erwartet. Der Text spricht von der „Hoffnung", die „sein Ruf" eröffnet (den Genitiv muß man wohl so oder ähnlich umschreiben) und von dem „Reichtum an (himmlischem) Glanz", der seinem „Erbe" inmitten der „Heiligen" eigen ist. Von der „einen Hoffnung eurer Berufung" spricht auch 4,4, vom „Erbe" 1,14. Wem die Augen des Herzens aufgegangen sind, der „sieht" auch die Zukunft derer, die Gott „in Christus erwählt" hat. Sie ist ja darin bereits angebrochen, daß Gott in seiner Macht Christus von den Toten auferweckt hat (V. 20). In diesem erhöhten Christus wird, „wenn die Zeit erfüllt ist", Himmlisches und Irdisches zusammengefaßt werden (V. 10). Christen haben ihr Bestes noch immer *vor* sich.

Daß der Epheserbrief eine charakteristisch andere Eschatologie vertrete als der klassische Paulus, davon kann ich mich bis zur Stunde nicht überzeugen. Zwar tritt die Naherwartung der Parusie offenbar zurück. Aber daß „der Dualismus von gegenwärtigem und zukünftigem Äon durch den Dualismus von unterer und oberer Welt ersetzt worden" sei (Schenke/Fischer, Einleitung I, S. 179), trifft nicht zu. Schon darin nicht, daß auch der klassische Paulus das Unten und Oben kennt, ohne das Jetzt und Dann aufzugeben (1. Thess. 4,17; Phil. 1,23; 2. Kor. 4,11 u. ä.). Aber auch darin nicht, daß der Epheserbrief trotz aller Betonung der Gegenwärtigkeit des Heils auch im Schema futurischer Eschatologie denkt. So ist der Geist, wie 2. Kor. 1,22; 5,5 (vgl. Röm. 8,11.23), *„Anzahlung* auf unser Erbe, zur Erlösung, durch die ihr Gottes Eigentum werdet" (V. 14). So ist das „Erbe" *Hoffnungs*gut (V. 18). 2,6 muß nicht als Negation futurischer Eschatologie verstanden werden (so wenig wie die Aussage, daß das Alte vergangen sei, 2. Korr. 5,17, der alte Mensch nicht mehr lebt, Gal. 2,20, das eschatologisch noch zu überholende „Leben im Fleisch" ableugnet). So ist der Kampf mit den gottwidrigen Mächten noch immer zu kämpfen (6,10ff.), und den ins himmlische Wesen Versetzten muß noch immer gesagt werden: „die Tage sind böse" (5,16). „Dieser Äon" wird vom „künftigen Äon" abgelöst werden (μέλλειν denkt in der Zeitachse, V. 21).

Der Apostel bittet für seine Leser um erleuchtete Augen des Herzens für das, was uns erwartet. Wir sagten vereinfachend: „den Blick haben" (Teilüberschrift 3). Dies kann, wie der Zusammenhang zeigt, nicht einfach Sache unseres Entschlusses sein. Auch das Hoffen ist Gabe Gottes. Man könnte zwar ein apokalyptisches Zukunftsprogramm gewissermaßen weltanschaulich und geschichtstheologisch inventarisieren. Darüber nachdenken und dann „wissen", was kommt: dies könnte eine Sache der ihre Erkenntnisse in die Zukunft hinausverlängernden Erfahrung und der das Notwendige und darum mit Sicherheit zu Erwartende denkende Vernunft sein. Dazu braucht man nicht durch den Heiligen Geist erleuchtete Herzensaugen. Was uns erwartet, ist, im Sinne des Textes verstanden, Gegenstand des *Glaubens.* Was wir von Gott zu erhoffen haben, ergibt sich daraus, daß wir ihn selbst kennen, aus der ἐπίγνωσις Gottes. „Sind wir aber Kinder, so sind wir auch Erben" (Röm. 8,17). Und wir sind tatsächlich Kinder (V. 5), „verordnet nach dem Vorsatz dessen, der alle Dinge wirkt nach dem Rat seines Willens" (V. 11). Die Gewißheit, daß wir in den längst, seit aller Ewigkeit bedachten Liebesplan Gottes einbezogen sind, den er in Christus realisiert hat (VV. 9f.), diese Gewißheit läßt uns in Gott geborgen sein für alle Zukunft. Diese Zukunft ist also nicht Sache des Denkens und Wissens, sondern Vertrauenssache. Weil die christliche Gemeinde „in Christus" *ihren Gott kennt,* darum ist sie ihrer Hoffnung gewiß.

Was diese „erleuchteten Augen" sehen, wenn sie aufs Zukünftige gerichtet sind, wird man nur mit großer Vorsicht beschreiben. Es ist ja eigentlich das, „was kein Auge gesehen hat" (1. Kor. 2,9) und was darum vorerst nur wie im Spiegel und Rätselwort erblickt und erahnt werden kann (1. Kor. 13,12). Die נַחֲלָה, das Land der Verheißung, ist Inbegriff aller Gaben des freigebig schenkenden Gottes; der Begriff „Erbe" ist im Neuen Testament eschatologisch gewendet (Matth. 5,5; 1. Petr. 1,4; Hebr. 9,15; Eph. 1,14 u. a.). Alle Hoffnungen, die das alttestamentliche Gottesvolk auf das „Land" gesetzt hat, werden in dem erfüllt, was auf uns wartet. Vom Reichtum der himmlischen Doxa spricht der Text. Die Augen des Herzens mögen es meditierend „schauen". Sie mögen dabei die „Heiligen" nicht übersehen: die Menschen Gottes, die in der „oberen" Gemeinde beisammen sind. Wir wären schlecht beraten, wenn wir gegen dies alles sofort Einspruch erhöben im Namen der abstraktionsfreudigen Vernunft; es gibt ein geistliches „Sehen". Aber wir werden freilich dabei bedenken, was soeben vom Spiegel und vom dunklen Wort gesagt wurde. Wichtiger als alles, was wir ahnend schauen, ist das Andere und Eigentliche: daß wir den uns in Liebe zugewandten Gott kennen. „Aber Gott, der reich ist an Barmherzigkeit, hat um seiner großen Liebe willen, mit der er uns geliebt hat, auch uns, die wir tot waren in Sünden, samt Christus lebendig gemacht, denn aus Gnade seid ihr gerettet worden" (2,4f.). Darin gründet die Hoffnung der Gemeinde. Der Apostel bittet Gott, daß die Augen unseres Herzens dies wahrnehmen möchten.

Letzter Sonntag nach Epiphanias. Offb. 1,9–18

Die Berufungsvision umfaßt VV. 9–20; den Schreibbefehl (V. 19) und den ersten kleinen Kommentar (V. 20) können wir uns beim Vorlesen sparen. Die Szene beginnt mit einer Audition, geht dann in eine Vision über und endet mit einem Wort des erhöhten Christus. Lohmeyer weist auch diesmal auf rhythmische und strophische Feinheiten hin.

V. 9: Vf. nennt seinen Namen dreimal (1,4.9; 22,8). „Bruder": er verzichtet auf Würdebezeichnungen; „Teilhaber ...": mit den Adressaten verbinden ihn sowohl die „Trübsale" der letzten Zeit als auch, was aus ihnen hervorgeht, das „Reich", als auch, worin das Jetzige und das Künftige miteinander verbunden sind, die „Geduld". Statt „am geduldigen Ausharren in Jesus" liest Dionys von Alexandrien (nach Euseb): „am geduldigen Warten auf Jesus" (Gen. obj. – s. Apparat), von Zahn, Lohmeyer und Hadorn als ursprünglich angesehen. Die Insel Patmos, von Ephesus etwa 100 km entfernt, nicht ganz 10 km Gesamtumfang, ist, wie man seit der alten Kirche weiß, von den Römern gern als Verbannungsort benutzt worden (Plinius, Hist. nat. VI, 12.23; Irenäus, Adv. haer. V, 30,3; Tertullian, De praescr. haer. 36). Anders Schenke/Fischer, Einl. II, S. 299: „Patmos ist keine Strafinsel"; man habe (nach H. Kraft) an eine selbstgewählte „prophetische Klausur" zu denken. Wir halten uns nachfolgend an die Meinung der Mehrzahl der Ausleger. – V. 10: Verzückungszustand am Herrentag (1. Kor. 16,1; Apg. 20,7), vielleicht zur Stunde des Gottesdienstes (Lohmeyer). κυριακός ist staatsrechtlich eingeführter Terminus für „kaiserlich"; diese Bezeichnung des Sonntags ist bereits eine Kampfansage. Nach 4,1 dürfte die posaunenartige Stimme die eines Engels sein. Posaune (שׁוֹפָר): im Judentum heiliges, nur im Gottesdienst verwandtes Instrument, es kündet den Anbruch des Eschaton an (Matth. 24,31; 1. Kor. 15,32; 1. Thess. 4,16). (Man darf nicht an die moderne Posaune denken; es handelt sich um ein Naturhorn. H. Seidel, Der Untergang Jerichos, in: Theol. Versuche VIII, 1977, S. 19 A. 8.) – V. 11: Im Unterschied zu jüdischen Apokalypsen ist dieses Buch unverzüglich weiterzugeben (22,10), um die angeschriebenen Gemeinden zu trösten. Sieben: Zahl der Ganzheit; die Gemeinden stehen für die ganze Kirche. – V. 12: Die hier geschilderte Vision ist der in Dan. 7 in mehreren Einzelzügen ähnlich; auch echtes prophetisches Erleben zehrt von gespeicherter Tradition. Siebenarmiger Leuchter nach Sach. 4,2; Exod. 25,31f. Es mag aber daran gedacht sein, daß jede Gemeinde einen Leuchter hat (1,20; 2,5). Langes Gewand ist Priestertracht. Nur der Hohepriester darf den Gürtel „um die Brust" tragen (Dan. 10,5f.). Jesus, der Hohepriester: eines der zahlreichen Merkmale der Verwandtschaft zwischen den johanneischen Schriften und dem Hebräerbrief. – V. 14: starke blendende Lichteindrücke. In Dan. 7,9 wird der „Uralte" so gekennzeichnet; Gottesmerkmale hier auf Jesus übertragen. Vgl. auch Dan. 10,6 – V. 15 kommt dazu das gewaltige, zunächst unartikulierte Geräusch wie von rauschendem Wasser. πεπυρωμένης ist grammatisch falscher Genitiv – unbeholfener Umgang mit fremder Sprache oder Stilmittel (letzteres nach Schenke, a. a. O.,

S. 282)? –V. 16: Seit der frühen Kaiserzeit gibt es Münzen mit den 7 Planeten – Symbol der Weltherrschaft. „Schwert": Christi Macht liegt, im Unterschied zu der des Kaisers, allein im Wort, aber das Wort hat wirklich Macht in sich (Jes. 49,2; Eph. 6,17; Hebr. 4,12). „Angesicht wie die Sonne": Matth. 17,2 (Evg. des Sonntags). – V. 17: Niederfallen wie z. B. Matth. 17,6; 28,4. Lähmender Schreck häufig bei Theophanien. Handauflegung belebt neu. (Es ist töricht, zu fragen, was aus den sieben Sternen wird, wenn Christus die Rechte zur Handauflegung braucht.) Die Selbstbezeichnung des himmlischen Christus bedient sich der höchsten Ehrenprädikate Gottes; vgl. 1,8 mit Jes. 48,12; zahlreiche Stellen vom „lebendigen " Gott; schon das μὴ φοβοῦ ist Wort Gottes im exzellenten Sinne (Jes. 44,2.8 u. ö.). Dabei ist die Identität Jesu Christi durch Hinweis auf Tod und Auferstehung deutlich. V. 18: „Schlüssel" vgl. Jes. 22.22 und Offb. 3,7. Gewalt über Tod und Hölle gebührt nach rabbinischer Auffassung allein Gott (Belege bei Lohmeyer).

Man hat in Jesu „Verklärung" – Evangelium des Sonntags – eine Osterepiphanie sehen wollen, zurückverlegt in Jesu Erdentage. In dieser Perikope ist es nun tatsächlich der Erhöhte, dessen der Apokalyptiker Johannes ansichtig wird. Johannes ist ein Zeuge Jesu; er wäre sonst nicht auf der Insel Patmos (V. 9). Der „Tag des Herrn" (V. 10) kann nur der Sonntag, der Tag seiner Auferstehung sein, mindestens seit Mitte der 50er Jahre in der Christenheit als Tag des Zusammenkommens begangen (1. Kor. 16,2). Wir befinden uns auf dem Boden der Gemeinde Jesu. Jesus selbst freilich ist in der Vision nicht genannt. Er erscheint als der Menschensohn. Man hat bezweifelt, ob der synoptische Jesus sich mit dieser Gestalt der jüdischen Apokalyptik identifiziert. In unserm Kapitel ist ein Zweifel nicht mehr möglich. Die Attribute der hier geschauten Lichtgestalt deuten auf den „Beherrscher der Könige der Erde" (V. 5), der zugleich der Hohepriester ist. Er war tot, aber jetzt ist er lebendig, „der Erstgeborene von den Toten" (V. 5) – eben: „Jesus Christus" (ebd.). Er ist zur Herrlichkeit erhöht. So, wie er hier „erscheint", so haben wir es mit ihm zu tun, auch wenn wir keine Auditionen und Visionen erleben.

Die prophetische Weise des Schauens und Erlebens ist uns fremd. Dies gilt wenigstens in den Längen und Breiten, in denen wir wohnen. Sollen wir das bedauern? Wir werden am Sonntag Sexagesimä über ekstatische Erfahrungen und Erlebnisse abermals zu reden haben. Paulus jedenfalls wäre nicht der Meinung, daß uns etwas fehlt. Und bei Johannes lesen wir: „Nicht sehen – und doch glauben" (20,29). Ganz ähnlich der Hebräerbrief (11,1) mit seinem so sprechenden Hinweis auf Mose, der sich an den hielt, den er nicht sah, als sähe er ihn (11,27). Wir brauchen die Visionen nicht. Was in ihnen anschaulich wird, geschieht – unsichtbar – unter uns nicht weniger. Die Epiphanie des erhöhten Herrn ereignet sich in jedem Gottesdienst. Uns hat sich in den letzten Jahrzehnten ostkirchliches Denken stärker erschlossen. Da kann man lernen, daß Gottesdienst nicht nur Darstellung ist, sondern *Ereignung* dessen, was die Liturgie in Wort, Sakrament, Ton, Gebärde und bildlicher bzw. architektonischer Darstellung aussagt. Gottesdienst: eine mehr oder weniger gut besuchte Versammlung von solchen, die an Glaubensfragen interessiert sind und zu diesem Zweck ein Referat, genannt Predigt, anhören oder gar über den lieben Gott diskutieren? Mitten unter den goldenen Leuchtern ist der Herr selbst gegenwärtig, in göttlicher Hoheit, mit den Insignien des Pantokrator und zugleich denen des Hohenpriesters, der für sein Volk bittet und eintritt. Die Sterne: „Sinnbild für Macht und Herrschaft". Das Schwert: jedenfalls auch Zeichen seiner Kraft – jedoch, es kommt aus dem Munde (man kann und soll es sich nicht massiv vorstellen), ist also die Macht seines Wortes (Hebr. 4,12), denn anders will er nicht regieren und sich durchsetzen. Diesen Christus haben wir bei uns. Es ist nicht müßig, daß sich die Predigt von da aus um ein gefülltes Verständnis des Gottesdienstes in der Gemeinde bemüht und in ihrem Vollzug dem, was Gottesdienst ist, so gut wie möglich gerecht wird. (Erinnert sei an das zum 1. Advent [5,1–14] Gesagte. Die Thematik ist eine andere, die Szene erweitert, aber der „Raum" derselbe.)

Versuchen wir, die Fülle der Aussagen ein wenig zu ordnen: *Ihn sehen* – (1) *das vereint,* (2) *das vernichtet,* (3) *das richtet auf.*

1.

Was ist hier zu vereinen? Johannes befindet sich auf der Insel Patmos – von den Gemeinden, für die er schreibt, getrennt. Nicht freiwillig, wie wir meinen (s. o.). Hat Johannes die Gemeinden zu trösten und aufzurichten, weil sie in „Bedrängnis" sind (2,9; 7,14 u. ö.): nun, er ist in dieser Lage ihr „Mitgenosse" (Luther), „mit" ihnen an der „Trübsal" beteiligt. Das kann man zur Not als Beteuerung innerer Anteilnahme verstehen. Aber wenn Johannes davon spricht, daß er auch am „Reich" und an der „Geduld" Anteil hat, dann liegt es doch näher, die „Bedrängnis" real zu nehmen. „Um des Wortes Gottes willen" muß Johannes auf Patmos sein – nicht in selbstgewählter Klausur, sondern in unfreiwilliger Verbannung. Es wäre auch seltsam, wenn ein „Johannes" – wie man auch sein Amt beschreiben mag – kraft eigenen Entschlusses die Einsamkeit suchte, wenn er die Gemeinden in Pressionen weiß.

Im Hintergrund: Domitian. Er läßt sich nicht nur von seinen Hofdichtern umschmeicheln („Würdig bist du, das Reich zu nehmen . . .", „Herr der Erde", „Unbesiegbarer") – dies könnten Christen, kopfschüttelnd oder lächelnd, hingehen lassen. Er läßt sich auch „Kyrios, Gott und Heiland" nennen – und hier muß es zum Konflikt mit den Christen kommen. Wer Domitian kennt, weiß: er wird seine angemaßten göttlichen Ansprüche mit Gewalt durchzusetzen versuchen. Ephesus ist einer der Brennpunkte des Kaiserkultes. Es gibt dort kaiserliche Hohepriester, jährlich wechselnd. „Kaiserliche Tempelhüterin" nennt sich die Stadt. In dieser Stadt: eine christliche Gemeinde. Die anderen Gemeinden, die hier genannt sind, alle an der großen Römerstraße gelegen, werden in ähnlicher Lage sein. Einer hat schon sein Leben lassen müssen, Antipas (2, 13). Johannes ist verbannt.

Jetzt sind sie, drüben auf dem Festland, zum Gottesdienst versammelt, es ist ja Sonntag (V. 10). Der „Bruder und Mitgenosse an der Bedrängnis" weiß sich den Gemeinden verbunden. Nur in der Bedrängnis mit ihnen eins? Auch im Anteilhaben am Reich (Dan. 7,14; Mark. 1,15 u. v. a.) und im Ausharren bei Jesus bzw. im Warten auf ihn. Es geschieht leicht, daß man sich in seinem Denken und im Stimmungsleben von den ϑλίψεις fixieren läßt und vergißt, daß sie notwendiger Durchgang zum Reich Gottes sind (Apg. 14,22) und es darum des geduldigen Wartens bedarf. V. 9 ist wie ein Entwurf der ganzen Apokalypse. Starker Trost: sie sind, übers Meer hinweg, eins nicht nur im Leiden, sondern auch im Hoffen. Der in der Audition erteilte (in V. 19 noch einmal bekräftigte) Auftrag schafft ein weiteres Medium der Verbundenheit: durch das zu schreibende Buch wird Johannes Gemeinschaft haben mit den Gemeinden Kleinasiens, ja eigentlich – dies der Sinn der Siebenzahl – mit der ganzen Kirche.

Aber die Verbundenheit in der Kirche ist noch enger, als es eben sichtbar wurde. Sie besteht nicht nur in den Horizontal-Kontakten: aneinander denken, miteinander leiden und hoffen, schriftliche Kommunikation. Die Vision (VV. 12ff.) macht es deutlich. Johannes sieht sieben goldene Leuchter – sie stehen für die sieben Gemeinden (V. 20b), also für die ganze Kirche. Ist an den herkömmlichen siebenarmigen Leuchter gedacht, dann werden die brennenden Lichter in ihrer Gesamtheit und Einheit gesehen. Schaut Johannes *einzelne* Leuchter, dann denkt er an jede der genannten Gemeinden drüben auf dem kleinasiatischen Festland und in der weiten Welt: unzählige „Lichtpunkte" (Phil. 2,15), hier und dort und dort. In unseren Altarleuchtern werden sie anschaulich. – Und jetzt das Entscheidende: „Mitten unter den Leuchtern" (V. 12; 2,1), zwischeninne, überall da, wo die Lichter angezündet sind – die Römerstraße entlang und überall, in allen Ländern: *der erhöhte Christus*, der Menschensohn, der, mit dem die Auferstehungswelt begonnen hat (V. 5), der A ist und O, der Kommende, der Pantokrator (V. 8).) *In Ihm* sind die (getrennten) Gemeinden und Christen verbunden. Johannes schaut den Unsichtbaren auf seiner Insel, aber dieser ist ebenso in den Gemeinden realpräsent. Haben sie den Herrn selbst in ihrer Mitte (Matth. 18,20) und hat Johannes ihn vor Augen: so sind sie alle miteinander in ihm verbunden. „In Christus": die Urchristenheit hat sich dieser Formel gern bedient, in den johanneischen Schriften abgewandelt zum Ausdruck der reziproken Immanenz: „er in uns und wir in ihm". Die Christenheit ist nicht nur durch gemeinsame Überzeugungen und Ideale verbunden, durch gemeinsames Wollen und Handeln, durch die „Tuchfühlung", die die einzelnen Glieder zueinander haben und spüren im horizontalen Nebeneinander. Die Verbundenheit der Christenheit besteht in ihrem Herrn, der als der eine und selbe überall da real gegenwärtig ist, wo sein Wort ist und seine Sakramente, also in der Kirche. Eingangs war von dem Defizit im Verständnis des Gottesdienstes die Rede, mit dem wir in unseren Gemeinden leider zu rechnen haben. Am Text wird deutlich, daß der Gottesdienst über alles Menschliche hinaus ein aufregendes Plus an Wirklichkeit aufweist: eben die Präsenz des Erhöhten, in dem wir miteinander verbunden sind. Sieben Gemeinden: hier wird ökumenisch gedacht. Es können Gemeinden – im räumlichen, aber auch im übertragenen Sinne – weit voneinander entfernt sein: weiß man nur, daß zwischen den „Leuchtern" der Herr gegenwärtig ist, dann sind sie eines. Nur angedeutet soll sein, daß die wirksame Gegenwart Christi nicht nur die gleichzeitig um ihn versammelten Christen eint, sondern auch die zur himmlischen Gemeinde gelangten Christen *vor* uns, die „vollendeten Gerechten" (Hebr. 12,23), die als „Wolke der Zeugen" (Hebr. 12,1) daran interessiert sind, wie wir „laufen". Ja, es beugen vor dem Erhöhten alle die Knie, die im Himmel und auf Erden und unter der Erde sind (Phil. 2,10), die Engel und alle Kreatur (Offb. 5,11.13). Ihn sehen – das vereint.

2.

Die Christus-Menschensohn-Vision schildert uns den Herrn in seiner unvorstellbaren, durch die Details der Vision bestenfalls angedeuteten Doxa. Man vergleiche aufgrund der Angaben von Martial und Sueton die Kaiserliturgie, wie sie besonders in Ephesus gehalten wurde, und man wird verstehen, wie scharf und wie grundsätzlich der Protest ist, den die kleinasiatische bedrängte Kirche in Wort und Tat zur Geltung bringt. Nicht nur das letzte Buch der Bibel, sondern auch andere neutestamentliche Schriften stehen in diesem Bekenntnis zum Pantokrator Christus gegen die lästerliche Selbstapotheose des Imperators auf; die Apokalypse fast durchgängig. – Vor uns, in der himmlischen Tempelhalle, der Menschensohn, dargestellt mit den kaiserlichen und priesterlichen Insignien, so mit dem Talar und dem Goldgürtel des Hohenpriesters und mit den (persischem Brauch entsprechenden) Goldbrokatschuhen des Triumphators. Bei den Numismatikern stellt sich angesichts der sieben Planeten in der Rechten des Kyrios sofort die Assoziation der Kaisermünzen ein; der Apokalyptiker selbst sieht darin die „Engel" der sieben Gemeinden (V. 20), vielleicht deren Bischöfe (Sendschreiben Kapp.2f.), vielleicht deren himmlische Ur- und Entsprechungsbilder. Denkt man an ein wirkliches Schauen – ähnlich unseren Träumen –, dann dürfte eins in das andere übergehen: die vom Kaiser beanspruchte kosmische Allmacht gehört gerade dem, der der Herr seiner Gemeinde ist und in ihr wirkt. Er, nicht der Kaiser, ist der wahrhaftige „Dominus et Deus". Vor keinem Kaiserbild hat Johannes die Knie gebeugt. Aber vor diesem Herrn fällt er auf sein Angesicht. Es hat guten Grund, daß wir immer wieder den Herrn in seiner Niedrigkeit und Un-

scheinbarkeit vor Augen haben. Wir sehen Christus und sein Wirken. gar nicht anders als
so. Das bedeutet jedoch nicht, daß es irrig wäre, an den Erhöhten in seiner Glorie zu
glauben. Was wir nicht sehen: der Apokalyptiker hat es erschaut. Wir haben es – im Medium der Niedrigkeitsoffenbarung – tatsächlich mit dem Erhöhten zu tun. Diese Doxa-
Seite der Christuswirklichkeit sollten wir nicht vernachlässigen oder gar abstreiten. Wir
haben uns Jesus gegenüber einen sehr kameradschaftlichen Ton angewöhnt. Es ist daran
nicht alles verkehrt; Jesus *will* ja unser Bruder sein. Aber er ist auch der Kyrios. An das
Beugen des Knies denkt unter uns Protestanten kaum einer, an die Proskynese schon gar
nicht. Wir verachten die kultische Gebärde. Weil sie hohles verlogenes Gehabe ist? Das
kann, aber das muß sie nicht sein. Man denke an Stellen wie Matth. 17,6; 28,4; Eph. 3,14;
Phil. 2,10; Offb. 4,10; 5,8.14. Zum Vertrauen und der Liebe gehört die Ehrfurcht; es wäre
sehr töricht, wollten wir uns weigern, dies zusammenzudenken. Wie wir *von* Christus
reden, *mit* ihm reden, uns vor seinem „Angesicht" als Gemeinde benehmen, auf ihn zugehen, auf sein Wort reagieren, bis ins Leibliche hinein: das alles sollte von der Christuserfahrung einer Szene wie dieser mitbestimmt sein.
Bewegend, vielleicht darf man sagen: erhebend, von diesem in seiner Gemeinde präsenten
Herrn zu wissen! Noch besser könnte es sein, ihn so zu erfahren wie Johannes. Man
merkt es ihm an, daß die Worte nicht hinreichen, diese Christusschau nachzuzeichnen.
Uns müßte der sonnenhelle Glanz des Christuslichtes blenden – wie weiße Wolle, nein:
wie der Schnee, nein: wie Feuerflammen, nein: wie glühendes Erz im Ofen! Und dabei
das ohrenbetäubende Wasserrauschen. „Rex tremendae majestatis." Soll man sich solches Erleben wünschen?
„Weh mir, ich vergehe!" (Jes. 6,5). Ähnlich hier. Wir hätten die Apokalypse nicht verstanden, wenn wir in dem, was sie predigt, lediglich den Versuch sähen, allen pompHaf-
ten Aufwand des Kaiserkultes und die Messiasdogmatik der blutbesudelten Gernegroße
in Rom dadurch zu überbieten, daß man triumphierend feststellt: *Unser* Kyrios ist aber
noch gewaltiger! Hier ist nichts zum Triumphieren. Von ganz anderer Seite her wird
Christus erfahren. Daß Johannes ihm zu Füßen fällt wie ein Toter, könnte man sich aus
der Psychologie der Ekstase erklären, vielleicht nach Analogie eines Alptraums, in dem
man sich fortbewegen möchte und nicht kann. Das Übermächtige lähmt. Wer wollte bestreiten, daß Widerfahrnisse wie die in der Apokalypse geschilderten auch ihre psychische Seite haben? Johannes würde jedoch protestieren, wenn wir, was er mit Christus erlebt hat, wegpsychologisierten. Auch dann, wenn wir die hier offenbar werdende Gott-
Mensch-Relation einfach von der Kleinheit des Menschen gegenüber der erdrückenden
Übermacht Gottes her sähen. Der „Jesus Christus", der „der Erstgeborene von den Toten
und Herr" ist „über die Könige auf Erden", ist der, „der uns liebt und erlöst hat von
unseren Sünden mit seinem Blut" (V. 5). Schon: der winzige Mensch vor dem gewaltigen
Herrn. Aber was viel mehr ins Gewicht fällt: der Sünder vor dem Heiligen. „Als ich ihn
sah, fiel ich zu seinen Füßen wie ein Toter." Die Botschaft von der Vergebung der Sünden besteht nicht darin, daß uns eingeredet wird, Jesus habe ein so weites Herz, daß man
sich um seine Verlorenheit keine allzu ernsten Gedanken mehr zu machen brauche. Verloren – doch! Nur, daß Jesus unsere Verlorenheit auf sich abgeleitet hat. Johannes – wie
ein Toter. Und Christus selbst: „Ich war tot . . . " „Sind wir aber mit Christus gestorben,
so glauben wir, daß wir auch mit ihm leben werden" (Röm. 6,8). Es ist gewiß gewagt,
unsern Text mit Paulus kommentieren zu wollen. Aber wo man Jesus wirklich begegnet,
da bricht man zusammen (Luk. 5,8), und wenn das nicht geschehen ist, dann hat man's
noch vor sich. Es ist keine harmlose Sache, Christus zu begegnen.

3.

Aber da fühlt Johannes die ihm aufgelegte Hand: die rechte Hand ebendieses gewaltigen, in himmlischer Helligkeit glänzenden heiligen Herrn. Wir dürfen ruhig sagen: dieselbe Hand, die Jesus dem Thomas gezeigt hat: mit Nägelmalen (derselbe Sachverhalt ist in der Apokalypse etwas anders ausgedrückt: 5,6). Sollte uns vor dem Augenblick grauen, in dem wir Christus, den Erhöhten, erstmalig sehen werden, „wie er ist" (1. Joh. 3,2)?
Der Prediger hat jetzt mit denen zu reden, die den Text bisher ernst genommen haben und denen darum vor dem Augenblick bange ist, in dem die Hülle von den Augen weggeht und der Menschensohn vor uns steht. Es steht tatsächlich nichts davon in der Bibel, daß das Gericht durch Jesus abgeblasen sei. Das Schwert, das nach Johannes aus dem Munde des Herrn geht – den Malern konnte der Versuch, dies auf die Leinwand zu bringen, nur mißglücken –, mag darauf hinweisen, besonders dann, wenn wir uns nochmals an die Verwandtschaft dieser Stelle mit Hebr. 4,12 erinnern lassen: Gottes Wort dringt in uns ein und nimmt uns auseinander, daß das Verborgene ans Licht kommt (hierzu 1. Kor. 4,5). Das Evangelium verkündigt nicht die Verharmlosung und Bagatellisierung der Sünde. – Aber *das* sagt das Evangelium: die Hand wird da sein, die sich auf uns legt. „Fürchte dich nicht!"
Jetzt wird klar, was es bedeutet, daß Jesus das Amtskleid des Hohenpriesters trägt (wieder denken wir an den Hebräerbrief). „Fürchte dich nicht!", diesen Zuspruch kennt die Gemeinde als *Gottes* Wort. Man denke besonders an die Heilsorakel bei Deuterojesaja. Nun wird deutlich, daß dieser Christus, den wir wie Gott reden hören, zugleich der für die Menschen sich einsetzende Priester ist. „Ich war tot" – das erinnert an das Kreuz. „Ich bin lebendig von Ewigkeit zu Ewigkeit" – das ist der Hinweis auf die Auferstehung und zugleich auf „das unvergängliche Priestertum" (Hebr. 7,24). Probe aufs Exempel: die Schlüsselvollmacht Jesu. Das Sendschreiben nach Philadelphia (3,7ff.) wird Jesus noch anreden als den Heiligen und Wahrhaftigen, „der den Schlüssel Davids hat, der auftut, und niemand schließt zu, der zuschließt, und niemand tut auf". Er spricht das letzte Wort über uns, das niemand mehr anfechten kann. Hat *er* gesagt: „Fürchte dich nicht!", dann ist über den, dem es gesagt ist, letztinstanzlich entschieden. Uns sagt Christus es in der *Absolution* (Joh. 20,23). Der Inhaber und Verwalter der Schlüssel Gottes ist Christus. Seine Leute tun es als seine Organe, mit der Gültigkeit und Kraft, die Christus selbst dem Schlüsselamt gegeben hat und gibt.
Fast hätten wir vergessen, daß Johannes die Gemeinde in ihren *Bedrängnissen* anredet. Ist er der Situation ausgewichen, die die Gemeinde bestehen muß? Es bedarf einer Auskunft darüber, wieso der machtlose Christus einem Domitian überlegen ist, „Herr über die Könige auf Erden" (V. 5). Ein ungleicher Kampf, muß man sagen. Die Überlegenheit Christi scheint reines Postulat des Glaubens zu sein. Man wird notwendigerweise so urteilen, wenn man nicht-eschatologisch denkt und zugleich dem das letzte Wort läßt, der die größte Macht hat und darum auch – wir denken im Schema Domitians – die letzte Schlacht gewinnt. Anders, wenn man an einen Gott glaubt, der die Welt nicht dem Spiel der Gewalten und damit der Sinnlosigkeit überläßt, sondern seinen heiligen Willen in ihr durchsetzt (V. 9: „das Reich"). Dann hat das letzte Wort der, der Recht spricht, und zwar in höchster Instanz. Gesetzt den Fall, ein Angeklagter wüßte mit völliger Sicherheit, daß er in letzter Instanz freigesprochen wird: er würde die Prozesse in allen unteren Instanzen unerschüttert durchlaufen, selbst wenn gegen ihn auf höchste Strafen erkannt wird. Domitian kann anstellen, was er will, die, für die Christus gutsagt, sind die Sieger, auch dann, wenn er ihnen noch so schrecklich mitspielt. Die Welt ist in der Hand dessen, der die Schlüssel der Hölle und des Todes hat. Wer also spricht über uns das letzte, letztgül-

tige Wort? Der mit uns gelebt hat und für uns gestorben und auferstanden ist. In jedem
Gottesdienst ist er bei seiner Gemeinde gegenwärtig. Die Gemeinden Kleinasiens (V. 11)
sollen das wissen: der das letzte Wort spricht, ist bei ihnen. Für uns gilt das genauso.

Septuagesimä. Jer. 9,22–23

Ein Gottesspruch, am Anfang und Schluß durch die üblichen Zitationsformeln deutlich kenntlich gemacht und zugleich abgegrenzt. Klare Gliederung: der erste (negative) Jussiv dreifach, der zweite
(positive) einfach. Westermann (ZdZ 1950, Meditationen S. 24) macht auf die verschiedene Struktur
der Aussagen aufmerksam: in den Negationen hat das Sich-Rühmen jeweils ein Objekt, in der positiven Aussage geht es darum, Jahwe *zu erkennen*. Daß nach der josianischen Reform „eine Welle des
Stolzes, der Sicherheit und wohl auch des Sich-Rühmens" aufgekommen und dies der Hintergrund
für unser Wort sei (Wstm. ebd.), kann natürlich nur Vermutung sein.

Das hitp. von הלל kann den *Selbstruhm, das Prahlen,* auch den berechtigten *Stolz* (so Spr. 16,31; 17,6)
meinen, wobei der Selbstruhm nicht nur als gelegentlicher Fehler, sondern in manchen Stellen als die
Grundhaltung des törichten und gottabgewandten Menschen gilt (Ps. 52,3; 74,4; 94,3). Das Wort
kann aber auch mit *vertrauen* synonym sein (Ps. 49,7), auch mit *sich freuen* und *jubeln* (Ps. 5,12;
32,11). So nach ThWNT III, S. 646f. – Man beachte, daß der Begriff der *Weisheit* im AT in sehr
hohem Ansehen steht (G. von Rad, ThAT I, S. 415ff.). Hier wiederzugeben, was in Israel Weisheit
ist, würde zu weit führen.

Auch die *Stärke* wird positiv bewertet: die starke Lebenskraft, die Manneskraft (Richt. 8,21), dann
aber auch die kriegerische Tüchtigkeit und damit die ausgeübte Macht. Reichtum wird seltener gepriesen, eher kritisch bewertet (Ps. 62,11; Spr. 28,11). Das „Rühmen" macht, was bei rechtem Gebrauch gut ist, zu etwas Gefährlichem und Verderblichem. Auch das Rühmen als solches ist nicht zu
verwerfen (V. 23a); es kommt nur darauf an, *wessen* man sich rühmt. Es steht nicht da: *wen* man
rühmt. Die Aussage bekommt eine gewisse paradoxe Zuspitzung: legitimes Sich-Rühmen ist eben
das Absehen vom Eigenruhm, der sich auf Dinge der geschaffenen Welt gründet. In V. 23b bezeichnen die absoluten Infinitive den Verbalbegriff in abstracto (Ges.-K., §113adg); sie bilden zusammen
ein Hendiadyoin: „darin klug sein (oder werden), daß man mich kennt". ידע meint dabei nicht bloß
ein intellektuelles Kennen, sondern die persönliche Vertrautheit. „Erkennen, daß ich Jahwe bin" ist
formelhaft (Exod. 6,7; Hes. 6,7.13; 11,4.9.10): es geht um dieses Gottes Identität, die er in seinem
Handeln bewährt, nämlich in חֶסֶד = Gnade, Güte, Liebe, Freundlichkeit, in מִשְׁפָּט = Recht, Rechts-
übung, Rechtspflege, und in צְדָקָה = Recht, Rechtsgesinnung, Rechtsverhalten. Vgl. Ps. 33,5, wo diese
drei Begriffe ebenfalls beisammen sind.

Am Anfang mögen einige Sätze von G. von Rad (Predigten, 1972, S 108) zu diesem Text
stehen: „Die ganze Art und Weise, wie hier zwei Arten von Ruhm, wie hier zwei Arten
von Weisheit und Verständigkeit einander gegenübergestellt werden, läßt erkennen, daß
hier der Ertrag einer langen Erfahrung von vielen Generationen verrechnet wird, eine Erkenntnis, die Israel gewiß nicht in den Schoß gefallen ist. Manche Irrwege mußten erst
begangen, manche Niederlagen erlitten sein. Glaube doch keiner, daß von sich aus jeder
zu jeder Zeit derlei aussprechen kann! Das sind wunderbare Augenblicke im Leben eines
Volkes, wenn eine Wahrheit zur Einfachheit einer solchen Formulierung reif geworden
ist und eingebracht werden kann."

Die schlagende Einfachheit dieses Spruches macht diesen zugleich übersichtlich und
überzeugend. Er ist auch so kurz, daß sich, wie es scheinen mag, eine besondere architek-
tonische Planung für die Predigt erübrigt. Man könnte also einfach dem Text folgen und
brauchte dabei nicht zu fürchten, daß sich die Gemeinde im Gelände nicht zurechtfindet.
– Indes sehe ich die Gefahr, daß, wenn man expliziert und appliziert, von selbst ein negativer und ein positiver Teil entstehen – in der Homiletik mit Recht verpönt – und, da
man das Positive nur im Kontrast zum Negativen aussagen kann, das, was im Text
geordnet ist, in der Predigt ungeordnet erscheint.

Man könnte statt dessen von den Grundbedeutungen von „sich rühmen" ausgehen. „Sich rühmen": das ist die Haltung des Stolzes, der sich über andere erhebt, indem er das eigene Ansehen zu steigern und zur Geltung zu bringen sucht; und das ist das Aussein auf Sicherheit ($\varkappa\alpha\nu\chi\tilde{\alpha}\sigma\vartheta\alpha\iota$ = $\pi\varepsilon\pi\sigma\iota\vartheta\acute{\varepsilon}\nu\alpha\iota$, Phil. 3,3, ThWNT III, S. 649), das Sich-Verlassen auf etwas, das „Bauen" auf etwas; von da aus kommt man schnell zum dritten, zur Dämonisierung, d. h. Vergötzung dessen, was Gegenstand des Sich-Rühmens ist. – Man könnte aber auch Weisheit, Stärke und Reichtum je besonders bedenken, von vornherein jedoch so, daß Gott zu kennen als der wahre Reichtum, die wahre Stärke, die wahre Weisheit gepredigt wird, wobei man die drei Bedeutungen des Sich-Rühmens in allen drei Überlegungen (wir haben die Reihenfolge umgekehrt) durchspielen könnte. Im Schema:

	Stolz:	Halt:	Dämonie:
Reichtum	erhöhen	machen das	treten an
Stärke	das Ansehen	Leben sicher	Gottes Stelle
Weisheit			

Der Prediger lasse sich durch dieses Schema ja nicht fesseln, es soll nur der Übersichtlichkeit dienen. Für die Schlagzeilen unserer Predigt halten wir uns nur an die linke Spalte: *Gott kennen: das soll* (1) *unser Reichtum,* (2) *unsere Stärke,* (3) *unsere Weisheit sein.*

I.

Wir hätten den Text mißverstanden, wenn wir ihn moralisch läsen, man könnte auch sagen: gesetzlich. Es heißt nicht: Ein Weiser sei künftig töricht, ein Starker sei ein Schwächling, ein Reicher verschenke alles und gehe betteln. Man hat die neutestamentliche Armen-Ethik zuweilen so mißverstanden. Es gibt in der Tat Situationen, in denen der Gehorsam gegen Gott darin besteht, daß man den Besitz aufgibt. Aber ein allgemeines Gesetz, das solches verlangt, gibt es nicht. „Den Reichen von dieser Welt gebiete, daß sie nicht stolz seien, auch nicht hoffen auf den ungewissen Reichtum, sondern auf den lebendigen Gott" (1.Tim. 6,17) – man könnte in diesem Satz geradezu die Querleiste in obigem Schema wiedererkennen. Selbstverständlich wäre – wenn das Thema „dran" ist – auch davon zu reden, wie man mit dem Reichtum *umgeht.* Hier geht es darum, wie man ihn einschätzt, d. h. aber: ob man sich seiner „rühmt".

Vergleichsweise harmlos: das Prahlen und Renommieren mit dem Reichtum. Wir könnten das Thema den Vertretern der heiteren Muse überlassen, wenn nicht auch an dieser Stelle etwas Tieferes zum Vorschein käme, das für den Menschen bezeichnend ist. Hinter der Gassenweisheit: „Wer angibt, hat mehr vom Leben" steht etwas, was tief in uns steckt. Der Mensch will nicht nur dasein, leben, wenn möglich, sich freuen und dem Leben Schönes abgewinnen; er will auch etwas *gelten.* Das $\varkappa\alpha\acute{\nu}\chi\eta\mu\alpha$- Bedürfnis ist, wie Paulus richtig gesehen hat, der Nerv des Verlangens nach Rechtfertigung. Der Mensch kann nicht mit lädiertem *Ansehen* leben, und er läßt es sich einiges kosten, sein Prestige aufzubauen und zu steigern. Manches muß ihm dazu dienen; so er hat, auch sein Reichtum. In biblischer Sprache: Durch seinen Reichtum hofft er „gerechtfertigt" zu werden. In ihm bildet sich sein beruflicher Erfolg ab, also seine Tüchtigkeit. Er hat es zu etwas gebracht. Die Leute sollen es ruhig sehen! Man kennt die Statussymbole des Wohlstands. Der Reiche „rühmt" sich.

Schlimmer, wenn, was unter dem Stichwort Stolz noch dahingehen könnte, zum *Halt*

wird. Die Gegenstände des „Sorgens", das Bultmann mit Recht als die andere Seite der
καύχησις ansieht (ThNT, § 23,2), stehen dem Reichen zur Verfügung: Essen, Trinken,
Kleidung (Matth. 6,19–34) – und noch einiges mehr als das. Er ist „gesichert". Soll ihm
die Vorsorge, überhaupt das „Besorgen" seiner Welt übelgenommen werden? Es gehört ja
zum spezifisch Menschlichen am Menschen, daß er arbeitet. Hoffentlich beruht der
Reichtum des Reichen wirklich auf seiner Arbeitsleistung – und nicht auf der anderer
Menschen. Aber hier hat bereits unsere Kritik einzusetzen. Arbeitsteiligkeit – ja; Ausbeu-
tung anderer – nein. Dem Text geht es aber noch um anderes. Gleich, wie der Reichtum
erworben wurde: darf man sich seiner „rühmen", d. h. aber in diesem Zusammenhange:
ist es vertretbar, sich „durch das weltlich Verfügbare das Leben sichern" zu wollen
(Bltm., a. a. O.)? Jesus: Motten und Rost fressen den Reichtum (Matth. 6,19), und er nützt
uns nichts, wenn „man" diese Nacht die Seele von uns fordert (Luk. 12,20). „Wir haben
nichts in die Welt gebracht; darum werden wir auch nichts hinausbringen" (1. Tim. 6,7).
Man könnte einwenden: genug, wenn man immerhin bis zum Herzinfarkt über das Nötige und – wenn möglich – über das Wünschenswerte verfügt. Aber nicht einmal insoweit
stimmt die Rechnung. Zum Kapitalisten: Wie verläßlich sind denn deine Aktien und die
Industriewerke, von denen du sagst, sie seien dein? Zu uns anderen: Wie fest steht das
Häuschen, das du dir erbaut hast? Wirst du in fünf Jahren noch gesund genug sein, die
gutbezahlte Stellung zu halten? Man rühme sich nicht, d. h. man verlasse sich nicht auf
das scheinbar so „Reale". – Aber wenn uns alles Erworbene bleibt – und, ehrlich gesagt,
wir alle *hoffen* das und lassen uns nicht miesmachen – : sind wir damit „gesichert"? Das
Leben ist *mehr* als die Speise, und der Leib *mehr* als die Kleidung (Matth. 6,25). Das
Humanum ist mehr als der äußere Bestand unseres Lebens. Es ist wichtig und unseres
Schweißes wert, daß wir das Ökonomische in unserm Leben und in der großen Welt
ernsthaft „besorgen", und wir sollen kein schlechtes Gewissen haben, wenn dies das Feld
unserer täglichen Arbeit und damit unseres Lebenswerkes ist. Aber es wäre töricht, zu
meinen, darin könne unser Leben aufgehen. Es kann leicht geschehen, daß die Perfektion
im äußeren Bestand unseres Lebens das Eigentliche unseres Menschseins zudeckt. So
könnte z. B. in einer mißlingenden Ehe der Mann seine enttäuschte Frau fragen: „Welchen Wunsch habe ich dir nicht erfüllt? Was willst du noch?", und sie antwortet:
„Dich". Was hieße hier „Sicherung des Lebens", wenn es bei aller Fülle materieller
Güter zum eigentlichen „Leben" gar nicht kommt?
So ist es nur ein kleiner Schritt dazu, daß der Reichtum in unserm Leben unversehens die
Stelle einnimmt, die Gott gehört. Woran einer sein Herz hängt und worauf er sich verläßt, das ist sein Gott (Luther). Man könnte auch sagen: was ihm Richtpunkt allen Denkens, Strebens, Hoffens, Glaubens und Mühens ist. „Ihr könnt nicht Gott dienen *und*
dem Mammon" (Matth. 6,24). Wir merken es meist nicht, wenn der sachliche Umgang
mit den Gütern unseres Lebens in eine Besitzgläubigkeit umschlägt, die von diesen
Gütern alles Wünschenswerte erwartet und uns an sie versklavt. In beidem kann sich
diese Gläubigkeit zeigen: darin, daß wir die Dinge erwerben und haben und uns für sal-
viert halten, aber auch darin, daß wir sie entbehren und vergeblich nach ihnen streben
und darum nervös werden oder gar hoffnungslos. Es kann sein, daß einer viele Güter hat
„und ist nicht reich in Gott" (Luk. 12,21). Umgekehrt: „Mancher ist reich bei seiner Armut" (Spr. 13,7).
Gott will nicht, daß wir arm sind. Er gönnt uns den irdischen Besitz und erwartet, daß
wir verantwortlich damit umgehen. Aber unser bester Reichtum will er selber sein. „Der
Herr ist mein Gut und mein Teil" (Ps. 16,5). Er will, daß unsere Verschlossenheit in uns
selbst und in die Dinge unseres äußeren Lebens aufgebrochen wird. „Klug sein darin, daß
man mich kennt", sagt Gott (V. 23), man könnte auch umformen: „Reich sein in der

Verbundenheit mit mir". „Nur dessen soll einer, der sich rühmen will, sich (legitimerweise) rühmen" (ebd.). Rühmt er dann noch *sich*? Sein Sich-Rühmen „geht nun gar nicht mehr auf etwas, was der Rühmende selbst hat (auch nicht von Gott *hat*!), das Rühmen ist ganz hingewandt zu Gottes Tun" (Wstm., S. 25). Unser schönstes irdisches Glück ist der Mensch, den wir am liebsten haben; die Gemeinschaft mit ihm macht reich, auch wenn wir sonst nur wenig hätten. „Reich in Gott": das ist das Glück der Gemeinschaft mit ihm. Der Text sagt: „kennen". Das ist mehr als: wissen, wer er ist; erst recht ist es mehr als die Vermutung, es müsse wohl ein „höheres Wesen" geben. Wenn wir Gott kennen, dann sind wir mit ihm im persönlichen Kontakt, im (liturgisch gebundenen, im freien und auch im wortlosen) Gespräch mit ihm. Gott ist für uns offen, ja er kommt auf uns zu und läßt uns erfahren, wie ihm an uns gelegen ist. Was kann man Besseres haben als ihn?

2.

Gott kennen: das soll unsere *Stärke* (גְּבוּרָה) sein. Die Spannweite dieses Begriffs ist im exegetischen Vorspann kurz erörtert. Es geht um das Vermögen, sich gegen Widerständiges durchzusetzen. Wer sich seiner Stärke rühmt, ist sich des (mehr oder weniger sanften) Druckes bewußt, den er ausübt und mit dem er dem Gegendruck standhält. Das kann z. B. bei zwei Schulbuben geschehen, die sich balgen; bei zwei konkurrierenden Bewerbern um eine begehrte Stelle (auch dann, wenn sie auf jedes unerlaubte Mittel verzichten und nur ihr Können einsetzen); im Einsatz der Macht des Staates nach innen und außen. Keine Frage: ohne Machtausübung ist Leben in unserer Welt nicht denkbar. Wir sagten schon, es heiße nicht: der Starke werde zum Schwächling. Stärke und Macht müssen sein. Könnten wir im Zeitraffer das Wachstum eines Waldes verfolgen, so müßten wir beeindruckt, vielleicht erschüttert sein von dem Kampf alles dessen, was dort wachsen will, um Boden, Luft, Licht und Nährstoffe. Auch im Tierreich – hier noch deutlicher zu erkennen – waltet der Kampf ums Dasein Und obwohl der Mensch als sittliches Wesen um das Recht des andern weiß, wird auch er, solange er Sünder ist, sich gegen andere durchsetzen und sie verdrängen. Es bedarf darum von „oben" her der Sicherung des Lebensrechtes aller. Staatliche Machtausübung ist nötig, um im kollektiven Zusammenhang Ordnung zu schaffen und zu wahren. Die Staatsmacht „trägt das Schwert nicht umsonst; sie ist Gottes Dienerin" (Röm. 13,4). Wir können hier nicht ein ganzes Kapitel theologischer Ethik verhandeln. Es sollte nur eine mögliche Fehldeutung unseres Spruches abgewehrt werden.

Sich der Macht zu rühmen wäre nun freilich ein Umgang mit der Macht, der, sofern wir glauben, unmöglich wird. Wieder in dreierlei Sinn. Platon spricht von einem krankhaften Drang, die Macht auszuweiten (Politeia 578ff.); das kann unter sehr unterschiedlicher Motivation geschehen. Es gibt – nun schon nicht mehr so harmlos wie beim Reichtum – ein Protzen und Prahlen mit „Stärke". Es mag noch angehen, wenn es sich nur um die verbale und mimische Einleitung zum Gerangel in einer bajuvarischen Dorfkneipe handelt. Anders das sprichwörtliche Säbelrasseln von Machthabern in seinen mancherlei Variationen. Eine Menge Phänomene kann man sich zwischen beidem denken. Macht und Stärke bedeuten Versuchung. Es reizt uns, unsere Überlegenheit darzustellen und andere spüren zu lassen, daß wir es in der Hand haben, uns, wenn es sein muß, auch gegen ihren Widerstand durchzusetzen. Gefährlich ist das Renommieren mit der Macht deshalb, weil es Gegenwirkungen (Feindseligkeit, Zorn, Angst) auslöst. Jeder, der Macht verwaltet – gleich, auf welcher Ebene –, sollte bei allem Wissen um ihre Notwendigkeit ihren Gebrauch immer nur als unvermeidbares Übel ansehen und sich selbst ständig daraufhin prüfen, ob er etwa heimlich seine Macht genießt und sein Selbstbewußtsein an ihr steigert. „Ein Starker rühme sich nicht seiner Stärke."

Aber es geht ja nicht nur gegen den gefährlichen Stolz, der sich auf Macht gründet, sondern auch gegen den Halt, den wir in der Macht suchen könnten. Wir können einigermaßen beruhigt sein: die Glieder der Gemeinde, der wir predigen, verfügen kaum über ein nennenswertes Machtpotential. Immerhin, schon durch seine Stellung – etwa als Vorgesetzter im Betrieb –, vielleicht auch durch die Fähigkeit, psychisch auf andere einzuwirken, sind wir der Versuchung ausgesetzt, Vertrauen auf das zu setzen, dessen wir mächtig sind. Westermann verweist auf die Psalmdichtung: wie oft sind da die Mächtigen die Feinde der Beter! Es könnte sein, daß Menschen in unserer Umgebung unter unserer „Stärke" leiden (man denke an die Gestalt des „starken" Vaters in der Familie u. ä.). Aber wir sind ja als Staatsbürger zugleich, wenn auch in den uns gesetzten Grenzen, für den Machtgebrauch im großen Weltgeschehen mitverantwortlich. Jede Verharmlosung der Problematik wäre hier sträflich, weil sie das Ende der Menschheit bedeuten kann. Die Gefährlichkeit der Weltsituation liegt so auf der Hand, daß wir sie hier nicht zu beschreiben brauchen. In wessen Händen ist die Macht? Wo liegt die Grenze zwischen ihrer bewahrenden und ihrer gefährdenden Funktion? Was kann die Macht sichern, und was wird durch die ihr innewohnende Eigengesetzlichkeit verunsichert? Wie findet die Menschheit aus der Zwanghaftigkeit der – immer wieder die Einbalancierung fordernden – Machtsteigerung heraus? Macht „Stärke" die Lage sicherer? Würde Schwäche sie sicherer machen? Wir können uns des einen so wenig „rühmen" wie des anderen. Die Staaten werden im vernünftigen Ausgleich der Interessen, soweit möglich, die Basis dafür schaffen müssen, daß das illusionäre Vertrauen auf die Macht abgebaut werden kann. Sich der Stärke zu rühmen, das könnte nur Unheil provozieren.

Wir müssen auch hier noch einen dritten Schritt tun; er ergibt sich wieder im Gegenüber zu V. 23. Wenn wir uns nicht Gottes rühmen lernen, was tritt dann an Gottes Stelle? Der Text will im Sinne des ersten Gebotes verstanden sein: Nichts in der Welt darf zu Gott in Konkurrenz treten. Indem wir weltgläubig, in unserem Falle („Stärke") machtgläubig werden, bescheinigen wir Gott, daß wir mit ihm nicht mehr rechnen, sondern uns nach einer anderen Bezugsgröße unseres Vertrauens umsehen. Was bleibt uns übrig? Wir suchen in der Dingwelt nach der stärksten Kraft. Die Generation stirbt aus, die noch erlebt hat, wie nach dem „starken Mann" gerufen wurde; wir haben ihn bekommen und mit ihm die Katastrophe. Es kann in diesem Zusammenhang nicht darum gehen, eine umfassende Abrechnung mit dem Hitlerfaschismus zu versuchen; dazu wären eine Menge Fakten und Gesichtspunkte zu bedenken. Vom Text her drängt sich jetzt nur dies auf: an unserer eigenen schuldhaften Vergangenheit die „Gläubigkeit" zu studieren, in der nahezu eine ganze Generation dem Götzendienst der Macht verfallen war. Die halbe Welt hat darunter leiden müssen – nicht nur, daß wir unter den Möglichkeiten dieser Welt die falsche gewählt haben, sondern – so muß es der Glaube sehen –, daß wir uns statt Gottes auf etwas verlassen und gestützt haben, das mit dem Anspruch des Letzt- und Höchstwertes auftrat und damit Gottes Stelle einzunehmen begehrte. Irdisches wurde an die Stelle Gottes gesetzt. Es wurde dämonisiert. Aber so sehr die Götzen ihre Anbeter in ihren Bann schlagen und versklaven und so unbarmherzig sie ihre Opfer fordern – zuletzt steht die Macht nicht mehr im Dienst eines Zieles, sondern setzt nur noch alles für ihre Selbsterhaltung ein – : Die Götzen können sich nicht halten, denn Gott ist nur Einer. „Klug sein, indem man Mich erkennt: daß ich Jahwe bin, der Barmherzigkeit, Recht und Gerechtigkeit walten läßt."

Wieder geht es beim Erkennen Gottes nicht um ein theoretisches Zur-Kenntnis-Nehmen um die Kommunikation zwischen Gott und uns in personhafter Gemeinschaft. Die Macht, ohne die die Welt nicht sein kann, wird jetzt an einen anderen Ort versetzt. Sie ist nicht mehr Höchst- und Letztwert. Sie wird, weil Gott der Herr ist, zum bloßen Mittel.

Auf sie fällt scharfes kritisches Licht – von Gott her. Machteinsatz hat im Dienste von „Barmherzigkeit, Recht und Gerechtigkeit" zu stehen. In dem Maße, in dem wir glauben, können wir der Macht nicht mehr verfallen sein – weder, indem wir ihr vertrauen, noch, indem wir sie fürchten. Oder fürchten wir sie doch? Rühmen wir uns ihrer gar? Das Erkennen Gottes ist nicht ein punktuelles Geschehnis, sondern die immer wieder neu zu machende Entdeckung. In jedem Augenblick kommen wir aufs neue zum Glauben („nicht, daß ich's schon ergriffen hätte"); so sagen wir uns auch in jedem Augenblick los von der falschen Gläubigkeit. „Klug *werden*", übersetzten wir; Gesenius gibt an: achtgeben, einsichtsvoll betrachten, Einsicht haben, verständnisvoll sein, klug und richtig handeln. Dies alles, indem wir Gott erkennen! Gott bleibt Gott, und das Geschaffene ist ihm unterworfen, auch wo es alle Macht zusammenballt. Allen Götzen gegenüber ziemt sich heilige Respektlosigkeit. Geschaffenes, auch die Macht, soll im *Dienste Gottes* stehen. Wer sich rühmt, „der soll sich dessen rühmen, daß er Gott erkennt."

3.

So erregend das bisher Erörterte war im Blick auf das christliche Gesamtverständnis der Welt und der Geschichte, es könnte sein, daß wir uns doch nicht für direkt betroffen halten. Vielleicht sind wir, sowohl was Reichtum als auch was Stärke angeht, „mangels Masse" nicht so sehr versucht. Der Eindruck dürfte täuschen, wenn man genauer hinsieht. Aber es ist richtig, daß wir gerade als Christen, als Fromme, als Kirchenleute an der Stelle besonders gefährdet sind, auf die wir unser Augenmerk jetzt noch zu richten haben. „Ein Weiser rühme sich nicht seiner Weisheit." Wo der Text, wenn ich recht sehe, am unmittelbarsten auf uns zugeht, dort sollte die Predigt an ihr Ziel und Ende kommen.

Es könnte leicht sein, wir rühmen uns unserer „Weisheit" – im Sinne des Alten Testaments der frommen Lebenserfahrung, der gläubigen Weltdurchdringung, des Wissens um das, was recht und unrecht ist, lebenfördernd oder lebenzerstörend. „Die Furcht des Herrn ist der Weisheit Anfang" (Ps. 111,10; Spr. 1,7; 9,10). Die Wendung, die unsere Predigt hier nimmt, mag verblüffen. Klug sein, indem man Gott erkennt: das wäre ja nun eigentlich das, worum es in der „Weisheit" geht. Aber genau hier lauert die größte Gefahr. Der sich rühmende, d. h. aber: der auf sich selbst setzende, der eigenmächtige und darum Gottes nicht mehr bedürftige, der, wenn man so will, gottloseste Mensch ist der Fromme, der sich seiner „Weisheit", also seiner frommen Erkenntnis und Erfahrung rühmt. Der Mensch will auf sich selbst stehen und nicht von Gott abhängen, er will auf das bauen, was er selber ist, kann und vollbringt. Dies steckt hinter dem Selbstruhm. Im Frommsein ist der Selbstruhm am gefährlichsten, weil hier Gott zwar im Spiel zu sein scheint, aber in Wirklichkeit ausgeschaltet ist. Ich rühme mich – das heißt doch: ich verdanke mich nicht Gott, es ist ohne ihn gegangen, Lob sei mir selbst.

Auch jetzt können wir uns den Sachverhalt anschaulich machen, indem wir die drei Bedeutungen von „sich rühmen" durchspielen. Stolz: Ich gefalle mir in der Pose des Frommen, ich sorge für Beifall und Bewunderung, ich höre es gern, wenn man mich für einen vorbildlichen Christen ansieht, ich bin mit mir einverstanden wie der Pharisäer in Luk. 18. Ein bißchen Propaganda für mich selbst – ich werd's so wenig los wie meinen Schatten. Werde ich's noch verlernen, mich zu rühmen?

Ich kann mein Weisesein im Sinne der frommen Lebensbewältigung auch zu meinem objektiven Halt machen. Mit solchen Leuten wie ich muß Gott doch etwas anfangen können! Für die anderen gnädige Vergebung – für mich Gerechtigkeit! Das καυχᾶσϑαι ist

nach Paulus „jenes Selbstvertrauen, das vor Gott ‚Ruhm' haben möchte", „in Wahrheit
ein πεποιϑέναι ἐν σαρχί (Phil. 3,3f.)" (ThWNT III, S. 649). Illusion auch hier. Nicht, daß
ich dieses ordentliche Pharisäerleben nicht hinkriegte; die biblische Hamartiologie will
uns das auf der moralischen Ebene Erreichte oder doch wenigstens Zu-Erreichende gar
nicht streitig machen. „Im Gesetz untadelich", tadellos (Phil. 3,6). Es ist ja gar nicht so,
wie in kirchlicher Verkündigung oder Lehre manchmal zu hören ist: wir seien darin Sünder, daß wir an den Forderungen des Gesetzes scheiterten. Das mag es geben, sogar sehr
oft. Aber Sünder sind wir gerade auch im Erfolg! Darum nämlich, weil dieser Erfolg Gegenstand unseres Selbstruhmes wird. „Lieber Gott, du siehst: es ist ohne dich ausgezeichnet gegangen!" Das ist die Sünde in ihrer ansehnlichsten Gestalt.
Auch hier geht es wieder um das erste Gebot. Der fromme Mensch, der heimlich denkt,
er brauche Gott nicht (nie würde er das aussprechen!), setzt sich selbst an Gottes Stelle.
Statt Gott zu rühmen, rühmt er sich. Statt sein Heil von außerhalb – nämlich von Gott –
zu empfangen, sucht er es bei sich. Es scheint ihm sicherer, sich selbst zu verteidigen als
auf die Gnade angewiesen zu sein.
Dies alles hieße nicht „Mich erkennen". Wo und wie erkennen wir ihn? Wir haben es
leichter als die Menschen des Alten Bundes. Die Barmherzigkeit Gottes ist für uns
Mensch geworden, und Recht und Gerechtigkeit stehen nun, wegen des Kreuzes Christi,
unter dem Vorzeichen dieser Barmherzigkeit. Man kann auch so sagen: Barmherzigkeit,
Recht und Gerechtigkeit sind in Jesus Christus eines geworden. Eine neue „Weisheit".
Sich dessen rühmen, daß man – mit leeren Händen – zum barmherzigen Gott gekommen
ist und ihn – in Christus – als den Gott-für-uns kennt, das ist kein fragwürdiger Ruhm
mehr, denn hier wird nun ohne Wenn und Aber *Gott* gerühmt. „Wo bleibt nun der (Men-
schen-) Ruhm? Er ist ausgeschlossen" (Röm. 3,27). Unser Text ist in 1. Kor. 1,31 ausdrücklich aufgenommen. Unser neuer, ganz anders gearteter Ruhm liegt in dem, was
Christus an uns getan hat.

Sexagesimä. 2.Kor. (11,18.23b–30); 12,1–10

Aus dem Thema „Selbstruhm", um das es bereits in den eingeklammerten Versen geht, tritt im
Laufe von 12,1–10 das andere hervor: „Der Ruhm der Schwachheit". Der Überfülle wegen sollte
man sich auf 12,1–10 beschränken und die ()-Verse höchstens zur Illustration mit heranziehen.
Wenn die verbreitete Meinung stimmt, nach der 2. Kor. aus mehreren apostolischen Schreiben besteht, dann gehört unser Abschnitt zu dem „Vier-Capitel-Brief" (Hausrath), in dem man gern den
„Tränenbrief" (2,4; 7,8–12) wiedererkennt, genauer: einen Teil des so charakterisierten Briefes.
V. 1: Vgl.11,16–18. Das Ganze ist eine „Narrenrede", die Korinther haben Paulus dazu gezwungen
(12,11). „Zwar kommt nichts dabei heraus" (οὐ συμφέφον μέν), aber wie der Leidens- und Leistungs-
katalog (11,21bff.) dem Apostel zum „Ruhm" gereichen kann, so nun auch die „Visionen" und
(pneumatischen) „Offenbarungen" (vgl. Gal. 1,12; 2,2; Apg. 16,9f.). Hat der Herr sie bewirkt, oder ist
er ihr Gegenstand (κυρίου Gen.subj. oder obj.): jedenfalls gehört das, wovon Paulus zu berichten hat,
zu seinem Leben als Christ. – V. 2: Paulus redet von sich in 3. Person wie sonst nie. „Bescheidenheits-
stil" (Windisch)? Will er „sich von dem berichteten Geschehen distanzieren" (Ksm.)? Wir müssen
nachher noch darauf zurückkommen. „Ein Mensch in Christus" = ein Christ?, ein Mensch, sofern er
„in Christus", also der eschatischen Welt zugehörig ist (vgl. uns. Ausl. zu 1.Joh. 3,1–6, 1.Christtag)?
14 Jahre: es ist also lange her, daß Paulus dergleichen widerfahren ist (Anfang der 40er Jahre – jedenfalls nicht mit dem Damaskuserlebnis identisch). Wahrscheinlich gehört es zu den Vorstellungen der
korinthischen Gegner, daß man dabei außerhalb des Leibes sein muß; Paulus läßt das offen. Die
dritte Himmelssphäre scheint in des Paulus Weltbild die höchste zu sein. Dort auch das Paradies. –
V. 3: „Und zwar weiß ich von einem solchen Menschen . . .": es wäre also dasselbe Erlebnis gemeint
wie in V. 2, nur des näheren beschrieben. Da jedoch in V. 1 von „Visionen" und „Offenbarungen"
im Plural die Rede ist, könnte Paulus ein anderes Erlebnis meinen; auch dann wären es aber wohl

nur Beispiele. „Himmelsreisen" nicht nur in hellenistischen Mysterien, sondern auch im Spätjudentum belegt (ThWNT II, S. 447ff. und V. S. 763ff.). – V. 4: ἄρρητα ῥήματα = Worte, die unter dem Gebot der Geheimhaltung stehen (Mysterienausdruck). Bei Prophetenberufungen, auch bei des Apostels eigener Berufung geht es hingegen gerade um Bekanntzumachendes. „Es liegt also das mystische Erlebnis vor, dessen Sinn die fruitio ist" (Bltm., 2.Kor., z. St.). – V. 5: s. u. und zu V. 2. – V. 6: Das hier Erwähnte hat auf seiner Ebene sein Recht, so daß es nicht unsinnig wäre, davon zu reden. Nur: Paulus verzichtet grundsätzlich darauf, solche Erlebnisse mitzuteilen, denn sie gehen die Gemeinde nichts an, vgl. 5,13; 1.Kor. 14,19. – V. 7: Satzbau schwierig. Soll man das διό streichen (so wichtige Hss)? Liegt eine stärkere Textverderbnis vor? Das ἐδόϑη ist Passivum divinum. Der „Dorn" wird als Satansbote bezeichnet; auch das Satanische ist in der Verfügungsgewalt Gottes. Worin das Leiden besteht, darüber s. u. – V. 8: Der κύριος ist Jesus. Subjekt zu ἀποστῇ ist der Satansengel. – V. 9: Wie der Herr zu Paulus gesprochen hat, ist nicht gesagt; es ist wahrscheinlich nicht an ekstatisches Hören zu denken. Gemeint ist nicht: „Begnüge dich mit einem Minimum" (vgl. Deut. 3,23ff.), sondern: „Wenn du die Gnade hast, hast du genug, weil du dann alles hast." Bltm. denkt an die Amtsgnade, Schlatter an die Heilsgnade. „Schwachheit(en)": Wechsel zwischen Singular und Plural (11,30; 12,5.9a.9b): die einzelnen Schwachheiten „dokumentieren" die grundsätzliche Schwachheit (Bltm. z. St.). – V. 10: Wessen sich Paulus in Kap. 11 noch gerühmt hat, das ist hier als „Schwachheit" gedeutet. Die Stärke des Apostels liegt gerade in seiner Schwachheit.

Um es gleich zu Beginn zu sagen: Der Paulus, den wir hier kennenlernen, darf uns nicht zum Gesetz werden. Wir hätten die Absicht seiner Äußerungen in ihr Gegenteil verkehrt, wenn wir in der Predigt das, was man an Paulus sieht oder von ihm hört (V. 6), darstellten und dann fortführen: „So muß es in jedem Christenleben sein". „Eine der schwersten Versuchungen der Predigt über biblische Texte ist die abstandslose Direktheit der ‚Anwendung', der Vergegenwärtigung des für damals und dort Bezeugten, der paränetischen Identifizierung unserer Existenz und Situation mit den in den Texten jeweils erscheinenden Personen" (M. Doerne, Ep, S. 72). Die unmittelbare Gleichsetzung – Paulus bin ich, bist du – käme unweigerlich auf eine Vergesetzlichung des in diesem Text so eindrucksvoll bezeugten *Evangeliums* hinaus. Gar nicht davon zu reden, daß mit solcher Gleichsetzung der Wirklichkeit Gewalt angetan und unsere Predigt unglaubwürdig, vielleicht gar lächerlich würde. Keine Bange: auch ohne alle homiletischen Gewaltakte wird der Text zum Reden kommen. Auch ohne „Pfahl im Fleisch" bleibt es wahr: Die Gnade genügt. Man braucht nichts aufzuweisen. Nicht einmal die am Apostel sichtbar werdende Schwachheit muß man aufweisen, als wäre sie die unerläßliche Bedingung dafür, daß Gnade wirken kann. Nur, am Apostel kann man ablesen, wie Christi Kraft gerade in den Schwachen ans Ziel kommt. Es wird zuletzt bei keinem von uns anders sein; dies zu entdecken bedarf es keiner Verrenkungen und Verkrampfungen.

Es geht auch in dem Vierkapitelbrief – wie schon in der Apologie 2,14 bis 6,13 und 7,2–4, ja, wie schon an einigen Stellen des 1. Korintherbriefes – um den *Apostolat* des Paulus. Paulus kann die Frage nach seinem Amt, nach seiner Beauftragung und Bevollmächtigung durch Christus, nicht offen lassen. Daß auch er ein Christ, also auch ein Geistträger ist, ist wichtig (10,7); aber daß ihm sein Apostolat bestritten und mit welchen Gründen er ihm bestritten wird, wird dadurch nicht belanglos, und er kann diese Frage nicht auf sich beruhen lassen (10,8). Mag Paulus der geringste unter den Aposteln sein, *daß* er es ist, daran hält er fest (1.Kor. 15,9; 9,1). Er ist es „durch Gottes Gnade" (1.Kor. 15,10); wollte er sich auf *mehr* berufen als darauf, beriefe er sich auf *weniger*. Darum geht es auch in diesem Abschnitt. Man unterschätze nicht die Tragweite solcher Feststellungen. Die Korinther sind in der Gefahr, durch die eingedrungenen Widersacher des Paulus „einen anderen Jesus" aufgedrängt zu bekommen, „einen anderen Geist", ja, „ein anderes Evangelium" (11,4; zu letzterem vgl. Gal. 1,6). Auf dem Spiel steht nicht die *Person* des Paulus, wohl aber sein *Auftrag*, und dieser ordnet sich ein in das Ganze der Christusbotschaft

Die Predigt, die uns vorschwebt, sollte nicht den Text in zwei oder drei Abschnitten durchgehen, sondern das Ganze des Textes unter zwei verschiedenen Gesichtspunkten betrachten. Mir scheint, daß man durch die sogleich vorzuschlagende pädagogische Aufbereitung den der Gemeinde doch recht fremden Text ein wenig annähern und verständlicher machen kann. Ein gewisses Maß an Freiheit wird sich die „homiletische Auslegung" nehmen müssen und dürfen.

Die Gnade genügt. Darum: (1) *nicht Stärke, sondern Schwachheit,* (2) *nicht Glorie, sondern Kreuz.*

I.

Was die Gegner in Korinth dem Paulus vorwerfen, können wir nur aus dessen eigenen Worten erschließen. Die Skala reicht von harmloser Kritik, wie der Alltag sie leicht aufkommen läßt, bis zu schwerer Beleidigung: Du bist unzuverlässig und doppelzüngig (1,13.17) – leichtfertig (1,17) – engherzig (6,11) – tückisch, hinterlistig (12,16) – ungeschickt in der Rede (11,6) – in der Ferne, also in Briefen, stark und dreist, aber im unmittelbaren Gegenüber schwach (10,1.10; vgl. 13,10) – dabei herrschsüchtig (1,24) – obwohl du nicht viel kannst (3,5) – treibst heimlich Schändliches (4,2) – bist ein Verführer, bist arm, ein Habenichts, übrigens ein Unbekannter (6,8–10) – nach der körperlichen Verfassung schwach, krank, eigentlich ein Todeskandidat (11,29f.; 12,10; 13,3.9; 4,10ff.; 6,9). Einiges von dem Aufgeführten spielt im vorliegenden Abschnitt eine Rolle.

Aber die Auseinandersetzung zielt noch auf Grundsätzlicheres. Schon im 1. Korintherbrief (nachfolgend mit I gekennzeichnet) haben sich die Parteien ja um Personen gesammelt, weil die Meinung umging, das, worauf es ankomme, müsse sich an der religiösen „Virtuosität" einer herausragenden Persönlichkeit entzünden. „Weisheit" war da ein Programmwort (I 1,19ff.; 2,1–7; 3,19), sie war verbunden mit „überzeugender Rede" (I 2,1.13; 4,19f.). Auffällige Geistesgaben, in denen sich besonderes pneumatisches Erleben ausdrückte, waren bevorzugt und schienen Überlegenheit der einen über die anderen zu begründen (I 12), wobei die Zungenrede besonders hoch im Kurs stand (I 14). An dergleichen dürfte in unserm Abschnitt mit gedacht sein. Für die Gegner des Paulus in Korinth müßte sich ein richtiger Apostel dadurch ausweisen, daß auch er besonderes pneumatische Erfahrungen geltend machen kann. Er müßte sich „rühmen" können, d. h. Merkmale seiner Überlegenheit als homo religiosus präsentieren. Das „Sich-Rühmen" war schon das Kennzeichen des Gesetzesmenschen (z. B. Röm. 3,27); der in Phil. 3,3 aufgezeigte Gegensatz läßt erkennen: es ist das Sich-Verlassen auf etwas – dort: auf das „Fleisch". Hier wird erwartet, ein Apostel müsse sich auf besondere Erlebnisse beziehen können, in denen sein pneumatisches Sein zum Ausdruck kommt. Indem der Pneumatiker aus dem Sarkischen „heraustritt" (Ekstase) und die – nach dem Weltbild der Zeit vorgestellten – himmlischen Sphären durchschreitet, erweist er sich als der dem Ursprung nach Himmlische. Man kann sich den Vorgang gnostisch vorstellen. Aber auch von Rabbinen werden solche Himmelsreisen der Seele berichtet, und in der Welt der griechischen Mysterien ist dergleichen verbreitet. Wie man sich die ekstatischen Zustände und Erlebnisse im einzelnen vorzustellen hat, macht nicht viel aus. Entscheidend: für die Korinther weist sich einer, der Apostel zu sein vorgibt, durch sie aus; daß für Paulus nicht die Spitzenerfahrungen des religiösen Menschen von Bedeutung sind – in seiner Predigt kommt dergleichen nicht vor –, läßt erkennen, daß er kein Apostel ist. Er ist nicht einer von den großen Pneumatikern, die anderen ihre selbstgeschaute himmlische Erfahrung mitteilen; er ist nur Pistiker, einer aus dem „Fußvolk', ja, ein Mensch, der der irdischen Sphäre verhaftet ist, also „fleisch lich" lebt (10,2f.). Ihm fehlt die Erkenntnis höherer Welten, die ihn vor anderen auszeichnet und zur religiösen Führerpersönlichkeit qualifiziert.

Wahrscheinlich ist uns ein solches Denken keine Versuchung. Uns kühlen Abendländen liegt nichts an mystischen Erlebnissen; zudem befinden wir uns in einer zweiten Welle der Aufklärung, halten uns also an die allen zugängliche Erfahrung und an das Kalkulierbare. Einem Ekstatiker würden wir vielleicht raten, den Nervenarzt zu konsultieren. – Dennoch wird man nicht übersehen dürfen, daß es auch in der modernen Welt Erscheinungen gibt, die an Korinthisches erinnern. In verschiedenen Bereichen der Ökumene gibt es wieder Ekstasen, Visionen und Glossolalie. Solche inneren Erfahrungen werden mancherorts sehr hoch bewertet. Erkenntnis höherer Welten begründet ein elitäres pneumatisches Bewußtsein. Derartige Phänomene kann man sich als Gegenwirkung gegen unsere rationale Vereinseitigung verständlich machen. Auch im säkularen Raum sucht man Ekstase, das Heraustreten aus dem, was man im grauen Alltag ist. Kostüm, Maske und Rausch: man will auf Zeit einmal ein ganz anderer sein. In dem „närrischen Treiben" des Karneval äußert sich ein „dionysisches" Verlangen nach Anderssein. Und in mancher Gegend der Welt, in der man so „frei" ist, an solches zu gelangen und solches zu begehren: der „Schuß", der einen für Stunden „high" werden läßt und – scheinbar – in eine schönere Wirklichkeit entrückt. Ganz ähnlich wie beim Gnostiker: auch er ist an der Welt, wie er sie vorfindet, verzweifelt und sucht, sie loszuwerden, indem er nach Entrückung trachtet. – Und noch eine andere Parallele zu korinthischem Denken, wenn auch nicht in den Phänomenen des Erlebens, so doch in dem elitären Selbstbewußtsein derer, die so denken: das Pochen (καυχᾶσϑαι) auf besondere Bekehrungs- und Wiedergeburtserlebnisse, die einen – wie man meint – vor den anderen, den Durchschnittschristen, auszeichnen. Was man in besonderen Stunden mit seinem Herrn erlebt hat, wird dann nur allzuleicht gegen andere ausgespielt, und wer Vergleichbares nicht aufzuweisen hat, ist kein vollgültiger Christ. Man sonnt sich im Reichtum des eigenen religiösen Erlebens. Man ist „stark" im Glauben, in der Erfahrung der Wiedergeburt, in der Heiligung, im Gebet. Man fühlt sich reich und schaut herab auf die Armen.

Paulus dagegen: Nicht Stärke, sondern Schwachheit. Seiner Schwachheit will Paulus sich rühmen. Die Korinther meinen sehr genau zu wissen, warum. Dem Fuchs hängen die Trauben zu hoch, aber er gibt es nicht zu und sagt, er mag sie nicht, denn sie sind ihm zu sauer. Wie soll Paulus darauf reagieren? Die Korinther zwingen ihn, ein „Narr" zu werden (V. 11). Jetzt muß er, leider, vorübergehend die Ebene seines Glaubensdenkens verlassen und – obwohl es überhaupt „nichts einbringt" (V. 1) – sich auf die Ebene der Korinther begeben. Wohlgemerkt: „was ich jetzt rede, das rede ich nicht als 'im Herrn', sondern als in der Narrheit" (11,17). O doch: der „Fuchs" kommt an die „Trauben" schon heran! Aber was nützt das denen, denen Paulus das *Evangelium* zu predigen hat?

Also denn: von „Visionen" und „Offenbarungserlebnissen" soll die Rede sein. Wenn es wirklich darauf ankäme: Paulus könnte da schon mithalten. Es war schon so bei der Zungenrede (I 14,17f.): Paulus hat da mehr aufzuweisen als alle Korinther – er kennt die Zungenrede, die „die Möglichkeiten der Sprache überholt", „entfesselte Sprache" ist (R. Bohren, Predigtlehre, S. 332). Nur: in der Gemeinde lieber fünf Worte in verständlicher Rede – mit denen man der Gemeinde weiterhilft – als zehntausend in Zungen. Ekstase? Ja, wenn es um das Gegenüber zu Gott geht. Aber zur Gemeinde hin: der Zustand nüchterner Wachheit (II 5,13). Aber meinetwegen, wenn ihr's denn unbedingt wissen wollt: „Vor 14 Jahren" – muß Paulus so weit zurückgehen, weil sich dergleichen seitdem nicht ereignet hat? oder ist das eine kleine ironische Geste: so fern liegt mir solches? Auch daß Paulus von sich wie von einem anderen spricht („ich kenne einen Menschen"), könnte als ein bewußtes Abstandnehmen verstanden werden. Erst recht liegt dies vor, wenn Paulus zweimal betont: ob er dabei im Leibe oder außer dem Leibe gewesen sei, wisse nur Gott. Für die Gnostiker kommt ja gerade alles darauf an, daß man wirklich „entrückt", dem Irdischen entrissen ist; Paulus riskiert, daß die Gegner hier einhaken und feststellen, für einen Beweis der apostolischen Legitimität – in ihrem Sinne – könne das hier Angeführte nicht dienen. Jedoch weiß Paulus, daß sein ekstatisches Erlebnis ihn bis in den dritten Himmel und in das Paradies versetzt habe. Von „übergroßen Offenbarungen" spricht er (V. 7 – gleich, ob man diese Worte zum Vorhergehenden oder zum Folgenden rechnet). Und was hat er dort vernommen? Worte, die man nicht weitersagen darf! – nicht einmal die sich ihm überlegen fühlenden Gegner dürfen sie erfahren (man sieht den Apostel schmunzeln). So hätte Paulus denn – und wäre es nur für Augenblicke – doch nicht nur im Glauben, sondern auch im Schauen gelebt (5,7). Wenn es darauf ankäme, er könnte da schon mit!

Aber es kommt darauf nicht an. Es wird dem Apostel noch in Klartext gesagt werden: Die Gnade genügt. Man braucht solche außerordentlichen pneumatischen Erfahrungen nicht. Ja, wenn man sie hat, unterliegt man einer Gefahr: man könnte „sich überheben" (V. 7), sich größer machen, als man ist, oder sich aus den anderen, den bloßen Pistikern, herausheben, weil man mehr hat als sie. Das Star-Unwesen in Korinth (I 1–4) konnte ja nur deshalb aufkommen, weil die Korinther völlig falsche Maßstäbe angelegt haben. Ihnen kam es auf das menschlich Große an, auf das Außerordentliche, das ihren Favoriten zum Idol werden ließ, sei es Paulus, Kephas oder Apollos. Man fragte nach dem großen Menschen – ein fatales Seitenstück zur jüdischen Werkgerechtigkeit. Wie man sich für Menschen begeistern kann wegen ihrer besonderen (natürlichen) Fähigkeiten – Intellekt, Phantasie, Organisationstalent, Kräfte suggestiver Menschenbeeinflussung, künstlerische Formkraft, Esprit usw. –, so will man hier in der Gemeinde Jesu denen das Prä zugestehen, die sich, wenn Gnostiker, als Menschen höherer Art erweisen oder sonst in den Dingen der Religion anderen etwas voraushaben: größere Einsicht, größere Erfahrung, größere Nähe zu Gott, Wunderkräfte, ein höheres Konto von Gebetserhörungen usw. Paulus: Die Gnade genügt! Es wäre geradezu eine Verkehrung des Evangeliums in sein Gegenteil, wenn auf einmal der religiöse Mensch interessant würde statt des gnädigen Herrn; wenn es – unter totaler Verdrehung von 4,7 – hieße: auf daß die Überfülle der Kraft von uns sei und nicht von Gott. Was einen zum Apostel – oder sonst zum Träger des Amtes der Kirche – macht, sind nicht seine Vorzüge und Fähigkeiten, die ihn vor anderen auszeichnen, sondern die Gnade, die in dem Auftrag liegt. „. . . durch welchen wir Gnade und Apostelamt empfangen haben", heißt es Röm. 1,5 in einem schönen Hendiadyoin. Der Amtsträger ist kein Übermensch oder Überchrist, er hat auch keinen Vorzug vor den anderen; er hat nur den Auftrag, der in der Gnade gründet. Paulus schämt sich seiner Schwachheit nicht. Wir sahen schon: er macht sie nicht zum Gesetz, als müsse man erst zu einem schwachen oder schwächlichen Menschen werden, ehe Christus etwas mit einem anfangen kann; meinte Paulus dies, es wäre dann eine seltsame neue Variante der alten Werkerei! Aber dies müßten wir einsehen: Subjekt des Gnadenhandelns Christi ist eben immer er, der Herr, selbst, und je eindeutiger und unmißverständlicher es so ist, je weniger also die Gefahr besteht, daß das Menschliche des Boten den Herrn verdeckt oder verdrängt, desto besser! „Es kann einer dem andern etwas sein, freilich nicht indem er ihm etwas sein *will,* also gerade nicht etwa durch seinen inneren Reichtum, nicht durch das, was er *ist,* wohl aber durch das, was er *nicht* ist, durch seine Anmut, durch sein Seufzen und Hoffen, Warten und Eilen, durch alles das in seinem Wesen, was auf ein anderes hinweist, das *über* seinen Horizont und *über* seine Kraft geht. Ein Apostel ist nicht ein positiver, sondern ein negativer Mensch, ein Mensch, an dem ein solcher Hohlraum sichtbar wird . . . Der Geist gibt Gnade durch ihn, gerade weil ihm nichts daran liegt, selbst positiv zur Geltung zu kommen" (K. Barth, Römerbrief, [6]1933, S. 9 – das Bild vom Hohlraum schon in Luthers Römer-Vorlesung 1515/16 zu 3,7).

Es bedeutet eine große Entlastung für einen jeden Christen, daß sich sein Christsein nicht in besonderen Erlebnissen und Erfahrungen beweisen muß. Hat jemand sie – er mag sie haben, nur trägt das für sein Christsein nichts aus (οὐ συμφέρον). Auf keinen Fall meine jemand, er müsse, um ein richtiger Christ zu sein, auf solches Besondere warten. Die Gnade genügt. Selig sind die geistlich Armen (Matth. 5,3). Nichts weiter ist nötig, als daß man sich die „Gnade" zusprechen läßt. Bei einem solchen Herrn braucht man sich seiner Schwachheit nicht zu schämen. Gerade die Armen sind es, die viele reich machen (6,10).

2.

Man könnte sich vorstellen, daß einer von den korinthischen Gegnern des Paulus entgegnet, wir hätten, was er meint, in dem bisher Gesagten entstellt. Den Satz: „die Gnade genügt" könne er sich zu eigen machen, nur müsse er festhalten, daß eben die einem Apostel abzuverlangenden Erweise seines Zuhauseseins bei Gott, daß also die zu postulierenden besonderen Erlebnisse – Schauungen, Offenbarungen, Entrückungen – unerläßliche Erweise der Gottesgnade sind! Wir haben ja in der Tat bisher vom homo religiosus gesprochen und von seinen Vorzügen vor anderen, und wir haben seine religiöse Begabung in die Reihe von anderen Begabungen und Fähigkeiten eingeordnet wie Denken und Wissen, künstlerisches Gestalten, Gaben der Menschenbehandlung usw. Der Gnostiker würde sagen, die Zugehörigkeit des Bevorzugten zum Lichtreich Gottes, das Zuhausesein bei Gott, das in dem Lichtfunken des gegenwärtigen Menschen nachklingt und in der Entrückung zum Himmel sich realisiert, könne man durchaus als „gnadenhaft" ansehen, wenn auch dieses Anteilhaben am Licht nicht erst durch Christus in das Menschenleben hineingekommen sei, sondern ihm vom Ursprung her eigne. Man könne in dieser gnostischen „Auslese" so etwas wie Gnade sehen.

Es braucht hier nicht ausführlich dargelegt zu werden, wieso das von Paulus verkündigte Evangelium aus ganz anderen Zusammenhängen heraus gedacht ist. Dennoch könnte man nach Gemeinsamkeiten suchen. Um den pneumatischen Menschen – wie immer er zustande gekommen sein mag – geht es hier wie dort. Der Satz, daß die Gnade genügt, besagt ja auch keinesfalls, daß der Christ auf die eschatische Vollendung zu verzichten hätte. Es wäre ganz unpaulinisch, wollten wir die Präsenz und Suffizienz der Gnade mit abfälligen Äußerungen über christliche Zukunftshoffnung kommentieren. Sicher, das Wort „Jenseits" ist durch Mißdeutungen belastet; was es meint, darf aber nicht untergehen. Ja, es wird gerade im Zusammenhang dieses Abschnitts davon zu reden sein, wie sich das Jetzt und das eschatische Dann zueinander verhalten.

„Ich kenne einen Menschen ... und ich kenne denselben Menschen ... Von demselben will ich rühmen; von mir selber aber will ich nichts rühmen." Warum distanziert Paulus sich so von dem anderen Paulus, der zeitweilig entrückt war? (Vgl. E. Güttgemanns, Der leidende Apostel und sein Herr, Göttingen 1966, S. 160f., dort Auseinandersetzung mit Windisch, Wendland, Käsemann, Schmithals – wir können dies hier nicht nachzeichnen.) Man könnte sagen, Paulus unterscheide „sein jetziges Selbst von diesem seinem zukünftigen Selbst" (Schmithals, ähnlich Ksm.), das in den Entrückungen schon vorweggenommen ist. Soll man sagen, in diesen Entrückungen habe der Apostel den eschatologischen Paulus erfahren, den es eigentlich noch gar nicht gibt? Ich kann dafür im Text keinen Anhalt finden. Doch, doch, es gibt ihn schon, den zukünftigen Menschen! Man kann, wenn von der „neuen Kreatur" die Rede ist, sagen, das Alte sei bereits vergangen, indem Neues entstanden ist (5,17). Man kann sagen: So lebe aber nicht mehr ich, sondern

Christus lebt in mir (Gal. 2,20). Daß wir in der Taufe mit Christus gestorben sind, ohne daß an die Stelle des (gestorbenen) alten Menschen etwas Neues getreten wäre, ist eine – scharfsinnige – Überdeutung von Röm. 6. Der eschatische Mensch ist *da!* So real da, daß man – z. B. Röm. 7,4–6 – aus seinem Vorhandensein kräftige Folgerungen ziehen kann. Der Gegensatz, den man zwischen dem klassischen Paulus und Kol. 3,3f. immer wieder konstatieren will, dürfte allenfalls in einer verschiedenen Akzentsetzung bestehen, ist jedenfalls kein ausschließender Gegensatz. In der Taufe entsteht der – noch nicht erkennbare – neue, der eschatische Mensch. Der eschatische Mensch hat die Entrückungen erfahren; für diesen könnte Paulus „sich rühmen". Täte er es, so bliebe er darin bei der Wahrheit (V. 6). Der eschatische Mensch ist der himmlische Doppelgänger (vgl. uns. Ausl. z. 1. Christtag). Wenn man auf der eschatologischen Ebene denkt, dann kann man, wie wir sahen, das Sarkische tatsächlich als überwunden und vergangen ansehen. An dieser Stelle gibt es für Paulus einen nicht zu übersehenden Berührungspunkt mit den korinthischen Pneumatikern.

Nur: die Korinther wollen nicht wahrhaben, daß die sarkische Wirklichkeit noch immer da ist und nicht überspielt werden kann. Sie ist wohl noch da, entgegnet der Gnostiker, aber nur für die anderen, nicht für mich; ich, der Pneumatiker bin dem Sarkischen entzogen. Du, Paulus, führst einen fleischlichen Wandel (10,2); du hast die Sarx noch nicht hinter dir gelassen. – Und Paulus? In der Tat, den Paulus „im Fleische" gibt es noch. Daß das Alte vergangen ist (5,17), kann man nur sagen, indem man auf der Ebene des Neuen denkt. Also fahren wir zugleich auf zwei Gleisen? Nein, denn „was ich jetzt lebe im Fleisch, das lebe ich im Glauben an den Sohn Gottes, der mich geliebt hat und sich selbst für mich dargegeben" (Gal. 2.20 – Fortsetzung der vorhin zitierten Stelle). Der Glaube lebt auf das Neue zu, aber er weiß, daß er (bis zur Erlösung von dem Leibe dieses Todes, Röm. 7,24) im Irdischen leben muß, „im Fleisch, doch nicht fleischlicherweise" (10,3).

Gott sorgt dafür, daß Paulus schön auf der Erde bleibt, und Paulus will, daß auch die Korinther ihn (trotz 5,16) in der „Realität des hic et nunc" sehen, „die ihn an die Erde bindet" (W. Schmithals, Die Gnosis in Korinth, Göttingen 1956, S. 178f.). Daß es nichts ist mit einem voreiligen Aufschwung ins Himmlische, dazu muß der „Dorn im Fleische" dienen, der dem Apostel „gegeben" ist (Passivum divinum) und den er als einen „Satansboten" erfährt, der ihn „mißhandelt". Daß es sich dabei nicht um Gewissensbisse des ehemaligen Verfolgers (so Schlatter), sondern um eine Krankheit handelt, darüber besteht unter den Exegeten weitestgehende Einigkeit. Welche Krankheit Paulus meint, darüber ist viel gerätselt worden (zu dem langen Katalog würde ich noch den Harnleiterstein hinzufügen, den Erfahrene in dem „Dorn im Fleische" und der Mißhandlung durch den Satansengel leicht wiedererkennen dürften). Es macht nichts aus, an welche Krankheit zu denken ist. Daß Paulus ein schwer leidender Mann ist, mag man aus 4,16 ersehen; es wird nicht falsch sein, in dem „äußerlichen Menschen" den sarkischen, im „innerlichen" die (eschatische) „neue Kreatur" zu sehen. Paulus kann nicht mehr auf den Gedanken kommen, er sei schon im Himmel. Und er weiß, daß sein Leiden ihm nicht nur vom Herrn *gegeben,* sondern, trotz dreimaligen Betens, wohlweislich *belassen* worden ist. Die Gnade genügt.

Weiß Paulus nichts von Wundern? Die „Zeichen des Apostels" (12,12; vgl. Röm. 15,18f.) dürften Heilungswunder sein. Aber Wunder sind ja, als Anbruch des Kommenden, Signale des Eschaton. Sie heben die Kreuzesgestalt des Wirkens Christi nicht auf. Und damit sind wir bei der zweiten Kernaussage dieser Predigt: Nicht Glorie, sondern Kreuz. Nicht das unterscheidet Paulus von den Gegnern in Korinth, daß sie um die eschatische Lichtwelt wüßten, er aber nicht. Er hält nur unbeirrt daran fest, daß bis zum Tage der

Parusie des Herrn alles, was er tut, „unter dem Kreuz verborgen" ist. Paulus trägt das Sterben seines Herrn an seinem Leibe, und gerade so wird das Leben des Herrn an ihm offenbar (4,10). „Auch Jesus erwarb seine τελείωσις und δύναμις in der Schwachheit des Kreuzes. Da Gottes Macht ihren ‚Ort' im Geschehen der Kreuzigung hat, denkt Paulus Gottes Macht und Jesu Schwachheit zusammen … Die Schwachheit des Apostels ist die δύναμις des gekreuzigten Kyrios, die sich eben an das Kreuz gebunden hat" (Güttgemanns, S. 168f.). Paulus ist wieder, wie schon I 1–2, beim „Wort vom Kreuz".

Die Gnade genügt. In seiner Liebe bindet der Herr Menschen an sich, die es nicht wert sind. Es wird nicht wenige geben, die meinen: Lieber im Unfrieden mit Gott, aber gesund. Wir wären ein großes Stück weiter, wenn wir begriffen, wieso das Umgekehrte richtig ist. Noch einmal: Paulus – auch mit seinem Schicksal – wird uns kein Gesetz sein dürfen. Niemand braucht ein schlechtes Gewissen haben, wenn er von keinem Satansengel malträtiert wird. Aber das sollten wir wissen, daß Christus sein Werk unter dem Anschein des Gegenteils tut, also, wenn er will, auch so, daß er uns das Leiden verordnet. Daß im Schwachsein „Kraft" ist, zeigt V. 10; man kann sich, was dort gesagt ist, an den Versen aus Kap. 11 veranschaulichen.

Estomihi. Amos 5,21–24

Die Einheit, so wie sie heute dasteht, reicht von V. 21 bis V. 27. Die VV. 25f. sind Glosse (mitten im Gedicht Prosa, Stilbruch, deuteronomistische Denkart wie in der bearbeiteten Stelle Jer. 7,21–23). Zu streichen ist auch V. 22a, ein Exzeptionssatz mit כִּי אִם („außer wenn"), vgl. Ges.-K. § 163c, der die Pointe verdirbt; LXX gleicht aus, indem sie „denn wenn" übersetzt (was nach Exod. 8,17; Jos. 23,12; Pred. 11,8 nicht unmöglich ist, vgl. Gesenius, Handwörterbuch zu כִּי אִם Bedeutung A). Es fällt übrigens auf, daß V. 22a kein Parallelglied hat; auch dies verrät ihn als Zutat. Daß V. 27 im Sinne des Amos nicht unterschlagen werden darf, dazu s. u.

Grundform der Botenrede, obwohl sich nur am Schluß die Botenformel findet, nicht am Anfang. Dabei ist aber eine nichtprophetische Gattung benutzt: der *Orakelspruch* (E. Würthwein, Amos 5,21–27 in: ThLZ 1947, Sp. 143ff.) oder (was dasselbe meint) der *Kultbescheid* (H. W. Wolff im Kommentar z.St.), der im Kult normalerweise als Erhörungszuspruch auftrat, von den Propheten, wie hier, aber mehrfach in einen Abweisungsbescheid verkehrt wurde (Jes. 1,10–17; Jer. 6,19–21; Mal. 1,10). Diesem folgt (nach Wolff) eine *Mahnrede*, die, da sie nicht befolgt wird, als *Schuldaufweis* dient. Den Schluß bildet die *Strafansage*.

V. 21: Schon die Form besagt eindeutig, wer Subjekt ist: Jahwe. Eindrucksvoll das asyndetische: „Ich hasse, ich verachte" (Perf. bei Gesinnung im präsentischen Sinn, Jer. 2,2; Ps. 103,13). הֵרִיחַ בְּ hier nicht allgemein „riechen", sd. „wohlgefällig riechen", also annehmen. Gott weist – nicht grundsätzlich, sondern in dieser bestimmten Situation (Würthwein, S. 146) – die „Kultveranstaltungen" zurück. – V. 22: Die erste Zeile ist zu streichen (s. o.), oder es ist anzunehmen, daß eine Parallelzeile ausgefallen ist (H. W. Hertzberg in ThLZ 1950, Sp. 222 A.2). מִנְחָה ist Sammelbegriff für alle Opferdarbringungen, רצה das am häufigsten gebrauchte Wort für die freundliche Annahme von Opfern durch Jahwe. – V. 23: „Laß weichen von mir" (מֵעָלַי) eigtl. „von über–mir", Jahwe empfindet den Lärm drückend über seinem Kopf). נֵבֶל: Saiteninstrument; da das Wort auch „Krug" bedeutet, ist an Resonanzhohlraum zu denken, also etwa: Laute (Vulgata: lyra). – V. 24: Jussiv (mit copulativum). „Recht" und „Gerechtigkeit" (vgl. die Auslegung zu Septuagesimä). Strittig ist, ob dabei an Jahwes Strafgerechtigkeit gedacht ist (Würthwein, Weiser, ursprünglich Sellin) oder an die den Menschen geltende (freilich von ihnen mißachtete) Forderung (Hertzberg, Wolff u. a.); auf letzteres deutet der Jussiv. אֵיתָן = ständig fließend (im Unterschied zu den Bächen, die im Sommer austrocknen). – V. 27: Jahwe selbst verfügt die Deportation. מֵהָלְאָה ist wieder eine sprechende Zusammensetzung: „weg vom drüber-hinaus" (wie Gen. 35,21; Jer. 22,19).

Wer der Meinung ist, was die Kirche glaubt und bekennt, entspringe einem weltfremden und selbstsüchtigem Wunschdenken, trifft zwar damit nicht selten *uns*, die Christen, die wir nur zu gern unser Schäfchen ins Trockene bringen (und, Hand aufs Herz, wer brächte

nicht, auch außerhalb der Kirche, sein Schäfchen gern ins Trockene!), aber er trifft nicht
die in der Bibel bezeugte *Sache.* Wer uns das nicht abnimmt, sollte Amos studieren, und
er würde mit so geschärftem Blick wahrscheinlich schnell nicht nur bei anderen Propheten ähnliches entdecken, sondern auch Jesus und Paulus, sogar Johannes mit neuen Augen sehen. Von Wunschdenken kann hier nicht die Rede sein; im Gegenteil: solchem
Denken wird hier widersprochen. So radikal, daß einem manches fromme oder auch
unfromme Konzept gründlich zerstört wird. Amos erfreut sich bei manchen einer großen
Beliebtheit, weil er sozialkritisch so kompromißlos denkt wie kaum ein anderer. Das ist
wahr. Die Großgrundbesitzer erpressen die kleinen Leute und bauen sich Luxusvillen aus
Quadersteinen und legen sich schicke Weinberge an (5,11). „Sie verkaufen (in Schuldsklaverei) den Unschuldigen für Geld und den Armen für ein paar Sandalen" (2,6, vgl. 8,6).
Sie können es nicht erwarten, bis der Neumond und Sabbat vorüber ist, daß sie Getreide
verkaufen können – aber, was sie verkaufen, ist minderwertig, und sie fälschen Hohlmaß
und Waage (8,5). In vielen Momentbildern zeigt Amos die Verkommenheit der Gesellschaft, in der er lebt. Es ist schon mancher, der die sozialen Schäden seiner Zeit aufdeck-
te, bei Amos in die Lehre gegangen – oder er hätte es zumindest tun können und hätte in
Amos einen Gesinnungsgenossen gefunden.

Indes ist, was Amos predigt, viel radikaler gemeint. Er ist *Gerichts*prophet. Er meint
nicht, man solle oder könne die Menschen noch dazu bewegen, daß sie ihr Verhalten ändern. „Das *Ende* ist gekommen für mein Volk Israel" (8,2). Alle Aufforderungen, Verhalten und Gebaren zu ändern, sind eigentlich nur Begründungen dafür, daß dieses Ende
unvermeidbar ist. Wollten wir entgegnen, wir hätten es doch in der Hand, das Steuer her-
umzuwerfen, so würde Amos antworten: Zu spät. Die Wand ist baufällig zum Einstürzen
– das Bleilot zeigt es (7,8). „Ich will das Bleilot anlegen mitten in meinem Volke Israel.
Ich gehe nicht länger schonend an ihm vorüber." Einige wenige Stellen bei Amos lassen
einen Schimmer Hoffnung erkennen (so z. B. das „vielleicht" V. 15); ihre Deutung, auch
die Frage ihrer Originalität ist umstritten.

Also hätten wir diesmal nicht Evangelium, sondern – schonungslos – Gesetz zu predigen?
Gericht und nicht Gnade? Dies ist wirklich die Frage. Würthwein weist mit großem
Nachdruck darauf hin, daß schon die Gattung des Spruchs (Kultbescheid) dazu nötigt,
ihn nicht als zeitlos gültige Wahrheit anzusehen, sondern als Wort für die damalige
Stunde. Die Zeit des Vergebens, in der kultisches Handeln noch sinnvoll sein mochte, ist
vorbei; Gott ist zum Gericht entschlossen (a. a. O., Sp. 147). So könnten wir auf dieses
Wort zurückschauen als auf etwas, was einmal war, und aufatmend feststellen, für uns
gelte anderes: „Jetzt ist die angenehme Zeit, jetzt ist der Tag des Heils" (2.Kor. 6,2). –
Dies ist richtig, und ist doch nur die eine Seite der Sache. Unsere Lage vor Gott ändert
sich ja nicht wie das Wetter: damals ein Tief, heute ein sonniges Hoch. Die Gnade verneint nicht das Gericht, sondern überwindet es. Das bedeutet nicht nur, daß, wer die
Gnade ausschlägt, sich damit sofort wieder im Wirkbereich des Gerichts befindet, sondern auch das andere, daß die Gnade das Gericht – als überwundenes – einschließt. Es
wird nicht abgeblasen, sondern aufgefangen; schon richtet sich der Blick auf die Passion.
Wir werden dies noch näher zu bedenken haben. So ist die Lage ante Christum und extra
Christum auch nicht einfach überholt und vergessen. Wir müssen uns schon an den im
Text vorausgesetzten Standort begeben – in welchem Sinne, wird hoffentlich deutlich
werden – und seine Aussage aufnehmen, etwa so: *Gespannte Lage zwischen Gott und seinem Volk:* (1) *Gott haßt den verlogenen Gottesdienst.* (2) *Gott sucht das ungebeugte Recht.*
(3) *Gott plant das unabwendbare Gericht.*

I.

„Ich hasse, ich verabscheue . . .“ – schärfer kann man das kultische Treiben nicht ablehnen. Wallfahrtsfeste, Festversammlungen, Reigentänze, der Duft gebratenen Opferfleisches, der Sound der Gesänge, der Klang der Lauten oder Harfen; Gott sagt nur: ich hasse, verachte, ich weise es zurück, ich sehe nicht hin, ich mag's nicht hören; weg damit! Es schwirrt mir um den Kopf (s. o.). – Die Gottesrede wird diesmal nicht mit dem „So spricht der Herr“ eingeleitet; Wolff mag recht haben mit der Vermutung, Amos sei dem Kultsprecher am Heiligtum ins Wort gefallen. Was er sagt, klingt erregt; da ist für einen förmlichen Einleitungssatz nicht Zeit noch Ruhe.

Wieso dem Kultsprecher ins Wort gefallen? Hatte jemand sein Opfer dargebracht, so war es üblich, durch Opferschau festzustellen, ob Jahwe das Dargebrachte gnädig angenommen hatte. Der amtierende Priester hatte dies zu deklarieren. „Nicht angenommen“ hatte er zu verlautbaren, wenn das Opfer den geltenden rituellen Vorschriften nicht entsprach (Lev. 19,7; 22,23 u. ö.). Die Regel ist der bejahende „Kultbescheid“: der Herr hat dein Opfer angenommen (man hat sich diese Feststellung zwischen dem Klagegebet und dem Danklied zu denken, z. B. zwischen Ps. 27,1–5 und 27,6f.). Da ruft nun Amos dazwischen, was wir in den VV. 21–23 unseres Textes lesen.

Man hat Amos so verstehen wollen, als lehne er allen Gottesdienst am Heiligtum ab, weil es nur *einen* Gottesdienst gebe, den des Alltags, d. h. aber den des tätigen Gehorsams im Sinne der göttlichen Rechtsordnungen. Man könnte die Parole heraushören: Nicht Religion, sondern Mitmenschlichkeit! Nicht Gottesdienst, sondern Menschendienst!

Das Wahrheitsmoment dieser Auffassung ist nicht zu übersehen. Wir haben einleitend darauf hingewiesen. Daß jedoch die Gottesbeziehung nicht mehr interessiere, weil es nur noch um die Menschen und ihr Recht ginge, das darf man aus Amos nicht herauslesen wollen. „Sucht nicht Bethel“ („suchen“ ist, wie 2. Chron. 1,5 zeigt, Fachausdruck für eine Pilgerfahrt zum Heiligtum), „geht nicht hinein nach Gilgal!“ An solchen Heiligtümern fand der vom Text kritisierte Rummel statt. Und was statt dessen? „Sucht Mich, dann lebt ihr! (5,5f.). Kein Zweifel: es geht um *Gott.* Wenn es ihnen nur wirklich um Gott ginge! Viel Aufwand, ja. Opfer, Gebete, Bekenntnis, Lobgesang, – vielleicht sollte man fortfahren: eindrucksvolle Kirchen und Dome, ergreifend schöne Architektur und bildende Kunst, Kirchenmusik hoher Qualität, ästhetischer Genuß beim Zelebrieren der Liturgie, aber auch: Befriedigung im kirchlichen Rollenspiel – mit oder ohne Talar –, ein soziales Feld finden, in dem man beachtet und geschätzt wird, irgendwo tonangebend sein, und wäre es nur in einem kleinen Kreis von Menschen (usw.). Überall drängt der Mensch sich vor mit seiner Eigenliebe, Wichtigtuerei, mit der Betonung und Pflege seines frommen Ich. Sieht man auf Amos und seine Prophetie: „Die eigentliche Antithese ist nicht diese: nicht Kult, sondern Recht; sondern diese: nicht Ihr, sondern Ich“ – gemeint ist das Ich Jahwes (Hertzberg, a.a.O., Sp. 223).

Ist dies klar, dann wird das Bild auch nicht mehr verzerrt sein, wenn wir fortfahren: Verlogen ist der Gottesdienst auch dann, wenn das gelebte Leben dem widerspricht, was im Heiligtum feierlich demonstriert wird. Ein – besonders sarkastisches – Amoswort für viele: „Zieht ein in Bethel – und übt Verbrechen, in Gilgal – und übt noch mehr Verbrechen“ (4,4). Das Sozialverhalten der Begüterten in Amos' Zeit schreit zum Himmel. Wir sprachen schon davon. Die Predigt hat aufzudecken, in welcher Form etwa unter uns Vergleichbares geschieht. Die Gewissenserforschung hat von der Voraussetzung auszugehen, daß wir uns unseres Doppellebens in der Regel gar nicht bewußt werden. Wir reden überzeugt vom Dienen, und unsere Mitmenschen leiden unter dem Druck unserer Herrschaft. Wir sagen Liebe, und „vor Ort“ leben wir Haß, Menschenverachtung,

Gleichgültigkeit, Eigensucht. Wir ereifern uns für die Wahrhaftigkeit, aber wenn es gilt, biegen wir uns die Dinge nach Bedarf zurecht, verschleiern wir unser Unrecht, sind wir leidensscheu und feige. Unsere edlen Grundsätze sind Aushängeschilder. Wir geben uns, als wären wir so, wie wir daherreden. Im Kult bekommt unsere Verlogenheit geradezu eine objektive Form. Im frommen Gehabe geschieht das Als-ob eines frommen Lebens. Gott: „Ich hasse, ich verabscheue!"

Es könnte sein, wir widersprechen dem Propheten scharf, und zwar gerade dann, wenn uns das soeben Bedachte im Gewissen trifft. Es könnte ja sein, wir leiden darunter, daß uns im Alltag das Leben nach „Recht und Gerechtigkeit" nicht gelingt, und eben darum flüchten wir uns ja ins Heilige, weil wir das Heil entbehren und darum „suchen". Opfer sind das „Heilsmittel" der Versöhnung mit Gott in der Vergebung der Sünden. Auf die neutestamentliche Gemeinde angewandt: Vor Gottes Angesicht sind *Sünder* versammelt, weil Gott ihnen hier seinen Frieden anbietet und gewährt. Sollte man Amos etwa so verstehen, daß Gott die – Versöhnung stiftenden – Opfer erst dann annimmt, wenn das Leben „draußen" in Ordnung ist? Werden die Opfer also erst dann anerkannt, wenn sie im Grunde nicht mehr nötig, weil gegenstandslos sind? Wir kämen auf diese Weise nicht nur mit der Logik in die Brüche, sondern wir hätten, was schlimmer ist, das *Evangelium* verdorben und verraten, das angefochtenen Sündern die bedingungslose Gnade Gottes bringt.

Nun ist es in der Tat schwer, aus der Botschaft des Amos in ihrer Ganzheit das *Evangelium* herauslesen zu wollen. Amos predigt Gericht. Aber soviel jedenfalls steht fest: den angefochtenen Sünder hat unser Text nicht im Auge. Die Darbringung eines Opfers wird Gott dann „gefallen", wenn einer kommt, der wirklich die Versöhnung mit Gott sucht. Die hier Gemeinten jedoch wollen ihre Sünde gar nicht loswerden. Ihr Gottesdienst ist „verlogen": sie suchen das Heil, um in ihrer Sünde, draußen im Leben, ungestört fortfahren zu können. Das ist der schreiende Selbstwiderspruch – schlimmer: das ist eine gräßliche Verhöhnung Gottes. Nicht das wirft Gott ihnen vor, daß es ihnen *nicht gelingt,* im menschlichen Miteinander Ordnung zu schaffen; er wirft ihnen vor, daß sie das gar *nicht wollen* und in ihrer gespielten Religion nur die Deckung dafür suchen, daß sie unerschüttert weitermachen wie bisher.

Wir schlachten keine Opfertiere mehr. Christus hat sich für uns geopfert. Wir können zur Gültigkeit seines Opfers weder etwas beisteuern noch dafür die Bedingungen schaffen. Freilich gilt auch für dieses Opfer, daß es seine Kraft nur darin hat, daß Gott es *annimmt.* Kein Opfer – auch nicht das Selbstopfer Jesu – kann Gott aufgenötigt, durch keines kann ihm die Versöhnung gegen seinen Willen abgerungen werden. Das Opfer gilt nur, wenn er es sich wohlgefallen läßt (רצה). So ist das Opfer nicht Werk des Menschen, durch das dieser auf Gott seinerseits einzuwirken versucht, sondern das von Gott selbst gesetzte und gebilligte Gnadenmittel, dessen sich der Mensch nach Gottes Einsetzung bedient. Alle alttestamentlichen Opfer sind nur „Schatten" des Gnadenmittels aller Gnadenmittel: des Opfers Christi. Es ist nicht für die da, die „in der Sünde beharren" wollen (Röm. 6,1), sondern für die, die von ihr *loskommen* wollen; denen aber gilt es ohne Wenn und Aber. Davon kann Amos noch nicht sprechen. Das Opfer Jesu Christi, des Gerechten, ist angenommen.

2.

Gott sucht das ungebeugte Recht. „Recht sollte wie Wasser strömen (eigtl.: sich wälzen, גלל ni.), Gerechtigkeit wie ein nie austrocknender Bach."

Wir sahen eingangs, daß V. 24 in der Exegese umstritten ist. Handelt es sich um ein Mahnwort, das in der Absicht, wohl auch in der Hoffnung gesprochen ist, die Kultbeflissenen in ihren Heiligtümern möchten anderen Sinnes werden, so daß das soziale Leben in Israel doch noch in Ordnung kommt? Was wäre das für eine grunglegende Veränderung aller Dinge, wenn Rechtspraxis (מִשְׁפָּט) und Rechtsgesinnung (צְדָקָה) das Land reich bewässerten – und man weiß ja, was Wasser für Länder wie Palästina bedeutet. Man müßte dann zwar noch immer von „gespannter Lage" reden, die „zwischen Gott und seinem Volk" herrscht, aber es wäre, was die Aussichten Israels zu Amos' Zeit angeht, noch alles offen, so daß Gottes hartes Nein (VV. 21 ff.) sich noch in ein Ja verkehren könnte.

Es gibt noch eine andere Deutung. Sie geht davon aus, daß Amos, der anfangs noch für Israel um Gnade gebeten hat (7,2.5), sich davon hat überzeugen müssen, daß nichts mehr helfen kann (vgl. die Richtbleivision 7,7f.). Wir zitierten schon 8,2: Amos muß das Ende ankündigen, den Untergang. Die Visionen zeigen, was zu erwarten ist: Heuschreckenschwärme, Feuerregen, das Bleilot, das den drohenden Einsturz anzeigt, der Erntekorb (Wortspiel: קָיִץ = Sommerobst, קֵץ = Ende – Nachahmung etwa: „reife Ernte – reif zum Ende", 7,1–8; 8,1–2). Das Gericht ist beschlossen. Es ist verdient. So übt Jahwe „Gericht" und „Gerechtigkeit". – Im Heiligtum beten sie um Fruchtbarkeit und darum um Bewässerung des Landes. Sie sollen einen „Regen" haben: Gottes Strafgerechtigkeit.

Wahrscheinlich ist weder die eine noch die andere Deutung richtig. V. 24 einfach als Gerichtsankündigung anzusehen, verbietet der Jussiv, auch die Beobachtung, daß „Recht" und „Gerechtigkeit" dann auf Jahwes Handeln bezogen werden müßten, was sonst bei Amos nicht vorkommt (Wolff z. St.). Andererseits: anzunehmen, daß „alles offen" ist, Amos also mit der Möglichkeit der großen Umkehr rechnet, so daß Recht und Gerechtigkeit dahersprudeln und -strömen wie Flüsse, die auch in der trockensten Jahreszeit noch reichlich Wasser führen, dies anzunehmen bzw. zu erwarten würde der ganzen Predigt des Amos widersprechen. – Amos wird einfach sagen wollen, wie es sein müßte (wir haben – mit Wolff – „sollte" übersetzt). Wie es sein müßte – aber leider nicht ist und, wenigstens zu Amos' Zeit, auch nicht werden wird. – Dem ist noch hinzuzufügen, daß – wie besonders Würthwein betont – Prophetensprüche immer für ihre Zeit gesprochen sind, also nie den Sinn einer allgemeinen Wahrheit haben. Dies darf nicht dazu dienen, daß wir – vermeintlich in einer heilsgeschichtlichen Schönwetterperiode – das hier Gesagte leicht nehmen. Zu jeder Zeit ist Gottes Wort an uns Herausforderung und Angebot. Es geht gar nicht darum, herauszufinden, ob hier etwas zu hoffen oder ob nichts mehr zu hoffen ist. Der Historiker mag feststellen, wie es damals (um 760 v. Chr.) damit stand. Wir hingegen sind angeredet und gefordert.

Gott ist im Alten Testament der Gesetzgeber und Gesetzeshüter (Deut. 1,17). Von daher hat das Recht seine Hoheit. Es ist die Summe der Normen für das Zusammenleben der Menschen. Da dieses geschichtlichem Wandel unterworfen ist – für Israel denke man etwa an den Übergang vom Steppendasein zur Seßhaftigkeit (von Rad, ThAT I, S. 39ff.) –, muß sich auch das Recht geschichtlich wandeln. Und doch bleibt es dem unveränderlichen Willen Gottes unterworfen, den es in der jeweiligen Situation zu konkretisieren hat. Es werden also nicht überall und jederzeit dieselben Gesetze gelten. Aber die geltenden Gesetze haben „das Recht" zu verwirklichen. Daß etwas in einem Rechtskodex geschrieben steht, besagt noch nicht, daß es rechtens ist. Einer, der seinen Nächsten in Schuldsklaverei verkaufte, konnte sich wohl auf formal gültiges Recht berufen. Dennoch steht hinter der – in den damaligen gesellschaftlichen Verhältnissen wohl unvermeidlichen – Vorschrift des positiven Rechts der dieses Recht versittlichende Rechtswille Jahwes (man sollte sich dies z. B. ab Lev. 25,39–43 klarmachen). Es ist immer der Mensch, dessen Würde und Unantastbarkeit gewahrt, geschützt, verteidigt werden soll. Die verschiedenen Amostexte zeigen erschütternd, wie der kleine Mann von der herrschenden Klasse ausgebeutet, betrogen und verelendet wird. Die Macht manipuliert das Recht; das

Recht wird zum Instrument der Machterhaltung. Der Grundsatz, daß vor Gott kein Ansehen der Person ist (Deut. 1,17; 2. Chron. 19,7 u. ö.), wird gröblich verletzt. An der Geschichte von Naboths Weinberg (1. Kön. 21) wird deutlich: auch der König steht nicht
über, sondern unter dem Gesetz. Das Gesetz will geehrt sein, auch wenn es gegen mich
steht und ich den Vorteil, den ich mir ausgerechnet hatte, nicht erlangen kann. Gottes
Rechtswille ist heilig. Er muß sich gegen harte Widerstände durchsetzen. Der Rechtsbrecher stört die Ordnung. Er rüttelt an dem, was gemeinsames Leben ermöglicht, erhält und
bewahrt. Das Böse ist mächtig, es kann schreckliches Unheil anrichten. Das Recht ist
dazu da, es niederzuhalten. Gefährlich, wenn das Böse sich selbst in Paragraphenwerk
verkleidet, also sein Vernichtungswerk unter dem Schein der Legalität betreibt. Gott läßt
– wir haben darin Erfahrung – das Böse an seiner eigenen Bosheit scheitern. Denn er will
seine Welt erhalten.
Was mit diesen wenigen Sätzen gesagt ist, könnte unwirklich klingen. Wo ist geschriebe-
nes und praktiziertes Recht *nicht* mit selbstischen Interessen irgendwelcher Gruppen,
Parteien, Klassen (usw.) vermischt? Wo tritt es so auf, daß man seine Unantastbarkeit behaupten und fordern könnte? Steht es wirklich *über* allen Menschen? Gott allein „behält
recht" (Ps. 51,5). Daß Gott Urheber und Garant des Rechts ist, stellt nicht nur unser Verhalten, sondern auch alle von Menschen gemachte Ordnung unter sein Gericht. V. 24 ist
als bloße Forderung viel zu hoch gegriffen, als daß man annehmen dürfte, durch unseren
bloßen Entschluß zum Besseren werde dieser Zustand hergestellt. Recht – wie ein sich
dahinwälzender Strom und wie ein nicht versiegender Bach! Man stelle sich vor, was da
entstehen würde: üppiges, reiches, farbiges, fruchtbares Leben, Erquickung in der (mor-
genländischen) Hitze. Mit dem, was hier gemeint ist, wird alles innergeschichtlich Reali-
sierbare transzendiert. Wohlgemerkt, wir sprechen jetzt nicht von einer Veränderung der
Welt im Rahmen des Menschenmöglichen; hier soll wirklich, auch hinsichtlich des
Rechts, durchgesetzt und verwirklicht werden, was in unserer Macht steht, und das Bessere soll das Schlechtere ablösen. Wir reden jetzt von dem Recht, das auch in Gottes Augen Bestand haben kann und in dem sich Gottes ungetrübter, ungebrochener, unentstell-
ter Rechtswille durchsetzt. Was V. 24 sagt, kann letzten Endes nur eschatologisch gedeutet werden: „Wir warten aber auf einen neuen Himmel und eine neue Erde, nach seiner
Verheißung, in denen *Gerechtigkeit* herrscht" (2. Petr. 3,13).

3.

Gott plant das unabwendbare Gericht. Im Sinne des Amos dürfen wir den V. 27 nicht
weglassen. (Ich habe mich in zwei früheren Bearbeitungen des Textes anders geäußert
und muß dies jetzt widerrufen.) Amos sieht die bevorstehende Katastrophe von 721 (teilweise schon 733) voraus. Tatsächlich, die Nordstämme sind „über Damaskus hinaus"
deportiert worden; der Staat Israel wurde zu einer Provinz des assyrischen Großreiches.
Aber nicht nur, weil es so gekommen ist, wie Amos vorausgesagt hat, halten wir an der
Gerichtsaussage fest. Sie gehört sachnotwendig in seine Prophetie hinein. Wir haben dies
vorhin schon dargelegt.
Von da aus erscheint dann V. 24 doch noch einmal in anderem Licht. Gesetzt den Fall, er
wäre einfach als Mahnrede zu verstehen und würde *nicht* befolgt, dann wäre das rechts-
brecherische Israel sowieso fürs Gericht reif. Angenommen aber, Gott könnte sein Recht
in Israel so durchsetzen, daß das Land wirklich „bewässert" und zu einem großen Garten
wird. Was wird in solchem Falle mit denen, „die Hilflose unterdrücken und Bedürftige
schinden" und es sich wohl sein lassen in ihren Elfenbeinhäusern und Quadervillen, sich
auf ihren Elfenbeinliegen herumfläzen, fressen, saufen und huren (4,1; 3,15; 4,11;

6,4–6; 2,7)? Bedeutet Durchsetzung des Rechts nicht auch: Bestrafung der Rechtsbrecher? Müßte es bei einem großen Ordnungmachen in der Welt nicht auch Verlierer geben? Man könnte – mit Achselzucken – feststellen: als das Gericht kam, hat es *alle* getroffen. Im Sinne einer weltlichen Gerechtigkeit (iustitia civilis) gedacht, sind die Ereignisse des 8. Jahrhunderts v. Chr. keine endgültige Lösung der von Amos aufgegriffenen Rechtsfragen. Man wird vor allem dann so urteilen, wenn man von der Zielvorstellung einer gerechten Gesellschaftsordnung ausgeht. Wir sagten schon: dieser Gesichtspunkt ist Amos wichtig. Aber im großen Horizont unser Coram-Deo-Situation wird diese Sicht noch überboten dadurch, daß wir „*alle* unter der Sünde sind" (Röm. 3,9–18). Man könnte sich damit zu trösten versuchen, daß man keine Villa aus Quadersteinen besitzt und statt der Elfenbeincouch nur ein bürgerliches Kanapee; es ist auch nicht unsere Art, Pachtzins von Hilflosen zu erpressen (5,11). Und doch wäre es ganz unrealistisch, immer nur mit Fingern auf die zu zeigen, die es ganz besonders empörend treiben. Die Schuldkonten sind verschieden hoch, das ist wahr. Die Gelegenheiten, schuldig zu werden, sind aber ebenfalls verschieden. Jeder von uns hat aktiv teil an der sündigen Gesamtgestalt der Welt. Wir sahen (unter 1), daß dies auch, ja gerade vom homo religiosus gilt. Wenn Gott sein Recht durchsetzt, ist das Gericht gegen uns nicht abzuwenden.

Weil das so ist, darum ist es zum Kreuz Jesu gekommen. Gott hat auf die Durchsetzung seines Rechtes nicht verzichtet. Wir könnten es ihm auch nicht glauben, wenn seine Gnade darin bestehen sollte, daß er Schuld einfach ignoriert und übersieht. „Schwamm drüber!" – das wäre kein Evangelium. Gott hört das Stöhnen und Schreien nicht nur von den Menschen, die zur Zeit des Amos geschunden wurden, sondern er hört es aus allen Jahrhunderten. Und er kennt die Gedankenlosigkeit, die Eigensucht, die Gottes- und Menschenverachtung nicht nur aus dem 8. Jahrhundert v. Chr., sondern aus allen Jahrhunderten. Man müßte Gott schlecht kennen, wenn man annähme, er gehe über das alles mit der Geste der Großzügigkeit hinweg. „Über Damaskus hinaus": das ist hart. In die „Hölle": das ist das Härteste. Der am Karfreitag Verfluchte (Gal. 3,13) hat für uns die Hölle ausgestanden. Nein, Gott nimmt unsere Sünde nicht leicht. Aber er nimmt sie uns ab. An der Großzügigkeit, die wir – in Bethel oder Gilgal – uns selbst so gern gewähren, würden wir kaputtgehen. Amos hat nicht zu scharf gesprochen. Gott muß sein Recht durchsetzen. Aber das tut er – im Kreuz seines Sohnes.

Invokavit. 2. Kor. 6,1–10

Unser Abschnitt steht fast am Ende der großen Apologie des Apostels (2,14–7,4, wobei der Abschnitt 6,14–7,1 als nichtpaulinisch auszuklammern wäre); was bis zu deren Ende noch folgt (6,11–13; 7,2–4) ist ein letztes eindringliches Werben um die Herzen der Korinther. Die VV. 1f. gehören noch zum Vorangehenden; sachlich wäre die Kapitelgrenze nach 6,2 richtiger. Grammatisch ist der Übergang zu VV. 3ff. jedoch nahtlos: die Partizipien $\delta\iota\delta\acute{o}\nu\tau\varepsilon\varsigma$ (V. 3) und $\sigma\upsilon\nu\iota\sigma\tau\acute{a}\nu\sigma\nu\tau\varepsilon\varsigma$ (V. 4) sind von $\pi\alpha\rho\alpha\varkappa\alpha\lambda o\tilde{\upsilon}\mu\varepsilon\nu$ (V. 1) abhängig (V. 2 ist Parenthese); daß jetzt „Zeit des Willkommens" ist, steht also auch über dem Abschnitt VV. 3–10.

V. 1: Paulus spricht im apostolischen „Wir". Nur „Mitwirkender" ist er als Christi Gesandter, der für Christus bittet und durch den Gott mahnt (5,20). $\varkappa\varepsilon\nu\acute{o}\varsigma$ = inhaltsleer, aber auch wirkungslos (so z. B. Gal. 2,2, ThWNT III, 660). – V. 2: Jes. 49,8 nach LXX; zu $\lambda\acute{\varepsilon}\gamma\varepsilon\iota\ \gamma\acute{a}\rho$ (rabbinische Zitationsformel) wäre „Gott" oder „die Schrift" zu ergänzen (Röm. 15,10; Gal. 3,16). רָצוֹן ist für Paulus (wie schon für Deuterojesaja) nicht das „Wohlgefallen", in dem Gott ein Opfer annimmt (Lev. 19,5; 22,19 u. ö., vgl. die vorangehende Auslegung), sondern die Huld und Gnade Gottes, die jetzt gilt, „wo die Zeit der Erbarmung und Rettung angebrochen ist, als Gegensatz zu der bisherigen Strafzeit" (Duhm zu Jes. 49,8). Paulus unterstreicht, indem er $\delta\varepsilon\varkappa\tau\acute{o}\varsigma$ in $\varepsilon\mathring{\upsilon}\pi\rho\acute{o}\sigma\delta\varepsilon\varkappa\tau o\varsigma$ erweitert: jetzt ist die Zeit, in der man „willkommen" ist.

V. 3: Wir ermahnen (V. 1), indem wir „darauf bedacht sind" ... (dies liegt in dem zweimaligen μή – es geht also nicht um die Feststellung: es *ist* so, wir geben tatsächlich niemandem einen Anstoß); andererseits geht der Luthertext von 1544 zu weit, indem er übersetzt: „lasset uns beweisen..." – V. 4: Der Vorwurf der Selbstempfehlung tritt wiederholt auf (3,1; 5,12; 10,12.18); auf ihn spielt Paulus hier an. „Geduld": wörtlich das „Darunterbleiben"; „die erste unter den 18 adverbialen *ἐν*-Bestimmungen ist ... dem Ganzen übergeordnet. Die neun folgenden (VV. 4b–5) ordnen sich in drei Dreiergruppen, die übrigen acht (V. 6) in vier Paare. Es folgen in VV. 7f. drei *διά* -Formeln, die zwei letzten schon antithetisch entfaltet" (M. Doerne, Die Alten Episteln, S. 78). Vgl. zum Ganzen 11,23ff., auch 1. Kor. 4,11; zur geistlichen Deutung: 4,7–18. – V. 5: „Schläge": 11,23ff.; Apg. 16,22f. Gefangenschaft: 11,23; Apg. 16,23; 21,33–28,31, Gefangenschaftsbriefe. Aufruhr: Apg. 17,5ff.; 19,23ff. Mühen: 1. Thess. 2,6–9; 2. Thess. 3,8; 1. Kor. 4,12; 9,12.15–18: 2. Kor 11,7f.27; 12,16f.; Apg. 18,3; 20,34; dazu 2. Kor. 11,28, man denke auch an die Mühen, die gerade der korinthische Konflikt dem Apostel bereitet hat (11,26 Ende). Fasten: 11,27; vgl. 1. Kor. 7,5; Bltm. jedoch: es gehe nicht um rituelles Fasten, sondern um notgedrungene Entbehrung. – V. 6: *ἁγνότης* = Heiligkeit, (kultische) Reinheit, Lauterkeit, auch Unberührtheit, vgl. 11,3 (Apparat!). – V. 7: Waffen zum Angreifen (rechts) und zur Verteidigung (links); *τῆς δικαιοσύνης* könnte meinen: Kampf nur mit ethisch vertretbaren Waffen (2. Tim. 2,5), aber auch: die „Gerechtigkeit", also das Leben in einem heilen, normalisierten Verhältnis zu Gott ist die stärkste Waffe (vgl. Eph. 6,14–17). – VV. 8ff.: antithetische Rede. Es könnte sein, daß hier Worte der korinthischen Kritik an Paulus aufgenommen, also nicht etwa abgewehrt, sondern durch die Antithese ins rechte Licht gestellt sind: du bist ein „Irrgeist", ein „unbekannter Mann", ein „Todeskandidat", ein „Verdroschener", ein „Trauernder" (vgl. 1,4–6; 7,5.8ff.), ein „armer Teufel", ein „Habenichts". Was Paulus dem allem entgegensetzt, davon nachher.

Ist uns einmal aufgegangen, wie stark die VV. 1f. mit 5,18–21 zusammenhängen, also sich auf das „Wort von der Versöhnung" und damit auf das Kreuz Jesu Christi und seinen „seligen Tausch" mit uns (V. 21) beziehen, dann könnten wir zu dem Entschluß kommen, sie dem Karfreitagstext der Reihe II zuzuschlagen und die Perikope auf die VV. 3–10 zu begrenzen. In der Tat: hier wird ein neues Thema verhandelt. Paulus spinnt den Faden seiner „Apologie" weiter. Seine Selbstempfehlung (*συνιστάνοντες*, V. 4) als „Diener Gottes" besteht gerade darin, daß er, was die Korinther an ihm bemängeln, als notwendiges Merkmal seiner apostolischen Existenz verständlich macht. Paulus ist bei sich, besser: bei seinem Dienst – und nicht mehr bei dem Wort von der Versöhnung.

M. Doerne meint, die Paraklese VV. 1f. – „empfangt die Gnade Gottes nicht vergeblich!" – und das Zeugnis der apostolischen Bewährung (VV. 3–10) ergeben zwei „grundverschiedene Predigtaufträge", zwischen denen man wählen müsse. Beides zusammenzusehen sei „von der Sache her gesehen nahezu unmöglich" (a. a. O., S. 78). Wen die folgenden Darlegungen nicht zu überzeugen vermögen, der sei auf den Rat Doernes ausdrücklich verwiesen. Er kann sich auf Exegeten wie Lietzmann und Wendland berufen. – Ich meine aber, man sollte es – mit Bultmann (Kommentar z. St.), G. Bornkamm (GPM 1967/68, S. 107ff.), W. Krötke (EPM 1973/74, S. 101ff.) – anders sehen. Wir haben soeben, als vom „neuen Thema" die Rede war, den ersten Eindruck in nicht zu vertretender Weise übertrieben. Zur Botschaft gehört der Botschafter (5,20). Wir geraten gar nicht in einen andern Bereich, wenn von V. 3 an der Dienst des Botschafters selbst erörtert wird. „Wir ermahnen – als solche, die sich in allem als Diener Gottes erweisen." Und wenn man fragt, worin das geschieht, dann kommt man auf Merkmale der christlichen, speziell der apostolischen Existenz, in denen die Zugehörigkeit zum gekreuzigten Christus deutlich wird, – eben des Christus, von dem von 5,19 an die Rede war. Äußerlich: der Katalog der Apostelleiden läßt die Leiden Christi wiedererkennen. Die Botschaft, die der Botschafter überbringt, ist das „Wort vom Kreuz"; es wäre eine seltsame, ja geradezu irreführende „Auslegung" dieses Wortes, wenn der Apostel der triumphale Mann des Erfolgs und der Unangefochtenheit sein wollte. Die Korinther suchen die direkte Anschaulichkeit des Gepredigten. Wir waren vor 14 Tagen bereits bei diesem Thema. „Man war in Korinth unter den Einfluß von Verkündigern des Evangeliums geraten, die an sich selbst die Kraft Gottes zu demonstrieren wußten" (Krötke, S. 101). Ekstatische Erlebnisse, Wunder, die Kraft der illustren Persönlichkeit, das in solchen empirisch greifbaren Kennzeichen ausgewiesene Pneumatikertum, die darin vermeinte himmlische Existenz schon jetzt und hier; kurz: man ist auf den Christen aus, „dem man's ansieht" und der nicht mehr die Merkmale der Niedrigkeit an sich hat. Im Widerspruch dazu meinen VV. 3–10 christliche Existenz unter dem Kreuz.

Umgekehrt: auch 5,18 – 6,2 sind nicht sterile dogmatische Rede im Lehrbuchstil, sondern *Anrede, Zuspruch, Paraklese.* Nicht nur: So sollte bei euch gepredigt werden! Sondern: Laßt euch doch versöhnen mit Gott! Die Situation könnte erwarten lassen, daß Paulus schreibt: Laßt euch versöhnen mit *mir.* Aber die Person des Paulus ist nicht wichtig. Der Kirchenstreit in Korinth wäre behoben, wenn die Korinther *mit Gott* im Frieden wären bzw. den von Gott ihnen gebotenen Frieden annähmen. Große Sorge: sie könnten vergeblich – wirkungs- und folgenlos – die Gnade Gottes empfangen haben. In dem Konflikt mit Paulus steckt ja der Konflikt mit der *Sache,* das Nichtannehmen des Evangeliums von dem Gott, der im *Wort,* d. h. aber: im Wort vom Kreuz, uns sein Gutes geben will. Laßt euch versöhnen! Es kann – in Korinth und anderswo – kein treffenderes Wort zur *Lage* geben als das Wort zur *Sache.*

Nach der Regel, daß die stärksten Gewichte an den Schluß gehören, könnten wir so planen: *Im Dienst des gekreuzigten Herrn:* (1) *den Druck ertragen,* (2) *im Zwielicht stehen,* (3) *zur Gnade einladen.*

1.

Vom Evangelium des Sonntags zu unserer Perikope ist es nur ein kurzer Weg. Als Jesus, seinem Auftrag getreu, sich entschloß, auf die Direktveranschaulichung seiner göttlichen Allgewalt (Brot, Wunder, Macht) zu verzichten, wählte er den schweren Weg, der zum Kreuze führte. Er hätte Erfolge bei den Massen haben können; aber zur Versöhnung mit Gott wäre es durch Machterweise nicht gekommen. Will Gott uns wiederhaben, so muß es auf andere Weise geschehen.

Den „Korinthern" aller Zeiten will dies nicht einleuchten. Eben von daher ihre Kritik an Paulus. Man müßte an ihm ablesen können, worin – wie hört man bei uns zuweilen? – „das volle Heil" besteht. Der Pneumatiker lebt das himmlische Leben. Er braucht eigentlich auf nichts mehr zu warten. In ihm stellt sich das Göttliche spürbar und anschaulich dar. In seinen Visionen und Entrückungszuständen erlebt er die Seligkeit unmittelbar. Wunder erweisen die Pneumamacht. Zum Christsein, meinen manche, gehöre die Euphorie der Erlösten. Es hat unlängst jemand behauptet, Gotteskinder hätten nicht einmal mehr Zahnschmerzen. Von einem Apostel darf man dann erst recht erwarten, daß die Kraft des Pneuma ihn zu einer überlegenen, imponierenden, gegen Anfechtung gefeiten „geistlichen Persönlichkeit" macht. – Dagegen nun Paulus. Es soll hier nicht erneut zusammengetragen werden, was wir von seinem Persönlichkeitsbild wissen oder aus seinen Briefen erschließen können. Es geht hier auch weniger um die Person als um den Dienst. Paulus operiert, seinem Auftrag gemäß, mit keinerlei (gewaltsamen oder subtilen) Druck- oder Faszinationsmitteln, z. B. nicht mit der Überzeugungskraft der Weisheitsrede (1. Kor. 2,4), nicht mit „Zeichen" (1. Kor. 1,22), selbstverständlich ohne Mittel äußerer Macht oder äußeren Einflusses. Er übt nicht Druck aus, er *erleidet* Druck (V. 4: Bedrängnisse, Zwangslagen, Situationen der Klemme, der Verlegenheit, der Angst). Im exegetischen Vorspann sind einige Stellen angegeben, aus denen man das hier Gesagte biographisch konkretisieren kann. Die Gemeinde wird mit Einzelheiten kaum vertraut sein; ein wenig erzählen müßte die Predigt wohl. Wichtig, daß wir nicht den Eindruck entstehen lassen, als sei das hier zu Erzählende Rühmung eines heldischen, etwa gar eines in seiner Festigkeit, Opferwilligkeit und seinem Leidensmut sich selbst verherrlichenden Menschen. Den Korinthern imponieren will Paulus nicht; er muß, im Gegenteil, damit rechnen, daß sie in dem, was er anführt, Tatbestände sehen, die *gegen* ihn sprechen. Aber darauf kommt es eben an: die Wehrlosigkeit, mit der er auftritt, der Verzicht auf alle sarkischen Mittel, auch der konsequente Verzicht auf alle himmlischen Machterweisungen gehören zur Sache. Gott bietet seinen Frieden an. Gott *bittet* sogar um Frieden (5,20). „Der Gott des Evangeliums befindet sich in der schwachen Position des *Wartenden* ... Wer Gott hilft, indem er das Evangelium verkündigt, lernt ... am eigenen Leibe kennen, was es für Gott selbst bedeutet, *gnädig* zu sein und also auf die Antwort des Menschen zu warten" (Krötke, S. 102). Dies steht hinter der Wendung: „in viel Geduld" (V. 4), wobei es nicht nur auf das Hinnehmen, sondern auch auf das bewußte Ja-Sagen und Ausharren unter der Last ankommt.

„Wir sind darauf bedacht, niemandem einen Anstoß zu geben." Wir sahen: das *μή* (zweimal!) deutet auf die Intention. Wir umschreiben: Ich weiß schon, daß manchen unter euch mein Aposteldasein alles andere ist als eine Ermutigung zum Christenwerden. Ich habe auch nicht vergessen, was ich früher über das Skandalon geschrieben habe. Es ist ja auch nicht so, daß ich die Erschwernisse in meinem Leben und die Widerstände gegen meine Predigt *suchte;* geschweige denn, daß ich durch mein Verhalten absichtlich jemanden verprellen wollte. Ihr habt an mir vieles auszusetzen; dazu mag es in meinem Naturell mancherlei Anlaß geben (11,29). Nur, bitte, verschiebt, worauf es hier ankommt, nicht auf die moralische Ebene. Was euch zu schaffen macht, das liegt nicht an mir, sondern am Evangelium. Ihr müßt begreifen, daß der Druck, unter dem ich stehe (V. 5), so wenig zufällig und darum so wenig wegzudenken ist wie das Kreuz unseres Herrn. Ihr wähnt euch schon im Himmel. Aber im Himmel sind wir noch nicht. Es kann keinen „Himmel" geben, ohne daß es zwischen Gott und uns zur *Versöhnung* gekommen ist. Uns wäre also nicht damit geholfen, daß wir einfach in eine andere äußere Situation versetzt werden (wie ein Fisch, der an der Luft um sein Leben zappelt, gerettet ist, wenn der ins Wasser zurückgeworfen wird); es bedarf des Friedens mit Gott, der wiederhergestellten Gemeinschaft des Geschöpfes mit seinem Schöpfer. Dazu lädt Gott uns ein. Einladung ist nicht Zwangsvereinnahmung. Indem Gott „bittet" (5,20), gibt er uns Freiheit. Er nimmt es auf sich, von uns hingehalten oder auch abgewiesen zu werden. Menschen weisen den um Versöhnung bittenden Gott ab: das ist Jesu Kreuz – und das ist auch, davon abkünftig, das Leiden des Apostels. Diese „Zumutung Gottes an sich selbst und an seine Botschafter" (Krötke, S. 102) in der Predigt verständlich zu machen, ist eine schwere Aufgabe. Wir sind so sehr darauf aus, den Menschen das „Evangelium" damit zu empfehlen, daß wir zeigen, wie sich seine Annahme im Leben unmittelbar rentiert. Wozu ist Christsein gut? Wer die plausibelste, die ohne weiteres einleuchtende, empirisch zu erhärtende, im äußeren Schicksal (z. B. Heilung) bestätigte, das Glücksverlangen des Menschen befriedigende Antwort weiß, hat gewonnen. Aber die Frage, wozu Christensein gut ist, ist falsch gestellt, Schon darin, daß durch sie Gott Mittel zum Zweck wird. Aber auch darin, daß das hier angewandte Kriterium an der fälligen *Glaubens*entscheidung geradezu vorbeidrängt. Nein, der hohe Preis dieser apostolischen Existenz im Druck der Leiden muß gezahl werden. Gott selbst hat zuvor den noch viel höheren Preis gezahlt. Am Apostel wird nur, wie im Spiegel, sichtbar, wie es Gott selbst ergeht, wenn er sich aufmacht, seine verlorenen Menschenkinder wiederzubekommen.

Noch einen Schritt weiter: Evangelium predigen wir nur dann, wenn die Externität des Heils außer Zweifel bleibt. Der Glaube hält sich an das *gepredigte* Wort, weil er sich an

Christus hält. Es soll ja wirklich nicht bestritten sein, daß das Versöhntsein mit Gott auch im erfahrbaren Leben, also in den ganz realen, mit Händen zu greifenden Dingen und Geschehnissen des Alltags Wirkungen auslöst. In dem Augenblick aber, in dem wir die Wirkungen zu den notae salutis machen, verwandelt sich unter der Hand das Evangelium in Gesetz. Man fragt mich, wo die Folgen meines Christenseins bleiben (im Kampf mit bestimmten Sünden, im Gelingen des Gebetslebens, in Erfolgen des Glaubens, in der Ehe und Familie, in meiner seelischen Verfassung usw.), und ich werde verlegen und weiß keine überzeugende Antwort: ist Christus dann für mich nicht mehr da? *Wenn* es zu wirklichen Veränderungen in meinem Leben kommt – und es kommt wirklich dazu! – , dann gerade *nicht* dadurch, daß ich auf die Erfolge spanne wie die Katze auf die Maus, sondern dadurch, daß ich auf den Gott schaue, der in Christus um mich bemüht ist. Mit dem Erfolgsdenken – im kleinen wie im großen Maßstab – wird das Evangelium in Gesetz verkehrt. Paulus kann, wenn er durch die Welt zieht, mit nichts Greifbarem aufwarten; er hat das Wort vom gekreuzigten Christus, nicht mehr. Keine verblüffenden Erfolge, keine überzeugende Statistik, nichts Faszinierendes und Attraktives. Er muß darauf gefaßt sein, daß die Menschen, die Gott sucht, negativ reagieren: Kopfschütteln, Vogelzeigen, Verachtung, Zorn, Entrüstung, Haß. Die „Peristasenkataloge" zeigen es. Paulus weiß, warum es so sein muß. Zuletzt kommt alles, was er leidet, den Menschen zugute, um die Gott sich bemüht und für die Paulus unterwegs ist (4,12).

2.

Im Dienst seines gekreuzigten Herrn muß Paulus *im Zwielicht stehen.* Das Stichwort Zwielicht empfiehlt sich in unserem Zusammenhang um seiner Doppelsinnigkeit willen. Im Zwielicht steht Paulus im Urteil der Korinther, sofern sie ihn bekritteln oder gar ablehnen. Im Zwielicht steht er aber auch, weil er als der zugleich alte und neue Mensch zwei Wirklichkeiten zugehört, nämlich der dieses und der des kommenden Äons. Beides wird zu bedenken sein.

Das erste soll uns nicht lange aufhalten. Mit Gelassenheit nimmt Paulus hin, daß er in Korinth im Zwielicht steht: gute Gerüchte, böse Gerüchte, Ehre und Schande. Wahrscheinlich hat man es dem Paulus abgesprochen, daß er ein „Diener Gottes" sei (V. 4). Man sieht in ihm einen „Verführer", verachtet ihn als einen „Unbekannten" – sein Name hat in der geistigen Welt keinen Klang –, sieht in ihm einen „Hyliker", der, anders als der schon ins Ewige versetzte Pneumatiker, „sterben" muß; man nennt ihn einen „Gezüchtigten", mit der Rute Erzogenen – auch darin fällt er gegen den überlegenen Pneumatiker ab; vielleicht kennt man die depressiven Zustände des „Traurigen" – er weiß in der Tat von Traurigkeit, die er 7,10 eine „göttliche Traurigkeit" nennt; jedenfalls ist er ein „Armer" – ja, ja, ihr Korinther seid „reich" (1. Kor. 4,8) – und ein „Habenichts". Paulus wird noch Gewichtiges dagegenzusetzen haben, aber, was hier behauptet wird, streitet er nicht ab. „Wir erweisen uns" gerade in dem, was ihr Korinther an uns bemängelt, „als Diener Gottes." Das eine oder andere, was man ihm vorhält, nimmt er mit gelassenem Humor hin (so scheint er die abenteuerliche Story 11,32f. mit einem Lächeln über sich selbst noch nachgetragen zu haben). In anderem weiß er, daß seine Schwächen das Gegenstück zur „Kraft Christi" sind (12,9). Man kann es sich leisten, auf das Image des starken Mannes zu verzichten, wenn man weiß, daß man aus etwas ganz anderem lebt.

Und damit sind wir bei dem anderen Sinn von Zwielicht. In der Beleuchtung des menschlichen Urteils macht Paulus in der Tat keine gute Figur. Aber er steht mit seinem Dienst als Apostel gleichzeitig in einem ganz anderen Lichte. Er ist ja Überbringer und

„Verwalter" (1. Kor. 4,1) des „Wortes der Wahrheit", womit nichts anderes als das Evangelium gemeint ist. Wahrheit: die Selbsterschließung Gottes, nicht in dem Sinne, daß Gott zutreffende (= wahre) Mitteilungen über sich selbst macht, sondern so, daß er sich zur Gemeinschaft schenkt, seine Wahrheit für uns also im gepredigten Wort *geschieht.* „Gott tröstet und vermahnt durch uns", indem wir das Wort von der Versöhnung ausrichten (5,20). Es sieht von fernher so aus, als ob da irgendein „unbekannter" Mann (V. 9) durch die Welt zieht und seine (unmaßgebliche) Meinung über den lieben Gott zum besten gibt. In Wirklichkeit geht Gott selbst in seinem Wort über die Erde! Haben wir soeben den Sachverhalt theologisch überzogen? Keineswegs, denn es heißt sofort weiter: „in der Kraft Gottes" (man könnte auch auf 1. Thess. 2,13 verweisen). Müßte Paulus, der in jeder Hinsicht schwache Mann, das Unternehmen bestreiten, dann würde ihn mancher Konkurrent ausstechen. (Daß die Theologie des Paulus als geistige Leistung zu den großen Ereignissen in der Geistesgeschichte der Menschheit gehört, steht auf einem anderen Blatt, soll also nicht bestritten sein.) Gottes Kraft also wirkt in dem schwachen Mann. Man kann es noch spezieller sagen. Paulus muß kämpfen – seine Waffen sind die der Gerechtigkeit (V. 7). Er ist durch Christus mit Gott im reinen – darin besteht die Gerechtigkeit. Wieso kann man damit – in Angriff und Verteidigung – kämpfen? Einer mit Gott ist immer in der Majorität. Physisch ist man auch als von Gott Anerkannter und Angenommener verwundbar. Ist man jedoch einmal dessen gewiß geworden, daß die eigentliche Existenz das Physische transzendiert, dann ist man in einem höheren Sinne unverletzlich. Paulus weiß, daß er nicht „mit Fleisch und Blut" zu kämpfen hat (Eph. 6,12); der große unsichtbare Verkläger und Erpresser ist machtlos, wenn Gott „für uns" ist (Röm. 8,31). Übrigens prallen dann auch die Beschimpfungen und Verunglimpfungen der Menschen ab. „Ehre und Schande, gute und böse Gerüchte": gewiß kann einen solches schon umtreiben, aber letztlich treffen kann es nicht. Es kommt darauf an, in welchem Lichte *Gott* uns sieht.

Man muß einwenden, daß hier alles sehr einfach und einlinig scheint – und darum auch sehr „sicher" und unwirklich. Der Eindruck dürfte sich verstärken, wenn Paulus beteuert, er erweise sich als Diener Gottes „in Reinheit (Lauterkeit), in Erkenntnis, in Langmut, in Freundlichkeit (Umgänglichkeit), in heiligem Geist, in ungeheuchelter (nicht ,geschauspielerter') Liebe". Man muß sich diese Aussage nur bis ins Detail anschaulich machen, und man wird erstaunt sein über die Kühnheit, mit der Paulus dies alles von sich behauptet. Mitteninne ist vom Heiligen Geist die Rede: da sieht man, wo das herkommt, was Paulus als Merkmale seines Dienstes beschreibt; von „Signalen des Ursprungs" (Doerne) war schon die Rede: Wort der Wahrheit, Gotteskraft. Paulus würde nicht einen Augenblick zögern, zu betonen, daß, was V. 6 gesagt ist, eigentlich Christi Leben ist, nicht das des vorfindlichen Paulus. So lebe denn nicht mehr ich, sondern Christus lebt in mir (Gal. 2,20): *er* ist „in mir" rein, langmütig, freundlich, ungeheuchelt in seiner Liebe. Und dies, obwohl der „alte" Paulus, der „im Fleische" lebt, noch nicht dahin ist (ebd.). Das eben ist das Aufregende an der apostolischen – letztlich überhaupt an der christlichen Existenz: da überlagern sich das Alte und das Neue, so daß man von einer „Existenzweise in zwei Welten und zwei Zeiten" reden muß (R. Bohren z. St. in: G. Eichholz, Herr, tue meine Lippen auf, Band 2, 1959, S. 195). Seht ihn euch ruhig an, den alten Paulus, und registriert ruhig das Anstößige und Unzureichende an ihm; ihr müßt nur wissen: es gibt auch den anderen, den neuen Paulus (5,17), in dem Gott sein Werk tut. Da wird der alte, der empirisch faßbare Mensch uninteressant; wichtig ist nur, was einer „in Christus" ist (5,16f.). Man hält ihn für einen Verführer, aber „in Christus" ist er wahrhaftig. Der „unbekannte" Mensch aus Tarsus: Gott kennt ihn, und man kennt ihn nun auch, wie Gott ihn kennt. Ein Sterbender? In Christus lebt er (4,10f.). Schon wahr: viel geprügelt – aber nicht umzubringen! Man erlebt ihn immer wieder einmal traurig – aber es gibt eine Fröhlichkeit, die alle Traurigkeiten überlagert. Seltsam: ein armer Mensch, aber man wird reich durch ihn; ein Habenichts, dem alles gehört (Röm. 8,32). Zweierlei Licht. Noch müssen wir in Gegensätzen denken. Noch muß also der Glaube im (oft deprimierenden) Sichtbaren das (beglückende) Unsichtbare wahrnehmen. Empirisch stehen wir noch diesseits der eschatologischen Grenze. Aber „in Christus" sind wir mehr, als man sehen kann, ja eigentlich etwas ganz anderes. Diese Spannung wollen die „Korinther" nicht aushalten. Darum vermögen sie auch im Unscheinbaren die noch verborgenen Gotteswunder nicht zu erkennen. So machen sie aus dem Evangelium ein Gesetz: sie verlangen, daß sich das Heil unmittelbar im Greifbaren darstellt. Sie wollen das Kreuz umgehen und verfehlen damit das Beste, das Gott uns gegeben hat.

3.

Paulus will seine Leser *zur Gnade einladen*. Eigentlich haben die Korinther sie ja schon empfangen. Aber – die große Sorge des Apostels – sie könnten sie vergeblich, wirkungslos empfangen haben. Solange sie nicht gemerkt haben, daß es Gott zuerst und am allerdringlichsten um die *Versöhnung* zu tun ist, denken sie in die falsche Richtung. Sie suchen spektakuläre Erlebnisse und sensationelle „himmlische" Erfahrungen – aber den Gott, der in Christus, in seinem Kreuz, mit ihnen Frieden machen und so ihre Herzen gewinnen und wieder ihr Gott sein will: den verfehlen sie. Der Konflikt mit Paulus ist letztlich der unberäumte Konflikt mit Gott. Sie meinen, sie brauchen die Versöhnung nicht; Pneumatiker, meinen sie, seien von ihrem himmlischen Ursprung her mit Gott d'accord. So muß nun Paulus seinen apostolischen Dienst gerade ihnen, den Korinthern, zuwenden. Schon wahr: er möchte, daß die Korinther mit ihm, ihrem Apostel, dem Gründer ihrer Gemeinde, wieder eins werden. Aber dies kann nur darin geschehen, daß sie in Christus mit *Gott* versöhnt werden. Es geht ums Ganze.

Warum soviel Nachdruck auf das *Jetzt?* Vieles im Leben kann man sich für beliebige Zeit vornehmen. „Dies läuft mir nicht davon", sagen wir. Dies gilt vor allem vom Vorhaben, deren Verwirklichung ganz und gar in unserm freien Willen steht. Manches hingegen ist nur möglich in der dafür sich bietenden Stunde. Wir sprechen von erhofften, zur Zeit gegebenen oder auch verspielten Chancen. – Der Zugang zu Gott steht uns nicht jederzeit offen. Es ist nichts mit dem Gott, von dem wir uns einreden, es sei seine Pflicht, jederzeit für jeden erreichbar zu sein. Gnade ist das Ungeschuldete; Gottes Gnade ist nicht unser Recht. Und wenn ich wüßte, daß Gott allezeit und allen gegenüber gnädig wäre: ich kann seine Gnade nur annehmen, indem sie sich bietet. Ich kann Gott nicht stehen und warten lassen. Jetzt!

Damit hängt zusammen, daß die Gnade Gottes in Christus *Ereignis* geworden ist. Wir leben in der wunderbaren Gottesstunde, in der Gott um uns bemüht ist, auf uns zukommt, uns seinen Frieden und seine Liebe anbietet, damit wir wieder sein werden. Gott müßte nicht, aber er *will*. „Jetzt ist die Zeit des Willkommens" – das ist nichts anderes als eine Varitation der Bitte Gottes, wir möchten doch zum Frieden mit ihm bereit sein. Die tiefste Selbsterniedrigung Gottes – bis zum Tod am Kreuz – drückt sich in dieser Bitte Gottes aus. In dieser Erniedrigung fanden wir den Grund für die Kreuzesgestalt der apostolischen Existenz. Jetzt vernehmen wir die dringliche Einladung. Wir werden nicht unter Druck gesetzt. Wir sind frei. Aber das sollten wir begreifen, daß die angebotene Gnade Gottes unsere große – unvergleichliche – Chance ist. Zeit des Willkommens: der verlorene Sohn darf heimkehren, und er wird es erleben, daß der Vater ihm entgegenläuft. Man muß aus dem „Jetzt!" des Apostels die hoffende, sich schon im voraus freuende Erwartung vernehmen: sie werden kommen! Es sollte in unserer Predigt nicht anders sein.

Reminiszere. Jes. 5,1–7

Eine Parabel, deren Stoff Assoziationen aus zwei verschiedenen Lebensbereichen verursacht: einmal aus dem Bereich der Erotik (Weinberg ist geradezu „stehendes Bild" für die Geliebte), sodann aus dem Bereich des Gerichtlichen (Anklagerede mit „Feststellung eines verpflichtenden Gemeinschaftsverhältnisses zwischen Kläger und Beklagtem, die Darstellung der eigenen Pflichterfüllung durch den Kläger, die Klage über die mangelnde Pflichterfüllung des Beklagten und die Anrufung der Rechtsgemeinde zum Schiedsspruch", G. Fohrer und Wbgr.). Der Prophet arbeitet mit entliehenen Gattungen, die er frei handhabt. Dabei wird jedes Schema gesprengt: eine Anklagerede – gesungen? ein Prozeß gegen einen Weinberg? der Kläger zugleich der Richter (V. 5)? die enttäuschende Geliebte der Zerstörung preisgegeben? Formal kommen wir mehrfach in die Brüche. Form und Stoff sind ganz frei verwendet.

Jerusalemer sind anwesend, zugleich Menschen aus Juda (V. 3): man könnte die Parabel beim Herbst-und Lesefest gesungen denken. Das Bänkelsängerlied beginnt so, daß man von Gericht noch nichts ahnt; der Trick dürfte nur solange gelingen, als man Jesaja noch nicht als den monotonen Gerichtsprediger kennt, also nur in der Frühzeit des Propheten (Duhm).

V. 1: יָדִיד und דּוֹד bedeuten: Freund, Geliebter. Dieses Freundes Freund ist Jesaja, ihm fällt die Rolle des Brautwerbers (Joh. 3,29), in diesem Falle sogar die des Prozeßvertreters zu. Gott ist noch nicht genannt. כֶּרֶם (Weinberg) und קֶרֶן (Horn, Berggipfel – vgl. „Matterhorn" – oder auch „Ausläufer" des Berges?). „Öl, Fett" ist Symbol der Fruchtbarkeit (בֶּן = zugehörig zu). – V. 2: עזק (nur hier) vermutlich = behacken, umgraben. סקל im kal = steinigen, im pi. privativ, also = von Steinen befreien. שׂרֵק hellrote edle Weinsorte. Der „Turm" ist besser als die bescheidene „Nachthütte" (1,8). בְּאֻשִׁים nur hier, nach der Vulgata ist an „Her(b)linge" zu denken, Trauben mit saurem Geschmack, wie vom wilden Wein; H. Seidel (EPM 1976, S. 344) spricht von „Stinkzeug" (באשׁ stinken, auch allgemein = schlecht sein). – V. 3: וְעַתָּה „bildet immer den Wendepunkt der Erörterung" (Wbgr. nach Bromgers). Über den Weinberg richten: man ahnt die Hintergründigkeit der Aussage. – V. 5: Während die „Trauben" von V. 4 noch erotisch gedeutet werden können (Hohel. 7,8f.), ist jetzt nur noch an den Weinberg (hintergründig: an Israel) gedacht. Die Dornenhecke und der Steinwall und damit der Schutz für den Weinberg werden beseitigt. Während es in V. 1 hieß: „ich will singen", klingt es hier drohend: „ich will zeigen" – und nun die conjugatio periphrastica: „was ich selbst im Begriff bin zu tun"; darauf folgen zwei (Erregung ausdrückende) absolute Infinitive: „Weg seine Hecke – damit er verwüstet (oder abgeweidet?) werde; eingerissen seine Mauer – damit er zum Zertretenen werde!" – V. 6: Jetzt wird deutlich, daß Gott selbst der „Freund" ist, denn den Wolken gebieten kann nur er. Wahrscheinlich ist zu lesen: . . . . וַאֲשִׁיתֵהוּ, „ich will ihm den Garaus machen". – V. 7: Jetzt wird in Klartext gesprochen. „Jahwe der Heere", der Ladegott, von Jesaja bevorzugte Gottesbezeichnung. V. 7a ist chiastisch gebaut. Falls sich „Haus Israels" und „Mann(schaft) Judas" komplementär verhalten, sind hier Nord- und Südreich gemeint. O. Kaiser und H. Wildberger sehen in „Haus Israel" jedoch die gesamte sakrale Gemeinschaft des Gottesvolkes. „Recht und Gerechtigkeit" hier wieder im Verbund (vgl. uns. Ausl. zu Septuagesimä und Estomhihi). Das Wortspiel ist auf verschiedene Weise nachgeahmt worden (ohne Freiheit geht es nicht): Guttat/Bluttat, Rechtspruch/Rechtsbruch, Gut-Regiment/Blutregiment, Gerechtigkeit/Schlechtigkeit, Bundestreu/Hilfsgeschrei. מִשְׂפָּח wahrscheinlich = (Blut-)vergießen, obwohl uns in dieser Bedeutg. nur eine Wurzel ספח bekannt ist. צעק meint den Hilferuf Bedrängter (Hiob 19,7).

Zum (neuen) alten Evangelium (Mark. 12,1–12) hier das alttestamentliche Gegenstück. Es gibt zwischen beiden Texten manches Gemeinsame: der Weinberg selbst, Zaun, Kelter und Turm, die Tatsache, daß der Eigentümer nicht zu seinen Früchten kommt (wenn auch die Gründe dafür hier und dort verschieden sind). Der Zerstörung preisgegeben wird der Weinberg in Mark. 12 nicht; er wird nur an andere verpachtet (die bisherigen Pächter werden umgebracht). Wichtiger noch ist ein anderer Unterschied: In Jesu Gleichnis schickt der Weinbergseigentümer nicht nur seine Knechte – es ergeht ihnen übel –, sondern zuletzt noch „den geliebten Sohn", der getötet und vor den Weinberg hinausgeworfen wird. Wenn wir seinerzeit, in Reihe I, richtig ausgelegt haben, liegt hierin das Passionsmotiv. Im vorliegenden Jesajatext findet sich dieses nicht. Dafür spricht Jesaja um so härter vom Gericht (VV. 5f.): „Nun aber will ich euch wissen lassen, was ich an meinem Weinberg im Begriff bin zu tun . . ."; er „soll der vollständigen Vernichtung preisgegeben werden. Die zum Schutz gegen das Wild und die weidenden Tiere der Mauer vorgepflanzte Hecke wird niedergehauen; die Mauer selbst niedergerissen. Dann kann, wer will, in die Pflanzung einbrechen. Der Weinberg ist zur Plünderung freigegeben. Jeder darf hineingehen, um Reben und Stöcke abzuschneiden oder herauszuziehen, vielleicht um Brennmaterial zu gewinnen. Aus ist es mit der Pflege, . . . Dornstrauch und Unkraut werden 'aufsteigen' und sie (die Weinstöcke) ersticken" (Kaiser z. St.).

„Der Weinberg des Herrn Zebaoth ist das Haus Israel." Ihm wird keine Chance mehr gegeben. Das Gleichnis soll nicht dazu dienen, daß die Menschen anderen Sinnes werden; Israel soll nur wissen, *woran* es zugrunde geht.

Sollen wir also diesmal nicht die Gnade predigen, sondern das Gericht? Nicht das Evangelium, sondern das Gesetz? „Das Haus Israel" ist heute: die Kirche. Man könnte schon sagen: wir sind, als Kirche, „die anderen", denen der Weinberg gegeben ist (Mark. 12,9). Aber wer auch immer den Weinberg *hat* bzw. selbst der Weinberg *ist*: Gott erwartet Ertrag. Im Sinne des neutestamentlichen Gleichnisses: mit dem Weinberg ist auch die Verantwortlichkeit an „die anderen" weitergegangen. So ist auch das Gerichtsthema für die Gemeinde des Neuen Bundes nicht abgetan. Es wäre viel zu einfach, wollten wir ausposaunen: Uns die Gnade, der Welt das Gericht. Es wird erwartet, „daß wir Gott Frucht bringen" (Röm. 7,4; vgl. Gal. 5,22; Eph. 5,9; Phil. 1,11; Matth. 3,8.10.19; 7,16.20; Luk. 13,6.9; Joh. 15,2.5.16). Die Gnade entläßt uns nicht ins Unverbindliche, ins Beliebige, in die Nacht, in der alle Kühe schwarz sind. Wir werden nach unsern Werken gerichtet (2. Kor. 5,10; Röm. 2,5ff. u. ö.): nach dem, was wir getan oder versäumt, geduldet oder provoziert, durch das, was wir sind, ermöglicht oder doch nicht verhindert haben. Was das Kreuz Jesu Christi in diesem Zusammenhang bedeutet und bewirkt, ist eine Frage für sich. Keinesfalls macht es das soeben Dargelegte gegenstandslos. Gott wartet auf Recht und Gerechtigkeit. Gerade durchs Kreuz soll es dazu kommen! Wir werden es im Laufe der Predigt zu bedenken haben.

Dieses Bänkelsängerlied gehört zu den Meisterwerken der Weltliteratur. Wir passen uns dem Redestil des Propheten an, indem wir überschreiben: *Die traurige Geschichte von Gottes Weinberg:* (1) *So viel investierte Mühe!* (2) *So wenig brauchbarer Ertrag!* (3) *So hartes verdientes Gericht!*

I.

Zur „traurigen Geschichte" des Bänkelsängers müssen wir uns die Schläge auf dem Saiteninstrument denken (das Versmaß ist nicht einheitlich, V. 5: 3 + 3, 3 + 2 – zu jeder Hebung ein Akkord). Allerdings: daß es eine *traurige* Geschichte wird, ahnen die Hörer zunächst noch nicht. Daß der Prophet von seinem „Freund" singt, besagt,nichts für den Inhalt. Aber bei dem Wort *Weinberg* horchen die Menschen auf. Das Erotische ist immer Blickfang bzw. Haftpunkt für die Aufmerksamkeit. Eine Liebesgeschichte scheint es zu werden. Dem Propheten kann es nur recht sein, wenn die sich um ihn drängenden Menschen auf dergleichen aus sind. Er will vom fehlenden Ertrag des Weinbergs sprechen und von der zornigen Reaktion seines Besitzers. Aber wenn „Weinberg" in der hebräischen Poesie nun einmal Chiffre für die Geliebte ist (von Rad, ThAT II, S. 191): tatsächlich *ist*

Israel ja Gegenstand der Liebe seines Gottes. „Pflanzung seiner Wonnen", wird es noch am Ende des Gleichnisses heißen (V. 7); Jesaja wehrt das erotische Verständnis seines Gleichnisses nicht ab. Der Unterton soll mitgehört werden: Jesaja singt von einer enttäuschten Liebe. (Das Motiv nicht selten, man denke an Hosea, Jeremia und Hesekiel; positiv: das Reich Gottes als Hochzeit, Jesus der Bräutigam, Johannes dessen Freund, die Gemeinde als Braut.)

Nur darf man sich nicht genießend an diese rührende Geschichte hingeben wollen. Wäre sie bis zu Ende durchgespielt, so müßte davon geredet werden, wie der Liebende die Braut *verklagt*. Aber je länger man zuhört, desto mehr merkt man: es geht wirklich um einen Weinberg und seine Bewirtschaftung. Und noch ein paar Zeilen weiter: der Weinberg ist Israel, und die erwarteten Früchte sind Recht und Gerechtigkeit. Die traurige Geschichte – denn als traurig erweist sich, was Jesaja erzählt, sehr bald – schließt das Urteil der Zuhörer über sich selbst ein. Sie kommen nicht ausdrücklich zu Wort (anders als in der strukturähnlichen Geschichte 2. Sam. 12,5f.); aber der Tatbestand ist so klar und die rechtlichen Folgerungen sind so zwingend, daß es dessen gar nicht bedarf. An einen solchen Weinberg wendet man künftig nicht mehr Kosten und Mühe, man gibt ihn preis.

Kosten und Mühe? Wir werden uns vor allegorischer Auslegung zu hüten haben. Kaiser warnt mit Recht davor, daß man „den Berggipfel mit dem Lande Kanaan, die Reben mit den Israeliten, das Hacken und Entsteinen mit der Vertreibung der Kanaanäner und die Errichtung des Turmes mit der Stiftung der davidischen Dynastie oder dergleichen verbindet" (z. S.). Es kommt nur auf *eines* an: bei dem Weinberg sind alle äußeren Bedingungen für fruchtbaren Ertrag optimal erfüllt. Der Text beschreibt es, wir brauchen das hier nicht nachzuzeichnen. Soviel investierte Mühe!

Wir haben von dem zu reden, „was Gott an uns gewendet hat". *Israel* hat seine Geschichte nicht nur als eine Geschichte der Führungen und Bewahrungen, der Durchhilfen und Errettungen verstanden, sondern darüber hinaus als eine Geschichte der Erwählung durch Gott, der Gemeinschaft mit Gott im „Bund", der Bewährung der „Güte und Treue" Gottes in seiner Selbsthingabe und Gegenwart. Es ist gut, daß durch das Gleichnis der Unterton der Liebe durchklingt. – Wir haben das hier Gesagte auf *die neutestamentliche Gemeinde* anzuwenden. Auch ihre Geschichte, ja sie noch viel mehr, eine Geschichte der Zuwendungen und Wohltaten Gottes. Auch wenn man sich von aller eigenmächtigen Deutung der Geschichte fernhält – „wie unerforschlich sind seine Wege" (Röm. 11,33) –: die Dankbarkeit erkennt, auch wo wir nicht begreifen, Gottes Hand. Beschäftigung mit der Kirchengeschichte – einschließlich ihrer dunklen Stunden! – als Übung in der Dankbarkeit! Umgraben, entsteinen, edle Reben pflanzen, Turm in der Mitte und Steinwall rundum: auch wenn wir uns allegorische Deutung bewußt versagen, fällt uns allerlei ein. Man könnte es experimentierend durchspielen: wie, wenn es Christus nie gegeben hätte, kein Evangelium, nicht die Gemeinschaft der Glaubenden? wie, wenn es das zwar gegeben hätte, aber künftig nicht mehr gäbe? Die Botschaft selbst, das weckende, entlastende, befreiende, ermutigende, beglückende Wort des Gottes und Herrn, der *für* uns ist, trotz allem. Die Gemeinschaft mit Gott in Christus, das Zuhause-Sein bei ihm, die Unbefangenheit des Umgangs mit ihm („Vater"), also das Ende des Verfangenseins im „Reich der Sünde" – wenn wir den Begriff einmal in freier Weise aufnehmen dürfen – mit all seinen Folgen. Wir könnten, um die Fürsorge Gottes für seinen Weinberg zu beschreiben, noch weitere Kreise ziehen. Indem Gott uns annimmt, wie wir sind, stiftet er auch Gemeinschaft zwischen uns Menschen, und man muß es noch spezieller sagen: heilt er Gemeinschaft, die gefährdet oder gar schon zerbrochen ist. Christus verbindet uns untereinander. Wohlgemerkt: wir reden jetzt nicht von dem, was *wir* tun, sondern von dem, was *er* tut. Zu Gottes Bemühung um den Weinberg gehört auch seine Diakonie

– wir verstehen also Diakonie als Gottesgabe, als seine Aktivität in dienenden Menschen und durch sie. Wir weiten's auf die Kirche als ganze aus: sie ist in äußerer und innerer Gefährdung erhalten geblieben, immer wieder gereinigt, aus Verirrungen zurückgeholt worden, in Flauten ermutigt, aus dem Schlaf aufgeweckt. Man sollte auch an die Fernwirkungen des Evangeliums denken: an sein Echo bzw. seine Gestaltwerdung in christlicher Kunst – in allen ihren Bereichen –, in unserm Denken, in unserer Gesittung, im kulturellen Schaffen. „Welchem viel gegeben ist, . . .“ (Luk. 12,48).

Bei dem allem werden wir die Hintergründigkeit bzw. Untertonigkeit (s. o.) des Weinberggleichnisses nicht vergessen. Die Frage nach Investition und Rentabilität hätte sich auch an einem Acker oder, wie bei Jesus, an einem Feigenbaum klarmachen lassen (Luk. 13,6–9). Wer – auf dem Boden hebräischer Poesie – „Weinberg“ sagt, spricht von Liebe, und zwar von bräutlicher Liebe, und wäre es auch nur in zarter Anspielung und im Sinne eines (assoziativ sich einstellenden) Nebenmotivs. Gewagt, muß man sagen, wenn es dabei um Gott und sein Volk geht. Aber die Bibel ist nicht prüde. Gott sehnt sich nach seinem Volk wie der Mann nach der Frau seiner Liebe. Wir sahen: der Weinberg ist „die Pflanzung seiner Wonnen“. „Ich kann ohne dich nicht leben“, sagt der Liebende; man könnte Vergleichbares Gott in den Mund legen. So liegt ihm an uns! So ist ihm, was er uns zuwendet, Herzenssache. Liebe erwartet Gegenliebe, das Eingehen auf die Werbung. Aber es wird eine traurige Geschichte. Was wird aus soviel investierter Mühe – „Liebesmühe“ – werden?

2.

Der Freund hoffte, der Weinberg brächte Trauben, aber er trug Herlinge, Stinkzeug. An der Bodenbeschaffenheit kann es nicht gelegen haben, auch an der Anlage und Pflege nicht. „Was blieb für meinen Weinberg noch zu tun, und ich hätte es nicht in ihm getan?“ Dächte man kausal, so wären alle Voraussetzungen für den guten Ertrag gegeben. Aber das Gleichnis will gar nicht kausal denken – wie könnte es sonst zu einer Anklage kommen? Wo Schuld zugerechnet wird, denkt man personal; der Weinberg wird angesehen wie eine Person. Die Zuhörer scheinen diesen Sprung nicht zu bemerken; es ist nicht davon die Rede, daß sie dem Sänger ins Wort fallen. Nicht nur kindliches Denken, sondern auch die Sprache der Poesie kann Dinge beleben und personalisieren. Immerhin müßten die Hörer ahnen, wohin die Reise geht. Sie werden es erst am Ende (V. 7) ausdrücklich erfahren. Sie selbst sind der Weinberg, Gottes Volk, die Kirche. Wer sich im Laufe des Gleichnisses über den Weinberg empört hat, weil er schuldig *blieb*, was er schuldig *war*, wird sich selbst betroffen finden. Wer gar das schnöde-abweisende, verletzende, kränkende, verächtliche Verhalten der mit so viel werbender Liebe überschütteten Geliebten zu erkennen meinte, muß einsehen: so treiben wir's mit unserm Gott. Es ist eine „traurige Geschichte“: die Geschichte vom enttäuschten erfolglosen Gott.

Denken wir noch einmal an Jesu Wort: „Welchem viel gegeben ist, bei dem wird man viel suchen“ (Luk. 12,48). Jesajas Gleichnis gilt der Christenheit nicht weniger als Israel damals; denn uns ist *mehr* gegeben. So belastet uns der Mangel an Ertrag auch desto mehr. Schuldig sind wir freilich auf andere Weise. Ist Jesaja vor allem auf die Wahrung des Gottesrechtes aus – es wird sogleich noch des näheren davon zu reden sein –, so trifft dies die christliche Gemeinde in säkularer Gesellschaft nur bedingt. Die Koinzidenz von Gottesgemeinde und Bürgergemeinde, wie wir sie zu Jesajas Zeiten, wieder in anderer Weise im „Konstantinischen Zeitalter“ vorfinden, ist nicht mehr gegeben. Das kann nicht bedeuten, daß wir der Mitverantwortung für „Recht und Gerechtigkeit“ enthoben wären; wir haben sie nur auf andere, eben auf unsere Weise wahrzunehmen. Es liegt nahe, von den Sünden und Versäumnissen der Zeit zu reden, in der – die Kaiserkrone trug das Kreuzeszeichen – der Anspruch einer *christlichen* Gesellschaft bestand und das den Unterdrückten zugefügte Unrecht zum Himmel „schrie" (V. 7: צְעָקָה). Nichtchristliche Völker halten es uns vor – mit Entsetzen und Abscheu; die Arbeiterklasse mitten unter uns sah sich von der Christenheit preisgegeben und verraten. Als es noch selbständiges Denken und Wachheit des Gewissens, auch Mut und Opferbereitschaft brauchte, um mit den Ausgebeuteten gemeinsam deren Recht zu erstreiten, da hat die Kirche, aufs Ganze gesehen, versagt. Aber noch einmal: hat es Sinn, die Väter anzuklagen? *Heute* gilt es, das Gewissen zu erforschen und zu fragen, was Gott von uns erwarten müßte.

Bleiben wir zunächst am Text. Er will unsere kritischen Gedanken auf das Gebiet lenken, das für die Predigt der vorexilischen Prophetie von besonderer Bedeutung gewesen ist. „Wie Amos, so ist auch Jesaja ein unerbittlicher Wächter und Sprecher des Gottesrechtes . . . Man kann Jesajas Interesse am Gottesrecht gar nicht überschätzen" (von Rad, a. a. O., S. 160). Das Recht kommt von Gott. Kein Mensch darf es sich zurechtbiegen, wie er es gerade braucht. Es darf nicht Hebel sein zur Durchsetzung und Wahrung der Interessen von einzelnen und bestimmten Gruppen. Es muß für alle gleichermaßen verbindlich und unantastbar sein. Man lese, was auf unsern Abschnitt folgt! Da werden die Mächtigen und Reichen von Gottes „Wehe" getroffen. Unter dem Schein des Rechts bereichern sie sich am Grund und Boden des kleinen Mannes, den sie bedrängen, auspowern, darben lassen, während sie sich betrinken und schlemmen. Sie nennen das Böse gut und das Gute böse, verkehren also die Maßstäbe zu ihrem eigenen Vorteil. Sie sprechen den Schuldigen gerecht, den Gerechten schuldig aufgrund von Bestechung – ein Hohn auf alles Recht. Gott spielt hier nicht mit. – Dabei ist zu bedenken, daß die Handhabung des Rechts grundsätzlich Sache *aller* war. Es gab in Israel keinen beamteten Richterstand. Jeder konnte aufgerufen werden, im Tor Recht zu sprechen. Also konnten auch alle am Recht unmittelbar schuldig werden.

Die Gemeinde Gottes trägt, besonders wenn ihr große Möglichkeiten öffentlicher Wirksamkeit gegeben sind, eine Mitverantwortung für das Recht. Wenn ihr kein anderes Zeugnis in Wort und Tat möglich ist, wird es das des Leidens sein müssen. Solche allgemeinen Sätze sagen sich leicht. Sie tun auch, in solcher Allgemeinheit, da nicht weh, wo man sich auf geordnete Rechtspflege verlassen kann. Sie werden aber dann zur Anklage bzw., indem wir sie geltend machen, zur Selbstbezichtigung, wenn wir den Begriff Recht weit fassen – also weltweit das Los der Armen im Auge haben und das der Unterdrückten und Geschundenen – und wenn wir vom Recht zur Rechtsgesinnung zurückfragen, d. h. aber zugleich: nach den Grundsätzen und Motiven unseres gesamten Handelns. Wohlgemerkt: angeredet ist „Israel", für uns also: die Gemeinde Gottes. Es muß ja nicht erst zu „Blutvergießen" und „Hilfegeschrei" kommen, ehe in unserm Gewissen die Signallampen aufleuchten. Die „Gerechtigkeit" ist überall da verletzt, wo wir nicht „bundesgemäß" mit unseren Mitmenschen umgehen, also die guten Gebote Gottes verlassen. Gott sieht „Christen" vor sich, Menschen also, an die er sein Größtes und Bestes gewendet hat, und hinter der frommen Fassade, zuweilen sogar schon auf den ersten Blick nicht zu übersehen: Trägheit des Geistes, bewußtes Hinweggehen über die Not des Mitmenschen, Mangel an Opferbereitschaft, ständiges Beschäftigtsein mit sich selbst, total ausgefüllt mit dem, was man im eigenen Interesse für nötig hält (wie könnte ich, gerade ich, für andere noch Zeit finden?), in die eigenen Probleme so verfangen, daß man die der anderen nicht sieht (sähe man sie, würden sie die eigenen mindestens zum Teil lösen) – es gäbe noch eine Menge Variationen über dieses Thema. Gott: Ich wartete . . ., aber siehe da: . . .! Es zeigt sich, daß „was Gott an uns gewendet hat", an uns zum größten Teil abgeprallt ist, uns nicht verändert und umgekrempelt hat. – Denken wir auch an dieser Stelle noch ein-

mal an das Liebesmotiv: Unser Wesen und unser Verhalten zeigt, daß wir diesen um uns werbenden Liebhaber immer wieder „abblitzen" lassen. Gott – als „frommen Mann" – lassen wir wohl unangetastet, aber Herz und Gewissen sind gegen ihn abgedichtet.
Wir haben eben sehr schwarz gemalt; die Wahrhaftigkeit und die Liebe zueinander schließen ein, daß man auch das andere sieht (z. B. 1. Thess. 1,2f.). Jesaja redet hart. Unsere Predigt könnte sich dadurch verführen lassen, in den Ton der Lieblosigkeit zu verfallen. Mit gehässigen Pauschalurteilen ist niemandem geholfen. Wir haben die Gemeinde nicht anzubelfern, sondern die Gewissen zu erforschen, das eigene – ich meine das des Predigers – zuerst. Erschrockene schimpfen nicht. Zu schaffen machen müßte uns die traurige Geschichte von Gottes Weinberg – und von dem „frustrierten" Gott.

3.

Nun „zeigt" Gott, was er mit dem Weinberg tut. Er droht nicht nur, er handelt. Zu Jesajas Zeiten hat Gott seinen Weinberg tatsächlich der Verwüstung preisgegeben, wenigstens teilweise. Man könnte sagen, Assyrien sei das Werkzeug des göttlichen Richtens gewesen (so z. B. 10,15), in diesem Falle: der Zerstörung des Weinbergs; das hieße aber: Jahwe selbst zerstört den Weinberg. Daran ist aber nur soviel richtig, daß Gott alle Bemühungen um den Weinberg rückgängig macht: Hecke und Steinwall werden zerstört, die Pflege wird eingestellt, und die Pflanzung wird nicht mehr beregnet. Gott läßt die Fürsorge aufhören – von einer aktiven Zerstörung des Weinbergs durch Gott ist nicht die Rede, das Verwüsten und Zertreten besorgen andere – Menschen vielleicht, auch Tiere und das die Weinstöcke umwuchernde Unkraut. Sollte dieser Zug vom Sänger beabsichtigt sein, so ist damit gesagt: Wenn Gott hartes, verdientes Gericht üben will, dann braucht er uns nur uns selbst zu überlassen. Nicht-Bewahrung *ist* schon Gericht; Nicht-Rettung *ist* schon Verderben.
„Nun richtet, ihr Bürger zu Jerusalem und ihr Männer Judas, zwischen mir und meinem Weinberg" (V. 3). Wie das Urteil lauten muß, ist so klar, daß es einer expliziten Formulierung nicht bedarf. Im Prinzip sind wir alle sehr gerecht: die Schuldigen sollen's büßen! Wie aber, wenn es uns selbst trifft? Wir haben immer viel gegen den Gott einzuwenden, der, wie wir meinen, die Bösen gewähren läßt, und wir verklagen Gott, wenn er mit uns verfährt, wie wir verdient haben. Jesaja erlaubt uns das nicht. Ehe wir es uns versehen, haben wir uns selbst das Urteil gesprochen.
Gerade dann, wenn wir gut zugehört und recht verstanden haben, muß Jesajas Parabel freilich auf uns einen deprimierenden Eindruck machen. Wer kann dem Schuldigwerden entrinnen? Gerade wenn wir auf Recht und Gerechtigkeit bedacht sind und Blutvergießen und Jammergeschrei verhindern wollen: wie sollen wir dem hohen Anspruch der göttlichen Forderung gerecht werden? Äußere Widerstände, Scheitern am Unmöglichen, beim Kampf um das Gerechte ungewollt neues „Zetergeschrei", eigenes Versagen noch und noch, immer wieder der eigensüchtige alte Mensch in uns selbst: Gott hat viel Anlaß, aus der Diskrepanz zwischen seinen berechtigten Erwartungen und den Erfahrungen, die er mit uns macht, den Schuldspruch abzuleiten und Gericht zu verhängen – um seiner Heiligkeit und um der Opfer willen, die in der Menschheitsgeschichte immer wieder auf der Strecke bleiben. Die traurige Geschichte von Gottes Weinberg endet tatsächlich mit dem harten verdienten *Gericht*.
Oder doch mit der Gnade des Evangeliums? Wir stellen fest: es gibt den Weinberg noch! Wir verstehen uns als das neue Israel. Wir sahen: als das neue Gottesvolk wissen wir uns wie das alte, ja mehr noch als dieses, beschenkt und gefordert. Auch gerichtet? Die Antwort wird in verschiedenen Überlegungen bestehen müssen. Einmal: Gottes Gericht kann

wohl, muß aber nicht in Ereignissen der Geschichte bestehen, wie sie im Jahrhundert Jesajas oder zu anderen Zeiten stattgefunden haben. Die Weltgeschichte ist nur in sehr eingeschränktem Sinne das Weltgericht. Das eigentliche Gericht Gottes ist nur eschatologisch zu beschreiben. Die Gottesgerichte in der Zeit sind dafür Zeichen. Das eschatologische Gericht wiederum ist nicht nur das letzte Wort, das über uns am Tage Christi gesprochen wird; es trifft uns – „senkrecht von oben" – auch schon jetzt, in jeder Stunde. – Sodann: Wir hätten wirklich verspielt, unwiderruflich und ohne Einschränkung, wenn Gott nicht das von Jesaja angekündigte Gericht, die verdiente Katastrophe, selbst auf sich genommen hätte. Nicht ein Wort von dem, was in Jesajas Gerichtspredigt steht, ist im Evangelium zurückgenommen. Nur: der vernichtende Stoß des Zornes Gottes (V. 25) traf den Mann am Kreuz. Gott hat uns zugute den Sündlosen zur Sünde gemacht (2. Kor. 5,21). Alle Strafankündigungen der Bibel sind für die, die an Christus glauben, im Kreuz Christi im doppelten Sinne des Wortes „aufgehoben". Die Kirche lebt davon, daß ihr Herr alles, was sie belastet und gegen sie spricht, auf sich genommen hat. Der Karfreitag ist der große Tag des Gerichtes Gottes. „Die Strafe liegt auf ihm, auf daß wir Frieden hätten" (Jes. 53,5). – Und noch dieses: Bedeutet das Kreuz nun, daß wir, die Glaubenden, am Gericht vorbeikommen? Rechtfertigung um Christi willen sagt nicht, daß der alte Adam rehabilitiert wird und ungeschoren bleibt; er wird verurteilt und verfällt dem Gericht. Wir lägen verzweifelt schief, wenn wir, abgeschirmt durch Christi Gnade, uns vor Gott verteidigten, als sei es doch am Ende so schlimm gar nicht gewesen. Der alte, der sarkische Mensch ist nicht zu retten; der neue Mensch, der Mensch „in Christus" lebt von Christi Gerechtigkeit. Wir haben kein Recht, unter Berufung auf das Evangelium unsere Schuld leicht zu nehmen. Jesajas Wort trifft uns. Es geht nicht an, daß wir uns herauszureden versuchen, als wären es immer nur die anderen gewesen. Und Rechtfertigung bedeutet nicht, daß Gott ein Auge zudrücke. Wo man das Heil beim Gekreuzigten sucht, wird Sünde ganz ernst und schwer genommen. Will jemand gerettet werden – und diese Rettung haben wir zu verkündigen –, dann „wie durchs Feuer hindurch" (1. Kor. 3,15). Erstaunlich und wunderbar: die Rettung wird gerade denen angeboten, die sich im Weinbergsgleichnis Jesajas wiedererkennen.

Okuli. 1. Petr. 1, (13–17) 18–21

Nach H. Preisker handelt es sich in 1. Petr. um das Formular des Gottesdienstes einer Taufgemeinde, dem ein Schlußgottesdienst der Gesamtgemeinde folgt (1,3–4,11; 4,12–5,11); zwischen 1,21 und 1,22 hätte man sich den Taufakt zu denken. L. Goppelt hält diese Lokalisierung „im Leben" nicht für notwendig; nach ihm lautet die Briefthematik: „Die Existenz der Christen in der nichtchristlichen Gesellschaft und ihre Bewältigung durch die Bereitschaft, Repression zu ertragen" (Komm., S 41). – Nach den indikativischen Aussagen der VV. 3–12 folgt nun ein paränetischer Abschnitt (bis 2,9), und zwar so, daß mit V. 21 eine erste Zäsur erreicht wird. Die Mahnung wird in VV. 13–17 „vom Ziel der christl. Existenz her motiviert und dann in VV. 18–21 von ihrem Ursprung her" (Goppelt z. St.).
V. 13: „Darum" weist auf das Vorangehende zurück. Begürten: Luk. 12,35; Eph. 6,14 – nur mit aufgegürtetem Gewand ist man beweglich und aktionsfähig. Nüchternheit: 1. Thess. 5,6.8; 2. Tim. 4,5. Windisch will τελείως (= ganz, ungeteilt) aus rhythmischen Gründen zu νήφοντες ziehen; Goppelt u. a. verbinden es (evangelisch!) mit ἐλπίσατε. φερομένην: die Gnade wird uns „entgegengebracht" in Christi „Offenbarung", nach 1,7; 4,13 = Parusie (wie auch 1. Kor. 1,7). – V. 14: „Kinder des Gehorsams" semitisch gesprochen („Sohn" = „zugehörig zu"), mit dem, was war, nicht mehr „in einem Schema" (Röm. 12,2). Soll „Unwissenheit" mildernde Umstände bezeichnen? Sie könnte zu den Merkmalen der Heillosigkeit gehören. Kontrast zum Wandel von ehedem: 2,11; 4,2f. – V. 15: Heilig ist, wer Gott zugehört (nicht: wer ihm gleich ist). Heiligkeit ist auch nicht Eigenschaft Gottes, sondern Ausdruck seines Wesens (Goppelt z. St.). Heilig im Wandel: also nicht im abgegrenzten Bereich

der Religion, sondern im Leben. – V. 16: Lev. 19,2 hier paränetisch zugespitzt. – V. 17: Furcht ist in unserm Brief stärker betont als sonst im NT. Gericht nach den Werken: 2. Kor. 5,10f.; Röm. 14,10f.; 1. Kor. 3,12–15; 4,4. Was jeder irdische Richter sein sollte (Deut. 1,17), ist Gott: unparteiisch (Röm. 2,11; Jak. 2,1). „Vater": die durch Jesus uns vermittelte Gebetsanrede. Christen sind in der Welt „Fremdlinge" (1,1; 2,11).

V. 18: Der Verweis auf Bekanntes (εἰδότες wie oft auch bei Paulus, wenn er auf Katechismuswissen anspielt) will nicht die Furcht begründen, sondern den übergreifenden (VV. 13.21) Gesichtspunkt der Hoffnung. Das Werk Christi ein „Loskauf" (eines Sklaven oder Gefangenen), vgl. Gal. 5,1; 1. Kor. 6,20; 7,23; Tit. 2,14, bes. aber Mark. 10,45; 1. Tim. 2,6 und Mark. 14,24. Da der Loskaufpreis Jesu Opfer, speziell sein Blut ist, mischt sich mit der rechtlichen Vorstellung die kultische. Dazu Jes. 52,3; 53,4–7. Das unbefleckte Lamm (V. 19) deutet auf die Passavorstellung (1. Kor. 5,7; vgl. Joh. 19,36 = Exod. 12,46). „Eitler Wandel" (semitische Ausdrucksweise, aber auch griechisch): Verfallensein ans „Nichtige" (= Götzen). – V. 20: Vorherbestimmtes wird „geschichtlich manifest und dadurch realisiert" (Goppelt). Trotz feiner Unterschiede erinnern wir uns an Röm. 16,25; Eph. 3,4f.; Kol. 1,26, zu letzterem uns. Ausl. zu Epiphanias, ferner Hebr. 9,26. Man übersehe nicht das „um euretwillen" (vgl. 2,9f.): unmittelbarer Zuspruch. – V. 21: Man kann nur „durch ihn", Christus, an Gott glauben; aber durch ihn glaubt man an Gott und hofft auf ihn. Mit „Hoffnung" kehrt die Perikope zu ihrem Anfang zurück; ein Grund dafür, den Langtext zu predigen, obwohl vom Kirchenjahr her die Beschränkung auf VV. 18–21 sinnvoll wäre und das Thema „Erlösung" hinreichend Stoff für eine Predigt böte. Der paränetische Grundtenor der Perikope spricht wieder dafür, die VV. 13ff. einzubeziehen.

Keine Predigt wird die Fülle der Textaussagen einfangen können. Doch das Anliegen des Textes ist eines. In paränetischer Rede geht es um den Existenzwandel, der sich beim Christwerden vollzieht. Und da der Christ, nach Luthers bekanntem Wort, immer im Werden ist, nie im Wordensein, wird sich dieser Existenzwandel immer aufs neue ereignen. Mein Christsein kann nicht allein darin bestehen, daß ich bisher nicht Gewußtes zur Kenntnis nehme und mich selbst und meine Welt mit neuen Augen ansehen lerne. Ich kann nicht bleiben, wie ich bin. Dies werde ich irgendwann ein erstes Mal begreifen müssen – das Anliegen des Pietismus. Aber dieses erste Mal ist nicht das Ein-für-allemal. Sollte unser Brief in die Taufsituation hineingesprochen sein, so wäre das kein Grund, seine Aussagen auf diese Situation zu fixieren und damit zu beschränken. Das ganze Christenleben ist *reditus ad baptismum*. Das Ein-für-allemal liegt in dem, was *Gott* an uns getan hat – uns zugewandt in der Taufe. Für uns ist der Existenzwandel ein Immerwieder.

Das hängt damit zusammen, daß christliches Leben sich von einem Externum her begreift. Zwar appelliert Paränese immer an den Willen und damit an die Freiheit. Aber es ist ja nicht so, daß wir uns, durch nichts verursacht oder beeinflußt, ins Nichts hinein entwerfen. In der Unfreiheit unseres Sünderseins schon gar nicht. Auch nicht im Christenstande. Unser Leben ist eingewoben und eingebettet in eine Menge Beziehungen. Wir sind geschaffen „samt allen Kreaturen", und dieses „samt" ist nicht nur additiv zu verstehen: wir könnten nicht ohne die anderen Kreaturen sein. Unsere Umwelt ist mehr als Kulisse. Wir sind, was wir sind, „in" Natur und Geschichte. So ist es uns deutlicher geworden als den Menschen früherer Zeiten, daß das Individuum nicht ohne die Gesellschaft begriffen werden kann, in der es lebt. Ich bin, wie man gesagt hat, „vom andern, von den anderen her". Vieles, was sich in meinem Leben abspielt, ist von „außen" her bestimmt. Wir haben jetzt nicht die Aufgabe zu klären, wie es überhaupt Freiheit geben kann. Genug: wir finden uns als „frei" vor, sofern wir uns *verantwortlich* wissen. Ich bin verantwortlich: ich muß entscheiden, und meine Entscheidungen werden mir zugerechnet. Aber ich kann, was um mich her ist, weder abschütteln noch entbehren.

So wird es für mein Verhalten wichtig sein, in welcher Umwelt ich lebe. Ist sie mir feindlich, werde ich's schwer haben, ihr unbefangen und wohlwollend gegenüberzutreten. Ihre

Faszination macht mich leicht willenlos. Nimmt sie mich ernst, so gewinne ich Mut. Verurteilt sie mich, so muß ich mich – mit mehr oder weniger Glück und Erfolg – verteidigen. Es ist schwer, fröhlich zu sein, wenn alles gegen mich steht. – Wir haben dies – mutatis mutandis – auf unsere Existenz-vor-Gott zu übertragen. Wie es zwischen Gott und uns steht, wird für das, was wir sind und tun, von alles entscheidender Bedeutung sein. Als einer, der es mit Gott verdorben hat, bin ich nicht frei, zu leben, wie es Gott gefällt. Ganz anders, wenn Gott sich mir – trotz allem – freundlich zuwendet und nur mein Bestes will. Alles, was wir in unserem Leben verpatzen und verderben, worin wir Gott und Menschen beleidigen und verletzen, worin wir andere und uns selbst beschädigen, kommt daher, daß wir das Externum der gnädigen Zuwendung Gottes zu uns nicht wahrhaben wollen, nicht in Herz und Sinnen haben, also vergessen oder trotzig verdrängen. Der Text will uns dazu anleiten, unsere Existenz von diesem Externum der Gnade Gottes her zu verstehen und danach zu leben. Wir werden also nicht aufgerufen, irgendwelche in uns liegenden Kräfte zu mobilisieren, also herauszuholen, was in uns selbst liegt. Wir sollen uns umschauen und wahrnehmen, in welchem Gelände wir uns befinden, „von woher" wir sind. Der Text beschreibt dieses Woher. Schwerpunkte: Gott ist heilig – also seien auch wir es. Gott hat uns durch das Blut Christi erlöst – also gehören wir ihm. Man sollte nach Möglichkeit etwas lockerer thematisieren, etwa so: *Unser Leben ist kostbar – es gehört Gott:* (1) *aus Gnaden heilig,* (2) *teuer erkauft.*

1.

Der Existenzwandel, der sich im Christwerden vollzog, ist – wie immer und überall bei echt missionarischem Geschehen – stark empfunden worden. Wir werden auf 4,3ff. zurückzukommen haben; man vergleiche zudem Eph. 4,17ff.; Kol. 3,5ff. Wer in christlicher Umgebung aufgewachsen ist, hat den Bruch nicht so erfahren. Es wäre bedenklich, wenn man behaupten wollte, in solchem Falle erübrige sich ein solcher bewußter Existenzwandel. Man braucht noch nicht einmal an volkskirchliches Gewohnheits- oder gar Scheinchristentum zu denken. Wo kirchliche Sitte – die in ihr liegenden Möglichkeiten sollten wir nicht leichtfertig verspielen – nicht zu Glaubensentscheidungen führt, wird sie ein irrig-beruhigendes Als-ob erzeugen. Der Text läßt keinen Zweifel daran, daß Christsein existentielle Konsequenzen hat. Paulus hatte geschrieben: μὴ συσχηματίζεσϑε τῷ αἰῶνι τούτῳ (Röm. 12,2); unser Brief: μὴ συσχηματιζόμενοι ταῖς πρότερον … ἐπιϑυμίαις (V. 14). Es ist beide Male dasselbe gemeint, denn das „Schema" der Welt ist eben unser *eigenes* Schema bzw. das unserer unheiligen Begierden, Bestrebungen, Tendenzen und Trends (ἐπιϑ.). „Welt" ist das, wo auch der Christ herkommt. Hier gilt es einen Bruch. Christen werden sich von dem, was sie „von Hause aus" sind, damit aber auch, was die „Kinder der Welt" noch immer sind, unterscheiden. Man muß achtgeben, daß man dies nicht falsch artikuliert. Daß wir uns von den Nichtchristen unterscheiden, darf weder bedeuten, daß wir uns gleichgültig oder gar gehässig von ihnen abwenden, noch daß wir uns über sie erheben. Das erste widerspräche unserer von Gott gesetzten Verpflichtung, und zu dem anderen besteht keinerlei Grund. Gerade wo dies eingesehen wird, besteht aber die Gefahr, daß man Christ zu sein bestrebt ist in möglichst weitgehender Anpassung an die nichtchristliche Umgebung. Wieder ist daran Richtiges. Der Christ wäre als prinzipieller Neinsager und Weltverächter seinem menschgewordenen (!) Herrn sehr unähnlich. Freilich: wäre Jesus nichts als Konformist gewesen, dann wäre ihm das Kreuz erspart geblieben (vgl. 4,12ff.). Der Christ muß nicht um jeden Preis auffallen wollen, schon gar nicht dadurch, daß man in ihm den „normalen Menschen" nicht mehr erkennt. Aber der Christ wird, ohne sich damit ins Rampenlicht zu drängen, anders sein. Er gehört zur

„Pilgerschaft" (2,11; vgl. 1,1), sein Leben in der Welt ist παροιχία, „Aufenthalt in der Fremde" (V. 17). Seine Weltverpflichtung ist darum immer zugleich Weltdistanz. Der gesamte Brief steht, wie wir sahen, unter diesem Thema.

Alles, was jetzt zu sagen ist, steht unter dem Gesichtspunkt der Gnade Gottes – „hofft ,total' auf die Gnade" – und der von Gott, dem Heiligen, auf uns übergehenden Heiligkeit. Wir haben in unserer Schlagzeile beides zusammengebunden. Übersähen wir diesen Gesamtbezug, dann müßten die einzelnen Aussagen mißverständlich werden. Unser Bezogensein auf das Externum Gottes bewirkt die Wende im Internum.

Zunächst in einer neuen Verfassung der διάνοια, also des Verstandes, der Denkkraft, des Erkenntnisvermögens, auch der Denkart, der Gesinnung (so nach Bauer, WB). Die Auferstehung Jesu Christi eröffnet den neuen Horizont und damit die neue Hoffnung, die neue Gotteserfahrung, den Blick auf das „Erbe" (VV. 3ff.). Sie setzt neue Maßstäbe für die Beurteilung der Welt und unseres Lebens in ihr. Wir lernen uns selbst ganz neu sehen. Wir stehen vor dem unbestechlichen Gott, „der ohne Ansehen der Person richtet nach eines jeglichen Werk" (V. 17), uns also seinem Urteil unterstellt – wir sind nicht mehr autonom – und uns damit wiederum von menschlichem Urteil freimacht. „Gehorsame Kinder" will Gott; man sollte wohl lieber übersetzen: „Menschen des Gehorsams" (semitische Redeweise). Das Wort Gehorsam hat unter uns an Kurswert verloren; es läßt an die unfreie, kritiklose Subordination patriarchalischer Ordnungen denken, vielleicht gar an das, was mit Kadavergehorsam gemeint ist. Langsam begreifen wir, daß uns – weltweit – der leichtfertige Umgang mit dem Geordneten teuer zu stehen kommt. Vielleicht lernen wir auch noch, den guten, lebenerhaltenden und lebenfördernden Geboten Gottes mehr zu trauen als unserem leicht beeirrbaren, aus der Spur ausbrechenden, also ins Schleudern geratenden und sich selbst so Törichtes vorgaukelnden Herzen. Dies schließt kritische Selbsteinschätzung ein. Christlicher Glaube weiß und bekennt, daß eigentlich nur der sich selbst richtig einschätzen kann, der nicht mehr genötigt ist, seinen Istzustand zu verteidigen, der also – seine Hoffnung ganz auf die Gnade setzt. Dies freilich kann nicht anders geschehen als in Nüchternheit (νήφοντες, V. 13) und Furcht Gottes, was auf neutestamentlichem Boden wohl als das Ernstnehmen Gottes anzusehen ist. Zu dem allem gehört ein hoher Grad geistiger Wachheit. Der ganze 1. Petrusbrief ist ein eindrucksvolles Dokument solcher Wachheit. Die Augen Gottes über sich wissen und ihm, zuletzt ihm allein, verantwortlich sein, das fordert selbständiges Denken und Urteilen, zumal dann, wenn man begriffen hat, daß man in der vom 1. Petrusbrief erörterten Doppelrelation zwischen den Äonen lebt. „Aufgegürtet sein" soll unser Denken; es soll also beweglich und aktionsfähig sein. Nichts da von Eia popeia! Christen verleugnen, was sie sind, wenn sie denkfaul und unbeweglich sind. Das ist nicht gegen einfältige Menschen geredet und gegen solche, die das Leben müde gemacht hat. Man braucht für das Reich Gottes keinen umwerfenden Intelligenztest. Die Erfahrung lehrt jedoch, daß schlichte Menschen, die im Glauben zu Hause sind, oft erstaunlich treffsicherer urteilen, weil sie ihr Leben im Gespräch mit Gott bedenken. „Die Furcht des Herrn ist der Weisheit Anfang" (Ps. 111,10).

Die Predigt müßte das Gemeinte verfehlen, wenn sie die Imperative isoliert verstünde, lediglich als Befehl oder Appell an den auf sich gestellten Menschen. „Setzt eure Hoffnung ganz auf die Gnade!" Hier wird der Schwerpunkt des eigenen Lebens in zweierlei Sinne im „Draußen" gesehen: Hoffnung hat es mit Zukunft zu tun („ihr habt Herrliches vor euch!"), Gnade ist die in Christus erfahrene Weise der Zuwendung Gottes zum verlorenen Menschen („Gott steht bedingungslos zu euch!"). Der neue Horizont verändert die Qualität des Lebens. Man kann es an dem einen bisher noch unerörterten Punkt durchprobieren, der in V. 14 angesprochen ist. Die hier angesprochenen Christen kommen aus einem Leben in leidenschaftlichem Begehren. Der Vergleich mit 4,2ff. macht noch deutlicher, wie dies zu verstehen ist. Die Umwelt wundert sich, daß dies zu Ende ist (4,4); sie würde erwarten, daß die Christen in dem „wüsten, unordentlichen Wesen" weitermachen. Wie ist es zu der Wende gekommen? Wo Menschen an ihre „Begierden" gebunden sind, ist mit Moral nicht geholfen. Abhängigkeiten von Trieben und Süchte entstehen da, wo im Leben ein Vakuum ist: Mangel an Sinn, an Erfolg, an Wertbewußtsein, an Freude, an Mut und Hoffnung. Porno ist Ausdruck und Folge der Unfähigkeit zu richtiger Liebe. Alkoholkrankheit und Drogenabhängigkeit sind das verzweifelte Bemühen, den Mangel an echter Hoffnung durch Eintauchen in eine Scheinseligkeit zu beheben; die körperliche Abhängigkeit ist dann erst ein zweites. – Unser Brief spricht davon, daß die „Begierden" ihren Ort im Raum des „Nichtwissens" haben, nicht eines Nichtwissens um die Verderblichkeit der Folgen solchen süchtigen Verlangens, sondern eines Mangels an Erkenntnis dessen, was unser Leben „kostbar", sinnvoll, lebenswert macht. Indem die hier angesprochenen Menschen Christen wurden, haben sie ein Terrain gesichtet und sogar betreten, auf dem ihr Leben in ganz neue Zusammenhänge rückt. Der keinen Sinn mehr sah und sich darum an das Nichtige verlor, entdeckt auf einmal seine hohe Bestimmung, Mensch Gottes zu sein. Der total Entmutigte merkt: er wird maßlos geliebt. Der an seiner Langeweile Kaputtgehende findet das, wofür zu leben sich lohnt. Der Hoffnungslose ist „wiedergeboren zu lebendiger Hoffnung" (V. 3) und setzt nun seine Hoffnung ganz auf die Gnade (V. 13), so daß er „Glauben und Hoffnung zu Gott haben" kann (V. 21). *Unser Leben ist kostbar*, formulierten wir in der Schlagzeile.

Es gehört Gott, fügen wir hinzu, um das Wort „heilig" in möglichst schlichter Weise zu umschreiben. Heiligkeit ist – weder bei Gott noch bei uns – eine bestimmte Qualität, sondern – ursprünglich – das *Wesen Gottes* und – abgeleitet – die Tatsache unserer Zugehörigkeit zu Gott. Dabei wird freilich das Abgesetztsein von der Welt, die Ausgrenzung, also auch die Unterschiedenheit aufs stärkste betont. (In קָדוֹשׁ steckt die Ursilbe קד = schneiden, heraussschneiden.) Christen gehören, im Unterschied zu den anderen Menschen, der eschatologischen Wirklichkeit des neuen Äons an, ohne daß sie aufgehört hätten, im alten Äon zu leben. Indem sie auf Gott eingingen, der sie „rief" (V. 15), haben sie dieses neue Terrain, den Raum Gottes, betreten und gehören Gott zu. Das „sondert" sie „ab" von der Welt, aus der sie kommen. Wo Gottes Wort und Sakramente sind, da ist das Neue, das Heilige, gegenwärtig, und von dort aus will es sich in die Welt hinein ausbreiten. Daß Christen „heilig" sein sollen, bedeutet ja nicht, daß sie sich in einen Sonderraum zurückziehen; sie sollen „heilig" sein bzw. werden „in ihrem gesamten Wandel" (V. 15). Und ihre Heiligkeit ist nicht gesetzliche Perfektion im Sinne einer von ihnen selbst hevorgebrachten frommen Leistung, sondern eben dies, daß sie sich „rufen" lassen und ihre ganze Hoffnung auf die Gnade setzen (s. o.). Gerade dann wird sich Gottes Art in ihnen spiegeln oder abbilden: heilig wie Gott (V. 16), vollkommen wie der himmlische Vater (Matth. 5,48). Man sieht sofort: das ist keine menschliche Möglichkeit, sondern das Wunder einer neuen Geburt von oben her (VV. 3.23).

2.

Das kostbare, weil Gott gehörige Leben wird in den VV. 18ff. christologisch begründet. Die Gnade, auf die es alle Hoffnung zu setzen gilt, ist ja nicht ein allgemeines Prinzip, in dem die ganze Welt verfaßt wäre und das es nur einzusehen gälte. Die Gnade ist auch nicht nur eine göttliche Gesinnung, die uns umgibt wie die Luft, die wir atmen. Gnade geschieht *konkret*, im Christusgeschehen. Wiederum nicht so, daß einer der Irdischen, Jesus, durch sein Werk den Himmel umprogrammiert, d. h. auf Gnade umgestimmt hätte. Christus ist im „Himmel" „vorausgewußt", ja „im voraus ausersehen" (προεγνωσμένος wie Röm. 8,29; 11,2) „vor Gründung der Welt" (V. 20). Das Heilswerk Christi ist also weder ein menschliches Unternehmen noch ein launischer Einfall Gottes. Die göttliche „Gesinnung" – um den Ausdruck noch einmal aufzugreifen – ist schon vorhanden, längst ehe wir denken können. Das Kreuzesgeschehen, auf das unsere Verse zielen, ist also wirklich Gottes von Ewigkeit her ins Auge gefaßter Plan, der dann allerdings jetzt, „gegen Ende der Zeiten" „anschaubar geworden" ist (ebd.). Das Heil Gottes ist also weder eine ewige, dem Erkennen jederzeit zugängliche Idee, noch eine „zufällige Geschichtswahrheit", die keinen Hintergrund in Gottes Wollen hätte. Der Glaube sieht den gekreuzigten Christus vor sich, ganz real, in einer geradezu bedrückenden Weise wirklich; aber er weiß zugleich: was hier geschieht, ist nicht ein Unfall oder Mißgeschick in der Geschichte zwischen Gott und den Menschen, sondern ein längst Vorbedachtes, Geplantes, Gewolltes, sinnvoll im Ganzen des Heilswirkens Gottes. Konkretes Geschehen und das Notwendige des ewigen Wollens (nicht Müssens) Gottes liegen hier ineinander. Indem sich dieses Wollen Gottes in Christus verwirklicht, bricht die „letzte Zeit" an. Lassen wir uns nicht irremachen: die 2000 Jahre seitdem sind qualifiziert als „letzte Zeit".

Εἰδότες: die Leser werden nicht auf weit Abliegendes, sondern auf christliches Elementarwissen angesprochen, auf ein Stück des urchristlichen Katechismus. Was gemeint ist, kann man warscheinlich nur in übertragener Rede ausdrücken. Es wird in zwei verschiedenen Bereichen gedacht. Die Vorstellung des Loskaufs führt ins rechtliche Gebiet. Ein Sklave konnte losgekauft werden, auch ein Kriegsgefangener. Die *λύτρωσις* geschah mit Geld. Und genau an dieser Stelle zerbricht das Bild, denn wir sind mit Blut erkauft. So muß ein anderer Bildbereich beschworen werden, in dem Blut die heilschaffende Bedeutung hat: der Kult, das Opfer. Wir werden die Kontamination dieser beiden Vorstellungsbereiche so auszuwerten haben, daß wir zu verbinden suchen, was jeweils Anlaß gewesen sein dürfte, sich des betreffenden Bildbereichs zu bedienen.

Jesus selbst hat sich als „Lösegeld" bezeichnet (Mark. 10,45). Von Loskauf bzw. Erlösung spricht Paulus Röm. 3,24; 1. Kor. 1,30; Eph. 1,7.14, verbal 1. Kor. 6,20; 7,23; besonders deutlich Gal. 3,13. Sünder sind *unfrei*. Es ist nicht so, daß einer, der in Sünde gefallen ist, sich, wann er nur will, entschließen kann, einen neuen Anfang zu machen. Der Sünder steht nicht am Nullpunkt. In jeden neuen Augenblick nimmt er alte Schuld mit. Was er gewesen ist, getan oder unterlassen, gesagt und gedacht hat, hat Geschichte gemacht. Menschen wurden betroffen, vielleicht getroffen; der Lauf der Welt wurde – und wäre es nur in bescheidenstem Ausmaß – mitbestimmt; das Belastendste: das Herrenrecht Gottes wurde bestritten. Der Aufständische kann nicht zum legitimen Träger staatlicher Macht zurückkehren: „Da bin ich wieder – setz mich in meine alten Rechte ein!" Einmal abgefallen, steht er auf der anderen Seite, ob er will oder nicht. Dies ist gemeint, wenn das Neue Testament von Verderbensmächten spricht, denen der Sünder verfallen ist. Dazu kann auch das Gesetz gerechnet werden – mit seinem Fluch (Gal. 3,13, vgl. 3,10) und mit seinem Anspruch (Gal. 4,5). Das Gesetz sagt beides: als Übertreter hast du verspielt, und: du Schuldiger hast gehorsam zu sein. Das muß man wahrhaftig Unfreiheit nennen, wenn man zum Unmöglichen verpflichtet ist. Aber: wir sind losgekauft.

Der Text transponiert dies noch einmal auf die Ebene, mit der es die Paränese zu tun hat. Statt „erlöst von Sünde, Tod und Teufel", wie wir schematisch und formelhaft sagen, spricht er von der Erlösung „von dem nichtigen Lebenswandel aufgrund der Traditionen der Väter". In dem Wort *μάταιος* liegt das Nichtige, das Leerläufige, Vergebliche, Sinnlose, Eitle; wenn man, hintergründig, an das hebräische Äquivalent אָוֶן denkt, dann ist der heidnische Götzendienst mitgemeint. Ein Leben ohne Sinn und Ertrag, ohne Hoffnung und Freude liegt hinter den Lesern. Davon sind sie nun losgekauft. Sie gehören nicht mehr in das Sklavendasein ihrer heidnischen Vergangenheit. Sie gehören Gott.

Wieso bedurfte es dazu des schweren Opferganges Jesu Christi? Es würde nicht ausreichen, wenn wir es uns so zurechtlegten, daß alles Große mit Hingabe und Opfer erkauft wird. („Erkauft", sagen wir übrigens auch in einem solchen Falle, wo einer nicht Geld einsetzt, sondern sich und sein Leben.) Aber Jesus ist nicht bloß Kämpfer für eine gute Sache und Märtyrer. Er ist das „makellose Lamm", sühnebewirkendes Opfer. Ob Gott, um das Heillose und die Verdammnis der Menschen aus der Welt zu schaffen, nicht noch andere Wege hätte gehen können, davon zu reden sind wir nicht kompetent. Wir können nur nachdenken und nachsprechen, was vor Augen ist und was uns vorgesprochen wurde. Da ist zunächst zu sagen: Gott hat dieses Christusopfer für nötig gehalten. Die Meinung, er hätte die Sünde der Welt durch eine Art Generalamnestie unschädlich machen können, sozusagen durch einen Federstrich, ohne „Blut", würde die Rettung des Sünders verbinden mit der Hinnahme, der Duldung, mindestens der Verharmlosung der Sünde. „Ein Auge zudrücken": das ist keine Bereinigung. Da hätte Gott sich selbst, seinen Anspruch an uns, die Heiligkeit seines Gebots und seines Rechts auf unser Leben preisgegeben (vgl. im Text: „Kinder des Gehorsams", „mit Furcht"). Jede „Lösung", die die Sünde und ihre Folgen leicht nimmt, *ist* keine Lösung. Der Konflikt muß ausgetragen, die Schuld muß ausgeräumt werden. Gott muß „die Sünde im Fleisch verurteilen" (Röm. 8,3f.). So macht er den, der von keiner Sünde weiß, zur Sünde und läßt ihn sterben (2. Kor. 5,21). Gold und Silber wären das Kostbarste, was man an sachlichen Gütern für einen Loskauf einsetzen könnte. Im Heilswerk Christi ist unvergleichlich viel Größeres und Kostbareres eingesetzt worden. (Der Prediger wird die Gemeinde an die – vergessene? – Erklärung Luthers zum zweiten Artikel erinnern, die die Formulierung unseres Textes benutzt.) „Ihr seid teuer erkauft", schreibt Paulus (1. Kor. 7,23). Daher: unser Leben ist kostbar, wir gehören Gott.

Man sollte nicht vergessen, daß es sich in den VV. 18–21 nicht um zu Papier gebrachte Dogmatik, sondern um ein Element der Paränese handelt. „Losgekauft" – das bedeutet: ihr seid jetzt von allem Belastenden frei. Nun glaubt aber auch an eure Freiheit! Nun starrt aber auch nicht mehr wie gebannt auf die Zwangsläufigkeiten eurer Sünde! Nun grämt euch nicht mehr über die (scheinbare) Erfolglosigkeit eurer täglichen Mühen! Nun laßt euch nicht mehr einschüchtern durch das scheinbar undurchbrechbare Todesverhängnis! – Zum andern: Daß Gott einen so hohen Preis gezahlt hat, sollte uns deutlich machen, was wir ihm wert sind. Einbrechen können wir nur, solange wir dies aus dem Blick verlieren. Stunden, in denen wir in die Unfreiheit zurückfallen, sind immer solche, in denen wir Gottes Aufwendungen „für uns" vergessen. Wie gut: unser Heil hängt an einem Faktum (V. 19), das niemand mehr aus der Welt schaffen kann; es hängt also nicht an unserer (subjektiven) Verfassung. Paränese ruft uns immer zu dem zurück, was – vor uns, außer uns, für uns – *ist*. Im Externum ist unser Internum verankert. Darauf richten sich Glaube und Hoffnung (V. 21).

Lätare. Phil. 1,15–21

Sieht man – mit W. Schmithals, J. Müller-Bardorff u. a. – in unserm heutigen Philipperbrief eine Sammlung von drei Briefen, so gehört unser Abschnitt zu Brief B (1,1 – 3,1 + 4,4–7 + 4,21–23). Paulus befindet sich im Gefängnis, nach Feine, Deißmann, Wikenhauser, Delling und Schenke in Ephesus, wo ein langwieriges Verfahren gegen ihn läuft, dessen Ausgang noch ganz ungewiß ist, das Todesurteil nicht ausgeschlossen (1,20–24; 2,17). Epaphroditus, krank geworden und nach Hause drängend, nimmt den Brief nach Philippi mit (2,25–30). Lohmeyer entnimmt dem Briefe „mit ziemlicher Bestimmtheit", daß er in Cäsarea geschrieben ist. Er deutet den (als einheitlich angesehenen) Brief ganz von der Erwartung des Martyriums her.

Die PTO-Abgrenzung der Perikope kann nicht gutgeheißen werden. Mit V. 15 würde man mitten in den Zusammenhang hineinplatzen. Wir beginnen besser mit V. 12.

V. 12: Nach dem feierlichen Proömium jetzt eine „fast gewollt lässige Sprache des Alltags"; τὰ κατ' ἐμέ ist „laxes Koinegriechisch" (Lohmeyer). In μᾶλλον dürfte liegen, daß die Gefangenschaft des Paulus wohl auch Einbußen mit sich gebracht hat, dem Evangelium jedoch überwiegend förderlich gewesen ist. – V. 13: Sehr komprimierte Formulierung. „Fesseln in Christus" dürfte die Gefangenschaft meinen, die Paulus um seines „Seins in Christus" willen und darum eben auch „in Christus", in der Zugehörigkeit zu ihm trägt. Dies ist im Prätorium „offenbar" geworden, d. h.: man hat dort diesen Sachverhalt bemerkt (vgl. 1. Petr. 4,15f.). Prätorium: ursprünglich das Zelt des Prätors im Lager, dann der Amtssitz des Statthalters (Matth. 27,27 Parr.; Apg. 23,35). Stammte der Brief aus Rom, so hätte man an „die ganze kaiserliche Garde" zu denken. Prätorianer (uns. St.) und Kaisersklaven (4,22) „gab es (aber) auch in Ephesus" (Schenke, Einl. I, S. 130). – V. 14: ἐν κυρίῳ wird man zu ἀδελφῶν zu ziehen haben. Man hat an die Gemeinde am Abfassungsort, also wohl an Ephesus zu denken. Lohmeyer hört hier schon Kritik: eigentlich müßte ein Christ sowieso „das Wort reden"; hier gibt ihnen erst „das Vertrauen auf die Fesseln des Paulus" den Mut, das Selbstverständliche zu tun (z. St.). – V. 15: Die Motive sind also verschieden: „Neid und Streit" oder „guter Wille" (Lohmeyer: „Hingabe"). – V. 16: Es scheint in Ephesus also solche gegeben zu haben, die die Gefangenschaft des Paulus auf andere Ursachen zurückführen; V. 17 spricht das nicht aus, nur läßt der Zshg. mit V. 16 dies erkennen. Die Paulus Schlechtgesonnenen verkündigen Christus – nicht gerade: „um *mir* Trübsal zu erwecken", sondern: „wähnend, meine Fesseln zu verunglimpfen" (so übersetzt Lohmeyer). Ihre Art Predigt ist jedenfalls darauf abgestellt, dem Apostel die Gefangenschaft noch schwerer zu machen. – V. 18: „Was tut's?" – die (populär-rhetorische) Frage (wie Röm. 3,3) „weckt und lenkt auf die Hauptsache hin" (Lohmeyer). Die Motivierung der Christuspredigt trägt nichts aus; Hauptsache, das Christusevangelium wird gepredigt. Paulus denkt nur an die Sache, nicht an sein Interesse. So „freue ich mich" und – Umsteigen auf eine neue Ebene: – „ich werde mich auch freuen". V. 19 gibt dafür die Begründung: Es geht in allem zuletzt um nichts anderes als um die Verherrlichung Christi (V. 20). Wenn das so ist, dann muß alles, was dem Apostel widerfährt, ihm zum Heil ausschlagen (Hiob 13,6). Nicht automatisch; hinter Paulus steht die Fürbitte der Philipper und die „Unterstützung" des Geistes Jesu Christi, in Paulus selbst ist die „Sehnsucht" (ἀποκαραδοκία wie Röm. 8,19 eigtl. der nach vorn gestreckte Hals, eine sehr anschauliche Beschreibung gespannten Wartens) und die Hoffnung, in nichts zuschanden zu werden. Nach V. 20 wird Christus verherrlicht gerade am Leibe des Paulus: sein möglicher Märtyrertod wird ein Christuslob und -bekenntnis sein; aber dasselbe würde auch von seinem Verbleib in dieser Welt gelten, und dies sollte uns davor warnen, den Brief (mit Lohmeyer) einseitig aufs Martyrium hin zu deuten. – V. 21: Weil Christus das Leben *ist* und ihm darum auch des Apostels Leben gehört, kann Sterben nur Gewinn sein. „Kein Entweder-Oder herrscht mehr zwischen beiden" (Lohmeyer). – Man müßte bis V. 26 weiterlesen, und man hätte den authentischen Kommentar.

„Ich freue mich – und werde mich freuen" (V. 18): wir sind bei dem vom Introitus angeschlagenen Klang, der dem Sonntag den Namen gegeben hat. *Sich freuen* und *Freude* finden sich in unserm Philipperbrief mit seinen vier Kapiteln 15mal (sonst bei Paulus 34mal). Wenn wir – s. o. – in dem Brief B von 3,1 nach 4,4ff. zu springen haben, wird um so deutlicher, daß sich Paulus der Dominanz dieses Motivs bewußt ist. Freude ist eines der Urworte, die sich definitorisch kaum mehr umschreiben lassen. Man sieht sofort: „seelisches Wohlbefinden" wäre viel zu blaß und unspezifisch. Man freut sich in der Regel „über" etwas, zumeist wohl über Liebe, die einem entgegengebracht wurde. Die Klang- (auch Stamm- ?) Verwandtschaft mit χάρις in seinen verschiedenen Bedeutungen (s. Bauer, WB) könnte darauf hinweisen. Unser Brief hat durch diesen Grundton seinen besonderen Reiz und seine Liebenswürdigkeit.

Und dieser Brief von der Freude nun aus dem Gefängnis, von einem, dessen Verfahren läuft und der sich darauf einzurichten hat, daß dieses Verfahren mit einem Todesurteil enden wird. Die Haft mag relativ leicht gewesen sein; durch Personen (Epaphroditus und Timotheus) und Briefe ist Verbindung mit der Gemeinde in Philippi möglich; auch über die Gemeinde am Ort seiner Haft ist Paulus, wie man sieht, hinreichend informiert. Daß man im Prätorium – also unter den Menschen, die unmittelbar oder mittelbar an dem Prozeßverfahren gegen Paulus beteiligt sind – gemerkt hat, daß dieser Angeschuldigte um seines Glaubens willen „einsitzt" (κεῖμαι, V. 16), dies dürfte zur Erleichterung der Lage beigetragen haben. Vielleicht kommt es doch zu einer Freilassung (ī,19f.25). Dennoch: Paulus trägt Fesseln (VV. 7.13.14.17), die nicht nur an ihm reiben und seine Beweglichkeit einschränken, sondern ihm in jedem Augenblick die Mißlichkeit, wohl auch das Entwürdigende seiner Lage demonstrieren. Und es droht ja, als Möglichkeit wenigstens, die er einzukalkulieren hat, der negative Ausgang des Prozesses (1,20–24; 2,17); sollte sich – was neben anderem denkbar wäre – 2. Kor. 1,8–10 auf die in unserm Text gemeinte Situation beziehen (Schenke, a. a. O., S. 128), dann wird man ermessen, wie nüchtern Paulus seine Lage eingeschätzt hat.

In dieser Lage nun: ich freue mich, ich werde mich freuen, freut euch auch ihr, immer wieder: freut euch! Wir pflegen in unserm Alltag die Freude in Situationen des Wohlergehens anzusiedeln. „Du hast es gut, du kannst dich freuen." „Danke, ich freue mich, ich befinde mich wohl." Auch ein Schwerkranker (z. B.) kann sich freuen: über erwünschten Besuch, über die Blume, über das gute, helfende Wort. Hier, bei Paulus, ist Freude das Umfassende, durch nichts mehr zu Verdrängende. Wir treffen, meine ich, das vom Text Gewollte, wenn wir sagen: *Freude auch in schlimmster Lage – wenn man sagen kann*: (1) *Hauptsache: das Evangelium.* (2) *In jedem Falle: Christus.*

I.

Was sich uns unlängst (Invokavit) im großen Überblick dargestellt hat, das Leidenszeugnis des Apostels, erscheint hier im Detail, nämlich in der konkreten Situation einer Gefangenschaft, mehr noch: vor der Möglichkeit baldigen Märtyrertodes. „In Gefängnissen", hieß es 2. Kor. 6,5; aus dieser Lage heraus ist unser Brief geschrieben. Wie wird sie bewältigt?

Die Frage stellt sich zunächst von den Philippern her. Sie wollen wissen, wie es um Paulus steht. Es wäre seltsam, wenn τὰ κατ' ἐμέ, also des Apostels Ergehen, der bisherige Prozeßverlauf, des Paulus Befürchtungen und Hoffnungen nicht Gegenstand ihres besorgten Interesses wären; ja, man wird auch annehmen müssen, daß ihm selbst diese Dinge nicht so unwichtig sind, wie dies nach unserm Brief scheinen mag. Man wird sich freilich klarzumachen haben, daß im Denken der damaligen Zeit ein Menschenschicksal wenig wog. Gerieten Menschen in die Gewalt anderer (z. B. in Kriegsgefangenschaft), dann war ihr Los nicht nur das der Leibeigenschaft, vielleicht der Zwangsarbeit in Bergwerken, oder das Schicksal eines Galeerensklaven; man hat (z. B. im Jahre 70) Hunderte an einem Tage gekreuzigt; man hat sie, ebenfalls zu Hunderten, in der Arena gegeneinander kämpfen lassen, bis keiner mehr am Leben war (das gehörte zu den „Spielen"). Kaiser und Statthalter machten sich dadurch bei den Massen beliebt, daß sie sie Blut sehen ließen. Man erschrickt immer wieder darüber, was Menschen anderen Menschen antun können. (Es ist hier nicht unsere Aufgabe, die Unmenschlichkeiten unseres Jahrhunderts gegen die von damals aufzurechnen.) Paulus hat jedenfalls in einem Zeitalter gelebt, in dem man seines Lebens wenig sicher war und ein Mensch nicht viel galt. Trotzdem hat auch damals ein Mensch sein Geschick – vielleicht unter Sorgen und Schmerzen – bewältigen müssen. Man muß sich dies vor Augen halten, damit man, was im Text geistlich unter unseren Augen geschieht, nicht unterschätzt.

Denn es ist ja wirklich bemerkenswert, daß Paulus mit seinem persönlichen Wohl und Wehe so wenig beschäftigt ist und statt dessen fast ausschließlich interessiert an der Sache des Evangeliums. „Auf die Frage, wie es *ihm* gehe, *muß* ein Apostel reagieren mit dem Bescheid darüber, wie es dem *Evangelium* geht" (K. Barth, Erklärung des Philipperbriefes, 1927, S. 18). So völlig ist das Leben dieses Mannes ausgefüllt von der großen Aufgabe, daß anderes nur geringen Raum hat. Anders: das Menschliche ist der Sache völlig untergeordnet. Man könnte darin einen Zug zum Fanatismus sehen, zu einer gewissen Besessenheit von der Aufgabe. Der *Eiferer* Paulus? Wahrscheinlich hätten wir ihn damit nicht richtig verstanden. „Trachtet am ersten nach dem Reiche Gottes" (Matth. 6,33): wen das Evangelium einmal erfaßt hat, bei dem hat es auch eine dominierende Stelle. Paulus wirkt überhaupt nicht verbissen und verkrampft. Unser Brief (B) ist vom Thema der *Freude* bestimmt. Wir werden nachher alsbald auf eine weitere Beobachtung stoßen, durch die deutlich wird: Paulus ist kein Eiferer. Man kann an ihm nur ablesen, daß die Hingabe an die Sache alles andere so sehr viel leichter macht. Vielfältige Erfahrung: Menschen, deren Gedanken immer nur um ihr eigenes Schicksal kreisen, *haben* dann (!) auch ein schweres Schicksal, während ein Leben in der Hingabe an andere trotz eigener Beschwerden erfüllt und glücklich ist. Aber es geht hier nicht um diese allgemeine Lebenserfahrung, sondern um das Besondere der apostolischen Existenz. Hauptsache: das Evangelium. Hauptsache also, verlorene Menschen erfahren, daß der Gott, mit dem sie es früher oder später, so oder so zu tun bekommen, sie aus ihrer Verlorenheit herausholen will, indem er in Jesus Christus *ihr* Gott wird. Dies ist von allem Notwendigen das Notwendigste, übrigens von allem Erfreulichen das Erfreulichste. Was wäre gewonnen, wenn Paulus ungeschoren davonkäme, aber die Menschen, die das Evangelium brauchen, gingen – „zeitlich und ewiglich" – zugrunde?

Wer die Dinge so ansehen gelernt hat, wird sich in einer Haft, wie Paulus sie erleidet, Sorgen machen. Wie verkraften das die jungen Gemeinden, wenn der Apostel in irgendeinem Kerker verschwindet, und sie brauchten ihn noch so nötig? Werden sie in seinem Schicksal ein Zeichen dafür sehen, daß von dem Gott, den dieser Mann verkündigt, nicht viel zu halten ist? Oder wird ihnen – ernsthafter – bei aller Neigung, an diesem Gott festzuhalten, das Schicksal des Apostels eine tiefe Anfechtung sein? Die „Fesseln" des Paulus könnten in der urchristlichen Mission einen Rückschlag bewirken.

Das Gegenteil ist eingetroffen. „Was mir widerfährt, ist vielmehr auf eine Förderung des Evangeliums hinausgelaufen" (V. 12). Paulus kann einen „Geländegewinn seiner Botschaft und Sache" feststellen (Barth). Dies schon in seiner nächsten Umgebung, also im Prätorium, wo Paulus gefangengehalten wird und wo auch sein Prozeß stattfindet. Paulus ist „Bote des Evangeliums" auch „in der Kette" (Eph. 6,20). Die forensische Situation ist sogar eine besondere Gelegenheit, das Evangelium öffentlich zu bezeugen (Mark. 13,9 Parr.). Lukas berichtet eine kleine Szene, an die man bei unserer Stelle denkt (Apg. 26,28: Agrippa bekennt, „es fehlt nicht viel, und du überredest mich, daß ich ein Christ würde." Die apologetische Zuspitzung bei Lukas ändert nichts an der grundsätzlichen Einschätzung der Lage.). Dem Gericht und auch dem militärischen Personal – es ist die Rede vom „ganzen Prätorium" – ist aufgegangen, daß dieser Gefangene und Angeklagte für eine „Sache" einsteht: seine Ketten sind „Fesseln in Christus", und das hat man „gemerkt" (φανερούς . . . γενέσϑαι – im spezifisch dogmatischen Sinn von „Offenbarung" zu sprechen, scheint mir nicht angebracht). – Paulus hat soviel Verbindung mit der Außenwelt, daß er weiß: Auch „draußen", in der Gemeinde am Ort seiner Haft, wird „das Wort geredet" – so die wahrscheinlich älteste Überlieferung (s. Apparat). Jedenfalls ist das so bei der „Mehrzahl" der „Brüder im Herrn" (wenn ἐν κυρίῳ so zu verbinden ist), daß sie „um so mehr" es „wagen", das Evangelium „furchtlos" zu verkündigen. (Lohmeyer hört daraus leise Kritik an den „Brüdern"; ich kann dies nicht nachvollziehen.) Die Verhaftung des Apostels hat mitnichten entmutigend gewirkt. Daß Gott, wenn er auf sein Prestige bedacht wäre, solche Zwischenfälle zu verhindern hätte: ein so primitives Gottesverständnis haben die Epheser – wenn wir Ephesus denn als Entstehungsort unseres Briefes ansehen – offensichtlich nicht. Vielleicht hat man – so schon Chrysostomos – sogar anzunehmen, daß es mit dem Glaubenszeugnis und -bekenntnis der Gemeinde vor der Verhaftung des Paulus trüber ausgesehen, die Inhaftierung also stimulierend gewirkt hat. Indem sie in der Gemeinde eine Protesthaltung verursachte? (Der liebe Gott hat manchmal seltsame Mittel und Methoden, seine Sache voranzubringen!) Besser: In dem das Evangelium durch das Apostelleiden beglaubigt wurde. Kann sein, Menschen werden dadurch auf eine Sache erst aufmerksam, daß einer dafür leidet. Kann sein, sie nehmen es ihm gerade dann um so eher ab. Vielleicht studieren sie am Weg und an der Haltung und Einstellung dieses „Boten in der Kette", was es bedeutet, daß man Gott ernst nehmen lernt. Eine Kirche, die im Strom der Welt schwimmt und sich von dessen Gefälle und Strömung kräftig voranbringen läßt, hat es jedenfalls schwer, ihre Botschaft glaubhaft zu machen, ja, sie wird diese Botschaft nur allzu leicht eigennützig verbiegen und verfälschen und damit verleugnen. Einem Paulus kann man nicht vorwerfen, er rede ja nur, weil er dafür bezahlt wird. Wir dürfen hier in keinerlei Automatismus verfallen. Es gibt Gemeinden, die sich durch Druck von außen nicht haben ermutigen, sondern eher einschüchtern lassen. Aber es ist eine der großen Erfahrungen der Kirchengeschichte, daß die Berechnungen der Christenverfolger Milchmädchenrechnungen waren. Das Blut der Märtyrer wurde zum Samen der Kirche. Liegt es daran, daß der Glaube der „Brüder" so stark ist? Die Zuversicht, die Paulus in bezug auf die *Philipper* bekundet, hat jedenfalls einen anderen Grund (V. 6): Gott gibt sein „gutes Werk" nicht auf, auch wenn der Apostel Fesseln trägt.

Wie stark Paulus an die göttliche Regie, auch in dieser Situation, glaubt, sieht man an seiner Einstellung zu denen, die Christus nicht in „guter Meinung" (εὐδοκία), sondern aus Neid und Streitsucht predigen, – man lese und staune: nicht in lauterer Absicht, sondern in der Meinung, „meinen Fesseln Bedrängnis zu erwecken", und das heißt doch wohl: der Not des Gefangenseins noch inneren Schmerz zuzufügen. Paulus hat auch in Ephesus, mitten in der Gemeinde, Gegner, die es offensichtlich begrüßen, daß dieser unbequeme Mann „aus dem Verkehr gezogen" und „auf Nummer Sicher" unschädlich gemacht ist. Diese Leute sehen nun ihre Stunde gekommen und predigen. Was predigen sie? Offensichtlich nicht ein anderes Evangelium – wie Paulus *darauf* reagieren würde, zeigt (z. B.) der Galaterbrief. Von den unschönen *Motiven* spricht Paulus, aus denen solche Predigt geschieht. Im Menschlichen liegt das Bedauerliche. „Sie meinen, mir in meiner Gefangenschaft (zusätzliche) Not zu bereiten" – sie *meinen* es, aber darin irren sie. Paulus denkt auch in dieser Sache wenig an *sich* und die ihm zugedachte Kränkung, an die Bitterkeit solcher Gesinnung; er denkt an die Sache. Hauptsache: das Evangelium. Man kann sich sogar solchen Erfahrungen gegenüber *freuen*. Natürlich nicht über die „falschen Brüder" (2. Kor. 11,26), wohl aber darum, daß üble menschliche Motive dem im Evangelium wirksamen Gott nicht das Konzept verderben können. Das Evangelium ist in seiner Gültigkeit und Kraft nicht von der persönlichen Qualität und Motivation seiner Überbringer abhängig (CA VIII). Selbstverständlich wird man den Mangel an Liebe und Lauterkeit, den Neid und die Streitsucht nicht für belanglos halten. Daß die Wahrheit „einen gegenständlichen Sinn hat" (Lohmeyer), also abgelöst von der Person kräftig und wirksam ist, soll uns Prediger nicht sicher machen. Aber trösten kann uns das, was Paulus schreibt, doch in hohem Maße. Wer von uns kann für die Lauterkeit seiner Motive garantieren? Was würde aus der Predigt der Kirche, wenn ihre Gültigkeit und Kraft davon abhängig wäre, daß unser, der Prediger, Heiligungsstand dem Gepredigten entspricht? Paulus denkt von der Rechtfertigung propter Christum per fidem her; das macht ihn so wunderbar frei und gelassen. Was auch immer an ihm und um ihn her geschieht: es geschieht nicht ohne den Gott, der auf alle Fälle seine Sache so weitertreibt, daß man sich auch in solcher Lage *freuen* kann. Es geht voran mit der Christuspredigt – Hauptsache: das Evangelium!

2.

Freude – auch in der schlimmsten Lage. „Christus wird gepredigt – ,darin' freue ich mich." So groß dies gedacht ist: man könnte darin ein Ausweichen sehen. Etwa so: Gerade wenn die eigene Lage wenig aussichtsreich ist, sollte man an etwas anderes, Ablenkendes denken, nicht nur die eigene Misere meditieren. Es ist etwas Wahres dran. Im Externum hat unser Leben seinen Halt. Man könnte Joh. 12,25 (Evangelium des Sonntags) in eine allgemeine Maxime umwandeln: es gilt, das Eigene aufzugeben und sein Leben in dem zu finden, was man nicht ist.

Paulus würde jedoch entgegnen: Was aus mir wird, darüber kann und soll man ruhig sprechen. Ich will den Gedanken an meine Zukunft keineswegs verdrängen. So unwichtig bin ich mir selbst nun auch wieder nicht, daß die Frage, was aus mir wird, überhaupt nicht mehr gestellt wäre. Es ist beides „drin": Todesurteil oder Freilassung (ein Dazwischen scheint es nicht zu geben, es wird jedenfalls nicht erwähnt). Es ist nicht so, daß man das eine fürchten und das andere wünschen sollte. Es ist beides Grund zum Freuen. Eigentlich wäre das „Losmachen" (ἀναλῦσαι) – wie wenn man einen Kahn losbindet – besser; aber um euretwillen wäre es wohl „nötiger" dazubleiben. Aber die Losung heißt ja *in jedem Falle: Christus*. Darum wird dem Präsens „ich freue mich" das Futur hinzugefügt: „aber ich *werde* mich auch freuen."

Also auch künftig: Freude. Zur Begründung („denn", V. 19) führt Paulus etwas an, was er „weiß". Es würde sich lohnen, einmal die Stellen durchzugehen, in denen Paulus schreibt, er „wisse", wir „wissen". Gemeint ist ein Wissen des Glaubens – nach unseren Denkgewohnheiten eine contradictio in adjecto. Jedenfalls ist die paulinische „Gewißheit" nicht ein blindes Aufs-Ganze-Gehen, sondern die Zuversicht, die auf klarer *Erkenntnis* des Glaubens beruht. „Wir wissen aber, daß denen, die Gott lieben, alle Dinge zum Besten dienen (Röm. 8,28). Oder: „Ich bin überzeugt (das Perfekt sagt: ein für allemal und dauerhaft), daß weder Tod noch Leben … uns von der Liebe Gottes scheiden kann, die in Christus Jesus ist, unserm Herrn" (Röm. 8,38f.). Hier ganz ähnlich: Wie immer es mit mir weitergehen wird, es wird mir zum Heil ausschlagen (V. 19). Ein Christ kann eigentlich immer nur gewinnen. Warum? Die Predigt hüte sich, was hier steht, zu Binsenweisheiten zu verharmlosen. Daß auch ein Christ „in Bedrängnissen, in Nöten, in Ängsten" sein kann, haben wir unlängst aus dem Munde dieses selben Paulus vernommen (2. Kor. 6,4). Wir würden aus dem, was hier steht, ein Gesetz machen, wenn wir der Gemeinde vordeklamierten, es sei unter der Würde eines Christen, Angst zu haben. (Es wird nachher sogleich noch einmal davon zu sprechen sein.) Dennoch: alle unsere Ängste und unsere Niedergeschlagenheit, unsere Zweifel und unsere Traurigkeit sind „in Christus" von vornherein überholt. Kann nichts uns von dem Gott-in-Christus scheiden, dann wird jeder mögliche Ausgang der Sache sich „in ihm" vollziehen. Sollte das Todesurteil ergehen, dann jedenfalls nicht, weil Christus sich zurückgezogen hätte; Paulus wird dann erst recht mit ihm verbunden sein. Kommt es zum Freispruch, dann gehört das verbleibende Leben des Apostels ebenso Christus und wird „in ihm" gelebt. Noch spezieller: in beiden Fällen wird Christus „groß gemacht" werden am „Leibe" des Apostels, „sei es durch Leben oder durch Tod". Es läuft – für ihn – beides auf dasselbe hinaus: er wird „mit Christus" sein. Wie, das ist noch offen; das Daß jedoch steht Paulus fest

Verherrlichung Christi am Leibe des Apostels: dies kann also, wie die unserer Perikope folgenden Verse zeigen, darin bestehen, daß Paulus „im Dienst" bleibt. „Seine somatische (seelisch-leibliche) irdische Existenz ist ein Mittel, dessen, so hofft er, darum betet er, Christus sich unter allen Umständen bedienen wird zur Erweiterung *seiner* Macht und Herrlichkeit" (Barth). „Im Fleisch leben" – vgl. Gal. 2,20c; 2. Kor. 10,3 – „dient mir dazu, mehr Frucht zu schaffen" (V. 22). Also doch nicht Christus, sondern *mein* Werk und der Ertrag *meines* Lebens? Das Wort „Frucht" – vgl. Röm. 1,13; 15,28; Joh. 4,36 – deutet darauf hin, daß die Arbeit des Missionars eigentlich nur ein Einsammeln dessen ist, was Gott hat wachsen lassen. „Ich wollte nicht wagen, etwas zu reden, wo dasselbe *Christus* nicht durch mich wirkte" (Röm. 15,18). Sollte Paulus als freier Mann die Zelle verlassen dürfen, wird der Inhalt seines Lebens nichts anderes sein als Christus und seine Verherrlichung.

Und wie, wenn es anders kommt? Auch dann heißt die Zukunft des Apostels: Christus. Barth hat in seiner Auslegung darauf aufmerksam gemacht, daß hier der Akzent noch etwas anders gesetzt ist als (z. B.) in 2. Kor. 5,8 („daheim sein beim Herrn"). Barth denkt an unserer Stelle an das Vereintwerden mit Christus in seinem *Tode*. „Gewinn" ist Paulus das dann vollkommen werdende „Sein-mit-Christus", „nun auch im leiblichen Tode", in der „Gemeinschaft seines Todes" (S. 32). „Er redet eben überhaupt nicht vom Leben nach dem Tode, sondern vom Leben des *Christus*, und von dem, was das Sterben, das ihm vielleicht bevorsteht, für dieses Leben bedeuten möchte" (S. 33). Es würde dann im Tode im Grunde dasselbe stattfinden, was sich auch im Leben vollzieht. Paulus würde sich „in Christus" befinden und ihn verherrlichen, diesmal nicht dadurch, daß er ihn predigt, sondern dadurch, daß er ihn mit seinem Tode preist (vgl. Joh. 21,19). Auch das Sterben ist ein Stück missionarischer Dienst wie die Haft (V. 16) und – natürlich – die Fortsetzung des Aposteldienstes, falls es dazu kommt (V. 24). „Fesseln in Christus" (V. 13) – zuletzt dann, vielleicht, auch die Hinrichtung „in Christus", wirklich ein „Gleichgestaltet werden mit seinem Tode" (3,10, vgl. 2. Kor. 4,10). Für uns ist das alles ein paar Etagen zu hoch. Wir sind nicht Märtyrer und werden es aller Wahrscheinlichkeit nach nicht werden. Auch verläuft unser Christenleben nicht in der „Öffentlichkeit" (παρρησία nach Bauer, WB, Nr.3) eines Apostellebens und unser Sterben nicht so, wie Paulus es möglicherweise zu erwarten hat und wie es ihm endlich dann doch noch widerfahren ist. Trotzdem: es könnte für uns viel bedeuten, wenn wir dieses nicht ausradierbare Sein-in-Christus auch in unserm kleinen, relativ undramatisch verlaufenden Christenleben wiederfänden. Dem Herrn leben, dem Herrn sterben (Röm. 14,8), das sollte, wenn wir ins Leiden geführt werden, wirklich auch dies bedeuten, daß unser Leiden zum „Kreuz" wird, also uns mit Christus verbindet, und daß wir, wenn wir des Todes gewärtig sein müssen, auch an unserm Leibe (V. 20) „Christus großmachen". Wir können ihn ehren, wenn wir uns auch zuletzt in seine Hand fallen lassen, und er verdient unser Vertrauen auch beim letzten Weg. – Daß das Sterben mit Christus dann sofort auch das Leben mit Christus einschließt, soll mit dem eben Gesagten keinesfalls bestritten, sondern vielmehr ausdrücklich behauptet sein (vgl. z. B. 3,10f.; 2. Kor. 4,11f.). „Wir werden allezeit mit dem Herrn sein" (1. Thess. 4,17), das ist wohl die gültigste Beschreibung des zu erwartenden Lebens in der Vollendung; das „Mit-Christus-Sein" unseres Textes (V. 23) ist schon sprachlich fast dasselbe. Was auch komme: Paulus kann das Wort aus Hiob 13,16 für sich in Anspruch nehmen.

Wer so denkt, glaubt, hofft, leidet, sich auf den Tod gefaßt macht, der ist eigentlich unverwundbar. Wer nichts mehr zu verlieren hat, den kann man nicht unter Druck setzen. Dasselbe gilt von dem, der nur zu gewinnen hat, gleich, was ihm widerfährt. Man könnte den Apostel beneiden. Wer weiß, wie unsereiner, wenn es darauf ankäme, Vergleichbares durchstehen würde? Es mag, uns Kleingläubigen zum Trost, noch auf V. 19 verwiesen sein. Paulus spricht von seiner „sehnsüchtigen Hoffnung" – wir geben den Ausdruck als Hendiadyoin wieder – , „nicht zuschanden zu werden". Ein Hoffen, das nach vorn schaut wie ein Tier, das den Hals streckt in die Richtung, in die es begehrend oder auch veräng-stigt blickt (ἀποκαραδοκία). Man lese 3,10–14 im Zusammenhang. Ein beatus possidens ist Paulus nicht. Es könnte schon sein, daß er doch noch einbricht. Nicht, weil Christus ver-sagte, wohl aber, weil sein Glaube versagen könnte. Aber die Philipper beten – und der Geist Jesu Christi kommt ihm zu Hilfe, der Geist – abermals blicken wir nach Röm. 8 – , der uns bei Gott vertritt, wenn bei uns selbst alles zusammenbrechen sollte (Röm. 8,26f.). Paulus ist in Gefängnismauern eingeschlossen. Aber ihn umgeben nicht bloß diese öden Wände. Ihn umgibt das Gebet. Ihm kommt das Pneuma zu Hilfe. Er ist unter allen Um-ständen „in Christus".

Judika. 4. Mose 21,4–9

Es ist nicht sicher auszumachen, welcher der Quellschriften dieser Abschnitt zugehört. נסע (V. 4) = die Zeltpflöcke herausziehen, also „aufbrechen", ist ein Vorzugswort von J. In V. 5 findet sich auffäl-ligerweise אלהים, was auf E deuten würde (so entscheidet sich M. Noth im ATD). In Kap. 21 finden sich „zusammenhanglos dastehende Einzelstücke" (Noth, S. 11). Mit VV. 1–3 finden wir uns schon im Süden des Kulturlandes, ab V. 4 wieder in der Wüste mit Marschrichtung Süden. Eine lokale Auffädelung ist in Numeri nicht zu gewinnen. Es handelt sich um eine reine Kultätiologie; man müßte sonst erwarten, daß geschildert wird, wie die Schlange nach Jerusalem gekommen ist (s. u.). Aber einen gewissen ätiologischen Zug läßt die Perikope doch erkennen.
V. 4: Lose Anknüpfung an 20,22ff.; auf dem Berg Hor, heißt es, sei Aaron gestorben, die Umgehung edomitischen Gebiets nach 20,21. Mit dem „Schilfmeer" dürfte der Golf von Akaba gemeint sein (1. Kön. 9,26; Jer. 49,21). וַתִּקְצַר נֶפֶשׁ הָעָם eigentlich: „dem Volke wurde der Atem kurz", d. h. sie wurden ungeduldig. Der Vers dürfte redaktionell sein. – V. 5: דבר pi. = verhandeln, reden, mit ב der Person. Das Murren wie Exod. 16,2f.; 17,2f.; Num. 14,2; 20,3–5. Es fehlt an Brot und Wasser, nur „minderwertiges" (קְלֹקֵל) Brot gibt es (ist das Manna gemeint?). – V. 6: über die „Schlangen" s. u. Diesmal nicht Abhilfe durch Jahwe, sondern eine Strafe. – V. 7: Es kommt zur Erkenntnis der Ver-fehlung. Mose wird zum Fürbitter, ein wichtiger Zug der Moseüberlieferung. – V. 8: Bis in die Zeit Jesajas stand im Tempel von Jerusalem eine „eherne Schlange". 2. Kön. 18,4 liest man, die Israeliten jener Zeit hätten ihr geräuchert, man habe sie נְחֻשְׁתָּן genannt (von נְחֹשֶׁת = Erz, wobei im Sinne des Wortspiels in V. 9 unserer Perikope das Wort נָחָשׁ mitgehört wurde; Mose habe diese Schlange ange-fertigt, der König Hiskia habe sie zerschlagen lassen (wofür er neben anderem von der deuteronomi-stischen Geschichtsschreibung belobigt wird, 2. Kön. 18,3). Polemik findet sich in unserm Abschnitt nicht, ein Zeichen für das Alter der Überlieferung (in Numeri sonst viel jüngeres Überlieferungsgut). Durch den Einbau der Geschichte in die Wüstentradition bekommt der Stoff einen neuen Sinn: wie-der einmal kann man sehen, wie Gott sein widerspenstiges Volk in Gericht und Gnade geführt hat, „eine letzte Probe göttlicher Geduld gegenüber diesem Volke" (Holzinger z. St.)

Der Prediger hat nicht die Aufgabe, der Gemeinde eine religionsgeschichtliche Vorlesung zu halten. Aber er muß selbst die Sachverhalte klar sehen, und er muß versuchen, auch theologisch mit ihnen fertig zu werden. Die Erzählung ist seltsam genug, und ganz ohne Kopfschütteln wird es bei keinem von uns abgehen.
Für „Schlangen" stehen in V. 6 unverbunden nebeneinander zwei Worte. נָחָשׁ ist uns aus Gen. 3 geläufig (vgl. auch Exod. 4,4; 7,15). Daneben שָׂרָף, dasselbe Wort, das Jes. 6 im Plural vorkommt. Die Seraphim haben dort menschliche Stimmen, „Angesichter", Hän-de, Flügel, aber wahrscheinlich einen Schlangenleib, wie man daraus schließen muß, daß sie in Jes. 14,29 und 30,6 unter den Schlangen der Wüste genannt werden. Unser Text gebraucht in V. 6 beide Worte zusammen, in V. 8 das Wort שָׂרָף und in V. 9 das Wort נָחָשׁ

je einzeln, doch wohl ohne irgendeinen Bedeutungsunterschied markieren zu wollen. Zoologisch kommen wir dem, was hier gemeint ist, nicht bei; mythologische Phantasie mag sich hier die Schrecknisse der Wüste ausgemalt haben. Die beiden Jesajastellen 14,29 und 30,6 deuten durch ihre Steigerungen darauf hin, daß der שָׂרָף die gefährlichste aller Schlangenarten darstellt. Man hat eine Verbindung zum Verb שׂרף = brennen gesucht: weil die Bißwunde „brennt"? (für Schlangenbiß nicht charakteristisch), oder weil die Schlangen als „feurig" bezeichnet werden sollen? (das wäre noch eine Übersteigerung des mythischen Gruselns). Genug, die überaus gefährlichen Schlangen dürften (nach Jes. 14,29) als geflügelt vorzustellen sein; sie rauschen heran, und es gibt kein Entrinnen. Nicht minder seltsam wird das Mittel der Abhilfe wirken. Die Religionsphänomenologie spricht vom sympathetischen oder Analogiezauber. Wer das Bedrohliche bildhaft darstellt, bekommt es in seine Gewalt. Das aus Bronze gegossene Bildwerk hat mehr Macht in sich als das gefährliche Getier, das da kreucht und fleucht. Schon das Hinschauen heilt. Wenn das so ist, dann darf die im Bildwerk liegende Macht um so höher veranschlagt werden. Die Religionswissenschaft weiß zahlreiche Seitenstücke zu erbringen (s. bes. Greßmann z. St.). Genannt sei nur der Äskulapstab, das Standessymbol der Ärzte, eine Erinnerung an dieses religionsgeschichtlich weitverbreitete Motiv.

Dieser Stoff nun ist in die Glaubenswelt und Glaubenserfahrung Israels eingegangen. Gewiß nicht problemlos. Hiskia (s. o.) meinte ohne Zweifel, ein Stück Heidentum aus dem Tempelkult auszumerzen. „Du sollst dir kein Bildnis machen!" Andererseits ist nicht zu verkennen, daß gerade auch hinsichtlich des Bilderverbotes Israel „sich ... immer neu über die Reichweite des Willen Jahwes vergewissern" mußte. „Hat der offizielle Jahwekultus, eine bildhafte Darstellung Jahwes immer von sich gewiesen, so sind gewisse kultische Symbole, z. B. die Mazzeben oder die eherne Schlange, erst nach und nach von dem Bilderverbot getroffen worden" (von Rad, ThAT I, S. 218). Und wenn auch das Schlangenbild in der Kultreform des Hiskia um 700 aus dem Tempel verschwand, unsere Geschichte verblieb in Israels heiliger Überlieferung. Bestimmt nicht aus Gedankenlosigkeit – in einem Volk, in dem so eifersüchtig um die Reinheit des Jahweglaubens gerungen wurde, sollte man nicht mit Naivität in Dingen des ersten und zweiten Gebots rechnen.

Noch für den johanneischen Christus (3,14) ist unsere Erzählung nicht mit dem Odium des Greuels behaftet; sie dient vielmehr als Typos für das, was in Christus geschehen sollte. Ohne die Bezugnahme in Joh. 3 wäre sie sicher nicht ins Perikopensystem der Kirche eingegangen. Verdeutlicht sie Weg und Werk Christi? Der Pfahl erinnert an das Kreuz. Daran wird „oben" (עַל) die bronzene Schlange angebracht – eine Erinnerung an das, was der vierte Evangelist mit Jesu „Erhöhung" meint, freilich so, daß der johanneische Sinngehalt unvergleichlich reicher und weiträumiger ist. Num. 21,8 ist vom „Hinschauen" die Rede; Joh. 3,15 spricht vom Glauben (während der dem johanneischen Denken an vielen Stellen so verwandte Hebräerbrief vom „Aufsehen auf Jesus" redet, ohne freilich an Num. 21 zu erinnern, Hebr. 12,2). Ob unser Text, auch über die verbal ausweisbaren Gemeinsamkeiten hinaus der Stelle Joh. 3,14f. als aufschlußreicher Hintergrund dienen kann, muß die Auslegung ergeben. Es könnte schon sein, daß in Joh. 3 Gedanken aus Num. 21 mitgedacht sind – die Leser kennen ihre Bibel und vermögen Anspielungen zu verstehen –, ohne daß sie ausdrücklich angesprochen wären. So könnten wir überschreiben: *Das rettende Zeichen* – (1) *für die Schuldigen*, (2) *für die Geängsteten*, (3) *für die Glaubenden*. (Die drei Teile wollen nicht im Sinne des Nacheinander, sondern ineinander gesehen sein.)

I.

Die Rettung, von der die Geschichte erzählt, widerfährt Menschen, die sich an ihrem Gott *schuldig* gemacht haben. Sie haben sich gegen ihren Gott aufgelehnt – zum wievielten Male schon! Die Geschichte des Volkes Gottes – auch der neutestamentlichen Gemeinde – : eine große Kette von Akten des Ungehorsams, der Untreue gegen Gott, des Aufbegehrens und Unwillens, der Weigerung, den von Gott gezeigten und eingeschlagenen Weg mitzugehen. Daß die Geschichte im Gang der Moseereignisse an dieser Stelle steht, bedeutet im Sinne der Redaktion wohl, daß wir sie als ein Stück der „Strafwanderung" ansehen sollen, die seit Num. 14 Israels Los ist. „Keiner soll das Land sehen – eure Leiber sollen in der Wüste verfallen" (14,23.29). Im Kapitel zuvor wiederholt sich dieses Motiv (20,12). Der Sieg vom Horma (21,1–3) könnte das Tor zum Lande der Verheißung aufgestoßen haben. Aber nach Gottes Verfügung ist die Wüstenwanderung noch nicht zu Ende. Wieder „bricht" man „auf", und man zieht – nicht ins Land der Verheißung, sondern in Richtung „Schilfmeer" (s. o.), also nach Süden. Die Marschrichtung hat zunächst einen taktischen Sinn (V. 4, vgl. 20,21). Aber in ihr drückt sich die desperate Lage aus.

Die Heillosigkeit der Lage ist also durch zweierlei gekennzeichnet: sündiges Aufbegehren des Volkes, harte Strafverfügung Gottes, die dann – der Verlauf der Szene zeigt es – um so unwilligere Reaktionen auf seiten der Menschen auslöst. Daß ganz am Anfang der gnädige Befreiungsakt Gottes steht – die Herausführung aus Ägypten und der Sinaibund – , ist vergessen und scheint keine Bedeutung mehr zu haben; ja, man muß wohl noch verschärfen: die Gnaden Gottes ausschlagen macht doppelt schuldig. „Das Gesetz ist durch Mose gegeben" (Joh. 1,17). Man kann an dem, was hier erzählt ist, ablesen, was geschieht, wenn man die Gnade zurückweist: man ist dann eben wieder unter dem Gesetz, in der Heillosigkeit, in der menschlichen Sünde und göttlicher Zorn gegeneinander stehen und in der die Strafe Gottes die heillose Lage nicht wendet – das Gesetz bringt nie eine Wende zum Besseren! – , sondern die Verstockung nur noch vergrößert. Vielleicht wird das Bild noch eine klein wenig differenzierter, wenn wir uns klarmachen, daß mit der „minderwertigen Nahrung" – nachdem es zuvor geheißen hat: „kein Brot, kein Wasser" – das Manna gemeint sein könnte. Das würde dann heißen, daß der in seiner Sünde ablehnend und verbittert gegen Gott eingestellte Mensch auch die Erweise von Gnade und Geduld nicht mehr als solche versteht, sondern sich nur noch beklagt.

Der Text läßt, leise angedeutet, Mitgefühl erkennen: „Da wurde dem Volk auf dem Wege der Atem kurz" (V. 4 – s. o.), was gewöhnlich wiedergegeben wird mit: „sie wurden ungeduldig", aber der Ausdruck läßt erkennen, daß hinter der Ungeduld auch die Erschöpfung steht. Man versteht es, daß sie „verdrossen" sind (so Luther). Natürlich: Israel müßte wissen, woher die Vergeblichkeit des richtungslosen Wanderns kommt, die Verschlossenheit des Landes (trotz des Sieges von Horma), die Unerreichbarkeit des Zieles. „Exodusgemeinde" – das bedeutet allerdings, daß man eben noch nicht am Ziel ist, sondern in der Unterwegs-Situation. Das Wüstenleben ist mühsam, beschwerlich, entbehrungsreich. Man müßte das bejahen, wiederum in zweierlei Sinne: nur durch die Wüste geht es zum Lande der Verheißung – Gottes „heilsgeschichtlicher" Plan (Exod. 13,17f.); zugleich aber ist die „Verzögerung", der Aufschub, die Gegenwirkung Gottes gegen so viel Vertrauenslosigkeit, Trotz und Auflehnung. Unter beides sollte man sich beugen. Die „Leiden dieser Zeit" (Röm. 8,18) sollte man, sofern sie von Gott beschlossen sind, annehmen, auch wenn sie weh tun (Hebr. 12,5f.); wahrscheinlich tun sie nicht mehr halb so weh, wenn wir ein Ja dazu finden. (Daß Gottes Strafen nicht fatalistisch hinzunehmen sind, davon nachher noch einiges, unter 2.)

Statt dessen sehen wir das Volk erneut sich *schuldig* machen. „Gegen Gott und gegen Mose" reden sie (VV. 5.7 – eine ungewöhnliche Zusammenstellung), also nicht nur, wie z. B. Exod. 16,2 „wider Mose und Aaron" (letzterer ist übrigens seit 20,28 nicht mehr unter den Lebenden). Die Auflehnung gegen den Menschen Mose ist zugleich ein Aufstand gegen Gott. Man übersehe nicht: hier wird letztlich das ganze Bemühen Gottes um das Heil seines Volkes abgelehnt: „Warum habt ihr uns aus Ägypten heraufgeführt, damit wir in der Wüste sterben?" (Zum Vergleich Exod. 16,3: „Wollte Gott, wir wären in Ägypten gestorben von Jahwes Hand!") Als Gott die Seinen mit Wachteln und Manna versorgte, verhängte er keine Strafe. Anders schon, wie wir sahen, in Num. 20. Diesmal wird die Strafe härter.

Aber da kommt es zur Erkenntnis der Schuld und zum Schuldbekenntnis (V. 7). Die Strafe allein hätte ihnen ihr Schuldigsein nicht bewußt machen können – sie haben zuvor darum gewußt und Gott und Mose wissentlich zu Unrecht attackiert. Nun bekennen sie es. Mose wird wieder zum priesterlichen Fürbitter. Da befiehlt Gott, das rettende Zeichen zu setzen.

Wenn in Joh. 3 an diese Wüstengeschichte erinnert wird, dann dürfte zunächst an diesen Zusammenhang gedacht sein. Die eherne Schlange wird aufgerichtet zur Rettung für schuldige Menschen. Gott hätte nach dieser langen Geschichte zwischen Gnade, Schuld und neuer Gnade – nach dieser Geschichte immer neuer „Sündenfälle" – mit diesem Volke Schluß machen können. Seine harten Gegenmaßnahmen könnten an einem Punkte einmal den Charakter des Endgültigen haben. Geduld kann zu Ende gehen. Sie ist, wie die Geschichte zeigt, auch diesmal *nicht* zu Ende. Gott gibt noch einmal – wie oft noch? – *Zeit*. Wer zu der Schlange aufblickt, soll *leben*. Er soll nicht in seiner Sünde sterben (der Ausdruck Joh. 8,21). Wie die eherne Schlange, so muß des Menschen Sohn erhöht werden, auf daß alle, die an ihn glauben, das ewige Leben haben (Joh. 3,15 – וְחָי lautet das letzte Wort von V. 8). Für die Schuldigen ist Jesus gestorben. Sein priesterliches Eintreten für sie (Joh. 17 – vgl. den Schluß von Num. 21,7) bewegt Gott, seine Geschichte mit ihnen nicht abzubrechen, sondern fortzusetzen. Wohl: Jesus kam in sein Eigentum, und die Seinen nahmen ihn nicht auf (Joh. 1,11). Aber damit ist die Geschichte zwischen ihm und der verlorenen Welt nicht zu Ende. Er hat noch eine Zukunft für solche, wie diese Menschen sind; also auch für uns, mit denen er so viele Enttäuschungen erlebt.

2.

Wir schalten zurück und setzen noch einmal mit V. 6 ein. Gottes Reaktion auf den Ausbruch von Unzufriedenheit und Verdrossenheit: die Schlangen. Oft straft Gott genau mit dem, worin wir sündigen, so daß wir uns eigentlich mit unserm Bösen selbst bestrafen. Hier kommt die Strafe von außen, wenigstens nach den Fakten der Erzählung. Unsere exegetischen und religionsgeschichtlichen Erwägungen machen klar, wie schrecklich man sich die Lage vorstellen muß. Kriechende und geflügelte Schlangen ringsum. Da gibt es keine Abwehr, kein Entrinnen. Möglich, daß sich hier, angereichert durch die Überlieferung, tatsächlich Wüstenerlebnisse im Text niedergeschlagen haben.

Der richtende, strafende Gott. Man sage nicht, der Gott des Evangeliums sei der Gott, der sich alles gefallen und ewig-lächelnd das Böse gewähren läßt. Er wahrt die Heiligkeit seines Namens und wacht über seinem Recht; er läßt es nicht zu, daß das Böse wütet und zerstört, er hält es kurz, so daß es sich selbst zerstören muß. Auch sein eigenes Volk nimmt er, wenn es sein muß, hart ran. Unsere Gottespredigt wäre wirklichkeitsfremd, wenn wir das verschwiegen. – Es gibt allerdings ein primitives Mißverständnis der Predigt von Gottes Strafgerichten: das fatalistische. Selbstverständlich würden wir uns gegen eine Schlangenplage wehren, falls wir können, wie wir auch Seuchen bekämpfen, Dämme bauen und überhaupt Katastrophen, soweit wir dessen mächtig sind, verhüten. Damit binden wir Gott nicht die Hände – wer könnte das auch? Gottes zorniges Walten in bestimmten Plagen erkennen, das ist gerade *nicht* ein fatalistisches Sich-Ergeben, sondern – im Annehmen der Strafe und im Fragen nach der sie herbeiführenden Schuld – der Schritt in die Buße. Der Text zeigt, daß die Not zur Selbstprüfung dienen kann.

Dies alles wäre zu bedenken, wenn man den Text einfach als eine Begebenheit der Wüstenzeit versteht. Aber er steht und fällt ja nicht mit der Faktizität des Erzählten. Predigthörer, die nur „wahre Geschichten" gelten lassen, werden, fürchte ich, die eigentliche Tiefe dessen, was hier ausgesagt ist, verfehlen. Wir sollten die mythische Sprache verstehen. Auch die Anschauungswelt des Mythos lebt von bestimmten Erfahrungen. Drachen, geflügelte Schlangen usw. mögen Erinnerungen sein an Erfahrungen, von denen uns paläontologische Funde eine Anschauung geben. Wichtiger aber ist, daß solche Gestalten in den bewußten Tiefen des Menschenherzens, im „kollektiven Unbewußten" aufbewahrt und zum Gefäß werden für bestimmte Gehalte unseres Seelenlebens. In der mythischen Symbolwelt drückt sich ein Wissen um unsichtbare Urmächte aus, mit denen wir uns auseinanderzusetzen haben. Gerade die Schlange spielt als mythisches Symbol für die Macht des Bösen eine Rolle; es sei an das erinnert, was im vorigen Jahrgang (Die geliebte Welt) zum Invokavittext gesagt ist. Die Schlange – nun eben nicht einfach so, wie man sie sommers zwischen sonnenheißen Steinen finden oder gar im Zoo beobachten kann, sondern geflügelt, schnell-beweglich, auf einen zuflatternd oder gar -schießend. Das Unheimliche, Urmächtige, das uns wehrlos macht (vgl. noch einmal Jes. 14,29). Das ist es, was in solchen Erinnerungen aus der Väterzeit geistert und worin man die kaum zu deutenden, erst recht nicht zu bezwingenden eigenen Ängste dargestellt findet. Die Aufklärung hat, was Menschen Angst machen könnte, mit Hilfe des hellen Verstandes wegdisputiert. Spukgeschichten lassen uns nicht gruseln, sie belustigen uns nur. Aber weg ist, was Angst macht, damit noch nicht. Die Psychotherapeuten sind bemüht, es aufzuspüren. Das Unbewältigte macht uns krank. „Wir haben nicht mit Fleisch und Blut zu kämpfen" (Eph. 6,12).

Aber da befiehlt Gott, das rettende Zeichen zu setzen. Soll man psychologisch deuten? Man würde dann sagen: indem das, was Angst macht, vergegenständlicht wird – dort, auf dem von Mose errichteten Pfahl –, wird es unschädlich gemacht. Wer wollte leugnen, daß damit Richtiges getroffen ist? Aber Jesus ist nicht nur Modell für eine therapeutische Methode, die man auch ohne ihn, losgelöst von ihm, finden und anwenden kann. Wie Mose in der Wüste die Schlange „erhöht" hat, so wird des Menschen Sohn „erhöht" werden. Was aber geht da eigentlich vor sich? Sind wir in die Irre gegangen, als wir in den scheußlichen, gefährlichen Schlangenwesen den „altbösen Feind" wiedererkannten? Wir antworten mit Jesu Wort, das auf die Passion vorausblickt: „Jetzt geht das Gericht über die Welt; nun wird der Fürst dieser Welt ausgestoßen werden. Und ich, wenn ich erhöht werde von der Erde, so will ich alle zu mir ziehen" (Joh. 12,31f.). In Joh. 3 ist, wie wir sehen, der Bezug zu Num. 21 nur knapp angedeutet. Mir scheint, das Zitat aus Joh. 12 kann das Gemeinte verdeutlichen.

Dann wird nachträglich sichtbar, daß die Strafe Gottes darin besteht, daß er uns der Macht des Bösen, der wir uns – mit Blut, wie Faust, oder (meist) unbewußt – verschrieben haben, überläßt. Das hintergründige Böse, dem wir uns überlassen, quält uns, „beißt" uns. Es ist also doch so, wie wir vorhin sagten: Gott straft uns auch hier mit dem, was wir selbst gewählt haben. Aber Jesus ist gekommen, den Kampf für uns auszufechten (1. Joh. 3,8). Was uns Angst bereitet, hat kein Recht mehr an uns. Die von den Schlangen

Gebissenen brauchen nur den Blick fest auf die „eherne Schlange" zu richten, und sie
sind gerettet.

3.

Dieses letztere sollten wir noch ein wenig weiterdenken. Wir sprechen von dem rettenden
Zeichen – für die *Glaubenden*. Das Wort glauben kommt im Text nicht vor. Die Sache
scheint jedoch damit getroffen zu sein. Wir meinen den Glauben, der Heil und Rettung
bei Gott – hier: in dem von Gott gesetzten rettenden Zeichen – sucht und erkennt, auch
wenn alle sichtbaren Fakten dagegenstehen. Nicht nur: nicht sehen und doch glauben,
sondern: glauben *gegen* das, was man sieht. Der an Christus glaubende Sünder sieht seine
noch immer bestehende Verkehrtheit, Schwäche, Gottferne, sein Versagen und Irren,
aber er hält sich, allem zum Trotz, an den Christus, der ihn nicht losläßt.
Es wird gut sein, sich dies auch bei dieser Perikope vor Augen zu halten. Es heißt ja
nicht, daß, wer auf die eherne Schlange blickt, vor der Schlangenplage und -angst verschont bleibt. Es heißt: wer gebissen wurde und auf die Schlange am Pfahl schaut, der
bleibt am Leben. Der Glaubende ist aus der Situation des Konflikts, der Bedrängnisse
und Anfechtungen nicht herausgenommen. Aber ihm schadet's nicht. Zu wenig? Man
könnte verlangen: Weg muß alles, was mir zu schaffen macht! „Bete zu Jahwe, daß er die
Schlangen von uns weichen lasse!" (V. 7c). So hätten wir's gern. Aber Jesus: „Ich bitte
nicht, daß du sie von der Welt nehmest, sondern daß du sie bewahrest vor dem Übel"
(Joh. 17,15). Es könnte uns dann gehen wie Paulus auf Malta (Apg. 28,1–6, vgl.
Mark. 16,18a). Weil uns nichts mehr von Gottes Liebe scheiden kann, werden auch die
noch bestehenden Leiden gering. Auch die Schlangenplage von Num. 21 hat einmal ein
Ende gefunden; ihrer wird des weiteren nicht mehr gedacht. Nur, man darf die Dinge
nicht falsch anordnen. Nicht: erst Plagen weg – dann Gott! Sondern: aufsehen auf Jesus –
dann wird uns auch in dem anderen geholfen werden.
„Aufsehen auf Jesus" (Hebr. 12,2): dies entspräche dem, was der Text sagt, wenn er
davon spricht, daß die Gebissenen die eherne Schlange „ansehen" (רָאָה, noch zielgerich-
teter: הִבִּיט). Die Israeliten waren aufgerufen, ihren Blick fest auf die Stelle zu richten,
von der her ihnen die Hilfe zugesagt war. Die eherne Schlange war nicht Gott. Aber sie
war, erstaunlicherweise, das *Zeichen*, das Gott durch Mose aufrichten ließ, um sich selbst
den Bedrängten in Erinnerung zu bringen. Gott hätte die Schlangen verschwinden lassen
können – und er selbst wäre schnell wieder vergessen worden. Genau das ist unser
Schade, daß wir Gottes Hilfe gern annehmen, Gott selbst aber für uninteressant halten.
Hier, in der Wüste, kommt es jedenfalls darauf an, den Blick entschlossen auf das Gottes-
zeichen zu richten. Man betrachte die berühmte Laokoon-Gruppe: es muß in solcher
Lage unglaublich schwer sein, nicht auf die sich ringelnden und windenden, zuschnap-
penden und giftträufelnden Schlangen zu sehen, sondern geradeaus, auf Gott bzw. auf das
rettende Zeichen. Gerade darauf aber kommt es an. Das ist gemeint, wenn wir vom Glauben reden. Der Glaube sieht auf Gott bzw. auf den zum Kreuz erhöhten Christus.
Joh. 3,14f. spricht jetzt deutlicher. Nicht um mich sehen, nicht in mich, sondern auf den
zum Kreuz – und damit auch zur Herrlichkeit – Erhöhten und sich in diesem Hinblick
auf ihn durch nichts ablenken und irremachen lassen! Man wünscht es sich nicht, daß die
Schlangen beißen; aber wenn sie es doch tun, wird es uns nicht schaden. Der Pfahl des
Mose mit der Schlange ist nur Typos. Durch Christus und sein Kreuz ist den schuldigen,
geängsteten, glaubenden Menschen geholfen.

Palmarum. Jes. 50,4–9

Abgrenzung: VV. 1–3 sind ein Gottesspruch, während die VV. 4ff. *von* Gott reden. In den VV. 10ff. spricht ein anderer. Es sind dort Menschen angeredet, die im Vorangehenden überhaupt nicht zugegen waren; es handelt sich wohl um einen späteren Zusatz. Der Abgrenzung der Perikope ist also zuzustimmen. – Ein Ebed-Jahwe-Text, obwohl das Stichwort nicht vorkommt (erst V. 10: עַבְדּוֹ). Begrich sieht darin das Klagelied des einzelnen (Klage, Unschuldsmotiv, Vertrauensmotiv, Gewißheitsmotiv), in das Elemente der Appellationsrede des Beschuldigten eingelagert sind. Klagelied und Vertrauenslied sind einander verwandt. Merkmale des letzteren überwiegen jedoch, so daß man von einem „prophetischen", d. h. die kultische Gattung ins Prophetische übernehmenden „Vertrauenspsalm" reden darf (K. Elliger, von Rad, Westermann).

V. 4: „Gott der Herr *selbst*" – die Betonung ergibt sich aus der Voranstellung des Subjekts, so auch V. 5. לִמּוּד ist nicht nur der Schüler, Jünger, sondern auch der Geschulte, der Geübte. Der „Knecht" „versteht sich darauf" (דעת), „dem Resignierten mit (tröstlicher) Rede zu Hilfe zu eilen". Die Bedeutung von לָעוּת (nur hier) ist freilich ungewiß. Zahlreiche Emendationsversuche (vgl. bes. Duhm), aus denen man wohl bes. unter zweien zu wählen haben wird: לִרְעוֹת (nach dem Targum, = zu weiden) oder לַעֲנוֹת (nach LXX = zu antworten). Die LXX scheinen das dunkle Wort außerdem noch als לָעֵת = ἐν καιρῷ ἡνίκα δεῖ = zur rechten Zeit (Luther) gedeutet zu haben. Der „Müde" (יָעֵף) wird im Deuterojesaja besonders angesprochen (40,29). „Er weckt am Morgen, am Morgen weckt er": wahrscheinlich Textüberfüllung. Zweimaliges בַּבֹּקֶר wäre sinnvoll: „Morgen für Morgen". – V. 5: zum Subjekt s. o. In der zweiten Zeile ist wieder das Subjekt betont, also etwa: „ich meinerseits" oder „ich wiederum". Das Unschuldsmotiv ist in eine Treueversicherung abgewandelt. נָסוֹג אָחוֹר wie Gen. 49,17 = zurückweichen, sich davonmachen, so daß man nur noch die Rückseite sieht (kommt die merkwürdige Ausdrucksweise in Joh. 6,66 von daher?). – V. 6: Mißhandlungen, vgl. Num. 12,14; Deut. 25,9; Neh. 13,25; Matth. 26,67. Auf die Backe schlagen ist Zeichen der Demütigung, vgl. 1. Kön. 22,24; Micha 4,14; Klagel. 3,30. – V. 7: unempfindlich wie Kieselstein, vgl. Hes. 3,8f. Man vergleiche die כְּלִמּוֹת in V. 6 mit dem לֹא נִכְלָמְתִּי in V. 7a: „Ich barg mein Gesicht nicht vor Schändungen – ich werde nicht zuschanden" (Westermann). – V. 8: Übergang zu forensischer Sprache. Vgl. Röm. 8,31ff. Herausforderung zum Rechtsstreit. Schönes hi.-Partizip מַצְדִּיקִי = „der mir mein Recht verschafft", also den günstigen Prozeßausgang (man habe dies im Auge für die ntl. Stellen über Rechtfertigung). Der בַּעַל מִשְׁפָּט ist der Prozeßgegner, vgl. den בַּעַל דְּבָרִים in Exod. 24,14 (es ist also nicht der Richter gemeint!). – V. 9: das הוּא gibt der מִי = Frage Nachdruck („na, wer denn?"). Wieder ein schönes hi.: „wer will mich zum Verbrecher machen?" Mottenfraß vgl. 51,6.8.

Die Perikope ist ein Seitenstück zu dem großen Knecht-Gottes-Lied Jes. 53. Sie hat nicht die Weite und Tiefe des klassischen Textes von dem, der unsere Krankheit trug und unsere Schmerzen auf sich lud. Aber es finden sich doch einige Züge, auf die die Gemeinde ihre Gedanken sammeln sollte, weil der gekreuzigte Christus in ihnen zu erkennen bzw. wiederzuerkennen ist. Warum dazu ein so alter Text? Warum nicht gleich ein neutestamentliches Wort, das – wie Phil. 2 – unmittelbar von Christus redet? Weissagung auf einen Kommenden will der Text nicht sein. Er spicht – wer immer auch der Ebed sein mag – von einer Größe des 6. Jahrhunderts: sei es ein einzelner, sei es das Volk als ganzes. Begrich spricht freilich von einem „Typus auf den Jesus Christus des Neuen Testaments", hier sei „eine Form erwachsen, die auf ‚Erfüllung' durch den einen wartet, der die Vollmacht dazu hat" (Studien zu Deuterojesaja, 1938, S. 151). Wir müssen weiterfragen; der Typosbegriff könnte eines spielerischen Mißbrauchs der Texte verdächtig sein. Wieso also hat der Text mit Christus zu tun?

Die Frage, ob hier ein einzelner oder das Volk gemeint sei, ist wahrscheinlich nicht von so großem Gewicht, wie es scheint. Besonders V. 6 läßt einen – betroffen und beschämt – an das Gottesvolk des Alten Bundes denken, das in ungezählten Wellen des Leidens, die über es hinweggingen, so geschmäht und gequält worden ist, wie es hier zu lesen steht. Wie es den vielen erging, so auch dem einzelnen. Man könnte sagen, Jesus sei in der Art, wie er litt, ganz und gar einer seines Volkes gewesen. – Es könnte freilich auch umgekehrt

sein. Es könnte das „Muß" des Leidens Jesu (Mark. 8,31; Luk. 24,26) sich auf seine Nachfolger übertragen. Christusnachfolge ist Kreuzesnachfolge. „Wer mir nachfolgen will,
der . . . nehme sein Kreuz auf sich" (Mark. 8,34). Der Apostel trägt an sich die Stigmata
Jesu (Gal. 6,17), das Sterben seines Herrn (2. Kor. 4,10); er erstattet an seinem Fleisch,
was noch mangelt an den Trübsalen Christi (Kol. 1,24). So wie die an Jesu Kreuz teilhaben, die ihm nachfolgen, so tragen es auch die, die – auf der gleichen Straße – ihm vorangehen: „Denn also haben sie verfolgt die Propheten, die vor euch gewesen sind"
(Matth. 5,12). Wo Gottes Tun mit der sündigen Art der Menschen zusammenprallt, da
kann nur eines von beiden sein: Gericht – oder Leiden. Überall da, wo um Gottes willen
gelitten wird, ist das Kreuz Christi unsichtbar gegenwärtig. Dies gilt auch für den „Gottesknecht", sei er nun etwa der Prophet selbst (wie es nach Jes. 53 scheint), sei er das Gottesvolk als ganzes (41,8f.; 44,1). Daß wir uns recht verstehen: nicht war Jesus einem allgemeinen Gesetz des Leidenmüssens unterworfen, das ihn dem Ebed gleichmachte, sondern
sein Kreuz ist es, das Nachfolger und Vorläufer in die Leidensspur zieht. So wird, was der
Ebed auszustehen hat, zum „Spiegel", in dem man die Gestalt Jesu erkennt. (Der Film
zeigt gern einmal eine Gestalt zunächst im Spiegel und erst dann in direkter Sicht.) Es
könnte sein, das Leiden des Herrn rückt uns auf diese Weise ein Stück näher. Gewiß: er
litt an unser Statt, und insofern trifft *ihn,* was uns hätte treffen müssen, nun aber uns
nicht trifft. Aber es gilt auch das andere: Menschen werden in sein Leiden hineingezogen
und erfahren gerade darin seine Nähe.
Daß der Text uns zu Palmarum gegeben ist, hat guten Grund. Gehorsam, Leiden und
Rechtfertigung durch Gott: das ist der Christusweg nach Phil. 2,5ff. (Epistel des Sonntags). Nicht zufällig ist der rote Faden in diesem Ebed-Jahwe-Lied derselbe. Wir fassen
zusammen: *Der Herr als der „Knecht"* – (1) *der Hörende,* (2) *der Mißhandelte,* (3) *der
Gerechtfertigte* (wenn man will: *Rehabilitierte).*

                                          I.

Wir brauchen an dieser Stelle nicht die individuelle und die kollektive Deutung des Gottesknechtes durchzuspielen; der Prediger mag es, wenn er es für sinnvoll hält, für sich
tun. Der Gottesknecht beschreibt sein Wirken. Westermann nennt ihn einen „Wortmitt-
ler". Er hört und gibt das Gehörte redend weiter. Er ist ein „Unterwiesener" – er versteht
sich darauf, erschöpften Menschen beizustehen (s. u.). Freilich ist er als ein Unterwiesener immer zugleich ein Hörender, Lernender. Nicht nur in dem uns geläufigen Sinn,
daß der Mensch zeitlebens „nicht auslernt". Was er weitersagt, ist eben Gehörtes. Er ruht
nicht in sich selbst mit dem, was er gelernt hat, er ist auf immer neues Hören angewiesen.
Ein Zeichen der Schwäche? Nein, das Kennzeichnende seiner Gottverbundenheit. So
kann auch nicht die Zeit kommen, in der er „ausgelernt" haben und auf sich selbst stehen
wird. Der „Knecht" muß für die Stimme Gottes offen bleiben. Er ist damit, was wir alle
nicht sind: das Geschöpf, das den Kontakt mit dem Schöpfer nicht verloren hat, sich also
nicht selbständig macht, eigene Gedanken denkt und eigene Wege geht. Wir kennen uns:
auch wenn wir Gott nicht abgeschafft haben, sind wir gegen ihn in uns selbst verschlossen. In der Theorie haben wir gewiß einen Platz für ihn. Aber der Kontakt fehlt. Auch
ein „heißer Draht" wäre zu wenig – denn der wird nur dann in Anspruch genommen,
wenn es „kriselt". Dauerkontakt ist nötig. Übrigens geht es auch nicht bloß um immer
neue „Informationen" – sofern man das Wort im Alltagssinn versteht. Es gilt nicht, neue
„Dinge" zu lernen und zu erfahren. Kontakt mit Gott-selbst ist erforderlich, Gemeinschaft mit ihm im vernommenen Wort.
Dauerkontakt? Wir könnten mit diesem Wort eine falsche Vorstellung verbinden. Die

Gemeinschaft würde nicht funktionieren, wenn Gott nicht immer aufs neue „das Ohr weckte", „Morgen für Morgen". Daß Gott sich vernehmlich macht, ist das Wunder eines jeden neuen Tages. Es wäre nicht einmal gut, wenn es anders wäre. Es entspricht dem Gott-Mensch-Verhältnis, daß Gott immer neue Anfänge setzt. Die Kontinuität liegt bei *ihm,* nicht bei uns. Beruhte sie auf einer Interdependenz, wäre das Gottsein Gottes verkannt. Der Knecht lauscht, wenn Gott ihn anredet. Da ist also wirklich einmal einer, der „die Sache mit Gott" nicht schon weiß, von vornherein, sondern der immerzu hören muß und auch tatsächlich hört. Ist schon unter Menschen das Hören oft so schwer: im Hören auf Gott sind wir noch viel ungeschickter. Ja, eigentlich sind wir dazu unfähig (1. Kor. 2,14). Aber Gott „weckt" dem Knecht das Ohr (die Wurzel עור kann im kal auch „bloß sein" bedeuten; hi. also: Gott „legt die Ohren frei"). Hören ist Wunder. Am Knecht geschieht es.

Jesus hat in dem „Knecht" wie in einem Spiegel sein eigenes Bild erkannt (z. B. Matth. 12,15–21). Gerade nach dem johanneischen Zeugnis weist er unermüdlich auf den ständigen Hörkontakt zu Gott hin. „Der mich gesandt hat, ist wahrhaftig, und was ich von ihm gehört habe, das rede ich zur Welt" (8,26; vgl. 5,19.30; 7,16 u. a.). Wir wären sicher schlecht beraten, wenn wir das Besondere der Person Jesu in diesem Sachverhalt, in dem er dem Gottesknecht so ähnlich ist, aufgehen ließen. Sein Sohnsein besteht nicht nur in dem, was er denkt, redet und tut, sondern auch in dem, was er *ist* und *woher* er *kommt.* Es wäre also verfehlt, wenn man sein Gottsein nur darin sähe, daß er eine menschliche Möglichkeit, das (gewiß von Gott gewirkte) Hören in optimaler Weise verwirkliche. Dennoch: wir verstehen etwas überaus Wichtiges, wenn wir in Jesus den Sohn sehen, der mit dem Vater im immer neuen Kontakt ist, immerzu offen für das, was der Vater sagt. Das macht seine Autorität aus, daß alles, was er sagt und tut, seinerseits im Hören und Gehorchen getan wird. Er will nicht sich selbst zur Geltung bringen (Phil. 2,6). Daß nur geschehe, was der Vater sagt!

„Ich meinerseits sträube mich nicht und ziehe mich nicht zurück, so daß Gott mich nur noch von rückwärts sieht" (V.5b). Zum Hören kommt der *Gehorsam.* Denn das gehörte Wort *bindet.* Man kann nicht für Gott offen sein und dann ganz anders tun, als einem gesagt und befohlen ist. Der Auftrag gilt. Die Marschroute ist vorgeschrieben. Die Freiheit des „Knechts" gegenüber den Menschen besteht darin, daß er ganz an Gott gebunden ist. „Ich kann nicht anders – Gott helfe mir!" Es wird sogleich davon zu reden sein, daß der Weg schwer ist, auf den der Knecht geschickt wird. Er muß das auf sich nehmen, der Befehl gilt.

Wir sind sofort bei Jesus. „Gehorsam bis zum Tode", heißt es in dem von Paulus vorgefundenen alten Christuslied, und Paulus fügt hinzu: „ja, zum Tode am Kreuz" (Phil. 2,8). Wenn Jesus über sich selbst verfügte, könnte er sich arrangieren. Es hat mancher mit dem Synedrium seinen Frieden gemacht; vielleicht hätte es sich – nicht mehr in der Nacht vom letzten Donnerstag zum Karfreitag, aber im Anfang – zu Kompromissen bereit gefunden. Aber Jesus „hört" und „gehorcht". Was er tut, tut er aus dem letzten inneren Muß heraus, das in seiner Bindung an den Vater gründet. Wie soll Gott sonst in seiner abgefallenen Welt wieder Herr werden? – Gehorsam: „Dein Wille geschehe". Das Wort Gehorsam hat unter uns an Kurswert verloren. Verständlich, wenn es die Herrschaft von Menschen über Menschen legitimieren soll. Aber wir sollten Autorität dann gelten lassen, wenn sie aus dem Hören auf Gott hervorgeht und selbst im Gehorsam geübt wird. Und wir sollten lernen, daß es nach Jesu Wort nur *eine* Freiheit gibt, die uns wirklich frei macht: daß wir, wie der Sohn, bei Gott zu Hause sind (Joh. 8,35f.).

Wir haben schon die letzte Bewährung des Gehorsams im Leiden ins Auge gefaßt. Ohne sie wäre auch alles andere fragwürdig. Der Auftrag des „Knechts" ist tiefengestaffelt. Zunächst: er hat den Ermatteten „zu Hilfe zu eilen" (wenn die Vermutung von Gesenius über den Sinn des masoretischen Wortlauts richtig ist), oder ihnen „zu antworten" (wenn die eine), „sie zu weiden" (wenn die andere Emendation richtig ist). Wie der Text auch lautet, es geht um das „Wortamt", das freilich „poimenisch" zu verstehen ist. „Tröstet mein Volk!" (40,1). Es wird der Gott gepredigt, der den Müden Kraft gibt (40,28–30). Für die Mühseligen und Beladenen ist der Knecht da. Er tritt – so sehr sie sich ihm auch widersetzen (53,1.3f.) – nicht *gegen* die Menschen auf, sondern *für* sie. Er überbringt ja eine Freudenbotschaft, ein Evangelium (52,7). Er steht im Dienst der Menschen, die es zu retten gilt. In Jes. 53 kündigt es sich an, und in der Gestalt Jesu wird es vollends deutlich: der Hirtendienst hört nicht mit dem Sterben auf, sondern vollendet sich darin. Der Knecht gibt sein Letztes hin im Dienst an den Menschen.

2.

Der Herr begegnet uns als der Knecht – als der *mißhandelte* Knecht (V. 6). Wir gehen in die Stille Woche. Das Leiden des Einen – so einmalig und jeden Vergleich sprengend es ist, wenn „der Herr der Herrlichkeit" gekreuzigt wird (1. Kor. 2,8) – soll unsern Blick nicht von den ungezählten anderen ablenken, die von Menschen mißhandelt worden sind und mißhandelt werden, bis hin zum grauenvollen Tode. Hier meldet sich nun doch die kollektive Auslegung des „Gottesknechts". Gerade das Gottesvolk des Alten Bundes hat Unsagbares erlitten. „Meinen Rücken bot ich dar für die Geißelung und meine Wange denen, die mich rauften" – das Raufen des Bartes ist nach Duhm „Zeichen wütenden Zornes", über das Schlagen der Wange s. o. Hier zeigt sich ein Heldentum des Leidens. Die Mißhandelten machen ihr Angesicht hart wie Stein (V. 7). Man denkt an Szenen, die aus Theresienstadt, aus dem Warschauer Getto oder aus Auschwitz/Birkenau berichtet wurden. Gott hört das Weinen, Ächzen und Schreien der Mißhandelten, man muß sagen: aus allen Jahrhunderten der Geschichte. Menschenopfer – aus religiösem Wahn, aus triebhafter Grausamkeit, aus Sensationslust, um der angeblichen höheren Notwendig-keiten willen, im Namen der „Gerechtigkeit", im rassistischen Wahn, im kalten eigen-süchtigen Kalkül, um der Erhaltung der eigenen Macht willen. Gott hört den Jammer auch aus Buchenwald, Lidice und aus Son My und woher auch immer. Jesu Kreuz stand zwischen zwei anderen. Die Deutung des Knechts auf das Volk läßt uns daran denken.
Allerdings: schon wenn wir vom „Volk Gottes" sprechen, bekommt das hier Gesagte einen neuen Aspekt. Die – mit Gen. 12,1 beginnende – *Heilsgeschichte* steht unter dem Kreuz. In den Leiden Israels spiegeln sich – ob Israel das gelten läßt oder nicht – die Lei-den Christi. Im „Knecht" erkennen wir den Herrn. Er macht sich nicht *nur* allen Leiden-den der Menschheit gleich. Er bekennt sich nicht *nur* zu ihnen und protestiert nicht ein-fach, indem er mitleidet, gegen Unmenschlichkeit und Gewalt. Es wäre keineswegs falsch, wenn wir *auch dies* sagten. Nur: sein Leiden hat *soteriologischen* Sinn – Kap. 53 macht es deutlich. Der Knecht leidet an der Sünde der Welt. Aber nicht, indem er anklagt, sondern sie auf sich nimmt. Es bleibt dabei: er ist gekommen, um zu trösten und aufzuhelfen. Die eigentliche Hilfe besteht darin, daß er wegräumt, was uns den Weg zu Gott verbaut: die Schuld. Sein Leiden hat sühnende Kraft.
Man könnte, von V. 6 her, sein leidendes Wirken noch anders sehen. Wenn er geschla-gen, gerauft, gedemütigt und angespuckt wird, dann wehrt er sich nicht, er knirscht nicht einmal grimmig mit den Zähnen. Er hält seinen Rücken hin, daß sie ihn geißeln können, wie sie in ihrem Mutwillen es vorhaben (Matth. 27,26; Joh. 19,1). Er läßt sich ohrfeigen, so entehrend und demütigend das ist (Joh. 19,3). Sie spucken ihn an, und er läßt es geschehen (Matth. 27,30). Er schilt nicht wider, wenn er gescholten wird; er droht nicht,

wenn er leidet (1. Petr. 2,23). Das schreckliche Gesetz der Vergeltung, nach dem eine Gewalttat immer wieder eine andere, das Unrecht auf der einen Seite immer sofort neues Unrecht auf der anderen Seite hervorruft, durchbricht er. Den Teufelskreis des sich unendlich fortsetzenden, ja oft steigernden reaktiven Handelns reißt er auf. Keine Aggression, nicht einmal Defensive. Nur sein Angesicht macht er hart wie Kiesel; man soll ihm die Angst und die Schmerzen nicht ansehen. Man könnte sagen, mit dieser „Maxime des Handelns" wird – nicht im Augenblick, aber auf weite Sicht – die Gewaltausübung ausgehöhlt und zum Erliegen gebracht. Denn die Gewalttätigkeit, ja schon das Aussein auf Gewalt, das Vertrauen auf Gewalt, das Sich-Wappnen, die Bereitschaft zu aggressiv-defensivem Handeln – wie schwer läßt sich beides auseinanderhalten – ist bestenfalls und bei freundlicher Deutung: Konzession an die sündige Verfassung unserer Welt. Wüßte man, daß der andere sich so verhält wie der „Gottesknecht", man könnte auf das alles verzichten. Nur: man hat, leider, mit der Feindseligkeit des anderen zu rechnen. man kennt den (potentiellen) Gegner. Man weiß, was man von ihm zu erwarten hat. Ja, wenn man es nur mit solchen zu tun hätte, die sind wie Jesus, „welcher keine Sünde getan hat, ist auch kein Betrug in seinem Munde erfunden" (1. Petr. 2,22 – wir haben vorhin V. 23 zitiert!)! Will man die Gewalt abschaffen, muß man die Sünde abschaffen. Aber mit der Sünde wird man nicht fertig, es sei denn, die Schuld wäre aus der Welt. Weshalb mißtraue ich denn? Weil ich den potentiellen Gegner kenne und von seinem Schuldkonto weiß. Indem wir einander die Untaten von einst vorrechnen, rechtfertigen wir schon vorsorglich den nächsten Schlag. Man sieht, unser Ebed-Jahwe-Lied hat geradezu ein Gefälle nach Jes. 53 hin. Der mißhandelte Gottesknecht lebt uns wohl ein Ethos des Leidens vor, aber er tut mehr: in seinem Leiden nimmt er die Sünde derer, die ihn schlagen, raufen und anspeien, auf sich und dazu alle anderen Sünden, die großen und kleinen, mit denen wir die Atmosphäre des Mißtrauens erzeugen, die die innere Voraussetzung der Gewaltausübung ist.

Man muß fragen, wie der Gottesknecht es überhaupt fertigbringt, sich so zu verhalten. Jeder von uns wüßte wohl Szenen aus seinem Leben, in denen er ihm widerfahrendes Unrecht hingenommen und in der Demütigung still geblieben ist. Geben wir es zu: es ging wohl unter die Haut, aber nicht ans Leben. Und noch etwas ist zuzugeben: der Verzicht auf Gegenwehr ist erst ein Vorletztes. Hinter dem Angesicht, das sich wie Kiesel verhärtet, könnte noch Haß gegen die Mißhandelnden stecken, Abscheu, Verachtung. Vom „Knecht" lesen wir, er habe „für die Übeltäter *gebetet*" (53,12; Luk. 23,34a). Er nimmt, was ihm widerfährt, nicht nur hin; er ergreift gewissermaßen Partei – nun nicht für das Böse, das seine Peiniger tun, wohl aber – für die Peiniger selbst. Das alles ist gemeint, wenn es heißt: „Er wurde gehorsam bis zum Tode, ja zum Tode am Kreuz."

3.

Wir fragen noch einmal, wie eine solche Haltung überhaupt möglich ist. Antwort: Der Herr, der der „Knecht" ist, weiß, daß er der „Gerechtfertigte" ist. Gerade *weil* er gehorsam das Schrecklichste und Entwürdigendste auf sich genommen hat, hat Gott ihm den Namen über alle Namen gegeben (Phil. 2,9). Gott steht auf seiner Seite. Alles, was von V. 7 an noch gesagt wird, steht unter diesem Thema.

„Gott der Herr hilft mir – er ist nahe, der mich gerecht spricht." Es gibt nicht nur die *eine* Ebene, auf der die Menschen denken, urteilen, agieren und den „Knecht" zur unmöglichen Figur machen. Da ist ja noch Gott – der denkt, urteilt und handelt ganz anders. Er hindert die Leiden nicht. Aber er trägt seinen Knecht *in* ihnen. Also nicht: weil Gott da ist, müssen und werden die Verfolger ablassen. Sondern – jetzt wissen wir es – weil Gott da ist, wird das Angesicht hart wie Stein. Sollen sie doch zuschlagen, kratzen, raufen, spucken! Mögen sie den Knecht zuletzt umbringen (53,8–10)! Es gibt für ihn eine letzte Unverwundbarkeit, die auch dann bestehen bleibt, wenn er aus vielen Wunden blutet, und ein Leben, das nicht auszulöschen ist, auch wenn das Herz stillsteht und der Atem aufhört. Gott ist bei ihm. Er weiß, daß er nicht zuschanden wird.

Ja, er kann seine Hasser sogar zum Rechtsstreit herausfordern. Das heißt ja nun wirklich, die Dinge auf den Kopf stellen! Er befindet sich in der Gewalt derer, die ihn quälen. Er hat offensichtlich keinen Freund, keinen Verteidiger, keinen Fürsprecher. Alles, was er von seinem Gott gesagt hat, ist durch die Lage, in der er sich befindet, derart gründlich widerlegt und ad absurdum geführt, daß es geradezu grotesk wirkt, wenn er sich auf Gott beruft. Sind seine Herausforderungen (V. 8) nicht Symptome einer blinden Wut, die auch in der Situation, in der alles verloren ist, nicht kapitulieren will? Oder ist es so, daß er auf Gottes Seite eben doch recht behält? – Denkt man nur weit genug, dann ist, was Menschen über uns denken und wie sie mit uns verfahren, wirklich nur von vorläufiger Bedeutung. Gott spricht das letzte Wort; dann sind die Worte, die in den Vor-Instanzen gesprochen werden, von vornherein aufgehoben und überholt. Bedrängt und malträtiert von den sichtbaren Gewalten, kämpft der „Knecht" seinen Kampf unter dem Beistand des unsichtbar anwesenden Gottes. Der sich zu Beginn der Leidenswoche darauf gefaßt zu machen hat, daß er am Kreuz endet, kann gewiß sein, daß er recht behält.

Man hat gemeint, bei Jesus sei es tatsächlich anders gewesen. Jesus habe sich zuletzt von Gott verlassen gefühlt. Da ist nichts mehr von der Gewißheit des Ebed Jahwe. Es wäre ja auch, so fügt man gern hinzu, kein wirkliches Erleiden des Tiefsten und Schrecklichsten gewesen, wenn Jesus sich hätte hinrichten lassen in der Gewißheit, daß sich „am dritten Tage" alles zum Besten wendet. (Von daher hat man auch die Leidensweissagungen nicht nur der Formulierung nach, sondern auch der Sache nach Jesus abgesprochen.) Man vergesse nicht: daß der „Knecht" Gott auf seiner Seite weiß, ist *Glaubens*gewißheit, die nur in der Überwindung der Anfechtung durchgehalten bzw. immer wieder neu gewonnen werden kann. Jesu letzter Schrei am Kreuz (Mark. 15,37) macht, was hier gesagt ist, nicht zunichte. Im Gegenteil: nur durch den Zusammenbruch kommt es zu dem Triumph, mit dem die Epistel des Sonntags endet. Gottes Stärke wirkt in der größten Ohnmacht. Sein Sieg verwirklicht sich im totalen Zusammenbruch. Seine Majestät erscheint im Bilde unausdenkbarer Schande. Sein Recht darin, daß sein Knecht unrecht hat und als Verbrecher hingerichtet wird. Für den, „der im Finstern wandelt und scheint ihm kein Licht" – wie es in V. 10 heißen wird –, hieße das, daß er seine Lage im Lichte des Gottes sehen dürfte, der gerade jetzt zur Stelle ist. Gott wird nicht anders Herr als dadurch, daß herauskommt, was an uns ist, und unser stolzer Widerstand gegen sein Herrsein, gerade auch unser *frommer* Stolz, am Erweis seiner alles duldenden Gnade scheitert. Gott ist zur Stelle und recht behält am Ende eben nicht der Gewalttätigste, der Bedenkenloseste, der krasseste Menschenverächter, der Brutalste, sondern der leidende Knecht, zu dem Gott sich bekennt.

Man könnte die VV. 7–9 *österlich* verstehen. Zwar ist mit keinem Wort von dem neuen Leben die Rede, das zu Ostern ans Licht kommt. Aber das neue Leben bekommt Jesus, indem Gott ihn „rechtfertigt", ihm also rechtgibt und sein Ja zu ihm spricht. Ostern ist zuallererst ein Geschehen auf der *forensischen* Ebene. Indem Gott zu seinem Sohne das unwiderrufliche Ja spricht, *lebt* er. Es sieht so aus, als hätten die Gegner gesiegt. Aber nun sind sie, vor Gottes Gericht dem Gewinner gegenübergestellt, wie Kleider, die in Lumpen zerfallen und von Motten zerfressen werden: der höchste Grad von „Fadenscheinigkeit". Gott wird seinen Knecht in einer durchschlagenden Weise rehabilitieren. Er *hat* ihn rehabilitiert. Aus dem irdischen Hosianna beim Einzug ist das große kosmische Christusbekenntnis und die Huldigung geworden, die Jesus in allen Räumen der Schöpfung widerfährt (Phil. 2,10f.). Man tut gut, sich dem „Knecht" anzuvertrauen.

Gründonnerstag. 1. Kor. 10,16–17

Die Kapitel 8–10 handeln von der Frage, ob Christen Fleisch essen dürfen, das von der Götzenopfer-Schlachtung stammt. Das Herrenmahl ist also nicht eigenständiges Thema, sondern in Anwendung auf diese spezielle Frage erwähnt. V. 16 spricht „unverkennbar bereits geprägte Sakramentssprache"; Paulus argumentiert also mit Gedanken, die ihm vorgegeben sind (E. Käsemann, EVuB I, S. 12). Es handelt sich in V. 16 um eine „in der Gemeinde tradierte Formel", vgl. auch Ignatius, Brief an die Philadelphier, 4 (ThWNT VI, S. 156). Daß der Becher vorangestellt ist, deutet keineswegs auf einen abweichenden Sakramentsbrauch, sondern ist darin begründet, daß Paulus vom Leib-Christi-Gedanken aus weiterargumentieren will (V. 17), das Brotwort also als Aufhänger braucht (die übliche Reihenfolge: 11,23ff.).

V. 16: Paulus selbst würde nicht von εὐλογία, sondern – wie auch späterhin die Kirche – von εὐχαριστία sprechen (11,24, vgl. ThWNT IX, S. 401). Die Einsetzung des Abendmahls knüpft an den „Segensbecher" (כּוֹס שֶׁל בְּרָכָה) der jüdischen Tischsitte an, über dem das Tischdankgebet nach der Hauptmahlzeit gesprochen wurde. Bei der Passafeier war es vermutlich der „dritte" Becher Wein (Str.–B. z.St.). Der Zusammenhang zwischen Passa und Herrenmahl wird hier terminologisch bestätigt. Jedoch grenzt der (keineswegs „pleonastische", wie Lietzmann meint) Zusatz ὁ εὐλογοῦμεν den Segensbecher der Christen gegen den der Juden ab (Goppelt, ThWNT VI, S. 157). Auch heißt es nicht mehr, wie in jüdischer Tischsitte, die Berakha werde *über* dem Kelch gesprochen, sondern *für* ihn: der Kelch wird „gesegnet", vgl. Goppelt, ThNT 2, S. 477. „Der Kelch wird dadurch ,gesegnet', daß lobend für die Gabe gedankt wird, die der Herr nach seiner Stiftung durch ihn darreicht" (ebd.). κοινωνία bedeutet eigentlich nicht „Gemeinschaft", sondern „Anteilhabe", gleichbedeutend mit μετέχειν (V. 17, auch VV. 21.30) und μεταλαμβάνειν (Apg. 2,46; 27,33.34). – Das Brechen des Brotes ist von Hause aus kein kultischer Akt, sondern die Eröffnung einer Mahlzeit (Mark. 6,41Par.; 8,6Par.; Luk. 24,30.35 – wobei an letzterer Stelle fraglich ist, ob es dort nicht schon – als Erkennungsmerkmal des Herrn – eine spezielle Bedeutung hat). Im Bereich der paulinischen Gemeinden ist das Brotbrechen kennzeichnend für das κυριακὸν δεῖπνον (1. Kor. 11,20). So „ist der palästinische Ausdruck Brotbrechen ein, ja wahrscheinlich der älteste Name für das neue gottesdienstliche Gemeinschaftsmahl der Urchristenheit, das Abendmahl, geworden" (ThWNT III, S. 729).

V. 17: Es wird also nur *ein* Brot verwendet, das gebrochen wird. Von daher die Symbolik in Did. 9,4: die Bestandteile des Brotes gehören zu *einem* Brot. οἱ πολλοί = οἱ πάντες, ähnlich Röm. 5,15.19: הָרַבִּים meint schon im Judentum, z. B. in der Damaskusschrift und in Qumran, die Gesamtgemeinde, artikellos Mark. 10,45 Par., Hebr. 9,28. Wie in „Segensbecher" und „segnen", in „Anteilhabe" und „Brotbrechen", so liegt auch in dem „die vielen" ein traditioneller Abendmahlsterminus vor, den Paulus, da er ihn für seine Argumentation braucht, aufnimmt. In 1. Kor. 11,25 steht das „alle" freilich gerade *nicht*. Paulus kennt also eine Gestalt der Abendmahlsüberlieferung, die in dieser Hinsicht der synoptischen Tradition (Matth. 26,27, auch Mark. 14,23) entspricht, ein Grund mehr, die Frage, ob der markinische oder der paulinische Typ der Abendmahlsüberlieferung älter ist, offen zu lassen. In V. 17 „interpretiert" Paulus die in V. 16 aufgenommene Tradition; „die herkömmliche eucharistische Terminologie läßt ihn zum Theologumenon vom Christusleibe der Gemeinde nur über das Brotwort gelangen. Und eben dieses Theologumenon ist für seine eigene Anschauung vom Abendmahl konstitutiv" (Ksm., a. a. O., S. 13). „Diese Verknüpfung von Abendmahl und Kirchengedanken ist das Neue, das er in das Sakramentsverständnis einführt" (Conzelmann z. St.).

Trotz neu erlangten Einsichten und mancherlei Beteuerungen, daß die Sakramente unter uns an Bedeutung gewonnen hätten, wird in unseren Predigten von Taufe und Herrenmahl vergleichsweise wenig gesprochen. Wir sind damit nicht nur gegenüber der Ökumene z. T. schwer im Rückstand, sondern auch gegenüber dem Neuen Testament. Paulus spricht zwar selten ausdrücklich vom Mahl des Herrn (unsere Stelle und 11,23ff.); aber das dürfte Zufall sein und mit dem Ad-hoc-Charakter seiner Briefe zusammenhängen.

Daß die Abendmahlsüberlieferung der Kirche, auf deren geprägten Wortlaut er sich beruft, Argument ist im Zusammenhang einer ganz anderen Thematik, macht deutlich: sie gehört zum Elementaren im Christsein, man kann sich ohne jeden Anlauf darauf berufen. Sicher ist das Christsein eine neue Weise zu *leben*, also ein neues Ethos. Sicher beruht dieses neue Ethos auf der Heilung unseres gestörten Gottesverhältnisses durch das Gnadenwirken Christi. Aber alles, was Christus gibt und bewirkt, hängt ja an seiner Person und ist von ihr nicht abzulösen. Unsere heile Beziehung zu Gott haben wir ja nicht nur „um seinetwillen" – so daß er sich zurückziehen könnte, wenn er die Hindernisse weggeräumt hat, die uns den Weg zu Gott versperren; wir haben unsere Beziehung zu Gott „in ihm". So ist die Frage, wie wir „in ihm" sein können, dringlich gestellt. Man wird immer dann, wenn Paulus „in Christus" schreibt, zunächst an die Sakramente zu denken haben. Der Tag der Einsetzung des Herrenmahls hilft uns dazu, dem besonders nachzudenken.

Conzelmann überschreibt unsern Abschnitt (und die folgenden Verse, bis V. 22): „Das Abendmahl als Kriterium", und zwar im Zusammenhang der Götzenopferproblematik. Der Hinweis auf das Abendmahl hat im Ganzen der Erörterung nur dienende Bedeutung. Tun wir recht daran, was nur subsidiäre Funktion hat, aus diesem Ganzen herauszulösen und zum Thema zu machen? K. Barth wird recht haben, wenn er für den ganzen Zusammenhang der Kapp. 8–10 sagt: „Der Weg ist ... wichtiger als das Ziel, oder vielmehr der Weg, die der Erteilung dieser Ratschläge" (z. B. 10,25–28) „vorausgehende sachliche Belehrung ist das eigentliche Ziel dieser Abschnitte" (Die Auferstehung der Toten, [2]1926, S. 18), so daß „die Frage des Götzenopfers und ihre Beantwortung wirklich nur der Anlaß, aber nicht das Thema war" (a. a. O., S. 29). So ist es bei Paulus: die Einzelfragen christlichen Lebens werden nicht isoliert betrachtet, sondern auf letzte Sachfragen zurückgeführt. Die Vordergrundsproblematik stellt sich auf dem Hintergrund des Glaubens dar, so daß die Glaubensaussage der Hintergrundsebene zwar in angewandter Weise, aber eben doch als Aussage von eigenem Gewicht erscheint.

Für uns ist die Götzenopferfrage, auf den ersten Blick zumindest, nicht mehr unmittelbar aktuell. Es wäre eine Frage für sich, ob sie in verwandelter Gestalt uns immer noch angeht. Ist V. 21 als Folgerung aus V. 17 anzusehen, dann wird immerhin – trotz der engen Begrenzung der Perikope – zu fragen sein, ob sich auch für uns Konsequenzen ergeben. Darüber hinaus stellt sich, nicht nur für diesmal, die Frage, ob wir überhaupt gewohnt – und vielleicht darin eingeübt – sind, vom Altarsakrament her zu denken und es in praktischen Fragen des Lebens „Kriterium" sein zu lassen. (Der Text macht mich darauf aufmerksam, daß dies auch in diesen Auslegungen nur selten geschieht.) Das Sakrament aus seinem Winkel herauszuführen, ist nicht nur eine liturgische, sondern, wie dieser Text zeigt, auch eine dogmatisch-ethische und homiletische Aufgabe.

Unsere Gliederung kann diesmal nicht viel kürzer sein als der – kurze – Predigttext selbst: *Christus gibt uns Anteil an sich selbst. Dies schafft* (1) *Verbundenheit mit ihm,* (2) *Verbundenheit unter uns,* (3) *verbindliche Verbundenheit.*

1.

Paulus beruft sich auf den Korinthern Geläufiges und Vertrautes; sie sollen selbst die Folgerungen ziehen. Die Terminologie in V. 16 ist nichtpaulinisch (vgl. hierzu Goppelt, ThNT 2, S. 476); die Formel („kunstvoll im Parallelismus membrorum formuliert", nur die Umkehr von Brot und Kelch wird auf Paulus zurückgehen, s. o.) ist alt, offenbar judenchristlich. Des Abstandes von der Passafeier der Synagoge ist man sich freilich bewußt. Das verraten die kleinen Relativsätze: „den wir segnen", „das wir brechen". Die

jüdische Hausgemeinde spricht die Beraka „über" dem Brot und dem Kelch; hier jedoch wird *der Kelch selbst* gesegnet. „Die Elemente der Eucharistie" werden „durch die Danksagung ‚geheiligt', d. h. dem Profanen entnommen und aus der Hand des Herrn als Vermittler dessen entgegengenommen, was nach dem Einsetzungswort durch sie gegeben wird: der gesegnete Kelch ist ‚das Teilhaben am Blut Christi'" (Goppelt, S. 477). Die jüdische Beraka ist schöpfungstheologisch zu verstehen: „Gepriesen seist du, ... der du das Brot aus der Erde hervorgehen läßt, ... der du die Frucht des Weinstocks schaffst." Die Eulogie der christlichen Gemeinde hat christologischen Sinn. Kelch und Brot bewirken Verbundenheit mit Christus. Christus gibt sich selbst in seinem Mahl: „Dies ist mein Leib für euch – dieser Becher ist der neue Bund in meinem Blut" (11,24f.).
Wie haben wir dies zu verstehen? Man könnte daran denken, daß Kelch und Brot gewissermaßen Haftpunkte der Christuserinnerung sind. Dem scheint entgegenzukommen, daß die alte Formel, die Paulus in 11,23ff. zitiert, vom „Gedächtnis" spricht (V. 25). Man denkt an den Herrn, den man in seinen Erdentagen vor sich hatte und um den die Jüngerschar versammelt war; man ruft sich, was *war*, ins Gedächtnis zurück. Wer wollte bestreiten, daß es in der ersten Christenheit – und auch späterhin – immer wieder zu solcher Rückerinnerung kam? Nur: schon das Wort „Gedächtnis" meint sehr viel mehr: es meint das Gegenwärtigwerden dessen, was Christus geredet, getan, gelitten (usw.) hat in der je heutigen Begegnung mit ihm, dem Auferstandenen. Repraesentatio ist mehr als memoria. Wir haben es ja im Herrenmahl mit dem *gegenwärtigen* Christus zu tun, nicht mit einem Vergangenen. – Man könnte auch daran denken, daß Kelch und Brot die – leiblose – Präsenz des Erhöhten im Geist signalisieren. Christus wäre dann nicht an Brot und Kelch gebunden; die Elemente würden dann nur zeichenhaft auf seine Pneuma-Gegenwart aufmerksam machen. Das Zeichen wäre noch nicht die Sache. Das Etikett auf der Flasche kann auf einen kostbaren, edlen Wein hinweisen, den die Flasche enthält; aber das Etikett bezeichnet nur, es vermittelt nicht den Wein, und man könnte den Wein auch ohne das Etikett haben. Nichts deutet darauf hin, daß Paulus dergleichen im Sinn gehabt haben könnte. Er spricht von κοινωνία. Mit „Gemeinschaft" ist dieses Wort nur sehr unzureichend wiedergegeben; irreführend geradezu, wenn wir es verdünnen zu einem bloßen In-Beziehung-Treten, zu einem soziologisch faßbaren Miteinander oder zu einem Einander-Zugewandtsein im Austausch der Gedanken, in gemeinsamem Wollen und Planen (usw.). Das Wort κοινωνεῖν τινος bedeutet soviel wie μετέχειν, μεταλαμβάνειν, μέρος ἔχειν. Wenn die patristische Abendmahlslehre darauf immer wieder hinweist, daß es beim Sakrament um ein *Anteilhaben* an Christus geht, so folgt sie damit unserm Text. So bedeutet *communio sanctorum* ursprünglich ebenfalls Teilhabe an den ἅγια, an den heiligen „Dingen" (vgl. Matth. 7,6), d. h. an den Gnadenmitteln, in denen sich der Herr seiner Kirche schenkt; erst im abgeleiteten Sinne bezeichnet der Begriff das Zusammensein von Menschen (s. unter 2). Wir bekommen, indem wir den Kelch und das Brot nehmen, „Anteil" an Christus selbst. Noch genauer: Kelch und Brot sind – kraft der in Jesu Stiftung geschehenden Selbstidentifizierung mit den Gaben des Mahles – Blut und Leib Christi, an denen wir teilgewinnen. „In strenger Analogie entsprechen sich Brot und Kelch, Leib und Blut des Herrn. Diese Größen sind offensichtlich identisch und sind es doch in einer geheimnisvollen Weise, der man nicht Rechnung tragen kann ... Es ist die praesentia des Herrn, der sich dieser Mittel zu seiner Epiphanie bedient" (Ksm. , a.a.O., S. 23f.).
Christus gibt uns Anteil an sich selbst. Er gibt nicht „etwas", sondern „sich". In den „Dingen" – Brot und Wein – gibt er sich als *Person*. Daß er sich an die „Dinge" bindet, macht die Gabe des Mahles keineswegs zu etwas „Dinglichem"; die Sorge, wir könnten ins Naturhafte abgleiten, beruht auf einem Mißverständnis. Man sollte aber auch nicht

von Mystik sprechen; wir würden damit verführt, die Anteilhabe an Christus zu einem bloßen „innerlichen" Vorgang zu machen. Wir haben, im Sinne des Apostels und überhaupt der neutestamentlichen Gemeinde, an den „riesenhaften Leib des Urmensch-Erlösers" zu denken (Ksm., S. 13 f.), sagen wir ruhig: an den Leib des auferstandenen Christus, der an der Allgegenwart des Vaters teilhat. Auferstanden ist der *ganze* Christus, einschließlich seiner ins Eschatische verwandelten Leiblichkeit (s. u.). Den qualitativen Unterschied zwischen Proton und Eschaton werden wir dabei zu bedenken haben (1. Kor. 15,35 ff.). Die Alten dachten sich auch das Himmlische in feinster Weise stofflich, wie denn der Hellenismus keine Energie ohne substantielles Substrat kennt (Ksm., S. 17 f.). Zu entmythologisieren hätten wir, indem wir den unausdenkbaren qualitativen Unterschied zwischen Hier und Dort, Zeit und Ewigkeit beachten. Wem die Rede vom „Leib" des Erhöhten zu massiv vorkommt, der wolle dies bedenken. Aber er wolle, bitte, das Geschehen und die Gabe des Sakraments nicht – in einer neuen Variante des Mythologischen – ins „Geistige" verlegen. Anteil ist mehr als geistiger Kontakt. Im Mahle teilt unser erhöhter Herr sich selbst an uns aus: Nehmt, eßt, trinkt alle daraus! Zugleich – das liegt in der „Anteilhabe" – zieht er uns in sich hinein: Empfang des Sakraments ist Eingliederung in seinen himmlischen Leib. Die personale Verbundenheit des Herrn mit uns – aus der man in folgenschwerer Weise herausfallen kann (VV. 1 ff.) – vollzieht sich in unserer Teilhabe an der eschatischen Christuswirklichkeit.

Der *ganze* Christus – leibhaft sich austeilend als Brot und Wein. Er schenkt sich uns so, wie wir ihn brauchen. So tief gibt er sich in unser Leben hinein. Personales Geschehen vollzieht sich, wie wir nun einmal geschaffen sind, nie abseits vom Leibhaft-Kreatürlichen, sondern in, mit und unter ihm. Haben zwei Menschen einander lieb und es faßt eine Hand die andere, dann ist dieses Ergreifen, dieses Zufassen und der Händedruck nicht bloßes Hilfsmittel der Sprache, sondern selbst ein Stück Gemeinschaft im Vollzug. Denkt man, diese Linie fortsetzend, an die Ehe, dann wird das unverzichtbare Ineinander von Personalem und Leibhaften erst recht deutlich; die Ehe verlöre nicht nur das Naturhafte, sondern erlitte auch Schaden an der inneren Gemeinsamkeit, wenn sie nur durch Brief und Telefon geführt würde. Christus gibt sich im Mahle so, daß wir ihn fassen, greifen, in uns aufnehmen können. Nicht weniger real, als er in seinen Erdentagen inmitten der Seinen stand. Nur jetzt *noch* näher. Wir bekommen an ihm selbst teil. Er wollte es so – gerade in der Abschiedsstunde des Gründonnerstag. Wir sollen nicht ohne ihn sein.

2.

Hat Paulus in V. 16 nur aus dem Katechismus der Kirche zitiert, so dürften wir in V. 17 eine Einsicht vor uns haben, die er selbst gewonnen hat. Die „vielen", von denen die Einsetzungsworte nach Markus (14,24) und Matthäus (26,28) sprechen, sind durch die Teilnahme am Herrenmahl *ein Leib*. Es geht um die Verbindung zwischen dem Sakrament und dem Christusleib der Kirche.

Wir reden vom „Leib Christi" in dreierlei Sinne. Einmal ist es im Neuen Testament außer Frage, daß Christus leibhaft auferstanden ist. Paulus spricht 15,35 ff. von den σώματα der Auferstandenen; der Rückschluß auf den „Erstling" (15,20) ist zwingend, obwohl das Wort σῶμα bei Paulus in bezug auf den auferstandenen Christus nicht gebraucht wird; soweit ich sehe, nur mit einer Ausnahme (Phil. 3,21). – Sodann ist vom Leibe Christi im Zusammenhang mit dem Abendmahl die Rede (unsere Stelle; 11,27.19). – Endlich aber spricht Paulus (bzw. seine Schule) von der Kirche als dem Leibe Christi (1. Kor. 12; Kol. 1,18.24; Eph. 1,23; 4,12.16; in interessanter Abwandlung bzw. Weiterführung 1. Kor. 6,15; Eph. 5,30). Leib Christi – der gleiche Ausdruck für verschiedene

Sachverhalte? Nein, es kommt darauf an, die *Zusammenhänge* zu sehen. Der Anteil am Leibe des auferstandenen Christus, der uns im Sakrament gegeben wird, macht uns zur Kirche als Christusleib. Geht er, der Auferstandene, in dich und mich und all die anderen ein, dann haben wir alle denselben Christus in uns, leibhaft gegenwärtig und an uns ausgeteilt. Könnte die Gegenwart des Christus durch eine Art Fluoreszenz seiner himmlischen Doxa wahrgenommen werden, dann müßte an den vom Tisch des Herrn Kommenden die Ausbreitung des Leibes und Blutes Christi in den Raum der Gemeinde hinein mit den Augen verfolgt werden können. Wir reden im Irrealis, denn die himmlische Wirklichkeit des Auferstandenen ist unseren Sinnen nicht zugänglich. Die eschatologische Realität, die in ihm, dem „Erstling“, zu sein begonnen hat, ist qualitativ von der Wirklichkeit unserer Raum-Zeit-Welt so weit unterschieden, daß alle unsere Vorstellungskraft versagt (15,35ff.). Vom schlechthin Analogielosen kann man nicht angemessen sprechen. Aber wir bekennen die Präsenz dieses Ganz-Anderen in den Gaben des Mahles – und damit die Präsenz des sich austeilenden Christus in der Gemeinde als seinem Leib. „Durch die sakramentale Kommunio werden die Teilnehmer zu einem σῶμα verbunden – wobei σῶμα nicht eine bildliche Bezeichnung der Einheit ist, sondern das σῶμα Χριστοῦ meint" (Bltm., ThNT, S. 149), d. h., „daß der Anteil am Leibe Jesu uns zum Christusleibe macht" oder, was dasselbe besagt, „daß der Anteil an Jesus und seinem Leibe mit der Eingliederung in den Christusleib der Gemeinde identisch sei" (Ksm., a.a.O., S. 12f.).

Dieses Verständnis der Gemeinde als Leib Christi will nicht mit dem aus antiker Soziallehre übernommenen Bild von der Interdependenz der Glieder im Leibe vereinerlei werden. Auch dies kann Paulus aufnehmen und bedenken (Röm. 12,4–6; 1. Kor. 12,12ff.), ja, er kann, wie 1. Kor. 12 (vgl. auch Eph. 4,16) zeigt, die gliedhafte Verbundenheit der Christen im Leibe aus dem vorgegebenen Einssein in Christus *ableiten*. Aber auf das Vorgegebene kommt es an. Die Einheit der Kirche bzw. Gemeinde ist ja nicht das Ergebnis eines Zusammenschlusses, sondern Merkmal des Christus (Ksm. ebd.). Eins sind wir als Gemeinde nicht deshalb, weil wir uns gefunden, miteinander Verbindung aufgenommen, uns gegenseitig schätzen und lieben gelernt und begriffen haben, daß wir einander nötig haben. Beruhten unsere Zusammengehörigkeit und unser Einssein auf diesen zwischenmenschlichen Vorgängen und Tatbeständen, wäre unser Gemeinde-Sein ein – gewiß mit der Liebe Christi bestrittener – sozial-ethischer Sachverhalt, dann wären wir nicht das eschatologische Gottesvolk, die neue Kreatur, in der wir „alle einer in Christus Jesus" sind (Gal. 3,28). Dann wäre unsere Zusammengehörigkeit bedingt durch die persönliche Bekanntschaft und Vertrautheit der einen mit den anderen, durch Gleichgestimmtheit und Sympathie, durch die Fähigkeit, aufeinander einzugehen und miteinander zu denken, zu urteilen, zu erleben und zu leiden. Wir fragen uns: Soll das alles nicht sein in Jesu Gemeinde? Doch – es *soll* so sein! Es ist tatsächlich etwas nicht in Ordnung, wenn die Glieder der Gemeinde zwar auf den gegenwärtigen Christus ausgerichtet, untereinander jedoch sich fremd sind. Nur: das erste sind nicht die Horizontalverbindungen der Christen untereinander, sondern ihre Vertikalverbundenheit mit Christus. Unsere Einheit ist nicht das Ergebnis unseres Aufeinander-Zugehens, sondern die Wirkung seines Eingehens in uns. Wie wenig wir beide, du und ich, vorerst voneinander wissen, was immer uns voneinander unterscheiden mag, was auch, menschlich gesehen, zwischen uns steht: Christus ist, wenn wir von seinem Tische kommen, in dir und in mir, also gehören wir zusammen. Also muß auch die Einheit der Gemeinde nicht erst hergestellt werden; sie ist in Christus gegeben. Also ist, im Maßstab der Ökumene gedacht, die Einheit der Kirche nicht ein Fernziel, um dessen Erreichung sich ungezählte Kommissionen und Vollversammlungen bemühen; in Christus ist die Einheit gegeben (Eph. 4,4–6). Ökumenische Arbeit hat, wie auch das Bemühen um Einverständnis in der Einzelgemeinde, *konsekutiven* Sinn. Weil Christus uns längst zusammengeschlossen hat, ist das Trachten nach dem Einssein sinnvoll.

V. 17 ist von daher auch für die Art und Weise unserer Sakramentsfeier von Bedeutung. Es kommt einem unter uns verbreiteten Bedürfnis entgegen, daß bei der Spendung bzw. Austeilung der Sakramentsgaben, besonders beim Tischabendmahl, die Horizontale der zwischenmenschlichen Gemeinschaft der leitende Gesichtspunkt ist. Da ist aber κοινωνία offensichtlich anders verstanden, als wir vorhin sahen. Wollte man den Sachverhalt in einem elektrotechnischen Bilde aussagen, so müßte von Hintereinanderschaltung geredet werden statt, wie Paulus meint, von Parallelschaltung. Es soll wirklich nicht verkannt werden, daß das Erlebnis der Gemeinschaft der Christen untereinander, das in einem gemeinschaftlichen Mahle sich Ausdruck verschafft, der Art Jesu gemäß ist. Zwei oder drei in seinem Namen versammelt – auch bei Tisch – : er wird unter ihnen sein. Man muß nur dann feststellen: das Mahl des Herrn, das unser Text meint, ist mehr als das eben beschriebene. Wir begehen nicht nur die Mitmenschlichkeit, wir erfahren die Selbstdarbietung des Herrn in seinem Mahl. Man darf nicht ins *Ethische* umdeuten, was *sakramental* gemeint ist. Auf dem Boden des sakramentalen Indikativs – der Herr gibt uns Anteil an sich selbst – hat dann auch der mitmenschliche Imperativ sein Recht und, was mehr ist, sein legitimes Woher. Dies wird sich dann auch in der Art der Sakramentsfeier ausdrücken. Aus des Herrn eigener Hand – nur vermittelt durch die des „Verwalters" (4,1) – empfangen wir ihn selbst. So sind wir dann auch untereinander verbunden. Das Sakrament schlägt dann tatsächlich Brücken, auch wo menschlicherweise nur Gräben sind. Die Rede von unserer gliedhaften Verbundenheit hat nicht mehr nur sozialen Sinn und ist erst recht nicht mehr nur Bild für eine Sache, die auf einem ganz anderen Blatt steht. Der Prediger mag sich von Luthers „Sermon von dem hochwürdigen Sakrament des heiligen, wahren Leichnams Christi" (WA 2,739ff.; Cl. 1,196ff.; MA 1,377ff.) anregen lassen, das aus der Teilhabe am sakramentalen Christus sich ergebende Miteinander im Leibe zu konkretisieren: alle auf Gedeih und Verderb miteinander verbunden, alle allen verpflichtet, jeder Sieg des einen ein Sieg auch für alle anderen, jedes Versagen von weittragenden Folgen auch für die anderen, jeder Schmerz (auch im „kleinsten Zehlein") alarmierend für das Ganze, jede Freude des einen eine Freude für alle. Was gibt es für uns hier noch zu entdecken!

3.

Was jetzt noch zu sagen ist, ergibt sich nicht unmittelbar aus dem Wortlaut der beiden uns gegebenen Verse, wohl aber aus der Funktion, die diese beiden Verse im Zusammenhang des Ganzen haben. Daß die Teilhabe an Leib und Blut Christi eine stark verpflichtende Kraft hat, ergab sich bereits soeben, als es um das Verhältnis zu den Mitchristen ging, mit denen wir durch das Sakrament zu einem Leibe wurden. Jetzt wird davon zu reden sein, daß die durch das Sakrament entstehende Verbundenheit mit Christus und folglich untereinander insofern „verbindlich" ist, als sie andere, konkurrierende Bindungen ausschließt. Darum: „Fliehet den Götzendienst!" (V. 14). Ein Christ kann sich nicht an Kulthandlungen beteiligen, die anderen Göttern gelten und damit dem ersten Gebot zuwider sind. Der Grundsatz ist hart. Wie stark er in das Zusammenleben von Christen und Nichtchristen eingreift, wird besonders in den jungen Kirchen erfahren, deren Diasporasituation am deutlichsten ist. Der Alltag fordert das Zusammenleben mit Nichtchristen; ja, die Christen sind allen Menschen ihren Dienst und ihre Liebe schuldig. „Ist es möglich, soviel an euch ist, so habt mit *allen Menschen* Frieden" (Röm. 12,8). Solange

wir noch Zeit haben, lasset uns Gutes tun an *jedermann"* (Gal. 6, 10). Wir haben nicht die Weisung, „die Welt zu räumen" (5, 10). Eine ganz andere Frage ist, ob Christen mittun dürfen, wo fremde Götter angebetet oder Bindungen eingegangen werden, die sich mit der Zugehörigkeit zu Christus nicht vertragen. Die Antwort des Apostels ist eindeutig: „Ihr könnt nicht den Becher des Herrn trinken und den Becher der Dämonen. Ihr könnt nicht am Tisch des Herrn teilhaben und am Tisch der Dämonen" (V 21).
Wie aber, wenn die Götzen doch „Nichtse" sind (8,4)? Gerade wir, die wissen, es ist nur *ein* Gott und *ein* Herr (8,6), wir könnten doch durch das ganze heidnisch infizierte Gelände hindurchgehen mit der überlegenen Respektlosigkeit, die weiß: an dem allen – Attis, Adonis, Sarapis, Isis, Osiris, Dionysos usw. – ist nichts dran, man kann das Heidnische getrost ignorieren! V. 19 steht bloßes ἐστίν – die Fragen verneinen die Existenz der Götzen. V. 20 aber heißt es: ϑύουσιν. Das Opfern ist eine bekenntnishafte Aktivität. Hier wird also menschlicherseits etwas *getan!* Die „Dämonen" sind zwar nicht „Götter", aber sie sind (von Gott abgefallene) Wesen der geschöpflichen Welt, die dadurch, daß man ihnen kultisch dient, zu Göttern hinaufgesteigert und seitens der Heiden sogar ausdrücklich für Götter gehalten werden. Die Tendenz solcher heidnischen Kulthandlungen ist eindeutig. Der Christ, der sich an Gottes erstes Gebot halten will und es auf Christus hin verstehen muß, wird nicht deshalb heidnischen Kulthandlungen fernbleiben, weil sie seinem Gott und Herrn gefährlich wären, sondern weil seine Gebundenheit an Christus sich mit deren Tendenz nicht vertragen kann und weil, wenn der Christ sein Verleugnen auf die leichte Schulter nähme, er *dann* allerdings aus dem Glauben *ge*fallen und damit den Mächten, die der Aberglaube meint, *ver*fallen wäre. Der Synkretismus bringt nicht Gott in Gefahr, aber *uns.* Mit dem, was uns rettet und heiligt, geht man nicht leichtfertig um (VV. 1ff.). *Gibt* Christus sich uns im Sakrament ganz, so *will* er uns auch ganz. Wer richtig liebt, liebt ungeteilt. Die Inklusivität des sakramentalen Geschehens – Christus „schließt" uns in sein σῶμα „ein" – bedeutet zugleich die Exklusivität dieser Bindung. Gerade der Christusglaube ist es, der die Welt entgöttert und damit zur Profanität zwingt; je eindeutiger die Profanität, desto unbefangener und fröhlicher unser Dienst an und in der Welt.

Karfreitag. Hebr. 9,15.26b–28

Unser Brief, eigentlich eine Predigt (nur der Schluß erinnert an die Briefsituation), will den Lesern zeigen, was sie an Christus haben. Dies ist nötig, weil die Angeredeten angesichts in der Luft liegender bzw. schon real hereingebrochener Bedrängnisse in der Gefahr sind, ihren christlichen Glauben aufzugeben, wohl in jüdischen Kult (religio licita!) zurückzufallen. So wird die theologisch tiefgründige Predigt zum λόγος τῆς παρακλήσεως , zur Trost- und Mahnrede (13,22).
Über die Abgrenzung der Perikope wird noch zu reden sein. Die Auswahl dürfte nicht vom Sinngehalt, sondern von der Kapazität der Hörer getroffen sein. Die Textbesinnung wird das Ausgelassene mindestens stückweise einzubegreifen haben.
V. 15: διὰ τοῦτο kann nach rückwärts bezogen sein (darum, weil das unvergleichliche Opfer Christi unser Gewissen in ganz anderer Weise reinigen kann, V. 14, oder gar: darum, weil Jesus mit seinem eigenen Blut eine ewige Erlösung erworben hat, V. 12) – oder auch nach vorn (zu dem Zweck, daß die in den neuen Bund Berufenen das verheißene ewige Erbe empfangen). Je nachdem, welche Möglichkeit wir wählen, hat das διά kausalen (wegen) oder finalen (um – willen) Sinn. Neuer Bund: Jer. 31,31 – 34, aufgenommen in Hebr. 8,8–13. Mittler: vgl. 12,24 und 7,22 („Bürge"). ἀπολύτρωσις eigtl. Loskauf (eines Sklaven oder Gefangenen), hier allgemeiner: Erlaß, Bereinigung. Die folgenden Verse (ohne die V. 15 dunkel bleibt) argumentieren mit dem Doppelsinn der Worte διαϑήκη und κληρονομία . Ein „Testament" wird rechtskräftig, wenn „der Tod eintritt" (ϑανάτου γενομένου , V. 15) bzw. „beigebracht wird" (so wahrscheinlich der rechtstechnische Sinn von φέρεσϑαι , V. 16); und ein

„Bund" bedarf zu seiner Gültigkeit gleichfalls des vergossenen Blutes, also eines Sterbens (Exod. 24,3–8). So ist auch „Erbe" zunächst ein zivilrechtlicher Tatbestand; das Wort hat aber heilsgeschichtlichen Sinn bekommen: aus dem verheißenden Lande (נַחֲלָה) werden „die zukünftigen Güter" (V. 11, vgl. Apparat), das Auferstehungsleben (1. Petr. 1,4); ganz ähnlich hat Hebr. den Begriff der „Ruhe" eschatologisiert. Die κεκλημένοι sind die „Teilhaber an der himmlischen Berufung", vgl. 3,1 (und Phil. 3,14). Bei den unter dem ersten Bund geschehenen Übertretungen könnte an Jer. 31,32 gedacht sein („den sie gebrochen haben"); daß Christi Opfer nicht auch für die Sünden der Gemeinde des Neuen Bundes gilt, werden wir der Stelle nicht entnehmen (obwohl im Hebr. hier Fußangeln liegen, 6,6; 10,26).

Zu VV. 23 ff.: Die alttestamentlichen Kulteinrichtungen sind nur „Abbilder" oder „Schatten" des himmlischen Heiligtums (8,5, vgl. 10,1) – platonisierendes Denkschema zur Bezeichnung genuin biblischer Sachverhalte. Der Luthertext verdeckt in V. 23 geschickt eine theologische Unstimmigkeit: das himmlische Heiligtum bedarf natürlich nicht der Reinigung; auch der Plural κρείττοσιν θυσίαις sprengt die Analogie (Michel: Plural der Kategorie). ἐμφανίζεσθαι = erscheinen, vorstellig werden, der Gang des Hohenpriesters ins Allerheiligste (vgl. Röm. 8,34; 1. Joh. 2,1; Hebr. 7,24f.). πολλάκις – ἅπαξ: dem Hebr. ist dieser Gegensatz wichtig (6,4; 7,27; 9,7.12.26–28; 10,2.10; 12,16f.), vgl. Röm. 6,10 und 1. Petr. 3,18.

V. 26: Während die immer wiederholten Opfer zum Lauf der alten Welt gehören („von Gründung der Welt an"), eröffnet das einmalige Werk „des Christus" den neuen Äon („zur Vollendung der Äonen"). ἀθέτησις = rechtliche Annullierung. – V. 27: gnomische Aussage, der es auf die Einmaligkeit ankommt. – V. 28: προσενεχθείς – gerade in Verbindung mit dem Messiastitel liegt auf dem Objektsein des Geopferten (anders V. 14!) viel Gewicht. πολλῶν (svw. πάντων, רַבִּים): nach semitischem Sprachgebrauch die Heiden einschließend, vgl. Mark. 10,45; 14,24 (ThWNT VI, S.536). Bezugnahme auf Jes. 53,12 (LXX), vgl. 1. Petr. 2,24. ὀφθήσεται ist apokalyptischer Ausdruck (Mark. 14,62; Offb. 1,7), meint also nicht das Vorstelligwerden vor Gott, sondern die Parusie vor aller Welt, die nicht mehr priesterlichen Sinn haben wird, sondern das – der Ergänzung nicht mehr bedürftige – Kreuzesgeschehen voraussetzt.

Mühsame Gedankengänge, für unser Empfinden: weit hergeholt. Der Karfreitag spricht uns doch unmittelbar an. Der, den wir liebhaben, ist in die Hände der Menschen geraten und wird Objekt ihrer Grausamkeit. Er hat unzählige Schicksalsgenossen. Immer wieder tun Menschen anderen Menschen unsagbar Schreckliches an: wenn sie hassen, sich gestört fühlen, wenn der andere ihnen im Wege ist, wenn sie Lust verspüren, diesem anderen ihre Macht zu zeigen, wenn sie vor ihm Angst haben (in der Angst, scheint mir, ist der Mensch am gefährlichsten), wenn sadistische Triebe in ihnen die Oberhand gewinnen (usw.). Wir sprechen von „Opfern" menschlicher Gewaltübung. Auch auf Golgatha ist ein Verbrechen gegen die Menschlichkeit geschehen. Wir verabscheuen es, ebenso wie wir in jedem vergleichbaren Falle kritisch Stellung beziehen. Homo homini sacrum, sagt Seneca.

Aber wir spüren sofort: dies reicht am Karfreitag nicht aus. Dagegen Stellung nehmen, verabscheuen: dies würde voraussetzen, daß wir an dem, was Jesus ans Kreuz gebracht hat, nicht beteiligt sind. Das ist hier nicht der Fall. Natürlich gibt es unmittelbar Schuldige; aber ich kann nicht sagen – wie dies in solchem Falle zu geschehen pflegt –: die anderen waren es. Jesus ist nicht nur mit ein paar exzeptionellen Hassern zusammengestoßen, sondern mit der gegen ihn verschworenen „Sünde der Welt". Wer kritisch Stellung bezieht, meint: solches müßte nicht sein, man muß es bekämpfen. Jesus selbst meint: Es muß sein (Mark. 8,31 u. ö.). Auch unser Text meint dies. Jesu Hinrichtung war nicht ein vermeidbarer böser Zufall oder Übergriff. Unser Brief will das Geschehen des Karfreitags deuten. Nicht so, daß theologische Reflexion zu dem, was sich „draußen vor dem Tor" (13,12) zugetragen hat, etwas dazubrächte oder in dieses Ereignis einen bestimmten Sinn hineinlegte. Die Bedeutung liegt von vornherein im Geschehen drin und muß nur entdeckt und verstanden werden.

Die Denkmittel, deren sich der Brief dafür bedient, würden spätjüdischer bzw. alexandrinischer Gelehrsamkeit – sofern diese überhaupt bereit ist, sich auf die Sache einzulassen – einleuchten können. Für uns sind sie z. T. wenig überzeugend. Die Operationen z. B., die mit dem Doppelsinn von διαϑήκη und κληρονομία angestellt werden (s. o.), scheitern an der für uns geltenden formalen Logik (Äquivokationen). Erben Gottes und Miterben Christi (Röm. 8,17) werden wir gerade nicht dadurch, daß der Erblasser „mit dem Tode abgegangen", also nicht mehr da ist; man kann die Notwendigkeit des Sterbens Jesu daraus nicht beweisen. Den Gedankengang unseres Briefes können wir insoweit nicht übernehmen, wohl aber, was er *meint*. So wird zu überlegen sein, wie wir mit dem Text so umgehen können, daß wir seine Botschaft aufnehmen, ohne unsere Predigt mit formalen Spitzfindigkeiten oder auch Störfaktoren zu belasten.

Nun kann man zweifeln, ob es richtig war, nicht nur die VV. 17–23, sondern auch VV. 25.26a wegzulassen. Das „einmal" in V. 26 hängt in der Luft, wenn es sein typologisches Gegenüber mit dem „oftmals", „alle Jahre" von V. 25 verliert. Und das „erschienen" in V. 26 büßt jegliche Anschaulichkeit ein, ja dürfte wahrscheinlich mißdeutet werden, wenn es nicht auf dem Hintergrund der hochpriesterlichen intercessio im Alten Bunde gesehen wird. Wir werden ja auch wohl das „nicht mit Händen gemachte" himmlische „Heiligtum", nämlich Gott-selbst auf seinem Thron, nicht durch Entmythologisierung „erledigen" wollen. So würde ich also vorschlagen, die VV. 24.25a einzubeziehen. Was hier gemeint ist, könnte so überschaubar werden: *Das Sterben unseres Mittlers am Karfreitag: der* (1) *notwendige*, (2) *wirksame*, (3) *einmalige Opfergang*.

1.

Es sollte uns nicht wundern, daß die Frage, was in Jesu Hinrichtung sich vollzogen hat und warum dies zu unserer σωτηρία (letztes Wort der Perikope) notwendig war, nicht glatt und rund beantwortet werden kann. Was schlechthin einmalig ist [unsere Überlegung unter (3)] und allein in Gottes Willen und Entschluß begründet ist, können wir nicht angemessen nachdenken, geschweige denn – etwa im Sinne des altprotestantischen Äquivalenzdenkens – aus irgendwelchen Prämissen ableiten. Der Hebräerbrief müht sich in bewegender Weise darum, die Notwendigkeit des Sterbens Jesu begreiflich zu machen. Die dafür angeführten Gedanken und Bilder (Wirksamwerden des Erbes, Bundesschluß) schlagen für uns nicht durch. Daß Jesus sterben mußte, ist allen Schriften des Neuen Testaments gewiß. Auch wir können nur *versuchen* zu begreifen.

Jesus ist, gerade in seinem Sterben, „Mittler eines neuen Bundes" (Jer. 31). Unser Brief kommt mehrmals auf diese Bedeutung Jesu zu sprechen (8,6; unsere Stelle; 12,24). Jesus ist es, der die neue – ohnedies nicht vorhandene – Beziehung zwischen Gott und den Menschen herstellt (ThWNT IV, S. 604). Die verwandte Stelle 7,22 spricht vom „Bürgen eines besseren Bundes"; das heißt wohl: Jesus garantiert den neuen Bund, er haftet gewissermaßen als Selbstschuldner dafür (ebd., S. 624). Gott geht, nach dem Scheitern des Alten Bundes, mit uns noch einmal eine – ganz auf seiner gnädigen Initiative beruhende – Bindung zu uns ein, und Jesus ist es, der sie herbeiführt und dafür geradesteht. Man könnte vom Begriff der „Haftung" her das Kreuz verständlich zu machen suchen; der Text tut das nicht, darum wollen wir es auch nicht tun.

Deutlicher wird „die letzte innere Notwendigkeit" des Todes Jesu (Michel zu V. 15) an der jährlichen intercessio des Hohenpriesters im Alten Bunde (VV. 24–26). Das Ritual des großen Versöhnungstages (Lev. 16) ist den Lesern des Briefes bekannt. Es kann, obwohl nur Schatten und Abbild (s. o.), das Geheimnis des Karfreitags verständlich machen helfen. Meist werden im Tempel von Jerusalem die Opfer für die Sünden der *einzelnen* dargebracht. Jedes Jahr aber, am großen Versöhnungstag, geht es darum, die Sünden des *ganzen Volkes* zu sühnen und zu „bedecken". Man fastet und stellt die Arbeit ein. Der Hohepriester wäscht seinen ganzen Leib (in späterer Zeit mehrmals). Er opfert erst zur Tilgung seiner eigenen Sünden (viermal, Lev. 16,6.11.17.24), dann für die Gemeinde (dreimal, 16,10.17.24) und einmal für das Heiligtum (16,20). Alles bedarf des sühnenden Opfers: das Volk, der Hohepriester, auch die Kulteinrichtungen. Feierlicher und zugleich schauriger Augenblick, da der Hohepriester, eingehüllt in eine dicke Wolke von Weihrauch (16,13), die Stufen zum Allerheiligsten hinaufsteigt und durch den (das ganze Jahr über unberührten) Vorhang in das Dunkel des Allerheiligsten tritt, um dort das Blut des Opfertieres auszuschütten. – Gott selbst hat es so befohlen und „eingesetzt" (Lev. 16,1); also war dies Zeremoniell auch ernst zu nehmen. Aber Gottes letztes Wort in dieser Sache konnte der Befehl nicht sein. Es sollte die Stunde kommen, in der nur etwa 500 Meter weiter, außerhalb der Stadtmauer, vor der Westvorstadt, wo die Schwerverbrecher hingerichtet werden, – ein anderer Priester wirksam wurde und ein anderes Versöhnungsopfer brachte: sich selbst (V. 23).

Was immer man von dem alttestamentlichen Versöhnungsritus zu halten hat: er beruhte auf dem Wissen, daß das gestörte Gott-Mensch-Verhältnis einer Bereinigung bedarf. Es bedarf „der Erlösung von den Übertretungen" (V. 15), die „Sünden der vielen" müssen „weggetragen" werden (V. 28). Wir reden uns leicht ein, unsere Sünde sei nicht von so „großem Gewicht" (Anselm von Canterbury) und Gott werde unsern Abfall, wenn man schon davon reden müsse, nicht so schrecklich ernst nehmen. An der Art, wie die Menschen – auch schon vor dem Karfreitag – mit Jesus umgegangen sind, kann man ablesen, wie wir in Wahrheit zu Gott stehen – bis hinauf zur Kirchenbehörde, die bekanntlich die Liquidierung Jesu inszeniert hat. Jesus erleidet am Kreuz, was Menschenart ist. Und er erleidet, da er sich bis zum letzten Augenblick für die in ihrer Sünde verlorenen Menschen einsetzt und auf ihrer Seite bleibt, den Zorn des Vaters. Gott will die Sünder, aber nicht die Sünde. Er will sich nicht anders der Menschen erbarmen als so, daß die Sünde nicht verharmlost, heruntergespielt, großzügig übersehen, sondern – ausgeräumt wird. Ein Auge zudrücken oder zwei: das ist nicht Gottes Art, mit dem Bösen in uns und mit unserer Gottlosigkeit umzugehen. Will Gott den Neuen Bund, dann muß etwas geschehen, was die ganze Unheilsverfassung unseres Lebens im Abfall – nicht überspielt, sondern – aufhebt. Am großen Versöhnungstag, Jahr für Jahr, ist nicht *zuviel* geschehen, sondern *zuwenig*. Es bedurfte eines anderen Opferganges.

Von dem eben Gesagten her könnte der Satz verständlich werden: „Ohne Blutvergießen gibt es keine Sündenvergebung" (V. 22). Der Satz scheint Formel zu sein. Er ist schon im Spätjudentum mehrfach belegt (Michel, S. 210). Er geht ja über die Einsicht, daß Sünde beräumt, „weggetragen", gesühnt werden und dem Gerichtsernst Gottes Rechnung getragen werden muß, insofern hinaus, als hier, wie es den Anschein hat, etwas Dingliches in das Karfreitagsgeschehen einbezogen ist. Ganz massiv gefragt: Muß Gott Blut sehen, ehe er Sünde vergeben kann? Im Ritual des großen Versöhnungstages kommen ja auch die beiden Böcke vor: der eine trägt die Sündenlast des Volkes in die Wüste, der andere wird geopfert. Man könnte sagen, dies gehöre zu den Grenzen alttestamentlichen Denkens; im Neuen Bunde sei das dingliche Opfer durch die persönliche Hingabe Jesu ersetzt. „Sich selbst" bringt Christus dar (V. 14); seine Person setzt er für uns ein, bis zum letzten Atemzug und Todesschrei. Nur: der Satz, daß ohne Blutvergießen keine Vergebung geschehe, ist ja gerade im Blick auf Jesu Tod gesagt! Wieder – wie schon in der vorangehenden Auslegung – ist festzustellen, daß biblisches Denken wohl am Personalen interessiert ist, jedoch weiß, daß dieses sich immer „in, mit und unter" dem Leibhaften vollzieht. Michel zitiert eine Talmudäußerung zu Lev. 17,11: „Denn das Leben des Leibes liegt im Blut, und ich habe es euch für den Altar bestimmt, damit ihr euch dadurch Sühne für eure Sünden erwirkt; denn das Blut ist es, das Sühne durch das in ihm enthaltene Leben bewirkt" (ebd.). Wer von vergossenem Blut spricht, meint *hingegebenes Leben*. – Also doch eine Überwindung alttestamentlichen Opferdenkens? Ja – nur: in welchem Sinne? Jesus ist Hoherpriester – und er ist zugleich Opfer. „Er ist ... erschienen, durch sein eigen Opfer die Sünde aufzuheben" (V. 26). Man vergesse nicht: Alle Tieropfer sind Ersatzleistungen. *Wir* müßten sterben; statt dessen nimmt Gott – kraft seiner eigenen Setzung – das Tieropfer an. Das Opfer hat den Charakter der Stellvertretung. Hier, im Geschehen des Karfreitag, opfert sich uns ein Mensch und viel mehr als ein Mensch. *Wir* haben uns vor Gott unmöglich gemacht; die Verfallenheit unseres Lebens nimmt der Herr auf sich. Das ist sein Opfergang, das Sterben unseres Mittlers. Er hat Gottes heiliges Recht auf seine Schöpfung geehrt, und da es eine in ihrer Sünde *verlorene* Schöpfung war, mußte er selbst unter Gottes heiligem Recht zum Verlorenen werden. Wir können nur, so gut wir es eben verstehen können, nachträglich feststellen: ein *notwendiger* Opfergang.

2.

Mag es uns ergriffen haben, wenn wir in Gedanken dessen Zeuge waren, wie Jesus zum Richtplatz geführt, die schreckliche Prozedur an ihm vollzogen und er seiner sechs lange Stunden währenden Todesqual ausgesetzt wird, und mag es uns erst recht bewegen, wie er dies versteht – als die Selbstdarbringung vor Gott für die an ihrem Gott schuldige Menschheit (V. 14): wir werden zu fragen haben, was dieses Opfer nun wirklich austrägt und bewirkt. Noch deutlicher: Was haben wir davon?
A. Schlatter mag recht haben, wenn er bei seiner Erklärung unserer Stelle davon ausgeht, daß die Empfänger des Briefes Christus als große Enttäuschung empfanden (Erläuterungen z. St.). „Wir erwarteten, wenn Christus komme, so führe er uns in das verheißene Erbe ein; die Verheißung war uns ja schon seit alters gegeben und das Erbe uns schon längst durch Gottes Berufung in Aussicht gestellt; was uns Christus hätte bringen sollen, das wäre endlich der Besitz der Heilsgüter selbst; statt dessen kam er und erlitt den Tod." In säkularer Form gehen solche Erwartungen durch die ganze Menschheit, also ohne daß dabei an Christus und sein Werk gedacht ist; aber auch in der christlichen Gemeinde sieht man gern Jesu „Zweck" – wie die Väter vor 200 Jahren gesagt haben würden – in der Schaffung der glücklichen, heilen Welt. Die christliche Predigt könnte mit viel Zustimmung rechnen, wenn sie nachzuweisen vermöchte, daß Christus uns in absehbarer Zeit, am liebsten sofort, in eine Weltwirklichkeit ohne Probleme, ohne Mangel, ohne Angst und Schmerzen und ohne Tod versetzt. Solches Begehren wird von der Bibel nicht abgetan. Spricht der Text vom „Erbe", dann sind solche Hoffnungen einbezogen. Aber es ist geradezu ein Axiom biblischen Denkens: Die gesunde Welt, wie Gott sie will, setzt die Bereinigung unseres untragbar zerstörten Verhältnisses zu Gott voraus. Es gibt kein Heil ohne Versöhnung.
Wir wollen es in der Praxis unseres Lebens nicht wahrhaben – auch wenn die dogmatische Theorie stimmt –: der Schaden, ohne dessen Beseitigung es heiles Leben nicht geben kann, liegt in unserer *Person*. Schuld macht das Leben krank. Sie zerstört Gemeinschaft unter uns. Sie versperrt den Weg zu Gott. Wir wissen in der Tiefe unseres Herzens sehr genau, von welcher Tragweite die Schuldfrage ist; wir würden sonst nicht so verbissen um das Image des Unschuldigen, des Integren, des Sauberen und Unbelasteten kämpfen. Selbst wenn uns Gottes Urteil gleichgültig wäre: vor den Menschen wollen wir gut dastehen, und wir lassen uns dies einiges kosten. Sind da dunkle Punkte in der Biographie – und bei wem gäbe es sie nicht? –, so kann einer ein Leben lang darum kämpfen, daß sie nicht aufgedeckt werden. Und wenn wir alles vertuschen könnten: in der Tiefe rumort es. Wir sind

den Menschen gegenüber nicht mehr unbefangen. Wir reagieren gereizt. Besteht Gefahr,
daß unsere schwachen Stellen sichtbar werden, werden wir aggressiv. Vielleicht auch
mißtrauisch, vorsichtig, berechnend, in allem: unfähig zu ungetrübter Gemeinschaft.
Gott versuchen wir am liebsten aus diesen Tatbeständen auszuschalten und, da das nicht
geht – denn er kennt uns besser als alle Menschen, besser als wir selbst –, versuchen wir
ihn überhaupt loszuwerden. Wir leben „ohne Gottesfurcht und ohne Vertrauen zu Gott"
(CA II). Nicht in der Theorie, wohl aber in der Praxis schalten wir ihn aus, setzen wir ihn
ab. Der, von dem wir das Leben haben und dem wir gehören sollten mit allem, was wir
sind und haben: weggeschoben, abgeblendet, verdrängt, bewußt übersehen, „geschnitten",
ignoriert. Und so soll „heiles Leben" entstehen?
Der Gekreuzigte hält zu uns, obwohl er uns so kennt, wie wir das eben dargelegt haben.
Indem er bedingungslos für uns, die Verlorenen, Partei ergreift, wird er zum Opfer. Indem er stirbt, lädt er sich die ganze Last unserer bösen Vergangenheit auf (ἀνενεγχεῖν,
V. 28). Er macht „los" von den „Übertretungen" (V. 15). Er „reinigt unser Gewissen"
(V. 14). Er bringt in Ordnung, was unsere Beziehungen zu Gott und Menschen stört. Er
nimmt uns als verantwortliche Personen ganz ernst – so ernst, daß er weiß: unser Gewissen würde sich – wenn wir es erst einmal über uns gebracht hätten, ganz ehrlich zu sein –
mit einer bloßen Ignorierung der Schuld nicht zufrieden geben; die Schuld muß im stellvertretenden Lebensopfer wirklich aus der Welt geschafft werden. Er weiß das, daß Sünde
nicht durch Wegsehen unschädlich gemacht wird. Darum macht er es sich so schwer.
„Das Blut Christi, der sich selbst als makelloses Opfer . . . Gott dargebracht hat, wird unser Gewissen reinigen von den toten Werken zum Dienst für den lebendigen Gott"
(V. 14). Wir dürfen, wir können wieder unbefangen vor Gott stehen, haben den „Zugang"
zu ihm (Röm. 5,2; Eph. 3,12; 1. Petr. 3,18; Hebr. 4,16; 10,19). Der Tempelvorhang, durch
den Jesus auf seine Weise hindurchgegangen ist (10,20), ist zerrissen (Matth. 27,51). Wir
dürfen unbesorgt, fröhlich kommen. Gott ist wieder unser Vater, und wir sind seine
Kinder.
Die Befreiung vom Vergangenen bedeutet zugleich Eröffnung des Zukünftigen. „Die Berufenen" werden nun „das verheißene ewige Erbe empfangen" (V. 15). Wir müßten in die
Kapp. 3 und 4 schauen, um dessen ansichtig zu werden, was hier gemeint ist. Uns wird
„Zukunft eröffnet". Wir empfangen ein neues (geschenktes!) Recht auf Leben. Wir sind
bei Gott anerkannt – um des Gekreuzigten willen. Daß das zeitliche Leben zu Ende gehen wird, ändert daran nichts; der Platz bei Gott ist uns sicher, und wenn wir sterben,
zieht er uns nur noch fester an sich und näher zu sich. Die verheißene „Ruhe" steht sowieso noch aus (4,9); denen, die um Christi willen zu Gott gehören, wird sie niemand
streitig machen können.
Das „Ein-für-allemal" des Karfreitags löst ein immerwährendes „Jetzt" aus: der Herr
„erscheint" vor Gott für uns (V. 24). Der in unseren Gottesdiensten gegenwärtige und
darin uns zugewandte Herr ist zugleich – als ewiger Hoherpriester (7,24) – dem Vater zugewandt, indem er für uns bittend einsteht. Wie nach antiker Mythologie der Riese Atlas
das Himmelgewölbe auf seinen Schultern tragen und ausstemmen muß, damit es über
dem Lebensraum der Menschen nicht zusammenstürzt, so hält die immerwährende Fürbitte des priesterlichen Herrn uns den Raum zum Leben frei. Wir sind es nicht wert zu
leben; des Herrn Eintreten für uns – kraft seiner Selbsthingabe im Kreuzesopfer – verschafft uns das Anrecht auf die – zeitliche und ewige – Zukunft im Frieden mit Gott.

3.

Am Karfreitag ist der einmalige, für alle Zeiten gültige und durch nichts zu überholende Opfergang des „einigen" Mittlers geschehen. Auf den Konkordanzbefund (ἅπαξ, ἐφάπαξ) wurde schon hingewiesen. Es gilt zu verstehen, was damit gesagt ist. Die immer zu wiederholenden Opfer im Alten Bunde ließen ja erkennen, als wie unzureichend, wie unsicher, wie relativ dieses „Gnadenmittel" einzuschätzen war. Kaum war die große Opferliturgie vollbracht, begann schon wieder das Konto der neuen Verschuldungen zu steigen und mit ihm das Kapital von Zorn auf Gottes Seite (vgl. Röm. 2,5). Es war, aufs Ganze gesehen, ein verzweifeltes Treten am Ort. Weihrauch, Opferblut, liturgischer Aufwand: wer ein zartes Gewissen hatte, konnte darüber auf die Dauer nicht ruhig werden.
Der Text ist bemüht, uns den Charakter des Einmaligen und damit Endgültigen klarzumachen. Dem ewigen Kreislauf oder dem Auf und Ab des Lebens macht der Tod ein Ende (V. 27). Vieles kann man wiederholen: die Verrichtungen des Alltags wie Essen und Schlafen, Waschen und Aufräumen, die Handgriffe unserer Arbeit, zum Glück meist auch die mißlungenen, sogar ein verunglücktes Examen kann man ein zweites Mal versuchen. Der Tod ist das schlechthin Einmalige. Und – jetzt ist der Gedanke viel mehr als ein bloßer Vergleich – das Rechenschaft-geben-Müssen im Gericht ist gleichfalls einmalig. Auch da gibt es kein wiederholtes Anlaufnehmen und keine zweite Runde. Einmal werden über uns die Akten geschlossen werden. Was dann?
Dann werden wir von dem Ein-für-allemal leben, mit dem „der Christus" als der Gottesknecht von Jes. 53,12 die Sünden der vielen getragen hat. Wir sollen es uns einprägen: nach *diesem* Opfer laufen, was auch immer geschehe, keine neuen Schulden auf. In dem, was Christus trug, war das bereits enthalten und berücksichtigt, was ich ihm zu tragen gegeben habe und, leider, auch künftig noch zu tragen geben werde; meine Verkehrtheit, das Versagen meiner dunkelsten Stunden – alles war drin! Die „vielen" (V. 28) sind, wie wir sahen, inklusiv zu verstehen. Alle Völker, Juden wie Heiden, Weiße wie Farbige; auch Herkommen und Weltanschauung spielen keine Rolle. *Dieses* Opfer ist für alle gültig.
Was gibt ihm diese einmalige Bedeutung? Man muß sich vor Augen halten, *wer der ist*, der hier für uns eintritt, leidet und stirbt. Der Hohepriester ist – *der Sohn* (5,5f.), der Abglanz der Herrlichkeit Gottes und das Abbild seines Wesens (1,3), selbst *Gott* (1,8). Nicht irgendwer ist für uns eingetreten, sondern der Unvergleichliche, der im höchsten Maße Kompetente, der, „nachdem er Reinigung von den Sünden geschaffen hat, sich zur Rechten der Majestät in der Höhe gesetzt hat (1,3). – Und *wie* hat er sich für uns *eingesetzt*? Wir müssen das Mehr und die Andersartigkeit des Karfreitags im Vergleich zum alttestamentlichen Versöhnungstag erfassen. Im kultischen Opferdienst mag einer darbringen, was er will: immer schont er sich selbst. Durch seine Hände gehen die kultischen Opfer („fremdes Blut", V. 25) – er selbst bleibt ungeschoren, er hält sich heraus. Das Volk mag besorgt den Atem anhalten, wenn der Hohepriester den Vorhang zum Allerheiligsten auseinanderschiebt, um hindurchzugehen. Aber auf der Strecke bleiben wird er nicht. Christus aber *ist* auf der Strecke geblieben, willig, bewußt. Er hat sich zum vollen Ja zu seiner Vernichtung, zur völligen Drangabe seiner selbst durchgerungen (5,7). Nichts mehr für ihn – alles für uns!
Aber noch in anderer Hinsicht ist Christi Sterben viel mehr als das Ritual des Versöhnungstages. Das Allerheiligste, in das Christus eingegangen ist, ist das himmlische Heiligtum – Gott selbst (VV. 23f.). Der „Durchbruch durch das hindernde καταπέτασμα" „ist zugleich die εἴσοδος in den Himmel" (Ksm., Das wandernde Gottesvolk, [2]1957, S. 148). Die Existenz des Sterbenden ist schon von der Glorie des Erhöhten durch-

drungen, da sein Sterben zugleich seine Erhöhung bedeutet ... Golgatha wird vom Hebr. ... als Beginn der Himmelfahrt Jesu gewertet" (ebd., S. 150, vgl. die „Erhöhung" bei Johannes).
Er wird wiederkommen. Anders, als er beim ersten Mal kam (V. 26). Der Opferdienst gehörte mit zum Lauf der alten, der ersten Welt. Jetzt ist das Neue eingetreten. Die Briefempfänger wollen nicht gern warten [vgl. das Schlatterzitat unter (2)]. Die Mahnrede weist darauf hin, daß dies Warten uns nicht erlassen wird. Aber Christus selbst hat den Überschritt zum Eschaton bereits getan. Das Geschehen von Golgatha bedarf keiner Wiederholung. Wir werden uns darauf berufen können, wenn es zu der letzten großen, die ewige Gemeinschaft mit Gott vollendenden Begegnung mit dem Herrn kommt.

Ostersonntag. 1. Sam. 2,1–2.6–8a

Danklied eines einzelnen, jedoch so, daß das Dankliedbekenntnis stark dominiert und der Psalm dadurch hymnischen Charakter bekommt. Westermann würde von vornherein vom individuellen Lobpsalm sprechen. Schon durch den Zusammenhang ist die Situation des Dankopferzeremoniells gegeben; man hätte sie auch ohnedies aus der Gattung zu erschließen. Der Psalm spricht am Ende deutlich vom König und Gesalbten. Zu Hannas Zeit hatte Israel noch keinen König; der Psalm muß also jünger sein, jedoch, ebenfalls wegen des Königtums, vorexilisch. Die Betonung der Heiligkeit Gottes (V. 2) und die Rede vom Sturz der Reichen und von der Errettung der Armen könnte auf Jesajas Zeit deuten. Zur theologischen Bedeutung dieses literarischen Sachverhalts s. u.
V. 1: עלץ = frohlocken, sich freuen. רום = sich erheben, hoch sein. קֶרֶן (fem.) = Horn, Sinnbild der Kraft, wohl vom Stier oder anderen gehörnten Tieren hergenommen (Hiob 16,15; 31,3f.; Ps. 18,3; 75,5; 148,14; Luk. 1,69), im revidierten Text, glatt lesbar, durch „Haupt" ersetzt. Das Horn eines Menschen erhöhen = ihm Macht und Würde verleihen (Ps. 89,18; 92,11). „In Jahwe", ähnlich dem ntl. ἐν Χριστῷ, zunächst einfach räumlich zu verstehen. Wer die Feinde in V. 1b sind, wird nicht gesagt; der Beter hat jedenfalls die „Hilfe" Jahwes erfahren („Heil" in unserem Sinne wäre in diesem Zusammenhang zu umfassend). – V. 2: כִּי אֵין בִּלְתֶּךָ überfüllt das Metrum und dürfte in den Text geratene Randbemerkung eines dogmatisch prinzipienfesten Monotheisten sein. צוּר gehört zu den in der Psalmdichtung geläufigen Gottesprädikaten (Ps. 18,3; 31,3f.; 42,10 u. ö.); der Fels war Zufluchtsort und natürliche Festung (Ps. 27,5; 40,3; 61,3; Jes. 2,10.19); trotz LXX und Vetus Latina, die צַדִּיק voraussetzen, sollte man nicht ändern.
V. 6: Man beachte die beiden Partizipien, die mit „Jahwe" Nominalaussagen ergeben, also etwas Zuständliches ausdrücken: „Es ist Jahwes Art, zu töten und lebendig zu machen, in die Totenwelt hinabzuführen" – nun unvermittelt Übergang zum finiten Verb: – „und dann hat er einen (mit einem Mal) heraufgeholt." Vgl. Deut. 32,39. Für alttestamentliches Denken ist schon der vom Tode Bedrohte (Krankheit, Gewalt der Feinde, Naturkatastrophen) „bei den Toten". Man darf nicht an Auferweckung denken, die das AT nur an wenigen Stellen ahnt. – V. 7: hi. von רוש, also „arm machen", dgl. von עשר, also „reich machen", שפל, also „niedrig machen" (die שְׁפֵרָה ist die Niederung), sodann das Polel von רום (s. V. 1) also „erheben, erhöhen, aufhelfen". Wieder Partizipien – diesmal ausschließlich – in (die Dauer ausdrückenden) Nominalsätzen. Dies gilt auch von V. 8aα, während in V. 8aβ wieder das die eingreifende Tat bezeichnende finite Verb steht: „er wird erhöhen". Die zweite Zeile von V. 8 soll wohl noch zum Predigttext gehören. נָדִיב eigtl. der Freigebige, dann: der Edle. Das Suffix in יַנְחִלֵם will, daß wir an alle die Genannten denken, also an die Schwachen und Armen, die Gott nun den „Thron der Herrlichkeit erben läßt".

Ein Ostertext? Jedenfalls nicht in dem Sinne, daß aus ihm die Osterbotschaft unmittelbar zu entnehmen wäre. Die Auferstehung Jesu Christi ist das unerwartete, keiner heilsgeschichtlichen Notwendigkeit unterworfene, daher auch nicht von fernher voraussagbare Wunder. Das Alte Testament läßt nur an wenigen Stellen etwas von Auferstehung ahnen; der Satz des Paulus, daß Christus am dritten Tage auferstanden sei „nach der Schrift" (1. Kor. 15,4 – alte Epistel), läßt sich von uns nur schwer verifizieren. An Texte wie diesen dürfte Paulus auch kaum gedacht haben.

Daß der Psalm im Zusammenhang der Hannaerzählung steht, dürfte uns kaum Kopfzer-
brechen bereiten. Er stammt, wie wir sahen, aus späterer Zeit. Der ihn in die Kindheits-
geschichte Samuels eingebaut hat, wird der Meinung gewesen sein, daß Hanna – im Vollzug der Dankopferzeremonie – gedankt habe und es wohl in dieser Weise getan haben
könnte. Man betete sowieso liturgisches Gut, das man im Ohr und Herzen hatte, sozusagen das „Lied der Kirche", das für diesen speziellen Fall wohl passen mochte, jedoch
nicht darauf zugeschnitten war. Es ist keineswegs ein Gewaltakt, den Psalm aus seinem
jetzigen Zusammenhang herauszunehmen und ganz für sich zu betrachten. Dies um so
mehr, als das Dankliedbekenntnis sowieso Anspruch auf Allgemeingültigkeit erhob, also
Gotteserfahrung aussprach, die andere sich zu eigen machen sollten.

Wir sind im Recht, wenn wir den Psalm – wie irgendein Stück Liturgie, etwa ein Kirchenlied – benutzen, um zu sagen, was an diesem Tage zu Gottes Lob und Ehre gesagt
sein soll. Freilich, *Quelle* unserer Osterverkündigung kann dieser Text nicht sein. Jesu
Auferstehung ist kontingentes Geschehnis, nicht ableitbar, nicht zu konstruieren und zu
postulieren. Man kann davon nur *erfahren* durch die apostolische Predigt. Sollte der Text
uns zum Verständnis der Auferstehung etwas helfen können, dann nur so, daß wir *vorher*
von dem Ostergeschehen wissen, eben aufgrund des neutestamentlichen Urzeugnisses.
Nicht der Text wird dann die Auferstehung auslegen, sondern die Auferstehung den Text
– so vielleicht, daß wir in dem Text den *Gott wiedererkennen,* der in seinem beharrlichen
Heils- und Gnadenwillen sich wunderbar gleichgeblieben ist und uns Treue gehalten hat,
indem er zu unserm Erstaunen das Osterwunder geschehen ließ. So etwa, denke ich,
könnte man den Text abzuhorchen und zu erschließen versuchen. Wir sind darin grundsätzlich nicht anders dran als bei anderen alttestamentlichen Texten auch, sofern sie für
spezifisch neutestamentliche Themen und Sachverhalte herangezogen werden. Wir spüren es nur gerade bei der Osterthematik besonders deutlich, wie vorsichtig das Denkschema Verheißung-Erfüllung und das Umgehen mit heilsgeschichtlichen Sachverhalten
bedacht sein will.

Wir nehmen also unsern Standort bewußt in der Osterbotschaft und schauen von daher
auf den Psalm zurück. Etwa so: *Der Herr ist auferstanden. Darum* (1) *unsere Freude an
dem helfenden Gott,* (2) *unsere Erfahrung mit dem wunderlichen Gott,* (3) *unser Vertrauen auf den überlegenen Gott.*

I.

In der Ostkirche bricht in der Osternacht der große Auferstehungsjubel aus. So will es das
Ritual. Das muß keineswegs bedeuten, daß das liturgische Geschehen leere Form sei. *Unser* Osterjubel mag verhaltener, weniger expressiv sein; wenn es uns „gepackt" hat, wird
er nicht fehlen. Durch den Ort, den unser Psalm, der Psalm der Hanna, diesmal gefunden
hat, drückt er unsere Osterfreude aus: fröhliches Herz, erhobenes Haupt, weit geöffneter
Mund. Wir haben einen wunderbar helfenden Gott.

Man kann den Jubel nicht befehlen. Wenn es dazu kommt, dann deshalb, weil die Sache,
die Auferstehung des Herrn, uns bewegt und fröhlich macht. Hier mag es Hemmungen
und Vorbehalte geben. Sie sind, wo es um so Unerhörtes und alle unsere Erfahrungen
Sprengendes geht, nur zu verständlich. Hanna, der unser Psalm in den Mund gelegt ist,
hat Gottes hilfreiches Eingreifen erfahren: sie hat nun das so lange vergeblich ersehnte
Kind; ein Stück Menschenschicksal – gewichtig genug für die eine, die es betrifft, aber
doch im Rahmen dessen bleibend, was sich im Leben je und dann zuträgt, also im Rahmen des Gewohnten. Hier, in Jesu Auferstehung, werden die Grenzen des Üblichen gesprengt, und es tun sich ganz neue, uns unbekannte Räume auf. Vielleicht fahren wir an

der seltsamen Nachricht fest: der Tod soll – allen unseren Erfahrungen zuwider und im Widerspruch zu unserer geradezu defätistischen Einstellung dem Sterbenmüssen gegenüber – überwunden, zu etwas Vorletztem geworden sein. Vielleicht meinen wir sogar, Ostern müßte sich, wenn etwas dran sein soll, in unsere naturwissenschaftlich erfaßbare Erfahrungswelt einordnen lassen, und dies kann selbstverständlich nicht gelingen. Vielleicht schreiben wir die Osterbotschaft der phantasiereichen Fabuliergabe eines naiven Zeitalters zu. Vielleicht – ernsthafter – einem Jesusglauben, der nicht aufgeben will und sich einredet, dieser Jesus sei nicht dahin. Vielleicht sind wir bereit, nicht die Auferstehung Jesu, wohl aber das Fortwirken seines Wortes und seiner Sache gelten zu lassen; nur hätten wir dann keinen persönlichen Herrn mehr unter uns, sondern nur eine geistige Erbschaft, die nur so viel wert ist, wie wir selbst daraus machen.

Die Predigt wird solche oder ähnliche Schwierigkeiten, die dem Osterjubel abträglich sind, offen nennen. Abzuhelfen ist ihnen nicht mit apologetischen Verlegenheitsauskünften, sondern mit dem möglichst klaren Zeugnis für die Sache selbst. Dazu nur wenige Bemerkungen: Mit Jesu Auferstehung bricht das Eschaton an. Jesus ist nicht ins Leben unserer natürlichen Welt zurückgekehrt (so daß er „hinfort" doch noch einmal gestorben sein müßte, Röm. 6,9), sondern hat „das Leben und unvergängliches Wesen ans Licht gebracht" (2. Tim. 1,10). Jesu Auferstehung in das Gefüge unseres naturwissenschaftlichen Weltbildes einzufügen, kann, ja man muß sagen: *darf* nicht gelingen, wenn wir bei der Sache bleiben wollen. Sodann: Die eigentlich bedrängende Frage lautet nicht, ob Gott wohl in der Lage sei, eschatisches Leben zu schaffen, sondern ob er willens ist, *den* Jesus gelten zu lassen und zur himmlischen Majestät und Herrlichkeit zu erhöhen, der sich so ohne Vorbehalte und bis zur letzten, bitteren Konsequenz auf die Seite der sündigen Menschen gestellt hat. Wenn man so will: das Problem der Auferweckung Jesu ist – die Rechtfertigung (Röm. 4,25). Endlich: Die Gewißheit, die nicht aus der schöpferischen Phantasie erwächst, sondern den harten Zweifel und die Niedergeschlagenheit überwinden und sich in einem schweren Leben missionarischen Dienstes und im Martyrium bewähren muß, kommt daraus, daß Gott selbst den Auferstandenen bezeugt, indem er ihn den Jüngern „sichtbar werden läßt" (Apg. 10,40). Wir verweisen wieder auf die Epistel des Ostersonntags.

Doch das sind Vorüberlegungen. Sie lassen noch nicht erkennen, was die große Osterfreude auslöst. „Ich freue mich" – *wir* freuen uns – „deines Heils", der Hilfe, der Rettung. Was war hier zu retten? Daß ohne Jesu Auferstehung unser Glaube nichtig wäre und wir noch in unseren Sünden, hat Paulus klar gesehen (1. Kor. 15,17). Wir verstehen das nicht, solange wir – heimlich, uneingestanden – noch der Meinung sind, ein Gott, der etwas auf sich hält und sich vor uns nicht unmöglich machen will, hat Sünder barmherzig aufzunehmen und darum auch einen Jesus, der sich für sie einsetzt, gelten zu lassen. Dächten wir so, dann hätten wir die Dramatik des Karfreitags- und Ostergeschehens gar nicht begriffen. Was würde aus uns, wenn keiner da wäre, der der „Feindschaft" zwischen Gott und uns (Röm. 5,10; 8,7) ein Ende machte? Und was wäre, wenn der, der es unter Drangabe seines irdischen Lebens und seiner Seligkeit versucht hat, von Gott fallen gelassen wäre? Jesus wäre ein Menschenfreund, überwältigend in seiner Hingabe an uns, ergreifend darin, daß er sich der Hoffnungslosen annimmt und darüber selbst zum hoffnungslosesten Falle der Menschheitsgeschichte wird (H. Vogel). Er wollte an unserer Stelle verdammt und von Gott geschieden sein – und nun ist und bleibt er es, sein Opfer ist vergeblich. Wie, wenn es so wäre? Statt dessen geschieht, was nun wirklich nicht zum Selbstverständlichen und darum Errechenbaren gehört: der Vater bekennt sich zu dem Sohn, der die Sünder heimholt. Der im Dienst an uns untergegangene, im Tode verlorene Jesus ist vom Vater auferweckt und damit anerkannt. Und weil Jesus – das ist sein priesterliches

Werk – in Zeit und Ewigkeit nicht mehr ohne uns sein will, darum ist Ostern nicht nur
seine Rehabilitierung, sondern auch die unsere, nicht nur *seine* Rettung, sondern auch
die unsere, *sein* Heil und unser Heil. „Wär er nicht erstanden, so wär die Welt vergangen" (EKG 75,2). Sie ist *nicht* vergangen. Gott will uns. Nichts kann uns von seiner Liebe
scheiden.
„Da wurden die Jünger froh, daß sie den Herrn sahen" (Joh. 20,20). Man kann sich den
Ausbruch des Osterjubels an ihrem Erleben klarmachen. Sie hatten begriffen, daß die verlorene Welt nicht sein kann, es sei denn, sie wird aus ihrer Verlorenheit gerettet; daß
Gott wieder in ihr Herr werden muß und daß dies nicht anders geschehen kann als durch
die in Jesus wirksame Barmherzigkeit Gottes. Und nun hat der Karfreitag dies alles zerschlagen. Was nun? In dieser Lage erschreckt und erfreut sie die Nachricht von der großen Wende und ihre eigene Begegnung mit dem Auferstandenen. Jesus ist beglaubigt. Wir
hoffen nicht vergeblich auf ihn. Jetzt kann man sagen: „Mein Herz ist fröhlich." Verzweifelte, bedrückte, verschüchterte Menschen tun auf einmal den Mund weit auf. Ihr
Haupt („Horn") ist erhöht: sie haben eine ganz neue Geltung und Würde erlangt, wissen
sich als Gottes Freunde. Vieles steht gegen sie: die „Welt", feindselige Menschen, Unsichtbares, gegen das auch sie noch immer anzukämpfen haben. Aber sie lassen sich nicht
einschüchtern. „Mein Mund hat sich weit aufgetan wider meine Feinde" – zu Ostern
wird der Teufel ausgelacht. Der heilige, alleinige Gott, unsere „Zuflucht" („Fels") ist
unser Gott! (V. 2). Kann sein, wir haben's noch nicht richtig mitgekriegt, was das bedeutet; dann werden wir – einstweilen – noch zurückhaltend sein. *Wenn* wir's kapiert haben,
dann ist der Stein vom Herzen gefallen, und wir werden Gott loben.

2.

In einer seiner Tischreden berichtet Luther, wie er „zufällig" (forte) durch die Lektüre der
Geschichte von der Mutter Samuels auf die Erkenntnis gekommen sei, daß Gott durch
Töten lebendig macht (WA Ti 1, 116 und 5, 3546). In den Resolutionen über die Kraft der
Ablässe (1518) schreibt er: „Wenn Gott darangeht, einen Menschen zu rechtfertigen,
dann verurteilt er ihn zuvor, und den er bauen will, den reißt er ein. Den er heil machen
will, den erschüttert er, den er lebendig machen will, den bringt er um" (WA 1,540;
Cl. 1,34). So hat Luther VV. 6f. unseres Textes aufgenommen. Wir sahen, daß alttestamentlicher Glaube die Auferstehung nicht kennt, dieser Vers also auch nicht von daher
gedeutet werden darf. Luthers eben mitgeteilte Auslegung setzt aber so tief an, daß es
nicht schwer ist, die Linie auszuziehen; Luther denkt von Kreuz und Auferstehung her.
Wir sollen Kreuz und Auferstehung *zusammen* sehen.
In der Auferstehung Jesu Christi machen wir unsere *Erfahrung mit dem wunderlichen
Gott,* dem „rechten Wundermann, der bald erhöhn, bald stürzen kann" (EKG 298,6). Wie
hat sich für die Jünger, ja für Jesus selbst, die Situation verwandelt seit der Gründonnerstagnacht! Eigentlich ist das bei Gott immer so: was hoch ist, muß zu Boden, was niedrig
ist, wird erhöht (Matth. 23,12). Gott, der Deus semper actuosus, wie Luther ihn in De
servo arbitrio nennt, hält seine Kreaturen immerzu in Bewegung, wie der Bach, der das
Mühlrad treibt. Fast scheint es, als seien die VV. 6.7 die Formel, mit der man seine
Weise, die Welt in Gang zu halten, festhalten kann. Hohes muß fallen, Niedriges wird erhoben. Daß Niedriges erhoben wird, halten wir für gerecht. Dem gemarterten, geschände-
ten Jesus durfte man's wünschen. Es dürfte wohl auch gerecht sein, wenn die, die ihr
Hochsein gewissenlos genießen und ausnützen, stürzen müssen. Nur: soll das nun ein
immer wirksames Gesetz sein, wie beim Riesenrad: wenn man unten ist, hinauf!, und
wenn man oben ist, unweigerlich hinunter? Müßte man nicht jeden bedauern, den Gott
in seiner Gnade emporgehoben hat?

Es wird darauf ankommen, daß wir nicht zu einer weltanschaulichen, in diesem Falle: zu einer die Geschichte objektiv deuten wollenden Theorie machen, was in der Bibel als existentielle Glaubenserfahrung gemeint ist. Und wir werden es erst recht vermeiden müssen, aus einer solchen Theorie den Verlauf der Ereignisse zwischen dem Gründonnerstag und dem Ostermorgen konstruieren zu wollen. Wir sprachen eingangs schon davon: das Handeln Gottes zu Ostern ist kontingentes Geschehen. Der Versuch, Karfreitag und Ostern einer solchen Auf-ab-auf-Gesetzmäßigkeit zu unterwerfen, würde – abgesehen von der eben angestellten Überlegung – daran scheitern, daß die Niedrigkeit des Kreuzes und die Erhöhung nicht auf derselben Wirklichkeitsebene liegen. Johanneisch gedacht: der Erniedrigte *ist* schon der Erhöhte. Oder anders: der in *dieser* Welt in die tiefste Tiefe hinab mußte, ist bei Gott, sagen wir ruhig: in *jener* Welt, ganz oben, erhöht zur Rechten Gottes. Für uns, die wir den Tag der Parusie noch vor uns haben, ist die Überlegenheit Christi noch immer unter dem Kreuz verborgen. Ein handfester Triumphalismus ist von Ostern her nicht zu rechtfertigen. Jesus hat nicht einen Wellenberg im Geschehen dieser Welt erreicht, nachdem er in den sechs Stunden am Kreuz das Wellental hat durchmessen müssen. Die Glorie des Auferstandenen ist die der himmlischen Wirklichkeit.

Gott widersteht den Hoffärtigen, aber den Demütigen gibt er Gnade (1. Petr. 5,5; Jak. 4,6). Es ist nun einmal die Art des „wunderlichen" Gottes, daß er seine Leute den Christusweg gehen läßt: in der Kreuzesnachfolge zum neuen Leben. Wer das Kreuz umgehen will, wird kein Ostern haben. Direkt auf uns angewandt: Wer seinen ethisch-religiösen Ist-Zustand verteidigt und sich darauf verläßt, damit bei Gott durchzukommen, wird scheitern. Denn wir werden nicht gerecht durch des Gesetzes Werke. Wieder zeigt sich, daß Kreuz und Auferstehung mit unserer Rechtfertigung zu tun haben (noch einmal: Röm. 4,25). „Der Herr erniedrigt und erhöht" (V. 7). Das soll keinesfalls heißen, daß uns unsere iustitia civilis abgesprochen würde, mehr noch: daß Gott nicht eher ruhte, als bis er uns moralisch zur verkommenen Existenz gemacht hat. Es geht um unsere Geltung vor Gott. Die Eigengerechtigkeit des Sünders kann nur falscher Stolz sein. Es gibt Stunden in unserem Leben, in denen Gott uns spüren läßt, wie es wirklich um uns steht. Aber er will uns nicht arm machen, sondern reich; was vor ihm nicht besteht, nimmt er uns, um uns das Bessere, das Stichhaltige zu geben.

Aber dies alles ist aus dem Christusgeschehen *abgeleitet*. V. 6 ist Spiegelung des Osterwunders selbst; um dieses Verses willen dürfte dieser Text vornehmlich dem Ostertag zugeteilt worden sein. Der „wunderliche" Gott wollte seinen Sohn nicht anders zur höchsten Würde aufsteigen lassen [wir kommen unter (3) darauf gleich noch zurück] als durch den Tod hindurch, und es sollte, indem dies geschah, der Tod seine Macht verlieren. Daß man ins Totenreich versetzt wäre, meinten die Menschen des Alten Bundes bereits bei lebensbedrohlicher, man könnte sagen: todesnaher Krankheit. Auch das Todesschicksal kommt von Gott, und er hat es in der Hand, es zu wenden. „Jahwe ist es, der einen sterben und in die Scheol hinabsteigen läßt – und dann holt er einen wieder herauf." Hier dankt ein Mensch, der noch einmal davongekommen ist. Wir haben zu Ostern Größeres zu sagen. Christus ist der erste, der, uns voran, überhaupt die Todesgrenze durchbrochen hat. Der Psalm preist den mächtigen Gott, der über uns verfügt, sozusagen das erste und das letzte Wort über uns hat und alles vermag. Will er, daß wir sterben, dann sterben wir; will er, daß wir leben, so hat er auch dazu die Macht. Zu Ostern wird das Entweder-Oder in ein Nacheinander verwandelt: Wie Christus gestorben ist und Gott hat ihn auferweckt, so werden wir sterben, um mit Christus zu leben. Auch dazu hat Gott Macht – und mehr als das: er will es. Jesus reißt uns mit sich ins Leben (EKG 86,6). V. 6 unseres Textes bekommt einen ganz neuen Sinn auf dem Hintergrund der Auferstehung Jesu. Könnte Gott uns nicht den schrecklichen, unheimlichen Tod ersparen? Er läßt uns sterben, weil er ein besseres Leben für uns bereit hat. Im „Erstling" hat es bereits begonnen. Wir sehen das Land der Verheißung.

3.

Hätte man in VV. 6f. noch zweifeln können, ob es sich nicht doch um eine „Riesenrad"-Bewegung handelt und das ständige Ab und Auf, Auf und Ab behauptet wird: in V. 8 ist es ganz deutlich, daß die Bewegung einsinnig ist. Und wenn es nicht so wäre, die österliche Erhöhung Christi in ein Geschehnis, das nicht wieder rückgängig zu machen ist. Daß der Dürftige aus dem Staub, der Arme aus der Asche erhoben wird – die Asche ist häufig Bild des Nichtigen und Vergänglichen, des Eitlen und Wertlosen und überdies Zeichen der Trauer –, könnte zwar Märchenmotiv sein, das unser Herz bewegt, weil sich darin die große Sehnsucht der Unglücklichen niederschlägt, aber es ist ein Geringes im Vergleich zu dem, was dem Herrn widerfahren ist. Erniedrigt – bis zum Tode, ja zum Tode am Kreuz: es braucht hier nicht ausgeführt zu werden, was dieser Tod vor den Menschen und vor Gott bedeutet. Aber ebendem, der dies „gehorsam" auf sich nahm, wurde der Name über alle Namen gegeben (Phil. 2,8–11). „... daß er ihn setze unter die Fürsten und den Thron der Ehre erben lasse", heißt es in V. 8 – wieder weit unter dem bleibend, was Christus als dem „Fürsten der Könige" (Offb. 1,5) widerfahren ist. Ostern ist auch Antritt der himmlischen Herrschaft. Wir wollen der Himmelfahrtsbotschaft nicht vorgreifen. Aber Himmelfahrt ist wiederum nur ein Aspekt von Ostern.
Das Karfreitagsgeschehen mußte für die Jünger den Anschein erwecken, als seien die Dinge Gott völlig aus den Händen geglitten. „Die Welt wird sich freuen", heißt es in den johanneischen Abschiedsreden (16,20). Hat Jesus den Kampf verloren, dann muß – wie konnten die Jünger anders denken? – entweder Gott selbst ihn verloren oder er muß sich endgültig von seiner Welt losgesagt haben. Es gibt in der Weltgeschichte und in den Geschehnissen manches Einzellebens Situationen, in denen man nicht anders denken kann, als sei die Hölle los und Gott habe sich aus allem zurückgezogen.
In der Auferstehung Jesu Christi zeigt sich, wer unter allen Umständen das letzte Wort spricht. Alles, was in der Welt geschieht, ist seit Ostern eschatologisch eingegrenzt und weit überboten. Man mag es sich an Paul Gerhardts Nachdichtung von Röm. 8 anschaulich machen (EKG 250,11.12). Der dieses letzte Wort spricht, hat gezeigt, wie er zu uns steht, als er am Karfreitag sein Letztes und sogar sich selbst gab. Der Gott, „außer dem keiner ist" (V. 2), hat sich vor aller Welt hinter seinen Christus gestellt.

Ostermontag. 1. Kor. 15,50–58

Zur Abgrenzung: V. 58 dürfte ein paränetischer Schluß des gesamten Lehrteils des Briefes sein; eine direkte Beziehung zum Auferstehungsthema oder gar zu den uns aufgegebenen Versen besteht nicht. Ich folge M. Doerne (Die Alten Episteln) mit der Empfehlung, diesen Vers wegzulassen.
V. 50: Die Einleitungsformel „das stelle ich fest" (Czlm.) od. „damit meine ich" oder „will ich sagen" (Bauer, WB zu φημί unter 2) beginnt einen neuen Abschnitt, der bisher Gesagtes erläuternd weiterführt. Präsens: Lehrsatz, die erste Zeile wahrscheinlich übernommen, die (parallele) zweite wohl Erläuterung. „Fleisch und Blut" (vgl. Matth. 16,17; Gal. 1,16 – Sir. 14,18, Weish. 12,5; auch bei Euripides), „Reich Gottes", „erben" (vgl. 6,9) sind gemeinchristliche Ausdrücke. Der jüdische Gedanke einer Auferstehung dieses fleischlichen Leibes ist abzuweisen (Lietzmann, Conzelmann). Der zweite Satz klingt noch thetischer als der erste („erbt nicht"). – V. 51: μυστήριον meint eschatische Realität, die in der letzten Zeit kundgegeben wird. Wie Paulus zu solcher apokalyptischen Erkenntnis gekommen ist, sagt er nicht (ThWNT IV, S. 829). Πάντες οὐ: die Wortstellung ist durch den

Parallelismus erfordert; Sinn: „nicht alle". Vgl. den Apparat; „sämtliche Korrekturen beseitigen die (nicht erfüllte) Erwartung des Paulus, die Parusie noch zu erleben" (Czlm.); die ursprüngliche LA ist die des Nestle-Textes (nach B und dem Reichstext). Naherwartung wie 1. Thess. 4,17. Auch die, die nicht sterben, bedürfen also der Verwandlung. – V. 52: ἄτομον: das nicht mehr Teilbare, also „im Nu". „Augenblick" im ursprünglichsten Sinne. Die σάλπιγξ kündigt in der Tradition das Ende und damit den Beginn des Heils an (ThWNT VII, S. 84), vgl. Matth. 24,31; 1. Thess. 4,16; Offb. 8,2 u. ö.). Die „letzte" Posaune nicht als letztes Signal in einer Reihe von mehreren, sondern als das Zeichen für das Kommen des „Letzten", des Eschaton. Bei den Toten kommt es zu dem Qualitätssprung durch die Auferweckung zur Unvergänglichkeit, bei den Überlebenden durch die Verwandlung (genau analog V. 51). – V. 53: Begründung (γάρ) durch ein δεῖ, das nicht ein Naturgesetz meint, sondern die gottgewollte Weise der Heilsvollendung. „Vergänglich" und „sterblich" sind Wechselbegriffe, ebenso wie „Unvergänglichkeit" und „Unsterblichkeit". ἐνδύσασθαι deutet auf „die Identität des Gläubigen mit seiner künftigen Existenz" (Czlm.). – V. 54: Diese Verwandlung bzw. Einkleidung mit dem Unverweslichen ist dann die Überwindung des Todes, um die es in dem Schriftbeweis geht. Paulus zitiert in sehr freier Weise (aus dem Gedächtnis, daher nur in Anklängen) Jes. 25,8 (wohl nach Theodotion, wo εἰς νῖκος vorkommt) und Hos. 13,14 nach LXX, wo es heißt: „Wo ist deine Rechtssache (δίκη, דבר), Tod, wo ist dein Stachel, Hades?" Der hebr. Text spricht aber von דֶּבֶר = Verderben und קֶטֶב = Verderben, Seuche. Luther hat in V. 55 die Reihenfolge anders gelesen, mit Reichstext, D u. a., auch las er wie LXX Hades, was in der Lutherübersetzung noch immer mit „Hölle" wiedergegeben ist. Zweimal „Tod" ist textlich besser bezeugt. – V. 56 wird von vielen als Zutat – des Paulus oder eines gelehrigen Paulusschülers – angesehen. Sicher eine Parenthese, aber in der Sache so genuin paulinisch, daß man durchaus für Ursprünglichkeit plädieren kann. – V. 57: διδόντι – Präsens! Was geschehen wird, schafft Überlegenheit gegenüber dem Tode schon heute.

Der erste Ostertag sprach von der Auferstehung Jesu Christi, der zweite spricht von unserer Auferstehung. Beides hängt unlöslich miteinander zusammen. Wenn jemand sagt – und in Korinth hat man das gesagt (V. 12) –, es gebe keine Auferstehung der Toten, dann wäre auch der „Erstling" (V. 20) nicht auferstanden. Andererseits: Alles, was wir von Christus predigen und bedenken, gilt auf uns hin; für uns ist es geschehen, und an uns soll es geschehen. „Christus ist nicht nur für seine Person gestorben und auferstanden; für uns ist er gestorben und auferstanden ... Ist Er auferstanden, so werden auch wir auferstehen. Wenn wir singen 'Christ ist erstanden ... des solln wir alle froh sein, Christ will unser Trost sein', so bekennen wir ja: im Glauben sind wir schon mit ihm auferstanden. Ich wollte den Namen Christi nicht hören, wenn es nicht so wäre, wenn seine Auferstehung so unfruchtbar (infrugifera) wäre – wozu sollte ich ihn dann auch predigen?" (Luther 1545, WA 49, 723f., zit. nach Doerne, Die Alten Episteln, S. 109). „Im Glauben sind wir schon mit ihm auferstanden": das ist etwas ganz anderes, als die Korinther meinten. Ihre Auffassung könnte sich nachträglich in 2. Tim. 2,18 abbilden, aber es wäre eigentlich nicht getroffen, wenn man bei ihnen überhaupt von Auferstehung reden wollte. Nach gnostischer Meinung bedarf es nämlich gar keiner Auferstehung, jedenfalls nicht der Auferstehung von den Toten, denn der Pneumatiker hat ja ein Ewiges in sich, das unzerstörbar ist und das nur aus der Umklammerung von der verhaßten Materie gelöst werden muß. Ein unzerstörbares Ewiges? In unseren Gemeinden sind Gedanken solcher Art im Umlauf, und sie sind durch eine vielhundertjährige Lehrüberlieferung genährt. Es ist nicht alles falsch an diesem Gedanken von der Unsterblichkeit der Seele. In ihm drückt sich ein Wissen um die Bestimmung des Menschen aus. Wir sind als Gottes personhaftes Gegenüber geschaffen. Indem Gott mit uns redet, sind wir im Leben. „Wo also und mit wem Gott redet, sei es im Zorn oder in Gnaden, der ist gewiß unsterblich. Die Person Gottes, der da redet, und das Wort zeigen an, daß wir solche Kreaturen sind, mit denen Gott bis in Ewigkeit und in unsterblicher Weise reden will" (Luther, WA 43,481). Nur: was wird aus dieser Bestimmung, wenn das Gespräch mit Gott abgebrochen ist? Im Sündersein ist die Bestimmung des Menschen ja gerade verfehlt und verleugnet!

Der ganze Mensch ist Sünder, auch sofern er Seele ist; ja, gerade in der Seele ist er es eigentlich: „ohne Furcht vor Gott, ohne Vertrauen zu ihm" (CA II). – Ein zweites Wahrheitsmoment in der Lehre von der Unsterblichkeit sei genannt. Der natürliche Mensch muß sterben, ganz und gar, auch mit seiner Seele. Anders die „neue Kreatur" (2. Kor. 5,17). Sofern Christus in mir lebt (Gal. 2,20), ist schon mein Auferstehungsleben in mir. Wenn die Unsterblichkeitserwartung *dies* meinte, wäre sie im Recht. Nur weiß wiederum der Christ, daß das neue Leben, das heimlich in ihm schon angefangen hat (seit der Taufe), noch immer im Konflikt mit dem *alten* Leben ist – ein Konflikt, der erst durch Tod und Auferstehung beendet wird. „In Adam" muß ich sterben – „in Christus" werde ich lebendig gemacht werden (V. 22). Der Tod ist häßlich und gräßlich, und das Bedrückende an ihm ist mehr als der Verfall der natürlichen Kräfte, die Schmerzen der letzten Krankheit und die Atemnot; das, wogegen der Mensch sich mit Recht sträubt, ist dies, daß er – der zur Gemeinschaft mit Gott Bestimmte, der diese Bestimmung ausgeschlagen, zurückgewiesen hat – nun von seinem Gott ausgelöscht wird. Das tut weh. Wo der Tod mit Ernst erfahren wird, nämlich als Gottes Gericht, da ist es nichts mehr mit Unsterblichkeitsansprüchen. Dem wollten sich die Gnostiker nicht beugen.
Aber nun wird die Auferstehung der Toten verkündigt. Es bedarf nach dem eben Gesagten keiner Ausführungen darüber, wieso diese Verkündigung nur als *Christus*evangelium stichhaltig ist. Auferstehung: kein naturhafter Tatbestand, sondern das an uns geschehende Christuswunder. – Wir wüßten gern, wie es sein wird. Das ist wohl nicht nur eine Frage der Neugier. Wir werden uns einzugestehen haben, daß hinsichtlich dessen, „was kein Auge gesehen und kein Ohr gehört hat und was in keines Menschen Herz gekommen ist" (2,9), unserm Erkennen sehr enge Grenzen gesetzt sind. Aber es gibt einiges, das aus dem Christusevangelium klar zu folgern ist. In Auseinandersetzung mit den Irrtümern seiner korinthischen Gesprächspartner muß und kann Paulus es artikulieren. Wir fassen so zusammen: *Unsere Zukunft heißt Auferstehung.* (1) *Wir können nicht bleiben, wie wir sind.* (2) *Wir werden bleiben, die wir sind.* (3) *Wir hoffen aufgrund dessen, was schon ist.*

I.

„Leiblichkeit ist das Ende der Wege Gottes" (F. Chr. Oetinger). Wir sehen, im Unterschied zu den Gesprächspartnern des Apostels, den Leib nicht als etwas Belastendes oder gar Entwürdigendes an. Wir kennen die Seele nur im Leibe; ein dualistisches Leib-Seele-Denken ist uns fremd. Die Auferstehung leibhaft zu denken, stört uns nicht. Man kann freilich durch törichten Mißverstand oder bewußte Karikierung die sinnvollste Sache ad absurdum führen. Wenn Paulus von den Leibern der Auferstandenen redete, dann meinte er nicht „das Verwesliche". Daß das Verwesende, vielleicht gar längst zu Staub und Asche Verfallene so, wie es ist, „reanimiert" werde, ergibt sich jedenfalls *nicht* aus der Auferstehung des „Erstlings". Während wir zur Zeit noch einen „Niedrigkeitsleib" haben, hat Christus einen „Doxaleib" (Phil. 3,21). Gibt es schon unter Körpern der geschaffenen Welt Qualitätsunterschiede, so erst recht zwischen den Leibern der Sterblichen und denen der Auferstandenen (VV. 35–49). Auferstehung ist nicht unveränderte Neuauflage der ersten Welt, sondern der Beginn eines völlig Neuen. „Fleisch und Blut können das Reich Gottes nicht erben."
Die Gnostiker könnten eigentlich zufrieden sein. Wahrscheinlich sind sie es nicht. Sie möchten ja etwas von dem, was *ist*, bruchlos durchhalten: die integre himmlische Substanz, die sie in sich zu tragen meinen. Spricht Paulus von „Fleisch und Blut", dann meint er den *ganzen* – „adamitischen" (VV. 21f.) – Menschen, „aus Erde gemacht" (V. 47), in seiner irdischen Art im Unterschied zur himmlischen (V. 48), also „das irdisch-

menschliche Wesen in seiner spezifischen Menschlichkeit, d.h. in seiner Schwäche und Versuchlichkeit, und das heißt zugleich im Gegensatz zu Gott und seinem πνεῦμα" (Bltm., ThNT, § 22,2). Dabei dürfte bei „Fleisch" mehr ans Stoffliche, bei „Blut" an die Lebendigkeit zu denken sein. Bedarf es eines ganz anderen Lebens, weil wir fleischlich – oder weil wir sündig sind? Paulus ist, wo er vom „Fleisch", gar vom „Sündenfleisch" spricht, einer dualistischen Denkweise aufregend nahe. Man vergesse nur nicht: das Fleisch kann das Reich Gottes nicht deshalb nicht erben, weil es geschöpflich, stofflich, „aus Erde" ist, sondern weil – wir denken wieder an Adam – es sündig ist: gegen Gott verschlossen, für die Wirklichkeit des Göttlichen nicht empfänglich (noch einmal Matth. 16,17), sich auf sich selbst stellen und sich von Gott unabhängig machen wollend. Nicht weil der Mensch *geschaffen* ist, ist er untauglich für Gottes Reich, sondern weil, soweit das Auge blickt, die geschaffene Menschheit *sündig* ist. Hier muß Gott wirklich noch einmal mit uns von vorn anfangen. Johanneisch gesprochen: wir müssen noch einmal geboren werden.

Wir sprechen von Auferstehung. Das Reich Gottes wird also nicht dadurch verwirklicht, daß unsere Welt – die verwesliche, sterbliche, eben: „fleischliche" Welt – zu einer gottgemäßen Weise des Lebens umfunktioniert wird. „Fleisch und Blut können das Reich Gottes nicht erben." Der Satz: wir können nicht bleiben, wie wir sind, muß also ganz radikal verstanden werden. Nicht: wir sollen uns anders verhalten als bisher, und wenn das geschieht, kommt Gottes Reich. Sondern: Gott muß etwas ganz anderes aus uns machen – etwas so anderes, daß die gegenwärtige Welt aus Fleisch und Blut nicht der Schauplatz dieses Neuen sein kann, vielmehr durch den Tod hindurchmuß zu einem neuen Leben in der Wirklichkeit der Auferstehung. Wir sind uns dessen bewußt, daß es im Neuen Testament Aussagen über das Reich Gottes gibt, die dessen Wirklichkeit und Wirkkraft schon diesseits der Todeslinie verkünden. Auch davon kann Paulus sprechen (Röm. 14,17). Aber das Neue, das heute geschieht, ist, genaugenommen, immer das (noch nicht direkt kenntliche) Eschatische, ist Anbruch des Auferstehungslebens im Pneuma. Reich Gottes ist nicht Sache des eines Besseren belehrten oder auch durch himmlische Einwirkungen zu einem neuen Tun stimulierten *Adam*, sondern ist Sache des Christus, der uns, durch den Tod hindurch, in sein Auferstehungsleben hineinzieht. Anders gesagt: Die Vorstellung, die geschöpfliche Welt werde – ohne Todesbruch – durch Christus auf neue, bessere Zwecke und Verhaltensweisen eingestellt, ist irrig. Fleisch und Blut kann Gottes Reich nicht erben, wie denn auch die Vergänglichkeit das Unzerstörbare nicht erbt. Die Korinther meinten: Ewiges Heil und Leben – ohne Tod. Paulus: Was man sät, wird nicht lebendig, es sterbe denn (V. 36). Das Reden von Tod und Auferstehung – also auch von der Auferstehung der Toten – wäre Irreführung, wenn wir dabei immerzu heimlich ein „gleichsam" einschmuggelten und beim Gebrauch von „Leben", „Unsterblichkeit", „Unvergänglichkeit" doch wieder nur das Alte, das dem Tode Verfallene meinten.

Wir können nicht bleiben wie wir sind. Wer das sagt, wird den Tod nicht verharmlosen und verbrämen. Er weiß, daß das, was ist, nicht das sein darf, was sein wird und sein soll. Er findet sich nicht mit dem Verweslichen, dem Unehrenhaften, dem Schwachen, dem bloß Naturhaften ab (VV. 42–44). Sieht Paulus nicht, was das natürliche Sein des Menschen, wie er ist, auch an Kräftigem, Erfreulichem, Schönem einschließt? Mag sein, er urteilt allzu einseitig von den Erfahrungen her, die er mit sich selbst hat machen müssen, besonders mit seinem ihm allerlei Beschwerden verursachenden kranken Leibe. Aber man nehme nicht als subjektiven Seufzer, was gültige Aussage sein will. Wohl kennt Paulus auch den trainierten Leib des Sportlers (9,24ff.), er sieht in der irdischen Gestalt des Menschen den Tempel des Heiligen Geistes (3,16; 6,19). Und er weiß doch: dieser Leib ist ein Todesleib (Röm. 7,24). Von der Seele würde Paulus ähnliches sagen, wenn er auf sie zu sprechen käme. Wir sind vom Tode ringsum eingeschlossen, und der Raum, in dem wir existieren, verengt sich immer mehr. Wir spüren früher oder später den Verfall, die Abnutzung, das Weniger an Spannkraft, die Merkmale des Vergehens. Sie sind uns vielleicht deshalb besonders schmerzlich, weil wir spüren: hier läßt *Gott* vergehen, was das Reich Gottes nicht erben kann. Vom Glauben her gesehen ist dies alles keinerlei Grund zum Jammern (2. Kor. 4,16–18). Unsere Zukunft heißt ja: Auferstehung.

Daß der Übergang vom Verweslichen und Sterblichen zum Auferstehungsleben ein von niemandem zu ermessender Qualitätssprung in unserer Existenz ist, versteht sich für die Toten von selbst. Was aber geschieht an denen, die den alles wendenden Augenblick erleben, in dem das Eschaton hereinbrechen wird? Paulus stellt sich die Frage, weil er die Parusie für sehr nahe hält (VV. 51 ff.). *Jede* Generation wird sich die Frage so stellen, denn jede hat mit der großen Wende zu rechnen. Die Naherwartung der Urchristenheit war ein Irrtum – wir möchten sagen: ein fruchtbarer Irrtum. Man dachte und lebte unmittelbar angesichts des „Letzten", des Kommenden gewärtig, das Fällige nicht aufschiebend, im Auskaufen der Zeit, in der Wachsamkeit. Fruchtbar war dieser Irrtum auch darin, daß er das Material dazu lieferte, die Frage des eschatischen Qualitätssprungs so zu durchdenken, wie das hier geschieht. Da die den Tag der Parusie Erlebenden vor den bereits Entschlafenen nichts voraushaben (1. Thess. 4,15), bleibt zu fragen, ob sich bei ihnen etwas dem Todesübergang Vergleichbares vollzieht.

Ja, sagt Paulus, die *Verwandlung.* Auch für die von der Parusie direkt Betroffenen heißt es: Wir können nicht bleiben, wie wir sind. Auch sie werden von ihrem „Todesleibe" erlöst (Röm. 7,24). Sie werden sich „in einem Nu, in einem Augenblick, beim Schall der letzten Posaune" total verändert finden. Weg die Merkmale der Anfälligkeit, der Schwachheit, der Versuchlichkeit, des Dürftigen, des Dahinschwindens der Kräfte des Leibes und des Geistes, des Versagens und Vergehens. Wie wird es sein? Wir können unsere Zukunft nicht beschreiben. Unverweslich, sagt Paulus, in Herrlichkeit, in Kraft; er spricht von einem geistlichen Leibe (nochmals die VV. 42–46), vor allem aber: „Wir werden bei dem Herrn sein allezeit" (1. Thess. 4,17), als die Seinen mit allem, was den Kosmos füllt, verbunden im fröhlichen Bekenntnis zu ihm (Phil. 2,10 f.), in einer Herrlichkeit und Freiheit, gegen die alle Leiden der Zeit nicht aufkommen (Röm. 8, 18.21). Verwandlung – wir können dieses Schlüsselwort nicht ernst genug nehmen. Wer etwas davon ahnt, freut sich auf das, was kommt.

2.

Wir können nicht bleiben, *wie* wir sind, aber wir werden bleiben, *die* wir sind. Gemeint ist, was das Kirchenlied in seiner Sprache so ausdrückt: „Dieser meiner Augen Licht / wird ihn, meinen Heiland, kennen. / Ich, ich selbst, kein anderer nicht, / werd in seiner Liebe brennen" (EKG 330,5). Was ist damit gemeint?

Daß Fleisch und Blut das Reich Gottes nicht erben können, könnte man so auslegen, als wolle Gott die ganze erste Schöpfung vernichten, um dann noch einmal, wie einst „im Anfang", eine Schöpfung werden zu lassen, eine solche nämlich, die mit der ersten nichts mehr zu tun hätte. Ist vom Tode die Rede, dann könnte man tatsächlich an dergleichen denken, denn Tod bedeutet ja augenscheinlich: Vernichtung, Beseitigung, Abbruch. Man könnte daran denken, daß Auferweckung eine *creatio ex nihilo* wäre und daß Gott immer wieder neue Menschen schüfe, die bisherigen also einfach untergehen ließe.

Das Wort Auferweckung bzw. Auferstehung würde freilich seinen Sinn verlieren, wenn wir so dächten. Wer stirbt, wird nicht ins Nichtsein versetzt. Derselbe Mensch, der stirbt, wird erweckt, wenn auch zu einem anderen Leben. Die Identität der Person bleibt gewahrt. Wir sind von Gott bei unserm Namen gerufen, ja, unsere Namen sind im Himmel

geschrieben (Jes. 43,1; Luk. 10,20). Wir sind unserm Gott als Person wichtig, als das Gegenüber, das er angesprochen und mit dem er sich im Wort, in der Taufe und im Mahl des Neuen Testaments verbündet hat. Jeder Mensch ist als Gottes Gegenüber einmalig, unwiederholbar, eben darum aber nicht zum Untergang bestimmt, ja, in der Gemeinschaft mit Christus dem Untergang entrissen. – Die Predigt versuche, der Gemeinde klarzumachen, was damit gesagt ist. Die Identität der Person könnte sich uns allzuleicht als das nur zu verständliche Verlangen des einzelnen Menschen nach der Bewahrung vor dem Vergehenmüssen darstellen. In uns ist der Trieb, uns selbst zu erhalten. Mehr noch und anders als beim Tier. Das Tier findet sich ins Sterbenmüssen; naht sein Ende, dann verkriecht es sich irgendwo und stirbt seinen Tod, ohne Auflehnung. Der Mensch wehrt sich. Er weiß um die Einmaligkeit seines Subjektseins und der Geschichte, die er bestanden und noch zu bestehen hat, wie auch immer. Er weiß andererseits, daß sein Tod mit Gott zu tun hat: der Tod ist das Nein Gottes über seinem Sündersein. Der Mensch, der mit Gott zu tun bekommen hat, weiß um das Gericht, dem er ausgesetzt ist. Es liegt also beides in dem Wissen um die Identität: Ich möchte nicht ausgelöscht werden, weil ich an meinem Leben hänge, – und ich muß zugleich fürchten, daß ich nicht ausgelöscht werde, weil ich mich dem letzten Wort Gottes über mich stellen muß (vgl. Offb. 6,16). Ich meine, das erstere überwiegt. Wir hängen so am Leben und sind uns selbst so wichtig, daß wir uns nicht ins Vergehenmüssen hineinfinden, vielleicht wird man sogar sagen: daß wir in solchem Hängen an uns selbst der unausweichlichen Wirklichkeit des Todes nur mit einem Auferstehungspostulat begegnen können. – Dem ist nun vom Evangelium her zu widersprechen. Bleiben, die wir sind, können wir nicht, weil wir uns dies wünschen, auch nicht, weil wir das Unzerstörbare unserer Personidentität in uns selbst hätten. Daß Gott an uns (mit unserm Namen!) festhält, ist in Ihm begründet, nicht in uns. Wir könnten uns nicht vor ihm behaupten, aber er hält uns fest. Nicht, was wir *sind*, gibt uns Anspruch auf das Leben der Auferstehung, sondern, was er – in Christus – aus uns *gemacht hat*. Die Kinder sind auch Erben (Röm. 8,17). Nicht, daß wir unser Leben festhalten wollen, begründet unsere Auferstehungszukunft, sondern, daß Gott unser Leben will. Er will es trotz des anstehenden Gerichts, er gibt es, um Christi willen, in der Errettung aus dem Gericht. Dem entspricht nun, was Paulus über das Geschehen bei Tod und Auferstehung bzw. beim Erleben der Parusie sagt – es läuft ja, wie wir sahen, beides auf dasselbe hinaus. Paulus spricht von *Verwandlung*, nicht von Neuschöpfung. Bei der Verwandlung von Wasserkraft in Elektroenergie wird Strom nicht aus dem Nichts erzeugt, sondern eben aus der Wasserkraft. Bei der Metamorphose der Raupe zum Schmetterling entsteht ebenfalls das Neue aus dem Alten. Verwandlung ist Veränderung am gleichbleibenden Subjekt. So wird Christus unsern Niedrigkeitsleib „in eine andere Verfassung bringen", damit er seinem Herrlichkeitsleib gestaltgleich werde (Phil. 3,21). Verwandlung bedeutet für Paulus, wie man sieht, daß am sterblichen Leibe etwas geschieht, was ihn gründlich verändert (Röm. 8,11). Noch einmal: es wird nicht rückwärts-gestorben, ins alte Leben hinein. Aber es besteht ein Zusammenhang, ja Identität zwischen dem, was ist, und dem, was – in ganz neuer Gestalt – kommen wird.
Auf denselben Sachverhalt führt die Rede vom „Anziehen" der Unverweslichkeit (VV. 53f.). Ist diese wie ein Kleid, so bleibt der Träger dieses Kleides er selbst, nur das Beengende und Entstellende, das Schändliche und Unansehnliche des φϑορά-Kleides wird durch die Doxa und Unzerstörbarkeit des Auferstehungskleides ersetzt. Paulus betont die Identität zweimal ganz stark: „*Dies Verwesliche* muß anziehen die Unverweslichkeit, und *dies Sterbliche* muß anziehen die Unsterblichkeit" – und ebenso wieder im folgenden Verse. Wir werden nicht bleiben, *wie* wir sind, aber wir werden bleiben, *die* wir sind.
Haben wir von der Entsprechung zwischen dem „Erstling" und uns her zu denken, so ist

die Identität erst recht festzuhalten. Gott hat zu Ostern nicht gesagt, er wolle uns einen anderen Christus verschaffen, sondern er hat den Gekreuzigten auferweckt. Hier liegt der eigentliche, der tiefste Grund für die Auferstehungsvorstellung, die Paulus hier ausbreitet. Er hat sie sich ja nicht aus den Fingern gesogen, sondern er artikuliert seine eigene Ostererfahrung. Erhöht wurde kein anderer als der, der zuvor erniedrigt war. Indem Gott den Gekreuzigten zu Ostern aufgewertet und zur Herrlichkeit erhoben hat, wird er auch uns zu neuem Leben erwecken. Um Christi willen ist ein jeder von uns ihm kostbar und unverlierbar geworden.

3.

Wir sind soeben ganz von selbst auf die Rechtfertigungsthematik geführt worden. Mag V. 56 nun in der ersten Niederschrift unseres Briefes gestanden haben oder von Paulus selbst, vielleicht sogar von einem im paulinischen Denken sattelfesten Nachfolger kommentierend eingefügt sein: der Vers verankert die Auferstehungsbotschaft des Paulus in seiner Rechtfertigungstheologie und damit in der Mitte des Evangeliums. Die Auferstehungsbotschaft kommt nicht als ein Neues zu dem hinzu, was Paulus früher gepredigt hat. Wir hoffen vielmehr aufgrund dessen, was schon ist: aufgrund dessen, was sich durch Christi Werk vor dem Thron und Richterstuhl Gottes bereits ereignet hat.

„Stachel" hat Paulus im LXX-Text von Hos. 13,14 gelesen. Was ist der Stachel, der tödlich stechende Dorn von Tod und Totenreich? Wir stoßen hier wieder auf die theologische Sicht des Todes, von der schon die Rede war. Wir sterben nicht nur an der natürlichen Erschöpfung und dem Verfall des natürlichen Lebens. Wir sterben an Gottes Zorn. Der Tod hat eine personale Dimension. „Das macht dein Zorn, daß wir so vergehen, und dein Grimm, daß wir so plötzlich dahin müssen" (Ps. 90,7). Der Tod hat außer der biologischen eben noch die andere Seite: wir gehen an unserer Sünde zugrunde und an dem Gericht, mit dem Gott auf unsere Sünde reagiert. Man könnte sich sonst zum Sterben legen, wie man sich abends nach einem mühevollen Tag zur Ruhe ausstreckt. Aber da ist eben noch dieses Letzte, von dem vorhin die Rede war: das Rechenschaftgebenmüssen vor Gott, der auf unser Leben sein Recht hat. Die Sünde ist der Stachel des Todes.

Warum wird uns unsere Sünde zum Verhängnis? Ihre Kraft ist das Gesetz, sagt Paulus. Das Gesetz fordert und verurteilt. Solange unser Wohl und Wehe bei Gott durch das Gesetz reguliert wird, solange ist für uns nichts zu hoffen. Ist das Gesetz dem Sünder gegeben, kann es ihm nicht zum Guten verhelfen, sondern ihm nur sein Fiasko aufdecken und, wenn der Sünder es nun erst recht versucht, es mit eigener Kraft zu schaffen, ihn nur noch tiefer in die Auflehnung führen. Dem hat Christus ein Ende gemacht. Es gilt nicht mehr das Gesetz, sondern der Glaube. Ich brauche nichts zu erdienen, nachzuweisen, zu erzwingen; durch Christus ist meine Sache bei Gott zu meinen Gunsten entschieden. Jetzt schon. Sofern ich Christus gehöre, sterbe ich nicht mehr an Gottes Zorn. Der Zugang zur Auferstehungswelt ist nicht mehr blockiert. „Ein Spott aus dem Tod ist worden" (EKG 76, für diesen ganzen Zusammenhang hilfreich).

Die Schriftzitate sind nur Anklänge. Paulus spricht fast in eigenen Worten, aber wissend, daß er das Gotteszeugnis aus dem Alten Bunde im Rücken hat. Von der Liebe Gottes kann uns nichts mehr scheiden. Und was Gott liebt, das läßt er nicht im Tode. Man kann den Tod auslachen (wie gestern den Teufel). Er hat keinen Stachel mehr, er kann gegen Gott und damit auch gegen uns nichts mehr ausrichten. Sterben wir, dann nur noch, um dorthin zu gelangen, wo der Herr selbst ist. Vielleicht wird uns das Sterben dennoch schwer werden; keiner weiß, wie er einmal sterben wird. Wir sollten uns beizeiten darin einüben: unsere Zukunft heißt Auferstehung. Durch Christus ist uns heute schon (διδόντι) der Sieg gegeben.

Quasimodogeniti. Kol. 2,12–15

Die VV. 8–15 sind eine einzige Periode (in die der zum 2. Christtag behandelte Text hineinreicht), auf deren Denkbewegung die Perikope „aufspringt" wie auf einen fahrenden Zug. Das Thema „Taufe" ist eigentlich schon V. 11 im Spiel: sie ist als die „Beschneidung Christi" bezeichnet und dann in V. 12 des näheren beschrieben; das Hauptverb, an das sich συνταφέντες anlehnt, steht in V. 11. Es ist richtig, daß die Predigt diesen religionsgeschichtlichen Stolperdraht umgeht (obwohl in V. 13 durch ἀκροβυστία auf den Sachverhalt der Beschneidung noch einmal angespielt ist).
V. 12: „Begraben *in* der Taufe" scheint den Untertauchritus sehr realistisch zu verstehen. Das σὺν (Χριστῷ) will sagen: dèn Getauften ist dasselbe widerfahren, was an Christus geschehen ist, vgl. 3,1; sie sind „zusammen mit" Christus begraben und zum neuen Leben erweckt (ThWNT VII, S. 780ff.). Strittig ist, ob das ἐν ᾧ zu βαπτίσματι zu ziehen ist (dem es am nächsten steht) oder (parallel zu dem ἐν ᾧ in V. 11) zu „Christus"; im ersten Falle würde es bedeuten: nicht nur begraben, sondern auch auferweckt (s. u.), im zweiten: begraben sind wir *mit* Christus, auferweckt *in* ihm. „Durch den Glauben": der sakramentale Vorgang ist zugleich ein personaler. Wie sich V. 12 zu den Taufaussagen des „klassischen" Paulus verhält, darüber s. u. – V. 13: Neueinsatz, Subjekt ist Gott (anknüpfend an V. 12 Ende), finites Verb συνεζωοποίησεν. Das Totsein ist hier nicht Wirkung der (tötenden) Taufe, sondern der Zustand der Sünder, das Wort „tot" also im übertragenen Sinn zu verstehen (wie Luk. 15,24.32; Joh. 5,25; Eph. 5,14 u. ö.). τοῖς παραπτώμασιν ist Dativus causae (Bl.-Debr. § 196), ebenso wie ἀκροβυστίᾳ, was, wie die „Christusbeschneidung" (V. 11), bildlich zu verstehen ist (die Kolosser waren Heiden, anatomisch hat sich bei ihnen ja nichts verändert). „Unbeschnittenheit" ist (jüdischer) Ausdruck für heidnisches Wesen (Röm. 2,25–27; 3,30; 4,9–12; 1. Kor. 7,18f.; Gal. 2,7; 5,6; 6,15; Eph. 2,11). Wieder das σύν wie in V. 12 χαρίζεσθαι = „schenken" im Sinne von „erlassen" wie 2. Kor. 2,10a; 12,13; vielleicht hat dieses Wort die Assoziation des Schuldscheins in V. 14 ausgelöst, der hier natürlich nur bildhaften Sinn hat. In dem jüdischen Gebet „Abinu Malkenu" heißt es: „Unser Vater, unser König, lösche aus (= ἐξαλείφειν) durch deine große Barmherzigkeit all unsere Schuldbriefe." (Wenn „auslöschen" „kein treffendes Bild" ist – so Ed. Schweizer – , so geht dies auf die Vorlage zurück; der Gebrauch des sonst bei Paulus nicht vorkommenden Wortes erklärt sich von daher.) τοῖς δόγμασιν (Satzungen, Vorschriften) wirkt im Zusammenhang hart. Wenn der Text auf einer Vorlage beruht (Lohse), könnte es sich um eine kommentierende Einfügung handeln: der Schuldschein „belastete" uns, „war gegen uns" „kraft der Satzungen". ἐκ τοῦ μέσου = מִקְּרָבֵנוּ. Die menschliche Schuld lastete auf Christus und wurde so mit ihm gekreuzigt (Schweizer). – V. 15: Es scheint, daß die kolossische Irrlehre die Angst nährte, „Mächte" und „Gewalten" zwischen Himmel und Erde könnten uns auf dem Wege zur Vollendung aufhalten und müßten durch Beachtung bestimmter kultischer Vorschriften (VV. 16.18.21.23) befriedigt oder gar überlistet (Schenke-Fischer, Einleitung I, S. 161) werden. ἀπεκδύεσθαι heißt eigentlich „ablegen"; danach hätte Christus bei seiner Auffahrt durch die Himmelsräume die Mächte „abgestreift", fast könnte man sagen: „abgeschüttelt"; oder man versteht das Medium wie ein Aktivum (Bl.–Debr. § 316,1): er hat sie „ausgezogen", „entkleidet" (nämlich ihrer Würde), „bloßgestellt". Christi Erhöhung ist wie der Triumphzug des Siegers.

Von den Menschen handelt dieser Sonntag, die zu einem neuen Leben geboren sind. Was in dieser Selbstcharakterisierung der Christen behauptet ist, klingt schrecklich steil, ja anmaßend. Wer so von sich nicht reden kann, fühlt sich herabgesetzt, und es könnte sein, daß seine bescheidene Zurückhaltung ihn nur ehrt. Umgekehrt: solche, die sich kräftig und lautstark als Wiedergeborene bezeichnen, fallen nicht selten anderen Menschen auf die Nerven und bieten in der Art, sich darzustellen, gerade kein ermutigendes Bild. Wir sollten nicht nur in unseren Behauptungen und Ansprüchen maßvoll sein, sondern uns klarmachen, daß der Text überhaupt nicht von Tatbeständen redet, die an uns direkt ablesbar sind, geschweige denn von Fortschritten, die wir in unserm Glauben und tätigen Leben erreicht haben, sondern von dem, was *Gott* in Christus an uns getan hat.
Es wäre gut, wenn unsere Predigt eben von dem, was an uns festzustellen ist und worin wir selbst uns als Christen bewähren, unbestechlich kritisch spräche. Nirgendwo kann man eine Sache durch überzogene Behauptungen empfehlen; für die Dinge des Glaubens

gilt dies in besonders hohem Maße. Gewiß wird der Christ sich von dem, was an seiner Vergangenheit böse und schändlich war, entschlossen absetzen wollen (3,7f.), und der Existenzwandel wird spürbar werden: in der grundsätzlichen Ausrichtung des Lebens, in der Weise, mit anderen Menschen umzugehen, im Lebensstil, oft sogar bis in die Physiognomie hinein (wir sahen eindrucksvolle Bildbeispiele aus der jungen Kirche in Neuguinea); hoffentlich muß man nicht immer so *weit* gehen, um solche Erfahrungen zu machen. Aber wir kennen wohl auch von uns selbst her das andere: Charakterliche und natürliche Anlagen bleiben, prägen sich im Alter oft in unangenehmer Weise aus. Es ist schwer, die eigene Vergangenheit „aufzuarbeiten" und auf diese Weise mit Behinderungen und Verklemmungen, inneren und äußeren Schäden unserer Person fertig zu werden. Wir arbeiten an uns selbst, aber wir sind oft davon betroffen, wie wenig die Selbsterziehung fruchtet. „Du bleibst doch immer, der du bist", läßt Goethe den Teufel sprechen, und dieser hat seine Freude an unseren Mißerfolgen. Es ist ja nicht wahr, daß wir Christen immer die angenehmsten und umgänglichsten Menschen wären. Ein Christ wird jedenfalls, wenn es um seine neue Existenz geht, nicht auf seinen Ist-Zustand pochen. Ja, vielleicht kann man sagen: gerade er kann es sich leisten, nicht auf sich selbst hinweisen zu müssen. Er vertraut nicht auf das, was *er* aus sich macht, sondern auf das, was *Gott* aus ihm macht. Und er tut dies nicht, indem er wie gebannt auf die Wirkungen und Erfolge des göttlichen Tuns sieht, sondern auf Gott selbst in seinem Tun. So jedenfalls unser Text. Das Leben des Christen hat seinen Schwerpunkt außerhalb seiner selbst, eben bei dem wirkenden Gott. Wir werden noch darauf zurückkommen: „Euer Leben ist verborgen mit Christus in Gott" (3,3). Wenn im Leben des Christen wirklich etwas neu und anders wird, dann eben dadurch, daß sich sein Schwerpunkt nach außen verlagert hat, nämlich auf Gott. Und dies wiederum ist nicht Sache unseres Entschlusses und unserer Bemühungen, sondern ergibt sich daraus, daß Gott selbst aktiv geworden ist. Der Christ ist in der wunderbaren Lage, von sich selbst absehen und sein Heil allein bei Gott suchen und finden zu können. Was für ein Aufatmen!

Am Sonntag nach Ostern trugen in der alten Kirche die zu Ostern Getauften noch einmal ihr Taufkleid. Auch wenn bei uns der zeitliche Abstand von diesem Gotteswerk der Taufe größer ist: uns der Bedeutung, der Wirkung und Tragweite unseres Getauftseins bewußt zu werden, ist die bleibende Aufgabe und Chance des Christseins. Was ist an uns geschehen, was ist uns angeboten und zugedacht? Wir gehen vom Namen dieses Sonntags aus und horchen den Text ab: *In der Taufe noch einmal geboren sind wir* (1) *zum Leben erweckt,* (2) *von Schuld entlastet,* (3) *zu Gott befreit.*

I.

„In der Taufe mit Christus begraben, darin (oder in ihm) auch auferweckt": damit ist die Totalerneuerung unserer Existenz gemeint, der Beginn eines neuen Lebens. Wir haben dies so wörtlich wie möglich zu nehmen. Ein „Stirb und Werde", das nur in Verbesserungen am alten Menschen bestünde, in Kurskorrekturen des Denkens, Wollens, Sich-Entschließens, Tuns, in Lebensstil und sozialem Verhalten (usw.), wäre nicht das hier Gemeinte. Nikodemus hatte ein paar Anweisungen zu reichsgottesgemäßem Verhalten erwartet und muß lernen: mit weniger als einer neuen Geburt ist es nicht zu machen, so menschenunmöglich dies ist. Es geht nicht nur um ein neues Denken, Wollen und Tun, sondern um ein neues Sein. Wir werden aus dem Menschen von Fleisch und Blut nicht das hervorlocken, worauf Gott wartet, und abringen können wir es ihm noch viel weniger. Das Alte muß sterben und begraben werden, und jenseits des Todes muß neues Leben entstehen, das Leben der Auferstehung, des neuen Äons.

Nun scheint sich ein bildhaftes Verständnis von V. 12 (vgl. 3,1.3) trotzdem nötig zu machen. Unser alter Mensch, der Mensch von Fleisch und Blut, lebt ja offensichtlich noch. Wir erfahren ihn nicht nur mit den Sinnen, wir erleben auch seine Art, seine Verkehrtheit und seine Einbrüche, seinen Stolz und seinen Egoismus, seine Gottlosigkeit und Selbstzufriedenheit. Kann man das leugnen? Und: wäre es nicht schon viel, wenn dieser alte Mensch in Bewegung käme und, wieviel auch immer ihm täglich mißlingen mag, er begriffe, daß er sich ändern und, ob auch innerhalb der Möglichkeiten seiner sarkischen Existenz, weiterkommen muß? In der Tat, das wäre schon viel. Nur: wenn schon „weiter", wohin dann? Soll es sein wie im Kaleidoskop: immer neue Bilder aus denselben paar Glassplittern? Immer wieder: „aus alt mach neu?" Wer vom Auferwecktsein spricht, meint: neues Leben aus neuem Material, aus dem „Stoff" des Unverweslichen, des nicht mehr der Sünde und dem Tode Unterworfenen, eben dessen, was Christus zu Ostern „ans Licht gebracht" und den Seinen zugedacht hat. Dieses neue Leben ist Wirklichkeit – ein Reales, das noch mit Christus in Gott verborgen ist, aber am Tage Christi offenbar, anschaubar, erfahrbar werden wird (3,3f.) Wohl „gibt es" mich noch als den alten Menschen, mit dem ich täglich meine trüben Erfahrungen machen muß. Aber „es gibt" mich auch schon als den eschatischen Menschen, als die „neue Kreatur", der Auferstehungswelt zugehörig und darum ebensowenig erfahrbar wie der erhöhte Christus selbst (noch einmal: 3,3f.), und doch nicht nur als Fernziel oder Programm oder Wunschbild oder Gegenstand der Sehnsucht, sondern – seit der Taufe – als (verborgene) Wirklichkeit. „In ihm seid ihr auch mit auferweckt" (V. 12).

Die exegetische Literatur legt vielfach Wert darauf, daß der Paulus von Röm. 6 zwar von unserm „Eingetauftwerden" in Christi Tod spricht und davon, daß wir durch die Taufe mit ihm zusammen in den Tod hineinbegraben werden – soweit konform mit unserm Text –, dann aber aus Christi Auferstehung nicht unser Auferstandensein folgert, sondern dies, daß wir nun „in Neuheit des Lebens wandeln sollen", während von unserer Auferstehung futurisch gesprochen ist (V. 5: ἐσόμεϑα). (Der Unterschied gilt als eines der Argumente für den nichtpaulinischen Ursprung des Kolosserbriefes.) Es darf den Exegeten nicht bestritten werden, daß sie Differenzen aufzeigen, um so ein möglichst scharfes Bild von den Texten zu gewinnen. Der Dogmatiker und der Vertreter der Praktischen Theologie muß freilich weiterfragen, wie es sich denn nicht nur auf dem Papier der biblischen Autoren, sondern in Wirklichkeit verhalte. Kann sein, man muß wählen. Möglich auch, daß man, was die Exegeten „streng geteilt" haben, wieder zusammenbringt – nicht in Harmonisierung um jeden Preis, wohl aber, wo die Sache es erfordert, im Zusammendenken dessen, was zusammengehört.

Der Paulus von Röm. 6 muß vom Ansatz seiner Frage her (6,1) auf Paränese aus sein. Daß er in 6,4 nicht, wie man erwarten könnte, schreibt: „so werden auch wir auferweckt", sondern: „so sollen auch wir in Neuheit des Lebens wandeln", ergibt sich aus der Absicht des Gedankengangs. Dabei ist nicht zu vergessen, daß καινός und καινότης eschatologische Begriffe sind, also die „Neuheit des Lebens", in der wir wandeln sollen, sowieso die eschatologische Realität meint (ThWNT III, S. 451). Was wäre das auch für ein Ungedanke, daß der neue Wandel von solchen erwartet wird, die gestorben und begraben, also ausgeschaltet und stillgelegt sind, nicht aber zu neuem Leben erweckt. Die Gestorbenen und Begrabenen sollen sich ja als solche ansehen, die zwar für die Sünde tot sind, aber „für Gott in Christus leben" (6,11)! Man kann es auch so ausdrücken: „So lebe nun nicht mehr ich" – der alte Mensch ist nicht mehr da –, „sondern Christus lebt in mir", wobei Paulus andererseits weiß, daß das Leben „im Fleische" nicht einfach vergangen ist, sondern „im Glauben an den Sohn Gottes" gelebt wird, d. h. im ständigen Transzendieren des Alten zum Neuen hin (Gal. 2,20). Wiederum kann Pau-

lus tatsächlich auch sagen: „das Alte ist vergangen, siehe, Neues ist entstanden"
(2. Kor. 5,17). Noch überlagern sich die beiden Wirklichkeiten, das Alte und das in Jesu
Auferstehung eröffnete Neue. Je nachdem, von welcher Ebene her man denkt, wird man
verschieden sprechen. Ich als der noch immer vorhandene natürliche Mensch werde gegen alle Erfahrung an das verborgene Leben glauben und meine Auferstehung als etwas
Zukünftiges erhoffen. Ich als der „in Christus" lebende, mit der „Anzahlung" (ἀρραβών)
auf das eschatische Leben versehene Mensch, als die „neue Kreatur", werde feststellen:
ich, der alte Mensch, lebe gar nicht mehr (Gal. 2,20), das Alte ist vergangen (2. Kor. 5,17),
ich bin schon mit Christus auferstanden. Paulus hat zur Zeit der dritten Reise, als er es
mit solchen zu tun hatte, die auf nichts mehr warteten, sondern das Neue schon vollendet
wähnten (1. Kor. 4,8), bewußt aus der Perspektive dessen geredet, für den Auferstehung
etwas Zukünftiges ist. Die Kolosser aber meinten, der Weg sei noch weit, und man müsse
sich durch Beachtung kultischer und asketischer Vorschriften durch die Unheilszone der
bösen Mächte erst durchschlagen; denen war zu sagen: ihr seid ja schon „in Christus",
und er ist realiter „in euch", also ist in euch auch sein Auferstehungsleben, das euch niemand mehr streitig machen kann.

Man sollte das durch die Taufe realisierte „Sein in Christus", in dem wir an des Herrn
Auferstehungsleben teilhaben, nicht mystisch deuten. „In Christus" ist zunächst eine
ekklesiologische, darin freilich sofort auch eine eschatologische Formel (Bltm., ThNT,
§ 34,3). So ist auch die Taufe „nicht etwa ein Symbol für subjektive Vorgänge", sondern
„ein objektives Geschehen, das sich am Täufling vollzieht" (ebd.). Die Wiedergeburt ist
Gegenstand des Glaubens, also empirisch (psychologisch oder ethisch) nicht greifbar. Der
neue Mensch, der ich „sein werde" bzw. in Christus schon „bin", ist mein neues Sein,
wie Gott es sieht – und wenn er mich so *sieht*, dann *bin* ich's auch – und wie ich es selber
ansehen soll (Röm. 6,11). Ich, der vorfindliche Mensch bin mir, dem eschatischen Menschen, immer hinterher: was ich morgen sein werde, wird sich schon auf das Heute auswirken. Christliches Leben ist vergegenwärtigte Zukunft, ist Leben in der „himmlischen
Berufung". Wenn ich heute „nach dem Fleische" lebe (böse, unehrlich, unbeherrscht,
faul, lieblos, eigensüchtig, mißtrauisch, unfroh, mich und andere lähmend und verdrie-
ßend usw.), dann nur, weil ich vergesse, wer ich *eigentlich*, nämlich „in Christus" und
darum in der Auferstehungswirklichkeit, *bin*. Indem der peccator sich selbst immerzu auf
den iustus hin transzendiert, „wandelt" er „in der Neuheit des Lebens". Das Leben der
Getauften ist, wenn sie ihre Taufe ernst nehmen, in zielstrebiger Bewegung auf das Neue
hin. Reste des Alten und Rückfälle ins Alte hinein werden immer wieder zu finden sein;
sie können das Neue nicht mehr ungeschehen machen, das sich in der Taufe an uns ereignet hat und das uns wie mit magnetischer Kraft nach vorn zieht. Denn in der Taufe sind
wir noch einmal geboren, d. h.: zum Leben erweckt.

2.

Die Taufe gibt uns nicht nur die Perspektive nach vorn. Durch sie werden wir auch von
Schuld entlastet. Man könnte sagen: so bekommen wir Rückenfreiheit. Ja, wir könnten
überhaupt keine tragfähige Zukunftshoffnung haben, wenn wir die Last der Vergangenheit nicht los wären. Das neue Sein wäre unmöglich ohne die neue Geltung; es kann kein
Leben sein, wo das Recht auf Leben verspielt ist.

„Die ihr *tot* wart in den Sünden": wir sahen, daß es sich hier um bildliche Rede handelt.
Die Taufe hat, so könnte man sagen, den alten Menschen getötet, der im übertragenen
Sinne bereits tot war. Wieso das? Wir haben – bei anderen und auch bei uns selbst – mit

der Überzeugung zu rechnen, daß es sich auch mit einem Konto von schuldhaften „Übertretungen" ganz gut leben lasse – Hauptsache, man läßt sich nicht erwischen. Dabei ist dies schon in einem äußeren Sinne Illusion. Der Naziverbrecher, der unter falschem Namen irgendwo untergetaucht ist, muß damit rechnen, daß man ihn eines Tages doch findet. Der, den Dionys, der Tyrann, nach Schillers Ballade zum Kreuzestod verurteilt hat, kann um Aufschub bitten („bis ich der Schwester den Gatten gefreit"), aber danach – so muß er annehmen – wird es ihn doch treffen. Wir werden mit unserer Sünde nicht dadurch fertig, daß wir uns der Verantwortung zu entziehen versuchen. – Schwerer wiegt der innere Grund. Es kann kein gesundes, ungestörtes Verhältnis zu Gott und zu den Menschen geben, solange alte Schuld unbereinigt ist. Was einer dem anderen angetan hat, muß das Verhältnis beider bleibend belasten, es sei denn, die böse Vergangenheit wird ausgelöscht. Man kann nicht mit Hypotheken von Schulden durchs Leben gehen und erwarten, daß das Leben gelingt. Auch wenn es zu einem Neuanfang käme, ohne daß Vergangenheit „bewältigt" ist: das Vergangene müßte uns belasten, vielleicht macht es uns unfrei, mißmutig, gemeinschaftsunfähig, mißtrauisch; es kann uns sogar körperlich krank machen (Ps. 32,3). Erst recht muß Unvergebenes stören, wenn wir vor Gott treten. Ist Sünde in ihrer Mitte bzw. auf ihrem Grunde die (wahrscheinlich nicht theoretisch, sondern praktisch vollzogene) Absage an Gott, die Auflehnung, der eigensüchtige Stolz des Geschöpfs gegenüber dem Schöpfer, die Undankbarkeit, die Selbstherrlichkeit, das Kreisen um das eigene Ich (usw.): dann kann ich nicht bei Gott erscheinen und dabei so tun, als wäre nie etwas Störendes gewesen. Mit unbehobener Schuld leben wollen ist eine innere Unmöglichkeit.

Der Text spricht zunächst von *Übertretungen*. Es ist wohl an ganz massive Taten des Ungehorsams zu denken (3,5.8f.). „In dem allem seid auch ihr einst gewandelt, als ihr noch darin lebtet" (3,7). Auch im Christenleben ist dergleichen nicht einfach vorbei. Was alles ist auch unter Christen möglich, was auch in *mir*! Wir wissen wenig von unserer Sünde. Wir haben uns an unser Autonomiedenken gewöhnt. Die richtige Erkenntnis, daß christlicher Gehorsam nicht einem papierenen Reglement verpflichtet ist, sondern im Wagnis der freien Entscheidung besteht – freilich unter der Regel: „als dem Herrn und nicht den Menschen" (3,23) –, schlägt leicht um in eine Haltung, die überhaupt keinen Gehorsam mehr kennt. Wir wissen im Beichtbekenntnis oft keine konkreten Sünden zu nennen, aber wir haben es im täglichen Leben oft schrecklich schwer miteinander. Die Sünde des anderen sehen wir, die eigene nicht. Wir machen – im schwer durchschaubaren Zusammenspiel der unzählbar vielen – täglich soviel kaputt: schon in Ehe und Familie, dann auch im beruflichen Alltag, in Gesellschaft und Kirche, im Zusammenleben der Völker. Ehescheidungs- und Strafprozesse liefern Anschauungsmaterial, nicht zuletzt unsere Tageszeitung. Unbereinigte Schuld macht Geschichte, oft verhängnisvoll. Wir kennen unsere Sünde nicht, aber wir quälen uns mit ihren Folgen.

Der Text spricht sodann von der *Unbeschnittenheit* – der hier schon ins Abstrakte gewendete jüdische Ausdruck für das Heidnische. Wie es scheint, hat bei den kolossischen Irrlehrern die Beschneidung eine wichtige Rolle gespielt; die Rede von der „Christusbeschneidung", die „nicht mit Händen vollzogen" ist und im „Ablegen des Fleischesleibes" besteht (V. 11, vgl. 3,8), geht (polemisch) auf dieses Anliegen ein. Unbeschnittenheit ist Verfallensein an heidnisches Wesen. Man übersehe nicht: dies wird in einem Atem mit den Übertretungen genannt. Die heidnische Gottentfremdung ist also nicht einfach ein religionsgeschichtlich zu konstatierender Tatbestand – wertfrei zu sehen wie die Bronze- oder Eisenzeit in der Kulturgeschichte –, sondern etwas, was der Vergebung bedarf. Man lese Röm. 1,18ff.: daß Gott nicht gepriesen noch ihm gedankt wird, daß man kreatürlichen Größen den höchsten Rang zuerkennt und sie damit dämonisiert, gleichzeitig aber ihnen verfällt, das ist Verschuldung Gott gegenüber, die sich bitter gerächt hat. Heidentum ist nicht nur Irrtum, sondern Abfall. Die Verletzung der Gebote der ersten Tafel ist nicht milder zu beurteilen als das Schuldigwerden an den Geboten 4 bis 10. Soll unser Verhältnis zu Gott und unseren Mitmenschen von Schuld entlastet werden, dann muß Gott viel vergeben.

Er hat es getan. Der Text gebraucht das Bild von dem ausgelöschten Schuldbrief, wie wir sahen, aus jüdischer Gebetspraxis genommen, aber dann eigenwillig fortgeführt: das Dokument mit allen Daten, die uns belasten, hat Gott selbst ans Kreuz angenagelt, ein Gedanke, der dem von 2. Kor. 5,21a eng verwandt ist. Vielleicht steht dahinter noch, daß man am Kreuz eines zum Tode Verurteilten einen Zettel anbrachte, der über die Schuld dieses armen Menschen Auskunft gab. Hier also: Der – „kraft der Gesetzesvorschriften" – „gegen uns gerichtete, uns belastende" „Schuldschein" ist die Urteilsbegründung für den gekreuzigten Jesus. Wüßten wir es nicht längst, wir müßten erschrecken. Aber die Erschrockenen dürfen sich freuen: damit ist, was uns belastet, aus der Welt. Wird in der Taufe das Sterben Jesu uns zugewandt, so ist damit unsere böse Vergangenheit ausgelöscht.

3.

Mit V. 15 nimmt der Text noch eine überraschende Wendung, die sich wohl (wiederum) aus den Gedanken der kolossischen Irrlehrer erklärt. Man fürchtet unsichtbare Mächte, die wahrscheinlich nach dem Weltbild der Alten die niederste Himmelssphäre bewohnen sollten (Eph. 3,10; vgl. 2. Kor. 12,2) und, ehe Christus kam, durch ihre Herrschaft Gott und die Menschheit voneinander getrennt haben. Die kolossischen Irrlehrer fürchten, diese Mächte könnten es sein, die dem Menschen, wenn er in die himmlische Heimat zurückkehren will, noch ein letztes Hindernis bereiten, indem sie den Heimkehrenden festhalten, es sei denn, er ist ihnen durch kultische und asketische Praktiken – wir sprachen schon davon – willfährig. Unser Brief sagt: solche Sorge ist unbegründet, Christus hat die Mächte unterworfen, und zwar durch sein Kreuz (VV. 15.10; Eph. 1,21), nachdem er schon vom Ursprung her, als der Mittler der Schöpfung, ihnen überlegen gewesen ist (1,15). Sie können uns nicht mehr von der Liebe Gottes in Christus trennen (Röm. 8,38f.). Es ist zu überlegen, ob wir damit etwas anfangen können. Das Weltbild der Alten ist nicht mehr das unsere; wir werden die unsichtbaren bösen Mächte nicht „unter dem Himmel" suchen (Eph. 6,12). Die Frage ist, ob wir sie nicht in unserer eigenen Geschichte zu suchen haben: als überindividuelle Strömungen, Tendenzen, „Ideen", Trends, Zwänge, Suggestivkräfte, aber auch – gesetzlicher! – als fatale Notwendigkeiten des Geschichtsverlaufs. Vielleicht reden wir – mehr oder weniger fatalistisch – von Sachzwängen. Vielleicht erkennen wir in Tendenzen und Trends auch übermenschlichen – dämonischen – Willen, also etwas Personales. Goethe: „Wir Menschen führen uns nicht selbst; bösen Geistern ist Macht über uns gelassen" (Götz von Berlichingen, 5. Akt). Es könnte sein, daß Menschen, die ehrlich den Frieden mit Gott suchen, in der Auseinandersetzung mit solchen unsichtbaren Mächten an der Unentrinnbarkeit des Schuldigwerdens leiden und von daher – gelähmt durch das „Schicksal" – das ganze Evangelium für Illusion halten. Man wird Anfechtungen dieser Art sehr ernst zu nehmen haben. Wir werden heute nicht, wie die (jüdisch-gnostischen?) Irrlehrer von Kolossä durch Speisevorschriften und Tagewählerei sowie durch asketische Übungen mit solchen Versuchungen fertigzuwerden suchen (VV. 16ff.). Aber die Sorge, es könnte „Mächte" und „Gewalten" im Bereich des Unsichtbaren (1,16) geben, die uns den Weg zu Gott versperren, ist nicht von ungefähr.

Wir sind *zu Gott befreit*, sagten wir. In dieser Formulierung ist etwaiger unnötiger religionsgeschichtlicher Ballast abgeworfen. Es kommt nur auf das eine an: Christi Kreuz und Auferstehung – in der Taufe uns zugewendet – hat die Herrschaft solch „himmlischer" Schicksals- und Verderbensmächte gebrochen. Die Vergebung der Sünden gilt – wir haben den Zugang zu Gott als unserm Vater. Die Auferstehung Jesu Christi, Bürgschaft für unsere eigene Auferstehung, ist (eschatisches) Faktum, das niemand mehr ungeschehen machen kann. Die in Christus auf uns gerichtete, in der Taufe uns rechts- und wirkkräftig zugeeignete Liebe Gottes steht nicht unter fatalem Wenn und Aber. Wie hart auch der Kampf sein mag, den Christen mit den hier gemeinten widergöttlichen Mächten zu führen haben (Eph. 6,10ff.): Christus hat diese Mächte längst unterworfen und sie gewissermaßen – wie es die siegreichen Feldherren in der Alten Welt taten – im Triumphzug hinter sich herziehen lassen, gefangen, entmachtet, „bloßgestellt". Wir haben keine bösen Mächte zu fürchten, wir dürfen sie getrost verachten. Ps. 46,3f. wird hier in einer dem alttestamentlichen Denken noch nicht vorstellbaren Weise wahr. Wer gewiß ist, daß er zuletzt auf jeden Fall gewinnt, wird unterwegs wohl Anfechtungen durchstehen müssen, aber: „in dem allem überwinden wir weit . . ." (Röm. 8,37).

Miserikordias Domini. 1. Petr. 5,1–4

Goppelt überschreibt den Abschnitt: „Die Gemeindeleitung." Die VV. 1–4 „erinnern vor allem in V. 2bc. 3 an die Episkopen- und Diakonenspiegel der Pastoralbriefe", weisen jedoch eine andere Stilform auf, nämlich die „der testamentarischen Paränese des Apostels an die Ältesten von Ephesus in Act. 20,17–36 und an Tim. in 2. Tim.".
V. 1: Die Gegenüberstellung von πρεσβύτεροι und νεώτεροι (V. 5) läßt zunächst an Altersgruppen denken, jedoch zeigt der Zusammenhang, daß die Ältesten „ein die Gemeinde leitendes Kollegium, also Amtsträger sind" (G. Bkm. in ThWNT VI, S. 665). Petrus ermahnt als „Mitpresbyter", was man „nicht psychologisch als spontanes Werben um Sympathie und Autorität bei den Gemeindeleitern" anzusehen hat, sondern als Hinweis darauf, daß der Apostel selbst den Dienst wahrgenommen hat, der ihnen nun aufgetragen ist (Goppelt). „Zwar stellt der Apostel in betonter Bescheidenheit sich damit den Presbytern gleich, aber er stellt sie damit doch zugleich sich selbst an die Seite" (ThWNT, S. 666). Daß Petrus (bzw. „Petrus") sich als „Zeuge der Christusleiden . . ." bezeichnet, will wohl sagen, daß er nicht nur Augenzeuge der Passion Jesu ist, sondern auch an den Verfolgungsleiden der Christen (4,13) Anteil hat, wie denn auch an der Doxa, die im Begriff ist, offenbar zu werden. So ermahnt er als ein in jeder Hinsicht Beteiligter. – V. 2: πρεσβύτερος und ποιμήν (wozu auch noch ἐπίσκοπος käme) sind nicht zwei (oder drei) verschiedene Ämter, sondern eines (vgl. Apg. 20,17 und 28, dazu Tit. 1,5–7). Das Bild von Hirt und Herde ist alt: Jer. 3,15; 23,1; Hes. 34; Jes. 40,11; Sach. 11,17; Eph. 4,11. Nannten im Altertum die Könige sich „Hirten", so liegt darin, daß das „Weiden" ein Amt des Leitens und Regierens, andererseits das Regieren als Fürsorge und Bewahrung anzusehen ist. Das von einem Teil der Überlieferung gebotene ἐπισκοποῦντες bestätigt die Gleichsetzung von Presbyter, Hirt und Bischof. In dem κατὰ θεόν könnte liegen, daß die Amtsführung der Weisung Gottes entsprechen soll oder, spezifischer, daß die „Spontaneität" (ἑκουσίως) eingebunden ist in den Auftrag Gottes, also in Gottes Initiative. – V. 3: Die Amtsträger haben wohl über Gemeindegelder zu verfügen, an denen sie sich nicht bereichern dürfen; vielleicht ist auch nur daran zu denken, daß sie nicht auf den Erwerb aussein sollen, sondern, obzwar von der Gemeinde wirtschaftlich unterhalten (vgl. Luk. 10,8; 1. Kor. 9,3ff.), von der Sache her motiviert sein möchten, nicht aber vom Broterwerb. κατακυριεύειν = „Herr sein von oben herab", Wort und Sache auch Mark. 10,42f., die Sache 2. Kor. 1,24. Die Warnung deutet darauf hin, „daß die Amtsträger auch disziplinare Vollmachten haben" (ThWNT, S. 665). „κλῆροι sind die verschiedenen Einzelgemeinden, die den Presbytern zugewiesen sind" (Windisch). – V. 4: ἀρχιποιμήν ist Jesus (wie im AT der eigentliche Hirt Jahwe ist). Hebr. 13,20 bildet den Begriff „Großhirt" sprachlich genau parallel zum Hohenpriester: ποιμήν . . . μέγας ‾ ἱερεὺς μέγας . . . (Hebr. 10,21). Christus wird erst am Tage seiner Parusie „in Er-

scheinung treten" (vgl. Kol. 3,4; 1. Joh. 2,28). – Der (modischen Tendenzen zuliebe?) ausgelassene
V. 5 sollte wenigstens nebenher mit im Blick sein. Es gibt in der Gemeinde Unterordnung
(1. Kor. 16,16; 1. Thess. 5,12), es wäre nur genau zu bedenken, daß sie nicht dem Menschen gilt, sondern dem den Amtsträger beauftragenden Herrn; ferner, daß die Ordnung geistlich noch immer überboten wird durch das reziproke Untertansein in der Liebe (Eph. 5,21).

Der Prediger wird sich gerade bei diesem Text auf Widerstände aus der Gemeinde gefaßt
zu machen haben. Er darf sie weder ignorieren noch ihnen ausweichen, sondern er wird
sich ihnen stellen müssen.

Der Sonntag vom „guten Hirten" hat ein gerade in lebendigen, aktiven Gemeinden nicht
beliebtes Thema. Es ist uns verleidet durch eine verspielte, sentimentale Frömmigkeit,
die freilich – wir könnten unsere diesbezüglichen Bedenken getrost fallen lassen – mit der
hier gemeinten Sache nicht viel zu tun hat. Das Achthaben auf die Herde, die Sorge um
Futter und Wasser, das geeignete Weideland zu suchen und die Herde dahinzutreiben, sie
dabei zusammenzuhalten, sie überdies – wenn es sein muß, unter Einsatz des Lebens
– nach außen zu schützen: das ergibt ein anderes Hirtenbild, als es bei der Urgroßmutter
über dem Sofa hing. Wir erinnern uns: weiden heißt regieren – und zwar, wenn es uneigennützig geschieht (Joh. 10,13), zum Besten der Regierten, und dann so, daß der Hirt
sich selbst nicht schont. – Freilich suggeriert uns das Hirtenbild die Vorstellung der *Autorität* Jesu. Unter Schafen gibt es keine Demokratie, und wenn es sie gäbe, würde der überlegene Wille des Hirten sie aufheben. Wir hätten's gern anders in Jesu Gemeinde. Mit
Recht sind wir nicht auf das willenlose, mit dem „Stabe" eines anderen geleitete „Schaf"
aus, sondern auf den selbstständig denkenden, eigenverantwortlichen Menschen. So ist
Jesus für viele von uns – das gilt besonders für junge Christen – nicht der *Herr,* unter dem
man steht, sondern das *Vorbild,* mit dem man sich in einer Reihe sieht und in dem das,
was man selbst sein sollte und durchaus auch sein kann, aufs beste verwirklicht ist. Jesus
als Vorbild: daran ist Richtiges (2,21 – Epistel). Jesus, der Mensch, wie er sein soll, weil
Gott ihn sich so gedacht hat: das ist sicher *ein* Element der Christologie. Aber nur eines
im Zusammenhang von anderen, ja, es bekommt erst durch diesen Zusammenhang seine
Wahrheit. Jesus ist wohl einer von uns, und er ist das *ganz;* aber daß er das ist, ist nicht
das *Ganze.* Er ist ja zugleich das, was keiner von uns sein kann oder je sein wird: der
Kyrios, der Herr aller Herren, der seine Gemeinde regiert und leitet und dessen Wort das
unter allen Umständen gültige, bindende, alles entscheidende Wort ist. Christus regiert
wohl in der äußeren Machtlosigkeit, die der Kreuzesgestalt seines Reiches entspricht;
aber gerade so *regiert* er. Das Hirtenbild ist angemessen.

Fragt man sich, *wie* der „Erzhirte" (V. 4) seine Gemeinde regiert, so ist mit dem Hinweis
auf seine Unterhirten zu antworten, von deren Dienst der Text spricht. Der Archipoimen
steht ja eigentlich nur im Hintergrund – an seinem großen Tage wird er „sichtbar werden" (V. 4); der Hirtendienst geschieht zunächst augenscheinlich durch das *Amt der
Kirche.* Und damit sind wir wieder bei einem der Gemeinde vielfach suspekten Thema.
Die z. Z. unter uns gültige Ordinationsordnung scheut sich, das Wort „Amt" zu gebrauchen. Daß sie von „Dienst" spricht, dagegen ist natürlich nichts einzuwenden, denn
„Amt" ist „Dienst". Dienst ist aber auch vieles andere, was in der Kirche geschieht, und
gerade der *Hirten*dienst des Amtes, von dem die Perikope spricht, deutet auf dessen Besonderes. Indem man im Pfarrer lediglich den „Theologen" sieht im Unterschied zum
„Laien", ersetzt man den besonderen Auftrag von Gott durch einen bestimmten Ausbil-
dungsstand, beim Laien übrigens die Würde der Zugehörigkeit zum „Volke (λαός) Gottes" durch das Dilettantenwissen des Nichtfachmannes. Indem man den Pfarrer als „Be-
rufschristen" bezeichnet, leugnet man nicht nur die göttliche Einsetzung des Gnadenmittelamts (CA V), sondern man karikiert auch in verletzender Weise (vgl. V. 2) das Christ-

sein des Amtsträgers. Ohne den guten Willen aller Beteiligten bezweifeln zu wollen, wird man feststellen müssen, daß es hier unter uns bös aussieht. Dies ist um so bedauernswerter, als wir damit die Chancen einer ökumenischen Verständigung gerade von der Amtsfrage her vereiteln. Hier hilft nur dies, daß wir uns auf das Zeugnis des Neuen Testaments zurückbesinnen. Der Text bietet dazu sicher Anstöße (das Ganze der Thematik kann weder in der Predigt noch auch in einer Auslegung wie dieser bewältigt werden). Die Gefahr solcher Besinnung besteht darin, daß wir über das Amtsverständnis unseres Textes sprechen, aber den evangelischen Zuspruch und die werbende Anrede des Herrn überhören. Es soll auch hier um das *Evangelium* gehen!

Reden wir also vom *Hirtendienst in der Kirche*, (1) *weil Jesus ihn will*, (2) *wie Jesus ihn will*.

1.

Über die Entstehungsverhältnisse unseres Briefes bestehen z. Z. noch immer abweichende Meinungen (vgl. etwa Schenke/ Fischer, Einleitung in die Schriften des Neuen Testaments, I, S. 199ff. und Goppelts Kommentar sowie seine ThNT 2, S. 490ff.). Was das Hirtenamt in der Kirche angeht, so befinden wir uns in einer *Situation des Übergangs*. Nicht des Übergangs vom allgemeinen Priestertum aller Gläubigen (2,5) oder vom charismatischen Haushalterdienst (4,10) zu einer „Amtskirche". So sehr sich, seit langem schon, die Vorstellung eingeschliffen hat, daß im Anfang das Charisma war und dann, leider, das Amt gekommen sei: sie ist falsch, und es wird Zeit, daß damit einmal ein Ende ist. Wenn man schon fragt, was im Anfang war, dann muß man sagen: der Apostel, also der vom Herrn selbst in seinen Dienst berufene und bevollmächtigte Beauftragte. Aber man muß dann sofort hinzufügen: bereits im Anfang waren Amt und Charisma miteinander auf dem Plan, und beide aufeinander bezogen, und so ist es – wenn man den Autor unseres Briefes nicht der Widersprüchlichkeit bezichtigen will – auch hier. Das Priesterliche gehört sowieso nicht zum Proprium des Gnadenmittelamts, sondern hat im Zeugnis, in der Fürbitte, überhaupt in der Proexistenz für andere, übrigens auch im Leiden seinen eigenen Wirkensraum. Und mit dem Charisma ist es nicht viel anders; Amt und Charisma sind, gerade in ihrer Verschiedenartigkeit, einander zugeordnet. Es ist ein Aberglaube, daß Amt oder Charisma nur jeweils auf Kosten des anderen gewinnen könnten (näheres dazu in der Auslegung zum Pfingstmontag). Von Anfang an sind das Amt und die Aktivitäten der Gemeinde beisammen gewesen.

Der Übergang, von dem wir sprachen, ist der des apostolischen Amtes auf das der Presbyter, ein Vorgang, der sich erkennbar auch in den Pastoralbriefen und in der Apostelgeschichte abspielt, in Ansätzen aber auch schon in den Briefen des klassischen Paulus (wenn er seine Briefe z. T. gemeinsam mit den Mitarbeitern schreibt oder diese mit besonderen Aufgaben betraut). Lukas hat den Vorgang in Apg. 14,23 beschrieben, wohl nicht im Sinne des Einmaligen, sondern des Typischen; in 20,18ff., vgl. bes. V. 28, wird dieser Vorgang speziell im Sinne der Ablösung des Apostels durch die Presbyter (= Episkopen = Hirten) ins Bewußtsein gehoben (hierzu: Käseman, Das Formular einer ntl. Ordinationsparänese, EVuB I, S. 101 ff. und Goppelts Kommentar zu 1. Petr.). Sicher hat das Apostelamt auch ein Merkmal der Einmaligkeit in der Augenzeugenschaft (1. Kor. 9,1; 15,8–10; Apg. 1,21f.; Joh. 15,27; 1. Joh. 1,1–3); es sieht so aus, als wollte auch unser Abschnitt Petrus als „Zeugen der Leiden Christi" besonders kennzeichnen (wäre an die Verfolgungsleiden der jungen Christenheit gedacht, hätte man die παϑήματα gut mit κοινωνός verbinden und das Wort μάρτυς erübrigen können). Schon wahr: die Autorität des Apostels wird mit stärksten Worten beschworen (Fischer, a.a.O., S. 212). Aber zugleich redet „Petrus" die Presbyter in seiner Eigenschaft als „Mitpresbyter" an. Damit sagt er: Ihr und ich, wir haben dasselbe Amt (vgl. die Bemerkung im exegetischen Vorspann). So haben auch in den 50er Jahren Paulus, Kephas und Apollos (!) dieselbe Funktion: Verwalter der Mysterien Gottes zu sein (1. Kor. 4,1). Wenn CA XXVIII, 5–7 die „Gewalt" (= Vollmacht) der „Bischöfe" (= pastores, ebd. 30.53) von der Sendung der Apostel durch den Auferstandenen (Joh. 20, 21–23) herleitet, so entspricht dies dem neutestamentlichen Befund.

Hirtendienst in der Kirche, weil Jesus ihn will: darauf zielt der Abschnitt. „Weidet die (unter euch befindliche) Herde Gottes" (V.2). So ist Petrus einst von Jesus selbst beauftragt worden: „Weide meine Schafe!" (Joh. 21, 15–17). So sollen die Presbyter von Ephesus ebenfalls „die Gemeinde Gottes weiden"; darin besteht das „Bischofsamt" der „Presbyter" (Apg. 28, 17.28). Zur Berufung und Sendung der Apostel ist es nach Matth. 9,36ff. deshalb gekommen, weil Jesus die vielen Menschen wahrnahm, die verschmachtet und zerstreut waren „wie die Schafe, die keinen Hirten haben"; unser Brief (2,25) scheint sich daran zu erinnern.

Eben an dieser Stelle dürfte unser Anstoß entstehen. Wir wissen zwar eine Menge Menschen, die mit ihrem Leben selbst nicht zurechtkommen, also der Leitung, sagen wir: einer Hirtenfürsorge bedürfen; aber wir würden es uns normalerweise verbitten, unter irgendeine Art Vormundschaft gestellt zu werden. Das Hirtenbild – sagen manche – erzeuge die Vorstellung schafdummer Gemeinden und – entsprechend – unmündiger einzelner. Daß andere für uns denken und uns unsere Entscheidungen abnehmen, ist nicht nur entwürdigend, sondern, wie geschichtliche Erfahrungen zeigen, hochgefährlich. Es wird Zeit, daß wir alle – bis zum letzten – zur Eigenverantwortlichkeit erwachen; die Tätigkeit von „Hirten" stünde dem entgegen. Schlimm, geradezu unerträglich, wenn diese Vormundschaft ausgerechnet den „Presbytern", den Pastoren, den Klerikern übertragen wird; auch hier lehrt die Geschichte Abschreckendes. Von der Pastorenkirche zur Pfaffenherrschaft ist es nicht weit.

Unser Text kann von der Gemeinde weder verstanden noch erst recht angenommen werden, wenn noch der geringste Verdacht entsteht, es sei im Ernst an dergleichen gedacht. Es wird von Mißgestalten des Hirtendienstes nachher noch zu reden sein. Jetzt erst das Grundsätzliche: Hirt im eigentlichen Sinne kann nur Jesus Christus selbst sein, „der gute Hirte", „der große Hirt", der „Erzhirt" (s. o.), „der Hirt und Bischof eurer Seelen" (2,25). Das Amt der Kirche ist nicht dazu da, den Herrn der Kirche zu ersetzen oder zu verdrängen, sondern Werkzeug und Organ *seines Wirkens* zu sein. So wahr die Herrschaft des Kyrios nur allzu leicht zur Herrschaft menschlicher Kyrioi entartet: die in der Kirche „sich mühen" (das Wort κοπιᾶν scheint dafür in beinahe technischem Sinne gebraucht zu werden, 1. Thess. 5,12; 1. Kor. 15,10; Röm. 16,6; 1. Kor. 16,16 u. ö.), sollen es wirklich nur als Handlanger des Herrn tun, und zwar in der Weise, in der Christus wirklich selbst der Wirkende sein kann, nämlich durch die „Verwaltung" seiner Heils- und Wirkmittel, Worte und Sakramente. Dies schließt ein, daß der Amtsträger, auch wenn er sich nur des Wortes bedient, peinlichst darauf achtet, daß er nur das sagt, was durch die in der Heiligen Schrift enthaltene Botschaft und seinen auf diese Botschaft bezogenen Auftrag gedeckt ist. Was er predigt, muß das Wort seines Herrn sein: verbindlich, alles Vertrauens wert, gültig auch in dem, was es der Gemeinde zumutet, zu wirklichem Gehorsam aufrufend, auch in Anfechtungen stichhaltig (usw.). Darum nicht Menschenmeinungen: nicht die irgendwelcher irdischen Größen und Mächte, nicht die des Zeitgeistes, nicht die eigenen Lieblingsgedanken oder gar die selbstischen Interessen. Der ständige Umgang mit der Schrift und das ernsthafte theologische Nachdenken sollen hier einer (selbst-)kritischen Besinnung und Dauerbuße dienen. Es könnte sonst so leicht geschehen, daß die

Gemeinde nicht mehr von dem guten Hirten geleitet wird, sondern durch den Pseudohirten. Der Amtsträger hat nur zu *dem* Vollmacht, was der Herr der Kirche ihn heißt. So ist Hirtendienst in der Kirche die Sache Jesu selbst. „Weide *meine* Schafe!" „Weidet die Herde *Gottes*!"

Wenn das so ist, warum nicht gleich auf das Medium „Amtsträger" verzichten? Man braucht ja nicht gleich Enthusiast zu sein, der auf das „äußere Wort" keinen Wert legt. Man könnte sich ein – reziprok wirkendes – Kollektivamt aller Christen denken: jeder ist eines jeden „Pastor". Und wenn man fragt, woher die Gemeinde als ganze die Botschaft hat, so könnte man auf das gedruckte Wort verweisen, womit gesagt wäre, daß die Erfindung der Buchdruckerkunst und sodann die Entstehung der Bibelgesellschaften die Struktur der Gemeinden verändert hätten. Der Pfarrer wäre dann nur noch der, der, mit Fachwissen ausgerüstet, die Gemeindeglieder „schult", ihr „Trainer" ist, aber nicht mehr ihr „Hirt". Gedanken solcher Art gehen unter uns um.

Der Text entwickelt keine Theologie des Amts. Das ganze Neue Testament tut das nicht. Daß Christus Menschen zu Aposteln, Propheten, Evangelisten, Hirten und Lehrern „gesetzt" – der Urtext sagt: „gegeben" – hat (Eph. 4,11), findet sich immer nur in angewandter Weise. Wir kämen von der Straße unseres Textes ab, wenn wir das jetzt darstellten; es wäre dazu viel beizubringen. Hier heißt es: „Weidet ... !" Die dazu Bestimmten sollen also die Gemeinde mit dem Wort und den Sakramenten leiten. (Für die vielen Leitungsfunktionen, die es sonst in dem sozialen Feld „Gemeinde" gibt, sind andere zuständig. Für den Pfarrer, der in der Gemeinde restlos „*alles* (so herrlich) regieret", weiß ich keine biblische Begründung!) Das Wort ist das im Menschenwort verborgene und verleiblichte Hirtenwort Jesu: „Meine Schafe hören meine Stimme" (Joh. 10,3f. 16). Wir wären weit von der gemeinten Sache entfernt, wenn wir das gepredigte Wort als Schulungsstoff, also als Sachmitteilung oder gar als Diskussionsgegenstand verstünden. Im gepredigten Wort „weidet" der Herr sein Volk, indem er es anredet, ihm zuspricht, es ruft, tröstet, ermutigt, aufruft, aktiviert, zusammenführt, verbindet, befreit. Der Hirt ist um die Herde besorgt. Sie braucht das, wovon sie lebt; der Hirt führt sie dahin, wo sie das nahrhafte Futter findet (allen Ernstes: von sich aus fände sie es nicht!). Der Hirt achtet darauf, daß sie sich nicht zerstreut (wir sind leider sehr darauf aus, uns zu entzweien und auseinanderzulaufen). Der Hirt sucht das Verirrte (es geht so schnell, daß eins von uns weit weg ist und in Gefahr ist zu verkommen). Wo die Herde bedroht ist, muß der Hirt kämpfen (und wir geben ihm viel Anlaß dazu, daß er sich mit vollem Risiko für uns einsetzen muß). Dies alles geschieht in dem Hirtendienst, den der „Erzhirte" durch seine „Unterhirten" immerzu ausübt. Nicht: da steht einer auf der Kanzel und hält ein Referat über Gott. Sondern: Jetzt ist der Herr wieder einmal dabei, durch den Dienst des dafür Beauftragten sich um uns, um mich zu kümmern. Das ist der Dienst der Presbyter (usw.), den sie – hoffentlich – „willig" (gern, aus eigenem Antrieb) tun, aber eben κατὰ ϑεόν, so, wie es dem Willen und Auftrag Gottes entspricht, und damit so, daß Gott selbst darin der Wirkende ist. So ist einst Petrus selbst berufen und autorisiert worden. So überträgt er jetzt – der Aorist ποιμάνατε könnte ingressiv zu verstehen sein – sein Amt auf die Presbyter der kleinasiatischen Gemeinden (was wir, wie vorhin Apg. 14,23, wohl grundsätzlich zu verstehen haben). Hirtendienst in der Kirche – weil Jesus ihn will.

2.

Aber nun auch: *wie* Jesus ihn will; uns werden eine Reihe bestimmter Weisungen gegeben, die möglicherweise einem vorgegebenen paränetischen Schema entsprechen, also nicht ad hoc erfunden sind, sondern in weiten Bereichen der Kirche gelten, ja, „bis heute kirchliches Formelgut sind" (Goppelt). Es sind das drei parallelgebaute antithetische Sätze. Wenn es wahr ist, daß der Hirtendienst in der Kirche eigentlich das poimenische Wirken des „Erzhirten" ist, dann wird Er selbst, dann wird seine Art des Umgangs mit uns richtungweisend sein. Die Autorität des Amts – wir sahen: „Petrus", der „Apostel Jesu Christi" (1,1) „ermahnt" (5,1) in verbindlicher Weise – ist nur im Auftrag begründet, ist geliehene, ist abhängige, „externe" Autorität. Der Amtsträger hat also nicht sein Menschliches geltend zu machen und einzusetzen: etwa seine geistige Überlegenheit, seine (akademische) Bildung, seine Eloquenz, die Faszination seiner Persönlichkeit, seine natürlichen und geistlichen Gaben, die (vermeintlich) überlegene Erfahrung des Lebens und Glaubens. Der Amtsträger in der Kirche ist ein armer Mensch, ein Sünder wie sie alle. Die Versuchung ist groß, daß er das überspielt und hinter eindrucksvoller Fassade verbirgt. Er hat nur den Auftrag seiner Ordination. Aber den braucht er – denn was er zu reden und zu tun hat, ist des dreieinigen Gottes eigenes Reden und Tun und ist nur da recht verstanden, wo es in der ganzen – tröstlichen – Verbindlichkeit aufgenommen wird. Die Predigt: ein mehr oder weniger ausführlicher Diskussionsbeitrag zum Glaubensgespräch der Gemeinde? Nein: Gottes viva vox (1. Thess. 2,13; Luk. 10,16; 2. Kor. 5,20). Man kann die darin liegende Vollmacht des Amts gar nicht „steil" genug verstehen! Nur: eben darum bedarf es der im Text gegebenen Mahnungen. Die dem Amte gegebene Vollmacht ist ganz in Christus gegründet, ist eigentlich und allein die *seine*; in demselben Augenblick, in dem sie sarkisch mißdeutet und mißbraucht wird, ist alles verdorben. Und gerade darin ist ja der Herr selbst der Maßstab. In der Sprache des johanneischen Christus: „Von mir selbst bin ich nicht gekommen, sondern es ist ein Wahrhaftiger, der mich gesandt hat" (6,28). Jesu Autorität liegt im Gehorsam – und im Dienen.

„Nicht gezwungen, sondern willig": Es könnte sein, daß einer das Amt als Last empfindet und es nur versieht, weil – und soweit – er muß. Es ist gut, daß davon die Rede ist. In der Gemeinde wird das Amt zuweilen als „Privileg" angesehen; vielleicht nimmt die Gemeinde oft nur die sonnig-beleuchtete Seite des Amtes wahr. Der „Hirt", wenn er es denn wirklich ist, nimmt viel Mühseliges und Belastendes auf sich. Er wird manchmal mit Paulus seufzen (2. Kor. 11,29f.) Gewiß hat man – gerade in der in unserm Brief vorausgesetzten Situation der Kirche – auch damals die lähmende Frustration gekannt. Man kämpft um Menschen – und zuletzt geht die Ehe eben doch kaputt oder einer nimmt sich das Leben. Man versucht, den Zugang zu solchen zu finden, die gegen Gott verschlossen sind, und es geht einem wie Jesus selbst: „ihr habt nicht gewollt" (Luk. 13,34). Gott selber sucht das Verlorene, aber es will sich nicht finden lassen. Vielleicht ist es kein guter Trost für entmutigte Amtsträger, wenn ihnen gesagt wird: Nicht, weil ihr müßt, sondern „willig", bereit, voll Initiative. Wir erinnern jedoch noch einmal an das (nicht von allen Handschriften gebotene) κατὰ ϑεόν: unsere Bereitwilligkeit, unsere Spontaneität ist umschlossen von der Sendung Gottes. Sie trägt. Sie macht aktiv. Gemeint ist die Spontaneität eines Menschen, der den höheren „Zwang" (1. Kor. 9,16) von seinem Herrn her als seine große Freiheit empfindet (vgl. Joh. 9,4).

„Nicht um schändlichen Gewinns willen, sondern von innen her motiviert": Schlecht, wenn man sein Amt nur versieht, um sich damit seinen Lebensunterhalt zu verdienen. (Man darf dies sicher nicht so verstehen, als sei der Arbeiter nicht seines Lohnes wert, Matth. 10,10; vgl. 1. Kor. 9,14; Gal. 6,6.) Auch „Dienst nach Vorschrift" kann es in der Kirche nicht geben. Das bedeutet nicht, daß Pfarrer in werkerischer Gesinnung zu Robotern und zu bevorzugten Herzinfarkt-Anwärtern werden müßten oder sollten. *Προϑύμως* – auf die Einstellung und Motivierung kommt es an. „Hier bin ich, sende mich!" (Jes. 6,8). Du brauchst mich? Ich bin bereit. Ich will es hoffen: bereit auch dann, wenn du mich führst, wohin ich nicht will (Joh. 21,18).

„Nicht als solche, die die Gemeindeglieder niederherrschen, sondern werdet Vorbilder der Herde": Die große Versuchung des Amts. Man sage nicht, hier eben offenbare sich der Schaden der „Amtskirche". Menschenherrschaft gäbe es auch ohne Amt; vielleicht wäre die Gemeinde ohne Amt denen erst recht ausgeliefert, die sich kraft ihres Temperaments und ihres Geltungsverlangens nach vorn drängen. Das Amt, recht verstanden, will uns zur Bescheidenheit führen (V. 5bc). Dennoch: gerade weil das Amt legitimerweise eine solche Vollmacht hat (Matth. 18,18), besteht die Gefahr des Mißbrauchs, eben jene vorhin angesprochene Verkehrung des Geistlichen ins Fleischliche. Nicht nur, daß das Bild von Hirt und Herde allegorisierend verdorben wäre, wenn man dächte: „nur Schafe!" Es könnte auch sein, daß der Pfarrer in bösem Widerspruch zu seinem Auftrag auf Menschenseelen Klavier spielt. Wieder muß man sagen, daß es dergleichen auch ohne Amt geben könnte, ja, daß eine rechte Auffassung vom Amt solchen Mißbrauch gerade verhindern hilft. Es ist wahr: die dem Amte gegebene Vollmacht ist, da sie nur *delegierte* Vollmacht ist, in ihrer Wirkung „einbahnig", also nicht beliebig austauschbar (als wäre einer jeweils nur für gerade diesen Augenblick der „Hirt vom Dienst"), aber sie ist aus demselben Grunde in ihren Funktionen eng begrenzt. Nur in seiner Ohnmacht kann das Amt Vollmacht haben. Auch darin ist es nach dem himmlischen Auftraggeber geartet. – Vor dem Wort „Vorbild" müssen wir wohl Scheu haben. Es kann in dem Sinne mißverstanden werden, als müsse der Pfarrer der vollendete Heilige sein, an dem die Leute ablesen können, wie Gott sich den Menschen gedacht hat. Vorstellungen dieser Art sind in den Gemeinden noch immer verbreitet. Natürlich sollen wir „niemandem ein Ärgernis geben" (2. Kor. 6,3), auch nicht anderen predigen und selbst disqualifiziert werden (1. Kor. 9,27). Aber es ist nicht so, daß die anderen begnadigte Sünder sind, die täglich von der Vergebung leben („vergib uns unsere Schuld"), während der Pfarrer sich so zu halten habe, daß er Vergebung nicht mehr nötig hat. Der Image-Zwang hat nicht selten zu „Pfarrhausneurosen" geführt. Wie jeder andere Christ wird der Pfarrer um christlichen Wandel bemüht sein, aber daß er Sünder ist und, bei allem Bemühen, auch bleibt, soll er nicht leugnen und braucht er nicht zu leugnen. Im Gegenteil: er wird darin „Vorbild" sein, daß er „seine Hoffnung ganz auf die Gnade setzt" (1,13), d. h. aber: in seinem Mensch- und Christsein *durchscheinend* wird für das geduldige, rettende, fürsorgliche Tun des guten Hirten, der nicht nur *durch* ihn, sondern auch *an* ihm wirkt. *Darin* – nicht in seiner gespielten Heiligkeit – sollte der Pfarrer „prägendes Vorbild" (*τύπος*) sein.
Auch wenn Petrus nur Pseudonym ist: an seiner Gestalt kann man, was hier gesagt ist, gut verdeutlichen, denn das Pseudonym – dasselbe gälte, wenn der Brief ursprünglich Paulus zugeschrieben wäre (Fischer, a. a. O.) – ist ja im Blick auf den wirklichen, den den Gemeinden bekannten Petrus hin gewählt. Unsere Auslegung kann es sich sparen, dazu auf Einzelheiten hinzuweisen.

Jubilate. 2. Kor. 4,16–18

Ein Stück aus dem frühesten der in 2. Kor. vereinigten Briefe (2,14 bis 7,4), der „Apologie des Apostelamtes". Paulus setzt sich mit den Gegnern auseinander, die an der Verborgenheitsgestalt des neuen, eschatischen Lebens Anstoß nehmen: daran, daß das Evangelium „verdeckt" ist (V. 3), wie ein Schatz im irdenen Gefäß (V. 7), das Leben des Apostels gezeichnet durch Leiden, aber doch eben so, daß das Sterben nur die Kehrseite des Auferstehens, also des (künftigen) Lebens mit Christus ist. Unser Abschnitt zieht eigentlich nur – *διό* – die Folgerungen aus diesem (bei der Predigt einzukalkulierenden) Sachverhalt.
V. 16: *οὐκ ἐγκακοῦμεν* schon V. 1 – dort, weil Paulus die Barmherzigkeit Gottes im Rücken hat, hier, weil er die Auferstehung mit Christus vor sich hat. „Wir lassen nicht nach, ermüden nicht": der Ton ist von der Eschatologie her bestimmt wie Eph. 3,13: „Bedrängnis, die aus dem Schon und dem

Noch–nicht eschatologischer Situation entsteht" (ThWNT III, S. 487), vgl. auch Gal. 6,9; 2. Thess. 3,13; Luk. 18,1. Der ἔξω ἄνθρωπος ist „der Mensch nach seiner vergänglichen Seite", hingegen ist der ἔσω ἄνθρωπος „der Mensch – und zwar der Nichtchrist Röm. 7,22 wie der Christ 2. Kor. 4,16; Eph. 3,16, vgl. 1. Petr. 3,4 – nach seiner Gott zugewandten, unvergänglichen Seite" (ThWNT I, S. 366, vgl. Bltm., ThNT, §§ 18,1; 19,1). Der „innere Mensch" bedeutet Röm. 7,22 und an uns. Stelle Verschiedenes: dort ist er mit dem νοῦς identisch, hier ist er „das durch das πνεῦμα verwandelte Ich" (Bltm., § 18,1, so auch Behm im ThWNT II, S. 696), man könnte auch sagen: die „neue Kreatur" , was dann rückwirkend bedeuten würde, daß der „äußere Mensch" in seiner Ganzheit (auch mit seiner Seele) der fleischliche Mensch ist. Der eschatische Mensch ist also schon da, er wird von Tag zu Tag erneuert. – V. 17: τὸ ἐλαφρὸν τῆς θλίψεως = eigtl. das Geringfügige an Trübsal, also die geringe Trübsal („das bißchen Trübsal"). Gegensatz dazu: die ὑπερβολή = das Übermaß; „in dem, wenn möglich, noch steigernden Doppelausdruck καθ᾽ ὑπερβολὴν εἰς ὑπερβολὴν wird die nicht abzuwägende und nicht endende, alles Maß überschreitende Herrlichkeit bezeichnet, die das Werk der im Vergleich zu ihr ungewichtigen und kurze Zeit währenden Bedrängnis. ist" (ThWNT VIII, S. 522f.). Die zeitliche Trübsal bewirkt, erzeugt etwas, bringt etwas hervor. – V. 18: μή, weil das Partizip im Gen. abs. kondizionalen Sinn hat (Bauer zu μή 2b). τὰ βλεπόμενα nach Weish. 13,7; 17,6 = „was man sehen kann", die sichtbare Welt. Platonisierender Sprachgebrauch; gemeint ist aber mit τὰ μὴ βλεπόμενα nicht die Welt der Ideen, sondern das noch verborgene Eschaton.

Die Verkündigung der österlichen Zeit profiliert sich an diesem Sonntag im Thema „Die neue Kreatur" (2. Kor. 5,17 – Wochenspruch –; Gal. 6,15; auch Eph. 2,9). Es ist also vom Anbruch der neuen Welt im eschatologischen Sinne die Rede. Die Quasimodogeniti-Thematik weitet sich ins Kosmische: der neue Mensch in der neuen Welt. Auferstehung nicht nur der Menschen, sondern des Kosmos. Es wird sein ein neuer Himmel und eine neue Erde (Jes. 65,17; 66,22; 2. Petr. 3,13; Offb. 21,1). Das Wort „neu" (καινός) deutet auf die eschatische Qualität, jenseits des Todes und der Verwesung; das Wort „Kreatur" besagt, daß das Geschaffene nicht – wie die Gnostiker meinen – das Nichtsein-Sollende ist, das der Pneumatiker – je eher, desto besser – hinter sich und dem Verderben überläßt, sondern daß Gott der ersten Schöpfung in der zweiten eine neue Zukunft zugedacht hat, sich also mit dem sündigen und daher auch verweslichen Zustand der Welt nicht abfindet, sondern sie ins Eschatische verwandelt, durch den Tod hindurch.

Der Prediger wird vorauszusetzen haben, daß unsere Alltagsmentalität nicht auf das Denken im österlich-eschatologischen Horizont eingestellt ist. Glaube? Ja – aber was erbringt er für diese Welt der βλεπόμενα (V. 18)? Hoffnung? Ja – aber wie verwirklicht sie sich in diesem Äon? Gedanken wie die in Röm. 8,24f. stehen von vornherein unter dem Verdacht der Vertröstung. Vielleicht ist man bereit, „Auferstehung" und „Eschaton" gelten zu lassen als eine neue Weise, die alte Welt zu sehen, und als einen neuen Impuls, ihre Aufgaben anzufassen. Ein Wahrheitsmoment – wir werden es noch auszuführen haben – liegt darin. Aber die christliche Hoffnung wäre verfälscht und um ihre Kraft gebracht, wenn sie sich auf das bezöge, was diesseits der Todesgrenze liegt. „Wir tragen das Sterben Jesu an unserm Leibe, auf daß auch das Leben Jesu an unserm Leibe offenbar werde" (V. 10). Wir warten auf die Auferstehung der Toten, die auch unsere und aller Welt Auferstehung sein wird.

Damit soll nichts auf die ewige Zukunft vertagt werden, was bereits in der sichtbaren Welt getan werden soll und kann. Die Erwartung des Eschaton veranlaßt den Christen nicht, ein finsteres Gesicht zu ziehen, wenn es um uns her im Frühling grün und bunt wird; und er will nicht bremsen, wenn aktive Menschen mit Optimismus die Aufgaben anpacken, die uns jetzt und hier gestellt sind. Im Gegenteil, der Glaubende weiß, daß er Gott und den Menschen immer in eben der Situation zu dienen hat, in der wir stehen, also im Jetzt und Hier. Dies aber nicht, weil das erwartete Letzte sowieso nicht kommt, sondern gerade weil es kommt! Wer von der ganz großen, durch nichts zu erschütternden

Hoffnung lebt, resigniert auch dann nicht, wenn sein irdisches Tun an enge Grenzen stößt und nur noch *Zeichen* sein kann – dies aber wirklich sein kann! – für die Realisierung des Unmöglichen. Und um nichts Geringeres als dies geht es ja. Wir wollen das Erfreuliche, das gesteigerte Leben, das Schöne und Beschwingende. Das, was unsern „äußeren Menschen" „zerstört", suchen wir zu bekämpfen. Aber wir können den Tod bestenfalls hinausschieben, mehr nicht. Raum und Zeit setzen uns Grenzen. Früher oder später setzt der Tod seine Zeichen, schon mitten im Leben. Die Spannkraft läßt nach, die Beweglichkeit, die Funktion der Sinnesorgane; der alternde Mensch wird sich selbst und anderen zur Last. Aber das ist nur der Außenaspekt. Der Tod ist der „Sold" (Röm. 6,23), die „Frucht" (Röm. 7,5) der Sünde. Er ist nicht nur ein biologischer Sachverhalt. Könnte man ihn, im biologischen Verständnis, als einen – tunlichst in der Verborgenheit gehaltenen, also abgeblendeten – Teilaspekt des normalen Lebens ansehen: für die christliche Sicht ist er umfassend: *alles* Menschsein außer Christus ist, weil der Sünde, darum auch dem Tode verfallen. Weil die Sünde nicht die gelegentliche (also grundsätzlich vermeidbare, auf jeden Fall reparable) Entgleisung ist, sondern „der Wahn, aus der geschaffenen Welt zu leben", „das eigenmächtige Verhalten des Menschen . . ., der der eigenen Kraft und dem Verfügbaren vertraut", der „Abfall von Gott und eine Zuwendung zur Schöpfung und zur eigenen Kraft, also Feindschaft gegen Gott (Röm. 8,6), Ungehorsam gegen Gottes Willen" (Bltm., ThNT, § 23,1), also eine Totalverfassung und -verfallenheit: darum kann es Leben im Vollsinn des Wortes nicht dadurch geben, daß wir aus dem, was wir sind, das Neue entwickeln, also den alten Menschen und die alte Welt renovieren, sondern nur dadurch, daß Gott die *alte* Welt *neu* schafft, wobei mit „neu" auf den Qualitätsbruch hingewiesen ist, von dem wir am 2. Ostertag gesprochen haben. In unserer Alltagssprache ausgedrückt: nicht „Rekonstruktion", sondern Abbruch und Neuaufbau, wenn auch – wir sprachen früher von „Verwandlung" – unter Beibehaltung der ursprünglichen architektonischen Konzeption. Gottes erste Schöpfung wartet auf die zweite, in der sie vollendet, heil gemacht, ihrer ursprünglichen Bestimmung zugeführt wird.

In der Auseinandersetzung mit den korinthischen Gegnern muß Paulus das, was damit gemeint ist, an sich selbst verdeutlichen. Indem wir das Stichwort des Wochenspruchs (der erst im folgenden Kapitel steht) aufnehmen, fassen wir so zusammen: *Wir sind Gottes neue Schöpfung. Darum leben wir vom Kommenden her* – (1) *mit seiner heimlichen Gegenwart,* (2) *mit seinem unsagbaren Übergewicht,* (3) *mit seiner ermutigenden Kraft.*

I.

Der Zusammenhang des ganzen Kapitels lehrt, daß das Jubilate, das aus der Perikope herauszuhören ist, in der „Theologie des Kreuzes" Grund und Halt hat. Es braucht nicht sonnige Frühlingstage. Es gilt auch dann noch, wenn die in diesem Leben erfüllbaren Hoffnungen sich immer mehr verringern, die Lasten des Lebens schwerer werden und wir – wie es scheint, unbarmherzig – die Grenzen unseres Daseins zu spüren bekommen; ja, es gilt gerade dann.

Die Korinther meinten, sie seien über die Grenze zum Eschaton bereits hinweggekommen (1. Kor. 4,8), besäßen also in ihren pneumatischen Erlebnissen bereits die Vollendung (vgl. 2. Tim. 2,18). Sie wollten nicht gelten lassen, daß Christi Wirken, Geben und Schaffen ins Gegenteil hinein verhüllt ist. Sie verlangten das Neue, das Heilsame, das Befreiende und Beseligende zu *sehen*. Es sollte sich unmittelbar darstellen – dem Schauen, nicht nur dem Glauben (vgl. 5,7). Deshalb war ihnen der leidende Apostel in seiner Schwachheit und Unscheinbarkeit durchaus kein überzeugender Christusbote. Man müßte doch an ihm *sehen* und *ablesen* können, was Christus aus seinen Leuten macht!

(Wir brauchen nicht weit zu gehen, um denselben Irrtum auch unter uns zu finden; Einzelvorstellungen und Wortschatz ändern sich, die Sache kommt immer wieder!) Nach korinthischer Auffassung stellt das Erscheinungsbild des Apostels seine ganze Autorisierung durch Christus in Frage (es kann auf die Auslegung der Sexagesimä-Perikope zurückverwiesen werden). Ein vollgültiger Apostel, meinen sie, müßte eine hervorragende, mehr noch: das Himmlische in unmittelbar einleuchtender Weise manifestierende Persönlichkeit sein. Sie haben nicht begriffen, daß der Glaube von dem lebt, was *außerhalb* seiner, jenseits des Menschlichen liegt und was, wenn es uns zugewendet und in uns hineingegeben wird, nur in derselben *Verhüllung* unser Eigenes werden kann, in der – bis zur Stunde – Jesus Christus selbst geblieben ist (Kol. 3,3f.). Noch ist der „Schatz" im „tönernen Gefäß"; das Gefäß läßt, wenn man es anschaut, in keiner Weise vermuten, welchen Schatz es birgt. So ist das Neue, das Christus an uns tut, ganz ins Sichtbare, Weltliche, daher Unansehnliche, Anfällige, Schwache, Vergängliche hinein verborgen.

Paulus vertuscht und verbrämt nichts. „Unser äußerer Mensch wird zunichte gemacht." Aber der ist ja nicht der ganze Paulus. Oder noch anders: Der äußere Mensch, der Mensch „im Fleische", „in der Sphäre des Zu-Tage-Liegenden, des Irdisch-Menschlichen, des ‚Natürlichen'" – „ein Raum, eine Sphäre, wird durch das ἐν σαρχί angegeben" (Bltm., ThNT, § 22,2) – ist schon der *ganze* Mensch, nicht nur in seiner Leiblichkeit, sondern auch nach seiner geistig-seelischen Seite, eben „der Mensch überhaupt" (ebd.). Aber es gibt ja noch einen *anderen* Paulus: den „Menschen-in-Christus", die „neue Kreatur", das Glied am Leibe Christi, den Menschen in seinem eschatologischen Sein, in dem er – mit Christus gestorben (Gal. 2,19) – den Tod schon hinter sich hat, so daß sein Sündenleib vernichtet ist und die Welt für ihn nicht mehr existiert (Röm. 6,6; 7,4–6; Gal. 5,24; 6,14). Dieser „andere" Paulus ist „der innere Mensch". Für ihn ist das Alte vergangen, siehe, Neues ist geworden (5,17). – Nur nebenher sei vermerkt, daß die hier dargestellte Unterscheidung uns hoffentlich ein für allemal davor bewahrt, im „äußeren Menschen" das Leibliche, im „inneren" das Seelische des (natürlichen) Menschen zu sehen. Ganz abgesehen davon, daß Paulus hier mißverstanden wäre: es ist nicht wahr, daß das seelische, das Innen-Leben des Christen der Hinfälligkeit und den Anfechtungen der vergehenden Welt nicht ausgesetzt wäre. Der gegründetste Christ kann psychisch in tiefer Finsternis leben und sterben; die „Bedrängnisse", die dem einzelnen auferlegt werden, die Art und Weise, in der er „das Sterben des Herrn Jesus" zu tragen hat (V. 10; vgl. Matth. 27,46), kann sehr verschieden sein. Es ist nicht wahr, daß Christen einen verklärten Tod sterben müßten, wie es denn, umgekehrt, nicht gegen ihre Verbundenheit mit Christus spricht, wenn sie zuletzt noch tief ins Dunkel müssen. Es ist zu fürchten, daß in unseren Gemeinden noch eine Menge „korinthischer" Irrtümer grassieren.

Weil Paulus sich in der Verbundenheit mit seinem gestorbenen und auferstandenen Herrn weiß, darum stellt er in aller Gelassenheit fest: der alte Mensch verkommt. Wir werden immerdar in den Tod gegeben um Jesu willen (V. 11). Paulus rühmt sich seiner Schwachheit und seiner Gebrechen. Sie sind ihm keineswegs Anzeichen dafür, daß der Herr sich mit seiner Liebe und Fürsorge von ihm zurückgezogen hat, sondern dafür, daß sich in seiner Existenz der Schwerpunkt deutlich zum Kommenden hin verlagert. – Es scheint uns ein bißchen viel verlangt, die – mehr oder weniger deutlichen – Anzeichen des Sterbens positiv zu bewerten, sich vielleicht gar des Verfalls des äußeren Menschen zu freuen. Wir brauchen uns wahrhaftig unserer Gesundheit, wenn sie uns beschieden ist, nicht zu schämen, dürfen sie vielmehr zu den guten Gottesgaben rechnen. Wir sind nicht so verschroben, das Lob des Morbiden zu singen! Aber wir werden auch das andere aus Gottes Händen nehmen, nicht nur im Sinne von Hiob 2,10, sondern deshalb, weil zu dem Guten und Gnädigen, das Gott uns zuwendet, eben auch, ja in eschatologischer Perspektive sogar vordringlich, unser Mitgehen auf dem Christusweg gehört (V. 11). Je bedrängender die Leiden werden, desto mehr sollten wir den uns vollendenden, ans Ziel bringenden Gott am Werke sehen. Es dürfte uns gut bekommen, daß wir uns in guten Tagen innerlich in die Möglichkeit *einüben*, daß Gott im Abbau unseres äußerlichen Menschen gerade sein Bestes an uns vollbringen will. Wissen wir in solcher Lage den gestorbenen und auferstandenen Christus gegenwärtig, dann ist damit auch unsere eigene eschatische Zukunft zur Stelle – gegen allen Augenschein, mitten in der Trübsal, ohne daß wir uns zu ängstigen brauchen (V. 8).

So kann Paulus vom „inneren Menschen" sprechen, der „Tag für Tag erneuert" wird. Diesen inneren Menschen, den „werdenden Christus im Christen" (Lietzmann z. St.), sieht man nicht. Er ist psychologisch-empirisch nicht faßbar. Paulus „weiß" einen solchen „Menschen in Christus" – er ist es selbst (12,2) –, aber seine Beschreibung dieses Menschen ist äußerst dürftig, und daß Paulus es überhaupt versucht, ist Konzession an korinthische „Narrheit". „Die neue Kreatur" ist, als eschatische Wirklichkeit, unserer Erfahrung entzogen. Hat sie ihr Sein „in Christus", dann muß sie ja ebenso unsichtbar sein wie Christus selbst. Aber ich darf mit diesem neuen Menschen rechnen. Er trägt meinen Namen. Unverwechselbar hat Gott mich in Christus – durch die Taufe – zu diesem der Sünde abgestorbenen und für Gott in Christus lebenden Menschen gemacht, für den ich mich allen Ernstes halten soll (Röm. 6,11). „Tag für Tag erneuert": darin könnte liegen, daß dieser Mensch bereits jetzt seine (mir noch verborgene) Geschichte hat (3,18), oder aber: daß er von Gottes wunderbarem Gnadenhandeln so abhängig ist, daß Gott ihn täglich, man könnte ebensogut sagen: von einem Augenblick zum andern neu verwirklichen muß und verwirklicht. Indem ich *an Christus* glaube, kann ich auch *mich* glauben als den eschatischen Menschen, den es jetzt schon gibt (wir erinnern an das zu Kol. 2,12f. Gesagte).

2.

Haben wir recht daran getan, daß wir von der heimlichen (= verborgenen) Gegenwart des Kommenden, nämlich der neuen Kreatur, sprachen? Zahlreiche Stellen bei Paulus weisen auf das Auferstehungsleben, also unsere eschatische Existenz, als auf Zukünftiges. Die Glaubenden seufzen noch unter der „Sklaverei des Vergehenmüssens" (Röm. 8,21), sie sehnen sich nach dem Herrlichkeitsleib (5,1ff.; 1. Kor. 15,44; Phil. 3,21). „Auf Hoffnung" sind sie gerettet (Röm. 8,24) – die Hoffnung, die man sieht, ist nicht Hoffnung. Sie erkennen Gott nur wie im Spiegel und im Rätselwort, erst dann von Angesicht zu Angesicht (1. Kor. 13,12). Sie „werden" Christus in der Auferstehung „gleich sein" (Röm. 6,5). „Im Augenblick noch" ($\pi\alpha\rho\alpha\upsilon\tau\acute{\iota}\chi\alpha$) ist „Bedrängnis", aber dann kommt die unvergleichliche Doxa (V. 17).

Wir können auf das zu Quasimodogeniti Gesagte zurückgreifen. In der Sprache des heutigen Textes: Es stehen sich das Zeitliche – mit der „augenblicklichen", d. h. aber vorübergehenden Pression – und das Ewige gegenüber. Die $\pi\rho\acute{o}\sigma\kappa\alpha\iota\rho\alpha$ sind nur von begrenzter Dauer; vom Gegenwärtigen her gesehen kann das Eschaton nur Zukunft sein. Anders, wenn man von den $\alpha\iota\acute{\omega}\nu\iota\alpha$ her denkt. Zwar soll uns die an Platon erinnernde Sprache von V. 18 nicht dazu verführen, die Dinge des Eschaton zu zeitlosen Wahrheiten zu verfälschen. Andererseits: auch wenn eschatisches Leben personales, d. h. aber dann auch: geschichtliches Leben ist, dürfen wir doch nicht unsere Zeitvorstellungen naiv darauf übertragen. Weil das Ewige nicht vergänglich ist, kann es jedem Augenblick der Zeit präsent sein. Gerade daß hier Ungleiches aufeinander bezogen ist, macht das „Wandeln im Glauben" so spannungsreich. Wir können dabei bleiben, wenn wir von der neuen Kreatur sagen: „In der Erschlossenheit für die Zukunft und in der Bestimmtheit durch sie ist die ζωή Gegenwart" (Bltm., a. a. O., § 40,2).

Nun die andere Seite der Sache. Zwischen dem, was jetzt ist – Trübsal –, und dem, was kommt – Herrlichkeit – ist ein gar nicht groß genug zu denkender Unterschied. Kein Gleichgewicht. Keine dialektische Ausgewogenheit bzw. Umkehrbarkeit. Wir müssen von dem *unsagbaren Übergewicht* des Kommenden sprechen. Unsagbar, denn der Ausdruck καϑ' ὑπερβολήν εἰς ὑπερβολήν ist angemessen gar nicht wiederzugeben (s. o.). Aber bleiben wir nicht im Formalen stecken! Paulus ist weit davon entfernt, Leiden und Herrlichkeit nur wie die beiden Seiten einer Münze anzusehen, die man beliebig um und um wenden kann. Also nicht: Deute deine Leiden in etwas Wünscheswertes um, und begreife, daß du in alle Ewigkeit nicht anders selig sein kannst als so, daß du zugleich leidest. Es gibt unter uns hier und da eine solcherart mißdeutete „theologia crucis"; auf unsere Stelle kann sie sich nicht berufen. Die Aussagen haben ein Gefälle, nein: eine deutliche, sogar unbeschreiblich steile *Steigung*. „Das bißchen Trübsal, (das es) im Augenblick (auszustehen gilt)", ist ja „zeitlich begrenzt". Der Trübsal steht gegenüber „das jedes Maß übersteigende (Über)Gewicht der Herrlichkeit". „Ich halte nämlich dafür, daß dieser Zeit Leiden der Herrlichkeit nicht wert sei, die an uns soll offenbart werden" (Röm. 8,18). Das Übergewicht dessen, worauf wir zugehen bzw. das auf uns zukommt, ist so groß, daß es sich nicht lohnt, über das zu jammern, was jetzt weh tut. „Das bißchen Trübsal"? Man sollte 4,8–10; 6,4–10; 11,23–33 heranziehen, Aussage für Aussage. Bagatellen? Für sich genommen keinesfalls. Aber im Vergleich mit dem Kommenden fällt das alles überhaupt nicht ins Gewicht.

Dieses Kommende zu beschreiben, darauf verzichtet Paulus. Er könnte ja das „Unsichtbare" – das, was man nicht sehen kann (μή statt οὐ, Bauer WB unter IId) oder das man auch nicht zu sehen begehren soll (abwehrendes μή; die Korinther *wollten* ja eben sehen!) – auch nur in Analogie zum Irdischen, also unsachgemäß beschreiben. Paulus freut sich auf das Sein beim Herrn (1. Thess. 4,17; 5,10; Phil. 1,23; 2. Kor. 5,7f.), auf das Schauen von Angesicht zu Angesicht (1. Kor. 13,12), auf das Teilhaben an der himmlischen Doxa (Röm. 8,18; uns. St.), auf das Freisein von diesem Todesleibe (Röm. 7,24) und vom Vergehenmüssen (1. Kor. 15,53f. u. ö.). Daß wir auf das alles nicht ungeduldiger warten, liegt nur daran, daß wir noch nicht ahnen, was damit gesagt ist. Die „hyperbolische" Rede des Apostels will uns darauf hinweisen.

Utopie? Daß solche Hoffnung „nicht zuschanden werden läßt" (Röm. 5,5), ist gewiß auch wieder „nur" ein Glaubenssatz. Wem das zu wenig ist, der wird in der Tat von Vertröstung reden; er muß nur genau wissen, was er damit tut. „Ich will es *heute* haben, nicht erst morgen": das wäre im Sinne der Korinther gedacht, die das Kreuz verabscheuen. Es wäre gut, wir lernten es, in den Februarstürmen die Anzeichen des kommenden Frühlings zu erkennen. Oder mit einem anderen Vergleich: Ein Mann baut sich ein Häuschen, im Eigenbau. Er hat den Bauplatz vorbereitet, mit viel Schweiß den Grund ausgeschachtet, das Fundament gemacht. In seiner Vorstellung sieht er schon den fertigen Bau – und *freut* sich! Selbstvertröstung? Mitnichten! Eines Tages wird das Haus stehen. Die Bürgschaft für christliche Hoffnung liegt in Christus selbst und in seinem Sterben und Auferstehen. Im Geist, den er gibt, ist uns das Kommende verbürgt (1,22; 5,5).

3.

Und heute? Das neue Leben nur in unkenntlicher, und das heißt dann wohl auch: in unwirksamer Weise präsent, nur Hoffnungsgut, ohne Relevanz für mein Leben in der Zeit? Es könnte in der Tat so scheinen, als ob, indem wir sterben und auferstehen, der

Platz in dieser Welt nur *geräumt* werden könnte. In diesem Äon also: Abbruch. Im neuen Äon: Wiederaufbau, auf ganz neue Weise.

Diese Sicht ist z. T. richtig und soll nicht bestritten werden. Aber ergänzend tritt ein anderes hinzu. Gerade diese aufs Eschaton ausgerichtete Existenz des Übergangs, des Vergehens in der Gewißheit des Neuwerdens, ja des heimlichen Neugeworden-Seins erweist eine geradezu frappante Wirkungskraft. „Darum werden wir nicht müde", „lassen wir nicht nach". „Meine Kraft vollendet sich in der Schwachheit" (12,9). Ein kranker Mann leistet alles das, was in 11,23ff. aufgezählt ist. Im Blick auf den Apostel gesagt: so viele Gebrechen, so viele Merkmale der Erschöpfung und des Zunichtewerdens (noch einmal: V. 10, vgl. Gal. 6,17) – aber das Gegenteil von Passivität, Resignation oder gar Kapitulation. Im Blick auf die Kirche: so wenig Attraktives, so wenig Möglichkeiten, sich durchzusetzen, in einem so ungleichen Wettbewerb mit allem, was dem Kreuz Christi widersteht – aber sie ist auf dem Plan und trotz allem Versagen ihrer Glieder „nicht gar aus" (Klagel. 3,22). Wir blicken auf VV. 8ff.: „Nicht eingeengt" und darum (was dasselbe bedeutet) auch „nicht geängstigt" – „nicht mattgesetzt" (so könnte man das οὐκ ἐξαπορούμενοι mit Rücksicht auf seinen eigentlichen Sinn wiedergeben) – „nicht abgehängt" oder „nicht (in der Patsche) sitzengelassen" (so für οὐκ ἐγκαταλειπόμενοι) – „nicht kaputtzukriegen". Es ist zu bedenken, daß es sich dabei durchweg um Partizipien des Präsens handelt: Paulus stellt nicht fest, daß es in all solchen Fällen eben immer und immer wieder gut gegangen ist, sondern er meint, daß dies eben der Zustand der Kirche Christi und der in ihr Wirkenden sei, grundsätzlich und allezeit. Es ist geradezu ein Lebensgesetz der Kirche, daß die Flamme immer am Erlöschen ist – und weiterbrennt! Es ist Gottes Sache, daß und wie er das macht.

Und wir? Wir ermüden nicht, wir lassen – trotz des Verfalls des äußeren Menschen – nicht nach, wir geben nicht auf. Hier zeigt sich, daß christliche Hoffnung nicht verträumte Jenseitsseligkeit ist. Erwartung des Kommenden, ja; sogar brennende Sehnsucht. Aber eine Hoffnung, die sich als ermutigende Kraft auswirkt. Schon unsere *kleinen* Hoffnungen im täglichen Leben stimulieren uns. Sich auf etwas Künftiges freuen, das macht auch die Wartezeit erfüllt und beschwingt. Nur: für den alternden Menschen engt sich der Spielraum des Hoffens immer mehr ein. Die Gedanken wenden sich mehr nach rückwärts als nach vorn; vorn ist der Tod. Man kann das, vielleicht, mit stoischer Ruhe tragen, aber manchmal muß einem grauen im sich unaufhaltsam verengenden Horizont der Hoffnungslosigkeit. Mancherlei Phänomene des Lebens erklären sich von daher (1. Kor. 15,32b). Ein Mann wie Paulus muß nicht gierig nach allem greifen, was sich – eben noch – bietet. Aber er weiß: alles, was ich tue, ist „im Herrn nicht vergeblich" (1. Kor. 15,58). Er müht sich nicht in stummer Verzweiflung, wissend, daß sich zuletzt bewahrheiten wird, es sei alles „eitel" und „Haschen nach Wind" (Pred. 1,14). Er arbeitet, setzt sich ein, nutzt die Zeit, erträgt Belastungen und Nöte, kämpft sich durch Widerstände durch, kann sich in allem Widrigen und Bedrängenden noch freuen, denn er weiß gewiß: es lohnt sich. Soll man sagen: *trotz* der Trübsale? Wir lesen einen erstaunlichen Satz: die Trübsal „bewirkt" Positives (V. 17). Wir sehen in Schmerzhaftem und Bedrängendem meist nur das Zerstörende, Zersetzende; daß solches im Spiel ist, würde Paulus ja nicht leugnen („der äußere Mensch wird zunichte"). Aber weil in Christi Auferstehung *die neue Kreatur* begründet ist, wirkt sich das Zerstörende als aufbauend aus. Einen, der sein Leben so versteht, kann nicht nur nichts mehr erschüttern, sondern ihm „müssen alle Dinge zum Besten dienen" (Röm. 8,28). Das ist das Geheimnis seiner Kraft, seiner Ausdauer, seiner Unverwüstlichkeit, seiner Immunität gegenüber allen Rückschlägen und Mißerfolgen. „Den ganzen Tag über getötet – aber in dem allem erweist sich unsere sieghafte Überlegenheit um des willen, der uns geliebt hat" (Röm. 8,36f.). Wenn es bei *uns* nicht so ist, dann nicht deshalb, weil dieses Neue uns nicht offenstünde, mehr: schon jetzt gehörte, sondern weil wir noch gar nicht entdeckt haben, wie gut wir dran sind. Man kann sich nur wünschen, die Predigt möchte dazu helfen, *daß* wir es entdecken.

Kantate. Apg. 16,23–34

In dem Kapitel scheinen (nach Haenchen) verschiedene Stücke zusammengearbeitet sein. VV. 11–15 ein Stück Itinerar. VV. 16–18 eine Dämonenaustreibung. VV. 19–24 Fortsetzung des Itinerars (Anlaß für die Maßnahmen ist freilich der Exorzismus, also Verzahnung mit VV. 15–19). VV. 25–34 die wunderbare Befreiung der Missionare durch das Erdbeben und die Bekehrung des Gefängnisauf-sehers. VV. 35–40 könnten unmittelbar an V. 24 anschließen, setzen also das Itinerar fort (D und die Randlesarten von sy[h] verklammern die VV. 35ff. mit dem Erdbeben und motivieren so die Umsin-nung der *στρατηγοί*). Aus disparaten Stoffen scheint Lukas einen geschlossenen Handlungsablauf geschaffen zu haben, nicht ohne Benutzung verbreiteter Motive hellenistischer Erzählkunst. Wenn es sich so verhält, wird man Lukas dafür loben dürfen, daß er zwar nicht so vollständig und nicht so pedantisch erzählt hat, wie seine Ausleger gewünscht hätten, jedoch einen Erzählungsfaden gesponnen hat, der kaum Knoten erkennen läßt. Das „Nest von Unwahrscheinlichkeiten" ergibt sich meist aus Lücken, die Lukas gelassen hat, und aus Eintragungen der Exegeten.

V. 23: Bei der Vorlesung der Perikope wird man den ersten partizipialen Ausdruck aus V. 22 etwas auffüllen müssen, etwa so: „Nachdem Paulus und Silas in Philippi auf Befehl der Prätoren, der höchsten römischen Beamten der Stadt, ausgepeitscht worden waren, warf man sie ins Gefängnis." Die zweite Hälfte von V. 23 bereitet V. 27 vor. Ein Verfahren hat, wie V. 37 zeigt, nicht stattgefunden; die Maßnahmen haben keine Rechtsgrundlage. – V. 24: Der Komparativ hat in der Koine auch super-lativische Bedeutung: innerste Zelle. Zusätzliche „Absicherung" (*ἀσφαλίζειν*) durch Einspannen der Füße in den Block. – V. 25: Leviten üben im Tempel nächtliches Gebet (Ps. 134), dem sich einzelne Beter von ferne anschließen (H. Goltzen in Leiturgia III, S. 118); nach 12,12 können Christen nachts im Gebet versammelt sein. – V. 26: Ein kausaler Zusammenhang zwischen Gebet und Erdbeben wird nicht behauptet. Außer dem Aufgehen der Fesseln ist nichts unwahrscheinlich. Ein einziger Erdstoß würde genügen, die Türen aufspringen zu lassen (vgl. unsere Erfahrungen im Bombenkrieg). Well-hausen irrt, wenn er spottet, der Gefängnisinspektor sei der einzige, der geschlafen habe. Warum soll nicht alles gleichzeitig aus dem Schlaf hochgefahren sein (das *ἄφνω* besagt doch nicht, daß der erste Erdstoß mit dem Amen des Gebets synchronisiert war)? Lukas war so nachlässig, nicht anzugeben, daß der Kerkermeister, ehe er die Türen offen sieht, sich erst in den Gang des Gefängnisses hat begeben müssen; so meint Haenchen, den Ruf des Paulus (V. 28) habe er im Schlafzimmer vernommen bzw. dort schwerlich vernehmen können. – V. 27: Er will sich umbringen, „ohne auch nur einen Blick in die Zellen zu werfen"; Haenchen setzt voraus, daß man auch in solchen Situationen nur überlegt handelt. – V. 29: Die Szene hat sich im Dunkeln abgespielt! – V. 30: Eine psychologische Aufhellung der Bekehrungsmotive darf man nicht erwarten. – V. 33: Der „Brunnen im Hofe" (Haen-chen) ist ebenso erdichtet wie das „Badezimmer im Keller" (Zahn). – V. 34: „freute sich" ist für *ἠγαλλιάσατο* zu schwach. „Alle die Seinen" (V. 33) = sein ganzes Haus (*πανοικεί*, V. 34). Das Perfekt *πεπιστευκώς* besagt: die Glaubensentscheidung ist „ein für allemal" gefallen.

Lukas erzählt. Die Predigt wird ebenfalls zumeist erzählen. Dies soll dem Auftrag der Verkündigung nicht Abbruch machen. Lukas liegt daran zu zeigen, wie der auferstandene Christus selbst – in allem Ab und Auf – dem Evangelium den Weg bahnt. Die Perikope beginnt mit dem Lobgesang der Gefangenen, sie endet mit dem Jubel des Gefängnisauf-sehers und seiner Familie. Es wird *trotzdem* gesungen, und zuletzt *erst recht*.

Wie viele erzählte Einzelheiten dabei den historischen Verlauf der Dinge wiedergeben, wie vieles die mündliche Überlieferung, bis sie zu Lukas gelangte, umgeformt und wohl auch legendär vergoldet hat, in wie vielem Lukas selbst, um alles in rechte Ordnung zu bringen, zurechtgebogen und geglättet hat, wissen wir nicht. Was an den von der For-schung bemerkten bzw. behaupteten Unebenheiten zutreffen mag, könnte darauf zurück-zuführen sein, daß Lukas selbst das Übernommene noch immer soweit geschont hat, daß die Risse heute noch sichtbar sind. Es darf angenommen werden, daß er – soweit Gegenstand und Überlieferung dies zuließen – die in Luk. 1,1–4 dargelegten Grundsätze seiner Arbeit auch hier angewandt hat. Die Stoffe fügen sich nicht schlecht zusammen, besser wohl, als mancher Ausleger meint.

„Wie die Bekehrung der Lydia mag auch die des Gefängniswärters auf guten Nachrichten beruhen" (G. Bkm., Paulus, S. 79). Paulus selbst ist die Gemeinschaft mit den Philippern „vom ersten Tage an bisher" (Phil. 1,5) kostbar gewesen. Die Thessalonicher erinnert er daran, daß „wir zuvor viel gelitten hatten und geschmäht gewesen waren zu Philippi", ehe es – auch wieder „unter viel Kampf" bei ihnen zur Predigt des Evangeliums kam (1. Thess. 2,2). Ja, die Philipper selbst werden als Augenzeugen der Leiden des Apostels um Christi willen angesprochen (Phil. 1,30). Man weiß in den Gemeinden davon. Lukas wird dort seine Quellen gehabt haben. Dramatische Ereignisse wie diese vergißt man nicht so leicht. Zwei Minuskelhandschriften wollen sogar noch den Namen des Kerkermeisters wissen: „der gläubige (= der Christ) Stephanas" (s. Apparat zu V. 27); im Philipperbrief kommt der Name nicht vor, er kann also nicht von dorther genommen sein. Dies alles kann unser gutes Gewissen zu fröhlichem Nacherzählen der Geschichte stärken, auch wenn wir nicht dem Aberglauben huldigen, daß eine solche Geschichte nur dann als wahr zu gelten hat, wenn sie historisch verbürgt ist.

Die (nicht mit verlesene) Vorgeschichte müssen wir natürlich als Exposition einbauen. Man muß ja erfahren, wie es zu der Auspeitschung (2. Kor. 11,25a) und Inhaftierung gekommen ist. Auch die falsche Beschuldigung, die das schmähliche wirtschaftliche Interesse der Gegner tarnt, muß man kennen. Und wenn auch – nach Gottes Befreiungswunder – das rechtliche Nachspiel (VV. 35ff.) nicht unmittelbar zur Sache gehört, von Lukas vielleicht sogar in apologetischem Interesse angefügt ist: daß die Gemeinde auf ihrem Recht beharrt, nach den in der Welt für alle geltenden Gesetzen, zeugt von dem nüchternen Sinn des Paulus und des Lukas und ist sicher nicht ohne grundsätzliche Bedeutung. Aber für uns liegt der Schwerpunkt an anderer Stelle: *Der lebendige Herr setzt sich durch* – (1) *indem der Lobgesang erklingt,* (2) *indem die Türen aufspringen,* (3) *indem sein Heil ergriffen wird.*

I.

Als die Zellentür im „innersten Gefängnis" hinter Paulus und Silas verriegelt wurde und deren Füße in den Block eingeschlossen waren, war der kurzen, aber verheißungsvoll scheinenden Missionstätigkeit des Paulus und seiner Begleiter (Wir-Stück) zunächst ein Ende gesetzt. Gott hatte gerufen (VV. 9ff.). Man war mit günstigem Winde gesegelt (V. 11). Gott hatte Lydias Herz und Haus geöffnet (VV. 14f.). Eine arme junge Sklavin war von ihrer okkulten Besessenheit frei geworden (V. 18). Daß Paulus und Silas öffentlich gepredigt hatten, wird nur summarisch berichtet (VV. 13f.21). Erste Erfolge. Aber „wo Christus seine Macht erweist, ist der Widersacher Gottes sofort auch da" (W. Tannert, ZdZ 1964, Pr. H. S. 45). Der wahre Anstoß der wirtschaftlich Geschädigten – was für ein menschenunwürdiges Geschäft! – kommt nicht zur Sprache. „Aufruhr!" heißt es. Man reißt den Boten Gottes die Kleider vom Leibe und unterwirft sie der Prügelstrafe, die zu überleben sich nicht von selbst versteht. Der Text empört sich nicht, er berichtet nur. – Nun sind die beiden in ihrer Zelle. So endet der Anfang der christlichen Mission auf dem Boden Europas.

Es ist nicht anzunehmen, daß die ersten – eben gewonnenen – Christen in Philippi das Zeug dazu haben, die Predigt des Evangeliums weiterzutreiben. Vielmehr ist anzunehmen, daß, was da eben zu keimen begonnen hat, erstickt. Später, wenn die Gemeinde gefestigt ist, wird es anders sein; in ähnlicher Situation, ebenfalls als Gefangener, wird Paulus schreiben können: „Ich bin desselben in guter Zuversicht, daß, der in euch angefangen hat das gute Werk, der wird es auch vollführen bis an den Tag Jesu Christi" (Phil. 1,6). Aber jetzt – so in den Anfängen? Wenn die Erstgetauften und die, bei denen ein erstes Ahnen, vielleicht sogar Verstehen aufdämmert, sehen, wie dieser Christus seine Leute im Stich läßt; wenn sie die Überbringer der „guten Nachricht" nackt und brutal mißhandelt sehen: was für eine deprimierende Wirkung muß das haben! Und die Gefangenen selbst: zerschunden, gefesselt, unbeweglich gemacht. Wo bleibt der Christus, vor dem der ganze Kosmos die Knie beugt (Phil. 2,10)?

Da wird es Mitternacht. Gebetszeit. Betend singen die beiden Männer Hymnen. Ein seltsames Cantate, scheinbar so unmotiviert, ja so sinnlos wie nur möglich. Der Text spricht sich über das Wieso nicht aus, stellt nur fest, berichtet nur. Unsere Predigt muß, was sich hier zuträgt, zu durchleuchten suchen – nicht durch Psychologisieren, sondern vom Evangelium her.

Uns fällt zunächst auf, daß die beiden Gefangenen an der *Gebetssitte* festhalten, auch in dieser Lage. Sie sollte uns keine Last sein. Je treuer wir an ihr festhalten, desto mehr wird sie uns helfen. Wer auf die Augenblicke wartet, in denen es ihn zum Beten treibt, wird wahrscheinlich nie beten lernen. Wir brauchen Ordnung, Regelmäßigkeit, Einübung. Wir müssen uns von der (überlegten) Gewöhnung tragen und über Krisen hinweghelfen lassen. Jesus hat am Kreuz aus dem Psalter gebetet! Paulus und Silas loben Gott in denkbar mißlicher Lage. Die Gebetsordnung veranlaßt sie, ihre Betretenheit und Verzweiflung, die körperlichen Schmerzen und die seelischen Depressionen nicht zu achten und sich dafür auf den Boden zu stellen, auf dem Gebet und Hymnus erwachsen sind. Nicht, daß wir nicht auch geradeheraus unserm Herrn und Gott sagen dürften, wie es uns ums Herz ist. Aber im Gebet der Kirche umschließt uns etwas, was mehr ist als unser eigenes äußeres und inneres Erleben und Empfinden. Das, wovon die Gemeinde Gottes in vielen Jahrhunderten gelebt und woran sie sich gehalten hat, wird mir in der Stunde möglichen Schwachwerdens zur Hilfe. Wer in der Lage, in der Paulus und Silas sich befinden, Hymnen singt, also fest formuliertes Gebetsgut und vorgegebene Melodien sich zu eigen macht, läßt sich von der *ecclesia orans* auffangen und tragen. Gerade in Stunden äußerster Anfechtung kommt es darauf an, daß wir aus dem Verfangensein in den eigenen Nöten herauskommen und in den Raum der Glaubenserfahrung der ganzen Kirche eintreten, daß wir also die eigene Situation und die ihr zugehörige innere Verfassung transzendieren, nicht, weil wir uns auf diese Weise ins Vergessen flüchten sollten, sondern – umgekehrt – weil uns auf diese Weise bewußt und inneres Eigentum wird, was wir, nur auf uns gestellt, ganz bestimmt vergessen und übersehen würden.

Die Glaubenserfahrung der Kirche weist uns an den Herrn, mit dem wir in jeder Lage rechnen können. Es geht doch nicht darum, daß wir uns etwas Freundliches und Tröstliches einsuggerieren. Der auferstandene Herr ist ja da! Er will ja nur im Glauben wahrgenommen, auch in dieser Lage entdeckt sein. Er will mit seinem unsichtbaren Tun bei uns zum Zuge kommen. Es ist nicht wahr, daß Paulus und Silas deshalb hinter Schloß und Riegel sind, weil ihr Herr sich von ihnen zurückgezogen hätte. Mit ihrem Beten und Loben bekennen sie sich dazu, daß auch diese sie erschütternde und bedrängende Wendung der Dinge aus seiner Verfügung kommt und in seinen Plan gehört. Nicht, daß die Striemen (V. 33) bei Christen weniger schmerzhaft wären als bei anderen Menschen. Aber wer glaubt, hat seinen Halt nicht in sich, sondern „außerhalb" – an dem „archimedischen Punkt" jenseits unserer Welt und ihrer Ereignisse. Wer glaubt, weiß auch, „daß wir durch viel Trübsal müssen in das Reich Gottes gehen" (14,22) – nicht, weil Christus daran, leider, nichts ändern kann, sondern weil Christus nirgends so sehr zum Zuge kommt wie da, wo wir nur noch ihn haben und sonst nichts mehr. Wer glaubt, erkennt die Hand, die so führt. Er hat alle Schmerzen und Demütigungen, Jammer, Wut und Verzweiflung schon überwunden, weil sie für ihn niemals den Rang eines Letztgültigen und Unabänderlichen haben – ganz gleich, wie in Philippi die Sache weitergeht – , sondern umgriffen sind von der letzten großen Hoffnung. Lukas hat, was hier gemeint ist, nicht so tiefgründig ausgesprochen wie Paulus (vgl. die vorangehende Auslegung), aber er hat es gesehen und am Beispiel der beiden Gefangenen in ergreifender Weise gezeigt. Schmerzende Wunden am Rücken, die Füße im Block, und die Tür des „innersten" Kerkers verschlossen. Aber: „*sie lobten Gott*"!

„Und es hörten sie die Gefangenen." Lukas hätte diese knappe Bemerkung wohl unterlassen, wenn sie ihm nicht unter missionarischem Gesichtspunkt wichtig wäre: auch so können, wenn Gott will, Menschen auf ihn aufmerksam werden. Vielleicht waren in der Antike – es gab nur Untersuchungs- , selten Strafgefangene – die Techniken der Verständigung von Zelle zu Zelle (Klopfzeichen) nicht so ausgebildet wie in der Neuzeit. Hymnengesang dürfte im Gefängnis zu Philippi auf alle Fälle etwas schlechthin Neues gewesen sein. Seltsam, diese „Neuzugänge"! Lukas wird wohl sagen wollen: Auch die behinderten Sendboten Christi konnten und können wirken, wenn Gott es will. Und: auch die, zu denen das Evangelium sonst nicht gekommen wäre, sind von Christus gemeint. Weiter: wohin das gesprochene Wort nicht gelangt, dort kann das Lied der Kirche verkündigen. Endlich: vielleicht wird das Lob Gottes gerade dort am glaubhaftesten gesungen, wo es aus der Tiefe kommt.

2.

Der lebendige Herr setzt sich durch, indem die Türen aufspringen. Daß das Erdbeben nur das Gefängnis oder gar nur seine Fundamente betroffen haben soll, ergibt sich höchstens daraus, daß von weiterreichenden Erschütterungen nicht die Rede ist. Wäre Lukas verpflichtet gewesen, darüber mehr zu erzählen, als er für seinen Bericht braucht? Hätte er ausdrücklich sagen müssen, daß der Gefängnisinspektor nicht am Morgen durch die Sonne, sondern gleichfalls durch den Erdstoß oder die Erdstöße geweckt wurde (usw.)? Wir sehen den pflichtbewußten Beamten kopflos durch den dunklen Zellengang stürzen. Lauter aufgesprungene Türen! Man braucht den Sachverhalt gar nicht erst zu untersuchen – als ein Mann dieses Metiers weiß man: kein Gefangener wird bei offenen Türen in nächtlicher Finsternis die Gelegenheit ungenutzt lassen, zu entkommen. Ist dem Mann zuzutrauen, daß sein subalterner Verstand sofort weiß: höhere Gewalt – ihn trifft kein Verschulden? Und *wenn* er es wüßte, würde er es sich auch in dieser Paniksituation klargemacht haben? Wir wollen nicht die historische Stichhaltigkeit des lukanischen Berichts retten, aber wir bescheinigen dem Lukas gern, daß er dieses seltsame Vorkommnis sehr nüchtern und echt erzählt. Auch das ist echt, daß aus einer der Zellen die Stimme des Paulus hörbar wird, der offenbar bemerkt hat, was der Mann in seiner Kopflosigkeit zu tun im Begriff ist. Schauplatz dieser kleinen Szene ist selbstverständlich der Zellengang und dann sofort die Zelle der Missionare, in die der Gefängnisaufseher, nun mit Fackellicht, eintritt. Wir wollen nicht versuchen, herauszubekommen, was den Mann bestimmt, Paulus und Silas zu Füßen zu fallen. Er wird gewußt haben, weshalb sie „sitzen"; dies und die Vorkommnisse der letzten Minuten machen verständlich, wieso er eine ganz neue Einstellung zu den Gefangenen gewinnt. Das Weitere ist, wie etwa auch in V. 14, Gottes Sache.

Ob wir recht daran getan haben, den aufspringenden Türen unsere Aufmerksamkeit zuzuwenden? Ist das Erdbeben nicht nur zu dem Zwecke erzählt – es gibt eine Art Auslegung, die lediglich in den Kategorien der literarischen Technik denkt – , um die Bekehrung des Kerkermeisters verständlich zu machen? Wenn die Gefangenen danach „alle hier" sind, bleibt ja diese seltsame Befreiungsaktion Gottes ohne alle Folgen, es sei denn, man denkt eben an das Christwerden dieser einen Familie. – Es scheint doch anders. Die offenen Zellentüren gehören einmal zum Faktischen des Hergangs, und sie werden sodann als Zeichen verstanden. Der Herr, der das Erdbeben hat kommen lassen, gibt zu erkennen: er will nicht, daß seine Boten festgehalten und aus dem Verkehr gezogen werden. Er gibt „offene Türen" (vielleicht ist der Sprachgebrauch des Paulus von dergleichen Erfahrungen bestimmt: 1. Kor. 16,9; 2. Kor. 2,12; Kol. 4,3). Für Paulus (und Lukas) ist dies aber nicht nur eine Frage der göttlichen Regie und Macht, sondern auch – sonst wären er und Silas ihrer Wege gegangen – eine Rechtsfrage (VV. 35ff.). Hier wird wieder einmal der apologetische Zug des lukanischen Werkes deutlich. Christen nehmen den Staat als Ordnung Gottes ernst. Das bedeutet dann freilich auch: mit den Organen des römischen Staates klare Verhältnisse! In Rechtsfragen heißt es grundsätzlich denken. „Wir sind alle hier": fast möchte es scheinen, als wollte Lukas sagen, daß sich diese Rechtsgesinnung auch den übrigen Gefangenen mitgeteilt habe.

Der lebendige Herr setzt sich durch. Auch das „innerste Gefängnis" ist ihm nicht zu fest verschlossen. Die Missionierung Europas soll in Philippi nicht zum Stehen kommen (1,8 Ende). So viel Hindernisse es auch gab – immer neue, immer andere, äußere, innere, weltliche, „christliche" – , Christus vermochte sie wegzuräumen („läßt Schloß und Riegel springen", EKG 224,3). Ich vermag nicht zu erkennen, daß das plötzlich eintretende Erdbeben – auf dem Übergang von V. 25 zu V. 26 – nach Lukas die prompte Reaktion Gottes auf das Gebet und den Lobgesang sein soll. Dächte Lukas wirklich so primitiv, so wäre ihm zu widersprechen. Und doch besteht ein Zusammenhang. Wer so betet und lobt, wie der Text es zeigt, der ist gewiß, daß der lebendige Herr zu seiner Stunde – so oder anders – seine Sache weiterführen, die Seinen erretten und, wenn er sie braucht, zu weiterem Dienst frei machen wird. In solchem Vertrauen gründet das Lob der Gemeinde, und solches Vertrauen entsteht aus ihm.

3.

Der lebendige Herr setzt sich durch, indem sein Heil ergriffen wird. Das Erdbeben war das *kleine* Wunder; was an dem Mann jetzt geschieht, ist das *große* Wunder (J. Hamel, ZdZ 1958, Pr. H. S. 45). Nun erweist sich doch alles Vorherige als ein merkwürdig kompliziertes Vorspiel zu dieser Bekehrung. Billiger ging es, wie's scheint, nicht. Was Gott alles in Bewegung setzen kann, was für Umwege hier ggf. nötig sind, was für Opfer gebracht werden, wie mühsam und aufwendig Gott seinem Wort oft den Weg zu irgendeinem Menschen bahnen muß: man kann es an einer solchen Geschichte ablesen. So viel ist *ein* Mensch bei Christus wert. Lukas meint nicht, es müsse in jedem Falle so um den einzelnen gekämpft werden (2,41). Aber er weiß, daß es so sein kann. Vielleicht wäre es uns gut, wir sähen deutlicher, was Christus alles aufgeboten hat, um uns zu gewinnen.

Die ehrerbietige Anrede zeigt, wie sich in Kürze die Lage gewandelt hat: Kyrioi! (In Offb. 7,14 wird ein – allerdings himmlischer – Presbyter so angeredet. Wird solches um 95 üblich?) Wichtig ist aber nicht dies, sondern das andere, daß es bei dem Manne offensichtlich „gezündet" hat. Den Sinn seiner Frage soll unsere Predigt verdeutlichen. Es geht beim Christwerden nicht darum, daß man eine neue Vorstellung über Gott, Welt und Mensch übernimmt oder sich einem neuen Ritus der Gottesverehrung verschreibt, – wäre dem so, man könnte alle missionarische Bemühung getrost einstellen. Es geht um die „Rettung". Daß einer schon so fragt! Wir halten uns erneut vor Augen, daß Lukas nicht

234 Rogate. Kol. 4,2–4(5–6)

vollständig, sondern skizzenhaft erzählt. Wir sollen nicht versuchen, die Lücken zu füllen, die er gelassen hat. Aber die – katechismusartige – Kernfrage gilt es in ihrer Tragweite ebenso zu erfassen wie die so überaus schlichte Kernantwort: „Glaube an den Kyrios Jesus, und gerettet wirst du und sein Haus." Mehr nicht? Jawohl, so einfach ist das Evangelium. Was es im einzelnen heißt, davon ist dann freilich noch zu reden (V. 32). Die ganze Hausgemeinschaft nimmt teil. Daß der Hausvater über den Glauben der ganzen Familie entscheidet, wird zu Zeiten des Lukas noch nicht als anstößig empfunden (vgl. G. Delling, Die Taufe im NT, 1963, S. 72). Es ist bei Lydia nicht viel anders gewesen, wobei zu vermerken ist, daß der Hausvorstand hier die Frau ist (V. 15). Man weiß damals noch mehr vom Miteinander und Füreinander, als das bei uns der Fall ist. So wahr dem einzelnen die Entscheidung des Glaubens nicht abgenommen werden kann, so wahr ist, daß unsere Zugehörigkeit zu Christus viel mehr vom Ganzen einer Familie und, im größeren Maßstab, von der Gemeinde zu verantworten ist. In der Dienstwohnung des Gefängnisinspektors in Philippi tut sich einiges: Die zerschundenen Leiber der Christusboten werden – offenbar erstmalig – einer pflegerischen Behandlung unterzogen. Dann kommt es – nach erstaunlich kurzem Taufunterricht (V. 32) – zur Taufe des Kerkermeisters und der Seinen. Ist der gedeckte Tisch nur ein Erweis der Gastfreundschaft (V. 33: παραλαβὼν αὐτούς) – oder wird bei dieser Gelegenheit das erste Mal die Eucharistie gefeiert? „Jubel" (vgl. 2,47) könnte darauf deuten. Auf alle Fälle: der Himmel hat sich geöffnet, diesem Hause ist Heil widerfahren (vgl. Luk. 19,9). Was Ende schien, wurde zu neuem Beginn. Denn der auferstandene Herr läßt sich nicht aufhalten.

Rogate. Kol. 4,2–4 (5–6)

E. Schweizer überschreibt: „Der Ruf zur Fürbitte und missionarischen Verantwortung." Die Fürbitte richtet sich besonders auf die Ausbreitung des Worts. Das Verhalten gegen „die draußen" hängt damit eng zusammen. Die VV. 5f. sind darin mit VV. 3f. verbunden, und Beten und Tun gehören zusammen. Es scheint ratsam, die VV. 5f. in die Predigt einzubeziehen.
Nach der Haustafel noch eine allgemeine Paränese. V. 2: Mahnung zu Gebet und Fürbitte ist fester Bestandteil paulinischer Paränese (Röm. 12,12 fast wörtlich wie in unserm Text; vgl. ferner Röm. 15,30; Phil. 4,6; 1. Thess. 5,17f.; auch Eph. 6,18–20). Das sofort assoziierte γρηγοροῦντες mag auf (dem Apostel geläufige) synoptische Tradition anspielen (Matth. 26,41), übrigens ein Wort, das eschatologisch gespannt ist (Matth. 24,42f.; 25,13; Luk. 12,37; 21,34–36). Dabei „verschiebt sich der Sinn des Wachens immer stärker von einem dauernden Ausgerichtetsein auf das jederzeit mögliche Kommen des Herrentages zu einer verantwortlichen Bewältigung der Zwischenzeit im Blick auf die am Herrentag ... abzulegende Verantwortung ..." (E. Schweizer z.St.). Die ursprüngliche LA in D und der Ambrosiaster lassen ἐν εὐχαριστίᾳ weg und verknappen und glätten damit den Text; die Tilgung wäre ein Verlust, denn die Aussage entspricht nicht nur dem gefüllten (etwas barocken) Redestil unseres Briefes, sondern ist von sachlichem Gewicht (zwei mögliche Deutungen, s.u.). – V. 3: Gebet und Fürbitte gehören zusammen. Das „für uns" dürfte in diesem Falle nicht das apostolische Wir meinen, sondern die Mitarbeiter des Paulus mit umschließen, bes. Timotheus (1,1); vgl. das δέδεμαι, ἵνα φανερώσω (woraus sich zugleich ergibt, daß nur Paulus gefangen ist). (Allerdings wechselt Paulus auch sonst zwischen „wir" – wo es um das Amtliche – und „ich", wo es um das Persönliche geht, vgl. etwa 2. Kor. 1, 4–14.18.20; 2,14–17; 3,1 ff.; 4,1ff.; 5,16ff. mit 1,15f.; 2,1–13 u. a. Das dort zu Bemerkende träfe auch hier zu.) Im Unterschied zu 1. Kor. 16,9; 2. Kor. 2,12; Apg. 14,27 ist hier wohl nicht die Tür gemeint, deren Öffnung dem Apostel bei den Empfängern der Botschaft Zugang gewährt, sondern die Tür, die sich für den Apostel selbst auftut, sei es, daß an die Öffnung des Kerkers gedacht ist (vgl. die Perikope für Kantate), sei es, daß er selbst geistlich instand gesetzt wird, das Christusgeheimnis erkennbar zu machen. Verhaftet ist Paulus um dieses Christusgeheimnisses willen, das er verkündigt. Das Mysterium, das es zu sagen gilt, ist der „Christus unter euch" (1,26f.; 2,2), nach dem „Revelationsschema", das sich in verschiedenen Variationen in Röm. 16,25f.; Eph. 3,3–10 u. ö.

findet, seit ewigen Zeiten vorgesehen, aber verborgen und nun „kundgetan" (V.4). Vgl. auch 1. Kor. 2,7–10, dort unter dem Vorzeichen der theologia crucis. – V. 4: φανεροῦν beim klassischen Paulus nicht als Wort für sein Verkündigen gebraucht; fast erscheint hier Paulus selbst als Spender der Offenbarung; als habe er zuviel gesagt, fügt er noch ein erläuterndes Sätzchen an (Lohmeyer). – V. 5: Im Unterschied zu den Gliedern der Gemeinde (οἱ ἔσω, 1. Kor. 5,12) sind οἱ ἔξω die Nichtchristen; vgl. Mark. 4,11; nochmals 1. Kor. 5,12f.; 1. Thess. 4,12, auch 1. Tim. 3,7. Daß die „Zeit", „jene kurze Spanne, die von dem ‚Jetzt' der Offenbarung zu dem nahenden Tage völliger Offenbarung hinführt" (Lohmeyer z. St.), „ausgekauft" werden soll (vgl. Eph. 5,16), will sagen, daß die in ihr liegenden Möglichkeiten „restlos ausgenutzt" werden mögen (ThWNT I, S. 128); vgl. das eschatologisch gestimmte γρηγοροῦντες in V. 2. – V. 6: „Auch diese Notwendigkeit rechter ‚Antwort' ist ein Stück traditioneller Paränese; vgl. Sir. 5,11f.; Pirqē Aboth 2,18; „Sei eifrig, die Thora zu lernen, was du einem Epikureer zu antworten hast" (nach Lohm.), vgl. 1. Petr. 3,15. – Rede ἐν χάριτι: gewinnend, mit dem Charme echter Liebe. – Salz: das Treffende und Packende der Rede oder ihre aus dem Worte Gottes hervorgehende Kraft (so spätjüdische Tradition).

Der Aufruf zum *Gebet*, der den Kern dieser kurzen allgemeinen Paränese ausmacht, betrifft nicht ein zur Not entbehrliches Specialissimum des Christseins, sondern das Ganze. Indem wir beten, sind wir Gottes Gegenüber, sein Ebenbild. Indem wir – für uns und für andere – bitten, bringen wir zum Ausdruck, daß wir aufs Empfangen angewiesen sind und auch tatsächlich empfangen und uns darin mit unseren Mitmenschen zusammengeschlossen und in gleicher Lage wissen. Daß wir, was Gott gibt, nicht einfach auf uns herniederregnen lassen, sondern es, indem wir beten, bewußt aus seinen Händen nehmen, es geradezu bei Gott „abholen", macht den personalen Charakter des Christseins aus. Daß Gott dabei nicht ein unfaßbares großes X, sondern der in Christus uns greifbar und anschaulich gewordene, sich uns zu persönlicher Gemeinschaft erschließende und anbietende Gott ist, ist wiederum nicht etwas, was an den Rand gehört; unser Glaube steht und fällt damit. Und über dem allem das, was die Mitte des Evangeliums ist: Beten ist kein frommes Werk, mit dem wir uns vermäßen, das Unmögliche zu vollbringen – nämlich den Gott, bei dem wir verspielt haben, für uns zu gewinnen; Beten ist vielmehr um Christi willen unser Recht, so daß Gott in seiner allem unserm Beten vorausgehenden gnädigen Offenheit für uns, ja in seinem Entschiedensein für uns, nur darauf wartet, daß wir kommen und uns in das von ihm eröffnete Gespräch hineinziehen lassen.

Dennoch bedarf es der Mahnung zum Gebet, nicht etwa nur für uns, sondern schon für die Urchristenheit. Sie hat es zur Sache nicht näher gehabt als wir; wir haben es nicht weiter als sie. Für die Predigt wird es darauf ankommen, es nicht mit der bloßen Aufforderung zum Beten bewenden zu lassen; wir würden damit denen nicht helfen, die gern wollen, aber nicht können, und erst recht nicht denen, die deshalb nicht wollen, weil sich ihnen das Evangelium überhaupt noch nicht erschlossen hat. Auf den Quellort unseres Betens weist die Rede vom Christusmysterium. Fürbitte für das Werk der Christuspredigt und die Christuspredigt als das unsere Fürbitte Tragende: das ist ein erfreulicher Zirkel.

Die Gedanken des Textes sind – im Sinne des geläufigen paränetischen Schemas – nur lose miteinander verknüpft. Man könnte darum meinen, daß ein – etwa gar thematisch formulierbarer – innerer Zusammenhang kaum auffindbar ist. Das Rogate-Thema scheint nur in den Versen 2–4 verhandelt zu sein. Indessen mag es zu denken geben, wie das Reden mit Gott und das mit den Mitmenschen, in diesem Falle mit den „Draußenstehenden", aufeinander bezogen sind. Die Kontaktfähigkeit nach der einen Seite scheint die nach der anderen mitzubestimmen. Ja, es wird in den scheinbar losen Assoziationen dieses kleinen Abschnittes eine bestimmte Tendenz erkennbar: das Beten, das einen Augenblick lang unter dem Verdacht, vielleicht gar in der Versuchung stehen könnte, in dem Verhältnis zwischen „Gott und Seele" das fromme Eigeninteresse des Beters zu kultivieren, muß sich, wenn es recht geschieht, sofort auch in den Dienst des anderen stellen, und da der andere – in diesem Falle Paulus – vorrangig an der Ausbreitung des Wortes, an der Verkündigung des Christusmysteriums interessiert und damit beschäftigt ist, muß sich diese Tendenz darin fortsetzen, daß auch die Beter bzw. Fürbitter selbst in dieses Zeugnisgeben und Kundmachen aktiv einbezogen werden. Und – wir werden es noch sehen – : die Angeredeten haben ja, noch ehe sie es wissen, bereits ihren festen Platz in dem auch sie umschließenden Mysterium. Der Text zeigt, daß diese drei: Gebet, Fürbitte und Zeugnis, verschiedene Gestalten und Wirkungen des einen sind: daß wir mit Gott im Kontakt sind, den wir auch unserseits zu halten trachten. *Das Geheimnis Christi umschließt uns –* (1) *im Gebet,* (2) *in der Fürbitte,* (3) *im Zeugnis.*

I.

Der erste Vers der Perikope handelt vom *Gebet* im allgemeinen. Προσευχή kann (nach ThWNT II, S. 806ff.) nicht nur den einzelnen Gebetsakt (Luk. 22,45; Röm. 1,10 u. a.), sondern auch das Gebet im Sinne einer „regelmäßig geübten Gewohnheit" meinen (Apg. 2,42; 6,4; Eph. 6,18). So auch hier. Das Wort „bezeichnet das Gebet im umfassendsten Sinne" (ebd.). Der Satz V. 2 ist sehr gedrängt; wir können, was in einem Atem gesagt ist und komplex verstanden sein will, nur nacheinander zum Ausdruck bringen.
Wie in den schon genannten Stellen steht auch hier das Verbum προσκαρτερεῖν: festhalten an ..., beharren bei ..., ausdauern in ..., dauernd bedacht sein auf ... Das Gebet kann also nicht nur Sache weniger Augenblicke (der Konzentration, der Erhobenheit, etwa gar der frommen Stimmung), es will eine Sache von Dauer bzw. eine Sache der regelmäßigen Übung sein. Man wird das ἀδιαλείπτως in 1. Thess. 5,17 nicht pressen. Das in Klöstern geübte, nur durch regelmäßige Ablösung ermöglichte kontinuierliche Gebet kann nur stellvertretende und zeichenhafte Bedeutung haben. Dranbleiben!, mahnt der Text. Will die Predigt Hilfen geben, so kann sie zunächst nur zur Regelmäßigkeit in der Gebetspraxis, d. h. aber zu einer festen Gebetssitte mahnen. Wir haben in der Gemeinde (und bei uns selbst) mit einer Abneigung gegen die leicht zum Leerlauf, d. h. aber zugleich: zum bloßen Schein entartende Gebetssitte zu rechnen; das Wahrheitsmoment solcher Abneigung ist unverkennbar. Dies darf uns nicht hindern, es dem Text nachzusprechen, daß das Gebet Dauer und Regel braucht (vgl. die vorangehende Auslegung). Wer sich von seiner je und dann vorhandenen inneren Bereitschaft zum Beten abhängig macht, lernt es nie oder verlernt es gewiß. Gott weiß, daß es bei uns oft nicht gehen will: Müdigkeit, Leere, Mangel an Kontakt und Vertrauen. Gerade der Angefochtene soll wissen: vor Gott gibt es den von ihm gefürchteten Leerlauf nicht. Gott kalkuliert die Mängel und Schwächen unseres Betens immer ein und nimmt auch unser Gestammel ernst. Das Gebet hat Kraft auch in Zeiten der Dürre und Unfähigkeit (Röm. 8,26f.). Die kläglichste Stümperei gerade beim Beten ändert nichts daran, daß Gott für uns ist.
Uns vertritt der Geist. Oder so: Für und zugleich mit uns betet Christus. Sollte das (von zwei Zeugen weggelassene, aber sonst fest zur Überlieferung gehörige) ἐν εὐχαριστίᾳ ein Hinweis auf die Sakramentsfeier sein (man vergleiche, was Gottfried Holtz in seinem Kommentar zu 1. Tim. 2,1 schreibt), dann ergäbe sich von daher nicht nur ein Anhaltspunkt für die gottesdienstliche Regelmäßigkeit des gemeindlichen Betens, sondern auch ein Hinweis auf sein Verständnis. Die Gemeinde betet „in Christus", in der Kraft seiner sakramentalen Gegenwart und seiner hochpriesterlichen intercessio. Unser Beten ist von Seinem Beten getragen, ist ein Sich-Einschalten in Seine Fürbitte für uns und alle Welt. Es sei dahingestellt, ob in unserm Text εὐχαριστία schon diesen speziellen Sinn hat (andere Deutung s. u.). Ihren Namen hat die Eucharistie von daher, daß Jesus selbst beim Mahle „danksagte" (Mark. 8,6; Joh. 6,11; 1. Kor. 11,24 und die anderen Abendmahls-

texte, z. T. lectio varia). In Did. 9 heißt die Sakramentsfeier so (vgl. 1. Kor. 10,16 Apparat). Genug: wir beten „in Jesu Namen", also unter Berufung auf ihn, einbezogen in sein eigenes Beten.

Noch ein Wort zur Stetigkeit uneres Betens. Sie könnte, über die regelmäßige Übung und die gottesdienstliche Praxis hinaus, darin bestehen, daß wir uns immerzu („ohne Unterlaß") im wortlosen, zumeist also unartikulierten Kontakt mit dem dreieinigen Gott befinden. Wie man mit dem liebsten Menschen auch dann im Gespräch ist, wenn man ihn nicht unmittelbar vor sich hat und kein ausdrückliches Zwiegespräch stattfindet, so erst recht mit dem Herrn, der uns allezeit begleitet und umgibt.

Das Partizip „wachend" beschreibt unser Beten des näheren. An die Beziehung zur Gethsemaneszene wurde eingangs schon erinnert. Einschlafen am Lenkrad bedeutet eine Katastrophe. Man sage nicht, es sei ohne Belang, wenn einen im Geistlichen die Müdigkeit überwältigt und man sich daran gewöhnt: es geht auch ohne den Kontakt mit Gott. Im Gespräch mit der höchsten Stelle: das erfordert nicht nur Wachheit, das *macht* auch wach. Wer betet, kann nicht in Dumpfheit und Verschlafenheit, im Dösen und Dämmern verharren, er wird vielmehr aus seiner Entscheidungslosigkeit und Unansprechbarkeit herausgeholt, er erwacht zu personhaftem Leben und findet sich, indem er mit Gott redet, als den vor, der zu sein er bestimmt ist: Gottes Gegenüber. Beter sollten für die mit wachen, die noch immer träumen: priesterlicher Dienst für die Welt. – Der eschatologische Einschlag in dem Wort γρηγορεῖν sei nicht übersehen. Der Tag Christi ist nah, ist schon im Anbruch und Aufgang (Röm. 13,1ff.). Also wissen wir uns in dem Kairos, in der qualifizierten Zeit, die auf die Zukunft zugeht und die es „auszukaufen" gilt (s. u.). Das ständige Gebet ist dann die Weise unseres Wachens (Mark. 13,37), unseres Bereitseins (Matth. 25,13), unseres Fertig- und Offenseins für Christi Kommen. Wer sich gerade mit dem Herrn im Gespräch befindet, wird nicht erschreckt auffahren, wenn dieser plötzlich in Herrlichkeit auf ihn zukommt.

Und nun doch noch einmal die Worte „mit Danksagung", falls sie nicht im technischen, sondern im nächstliegenden Sinn zu verstehen wären (wobei eines das andere keineswegs zu verdrängen brauchte). Es heißt nicht: Betet, aber vergeßt auch das Danken nicht! Sondern: Betet, indem ihr in Danksagung wacht! *Dank* ist auf Gott zurückgewendete, ihm gegenüber artikulierte Gebetserfahrung. Dank ist zugleich die Weise des Entgegennehmens dessen, was Gott gibt. Dank und Bitte sind eng ineinander verschlungen. Auch das Danken will eingeübt sein. Wer träumt und döst, kassiert Gottes Segnungen stumpfsinnig und gedankenlos ein. Umgekehrt: wer sich im Danken übt, darin also „wachsam" ist, betet aus der Erfahrung heraus, also wissend und desto mehr vertrauend. Der Dankende wird, weil er die Augen aufmacht, immer mehr von den – sonst übersehenen – Wohltaten Gottes wahrnehmen. Fehlt das Danken, entartet das Gebet zur Eigensucht, und Gott wird zum Lakaien. Nur wer Gott im Danken ehrt, wird richtig beten.

Der kurze Vers könnte eine Menge Schäden in unserm Gebetsleben aufdecken – und beheben. Das letztere ist entscheidend.

2.

In der Fürbitte wendet sich das Gebet sofort dem andern zu. Das Gebet entartet, wenn der Beter bei sich selbst bleibt. Mancher „Fromme" ist in seinem religiösen Egoismus in der Tiefe unerlöst; ihm wäre geholfen, wenn er, auch in seinem Beten, zum andern fände. Es könnte sein, die eigenen Probleme und Schmerzen lösen sich in dem Augenblick, da man lernt, sich bei Gott für andere stark zu machen.

Aber es geht ja nicht um die geistliche Hygiene des Beters. Die Christen sind sich untereinander, sie sind auch den Nichtchristen den priesterlichen Dienst schuldig. Sie werden nicht nur unmittelbar miteinander Gemeinschaft haben und einander zu Hilfe kommen; die Mitchristen werden ihren Ort auch in der Kommunikation mit Gott, und Gott wird seinen Platz auch in der Kommunikation der Christen untereinander finden. Sind wir „in Christus" miteinander verbunden, dann ist Christus in unsere Gemeinschaft immer miteingeschaltet. Dann werden wir vor Gott auch das, was unsere Mitmenschen betrifft, bedenken und mit ihm besprechen. Die Fürbitte der Christen soll der ganzen Welt zugute kommen.

„Betet zugleich für uns." Einen Augenblick könnte es so scheinen, als ob Paulus (bzw. „Paulus") zwar die Kolosser aus der egoistischen Einengung – falls eine solche zu konstatieren wäre – herausholt, indem er sie zur Fürbitte aufruft, *sich selbst* aber damit den Gewinn sichert. Er sagt ja nicht: Betet für die anderen Gemeinden Kleinasiens und für die „Heiligen" in Jerusalem und für die unter euch, die es am schwersten haben, sondern er fordert zur Fürbitte „für uns" (s. o.) auf. – Aber unser Verdacht ist sofort behoben. Dächte Paulus an sich, dann müßte es heißen: Betet darum, daß ich so schnell wie möglich aus dieser schrecklichen Zelle herauskomme! (Wahrhaftig, eine solche Bitte wäre nicht verboten, und es wäre nicht unter der Würde des Paulus, die Kolosser um solche Fürbitte anzugehen.) Aber auch, wenn ein anderer (etwa Timotheus, wie Schweizer erwägt) den Brief in des Paulus Namen geschrieben hat: es ist genau getroffen, was wir auch sonst – etwa in der Auseinandersetzung mit den Korinthern – bei Paulus feststellen: auf sich selbst ist er am allerwenigsten bedacht, ihm geht es immerzu um die anderen. Und: ihm geht es um die *Sache*! Beten Christen für die Welt, so werden sie sicher auch an den äußeren Bestand und Verlauf geschöpflichen Lebens, sie werden aber unter allen Umständen und mit letzter Dringlichkeit an ihr *Heil* denken (auch hier: Matth. 6,33).

Im Blick auf Paulus heißt das: Die „Tür des Worts" soll ihm aufgehen. Der Ausdruck ist nicht ganz eindeutig. Es könnte schon an die Kerkertür gedacht sein, auch unter dem Gesichtspunkt der Sache Gottes und des Heils der Welt: in dem Augenblick, da Jesu Sendbote die Zelle verlassen könnte, ginge der Wortdienst in der Weite der Welt weiter (wir denken zurück an Apg. 16,26). Aber wahrscheinlich ist noch etwas anderes gemeint. Paulus selber soll der Mund aufgetan werden. Man braucht nicht einmal auf des Apostels besondere Lage hinzuweisen („kein Märtyrer redet aus sich selbst, sondern es ist nach einem berühmten Worte Jesu ‚der Geist, der in ihm redet'", Lohmeyer z. St.). Was hier gemeint ist, gilt auch außerhalb der Gefängnismauern (etwa 2. Kor. 3,5f.). Aber vielleicht ist Paulus in einer Lage, in der er tatsächlich gehemmt ist, auszusprechen, was auszusprechen ihm sonst nicht schwerfällt. Auch hier, im Gefängnis, gibt es Gelegenheiten, das Evangelium unter die Leute zu bringen. Aber die παρρησία, die innere Verfassung also, in der man „alles sagt", ist alles andere als eine natürliche Selbstverständlichkeit. Man bedenke doch: eben das, weshalb Paulus in Gefangenschaft gekommen ist, das bleibt sein Auftrag: er muß „das Geheimnis Christi erkennbar machen", „wie er zu reden genötigt ist". Dies ist die schlechterdings nicht aufgebbare Sache, für deren Fortgang die Kolosser zu beten aufgerufen sind.

Das Wort μυστήριον hatte für den Menschen der griechischen Welt einen faszinierenden Sinn. Es deutete auf die geheimgehaltenen feierlichen *Kulthandlungen,* die die Geschicke irgendeiner Gottheit rituell vergegenwärtigten und den Gläubigen zueigneten, damit diese Anteil am Heil bekämen. Die *Philosophie* nahm den Begriff gern auf, um damit tiefsinnige Geheimlehren zu kennzeichnen (so auch Plato). Die *Gnosis* bezeichnete damit ihren Erlösungsmythos; „μυστήριον ist alles, was sich auf die jenseitige, verborgene Himmelswelt, den Ursprung und die Erlösung der Menschen bezieht" (ThWNT IV, S. 818). *Paulus* nimmt den Begriff polemisch auf: eben das, worauf die Irrlehrer in Kolossä sich soviel zugute tun, ist das Thema seiner Verkündigung, nur eben so, daß das Mysterium durch den Genitiv „des Christus" ganz neu gefüllt ist. Man vergleiche 1,25ff.; 2,2; aber auch 1. Kor. 1,23; 2,1.6ff. Das Mysterium, das Werk der geheimnisvollen Weisheit Gottes, ist bereitet, ehe die Welt war (1. Kor. 2,7), verborgen vor den Äonen (1. Kor. 2,8; Eph. 3,9; Kol. 1,26; Röm. 16,25) in Gott (Eph. 3,9); so unweltlich es seinem Ursprung nach ist, es ereignet sich in der Welt: „Christus in euch" oder „unter euch" (Kol. 1,27); es offenbart sich in der Welt gerade als Mysterium (denen, „die verloren werden", bleibt es „verborgen", 2. Kor. 4,3); es wird vom (apostolischen) Amt verwaltet (1. Kor. 4,1; Eph. 3,2; Kol. 1,25). Paulus ist auch im Gefängnis von der Verpflichtung dieses apostolischen Amtes (1. Kor. 9,16) nicht entbunden. Keine Macht der Welt kann ihn davon entbinden. Nur: hat er die Kraft, die innere Freiheit, den Mut, seines Amts auch in der gegenwärtigen Lage zu walten? Es müßte dies alles ihm gegeben werden – aber es *soll* ihm ja auch gegeben werden (Matth. 10,19). Und es muß nicht nur dies geschehen, daß ihm der Mund aufgeht, sondern auch das andere, daß denen, die es vernehmen, Ohr, Blick und Herz aufgehen.

Die Kolosser werden mit ihrem Gebet hinter Paulus stehen, wie es denn in jeder Lage nötig ist, daß die Gemeinde den Verkündigungsdienst der Boten in der Fürbitte trägt (Röm. 15,30 u. ö.), z. B. in ihren stillen Gebeten im Gottesdienst. Es geht um die freie Bahn für das Evangelium. Das Gebet dafür ist nicht leere Geste oder bloße Demonstration. Die Gemeinde muß das wissen. Sie leistet, indem sie betet, ernsthafte Arbeit. Sie bringt und hält etwas in Gang. Versagt sie im Beten, dann laufen die Dinge anders, als sie sonst laufen würden. Die dunklen Stunden der Kirchengeschichte sind auch Stunden des versagenden Gebets. Umgekehrt: auf dem Gebet liegt große Verheißung.

3.

Was durch das Gebet in Gang gebracht und gehalten wird, ist das *Zeugnis*, das Inhalt apostolischer Sendung, aber auch – in anderer, nämlich in der hier beschriebenen charakteristischen Weise – Aufgabe der ganzen Gemeinde ist. Auf letzterem liegt hier der Ton. Daß wir für die Menschen beten, wird sich unmittelbar auf das auswirken, was wir für sie tun und wie wir mit ihnen umgehen.

Wir verstehen VV. 5f. nur dann recht, wenn wir die Spannung empfinden, die in der Unterscheidung „Drinnen" und „Draußen" einerseits und in der Verpflichtung gegenüber der Welt andererseits liegt. Wir sahen: „die draußen" ist ein gängiger Begriff. Das Heil ist nach neutestamentlicher Auffassung nicht diffus in aller Welt verbreitet, so daß es des „Offenbarmachens", des „Sagens" und der „Antwort", d. h. also der konkret geschichtlichen Vermittlung gar nicht bedürfte. Es ist ein gewaltiger Unterschied, ob man „drinnen" ist oder „draußen". Es wird auch am Ende ein „Draußen" geben, wie man auf dem letzten Blatt der Bibel lesen muß (Offb. 22,15) und wie auch aus dem Munde des synoptischen Christus zu hören ist (Matth. 25,1f.; Luk. 13,25). Der Enthusiast denkt nicht leibhaft, kennt darum auch keine Konturen und Grenzen, greift in die Luft und holt sich das Heil. Die Zeugen des Neuen Testaments wissen es anders. Sie empfinden auch den „ungeheuren Bruch" zwischen dem Einst und dem Jetzt, das ja für sie mit dem Draußen und Drinnen gleichbedeutend ist (z. B. Röm. 6,19ff.; 1. Kor. 6,11; Eph. 2,2.11.13; 4,17ff.; 5,8; 1. Petr. 1,14f.). Nicht, daß Christus nicht überall gegenwärtig und wirksam sei; aber sein Heil kommt zu uns in leibhafter Gestalt.

Nun aber: die Gemeinde Jesu Christi ist denen, die „draußen" sind, im höchsten Maße verpflichtet. „Wandelt weise gegenüber den Draußenstehenden" – was könnte das heißen? Eine Spitze gegen die kolossischen Gnostiker mag im Gebrauch ihres Lieblingswortes σοφός liegen; ihre „Weisheit" äußert sich in dünkelhafter Erhebung über die Nichteingeweihten, wohingegen die aus Gott stammende Weisheit sich gerade denen zuwendet, die von den Gnostikern verachtet werden. Was heißt in diesem Zusammenhang „Weisheit", was „Erkenntnis des Willens Gottes" (1,9), „Wandel, des Herrn würdig" (1,10)? Röm. 16,19 mag es kommentieren: „weise in bezug auf das Gute, naiv in bezug auf das Böse". In Christus sind alle Schätze der Weisheit verborgen (2,3). Die Weisheit, die sich in unserm Verhalten gegenüber der Welt bewähren soll, ist nicht eine dem Glauben sachfremde Einstellung, sondern die Anwendung dessen, was wir in und von Christus haben. Denn diese „Weisheit" schließt die ganze Welt ein: die in Christus geschaffene und für ihn bestimmte Welt (1,16f.), die gesamte Kreatur, der das Evangelium gilt (1,23), die Welt, in der seit Christi Triumph die Mächte der Zerstörung angeprangert und unterworfen sind (2,15). Die „Weisheit", die den Christen gegeben ist, weiß das; sie sieht die Welt mit neuen Augen, und sie begegnet einem jeden Menschen in solchem Wissen und solcher Hoffnung!

Nun gilt es, die uns gegebene Zeit – sie ist für jeden von uns, sie ist für die ganze Kirche terminiert – „auszukaufen". Der Zusammenhang deutet auf die evangelistische Wirksamkeit der Christen. Oder soll man darüber hinaus daran denken, daß wir im Wissen um den eschatologischen Stundenschlag gerade unser *weltliches* Werk im Sinne des Dienstes zuverlässig tun, d. h. im Wissen darum, daß sich im Zeitlichen das Ewige entscheidet? Zeugnis und Dienst gehören sowieso zusammen. Niemand meine, das Warten und Wachen auf den Tag Christi hin mache untätig. Wer weiß, daß die Uhr abläuft, nutzt die Stunde, erst recht der, der weiß, welche Chance im Kairos des Heils liegt. Insbesondere wird er wissen, daß er sich mit der Ausbreitung des Evangeliums nicht Zeit lassen darf – „sie sterben sonst darüber".

Über Substanz und Tonart unserer Rede mit unseren nichtchristlichen Mitmenschen erhalten wir gute Hinweise. Daß man zu antworten, daß man Auskunft zu geben versteht, verlangt ein wachsames, durchdachtes Christsein. Die Christenheit hat hier noch viel zu lernen. 1. Petr. 3,15 zeigt: die Christen der neutestamentlichen Zeit haben es besser gewußt, daß das Christsein von jedem von uns der Welt gegenüber zu vertreten und zu verantworten ist. Gewiß: in seinem Kern wird das Evangelium einfach zugesprochen und angenommen, ohne Diskussion, ohne Räsonieren. Aber damit ist eine denk- und maulfaule Scheinchristlichkeit nicht gerechtfertigt, die sich aufs mehr oder weniger genüßliche Zuhören und aufs Amen-Sagen beschränkt. „Mit Salz gewürzt" soll wohl zunächst auf den Gehalt unserer Rede hinweisen – christliche Phrasen schaden nur – , dann aber doch wohl auch einen Schutz vor einem Mißverständnis darstellen. „Lieblich" – wir kommen sogleich noch darauf – darf keinesfalls heißen: parfümiert; „gesalzen" freilich wiederum nicht: gepfeffert. Paulus scheint etwas davon gewußt zu haben, daß der Mangel an Geschmack dem Evangelium schon viel Abbruch getan und seine Wirkung gehindert hat. Peinlich wirkt immer das Gemachte, Unechte, das Wirklichkeit vortäuscht, statt aus ihr zu leben.

Über das Wie unseres Zeugnisses wird uns gesagt, daß unsere Rede durchweg ἐν χάριτι geschehen sollte. Es wird gut sein, sich den Bedeutungsspielraum dieses Wortes deutlich zu machen: Anmut, Lieblichkeit, gewinnendes (charmantes) Wesen, Wohlwollen (man „meint" es mit dem anderen „gut"), auch Dank und Gnade. Lieblich, übersetzt Luther; jedenfalls nicht bitter, nicht verletzend, nicht fanatisch. Daß Heiterkeit unseres Wesens, die Umgänglichkeit und Freundlichkeit – dies alles liegt in dem Wort – ihren Ursprung in der uns widerfahrenen „Gnade" hat, wird gerade im paulinischen Sprachgebrauch nie zu vergessen sein. Ich denke, wir treffen im Umgang mit unseren nichtchristlichen Mitmenschen das Gemeinte, wenn wir keinen Augenblick vergessen, daß in dem großen Christusmysterium, von dem der Text spricht, auch an sie gedacht ist, und daß, wenn wir für dessen Erkennbarwerden beten, auch „die draußen" mit gemeint sind. Wie könnten wir sie abstoßen, wenn unser Herr sie an sich ziehen will?

Himmelfahrt. Offb. 1,4–8

Der „Prolog" der Apokalypse (Hadorn) oder ihr „briefartiger Eingang" (Lohse), aufgebaut nach dem Siebenerschema (Lohmeyer), feierlich, für das Ganze des Buches programmatisch. V. 4: Johannes (vgl. V. 1 Ende), ohne Titel, muß den Gemeinden unverwechselbar bekannt sein. ἐκκλησία (entsprechend קָהָל) das (versammelte) Gottesvolk, das sich auch in der Ortsgemeinde darstellt; die Siebenzahl als Ziel der Ganzheit läßt die Gemeinden der römischen Provinz *Asia proconsularis* für die Kirche als ganze stehen. Friedensgruß ähnlich wie in Paulusbriefen, jedoch mit der aufgrund von Exod. 3,14 weitergebildeten Gottesbezeichnung, vgl. 4,8, auch 11,17; 16,5, die undekliniert in den Raum gestellt ist, man könnte sagen: in betont beziehungsloser Aseität, zwar „sprachlich hart, aber keine Nachlässigkeit, sondern Absicht" (Bl.-Debr., Nachtrag zu § 143; ThWNT II, S. 397). (Nach H. Kraft, Theol. Rundschau, Neue Folge 38/1974, S. 92ff. waltet in den zahlreichen sprachlichen Gewaltsamkeiten der Apokalypse ein System; es handelt sich, nach Schenke-Fischer, Einl. II, um „eine Kunstsprache, die den Hörer bewußt assoziativ an die biblische Sprache des AT erinnern will", S. 282.) Das gilt auch für den Gebrauch von ἦν, als wäre es ein Partizip. „Der da kommt" kennzeichnet Gott als in Bewegung auf die Welt zu: Thema des ganzen Buches. Die „sieben Geister" dürften für den Apokalyptiker (unter Absehen vom atsralen oder angelologischen Hintergrund) nichts anderes sein als der sich siebenfach (= ganzheitlich) entfaltende und den 7 Gemeinden mitteilende Gottesgeist. – V. 5: Nachdem von Gott und dem Geist die Rede war, nun – mit einem dritten ἀπό genau parallelisiert – der Name Jesus Christus. (Trinitarisches Denken hier wie auch sonst im NT noch nicht systematisiert, aber mehr oder weniger deutlich erkennbar: Matth. 28,19f.; 1. Kor. 12,4–6; 2. Kor. 13,13; 1. Thess. 1,3–5; auch Eph. 1, 3.5.13.) Auch hier ist – wohl in bewußter Entsprechung zu Gott (V. 1) – die (dreifache) Charakterisierung Christi undekliniert, ein (in den Lehrbüchern meist übersehener, aber) hochwichtiger christologischer Sachverhalt. Jesus ist als der „treue Zeuge" für die Wahrheit gekennzeichnet (vgl. Ps. 89,38, aber mehr noch Joh. 18,37: seine Passion ist „Zeugnis"), sodann als „der Erstgeborene der Toten" (Kol. 1,18; 1. Kor. 15,20), endlich als der „Fürst der Könige der Erde" (vgl. 17,14; 19,16). Es folgt eine Christus-Doxologie, die (wieder) dreifach begründet ist: er liebt uns (vgl. Joh. 13,1; 15,9; 1. Joh. 4,9), hat uns aus unseren Sünden erlöst (Loskauf – gemeinchristliche Vorstellung), eine Reihe (jüngerer) Hss. lesen: reingewaschen (vgl. 7,14). – V. 6: Die βασιλεία besteht hier aus Menschen, nämlich denen, die zur Kirche gehören. Sie sind Priester (dazu weiteres nachher). Gott ist der Vater Jesu Christi. Auf Christus bezogene Doxologien auch 5,12f.; 7,10; auch 2. Tim. 4,18; 1. Petr. 4,11; 2. Petr. 3,18; Hebr. 13,21. – V. 7: „Das Kommen Gottes (V. 4) vollzieht sich in dem Kommen des Messias" (Hadorn). Kombination zweier Schriftworte: Dan. 7,13 und Sach. 12,10ff., letzteres wie Joh. 19,37 nach dem Urtext wiedergegeben (dort und Matth. 24,30 dieselbe Zitatverschmelzung). „Sie werden den Weltrichter als den Gekreuzigten kommen sehen und dann das Ausmaß ihrer Schuld ermessen müssen" (Lohse z. St.). – V. 8: Es ist schwer auszumachen, ob jetzt noch einmal Gott-Vater spricht (Wiederaufnahme von V. 4) oder Christus, von dem eben in V. 7 die Rede war. Die A-und-O-Formel wird für Gott (21,6) als auch für Christus (1,17; 2,8; 22,13) gebraucht. Hadorn zitiert Schlatter: in der Christenheit „wurde die Verbindung des Christus mit Gott so vollständig gefaßt, daß alles, was die Schrift Gott zuschreibt" – man denke an Jes. 41,4; 44,6; 48,12 –, „auch von Christus ausgesagt werden konnte".

Der feierliche, übrigens schon für damalige Verhältnisse archaisierende Stil könnte uns, ebenso wie die altväterisch und legendär anmutende Rede von der Himmelfahrt, darüber hinwegtäuschen, daß es sich um Sachverhalte und Zusammenhänge handelt, die mit dem lebendigen Alltagsgeschehen in der Welt zu tun haben und den heißen Atem der Geschichte spüren lassen. „Himmelfahrt" interessiert hier nicht als ein anschaubarer Vorgang – die „Auffahrt" Jesu in irgendwelche „oberen" Räume (schon in Apg. 1 liegt an dem sichtbaren Geschehen sehr wenig!) –, sondern das ganze Interesse konzentriert sich darauf, was es bedeutet, daß Jesus Christus zu Gott erhöht ist und an der geschichtsmächtigen Allwirksamkeit Gottes teilhat. Das letzte Buch der Bibel, dessen Thematik hier summarisch dargestellt ist, hat es mit sehr weltlichen Dingen zu tun, mit solchen Dingen, die man heute durch Funk und Fernsehen oder durch die Zeitung erfahren würde: beunruhigende Vorgänge in der politischen Welt, Unterwerfungen und Aufstände, Kriege und Unruhen, Hungersnöte und Preislawinen, Seuchen, Naturkatastrophen, und in dem allem die Existenz und Wirksamkeit der, von außen gesehen, wegen ihrer Kleinheit kaum ins Gewicht fallenden, gleichwohl vom Staate Domitians bedrohten und verfolgten Christusgemeinde: Alltagsgeschehen der 90er Jahre des 1. Jahrhunderts. Hier die Welt- und Kirchengeschichte mit den vielen dramatischen Geschehnissen – dort der zu Gott erhöhte Christus, der die Welt regiert, als der „Oberste der Könige", als der, der A ist und O, also das erste Wort über die Welt gesprochen hat (Joh. 1,1ff.; Kol. 1,16; Hebr. 1,3) und das letzte über sie sprechen wird (V. 7; Matth. 25,31 ff.; 2. Kor. 5,10 u. a.).

Wie regiert er die Welt? In der Sprache der Apokalypse: Was bedeutet es, daß er die Siegel des – den Weltplan Gottes enthaltenden – Buches eins nach dem andern aufbricht? Man hat gesagt: was er tut, tut er nicht anders als durch uns, die Christen. Wir sollten nicht übersehen, was daran richtig ist. Eine Christenheit, die „däumedrehend" wartet, was ihr Herr vom „Himmel" her unternehmen wird, würde ihren Auftrag versäumen und hätte verkannt, wie Christus aktiv sein und wirken will. Wir dürfen nur die Wirksamkeit des himmlischen Herrn nicht auf die Aktivitäten der Christen einschränken wollen, und wir dürfen erst recht nicht so tun, als sei *unser* Tun deshalb erforderlich, weil er, Christus, ja als Person gar nicht mehr vorhanden und darum auch nicht zur Stelle sei und wir darum den nur noch in seiner Schöpfung verwirklichten Gott zu vertreten hätten. Die Gemeinde Jesus blickt nach „oben" – was bei der Unangemessenheit aller Raumvorstellungen in bezug auf Gott nur ein – allerdings kaum entbehrliches – Bild sein kann. Woran der Christ glaubt und was ihn hält, ist das Externum – ist, in den Bezügen unseres Textes gedacht, der erhöhte Christus, der die Dinge auch da in der Hand hat, wo wir der Situation nicht gewachsen sind und nur allzu leicht alles für verloren halten. Der, für den – vielleicht gar (noch immer) angesichts des „Todes Gottes" – vom Wirken Gottes in Christus nur insoweit gesprochen werden kann, als es mit dem Wirken der Christenheit koinzidiert, macht das Evangelium notwendig zum Gesetz. Es steht und fällt dann auch Christus damit, daß *wir* es tun und schaffen. Zum Glück ist alles anders: wir dürfen uns an das Extra und Supra halten, auf das „Himmelfahrt" uns weist.

Die Apokalypse ist ein Trostbuch für die angefochtene Gemeinde. In ihrem Gottesdienst findet sie Kontakt mit der „oberen" Wirklichkeit, in ihrer Mitte: mit dem dreieinigen Gott. Dieser Gott ist in Jesus Christus der „Kommende" (VV. 4.8), also der sich auf uns Zubewegende. Das ist die Zukunft, von der die Apokalypse spricht. Die Details ihres Geschichtsbildes sind hier nicht wichtig; sie sind Einkleidung. Der Versuch, ihr Zukunftsbild in seinen Einzelheiten mit dem der synoptischen Apokalypse auszugleichen und zu einem endgeschichtlichen „Fahrplan" zusammenzubauen, muß mißlingen; es soll gar nicht gelingen. Die wesentlichen Züge der Welt und ihrer Geschichte zeigen sich; jede Generation soll den Herrn in *ihrer* Zeit mit deren Zeitumständen erwarten. Das Ermutigende, das Johannes uns zuspricht, gilt so auch für uns.

Alles ist in den Händen Jesu, (1) *der als König und Priester beim Vater ist,* (2) *der uns zu seinem Reich und zu Priestern macht,* (3) *der sich für alle Welt als Anfang und Ende erweist.*

I.

Himmelfahrt läßt ja zunächst den Eindruck entstehen, daß Christus uns entrückt und entzogen ist. Er weilt nun nicht mehr sichtbar unter den Seinen. Er ist „dahingegangen" – wir empfinden die Zweideutigkeit dieser Aussage. Hat er uns in seinem uns unmittelbar gegenwärtigen Menschsein Gott in seiner ganzen Zuwendung zu uns und in seiner Nähe offenbart: nun ist er wieder in die Verborgenheit Gottes eingetaucht, und es sieht so aus, als seien nicht nur wir, sondern als sei die Welt überhaupt wieder ohne Gott.
So geht also die Geschichte der Welt weiter ihren Gang, ohne Christus, wie es scheint; sich selbst überlassen, in ihrer Eigengesetzlichkeit. „Was in Kürze geschehen muß" (V.1): das stellt sich dem apokalyptischen Geschichtsbewußsein als belastend und ängstigend dar. Die Endgeschichte verläuft so, als hätte Gott in der Welt verloren. Verloren hat er, wo in der Welt geseufzt und gestöhnt wird – er scheint der Nöte nicht mächtig zu sein. Verloren hat er aber auch, wo triumphiert wird – er scheint sich gegen seine Konkurrenten, zur Zeit des Apokalyptikers: gegen Domitian und seine hybride Selbstvergötzung, nicht durchsetzen zu können. Die glaubende Gemeinde leidet unter der Verborgenheit Gottes, in die nun, seit seiner Erhöhung, auch der gestorbene und auferstandene Christus eingegangen ist. Es geht „durch soviel Angst und Plagen . . ." (EKG 42,3).
Aber das ist keineswegs das letzte Wort in dieser Sache. Mitten in die so sich darstellende Lage der Welt hinein hat Johannes seinen *Friedensgruß* auszurichten: „Gnade sei mit euch und Friede . . ." Wer alle Dinge auf *einer* Ebene sieht, dem wird der Gruß wie Hohn vorkommen. Aber der Glaube denkt eben nicht nur auf *einer* Ebene, er transzendiert die Dimension des Erfahrbaren und rechnet mit dem, was nicht von dieser Welt ist. Da ist der Gott, der eben *nicht* hineinverflochten ist in die irdischen Abläufe und Gesetzmäßigkeiten, in die Versündigungen und Verirrungen, in die Turbulenzen des Weltgeschehens und die Zwangsläufigkeiten des Heillosen. Wer den Text griechisch liest, muß – und soll – stocken: aus aller grammatischen Konstruktion herausgelöst steht Gott ganz für sich als der, der er *ist* und immer *gewesen ist.* Aber nicht nur dies: er *kommt.* Er bleibt nicht im Hintergrund, in seiner tiefen Verborgenheit. Er kommt in die Welt hinein, so, wie sie ist. Das ist ja die ganze Thematik dieses letzten Buches der Bibel: das Kommen dieses Gottes anzuzeigen. Die Welt bleibt nicht sich selbst überlassen. Er will in ihr wieder Fuß fassen, mehr: er will in ihr wieder Herr werden und sich in ihr durchsetzen. So realistisch die apokalyptische Geschichtserfahrung und -deutung ist, so voller *Hoffnung* und *Gewißheit* ist sie. „Was in Kürze geschehen muß": jetzt klingt es anders, wenn man diesen Gott kennt.
Aber nun denkt unser Text trinitarisch. Vom Geist wird hernach noch zu sprechen sein. Wir wenden uns vorerst und überhaupt vorrangig den christologischen Aussagen des Textes zu. Der Friedensgruß kommt ja, wie vom Vater und vom Geist, so auch vom Sohne, von Jesus Christus. Wir sahen: auch er wird als „der treue (zuverlässige) Zeuge, der Erstgeborene aus den Toten und der Fürst der Könige der Erde" grammatisch unkonstruiert eingeführt: auch er aus den Bedingtheiten des Weltzusammenhanges herausgenommen, nicht von da zu erklären, nicht von daher in Frage zu stellen oder anzugreifen. Wir finden ihn beim Vater (vgl. V. 6), „gleicher Macht und gleicher Ehren" (EKG 96,4). Es war ein Irrtum, als wir meinten, durch seine Erhöhung sei er uns fern gerückt. Der Vorzug der Augenzeugengeneration, den Kierkegaard durch den existenzphilosophischen Begriff der „Gleichzeitigkeit" aufzuheben sucht, wird durch die göttliche Allgegenwart des erhöhten Christus weitaus überboten. Er hat ja teil an der Weltgegenwart und an der heimlichen Gewalt Gottes. Wir sehen es nicht, aber er hat Macht über den Verlauf der Geschichte. Verborgenermaßen regiert er sie, für uns oft unverständlich, schockierend, entmutigend.

Das liegt daran, daß seine Herrschaft noch unter dem Kreuz verborgen ist. (Wir haben es unlängst wiederholt bei Paulus durchexerziert.) Aber es geschieht nichts ohne seinen Willen. Wer von dem Kommenden nichts wissen will, wird an seiner Herrschaft irre werden. Aber die wartende, hoffende Gemeinde nimmt seinen Friedensgruß, die gültige Zusage seines Kommens, an. Sie versteht seine Weltherrschaft nicht nur im Sinne der „potentiellen Energie" (K. Heim), sondern auch schon im Sinne der „verborgenen Realität". In seinem *regnum potentiae,* wie die alten Dogmatiker sagten, ist er „der Fürst der Könige auf Erden" – nicht, indem er sie im Gebrauch weltlicher Mittel noch überbietet, sondern ganz auf seine Weise. Daß die Welt überhaupt ist, das kommt von ihm; durch ihn ist sie geschaffen, und sie ist „auf ihn hin" (Kol. 1,16f.). Auch die sündige, die abtrünnige Welt bezieht, was sie zum Leben braucht, unwissend aus seiner Hand. Auch Domitian hätte sein Amt nicht, wenn Er nicht wäre und es nicht wollte (Röm. 13,1b; 1. Petr. 2,13). Auch die Gewalten der Natur, so ungesteuert und sinnlos sie in Katastrophenfällen zu wüten scheinen, wirken und sind nicht ohne ihn (Matth. 8,27), und wenn eins von uns darin untergeht, dann jedenfalls nicht, weil sich eine fremde Macht als stärker erwiese als er, sondern weil er auch darin realisiert, was er sich zu unserem Besten vorgenommen hat.

Zu unserm Besten? Man muß sich klarmachen, daß in Jesu Erhöhung all das in Gottes eigenes Weltregiment eingegangen ist, was Jesus in seinem Menschsein für uns erwirkt hat. In seiner Erhöhung bekommt, wie man gesagt hat, sein geschichtliches Mittlertum bleibende Gültigkeit und Gegenwärtigkeit bei Gott. Wir sagen nicht nur „König", sondern auch „Priester". Die Wahrheit Gottes, für die „der treue Zeuge" eingestanden ist, besteht ja darin, daß in Christus Gott sich für die Verlorenen und hoffnungslos Entfremdeten *öffnet* und Frieden macht. „Gnade und Friede" (V. 4) sind uns in seiner Person verbürgt. Man bedenke doch: das Weltregiment hat, seit seiner Erhöhung, *der* in der Hand, dessen ganzes Lebens- und (darf man das Wort bilden?) Sterbenswerk darin bestand, eine in ihrer Sünde verlorene Welt heimzuholen. Christus regiert nicht gegen die Welt, sondern *für* sie. Wer fragt, warum zwischen Himmelfahrt und Parusie der so quälend lange Zeitraum bleibt, in dem die Sünde sich in der Welt immer noch austoben kann, der muß bedenken, daß das, was V. 7 sagt, ein Endgültiges schafft, in dem das geduldige, gnädige, hoffende Zuwarten keinen Raum mehr haben kann. Christi Verborgenheit ist die Chance der Welt! Die Welt ist der Baum, für den Jesus bittet: „Laß ihn noch dies Jahr" – und er gräbt und düngt – und hofft. Die Welt besteht, weil sie diesen Fürsprecher hat.

2.

Wer „Gnade und Frieden" von Gott und von Christus annimmt, der gehört dann freilich zu Jesu *Gemeinde,* in der der erhöhte Herr die Seinen zum Bereich seiner Herrschaft und zu Priestern macht. Dies hätten wir jetzt zu bedenken. Sieben Gemeinden – die Kirche (s. o.). Mitten in der Welt, wie sie der Apokalyptiker erfährt und darstellt, das Gottesvolk, das Volk der gnädigen Wahl Gottes. „Nennen . . . die christlichen Gemeinden sich Volk Gottes, so erheben sie damit den Anspruch, Gottes endzeitliche Schar zu sein, der die Verheißungen der Schrift gelten. Dieses Volk Gottes ist überall da, wo Menschen zusammenkommen, die den Namen Jesu anrufen" (Lohse z. St.).

Wir sahen, daß die sieben Geister nicht als Vielzahl von Geistern anzusehen sind, sondern der *eine* Geist in seiner Fülle, nun aber gegenwärtig in den sieben, also in allen Gemeinden. Man muß Stellen wie 3,1 und 5,6, dann auch 2,1 heranziehen (die einzelnen Aussagen unseres Textes werden in den Sendschreiben und auch späterhin wieder aufgenommen), um zu sehen: Leuchter und Sterne sind die Gemeinden in Jesu Hand, und – 3,1 – diese sind nichts anderes als die sieben Geister Gottes, d. h. also Gottes eigenes

Leben, das sich Menschen in dieser Welt mitteilt. Man kann auch sagen: der Geist ist *Jesu* Geist (2. Kor. 3,17). Das ist noch eine andere Weise der Christuspräsenz in der Welt. Vorhin sprachen wir von Christus als dem Schöpfungsmittler, König und Fürsprecher für die Welt; in dem allem bleibt er der Welt gegenüber transzendent, in seinem Sein von ihr unterschieden. Hier, in seiner Gemeinde, gibt er sich so ins Irdische hinein, daß dort ein Stück himmlischen Lebens Platz greift, eben sein Geist, „Anbruch" des Kommenden (Röm. 8,23). Das Wunder der Kirche in der Welt. Wie einen siebenarmigen Leuchter sieht der Seher, von Patmos aus, im Geiste die Gemeinden, die in der Hand des Erhöhten sind.

Wir haben V. 6 grammatisch als Parenthese aufzufassen (wenn wir nicht, mit wenigen Minuskeln, das Partizip ποιήσαντι lesen wollen, dem aber sonst die gesamte Überlieferung widersprechen würde). Aber die Parenthese enthält wichtige Aussagen. Der Herr hat uns zu seinem Königreich gemacht (der revidierte Text liest noch immer: „Königen"). Himmelfahrt begründet die Königsherrschaft Jesu Christi. Von der verborgenen Christusherrschaft im *regnum potentiae* war schon die Rede. Hier sind wir, wieder mit den Vätern zu sprechen, beim *regnum gratiae*. Fragt man nämlich, wie wir zu Christi Königreich geworden sind, dann ist nicht vom verborgenen Weltregiment Jesu Christi die Rede, auch nicht von einem in der Welt geltend zu machenden „Christusgesetz", nach dem die Welt zu verändern wäre, sondern davon, daß der Herr uns *liebt* und uns mit seinem Blut aus unsern Sünden *erlöst* hat (V. 5). Kein Zweifel: die der Herr von ihren Sünden frei gemacht hat, die werden ihr Leben so zu führen trachten, daß sie ihm gefallen und seiner Art ähnlich werden. Das wird für das Miteinander nicht nur in der christlichen Gemeinde, sondern auch im Zusammensein mit Nichtchristen weitreichende Konsequenzen haben. Nur wird man der in den Gemeinden immer wieder anzutreffenden Auffassung zu widerstehen haben, als bestehe das Reich Christi in einer neuen Verhaltensweise, in neuen Grundsätzen sozialen Lebens, in einem großen Ordnungmachen in der Welt. War schon vorhin vom priesterlichen Tun des Herrn die Rede – die Welt lebt von seiner Fürsprache –, so muß dies jetzt noch in einem viel spezifischeren Sinne geschehen. Das ist die Liebe Gottes, daß er seinen Sohn zur Versöhnung für unsere Sünden gesandt hat (1. Joh. 4,10). Wir werden zu seiner βασιλεία dadurch, daß er uns von der versklavenden Macht der Sünde „freikauft". Wären wir der Meinung, daß die Welt vieles andere nötiger hätte als gerade das, so sollten wir umlernen. Heilloses Leben ist, wie es ist, weil es unter dem Zwang der Sündenschuld *unfrei* ist. Christus kann seinen Willen in unserm Leben nicht durchsetzen, ehe nicht die Belastung weg ist, die unsere Lage vor Gott aussichtslos macht und es zu neuen Anfängen nicht kommen läßt. So besteht Christi Königsherrschaft in ihrer Mitte darin, „daß er alle, so an ihn glauben, durch den heiligen Geist heilige, reinige, stärke und tröste, ihnen auch Leben und allerlei Gaben und Güter austeile und wider den Teufel und wider die Sünde schütze und beschirme" (CA III, 5). In *diesem* Sinne ist Jesu Reich auf seine Gemeinde beschränkt, und es weitet sich aus, indem diese wächst.

Die Gemeinde, die ihres Herrn priesterliches Wirken erfährt, wird nun selbst zum priesterlichen Werk berufen, das sie nicht anders wahrnehmen kann als so, daß sie sich an ihres Herrn Tun ankoppelt. Es gibt im Neuen Testament nur wenige Stellen, die vom allgemeinen Priestertum aller Gläubigen ausdrücklich sprechen (1. Petr. 2,5.9; Offb. 20,6 und unser Text). Priester sind Menschen, die dem Dienste Gottes geweiht sind und sich für andere bei Gott einsetzen. Jesu priesterliches Werk ist das der Versöhnung und der *intercessio* (zu letzterem: Röm. 8,34; 1. Joh. 2,1; Hebr. 7,25). Keiner von uns kann dem priesterlichen Tun Jesu Christi etwas hinzufügen. Aber wir können *mit* ihm beim Vater für andere eintreten. (Daß das Priestertum gegenüber dem Amt der Gnadenmittel sein Ei-

genes hat, wurde an anderen Stellen bereits ausgeführt, vgl. die Auslegung zu Mis. Dom.)
Ermessen wir, was dieses letztere gerade in der Situation bedeutet, die die Apokalypse im
Auge hat? Es läge so nahe, daß Menschen, die sich um ihres Glaubens willen in der „großen Trübsal" befinden (7,14; vgl. 1,9), ihren Widersachern gegenüber hart, feindselig, auf
alle Fälle defensiv und verschlossen sind. Man muß in der Sache scharf widersprechen,
wenn Domitian die Beteiligung am Kaiserkult verlangt oder christlicher Glaube auf andere Weise zum Bekennen herausgefordert wird. Aber das darf an der priesterlichen Proexistenz der Christen für die Welt nichts ändern. Wissen wir den zum Himmel erhöhten
Herrn in der ständigen Fürbitte für uns und für alle Menschen (vgl. 1. Tim. 2,1), so kann
unser priesterlicher Auftrag auch nur aller Welt gelten.

3.

Gerade um unseres priesterlichen Auftrags willen werden wir die endgeschichtliche Inte-
rimszeit nicht ungeduldig abkürzen wollen. So sehr die Gemeinde sich danach sehnt, daß
die Verborgenheit des erhöhten Herrn aufgehoben wird (*regnum gloriae*) und wir ihn
„mit den Wolken", will sagen: in aller Weltöffentlichkeit, unverhüllt, unübersehbar
„kommen" sehen: um derer willen, die ihn noch nicht kennengelernt, begriffen, angenommen haben, möchte man wünschen, daß uns noch Zeit bleibt. Wir werden vielleicht
auch in V. 7 einen Zungenschlag heraushören, der uns als Jüngern Jesu nicht lieb sein
kann. Sollte sich jemand darauf freuen, daß Menschen mit Schrecken sehen müssen, wen
sie da durchnagelt haben, und „alle Geschlechter der Erde" in ein Geheul des Entsetzens
ausbrechen, weil sie den Herrn als Richter erleben, so möchte man mit Jesu eigenen
Worten entgegnen: „Wißt ihr nicht, welches Geistes Kinder ihr seid?" (Luk. 9,56 – textlich nicht zum besten bezeugt, aber so evangelisch wie nur möglich).
Ist dies ausgesprochen, dann ist freilich zu sagen, daß niemand an dem zu Gott erhöhten
Christus vorbeikommt und daß, wer seine „Gnade" und seinen „Frieden" ausschlägt,
einen anderen Retter nicht finden kann. Niemand von uns weiß, was alles passieren wird,
wenn vor unserm Auge einmal alle Sichtblenden weggenommen und wir der Wirklichkeit
Gottes unmittelbar konfrontiert sein werden. Da die Schrift zu unseren Gewissen redet,
kündigt sie uns nicht leichtfertig eine automatisch uns zufallende, also nicht zu verfeh-
lende Seligkeit an, sondern weist uns auf die Tragweite unserer Entscheidungen. Die Sache Gottes ist kein Kinderspiel. Wir kommen an Christus nicht vorbei. Er ist A und O,
Anfang und Ende. Der in so schlichter, bescheidener, demütiger Gestalt unter uns war, ist
wieder da, woher er gekommen ist, und hat nun den Namen über alle Namen. Weil er
der ist, als den die Perikope ihn uns vorstellt, entscheidet sich an ihm aufs Letzte gesehen
Wohl und Wehe aller Menschen. Es ist gut zu wissen, daß er selber froh ist über jeden,
den er für immer mit sich verbinden kann.

Exaudi. Jer. 31,31–34

Der Höhepunkt des „Trostbüchleins für Ephraim" (Kapp. 30 und 31). Die Echtheit wird (seit Volz)
nicht mehr bezweifelt. Rudolph setzt die beiden Kapitel („Heil für die nordisraelitische Gola") in die
Anfangszeit des Propheten; von Rad meint, man habe wahrscheinlich an die Spätzeit zu denken. Sie
handeln nur vom (verschollenen) Volk des Nordreichs; Hinweise auf Juda sind sekundär und leicht
zu entfernen (so auch V. 31); „trotzdem ist es nicht gegen Jer's Meinung, wenn später, als Juda von
derselben Strafe ereilt war, die Weissagung auf dieses ausgedehnt wurde" (Rudolph z. St.). In den
VV. 18–22 ist von Ephraims Reue und Umkehr die Rede; die Bitte um Bekehrung trifft auf Gottes
leidenschaftliches Erbarmen (VV. 18.20) und soll nach unserm Text erfüllt werdem.

V. 31: „Tage werden kommen" – „wir stehen . . . im Gebiete der Eschatologie" (Rudolph). Die Wendung כרת ברית erklärt sich daraus, daß beim Bundesschluß (Bund ist nicht Objekt des „Schneidens") wahrscheinlich ein Tier geopfert (und dabei „zerschnitten") wurde (ThWNT II, S. 108). Über den Sinn von בְּרִית ist nachher zu reden. – V. 32: Gedacht ist, wie 11,1ff., ausdrücklich an den Sinaibund (Exod. 24). Er wurde im Zusammenhang mit der wunderbaren Rettungstat geschlossen (vgl. 11,4), beruhte also auf einer Gnadeninitiative Jahwes. Die Personalpronomina („sie" – „ich"), zur Unterstreichung vorangestellt, betonen Israels Schuld am Zerbrechen des Bundes und – andererseits – Jahwes Reaktion. LXX und die lat. und syr. Übersetzer setzen גָּעַלְתִּי voraus (ich habe weggeworfen, verworfen); das auch von Luther gelesene בָּעַלְתִּי (ich habe mich mit Gewalt als Herr durchgesetzt) des MT dürfte als lectio difficilior den Vorzug haben (vgl. 3,14 und bes. Jes. 26,13, wo derselbe Sprachgebrauch vorliegt). Vgl. 11,10. – V. 33: Der Inhalt des Neuen Bundes bleibt derselbe wie im Alten („meine Tora"), nur die Art seiner Realisierung wird anders sein. Gott „gibt" (Perfekt der festen Zusage) es in ihr „Inneres", schreibt es ihnen ins Herz, während das alte mosaische Gesetz auf Tafeln stand (Exod. 31,18; 34,27f.) oder in einem Buch (Exod. 24,7). „Ich ihr Gott, sie mein Volk": 7,23; 11,4; vgl. Deut. 26,17f. – V. 34: Alle werden Gott kennen, so daß es der Unterweisung nicht mehr bedarf. „Erkenntnis Jahwes" (דַּעַת י) ist eine bevorzugte Formel bei Hosea (4,1.6; 6,6), nicht nur im Sinne intellektuellen Kenntnisnehmens, sondern des liebenden Vertrautwerdens; vgl. auch Jer. 22,16; Jes. 11,9; 54,13. Zu dem auffälligen Passus „vom Kleinsten bis zum Größten" vgl. 2. Kön. 23,2 (s. u.). „Der tragende Grund der ganzen Verheißung": Vergebung der Sünde, mehr noch: es wird ihrer nicht mehr gedacht werden.

Der Text spielt im Neuen Testament eine große Rolle: Luk. 22,20; 1. Kor. 11,25; 2. Kor. 3,6; Hebr. 8,8–12; 10,16f. – zu V. 34 wohl auch 1. Joh. 2,27.

Exaudi: Pfingstbereitung der wartenden Gemeinde. Warten wir noch? Selten wird im Neuen Testament ein alttestamentliches Wort so direkt als erfüllt bezeichnet wie dieses: „Dieser Kelch ist der Neue Bund in meinem Blut." Der Neue Bund ist geschlossen. Das, worauf der Prophet deutet, ist jetzt Wirklichkeit. Indem Jesus sich – nach der Paulus-Lukas-Tradition der Abendmahlsworte – in der Gründonnerstagnacht, kurz vor seinem Opfertod, auf unsere Stelle bezieht, legt er nicht nur auf seine Weise den Text aus, sondern der Text legt nun auch ihn und sein Tun und Leiden aus. Indem Jesus den Jeremiatext zitiert, gibt er zu erkennen: So will ich in meinem Tun und in dem, was jetzt über mich kommt, verstanden sein. Was sich in diesen Stunden ereignet, ist nichts Geringeres als dieser gewaltige, zeitwendende, eine verlorene Situation ins Heilvolle verkehrende Umschwung: der Neue Bund wird geschlossen. „Tage werden kommen", sagt Jeremia und schaut damit in eine weite Zukunft. Diese Zukunft ist nun Gegenwart.

Mit dem allem nehmen wir freilich unseren Standort jenseits des Textes, im Bereich der Erfüllung. Sind wir dann – Exaudi – noch wartende Gemeinde? Wir könnten unsere Kraft an ein Als-ob verschwenden, wenn wir jetzt noch einmal zurückblenden in die Zeit Jeremias. Man mache sich klar, was es heißt, wenn hier ein „Trostbüchlein für Ephraim" geschrieben wurde. Ephraim gab es seit 721 nicht mehr. Die zehn Nordstämme sind deportiert worden, wohl in die Nordprovinzen des assyrischen Reiches. Man hat überlegt, ob etwa die im Lande Verbliebenen, die späteren „Samariter" angeredet sind; die Texte bieten dafür keinerlei Anhalt. Nein, es sind die Verschollenen, für die ein Neues beginnen soll. Gott „ruft dem, was nicht (mehr) ist, daß es sei" (Röm. 4,17). Wir werden noch sehen: der Alte Bund besteht nicht mehr; der Text spricht in ein heilsgeschichtliches Vakuum hinein. *Sie* haben den Bund gebrochen – und *Gott* hat – בָּעַלְתִּי – gezeigt, wer hier der „Herr" ist (V. 32). „Israel" gibt es nicht mehr, als Jeremia diese Worte spricht bzw. schreibt. Wahrhaftig, das ist die Extremsituation der „armen Kirche", daß sie „gar aus ist". Dies ist nicht unsere Lage. Aber die Kirche wird sich immer dessen zu erinnern haben, daß sie nichts aus sich selbst ist, sondern immer nur deshalb da, weil Gott erwählt, „was *nichts* ist" (1. Kor. 1,28), um damit etwas anzufangen und daraus etwas zu machen. Den geistlichen Armen gehört Jesu Verheißung.

So wird man, wenn hier eschatologisch gedacht und geredet ist, auch auf christlichem Boden nie vergessen dürfen, daß wir's nicht ergriffen haben, sondern nach dem laufen und uns strecken, was vorn ist. Der Christ hat nur, indem er empfängt. Gerade das Herrenmahl, in dem Jesus für uns den Neuen Bund realisiert, stellt uns auf die Grenze der Äonen (Mark. 14,25; 1. Kor. 11,26; 16,22; Offb. 22,17). V. 33 heißt es „nach jenen Tagen" (man würde „in" jenen Tagen erwarten): auch die erwartete Erfüllung scheint sich in einem Nacheinander abzuspielen, und in dieser eschatologischen Consecutio temporum steht die christliche Gemeinde noch immer drin. So sind Haben und Erwarten immer beieinander, und wir ziehen uns, indem wir auf Jer. 31 hören, nicht in ein Als-ob zurück. *Gott fängt mit uns noch einmal neu an – er macht uns* (1) *gottverbündet,* (2) *gottgeleitet,* (3) *gottgelehrt.*

I.

Ein *Bund* ist eine feierlich eingegangene Rechts- und Gemeinschaftsordnung, in der – so ist es ursprünglich, und so bleibt es auch im Alten Testament für das Verständnis des Bundes zwischen Gott und Volk maßgebend – ein Mächtiger einem weniger Mächtigen Schutz und Rechtssicherheit zusagt und gewährt. Ein Bund kann wie „ein Willensdiktat einer aktiven an eine passive Person" aussehen (Quell in ThWNT II, S. 120), er ist jedenfalls eine aus souveräner Freiheit und Initiative der einen Partei stammende vertragliche Setzung. So hat Jahwe einst das Volk in Ägypten „bei der Hand gefaßt" (V. 32) und seiner gnädigen und starken Zuwendung zu ihm im Sinaibund eine feste Gestalt gegeben. Gott und Volk sollten für immer zusammengehören, kraft der gnädigen, in ungeschuldeter Selbstverpflichtung gültigen und damit dauerhaften Verbundenheit Gottes mit den zwölf Stämmen.
Aber warum nun ein Neuer Bund, wenn der Alte auf Dauer angelegt war? Der Alte Bund wurde gebrochen. Nicht durch Gott, sondern durch Israel. Ein Bund verpflichtet. Auch Gott hat sich darin verpflichtet, er sogar zuerst. Aber selbstverständlich hat auch das Volk sich bundesgemäß zu verhalten. „Werdet ihr nun meiner Stimme gehorchen und meinen Bund halten, so . . ." (Exod. 19,5). Oder man denke an Deut. 26,17–18: „daß du solltest in allen seinen Wegen wandeln und seine Gesetze, Gebote und Rechte halten." Jer. 11,4: „hört auf meine Stimme und tut ganz wie ich euch befehle, so sollt ihr mein Volk sein, und ich will euer Gott sein." Die prophetische Predigt hat es immer wieder aufgezeigt, daß Israel vertragsbrüchig geworden ist. Man hat an Israel im engeren Sinne zu denken, an den Teil des Gesamtvolkes also, an den sich das „Trostbüchlein" wendet. Sein Schicksal hat sich 721 erfüllt; die zehn Stämme sind seitdem aus der Geschichte verschwunden. Und Juda? Jeremia hat auch ihm das schreckliche Unwetter anzukündigen. Von der sündigen Verhärtung ist immer wieder die Rede (3,17; 7,24; 9,13; 11,8). Im Endeffekt geht es doch auch für Jeremia um das *ganze* Gottesvolk (vgl. von Rad, ThAT II, S. 224), das sich gegen den Bundesgott versündigt und damit das Recht, sein Volk zu sein, verspielt hat. Jahwe kann nicht mehr an seinen Bund „gedenken" (Ps. 105,8), denn dieser besteht nicht mehr. „Israel ist in den Augen Jeremias zur Zeit überhaupt ohne Bund" (von Rad. a. a. O., S. 225) – das ist das Vakuum, von dem vorhin die Rede war.
Wir wissen nicht, wie Jeremia zu Josias Reform gestanden hat. Direkte Aussagen fehlen. Schweigen könnte Zustimmung sein (ich folge hier Rudolph im Kommentar S. 73). Aber dann muß Jeremia gemerkt haben, „daß die Reform nicht in die Tiefe wirkte, sondern im Äußeren hängen blieb", so daß nun „die scharfen Worte gegen Tempel, Opfer und Kultus" fällig sind (ebd.). Josia hat das aufgefundene Gesetzbuch mit einem „Bund vor dem

Herrn" eingeführt (2. Kön. 23,3). Sollte unser Text nach 622 formuliert sein, dann hieße das: auch Josias „Bund" ändert die Situation nicht; er ist bestenfalls eine (versuchte) Wiederaufnahme des alten, des gebrochenen Bundes. Gesetz und immer wieder Gesetz: das ändert nichts. Jeremia verkündigt *Evangelium.*

Gott fängt mit uns noch einmal neu an. Er verheißt den Neuen Bund. „Nicht so, wie der Bund gewesen ist, den ich mit euren Vätern geschlossen habe" – *anders*! Nicht also: wir wollen es noch einmal miteinander versuchen, wollen, was früher war, noch einmal anlaufen lassen – vielleicht, daß diesmal Besseres herauskommt. Sondern: der Neue Bund soll anderer Art sein. Wir sahen: *wenn* Gott an Vergangenes anknüpft, dann an das entstandene Nichts!

Jeremia kennt Jesus noch nicht, darum auch noch nicht die durch ihn heraufgeführte neue Lage. Er gehört noch zu den Wartenden. Indessen kann man an einem Wort wie diesem ablesen, was es bedeutet, unter der Verheißung zu leben. Ausgangslage, wie wir sahen: der aufgekündigte Vertrag, der Zustand der totalen Rechtsunsicherheit vor Gott, des Preisgegebenseins, der Verlorenheit – dies alles nicht nur in Gedanken, sondern im Schicksal der zehn Stämme schmerzhaft konkret. In dieser Lage nun die Ankündigung: Gott will einen Neuen Bund schließen. Von dem Augenblick an, in dem Jeremia dies verkündigen kann, ist, auch wenn „jene Tage" noch lange auf sich warten lassen sollten, der verzweifelte Zustand schon überwunden. Geht Gott, wie sein Prophet zu verkündigen ermächtigt ist, bereits mit dem Gedanken einer neuen gnädigen Selbstbindung an sein Volk um, dann ist der Tiefpunkt bereits überschritten, dann ist alles voller Hoffnung. Man weiß, wie Gottes Herz steht. Er hat Gedanken des Friedens und nicht des Leides (29,11).

Jetzt, da *Jesus* den Neuen Bund in seinem Blut – in der Hingabe seines Lebens – stiftet, wird dem vertragslosen, durch keine bindende Zusage normierten Zustand wirklich ein Ende gemacht. Man bedenke, was es bedeutet, daß hier von *Bund* die Rede ist. Der Bund gründet, wie wir sahen, in der nur durch das eigene Wollen bestimmten Souveränität des den Bund gewährenden Gottes, „allein aus Gnaden". Aber es ist ein Bund: eine nun wirklich gültige verläßliche Selbstverpflichtung Gottes, „unabänderlich, dauernd, unverletzlich" (ThWNT II, S. 116), nicht hinfällig werdend, wenn schon Berge wichen und Hügel hinfielen (Jes. 54,10), darum also, nachdem Gott sein Wort gegeben und den Bund beschworen, ja mit dem Blute seines Sohnes besiegelt hat, so „verfügbar", daß der angefochtene Sünder die Hand drauf legen und sich vor Gott und gegen alle Widersacher auf das gegebene Wort berufen, im Namen Jesu (denn das liegt darin) beten und sich auch sonst glaubend auf den Boden dieses Bundes stellen darf.

Zu dem Neuen an diesem Bunde gehört, daß Gott unsere Schuld vergeben und unserer Sünde nicht mehr gedenken will (V. 34). Jeremia sieht Jesu Kreuz noch nicht, das Geschehnis, das diesen Satz wahr macht und ihm reale Deckung gibt. Sündenvergebung – „nur so"? nur durch einen Akt der Großzügigkeit, des Durch-die-Finger-Sehens, einer das Böse und Zerstörende leichtsinnig übersehenden Nonchalance? Nein, sondern im Vollzug einer den letzten persönlichen Einsatz fordernden Leistung, eines Opfers, in dem der Herr sich selbst und seine Seligkeit drangegeben hat: „das neue Testament in meinem Blut". Das ist die Wende, auf die der Text blickt. Auf dem Hintergrund dieser neuen Lage steht der Satz von der Sündenvergebung. Wenn das Gesetz – wie gleich noch zu besprechen sein wird – auch künftig gilt (vgl. Röm. 3,31), so doch nicht mehr als Vergeltungsgesetz. Wenn es noch da wäre, uns zu verklagen und auszuliefern, wäre der Bund kein neuer. So aber empfange ich im Mahl des Herrn sein Bundesblut. Wir denken an Exod. 24,8: durch Aussprengen des Opferblutes an den Altar und auf das Volk wird so etwas wie ein Blutkreislauf und damit eine Lebenseinheit zwischen Gott und Volk hergestellt. Wenn Jesu Blut für mich schreit (vgl. Hebr. 12,24), so schreit es nun, da ich das Sakrament empfangen habe, aus mir selbst heraus. Und wenn es Gottes Barmherzigkeit verbürgt, so verbürgt es sie in mir selbst. Wir sind Gott verbündet. In diesem Neuen Bunde sind uns alle Sünden vergeben. – Der Text sagt noch mehr. Gott will der Sünde seines Volkes nicht mehr gedenken. Vergeben – das könnte heißen: Gott sieht alle unsere Sünden vor sich, aber sie sollen in dem, was sich zwischen ihm und uns zuträgt, künftig keine Rolle mehr spielen. Nicht mehr gedenken – das heißt aber: nicht einmal in Gottes eigenem Gedächtnis kommen sie mehr vor. Die Tiefenpsychologie lehrt uns, daß Menschen in einem letzten und tiefsten Sinn nicht vergessen können – besonders das Nichtverarbeitete, das Unbewältigte – , sondern alles aufbewahren müssen. Aus dem Verborgenen wirkt Vergangenes oft zerstörend weiter. Aber Gott vergißt. Wie sein Wort dem, was nicht ist, ruft, daß es sei, so kann es das, was ist, so aus dem Wege räumen, daß es nicht mehr ist, auch für Gott selbst. Was Gott vergessen hat, ist aus der Welt geschafft. Ich brauche nicht zu fürchten, daß er das Vergebene plötzlich noch einmal aufgreift und mich damit beschämt. Unsere Sünden wirft er in die Tiefen des Meeres (Micha 7,19). Gott hat sich im Neuen Bunde zu dieser gütigen, heiligen Vergeßlichkeit selbst verpflichtet.

2.

Die mit Gott Verbündeten sind aber zugleich und eben darin *von Gott geleitet.* Der Neue Bund annulliert nicht Gottes Gesetz. Der offenbare Gotteswille gilt. Dies hat der neue Bund mit dem alten gemeinsam. Gerade im neuen Bunde werden Menschen sein, die tun, was Gott gefällt. Er wurde ja nur deshalb nötig, weil es in dem Alten Bunde dazu nicht gekommen war. Auf den ersten Blick scheint hier der Hebräerbrief zu widersprechen: „Wenn jener erste Bund untadelig wäre, würde nicht Raum für einen zweiten gesucht", aber worin der Makel des ersten Bundes bestand, wird sofort deutlich, wenn man weiterliest: „denn Gott tadelt *sie*" (8,7), nicht den Bund und die ihm implizierten Ansprüche Gottes. Man lese dazu Röm. 7,7–25. Gott verzichtet nicht auf unsern Gehorsam, sondern er bewirkt, daß es dazu kommen kann. Am Menschen, seinem Bundespartner, schafft Gott Neues.

Gott legt sein Gesetz in unser Inneres und schreibt es uns ins Herz (V. 33). Man kann sagen, damit sei die „Bundestheorie" überhaupt gesprengt, und der Neue Bund sei, auch wenn man das Wort beibehalte, kein Bund mehr (Quell, ThWNT II, S. 126). Das ins Herz geschriebene Gesetz ist kein Gesetz mehr, das Rechtsgeltung beanspruchen dürfte, und ebendies sei doch nun einmal Kennzeichen des Bundesbegriffs (ebd., S. 127). Daran mag uns deutlich werden, wie stark der Bundesbegriff verwandelt ist: das Gesetzliche ist abgetan, das Wort vom Bund ist reines Evangelium.

Der Unterschied wird im Text tatsächlich stark empfunden. Der Blick in die Zeit des Alten Bundes macht es deutlich: „Sie brachen meinen Bund, und ich mußte mich ihnen gegenüber als Herr erweisen" (V. 32). Gottes Wille gilt unter allen Umständen. Weigern wir uns und widerstehen wir ihm, dann wirkt sich Gottes Wille eben nicht als das für uns Richtungweisende aus, sondern als der Widerstand, den Gott uns entgegensetzt und durch den er sich, so oder so, als Herr erweist. Kann sein, er zwingt uns von außen her so, daß wir widerstrebend, vielleicht zähneknirschend, uns beugen müssen; gelingt auch dies nicht, dann scheitern wir an seinem Gericht. Gott läßt unsere Sünde nicht übergroß werden; nimmt sie überhand, wirkt sie auf uns zerstörend zurück und begrenzt damit sich selbst. Hier ist ganz knapp und anschaulich die Wirkung des Gesetzes als der uns nötigenden, aufreizenden, anklagenden und richtenden „lex" beschrieben.

Im Neuen Bunde soll es ganz anders sein. Haben wir Gottes Gesetz im Herzen, will also das Herz – überwältigt von Gottes Liebe und getrieben von seinem Geist – nichts anderes, als was Gott auch will: dann kann man nach dem tiefen Wort des Jakobusbriefes (1,25) nur von dem „Gesetz der Freiheit" sprechen. Vorausgesetzt ist dabei die tiefe willentliche Einung mit Gott, die an uns geschieht, wenn wir in der Ordnung des Neuen Bundes leben. „Ordnung" könnte freilich wieder auf ein nomistisches Mißverständnis führen; die Herkunft des Wortes בְּרִית aus dem Bereich des Rechts wird diese Gefahr immer wieder aufkommen lassen. Aber es hat tatsächlich Sinn, davon zu reden, daß man ἔννομος Χριστοῦ ist, befreit durch den νόμος τοῦ πνεύματος (1. Kor. 9,21; Röm. 8,2). „Gottgeleitet", sagen wir in unserer – bewußt knapp gefaßten – Schlagzeile. Nicht mit neuem Zwang, nicht einem anderen, dem unseren widerstehenden Willen unterworfen. Sondern von Gott geleitet in der Freiheit der Christenmenschen. Die Liebe des um uns bemühten, uns an sich ziehenden, für uns sich opfernden Herrn wird so über uns Macht gewinnen, daß wir nicht anders können noch wollen, als er will. Wer in der Freiheit steht, sagt: Ich will nichts anderes als das, was ich soll, und ich kann es auch; ich müßte mir Zwang antun, etwas anderes zu unternehmen, als was mein Herz will. In solchem Falle ist nicht der Gehorsam problematisch, sondern der Ungehorsam.

Es mag der Eindruck entstehen, daß wir mit solchen Sätzen den Kontakt mit unserer alten Erde verlieren und in ein unwirkliches Reich entschweben. In gewisser Hinsicht wäre ein solcher Eindruck die Bestätigung dafür, daß wir richtig ausgelegt haben. „Nach jenen Tagen" (V. 33) – das ist der Hinweis aufs Eschaton. Der neue Mensch – der in der herrlichen Freiheit der Kinder Gottes (Röm. 8,21) – ist da. Aber es wäre unangebracht, so zu tun, als wäre der alte Mensch ein für allemal abgetreten. Noch tobt der Kampf zwischen Fleisch und Geist (Gal. 5,17). Daß Gottes Gesetz uns ins Herz geschrieben ist und wir uns nur dem Treiben des Geistes zu überlassen brauchen, das ist nicht „chemisch rein" darstellbar. Muß es auch nicht sein. Das „reine Herz" und den „neuen, gewissen Geist" haben wir, indem wir's empfangen, in jedem Augenblick. Wir brauchen darüber nicht Konto zu führen. Der Glaube gibt sich getrost in die Hände seines Herrn. Christus garantiert den Neuen Bund. Nichts kann unser Leben mehr verändern, als daß wir nicht mehr uns selbst beobachten und analysieren, sondern nur noch auf ihn sehen. Gerade dies verändert die Herzen.

3.

Tora bedeutet nur im spätesten Stadium der Begriffsgeschichte „Gesetz", es meint meist die „Weisung" und bedeutet seinem etymologischen Ursinn nach „Lehre". Fast könnten wir meinen, mit V. 34 sei eigentlich weiter nichts gesagt als das soeben Besprochene. Aber es ist noch ein wichtiger Schritt vorwärts zu tun: es geht nicht nur um Belehrung über das Gesollte, sondern um Erkenntnis Jahwes. Und eben da kommt es im Neuen Bunde zu etwas Erstaunlichem: „Sie brauchen einander nicht mehr gegenseitig zu belehren: ‚erkennet den Herrn', sondern sie werden mich erkennen vom Kleinsten bis zum Größten."

Wir werden hier möglicherweise wieder einmal daran erinnert, daß Jeremia sich mit seinem Spruch im Gegensatz zu Josia und seinen Bemühungen befindet. 2. Kön. 23,2 wird berichtet, wie das neu aufgefundene Gesetzbuch vor allem Volk verlesen wurde, vor „klein und groß". Liegt hier eine Anspielung vor?

Erkenntnis des fordernden Willens Gottes („Gesetz") ist hier abgelöst durch die Erkenntnis Gottes selbst, wenn man so will: seiner Person. Vorschriften, Anweisungen, Verhaltensregeln beziehen sich entweder überhaupt nur auf Sachliches, oder sie filtern Personbeziehungen durch Sachbezüge hindurch. Der Gesetzesmensch schaltet zwischen sich und den anderen immer die korrekte Regel. Haben zwei Menschen einander wirklich lieb, dann bedürfen sie keiner Unterweisung darüber, was sie wohl einander zuliebe tun könnten. Sind wir mit Gott aufs engste vertraut und verbunden, brauchen wir, was zu tun ist, nicht durch Gesetz zu regeln. Das Gesetz zeigt immer an, daß die persönliche Verbindung problematisch geworden, der Kontakt gestört, die Unbefangenheit verflogen ist. Gott kennen – nicht nur durch theologische Lehrsätze, sondern wie das Wort יד׳ es meint, in persönlicher Vertrautheit!

Im Neuen Bunde kennen wir Gott – er hat ein menschliches Antlitz angenommen, das uns zugewandt ist. Je fremder Gott selbst uns wird, desto komplizierter und gestelzter unsere Theologie. „Ihr bedürft nicht, daß euch jemand lehre", heißt es 1. Joh. 2,27. Da würde, scheint's, *alle* Theologie entbehrlich, ja sogar Predigt und Katechese, Schrift und Bekenntnis, Exegese und Praktische Theologie; da erübrigte sich auch ein Buch wie dieses.

Haben wir einmal begriffen, daß die Vertrautheit mit Gott aus seiner Selbstdarbietung entsteht, zentral also in Jesus Christus, dann werden wir unsern Text nicht enthusiastisch auslegen. Auch 1. Joh. 2,27 meint ja nicht, daß wir wie die Schwärmer auf eine Gottunmittelbarkeit aus sein sollten, die auf jedes Medium verzichtet. Der 1. Johannesbrief *lehrt* und *verkündigt* ja, und er weiß: erst im Eschaton werden wir Ihn sehen, „wie er ist" (3,2). Wenn es wahr ist, daß die Gottvertrautheit, die der Neue Bund bringt, in der Begegnung mit Jesus entsteht, dann verlassen wir uns nicht auf das große Schweigen, das uns die erhoffte Gotteserfahrung bringen soll, sondern auf das Wort, in dem er nach seiner Zusage selbst gegenwärtig ist. Noch bedarf es der mittelbaren Erkenntnis – im Spiegel und dunklen Wort (1. Kor. 13,12). Die Gegenwart des Herrn ist noch ins Weltliche eingehüllt. Aber wir haben ihn, ihn selbst – und nicht nur den „Lehrstoff" der Fachleute. Indem der Herr in seinem Wort und seinen Sakramenten zu uns kommt, ist zwischen ihm und uns weniger als eine Wand aus Seidenpapier. Der Glaube weiß: er ist da. Erkenne ich ihn, dann deshalb, weil er mich zuvor erkannt hat (Gal. 4,9) und mich auch dann noch sieht und kennt, wenn ich ihn aus dem Blick verliere. Noch ist die Christenheit in der Lage, in der sie, „geistlich arm", auf immer neue Gottes- und Christuserfahrung warten muß. Aber der Geist ist ihr verheißen, der die Gottes- und Christuserkenntnis erschließt.

Pfingstsonntag. 1. Kor. 2,12–16

Die VV. 1–10 waren Predigttext am 2. S. n. Epiphanias. Da der Gedankengang des Kapitels einheitlicher ist, als manche Exegeten meinen, ergeben sich Berührungen, ja Überschneidungen zwischen den beiden Perikopen (es sei auf die Auslegung zu VV. 1 –10 verwiesen). Bei der Schwierigkeit der Ausführungen dürften Wiederholungen der Gemeinde nicht überflüssig und wohl auch nicht lästig sein, zumal sich durch die homiletische Aufbereitung sowieso Differenzierungen ergeben.
V. 12: „Wir" sind alle Christen, denn alle haben den Geist, sie könnten sonst Jesus Christus nicht den Herrn nennen (12,3ff.; Röm. 8,9). Paulus unterscheidet nicht, wie die korinthischen Enthusiasten, zwei Klassen von Gläubigen, wird auch selbst nicht zum Enthusiasten (gg. Bltm., ThNT § 14,2 und Czlm. z. St.). Paulus kann, wie man sieht, auch von einem πνεῦμα der Welt reden, das von dem aus Gott streng zu unterscheiden ist. Der Geist der Welt ist die natürliche Geistigkeit des Menschen (vgl. V. 14). Es wird also das in VV. 10f. Gesagte wieder aufgenommen. (V. 11 kommt weder in der Perikope zu 2. n. Epiph. vor noch in dieser; er ist für die Erkenntnistheorie des Paulus der Schlüssel.) Der Ausdruck τὰ χαρισϑέντα sollte nicht in Richtung der „Gnadengaben" (χαρίσματα) verengt, sondern auf das Ganze der Heilstaten und -gaben Gottes bezogen werden (vgl. Gal. 3,18; Röm. 8,32). – V. 13: διδακτοὶ λόγοι = angelernte (vielleicht sollte man übersetzen: erlernbare) Worte. σοφία hat im Hellenismus stets religiösen Charakter; sie lehrt, „was Heil zu geben verheißt" (Ksm., GPM 1949, S. 28ff., abgedruckt in EVuB I, [4]1965, wonach wir zitieren, dort S. 268). Das zweite διδακτοῖς (ohne

Bezugswort) neutrisch: „in dem vom Geist Erlernten". Strittig ist, ob πνευματικοῖς neutrisch oder maskulinisch zu verstehen ist. Der rev. Luthertext: „für geistliche Menschen". Aber das neutrische Verständnis liegt näher: „es geht um das Kriterium" (Czlm.). Scheidung der Geister ist selbst eine Sache des Geistes (12,10), s. auch V. 14b. Kriterium: „was Gott an uns gewendet hat" (so gibt Ksm. χαρισθέντα ὑμῖν treffend wieder, a.a.O., S. 274). – V. 14: Der „psychische" Mensch ist der sarkische Mensch, der Heide (Ksm., S. 269), hier so bezeichnet, weil er „als geistiges, mit den Fähigkeiten des Erkennens und Urteils ausgestattetes Wesen" charakterisiert werden soll, das freilich – und darauf kommt es hier an – „auch in seiner Geistigkeit und Religiosität" „von sich aus der Manifestation des Geistes nicht offen" ist (Ksm., S. 274). μωρία: Paulus ist nicht, wie man gemeint hat, zu einem anderen Thema übergegangen, sondern führt die mit 1,18 begonnene Überlegung fort. Seine Pneumatologie ist die andere Seite seiner Kreuzestheologie. – V.15: ἀνακρίνειν wird in 4,3f. zweimal wiederkehren; vielleicht ist V. 15 schon ein Blick voraus. Indem die sich als elitär fühlenden „Pneumatiker" in Korinth Paulus kritisieren, erweisen sie sich gerade als das, was sie nicht sein wollen: als Psychiker, ja sogar Sarkiker (3,1). Es gibt nicht Christen verschiedener Qualitätsstufen; wohl aber gibt es Christen und Heiden; letztere haben für Geistliches kein Organ, können also auch den Glauben des Pneumatikers nicht ergründen und beurteilen. – V. 16: Zitat Jes. 40,13 nach LXX (wie auch in Röm. 11,34). Die erwartete Antwort muß lauten: niemand. Aber Paulus spitzt seine Aussage aufs äußerste zu, indem er, die Formulierung des Zitats aufnehmend, statt vom „Geist Christi" vom νοῦς Χριστοῦ spricht, womit nichts anderes gesagt ist als in V. 10, nur in gewagt-geistvoller Weise auf die Spitze getrieben.

Die Mühe, die diese pneumatologische Erkenntnistheorie uns bereitet, läßt wenig von dem Schwung erkennen, den die Ausgießung des Geistes in den vom Pfingstwunder Ergriffenen bewirkt hat, und macht, wie es scheint, die Macht des aus dem Heiligen Geist entstehenden Lebens zu einer Sache subtiler Theologie. Paulus weiß über das Wirken des Geistes auch anderes zu sagen. „Welche der Geist Gottes *treibt*, die sind Gottes Kinder" (Röm. 8,14). „Der Geist hilft unserer Schwachheit auf" (Röm. 8,26). „Es sind mancherlei Gaben, aber es ist ein Geist" (1. Kor. 12,4). „Befleißigt euch der geistlichen Gaben" (1. Kor. 14,1). Paulus könnte wohl auf unmittelbar Erfahrbares hinweisen, als unsere Perikope enthält. Unser Zeitalter – und wohl nicht nur dieses – ist darauf aus, Effektives zu erleben. Der Zuspruch der an zahlreichen Stellen der Welt anzutreffenden, immer wieder an neuen Orten aufflammenden Pfingstbewegung könnte sich, wenn man nach menschlichen Gründen sucht, so erklären. Phänomene wie in der Urchristenheit. Nur wird man fragen müssen, welchen Rang die Phänomene haben. Wird es bei uns erst dann Pfingsten, wenn bestimmte Wirkungen des Geistes sichtbar werden: Prophetie, Heilungen, Zungenreden? Es könnte leicht sein, wir überschätzen die Phänomene. Denn diese gibt es auch außerhalb der Gemeinde Jesu. Ekstatisches findet sich auch unter Heiden (12,2). Glossolalie ist in der Welt der Religionen weit verbreitet (ThWNT I, S. 722f.). Wunder tut auch Apollonius von Tyana, auch die „Söhne" der Pharisäer vollbringen Dämonenaustreibungen (Matth. 12,27). Menschen in großer Zahl begeistern kann auch ausgesprochen „unheiliger Geist". Die Macht des Wellenschlags ist noch kein Kriterium. Das Sensationelle ist keineswegs das Merkmal des Göttlichen. Lieber fünf Worte mit verständlichem Sinn als zehntausend Worte in Zungen (1. Kor. 14,19). Der Weg über allen Wegen ist – die Liebe (12,31; 13), sie trägt ein ganz schlichtes Gewand. Man hat den Geist keineswegs nur dann, wenn sich Außerordentliches ereignet. Unter den auffälligen Geisteswirkungen – Weisheit, Gnosis, Heilung, Wunderkraft, Prophetie, Zungenrede – spricht Paulus – fast überliest man's – vom „Glauben" als Geistesgabe. Wer Paulus kennt, versteht die Absicht: er läßt es nicht gelten, daß die „Pneumatiker" in Korinth die bloßen „Pistiker" niedriger einstufen. Der Heilige Geist ist mit seinen Gaben auch im Unscheinbaren, ja, man muß sogar sagen: eben da ist er vorzugsweise (1,26ff., s. 1. S. n. Epiph.; 2. Kor. 12,1–10, s. Sexagesimä). „Wissen können, was uns von Gott geschenkt ist" (V. 12): das ist die eigentliche, die zentrale Wirkung des Heiligen Geistes. Damit wären wir bei unserm Text. Das

Pfingstwunder hat sich auch bei uns ereignet; wir wären sonst nicht Christen. Wir brauchen nicht auf Besonderes aus zu sein; wir sollten wahrnehmen, was wir haben bzw. was uns, indem wir um den Heiligen Geist bitten, gegeben werden wird.

Es wird für die Predigt darauf ankommen, die schwierigen Überlegungen des Textes so umzudenken, daß ihre Wahrheit in unserm eigenen Glaubensleben wiedergefunden und angenommen wird. Die religionsgeschichtlichen Hintergründe des Textes, mit denen sich die exegetische Literatur – pflichtgemäß – befaßt, können wir (nach Kenntnisnahme, soweit wir's vermögen) auf sich beruhen lassen. Was hier verhandelt wird, dürfte sich in unserer eigenen Denk-, Erlebnis- und Erfahrungswelt wiederfinden und dort aufhellend, ermutigend und kritisch zugleich, wiederfinden bzw. anwenden lassen. Vereinfachen wir so: *Wir haben den Geist Christi. Der lehrt uns (1) unterscheiden, (2) entdecken, (3) gewiß sein.*

I.

Geist der Welt – Geist aus Gott. Hier gilt es sauber zu unterscheiden. Die zugehörigen Adjektive: geistig – geistlich. Der Heilige Geist lehrt *uns* beides unterscheiden, weil er *sich selbst* vom „Geist der Welt" unterscheidet.

Wir sagen damit etwas, was die Christenheit nicht immer gewußt hat. Die Korinther sind seinerzeit dem merkwürdigen spaltungenbildenden kirchlichen Personenkult verfallen, weil sie der Meinung waren, wo es um Gott geht, sei entscheidend, was der in dieser Sache engagierte Mensch von Hause aus, kraft natürlichem Herkommen, mitbringe. „Wir sind", würden die Korinther sagen. „Wir haben empfangen", sagt Paulus. Paulus, Kephas, Apollos sind Menschen, die, was ihre natürliche Veranlagung angeht, für das Göttliche gleichermaßen indisponiert sind. „Der natürliche Mensch vernimmt nichts vom Geiste Gottes" (V. 14). Er hat für die Wirklichkeit Gottes keine Antenne. Glaubt jemand, dann hat er „empfangen", was er natürlicherweise, also auch in seiner angeborenen „Psyche" nicht hatte: Gottes eigenes Leben, das auch auf ihn „ausgegossen" und ihm mitgeteilt wird. Für den natürlichen Menschen ist, wenn er den Geist empfängt, dieser Geist etwas Neues und Fremdes. Er könnte, was ihm hier widerfährt, nicht aus seinen eigenen Möglichkeiten und Fähigkeiten entwickeln. Er kann es nur annehmen.

Daß das Wissen um Gott, die Gottesnähe, ja, das Erfülltsein mit Gott zur natürlichen Ausstattung des „geistigen" Menschen gehöre, ist oft genug behauptet worden. Man hat den Geist als das Göttliche angesehen, das jeder Mensch in sich trägt. Man hat individuelles menschliches Leben als Anteilhabe am Weltgeist, also an Gott angesehen. Man hat gemeint, im Menschen komme der überindividuelle Geist zu personhaftem Leben und damit zu sich selbst. Man hat gemeint, da der Mensch nach seiner geistigen Seite Teil des Göttlichen sei, habe er, der Mensch, an der Weltschöpfung Anteil. Man hat dem Bewußtsein die Priorität vor dem Sein gegeben, das (gegenständliche) Sein also aus dem Bewußtsein abgeleitet – als seine Objektivierung, als den „objektiven Geist", als das aus dem Ich herausgesetzte Nicht-Ich, als Wille und Vorstellung. Die einzelnen Entwürfe sehen sehr verschieden aus. Sie haben gemeinsam, daß der Menschengeist als der Ort angesehen wird, an dem der „Weltgeist" wirkt. Im Extremfall wird dann die ganze vorfindliche Welt zu etwas bloß Gedachtem, Projiziertem, um nicht zu sagen: Geträumtem. Und warum das? Weil das menschliche Bewußtsein mit dem Sein Gottes verwechselt und Weltschöpfung mit einem geistigen Akt des menschlichen Geistes vereinerleit wurde. Als wären nicht der schaffende Geist, Gott, und der geschaffene Geist, der Mensch, voneinander unterschieden wie Himmel und Erde, ja noch viel tiefer. Der geschaffene Geist ist der „Geist der Welt". Was wir als Christen „empfangen" haben, ist ein ganz anderer Geist.

Die von Paulus gemeinte Unterscheidung wäre dann besonders dort anzuwenden, wo es um „Religion" geht. Es ist sicher Richtiges an der Meinung von Descartes, Gott gehöre zu den „ideae innatae" des Menschen. Ein ursprunghaftes, durch die Sünde verkehrtes, verunstaltetes, verzerrtes Wissen um Gott haben die Menschen schon (Röm. 1,18 ff.). Alle heidnische Religiosität ist, zum Teil abscheulich und ergreifend zugleich, Erinnerung an das Verlorene. Aber Gemeinschaft mit Gott ist dies nicht. Daß der Mensch, wie er ein sittliches Bewußtsein, Rechtsempfinden, Verlangen nach Kontakt mit seinesgleichen, Schönheitssinn, logisches Vermögen, mathematische Begabung (usw.) hat, so auch *Religion* habe, daran wird wiederum Richtiges sein. Nur: diese Religion ist aus dem „Geist der Welt". Sie ist Sache des natürlichen Menschen. Natürliche Fähigkeiten kann man entwickeln und mit Inhalten füllen. Es steht ganz bei mir, ob ich die mathematischen oder musischen Fähigkeiten, die ich in mir habe, gebrauchen und ausbauen will; ich kann mich von mir aus dazu entschließen. Ich könnte dies auch hinsichtlich meiner religiösen Veranlagung so machen. Aber den lebendigen Gott finden würde ich so nicht. Es entstünde Religion als menschliche Leistung, als eines von „des Gesetzes Werken", vielleicht das imponierendste, jedenfalls nach menschlichem Urteil das frömmste. Aber gerade der fromme Mensch wird am Kreuz zuschanden. Das Frommsein hat ihn nicht von seiner Sünde losmachen können, ja im Frommsein gewinnt die Sünde ihre gefährlichste Gestalt, ist es doch gerade der fromme Mensch, der Jesus ans Kreuz gebracht hat.

Daß wir den Geist aus Gott vom Geist der Welt unterscheiden, soll keinesfalls bedeuten, daß der natürliche Menschengeist und seine Schöpfungen verachtet würden. Wir unterschieden den „geschaffenen Geist" vom „schaffenden Geist". Bleibt dieser aufhebbare Unterschied nur gewahrt, dann wird man menschlichen (natürlichen) Geist zu den Schöpfungsgaben Gottes rechnen, auch in der sündigen, gegen Gott verschlossenen Welt und auch in seiner, des Menschengeistes, Gottentfremdung noch immer Gottes Gabe. Auch im Abfall bleibt die Welt noch Gottes Schöpfung. Kann man vom Menschengeist – als „Geist der Welt" – auch nicht die Wiederherstellung der zerbrochenen Gottesgemeinschaft und damit das Heil erwarten: in ihrem Bereich haben die Kräfte und das Vermögen des Menschen ihren guten Sinn. In der Auslegung zum 2. S. n. Epiphanias wurde davon bereits gesprochen. Wir müssen jetzt hinzufügen, daß der Heilige Geist den Geist des Menschen, seine Personhaftigkeit, sein Vermögen zum Denken, Fühlen und Wollen nicht auslöscht oder verdrängt, sondern ihn als Organ, als Werkzeug benutzt. Der Geist (Gottes) selbst gibt Zeugnis *unserm* Geist (Röm. 8,16), wie denn überhaupt geschaffenes Leben durch den Geist nicht vernichtet, sondern benutzt wird: es wird zu seiner Behausung (3,16; 6,19; 2. Kor. 6,16). So kann auch unsere „Religion" zum Gefäß für das Wirken des Geistes Gottes werden. Sie wird dadurch in der Tiefe verwandelt. Sie ist nicht mehr eigenmächtige „fromme" Leistung, sondern dankbares Empfangen. Auch der geistliche Mensch *tut* etwas, aber er vertraut nicht auf das, was er tut, sondern schaut auf das „was uns von Gott geschenkt ist" (V. 12).

Dies hat seine Folgen auch für die Weise der Verkündigung (V. 13). Glaube kann nichts „Angelerntes" bzw. „Erlernbares" sein. In dem Bereich, für den der Menschengeist bzw. der Geist der Welt zuständig ist, kann Erkenntnis weitergegeben werden, ohne daß man auf ein besonderes Gotteswunder warten muß; es bedarf nur der nötigen pädagogischen Bemühung. Ich kann einem anderen einen mathematischen Lehrsatz „beibringen" (wir geben, wie man sieht, das Wort διδακτός auf verschiedene Weise wieder). Sofern nicht bestimmte natürliche Anlagen ausgefallen oder gestört sind, braucht man grundsätzlich am Erfolg nicht zu zweifeln. Bei Gott und seiner Sache ist es anders. Glaube ist Wunder. Nicht nur darum, weil die Wirklichkeit Gottes unserm Erkennen grundsätzlich nicht eingeht, sondern auch und vor allem deshalb, weil die Erkenntnis Gottes ein existentielles

Geschehen ist, das allen gottwidrigen Tendenzen unseres natürlichen Menschen entgegen
wirkt. Gott bezeugt sich uns in dem Geist Jesu, und Jesus ist der für uns Gekreuzigte. Das
ist in das Koordinatensystem des natürlichen Menschen und seines Geistes nicht einzu-
zeichnen, geschweige denn aus seinen Denk- und Erkenntnisvoraussetzungen abzuleiten.
Der Mensch denkt, was im Menschen ist; Gott kann nur von Gott selbst erkannt werden.
So dem Sinne nach V. 11. Ich komme mit meinen menschlichen Erkenntnismitteln über
die Horizontlinie des Irdisch-Menschlichen nicht hinaus. Soll es dazu kommen, daß ich
Gott erkenne, dann muß der Heilige Geist – wie sagten wir früher? – in mir die „En-
klave" bilden, in der ich am Göttlichen Anteil habe. „Wer hat des Herrn Sinn erkannt?"
Eigentlich: niemand. Aber – man kann nicht genug staunen – „wir haben Christi Sinn".
Zu Pfingsten wird uns Gottes Geist gegeben. Gott denkt, redet, fühlt, will, arbeitet, argumentiert, bezeugt sich in uns. Die Wahrheit Gottes beglaubigt und vertritt sich selbst – in
uns. Der Himmel ist uns nicht verschlossen.

2.

Der Geist Christi lehrt uns *entdecken*. Wie geht das vor sich? Es gibt Ausleger, die Paulus
so verstehen, als meine er mit dem „Ausloten der Tiefen der Gottheit" (V. 10) doch, allen
gegenteiligen Beteuerungen und Behauptungen (wie 2,1f.) zuwider, eine enthusiastische
Gotteserkenntnis, die über Christus hinaus oder doch wenigstens an ihm vorbei führte.
Als könnte die Wirklichkeit Gottes noch an anderen Stellen „angezapft" werden (wie
man in der Parapsychologie sagt). Methodisch wäre dazu anzumerken, daß man gut tut,
die Möglichkeiten eines homogenen Verständnisses eines Zusammenhangs auszuprobie-
ren, ehe man einen solchen tiefen Bruch im Gedankengang behauptet. Paulus ist ein viel
zu zielstrebiger und folgerichtiger Denker, als daß er eine mit soviel Leidenschaft behauptete Position so schnell aufgeben könnte.
Wir setzen wieder mit V. 12 an. Wir haben den Geist aus Gott, „damit wir wissen, was
uns von Gott geschenkt ist". In χαρισθέντα steckt χάρις, und die Gnade ist für Paulus Gestalt und Ereignis geworden in Jesus Christus. Wie sollte Gott uns mit ihm nicht alles
„schenken"? (Röm. 8,32). Dazu haben wir den Geist aus Gott empfangen, damit wir begreifen, was uns in Christus geschenkt ist. Man denke an sein Hereinkommen ins „Sündenfleisch", also an seine Menschwerdung (Röm. 8,3; 1,3), an seine Selbsterniedrigung
und den bis zum Kreuz durchhaltenden Gehorsam (Phil. 2,8), daran, wie er ein „Diener"
nicht nur der Juden, sondern auch der Heiden geworden (Röm. 15,8f.), bewußt den Weg
des Opfers gegangen ist (11,24f.). Sinnlos für das Denken der auf sich selbst gestellten Vernunft (wir erinnern an das zu VV. 1–10 Gesagte). „Am Kreuze Jesu treten in eschatologischer Klarheit und Unwiderruflichkeit der Geist der Welt und der Geist aus Gott auseinander" (Ksm., a.a.O., S. 272). Daß genau hier der Wendepunkt der Geschichte zwischen Gott und den Menschen liegen sollte, das eben ist es, was niemand entdeckt, dem
der Geist es nicht aufgeschlossen hat (vgl. V. 8). Schon Jesu schlichtes Menschsein müßte
der natürlichen Vernunft undurchsichtig sein; Fleisch und Blut weiß nicht, mit wem wir
es zu tun haben (Matth. 16,17). Auch wenn man Jesu menschliche Größe bewunderte, an
dem Eigentlichen, um dessentwillen wir an ihn glauben, müßte man vorübergehen: Gottes Sohn in der letzten Solidarität mit den Sündern, durchgehalten bis in die Verzweiflung
der Verlorenheit hinein, damit unsere Verlorenheit die seine und seine Gottverbundenheit und Gerechtigkeit die unsere würde. Dies sieht und weiß man nicht, man kann es
nur „entdecken", es muß einem aufgehen. Denen, die verlorengehen, bleibt es „verdeckt", unerschlossen (2. Kor. 4,3).
Wir haben dies wieder auf zwei Ebenen zu bedenken. Einmal: Der Geist erschließt uns

„eschatologische Wirklichkeit" (Ksm., S. 271), deren wir sonst nicht gewahr werden könnten. Nicht nur eine neue Sicht des Zustandes, in dem wir – überhaupt Mensch und Welt – uns zur Zeit befinden. Nicht nur eine neue Bewertung dessen, was ist. Das auch! Aber Paulus zitiert das (mit Jes. 64,3 nur ungenügend verifizierte, also wohl apokryphe) Wort V. 9. Was für uns Kreuz ist und nichts als Kreuz, hat nach Gottes gnädigem Willen die eschatologische Kehrseite, die Herrlichkeit, nach der wir uns sehnen und die es nicht anders zu gewinnen gibt als im Glauben an den Gekreuzigten. Nein, Paulus bricht nicht aus aus seiner theologia crucis, aber was er von gloria zu sagen hat, wird dadurch nicht hinfällig, sondern erst recht begründet. Wer in die „Tiefen der Gottheit" hineinschaut, sieht das Erbarmen, in dem Gott die aussichtslos Verlorenen zurückholt und sich freut, daß er sie wiederhat. Das ist mit natürlichem Auge nicht zu sehen. Aber wer den Geist hat, der merkt das Brennen der Liebe Gottes, die durch den Heiligen Geist in unsere Herzen ausgegossen ist (Röm. 5,5). Sie ist uns Bürgschaft für die Stichhaltigkeit unserer Hoffnung. – Das andere, was bei dieser Entdeckung wirksam wird: Wir bekommen nicht nur „erleuchtete Augen des Herzens" (Eph. 1,18) für eine Wirklichkeit, auf deren „Wellenlänge" unser normales Sehvermögen nicht eingestellt ist; wir werden durch den Heiligen Geist in ein Geschehen einbezogen, das uns selbst betrifft. „Als sie aber das hörten, ging's ihnen durchs Herz" und es entsteht sofort die Frage: „Was sollen wir tun?" (Apg. 2,37). Pfingsten bringt nicht nur eine neue Schau, sondern setzt uns in Bewegung. Gottes eigenes, ewiges Leben in uns. Wir tragen Gott mit uns herum. Gott ist in uns und bewegt unsere Gedanken, erobert sich unser Herz, „treibt" uns, wie wenn der Wind in die Segel fährt (Röm. 8,14). Das ist nicht ein zweites neben oder nach der Entdeckung, was es mit Jesus Christus auf sich hat. In und mit dieser Entdeckung werden wir in Bewegung gebracht, so daß wir nun Menschen Gottes sind, von Gott erfüllt und erfaßt.

3.

Man hat V. 15 auf den Papst beziehen wollen und auf die Unfehlbarkeit, die er in Anspruch nimmt, wenn er *ex cathedra* Entscheidungen über christliche Lehre und christliches Leben fällt. Was Paulus meint, gilt aber gerade für *jeden* Pneumatiker, also, wie wir sahen, für jeden Christen. So steil die Aussage ist, sie entspricht dem, was uns über das Wirken des Geistes gesagt ist. Der Geist lehrt uns *gewiß sein*. Ich denke, daß damit die Richtung getroffen ist, in die V. 15 zielt.
Ein allzu volltönendes Reden über die christliche Gewißheit könnte unsere Predigt leicht unglaubhaft machen. Gefährlich wäre es, wenn wir die Gewißheit zu einem Postulat, schlimmer noch: zu einer Forderung machen. Wir brauchten freilich Paulus nicht zur Ordnung zu rufen: er weiß, was Anfechtungen sind. Es wäre auch am Kreuz Christi vorbeigesehen, wenn wir so täten, als gäbe es für uns keine Ängste und Zweifel und kein Abirren mehr. Als empirischer Satz wäre V. 15 falsch. Als Forderung wäre er verhängnisvoll. Er hat anderen Sinn. Welchen?
Zunächst, meine ich, enthält er eine theologische Sachaussage. Wenn es wahr ist, daß die „heimliche, verborgene Weisheit Gottes" sich nicht an der „Weisheit dieser Welt" messen läßt (VV. 6f.) und wir nicht von Menschen Angelerntes predigen, sondern das, was Gott in seinem Geist selbst uns lehrt, dann wird der Glaubende sich durch Argumente, die aus der „Welt" kommen und sich schon darum nur auf den weltlichen Erkenntnis- und Erfahrungsbereich beziehen können, nicht beirren lassen. Natürliche Theologie will immer die Dinge des Glaubens in das Koordinatenschema weltlichen Denkens und weltlicher Erfahrung einordnen. Bei Dingen, „die kein Auge gesehen und kein Ohr gehört hat und die in keines Herz gekommen sind" (V. 9), müssen solche Einordnungsversuche von

vornherein scheitern. Ich kann „das Ganz-Andere" nicht an „Diesem-hier" messen. Der Glaube hat es mit Wirklichkeiten zu tun, die dem „Geist der Welt" schlechthin unzugänglich sind, von diesem her mithin nicht begriffen oder gar vertreten, aber auch nicht für sinnlos erklärt und bestritten werden können. Wir sind mit diesen Feststellungen noch lange nicht aus allen Problemen heraus. Auch der geistliche Mensch hat, bis zum Tage Christi, noch an den Dingen dieser Welt teil, und er hat seinen Glauben vor der Welt zu vertreten. Aber wohlgemerkt: nicht so, daß er sich für das Geistliche Kriterien aufzwingen läßt, die diesem unangemessen sind.

Das andere ist aber wichtiger. Gerade als angefochtener Christ, der ich bleiben werde, solange ich lebe, sollte ich mich daran erinnern lassen, daß ich ja „pneumatischer Mensch" bin, ohne daß doch mein Leben „im Fleische" aufgehört hätte (Gal. 2,20b). Als der alte Mensch, der ich noch immer bin, lebe ich „im Glauben an den Sohn Gottes, der mich geliebt und sich selbst für mich gegeben hat" (ebd.). Mein Glaube und mein Unglaube sind aufs stärkste ineinander verschränkt (Mark. 9,24). Aber ich soll wissen und mich daran erinnern lassen, daß ich zugleich der „geistliche Mensch" bin, der davon und darin lebt, daß der Geist Gottes in ihm ist. Ich versage – aber Gottes Geist in mir versagt nicht. Mir entfällt der Mut – aber er hilft meiner Schwachheit auf (Röm. 8,26). Mein Gebet erlahmt oder erstickt in Zweifel und Ängsten – aber der Geist vertritt mich (ebd.). Ich zweifle – aber es gibt die „Rechtfertigung" auch für den Zweifler (P. Tillich). Ich fühle mich oft weit von Gott weg – aber der Geist „wohnt" in mir (Röm. 8,9.11; 1. Kor. 3,16; 6,19). Wo ich versage, da nimmt er mir die Dinge aus der Hand und macht sich für mich stark. Ich brauche mich von keiner menschlichen Instanz kontrollieren zu lassen; Gottes Geist steht für mich ein. Das macht mich in einem letzten Sinne unangreifbar. Daß Gott für mich ist, wird hier, in V. 15, auf die pneumatologische Ebene transponiert. Ist er für uns, dann kann niemand mehr wider uns sein. Das Unterscheiden und das Entdecken führt uns zur Gewißheit.

Pfingstmontag. Eph. 4,11–15(16)

Die mit V. 1 beginnende Paränese hat es zunächst mit der Einheit und inneren Lebendigkeit der Kirche zu tun. Darin faßt sich eigentlich das Wollen des ganzen Briefes zusammen. Von V. 7 an geht es um die Mannigfaltigkeit der Gaben innerhalb der einen, vom Ganzen des Leibes des himmlischen Christus umschlossenen und ihm entgegenwachsenden Ekklesia. Die VV. 7–10 enthalten bereits die für unsern Abschnitt entscheidenden Grundgedanken: In der Kirche sind die Gaben des erhöhten Christus in ihrer Vielheit und in ihrem Zusammenspiel wirksam. Und: Dieser Christus erfüllt das All und will, daß die Kirche qualitativ und quantitativ ihm entgegenwachse.

V. 11: *Apostel* schon 2,20; 3,5; ebendort sind auch die *Propheten* erwähnt, bei denen nicht an alttestamentliche, sondern an neutestamentliche Offenbarungsträger zu denken ist (1. Kor. 12,28; 14; Apg. 8,1ff.; 11,27 u. ö.; auch Offb. 16,6; 18,20.24; 22,6.9). Nach 2,20; 3,5 kommt diesen beiden Gruppen kirchengründende und heilsgeschichtlich-epochemachende Bedeutung zu. *Evangelisten* sind wahrscheinlich Wandermissionare (in Palästina ebenfalls Apostel genannt, Apg. 14,4.14; 2. Kor. 11,13, während sich im paulinischen Bereich für sie später die Bezeichnung Evangelisten entwickelte, 2. Tim. 4,5 und uns. St. – Goppelt, ThNT, S. 329). *Hirten* im corpus Paulinum nur hier genannt, ihre Tätigkeit jedoch auch anderwärts: Joh. 21,16; Apg. 20,28; 1. Petr. 5,2–4 (vgl. 2,25). (Hebr. 13,7.17 spricht von „Leitenden".) *Lehrer* sind auch 1. Kor. 12,28f.; Apg. 13,1 erwähnt; 1. Tim. 2,7; 2. Tim. 1,11 nennt „Paulus" sich selbst so. – Das Wort ἔδωκεν weist auf das Psalmzitat in V. 8 (in der von Paulus /„Paulus" dargebotenen Gestalt) zurück; die hier aufgezählten Amtsträger (s. u.) sind „Gaben" des erhöhten Christus an seine Gemeinde, freilich nicht nur sie (V. 7). – V. 12: καταρτισμός = Festigung, Zurüstung. Es ist nicht sicher, daß εἰς ἔργον διακονίας den Zweck der „Zurüstung" angibt. Es ist zu fragen, wie man die Kommata setzt, d. h.: wie man die drei präpositionalen Aussagen einander zuordnet. Man könnte so lesen wie der Luthertext. Man könnte auch alle drei

Glieder einander gleichordnen: „zur Zurüstung der Heiligen, zur Arbeit des Dienstes, zum Aufbau des Christusleibes". Man könnte auch alle drei Ausdrücke wie in einem „Strom" lesen: dann gilt die „Zurüstung" der „Arbeit im Dienst", dieser wieder der „Erbauung des Leibes Christi". Die einzelnen präpositionalen Ausdrücke den verschiedenen Amtsträgergruppen zuzuordnen, wäre künstlich. Nach VV. 7 und 16 ist leitender Gesichtspunkt, daß *alle* Glieder der Gemeinde zum Dienst aktiviert werden. – V. 13: καταντάω = sich wenden, hinkommen, hingelangen. Der Aufbau der Gemeinde vollzieht sich darin, „daß wir alle zur Einheit des Glaubens und zur Erkenntnis des Sohnes Gottes gelangen". Der „vollkommene Mann" ist nach V. 15 der erhöhte Christus in seiner kosmischen Ubiquität. ἡλικία = Lebensalter, Körpergröße, Ausmaß (erbauliches Reden von „innerer Reife" geht am Gemeinten vorbei). Die Gemeinde soll, indem sie sich Christus nähert, den Raum zunehmend ausfüllen, den er selbst einnimmt (vgl. V. 10 Ende mit 1,22f.), so soll sie zum „Haupt", also zu Christus hinwachsen, um mit ihm, dem Haupt, zusammen zum „totus Christus" zu werden (Schlier). – V. 14: Ähnlich wie in Kol. 2,6ff. bedeutet das „Verwurzeltsein" in Christus (Taufe!) Feiung gegen Menschenbetrug (die gnostische Irrlehre). Der νήπιος, der Novize, war dem noch ausgesetzt. – V. 15: nach Käsemann (EVuB I, S. 292) eine „viel mißhandelte Losung". „Nicht vom Reden des Wahren oder (vom) aufrichtigen Verhalten wird hier gesprochen und nicht von jener Liebe, die persönliche und sachliche Spannungen überbrückt, sondern vom Verbleiben in der Wahrheit des Glaubens, die allein Voraussetzung echten Christusdienstes sein kann. Nur so wachsen wir selbst in allen Stücken auf ihn hin" (ebd.). – V. 16: Nicht nur Rekapitulation des Bisherigen (so Schlier, S. 190), sondern Fortführung. Ähnlich das Bild vom Bau (2,21f.). Leib Christi: Röm. 12,4ff.; 1. Kor. 12,12ff.(vgl. 10,16f.); Kol. 1,18.24, in unserm Text V. 12. Das eschatologisch Bedachte wird hier ekklesiologisch konkret.

Die Kirche ist Mysterium. Natürlich kann und muß man, wo es um ihre sichtbare Gestalt geht, zuweilen auch soziologisch von ihr reden. Sie besteht ja allem Augenschein nach aus Menschen, die durch irgendein Gemeinsames miteinander verbunden sind und in diesem Gemeinsamen miteinander leben; so hat die Kirche ihre menschliche Seite. Pfingsten lehrt uns jedoch, daß sie „von oben her" verstanden werden muß, weil sie dort ihren Ursprung hat. Ja, sie ist nicht einmal nur etwas von „oben" Angeregtes, Initiiertes, das sich dann „unten", auf der Erde verwirklicht. Das „Obere" gehört zu ihrem Bestand, zu ihrem Sein und Tun. Das ist gemeint, wenn wir vom „Geheimnis" reden, das in der Kirche anwesend ist. Die Kirche umfaßt Himmel und Erde. Denn sie ist der Leib zu dem „Haupt", das im Himmel ist.

Die Perikope ist eine schöne Ergänzung zur alten Epistel. Auch dort: Einheit in der Vielheit. Was der Herr schenkt, wirkt sich im Dienst aller an allen aus. Auch in 1. Kor. 12 war nichts anderes gemeint als hier; der Leib-Gedanke sagt mehr als die berühmte Fabel des Menenius Agrippa. Der in seinem Geiste gegenwärtige erhöhte Herr macht uns zu dem, was wir sind. Ihm wachsen wir entgegen. Es ist sicher schwer, sich das so vorzustellen, wie es im Text gemeint und gesagt ist. Wir werden uns die eschatologische Wirklichkeit sicher anders denken, als die Urchristenheit sie sich vorgestellt hat. Aber an ihr festhalten müssen wir schon, wenn wir bei der Sache bleiben wollen. Alle „Gaben", die in der Kirche vorhanden sind und eingesetzt werden wollen, stammen nicht von einem vergangenen, nur erinnerten, nur in seinen Gedanken und Worten fortlebenden Jesus, sondern von dem Christus, der in unsere Menschenwelt gekommen und dann „aufgefahren" ist und nun, als der Erhöhte, das All erfüllt.

Der allgegenwärtige Christus wirkt in seiner Gemeinde – (1) *in Gaben und Diensten,* (2) *im Leib und den Gliedern,* (3) *in Wahrheit und Wachstum.*

I.

Um die Einheit der Kirche geht es. Sie besteht nicht, weil Machtsprüche oder gar Machttaten die Kirche zusammenhalten, sondern kraft dessen, was Gott in Christus für uns ist und tut (VV. 4–6). Christus gibt seine Gaben, darum ist die Einheit der Kirche eine gelebte und betätigte Einheit. Jedenfalls sollte und könnte es so sein. Der Herr will unter uns und durch uns wirken, das ist das Geheimnis der Kirche.

Man tut gut, von dem Psalmzitat auszugehen (V. 8), wobei wir für Textgestalt und Auslegung getrost Paulus (oder „Paulus") die Verantwortung zuschieben können. In dem διό der das Zitat einleitenden Formel steckt das Problem des Verstehens. Daß Christus den Menschen Gaben gibt, was hat das mit seiner Herabkunft (gemeint ist die Menschwerdung) und seiner Auffahrt zu tun? Es hängt damit zusammen, daß der, der alle Räume des Alls – Immanenz und Transzendenz – durchschritten hat, eben damit auch von ihnen Besitz ergriffen hat und in ihnen allgegenwärtig geworden ist. Der allgegenwärtige Christus ist aber der überall *wirksame* Christus. Er wirkt aber wiederum nicht, indem er befiehlt oder gar nötigt, sondern indem er *schenkt* (ἔδωκεν). „Einem jeden unter uns ist gegeben die Gnade nach dem Maß der Gabe Christi", also so und in dem Umfang, in dem der Herr selbst seine Gaben uns zugeteilt hat. Keiner hat alles, aber jeder hat *etwas,* das er einsetzen soll. Das gilt übrigens nicht nur für die einzelnen Christen, sondern auch für die Kirchen. Das Bekenntnis zur Ubiquität des Erhöhten läßt uns ökumenisch denken. Die Christenheit ist eine, weil ihr Herr selbst einer ist, über alle Räume und Grenzen hinweg, und daß die Wahrheitsfrage (VV. 14f.) uns Nöte bereitet, ist nur die eine Seite der Sache; die andere: Christus gibt seine Gnade nach seinem Maß (V. 7).

Es überrascht vielleicht, daß auf die Frage, wo denn nun die Gaben Christi seien, auf bestimmte *Menschen* verwiesen wird: Apostel, Propheten, Evangelisten, Hirten, Lehrer. Man könnte in ihnen *Beispiele* sehen für die Ausstattung *aller* Christen mit Gnadengaben – gerade eben die, „auf die man in der Öffentlichkeit der Welt zunächst aufmerksam wird" und nur darum eigens aufgezählt; „auf keinen Fall darf man damit den Kreis der zur Arbeit in der Gemeinde Berufenen umschreiben wähnen" (Ksm., a.a.O., S. 289). Zweifellos: Gaben des Geistes haben alle (VV. 7.16), und auch Amtsträger sind Charismatiker (1. Kor. 12,28). Daß aber die Amtsträger nichts anderes sind als irgendwelche nur beispielhaft genannten, in der Darstellung also durch irgendwelche andere Beispiele ersetzbaren Charismatiker – Besondere unter lauter anderen Besonderen –, kann nicht die Meinung des Textes sein. Der Verfasser hätte dann nicht gerade die Apostel und Propheten nennen dürfen, denen nach 2,20; 3,5 eine besondere heilsgeschichtliche Rolle, nämlich eine kirchengründende Bedeutung zukommt (nach 1. Kor. 3,11 eine gewagte Behauptung, doch vgl. Matth. 16,18); sie jedenfalls sind nicht austauschbar! Die Aufzählung spricht auch dagegen, daß man in den genannten Funktionen nur zufällige Ausprägungen und Besonderungen des *einen* „Amtes" zu sehen habe, das *jeder einzelne* in der Kirche hat. (Daß die Kirche *als ganze* das Amt hat, wäre ein davon wohl zu unterscheidender Sachverhalt!) Und endlich die Tatsache – auf sie wird noch zurückzukommen sein –, daß es ja gerade die Aufgabe der genannten Amtsträger ist, die „Heiligen" zu ihrer „Arbeit des Dienstes" zuzurüsten und sie dazu instandzusetzen. Das Charisma ist ausdrücklich aus dem Wirken der Amtsträger abgeleitet, besser: aus der apostolischen (prophetischen, evangelistischen usw.) Verkündigung *entsteht* das Charisma, fließt den „Heiligen" die Geistesgabe zu, die Christus schenkt. Werden diese damit den Amtsträgern rechtlich „unterstellt"? Keineswegs! Die Rechtsgestalt der Kirche ist nicht die erste Sorge des Herrn und seiner ersten Gemeinden. Ein „Apostelgesetz" – das etwa Vorbild für unser Pfarrergesetz sein könnte – hat Jesus nicht erlassen, und auch sonst war das Gesetzemachen in der Christenheit nicht das Dringlichste (obwohl es ohne irgendeine Ordnung auch schon in den ersten Zeiten nachweislich nicht abgegangen ist). Aber der Herr hat Menschen für den besonderen Dienst – nicht nur an den Menschen „draußen", sondern auch in seiner Gemeinde – bevollmächtigt (ἐξουσία bedeutet Autorisierung). So hat z. B. Paulus – von anderen wissen wir es nicht so genau – im Streit mit denen, die ihm die Vollmacht des

Wirkens bestritten, nicht argumentiert, er sei ja schließlich auch ein Charismatiker, sondern er hat sein Apostolat geltend gemacht (z. B. Röm. 1,1.5; 1. Kor. 1,1; Gal. 1,1.12ff.), nötigenfalls verteidigt (1. Kor. 9,1; 2. Kor. 10,8; 11,5), in Lehre und Zucht autoritativ wahrgenommen (1. Kor. 4,15; 5,3ff.; 9,1ff.; 11,1ff.17ff. – Käsemann spricht von dekretalem Stil, a.a.O. S. 125), nicht einmal der Kritik der Gemeinde unterworfen (1. Kor. 4,3; 2. Kor. 11,19), so daß von Campenhausen sagen kann: „Der Apostel besitzt eine einzigartige Berufung und steht mit seiner überragenden Vollmacht über der ganzen Gemeinde" (Kirchliches Amt und geistliche Vollmacht . . ., 1953, S. 65). Ich würde nicht so weit gehen, mindestens eingrenzen: er hat soviel Vollmacht, wie das ihm zur Verwaltung (1. Kor. 4,1; 9,17) übergebene Wort Gottes hat. Aber diese Vollmacht *hat* das Amt. Woher sollten auch sonst die Gnadengaben kommen, wenn nicht – wie überhaupt der Geist – durch das verbum externum, das nun einmal den fünf aufgezählten Ausprägungen des einen Amtes der Kirche anvertraut ist (1. Kor. 9,17: $\pi\epsilon\pi\acute{\iota}\sigma\tau\epsilon\upsilon\mu\alpha\iota$)? Ich bitte den Leser um Entschuldigung dafür, daß ich so lange an diesem Gegenstand hängen bleibe; zu oft hören wir in den Gemeinden und sogar von Kathedern anderes.

Was die Aufgezählten in der Gemeinde zu tun haben? Was sie tun, dient „zur Zurüstung der Heiligen(,) zum Werk des Dienstes, zum Aufbau des Leibes Christi." (Über das eingeklammerte Komma s. o.) Das Ziel ist die (im weitesten Sinne des Wortes:) diakonische Aktivierung, d. h. aber zuvor: die Instandsetzung, die Ertüchtigung der Gemeinde. Man könnte auch sagen: die „Gaben", die der Herr „schenken" will, müssen zuvor an die Gemeinde ausgeteilt, müssen ihr zugeführt werden. Die Betonung des Amts in unserm Text bedeutet also mitnichten die Zurruhesetzung der Gemeinde bzw. – im Blick auf viele noch immer passive Gemeinden gesagt – den Grundsatz, sie aus Passivität und Schlaf nicht aufzustören. Apostolischer Dienst und vielfältige Aktivitäten in der Gemeinde: dies beides gehört *zusammen* (wie man nicht nur – z. B. – an 1. Kor., sondern auch an 1. Petr. ablesen kann, vgl. uns. Ausl. zu Mis. Dom.). Das Wort und die Sakramente vermitteln den Geist und erwecken Gaben des Geistes, in der *ganzen* Gemeinde. Also ist die ganze Gemeinde eine *Dienstgemeinschaft.* In der Gemeinde hat jeder etwas zu tun – für Christus, für seine Gemeinde, für die Menschen in ihr, die seinen Dienst brauchen, auch für die Menschen außerhalb ihrer. Jesu Werk war – und ist – Dienst. Das Tun in seiner Gemeinde kann in nichts anderem bestehen. Wir geben nur einige Stichworte: Ausbreitung der guten Botschaft an Junge und Alte, Gesunde und Kranke. Unmittelbar, indem man selbst den Mund aufmacht. Mittelbar, indem man andere einlädt, Verbindung herstellt, Mut macht. Gottesdienst – Sache aller. Diakonie – nun auch im engeren Sinne (woran liegt es eigentlich, daß es hier so an Kräften fehlt?). Christliches Leben in den Familien, Gestaltung des Lebensstils aus der Präsenz Christi. Nachbarschaftliche Kontaktaufnahme – wo sind Menschen, die das Wort, die Hand, die tätige Hilfe brauchen? Der Prediger sollte sich umsehen, wo Aufgaben sind und wo Kräfte geweckt werden müssen. *Kαταρτίζειν* heißt in unserer Sprache: „fit machen". Wie sollen sie etwas tun, wenn niemand es ihnen beigebracht hat und wenn sie es nicht eingeübt haben? Wir wissen, denke ich, davon etwas mehr als noch vor 30 Jahren. Leid täte mir der, dem jetzt nichts weiter einfällt als das Wort „Schulung" – vielleicht gar in dem Sinne, daß der Pfarrer der „Trainer" ist, der lauter kleine Amateurpfarrer ausbildet. Das wäre gerade nicht das hier gemeinte „Werk des Dienstes" und der „Aufbau des Leibes Christi"!

„Keiner geht leer aus", schreibt Käsemann, und: „Keiner ist überflüssig" (a.a.O., S. 290). Wir merken uns diese Sätze – vielleicht sind sie sogar Bausteine für eine Thematisierung, die besser „greift" und unmittelbarer anspricht als die von uns vorgeschlagene, die theologisch gefüllter und expliziter ist. Hauptsache, die Predigt macht deutlich, daß, was hier zu sagen ist, nicht ein (pragmatisches) Aktionsprogramm ist, sondern Aussage über die Gaben des erhöhten Christus an seine Gemeinde. *Das* ist der entscheidende Punkt. „Die Ubiquität des Erhöhten stellt sich auf Erden als totale Mobilmachung der Christenheit dar" (Ksm., S. 290).

2.

Den beiden Käsemannschen Sätzchen hätten wir noch ein drittes hinzuzufügen: Keiner kann's allein. Und wenn er's allein könnte: er *soll* nicht allein bleiben. Der Herr wirkt im Leib und den Gliedern. Und: „die Bewegung und Erbauung des Leibes ist Sache des ‚ganzen Leibes' ... Sie ist nicht nur Sache der zurüstenden Dienste" (Schlier z. St.).
Die Gedanken von 1. Kor. 12,12ff. hätten Anhalt auch an unserm Text. Sind wir „nach dem Maße der Gabe Christi" beschenkt (V. 7) und ist jedes Glied dem andern eben „nach seinem Maße" behilflich (V. 16), dann bedeutet Begrenzung auch gegenseitige Abhängigkeit und Ergänzungsbedürftigkeit. Keiner hat alles. Ich brauche die anderen. Und ich darf mich, mit meiner Gabe, den anderen nicht entziehen. Das Wort ἐπιχορηγία (V. 16) meint ursprünglich die Finanzierung und damit auch (mittelbar) die Inszenierung eines Reigens im antiken Theater; der springende Punkt ist das Zusammenspiel der Vielen. Es gibt kein isoliertes Christsein. Das Wohlbefinden der Glieder hängt vom Wohlbefinden des Leibes ab, es besteht in ihm. Wie könnte es mir geistlich gut gehen, wenn es um meine Kirche geistlich schlecht bestellt ist? Entziehe ich mich, dann trage ich die Folgen nicht allein; die andern trifft es mit. Erlahmt mein Interesse, werden auch andere müde. Verstummt mein Gotteslob, stumpfen andere mit ab, und Gott bekommt seine Ehre nicht. Versage ich im Kampf gegen die Sünde, dann schwäche ich den ganzen Leib, und anderen wird es schwerer, sich zu behaupten. Bin ich treu im Beten, kommt es – vielleicht ohne daß sie dessen gewahr werden – auch den anderen zugute. Wenn ich schon der Meinung wäre, ich käme mit meinem Christsein allein zurecht: die anderen darf ich nicht im Stich lassen.
Es ist gut, sich Gedanken dieser Art anschaulich zu machen. Freilich wären wir noch nicht bei dem, was der Text meint, wenn wir es dabei bewenden ließen. Zur Not könnte man das eben Dargelegte auch von jeder nichtkirchlichen Gemeinschaft sagen. Bleiben wir dessen eingedenk, daß unser ganzer Abschnitt an dem διό in V. 8 aufgehängt ist!
Die Kirche ist der Leib *Christi*. Der Erhöhte ist das Haupt. Vom Haupt her hat der Leib seine Lebendigkeit. Von daher wird er gesteuert. Der leibhaft Auferstandene und den Himmel Einnehmende macht uns kraft seiner leibhaften Gegenwart in den Gnadenmitteln (1. Kor. 10,16f. – uns. Ausl. zum Gründonnerstag –; 12,13) zu seinem Leibe. Soll man von einer *seinshaften* Gegenwart Christi sprechen oder von seiner durchs Wort hergestellten geschichtlich-*personalen* Verbundenheit mit seiner Gemeinde? Falsch gefragt! Wie bei einem geliebten Menschen leibhafte Gegenwart und personale Verbundenheit einander nicht verdrängen und eins das andere nicht entbehrlich macht: so auch, wenn es um den erhöhten Christus und seine Gemeinschaft mit uns geht. Der „alles erfüllt", begegnet uns leibhaft und macht uns zu seinem Leibe, denn er wohnt in uns. Daß Christus Gaben gibt (V. 8), hängt mit seiner das All erfüllenden und auch uns einbeziehenden Realpräsenz zusammen. Christus ist da! Er schafft sich in der Kirche seinen Leib. Und er ermöglicht, daß der Leib in Richtung auf sein eigenes Wachstum aktiv wird (V. 16 Ende). Die Kirche ist nicht nur Mittel zum Zweck – das ist sie auch, indem sie selbstlos dient –, sie ist auch selbst Zweck, indem der Herr Menschen in seine Himmel und Erde umgreifende Gemeinschaft zieht.

3.

Was jetzt noch zu sagen ist, haben wir in den Satz zusammengezogen: In *Wahrheit und Wachstum* ist der omnipräsente Herr unter uns wirksam. Der Gedankengang des Textes ist an dieser Stelle besonders schwierig. Der Leib Christi soll auferbaut werden, „bis alle zur Einheit des Glaubens und der Erkenntnis des Sohnes Gottes hingelangen, zum vollkommenen Mann, zum vollen Ausmaß der Fülle Christi" (V. 13). Was heißt das?

Das Pleroma Christi ist Christus, sofern er überall gegenwärtig ist, also das All ausfüllt (V. 10). Es gibt keinen Punkt in der Welt, wo er nicht wäre. Man könnte nun kurzschließen und sagen, es gehe einfach um Weltmission. Da die Kirche eine Gemeinschaft von Menschen ist und es Menschen nur auf der Erde gibt, kann „die Fülle Christi", die die Kirche erreichen, der sie mindestens „entgegenwachsen" soll, nur darin bestehen, daß – nach Möglichkeit – die ganze Menschheit Jesu Gemeinde wird. – Es ist gar keine Frage: unser Text ist ein Missionstext par excellence. Mission ist gewissermaßen das Bemühen um Beseitigung einer Differenz: der zwischen der kosmischen Herrschaft Christi, die umfassend seit seiner Himmelfahrt (V. 10) *gegeben* ist, und seiner Herrschaft über die Menschen, die erst zu einem kleinen Teil zu seiner Gemeinde gehören und insofern hinter dem, was in Christus schon Tatsache ist, noch weit zurückbleiben. Mission ist also ein Geschehen im „Sog": wohin auch immer ein Sendbote Jesu Christi kommt, der Herr ist vor ihm schon da, und nun gilt es, in leibhaft-geschichtlicher Weise zu verwirklichen, worauf es von Christus her abgesehen ist: daß Menschen in seinen Leib eingegliedert werden und so in seine Gemeinschaft und sein Leben eingehen.

Aber der Text beschränkt sich nun nicht auf die Erdoberfläche, wenn er an das Wachstum des Leibes Christi denkt. Der in der Umwelt des Neuen Testaments anzutreffende Urmenschgedanke leistet Hilfsdienst. Die Kirche hat ja außer der ökumenischen noch eine eschatologische Dimension. Mit dem „Erstling" hat die neue Welt begonnen. Kraft unserm Teilhaben am „Erstling" sind auch wir schon – unsichtbarerweise – neue Welt. Versteht man die Kirche eschatologisch, so umfaßt sie, da sie der Leib Christi ist, grundsätzlich ebensoviel Raum wie Christus selbst (wir in ihm, er in uns): Himmel und Erde. Im alten Weltbild kann man sich dies naiv-räumlich vorstellen. Das können und wollen wir nicht mehr. Wir denken nicht mehr in Stockwerken. Wir können den Raum nicht angeben, in dem der Auferstandene sich befindet und den er, indem er ihn erfüllt, für sich „aufspannt" (um es in Analogie zum Raumverständnis der modernen Physik auszudrücken). Ja, wir tun gut, in diesem Zusammenhang das Wort Raum – wir haben kein anderes Wort – in „ . . . " zu setzen. Die Sache ist damit nicht abgetan. Die Kirche auf Erden und die vollendete Kirche haben in diesem übergreifenden Christus-„Raum" miteinander Platz, ja, sie bilden die *eine* Kirche derer, die „im Himmel und auf Erden und unter der Erde" sind (Phil. 2,10). „Spinnen" wir? Wir machen nur Ernst mit dem Psalmzitat und seiner Auslegung durch den Apostel.

Die himmlische Christus- und Ekklesia-Wirklichkeit ist also in das Glaubensdenken des Textes einbezogen. Ist dem so, dann geht es, wenn wir an diesem „Raum" Anteil gewinnen wollen, nicht mehr bloß um eine extensive Bewegung. In dem Maße, in dem wir an Christus Anteil gewinnen, nähern wir uns den „Ausmaßen" des Christus, der – gewissermaßen als der kosmische Urmensch-Erlöser – unser neues Sein trägt und – ist. Das quantitative Mehrwerden („wachsen") ereignet sich dann auf dem Wege zu einem qualitativen – eschatologischen – Neuwerden. Je mehr wir uns in Glauben und Erkenntnis (V. 13) dem Sohne Gottes nähern, desto mehr werden wir mit ihm eins und gehen damit auch als Gemeinde in seine kosmischen Ausmaße ein. Er hat die Himmel durchschritten, er ist über die Erde gegangen: so ist alles sein. Indem wir – den Novizenstand und damit auch die Anfälligkeit für alle möglichen verführerischen Lehren hinter uns lassend – mit ihm verbunden werden, gehen wir in seine allumfassende Herrschaft ein. Gott wird zuletzt „alles in allem" sein (1. Kor. 15,28).

Trinitatis. Eph. 1,3–14

Die Perikope umfaßt eine einzige kunstvoll aufgebaute Satzperiode. Formgeschichtliche Analyse bei G. Schille, Frühchristliche Hymnen, Berlin 1962, S. 65ff. Es handelt sich nach Schille um eine hymnische Vorlage (bis V. 12a) und eine epistolische Explikation (VV. 12b–14); der Vf. sei mit der Vorlage frei umgegangen (theologischer Riß zwischen Vorlage und Vf.). „Initiationslied": der liturgische Ort sei die Taufe. – Schlier sieht das Stück anders (s.u.). Eulogien auch im Eingang von 2. Kor. und 1. Petr., dort an Stelle des sonst üblichen Dankes, hier diesem (VV. 15ff.) vorgeschaltet.
V. 3: der Hauptsatz der Eulogie (ohne Kopula), dem im hymnischen Partizipialstil die Aussage über Gott eingefügt ist. Diese wird in den VV. 4–14 entfaltet. Man übersehe nicht das Gegenüber: εὐλογητός . . . ὁ εὐλογήσας. Mit dem καϑώς ist ein Nagel eingeschlagen, an dem VV. 4–10 hängen. In diesem Teil dominieren die Verben ἐξελέξατο (V. 4), ἐχαρίτωσεν (V. 6) und ἐπερίσσευσεν (V. 8); jedem dieser Verben ist eine Wortgruppe mit κατά zugeordnet. Dabei reden VV. 4–6a von der Erwählung durch den Vater, VV. 6b.7 von der Erlösung durch den Sohn, VV. 8–10 von der Kundmachung des Geheimnisses (durch den Geist, von dem in V. 13 auch ausdrücklich die Rede ist). Die VV. 11–14 stellen eine angeschlossene „Doppelstrophe" (Schlier) dar, vielleicht auch, wenn man an das dreimalige ἐν ᾧ denkt (dem allerdings Aussagen verschiedenen Umfangs folgen – hinter καὶ ὑμεῖς in V. 13 hat man sich ein ἐστέ zu denken), eine Dreifachstrophe. Überzeugender wäre freilich die Dreigliederung und überhaupt der Gedankengang, wenn die Worte εἰς ἀπολύτρωσιν τῆς περιποιήσεως, V. 14, in V. 13 hinter τῆς σωτηρίας ὑμῶν ständen.
Zum einzelnen: In V. 3 hat εὐλογεῖν verschiedenen Sinn: wir preisen (die בְּרָכָה des jüdischen Ritus) – Gott hat gesegnet („Antaklisis" – Umbiegung eines Wortes in eine andere Bedeutung). Alles, was Gott gibt, haben wir nicht anders als so, daß der Geist es uns aufschließt, daher „geistlicher Segen". Das schon formelhafte ἐν τοῖς ἐπουρανίοις (vgl. 1,20; 2,6; 3,10; 6,12) meint immer einen „Ort", einen „Raum": „die Transzendenz als die Dimension umgreifender, vielfältiger Macht, die das irdische Dasein als dessen Himmel weitet und erhöht, angeht und anfordert und in den Streit stellt" (zu letzterem vgl. 6,10ff.) (Schlier). Im „Himmel" wohnt nicht nur Christus, sondern auch finstere Macht, darum die nötige Ergänzung „in Christus". – V. 4: vgl. Röm. 8,28. Das εἶναι hat finalen Sinn. ἄμωμος fast ein Synonym zu ἅγιος . – V. 5: προορίζειν = festsetzen, bestimmen, vielleicht: „im voraus definieren" (Schlier). – V. 6: Alles zielt auf das Lob, auf die Verherrlichung Gottes (vgl. die Parallelaussagen VV. 12.14). Der ἠγαπημένος ist (seltener) Messiastitel. – V. 7: Die ἀπολύτρωσις („Loskauf" von Sklaven oder Gefangenen) besteht in der befreienden Sündenvergebung, mit der Wirkung, daß Christus uns für sich endgültig sicherstellt (περιποίησις V. 14): das ist: wie in V. 6 greift ἧς auf τῆς χάριτος zurück. – V. 9: Das Mysterium des Gotteswillens ist das Kommen und Wirken Christi (vgl. Kol. 1,26f.; 4,3; aber auch 1. Kor. 2,6ff.). Wieder stoßen wir auf das Revelationsschema. – V. 10: οἰκονομία wird man wohl (in Anlehnung an Bauer, WB, Bedeutung 2b) als „heilsgeschichtliche Verwirklichung" aufzufassen haben, durch die die „Zeiten" „angefüllt" werden mit dem Heil Gottes. Christus wird zum Haupt des Alls und damit zu dessen Einung. Das ἐν αὐτῷ nimmt (in rhetorischer Manier) das ἐν αὐτῷ von V. 9 Ende wieder auf und wird relativisch mit dreifachem ἐν ᾧ fortgesetzt (s. o.). – V. 11: Das „wir" meint die Judenchristen, während V. 13 denselben Tatbestand ausweitet („auch ihr"), darin schon Kap. 2 präludierend. κληροῦν nur hier; zu κλῆρος vgl. Num. 26,55; Jos. 14,2; Matth. 5,5; 1. Petr. 1,4. – V. 13: Terminologie der Missionssprache: πιστεύσαντες ingressiv, ἐσφραγίσϑητε ist Taufterminus (2. Kor. 1,22; Eph. 4,30), nach Schlier möglicherweise die mit der Taufe verbundene Handauflegung bezeichnend (Belege s. dort). – V. 14: ἀρραβών = Anzahlung, vgl. 2. Kor. 1,22; 5,5; zur Sache auch Röm. 8,23. περιποίησις – s.o. – Besitznahme (Gott nimmt uns in Besitz – oder wir unser Erbe).

Wenn die Kirche von der Dreieinigkeit Gottes spricht, berührt sie immer die Grenze des Aussagbaren, ja, es entsteht der Verdacht, daß sie sie überschreitet: aus Verlegenheit vielleicht, weil man meint, etwas sagen zu müssen, was man doch eigentlich nicht sagen kann; oder aus Freude am Spekulieren, weil nun einmal der Menschengeist sich so leicht vermißt, die Geheimnisse Gottes aufzubrechen. Es gehört zu den wichtigsten Aufgaben theologischen Denkens, die Grenzen unseres Erkennens aufzuweisen. „Tritt nicht herzu!" Auch in der Kirche selbst bereiten wir uns durch Grenzüberschreitungen zuweilen unnötigen Kummer. Es gäbe weniger Spaltungen – man denke etwa an die wegen des „Filioque" –, wenn wir es über uns gewännen, Geheimnisse stehen zu lassen und nicht mehr wissen zu wollen, als Gott uns zu erkennen gegeben hat.

Es wäre allerdings kein Ausweg, von Gott reden zu wollen, indem man davon absieht, daß er der dreieinige ist. Denn als der dreieinige Gott *gibt* Gott sich uns in seiner Offenbarung. Wir haben ihn ja nur so, wie er sich gibt. Er gibt sich aber nicht anders, als er *ist*. Mancher, dem die Gottesfrage Not bereitet, versucht, dieser Not zu entgehen, indem er Gott nur als das große X, als den Unbekannten und Unerreichbaren stehen läßt und sich gegen die Selbstkonkretisierung Gottes in seinem Offenbarwerden wehrt. Hand aufs Herz: der nebulose Gott ist immer auch der unverbindliche, zu nichts verpflichtende, auf Distanz gehaltene Gott. Und er ist uns doch in Wirklichkeit so nahe! Es ist für unsern Text kennzeichnend, daß hier über „die Tiefen der Gottheit" (1. Kor. 2,10) nicht philosophiert, sondern daß Gott angebetet und gepriesen, ja, daß alles, was Gott tut und was er aus uns macht, zu einem einzigen großen Gotteslob wird (VV. 6.12.14). Dieses Gotteslob vergegenständlicht nicht Selbstersonnenes, sondern spiegelt Erfahrenes. Der Text spricht von dem *in Christus* uns zugewandten Gott. Man gehe doch den Text durch – immer wieder spricht er von Christus: „Gott, der Vater unseres Herrn Jesus Christus" – „gesegnet durch Christus" – „Kinder durch Jesus Christus" – „begnadet in dem Geliebten" – „in ihm die Erlösung, die Vergebung der Sünden" – Gottes „Ratschluß" „in Christus" – die Zusammenfassung des Alls „in Christus" – „in ihm" sind wir zum „Erbe" gekommen – auf „Christus" haben wir „gehofft" – „in ihm" – „in ihm", „in dem" wir zum Glauben gekommen sind. Gotteserfahrung in Christus: darauf beruht die Trinitätslehre. Christuserfahrung im Geist: darin rundet sie sich. „Durch ihn" – *Christus* – „haben wir den Zugang ... in *einem Geist* zum *Vater*" (2,18). Was später, in der alten Kirche, zur Lehre ausgestaltet wird, ist im Neuen Testament höchstens ansatzweise in Formeln da (Matth. 28,19; 2. Kor. 13,13; man vergleiche auch 1. Kor. 12,4–6; 1. Thess. 1,3–5; 1. Petr. 1,2; Offb. 1,4f.), aber es spricht für die trinitarische Verkündigung des Neuen Testaments, daß sie von dieser „Sache" ganz undoktrinär redet.

Dies gilt nun auch für die innertrinitarischen Aussagen des Textes. Er spricht ja nicht nur davon, daß der eine Gott uns auf dreierlei Weise – als Vater, Sohn und Geist – erfahrbar wird, wenn er in die „Atmosphäre" unserer Welt „eintaucht", sondern er spricht von der Bewegung, die sich in Gott selbst vollzieht. Noch ist der Geist nicht deutlich als Person gekennzeichnet. Der Sohn aber ist der vom Vater „Geliebte" (V. 6); „in ihm" hat der Vater uns „erwählt, ehe der Welt Grund gelegt war" (V. 4). Christus gehört nicht zur Schöpfung, sondern auf Gottes Seite. Und die Liebe, in die nachfolgend wir einbezogen werden, ist zunächst die Liebe des Vaters zum Sohn. Daß die Kirche später den Geist, der doch der Geist Christi ist (Röm. 8,9ff.; 2. Kor. 3,18) und zugleich der „andere" Fürsprecher (Joh. 14,16f. 23), als dritte Person in Gott gesehen hat (hierzu bes. 1. Kor. 2, 10ff.), ist als Folgerung auch aus diesem Text gerechtfertigt.

Wir beten den dreieinigen Gott an. Sind wir doch (1) *vom Vater erwählt,* (2) *durch den Sohn erlöst,* (3) *im Geist erleuchtet.*

I.

Gott hat gesegnet – so können wir nur preisen (beides: εὐλογεῖν, V. 3 – s. o.). Was hier gesagt werden soll, kann man nicht besser aussprechen als in der Anbetung und im staunenden Aufschauen zu Gott. Dazu kommt es freilich nur dann, wenn man die vorzeitlich-eschatologische Raumtiefe unseres Mensch- und Christseins begriffen hat. „Sein heißt für den Christen, der ja in Christus ist, nie nur in der Welt sein, nie nur Geschöpf sein, sondern auch: immer schon allem zuvor von Gott erwählt sein. Das Christsein ist in diesem Sinne eine ewige Ausnahme und Vorausnahme" (Schlier z. St.). „Ausnahme"? Ja, weil eigentlich das Gegenteil von dem zu erwarten wäre, was im Text von uns gesagt ist. Gott könnte uns uns selbst überlassen und, nachdem wir uns mit Gedanken, Worten und Werken von ihm losgemacht haben, sich seinerseits von uns lossagen; ja, er müßte uns überhaupt nicht zugewandt sein. „Wir – seine Kinder"? Gott könnte zum Menschengewimmel in seiner Schöpfung ein ganz unpersönliches Verhältnis haben – wie wir zu einem Ameisenhaufen. Es könnte ihn kalt lassen, was aus uns wird. Er hätte an sich selbst genug, er braucht uns nicht. Aber – er hat uns erwählt. Er ist Liebe. Indem er den Sohn liebt, liebt er wunderbarerweise auch uns.

„Lang ehe wir geboren, hast du uns angesehn" (R. A. Schröder, EKG 307,2). Es ist nicht ein glücklicher Zufall, daß Gott auf uns gestoßen ist und uns zu sich gezogen hat. Vor Gründung der Welt hat er an uns gedacht. So ist also unsere Existenz nicht einfach eine Hervorbringung der physischen Welt, ein Kompositum aus Genen, und jeder Augenblick bestimmt durch eine Unzahl sich schneidender Kausalreihen, das Ganze dann mit dem Wort Schicksal mehr dem Unüberlegt-Sinnlosen zugeschrieben als sinnvoll gedeutet. Daß wir von den Genen und Kausalreihen sprechen, ist ja in Ordnung; wer wollte bestreiten, daß unser Leben in Gesetzmäßigkeiten verfaßt ist! Unser Glaube lebt auch nicht von etwaigen in dieser Wirklichkeit verbliebenen Lücken. Der Glaube sieht *das Ganze* als Gottes Werk, und er erkennt die an die so verfaßten Menschen ergehende Berufung. – Man könnte die menschliche Existenz auch noch anders sehen. Man könnte den Menschen als sich selbst setzendes und bestimmendes Wesen verstehen und der Meinung sein, das Ungewisse in der Welt sei nicht in unüberlegt wirkenden Gesetzmäßigkeiten der Natur zu sehen, vielmehr in der das Abenteuer des Lebens ermöglichenden Freiheit, und der Stoff, aus dem wir unsere Existenz formen, sei das Nichts. Etwas Richtiges ist auch hieran; denn wir sind Wesen, die *wollen* und *sich entscheiden*. Aber es ist eben, vom Glauben und der Gotteserfahrung her gesehen, beides falsch, sowohl die fatalistische Verzweiflung am Sinn des Lebens als auch die existentialistische Unbestimmtheit unseres Daseins hinsichtlich seines Woher und Wohin. Wir sind *gewählt*, geliebt seit aller Ewigkeit. Die „Augen" Gottes sind auf uns gerichtet, sein „Herz" ist uns zugewandt und geöffnet. Gott kommt uns entgegen, sucht uns, will uns wiederhaben. Von der περιποίησις spricht der Text: Gott will uns zum Eigentum gewinnen. Er will uns als solche Geschöpfe haben, die in unsträflicher Heiligkeit und heiliger Unsträflichkeit leben (Hendiadyoin) – als Menschen also, die ihrer Art, ihrem Zuschnitt, ihrer Gesinnung und inneren Ausrichtung nach ihre Zugehörigkeit zu ihm tätig bekunden und so „vor ihm" leben, in der Coram-Deo-Existenz. Wir sollen – so will es seine ewige Liebe – seine Kinder sein – nicht irgendwelche unpersönlichen Inventarstücke seiner großen bunten Welt, sondern von ihm geliebte Wesen – so geliebt, wie eben ein Vater seine Kinder liebhat. Und warum dies? Einfach: „nach dem Wohlgefallen seines Willens"; fragt man nach einem Warum, dann kann es nur in seiner grundlosen Liebe liegen. Die innertrinitarische Bewegung – der Vater liebt den Sohn – setzt sich „in Christus" fort auf uns hin; wir gewinnen Anteil am „Erbe" Christi (Röm. 8,17).

Von der „ewigen Ausnahme" hatte Schlier gesprochen; wir kommen darauf zurück. Erwählt, verordnet, begnadet: da stellt sich eine solche Formulierung ein. Die Lehre von Gottes Gnadenwahl hat nicht nur viele unnütze Spekulationen ausgelöst, sondern auch Anfechtungen, die sich immer dann einstellen werden, wenn man an ein *decretum absolutum* denkt, das die Menschen, noch ehe es sie gibt und längst bevor sie etwas tun, also sündigen und/oder glauben bzw. nicht glauben können, in Erwählte und Verworfene einteilt, das bedeutet aber dann sofort: wenn man das, was sich geschichtlich zwischen Gott und uns ereignet, als ein bloßes Schattenspiel ansieht, oberhalb dessen in Gottes Ewigkeit längst entschieden ist, wie es zwischen Gott und uns steht – seit aller Ewigkeit, in alle Ewigkeit. Demgegenüber ist zu betonen: Die Rede von Gottes gnädiger Wahl ist nur da richtig verstanden, wo sie – wie im Text – Anlaß wird, Gott zu preisen. Sie will die Gewißheit, daß Gott uns in seiner Liebe zu seinen Kindern gemacht hat, nicht fraglich machen, sondern erst recht verankern. Das, was Gott seit Ewigkeit über uns beschlossen und uns zugedacht hat, verwirklicht sich ja nicht „oberhalb" der Geschichte, sondern „in" ihr. Nicht, daß Christus uns den großen Freispruch brächte, während irgendwo im Hintergrund noch eine letzte höchste Instanz wäre, die uns die Erwählung versagt hätte und alles Gute, das Christus gibt, wieder durchstriche. Gott hat uns „in Christus erwählt"; das Kommen und Wirken Christi *ist* seine Wahl.

Warum aber dann das Wort von der „ewigen Ausnahme"? Es will keinesfalls sagen, daß Gott es nur auf wenige abgesehen habe. Wenn aus einem brennenden Hause *alle* Bewohner gerettet sind, sind *alle* die „Ausnahme", denn ohne das Lebensrisiko der Feuerlöschpolizei wären sie im vergiftenden und erstickenden Rauch und in der Flammenglut *alle* umgekommen. Rettung bedeutet, wenn man so will, „Herausnahme". Das Heil ist nie das Normale und Selbstverständliche. Es ist Wunder.

Dasselbe noch anders gesagt: Daß ich Gottes Kind werde und damit mein bergendes Zuhause in der Vaterliebe Gottes finde, verwirklicht sich auf geschichtliche Weise (Taufe, Unterweisung, Gottesdienst, Menschen, die mich zum Glauben führen, Gebetserfahrungen, Führungen). Aber Gottes erwählende Liebe setzt keine dieser geschichtlichen Ereignisse voraus, sondern setzt sie bzw. bedient sich ihrer. In vielen Wendungen macht der Text die Prävenienz des göttlichen, väterlichen Liebeswillens klar: πρὸ καταβολῆς κόσμου (V. 4), προορίσας (V. 5), προέθετο (V. 9), προορισθέντες κατὰ πρόθεσιν (V. 11). Warum diese Häufung? Ist hier etwas zu verteidigen? Oder etwas geltend zu machen, was man nur allzu leicht vergißt? Man kann das schlechthinige Voraussein des Gnadenwillens Gottes nicht stärker betonen als unser Text. Wir sollten die „Vorzeitigkeit" des göttlichen Wählens und Liebens nicht in unser menschliches Zeitschema eintragen; in jedem unserer menschlichen Augenblicke steckt das Voraussein Gottes drin. In dem befreienden Wort, das Christus mir zuspricht, liegt der ewige Liebeswille Gottes. Alles, was mich von Gott lostrennen und mich an ihm irremachen wollte, käme zu spät. Gottes Liebe hat längst, ehe wir denken konnten, den voraussetzungslosen Anfang gemacht.

Die Aussagen bekommen Farbe, wenn wir uns klarmachen, daß hier von der *Taufe* die Rede ist. Realisiert Gott in der Taufe seine ewige πρόθεσις, dann ist – man vergegenwärtige sich noch einmal das vielfältige προ – in unserm Text – kein Augenblick unseres Lebens zu früh, um diese erwählende Liebe in unser Leben zu bringen.

2.

Wir sind durch den Sohn erlöst. Stellt dieses zweite Sätzchen unserer Gliederung einen Fortschritt dar gegenüber dem ersten? Insofern gewiß nicht, als, wie wir sahen, der Vater uns seit aller Ewigkeit nicht anders geliebt hat als *im Sohne*. Insofern aber doch, als es der

Text für nötig hält, nicht „im Himmel", also in den ewigen Tiefen des Herzens Gottes und der innertrinitarischen Bewegung, zu verharren, sondern uns an das zu erinnern, was sich auf der Erde abgespielt hat. Die ganze Rede vom dreieinigen Gott geht ja doch von der Gotteserfahrung aus, die wir *hier* machen, wo Gott Fleisch geworden ist. Wer unseren Text im Sinne einer gnostischen Spiritualität deuten wollte, müßte an dem Wort „Blut" scheitern. Wir gewinnen das Heil eben nicht bloß in einem Erkenntnisgang, in dem wir direkten Zugang zu den Tiefen Gottes bekommen. Wir wären darum auch auf ganz falscher Fährte, wenn wir meinten, die Perikope sei eigentlich oder gar ausschließlich an „himmlischen" Vorgängen interessiert: an dem, was vor der Zeit war, und an dem, was sich nun jenseits der Zeit und darum, jedem Augenblick der Zeit gleich fern und nahe, zwischen dem erhöhten Christus und seiner Gemeinde abspiele. Schon: es geht auch hier um ein Erkennen (VV. 8b.9); es wird nachher davon noch zu reden sein. Aber es zielt alles, wovon hier die Rede ist, „auf die heilsgeschichtliche Verwirklichung der Erfüllung der Zeiten" (V. 10), also auf ein reales Geschehen auf Erden, indem Himmel und Erde wieder zueinander finden.

Zur Erfahrung der Wirklichkeit des dreieinigen Gottes ist die Christenheit also durch die Begegnung nicht mit irgendeinem mythischen Christus gekommen, sondern in der Begegnung mit dem Christus, der mit dem Manne aus Nazareth identisch ist und der sein Blut für uns vergossen (V. 7), am Kreuz den Konflikt behoben (2,16), sich als Gabe und Opfer dargegeben hat (5,2). Wir stünden nicht mehr auf dem Boden des Neuen Testaments, wenn wir die ewigen Vorgänge „vor Gründung der Welt" als das Wesentliche ansähen und Jesu Kommen ins Fleisch, sein Leben mit uns, sein Leiden, Kämpfen, Sterben und seine Verzweiflung nur als Demonstration oder gar als Spiegelfechterei ansähen. Der ewige Heilswille Gottes realisiert sich im Christusgeschehen. So ist es auch nicht mit der Frage getan: Wie kann ich erfahren, wie es in Gott aussieht? Ich muß fragen: Wie kommt es zur „Erlösung" und zur „Vergebung der Sünden"? *Hier* entscheidet sich unser Verhältnis zu Gott! Gott macht sich nicht nur einer Welt bekannt, die von ihm nichts weiß; er gewinnt seine Welt zurück, die sich im Ungehorsam gegen ihn befindet („Übertretungen") und damit in einen Zustand der Unfreiheit verfallen ist, so daß es der „Erlösung" bedarf. (Wir werden auch hier gut tun, die in den Bildworten des Textes gemeinten Wirklichkeiten so deutlich wie möglich in den Blick zu nehmen.)

Was Gottes εὐδοκία beschlossen hat und was sich dann in Christus ereignet, ist nicht zweierlei, sondern eins. Ohne das Opfer Christi wollte Gott die Vergebung der Sünden nicht gewähren; so schließt sein ewiger Heilswille das Kreuz ein. Aber auch das Umgekehrte gilt: Im Kreuz geschieht nicht ein tragischer Zufall der Weltgeschichte, sondern Gottes ewiger Wille. – Dasselbe auf die Taufe bezogen: In der Taufe, sagten wir, realisiere sich die Gnadenwahl Gottes. Die Taufe ist also nicht eine Art Nachrichtenmittel, das uns über eine weit weg von uns, „im Himmel", vollzogene Erwählung informiert. Sie ist der wirksame Griff der erwählenden, schlechthin „vorzeitigen" Liebe Gottes nach uns. Wir sind „in Christus" geliebt.

Lenkte das trinitarische Denken unsere Aufmerksamkeit auf die „Raumtiefe" des Göttlichen und damit auf das himmlische Woher unseres Heils, so werden wir nun veranlaßt, das Christusmysterium auch in bezug auf sein Wohin zu bedenken (V. 10). Indem Christus durch sein Kreuz wegräumt, was der rebellischen Welt den Zugang zu Gott versperrt, also die Feindschaft zunichte macht (wir erinnern an 2,16, wo freilich der Zusammenhang noch ein anderer ist), wird er zum „Haupt", in dem Himmel und Erde eins werden. Die Versöhnung hat verbindende Kraft. Himmel und Erde sind wieder vereint. Christus läßt uns, seine Gemeinde, seinen Leib sein und füllt das Weltall allmählich damit auf (1,23; 4,13ff.). Zuletzt soll nichts mehr sein, was von seiner Liebe nicht erreicht und erfaßt würde. „Der ewige Vorsatz Gottes, in Christus die erfüllte Geschichte durchzuführen, wird jetzt, da Gott das Mysterium seines Willens enthüllt und ein jeder, der es anerkennt, in dieses Mysterium, in Christus, in seinen Leib und also in die Dimension erfüllter Geschichte einbezogen wird, realisiert. Damit wird schon jetzt, an *einem* Ort, eben an dem Ort der erfüllten Geschichte" (= in der Kirche), „das Aufrichten des Alls vollzogen, das im Fundament begonnen hat, als Christus zur Rechten Gottes über alle Mächte und Gewalten erhöht und der Kirche als Haupt gegeben worden ist" (Schlier). Ihm eignet schon jetzt „alle Gewalt im Himmel und auf Erden". Freilich, er will seine Herrschaft nicht über uns hinweg ausüben. Er wartet auf unseren Glauben. Weigern wir uns ihm, so hat er dennoch über uns Macht, aber wir sind nicht selig. Er will uns gern gerettet sehen. Und gerade darin ist er mit seiner Bemühung um uns uns immer voraus. Glaube ist darum auch nicht so sehr ein Sich-Festhalten als vielmehr die Gewißheit des Festgehalten-*Werdens*. Ich suche zu ergreifen, nachdem ich ergriffen bin.

3.

Wir sind im Geist erleuchtet. In V. 8 fällt noch nicht das Wort „Geist". Aber es ist davon die Rede, daß Gott „*geistlichen* Segen in himmlischen Gütern" (V. 3) „auf uns hat *überfließen* lassen in aller Weisheit und Erkenntnis, indem er uns das Geheimnis seines Willens kundtat" (V. 8). Wir fanden es bereits in unseren Auslegungen zu 1. Kor. 2 (2. S. n. Epiph. und Pfingstsonntag): Wie nur der Mensch erkennt, was im Menschen ist, so erkennt, was in Gott ist, nur Gott selbst. Gotteserkenntnis ist nur möglich im Heiligen Geist (1. Kor. 2,10). Der Geist ist also nicht einfach „gratia creata", sondern Gott selbst. Man kann, was gemeint ist, verschieden ausdrücken. „Nicht Fleisch und Blut", sagt Jesus, „sondern mein Vater im Himmel" (Matth. 16,17); er könnte mit gleichem Recht sagen: der Geist Gottes. Daß der Geist *Jesu* Geist ist, sagten wir schon. Wir brauchen jetzt nicht dogmatisch zu begründen, warum vom Geist als selbständiger Hypostase, als dritter „Person" der Gottheit zu reden ist. Lassen wir uns an dem genügen, was ein Lehrer der Kirche gesagt hat: „Unser Gegenüber zu Gott im Geiste ist mehr als das geschöpfliche Gegenüber zu Gott und dem Sohne; es hat teil an einem ewigen innergöttlichen Gegenüber des ‚Geistes‘ zu dem ‚Vater‘ und dem ‚Sohne‘."
Das Wort Gnosis ist im Text vermieden; es kommt im ganzen Brief nur einmal vor und dort im kritischen Sinne (3,19). Aber es ist deutlich gemacht, daß eben das, was der Gnostiker dem Kirchenchristen vorauszuhaben meint, bei diesem, gerade bei ihm, gegeben ist: Weisheit, der die Geheimnisse Gottes sich erschließen, und Klugheit, die im praktischen Leben zu urteilen, zu unterscheiden und zu entscheiden vermag. Der Glaube vernebelt ja nicht, sondern schafft Klarheit. Daß ich mich selbst und meine Welt im Lichte Gottes sehe, veranlaßt mich keineswegs, mir gegebene Tatbestände zu verdecken und zu verstellen, sondern, im Gegenteil, sie zu entdecken, dankbar und aufgeschlossen, aber auch kritisch und nüchtern. Der Glaube sieht alles umschlossen von Gottes Willen und Vorhaben. Er sieht Welt und Menschsein im Zusammenhang mit dem Ursprung. Er sieht uns alle in unserer Verantwortlichkeit vor dem ewigen Richter. Er sieht uns in unserm Erwählt- und Erlöstsein. Er sieht uns „in der Hoffnung in Christus" (V. 12). – Für den Maulwurf besteht die Welt in kleinen Erdlöchern, Gängen und Stollen. Der Mensch denkt in den Weiten des Kosmos. Der glaubende Mensch überschreitet darüber hinaus in der gottgeschenkten σοφία und φρόνησις nicht eine neue Grenze im extensiven Sinne, aber er dringt – man kann es nur gleichnishaft sagen – in neue Dimensionen vor. Dies ist Werk des Heiligen Geistes.

Ebendieser Geist, der in der Taufe verliehen wird – Gottes Wirklichkeit in uns – , ist zugleich ein „Siegel", ein Kennzeichen, das deutlich macht, wessen Eigentum man ist (Tätowierung von Sklaven) oder in wessen Schutz man steht (Offb. 7,5–8). Das Wort kann auch „Paß" bedeuten. Im spätjüdischen Sprachgebrauch: die Beschneidung, im 2. Clemensbrief und bei Hermas: die Taufe. Was hier gemeint ist, ist klar: Geistbesitz ist das Zeichen der Anwartschaft auf die Erlösung, in der wir auch in offenbarer Weise Christi Eigentum werden bzw. alles, was Christus gehört, unser Eigentum wird (s. o., Röm. 8,17.32c). Der Geist ist „Pfand": Zeichen einer Anwartschaft, verläßliche Garantie. Noch mehr: in der ἀπαρχή (Röm. 8,23; 11,13) ist nicht nur das Ganze symbolisiert, sondern ein Stück vom Ganzen real vorhanden. Die im Geist uns gegebene Gottesgemeinschaft wird sich, wenn alles ans Ziel kommt, vollenden.

Der ganze Text will Gotteslob sein. Das ist nicht etwa deshalb so, weil die Form dazu zwingt, noch deshalb, weil der Autor in schriftstellerischer Manier sich entschlossen hätte, alles unter diesen einen Gesichtspunkt zu rücken. Alles Heilsgeschehen ist in sich Lob und Verherrlichung Gottes. Es zielt alles, was Gott seit aller Ewigkeit im Sinne hat, darauf, „daß wir etwas seien zu Lob seiner Herrlichkeit" (VV. 12.6.14). Es ist, als ob der von Gottes Liebeshandeln ausgehende himmlische Lichtglanz auf den Urheber dieser Werke und damit auf die ewige Lichtquelle zurückgespiegelt würde. Man soll nicht – etwa unter Berufung auf Calvin oder Luther – die gloria Dei gegen die gratia Dei ausspielen. Gott erweist seine Macht und Herrlichkeit nirgends gewaltiger und hinreißender als da, wo er aus lauter Gnade und Erbarmen handelt, in Christus. Und Gott wird nirgends besser geehrt als da, wo Menschen vor ihm nichts anderes sein wollen als Empfänger seiner nur als Wunder zu erfahrenden, d. h. unbegreiflichen Vaterliebe. Es müßte bei uns, wenn wir recht hören, dazu kommen, daß alle Verdrießlichkeit und Resignation, das Sauersehen und die Müdigkeit von uns abfallen. Aus unserm Seufzen und der Wehleidigkeit des alten Menschen hat Gott uns herausgeholt. Wir sollen in der Freiheit solchen Überwältigtseins von Gottes Liebe – „ohne Ziel und Ende" (EKG 232,11) – nicht nur etwas zu seinem Lobe *sagen*, sondern *sein*.

1. Sonntag nach Trinitatis. Jer. 23,16–29

Der Abschnitt 23,9–40 stellt – unter der Überschrift לַנְּבִאִים – eine Reihe von Sprüchen bzw. Spruchgruppen über dieses Thema zusammen. Ähnliche Thematik schon in 2,8; 4,9f.; 5,31; 6,13f.; 14,13ff.; 18,8, sodann bes. die Kapitel 27; 28.23,13–15 bringen Kritik am Lebenswandel der falschen Propheten (Ehebruch, Lügerei, Parteinahme für die Bösen). In unserm Abschnitt geht es um die Botschaft. V. 16: חַנְּבִאִים לָכֶם überfüllt das Metrum (V. 16a: 3+3, V. 16b dgl.), findet sich auch nicht bei LXX und der Vetus Latina. – V. 17a: Der Inf. abs. אָמוֹר ist in den alten Übersetzungen nicht angedeutet (mehr als eine Andeutung wäre bei seiner verstärkenden Funktion ja auch nicht zu erwarten), überfüllt auch wieder das Metrum (3+3). Der mas. Text liest: „zu meinen Verächtern"; man wird mit LXX zu lesen haben: לִמְנַאֲצֵי דְּבַר יְהוָה = „denen, die Jahwes Wort verachten" (דְּבַר יְהוָה wäre „eine ganz ungebräuchliche Einleitungsformel", Rudolph). – Nach Rudolph ist V. 18 späterer Zusatz: er leugne gerade das, was Jeremia in V. 22 als unerläßliche Voraussetzung aller echten Prophetie bezeichnet. Oder stellt der Vers ein (sozusagen in „ – " zu setzendes) Gegenargument der Gegner dar? Ich sehe zu beidem keinen zwingenden Grund. Auf die Wer-Frage könnte man sich Jeremias eigene Antwort denken: „Ihr nicht – aber ich!" Meinen früher erteilten Rat, V. 18 für die Predigt auszusparen, möchte ich zurücknehmen. Einsicht der Weisheitslehre würde freilich die Antwort: „Überhaupt niemand" erwarten (Hiob 11,7; 15,8). – Auch die VV. 19f. wirken in dem Zusammenhang etwas fremd. Eintragung aus 30,23f.? Ein Selbstzitat wäre schon möglich, da Jeremia ja in der Auseinandersetzung mit den Heilspropheten in irgendeiner Weise sagen muß, daß er eine ganz andere Zukunft erwartet. –

V. 21: Jeremia bestreitet seinen Gegnern Inspiration und Sendung. – V. 22: Der Wenn-Satz ist irreal zu verstehen. – V. 23: Der revidierte Text berichtigt Luther, der in V. 23 ein „nicht" eingefügt hat. „Bin ich etwa ein Gott aus der Nähe, flüstert Jahwe, und nicht ein Gott aus der Ferne?" Aus V. 24 dürfte sich der Sinn ergeben: Gerade weil Gott die Welt aus dem Abstand sieht, vermag er *alles* zu sehen. Man hat den Sonnenhymnus Echnatons verglichen: „Du hast den Himmel fern gemacht, um daran aufzugehen, damit du alles sehest, was du gemacht hast." V. 24b betont, daß der „ferne" Gott zugleich der „allgegenwärtige" Gott ist, der Himmel *und Erde* erfüllt. Jahwe durchschaut die Lügenpropheten. – V. 26: BH zeigt, daß der Text unsicher ist. Wenn man keinen größeren Eingriff vornehmen will, müßte die Frage: „Wie lange noch?" in dieser Kürze für sich stehen (Aposiopese). Es schlösse sich dann eine unvollständige Frage an: „Haben etwa die Propheten im Sinn, die Lüge und den Trug ihres Herzens zu prophezeien?" Weiter V. 27: „Planen sie etwa, mein Volk meinen Namen vergessen zu lassen?" – V. 29: כה ist mit den Übersetzungen zu streichen. Gottes Wort ist verzehrendes Feuer (5,14); Jeremia weiß dies aus eigener Erfahrung (20,9). – Sachlich gehören die VV. 30–32 noch zum Abschnitt, können aber für die Predigt entbehrt werden, zumal sie nichts wesentlich Neues bringen.

Zwei reden – ein jeder im Namen Gottes – gegeneinander: ein fatales Schauspiel, verwirrend für die glaubende Gemeinde, und für die nichtglaubende Welt der Beweis dafür, daß *keiner* in Gottes Namen spricht. Der Anstoß wäre dann noch nicht gegeben, wenn im Bemühen um Wahrheit sozusagen um Gott gerungen wird. Es wäre bedenklich, wenn wir eine Normaltheologie hätten, in der – vielleicht bis in die Formel hinein – festgelegt ist, was ein jeder zu lehren, zu predigen und zu glauben hat, und es wäre deprimierend, wenn die „Wahrheit Gottes" in der Kirche so gehandhabt würde, daß jeder falsche Zungenschlag dem, dem er zustößt, ins Bein liefe. Es wäre auch alles andere als ein Zeichen von Stärke, wenn wir zwar theologische Diskussionen führten, aber doch so, daß in ihnen nichts riskiert, in Frage gestellt, kritisch erprobt und eben darum und darin auch bestritten und abgewehrt wird. Es ist in den letzten Jahren immer wieder darauf hingewiesen worden, daß der neutestamentliche Kanon selbst polyphon ist, also durchaus kein in sich geschlossenes Gedanken- und Lehrsystem darstellt, ja „nicht selten auch unvereinbare theologische Gegensätze enthält" (E. Käsemann, Begründet der ntl. Kanon die Einheit der Kirche? EVuB I, S. 214ff.). Ist dem so, dann wird man sich im Ringen um die Wahrheit gegenseitig Freiheit zuzugestehen haben. Vielleicht könnte die „Welt", von der wir eingangs geredet haben, an der Art, wie wir miteinander umgehen, etwas erkennen von der Freiheit, die wir nicht unter großzügigem Absehen von Christus, nicht ohne ihn oder gar gegen ihn, sondern *durch* ihn und *in* ihm haben.
Gerade aus dem zuletzt Gesagten geht jedoch hervor, daß wir uns unserer Freiheit berauben würden, wenn uns ihr „Grund" (1. Kor. 3,11) verlorenginge. Apollos – Paulus? Die Großzügigkeit und Weite, die wir untereinander haben, beruht ja eben darauf, daß wir auf gemeinsamem Grunde stehen. Wo dies nicht mehr der Fall wäre, stünde es anders. Das Neue Testament enthält genug Stellen, an denen deutlich wird: hier handelt es sich nicht mehr um die Spielbreite, die es in der Gemeinde Jesu geben muß, sondern hier lautet die Frage: Evangelium von Christus – oder nicht? Man denke an den Paulus des Galaterbriefes oder an den Kolosserbrief, an die johanneischen Schriften (unter Einschluß der Apokalypse) oder den Hebräerbrief. Solange wir nur stückweise erkennen (1. Kor. 13,12), wäre es vermessen, Gott ins eigene Denken so aufgenommen – oder sollte man sagen: eingefangen? – haben zu wollen, daß die eigenen Lehrsätze den Rang einer letzten Aussage bekommen. Aber es gibt Situationen des Entweder-Oder. Die uns aufgegebene Perikope gehört in eine solche Situation hinein. Die Gemeinde wird immer wieder vor die Frage nach der Stichhaltigkeit und – darum auch – nach der Unverfälschtheit der Predigt gestellt sein: „Prüft die Geister, ob sie aus Gott sind; denn es sind viele falsche Propheten ausgegangen in die Welt" (1. Joh. 4,1; vgl. 1. Kor. 14,29; 1. Thess. 5,21). „Apostel und

Propheten" lautet das Thema des Sonntags. Der wahre, der bevollmächtigte, d. h. befugte Bote Gottes muß sich gegen die „Pseudoapostel" (2. Kor. 11,13) und gegen die falschen Propheten (so in diesem Text) behaupten und durchsetzen. Aber wir haben nicht nur abzuwehren. Wir haben uns zuallererst selbst zu prüfen, ob wir etwa „falsche Propheten" sind. Das ist die bleibende Aufgabe theologischen Denkens, zugleich aber der geistlichen Selbstprüfung. Kommt dem Amt hier auch eine besondere Verantwortung zu, so ist doch die Gemeinde mitverantwortlich. Sie soll darum auch angeleitet werden, über das nachzudenken, was wir „lauter und rein" nennen. Mit einer einzigen Predigt wird es nicht getan sein. Diesmal lassen wir uns von diesem Jeremiatext anleiten:
Was soll die Gemeinde vom Prediger erwarten? (1) *Das fremde Wort,* (2) *das ernüchternde Wort,* (3) *das Wort der Umkehr.*

I.

Jeremia befindet sich als Bote Gottes in einer äußerst kritischen Situation. Seine Nabi-Kollegen und er sagen den Menschen genau Entgegengesetztes. Es geht keineswegs nur um Nuancen, auch nicht um verschiedene Einsichten und Anliegen, die man, und sei es zur Not, auf einen gemeinsamen Nenner bringen oder im Sinne der Komplementarität nebeneinander gelten lassen könnte. Es geht wirklich hüben und drüben um Unvereinbares. In einer anderen gefährlicheren Weise als bei Elia und den Baalspropheten, denn dort standen sich zwei verschiedene Götter gegenüber, während sich hier beide Parteien auf denselben Gott berufen. Jeremia behauptet zwar, die Predigt seiner Gegner laufe darauf hinaus, daß sie beim Volke den Namen Jahwes in Vergessenheit bringen, „wie ihre Väter meinen Namen über dem Baal vergaßen". Die Heilspropheten würden dies aber entrüstet zurückweisen. Sie reden ja in Jahwes Namen (V. 25)! Jeremia fragt sie, mit welchem Recht sie das tun. Er müßte es sich gefallen lassen, von ihnen genauso gefragt zu werden.
So steht es indes mit der Selbstkundgabe Gottes in jedem Falle. Gott zielt auf unsern *Glauben*; also gibt er sich uns nicht so, daß das Wagnis ausgeschaltet oder überflüssig würde. Gott will Vertrauen. Wo Beweise erbracht werden können, sind wir in einem anderen Wirklichkeitsbereich. Dem Lehrsatz des Pythagoras gegenüber wäre Vertrauen eine unangebrachte Einstellung. Wo es um Gott geht, wäre wiederum der Beweis höchst sachwidrig. So geht Gottes Offenbarung notwendigerweise ungeschützt in die Welt. Um es in Anlehnung an einen von K. Barth gebrauchten Vergleich zu sagen: Es verhält sich mit ihr nicht wie bei einer Pyramide, die auf einem Baugrund von soundso viel offenkundigen Tatsachen und einleuchtenden Argumenten aufruht, sondern wie bei einer solchen, die auf der Spitze steht, physikalisch gesprochen: im labilen Gleichgewicht. Für den, der nur „von unten her" denkt, eine Absurdität. Wer jedoch an die unsichtbaren Hände glaubt, die die Pyramide im Gleichgewicht halten, sorgt sich nicht. Der Sprecher Gottes muß es darauf ankommen lassen, daß Gott sich – höher als alle Vernunft und Methode – selbst beglaubigt.
Das Dilemma, das in einem Konfliktsfall wie diesem entsteht, ist offenkundig. Es mag mancher uns den wohlgemeinten Rat geben, einen jeden bei seinem Glauben zu lassen. Dann hätte Jeremia den Heilspropheten nicht widersprechen dürfen, nicht zu widersprechen brauchen. Man könnte sich dies leisten, wenn man es nicht mit dem „lebendigen Gott" zu tun hätte, Gott vielmehr ein menschliches Kunstprodukt wäre, der „deus fictus", vor dem Luther uns warnt. Überflüssig zu sagen, daß die Bibel hier keinen Zweifel läßt. Unsere Gedanken über Gott mögen uns wichtig sein, und wir mögen miteinander über die Gottesfrage diskutieren: in dem Augenblick, in dem wir es mit dem wirklichen, dem lebendigen Gott zu tun bekommen, wird alles, was wir ersonnen und erträumt haben, im Nu über den Haufen geworfen sein. Genau dies aber ist Jeremias Erfahrung.

Dabei gilt es zu bedenken, daß der Konflikt von Jer. 23 nicht etwa bloß eine Sache von Kanzel und Katheder ist. Je nachdem, welcher der hier streitenden Parteien man das Ohr lieh und Vertrauen schenkte, entschied sich damals Judas Schicksal. Wir befinden uns in der Zeit Zedekias, nach der ersten Wegführung. Jetzt mußten Entscheidungen getroffen werden! Gottes Gericht annehmen – oder sich dagegen auflehnen? Umkehren – oder weitermachen wie bisher? In Babels Macht die Zuchtrute Gottes erkennen – oder in einem vermeintlich auf Gott und seiner Erwählung beruhenden nationalistischen Optimismus, übrigens nicht ohne Hilfe von Bundesgenossen, gegen Babel anrennen? Wir wissen, daß Zedekia den Propheten Jeremia immer wieder einmal kommen ließ, um ihn zu befragen (37,17); aber gehört hat er, zu seinem Verderben, auf die von den falschen Propheten unterstützte Kriegspartei. Man sage ja nicht, es mache nichts aus, ob Wahres oder Falsches gepredigt wird. Jeremia mußte den Kampf um Gottes, aber auch um seines Volkes willen durchstehen.

Bei allem Risiko, das der prophetischen, ja *aller* Predigt anhaftet, kennt Jeremia nun aber doch inhaltliche Kriterien, an denen sie sich messen lassen muß. Wir haben zunächst, um die Aussagen ein wenig zu bündeln, von dem „fremden" Wort Gottes zu sprechen. Verdächtig ist jede Rede von Gott, in der eigentlich nur menschliches Denken, Wünschen, Urteilen und menschliche Interessen unter Berufung auf Gott vertreten werden. Der Glaube an Gott ist dann dazu da, das zu „untermauern", was man sich selbst ausgedacht hat und wofür einem jede Hilfe – gleich, woher – willkommen ist. Gott ist dann nur Mittel zum (von *uns* gesetzten) Zweck. Er hat unseren Interessen zu dienen. Die Sachentscheidungen sind bei uns gefallen, *ehe* wir Gott bemüht haben; er soll nur mit ziehen helfen. Eine Divergenz zwischen dem, was wir wollen, und dem, was Gott will oder wollen könnte, wird – weil es stören würde, sie zu bemerken – von vornherein für unmöglich gehalten. Daß Gott uns aus der Ruhe bringen, in Frage stellen, uns das Konzept verderben könnte, ist nicht mehr im Blick. Eine Art Kreuzzugsideologie, wie die falschen Propheten sie liefern, ist den maßgebenden Leuten in Jerusalem, der Kriegspartei, gerade recht. Was sie Wort Gottes nennen, ist ideologisch mißbraucht. Gott ist nicht mehr Herr, sondern Knecht.

Die falschen Propheten „verkünden euch Gesichte aus ihrem Herzen und nicht aus dem Mund des Herrn" (V. 16). „Ein Prophet, der Träume hat, der erzähle Träume; wer aber mein Wort hat, der predige mein Wort recht" (V. 28). Die Heilspropheten würden darauf hinweisen, daß ihr Traum eben die Stelle des Lichteinfalls von oben ist. Aber Jeremia macht einen Unterschied zwischen Traum und Wort. Der Traum kommt aus dem eigenen Herzen. Das Wort kommt von Gott. Man darf Gott und das eigene Herz nicht vereinerleien. Gottes Wort ist das, was „in keines Menschen Herz gekommen ist" (Jes. 64,3; 1. Kor. 2,9), erst recht nicht *aus* dem Herzen des Menschen. Die Menschennatur ist *nicht* von Hause aus „gottbegabt". Daß Gott der umfassende Geist ist, der im menschlichen Individuum seiner selbst bewußt wird, ist ein idealistischer Irrtum, der uns bis auf diesen Tag in verhängnisvoller Weise angelastet wird. Feuerbachs Religionskritik war der idealistisch überfremdeten Theologie seiner Zeit gegenüber angebracht, der biblischen Gottesbotschaft gegenüber nicht. Gott ist nicht der idealisierte und an den Himmel projizierte Mensch, wie denn der Mensch nicht der auf irdisch-menschliche Weise zu sich selbst kommende Gott ist. Gott ist „ganz anders".

Vielleicht würden die Heilspropheten jetzt Einspruch erheben: sie seien nicht, wie wir ihnen eben unterstellt hätten, Vertreter einer natürlichen Theologie, sondern lebten mit dem, was sie verkündigen, aus der Israel zuteil gewordenen Offenbarung! Israel ist Gottes erwähltes Volk, sagen sie. „Gott mit uns." Sie stützen sich auf die alte Tradition von der Uneinnehmbarkeit des Zion. Die Stadt Gottes soll „fein lustig bleiben" mit ihren Brünnlein, da die heiligen Wohnungen des Höchsten sind, und sie wird „fest bleiben" (Ps. 46,5f.). Gottes Garantien – soll man sich darauf nicht verlassen? – Darauf könnte Jeremia nur so antworten wie auch im 7. Kapitel: Gottes Offenbarung und Selbstverpflichtung („Bund") darf nicht mißbraucht werden. Sagen sie: „Hier ist des Herrn Tempel", dann wird es damit gehen wie dem Heiligtum in Silo (7,4.12). Gottes gnädige Zuwendung zu uns, sein Offenbarungshandeln, kann von uns nur zu leicht so umgedeutet werden, daß es eine natürliche, d. h. aber die harte Wahrheit Gottes verkehrende oder das Eschaton eigenmächtig vorausnehmende Theologie begründet. Dann berufen wir uns auf Gottes Wort, sagen aber in Wirklichkeit unser eigenes. Dann beteuern wir: „so spricht der Herr", und in Wirklichkeit bleiben wir eingeschlossen in den Horizont unserer eigenen törichten Vorstellungen, Überzeugungen und Wünsche, führen also letztlich Selbstgespräche. Wir wären damit nicht mehr bei Gott, sondern bei einem selbstfabrizierten Götzen, den wir noch Jahwe oder gar den Vater Jesu Christi nennen. Das hieße den Namen Gottes unnützlich führen. Er ist der Gott „von ferne her" (V. 23). Er will nicht der vereinnahmte, in unser Denk- und Wunschsystem eingefügte und damit von uns bevormundete Gott sein, sondern – der Herr.

2.

Was soll die Gemeinde vom Prediger erwarten? Das ernüchternde Wort. Das Wort, das Klarheit schafft.
Jeremia warnt vor den Heilspropheten: „Sie betrügen euch." Das Hebräische ist noch deutlicher: מַהְבִּלִים הֵמָּה אֶתְכֶם (V. 16). Der Stamm הבל bedeutet: hauchen, nichtig sein oder nichtig handeln, als Substantiv: Hauch, Nebel, Dunst, Eitles, Nichtiges, Vergängliches, darum auch den Götzen bzw. den Götzendienst. Die Übersetzung läßt nicht recht erkennen, was hier gemeint ist (auch nicht die des revidierten Textes). Man könnte übersetzen: Sie verführen (hiph'il!) euch zum Götzendienst. Wir sahen, was daran Wahres ist. Der Ausdruck kann auch heißen: Sie führen euch ins Nichts. Oder: Sie führen euch in den Nebel (M. Buber: „sie umdunsten euch"). Die Vorstellung nur wenig variiert: Sie vernebeln das Gelände und heißen euch dann hineingehen. Träume? Träume sind Schäume. Was euch da von den Heilspropheten weisgemacht wird, hält nicht stand. Man kann nicht von Illusionen leben wollen. Vom Stroh wird man nicht satt, nur vom Weizen (V. 28).
Gottes Wort gibt Klarheit; falsche Prophetie vernebelt. Wir haben unsere Verkündigung daraufhin zu prüfen, ob sie Klarheit schafft, Schleier zerreißt, Illusionen verscheucht. Oft wagen wir es nicht recht; dann helfen wir niemandem. Der Trost des Evangeliums besteht ja nicht darin, daß wir den Menschen etwas vormachen. Er ist ein herber, eben darum stichhaltiger Trost. Wo man an den Gekreuzigten glaubt, lebt man nicht von Beschwichtigung und Narkotisierung. Unsere Sünde hat ihn umgebracht und zum Verlorenen gemacht, die Sünde *der Welt.* Wer an Gott glaubt, hört auf, an sich selbst zu glauben. Wir sind nicht Schöpfer, sondern Geschöpfe, gerade da, wo wir selbst aktiv sind. Wir werden geführt; auch unser eigenes Wählen und Entscheiden – es wird uns ja nicht abgenommen, sondern geradezu verlangt – ist umgriffen von Gottes Entschlüssen und Fügungen . „Es wird dir schwer werden, wider den Stachel auszuschlagen" (Apg. 26,14). In Jeremias Zeit: Nebukadnezar hat die Oberschicht nach Babel wegführen lassen (29,1f.). Nebukadnezar? Ja, schon. Aber Gott sagt: „*Ich* habe sie von Jerusalem nach Babel wegführen lassen" (29,4.14). Gott macht Weltgeschichte. Das sollte man nüchtern sehen. Und Gott fordert uns. Wir sind nicht unsere eigenen Gesetzgeber. Es ist das Wunder des Heiligen Geistes, wenn es geschieht, daß unser Wollen konfliktlos vom Wollen Gottes bestimmt ist. Wir dürfen dieses Wunder nicht umfälschen in die Autonomie dessen, der meint, er sei sein eigener Herr, und wenn es schon einen Gott gebe, dann habe dieser Gott sich gefälligst anzupassen.
Hauch, Nebel, Nichtigkeit, Vergänglichkeit: wir werden das, was wir selbst vermögen und

vollbringen, nüchtern einschätzen. Die Hamartiologie, die von Röm. 5,12ff. ausgeht, wird uns vor Überheblichkeit und Sicherheit, auch vor verträumter Inkonsequenz warnen. Was vom Fleisch geboren wird, kann nur Fleisch sein (Joh. 3,6). Im nüchternen Wissen darum, was möglich ist und was nicht, sollen wir unser Tagewerk tun. Wer von vornherein um seine Grenzen weiß, wird nicht daran zerbrechen, daß er sie nicht zu überwinden vermag. Man kann – das wird in der Gestalt Jeremias eindrucksvoll deutlich – auch dann zu schwerem Schicksal ja sagen, wenn man sich selbst alles ganz anders gedacht und gewünscht hat. Man kann darin die Hand Gottes erkennen, der wohl weiß, was für Gedanken er über uns hat: Gedanken des Friedens und nicht des Leides (29,11).

Noch einmal: Wort oder Traum (V. 28)? Wohl kann uns der Traum über uns selbst Aufschlüsse geben, wenn wir über das Wissen und Können verfügen, ihn sachgemäß zu deuten. Er bringt ans Licht, was in der Tiefe unserer Seele schlummert, besonders dann, wenn es unverarbeitet geblieben ist und im bewußten Leben überspielt wurde. Aber der Traum ist noch nicht die Offenbarung. In ihm kann mitschwingen, was uns von Gott widerfahren ist, und Gott kann sich, wenn er will, des Traums bedienen, wenn er uns anreden will. ,,Mir hat geträumt, mir hat geträumt!" (VV. 25f.). Wir sind normalerweise im Traum *bei uns selber*. Das Wort, wie der Prophet es versteht, kommt von Gott. Selbstverständlich können wir sofort einwenden, daß das Wort ebensogut menschlichen Ursprungs sein kann wie der Traum. Aber es hat für sich, daß es klar und verantwortbar ist: das ernüchternde Wort. Jeremia hat es erfahren als ein glühendes, sengendes, schmerzendes Brennen. Er wollte nicht mehr an Gott denken und nicht mehr in seinem Namen predigen. ,,Aber es wurde in meinem Herzen wie ein brennendes Feuer" (20,9). Man kann sich seiner nicht erwehren. Es tut weh. Es hat auch die Gewalt eines Hammers, der Felsen zertrümmert; das festeste, härteste Material hält ihm nicht stand. Verspüren wir nichts von dieser Gewalt, dann ist zu fragen, ob wir das Wort Gottes wirklich schon vernommen haben. Der Gott, der uns weiterträumen ließe, wäre nicht der lebendige Gott. Bekommen wir es mit ihm zu tun, so wird unter allen Umständen herauskommen, was wir ihm schuldig geblieben sind. Wir werden uns an Gottes Gericht nicht vorbeimogeln können (VV. 19f.). Die große Ernüchterung: Wenn wir leben, dann nur, wenn – und weil – Gott dem Sünder gnädig ist.

3.

So muß für die rechte Predigt noch dieses Merkmal hervorgehoben werden: sie wird das Wort der *Umkehr* sein. Dies ist wohl das konkreteste der von Jeremia geltend gemachten Kriterien. Die Heilspropheten haben dem Volke Gottes nicht Gottes Worte gepredigt; sie hätten sonst alles darangesetzt, dieses Volk ,,von seinem bösen Wandel und seinem bösen Tun zu bekehren" (V. 22). Wo jemand mit Gott ernst macht, wird es immer darauf hinauslaufen. Die Gemeinde des Neuen Bundes sieht es noch anders als ein Jeremia. Sie nimmt Gottes Gericht nicht weniger ernst, aber sie weiß, daß das Wetter des Herrn, das schreckliche Ungewitter (V. 19), über Jesus niedergegangen ist, so daß es den, der glaubt, nicht mehr trifft, und so daß für den so Geretteten neue Bedingungen des Lebens vor Gott und darum neue Zukunftsperspektiven eröffnet sind. Dies bedeutet keineswegs, daß die Umkehr überflüssig würde; es bedeutet vielmehr, daß sie unter dem Vorzeichen der gnädigen Befreiung geschieht, die uns widerfahren ist. ,,Wenn unser Herr und Meister Christus sagt: Tut Buße usw., so will er, daß das ganze Leben seiner Gläubigen auf Erden eine stete Buße sein soll" (erste der 95 Thesen Luthérs).

Bußprediger sind dann gern gehört, wenn sie ,,es" den *anderen* ,,geben". Der Prediger hat aber jeweils diejenigen anzusprechen, die er wirklich vor sich hat; ,,meinem Volk", sagt Gott, hätten die Propheten Buße predigen sollen! Tut der Prediger dies, so wird er wahrscheinlich *nicht* gern gehört werden. Hoffentlich gibt er zu erkennen, daß, da das von ihm gepredigte Wort auch an ihn selbst ergeht, auch er selbst weiß, daß er umzukehren hat. Jeremia hat konkrete Sünden genannt. Die Predigt wird vergeblich sein, wenn sie nicht sagt, an welchen Stellen es besser mit uns werden muß. Wir hören uns lieber bestätigt, aber geholfen wird uns nur, wenn sichtbar wird, wo vielleicht harte Arbeit nötig ist.

Die Heilspropheten „sagen denen, die des Herrn Wort verachten: Es wird euch wohlgehen –, und denen, die nach ihrem verstockten Herzen wandeln, sagen sie: Es wird kein Unheil über euch kommen" (V. 17). Es hätte freilich Mut dazu gehört, das Gegenteil zu sagen. Jeremia hatte diesen Mut. Er ist als Defätist (38,4) und Überläufer (37,13) angesehen worden. Die Leute der Kriegspartei hätten es gewiß lieber gehört, wenn Jeremia so gesprochen hätte wie seine Kollegen. Wer sein Volk mehr geliebt und ihm besser gedient hat, sie oder er, zeigt sich an vielen Stellen des Buches (vgl. etwa 10,23f.; 37,3; 42,1ff.; 28,6; 8,18ff.; 13,17; 21,8–10; 40,4ff.). Sein Mut war die Bewährung der größeren Liebe. Er hat den Leuten nicht nach dem Munde geredet, und er hat die Lage nicht verharmlost. Aber er hat immer wieder gehofft. Gott kann mit seinem Volk umgehen wie der Töpfer mit dem Ton: „Bald rede ich über ein Volk und Königreich, daß ich es ausreißen, einreißen und zerstören will; wenn es sich aber bekehrt von seiner Bosheit, ... so reut mich auch das Unheil, das ich ihm gedachte zu tun" (18,7f.).

Die Umkehr wird dringlich, weil es vor Gott kein Versteckspiel gibt. Eben der *ferne* Gott nimmt alles wahr, was sich auf Erden zuträgt. Wäre er nur nahe, dann wäre sein Gesichtskreis begrenzt. Es könnte jemand im Ernst auf den Gedanken kommen, da Gott im Tempel wohnt, könne er nicht viel weiter sehen als bis zur Tempelmauer. Aber Gott ist „fern" – also hat er einen weiten Horizont: weiter als auf einem Aussichtsberg, weiter als in einem Ballon oder einem Satelliten. Daß er kurzsichtig wäre, ist nicht zu befürchten. Im übrigen sind bei ihm Ferne und Gegenwärtigkeit nicht widereinander. „Meinst du, daß sich jemand so heimlich verbergen könnte, daß ich ihn nicht sehe? spricht der Herr. Bin ich es nicht, der Himmel und Erde erfüllt?" (V. 24). Man denke an Ps. 139; Amos 9,2–4. Gott sieht uns und wartet auf unsere Umkehr.

Ist uns Jeremia zu dicht auf den Leib gerückt? Wer hält solche Predigt aus? Die Frage ist berechtigt. Aber nicht berechtigt wäre die Ausflucht, Gott könne es nicht so ernst meinen wie dieser Eiferer; der liebe Gott werde sich mit dem, was nun einmal ist, abfinden müssen. Er hat sich *nicht* abgefunden. Sein Heil besteht in etwas anderem als in dem, was die „Heilspropheten" verkündigt haben. Kein Heil ohne das Kreuz. Der neue Bund, den Jeremia angekündigt hat (uns. Ausl. zu Exaudi), ist in Christus verwirklicht.

2. Sonntag nach Trinitatis. 1. Kor. 14,1–3.20–25

War in Kap. 12 von den vielfältigen Geistesgaben die Rede und in Kap. 13 von der Liebe als dem noch unvergleichlich höheren „Weg" (12,31), so konzentriert sich Kap. 14 auf das Verhältnis von Glossolalie und Prophetie. Die Perikope – eigtl. „Ekkope" – wählt wichtige Verse aus, will aber im Zusammenhang verstanden sein; man spürt es besonders deutlich, wenn sie mit V. 25 schließt, ohne daß (noch einmal) die Folgerung (VV. 26ff.) gezogen wird.
V. 1: „Seid hinter der Liebe her!" faßt Kap. 13 zusammen. Einen Zusammenhang zw. V. 1a und V. 1b könnte man allenfalls dann konstatieren, wenn man ζηλοῦτε bewußt als eine *geringere* Stufe des Bemühtseins ansieht als διώκετε. Umschreibung: Die Liebe ist das Erstrebenswerteste – womit nicht gesagt sein soll, daß man nicht auch auf die πνευματικά aus sein sollte, am meisten freilich (δέ) darauf, daß ihr prophetisch redet! Damit würde dann 12,31 weitergeführt. – V. 2: Vorausgesetzt ist offenbar, „daß in Korinth die Prophetie nicht an der ersten Stelle steht, vielmehr hinter der Glossolalie rangiert" (Czlm.): je ekstatischer das pneumatische Phänomen, desto höher wird es eingeschätzt. „Paulus wertet gegenteilig, nicht auf Grund der Rationalität an sich, sondern weil die Verständlich-

keit der Rede die Bedingung des Aufbaus der Gemeinde nach innen und außen ist" (Czlm.). Zungenrede ist unverständlich, aber sie kann übersetzt werden (VV. 5.13.27). Sie wendet sich an Gott – im Beten (V. 15) und Danken (V. 17); beides vollzieht sich im Geist, jedoch normalerweise (vgl. aber Röm. 8,26f.) in verständlicher Rede (VV. 15–17). – V. 3: Prophetie ist den *Menschen* dienlich: sie „baut auf", „tröstet" und „mahnt"; παράκλησις und παραμυϑία sind „praktisch synonym" (Czlm.), sehen also Trost und Mahnung in eins.

Von V. 6 an ist Verstehbarkeit das Thema, als Kriterium für die Höherbewertung der Prophetie. V. 20: Wo es um „Verstand und Einsicht" geht (φρένες), sollte man „erwachsen" werden, „die höchste Stufe erlangen" (τέλειοι γίνεσϑε). Paulus kontert offenbar Ansprüche der korinthischen Pneumatiker: ihr seid keineswegs so hochstehend, wie ihr euch einschätzt (3,1–3). V. 20b ist geistvoller Zwischengedanke: es gibt schon einen Bereich, in dem kindliche Naivität wünschenswert ist. – V. 21: Der Gedankengang gerät auf ein Nebengleis. Scheinbarer Widerspruch zu V. 23ff., wo es gerade darauf ankommt, daß die Glossa dem Außenstehenden nicht dienen kann. Das Zitat aus Jes. 28,11f. (freie Wiedergabe) dient Paulus dazu, der Zungenrede doch noch einen Sinn abzugewinnen: sie kann aufweckendes Zeichen sein wollen, auf die Tatsache des Einbruchs von Offenbarung aufmerksam machen; freilich: schon bei Jesaja erfolglos; Gott kann es auf mögliche und unmögliche Weise versuchen, sie hören nicht. – V. 22: Diese Absicht des Zitats wird hier verdeutlicht, jedoch in überspitzter Weise: auch für die Gläubigen kann natürlich Glossolalie ein Zeichen sein, und im Normalfall wird Gott gerade die Ungläubigen in Klartext anreden. Dies bestätigt sich im Folgenden.

V. 23: „An *einem* Ort zusammenkommen" ist tt für die Gemeindeversammlung (11,20; vgl. 11,17f.33f.; 14,26). ἡ ἐκκλησία ὅλη: offensichtlich liegt dem Urchristentum daran, daß die Gemeinde nicht in Grüppchen auseinanderfällt. Der futurisch beschriebene Kondizionalfall – alle reden in Zungen – ist also nicht Beschreibung des faktischen korinthischen Gottesdienstes; es wird nur ein Extremfall durchgespielt. Überhaupt darf man sich den korinthischen Gottesdienst nicht ausschließlich von den πνευματικά her veranschaulichen; man denke an die auch in unserm Brief enthaltenen Elemente der Tradition (am deutlichsten: 4,17; 11,23ff.; 15,3ff.; ja, überhaupt der – in der Gemeinde zu verlesende – Apostelbrief), die im Gottesdienst ihren „Sitz im Leben" haben. ἰδιώτης (auch V. 16) ist der, der die Glossa nicht versteht (so V. 16), weil er nicht zur Gemeinde gehört (= Nichtchrist, VV. 23f.), letzteres gegen Bauer (WB), mit Schlier (ThWNT III, S. 217). – V. 24: der andere Fall – formal dem V. 23 parallel –: alle reden prophetisch (V. 19: bei klarem Verstand). Der von außen Hereinkommende wird dann von allen „im Gewissen überwunden", „geprüft" („beurteilt"), „die verborgenen Tatbestände seines Herzens" werden „offenbar" (vgl. aber 4,5), und so kommt es dazu, daß er vor Gott niederfällt und „der Wahrheit die Ehre gibt" (wie 1. Thess. 1,9; Matth. 11,4; 28,8ff., Czlm:): „Gott ist wahrhaftig in eurer Mitte" (so, weil wohl nicht an den einzelnen „En-thusiasten" gedacht ist).

Dieser Text ist durch PTO neu in homiletischen Gebrauch gekommen. Sicher nicht deswegen, weil es unsere dringlichste Aufgabe wäre, Zungenrede und Prophetie ins rechte Verhältnis zu bringen. Zwar ist dies das Thema von Kap. 14; aber damit ist nicht gesagt, daß es auch unseres sein müßte. Nun ist freilich das Zungenreden in der Ökumene in vielen Ländern wieder aufgeflammt, besonders in solchen, wo Menschen mit leicht erregbarem Seelenleben wohnen; doch soll mit dieser letzteren Bemerkung über „Natur" oder „Gnade" nicht entschieden sein. Man findet das Zungenreden mancherorts auch bei uns, und es mag zu denken geben, daß R. Bohren in seiner Predigtlehre einen Abschnitt bringt mit der Überschrift: „Plädoyer für die Zungenrede" – wir werden darauf noch zurückzukommen haben.

Indes dürfte die Perikope aus anderem Grunde für diesen Sonntag bestimmt sein (sein Thema nach Spieker: „Die Einladung"). Evangelium und Epistel sprechen davon, daß Gott die Türen seines Hauses weit aufmacht, die von den Landstraßen und Zäunen herbeiruft und die, die ehemals ferne waren, zu seinen Hausgenossen macht (Luk. 14,16–24; Eph. 2,17–22). So haben wir in unserer Perikope an den (bisher) Ungläubigen und Uneingeweihten (V. 24) zu denken, der in den urchristlichen bzw. in unseren Gottesdienst hineingerät und für den das, was er da erlebt, „Einladung" sein soll. Nun freilich nicht nur so, daß er sich freundlich aufgenommen fühlt, die Gemeinde also als etwas Attraktives erlebt, sondern so, daß er „versteht" – immer wieder kommt Paulus gerade auf diesen Gesichtspunkt zurück (VV. 2.9.11.15.16.20), weil nur die verständliche Rede wirklich „aufbaut" – und aufs Aufbauen („Erbauung") kommt es an. Das in der Gemeinde vorhandene pneumatische Leben will sich, zum Besten der Menschen, ausbreiten und vervielfältigen. „Es gibt keine göttliche Gabe, die nicht Aufgabe wäre, keine Gnade, die nicht aktivierte. Dienst ist nicht bloß Konsequenz, sondern Erscheinung und Realität der Gnade" (E. Ksm., EVuB I, S. 111). Unser Abschnitt denkt dabei an den Aufbau der *Gemeinde* („auf daß die Gemeinde dadurch erbaut werde", V. 5), aber auch, und dies speziell in den uns aufgegebenen Versen, an den Dienst am (noch) *Ungläubigen* und *Fernstehenden*.

Die missionarische Gestalt der Gemeinde und ihre missionarische Verkündigung sind Themen, die uns in den letzten Jahrzehnten mehr als ehedem beschäftigt haben und uns auch künftig werden beschäftigen müssen. Dem dürfte unser Abschnitt seine Wiedererweckung für die Predigt verdanken. Dabei besteht die Gefahr, daß wir – statt einer Predigt – ein Referat über missionarischen Gemeindeaufbau halten, vielleicht gar unter Betonung der kirchlichen Methodenfragen. Es geht auch diesmal ums Geistliche, also um das Evangelium selbst, nicht bloß, ja nicht eigentlich um die Frage, auf welche Weise es an den Mann zu bringen ist. Hoffentlich gelingt es uns, dies im Auge zu behalten, wenn wir den Text so abhören: *Was Christus schenkt, soll allen gehören. Daher:* (1) *Nicht abschließen, sondern öffnen.* (2) *Nicht genießen, sondern aufbauen.* (3) *Nicht verhüllen, sondern verständlich machen.*

I.

Unsere Versuchung ist eine andere als die der Gemeinde in Korinth. Wir sind nicht Pneumatiker von der Art, in der man es dort war oder zu sein vorgab: eine Elite von solchen, die in ihrem Sein über die bloßen „Pistiker", erst recht über die „Hyliker" weit hinausgehoben waren (wenn man es in gnostischer Sprache ausdrücken will) und sich für „vollkommen" hielten (V. 20). Paulus hat sich mit dieser auf Exklusivität haltenden Schicht in der Gemeinde immer wieder auseinanderzusetzen gehabt. Für ihn ist gerade der Uneingeweihte, der Noch-nicht-Christ Richtpunkt der Überlegungen und Bewertungen. Er denkt ganz anders als diese Pneumatiker par excellence.

Man könnte sagen: er denkt von seiner Spezialaufgabe als Missionar her. Er will „gewinnen" und „retten" (9,19ff.) – das ist sozusagen sein Berufsinteresse. Damit wäre die in unserm Kapitel herausgestellte Wertskala relativiert; für andere Christen stünden andere Gesichtspunkte obenan. Aber es wäre ein Irrtum, das Missionarische einigen Spezialisten zu überlassen. Es gehört zum Wesen der Kirche. Nicht, daß, wer „Mission" sagt, die Kirche schon vollständig definiert hätte; nicht, daß die Kirche in ihrer missionarischen Funktion aufginge. Gott sammelt seine Kirche nicht um des Sammelns willen, sondern weil er seine abgefallenen und darum verlorenen Menschenkinder wieder beisammen haben möchte, als sein Volk; weil die von ihm abgewandten, aus dem Lebenszusammenhang mit ihm herausgerissenen Menschen zum Leibe Christi werden sollen. Aber eben das, was Gott da begonnen hat, strebt über den gegenwärtigen Bestand hinaus, weil Gott keinen verloren sein lassen will. Dazu ist der Sohn in die Welt gesandt, und dazu sendet dieser wieder seine Gemeinde (Joh. 20,21). Eine Gemeinde, die nicht über ihre Ränder und Grenzen hinausdenkt, sondern sich gegen die Welt abschließt, verleugnet ihr Sein und ihr Sollen, und in solchem Abirren von ihrem Wesen und ihrer Bestimmung wird sie nicht nur quantitativ zurückbleiben hinter dem allem, was Gott will, sondern sie wird sich auch im Innern, in ihren eigenen Wänden, qualitativ dem entfremden, was sie sein soll. Paulus widerspricht also einer bestimmten Gruppe von korinthischen Christen, indem er, was das Leben der Gemeinde und speziell die ihr geschenkten Gaben des Geistes angeht, von denen her denkt, die sich – Gott weiß, wie es kam – gerade diesmal in die Gemeindeversammlung hineinverirrt haben oder aber von missionarisch-bewußten Christen dahin eingeladen worden sind. Der Unterschied zwischen denen „drinnen" und denen „draußen" ist groß; man kann ihn sich an einem Wort wie 2. Kor. 4,3 f. verdeutlichen; aber der Heilswille Gottes ist universal, Gott will sich aller erbarmen. – Die Diasporasituation der Kirche (vgl. etwa Phil. 2,15) ist ihr zu allen Zeiten eine Versuchung. Wir rennen keineswegs offene Türen ein, wenn wir im Sinne des Textes die Parole ausgeben: Nicht abschließen, sondern öffnen! Es gibt sicher eine ganze Reihe von Gründen, die eine Gemeinde veranlassen, sich einzuigeln. Vielleicht hat man sich längst an die Minoritätssituation gewöhnt und sich mit ihr abgefunden. Es fehlt an missionarischem Mut. Unter sich sein erspart das Antwortgeben (1. Petr. 3,15). Nicht gefordert werden erlaubt ein geruhsames Christsein. Neue Menschen sind immer eine Herausforderung. Vielleicht findet man sowieso nicht leicht Kontakt zu solchen, mit denen man nicht seit langem vertraut ist. Vielleicht erweckt ein fremdes Gesicht Mißtrauen. Sich auf einen neuen Menschen einstellen, verlangt mindestens ein wenig Elastizität. Vielleicht gehört ein gutes Quantum Liebe dazu, diesen besonderen Menschen anzunehmen: mit seiner Biographie, mit seiner vielleicht ganz anderen Lebensart und seinen uns ungewohnten Anschauungen. Vielleicht hat sich um uns die den Sozialpsychologen längst bekannte „Gruppenhaut" gebildet: den Zusammenhalt im wohlvertrauten Kreise läßt man sich nicht gern stören. Man könnte die Aufzählung solcher auf „Abschluß" tendierender Einstellungen sicher noch eine Weile fortsetzen; die Gemeinde, der diese Predigt zu halten ist, wird sich selbst fragen müssen, ob es in ihr solche Verzäunungen gibt. Das Thema des Sonntags: Die Einladung. Wer lädt ein? Wer beteiligt sich am „grenzüberschreitenden Handeln" der Kirche – so hat man ja missionarisches Wirken treffend charakterisiert –, wer hat also begriffen, daß Jesus gekommen ist, das Verlorene zu suchen (Luk. 19,10), und seinen Suchdienst *durch uns* – grundsätzlich durch uns *alle* – tun will? Wir lägen ganz falsch, wenn wir dabei an den Mitgliederbestand unseres „Vereins" und die künftige Sicherung des „Apparates" dächten. „Gewinnen" wird, wie wir sahen, bei Paulus durch „retten" ergänzt und damit gedeutet. Man kann die neunundneunzig sich selbst überlassen, wenn es gilt, das eine zu finden (Luk. 15,4). Die Ruhe, in der wir uns meist mit der „Verlorenheit" (s. o.) der vielen abfinden, zeigt an, daß wir das, was wir predigen und bekennen, selbst nicht ernst nehmen. Jeder ist hier nach seiner Bilanz gefragt. Durch beides sind wir schuldig: durch unsere Versäumnisse – die Nicht-Anziehung – wie durch unsere Unbereitschaft für andere – das Abstoßende.

Der Text spricht aber keineswegs nur die *einzelnen* an. Abstoßend wirken kann das „geistliche" Klima und, damit zusammenhängend, die Gestalt, in der der Uneingeweihte die *Gemeinde* vorfindet. Es ist unter uns über die missionarische Struktur der Gemeinde in den letzten Jahrzehnten viel nachgedacht und viel Gutes in Gang gebracht worden. Wir brauchen darüber jetzt nicht im Detail zu sprechen. Nicht abschließen, sondern öffnen: das ist eine Parole, die den Lebens- und Arbeitsstil der Gemeinde als ganzer betrifft. Hier muß noch immer und immer wieder vieles geschehen. Wie es in einer Gemeinde zugeht, das kann den „Unkundigen" oder „Ungläubigen" – auch wenn er ausgesprochenermaßen aufgeschlossen ist – vergraulen. Vielleicht sehen wir ihn zwei- oder dreimal in unserer Mitte; dann bleibt er weg, weil wir ihn enttäuscht haben. Daß wir es uns nicht zu einfach machen! Die Öffnung, auf die es hier ankommt, ist nicht eine Sache der Methode, sondern der Liebe. Nicht alles taugt für jeden. Sobald eines unserer Programme zum Allheilmittel werden soll und damit zum Gesetz wird, machen wir uns an den Menschen schuldig, die – nicht uns, sondern – Christus nötig haben. Viele brauchen den kleinen, gewissermaßen familiär strukturierten Kreis; andere scheuen die Vereinnahmung durch ihn. Bei manchem ist ein klar vollzogener Kurswechsel, meinetwegen: die „Übergabe" des Lebens an Christus fällig; ein anderer meint es nicht weniger ernst, aber er müßte in dem, was ihm da zugemutet wird, eine geistliche Rollkur sehen, oder ihn könnte ein bestimmter Stil (Denkweise, Vokabular, Arten des Einwirkens und des Miteinander-Umgehens) irremachen. Die Folgerung kann nicht lauten: Wer vieles bringt, wird manchem etwas bringen. Es gibt nur *einen* Schlüssel, der die hier nötige „Öffnung" bewirkt: die Liebe. Der überkommene Gottesdienst kann langweilig und öde sein, aber er kann auch beglücken und aufschließen. Von jeder anderen kirchlichen Lebens- und Arbeitsform könnte man Analoges sagen. Wir wollen damit die Strukturfrage nicht vergleichgültigen. Aber sie darf auch nicht überschätzt werden. Ausschlaggebend wird sein, was *in* dem, was wir unternehmen, geschieht. Darauf will der Text uns lenken. Die Kirche soll offene Türen haben und immerzu an die denken, die noch nicht zu Christus gefunden haben. Denn was Christus schenkt, soll allen gehören, also sind wir die Schuldner aller Menschen (Röm. 1,14).

2.

Was jetzt zu bedenken ist, ist wiederum nur eine Seite derselben Sache: Nicht genießen, sondern aufbauen. Wieso redet der Text vom Genießen?

Es wäre sicher ungerecht, die Zungenrede nur unter dem Gesichtspunkt einer geistlichen Genußsucht zu sehen. Ich kann hier nicht aus Erfahrung sprechen, muß mich also an solche halten, die etwas davon verstehen, und ich muß mich in etwas hineindenken, was mir fremd ist. Auf drei Sachverhalte sei hingewiesen:

Zungenrede oder, wie man heute gern sagt, Sprachenrede ist zwar deutbar (VV. 5,13.27f.), aber sie sprengt unsere normale Sprache. Es kann ein Hemmnis unserer Glaubenserfahrung und unseres Lebens im Glauben sein, wenn wir nur das gelten lassen, was in die Begrifflichkeit unserer rationalen Sprache eingeht. Großes Erleben – in Traurigkeit oder Freude, Angst, Staunen oder Jubel – drückt sich unartikuliert aus. Bohren weist auf Schmerz und Schrecken, Erstaunen und Entzücken und auf die Erfüllung in der Liebe. Da versagt und zerbricht die artikulierte Sprache. Sie erweist sich als Gefängnis. „In der Zungenrede werden die Möglichkeiten der Sprache überholt. Sie ist entfesselte Sprache" (S. 332). „Abgehetzte Predigtsprache braucht den Sabbat" (ebd.), das Fest (S. 333). Die Musik, möchte ich meinen, ist der Zungenrede am ähnlichsten (man denke an das, was Schleiermacher in seiner „Weihnachtsfeier" über die Musik sagt). Nichtgegenständliche bildende Kunst ist ihr ähnlich. Morgensterns Großes La-lu-la könnte uns den Blick dafür verstellen, daß Lautgedichte das Unsagbare ausdrücken wollen. Für uns rational gesteuerte Abendländer mag es peinlich wirken, aber es sollte zu denken geben, daß im Herrschaftsfeld der (elektronisch verstärkten) Gitarren, des Zupfbasses und des Schlagzeugs das „Jäh-jäh-jäh" (o. ä.) sich Luft macht und junge Menschen zur Entfesselung des Irrationalen mitreißt.

Zungenrede kann – und das liegt dicht neben dem eben Gesagten – das Unbewußte entlüften, also Verdrängtes ans Licht bringen. Der Mensch, der sich immer unter strenger rationaler und moralischer Kontrolle hält, verdrängt vieles, das nun, in der Zungenrede, ins Persönliche einfließt (Morton Kelsey, Sprachenrede und Psychologie, in der Zeitschrift „Mitarbeiterhilfe", 2/73/S. 25ff.). Was die gesteuerte Analyse ins Bewußtsein hebt, kann in der Zungenrede ein Ventil finden. Eine gewisse Parallele mag darin liegen, daß nicht nur Kinder, sondern auch Erwachsene sich gelegentlich einmal kräftig „austoben" müssen, um gesund zu bleiben.

Zungenrede kann aber auch – und daran wird in Korinth gedacht sein – das unsagbare Ewige ausdrücken wollen. Bohren weist auf EKG 311,2; Zungenrede spricht aus, „was der Geist in der Vorgabe der Zukunft gewährt" (S. 332). „Die Zungenrede nimmt eschatologische Sprache vorweg, insofern sich in ihr Gottes Geheimnis artikuliert" (S. 336). Wie gut die „theologischen Gründe" waren, die die Korinther für ihre Zungenrede hätten geltend machen mögen (Bohren, S. 340), soll jetzt nicht erörtert sein; das in 13,12 bezeugte Wissen um die uns gesetzten Grenzen möchte jedenfalls immer präsent bleiben.

Soweit der Versuch, sich in die Glossolalie hineinzudenken, ja, ihr etwas abzugewinnen. Sie ist Gnadengabe (12,10.28.30). Paulus „gönnt" sie allen (V. 5; Czlm. verweist für ϑέλω auf 7,7, auch dort diese Bedeutung). Er selbst hat die Gabe in höherem Maße als alle andern (V. 18); man fühlt sich freilich ein wenig an das Denkmuster von 2. Kor. 11,22f. erinnert: „sie sind . . . – ich auch". Denn in V. 5 heißt es sofort, Prophetie wünsche Paulus den Lesern *mehr*. Warum das? Prophetie dient der „Erbauung", ist konstruktiv (VV. 3f.). Dies hat sie der Glossolalie voraus. Die Gabe ist daran zu messen, ob sie dem einzelnen bzw. der Gemeinde *dient*.

Der Verstand ist beim Glossolalen ausgeschaltet (VV. 14.19 – s.ThWNT I, S. 721ff.); man könnte meinen, er sei von Sinnen (V. 23). In seiner Verzückung „redet (er) in die Luft hinaus ihm selbst und anderen dunkle geheimnisvolle Dinge" (VV. 2.9.11.15f.), „stößt unartikulierte Laute aus wie ein ohne Unterscheidung der Töne gespieltes Instrument" (V. 7f. – ThWBNT I, ebd.). Was aber soll's? „Wer in Sprachen redet, redet nicht für Menschen, sondern für Gott" (V. 2) – oder auch „für sich selber und für Gott" (V. 28). Schon: er „erbaut sich selbst" (V. 4) – aber nicht den anderen (V. 17). Wir wissen von Glossolalen unserer Zeit, daß sie das Beten und Reden in „Sprachen" zu den wertvollsten und tiefgreifendsten Erfahrungen ihres Lebens rechnen, schöner, als sie geglaubt hatten, befreiend, stärkend, sogar heilend (Kelsey, a. a. O., S. 27f.). Nur: Paulus meint, mit der Zungenrede wäre er der Gemeinde „nichts nütze" (V. 6), ja, man muß sogar sagen, daß für den Uneingeweihten, der von draußen kommt, der Eindruck der Glossolalie geradezu abstoßend wäre. Jedenfalls: „aufgebaut" wird bei ihm nichts.

Wir haben das, worum es dem Apostel geht, auf die allgemeinere Formel gebracht: Nicht genießen, sondern aufbauen. Damit ist, ein bißchen überschärft, zum Ausdruck gebracht, worauf es Paulus ankommt. Es gibt eine genießerische Weise des Frommseins. Der herkömmliche Sinn des Satzes: „ich habe mich erbaut" läßt es erkennen. Nichts dagegen, daß jemand im Gottesdienst „für sich selbst" etwas gewinnt: Stille, Sammlung, das innere Durchatmen, das Hingezogensein zu Gott, Entlastung, Ermutigung, Trost, Linderung, Hoffnung (usw.). Paulus nimmt ja dem Sprachenredner nicht, was er hat. Aber er muß lernen, was Luther so formuliert hat: Was nicht im Dienst steht, steht im Raub. Der Gottesdienst ist – wir spitzen bewußt zu – nicht eine Versammlung von frommen Genießern. Gaben sind dazu da, daß sie zum Besten des Ganzen – und darin zum Besten auch jedes einzelnen – eingesetzt, also dienstbar gemacht werden. Aufbau: hier soll Stein auf Stein gesetzt werden, so daß das „geistliche Haus" entsteht (1. Petr. 2,5; Eph. 2,21f.). Vieles kann dazu dienen. Für Paulus steht die klare (prophetische) Rede voran; sie besteht in nachvollziehbaren, auch nachprüfbaren (V. 29; 12,10; 1. Joh. 4,1) Gedankengängen; sie hat dem Glauben gemäß zu sein (Röm. 12,6). Sie dient der Erbauung, der Mahnung und Tröstung (V. 3). Erbauung ist vom missionarischen Auftrag her zu deuten (2. Kor. 10,8; 13,10; 1. Kor. 3,10–17; Röm. 15,20) und soll zugleich das Verhalten der Christen untereinander, also das Leben und Wirken in der Gemeinde kennzeichnen (8,1; 10,23; Röm. 14,19 – 15,2 u. a. m.). Die Predigt soll den Begriff „Erbauung" versachlichen. So wahr das, was Christus schenkt, zunächst einfach *empfangen* werden muß – man kann es sich nicht selbst schaffen, sondern muß es sich geben lassen – , so wahr ist, daß das Empfangene sofort *in den Dienst anderer zu stellen* ist. Unter diesem Gesichtspunkt sind die Gaben in der Gemeinde zu bewerten und zu stufen; sie sind danach zu beurteilen – und darum dann auch zu „erstreben" (V. 1) – , ob sie die Gemeinde aufbauen. – Man hüte sich auch hier vor Kurzschlüssen. Es ist z. B. nicht ausgemacht, daß das Attraktivste und Publikumswirksamste immer das Aufbauende ist (3,12–14). Die Korinther waren für Eindrucksvolles und Sensationelles sehr aufgeschlossen. Paulus kam mit dem Wort vom Kreuz. Er wußte, was dienlich ist (6,12b) und was vorwärts bringt.

3.

Nicht verhüllen, sondern verständlich machen. Damit ist das für uns so wichtige, geradezu programmbestimmende Wort *Verstehen* angesprochen. Es löst eine Menge Teilfragen aus – Vernunft und Glaube, Weltbild und Glaube, Geschichts- und Menschenbild in ihrer Bedeutung für den Glauben usw. Hätten wir ein Referat zu halten, stünden wir jetzt vor dem anstrengendsten Berg. Aber wir sollen predigen.

Für die Korinther war das Unverständliche und Geheimnisvolle ein Faszinosum, Merkmal einer höheren Vollkommenheit. (Ganz frei von solchen Einstellungen sind wir, wenigstens in der zünftigen Theologie, noch immer nicht.) Paulus schießt wieder einmal einen spitzen Pfeil ab: Gerade in dem, was ihr verachtet, solltet ihr „vollkommen" sein, nämlich im Verstehen, und eure infantile Naivität hebt euch mal lieber für die Auseinandersetzung mit dem Bösen auf; in der Kenntnis des Bösen nämlich möchte man euch jegliche Unerfahrenheit wünschen! (Der Satz will freilich wiederum mit Verstand gehandhabt sein; mancher ist dem Bösen zum Opfer gefallen, weil er es nicht kannte.)

Wie wenig Paulus – trotz aller korrekten Anerkennung der Zungenrede als Gnadengabe – an dem unverständlichen Reden interessiert ist, zeigt das Jesajazitat. Assoziationsbrücke: unverständliches Reden. Damals: das fremde Getön der Assyrer, vor denen Israel graute. Die barbarischen Laute: Zeichen des Gerichts. Hat diese unverständliche Rede der Eroberer etwa etwas gefruchtet? Gott selbst hat dies nicht erwartet, und sie konnte ja gar nichts bewirken. Die Parallele ist nicht sehr überzeugend, aber man weiß, was gemeint ist; vor allem sieht man, wie wenig Liebe Paulus dem unverständlichen Reden entgegenbringt. – Prophetie – also klare verständliche Rede – hat es auf Gläubige abgesehen: Gläubige redet sie an, und Ungläubige will sie zu Gläubigen machen. Daß der klaren, unverschlüsselten, einsichtigen Rede der Vorzug gegeben wird, das hat seinen Grund im Evangelium selbst. Wohl ist es Mysterium, aber im Kommen Jesu Christi, in seinem Wirken, seinem Sterben und Auferstehen ist dieses Mysterium *aussagbar, artikulierbar,* also auch *verstehbar* geworden. Es kann in „Worte der Offenbarung oder der Erkenntnis oder der Prophetie oder der Lehre" gefaßt werden (V. 6); ja, anders kann man es gar nicht an den Mann bringen.

Uns kommen dabei sofort die Probleme der sprachlichen Übersetzung, des Umdenkens in moderne Denkformen, der Interpretation im Zusammenhang unseres neuzeitlichen Denkens in den Sinn. Paulus hat sich Fragen dieser Art ebenfalls gestellt – natürlich den Fragen seiner Zeit; er hat sich und auch seinen Gemeinden darin nicht wenig zugemutet. Das Evangelium verstehbar machen, das bedeutet offenbar nicht, daß man es zu etwas Belanglosem abflacht. Plattitüden interessieren niemanden. Das Verstehen und Verständlichmachen besteht ja gerade darin, daß man's durchdenkt. Z. B. Beten im Geist und Beten in nüchterner Überlegung (also im $\nu o \tilde{\upsilon} \varsigma$) sind nicht widereinander (V. 15), wie denn *Gottes* Geist *unserm* Geist Zeugnis gibt (Röm. 8,16), also unsern menschlichen Geist nicht ausschaltet, sondern in Dienst nimmt – wie ein Werkzeug oder ein Musikinstrument. Das bedeutet natürlich nicht, daß Gottes Selbstkundgabe auf die Einsichten der Vernunft reduziert wird, wohl aber, daß gerade die Vernunft begreift, wofür sie zuständig ist und wofür sie es nicht sein kann. Die Aussagen des Kerygmas wollen verantwortet sein. Alle theologische Arbeit – auch die dieses Buches – steht im Dienst dieser Aufgabe. Die Botschaft will nicht nur rezitiert, sie will vertreten, geltend gemacht, bezeugt sein. So wird Predigt aufbauen, mahnen und trösten (V. 3).

Wenn nicht alles täuscht, nehmen Außenstehende an unserer Predigt nicht dann Anstoß, wenn diese das Evangelium in seiner – manchmal befremdenden, vielleicht sogar schokkierenden – Tiefe und Größe bezeugt, sondern gerade dann, wenn es zu einer billigen Sache gemacht oder zu etwas Kitschig-Sentimentalem verfälscht wird. Es muß, wenn wir predigen, nicht immer akkurat so zugehen, wie Paulus das in VV. 24f. schildert. Aber es wird da zum Verstehen kommen, wo jemand im Gewissen getroffen und überführt wird – nicht mit den gesetzlichen Methoden des Eiferns, sondern nach der Art Christi. Wenn das geschähe, daß einer merkt: In deren Mitte ist Gott! Hier wird nicht nur über Gott geredet, sondern hier tut Gott etwas. Das Verstehen ist zuletzt nicht ein intellektueller Vorgang – dessen es im „Vorhof" gewiß auch bedarf – , sondern ein Geschehen im Herzen. „Da bin ich mitten unter ihnen": wem das aufgeht, der hat wirklich verstanden.

3. Sonntag nach Trinitatis. 1. Joh. 1,5–2,6

Für das Verständnis der Perikope wird weniger die Verfasserfrage, vielmehr die nach der literarischen Einheit des Briefes von Bedeutung sein. Wer mit E. von Dobschütz, Bultmann und Braun mehrere literarische Schichten annimmt, wird der sachlichen Spannung zwischen 1,8 einerseits und 3,9; 5,18 andererseits durch Quellenscheidung entgehen (wobei noch immer zu fragen bliebe, ob der Endredaktor sie bewußt ertragen oder gar für nötig gehalten, oder ob er – geschlafen habe). Wer mit Schnackenburg, H.-M. Schenke (Einl. II, S. 216ff.) u. a. für die literarische Einheit eintritt, gewinnt ein ganz anderes Verständnis der christlichen Existenz. – Der Brief ficht durchweg gegen einen doketischen Enthusiasmus (2,22; 4,2f.) gnostischer Prägung (1,6.8.10; 2,4.9 u. ö.). Mit ἐὰν εἴπωμεν (1,6.8.10) und ὁ λέγων (2,4.6.9) dürften die Aussagen der Gegner eingeführt sein.

Kapitel 1: V. 5: ἀκηκόαμεν greift auf VV. 1.3 zurück, das ἀπαγγέλλομεν (mit der Bedeutungsnuance „weitersagen") wird durch ἀναγγέλλομεν (mit dem Farbton: „immer wieder sagen") aufgenommen. Im Evg. ist Jesus das Licht, hier ist Gott selbst so bezeichnet (VV. 5.7), vgl. Jak. 1,17. σκοτία bzw. σκότος „ist nicht Gegensphäre; das Wort ist vielmehr übertragen gebraucht und dient der Hervorhebung durch Verneinung des Gegenteils" (Czlm., ThWNT VII, S. 445). – V. 6: Widerspruch bei den Gegnern: sie behaupten, an Gott und seinem Licht „Anteil zu haben", wandeln aber in der Finsternis. Der Dualismus der Gnosis ist bei Joh. ethisch umakzentuiert. Die Wahrheit tun: עָשָׂה אֱמֶת (Semitismen sind auch 1. Joh. nicht fremd). – V. 7: Daß Gott „im Licht" ist (vgl. V. 5), dürfte durch das voranstehende „Wandeln im Licht" bedingt sein; es gibt keine Lichtsphäre, die „vor" dem Gott wäre, der selbst Licht ist. Die Zugehörigkeit der Christen zum Licht ist keine Naturtatsache, sondern beruht darauf, daß Jesu Blut uns von aller Sünde reinigt. – V. 8: Die Gegner halten sich also für sündlos – kraft ihrer seinshaften Zugehörigkeit zur Lichtwelt. Sie täuschen nicht nur andere, sondern auch sich selbst. – V. 9: Die Sünden (Plural) werden bekannt. Es ist also vorausgesetzt, daß auch der Christ sündigt. – V. 10: Gott selbst sagt, daß wir Sünder sind (Hiob 4,17; Ps. 14,1–3; 53,2–4; Röm. 3,10–18 u. ö.); wir wüßten es von uns aus nicht. Wofür Gott selbst einsteht, das können wir nicht abstreiten (vgl. 5,10). „Das Wort Gottes, wie es in der Offenbarung Gestalt wurde, erscheint hier als etwas Substantielles" (Schnbg. z. St.).

Kapitel 2: V. 1: Anrede unmittelbar an die Gemeinde (sie war in der 1. Pers. Plural schon bisher immer gemeint) – mit dem liebevollen τεκνία, das zugleich eine väterliche Autoritätsstellung des Schreibenden andeutet. Dreischritt: wir sind Sünder – wir sollen nicht sündigen – und wenn einer doch sündigt. Jesus ist hier selbst der Paraklet; heißt es in Joh. 14,16, er wolle einen *andern* Anwalt geben, dann liegt darin, daß auch der Jesus des Evangeliums sich auch als Parakleten sieht. Darin liegt seine zugleich forensische und hochpriesterliche Funktion. „Gerechter" dürfte sich aus 1. Petr. 3,18 und Jes. 53,11 erklären. – V. 2: ἱλασμός = Sühnung oder auch Sühnopfer (4,10), zur Sache vgl. 1,7; auch Joh. 1,29.36; 11,50–52; 17,19. – V. 3: Die VV. 3–5a sind 1,5–7 auffällig parallel; wechselseitige Auslegung. Danach ist mit „er" wahrscheinlich Gott gemeint; ihn „erkennen" ist nicht nur Kenntnisnahme, sondern persönliches Vertrautwerden mit ihm. – V. 4: vgl. 1,8. „Lügner": es geht also nicht nur um ein Zurückbleiben hinter dem Gesollten, sondern um eine der Wahrheit zuwiderlaufende, verlogene Lebensart. – V. 5: Indem wir lieben, „kommt" die Liebe Gottes „an ihr Ziel". Immananzformel (s. Exkurs bei Schnbg.): Sein oder Bleiben in einem Bereich, einer Sphäre (in Gott, im Licht, in der Lehre, im Wort, in der Wahrheit, in der Liebe). – V. 6: Nicht nur sein „wie er", sondern sein und auch „wandeln" „in ihm".

Daß die Perikope (nach OP: 1,5–10, 1. S. n. d. Christfest, Reihe II) über die Kapitelgrenze hinweg erweitert ist, hat guten Grund. Zwar fiel uns schon auf, , daß 1,5–7 und 2,3–5a einander parallel sind, und 2,1f. nimmt den Hinweis auf Jesu priesterliches Handeln aus 1,7b wieder auf. Dennoch gehört der explizitere Hinweis auf das Halten der Gebote in 2,3–6 zur „Botschaft" (ἀγγελία nur hier und 3,11) des Briefes, wie auch in den folgenden Kapiteln immer wieder deutlich wird. Die Warnung vor dem „Wandel in der Finsternis" (1,6) wäre als Basis dafür zu schmal.

Ehe wir versuchen, die Aussagen des Textes nach-zu-denken und nach-zusprechen, sollten wir einiges über die Position sagen, von der aus hier gedacht und geredet ist. Der Verfasser muß sich mit Irrlehrern auseinandersetzen. Ist er ein dogmatischer Eiferer? Es wird sich zeigen, daß die Abweichungen der Häretiker in der Christologie, in der Anthropologie und in der Soteriologie (einschließlich der Eschatologie) keineswegs nur für Katheder und Lehrbuch von Bedeutung sind. Es geht um die Frage: wie verstehe ich mein Leben, wie führe ich es, wie können wir mitmenschlich-brüderlich zusammmenleben, was erhoffen wir für die Welt? Man sage doch nicht: Lehre ein jeder, was er denkt, Hauptsache, man trifft sich in der Praxis! Man sage auch nicht, die dogmatische Voraussetzung sei ja für beide Teile die, daß Christen (die Irrlehrer sind aus der christlichen Gemeinde hervorgegangen, 2,19) mit Gott Gemeinschaft haben (1,6) und im Lichtbereich Gottes leben (1,7); wie man sich dieses Gemeinsame *deute*, müsse doch wohl einem jeden selbst überlassen bleiben. Es wird sich zeigen, daß trotz des Gebrauchs derselben Vokabeln in Wirklichkeit Abgründe klaffen.

Der Verfasser unseres Briefes beruft sich auf Gottes *Wort* (1,10; 2,5), das „in uns" ist (1,10); auf die „Botschaft" (1,5), die wir von Christus gehört haben und immer neu verkündigen (1,5) und die in dem, was man hören, sehen und mit Händen betasten konnte, ihren Ausgang genommen hat (1,1–4). Christus ist ja kein anderer als Jesus (4,2f.; 2,22f.); die Irrlehrer bestreiten die Inkarnation und damit auch die Bedeutung des Opfers, ja des „Blutes" Jesu (1,7; 5,6f.). Sie haben die Art und Weise und damit auch das Wesen der „Selbsterschließung" (ἀλήθεια) Gottes verfehlt und verleugnet (1,8; 2,4), und so „tun" sie auch die „Wahrheit" nicht (1,6). Sie lügen (1,6; 2,4), sie führen sich selbst in die Irre (1,8), ja, sie machen, indem sie von Gottes klarem Wort abrücken, Gott selbst zum Lügner (1,10; 5,10). Ein ganzes Gewebe von Verlogenheit, in das sogar Gott, indem sie ihn verkennen und zum Zeugen und Bürgen für ihre Falschaussagen machen, mit hineingezogen wird.

Dies alles wirkt sich nun auf das Existenzverständnis und die Lebenspraxis aus. Wenn wir darin richtig sehen, daß der Text nicht seziert werden, also so wie er dasteht, als sinnloses Miteinander von Unvereinbarem angesehen werden sollte (s. o.), dann liegt das Erleuchtende und Befreiende gerade in den Spannungen, die der Text enthält, bzw. in dem Überraschenden seiner Aussage. Der Text bekommt dadurch Farbe, daß man die bekämpften falschen Vorstellungen und Lehren als Hintergrund mitbedenkt. Wir tun wohl gut, den gewichtigsten Differenzpunkt in die Gesamtüberschrift mit hineinzunehmen: das

Thema der Versöhnung (Spieker nennt als Thema des Sonntags: Das Wort der Versöhnung, vgl. Evg. und Epistel). Etwa so: *Versöhnte leben im Lichte Gottes.* (1) *Sie wissen um ihre Sünde.* (2) *Sie leben in Gottes Geboten.* (3) *Sie vertrauen auf ihren Fürsprecher.*

I.

Im Lichte Gottes leben, mit Gott Gemeinschaft haben, Gott kennen (1,7.6; 2,4): darum ist es sowohl den Gnostikern als auch den Christen zu tun, ja, man wird sagen dürfen, daß, wo immer Menschen Gott suchen oder sich mit ihm im Kontakt wissen (bzw. meinen), sie darauf aus sind.

Obwohl wir keine Gnostiker sind und uns mit Gnostikern nicht mehr unmittelbar auseinanderzusetzen haben, wird es doch gut sein, ein klein wenig in die Kontroverse von damals hineinzuhören. Es ist ergreifend, zu sehen, wie diese Menschen unter ihrem Verlorensein in die Welt, ihrem Eingebundensein in die Welt, ihrem Preisgegebensein an die Finsternis der Welt *gelitten haben.* Die stoffliche Welt ist ihnen ein Gefängnis gewesen. „Wer warf mich in den Fußblock, der dem Weltstoff gleicht? Wer legte eine Kette um mich, die über die Maßen ist?" „Wer hat mich in die Wohnung der Finsternis geworfen?" „Warum habt ihr mich von meinem Orte weg in die Gefangenschaft gebracht und in den stinkenden Körper geworfen?" Man empfindet das Greifbare als Last, die Gesetze der Welt als Zwang, das In-der-Welt-Sein als „Elend", also als Heimatlosigkeit. Die Seele ist wie ein scheues Wild, das auf der Erde gehetzt wird vom Tode, der seine Kraft unentwegt an ihr erprobt. (Belege bei R. Bultmann, Das Urchristentum, Zürich und Stuttgart [3]1963, S. 179 und Leipoldt-Grundmann, Umwelt I, S. 378). Es gibt unter uns Menschen, die die Unterworfenheit unter das Schicksal ähnlich empfinden. – Da ist es nun befreiend, wenn man in der „Gnosis", also in der Erkenntnis den Ausweg findet oder doch zu finden meint. Wie aus bösen Träumen weckt einen die Gnosis, man kommt frei aus Unwissenheit und Verirrung. „Denn der Vater des Alls war entschlossen, die Unwissenheit aufzulösen und den Tod zu zerstören. Die Auflösung der Unwissenheit aber geschah dadurch, *daß man Ihn erkannte*" (Irenäus, nach Umwelt I, S. 379). Man erkennt dadurch zugleich sich selbst. Denn sein Zuhause hat der Pneumatiker in der Lichtwelt Gottes. Er ist ja selbst ein Stück himmlischen Lichtes – nur leider hineinverbannt in die Materie –, damit ein Stück der Gottheit. Göttliches – hineinversprengt in die böse Welt. Durch Gnosis erkennt sich der Pneumatiker wieder als das, was er zuvor war und woran er sich im Erkennen zurückerinnert: die „Perle", die in den Schmutz geworfen wurde, die aber auch dort geblieben ist, was sie ihrem Wesen nach unveränderlich ist (Umwelt I, S. 378). Wer „erkennt", hat darin sein Zuhause schon wiedergefunden; er lebt im Lichte Gottes.

Im Lichte Gottes leben? Der Verfasser unseres Briefes greift diese Vorstellung gern auf (wie denn schon das Evangelium in der Vorstellung des Hell-Dunkels denkt, 1,4f.; 3,19; 8,12; 11,9f.; 12,35.46). Gott ist Licht, und in ihm gibt es keine Finsternis. Im Dunkel wohnt und wirkt das Böse, das das Licht scheuen muß; da haust das Feindselige, Unberechenbare, Nicht-Unterscheidbare, das Grauenhafte. Aber: das Licht scheint in der Finsternis, und wo Gott ist, da ist es hell, da lauert nichts Feindliches mehr, denn da ist Liebe und weiter nichts. Und wenn die Gnostiker davon reden, daß sie Gott kennen, in ihm wohnen, mit ihm Gemeinschaft haben, so kann Johannes („Johannes") einstimmen. Nur: *in ganz anderem Sinne.* Wieso?

Im Lichte Gottes können nur *Versöhnte* leben. Erkenntnis als Heilsweg? Das würde voraussetzen, daß zwischen Gott und uns nichts zu bereinigen wäre. Aber es ist anders. „Das Blut Jesu Christi, seines Sohnes, macht uns rein von aller Sünde" (1,7); „derselbe ist die Versöhnung für unsere Sünden" – und zwar nicht nur für die Sünden einiger Auserwählter, die sich als Pneumatiker aus dem himmlischen „Material" gemacht wähnen, sondern „für die der ganzen Welt" (2,2). Er hat die Sünde „fortgeschafft" (3,5). Gott hat den Sohn gesandt – wozu? Daß er als Geistwesen von oben die Pneumatiker an die Hand nimmt und durch die zwischen Himmel und Erde befestigten Sperrzonen hindurch zum Vater führt? Nein, er hat ihn „gesandt zur Versöhnung für unsere Sünde" (4,10). (Genaue Parallele: Die Griechen fragen nach Weisheit, aber wir predigen den Gekreuzigten, 1. Kor. 1,22f.)

Es wird für die Predigt wichtig sein, dies zu verdeutlichen. Man kann Gott nicht erkennen wollen wie einen Gegenstand der Natur. Dies nicht nur deshalb, weil er kein Ding der Objektwelt ist, sondern auch deshalb, weil wir ihm gegenüber belastet sind. Die Problematik der Gotteserkenntnis besteht keineswegs nur darin, daß Gott von keinem von uns je gesehen werden konnte (4,12; Joh. 1,18); auch wenn es die Vorrichtung gäbe, die sein unsichtbares Wesen sichtbar machte: die Gotteserkenntnis würde, gerade wenn sie „optisch" gelänge, an dem unberäumten Konflikt scheitern. „Gemeinschaft mit ihm" – und die Sünde unbereinigt? Gotteserkenntnis trotz der Gottfeindlichkeit unseres bösen Herzens? Die Liebe Gottes, wenn sie zu uns finden will, muß darin „stehen", daß der Sohn zu uns kommt zur Versöhnung für unsere Sünden (4,10). Läßt der Gnostiker auch das Taufwasser gelten, so will er doch vom „Blut" nichts wissen (5,6f.). Er leugnet die Inkarnation (4,2), und er läßt die Heilsnotwendigkeit des Kreuzes nicht gelten.

Warum nicht? Er sagt: Wir haben keine Sünde. Die Perle – wir hörten es schon – behält ihren Wert, auch wenn sie im Schmutz verwühlt wird. Die himmlischen Lichtpartikeln sind zwar in die Welt hineinverfangen, aber sie bleiben, was sie sind: Splitter des Göttlichen. – Johannes kann in solcher Meinung nur Selbstbetrug und Verführung sehen (1,8). Nicht nur, daß Gott und Mensch verwechselt werden. Es ist auch verkannt, daß der Mensch nicht nur unter einem „Schicksal" steht – wir zeigten es vorhin am Gnostiker auf – , sondern unter seiner *Schuld*. In den „Sünden" geschieht die „Sünde"; für beides ist der Mensch verantwortlich zu machen. Wir können – und sollen – die einzelnen Taten, Worte und Gedanken bekennen, mit denen wir Menschen weh getan, Pflichten versäumt, Leben beeinträchtigt oder gekränkt, Recht verletzt, die Wahrheit gebeugt oder verschleiert, uns selbst überschätzt oder nach vorn geboxt haben (usw.). In allen einzelnen Versagern aber verbirgt sich die Urschuld: daß wir unsere Berufung, Mensch-vor-Gott zu sein, nicht erfüllt haben. „An dir allein habe ich gesündigt" (Ps. 51,6). Und bin ich in der Personmitte Sünder, dann bin ich es *ganz* (Matth. 6,23; 15,19). Wir wissen es normalerweise nicht, wie es um uns steht. Der alte Adam ist selbstgerecht. Kennt er Gott nicht, dann merkt er auch nichts von der gestörten Gott-Mensch-Relation. Mit der Gotteserfahrung kommt – in eins – die Sündenerfahrung (Jes. 6,5; Luk. 5,8). Solange wir noch sagen (oder denken), wir haben keine Sünde, ist uns Gott noch gar nicht „aufgegangen" (ἀλήϑεια, 1,8). In dem Augenblick, in dem wir es wirklich mit Gott zu tun bekommen und seiner inne werden, ist die Frage nach der Beseitigung der Sünde unentrinnbar gestellt. Gott hat den Versöhnungstod seines Sohnes für nötig gehalten; wollten wir ihm dies abstreiten, dann würden wir ihn zum Lügner machen (1,10). „Das Geheimnis des Menschen bleibt so lange verschlossen, bis sich der Mund des neuen Menschen in Jesus Christus öffnet ... und sagt, wer ich bin." „Der erste wahre Satz, den der im Licht wandelnde Mensch sagt, der erste Schrei des ‚neuen Menschen', der der Finsternis entronnen ist, ist das Bekenntnis seiner Schuld. Der Satz, daß wir Sünder sind, ist die erste wahre Aussage, die ein Mensch, der ins Licht Gottes tritt, macht" (H.-J. Iwand, Predigt-Meditationen, Göttingen [3]1966, S. 674).

2.

Wenn Johannes darauf beharrt, daß wir Sünder sind und dies nicht bestreiten dürfen, dann überraschenderweise mit dem Zweck und Ziel, „daß ihr nicht sündigt" (2,1). Gehört dann also das Sündersein und das Sündigen so der Vergangenheit an, daß jetzt zuversichtlich vom Nicht-Tun der Sünde geredet werden kann? 2,1b spricht dagegen. Ja, wir würden uns das Verständnis des hier Gemeinten geradezu verbauen, wenn wir so auslegten, als rede 1,8–10 von der vorchristlichen Zeit, 2,1a – oder gar 3,9 und 5,18 – vom Zustand des Christen. „Als unvereinbar gelten Gemeinschaft mit Gott und Wandel in der Finsternis ebenso wie Behauptung der eigenen Sündlosigkeit und Sein der Wahrheit in uns. Das Paradox scheint beabsichtigt und darf nicht abgeschwächt werden. Um es sachlich zu verstehen, muß man es eher zuspitzen und formulieren: um zum aktualen . . . Nichtsündigen zu gelangen, bedarf es des Bekenntnisses, Sünder zu sein (und damit natürlich auch, aktuale Sünde getan zu haben). Gemeint ist also die Paradoxie, daß der Christ als Sünder (beachte den Singular ἁμαρτία 1,8!) unter der Vergebung lebt, am Heile teilhat und gerade so das Sündigen (2,1a) überwindet" (Herbert Braun, Ges. St. z. NT und seiner Umwelt, Tübingen ²1967, S. 225). Man kann es auch so sagen: Gerade die Behauptung der Sündlosigkeit ist das Zeichen dafür, daß der Mensch Gott noch gar nicht kennengelernt und darum sein erneuerndes Wirken noch gar nicht angenommen hat, also noch immer der alte Sünder ist.

Versöhnte leben im Lichte Gottes – und darum in Gottes Geboten. Der Brief sagt es zunächst negativ, in den „Unvereinbarkeitserklärungen" (Braun, a. a. O., S. 222). In der Tat: unvereinbar sind Gemeinschaft mit Gott – und Wandel in der Finsternis (1,5–7); Gotteserkenntnis – und Nichteinhaltung seiner Gebote (2,4f.); im Lichte sein – und den Bruder hassen (2,9–11); vom Vater geliebt werden – und die Welt lieben (2,15f.); von Gott gezeugt sein, Leben haben – und nicht die Gerechtigkeit, sondern Sünde tun (2,29; 3,6–10; 5,18) und nicht den Bruder lieben (3,10.15; 4,7f.20; 5,1). – Die Irrlehrer, gegen die der Text spricht, scheinen diese Unvereinbarkeit nicht zu empfinden. Wir wundern uns darüber auch nicht. Sahen sie in ihrem Hineinverbanntsein ins „Elend" der Welt nicht Folge der Sünde, sondern nur das Schicksal, aus dem „Erkenntnis" sie erlöst, so ist auch das Sein bei Gott ein ethisch neutraler Zustand, ein Sein also, das kein Sollen einschließt. Was sollten auch Gebote? Ihre Befolgung würden den Pneumatiker ja nur wieder mit Weltlichem beschäftigt sein lassen. Es gibt, wenn man so will, nur ein „Gebot": das der möglichst radikalen Nicht-Weltlichkeit, das Sichunterschieden-Wissen von allem Weltlichen, die Weltdistanz. „Erkenntnis" belehrt einen darüber, daß man mit all dem, was den Alltag ausmacht, nichts mehr zu tun hat und wie man aus dem allem schleunigst herauskommt. – Ganz anders der Text, ja der ganze Brief. Im Licht Gottes leben, Gott kennen und in ihm bleiben, das muß sich hier in diesem Leben und in dieser Welt auswirken. Nicht sündigen, heißt es (2,1; 3,6.9; 5,18), sich heiligen (3,3), im Licht wandeln (1,7), die Gebote bzw. das „Wort" halten (2,3–5; 3,22.24), die Gerechtigkeit tun (2,29; 3,7.10). Konkret: die Brüder lieben (2,10; 3,14; 4.20f.), vom eigenen Besitz abgeben (3,17), im Extremfall: das Leben für die Brüder lassen (3,16). In allem: „wandeln, wie *er* gewandelt ist" (2,6). Jesus – das große Paradigma? Das auch. Jesus, der Fleischgewordene, hat uns – der Gnostiker nehme zur Kenntnis: mitten in dieser Welt! – vorgelebt, was es heißt, im Lichte Gottes leben (man denke an die Stellen im Evangelium, die vom Einssein mit dem Vater, vom Hören auf ihn, vom Hinsehen auf sein Tun sprechen). Dem Johannes klingt es noch in den Ohren, steht es noch lebendig vor Augen (so haben wir die Perfekta in 1,1 wiederzugeben). Wir müssen nur achtgeben, daß wir, indem wir vom Vorbild sprechen, das Gemeinte nicht moralistisch verflachen. „Jesus zeigt nicht bloß an, wie man wandeln soll;

Jesus begründet auch ... durch das in seinem Namen zusammengefaßte Heilsgeschehen diesen Wandel" (Braun, S. 221). Er sagt nicht etwa armen, heillosen, gottentfremdeten Menschen, wie das aussehen würde, wenn sie im Lichte Gottes lebten; er stellt sie vielmehr in dieses Gotteslicht, er ist selbst diese Gotteshelligkeit, die in ihr Leben hineinscheint. „Ich bin das Licht der Welt." Er ist es, indem in seiner Person Gott selbst „sich entbirgt" (ἀλήϑεια), der uns verschlossene, unsichtbare Gott also durch den eingeborenen Sohn uns „aufgeschlossen" und damit „verständlich gemacht" wird (Joh. 1,18). Er ist es, indem er die Sünden wegnimmt (3,5), die Herrschaft des unsichtbaren Widersachers zerstört (3,8), in seinem Versöhnungswerk die Liebe Gottes an uns verwirklicht (4,9f.14). Jetzt „kennen" wir Gott (2,4): wir sind wirklich seine Kinder (3,1). Er selbst ist die Sonne, die uns bescheint und erwärmt, unser Leben hell macht – und fröhlich (1,4).

„Die Gebote leben vom Jesus-Geschehen, in dem Gottes Liebe am Werke ist" (Braun, S. 222). Wenn wir dem Bösen in unserm Leben nachgeben und Raum lassen, dann doch nur, indem wir das Wirken und Schenken Jesu vergessen und mißachten. Die Gleichgültigkeit gegen meinen Mitmenschen, vielleicht gar Haß (2,9; 3,15), ist ja nur dann möglich, wenn ich es Gott nicht glaube, daß er mich in sein Licht gestellt hat, sondern mich immer noch in der Finsternis wähne. Das Gute zu unterlassen, das Böse zu tun: das kommt zuletzt nur aus tiefer Hoffnungslosigkeit. Wer nichts hofft, dem ist in der Tat alles egal! Werden Desperados zu Verbrechern, dann nicht nur, weil sie sich nur auf unrechte Weise das Leben fristen können, sondern weil ihnen in ihrer „Finsternis" – ohne Liebeserfahrung, ohne bergende Gemeinschaft, ohne Hoffnung auf ein heiles Leben – alle ethischen Grundsätze, mit dem Text zu reden: alle „Gebote" zu Bruch gegangen sind. Bei Menschen, die etwas zu hoffen haben und sich immer auf etwas freuen können, ist es anders. Versöhnte leben im Lichte Gottes – und darum auch in Gottes Geboten. Wie einer lebt, daran kann man erkennen, ob er sich in persönlicher Vertrautheit mit Gott befindet (2,3). Zu behaupten: ich kenne Gott, und dann seine Gebote nicht halten, das wäre *Lüge*. Unser Verfasser wird an dieser Stelle unerbittlich scharf. Jesu Worte von den „Heuchlern" könnten im Hintergrund stehen; was Jesus sagt, wäre dann hier auf originale Weise angewendet und zugleich zugespitzt. Lüge ist nicht die falsche Aussage, die auf Nichtwissen oder Irrtum beruht, sondern der aktive Widerspruch gegen die Wahrheit, die zynische Verdrehung und Verfälschung dessen, was *ist*, also das Bestehen auf dem, was nicht ist, wider besseres Wissen. Mit welcher Überheblichkeit ihr Gnostiker das sagt: wir kennen Gott (ihr andern nicht!) – und dabei ist euer ganzes Verhalten ein einziger Widerspruch gegen diese Behauptung! Nur bei dem, der Gottes Wort hält, kommt die Liebe Gottes, die wie die Sonne das Finstere hell macht, an ihr Ziel (2,5).

Die kritischen Sätze des Textes sind wirklich nur Hintergrund für die gute ἀγγελία: Gott ist Licht – und zwar das *uns* bescheinende Licht. Verhangener Himmel? Nein: da reißt die Wolkendecke auf, man sieht geradezu die Sonnenstrahlen durchbrechen und ein Stück Landschaft beleuchten – und auf dem beleuchteten Stück Welt: die in Christus von Gott geliebten Menschen! So sollten wir unser Leben sehen; dann tun wir Gottes Gebote ganz von allein.

3.

Ganz von allein: das erweist sich noch einmal als ein „Knoten". Ist das die Wirklichkeit unseres Lebens als Christen? Johannes scheint der Meinung zu sein. „Wer aus Gott geboren ist, der tut keine Sünde, denn was er von Gott empfangen hat, das bleibt in ihm; und er kann nicht sündigen, denn er ist aus Gott geboren" (3,9; vgl. 5,18). (Die dem guten Geschmack gemäße Umschreibung von σπέρμα lassen wir stehen.) Eine so steile Aussage kann eigentlich nur entmutigen. Unfähig zum Sündigen? Es sieht so aus, als würde uns damit alles uns Zugesprochene wieder aus der Hand geschlagen. Perfektionistische Gesetzlichkeit? Da kann man eigentlich nur kapitulieren.

„Und *wenn* jemand sündigt" (2,1b): man atmet auf, wenn man das liest. Wir hätten längst darauf eingestellt sein müssen; denn 1,8–10 gilt, wie wir sahen, nicht nur vom Heiden, sondern auch vom Christen; ja nur der Christ weiß von seiner Sünde und bekennt sie. Eine Auslegung von 2,3–6, die auf gesetzlichen Perfektionismus hinausliefe, wäre vollkommen abwegig. Wie aber dann?

Wir tun keine Sünde: das liegt ganz dicht neben dem in V. 8 abgewiesenen gnostischen Satz; was an ihm richtig ist, soll offenbar nicht untergehen. Noch in besonderer Weise kommt der Verfasser dem Gnostiker entgegen. Der nichtsündige Mensch ist der aus Gott Geborene (2,29; 3,9; 4,7; 5,1.4.18), paulinisch gesprochen: der „Mensch in Christus", die „neue Kreatur". Anders gesagt: der eschatische Mensch. Wir hätten nicht richtig verstanden, wenn wir fortführen: also der utopische Mensch. Wir *heißen* nicht nur Kinder Gottes, wir *sind* es auch (3,1). Sofern wir es sind, sind wir nicht „aus der Welt" (4,5), schon gar nicht „aus dem Teufel" (3,8); wir sind „aus Gott" (3,10; 4,4; 5,19, 3. Joh. 11). Man könnte auch vom pneumatischen (2,27), vom Lichtmenschen reden, und damit wären wir wieder dicht beim Gnostiker. Sofern Gott – der Gott-in-Christus – in uns ist, sündigen wir tatsächlich nicht. Nur, wir sind ja auch noch der alte Mensch; daß wir „Ihm gleich sein werden", ist, von der Empirie des noch immer vorhandenen alten Menschen her gesehen, Zukunft (3,2). Wir sind – wir werden sein: beides ist wahr. Das ist mit dem Noch-nicht der genannten Stelle gesagt. Was wir sein werden, ist noch nicht „in Erscheinung getreten", noch nicht „anschaulich geworden". Stehen also die beiden Menschen, der alte und der neue, unverbunden nebeneinander? Sagten wir jetzt ja, dann wären wir Gnostiker. Der Christ weiß, wie er Sein und Sollen verbindet, er weiß auch Zukunft und Gegenwart aufeinander bezogen.

„Wenn jemand sündigt, so haben wir einen Fürsprecher (Anwalt) beim Vater" (2,1). Also den, der von Fall zu Fall Abhilfe schafft, wenn wir unsere Sündlosigkeit verletzen und durchbrechen? Wir wären, wenn wir so dächten, hinter das zurückgefallen, was wir von Jesu Versöhnungswerk gesagt haben. Im Lichte Gottes sind wir nicht dadurch, daß Jesus Christus, unser Versöhner, das Seine getan und sich damit überflüssig gemacht hat. Als Versöhnte leben wir im Lichte Gottes. Das meint, daß wir bleibend auf den Fürsprecher angewiesen sind. Immerzu tritt der Herr für uns ein (2,2; Röm. 8,34; Hebr. 7,25). Seine intercessio schafft uns ja erst den freien Raum, in den hinein die Sonne Gottes scheint und in dem wir in der Gemeinschaft mit Gott (1,6), also „in ihm" leben können. Für uns und für alle Welt bittet Christus. Er tut es, ob wir wachen oder schlafen, ob wir gerade an ihn denken oder nicht. Im Gottesdienst ist er unter uns gegenwärtig; da ereignet sich seine Fürbitte in unserer Anwesenheit und gemeinsam mit uns. Das Neue haben wir immer nur durch ihn und in ihm. Darum ist, was im Text auseinanderzustreben schien, in Christus zusammenzusehen. So, wie wir sind – versöhnungsbedürftig und versöhnt – , bringt Christus uns zum Vater, und damit leben wir in seinem Licht.

4. Sonntag nach Trinitatis. 1. Petr. 3,8–15a (15b–17)

Den Mahnungen im Schema der Haustafel folgen nun paränetische Anweisungen, die sich auf das Verhalten aller Gemeindeglieder beziehen, von V. 13 an mit besonderer Beziehung auf die bedrängte Lage der Gemeinde in der damaligen Gesellschaft. „Sichtlich nimmt der Abschnitt eine paränetische Tradition auf, die uns auch in 1. Thess. 5,13b–15 und vor allem in Röm. 12,10.14.16f. begegnet" (Goppelt z. St.). Liebe zu den Brüdern – Liebe zu den Feinden: wie in Röm. 12. Wörtliche Entspre-

chungen zu VV. 8f in Röm. 12,16.15.10.16.17a. 14 (Goppelt führt sie tabellarisch auf). Die traditions-
geschichtliche Analyse ergibt Verankerung in synoptischer Tradition, man denke bes. an Luk 6,28.
V. 8: Vf. will mit diesem Abschnitt die Paränese abschließen. ὁμόφρονες – damit „wird das φρονεῖν,
das Denken und Trachten, nach Phil. 2,2–6 nicht auf Selbstverwirklichung (Röm. 12,16), sondern auf
das Dienen mit den unterschiedlichen Gaben gewiesen und dadurch nicht uniform, sondern ein-
trächtig" (Goppelt). συμπαθεῖς vgl. Röm. 12,15. σπλάγχνα sind die Eingeweide; εὔσπλαγχνοι meint
also eine bis ins „Innerste" gehende bzw. daraus kommende gütige, barmherzige Gesinnung und Haltung (vgl. Eph. 4,32). – V. 9: vgl. nicht nur 1. Thess. 5,15 und Röm. 12,17a, sondern auch Luk. 6,27f.
Par., dazu 1. Petr. 2,23. „Die Liebe, die . . . das Verhältnis der Gemeindeglieder untereinander positiv
gestaltet, überwindet zugleich das Böse, das von außen auf sie zukommt" (Goppelt). „Daß die Christen zum ‚Segnen', dem Gegenteil des Vergeltens von erfahrenem Bösen mit Bösem (Rache oder Ver-
wünschung), berufen sind (εἰς τοῦτο ἐκλήθητε = 2,21a), wird final (ἵνα usw.) mit der ihnen zugespro-
chenen Verheißung des eschatologischen Segenserbes (vgl. 1,4ff.) begründet" (Doerne, Die Alten
Episteln, S. 169). – VV. 10–12: Ps. 34,13–17 nach LXX mit geringfügigen Änderungen), weisheitliche
Psalmdichtung. „Das urmenschliche Verlangen nach einem erfolgreichen, angenehmen Leben wird
angesprochen" (H.-J. Kraus z. St.); die Bibel denkt so menschlich, daß sie sich dessen nicht schämt.
Zuchtvolles Reden (Ps. 141,3; Spr. 4,24; 13,3; Matth. 12,36; Jak. 1–16; 3,1–12). Reden und (über-
haupt) alles Leben spielt sich unter den Augen, vor den Ohren und dem Angesicht Gottes ab.
V. 13: Der Abschnitt würde eigentlich bis 4,11 reichen. Überschrift nach Goppelt: Bereitschaft zum
Leiden in der (heidnischen) Gesellschaft um des Guten willen. V. 13 „klingt . . . naiv", aber „nach
dem Kontext (V. 12) folgt sub specie Dei dem Guten tatsächlich Gutes, dem Bösen Böses" (Goppelt).
„Eiferer für das Gute" ist eine (z. B. bei Epiktet und Philo bezeugte) geläufige Wendung; sie meint
das leidenschaftliche Sich-Einsetzen für das Gute. – V. 14: Matth. 5,10. Auffallender Optativ: jeder
Christ muß damals mit der *Möglichkeit* der „Diskriminierung, gesellschaftlichen Ächtung, beruflichen Benachteiligung, Anschuldigungen und Verfahren vor den Behörden" rechnen; nicht im Blick
ist eine staatliche Verfolgung (Goppelt z. St.). Man vergleiche 2,12; 4,3.12ff.; 5,7–10. Das Jesajazitat
(8,12f.) ist durch die Hinzufügung τὸν Χριστόν christologisch gedeutet; eine der zahlreichen Stellen, in
denen der Jahwe des AT mit Christus identifiziert wird, ein christologisch gar nicht hoch genug zu
bewertender Tatbestand. Gerade in Anfeindung sei Christus euch im Herzen heilig! Ist für die „Apologie" die forensische Situation vorausgesetzt? „Hoffnung" fast svw. „Glaube"; christlicher Glaube
ist zukunftsgerichtet, vgl. 1,3. – V. 16: φόβος hier nicht wie in V. 14, sondern im Sinne von Ehrerbietung (2,18) (Bauer, WB unter 2bβ). Das gute Gewissen macht innerlich überlegen und erlaubt zucht-
voll-bescheidenes Auftreten. Die ἐν Χριστῷ-Formel in den Paulinen 164mal, vor Paulus nicht bezeugt (vgl. 5,12: Silvanus). – V. 17: Optativ wie V. 14.

Als eine homiletische Faustregel – mag man sie vielleicht auch anfechtbar finden – würde
ich empfehlen: Da alles Erkennen mit dem Sich-Verwundern anfängt, versuche herauszufinden, was an dem zu predigenden Text *verwunderlich* ist, meinetwegen: was dich daran
aufregt. Vielleicht ist die vorliegende Perikope dafür ein ungeeignetes Objekt. Manches
darin hat griechische Popularphilosophie ebenso gesagt. Die Abhängigkeit unseres Briefes
von Paulus fällt auch hier auf. Es finden sich auch synoptische Reminiszenzen. Sehr ori-
ginell scheint der Text nicht. Man hat „der Moral von 1. Petr., ähnlich wie der des Jak.,
eine gewisse kleinbürgerliche Enge und Beflissenheit" nachgesagt, „vielleicht nicht ganz
grundlos, vielleicht auch in hochmütiger Geringschätzung der tief menschlichen Weisheit
in und hinter ihrem sozialpädagogischen Empirismus" – so M. Doerne (Die Alten Episteln, S. 170), nicht ohne daß er diese Beurteilung sofort kritisch zurechtstellt. Man könnte es ein wenig für unter unserer Würde halten, daß das Psalmzitat – für israelitische
Weisheit nicht verwunderlich – einen gewissen eudämonistischen Zug erkennen läßt.
Sollten wir mit diesem Text etwa gar, weg vom Christusevangelium, abgleiten in eine (zugegeben: liebenswürdige, aber eben) nicht weiter aufregende Allerweltsethik? In diesem
Falle könnte unsere Faustregel uns nur dazu verführen, Gedanken in den Text hineinzu-
lesen, die er nicht enthält.
Es ist jedoch anders. Wer immer unsern Brief geschrieben haben mag: der Brief ist eine

große theologische Leistung. Die Anfechtungssituation der Christenheit, mindestens der kleinasiatischen Gemeinden, an die der Brief gerichtet ist, hat den Verfasser herausgefordert, das Evangelium und die aus ihm hervorgehende Ethik unter dem Vorzeichen des Diasporagedankens (1,1; 2,11) neu zu artikulieren und von daher die Lage der Christenheit in heidnischer Umgebung zu durchdenken und nach der Verantwortung der Christen in der Gesellschaft zu fragen (hierzu: Goppelt, Kommentar und ThNT 2, S. 490ff.). Wir haben es auch in unserem Text nicht mit in den leeren Raum gestellten allgemeinen ethischen Maximen zu tun, sondern mit Paränese, die sich, wie schon in den Haustafeln, an die „Fremdlinge und Pilgrime" wendet, die in der Hoffnung auf das himmlische „Erbe" leben (1,4) und sich gleichwohl dieser „geschaffenen" Welt und ihren Ordnungen verpflichtet wissen (2,13 u. a.); die in dieser Welt – eben als „Fremdlinge" – beargwöhnt, gehaßt und bedrängt werden und gleichwohl nicht *gegen* diese Welt leben wollen, sondern für sie und zu ihrem Besten. Die Konflikte, die hier auftreten, werden nicht als von ungefähr angesehen (4,12); sie können gar nicht ausbleiben. Von wie verschiedenen Voraussetzungen her wird innerhalb und außerhalb der Gemeinde gedacht! Wie wenig läßt sich, was man „draußen" und „drinnen" denkt und hofft, auf einen Nenner bringen! Kein Wunder, wenn Tacitus – im Zusammenhang mit der neronischen Christenverfolgung – den christlichen „Nonkonformismus" als „Menschheitshaß" auslegt (Annalen XV, 44, s. Goppelt, ThNT S. 492); natürlich in völliger Verkennung dessen, was *ist*, aber auch wiederum verständlich, weil ein Außenstehender die innere Verbindung von Weltdistanz und Weltverpflichtung gar nicht begreifen kann.

Macht man sich diesen Hintergrund deutlich, sieht man also, in welche Lage unser Text hineingesprochen ist, dann hört das hier Gesagte sofort auf, Allerwelts- und Binsenweisheit zu sein. So speist sich dieses Ethos auch nicht aus dem Allgemein-Menschlichen, sondern aus dem, was den Lesern von Christus her widerfahren ist. Man könnte dies nicht – auch nicht zur Not – weglassen; im Gegenteil: unsere Predigt wird das Gemeinte desto besser treffen und desto hilfreicher sein, je mehr es ihr gelingt, den evangelischen Indikativ sichtbar zu machen (bes. von VV. 9 Ende, 12 und 15 her). Vielleicht bekommen wir diesen *evangelischen* Ansatz zu fassen, indem wir an V. 15 anknüpfen und so zusammenfassen: *Wem Christus im Herzen heilig ist, der wird* (1) *schöpferisch sein im Lieben,* (2) *zuversichtlich zum Guten,* (3) *unbesorgt in Anfeindungen.*

I.

„Laßt den Herrn, nämlich Christus, in euren Herzen heilig sein!" (V. 15). Nicht, daß wir ihn erst heilig machen müßten oder könnten; er *ist* es. Aber *uns* soll er heilig werden: erkannt und geehrt in seiner ganzen göttlichen Erhabenheit, respektiert und geliebt gerade darin, daß er anders ist als wir (heilig = „abgesondert", in seiner Göttlichkeit von uns distanziert), und obwohl er so ganz anders ist als wir, doch „in euren/unseren Herzen", in uns wohnend wie in einem Tabernakel und (Herz = Personmitte) alle unsere inneren Regungen bestimmend. Die Kirche: der Ort seiner heiligen Gegenwart. – Wir haben die paränetische Ermunterung aus V. 15 über das Ganze gestellt – ich denke: mit Recht. Christus ist der Richtpunkt aller Gedanken des Briefes, seine Präsenz gibt dem, wovon hier die Rede ist, seine eigene Qualität.

Sähe man davon ab, dann könnte die generelle Ermahnung V. 8 leicht im Sinne einer allgemein-menschlichen Ethik verstanden werden. Was hier steht, könnte man sich für jederlei menschliche Gemeinschaft wünschen, und man wird nicht behaupten dürfen, dergleichen gebe es nur unter Christen, ja, man wird eingestehen müssen, daß solches unter Christen leider allzuoft vermißt wird. Wir bedürfen solcher Mahnung. Was wir *sind*, müssen wir immer erst *werden*. Das gilt auch für unsern Charakter als Diaspora: der heidnischen Umwelt „fremd werden, bedeutet" – nach 2,11 – „für die Berufenen immer ·zuerst, ihrem eigenen alten Menschsein fremd werden. Hier beginnt der Exodus!" (Goppelt, ThNT, S. 496). – Der Vergleich mit Röm. 12 und 1. Thess. 5 zeigt, daß wir „Vermahnung in Christus" hören; ja, die Erinnerungen an die Bergpredigt lassen die Gestalt des Bergpredigers selbst vor Augen stehen. Seine Gemeinde ist angeredet – eben die in die Welt hinein „versprengte" Gemeinschaft derer, die sich untereinander als „ die Miterben der Gnade des Lebens" wissen (V. 7). Gerade als die himmlische (1,4) Diaspora in der Welt werden die Christen dicht zusammenrücken – eben so, wie das in V. 8 beschrieben ist.

Die Adjektive V. 8 wollen einzeln bedacht sein. „Eines Sinnes" (Röm. 12,16; Phil. 2,2; 1. Kor. 1,11–13) – damit soll unsere Verschiedenheit, die in der Vielfalt der Gaben Gottes und in der Freiheit der Christenmenschen begründet ist, nicht getadelt sein, aber der Blick aller richte sich auf das Eine, das uns zusammenbindet. „Mitfühlend" – das dürfte heißen, daß wir nicht immerzu mit uns selbst beschäftigt sind, sondern das, was den andern bewegt, ins eigene Herz hineinnehmen (Röm. 12,15), im gemeinsamen Leben, das uns nicht nur äußerlich beisammensein läßt, sondern Wohl und Wehe des (der) anderen zur eigenen Sache macht. „Die Brüder (und Schwestern) liebend" (1,22) – damit sind wir auf die Zugehörigkeit zu dem einen Vater angesprochen, auf das gemeinsame Woher und, wenn man so will, auf die uns gemeinsamen „Erbeigenschaften" und darum auch auf die familiäre Gemeinschaft, die uns verbinden soll. „Barmherzig" – das deutet auf eine Liebe, die sich den andern „nahe gehen läßt" (s. o.), und zwar (εὐ!) so, daß das „innerste" Anteilnehmen zu seinem Besten dient. „Demütig" – weil jeder „maßvoll von sich denkt", den andern „höher achtet als sich selbst" und ihm deshalb „mit Ehrerbietung zuvorkommt" (Röm. 12,3; Phil. 2,3; Röm. 12,10). – Welche Gemeinde dürfte behaupten, so gehe es in ihr zu? Andererseits: wer dürfte behaupten, hier werde uns zuviel abverlangt? Vor allem wird man sehen müssen, daß sich, was hier gesagt ist, eigentlich von selbst ergibt, wo die Präsenz des – heilig gehaltenen – Herrn ernst genommen wird. Man kann es Wort für Wort durchprobieren: was uns zusammenbindet, ist nicht das Liebenswerte, Anziehende, vielleicht Faszinierende an dem anderen Menschen, sondern dies, daß wir miteinander zu Christus gehören. Sagten wir eben: „von selbst", dann meinen wir nicht die magnetisch wirkende Affinität im Zwischenmenschlichen (Eros), sondern die Kraft der „schöpferischen" Liebe Christi (Agape), die das Liebenswerte nicht im andern „vorfindet", sondern es in ihn hineinsieht bzw. hineinbringt (Luthers Heidelberger Disputation, These 28 – WA 1,353ff.; Cl. 5,377ff.; MA 1,131ff.).

Führte uns V. 8 in das Miteinander der Christen, in dem, wenn alles gut geht, Frieden herrscht und familiäre Temperatur, zeigt uns V. 9 die Liebe im Konfliktsfall. Dem, der lieben soll und will, ist Böses widerfahren, man hat ihn geschmäht. In der Lage der hier angesprochenen Gemeinden offenbar kein seltener Fall. Das Ganz-Neue, das in der Gemeinde Jesu begonnen hat, befremdet die Welt, ist ihr unverständlich, macht sie mißtrauisch. Alle Kapitel des Briefes nehmen auf das Böse Bezug, das den Christen widerfährt. Aber wir sollten, was V. 9 steht, nicht auf die Gemeinde-Welt-Spannung einengen. Böses mit Bösem zu vergelten, wiederzuschelten, wenn man gescholten wird (vgl. 2,23): dazu bietet der gewöhnliche „zivile" Alltag schon reichlich Anlaß. Die Paränese greift auf die Bergpredigt zurück (Matth. 5,38–48; 5,44 entspricht unserm V. 9 nur in jüngeren Hss., vgl. aber Luk. 6,27f.), auch auf Röm. 12,14.17.21, wo Paulus offensichtlich die Worte des synoptischen Jesus im Ohr hat.

Hier geschieht nichts Geringeres, als daß das uns so selbstverständliche Reaktionsgesetz durchbrochen wird. („Wie man in den Wald hineinruft, . . ." – „Wie du mir, . . ." – „Auf einen groben Klotz…" – oder gar: „Wer Wind sät,…") Selbstverständlich scheint uns dieses Gesetz, weil der Widerstand gegen das Böse zur Selbsterhaltung und Selbstbehauptung unerläßlich ist. Muß ich mich nicht verteidigen, mein Recht suchen, mir den Raum meines Lebens freihalten? Muß nicht, wenn mein Leben, ja überhaupt das Leben in der Welt weitergehen soll, die Waage im Gleichgewicht gehalten werden? Verlangt Druck nicht Gegendruck, wenn nicht alles ins Wanken kommen soll? Aber was fragen wir so: der Vergeltungstrieb liegt uns im Blute, mag er sich nun im Tun oder Reden äußern (V. 9a). Was uns hier zugemutet wird, widerspricht unserm unmittelbaren Empfinden. „Kein innermenschliches Sittengesetz kann ernstlich die Preisgabe des Reaktionsgesetzes fordern" (Doerne, a. a. O., S. 171).

Das Reaktionsgesetz ist Symptom für den status corruptionis der Welt. Sünde wird mit Sünde bekämpft, Feindschaft mit Feindschaft, Rüstung mit Gegenrüstung, Krieg mit Krieg, harmloser: ein diplomatischer Zwischenfall wird mit entsprechender Maßnahme vergolten (usw.). Leider ist es nicht so, daß nach geschehenem „Ausgleich" alle Beteiligten erleichtert aufatmen und sich der wiederhergestellten Balance freuen. Das Reaktionsgesetz wirkt sich im Teufelskreise aus. „Das ist der Fluch der bösen Tat, daß sie fortzeugend Böses muß gebären" (Schiller) – nun eben leider auch im Herüber und Hinüber. Man braucht nicht nur an die große Politik zu denken. Die „Geschichte" mancher Hausgemeinschaft oder Ehe bewegt sich im Circulus vitiosus, zumeist mit der Tendenz zur Eskalation. – Dabei fällt auf, daß ich, solange ich mich im Teufelskreis des reaktiven Handelns befinde, *unfrei* bin. Ich lasse mir das Gesetz vom Handeln des anderen diktieren. Ich gebe mich stark, indem ich mir nichts gefallen lasse, dafür mit gleicher Waffe zurückschlage; in Wirklichkeit mache ich mich vom andern abhängig. „Dem habe ich's aber gegeben!" – ich genieße meine Schlagfertigkeit, mit der ich sofort reagiert habe, aber in Wirklichkeit war ich nur Echo oder Spiegelbild.

In Jesu Gebot, das hier aufgenommen ist, wird der fatale Kreis aufgebrochen. „Dagegen segnet!" Ins Spiel der Kräfte schaltet sich eine ganz andere Kraft ein: die schöpferische Liebe. Der Spiegel „schafft" nichts; er wirft nur die Lichtstrahlen zurück, die in ihn einfallen. Die Liebe bringt das Neue ein. Das reaktive Handeln wird durch ein kreatives Handeln pariert und damit, wenn nicht gestoppt, so doch heilsam gestört. Eine Feinheit im Text: Auch dieses kreative Handeln, mit dem zwischenmenschlich eine neue Kausalreihe begonnen wird, ist „reaktiv": es reagiert nicht auf den Bösestuenden und schmähenden Menschen, sondern auf den segnenden Gott, und zwar so, daß das künftige „Erbe" (1,4) gewissermaßen antizipatorisch wirksam wird. Gott spricht mir Gutes zu, ich stehe unter der „himmlischen Berufung"; dies macht mich heute schon fähig, anderen Gutes zuzusprechen („segnen"). Zukunft bestimmt Gegenwart. Die schöpferische Liebe Gottes setzt sich heute schon in unserm Leben verwandelnd durch. Jesus selbst hat sich so verhalten (2,21ff.). Die „Fremdlinge" verkündigen, indem sie auf Böses mit Gutem reagieren, die kommende Welt Gottes. Ihre Liebe sprengt das Gewohnte. Wir können nur sagen: erlebte nur die Welt an uns mehr von dem, was Christus in unser Leben eingebracht hat und einbringen will! „Laßt Christus… in euren Herzen heilig sein!"

2.

Kann man so leben? Der „gesunde Menschenverstand" sagt nein. Wir selber sagen also nein. „Wo kommen wir denn hin, wenn es künftig nach dieser Melodie gehen soll?" Die Frage ist berechtigt. Unser Brief versteht, was hier gesagt ist, auch nicht als ein neues Gesetz für die alte Welt. Er sagt ausdrücklich von den Staatsorganen, daß sie „gesandt sind zur Strafe für die Übeltäter und zu Lobe der Rechtschaffenen" (2,14). Er ist sich dessen bewußt, daß mit dem, was VV. 8f. sagen, tatsächlich das Zukünftige gegenwartsmächtig und -wirksam wird. Die Ordnungen der geschaffenen Welt (2,13) werden nicht weggefegt, aber die Anwesenheit der „Fremdlinge" in dieser Welt zeigt an, daß mit der Welt, die jetzt besteht, Gott noch nicht am Ende seiner Wege und Gedanken ist. Mit *einem* Fuß steht das Neue bereits im Alten und stellt dieses durch seine Präsenz eschatologisch in Frage. Wenn das so ist, dann werden die Christen in der Diaspora freilich die Spannungen zwischen dem alten und dem neuen Äon zu spüren bekommen, ja, sie werden sie aushalten bzw. austragen müssen.

Wie? Wir setzten mit V. 13 ein. Die Christen sind, wenn sie tun, was ihr Herr gebietet, „Eiferer für das Gute". Sie setzen dafür die ganze Kraft ihres Herzens und Willens ein. Sie zucken nicht mit den Achseln: das sei nun einmal der Lauf der Welt, und damit müsse man sich abfinden. Sie richten ihr Ethos nicht aufs Übliche ein und setzen ihm nicht Grenzen durch das Menschenunmögliche (Bergpredigt!). Sie fragen nach dem „ursprünglichen" Gotteswillen (Mark. 10,6). Für sie ist Gottes Heiligkeit (1,16) und Vollkommenheit (Matth. 5,48), wenn nicht das Maß, so doch der Richtpunkt. Kein Zweifel, das stößt sich mit den Gegebenheiten der Welt, wie sie nun einmal ist. Man kann die Welt nicht mit der Bergpredigt regieren, und man wird auch im Einzelleben beim „Eifern um das Gute" soundso oft stecken bleiben. Aber man wird nicht „klein beigeben". Man „hüte seine Zunge, daß sie nichts Böses rede und seine Lippen, daß sie nicht trügen" (vgl. V. 9aβ), „man wende sich vom Bösen und tue Gutes, suche Frieden und jage ihm nach" (vgl. V. 9aα und b). Da entlädt einer seinen ganzen Haß und Zorn – und er bekommt einen Segen, in Wort und Tat. „Wer ist, der euch schaden könnte, wenn ihr dem Guten nacheifert?"

Das ist kein Erfahrungssatz, sondern ein Glaubenssatz. Dasselbe gilt vom Anfang des Psalmzitats. Im alttestamentlichen Original, also im Sinne einer – von aufklärerischen Gedanken nicht freien – Weisheitslehre mögen sich Glaube und Erfahrung mischen: dem Gerechten wird es zuletzt wohlgehen, Rechtschaffenheit zahlt sich aus. Ein Brief wie der unsere, der soviel von der Kreuzesnachfolge Christi schreibt, ist darin nicht naiv. Der Satz, daß denen, die Gott lieben, alle Dinge zum Besten dienen, gilt fürwahr, aber nur auf eschatologischem Hintergrund (Röm. 8,28, vgl. 35f.). „Wer könnte euch Böses zufügen?" (V. 13) – das ist im Sinne des Petrus geredet, der weiß, daß ein anderer ihn führen wird, „wohin der nicht will" (Joh. 21,18f.). Es ist nicht müßig, daß wir, auch in der Predigt, die Linie bis in diese letzte Ebene hinein ausziehen. Denn sterben wir auch nicht einen Tod wie Petrus, *einen* Tod werden wir sterben, und es würden, wenn wir dann mit unserer Weisheit am Ende wären, auch die „guten Tage" bis dahin von einem letzten, düsteren Nein überschattet sein. Nein, einem Christen kann überhaupt nichts Schlimmes widerfahren, denn auch das „Schlimmste" verbindet uns noch immer mit dem leidenden, sterbenden und auferstehenden Christus (2,19 ff.).

Nachdem dies ausgesprochen ist, kann V. 10 aber nun doch in einem viel näherliegenden Sinne aufgenommen werden. Recht tun und sich durch nichts beirren lassen (V. 6) muß durchaus nicht immer in Anfeindungen und Konflikte führen. Christen führen ja ihr Leben nicht neben, sondern *in der Gesellschaft.* „Die zum Glauben Berufenen sollen sich in die jeweils für sie gegebenen sozialen Ordnungen hineinstellen und sich nach deren Spielregeln verhalten" (Goppelt, ThNT, S. 499 zu den Haustafeln). Wo Menschen nichts Böses sagen noch tun, sondern dem Frieden nachjagen, eher Unrecht leiden als Unrecht tun: da werden ihnen, früher oder später, die Herzen der Menschen aufgehen. Es ist bemerkenswert, daß der so auf Distanz bedachte 1. Petrusbrief uns so entschlossen ins Alltagsleben der Welt einweist. Hier, nirgendwo anders, haben wir unser Christenleben zu führen; hier haben wir den „Segen" Gottes in die Welt einzubringen. Und wenn jemand fragt, wieso wir erwarten dürfen, daß solches Leben im Dienst an den Menschen – also gerade auch an denen, die mit uns nicht eines Glaubens sind – „Leben" und „gute Tage" erwirkt, dann wird er vom Text auf den Gott gewiesen, dessen Augen auf die Gerechten merken und dessen Ohren auf ihr Gebet hören und der selbst denen widersteht, die Böses tun, so daß sich Abwehrmaßnahmen von unserer Seite erübrigen (Röm. 12,19). Wir können uns eine schöne Unbefangenheit leisten, weil wir, wo auch immer, den Gott bei uns haben, der uns nicht aus den Augen läßt und jederzeit für uns ansprechbar ist. Hauptsache: seinen Willen tun; alles andere können wir ihm überlassen.

Wir vergessen nicht: das alles ist Paränese, nicht Beschreibung des Zustandes, in dem wir Christen und in dem unsere Gemeinden sich befinden. Man kann den Text nicht lesen und bedenken, ohne darüber zu erschrecken, wie viele Möglichkeiten christlichen Lebens und christlicher Bewährung wir tagtäglich verspielen – durch falsche Weltdistanz, durch falsche Weltkonformität, durch Mangel an Liebe zu den Menschen, unter denen wir leben, und durch Mangel an Vertrauen zu dem Gott, der uns „Leben und gute Tage" von Herzen gönnt und uns sein Gutes gern schon mitten in dieser Welt zuwenden möchte. Werdet, was ihr seid!

3.

Wieso trotz allem die kleinasiatischen Gemeinden in der Zeit nach Nero, jedoch vor Domitian (Goppelt) oder auch unter den Pressionen der Zeit Domitians (Schenke) mit Anfeindungen zu rechnen haben, ist nach dem bisher Gesagten weiterer Ausführungen nicht bedürftig; auch nicht, wie Christen dies, sofern sie glauben, in das Ganze ihrer Existenz einzuordnen vermögen. In den VV. 14ff. geht es darum, wie sie sich in solcher Lage verhalten. Wir sagten: unbesorgt in Anfeindungen.

Was die *innere Einstellung* zu den die Christen möglicherweise (die beiden Optative!) treffenden Leiden angeht, so sollten sie sich sagen lassen: μακάριοι – in unserer Sprache: man kann euch eigentlich dazu nur gratulieren, oder, der Sache entsprechender: glücklich, wer diese besondere Christus- und Gottesnähe erfährt! Zugegeben: der alte Mensch in uns leidet nicht gern, und daß um der Gerechtigkeit willen gelitten werden muß, das, meint er, dürfte eigentlich nicht vorkommen; mit der Hamartiologie und mit der theologia crucis kommt er nicht leicht zurecht. Wir sollten es lernen: „Das ist *Gnade,* wenn jemand vor Gott um des Gewissens willen das Übel erträgt und leidet das Unrecht" (2,19).

Was die *Gemütsverfassung* angeht, so wird uns gesagt: Fürchtet euch nicht, laßt euch nicht verwirren! Man hat seine Affekte nicht in der Hand, so daß man sie steuern könnte. Immerhin kann Zuspruch – auch prophylaktisch – gut tun. In solcher Lage nun erst recht: „Laßt den Herrn, d. h. Christus, in euren Herzen heilig sein!" Was das heißen könnte, davon war vorhin schon die Rede. Wichtig, worum die Gedanken eines Menschen in solcher Lage kreisen. Immer nur an die denken, die einen in solche Lage gebracht haben? Oder ständig mit sich selbst beschäftigt? Dem Betroffenen kann nichts Besseres und Hilfreicheres widerfahren, als daß ihm in solcher Lage Christus groß wird und er seine Nähe erfährt.

Das *Verhalten* zu denen auf der anderen Seite: Immer bereit zur „Apologie" gegenüber einem jeden, der wissen will, wieso wir hoffen, d. h. zugleich: was wir glauben. Möglich, daß die Situation von Matth. 10,18–20 vorausgesetzt ist. Die allgemeine Fassung von V. 15 (παντὶ τῷ αἰτοῦντι) läßt an alltäglichere Situationen denken. Die Chance der Diasporasituation: Christen müssen in der Lage sein, über ihren Glauben Rechenschaft zu geben (weil davon die Rede ist, würde ich mir die in Klammern stehenden Verse nicht entgehen lassen). Hier gewinnt „verantwortliches" Christsein seine eigentliche Gestalt, Gut, wenn man uns fragt. Hoffentlich müssen wir die Antwort nicht schuldig bleiben. Was die Haltung derer angeht, die zur Rechenschaft gefordert sind, so werden wir zu „Sanftmut" und „ehrerbietigem Verhalten" aufgerufen. Scharfwerden und Poltern verrät meist die Angst. (Ein Tier wird gefährlich, wenn es Angst hat: die Katze kratzt, das erschreckte Pferd schlägt aus, der angeschossene Tiger tobt.) Συνείδησιν ἔχοντες ἀγαϑήν wird man begründend verstehen: weil ihr ein gutes Gewissen habt, könnt ihr maßvoll und diszipliniert auftreten. Es könnte sein, daß denen, die euch angreifen oder herausfordern, darüber etwas aufgeht! Wir können auch diesen Abschnitt nicht schließen, ohne uns unseres vielfältigen Versagens bewußt zu werden. Wahrscheinlich wären wir für die Welt offener, wenn wir, als die „Fremdlinge", fester in dem verankert wären, was nicht von dieser Welt ist. Ohne diese Spannung, die unser Brief durch fünf Kapitel bezeugt, werden wir nicht glaubwürdig sein.

5. Sonntag nach Trinitatis. 1. Mose 12,1-4a

Ein jahwistisches Stück, wie denn überhaupt „die Abrahamsgeschichten ganz überwiegend nach J gegeben werden" (Gunkel, S. 146). Die jahwistischen Vorzugsworte zählt Gunkel auf (z. St.). Wir müssen uns 11,28-30 hinzudenken (auch davor wäre noch eine kleine Lücke in der J-Überlieferung anzunehmen), denn Abram (so die Namensform bis 17,5) ist in 12,1 bereits eingeführt, und ohne den Hinweis auf Saras Kinderlosigkeit wäre V. 2 (samt allen folgenden Stücken, die um das Problem der Nachkommenschaft kreisen) fast belanglos. 12,1-9 ist eines der „Zwischenstücke", die das Überlieferungsgut verbinden und in denen die Theologie des Sammlers am deutlichsten durchscheint (G. von Rad, ThAT 1, S. 169). Daß die Perikope sich auf die Berufung beschränkt, damit verbunden: auf die Verheißung der großen Nachkommenschaft (noch nicht des Landes) und auf den Glaubensgehorsam Abrams (wir ersparen uns und der Gemeinde die Kurzform und sagen forthin „Abraham"), läßt das theologisch Grundsätzliche noch stärker herauskommen. Die Heimat Abrahams ist nach P Ur-Kasdim, das alte Uru am unteren Euphrat (11,28; 15,7; Neh. 9,7), nach JE ist es Haran am Belich, einem linken Nebenfluß des Euphrat, also etwa 1 000 km nordwestlich von Ur (27,43; 28,10; 29,4), oder auch summarisch das Land Aram Naharajim (24,10). Einen Ausgleich zwischen beiden Überlieferungen schafft 11,31. V. 1: Das dem Imperativ folgende לְךְ ist Dativus commodi (wie 22,2; Deut. 2,13), in diesem Fall eher verstärkend: „geh, mach dich auf!" (Ges.-K., Gramm., § 119s). Land, Sippe und Vaterhaus sind, besonders für den antiken Menschen, stärkster Halt des Lebens (2. Kön. 4,13: „Unter meinem Volk wohne ich am sichersten"). Der Befehl wird in keiner Weise begründet. Auch das Ziel wird nicht angegeben: „in ein Land, das ich dich sehen lassen werde". Abrahams ganze Zukunft liegt allein bei Gott. – V. 2: Die Überlieferung „steht staunend still vor dem Geheimnis, daß aus einem Manne ein ganzes Volk ausgegangen ist" (Gunkel z. St.), man muß hinzufügen: obwohl Sara bisher keine Kinder hat. Vgl. Jes. 51,2. „Der Inhalt des Segens Jahwes ist im AT überwiegend eine materielle Lebenssteigerung; besonders auch im Sinne eines physischen Fruchtbarwerdens" (v. Rad z. St.). Der große Name: was in der Turmbaugeschichte die Menschen sich eigenmächtig nehmen wollten, wird hier von Gott gegeben. Der Imperativ mit ו copul. וֶהְיֵה drückt „eine mit Sicherheit zu erwartende Folge, nicht selten aber eine beabsichtigte Folge . . . aus" (Ges.-K., Gramm., § 110i): „so daß (damit) du selbst zum Segen wirst". – V. 3: Wie sich einer zu Abraham stellt – von Rad interpretiert: „zu diesem Werk, das Gott in der Geschichte treiben will" –, daran entscheidet sich für ihn Heil oder Gericht. Gunkel möchte um der Parallelität willen mit den Übersetzungen lesen: „die dich verwünschen"; von Rad sieht in dem Ungleichgewicht gerade eine Feinheit: „die dich segnen – der dich verwünscht". (Ein ähnliches – evangelisches – Ungleichgewicht finde ich in Exod. 20,5f.: „bis ins dritte und vierte Glied – bis ins tausendste Glied"). „Es ist wie ein Befehl an die Geschichte . . . Abraham wird von dem Heilsplan Jahwes die Rolle eines Segensvermittlers zugewiesen für ‚alle Geschlechter des Erdbodens'" (von Rad). Das ungewöhnliche niphal נִבְרְכוּ kann reflexiv verstanden werden (sie segnen sich, indem sie deinen Namen beim Segensspruch gebrauchen), aber auch passivisch (sie sollen, indem sie sich auf dich berufen, gesegnet werden). – V. 4a: Abraham nimmt die „fast unvollziehbare Zumutung" (v. Rad) wortlos auf sich. Keinerlei psychologische Ausmalung.

Das Thema des Sonntags ist – nach dem alten Evangelium – der Ruf in die Nachfolge. Bei Abraham kann es sich nicht um Nachfolge in dem gleichen Sinne handeln wie bei den Zwölfen; Gott ist dem Erzvater nicht so vorangegangen wie Jesus Christus uns. Aber wenn Nachfolge nicht bloß Nachahmung eines Vorbilds ist, sondern das Lebenswagnis des Glaubens, dann enthält die Perikope zweifellos Wichtiges zum Thema. Ja, die neutestamentliche Überlieferung würde nicht nur sagen, „auch" Abraham sei einer von denen gewesen, die den Weg des Glaubens gegangen sind (Hebr. 11,9.17), sondern Abraham ist „Vater aller, die da glauben" (Röm. 4,11; Gal. 3,7).
Dabei setzt das Neue Testament den Akzent bewußt anders als die jüdische Umwelt. Daß Abraham die ganze – damals noch ungeschriebene Tora gehalten habe und sündlos gewesen sei, würde das Neue Testament nicht gelten lassen – nicht nur, weil dem Abraham damit zuviel zugeschrieben würde, sondern weil dabei das, was ihn uns groß und lieb macht, in falscher Richtung gesucht würde. Unsere Perikope zeigt ihn wohl als Mann des Gehorsams (Jak. 2,21–23), aber eben des Gehorsams, der im Glauben besteht und aus dem Glauben hervorgeht. Das Wort Glaube wird in unserer Stelle nicht gebraucht, ja es kommt in der ganzen Folge von Abrahamsgeschichten in der Genesis nur *einmal* vor (15,6), und zwar im Sinne des Ausgerichtetseins auf Künftiges (von Rad, ThAT 1, S. 175). Gott hat dem Abraham seinen Geschichtsplan angedeutet, und darin hat er „sich festgemacht" (dies der Ursinn von הֶאֱמִין – das, worin man sich festmacht, steht mit בְּ). Der Hebräerbrief sieht es richtig: „durch den *Glauben* wurde Abraham gehorsam, da er berufen ward" (11,8). Er ist der Vater der Glaubenden.
Wieso aber „Vater"? Er steht nicht irgendwo in der Kette der Gotteszeugen, sondern an deren Anfang. Die Perikope hat zwei Gesichter. Sie ist, wie Karl Budde gezeigt hat, Abschluß der Urgeschichte, und sie ist zugleich der ganz verborgene Einsatzpunkt für die Heilsgeschichte und damit für das Geschehen, in dem die Gemeinde noch heute steht. Wer soviel Mut hat wie der vierte Evangelist, der drückt diese heilsgeschichtliche Zukunftsbedeutung des Abrahamsgeschehens so aus: „Abraham ward froh, daß er meinen (Jesu!) Tag sehen sollte, und er sah ihn und freute sich" (Joh. 8,56). Hier deutet sich also keimhaft unsere eigene Glaubens- und Heilsgeschichte an, und wir erkennen in Abraham das wieder, was uns selbst zugemutet, geschenkt und versprochen wird. Israel hat in der Gestalt Abrahams sich selbst dargestellt gesehen. Die Nachkommenschaft des Patriarchen, das sind doch die Israeliten, das Volk des Alten Bundes! Sind sie es wirklich – oder hat Gott inzwischen dem Abraham aus Steinen Kinder erweckt (Matth. 3,9)? Wer hat Abraham zum Vater? Wer ist „das große Volk" (V. 2)?
Überlegungen dieser Art sind im Spiele, wenn wir unserer Predigt folgenden Grundriß geben: *Gott ruft –* (1) *weil er das Heil will,* (2) *weil er den Glauben will,* (3) *weil er die Kirche will.*

I.

Der Text verklammert die Urgeschichte mit der Heilsgeschichte. Er ist zunächst Abschluß des Vorhergehenden. Das letzte Stück der Urgeschichte, die Erzählung vom Turmbau, verlangt ja einen solchen Abschluß. In allen vorhergehenden Stücken der jahwistischen Urgeschichte geschah im Gericht schon immer Gnade: die aus dem Paradies Vertriebenen durften doch weiterleben; der Brudermörder stand, obwohl unstet und flüchtig, doch unter Gottes Schutzzeichen; die in der Sintflut untergegangene Menschheit setzte sich doch in Noahs Geschlecht unter Gottes Friedenszusage fort. Aber der zersprengten Menschheit am Ende der Turmbaugeschichte wird keine Gnade zuteil. Oder doch? Westermann legt Wert darauf, daß Gott in der Begrenzung der menschlichen Kräfte und Möglichkeiten den Fortbestand der Welt ermöglicht (Genesis, S. 738 f.). Aber „Heil" ist das nicht, sondern nur Fristung des äußeren Bestands; Erhaltungsgnade, nicht Herstellung eines neuen „heilen" Verhältnisses zwischen Gott und den Menschen. So könnte man sagen: *jede* der Erzählungen der Urgeschichte weist dieses Heilsdefizit auf, also verlangt *jede* nach der Normalisierung des Gott-Mensch-Verhältnisses, man könnte sagen: nach der Versöhnung, nach dem „Heil". Der Neueinsatz bringt – wenigstens auf der Ebene der Verheißung – die Auflösung.

Aber eben damit schaut die Perikope zugleich nach vorn. Mit Abraham beginnt die lange, erst in der Parusie Christi an ihr Ziel kommende Geschichte der Heimholung der verlorenen Menschheit. Sie beginnt ganz unscheinbar. Irgendwo in heidnischem Lande ergeht an einen Mann ein göttlicher Ruf. Auf welche Weise Abraham diesen Ruf vernimmt, wird nicht gesagt. Nur: er weiß sich persönlich gemeint (darauf deutet der vorhin erwähnte Dativus commodi). Gott beginnt mit einem Menschen seine Geschichte – das ist der Neuanfang, von dem der Text sprechen will. Wahrhaftig, ein – aufs Ganze der Menschheit gesehen – bescheidenes, unbedeutendes Ereignis. Ein keimhafter Anfang. „Das Himmelreich ist gleich einem Senfkorn..." (Matth. 13,31 f.): so verschwindend klein beginnt es – es wird ein großer Baum werden. Aber wie? Selbstverständlich wird die hier beginnende Geschichte auch im Ganzen der Menschheitsentwicklung Wirkungen zeitigen. Auch die Lehrbücher der Profanhistorie werden davon Notiz nehmen. Das „Volk", das aus den (geistlichen) Nachfahren Abrahams besteht, also die Kirche, wird in der Welt sichtbar sein, nicht zu übersehen im Ensemble der geschichtlichen Kräfte, die die Menschheitsgeschichte bestimmen und formen. Übrigens nicht immer in segensreicher, sondern nicht selten leider auch in verhängnisvoller Weise. Schon dies sollte uns darauf aufmerksam machen, daß das mit Abraham beginnende „große Volk" nicht einfach die Menschheit der Zukunft und Menschheitsgeschichte nicht pauschal die hier gemeinte und in so winzigen Ausmaßen anhebende Heilsgeschichte ist. Abraham wird, wohin er kommen wird, ein Fremder sein. Darin erkennt das Volk Gottes sich wieder: „herausgenommen aus der Gemeinschaft der Völker (vgl. 4. Mose 23,9) und auch in Kanaan nie recht bodenständig, sondern auch da ein Fremdling (vgl. 3. Mose 25,23; Ps. 39,13), sah es sich einen besonderen Weg geführt, dessen Plan und Ziel ganz in Jahwes Hand lag" (von Rad, ATD, S. 133).

Was hier von Abraham und seinem „Volk" zu sagen war, ist auf die Heilsgeschichte als ganze anzuwenden. Heilsgeschichte unterbricht nicht die Weltgeschichte. Sie geht auch nicht so in diese ein, daß Weltgeschichte allmählich in Heilsgeschichte umfunktioniert wird, wie ein kulturprotestantisches oder – neuerdings – sozialethisches Verständnis des Reiches Gottes meint. Das soll nicht heißen – wir sagten es schon – , daß der Glaube nicht auch Folgen für unser Dasein in der Welt hätte. Mit Gott im Frieden: das erlaubt uns, unbefangen weltlich zu leben und der Welt mit dem Besten zu dienen, was wir vermögen. Aber auch dieses Beste wird weltlich sein und wird sich von dem Besten, das Nichtchristen tun können, nicht unterscheiden. Der Vertikalbezug, wenn man es so abgekürzt ausdrücken darf, macht das „Heil" und damit auch das Besondere des Christseins aus. Wenn man Abraham fragen würde, was ihn von seinen Zeitgenossen in der verlassenen Heimat wie in der vor ihm liegenden Fremde unterscheidet, so würde er antworten, er habe einen Ruf gehört und eine wunderbare Zusage des Gottes, der hinfort *sein* Gott sein werde.

Wir sagten, Heilsgeschichte unterbreche nicht den Lauf der Weltgeschichte. Aber sie ist in sie „eingelagert", „eingelassen". Sie spielt sich ab „in, mit und unter" dem für alle sichtbaren Geschehen. Den Aufbruch Abrahams haben seine bisherigen Mitbewohner gesehen, aber den Ruf hat nur Abraham vernommen. Und die Menschen in dem Land, das Gott ihm zeigen wird, werden den Zugewanderten wohl bemerken, mit ihm leben, sogar Verträge mit ihm schließen, aber das Woher und Wieso seines Hierseins werden sie nicht kennen. Gott ruft – das ist das Heilwirkende an diesem Geschehen.

Berufung: ein freier Auswahlakt Gottes. „Warum die Wahl Gottes nicht auf Ham oder Japhet, sondern auf Sem und innerhalb Sem auf Arpachschad und innerhalb der Deszendenz Arpachschads auf Abraham fiel, das hat der Erzähler in keiner Weise erklärend vorbereitet. Jahwe ist das Subjekt des ersten Tätigkeitswortes an der Spitze des ersten Satzes und damit doch der ganzen folgenden Heilsgeschichte" (von Rad, ebd.). Menschliche Vorzüge Abrahams werden nicht genannt. Auch nicht religiöse – er war ein Heide wie alle um ihn her. (Sowohl Ur wie Haran sind bekannt für die Verehrung der Mondgottheit; Thomas Mann hat dies auf seine Weise im 1. Band der Joseph-Trilogie geschildert.) Mitten in die Heillosigkeit der nach-babylonischen Menschheit ergeht Gottes Ruf. Gott will mit der Menschheit noch einmal auf ganz neue Weise beginnen. Nicht, indem er auf das Ganze der Menschheit von außen her einwirkt und diese durch irgendwelche göttlichen Maßnahmen umorganisiert oder durch machtvolles Handeln zur Räson bringt. Sondern so, daß er *einen* ruft, um ihn auf seinen Weg zu bringen und mit ihm eine Geschichte zu beginnen, in der – wie Abraham als erster – Menschen auf Gott hören, erstmals und dann immer wieder, und, indem sie hören, Gemeinschaft mit diesem Gott haben. Und was ist da zu hören? Lauter Gutes, Erfreuliches, Hoffnung Begründendes, das Gott dem Abraham zusagt. Der erste Gesegnete soll in diese – am Ende der Urgeschichte mit Gott zerfallene, also heillose – Welt *Segen bringen*. Indem Abraham sich auf den Weg macht, zieht das Gute Gottes mit ihm, das am Ende *allen Geschlechtern der Erde* zugedacht ist. Gott gibt seine Menschheit nicht auf! Er hat sich entschlossen, diesen mühsamen Weg zu gehen. Es wird noch ein langer Weg werden, immer neu wird Gott um Menschen bemüht sein, damit er sie für sich zurückgewinne und sie darin ihr Heil haben. Abraham hat Jesus nicht kennen können; aber wenn er seinen Gott einigermaßen verstanden hat, dann hat er den „Tag" Jesu von ferne gesehen (s. o.).

2.

Gott will das Heil, und er will den *Glauben*, also die neue Weise unserer Zugehörigkeit zu ihm, durch die wir uns „in ihm festmachen" (s. o.). Das Wort Glaube kommt in unserm Abschnitt nicht vor, wohl aber die Sache. „Da machte sich Abraham auf den Weg, wie ihm Jahwe geboten hatte" (V.4a). Im Urtext wirkt die lapidare Kürze noch eindrucksvoller. Kein Wort, keine abwägenden oder zweifelnden Überlegungen, kein Zögern und Zaudern. „Wer die Hand an den Pflug legt . . ." (Luk. 9,62).

Man kann sich die Zumutung, die in dem Befehl Gottes liegt, kaum steil genug vorstellen. „Geh aus deinem Heimatlande, aus deiner Sippe, aus deinem Hause!" Die Bindungen, in und aus denen Abraham bisher gelebt hat, soll er lösen. Die Heimat soll er mit dem fremden Lande vertauschen. Die ihm vertrauten Menschen, mit denen ihn Biologisches und Biographisches (Blut und Geschichte) verbindet, soll er verlassen, auf Nimmerwiedersehen. Das ererbte oder selbst errichtete Haus läßt er leer zurück. Schon unsereinem würde dies schwer fallen, obwohl wir uns an Mobilität gewöhnt haben, nicht selten Individualisten sind und Kosmopoliten, die auf der – kleiner gewordenen – Erde überall auf einigermaßen Bekanntes stoßen. Abraham verläßt alles, was ihm Geborgenheit und

Sicherheit gewährt. Er bricht ins Unbekannte auf. Er weiß noch nicht einmal, welches von den unbekannten Ländern ihm von Gott als Aufenthalt zugedacht ist. „Ich werde es dir zeigen." Gott verlangt, daß Abraham sich ganz in seine Hand gibt. In wessen, in welches Gottes Hand eigentlich? Der Text erörtert das Problem nicht, das sich hier verbirgt. Später macht man es sich bewußt: „So spricht Jahwe, der Gott Israels: Eure Väter wohnten vorzeiten jenseits des Euphratstroms – Terach, Abrahams und Nahors Vater – und dienten anderen Göttern. Da nahm ich euren Vater Abraham von jenseits des Stroms und ließ ihn umherziehen im ganzen Land Kanaan" (Jos. 24,2f.). Wir sähen also falsch, wenn wir meinten, Abraham habe Heimat und Haus verlassen, aber das „Gehäuse" seiner Religion sei ihm geblieben. Mit Abraham stehen wir, was menschliche Erfahrung mit Gott angeht, an einem Nullpunkt. Wir Heutigen sind da in anderer Lage. Schon einem Mose hat Gott sich mit dem Hinweis auf eine Offenbarungs- und Glaubensgeschichte vorgestellt: „Ich bin der Gott deines Vaters, der Gott Abrahams, der Gott Isaaks und der Gott Jakobs" (Exod. 3,6). Für uns ist Gott der Vater unseres Herrn Jesus Christus, das heißt aber zugleich: er ist der Gott, der „manchmal und auf mancherlei Weise" zu den Vätern geredet hat und zuletzt durch den Sohn (Hebr. 1,1). Was wir mit Abraham gemeinsam haben, ist dies, daß die Erkenntnis des mit sich selbst identischen Gottes und das persönliche Vertraut- und Verbundensein mit ihm keine irdischen Stützen hat, sondern ganz auf dem beruht, was Gott selbst in uns bewirkt' hat und bewirkt. Für Abraham kommt hinzu, daß er nur dieses *eine* Wort hat, mit dem Gott ihn ruft und seine Zusagen gibt. Links und rechts ist nichts, auch im Rücken hat Abraham keinen Halt; er kann nur nach vorn schauen, von wo aus ihn das Wort getroffen hat, das, für ihn voraussetzungslos und reiner Anfang, ihn ruft und unter die herrlichsten Zusagen stellt. Dieses Wort hören, annehmen, damit Ernst machen und sich darauf verlassen: das ist der *Glaube*, in dem Abraham uns vorangeht.

„Ist nicht Abraham, unser Vater, durch *Werke* gerecht geworden . . .?" (Jak. 2,21). Uns imponiert die heroische Tat des gelebten Gehorsams; der Eindruck verstärkt sich noch in Kap. 22. Ohne Diskussion wird hier getan, was Gott befiehlt. Gründe für diesen seltsamen Befehl gibt Gott nicht an; genug: Gott hat es so gewollt und gesagt, also *geht* Abraham. Wir verhehlen uns nicht, daß wir gegen solchen bedingungslosen Gehorsam Vorbehalte haben. Wir sind selbst verantwortlich, haben also auch unsere Entscheidungen selbst zu treffen. Dazu gehört, daß man sich über die Gründe Rechenschaft gibt, die für die zu treffende Entscheidung den Ausschlag geben. Wir werden dabei freilich gegen uns selbst mißtrauisch sein: oft hat unser Herz mit seinem Begehren, seiner Scheu und Furcht, seiner Bequemlichkeit (usw.) uns die gewünschten Gründe allzu bereitwillig geliefert, wo Gottes klar erkannter Wille von uns anderes verlangte. Wir schätzen uns falsch ein, wenn wir es für selbstverständlich halten, daß, was uns recht dünkt, sich immer mit dem decken müsse, was Gott will, und das könnte heißen: daß Gott von uns nur das erwarten darf, was wir uns selbst in dieser Sache ausgedacht und zurechtgelegt haben. – Aber wir könnten nun doch leicht in ein gesetzliches Mißverständnis unserer Stelle abgleiten, wenn wir nicht sähen, daß es hier eben doch um *Glauben* geht, nicht um Werke. Um einen *tätigen* Glauben, versteht sich; Jakobus brauchte diesbezüglich keine Sorgen zu haben (2,20ff.). Aber der Glaube ist kein Werk – er ist also nicht eine vom Menschen erbrachte Eigenleistung. Er „macht sich fest in Gott", indem er dessen Zusagen ernst nimmt und sich mit all seinen Gedanken, Plänen, Entschlüssen usw. auf diese Zusagen einstellt, „Ich werde dir ein Land zeigen": daraus ist doch nicht nur zu entnehmen, daß Abraham selbst das Land noch nicht kennen kann, sondern vielmehr das andere, daß Gott dieses Land schon für Abraham ausgesucht und es ihm zugedacht hat. Wenn e: schon eine heroische Gehorsamsleistung ist, sich aus dem Bisherigen herauszulösen: de dem Abraham zugedachte Gewinn übersteigt ja das Aufgegebene um ein Vielfaches! Gottes Befehl meint nicht, daß dem Abraham etwas abverlangt, sondern daß ihm etwas geschenkt wird. Also auch nicht: ich trenne dich kaltherzig los von allen deinen Verwandten, so daß du mit Sara zusammen ein eingeengtes beziehungsarmes Leben führen mußt; sondern: ich will dich zu einem großen Volke machen (dazu Weiteres nachher)! Es heißt: Ich will dich segnen – ich habe Großes mit dir im Sinne! Ich habe dir eine wichtige Rolle zugedacht in dem, was ich mit den Menschen vorhabe: indem sie sich auf dich berufen, sollen sie selbst gesegnet werden. Abraham kann selbst noch gar nicht ahnen, was darin alles beschlossen ist.

Freilich, er kann sich auf nichts anderes stützen als auf das an ihn ergangene Wort. So ist das beim Glauben immer. Man könnte sagen: viel verlangt. Könnte man nicht beides verbinden: Gott *und* die gesicherten Verhältnisse in Ur? Gott *und* die irdischen Absicherungen, die das Leben erhalten? Gott *und* die menschlichen Beziehungen (Sippe) sowie die materiellen Existenzgrundlagen (Haus)? Machen wir aus dem Glauben kein Gesetz! Nicht von jedem von uns wird verlangt, „alles" zu „verlassen" (Luk. 5,11 – altes Evangelium – ; Matth. 19,27). Nur das wird „verlangt", daß wir unser Leben allein auf Gott hin wagen. Aber „verlangt" ist ein falsches, irreführendes Wort. Wer gemerkt hat, daß Gottes Ruf ihn angeht, wer sich davon getroffen weiß, wer das unausdenkbar große Heilsangebot Gottes als seine eigene große Chance entdeckt, der zelebriert in Ur oder Haran kein wehleidiges Abschiedszeremoniell (Luk. 9,61). Er hat den ihn rufenden Gott gehört. Was er von ihm weiß, langt noch nicht einmal zur dürftigsten Dogmatik, aber er weiß Gottes Interesse auf sich gerichtet, und so macht er sich auf den Weg, ohne Wenn und Aber.

Wir haben vorhin gesagt: Gott will das Heil. Jetzt: Gott will den Glauben. Unser Heil besteht ja eben darin, daß Gott uns konkurrenzlos groß wird, indem wir aufgrund seiner Anrede und Zusage ihm alles Gute zutrauen. Das ist der Neuanfang nach der Katastrophe von Gen. 11: Gott wird wieder Herr dort, wo einer im totalen Vertrauen auf Gott sein Gutes und damit das gesegnete Leben nur von ebendiesem Gott erwartet. Gott setzt sich in der von ihm abgefallenen Welt nicht so durch, daß er uns mit seiner göttlichen Allmacht unter Druck setzt, sondern so, daß er uns mit seinen größten Verheißungen einlädt, uns von ihm in das „Land" führen zu lassen, das er selbst uns zeigen wird. Der Glaubende vertraut und läßt sich führen. Er läßt es fröhlich und guten Mutes auf die Überraschung ankommen, die Gott für ihn bereit hat.

3.

Gott ruft, weil er die *Kirche* will. Wir setzen uns mit dieser Schlagzeile dem Verdacht aus, dem Text Gewalt anzutun. In der Tat kann der alttestamentliche Fromme, zumal der Patriarch am Anfang der Heilsgeschichte nur an die leibliche Nachkommenschaft denken, die zum Volke wird, ja fast zu einer Völkerfamilie, in deren Mitte sich Israel weiß als das „große Volk", das sagen kann: „Wir haben Abraham zum Vater" (Matth. 3,9). Aus *einem* Manne ist ein ganzes Volk hervorgegangen; dies stellt der Text staunend fest (Gunkel z. St.).

Ein Volk? Nicht ein beliebiges, sondern das Volk der gnädigen Wahl Gottes. Das Zitat aus Matth. 3 deutet schon an, in welche Richtung wir weiterzudenken haben. Die leibliche Abstammung garantiert noch nicht, was hier, in dieser Initial- und Inauguralstunde der Heilsgeschichte gemeint ist. Abraham ist der Vater der Glaubenden. Glaubende Menschen – jüdischer wie heidnischer Abstimmung – sind die wahren Abrahamskinder und Erben der Abrahamsverheißung (Röm. 4,1.12; 9,7f.; Gal. 3,7.9.29; 4,22ff.; Hebr. 2,16; 6,13ff.; 11,8–19, hierzu: ThWNT I, S. 9). Das „große Volk", das aus Abraham hervor-

gehen soll, ist das Volk Gottes, also die Kirche. „Ich will dich zum großen Volk machen"
heißt dann nicht: deine Nachkommen sollen eine der tonangebenden Nationen der Erde
werden und die Weltpolitik steuern (wer wollte leugnen, daß solche Gedanken auf dem
Boden des AT immer wieder aufkeimen, gerade in der Zeit des Jahwisten!), sondern es
heißt (wenn anders dieses „alle Geschlechter auf Erden" ernst genommen wird), daß hier
der Blick über das geschichtlich Relative erhoben ist zu einem Universalismus, der sich
nicht nur zur Weltaufgabe Israels bekennt, sondern an die große Schar aus allen Völkern
und Sprachen (Offb. 7,9) denkt. „Sieh zum Himmel und zähle die Sterne; kannst du sie
zählen? So zahlreich sollen deine Nachkommen sein" (15,5).
Hier ist es wichtig, sich noch einmal an 11,30 zu erinnern: an Saras Kinderlosigkeit.
Wenn es wahr ist, daß Abraham ins Unbekannte aufbricht, weil Gottes Zusage ihn getroffen und gewiß gemacht hat, dann glaubt Abraham gegen alle Erfahrung und gegen alles
menschliche Erwarten. Ins Ekklesiologische übertragen bedeutet dies: eigentlich könnte
es uns gar nicht geben, aber Gott hat das Unmögliche vollbracht, er hat dem Abraham
die Nachkommenschaft versprochen und auch gegeben. Daß es das Volk Gottes gibt, ist
Wunder. Das Vorhandensein der Kirche – das gilt auch für die *Zahl* derer, die zu ihr gehörten, gehören und gehören werden – ergibt sich nicht aus natürlichen Gegebenheiten
und Wahrscheinlichkeiten.
Ein Weiteres: Gott nimmt so sehr für das aus Abraham hervorgehende Volk Partei, daß,
wer diesem Volke wohlwill, auch Gott zum Freunde hat, und wer es verwünscht, den
Fluch Gottes auf sich zieht. (Wir haben allen Anlaß, bei diesem Satz zunächst an Israel
zu denken – und darüber zu erschrecken.) Aber es ist richtig, mit der (gesamtbiblischem
Denken entsprechenden) ekklesiologischen Anwendung und Ausweitung das aufzunehmen, was von Rad zur Deutung von V. 3 sagt: „Heil und Gericht ist nun von Gott in die
Geschichte hineingegeben, und in der Stellung zu diesem Werk, das Gott in der Geschichte treiben will, soll sich für die Menschen Gericht und Heil entscheiden" (ATD,
S. 133). So wahr Gottes Heil in Gottes Volk verwirklicht ist und wir daran teilhaben,
indem wir zum Volke Gottes gehören, so wahr entscheidet sich an unserer Einstellung
zur Gemeinde Gottes unser ewiges Wohl und Wehe.
Endlich: Von diesem Volke Gottes soll Segen ausgehen. Wir, die Kirche, sollen nicht nur
selbst die Gesegneten sein, sondern wir stehen unter der Bestimmung, mehr noch: unter
der Verheißung, daß durch uns, sofern wir „Abraham" sind, das Gute Gottes in die Welt
hineinstrahlt. Es steht uns nicht gut an, als Gemeinde in der Welt distanziert, verschüchtert, vielleicht verärgert, mißtrauisch oder gar feindselig verhärtet zu leben. „Ich will dich
segnen und deinen Namen groß machen, so daß du selbst ein Segen bist" (V. 2). Was uns
hier versprochen ist, schließt ja zugleich die wunderbare Erlaubnis ein, das Gute Gottes
in die Welt zu bringen. Der Strahlkraft dieses Segens ist keine Grenze gesetzt (V. 3 Ende).

Tag der Geburt Johannes' des Täufers. 1. Petr. 1,8–12

Die VV. 8–12 gehören noch zu der großen, in eine einzige Periode gefaßten *Eulogie*, die mit V. 3 beginnt (die VV. 8f. schon in der Quasimodogeniti-Perikope in der Reihe II). Die Zusammengehörigkeit ist nicht nur äußerlich; unser Abschnitt setzt das Vorherige voraus und fort. Was hier gesagt
wird, will also noch als Gotteslob verstanden und aufgenommen sein.
V. 8: „Ihn liebt ihr, ohne ihn zu sehen" oder (wenn man das Aoristpartizip ingressiv verstehen will)
„ohne daß ihr ihn zu Gesicht bekommen habt". Das Folgende wird von den Übersetzungen zumeist
aufgelöst. Damit verschiebt sich der Schwerpunkt der Aussage. Wörtliche Wiedergabe: „Als die jetzt
– ihn nicht vor Augen habend – doch an ihn Glaubenden werdet ihr jubeln" (ἀγαλλιᾶσθε ist wie in
V. 6 futurisch zu verstehen, Bl.-Debr. § 323, so auch Windisch-Preisker und Goppelt) „in einer nicht
aussagbaren und verklärten Freude." Das ἀγαλλιᾶσθε ist also die Hauptaussage des Satzes. Es geht

noch immer um die „lebendige Hoffnung" auf das „unvergängliche . . . Erbe", das „Heil", das zur letzten Zeit „enthüllt werden" wird (VV. 3–5). Im Unterschied zu dem punktuellen ἰδόντες haben wir ὁρῶντες durativ wiedergegeben. Der Unterschied zwischen οὐx und μή dürfte kaum merklich sein (vgl. Bauer, WB zu μή II2d); vielleicht liegt in dem μή der Unterton: ihr werdet, solange ihr aufs Glauben angewiesen seid, *auch künftig* nicht damit zu rechnen haben, daß ihr ihn seht (in μή also sozusagen die Geste des Wegschiebens). „Nicht sehend" meint nicht nur die fehlende historische Wahrnehmung (1. Kor. 9,1; 15,5; Luk. 1,2; Apg. 1,21,f.), sondern die Verborgenheit des Geglaubten. – V. 9: Rettung der ψυχή ist Rettung des „Selbst" des Menschen, seiner Person. Die σωτηρία ist das „Heil" der „Geretteten" („Seligkeit" wird leicht – wenn auch zu Unrecht – als Gemütszustand aufgefaßt). – V. 10: Die beiden Verben („suchen" und „forschen") sind mit ἐx akzentuiert: „bis zur Grenze des Möglichen". Gegenstand ihres Forschens war die „euch zugedachte" bzw. die „sich euch zuwendende" (so das εἰς ὑμᾶς) Gnade, d. h. die gnädige Gesinnung Gottes, diese aber auch in ihrem Tätigsein und damit in dem, was sie gibt. Gnade geschieht, sie ist Macht (vgl. ThWNT IX, S. 383ff.). – V. 11: Das „Erforschen" der Propheten und das „Aufdecken" des Geistes Christi, das „in ihnen" stattfindet, korrespondieren. In den Propheten wirkt also der Geist Christi. Christus ist damit zugleich Subjekt und Objekt der prophetischen Aussage. Die Propheten forschen, „zu welcher Zeit" (= wann?) und „in was für einer Zeit" (= wie ist sie geartet?) die Christusleiden eintreten sollten und die darauffolgenden „Herrlichkeiten" (der Plural von δόξα um der Parallele zu παθήματα willen – Parallelen dazu bei Bauer, WB 1b a). – V. 12: διαxονεῖν mit Dativ der Person und Akkusativ der Sache; man könnte deutsch nachahmen: „jemandem etwas zudienen". Die Propheten haben also nicht sich selbst, sondern „euch" ihren Dienst erwiesen. Die Leser haben – als die jetzt Glaubenden und als die Anwärter auf das unvergängliche „Erbe"– im Ganzen der Heilsgeschichte einen bevorzugten Platz. „Wie der Sohn mehr und anders ist als alle Engelkategorien, so auch mit ihm und durch ihn der Gläubige. Was ihm zuteil geworden, ἐπιθυμοῦσιν ἄγγελοι παραxῦψαι (1. Petr. 1,12); nicht ihnen, sondern menschlichem Geblüt gilt die Erlösungstat (Hebr. 2,16)" (ThWNT I, S. 84f.). Das Verb kann bedeuten: „einen genauen Einblick gewinnen" oder auch: „einen verstohlenen Blick hineinwerfen" (eigtl. sich vorbeugen, um etwas zu erspähen).

Johannes der Täufer ist im Text nicht erwähnt. Aber von den Propheten ist die Rede. „Alle Propheten . . . haben geweissagt bis zur Zeit des Johannes"; keiner ist größer als er (Matth. 11, 13.11). Was von den Propheten allgemein in unserm Text gesagt ist, wird auf ihn anzuwenden sein. Hinzukommt, daß der Täufer auf der Grenze der Zeiten steht, der Erfüllung so nahe, daß er den Kommenden, den er ankündigt, auch schon sehen kann: „Dieser ist es!" (Joh. 1,30). Und doch steht er noch draußen – irre geworden, mindestens zweifelnd (Matth 11,1ff.), und darum, ob auch von den Weibgeborenen der Größte, noch immer kleiner als der Kleinste im Himmelreich (Matt. 11,11). Wieviel besser haben wir es, die Jesus entdeckt haben und in seinem Heil leben! Man braucht sich nur ein wenig in der Perikope umzusehen, und man wird merken: sie denkt in diesen Zusammenhängen – so sehr, daß man fast auf Kenntnis synoptischer Traditionen schließen kann (auf Matth. 13,17 werden wir noch kommen).

Steht Johannes an der Grenze der Zeiten, dann ist er einer der Markierungspunkte des heilsgeschichtlichen Zeitbewußtseins. Neutestamentliches Zeitbewußtsein richtet sich am Kommen Jesu aus. „Als die Zeit erfüllt ward, sandte Gott seinen Sohn" (Gal. 4,4). Nun läuft, seit Christi Kommen, die Zeit seiner Parusie entgegen, dem xαιρὸς ἔσχατος (V. 5), in dem, nach aller „Traurigkeit" (V. 6), der große „Jubel" ausbrechen wird (VV. 6.8). Was dann kommt, wird nicht mehr in die Epochen der Weltgeschichte einzuschreiben sein. So ist denn auch, was das neutestamentliche Zeitbewußtsein ausmacht, nicht im Gedanken eines großen immanenten Weltprozesses – auch er hätte seine „Meilensteine" – zu fassen. Andererseits: der Glaube denkt nicht nur in der Vertikalen, so daß das göttliche „Lot" auf jeden beliebigen Punkt der Geschichte gefällt würde und jeder Mensch, an welchem Punkte der Geschichte er auch steht, zum Heil gleich weit hätte. Es gibt ein heilsgeschichtliches Nacheinander. Es gibt also in der Geschichte Gottes mit seinen Menschen „Schwellen" – der Täufer ist eine Figur auf der Schwelle, ähnlich der alte Simeon.

Die Propheten sind nach VV. 10–12 unseres Textes noch die Wartenden, Forschenden, Fragenden. Die hier angeredeten Christen leben in der Zeit der Erfüllung. Sie haben es gut. Die Leiden Christi und seine Verherrlichung (V. 11) sind die Tatsachen, auf denen ihr Glaube und ihre Hoffnung ruhen. Freilich: auch für sie steht noch etwas aus; ja, man muß sagen: so wahr es ist, daß nichts sie mehr von Gott scheidet, ihr Christsein besteht in der „lebendigen Hoffnung" auf das Kommende: ihr Gerettetsein wird „zu der letzten Zeit" „offenbar werden" (V. 5).

Der Gottesdienst am Johannistag wird in vielen Gemeinden auf dem Friedhof gehalten. Da wird anschaulich, daß wir noch vor der eschatologischen Grenze stehen. Der Täufer selbst hat – als ein Geopferter – sein Leben lassen müssen. Wenn nur ER „wächst" – ich kann getrost „abnehmen" (Joh. 3,30). Ab heute werden die Schatten wieder länger. Für Christen kein Grund zur Traurigkeit. Wir werden „erlangen", „gewinnen", „davontragen", worauf der Glaube „zielt": die „Rettung" und damit das „Heil" unseres Lebens.

Ist mit dem bisher Bedachten aufgezeigt, in welchen Kategorien der Text denkt, dann können wir von da aus die Anlage der Predigt entwerfen (wobei der Täufer – wie im Text, so auch in der Gliederung nicht erwähnt – das zu Sagende durch das, was er ist, predigt, tut und leidet, illustrieren kann): *Die Stufen der Christuserfahrung:* (1) *forschen und warten,* (2) *glauben und lieben,* (3) *schauen und jubeln.*

I.

Vom Fragen und Forschen spricht der Text. Wir haben das Wort warten hinzugefügt. Der Text ist ja auf das Noch-nicht aus, durch das sich die Christuserfahrung der Propheten von der der Leser abhebt. Das, was für die Propheten Zukunft war, ist für die Christen Gegenwart. Prophetische Verkündigung „dient" denen, denen es „jetzt" „verkündigt wurde" durch die, die euch „das Evangelium gebracht" haben. Die Propheten gehören zu den vielen Generationen der Wartenden.

Wir fangen in der Predigt damit – also mit den VV. 10-12 – an, nicht nur, weil dies dem heilsgeschichtlichen Ablauf entspricht, sondern weil der Täufer hier im besonderen Sinne seinen Platz hat. Der Elias redivivus (Matth. 11,14) ist die Prophetengestalt an der Grenze der Zeiten; mit ihm erwacht die bereits erloschene Prophetie noch einmal. Johannes ist der Bote, der vor dem kommenden Gott einhergeht und ihm den Weg bereitet.

Das Evangelium Gottes ist „zuvor angekündigt durch seine Propheten in heiligen Schriften" (Röm. 1,2). Christus sollte nicht auf die Erde kommen, ohne daß zuvor auf ihn hingewiesen wurde. Wir wundern uns, mit welcher Unbefangenheit dies an vielen neutestamentlichen Stellen behauptet wird; unser historisches Schriftverständnis erschwert es uns, das Christuszeugnis des Alten Testament zu entdecken und zu verifizieren. Auch würden wir, was der Text summarisch behauptet, differenzieren mögen. Die klassische Prophetie hat zumeist unmittelbar in ihre jeweilige Zeit gesprochen – also nicht in der Absicht, den Nachgeborenen oder gar uns, den Christen, zu „dienen". Die Frage, zu welcher und zu was für einer Zeit das Verheißene eintreten würde, ist auch mehr die der Apokalyptiker als die der großen Propheten. Es fällt uns insbesondere schwer, das Zeugnis „von den Leiden, die über Christus kommen sollten und von der darauffolgenden Verherrlichung" im Text des Alten Testaments zu finden. Für uns ist das Christuszeugnis des prophetischen Wortes verborgener, verschlüsselter als für die Alten; vorhanden ist es aber doch! (Das Problem kann an dieser Stelle selbstverständlich nicht durchgearbeitet werden.)

Was mag die Propheten veranlaßt haben, bei ihrem Vorauszeugnis von der „Gnade" nach der „Rettung" zu fragen und zu forschen und nach dem Wann und Wie ihrer Realisierung? Man könnte an eine gewisse apokalyptische Neugier denken – sie geht auch in unseren Gemeinden hier und da um – oder überhaupt an das Verlangen der Menschen, herauszufinden, was „morgen" oder „übermorgen" sein wird. Wissenschaftlich betreiben wir Prognostik, weil wir für die Zukunft unserer Welt verantwortlich sind und die Dinge nicht dem Selbstlauf überlassen dürfen. Es gibt aber auch ein Fragen nach Zukunft, das aus Vorwitz und Mangel an Vertrauen kommt. Die Zukunft erfahren: was für seltsame Wege gehen die Menschen und auf wieviel dummes – und gefährliches – Zeug verfallen sie, wenn es darum geht. Sollte das Fragen und Bohren der Propheten so motiviert sein? Es ist leider nicht zu leugnen, daß es dergleichen immer wieder einmal gibt, – man muß sofort hinzufügen: gegen Sinn und Absicht der Heiligen Schrift. Wer nach der „Seligkeit" und nach der „Gnade" fragt, denkt von ganz anderen Voraussetzungen her. Die Heilsfrage ist die Existenzfrage schlechthin – und zugleich eine Gewissensfrage. Wer so denkt wie die Propheten, der fragt nicht das Pendel, die Handlinien, den Kaffeesatz oder die Sterne. Er ist davon beunruhigt, daß wir in einer gestörten, gleichwohl unentrinnbaren, in einer pervertierten oder gar unserseits abgebrochenen Beziehung zu Gott leben – und daß dies auf die Dauer nicht gut gehen kann. Auch wo nicht explizit vom Kreuz Christi die Rede ist: das Widersinnige und Unmögliche dieser Situation vor Gott gesehen, begriffen und in seiner Tragweite abgeschätzt zu haben, das ist es, was die Propheten des Alten Bundes immerzu in Unruhe gehalten hat. Noch der letzte der Propheten, der Täufer Johannes, ruft und warnt: Kehrt um, werdet andere Menschen – der die Tenne fegt, ist unterwegs! Man kann die Frage nach dem Heil auf verschiedenen Ebenen stellen. Jes. 53 gibt die Antwort positiv. Jes. 1,18 weist auf die leere Stelle, die einmal von Christus wird ausgefüllt werden müssen: „Wenn eure Sünde blutrot ist, wie soll sie schneeweiß werden?" Das ist das Fragen nach der „Rettung" und nach der „Gnade". Man könnte sagen: nur Frage; vielleicht gar: nur ein Postulat oder – existentiell gedacht – eine Sehnsucht! Was zählt dann das Fragen und Forschen? Verständlich auch, wenn man die Wann-Frage stellt und die Zeitverhältnisse daraufhin abklopft, ob sich Anzeichen dafür finden, daß es nun „so weit" sei (V. 11). Schon wahr: Deutung der Zeitläufte könnte einen dahin führen, daß er verkündigt: „Tut Buße – die Herrschaft Gottes steht vor der Tür!" (Matth. 3,2). Nur: sind das nicht Ergebnisse eines – menschlich verständlichen, aber von Gott her nicht gedeckten – Wunschdenkens?

Der Text würde uns antworten: In den Propheten war der Geist Christi. Daß der *Geist* aus ihnen spricht, dessen waren sie schon immer gewiß; daß es der Geist *Christi* ist, muß uns neu sein. Schon: sie haben gesucht und gebohrt. Aber damit kamen sie nur dem Christusgeist entgegen, der dieses Suchen und Bohren ja erst ausgelöst hat. Vom Täufer sagt die Gemeinde, er sei schon von Mutterleibe an mit dem heiligen Geist erfüllt gewesen (Luk. 1,15), und der heilige Geist kann kein anderer sein als der des Vaters und des Sohnes.

Forschen – und *warten*, sagten wir. Zu Recht? Man hat gemeint, wer das Wort habe, habe alles, gleich, in welcher Stunde der Heilsgeschichte er lebt. Man könnte diesen Gedanken auf zweierlei Weise stützen. Einmal: Ist mir meine Rettung gewiß, dann wird mich die eben noch bestehende Gefahr- oder Notsituation nicht bedrängen. Sodann: Hab ich Gottes Zusage und damit die Gewißheit seiner persönlichen Zuwendung zu mir, was fehlt mir noch? – Der Text sieht es anders. Es liegt zwischen Verheißung und Erfüllung eben doch noch eine Schwelle. Die Verheißung ist der Schatten, den der Körper – das reale Christusgeschehen – wirft. Die Leiden Christi und seine Verherrlichung sind eben nicht bloß symbolhafter Ausdruck für etwas, was man „im Wort" jederzeit, also auch zur Zeit der Propheten, haben konnte. „Selig sind eure Augen, daß sie sehen, und eure Ohren, daß sie hören" – dies könnte man zur Not noch auf die Erschließung des *Wortes* deuten; aber dann heißt es weiter: „Viele Propheten und Gerechte haben begehrt zu sehen, was ihr seht, und haben's nicht gesehen, und zu hören, was ihr hört, und haben's nicht gehört" (Matth. 13,16f.). Der Täufer selbst: der Größte unter den Propheten, aber eben noch *vor* der Schwelle. Er hat nicht begriffen, was es bedeutet, daß mit dem Geschehen der helfenden, befreienden Christuswerke das Reich Gottes schon angefangen hat. Der Täufer ist „in Ausübung seines Dienstes" gestorben, ein unerschrockener Prediger der Umkehr. Aber er hat unter dem Noch-nicht gelitten. Er gehörte noch zu den Wartenden.

2.

Sind die Leser des Briefes, sind wir heute besser dran? Der Text gebraucht die Verben „glauben" und „liebhaben". Es gilt, zu entfalten, was darin liegt.

Das Kommen Jesu Christi in die Welt hat die Lage durchgreifend verändert. „Selig eure Augen!" Die Heilsgeschichte verläuft in verschiedenen „Akten" bzw. „Aufzügen", oder mit einem anderen Bilde: in „Stufen". Was die Propheten verkündigt haben, haben sie nicht sich selbst gesagt, sondern im Blick auf uns. (Wir lassen jetzt außer Betracht, daß sie nicht nur Zukünftiges ansagten.) Sich selbst mußten sie sagen: Wir werden es ja nicht mehr erleben, den Späteren dienen wir. Man kann sich auch als Vorbote des Kommenden freuen. Viele, die für eine bessere Gesellschaft gekämpft haben, haben – selbst des Kommenden noch nicht teilhaftig – ihre Kraft zum Kampf und Leiden daraus geschöpft, daß sie dieses Kommenden gewiß waren – für eine spätere Generation. Zurück zum Täufer: Er weiß, daß er nur Vorbote ist, der Bräutigamsfreund, der nicht *sein* Glück sucht, sondern das des Freundes. Wie sieht er seine Lage an? „Diese meine Freude ist nun erfüllt" (Joh. 3,29). Doch, der Prophet kann über das Künftige froh sein, auch wenn er nicht in seinen Genuß kommt. Er selbst verzichtet, den anderen wird es gehören.

Die „anderen" sind *wir*. Man übersehe nicht: was unser Abschnitt sagt, steht noch immer unter dem „Gelobt sei Gott" von V. 3. Wir leben in der Zeit der Erfüllung. Jesus ist da. Der „vor Grundlegung der Welt dazu bestimmt war", der Versöhner zu sein, „ist nun offenbar am Ende der Zeiten" „um euretwillen" – um unsertwillen (V. 20). Um in dem Vergleich von vorhin zu bleiben: Das Drama ist zur Peripetie vorangekommen. Die Wendung ist geschehen. Der Konflikt zwischen Gott und den Menschen ist, sofern wir es nur im Glauben annehmen, behoben, die σωτηρία verwirklicht. „All Fehd hat nun ein Ende." Das Herz Gottes ist für uns offen, und in Christus ist Gott uns zugewandt. Ein Gott, zu dem man kommen kann, weil er zu uns gekommen ist, den man um Vergebung bitten kann, weil unsere Sünde längst „hinaufgetragen" ist „auf das Holz" (2,24), Christus also für unsere Sünden gestorben ist, der Gerechte für die Ungerechten, um uns zu Gott zu führen (3,18). Wie ist dem zumute, der schon lange in U-Haft sitzt, mit schwerem Schuldkonto auf seinen Prozeß wartet und sich auf ein hartes Urteil gefaßt machen muß – und da tut sich die Zellentür auf, und ihm wird gesagt: „Sie sind frei, der Prozeß findet nicht statt, die Anklage ist niedergeschlagen." – Was wir eben gesagt haben, erfaßt die forensische Seite der Soteriologie. Der Text denkt aber nicht nur *daran*. Wer beglückt feststellt, daß er mit heiler Haut „davongekommen" ist, ist – insoweit wenigstens – noch bei sich selbst. Christus „liebhaben" (V. 8): das ist die andere Seite. Christus ist doch nicht bloß dazu da, uns den Freispruch und die Freiheit zu verschaffen und dann sich von uns zurückzuziehen und uns uns selbst zu überlassen. Es zielt ja alles auf die dauerhafte Verbundenheit mit ihm. Von „Christuserfahrung" sprechen wir in der oberen Schlagzeile. „Zu ihm kommt ihr", auf ihn geht ihr zu (2,4). Liebt ihr ihn, dann zieht es euer Herz zu ihm. Dann sucht ihr seine Nähe – wie er eure Nähe gesucht hat und immer wieder sucht. Dann bedenkt und besprecht ihr alles mit ihm. Er geht mit – jeden Weg und Schritt. Leben in seiner Gegenwart. Die Sorgen wirft man getrost auf ihn (5,7). Wir haben ja nicht einen fernen, unnahbaren, in seiner Transzendenz gegen uns abgegrenzten, uns himmelhoch überlegenen und darum fremden Gott. Wir dürfen Gott „als Vater anrufen" (V. 17), dem wir unser neues Sein, die Wiedergeburt verdanken (VV. 3.23): Leben, das aus ihm selbst kommt und das in der Heiligung seiner Heiligkeit entspricht (V. 16). Unausdenkbar Großes ist durch Christus an uns geschehen: die Erhebung des – sündigen, abgefallenen, seiner Bestimmung untreu gewordenen – Menschen zur Würde des Gotteskindes! „Du hast ihn" – den Menschen – „wenig niedriger gemacht denn Gott" (Ps. 8,6): hier ereignet es sich auf eine ganz neue Weise. Wir erinnern uns an das gewagte Wort des Athanasios: „Gott wurde Mensch, damit wir göttlich würden" (in: Die Menschwerdung des Logos, Kap. 54). Kein anderes Wesen in der Welt ist so hoch erhoben wie der Mensch – trotz seiner Sünde. „Sie werden Gottes Kinder heißen" (Matth. 5,9). Das Neue Testament bezeugt es an vielen Stellen und in mancherlei Variationen. Haben wir schon zuviel davon geredet? Es scheint fast, es kann uns nicht mehr aufregen und in Bewegung bringen. Der Verfasser unseres Briefes will uns das Wunder dieser Erhebung und dieser Würde deutlich machen, indem er – verstehen wir es so richtig? – es auf scherzhafte Weise sagt: Was Gott durch Christus aus den Menschen macht, das ist ein so sensationelles Wunder, daß selbst die Engel im Himmel die Hälse lang machen, um ja recht genau mitzubekommen, was sich hier ereignet. Sind sie an unserer Erhebung so interessiert, wie sollten wir selbst darüber kalt bleiben können?

Dies alles sagt unser Brief, obwohl er, vom ersten bis zum letzten Kapitel, unsere Lage „nüchtern" (5,8) sieht. Wir sind noch nicht im Himmel. Wir sind „Fremdlinge und Pilger" (1,1; 2,11). „Ein weniges" müssen wir, wenn nötig, traurig sein „in vielfältigen Erprobungen" (V. 6), in der uns widerfahrenden „Hitze" (4,12). Wir haben darüber an anderer Stelle schon gesprochen. – Dazu kommt, daß die „Christuserfahrung" nur eine vermittelte sein kann. Wir haben Jesus Christus nicht gesehen – und haben ihn doch lieb. Man könnte sagen: darin sind wir den Propheten wieder ähnlich, auch sie hatten den Kommenden nicht vor Augen. Der Täufer hat ihn gesehen, aber er ist an ihm irre geworden. Wir „glauben", obwohl wir ihn nicht sehen – und (wie wir aus dem μή zu erkennen meinten) bis zu seiner Parusie auch nicht damit rechnen können, daß wir ihn sehen werden. Petrus („Petrus") ist sich dessen bewußt, daß er – als „Zeuge der Leiden Christi" und nicht nur der Leiden (5,1) – hier in einer anderen Position ist als die Leser des Briefes. Er hat Jesus leibhaft gesehen und erlebt. Man sage nicht, darauf komme nicht viel an, das Göttliche an Jesus sei ja sowieso „hinter" oder „über" seiner leiblichen Erscheinung zu suchen. Es ist ja gerade das große Wunder der Menschwerdung Gottes, daß wir ihn, unsern Gott, ganz menschlich haben und erfahren können. Können? Wir könnten – wenn wir Augenzeugen wären wie Petrus. Wer liebhat (V. 8), will sehen. Briefe von Liebenden, die räumlich voneinander getrennt sind, bezeugen es. „Nicht sehen und doch glauben" (Joh. 20,29): darin kann schon Notvolles liegen. Aber es ist nun einmal so: „Wir wandeln (noch) im Glauben und nicht im Schauen" (2. Kor. 5,7). Die Zumutung, die in der Verborgenheit Christi liegt, wird uns nicht erspart. Auch die Augenzeugen mußten sie auf ihre Weise bestehen: das Göttliche in Jesus war ins Menschliche eingehüllt und mußte erst entdeckt werden. Wir müssen, wenn man es so ausdrücken darf, die doppelte Verborgenheit Jesu Christi verkraften: die Nicht-Sichtbarkeit des Erhöhten und die Kreuzesverhüllung, die, wie einst seine Erdenpräsenz, so auch nun seine vermittelte Gegenwart in Wort und Sakrament kennzeichnet. Aber der Verfasser redet uns gut zu: aufs Glauben angewiesen sein (ohne zu sehen) und ihn liebhaben, das ist nicht widereinander. Man kann sich darauf verlassen: wir haben Christus zwar auf unsichtbare Weise, aber wir haben den *ganzen* Christus und damit, obschon noch nicht offenkundig und erfahrbar, das ganze, unverkürzte Heil. Trotz der „Pilger"-Situation, trotz des Unterwegsseins: glückliche Christen!

3.

Freilich, die letzte Stufe der Christuserfahrung wird noch zu überschreiten sein: es wird noch dazu kommen, daß wir schauen und dann – wie der Text es zweimal sagt – jubeln. Die ganze Eulogie spricht von der *Hoffnung*, also von der Gewißheit des Zukünftigen und von der Vorfreude darauf. Man gehe den Text von V. 3 an durch: „lebendige Hoffnung – im Himmel für uns bereitgehaltenes „Erbe" – „zur letzten Zeit" wird das „Heil" „enthüllt" werden – „ihr werdet jubeln" (VV. 6.8 – wie wir sahen, futurisch zu verstehen) – es kommt zur „Offenbarung Jesu Christi", bei der dann auch unsere „Bewährung" an den Tag kommt – wir werden das Telos unseres Glaubens erlangen: unsere Rettung, in der wir dann an den „Herrlichkeiten danach" teilhaben werden, die Christus schon erlangt hat. Wir nehmen noch 4,7 hinzu: „Es ist aber nahe gekommen das Ende aller Dinge." Diese letzte „Stufe" wird noch zu nehmen sein; nein: wir werden hinaufgehoben werden. Den letzten „Akt" haben wir noch vor uns. – Man könnte die Anfechtung des Täufers daraus erklären, daß er mit dem Ausstehen dieses Letzten nicht fertig geworden ist. Er hat nicht den noch immer verhüllten, in Machtlosigkeit und Unscheinbarkeit wirkenden Messias erwartet, sondern den Weltenrichter, der in seiner Allmacht – in der Sprache von 2. Thess. 2,8: „mit dem Hauch seines Mundes" – in der Welt „Ordnung schafft" und so das Herrenrecht Gottes machtvoll durchsetzt. So ist Jesus damals nicht gekommen. Wir ertragen das Noch-nicht.

Aber wir wissen, daß die letzte Stufe noch erreicht werden wird. Die Gräber, die wir vielleicht bei diesem Gottesdienst um uns her sehen, unser eigenes „Abnehmen", an das uns die Sommersonnenwende erinnert: wir brauchen das nicht abzublenden oder zu verdrängen. Die Auferstehung Jesu Christi begründet die „lebendige Hoffnung". Der Text spricht von der „nicht aussagbaren", nicht mit Worten zu beschreibenden, sodann von der „vom Glanz Gottes verklärten" Freude (V. 8). Wir wissen, daß alles, was wir davon sagen, nur Gestammel sein kann. Sind wir traurig, daß die Sonne sinkt? Das Verb, das wir mit „jubeln" übersetzen, meint, daß sich unsere Freude ungebremst Luft machen wird. Nehmen wir die „himmlische Berufung" ernst, dann freuen wir uns schon jetzt darauf, sind also – jetzt noch eine kleine Zeit traurig (V. 6) – im Hoffen uns selbst voraus, so daß unser Denken, Wollen, Reden und Tun zur „Eulogie" wird.

6. Sonntag nach Trinitatis. Apg. 8,26–39

Diese Geschichte hat Lukas vielleicht nicht, wie Harnack meinte, unmittelbar von Philippus erfahren, aber doch wahrscheinlich aus Hellenistenkreisen, zu denen Philippus gehörte (6,3.5; 8,4–7; 21,8f.) und die nach ihrer „Zerstreuung" aus Jerusalem in Samarien erfolgreich Mission trieben. Diese Gruppe wäre Lukas nicht so wichtig gewesen, wenn er zu ihr nicht irgendeine Verbindung gehabt hätte. Möglich, daß diese Geschichte für diesen Kreis dieselbe Bedeutung hatte wie 10,1ff. für den Kreis um Petrus.

Äthiopien (Kusch) galt den Alten als Südrand der Welt (P. Volz), insofern erfüllt sich in unserer Perikope potentiell Auftrag und Verheißung von 1,8 („bis an das Ende der Erde"), wenigstens in der einen Himmelsrichtung. Jüdische Diaspora (Elephantine!) wird bis nach Äthiopien ausgestrahlt haben, so daß die Wallfahrt eines σεβόμενος nach Jerusalem verständlich ist. Äthiopien wurde von Königinnen (Titel: Kandake) regiert. „Eunuch" könnte einfach Bezeichnung eines hohen Beamten sein, braucht also keinen spezifischen Sinn zu haben. Aber sicher ist das nicht. Im Orient sind Eunuchen im geläufigen Sinn des Worts, ursprünglich Diener und Aufseher der Frauen, häufig zu hohen

Staatsämtern aufgestiegen. Deut. 23,2–9 verbietet die Aufnahme eines Verschnittenen in die Gemeinde Jahwes. Daß der Kämmerer das Buch Jes. 40ff. liest (V. 30), könnte damit zusammenhängen, daß er als Fremdling und Verschnittener gerade dort (56,3–5) anerkannt und in Jahwes Gemeinde aufgenommen wird.

V. 26: κατὰ μεσημβρίαν nicht „um die Mittagszeit", sondern „in südlicher Richtung". Gaza: „letzte Station vor der Wüstenstrecke nach Ägypten". Die folgenden Worte, von Beza als Glosse gestrichen, können besagen, daß die Stadt Gaza zerstört war oder daß der Weg menschenleer war. – V. 27: προσκυνήσων das Part. fut. gibt den Zweck der Reise an: Pilgerfahrt wie 24,11, wobei der Mann nicht als Proselyt, sondern als σεβόμενος bzw. φοβούμενος τὸν θεόν anzusehen ist (ThWNT II, S. 766; vgl. H. W. Beyer z. St.). – V. 28: Rückreise. Im Altertum las man laut (E. Norden). – V. 30 Ende: Wortspiel (Paronomasie). – V. 31: Der Eunuch drückt sich höchst gepflegt aus; „der potentielle Optativ mit ἄν wird die gebildeten Leser des Lukas entzückt haben" (Haenchen). – V. 32: Das Zitat aus Jes. 53 (genau nach LXX) läßt merkwürdigerweise die charakteristischen Aussagen weg (auch Luk. 22,37 nur ein Splitter; vgl. 1. Petr. 2,22–25). Jes. 53 ist im NT nicht so stark herangezogen worden, wie man annehmen möchte. – V. 34: ἀποκριθείς (vorher keine Frage!) ist Semitismus: וַיַּעַן = er begann zu reden. Der Eunuch bittet höflich. Die Frage ist früher als verständnislos bezeichnet worden; in Wirklichkeit ist sie klug und textnah. – V. 36: κωλύειν steht wiederholt im Zusammenhang mit der Taufe (10,47; 11,17; διακωλύειν Matth. 3,14; mittelbar Mark. 10,14 Parr.); das Wort gilt vielen darum als Fachausdruck urchristlicher Taufdisziplin. – V. 37: steht nur in einem Teil der westlichen Texte. Der liturgische Brauch verlangte ein Taufbekenntnis. Es handelt sich aber offenbar um eine alte (nichttrinitarische) Formel. – V. 39: Wenn an Entrückung gedacht ist, dann doch in sehr zurückhaltendem Ausdruck, was auch für das εὑρέθη von V. 40 gilt. Philippus hat seine Mission erfüllt, der Kämmerer braucht ihn nicht mehr. Freude ist ein von Lukas gern gebrauchtes Wort.

Narrative Verkündigung. Es ist zu hoffen, wir freuen uns an dieser farbigen, erzählfreudig dargebotenen und darzubietenden Geschichte, in einem Kirchenjahr mit (überwiegend) epistolischen Texten eine willkommene Abwechslung. Wir erzählen freilich auch hier nicht um des Erzählens willen, etwa gar nach der Weise: „Es war einmal . . ." Es gilt, anhand des Textes aufzuzeigen, was Christus auch heute an seiner Gemeinde tut und ferner tun will. Aus diesem und aus keinem anderen Grunde hat Lukas uns diese Begebenheit überliefert. Daß er dabei mit unverholener Freude das Besondere, das Einmalige, das Unaustauschbare eben dieser Geschichte erzählt, anschaulich und spannend, dies ist mehr als literarische Manier. Gott hat sich uns so offenbart, daß er sich und sein Handeln uns anschaulich werden läßt. Das gilt zuerst da, wo er uns im Sohne leibhaft begegnet. Aber auch da, wo sein Geist – selbst verhüllt und nicht zu fassen – Wirkungen hervorbringt, in denen der Glaube – nur er – Gott selbst am Werke sieht. Gott gibt sich uns in seinem Worte so, daß die Bildschicht unseres inneren Menschen angesprochen wird. Was sich in sie eingezeichnet hat, haftet, wirkt und trägt anders als das, was bloß vom logischen Schaltapparat ergriffen wird. Wir argumentieren nicht mit psychologischen Postulaten, sondern wir konstatieren, daß Gott in seiner Weisheit den Weg gegangen ist, der unserer menschlichen Art entspricht. „Christus, da er Menschen ziehen wollte, mußte er Mensch werden" (Luther, WA 19,78; Cl. 3,299; MA 3,248).

Verschiedene Motive dominieren im Text, ohne sich gegenseitig zu stören. Daß Lukas auch von einem Gott-Suchen (Wallfahrt) spricht, das erfüllt wird, kann man nicht gut leugnen, auch wenn es nicht recht in unser theologisches Schema passen will. Das uns viel näher liegende Thema des Verstehens – hier besonders im Blick auf das christliche Verständnis des Alten Testaments – wird vom Text nicht als fundamentales Problem empfunden, vielmehr wird der alttestamentliche Text, als verstände sich dies von selbst, auf Christus hin gelesen; für uns eine wichtige Textaussage. Zweifellos geht es im Text um die Universalität des Heils – der Kämmerer ist einer von den ganz Fernen, nach den geographischen Vorstellungen der Alten vom äußersten Rande der Erde. Sodann ist der Text eine Taufgeschichte, als solche ist er diesem Sonntag zugeordnet. Wir versuchen diese Motive, so gut es geht, einzufangen, indem wir so zusammenfassen: *Auch der ganz Ferne soll* (1) *gefunden,* (2) *unterwiesen,* (3) *getauft werden.*

I.

Wichtiger als dies, daß der Mann Gott sucht, ist das andere: daß er *gefunden* wird. Man darf freilich nicht übersehen oder unterschlagen, daß der Mann wirklich sucht. Eine Wallfahrt (V. 27) von etwa 3000 km, vielleicht noch mehr, bei den damaligen Verkehrsverhältnissen! Wer von uns ließe sich die Sache Gottes soviel kosten? Was nötigt den Mann dazu? Lukas erzählt nichts über die Vorgeschichte dieser Pilgerreise. Wir sahen: ein „Proselyt der Gerechtigkeit", also Vollproselyt (J. Jeremias, Jerusalem zur Zeit Jesu, II, Berlin ²1958, S. 191ff.) dürfte der Eunuch nicht gewesen sein, wohl aber „Halbproselyt", Sebomenos. Von ägyptischen Proselyten wissen wir. Jüdische Missionare „durchzogen" ja „Land und Meer" (Matth. 23,15), um Proselyten zu gewinnen. Daß von der jüdischen Diaspora in Ägypten missionarische Wirkungen ausgegangen sind, darf man annehmen. So mag dem Suchen ein Gesucht-Werden vorausgegangen sein. Doch darüber erfahren wir nichts. Aber das erfahren wir, daß sich – im Sinne zentripetaler Mission – etwas von dem ereignet hat, was wir Jes. 2,3 lesen (vgl. uns. Ausl. zum Epiphaniastag). Lukas, bekannt als Fürsprecher der Armen und gesellschaftlich Benachteiligten, läßt es sich doch nicht entgehen, seinem vornehmen Leser Theophilos deutlich zu machen, daß Menschen aus seinen Kreisen, in diesem Falle: ein Finanzminister, sich mit der Sache des Gottes beschäftigen, der sich im Laufe dieser Pilgerfahrt als der Vater Jesu Christi erweisen wird (V. 37). Auf dem Boden des Alten Bundes fängt es an. Der Minister hat gemerkt: hier ist die Stelle, an der Gott für seine Menschen noch in anderer Weise da ist als irgendwo in seiner weiten Schöpfung. Hier ist sein Wort, sein Gesetz, seine Verheißung. Der „Vorzug", von dem Röm. 3,1 spricht, ist von dem Kuschiten entdeckt worden, und er begehrt daran teilzuhaben. Vielleicht fällt es uns schwer, zu begreifen, warum er sich dieses Teilhaben soviel kosten läßt. Er ist ja nicht deshalb nach Jerusalem gekommen, weil er einen politisch-diplomatischen Auftrag hätte; προσκυνήσων – mit diesem Partizip des Futurs, das, elegant, einen Finalsatz vertritt, ist der Zweck der Reise deutlich bezeichnet. Wir kennen die Motivierung im einzelnen nicht. Genug: Gott war dem Mann soviel wert. Seine Bildung – Lukas überläßt es uns, sie aus dem gepflegten Griechisch zu erkennen – und sein Geldbeutel erlauben es, sich ein Stück Bibel zu verschaffen und zu studieren. Man hatte im Altertum gern Reiselektüre bei sich (2. Tim. 4,13); es gab für diese Zwecke eigens Bücher von besonders kleinem Format (Martial I, 3; XIV, 188; Aristophanes, Frösche 53). Mit dem Besuch des Tempels ist für den Mann die Sache mit Gott nicht erledigt, als hätte es nur gegolten, einer frommen Pflicht zu genügen. Er bleibt an der Sache.

Haenchen macht uns besonders eingehend darauf aufmerksam, „welch ungewöhnlich hohes Maß an *göttlichen Eingriffen und Lenkungen* nötig ist, welche providentia specealissima hier ihr Werk tun muß, damit es zu dieser Bekehrung und Taufe kommt" (S. 272). Daß Gott uns „findet", wie wir es zusammenfassend ausdrücken wollten, schließt dieses göttliche Walten, Senden und Führen ein. Wir wären nicht mehr Schüler der Heiligen Schrift, wenn wir an dieser Stelle einsilbig und verlegen würden, erst recht nicht, wenn wir diese Gewißheit theologisch paralysieren wollten. Nicht nur ist insgesamt der Lauf unseres Lebens gelenkt. Speziell unser Glaube hat, wo immer sein eigentliches Woher zu suchen ist, auch seine äußere Geschichte. Er entsteht nicht aus dem Verlauf unseres Lebens als solchem; Gottes Beschließen und Lenken ist ja für unser Erkennen mehrdeutig, wenn nicht überhaupt dunkel (Deus absconditus). Der Glaube entsteht aus der Begeg-

nung mit Gott in seiner Offenbarung. „Sucht Gott in seinem Gefundenwerden", heißt es
Jes. 55,6 – Urtext – vielsagend. Aber gerade der Glaube lernt, „hintennach" (Exod. 33,23)
die Wege Gottes verstehen. Zu der Geschichte, die sich in der Wortbegegnung mit Gott
abspielt, gehört eben auch die Vorgeschichte, in der Gott die äußeren Voraussetzungen
für solches Begegnen schafft.
Wie macht Gott das? Er weiß viel tausend Weisen. In V. 26 agiert ein Engel, in VV. 29.39
der Geist; Lukas hat wahrscheinlich kein großes Interesse daran, seine Vorstellungen in
ein festes System zu bringen. Genug: alles unterliegt der Regie Gottes – der Regisseur
selbst wird auf der Bühne nicht sichtbar. – Philippus wird – jedenfalls nach der Abfolge
der Ereignisse, wie Lukas sie berichtet – aus großer Missionsarbeit in Samarien herausgelöst und – für einen Missionar immerhin seltsam – dorthin geschickt, wo man annehmen
muß, daß man nicht *einen* Menschen treffen wird. Es ist zuvor schon bei Gründung der
samaritanischen Christengemeinde seltsam zugegangen: eine Verfolgung in Jerusalem
hat die Sendboten „ausgestreut", und so ist es, den Absichten der Verfolger zuwider, in
Samarien mit der Sache Jesu vorangegangen (8,1–4). Die Christenheit erkennt nicht selten
im scheinbar Sinnlosen und Widrigen nachträglich Gottes planvolles Schalten und Führen, und wenn sie geistlich schwach ist, übt sie sich an solchen Erfahrungen darin, auch
dann zu vertrauen, wenn sie nicht begreift. Man denke doch: der Missionar da, wo keine
Menschen sind!
Aber da *sind* Menschen: eine südwärts ziehende Karawane. In diesem Zug ein Reisewagen, wie wir ihn einem hohen Hofbeamten zutrauen dürfen. Dunkelhäutig der Mann im
Wagen, wie wohl auch die (nicht erwähnten) Leute in seiner Begleitung. Ein Kuschit! Ein
vornehmer Mann offenbar – die übrigen Personalien, die Lukas der Kürze halber sofort
mitteilt, werden nicht durch bloßen Augenschein (*ἰδού*, V. 27 – Semitismus) festzustellen
gewesen sein. Der Geist ermutigt Philippus: „Jetzt nichts wie ran" (*πρόσελθε*) „und Kontakt halten" (*κολλήθητι*) „mit diesem Wagen!" – Die göttliche Regie hat einkalkuliert,
daß der Kuschit *liest*, und zwar gerade an der Stelle ist, an der er nicht nur einer Verste-
henshilfe bedarf, sondern, indem sie ihm widerfährt, genau die Christusbotschaft vernimmt, die für ihn die Wende bringt. Alle Vorgänge, die sich zu dieser Geschichte zusam-
menweben, hat Gott aufs genaueste aufeinander abgestimmt. Nimmt man noch hinzu, daß
gerade in dem Augenblick, da die Taufunterweisung an ihr Ende gelangt, die Karawane
an ein Wasser kommt, in dem die Taufe stattfinden kann, dann erweist sich die Program-
mierung Gottes als perfekt.
Aber das göttliche Wirken, Walten und Steuern interessiert hier nicht bloß im Sinne eines
auf den Ablauf eines Menschenlebens angewandten Schöpfungsglaubens. Hier wird ein
Mensch „gefunden", und indem er gefunden wird, „findet" er. (Zur Wechselseitigkeit
dieses Geschehens vgl. Phil. 3,12; Gal. 4,9; 1.Kor. 8,2f.) Gott gibt sich viel Mühe, um es
dahin kommen zu lassen. Ob wir es wahrnehmen oder nicht: es wird bei keinem von uns
anders sein, auch wenn unser äußeres und inneres Werden unscheinbarer verläuft als bei
dem äthiopischen Finanzminister. Was hat Gott alles angestellt, bis er uns so weit hatte,
daß wir erstmals staunend *hörten*! Wir werden das, was wir jetzt bestenfalls in schwachen
Umrissen sehen, noch einmal bis ins Detail erfahren und dankbar darüber werden, wie
Gott die Weichen gestellt und die Situationen geschaffen, Menschen auf den Weg gebracht, Verbindungen geknüpft und die äußeren Hilfsmittel bereitgestellt hat. Was Gott
tut, tut er durch seine Kreaturen; aber – umgekehrt – im Handeln seiner Kreaturen ist er
selbst wirksam. – Erreicht Gott, wie in unserm Text beschrieben, auch den Fernsten,
dann wird deutlich, daß die Ausbreitung des Glaubens sich nicht nur auf dem wahr-
scheinlichsten Wege der „Ansteckung" jeweils des nächsten Menschen vollzieht, sondern
daß Gottes Planen und Lenken auch weit ausgreifen und das nicht zu Erwartende bewir-

ken kann. Keiner ist zu weit weg, als daß Gott seinen Weg zu ihm finden und ihn erreichen könnte. Das gilt für die äußere Ferne – wie hier; das gilt auch für die innere Ferne –
wie bei dem Verfolger Paulus. Es gibt da keine aussichtslosen Fälle. Und: Ein einzelner
Mensch ist Gott so wichtig, daß er um seinetwillen eine Menge Hebel in Bewegung setzt.
Gewiß, Gott will Gemeinde, nicht bloß religiöse Individuen. Aber der einzelne Christ ist
in der Gemeinde nicht wie ein Wassertropfen in der Flut oder ein Sandkorn in der Düne.
Unsere Namen sind Gott wichtig (Luk. 10,20b), also auch unsere persönlichste Geschichte. Für uns heißt das, daß keiner sich in dem, was sich zwischen Gott und uns abgespielt, auf die Dauer von einem anderen vertreten lassen kann. Gott will unser Herz –
darum sucht sein „Herz" das unsere.

2.

Er sucht uns mit seinem Wort und Sakrament. Wir sprechen zunächst von seinem *Wort*.
Der Mann aus Äthiopien soll nach Gottes Willen darin unterwiesen werden. Philippus
findet ihn lesend vor. „Antike Reisewagen sehen auf erhaltenen Abbildungen ziemlich
plump aus. Aber sie müssen weich und ohne zu stoßen gefahren sein, denn man konnte
darin während der Fahrt stenographieren" (Lamer-Bux-Schöne, Wörterbuch der Antike,
S. 681 – s. Plinius, Briefe III 5,15). Das *laute* Lesen – uns hastigen, nervösen, durch zuviel
Gedrucktes stumpf gewordenen, uns unkonzentrierten, weitgehend aufnahmeunfähigen
Zivilisationsmenschen dringendst zu empfehlen – läßt den nebenherlaufenden Philippus
sofort erkennen, womit der vornehme Mann sich beschäftigt (der löblichen Bibelkenntnis
des Philippus sei wenigstens im Vorübergehen gedacht). Wir sahen: zur Regie Gottes gehört es, daß der Kämmerer im richtigen Augenblick gerade an der richtigen Stelle ist: an
einer Stelle, die Gelegenheit zu einem umfassenden Christuszeugnis gibt. Wir überlesen
nicht: mit der Auslegung der Stelle aus Jes. 53 „fängt" das Gespräch „an", aber es geht
dann über zum „Evangelium von Jesus" (V. 35); der alttestamentliche Text ist gewissermaßen die Operationsbasis.
„Verstehst du auch, was du liest?" Wir sind bei der hermeneutischen Frage. Die Aufgabe
des Verstehens erstreckt sich – an unserem Text sieht man es deutlich – nicht nur darauf,
herauszufinden, was der Autor von Jes. 53 beim Niederschreiben gedacht und gemeint
hat. Sie weitet sich auf gesamtbiblische Zusammenhänge aus. Und sie schließt, wenn der
Text uns „angehen" soll, die Umsetzung in unser eigenes Denken ein, denn verstanden
wird ja nur, was dem Wahrheitsbewußtsein des Empfängers adaptiert werden kann, und
je ferner dieses dem zu verstehenden Text oder Sachverhalt ist, desto eingreifender der
Vorgang der Übersetzung. Zum Verstehen gehört freilich auch die umgekehrte Bewegung:
dem Empfänger muß zugemutet werden, daß er seinerseits die Rückübersetzung vollzieht
und damit in den Bewußtseinshorizont dessen tritt, den er verstehen will. Wir pflegen im
kirchlichen Alltag mehr über das erste, viel weniger über das zweite nachzudenken – wie
es scheint, deswegen, weil wir der Meinung sind, daß die „Sache", von der der Text redet,
in unseren Denkformen angemessener ausgedrückt werde als in denen der Alten. Nicht,
daß wir diese unbesehen zu übernehmen hätten – wir könnten es nicht, wenn wir gleich
wollten; aber es könnte sein, daß biblische Denkformen die in keinerlei Denkschema ein-
gehenden „Gegenstände" des Glaubens hier und da besser fassen als die unseren. Wir sagen das nur, weil in unserem kirchlichen Umgang mit der Schrift an unbequemen Stellen
der Stempel „zeitgeschichtlich bedingt" allzu oft – und leichtfertig – angewandt wird. –
Der Kämmerer hat offensichtlich begriffen, daß er, als der Mann aus Äthiopien, es wohl
auf sich nehmen muß, in diese alten Texte einzudringen: wenn es Gott einmal gefallen
hat, sein Heil eben dort und damals zu offenbaren und aufzurichten, dann muß man es

sich diese Mühe kosten lassen. Schöpfen muß man da, wo die Quelle ist. Dies war der Grund der Pilgerreise, dies ist der Sinn seines Schriftstudiums. Es wäre Falschmünzerei, wenn wir im missionarischen Bemühen um die „Fernen" diesen Tatbestand verschleierten. Sie in die Bibel zu weisen, bedeutet zweifellos eine Zumutung; wir können ihnen nur Mut machen, diese Zumutung auf sich zu nehmen – und sie sind dazu meist bereiter, als wir meinen. Freilich gehört dazu sofort das andere: Es bedarf der Anleitung und zu diesem Zwecke wieder des sachkundigen und autorisierten, hoffentlich auch des liebevoll sich in den Empfänger hineindenkenden Interpreten.

Es wundert uns ein wenig, daß aus Jes. 53 eben nur diese Verse ausgewählt sind. Ob es an einer – dem Lukas gern nachgesagten – Verkürzung der theologischen Erkenntnis liegt, braucht hier nicht erörtert zu werden. Das Problem der Auslegung der Prophetenstelle ist jedenfalls gesehen, sogar mit erstaunlicher Deutlichkeit: Meint der Prophet mit dem Ebed Jahwe sich selbst oder einen anderen? (Vgl. ThWNT V, S. 653ff.; G. von Rad, ThAT II, S. 264ff.) Ein Ebed-Jahwe-Text wie Jes. 50,4–11a deutet am ehesten auf den Propheten; Stellen wie 41,8; 42,19; 44,2.21; 45,4; 48,20 könnten an eine kollektive Deutung denken lassen, doch führt diese „in unüberwindliche Schwierigkeiten" (von Rad, a. a. O., S. 272 – ich würde zurückhaltender urteilen, vgl. uns. Ausl. zu 50,4ff.). Jedenfalls: „die Aussagen der Lieder transzendieren doch auf Schritt und Tritt das Biographische ebenso wie alles im geschichlichen Raum Mögliche" (ebd.). War der Ebed der Prophet, dann eben so, daß auch er – sagen wir es abkürzend – das Kreuz *Christi* trug, das den Vorläufern wie den Nachfolgern von Jesus her zugesprochen ist (Matth. 16,24; vgl. 5,11ff.; 23,31f.).

Die Verwendung von Jes. 53 im Urchristentum ist spärlicher, als man erwarten sollte. In einer offenbar sehr archaischen christologischen Formel heißt Jesus παῖς τοῦ ϑεοῦ = יהוה עבד (Apg. 3,13.26; 4,27.30), an erstgenannter Stelle offensichtlich in Aufnahme von Jes. 52,13. Die Formel kommt sonst nicht vor. Daß sie sich nur in den beiden genannten Kapiteln findet, könnte eine Erinnerung daran sein, daß sie im Kreis um Petrus daheim ist; der Befund in 1. Petr. 2 (s. o.) würde dazu auch dann passen, wenn der 1. Petrusbrief, wie zumeist angenommen, dem Petrus nur zugeschrieben bzw. unter Berufung auf ihn verfaßt ist (vgl. dazu O. Cullmann, Die Christologie des NT, Tübingen ³1963, S. 72ff.). Wie es damit auch stehen mag, Philippus hat – ob darin relativ einsam oder nicht – nach dem Bericht des Lukas in dem prophetischen Zeugnis die Umrisse der Gestalt Christi erkannt. Philippus sagt nicht: Rolle das Buch, das du auf den Knien hast, getrost wieder zusammen – ich habe dir von einem anderen zu erzählen! Vielmehr „fängt" Philippus bei dieser Schriftstelle „an" und kommt von da aus zur „guten Nachricht" von Jesus. Jesus ist in der Gemeinde des Alten Bundes, zu der der Kämmerer gestoßen ist, eigentlich kein Fremdkörper; die Jesus ans Kreuz gebracht haben, haben ihn nur dazu machen wollen, und sie sind, muß man sagen, damit selbst – vorerst – zu Fremdlingen in der großen Gottesgeschichte geworden, in die sich alle Zeugen des Neuen Testaments einbezogen wissen. Heimlich und unerkannt war Jesus schon immer mit im Spiel. Er war gemeint, wann immer vom Heil die Rede war. Man darf – und hierin wird der Kämmerer in der hier beschriebenen Stunde den ganz neuen Blick bekommen haben – nur nicht meinen, daß das Heil anders gewonnen werden könne als eben so, daß der Eine, auf den alles zuläuft, den schwersten Weg geht. Eine christologisch/soteriologische Theorie bietet die Stelle nicht. Lukas „wird in der ταπείνωσις den Tod, in der ‚Aufhebung des Gerichts' die Auferstehung gefunden haben" (Haenchen zu V. 33; der revidierte Text gibt der Stelle einen ganz anderen Sinn, vgl. auch ThWNT I, S. 185). Und dennoch liegt in dem wenigen, was hier skizziert ist, ein Bekenntnis zur Theologie des Kreuzes. Der Kämmerer ist ein Mann aus der politischen Welt, in der, was nötig ist, durchgesetzt und möglichst erfolgreich praktiziert werden muß. Müßte er nicht das Heil vom machtvollen Eingriff Gottes in den

Lauf der Welt erwarten? Statt dessen wird ihm der Mann verkündigt, der stillhält wie ein Schaf, wenn es geschoren, nein, schlimmer: wenn es geschlachtet wird. Das Nein zu allem, was wir uns vorstellen und ausdenken: der Gekreuzigte. Aber eben dieser Gekreuzigte: das Ja des Erbarmens Gottes zu uns. Man brauchte Jes. 53 nur ganz zu lesen, und das Gesagte bekäme noch viel kräftigere Konturen. Warum ist dieser Christus so stumm? Hat Gott ihn geschlagen? Ja, schon – aber um unsertwillen! Es hat einer, es hat dieser Eine sterben müssen, weil *ich* eben so bin, wie ich bin! Der vornehme Kuschit hat es nicht geahnt, was sich da einige tausend Kilometer entfernt von ihm ereignet hat; heute erfährt er, daß dieser Christus das heimlich Bewegende in seinem Leben war und nun die große Wende sein will. Wer kann das aus-erzählen (διηγεῖσϑαι), wie viele Menschen (γενεά) diesem Jesus noch zufallen! Auch die Fernsten – z. B. auch dieser Äthiopier! Der erhöhte Christus (V. 33c) hat ihn gewonnen.

3.

Es ist für die Urchristen selbstverständlich, daß, wer Christ wird, sich taufen läßt, besser: „getauft wird" (βαπτισϑῆναι, V. 36). Überflüssig, zu sagen, daß die Taufvorbereitung, also auch die Erläuterung dessen, was Taufe ist, in die „Verkündigung des Evangeliums" notwendig mit hineingehört. Geht es uns mit der Taufe zu schnell – nach so kurzem Unterricht? Zu einer eindringenden Nacharbeit wird Philippus keine Gelegenheit mehr haben. Für ihn selbst gibt es weitere Aufgaben in Fülle (V. 40). „Der Geist des Herrn riß den Philippus hinweg" („entrückte" ist schon eine bestimmte Auslegung, die möglich, jedoch nicht zwingend ist). Und der Kämmerer muß in seine Heimat zurück. Was wird aus seinem jungen Glauben? Der das gute Werk angefangen hat, wird es weiterführen (Phil. 1,6); die Urchristenheit hat dem Wirken des Geistes Christi viel zugetraut.
Der Kämmerer wird Christ, indem er getauft wird. Hier ist Wasser, das ist die Gelegenheit. Zum Wort kommt das Sakrament. Der erhöhte Christus hat es so angeordnet (Evg. des Sonntags). Was er uns geben will, gibt er in fester, wahrnehmbarer Form. Die Geisttaufe geschieht – von winzigen Ausnahmen abgesehen – vermittels der Wassertaufe. „Sieh da – Wasser! Was steht meiner Taufe im Wege?" Der Mann hat das Evangelium verstanden. Auch der ganz Ferne soll getauft werden, formulierten wir; damit ist dies gemeint, daß in Christus nun wirklich alle „Hindernisse" beseitigt sind, die uns auf dem Wege zu Gott aufhalten könnten (vgl. Eph. 2,14). Ein Farbiger, ein Mann aus heidnischem Volke, ein Eunuch (wenn dies im engeren Sinne für ihn zutrifft), einer, der an der ganzen Geschichte Gottes mit seinem Volke nicht teilgenommen hat und insofern wirklich noch unerfahren, unausgereift ist. Aber was ist das alles, wenn man am Kreuz gelernt hat, alles aufzugeben, worauf Menschen stolz sein könnten, und alles anzunehmen, was dieser Jesus Christus einem jeden gibt, ohne Bedingung, allein aus Gnaden? „Was hindert?" Nichts hindert mehr! Christi Kreuz und Auferstehung werden, indem der Mann ins Wasser steigt, untertaucht und wieder hervorkommt, tragende Wirklichkeit seines eigenen Lebens (Epistel des Sonntags). Das Stück Ritus, das spätere Überlieferung als V. 37 eingefügt hat, sagt sachlich nichts Neues. Es ist dennoch gut, daß auch in der Taufliturgie alles seine feste Form hat. Formgeschichtliche Forschung hat uns das sehen gelehrt; es ist ein Aberglaube, zu meinen, daß da kein Leben sein könne, wo man in fester Gestalt gemeinsam bekennt, betet, lobt, feiert usw. Dennoch: die Frage, ob es ein Hindernis gibt, ist schon, recht gesehen, Ausdruck eines verstehenden Verlangens und damit ein starkes Bekenntnis. Daß der Mann – mit seiner Deuterojesajarolle allein gelassen – seinen Weg in der „Freude" fortsetzt, die das Evangelium auslöst, bestätigt nur: er hat begriffen, daß – wir reden abermals mit dem Philipperbrief – Christus ihn ergriffen hat (3,12). Es ist Got-

tes Sache, wann, wo und wie er uns zu fassen bekommt. Der unsichtbare Herr, dessen Leben von der Erde weggenommen ist (V. 33), geht eben als der Erhöhte mit nach Äthiopien. Der Kämmerer ist getauft – so ist dafür gesorgt, daß der Name Christi und das, was Christus auch für diesen Mann getan hat, aus seinem Leben nicht mehr getilgt wird.

7. Sonntag nach Trinitatis. Phil. 2,1–4

Wir befinden uns, wenn die literarische Aufteilung des Phil. in mehrere Briefe stimmt, in dem Brief B, der 1,1 bis 3,1; 4,4–7 und 4,21–23 umfaßt (Schenke-Fischer, Einl., S. 126), wobei freilich zu bedenken wäre, daß 4,1–2 wiederum Motive unseres Textes (V. 2 vielleicht sogar einen der Anlässe dafür) enthalten.

Die Paränese hat mit 1,27 begonnen (das Motiv des „Mitkämpfens" in 1,27 und 4,3!). Sie erhebt sich in unserm Abschnitt zu besonders eindringlicher Sprache. Lohmeyers Stropheneinteilung (5 Dreizeiler) überzeugt mich nicht. Syntaktische Struktur: Nach dem „beschwörenden" V. 1 der Hauptsatz: „Macht meine Freude voll", „indem" (ἵνα im abgeblaßten Sinne) „ihr dasselbe im Sinn habt". Dahinter könnte man sich einen Doppelpunkt denken, denn alles Folgende ist davon abhängig, zumeist Partizipien, aber auch die absolut im Raume stehenden exklamatorischen Aussagen V. 3a. V. 2b kreist dabei um das Einssein in der einen Sache, V. 3 um die verbindende Kraft der Bescheidenheit bzw. der Höherachtung des anderen, V. 4 um das Interessiertsein am Wohl des andern. (Die Übersetzungen lösen gern parataktisch auf, man darf sich aber dadurch nicht um den logischen Sinnzusammenhang betrügen lassen.)

V. 1: Die Aussagen mit εἴ τις bzw. τι setzen voraus, daß es das alles anerkanntermaßen bei den Philippern „gibt"; es handelt sich also um geprägte Aussagen des Glaubens und des christlichen Lebens (über ihren Sinn: s. u.). Das dritte τις ist inkonzinn, erklärbar als Angleichung an das Vorangehende. Der Satz ist geistlich schwer befrachtet und von ähnlichem Gewicht wie der (ebenfalls im Dienst der Paränese stehende) Christushymnus VV. 5ff. – V. 2: „Freude" das Leitmotiv unseres Briefes (s. Konkordanz). πληροῦν: „auffüllen", wie wenn man ein Gefäß vollschenkt. „Dasselbe denken" – auf dasselbe bedacht sein, dasselbe im Sinn haben, dieselbe Gesinnung haben. Dies wird im folgenden expliziert. „Dieselbe Liebe haben" ist nicht quantitativ gemeint, es geht um „die Gleichgerichtetheit ihres Wollens" (Gnilka). Τὸ αὐτὸ φρονεῖν präzisiert sich jetzt zu τὸ ἓν φρονεῖν: die gemeinsame „Sache" (um es so allgemein zu sagen) bringt uns auf einen Nenner. Zur Einmütigkeit mahnen auch Röm. 12,16; 15,5f.; 2. Kor. 13,11. – V. 3: Streitsucht und Ruhmsucht „gehören zum traditionellen Bestand der Lasterkataloge" (Gnilka), vgl. 2. Kor. 12,20; Gal. 5,20.26. Beide hängen untereinander aufs engste zusammen. Gegenpol: ταπεινοφροσύνη, bei den Griechen die Sklavengesinnung der Unterwürfigkeit, aus der dann auch das Demoralisiertsein erwächst; ganz anders in der Bibel: Gott gibt den Demütigen Gnade. Der Herr selbst hat sich „klein gemacht" (V. 8). Als Gegensatz zu Streitsucht und Ruhmsucht bekommt „Demut" den Akzent der Selbstlosigkeit (ThWNT VIII, S. 22), die in Jesu eigenem Handeln begründet ist. – V. 4: Die LA ἕκαστος (P[46] ℵ C u. a.) hat als die lectio difficilior vielleicht den Vorzug, während der Singular beim letzten Wort des Satzes wohl eine Erleichterung wäre. Der Egoist „sucht das Seine", es gibt ihn in verschiedenen Varianten (V. 21; 1. Kor. 10,24.33; 13,5). Wie der Herr nicht an sich dachte (V. 6), wird der Christ den „Blick" auf die Sache des andern „richten".

Wie geht es in einer christlichen Gemeinde zu, überhaupt: wie leben Christen? Die Perikope ist ein schönes – ergänzendes – Seitenstück zu dem Text aus Apg. 2, der die alte Epistel vertritt. Es sieht nicht so aus, als ob Paulus mit diesem Stück Paränese eine homiletisch-epistolische Pflichtübung absolviert, vielmehr dürfte für diese Ermahnung Anlaß bestanden haben. Wir lesen 4,2: „Euodia und Syntyche ermahne ich, daß sie *eines* Sinnes seien in dem Herrn." Karl Barth in seiner „Erklärung des Philipperbriefes" dazu: es sei „eine wenig liebenswürdige Auslegung", nach der die beiden Frauen es gewesen seien, „die den Unfrieden in die Gemeinde getragen hätten", und er fügte hinzu: „Das mag dahinstehen" (S. 47). Wenn die von nicht wenigen vertretene Auffassung richtig ist, nach der man den Brief in mehrere Briefe aufzuteilen hat, würde 4,2 – so jedenfalls die Mehrzahl der Befürworter dieser Theorie – nicht einmal demselben Schreiben zugehören. Friedrich (im NTD) rechnet mit der Möglichkeit, daß sich „in Philippi schon die ersten Anzeichen des prahlerischen gnostischen Vollkommenheitshochmutes bemerkbar" machen. Oder geht es gegen die Vertreter der Gesetzlichkeit, wie sie in Kap. 3 bekämpft werden? Wir wissen es nicht und brauchen es nicht zu wissen. „Auf alle Fälle hat Paulus eine konkrete Gemeindesituation im Auge" (Grdm. im ThWNT, a. a. O.). Offensichtlich *sorgt* er sich um die Gemeinde. Er würde sonst nicht mit so schwerem Kaliber schießen, wie das in V. 1 offensichtlich der Fall ist. Wir tun gut, diesen Vers zunächst für sich in den Blick zu nehmen.

Die Mahnung der VV. 2–4 geht davon aus, daß es in der Gemeinde vier Sachverhalte gibt, die sie tragen. *Παράκλησις ἐν Χριστῷ* ist tröstlicher Zuspruch und Ermahnung in einem; nicht moralisierendes Gebieten oder gesetzliches Drängen, sondern der An- und Aufruf, der aus dem versöhnenden, rettenden Tun Christi hervorgeht, weshalb diese Mahnung auch „in Christus" geschieht, „in dem Herrn Jesus" (1. Thess. 4,1), „durch den Namen unseres Herrn Jesus Christus" (1. Kor. 1,10), „durch unsern Herrn Jesus Christus und die Liebe des Geistes" (Röm. 15,30– s. ThWNT V, S. 790ff.). Wir stehen mit diesem Begriff nicht auf dem Boden einer allgemein-menschlichen Ethik, sondern hier werden Menschen angeredet, die „in Christus" ihr neues Sein haben. Ähnlich das *παραμύϑιον τῆς ἀγάπης*, der freundliche Zuspruch der Liebe, so, daß sich der eine dem andern „nahe zur Seite stellt" (ThWNT V, S. 815.821); die Liebe läßt den andern nicht allein, sie nimmt, was den andern bewegt, vielleicht bedrängt, auf ihr Herz. Die *κοινωνία πνεύματος* (ähnlich 2. Kor. 13,13), das „Anteilhaben" am Geist, läßt nicht nur den einzelnen den Anbruch des Eschaton und die unmittelbare Gottesnähe erfahren, sondern schließt diesen zugleich mit dem Mitchristen zusammen, dem dasselbe widerfährt: „dein" und „mein" Anteil am Heil verbindet uns beide. Endlich: *σπλάγχνα καὶ οἰκτιρμοί*. Liebe und Erbarmen gehen so tief und durchdringen so sehr das ganze des dem andern Menschen Zugewandten, daß man sich des Wortes „Eingeweide" (*σπλάγχνα*) bedient. Von Gottes „herzlicher" Barmherzigkeit (Luk. 1,78) kommt dann die „innerste" Zuwendung zum andern, so daß Paulus sich „mit dem Herzen Christi" nach den Philippern sehnen kann (1,8), wie denn auch Titus den Korinthern „aus tiefstem Herzen" zugewandt ist (2. Kor. 7,15) und Christen überhaupt ein „den ganzen Menschen durchdringendes Erbarmen" haben (Kol. 3,12). Den Philippern als Christen ist dies alles offensichtlich ganz vertraut; Paulus braucht daran nur zu erinnern. Übrigens: welche Tiefe der Einsicht und des Glaubensstandes wird hier vorausgesetzt – wie sähe es darin in unseren Gemeinden aus?

Freilich: dieser Erkenntnisstand garantiert noch nicht die christliche Lebenspraxis. Sehr kräftig muß Paulus die Philipper an ihr christliches *Sein* erinnern, wenn er sie zu christlichem *Tun* bewegen will. Daß jeder – selbst ein „in Christus" Seiender – das im Sinn hat, was „auch in Christus selbst" ist (V. 5 – Urtext!), wird nachdrücklich anzumahnen sein. Ihr Philipper seid euch eures Glaubensstandes so gewiß? Also: wenn denn bei euch wirklich in „irgendeinem" (*τις, τι*) vertretbaren Sinn Ermahnung in Christus, Zuspruch in der Liebe, Teilhabe am Geist und christliches Erbarmen vorhanden ist, dann allerdings . . .! In der Tat: Paulus redet „beschwörend"!

Wir haben diese Voraussetzung seines Mahnens so ausführlich bedacht, weil die folgenden Mahnungen von daher nicht nur ihre Dringlichkeit und Verbindlichkeit, sondern auch ihre materielle Substanz bekommen, also von V. 1 her ausgelegt sein wollen. Nur wenn wir uns dies fest vorgenommen haben, mag dann eine so schlichte Thematisierung zu verantworten sein: *Wenn wir wirklich Christen sind, dann werden wir* (1) *das Eine bedenken,* (2) *den anderen achten,* (3) *das des anderen wichtig nehmen.*

I.

Die Mahnung zur Einmütigkeit und „Einhelligkeit" (so, daß man in der „Seele" „zusammen" ist) findet sich im Neuen Testament nicht selten. Auch wenn man den Anlaß zu der vorliegenden Ermahnung nicht in 4,2 sieht, fällt auf, daß diese dort bereits wieder nötig ist. Man sollte meinen, daß gemeinsamer Glaube – noch dazu in gemeinsamem Kampf zu bewähren und zu vertreten (1,27) – Menschen miteinander verbindet. Wer kirchenleitende Funktionen ausübt, weiß, wie leicht auseinanderfällt, was doch zusammengehört, keineswegs nur dort, wo in unwürdigen Reibereien des Alltags Christen sich entzweien, sondern gerade auch da, wo man „mit großem Ernst" um das Eigentliche bemüht ist. „Es ist nicht so, daß die Menschen sich sofort auch untereinander um so besser verstehen, je besser sie Gott verstehen. Zunächst gilt vielleicht vielmehr das Gegenteil: jeder Einzelne wird da mit Macht auf sich selbst zurückgedrängt, entdeckt sich vor Gott als Einzelner im Gegensatz zum allgemeinen und gemeinsamen Menschsein" (Barth z. St.). Positionen, die man um Gottes willen bezieht, Entscheidungen, die man vor Gott trifft, haben den Ernst des in Gott gebundenen Gewissens. Wer diese letzte Bindung nicht kennt, kann sich leicht dem „Man" anschließen und, wie Kierkegaard sagen würde, „das Allgemeine verwirklichen". Gerade wenn man entdeckt hat, daß die Sache Gottes nicht leicht zu nehmen ist, werden die unterschiedlichen Standpunkte in der Gemeinde nicht bagatellisiert oder gar überspielt werden dürfen. Käsemann sagt zu Röm. 12,16, daß die Mahnung, eines Sinnes zu sein, nicht die Gleichheit des Denkens meine, die nur selten verwirklicht wird und nicht einmal wünschenswert ist (S. 355). Die christliche Einmütigkeit besteht nicht in der sklavisch nachgeplapperten Formel, im uniformen Verhalten und im standardisierten Zungenschlag und Tonfall. „Alles ist euer," „Starke" oder „Schwache": wir leben „dem Herrn".
Wie also kommt es zu dem hier erwarteten und angemahnten Einssein? Wir erinnern zunächst daran, daß Paulus, so ernst er auch seine Mahnung begründet (V. 1), keinerlei gesetzliche Schärfe erkennen läßt. „Der Becher meiner Freude" – vgl. 1,4.18; 2,17; 4,1.4 – „ist noch nicht ganz voll; bitte, füllt ihn doch noch bis zum Rande, indem ihr dasselbe im Sinn habt und in euch bewegt" (bei φρονεῖν wird es ohne Umschreibungen nicht abgehen). Und was könnte das nun wieder konkret heißen? Die zwei Antworten, die Paulus gibt, laufen streng parallel. Zunächst: Die Philipper sollten „die gleiche Liebe haben". Gemeint ist nicht das „Gleichmaß" der Liebe, sondern, wie wir sahen, „die Gleichgerichtetheit ihres Wollens" (Gnilka). Hat die Liebe nicht ungezählte Gestalten je nach der Situation, in die sie hineinwirkt und in der sie sich zu bewähren hat? Die Liebe kennt kein Schema, gerade darum, weil sie schöpferisch ist. Man könnte versuchen, es sich einfach zu machen, indem man sagt, die Liebe sei durch sich selbst das Verbindende. Sie besteht darin, daß sie für den andern offen ist, ihm zugewandt, ihm behilflich und dienlich. Liebe will für den andern dasein. Darum führt sie Menschen zusammen. – Nun sagt aber Paulus: „*gleiche* Liebe". Es muß doch etwas geben, was ihre Art bestimmt und worin die Philipper eins sein sollen. Paulus hat in 1,9 darum gebetet, „daß eure Liebe je mehr und mehr reich werde an Erkenntnis und Erfahrung", deutlicher: daß sie davon „überfließe", und zwar qualifiziert dadurch, daß sie – wie 1,10 zeigt – „Unterschiedliches" kritisch zu prüfen und zu bewerten vermag. Offenbar geht es nicht um eine sentimentale Liebe, nicht einmal bloß um eine bei allen Menschen vorauszusetzende bzw. von ihnen zu erwartende Liebe, vielmehr, wie wieder 1,10 zeigt, um eine solche, die auf den Tag Christi blickt, von daher ihre Lauterkeit und Sauberkeit, aber wohl auch ihren Ernst und ihre – Sachlichkeit gewinnt. Wir sind miteinander unterwegs; dies bindet uns auf alle Fälle aneinander. –

Zudem war von der Agape bereits in V. 1 die Rede. Nicht wahr, ihr Philipper, das gibt es doch unter euch: daß einer sich dem andern „nahe zur Seite stellt" (s. o.) und ihm ermunternd zuspricht? Ihr wißt doch, hoffe ich, etwas vom *mutuum colloquium* und der *consolatio fratrum* (Schmalkaldische Artikel III, 4, BS S. 449)? Und ihr wißt doch, daß dies eine Gestalt des *Evangeliums* ist (ebd.), daß darin also Christus selbst zu euch kommt? Wir reden von einer Liebe, die aus der uns widerfahrenen Christusliebe hervorgeht und ihre Art hat: Liebe, die sich dem andern zuwendet, auch wenn er's nicht wert ist; Liebe, die ihn nimmt, wie er ist, und ihn aufwertet; Liebe, die ihn bedingungslos bejaht und darin kreativ ist. Das wäre dann auch Liebe, die sich „gleich" bleibt; ist sie doch nicht abhängig von dem, was sie vorfindet. Christen lieben, weil Christus selbst hinter ihnen steht, ihr Herz erfüllt, ihren Willen dirigiert, ihnen die Hand führt und durch sie spricht.

Dem parallel: σύμψυχοι τὸ ἓν φρονοῦντες (mit Gnilka u. a. streichen wir das Komma – so bekommt die zweite Hälfte von V. 2 auch den überzeugenden Rhythmus). „*Dasselbe* im Sinn haben", dies kommt dadurch zustande, daß man „das *Eine* im Sinn hat". „Wer auf das *Eine* sinnt, der sinnt auch auf das Gemeinsame" (Barth). Das „Eine" ist nicht Summe von vielen einzelnen Dingen (Vorstellungen, Lehren, Überzeugungen usw.), sondern das, wovon anschließend an unsere Perikope sofort noch zu reden sein wird: Christus selbst und sein Werk für uns. Was die Gemeinde zusammenschließt, sind ja nicht ihre eigenen Aktivitäten, nicht die selbsterzeugten Werte, nicht die erworbenen Vorzüge, sondern die Aktivitäten Gottes, ja, er selbst (Eph. 4,3–6). Das in sich selber denken, was man in Christus Jesus denkt (V. 5), das schließt zusammen: „Ihr alle seid Einer in Jesus Christus" (Gal. 3,28). Man könnte – auf etwas anderer Ebene – in dem, was man immerzu bedenken und im Herzen bewegen sollte, auch „das Eine" sehen, das „not ist" (Luk. 10,42). Richten sich unser aller Blicke fest auf die im Zentrum des Kreises stehende Christusgestalt, dann mögen die Radien in Peripherienähe ruhig – je nach dem Winkel, den sie bilden – ein Stück weit auseinander sein. Paulus, Kephas, Apollos – sie sind alle „euer" – nicht obwohl, sondern *weil* ihr „Christi" seid (1. Kor. 3,22f.).

2.

Ist der ganze Ansatz unseres Verständnisses der Perikope richtig, dann ist, was jetzt zu bedenken ist, nicht ein zweites nach dem ersten, sondern nur dessen Fortsetzung. Man könnte sagen, die Störfaktoren im gemeinsamen Leben kommen hier noch eindeutiger aus dem rein Menschlichen. Dabei ist nicht ganz sicher auszumachen, was ἐριϑεία ist. Das philologische Gewissen wehrt sich, wie Bauer uns belehrt, dagegen, daß man ἐ. mit ἔρις zusammenbringt. In 2. Kor. 12,20 und Gal. 5,20 steht beides in der Reihe der Laster, woraus zu schließen ist, daß beide Worte nicht dasselbe meinen. Trotzdem ist die Bedeutung „Streitsucht", „Hader" nicht auszuschließen. Man denkt auch an „Streitereien oder Ausbrüche von Selbstsucht" (Bauer), „selbstsüchtiges, niederträchtiges Wesen", an „die Gesinnung eines Mannes, der nur auf seinen Vorteil, seinen Eigennutz aus ist" (Gnilka zu 1,17). – Daneben steht κενοδοξία, das Prahlen, die „leere Ruhmsucht", der geile Geltungsdrang, die Sucht nach Beifall. Beide „Laster" bestehen darin, daß man sich nach vorn spielt: zum eigenen Vorteil, zum eigenen Ruhm.

„Sowas gehört sich nicht", man verstößt damit gegen Anstand und gute Sitten. Man sage nicht, daß Paulus nicht auch dafür Sinn hätte (4,8). Menschliches Wohlverhalten im Umgang miteinander, Wohlerzogenheit und Takt sollte man nicht geringachten. Es wäre irrig, zu meinen, damit huldigte man nur gesellschaftlichen Idealen von ehedem. Aber Paulus setzt, wenn wir V. 1 hinreichend beachten, tiefer an. Hand aufs Herz, ihr

„Mitteilhaber an der Gnade" in Philippi (1,7), ihr Geistträger (2,1): gibt es nun wirklich bei euch die tröstliche, befreiende Ermahnung in Christus? Dann hat Gott selbst euch ja „tröstlich vermahnt" (schade, daß man's nicht in *einem*, und zwar gängigen und zugleich treffenden Wort sagen kann): Laßt euch versöhnen mit Gott! Nehmt es an, daß Christus für euch einsteht und selbst in seiner Person das normalisierte Gottesverhältnis („Gerechtigkeit") für euch ist! Eure Sache ist nirgendwo besser aufgehoben als bei ihm. Ihr selbst könntet auf keine Weise höher in Geltung stehen als dadurch, daß Er sich für euch stark macht und für euch steht. Bedenkt doch, was das heißt, daß ihr „in Christus" seid!

Sieht man das im Hintergrund, dann stellen sich die beiden genannten „Laster" nun doch noch anders dar. Man hat immer wieder gemeint, die Predigt von der Rechtfertigung stoße bei uns ins Leere, weil uns das mönchische Sündenbewußtsein abgehe. Wer verlangt eigentlich noch nach Rechtfertigung? In der Tat: mit diesem *Wort* können viele nichts verbinden, was ihr eigenes Interesse tangiert. Wohl aber kennen wir, was in den „exklamatorischen" Warnungen V. 3 gemeint ist. Der Egoist, der die Ellbogen braucht, um sich seinen Platz im Leben zu erobern, und der es darum auf Konflikte mit seinen Mitmenschen ankommen läßt: worum eigentlich kämpft er? Fürchtet er bloß, sein Glück zu verpassen und im Leben zu kurz zu kommen? Wahrscheinlich treibt ihn Tieferes. Er empfindet das Leben als etwas ihm Feindseliges, ihn Bedrohendes. Warum sonst muß er immerzu hadern und streiten? Alle, scheint's ihm, sind gegen ihn verschworen. Immer wieder muß er sich sein Recht erkämpfen. Er ficht um sein δικαίωμα, um den Rechtsgrundsatz, und dies um seiner δικαίωσις, um seiner Rechtfertigung willen. Sein Herz weiß es besser als sein Verstand, daß der nichtgerechtfertigte Sünder in einem letzten Sinne ein Rechtloser ist; daß er vor Gott verspielt und vertan hat, dagegen wehrt er sich, indem er gegen Menschen kämpft, die ihm vermeintlich das Seine schuldig bleiben. Die Frage nach unserm Daseinsrecht vor Gott – und das ist die nach der Rechtfertigung – verwandelt sich ihm unterderhand in die nach seinem Recht unter den Menschen – und da gibt er keine Ruhe! Wir sagen das alles so (in der dritten Person), als redeten wir von einem anderen. Wer sich kennt, weiß, daß Konflikte im mitmenschlichen Bereich eben deshalb so aufregend sind und so weh tun, weil im Grunde noch etwas anderes verletzt ist als Recht und Billigkeit. Man ist, wie unsere Sprache sagt, „mit Gott und aller Welt zerfallen". Was ist das anderes als das Thema der Rechtfertigung? – Noch viel unmittelbarer einsichtig ist der Zusammenhang bei dem „leeren Prahlen", bei dem Sich-Großmachen, der gemeinschaftsprengenden Geltungssucht. Klar: wir müssen auf unsere Ehre, auf unser Ansehen aus sein. So sind wir geschaffen. Der Sünder muß erst recht darauf erpicht sein – er giert nach dem, was er legitimerweise nicht gewinnen kann, weil er eben – Sünder ist. Solange er Ansehen und Geltung nicht geschenkweise um Christi willen aus Gottes Händen empfängt, muß er die verlorene Doxa sich anderswoher zu verschaffen suchen. Ehrgeiz, Geltungsdrang, Ruhmsucht – übrigens auch komplementäre Erscheinungen wie Empfindlichkeit, Einschnappen, resignierender Trotz – signalisieren nur den Fehlbetrag an „Rechtfertigung".

Es liegt auf der Hand, wie dies alles die Gemeinschaft gefährdet und stört. Hat Paulus Anlaß, die Philipper darauf anzusprechen, dann ist es begründet, wenn er wie in V. 1 anfängt. Ob es wohl unter euch das befreiende Wort von der Versöhnung in Christus gibt? Ja, sagt ihr? Dann könnt ihr euren Bedarf an „Rechtfertigung" doch wahrhaftig auf bessere Weise decken als durch Ellbogentechnik und widerliche Selbstanpreisung! Anders noch: dann *ist* dieser Bedarf ja längst gedeckt! Dann hat Christus euch ja längst zu der Höhe erhoben, die nicht überboten werden und die euch keiner streitig machen kann. Ihr braucht es nur zu Herzen und ganz ernst zu nehmen, daß ihr „in Christus" seid, dann fällt das Verkrampfte von euch ab, und ihr werdet locker und gemeinschaftsfähig.

Es wird dann das Umgekehrte von dem eintreten, auf das der nicht Gerechtfertigte immer aus ist. Ihr werdet – und ihr könnt das dann auch in aller Gelassenheit – „demütig" sein. Man büßt doch wahrhaftig nichts ein, wenn man nicht die erste Geige spielt! Im Gegenteil: man wird den anderen höher einschätzen als sich selbst (V. 3b). Man braucht ihn nicht mehr herabzusetzen, damit man selbst auf der Skala höher zu stehen kommt. Man braucht sich den Eigenwert nicht mehr durch Menschenverachtung, d. h. aber auf unredliche Weise zu verschaffen oder vorzutäuschen. Auf welcher Stufe der Leiter wir stehen, das bemißt sich letzten Endes sowieso nicht nach den Zensuren, die wir streberhaft zu erlangen suchen oder aber einander zugestehen. Gott entscheidet. Er hat – in Christus – nicht nur zu unseren Gunsten, sondern ebenso zu unseres Mitmenschen Gunsten entschieden. Christus hat ihn angenommen und gibt ihm den höchsten Wert. Sollten wir dann anders über ihn denken?

3.

Wieder wird Begonnenes nur weitergesponnen, wenn wir nun sagen, der wirkliche Christ wird „das der anderen" wichtig nehmen. Es wird also nicht nur darum gehen, wie man über den andern denkt und urteilt, sondern darum, daß man sein Interesse zum eigenen macht, sein Wohl bedenkt und befördert, seine Anliegen wahrnimmt und aufnimmt, seine Leiden und Kümmernisse mitträgt, seine Freuden teilt (usw.).
Paulus denkt wieder im Gegensatz. Nicht auf das Seine sehen! Die Liebe sucht nicht das Ihre (1. Kor. 13,5). Wir sollten uns scharf beobachten. Das Eigeninteresse ist eine unerhört starke Kraft in unserm Herzen. Da hat man irgendeinem Menschen tatsächlich etwas zuliebe getan – und sofort meldet sich das adamitische Ich mit seiner penetranten Selbstsucht und taxiert, was für einen selbst dabei herausgesprungen ist! Mindestens will die linke Hand wissen, was die rechte getan hat (Matth. 6,3). Leider liegen die Dinge zumeist schlimmer. Es gibt einen Bezirk in unserm Herzen, in dem wir – auch wenn wir uns mit unserm bessern Ich entschlossen das Gegenteil vorgenommen haben – alles, was wir hören, erleben und erfahren, daran messen, ob es uns zum Vorteil ist. So verteilen wir unsere Plus- und Minuspunkte; sogar unsere Mitmenschen teilen wir heimlich danach ein. Auch damit unterminieren und sprengen wir Gemeinschaft.
Ein jeder sehe auch auf das, was des andern ist. „Auch"? Barth meint, das καί – in diesem Sinne verstanden – würde dem Gedanken die Spitze abbrechen; er möchte es als bloße Verstärkung verstehen. Ich sehe es anders. Paulus denkt so barmherzig mit uns allen, daß er weiß: es wäre nicht nur zuviel verlangt, es wäre vielleicht sogar schöpfungswidrig, wenn das Eigeninteresse völlig negiert würde. Jesus selbst nimmt es als Faktum hin: Du sollst deinen Nächsten mit derselben unreflektierten Selbstverständlichkeit lieben, mit der du dich selbst liebst. Der uns eingeschaffene Selbsterhaltungstrieb dient nach der bewundernswürdigen Weisheit des Schöpfers dazu, daß Lebendiges sich nicht selbst aufgibt und wegwirft. „Was unser Gott geschaffen hat, das will er auch erhalten." Übernehmen wir uns nicht: es wäre ein unerhörtes Wunder, wenn wir es über uns brächten, den Nächsten genauso aufrichtig zu lieben wie uns selbst!
Aber nun bekommt V. 4 doch wieder von V. 1 her seine größere Tiefe. Nicht wahr, ihr Philipper, in der christlichen Gemeinde weiß man, was leidenschaftliches, wirklich „an die Nieren gehendes", also den ganzen Menschen erfüllendes und bewegendes Erbarmen ist? Ja, gewiß weiß man das. Man hat ja das Erbarmen Gottes erfahren, sozusagen am eigenen Leibe. Die Bibel Alten und Neuen Testaments spricht immer wieder von Gottes Erbarmen – in „anthropopathischer" Sprache, die man als altertümlich und naiv, als un-

angemessen und für uns nicht erlaubt ansehen kann, die aber etwas zum Ausdruck bringt, was keinesfalls untergehen sollte. So ist das mit der Liebe Gottes: sie läßt sich die Verlorenheit der Menschen so nahe gehen, daß man, um dies zu beschreiben, die gewagtesten Möglichkeiten menschlichen Sprechens nicht scheuen darf. Daß wir an unserer Sünde kaputtgehen, ist Gott „durch und durch gegangen". Das ist seine herzliche Barmherzigkeit (noch einmal: Luk. 1,78).

Gott sieht nicht auf das Seine – obwohl er uns nicht brauchte und uns fallen lassen könnte. Christus sieht nicht auf das Seine – er hätte sich in seiner Gottgleichheit sonnen können, und ihm wäre der Weg in die tiefsten Tiefen erspart geblieben (VV. 5–8). Das ist die Liebe, die uns widerfahren ist! Sie hat Paulus im Blick, wenn er uns das Wohl unserer Mitmenschen aufs Gewissen legt. In der Gemeinde: Daß nur keiner am Glauben Schaden leidet, vielmehr daß alle vorankommen und gewiß und froh werden (vgl. 1. Kor. 10,24.33). In der Ehe: Mindestens ebenso wichtig wie mein Glück ist, daß mein Partner glücklich ist! In der Gesellschaft: Mindestens soviel Gutes, wie ich empfange, habe ich hineinzugeben, und mein Leben wird soviel Wert haben, wie es dem Ganzen dienlich ist. Ja, noch mehr: denken wir vom „Erbarmen" her, dann hören alle solche Bemessungen auf, und dann wird auch das καί, das wir unter dem vorhin genannten Gesichtspunkt bewußt haben stehen lassen, gestrichen werden. Die Übermacht des Erbarmens Gottes sollte sich in unserm Alltag in eine Liebe umsetzen, die nicht danach fragt, wann ihr Pensum erfüllt ist (Röm. 13,8).

8. Sonntag nach Trinitatis. 1. Kor. 6,9–14.18–20

Die Gedankenfolge seit 5,1 ist nicht ganz durchsichtig (man hat sich mit Unterscheidung verschiedener, nun zusammengearbeiteter Briefe geholfen). Der Lasterkatalog VV. 9f. greift auf 5,10 zurück. Den Prediger braucht dies nicht zu beunruhigen.

In VV. 9ff. wird zunächst die Unvereinbarkeit verschiedenster Laster mit dem Stand der Getauften (VV.9–11), sodann Freiheit und Bindung auf dem Gebiet der Sexualität (VV. 12–20) erörtert. (Fragen der Ehe bleiben dem nächsten Kapitel vorbehalten.) Weglassung der VV. 15–17 verkürzt den umfänglichen Text; die Verse bilden ein wesentliches Element der Argumentation (in der Predigt zu berücksichtigen). Veranlaßt könnten die Erörterungen sein durch Nachrichten, die Paulus von den Leuten der Chloë (1,11) erhalten hat oder durch einen Brief der Gemeinde (vgl. 7,1; 16.17f.) Es geht gegen libertinistische Auffassungen, wie sie der (gnostische) Enthusiasmus propagiert.

V.9: „Reich Gottes" ist Leitbegriff der Verkündigung Jesu, in den Paulusbriefen Röm. 14,17; 1. Kor. 4,20; 6,9f.; 15,50; Gal. 5,21; Eph. 5,5; Kol. 4,11; 1. Thess. 2,12; 2. Thess. 1,5 (die Frage, was davon deuteropaulinisch ist, braucht hier nicht gestellt zu werden). Auch das Verbum „erben" (von Paulus, wie eine Reihe der vorstehenden Stellen zeigen, gern in diesem Zusammenhang gebraucht) kommt aus Jesu Sprachgebrauch (Matth. 25,34; mit ähnlichen Objekten Matth. 5,5; 19,29 u. ö.). Im Unterschied zum μοιχός (Ehebrecher) ist der πόρνος derjenige, der mit der prostituierten Sklavin oder der feilen Dirne umgeht (πόρνη vielleicht von πέρνημι = πιπράσκω = verkaufen); εἰδωλολατρεία steht in den Lasterkatalogen meist dicht dabei. μάλακος ist im gleichgeschlechtlichen Umgang der passive, ἀρσενοκοίτης der aktive Teil. Päderastie und überhaupt gleichgeschlechtlicher Eros wurde im Altertum weithin geduldet, ja sogar gefördert. Zur christlichen Beurteilung vgl. Röm. 1,27 – hier im Zusammenhang mit der Verkehrung der Wahrheit Gottes. – V. 10: Das „Mehrhabenwollen" (πλεονεξία) ist wieder dem Götzendienst verwandt (Kol. 3,5). Zu den weiteren Lastern vgl. bes. 5,11 (die Gemeinde soll die Gemeinschaft mit solchen Menschen abbrechen). – Das (unkonstruierte) τινες schränkt (realistisch) ein. Zur Zusammensetzung der korinthischen Gemeinde vgl. 1,26ff. (uns. Ausl. z. 1. S. n. Ep.). ἀπελούσασθε ist Taufterminus, vgl. Apg. 22,16; Eph. 5,26; Hebr. 10,22; Offb. 1,5b (ThWNT IV, S. 305f.), medial deshalb, weil der Begriff von kultischen Bädern hergenommen ist (freilich mit neuer Sinngebung) und auch der Täufling sich selbst untertauchte (Fascher), jedoch, wie die folgenden Passivformen (ἡγιάσθητε, ἐδικαιώθητε) zeigen, mit passivem Sinn. (Beim Verbum βαπτίζειν wird – außer Apg. 22,16, s. o. – das Medium bzw. Reflexivum konsequent gemieden, denn Taufe ist Tat Gottes, ThWNT I, S. 538.)

V. 12: *Πάντα μοι ἔξεστιν* vgl. 10.23; es könnte sich um ein libertinistisches, ja vielleicht gar ursprünglich von Paulus geprägtes, in diesem Fall die Freiheit vom Gesetz bezeichnendes Schlagwort handeln. Die Freiheit hat ihr Maß am „Zuträglichen" (*συμφέρον*, V. 12) und am „Aufbauenden" (10,23). Das Passiv *ἐξουσιασϑήσομαι* ist besonders geistvoll und tiefsinnig: ich werde zum Objekt – das liegt in der Passivform – einer meine Freiheit vernichtenden fremden „Freiheit" (*ἐξουσία*). – V. 13: Der Gedanke von Mark. 7,15 mag dahinterstehen. Das Personleben ist hier nicht unmittelbar betroffen. Der Gedanke ist freilich einseitig zugespitzt. Unterschied von *κοιλία* und *σῶμα*! *σῶμα* ist der ganze Mensch, fast = Person, denn diese gibt es nicht leiblos. – V. 14: Das *σῶμα* ist zur Auferstehung bestimmt.

V. 18b weist auf V. 13 zurück. Auch hier ist bedenklich einseitig formuliert, um am Gegensatz möglichst scharf herauszustellen, daß das Einswerden mit der Dirne die ganze Person betrifft. – V. 19: Der Gedanke von 3,16 (dort auf die Gemeinde bezogen) wird hier auf den Leib des einzelnen angewandt. Wir in Christus, sein Geist in uns. – V. 20: Loskauf vgl. 7,23; Gal. 3,13; 4,5, ähnlich der Begriff der *ἀπολύτρωσις. τιμῆς* will nicht auf die Höhe des Preises hinweisen, sondern nur darauf, daß „bar" bezahlt wurde, der Handel also rechtskräftig ist. Christen sind damit ihres Herrn Eigentum. Indem unsere Leiber Gott gehörten, wird Gott gepriesen und verherrlicht.

Die Heiligung des Leibes war nach OP das Thema des 7.S.n. Trin. (vgl. auch die von Rud. Spieker in „Lesung für das Jahr der Kirche" dafür zusammengestellten Texte). In PTO sind dafür am 8.S.n.Trin. nur noch zwei Texte vorgesehen: der unsere und Röm. 6,19–23 (Reihe VI). Diese Gelegenheit sollten wir zur homiletischen Behandlung dieses wichtigen Bereichs christlichen Lebens nützen. Daß der Glaube die Seele und nur sie angehe, ist ein unter Christen und Nichtchristen schwer ausrottbarer Irrtum. An der in der abendländischen Geistesgeschichte tief verwurzelten Unterscheidung von Leib und Seele ist die Bibel nicht interessiert. Der „innerliche Mensch" von 2. Kor. 4,16 ist keineswegs das Seelische im Unterschied zum Leiblichen, vielmehr der (ganzheitliche) eschatische Mensch im Unterschied zum (ganzheitlichen) adamitischen. Was nicht leibhaft ist, ist auch nicht wirklich. Auch das Personleben vollzieht sich immer im Leiblichen. Wir unterscheiden die Dimension des Geschichtlichen – als „Raum" der Freiheit und Verantwortlichkeit – von der des Naturhaften, aber wir müssen festhalten, daß beides, das Personal-Geschichtliche wie das Naturhafte, eben „Dimensionen" der einen leib-seelischen Wirklichkeit sind. Ohne Augen, Ohren und die anderen Sinne gibt es kein Erkennen, auch kein Begegnen. Ohne Sprechwerkzeuge (einschließlich des Sprachzentrums im Hirn) keine Sprache; gibt es kein sprachloses Denken, dann auch kein leibloses. Alles, was ist und geschieht, hat Gestalt und braucht Gestalt. So hat auch Gott sich uns leibhaft gegeben. Er begegnet uns personal, wird also nicht wahrgenommen wie ein toter Gegenstand; aber jede personale Begegnung schließt die Objekt-Wahrnehmung ein, weil sie in, mit und unter ihr geschieht bzw. aus ihr „aufspringt". Leibhaft war der Deus incarnatus unter uns, man hätte ihn filmen können; freilich hätte der Film nur das Menschliche an ihm aufnehmen können, denn sein Gott-Sein nehmen weder die natürlichen Sinne noch das „Auge" der Kamera wahr. Aber dieses Gott-Sein war unsichtbar und zugleich unlöslich mit dem Sichtbaren verbunden und ist es noch heute: im Sakrament. Paulus kann von der Leibhaftigkeit unserer Heiligung nicht sprechen ohne Bezugnahme aufs Sakrament. Er widerspricht dem korinthischen Spiritualismus. Unser *ganzes* Leben ist von Christus in Anspruch genommen. Es will für den gelebt sein, dem es gehört.

Raffen wir die Aussagen des Textes etwa so: *Unsere Leiber im Dienst Gottes* – (1) *aufgrund des neuen Anfangs,* (2) *in unserer neuen Freiheit,* (3) *unter unserer neuen Bestimmung.*

I.

Prozesse, die Christen gegeneinander vor heidnischen Gerichten führen (6,1ff.) – dieser Skandal veranlaßt Paulus, grundsätzlich zu werden. Daß überhaupt Anlaß ist zu solchen Prozessen! „Wißt ihr nicht...": mit dieser Formel erinnert Paulus gern an christlichen Elementarunterricht. Man erschrickt, daß Paulus es nötig hat, von derart massiven Sünden zu sprechen. Ein Blick auf 5,11 zeigt, daß hier längst noch nicht alles aus der Gemeinde ausgeräumt ist; der Fall, der 5,1ff. erwähnt ist, dürfte Ansatzpunkt für solche Warnungen sein. Die christliche Gemeinde besteht nicht aus lauter untadeligen Menschen. Immer wieder einmal passieren in ihrer Mitte schreckliche Dinge. Der Text hat es mit besonders häßlichen, unappetitlichen Vorkommnissen, vielleicht gar Gewohnheiten im Bereich des Geschlechtlichen zu tun. Davon muß taktvoll, aber offen geredet werden. Aber Paulus läßt deutlich erkennen, daß es Einbrüche und Verfehlungen auch auf anderen Gebieten gibt. Die Sünde kommt in vielen Variationen vor. Wir können sie nicht abstreiten, aber wir dürfen uns keinesfalls damit abfinden. Die Botschaft von Gottes bedingungsloser Gnade ergeht an uns nicht deshalb, weil Gott in bezug auf unsere Verkehrtheiten und Verfehlungen resigniert hätte; er hat ja mit uns den *neuen Anfang* gemacht, um uns tatsächlich davon loszukriegen. Die Ungerechten werden das Reich Gottes nicht ererben. Ein klarer Satz – da gibt es nichts zu verdrehen und umzudeuten. In der Sünde beharren, damit die Gnade um so mächtiger werde (Röm. 6,1): das wäre nicht die Predigt des Paulus, sondern deren Entstellung, deren Karikatur; das wäre leichtfertiger Mißbrauch des Evangeliums.

Es muß in Korinth Leute gegeben haben, die Paulus so entstellt haben; es gab sie nicht nur in Korinth. Man müßte die ganze Geschichte des Problems „Rechtfertigung und Heiligung" schreiben, bis in die leidvollen Spaltungen der Christenheit hinein. Daß Paulus so hat mißverstanden werden können, liegt daran, daß seine Botschaft von der Rechtfertigung allein aus dem Glauben nur in ihrer verblüffenden Einseitigkeit und Ausschließlichkeit wirklich stichhaltig ist. Es wäre alles verdorben, wenn das „propter Christum per fidem" jetzt auf einmal eingegrenzt, abgesichert oder – was paradoxerweise auf dasselbe hinausliefe – *unsicher* gemacht würde. „Und solche sind euer etliche gewesen": so sehr wir darüber erschrecken, so groß ist der Trost dieses Sätzchens. Einmal zur Abwechslung rückwärts aufgezählt – man stelle sich vor, was das heißt, daß wir mit den τινες zusammen auf einer Kirchenbank sitzen und zu ihnen Bruder sagen – : Räuber – Lästerer – Säufer – Geldgierige (klassischer Stoff für Krimis!) – Diebe – geschlechtlich Perverse – Ehebrecher und Bordell-Stammkunden – Anhänger heidnischer Kulte mit allem, was damit zusammenhängt (z. B. gab es in Korinth im Tempel der Aphrodite tausend der Göttin geweihte Dirnen)! Sollte man mit solchem allem doch ein bißchen vorsichtiger sein? Sollte man in der christlichen Gemeinde sich die Leute vorher nicht ein wenig besser ansehen und – sieben? Wird einem solchen das, was er getrieben hat, nicht zeitlebens anhängen?

Wir würden uns einem solchen selektiven Verfahren heute schon deshalb widersetzen, weil wir deutlicher als frühere Zeiten sehen, daß vieles von dem Genannten zum gesellschaftlichen Schicksal dieser Menschen gehört und wir ihnen Unrecht zufügten, wenn wir sie abstießen. (Es wäre zu überlegen, wie weit unsere Praxis hinter dem eben Gesagten zurückbleibt!) Wir hätten aber speziell *als Christen* zu widersprechen: Christus setzt sich mit *allen* an einen Tisch, weil er für alle sterben wird und allen vergibt, um ihnen den neuen Anfang zu ermöglichen. „Ihr seid abgewaschen, ihr seid geheiligt, ihr seid gerecht geworden durch den Namen des Herrn Jesus Christus und durch den Geist unseres Gottes" (V. 11). An diesen Indikativen wird nichts abgeschliffen, gedämpft, eingeengt. Die

Taufbewerber kamen z. T. mit skandalöser Vergangenheit und mit viel Ekel behaftet an –
und Christus stand für sie ein und setzte souverän, in der Allmacht seiner Gnade, den
neuen Anfang! Paulus weiß, was in der Gemeinde los ist, und hält doch daran fest: Ihr
seid abgewaschen, geheiligt, gerechtfertigt! Nicht: ihr könntet es einmal werden. Nicht:
unter der Bedingung, daß . . . Sondern: ohne Wenn und Aber, so, wie es hier steht! Wenn
jemandem das so unerhört scheint, daß er meint, es – besonders, wenn es um ihn selbst
geht – nicht akzeptieren zu können, dann ist er wahrscheinlich auf dem besten Wege, es
zu entdecken und zu begreifen. *Gegen* das, was ich an mir selbst täglich feststelle, gilt es:
sauber, heilig, gerecht! Um Christi willen habe ich das Recht, mich als einen anzusehen,
der ich nicht war und auch noch nicht bin.
Gerade so kommt es zum neuen Gehorsam. Seine Basis ist die neue Geltung, der neue
Wert, den Christus mir zuerkannt hat, indem er selbst sich mit mir verband. Nicht, daß
ich mir diesen Wert – ob auch mit seiner Hilfe – erst verschaffen oder erringen mußte. Jedoch: wenn ich ihn habe, weil er mir sola gratia beigelegt wurde, dann hieße es ja dieses
beglückende Wunder verleugnen, wenn ich das – Gott sei Dank! – vergebene und vergessene Leben im alten Stil wieder aufnehmen wollte. Sollte ich mein Glück mit Füßen
treten? Sollte ich, wo Christus sich wunderbarerweise vorbehaltlos zu mir bekennt, mich
von ihm lossagen?
So oder so ähnlich sollte der Prediger versuchen, das in den VV. 9–11 Gewollte zu verdol-
metschen. Wir werden uns immer neu darum zu bemühen haben, den Ursprung des
neuen Lebens in der Rechtfertigung aufzuzeigen. Die neue Gerechtigkeit drängt zu leibhafter Verwirklichung. Sie darf nicht eine spirituelle Angelegenheit bleiben. „Laßt euch
nicht verführen!" Die von den libertinistischen Irrlehrern propagierte Zweigleisigkeit –
neuer Glaube, altes Leben – hat mit dem Evangelium nichts zu tun. Man kann sich die
Anteilhabe an der Herrschaft Gottes nicht verdienen, aber man kann sie verscherzen.
Umgekehrt: wenn wir im Leben von einst verharren bzw. dahin zurückfallen, dann liegt
es, recht verstanden, nicht daran, daß wir zuwenig *getan*, aber zuviel *geglaubt* haben. Die
Zweigleisigkeit der korinthischen Irrlehrer *ist* gar kein richtiger Glaube. Der Glaube
nimmt den Status der Gnade so ernst und so real, daß er an das Alte nur mit Abscheu
denken, sich bei keinem Rückfall in dieses Alte beruhigen und nur dankbar das Neue bejahen und aus ihm leben kann.

                                        2.

Unsere Leiber sollen im Dienst Gottes stehen – und zwar in der neuen Freiheit. „Alles ist
mir erlaubt": dieser Satz ist durchaus als ein evangelischer Satz interpretierbar. Der
Christ ist zur Freiheit berufen (Gal. 5,1). Christsein besteht nicht darin, daß man das alte
Gesetz nur gegen ein neues austauscht; es besteht überhaupt nicht in der Erfüllung einer
Unsumme von Spielregeln (Röm. 14,17). „Alles ist euer" (3,21). „Sollte ich über meine
Freiheit urteilen lassen von eines anderen Gewissen?" (10,29). Der Christ schaut nicht
ängstlich nach beiden Seiten, um nur ja dasselbe zu tun, was alle anderen „christlichen
Gehorsam" nennen. Es kann sein, er entscheidet sich anders als die anderen. Er steht
oder fällt seinem Herrn (Röm. 14,4). Wir haben uns darin gegenseitig Freiheit zu geben.
Wenn die korinthischen Libertinisten ebendies und nichts anderes gewollt hätten, hätte es
zwischen Paulus und ihnen keine Diskussion gegeben. Aber der Satz von der christlichen
Freiheit wird falsch, wenn er isoliert wird. Auch die Freiheit steht unter einer Norm. Was
auch immer wir tun, es muß – συμφέρειν: – „zusammentragen, beistehen, helfen, förderlich sein, nützen, zu etwas Gutem führen, zuträglich sein", und es muß – οἰκοδομεῖν: –

„aufbauen, etwas errichten", auch „fördern, kräftigen, stärken". Der Freie handelt nicht richtungslos. Er folgt freilich nicht einem fremden Gesetz – etwa gar so, daß er dabei sein eigenes Gewissen fesselt. Er folgt dem eigenen inneren Muß. Nur, dieses Muß bestimmt sich ja gerade von daher, daß er Christus gehört. Durch einen rechtsgültigen Kauf hat Christus uns erworben (V. 20). Das heißt aber sofort: die Agape ist das Richtmaß. Wir leben alle in bestimmten gefügten Gemeinschaften. Ist das etwa die christliche Freiheit, daß wir dieser Gemeinschaft, in die wir gestellt sind, uns schuldig bleiben? etwas zu tun, was – auf kürzere oder weitere Sicht, im engeren oder größeren Lebenskreis – „nicht zuträglich ist" und „nicht aufbaut"? Geben wir es zu: wir sind sehr schnell dabei, uns auf die Freiheit eines Christenmenschen zu berufen, wo wir einfach *versagen.*

Um nun aufs erotische Gebiet zu kommen, das in dieser Perikope – überwiegend – zur Verhandlung steht: Es kann wirklich nicht darum gehen, einen unverbrüchlichen Verhaltenskanon durchzusetzen, nach dem alles wie am Schnürchen seinen Gang geht – etwa gar: „gut bürgerlich". Wohl aber wird es darum gehen, daß man nicht unter Berufung auf das πάντα μοι ἔξεστιν an einzelnen Menschen und an den Sozialgebilden, in denen wir leben, schuldig werden. Die meisten Eigenmächtigkeiten, die unter der präsumptiven „Freiheit" laufen bzw. damit verteidigt werden, geschehen subjektiv verständlich, objektiv unverantwortlich. Daß es im erotischen Geschehen zumeist „ganz ernst" zugeht, soll nicht bestritten werden; der Seelsorger weiß, daß auch beim massiven Ehebruch subjektiv edelste Motive im Spiel sein können. Was sollte Freiheit anderes bedeuten, als daß man eben diesen Motiven die Ehre gibt und folgt? Aber noch einmal: Hand aufs Herz – „zuträglich"? „aufbauend"? Auf weite Sicht und unter Einbeziehung aller Beteiligten vor Gott und Menschen zu verantworten? Auch in dem Wissen, daß Verliebtheit – Gott hat es so gewollt – immer auch berauscht und daß, wie schon der alte Knigge gewußt hat, Verliebte immer in einem gewissen Grade – unzurechnungsfähig sind? Man sollte wissen, daß man, indem man sich mit einem anderen Menschen verbindet, für ihn Verantwortung übernimmt und daß darum die eigentlichen Entscheidungen – in welchem Augenblick der „Liebesgeschichte" stehen sie an? – im Zustand äußerster Nüchternheit und Distanz zu bedenken und zu fällen sind. Um an den Menschen zu exemplifizieren, die im Begriff sind, eine Ehe einzugehen: Ist es vielleicht doch mehr als eine „bürgerliche" Gepflogenheit, daß die Entscheidung zweier Liebender füreinander in einer bewußt durchgehaltenen Wartezeit heranreift und erprobt wird? Ist man das dem andern, den man wirklich liebt, nicht gerade deshalb schuldig, *weil* man ihn liebt? Soll nicht auch die äußere Form des Beginns der Ehe von daher bestimmt sein, daß man die Verantwortung füreinander vor der Gesellschaft (Standesamt) und vor Gott (Trauung) bewußt, nüchtern, eben unter Bedenken des συμφέρον und der οἰκοδομή vollzieht und nicht irgendwo und irgendwann unter der Übermacht des erotischen Rausches? Und nun wieder zurück auf die Generallinie: „Niemand lasse sich in Grenzsituationen im Angesicht der Macht des Sexus auf Diskussionen ein. Die Einordnung des Sexus in das Gesamtgefüge christlicher Existenz geschehe gedanklich klar in ruhiger Atmosphäre bei normaler Temperatur – und dann ein für allemal" (W. Tannert, ZdZ., Pred. H. 1/64, S. 64). Wir verkündigen ja eben damit die Freiheit!

Denn wie soll man das ein Handeln in Freiheit nennen, wenn es – mit einem durchgeht? „Es soll mich nichts gefangennehmen" – schade, daß man das Wortspiel im Deutschen nicht nachahmen kann (s. o.). Wir umschreiben: Es soll keine „Gewalt" (ἐξουσία) ihre „Freiheit" (ἔξεστιν) gegen mich, der ich *meine* Freiheit zu behaupten meine, so gebrauchen dürfen, daß ich ihr zum willenlosen Objekt werde. Schlimm, wenn mein Kraftfahrzeug ins Schleudern kommt. Ich will die Fahrspur bestimmen und kontrollieren – ich werde es nicht „Freiheit" nennen, wenn ich die Gewalt darüber verliere. Und umgekehrt:

Man sollte es nicht „Gesetz" nennen, wenn wir im nüchternen Bedenken dessen, was „förderlich" ist und „aufbauend" wirkt, die verantwortliche Liebe dominieren lassen. Es ist theologische Stümperei, wenn man alles, was man mit Paulus τάξις (Ordnung) nennen könnte, kurzerhand als „Gesetz" perhorresziert. Wir stehen nicht unter einem fremden, uns knechtenden und verurteilenden Gesetz. Wir sind zur Freiheit berufen. Unsere Freiheit besteht aber eben gerade darin, daß wir wissen, wem wir – selbstverständlich mit Seele und Leib – gehören (VV. 13.15.20). Freiheit heißt: ich *kann*! Ich muß nicht mehr, wie die Verderbensmächte wollten. Ich kann Christus dienen in den Menschen, die er mir anvertraut. Das ist meine Freiheit.

3.

Unsere Leiber im Dienste Gottes – unter unserer neuen Bestimmung. Wie wir mit unserm Leib umgehen, das soll sich danach richten, was Gott noch aus ihm machen will. „Gott aber hat den Herrn auserweckt und wird auch uns auferwecken durch seine Kraft." Wie sich Christi und unsere Auferstehung aufeinander beziehen, mag man aus Stellen wie 15,20ff.; Röm. 8,11; Phil. 3,21 ersehen. Wer von unserm gegenwärtigen Leib nur dies zu sagen wüßte, das er Verwesung und Unrat ist, also zu dem, was einmal sein wird, in keinerlei Kontinuität steht, wird sich der Argumentation des Apostels nicht öffnen können. Keiner wird behaupten, das Künftige sei einfach das wieder in Betrieb genommene Alte. Mit den Worten unserer Perikope geredet: Gott wird die Speise wie den Bauch zunichte machen. Aber *dieser* „Leib" wird „verwandelt" (1. Kor. 15,51), „in eine andere Verfassung gebracht" werden (Phil. 3,21). Von seiner eschatologischen Bestimmung her entscheide ich, sofern ich in Glauben bleibe, was ich mit meinem Leibe und an ihm tue. Gott hat damit allerlei vor! Er will noch etwas draus machen – wie ein Goldschmied, der ein unansehnliches Stück Edelmetall zu etwas Schönem und Kostbarem verarbeitet. Wir sollten daran denken, übrigens auch bei mißgestalteten, verfallenden, kranken Leibern.

Das Wort Bestimmung könnte zu eng werden, wenn wir nur ans Zukünftige denken. Die eschatische Wirklichkeit ist – unsern Sinnen verborgen – auch schon Gegenwart. Unsere Leiber sind Gliedmaßen Christi (hier nehmen wir nun doch die ausgelassenen Verse auf). Wir sind in Christus eingeleibt, und er wohnt leibhaft in uns. Man kann, wenn man will, ebensogut vom pneumatischen Einssein sprechen (V. 17, s. o.). Es ist damit dieselbe uns umschließende und in uns wohnende Christuswirklichkeit gemeint. „Der Leib dem Herrn, und der Herr dem Leibe" (V. 13). „Wißt ihr nicht, daß euer Leib ein Tempel des heiligen Geistes ist, der in euch ist, welchen ihr habt von Gott, und seid nicht euer eigen?" (V. 19). Unsere Leiber sind Eigentum und damit zugleich Herrschaftsbereich Christi. Man kann es auch so sagen: „Sein Herrschaftsbereich ist … eine uns auf den Leib rückende und uns in unserer Leiblichkeit beschlagnahmende Realität"; dies ist „paulinischer Realismus" (E. Käsemann, EVuB I, S. 277f.). Wer sich mit der Dirne einläßt, bricht aus dem Herrschaftsbereich Christi aus. Man sage nicht, wie die korinthischen Irrlehrer offenbar gesagt haben: dies ist – wie alles, was den Leib betrifft – eine nur äußere Angelegenheit, die unser pneumatisch-personales Sein gar nicht berührt. Doch, doch! Leiblichkeit und Personalität können nicht auseinandergerissen werden. Wer zur Hure geht, verläßt den Christusraum. Er meine auch nicht, es gehe dabei nur ums Animalische. Jawohl, es gibt animalische Vorgänge – wie Verdauung und Stoffwechsel (V. 13) – , die das Personleben nicht weiter berühren (auch dies gilt wie V. 18b nur cum grano salis; was Paulus meint, nehmen wir ihm jedoch gern ab). Aber die tiefste Gemeinschaft zwischen Mann und Weib, in der beide – so sie wirklich Menschen sind – ihr Letztes aneinander hinschenken, ist eben nicht bloß ein animalischer Vorgang. „Es werden die zwei *ein* Fleisch sein" (Paulus beruft sich, wie Jesus Mark. 10,8, auf die „Einsetzung" der Ehe) – dies gilt eben nicht nur vom Einswerden in der Ehe, sondern – verunstaltet – auch außerhalb ihrer. Innerhalb der Ehe waltet im vollendeten Einssein von Mann und Weib das Mysterion Christi (Eph. 5,32) – wir buchstabieren immer wieder an dieser fast änigmatisch zu nennenden Aussage, und wir werden sie wahrscheinlich um so besser verstehen, je realistischer wir die leibhaft-personale, uns umhüllende und in uns einwohnende Christusfülle fassen.

Unser Leib – Tempel seines Geistes! Das heißt gewiß: In diesem Gehäuse wohnt Jesu Name. Hier wird an Jesus gedacht, mit ihm geredet. Das heißt aber auch: Hier ist – es sei noch einmal an die Parallelität: „ein Leib/ein Geist" erinnert – Jesus leibhaft anwesend. Mein Leib ist ein Tabernakel. Was denkt mein Hirn? Was wollen meine Augen sehen, was wollen meine Ohren hören? Wonach greifen meine Hände – und wo weigern sie sich, sich von Jesus gebrauchen zu lassen? Wohin tragen mich meine Füße? Welchen Rang und Sinn haben Essen und Trinken? Welchen die Liebe zwischen Mann und Weib? Was redet die Zunge, was singt die Stimme? Was gestalten Hände und Werkzeuge? In welcher äußeren Verfassung trete ich auf: als Trottel, als Stutzer oder Geck, aufgetakelt und eitel, undiszipliniert und schmuddlig? – oder so, daß man auch im Äußeren etwas davon merken kann, daß ich bestimmt bin, Gottes Ebenbild und Tempel zu sein, also seine Wohnstatt? Dazu gehört auch: Halte ich meinen Leib gesund und leistungsfähig, durch Leibesübung, gesunde Lebensweise? Und sollte es Gott gefallen, mir Krankheit und Schwachsein, vielleicht gar ein quälendes, mich entstellendes Leiden aufzuerlegen: könnte nicht auch darin Christus sein, so daß meine Leiblichkeit auch im Leiden durch seine Präsenz geheiligt ist? Gott will an unserm Leibe verherrlicht sein. Er hat uns leibhaft geschaffen, er will uns leibhaft auferwecken, er selbst will leibhaft in uns sein. Alles, was wir sind, soll ihn verherrlichen.

9. Sonntag nach Trinitatis. Jer. 1,4–10

Das 13. Jahr Josias ist das Jahr 627/626 (V. 2). Die Berufung dürfte – als des Propheten Legitimation – bereits in der nach Kap. 36 von Baruch verlesenen Urrolle gestanden haben. Sie ist auffällig schlicht erzählt; ohne V. 9 würde man nicht einmal dessen gewahr werden, daß es sich um eine Gottesvision handelt. Jeremia berichtet selbst (die 3. Person in V. 4, so LXX, ist Angleichung an das Vorangehende). Rudolph sieht das ganze Kapitel als Einheit an, gleichwohl ist die von PTO getroffene Abgrenzung sinnvoll.

V. 5: Statt אֶצֳּורְךָ (falsche Plene-Schreibung) lesen wir mit dem Qere: אֶצָּרְךָ von der Wurzel יצר: „bevor ich dich im Mutterleib bildete". „Erkennen" nicht bloß intellektuell; Gott ist liebend an Jeremia interessiert. „Heiligen" nicht = sündlos oder vollkommen machen, sondern: „herausnehmen aus der Beziehung zur Welt und hineinstellen in die Gemeinschaft mit Gott" (Rudolph). נָבִיא לַגּוֹיִם ist nicht Übertreibung (so daß man „Prophet für das Volk [Israel]" lesen müßte), sondern besagt, daß Jeremias Prophetie sich auf die Völker bezieht und in ihr Schicksal eingreift. – V. 6: Anrede „mein Herr" deutet auf enges persönliches Gottesverhältnis. „Ich bin ein junger Mensch" – die Übersetzung „zu jung" trifft das Gemeinte. Die mangelnde Redegabe (vgl. Mose, Exod. 4,10) wird hier in der Jugend begründet. – V. 7: עַל steht bei Jeremia oft für אֶל (schwingt darin mit, daß es sich meist um ein opponierendes Auftreten handelt?). כָּל generalisiert: „zu wem auch immer". Jahwe geht auf den Einwand überhaupt nicht ein. „Befehl ist Befehl." – V. 8: Will Gott auf das wahre Motiv der Weigerung deuten? Das מִפְּנֵיהֶם charakterisiert sehr eindrucksvoll die Situation: daß Jeremia den Menschen „Auge in Auge konfrontiert" sein wird, erregt Furcht. Aber Gott wird „mit ihm" sein und ihn – hi. von נצל – „herausreißen", „herauspauken".

V. 9: Daß Jahwe den Mund des Propheten berührt, hat nicht den Sinn wie bei Jesaja (Entsündigung), sondern ist Berufungsritus. Dabei wird sinnenfällig gemacht, daß der Prophet Jahwes Mund sein soll (15,19): er bringt, was er zu reden hat, nicht aus sich hervor, sondern es ist ihm gegeben (נָתַתִּי). –

V. 10: פקד bedeutet im qal ursprünglich: „sich kümmern um . . . ", dann „besuchen, aufsuchen, nach jemandem sehen", auch „strafend heimsuchen"; im hi. „zur Aufsicht über jemanden bestellen", wobei die qal-Bedeutungen (kausativ) mitschwingen. Die Infinitive „zu vertilgen und niederzureißen" dürften (so Volz und Rudolph) aus Stellen wie 18,7; 24,6; 31,28 hierhergeraten und darum zu tilgen sein; dann ergibt sich bei den verbleibenden Imperativen der eindrucksvolle Gleichklang. Sachlich ist natürlich gegen das Wegzulassende nichts einzuwenden, so daß der Prediger darauf zurückgreifen kann.

Ein thematischer Zusammenhang mit den Leittexten (Reihen I und II) dürfte schwerlich zu erkennen sein. Das war anders, als – nach OP – die Perikope noch dem Sonntag gehörte, der „Apostel und Propheten" überschrieben ist (1. S. n. Trin.). „Laß sie dieselben hören!", mahnt der Herr (Luk. 16,29). „Wer euch hört, der hört Mich", sagt er im Wochenspruch (Luk. 10,16 – vgl. in uns. Text V. 9). Es geht bei Aposteln wie bei Propheten um Menschen, die gesandt und bevollmächtigt sind, anderen das Wort Gottes auszurichten. Dabei kommt den Aposteln und Propheten „gründende" Funktion zu (Eph. 2,20). Der Prophet ist Träger des Offenbarungswortes – so, wie es im Alten Testament ergeht: vielfältig und auf vielerlei Weise (Hebr. 1,1), doch so, daß danach der große „Sprung" im Geschehen der Offenbarung kommt (Matth. 11,11.13). Der Apostel ist Urzeuge des Offenbarungsgeschehens, das sich mit und in Christus ereignet hat. Der Prediger heute ist nicht so „unmittelbar zu Gott", wie es der Prophet ist, der Gott zu sich reden hört, oder der Apostel, der den menschgewordenen Gott sichtbar vor sich gehabt hat. Das Gotteszeugnis des heutigen Predigers ist, fragt man nach seinem irdischen Weg, *abgeleitet* und vor dem biblischen Urzeugnis immer wieder zu verantworten. Aber Rede Gottes ist es auch, sofern das Jesuswort Luk. 10,16 darauf anzuwenden ist. Gott will, indem gepredigt wird, tatsächlich unter uns „zu Wort kommen", mit uns reden, mit uns Verbindung aufnehmen und halten.

Die Berufungserzählung – im Selbstbericht – dient der Legitimation des Propheten vor denen, zu denen er spricht. Dies die Funktion der Gattung. Der Selbstbericht entspringt also nicht dem Interesse des Propheten an sich selbst und seinem Innenleben. Jeremia spricht „dienstlich". Der Auftrag ist so weiträumig, wie dies in der Geschichte Gottes nur an Höhepunkten vorkommt – man vergleiche etwa Jes. 42,6; Röm. 1,5; 15,16. In gewisser Weise ist jeder Prophet einmalig; er spricht mit speziellem Auftrag in eine ganz bestimmte Situation hinein – so daß man mit Verallgemeinerungen und Übertragungen auf andere Situationen vorsichtig sein muß; auch hat der Prophet nicht ein Amt, das bei seinem Ausscheiden auf einen Nachfolger übergeht (2. Kön. 2 anders; Elia und Elisa sind Propheten anderen Typs). Die heutige Gemeinde könnte aus den genannten Gründen das Wort des Jeremia nicht als an sich selbst gerichtet verstehen, den Propheten also nur im historischen Abstand betrachten. Gerade Jeremia wäre, so gesehen, schon eine bewegende Gestalt – nicht verwunderlich, daß Dichter wie Franz Werfel und Jan Dobraczynski sein Leben und Werk romanhaft gestalteten. Auch in der historischen Distanz blicken wir freilich auf ein Stück unserer eigenen Glaubensgeschichte (das Neue Testament spielt auf seine Worte annähernd so häufig an wie auf die des ersten Jesaja). Wir werden sehen, wie Paulus Eigenes in Jeremia wiedererkennt. Ja, man wird sagen dürfen, daß in einer Berufungserzählung wie dieser gewisse Elemente sichtbar werden, die im Auftrag und Wirken eines *jeden* Predigers von Bedeutung sind. Wir werden also nicht unüberlegt Jeremianisches auf das heutige Predigtamt übertragen dürfen, aber wir werden, sofern neutestamentliche „Deckung" da ist, gewisse Züge des Textes im Predigtamt der Kirche wiedererkennen dürfen. Wie – nach der hier vorliegenden Gattung – der damaligen Zuhörerschaft das Woher, Wieso und Was des prophetischen Auftrags deutlich gemacht worden ist, damit sie wisse, was ihr in Jeremias Prophetie widerfährt: so tut es auch der heutigen

Gemeinde gut, daß sie Rechenschaft empfängt über den Dienst des Boten, der für einen vergleichbaren – wir sahen freilich: „abgeleiteten" – Dienst in ihrer Mitte ordiniert ist. Wir können dann wohl so ansetzen: *Der das Wort Gottes ausrichtet:* (1) *Gottes Bote,* (2) *Gottes Mund,* (3) *Gottes Schützling.*

I.

Wie wurde Jeremia zum Propheten? Sicher hat auch er seine bestimmte religiöse Lebensgeschichte gehabt und eine Entwicklung durchlaufen, die uns die in unseren Versen dargestellte Wendung begreiflich werden lassen könnten. Der Vater: Priester (V. 1) – wir wissen nicht, ob ein auf dem Lande wohnender, jedoch in Jerusalem diensttuender Priester oder einer von den Höhenpriestern, deren Funktion mit Josias Reform erlöschen sollte. Das Gespräch mit Gott zeigt, „daß er nicht zum erstenmal seinem Gott begegnet ist" (Rudolph) – man achte auf die Anrede יְהֹוָה. Ein aufmerksam beobachtender Mensch konnte wohl bemerken, wie mit Assurs Abstieg und Zerfall die Weltgeschichte in Bewegung kommen wollte; um so schlimmer, wenn in solcher Zeit die in Israel Maßgebenden schändlich versagten und sich einem derzeit völlig unbegründeten Optimismus hingaben – unbegründet, weil das Verhältnis zwischen dem Volk und seinem Gott gestört war: „Sie kehrten mir den Rücken zu und nicht das Angesicht" (7,24). Man hätte vielleicht erwarten können, daß eine zeitkritische Einstellung den Propheten zum Reden bringt, überhaupt: daß „die Kirche" ihr Wort sagt aufgrund dessen, was die in ihr befindlichen Menschen aufgrund ihrer Wahrnehmung und Einsicht zu sagen für nötig halten.

Aber es liegt Jeremia völlig fern, seinen prophetischen Auftrag so zu begründen. Er leitet ihn nicht aus dem menschlich Vorgegebenen ab, sondern allein aus Gottes souveränem Entschluß, ihn, den jungen Menschen (נַעַר, V. 6) loszuschicken. Daß Jeremia Prophet sein muß, gründet allein in Gottes Willen, der über ihn verfügt hat, längst ehe das Kapitel „Jeremia aus Anatot" zu schreiben begonnen wurde. „Ich habe dich gekannt, ehe ich dich im Mutterleibe bildete." Vorauswissen? Vorauswirken? Bei Gott ist das nicht zweierlei. Jeremias Amt und Auftrag transzendiert sein Humanum. Das בְּטֶרֶם („bevor", V. 5) will auf dieses „Jenseits" hinweisen. Wie über Simson verfügt war, ehe es ihn gab (Richt. 13,5), wie der zweite Jesaja sich „von Mutterleibe an" für seine heilsgeschichtliche Aufgabe bestimmt wußte (Jes. 49,5), wie Paulus sein Apostelamt nicht auf bestimmte Momente seiner eigenen inneren Entwicklung, sondern ausschließlich auf den Willen Gottes zurückführte, der seine Pläne mit ihm hatte, noch ehe er, Paulus, seinen ersten Gedanken hatte denken können (Gal. 1,15): so ist es auch mit Jeremia. Gott „kannte" ihn, war ihm also persönlich zugewandt, noch ehe sein Leben auch nur den kleinsten, in der Tiefe des Mutterschoßes verborgenen, zunächst auch noch von keinem Menschen gewußten Anfang genommen hatte.

Gott hat Jeremia „geheiligt" (Luther: „ausgesondert", vgl. Röm. 1,1). Wir sahen: man darf dabei nicht daran denken, daß Jeremia im moralischen oder religiösen Sinne „vollkommen" geworden sei oder sich in seinen persönlichen Qualitäten verändert habe. Mag das geschehen sein – es steht hier jedenfalls nicht zur Rede. Geheiligt heißt: von Gott beansprucht, in den Bereich Gottes gezogen, von Gott dienstverpflichtet. Daß alle Menschen, von der Schöpfung her, sowieso in Gottes Hand sind, weiß auch Jeremia; Gott ist nicht nur insoweit der Schöpfer der Welt, wie er als solcher anerkannt und geehrt ist. Daß er aber, um sein Heil zu verwirklichen, mitten in der Welt des Abfalls und der Sünde Menschen – auch Dinge – zu Instrumenten seines besonderen Tuns macht, sie also aus ihrem bisherigen Leben herauslöst, um sie für sein Vorhaben zu gebrauchen, dies steht wieder auf einem andern Blatt. (Die modische „Entdeckung", daß seit Christus der Unterschied zwischen „heilig" und „profan" abgetan ist, ist schlechtweg falsch. Sie hängt, wenn ich recht sehe, mit einer falschen Christologie zusammen: Inkarnation wird nur noch als Anpassung oder Angleichung verstanden, nicht mehr als Eingang des Göttlichen ins Menschliche, d. h. aber: als personhafte Einheit von Gott und Mensch in *diesem* Jesus Christus.) Der junge Mensch aus Anatot ist für den besondern Auftrag von Gott in Anspruch genommen. Er soll *Gottes Bote* sein.

Es ist wichtig, daß Jeremia genau erfährt, wie es mit diesem Auftrag steht. Er könnte ihm ja ausweichen, indem er ihn als etwas bloß Menschliches deutet. Jeremia gehört nicht zu den Menschen, die sich nach vorn drängen. Man sieht es an den „Konfessionen" (11,18–23; 12,1–6; 15,10–12; 15,15–21; 17,14–18; 18,18–23; 20,7–18): nur zu gern hätte Jeremia sein Prophetenamt an den Nagel gehängt – nein: es Gott vor die Füße geworfen. Gern hätte er wieder untertauchen mögen in der Anonymität des Alltags. Er hat seinen Auftrag als Last empfunden. Aber ihn band seine „Ordination". – Er hätte den Auftrag ja am liebsten gar nicht erst angenommen. „Ich tauge nicht zu predigen, ich bin zu jung." Ist es ein Vorwand? Hat er in Wirklichkeit bloß Angst vor dem, was es da auszustehen gilt? V. 8 könnte nachträglich darauf verweisen; diese Sorge nimmt Gott ihm ab. Aber es könnte ja dieser Hinweis auf seine Jugend und Unerfahrenheit ernst gemeint sein. Dann würde sich darin ein Mißverständnis zeigen: als hätte Jeremia seine Predigt aus seinem eigenen Wissen und seiner Erfahrung, aus der Reife seines Menschseins und aus der Bewährung im Laufe einer längeren Lebenszeit zu bestreiten. Aber es ist ja nicht so, daß beim Predigen nach außen drängt, was in seinem eigenen Inneren gespeichert ist, lebt oder auch rumort und gärt. Jeremia ist Bote. Das heißt einmal: Er steht unter Gottes *Befehl*; nichts anderes treibt ihn zum Reden. Seinen Einwand V. 6 weist Gott ziemlich hart zurück. „Du sollst gehen, wohin ich dich sende, und predigen alles, was ich dir gebiete." Nicht: deine Einsicht und Erfahrung wird zunehmen; dein Einwand wird mit jedem Tag, den du durchlebst, an Stichhaltigkeit verlieren. Sondern nur: Befehl ist Befehl. Du bist ja nur Bote! Du sollst dein Prophetenamt gar nicht aus dem Eigenen bestreiten! Du sollst das Wort ausrichten – das ist alles. Dazu braucht man kein „großer Mann" zu sein. – Darin liegt nun aber sofort das andere: Deine *Tauglichkeit* für diese Funktion ist nicht in dir begründet. Jeder Prediger kennt die Anfechtung, daß er – ob er schon dem Befehl folgen will – die inneren Voraussetzungen dafür nicht hat. Das kann verschieden aussehen. Zu jung (V. 6, vgl. 1. Tim. 4,12), zu schüchtern, rhetorisch unbeholfen, langsam im Denken, unschöpferisch, innerlich ausgedörrt, müde und resigniert, der Sache nicht gewiß, mit Gott nicht im reinen (die Klimax wird dem Leser nicht entgehen). Gott darauf: „Du sollst gehen, wohin ich dich sende." Die Härte dieses Befehls könnte auf den Prediger befreiend wirken. Der Auftrag gilt – mach dir keine Skrupel über dein Unvermögen oder auch über den derzeitigen miserablen Stand deines geistlichen Lebens. (Die antidonatistische Entscheidung von CA VIII/2 ist uns „geistlich Armen" eine große Hilfe und ein kräftiger Trost!) Nur Bote – mehr wird ja von dir gar nicht verlangt. Gott braucht in seiner Kirche keine bedeutenden Menschen, geistlichen Heroen, Superchristen, Stars. Er braucht *Boten*, die gehen, weil sie sollen, und die reden, was ihnen aufgetragen ist. Für uns Pfarrer liegt darin, daß Gott uns nicht erlaubt, uns zu weigern oder wegzulaufen, und daß wir uns hüten sollen, der Gemeinde vermeintlich Besseres zu bieten als die auszurichtende Botschaft. Beides werden wir als befreiend empfinden. Für die Gemeinde ergibt sich daraus, was sie von ihrem „Diener des Worts" zu erwarten hat. Paulus, Kephas und Apollos sind nur Mitarbeiter Gottes; Gott selbst „ackert" und „baut", und sie gehen ihm dabei lediglich zur Hand (1. Kor. 3,9).

2.

Der das Wort Gottes ausrichtet, ist Gottes Mund (vgl. 15,19). „Siehe, ich lege meine Worte in deinen Mund" (V. 9). Man muß sich diesen Vorgang sehr massiv vorstellen. „Jahwe streckte seine Hand aus und ließ sie meinen Mund berühren" (V. 9). Wir werden einen solchen Vorgang nie als substantiell nötig ansehen; Gott kann auch andere Mittel einsetzen, um seinem Boten die hier gemeinte Sache anschaulich zu machen oder aber das Gewollte an ihm zu vollziehen (man denke etwa an das Verschlingen einer Buchrolle, Hes. 2,8 bis 3,3; Offb. 10,8–10); Gott kann auch auf beschreibbare äußere Mittel verzichten. Man muß nur wissen, daß die Bibel grundsätzlich leibhaft denkt: die Ordination geschieht durch Handauflegung (1. Tim. 4,14). Hier nun: Gott gibt sein Wort so in den Propheten hinein, daß dieser zum Organ seines Redens wird. Nicht daß Gott seine Worte ein für allemal „eingäbe"; Jeremia wird seinen Gott auch künftig zu ihm und durch ihn zum Volk reden hören (1,13; 2,1; 3,6 u. ö.).

Gottes Wort im Munde eines Menschen. Welches Wagnis auf Gottes Seite, welche Verantwortung auf der unseren! Man kann, was hier gesagt ist, zur Begründung eines übersteigerten Sendungsbewußtseins mißbrauchen, auch daraus ein unsachgemäßes Verständnis dessen ableiten, was „Wort Gottes" ist. Der Text will weder Überheblichkeit noch Sicherheit begründen. Jeremia bleibt ein fehlsamer Mensch, angefochten, wie nur je einer angefochten sein kann. Gott spricht auch nicht selbst wie auf Band. Was er sagt, geht in menschliche Rede ein; wie sein Geist Zeugnis gibt *unserm* Geist (Röm. 8,16), also das Menschsein des geisterfüllten Menschen nicht auslöscht, sondern benutzt, so löscht Gottes Reden auch das menschliche Denken und die menschliche Sprache eines Jeremia nicht aus, sondern benutzt sie. Was aber bedeutet dies?

Zunächst: In aller Verkündigung der Kirche geht es nicht darum, daß Menschen ihre eigene Religiosität, ihr Denken und Meinen von Gott, den Reichtum ihres Gotterlebens und ihrer Gotteserfahrung anderen darstellen, so daß diese miterleben können, was im Prediger lebt, und, wenn möglich, ihr eigenes religiöses Leben daran entzünden können. Wer in dem, was V. 9b steht, ein übersteigertes Selbstbewußtsein des Predigers begründet sieht (vgl. hierzu noch einmal Luk. 10,16), sollte sich klarmachen, daß das hier Gemeinte, recht verstanden, zu großer Bescheidenheit nötigt. Der Prediger als fromme Persönlichkeit hat sich selbst und der Gemeinde uninteressant zu sein, und an der Art, wie einer predigt, wird sich dies auch zeigen müssen. Jeremia sagt wohl, was in ihm vorgeht; aber das geschieht nicht in seiner öffentlichen Verkündigung, sondern in den (vorhin erwähnten) „Konfessionen", in denen er sich – ähnlich wie im Klagelied – an Gott selbst wendet. So bescheiden hat der Prediger zu sein, daß er nur Sprachrohr Gottes sein will. Freilich: *was* er dann sagt, sagt er in höchster Autorität, nämlich in der Autorität, die dem Worte Gottes eignet. Man kann darum nur *verbindlich* predigen. Auf der menschlichen Ebene gibt es Fragen, die man erörtern und ggf. auch offen lassen kann. Der das Wort Gottes ausrichtet, hat zu sagen, was *gilt* – weil Gottes eigene Rede nicht Ja und Nein, sondern – in Christus – Ja ist (2. Kor. 1,19). Die Predigt diskutiert nicht, problematisiert nicht, stellt nicht über Gott Vermutungen an, sondern sagt, was Gott ihr auszurichten aufgetragen hat. Wir spitzen dies absichtlich so zu. Natürlich soll damit nicht bestritten sein, daß die Predigt Partien des Heranführens, des Verständlich- und Bereitmachens, der Vorbereitung (usw.) braucht, und es war keine gute Folgerung aus der Wiederentdeckung des „Wortes", wenn man der Predigt abverlangte, sie soll, was zu sagen ist, „einfach hinstellen". Aber dies sollte doch deutlich sein: das Wort göttlicher Predigt ist nicht als Menschenwort aufzunehmen, sondern, „wie es das in Wahrheit ist", als Gottes Wort (1. Thess. 2,13). „So sind wir nun Botschafter an Christi Statt, denn Gott vermahnt durch uns" (2. Kor. 5,20). Der das Wort Gottes ausrichtet, ist Gottes Mund. Wir würden der Sache – und damit auch der Gemeinde – nicht dienen, wenn wir – in ungeistlicher Bescheidenheit – unter dem blieben. Man kann das „Absolvo te" – die konzentrierteste Art der Ausrichtung des Wortes – nicht im Sinne eines unverbindlichen Diskussionsbeitrags aussprechen; es ist nicht nur auf Erden, sondern auch im Himmel gültig (Matth. 16,19; 18,18). Das bindende und lösende Gotteswort sagt, auch über die Absolution hinaus, was gilt, womit man leben, worauf man hoffen und sich verlassen, worauf man auch getrost sterben kann. Wer „vielleicht" sagt, predigt nicht.

Gottes Worte im Munde von Menschen: damit ist noch mehr gesagt, als wir bisher nachgesprochen haben. Man könnte meinen, der „Bote" hätte mitzuteilen, was sich ereignet hat bzw. – dies könnte besonders für den Propheten gelten – was sich noch ereignen wird. Tatsächlich ist Verkündigung weithin Bericht und Ankündigung, im Alten Testament wie im Neuen. Es haben sich Dinge ereignet, die „Gegenstand" der Erzählung sind: Auszug und Bundesschluß, Gotteserfahrungen in der Wüste, nach der Landnahme (usw.); im Neuen Testament Szenen mit Jesus, besonders aber das Geschehen seiner Passion und seiner Auferstehung. Das „Wort" ist in all diesen Fällen auch (!) Nachrichtenmittel, es gibt „objektiv" Geschehenes wieder. Dies wird grundsätzlich nicht anders, wenn es statt im Präteritum im Futur spricht: Christus wird kommen, die Toten werden auferstehen, das Reich Gottes wird vollendet. – Das Wort, das Jeremia anvertraut wird, hat jedoch, nach unserm Text jedenfalls, andere Art. „Siehe, ich gebe dir heute Vollmacht (הִפְקַדְתִּיךָ) über die Völker und über die Königreiche, auszureißen und einzureißen, aufzubauen und einzupflanzen" (zu den beiden mittleren Infinitiven s. o.). Das Wort sagt hier nicht, was *Gott* tun wird; das in den Mund des Propheten „gegebene" Wort *tut selbst*, was es sagt. Das Wort hat nicht Mitteilungs-, sondern Vollzugscharakter. Das Wort *redet* nicht von – vergangener oder künftiger – Geschichte, es *macht* Geschichte. „Ich will meine Worte in deinem Munde zu Feuer machen und dies Volk zu Brennholz, daß es verzehrt werde" (5,14). „Ist mein Wort nicht wie ein Feuer, spricht der Herr, und wie ein Hammer, der Felsen zerschmeißt?" (23,29). Und nun stelle man sich vor: Jeremia ist zum Propheten für die *Völker* bestellt (VV. 5.10). Das in seinen Mund gegebene Gotteswort macht Weltgeschichte. Es löst die Dinge aus, die es ankündigt, es bringt die Geschichte in Gang: seines Volkes schweres Schicksal. Aber Jeremia sieht auch den Neuanfang (vgl. uns. Ausl. zu Exaudi).

Verkündigung ist also nicht bloß Rede *von* einem Geschehen, sie ist *selbst* Geschehen. Gott nimmt in seinem Wort zu den Angeredeten Verbindung auf, stellt darin Gemeinschaft mit ihnen her, ruft sie vor sein Angesicht, redet ihnen ins Gewissen, spricht ihnen das Urteil, aber noch viel mehr: er bietet ihnen seine Vergebung an, schließt ihnen sein Herz auf, schenkt ihnen seine Liebe. „Gedanken des Friedens" hat er, „nicht des Leides" (29,11). Jeremia soll wirklich nicht nur „ausreißen" (wie man einen Baum aus dem Boden reißt) und „einreißen" (wie beim Abbruch eines Hauses), sondern auch „bauen" und „pflanzen" (wir beachten den Gleichklang der hebräischen Worte und die chiastische Anordnung der Verben). Reden wir nicht nur *über* Gott, sondern sagen wir Gottes eigenes – uns in den Mund gelegtes – Wort, dann wird in jeder unserer Predigten etwas *geschehen*, und die Gemeinde wird anders weggehen, als sie gekommen ist.

3.

Der das Wort Gottes ausrichtet, ist auch Gottes Schützling. Jeremia scheint im ersten Augenblick bereits zu ahnen, was da auf ihn zukommt. Er hat mit Spott zu rechnen (6,10). Seine Verwandten werden ihm nach dem Leben trachten (11,18f.). Es kommt zum Konflikt mit den staatlichen Machtträgern (7,1ff.; 26), die Tempelpolizei steckt ihn in den Block (19,14f.; 20,1ff.), man wirft ihn in eine Zisterne, damit er dort umkomme (38), zuletzt wird er noch nach Ägypten verschleppt, wo sich seine Spur für uns verliert (43). Er gilt als Defätist, als Verräter, als Überläufer. (Ein wenig muß man der Gemeinde schon erzählen; sie wird das nicht alles gegenwärtig haben.)

Gottes Zuspruch (V. 8): „Fürchte dich nicht, wenn du ihnen gegenüberstehst" (wir haben das – schon formelhaft abgeblaßte – מִפְּנֵיהֶם einmal ganz wörtlich genommen), „denn ich bin mit dir, um dich herauszureißen." Es wird also Kampf geben. Wer die „sie" sind, wird nicht gesagt; es wird sich zeigen: so gut wie alle werden gegen Jeremia stehen, er wird so einsam sein wie wenige. In V. 17 wird es heißen: „Erschrick nicht vor ihnen". Jeremia muß das auf sich nehmen. Auch darin ist Gott hart zu ihm: er wird gar nicht die Wahl haben, ob er dieses Erschrecken vor Menschen auf sich nehmen soll oder nicht, denn wenn er sich dem Kampf entziehen will, wird er vor *Gott* erschrecken müssen (V. 17). Es gibt für Jeremia nur „die Flucht nach vorn".

Aber wir sehen: Gott redet nicht nur hart mit ihm. Nüchtern wohl – „sie werden gegen dich kämpfen" (V. 19), das gehört zur Existenz der Apostel und Propheten. Aber sehr tröstlich. „Ich bin mit dir." Ist Jeremia wie eine Festung (V. 18), dann nicht in dem Sinne, daß er unbehelligt und ungefährdet hinter meterdicken Mauern säße. Seine Uneinnehmbarkeit besteht in der Kraft, in allen Leiden durchzuhalten und, selbst angefochten, oft verzweifelt, seinem Auftrag treu zu bleiben. „Ist Gott für uns, wer kann wider uns sein? ... Wer will uns scheiden von der Liebe Gottes? Trübsal – oder Angst – oder Verfolgung – oder Hunger – oder Blöße – oder Gefahr oder Schwert?" (Röm. 8,31.35). Jeremias eigentliches Geschick ist gar nicht der äußere Ablauf seines Lebens, so sehr ihn auch dieser erschüttern und bedrängen konnte. Die eigentliche und letzte Frage – nun nicht nur für Jeremia – ist immer die, wie es zwischen Gott und ihm bzw. uns steht. „Christo praesente omnia superanda" (Luther). Wir werden es nicht zu vollmundig, hochgemut und trotzig sagen. Jeremia hat Stunden gekannt, in denen es völlig Nacht um ihn war (20,14–18), und nicht nur der Prophet, sondern auch der Apostel kann in Situationen kommen, in denen er „am Leben verzagt" (2. Kor. 1,8). Aber Gott sagt: „herausreißen" (V. 8).

10. Sonntag nach Trinitatis. Röm. 9,1–5.31–33; 10,1–4

Daß Israel den aus seiner Mitte stammenden Christus nicht angenommen hat, ist das notvolle Problem, mit dem die Kapp. 9–11 sich beschäftigen, wobei unsere „Ekkope" die grundlegenden Aussagen zur Diagnose bietet. Daß die Ausführungen zum Problem der Erwählung (9,6–29) ausgespart sind, leuchtet ohne weiteres ein. Da die Perikope sich am 10.S.n.Trin. auf Israel konzentriert, ist die Weglassung auch von 9,30 hinnehmbar.

Kap. 9: Neueinsatz. Nach dem Kapitel über Gesetz und Geist ist die Problematik Israels „an dieser Stelle *fällig*" (Ksm.z.St.). Stärkstes Engagement des Apostels. Fast ein Schwur: Paulus spricht in der Präsenz Christi und aus dem geistgeleiteten Gewissen, sein Verhalten unterliegt göttlicher Überprüfung (Ksm.). Große, ununterbrochene Traurigkeit, Schmerz im Herzen. Erst V. 3 sagt, was den Apostel so bewegt. Das Imperfekt ηὐχόμην hat irrealen Sinn: der Wunsch ist ernst gemeint, aber nicht realisierbar. Paulus würde seinen in der Taufe empfangenen Heilsstand, das Sein in Christus, dranzugeben bereit sein, könnte er damit seine „Brüder" retten (die Apposition zeigt, daß es sich hier um eine andere Art Bruderschaft handelt als in der christlichen Gemeinde). Das ἀνάϑεμα, der geradezu sakramental vollzogene (1. Kor. 16,22) Ausschluß aus der Gemeinschaft des Altars, hebt auf, was das Sakrament *positiv* bewirkt hat. – V. 4: Die Juden sind ja „Israeliten" (heilsgeschichtlicher Ehrenname). Die Vorzüge, die Israel in seiner Erwählung für sich hat und die Paulus in 3,1f. aufzuzählen im Sinne hatte (er gelangte dort nur bis „erstens"), werden in überlegter Steigerung aufgeführt. „Sohnschaft", sonst nur von Christen (8.15.23; Gal. 4,5; Eph. 1,5), hier von Israel gesagt (Exod. 4,22; Deut. 14,1; Hos. 11,1). δόξα nach 2. Kor. 3,7ff. „die Epiphanie der Schechina im geschichtlichen und kultischen Bereich". „Bundesschlüsse" im Plural (Noahbund, Abrahambund, Sinaibund, Davidsbund). „Gesetzgebungen" – gemeint ist der gesetzgeberische Akt. Der von Gott geordnete und angenommene „Gottesdienst" (Kult) gehört mit zu den Vorzügen Israels wie erst recht die (messianischen) „Verheißungen" (Zusagen, Versprechungen) Gottes. – V. 5: πατέρες meint (anders als 1. Kor. 10,1) die Erzväter (15,8). Der äußeren, irdischen Abstammung nach (κατὰ σάρκα) stammt auch der Messias aus Israel (vgl. 1,3, aber auch Matth. 22,41–45). Die V. 5 abschließende Doxologie ist heiß umstritten (zur Geschichte der Auslegung s. O. Michel z. St.). Setzt man hinter κατὰ σάρκα einen Punkt, bezieht sich die Doxologie, das Ganze abschließend, auf Gott, der Israel all diese Vorzüge gegeben hat. Setzt man ein Komma, dann bezieht sich die Aussage „Gott" auf Christus, und ihm gilt die Eulogie. Ksm. sagt dezidiert: „Die herrschende christologische Deutung ist zu verwerfen." Andere urteilen anders. Vergleichbare Eulogien sind, wie diese, so gestaltet, daß sie nicht neu ansetzen, sondern auf das Vorhergehende zurückgreifen (1,25; 11,36; 2. Kor. 11,31; Gal. 1,5). Zur Gottesprädikation Jesu Christi vgl. Phil. 2,6; 1. Kor. 8,6 und die vielen Stellen, in denen die κύριος (= Jahwe-) – Aussage der LXX auf Christus bezogen wird. Man beachte auch, daß hier nicht ὁ ϑεός steht, sondern ϑεός.

V. 31: Hier hat „der Begriff νόμος den der δικαιοσύνη störend in seinen Schatten (ge)rückt" (Ksm.); damit soll jüdische Frömmigkeit gekennzeichnet werden; δικαιοσύνης gibt an, was mit dem „Hinterhersein" hinter dem Gesetz erlangt werden sollte, wobei man nur leider zu dem Erstrebten nicht „durchgedrungen", also nicht „hingelangt" ist (οὐκ ἔφϑασεν). – V. 32: „Gottesgerechtigkeit gibt es nur als Glaubensgerechtigkeit" (Ksm.). Das ὡς deutet auf die subjektive, aber eben trügerische Erwartung, man gelange durch Werke zur Gerechtigkeit. So sind sie am Stein des Anstoßes zu Fall gekommen, d.h. „in eschatologisches Verderben geraten" (Ksm.). – V. 33: Jes. 28,16 (mit dem „zuschanden werden" der LXX; MT: „flieht nicht"), kombiniert mit Jes. 8,14 nach unbekannter Übersetzung. Messianische Deutung der Stelle wahrscheinlich vorchristlich.

Kap. 10: εὐδοκία hier: „Zuneigung". Das alleinstehende μέν unterstreicht. Paulus rechnet damit, daß Israel noch „gerettet" werden kann. War 9,27 ff. an einen „Rest" gedacht, scheint hier an Israel im ganzen gedacht zu sein. – V. 2: Paulus ist selbst ein „Eiferer" gewesen (Gal. 1,14; Phil. 3,6). Eifer um Gott ist einer der kennzeichnenden Vorzüge jüdischer Frömmigkeit. Nur: es fehlt die ἐπίγνωσις, „das einsichtige Ergreifen der Wirklichkeit" (Ksm.). – V. 3: ἀγνοεῖν ist, entsprechend, „die schicksalhaft verfehlte Gotteserkenntnis" (Ksm.). Gottesgerechtigkeit steht der eigenen, selbsterstrebten, gegenüber (Phil. 3,9). Sie „wurden" der Gottesgerechtigkeit „nicht unterstellt", d. h. sie erfuhren sie nicht als verwandelnde Macht. – V. 4: Gerade indem Christus des Gesetzes Ende ist (nicht „Ziel"), kommt es zur Gerechtigkeit (zur Sache s. u.).

An diesem Sonntag ist es, Jahr für Jahr, der christlichen Gemeinde besonders dringlich aufgegeben, über ihr Verhältnis zum Volke Israel nachzudenken. Wir meinen Israel als das Gottesvolk des Alten Bundes. Selbstverständlich schließt dies auch die Fragen nach seinen äußeren Lebensbedingungen ein. Es ist indes nicht unsere Aufgabe, von unsere Kanzeln aus in die verwickelten politischen Nahostfragen einzugreifen. Sowenig es zu verkennen ist, daß für den Staat Israel selbst die biblische Landverheißung eine große Rolle spielt, sowenig können wir uns vom Neuen Testament her hinter die Art und Weise stellen, wie sie sich in Politik umsetzt. Jesus hat die Sanftmütigen selig gepriesen – sie werden „das Land erben" (Matth. 5,5), und nach dem ganzen Duktus der Seligpreisungen ist dies eine eschatologische Verheißung (Schniewind), wie denn der Begriff des „Erbes", auch der des „Zur-Ruhe-Kommens" im Neuen Testament sich auf die Zukunft bezieht, die von unserer irdischen Geschichte nicht umschlossen ist (1. Petr 1,4; Hebr. 4,3–10). Hier hat sich für christliches Denken eine Transformation vollzogen, wie sie in genauer Parallelität beim Messiasbegriff vorliegt. Wir sagen dies gleich zu Anfang, um falsche Weichenstellungen zu verhindern.

Daß Israel als Volk uns auf Herz und Gewissen gelegt ist, ist nach den Martyrien der sechs Millionen Juden so zwingend und unausweichlich, daß es einer besonderen Begründung nicht bedarf. Es bedeutet auch weder Trost noch Beruhigung, daß es, um mit Peter Bamm zu reden, „die Anderen" waren, die die schrecklichen Greuel inszeniert haben. Ohne die Gedankenlosigkeit der vielen und die Feigheit derer, die es besser hätten wissen können, hätten die – zugleich treibenden und getriebenen – Kräfte des Bösen ihr Werk nicht tun können. Und wir müssen bekennen, daß die Christenheit durch viele Jahrhunderte dieses Volk bedrückt und gejagt, gequält und gemordet hat, angeblich in Vollstrekkung des Fluches, mit dem die unmittelbar Schuldigen sich selbst verflucht haben (Matth. 27,25). Christen hätten wissen müssen, daß ihr Herr an der Sünde *der Welt* zugrunde gegangen ist, auch an *unserer* Sünde.

Aber selbst wenn das alles nicht so gewesen wäre: das Volk des Alten Bundes geht uns an, schon um unseres Glaubens willen. Mit jedem Zitat aus dem Alten Testament ist die Israel-Frage akut. Zu den verlorenen Schafen aus dem Hause Israel wußte Jesus sich – zumindest vorrangig – gesandt. Im Tempel hat er gelehrt. Er ist nicht gekommen, aufzulösen, sondern zu erfüllen. Die Geschichte der christlichen Gemeinde beginnt in der Synagoge. Es ist eine harte Sache, daß es zum Bruch gekommen ist. Es soll hier nicht historisch untersucht werden, wie. Paulus hat sich jedenfalls, wenn er das Christusevangelium predigte, auf das Alte Testament berufen; er tut es auch in unserm Text, nicht nur in dem Zitat. Wie es weitergeht mit der Glaubensgeschichte Israels, dies hat ihn besonders in den drei gewaltigen Kapiteln Röm. 9–11 beschäftigt. Wir versuchen, soweit die uns zugeteilten Verse es wollen, seine Gedanken nachzudenken und als Botschaft an uns zu hören: *Gott hat sein Bundesvolk nicht aufgegeben. Darum:* (1) *Trauer um Israel,* (2) *Gemeinschaft mit Israel,* (3) *Hoffnung für Israel.*

I.

Paulus bekennt sich mit großer Liebe zu dem Volk, aus dem er stammt. Er ist Jude, das hat er nie geleugnet (11,1; 2. Kor. 11,22; Phil. 3,5). „Wer auch immer Israelit ist" (wir müssen den Plural singularisch wiedergeben): er ist des Paulus „Bruder" – wenn auch nicht im christlichen Sinne, sondern als „Stammesgenosse der irdischen Herkunft nach" (V. 3). Es versteht sich keineswegs von selbst, daß Paulus sich so zu seinem Volke stellt. Als ein Abtrünniger hat er von ihm nichts Gutes zu erwarten gehabt. Im Katalog seiner Leiden heißt es, er sei „unter den Juden in Gefahr" gewesen (2. Kor. 11,26) – man denke etwa an die Vorkommnisse in Thessalonich (Apg. 16,5ff.), die ihre Parallele in dem haben, was die Christengemeinden Judäas von den Juden haben erdulden müssen (1. Thess. 2,14–16; Apg. passim). Stellen wie Matth. 10,17; Joh. 16,2 ergänzen das Bild. Paulus selbst hat fünfmal die jüdische Prügelstrafe über sich ergehen lassen müssen (2. Kor. 11,24). (Die „Juden" bei Johannes sind, sieht man genau hin, Exponenten der „Welt" überhaupt; dennoch ist es kein Zufall, daß sie gewissermaßen für die „Welt" als Modell erscheinen.) Hier ist also nichts zu beschönigen. Aber Paulus – *liebt* sie. Sie sind nach wie vor seine „Brüder". Er weiß sich mit ihnen solidarisch, obwohl er im Glauben ganz woanders steht.

„Liebe" war ein zu blasses Wort. Fast könnte man meinen, Paulus übertreibt, wenn er von „großer Traurigkeit" spricht und von „unausgesetztem Schmerz im Herzen". Aber er spricht Wahrheit „in Christus". Was er zu sagen hat, sagt er so von dem „Standort" her, auf dem er sich im Glauben befindet, mehr noch: er kann, wenn er sich in die Christuswirklichkeit eingetaucht (1. Kor. 12,13) und von ihr umschlossen weiß, keine leeren Sprüche machen. Mit seinem Gewissen steht er für das Gesagte gerade, und dieses Gewissen ist geleitet und erfüllt vom Heiligen Geiste. Daß es Paulus so schmerzlich ist, wenn er an Israel denkt, bekennt er vor höchsten Zeugen.

Aber was drückt ihn da so sehr? Daß da menschliche Brücken abgebrochen sind? Daß Feindseligkeit herrscht, wo es doch immer besser wäre, man vertrüge sich? „Meines Herzens Wunsch ist, und ich flehe auch zu Gott für Israel, daß sie *gerettet* werden" (10,1). Paulus ist nicht Missionar, weil er es gern sieht, wenn andere sich seiner Meinung über Gott anschließen und sich damit erweist, daß er „recht hat". Wir predigen – hoffentlich – auch heute das Evangelium nicht, weil es schön ist, Gesinnungsgenossen zu haben, und weil man gern andere für das interessieren möchte, was einem selbst wichtig ist. Es geht um „Rettung"! Spricht Paulus 1. Kor. 9,19ff. wiederholt von „gewinnen", so ersetzt er dieses Verb in V. 22 durch „erretten". Ist der Eifer, ist der unablässige Schmerz des Apostels etwa nur der schön frisierte Ausdruck seiner Intoleranz? Gibt er sich selbst nicht Rechenschaft über seine wahren Motive? Paulus sieht, daß Israel sein Heil, seine Rettung ausgeschlagen hat. Johanneisch geredet: Christus „kam in sein Eigentum, und die Seinen nahmen ihn nicht auf" (Joh. 1,11). Sie haben den abgewiesen, dem sie gehören! Wer meint, „Religion" sei Ansichts- oder Geschmackssache, sieht die Dinge nur ganz von außen. Die für Jesu Tod unmittelbar verantwortlich sind, haben es offenbar auch nicht so gesehen; sie dachten im Entweder-Oder. Sie sind, wie Paulus sagt, am „Stein des Anstoßes" „zu Fall gekommen" (9,32). Daß Paulus in 9,33 zwei Zitate kombiniert, hat guten Grund. Jes. 28,16 spricht von Gott als dem kostbaren Grund- und Eckstein: „wer sich darauf verläßt, wankt nicht". Jes. 8,14 sagt von demselben Gott, er werde den beiden Häusern Israels zum „Stein des Anstoßes und Fels des Ärgernisses". „Den Juden ein σκάνδαλον – das Stichwort von 1. Kor. 1,23 fällt auch hier. Was den einen Halt und Rettung ist, ist den anderen Verhängnis und Verderben. „Über dem Christusereignis ist das jüdische Volk so gut wie völlig schuldig geworden . . . und in eschatologisches Verderben geraten" (Ksm. zu 9,32f.). *Das* ist der Grund für die große Traurigkeit des Apostels. Wer kann schon ruhig bleiben, wenn er Menschen an Gott scheitern sieht! Dazu kommt in diesem Fall, daß es sich um das Volk handelt, das wie kein anders zu der in Christus verwirklichten Gottesgemeinschaft zubereitet und für sie bestimmt war.

Zwischen Juden und Christen ist heute ein Dialog im Gange, wie es ihn zuvor noch nie gegeben hat. Man spricht sogar von einer „Ökumene aus Christen und Juden" (so der Titel eins Buches des jüdischen Theologen Pinchas E. Lapide, Neukirchen 1972). Von dem, was Juden und Christen verbindet, soll nachher noch die Rede sein. Was sie – nach Lapide (S. 16ff.) – trennt, ist viererlei: 1. Jesus war ein vorbildlich-frommer Mann (viel jüdischer, als wir Christen ihn sehen), aber nicht der Messias. Die Aufgabe des Messias ist „Erlösung des Diesseits von Krieg und Feindschaft, von Haß und Unfrieden", und das ist Jesus uns schuldig geblieben. 2. Daß sich Israels Erwählung in der christlichen Kirche fortsetzt, ist eine „arrogante Enterbungstheorie" (S. 18). Israels besondere Stellung zu Gott ist „unübertragbar". 3. Daß Jesu Tod – als Sühnetod „ebenso unbegreiflich wie bibelwidrig" (S. 17) – den Haß Gottes und sein Gericht (Zerstörung des Tempels und Zerstreuung der Juden) auf sie gezogen habe, ist folgenschwere Verleumdung. 4. Christus hat das Gesetz „aufgerichtet" (Matth. 5,17); er ist nicht des Gesetzes Ende. – Wir können hier nicht Punkt für Punkt Stellung nehmen. Nur soviel: Alle vier Aussagen stoßen sich mit dem „Wort vom Kreuz". Der Jesus, den die Synagoge gelten läßt, ist nicht der wirkliche Jesus. Das irdische Messiasreich – ohne den eschatologischen Bruch – und das Vertrauen auf das „Gesetz der Gerechtigkeit", zu dem man „hinzugelangen" sich getraut, sind Elemente einer Frömmigkeit, die keineswegs nur jüdisch ist, ja, uns auch in säkularer Form – nicht selten höchst eindrucksvoll – begegnet. Damit soll nicht gesagt sein, daß Röm. 9–11 als „Beispiel" und Israel nur sozusagen als Demonstrationsobjekt für des

Apostels Soteriologie anzusehen wäre. Es geht hier dem Apostel wirklich um Israel – so aber, daß das Problem Israel von der Christusbotschaft her gesehen ist.

Und dies ist nun der Grund der *Trauer* um Israel: „Sie eifern um Gott" – wir sagen es mit tiefem Respekt, gerade auch im Blick darauf, wie sie diesen Eifer im *Leiden* bewährt haben – , „aber nicht in rechter Einsicht" (10,2). Sie „wissen nichts von der Gottesgerechtigkeit und sind bemüht, die eigene aufzurichten" (10,3). Sie sind für das, was Gott in Christus getan hat, „blind" (11,25). Sie merken nicht, daß es auf dem Weg der eigenen Anstrengung bei Sündern – und das sind wir alle – nie zur „Gerechtigkeit", zum heilen, normalisierten Verhältnis zu Gott kommen kann (9,31). Die Juden sind um etwas bemüht, was, bei allem Eifer und Ernst, nur zu um so größerer Sünde führen kann: dazu nämlich, daß der Mensch in seinem illusionären Selbstvertrauen den um ihn bemühten Gott – fortschickt, abweist, wegschiebt, im äußersten Falle: umbringt. Wir sind nicht abermals beim Vorwurf des „Gottesmordes" der Juden; die Sünde der – Gott gegenüber autark sein wollenden – menschlichen Eigenmächtigkeit ist *unser aller* Sünde. Es gibt nur *eine* Möglichkeit, in Gottes Gericht bestehen zu können: der Glaube an Christus, den Gott zur Sünde gemacht hat, damit wir die Gerechtigkeit würden, die vor Gott gilt.

Auf dem Hintergrund des eben Dargelegten ist dann der ergreifende Ausdruck verständlich, den des Apostels Trauer um Israel annimmt: So nahe geht ihm das Verlorensein seiner Brüder, daß er für sie es auf sich nehmen würde, von Christus geschieden, und das hieße allerdings selbst verloren zu sein. Der Gedanke ist ernst gemeint, aber es ist von vornherein klar, daß er nicht realisierbar ist. (Ein verwandter Gedanke begegnete uns Kol. 1,24, Epiphanias.) So tief hat sich die stellvertretende Selbsthingabe Jesu Christi für uns in sein Denken und Wollen eingegraben, daß er selbst zu Vergleichbarem bereit wäre. Wir erkennen daran, wie es den Apostel umtreibt, daß er Menschen verlorengehen sieht.

2.

Gott hat sein Bundesvolk nicht aufgegeben; von daher hatten wir die Trauer des Apostels zu verstehen, denn Paulus seinerseits hält um Gottes willen an Israel fest. Die Kirche – für die Paulus spricht – hält an Israel aber noch aus anderem Grunde fest. Sie ist ja aus Israel hervorgegangen. Das Alte Testament ist auch für sie Heilige Schrift. Die Kirche, schreibt P. E. Lapide, „hat sich nicht nur an den lebendigen Gott Abrahams, Isaaks und Jakobs gebunden, sondern auch an die konkrete Geschichte seines Heilshandelns mit Israel"; man kann von einer „Gemeinschaft des Ursprungs" sprechen (ebd. S. 10f.). Es kann sich dabei nicht darum handeln, das spezifisch Christliche wegzulassen oder von ihm abzusehen, sondern nur darum, daß wir alles, was im Alten Testament steht, von daher verstehen, daß es auf Christus zugeht und in ihm seine Erfüllung findet. So ist Paulus weit davon entfernt, den Juden zuzusetzen, sie möchten doch endlich aufhören, Juden zu sein. Er meint vielmehr: Wenn sie es doch wirklich *wären*! Nicht: gebt eure Erwählung auf. Sondern: nehmt sie ernst und macht sie fest. Nicht: reißt euch endlich von eurem Glauben Israels los und lauft zu Christus über. Sondern: werdet, was ihr seid, indem ihr zu Christus kommt. Israel wird nicht „enterbt" (s. o.), sondern es wird aufgerufen, sein Erbe wirklich anzutreten, gemeinsam mit denen, die seit Christus an Israels Erwählung teilgewinnen. Wir Christen würden total verkennen, was wir sind und haben, wenn wir Israels Glaubensgut nicht als das unsere annähmen. Und Israel würde seine Berufung verspielen, wenn es nicht sähe, daß seine eigene Glaubensgeschichte sich in Jesus Christus fortsetzt und vollendet. Das ist unsere Gemeinschaft mit Israel – eine Gemeinschaft, die erst noch realisiert und ausgeschöpft werden will.

Was jetzt, anhand der VV. 4f., zu bedenken ist, ist beinahe so etwas wie der Keim einer alttestamentlichen Hermeneutik. Beschränkung ist nötig. Dennoch werden wir die einzelnen Aussagen abzutasten haben. Sie reden durchweg nicht von dem, was Menschen – in diesem Fall Israel – für ihren Gott tun, sondern von dem, was Gott für sie tut. Nur so ist das οἵτινες εἰσιν Ἰσραηλῖται trotz V. 6 b (vgl. 2,28f.) zu verantworten: soweit es um Gottes Aktivitäten geht, sind sie allen zugedacht; ob, was Gott tut und anbietet, dann auch angenommen wird, steht auf einem anderen Blatt (vgl. 1. Kor. 10,1ff.).

„Israeliten": das Volk der gnädigen Wahl Gottes, Menschen, die mit Gott und Menschen streiten und dabei siegen (Gen. 32,29), ursprünglich eher (da das theophore Namenselement meist Subjekt ist): solche, für die Gott streitet (wie Exod. 14,14). Gottes Wahl erscheint zuerst exklusiv, aber Israels Voraussein ist kein Privileg für immer (15,8ff. u.a.). Wo man an Christus glaubt, da ist man „das auserwählte Volk, ... das Volk des Eigentums" (1. Petr. 2,9). Die Kirche ist das neue Israel; wie ein Mündungsdelta hat sich der Strom der alttestamentlichen Heilsgeschichte ausgebreitet.

„Annahme in die Sohneswürde": Israel wird „Gottes Sohn" genannt (Stellen s. o.), Zeichen besonders enger Verbundenheit. An wenigen Stellen findet sich die Aussage, daß Gott Israels Vater sei; als Anrede Gottes findet sich „Vater" im Alten Testament nicht. Was sich im Alten Testament wie von ferne ankündigt, wird in Jesus Christus wahr (Joh. 1,12; Röm. 8,14.21; 1. Joh. 3,1).

„Herrlichkeit": Israel hat lebendige Gotteserfahrung. Die Doxa Gottes erscheint und wohnt inmitten des Volkes. Israel weiß um Gottes reale, wenn auch verhüllte Gegenwart, z. B. beim Zug durch die Wüste, dann aber auch im Tempel in Jerusalem. Der nahe, der für sein Volk ansprechbare Gott! Jetzt haben wir ihn „im Fleische" und sehen, wenn auch nur vermittelt, seine Herrlichkeit (Joh. 1,14).

„Bundesschlüsse": gnädige Selbstverpflichtungen Gottes, die das Verhältnis zwischen Gott und Volk ordnen und stabil machen, freilich auch für Israel verpflichtend sind. Gott steht zu seinen Zusagen. Er ist treu, verläßlich. Ist auch durch des Volkes Untreue ein bundes- und damit rechtloser Zustand eingetreten: Gott will einen „neuen Bund" schließen (Jer. 31 – uns. Ausl. zu Exaudi), und damit setzt sich wieder die alttestamentliche Linie im Christusgeschehen fort.

„Gesetzgebung": vielleicht dasselbe wie die „Worte Gottes", von denen 3,2 die Rede war (Stuhlmacher, Schlier), jedenfalls die Willenskundgebungen Gottes, die für Paulus zwar nicht Anweisungen zur Gewinnung des Heils sein können, aber aus Welt und Gottesgeschichte nicht wegzudenken sind (7,7,12.14).

„Kult": Israel betet, lobt, dankt, klagt, bekennt, sammelt sich um seinen Gott. Seine Gebete sind in die Liturgie der neutestamentlichen Gemeinde eingegangen. Seine Opfer sind in dem einen großen Opfer „aufgehoben", das Christus gebracht hat und das er selbst war (Hebr. 9). Die alttestamentlichen Opfer nehmen ihre Wahrheit und ihre Kraft vom Opfer des Kreuzes, in dem sie ihre Erfüllung finden.

„Verheißungen": die Zusage von Segnung und Führung, Beistand und Schutz, Frieden und ungestörtem, reichem Leben; besonders die Ankündigung des Heilskönigs in der Institution des Königtums selbst wie auch in besonderen Prophetenworten. Auf alle Gottesverheißungen ist das Ja in Christus gesprochen (2. Kor. 1,20).

Die „Väter": „die großen Zeugen der göttlichen Berufung, Bewahrung und Leitung dieses Volkes, ... als solche die Zeugen Jesu, um deswillen dieses Volk von Gott berufen, bewahrt und geleitet wird" (Barth, KD II/2, S. 224), gerade in ihrer Menschlichkeit und Schwäche die „Heiligen"' des Alten Bundes.

Und endlich: „Christus" – nach dem Fleische, d. h. also seiner irdischen Herkunft nach. „Das Heil kommt von den Juden" (Joh. 4,22). Nehmen wir nicht nur sein Gottsein, sondern auch sein Menschsein ernst, dann ist, daß er selbst aus Israel kommt, nicht belanglos. Er steht in der Glaubenstradition seines Volkes. Der Gott Israels ist sein Vater. Alles bisher Aufgezählte zielt auf ihn, kommt in ihm zur Erfüllung. „Christus" sagt Paulus – wohl wissend, daß er damit im Gespräch mit Israel gerade an den kritischen Punkt rührt; vielleicht (wenn wir richtig ausgelegt haben) sagt er sogar „Gott", wobei ein Jude sein Gewand zerreißt. Aber eben darauf kommt es ja an: alle Linien des Alten Testaments laufen da zusammen, wo Gott in Jesus Christus *unser* Gott und der Gott-*für-uns* wird. Nicht gegen das Alte Testament wird dies gesagt und bekannt, sondern im Ausziehen der in ihm angelegten Linien. Diese Gemeinschaft mit Israel – und müßten wir sie denn gegen Israel selbst behaupten – haben wir. Die Wolke der Zeugen ist um uns (Hebr. 11; 12,1).

3.

Wenn es wahr ist, daß Gott sein Bundesvolk nicht aufgegeben hat, dann besteht Hoffnung für Israel. Paulus hofft noch immer. Sein Gebet zu Gott: es möchte zu Israels Rettung kommen (10,1); das Beten ist betätigte Hoffnung. Hat Paulus dazu Grund?
Auf die Frage, ob denn Gott sein Volk verstoßen habe, kann er nur antworten: Keineswegs – „Gott hat sein Volk nicht verstoßen, welches er sich zuvor ersehen hat" (11,1f.). Daß in Israel „etliche" nicht treu waren, das kann doch Gottes Treue nicht aufheben (3,3). „Denn Gottes Gaben und Berufung können ihn nicht gereuen" (11,29).
Was hier gesagt ist, gilt nicht nur für Israel. Es ist das Evangelium überhaupt: Gott steht unbeirrbar zu denen, die einmal sein geworden sind – z. B. in der Taufe – , und er kann uns sein Gutes zwar nicht zuführen, wenn wir uns weigern, es anzunehmen, aber er hört nicht auf, es für uns bereitzuhalten, auch dann, wenn wir uns – zeitweilig? – verschließen. Das Externum der Gnadenzuwendung Gottes ist unabhängig von dem, was in uns vorgeht. Dies der große, starke Trost für solche Leute, wie wir sind. Auf unserer Seite der wacklige, brüchige, unstetige, leichtbeirrbare, oft erkaltende (usw.) Glaube – aber er: der Gott und Heiland, der durchhält und dem kein Schwacher zu schwach ist, als daß er ihm nicht zu Hilfe kommen wollte. – Aber wir haben nun wirklich von Israel zu reden. Wir dürfen für Israel hoffen. Indem es Christus ergreifen wird, wird es zu seiner eigenen Zukunft finden.
Gern würden wir mit Menschen aus Israel – wie P. E. Lapide – über das reden, was sie noch von uns trennt (s. o.): über die Eschatologie des Evangeliums besonders und über die Externität der Gerechtigkeit, die Gott gibt. Man könnte sagen: alle Verkündigung der Kirche ist Antwort auf die hier vorliegenden Einwände und Vorbehalte. Das Kreuz Christi ist dem Volke Israel näher, als sie, die Glieder dieses leidgeprüften Volkes, es wissen. Auch darin, daß die Gnadengerechtigkeit Gottes die „Macht" ist (Ksm.), in der Gott in Christus sich in uns und in seiner Welt durchsetzt. Der Gehorsam, in dem wir Gott „unterworfen werden" (10,3), kommt zustande, indem sich die Macht der Gnade an uns ereignet. Gottes Gnade „belagert" unsere festvermauerten Herzen. Wenn sie sich durchsetzt, gehören wir wieder ihm. Gerade weil das Evangelium von der treuen Gnade Gottes gültig und kräftig ist (1,16), ist für Israel und für uns alle noch immer Hoffnung.

11. Sonntag nach Trinitatis. Gal. 2,16–21

Die Perikope ist dem Zusammenhang entnommen, der von V. 11 bis V. 21 reicht und seinen Ausgangspunkt in dem Zwischenfall von Antiochia hat (V. 11). Von V. 14b ab reproduziert Paulus das seinerzeit zu Petrus Gesagte; das „wir" in den VV. 15–17 meint deutlich nicht die heidenchristlichen Galater, mit denen sich Paulus zusammenschlösse, sondern – V. 15 – die „gebürtigen Juden", gehört also in das in Antiochia geführte Gespräch; es stehe dahin, inwieweit Paulus das damals Gesagte wörtlich oder nur sinngemäß referiert.

V. 16: εἰδότες (wie z. B. Röm. 6,9; 2. Kor. 4,14) geht auf das Wissen der im christlichen Glauben Unterwiesenen. δικαιοῦν = gerechterklären, (den Gottlosen) gerechtsprechen (Röm. 4,5ff.). „Auch wir", die wir gebürtige Juden sind und also als Erwählte Gottes einen erheblichen Vorzug (Röm. 2,17ff.; 3,1ff.; 9,4f.; Phil. 3,5) vor den Heiden haben, haben hier umdenken gelernt, indem wir zum Glauben gekommen (ingressiver Aorist) sind (Taufe). Für den Juden hängen Glaube und Werke aufs engste zusammen, ja, ist der Glaube selbst ein Werk. Selig wird man, indem man glaubt *und* Werke tut (vgl. Jak. 2,14). Auch in Qumran, wo man von Rechtfertigung aus Gnade spricht, ist man auf die Tora verpflichtet (F. Mußner z. St.). Für Paulus verhalten sich, sofern man nach dem Grund des Heils fragt, Glaube und Werke exklusiv. In die Anspielung auf Ps. 143,2 (von einem Zitat kann man bei diesem Splitter kaum reden) trägt Paulus die Worte ἐξ ἔργων νόμου eigenmächtig ein und verändert damit den Sinn der Stelle; statt πᾶς ζῶν setzt er πᾶσα σάρξ und spitzt damit zu, denn „Fleisch" ist der sündige Mensch, auf sich gestellt und auf sein eigenes Vermögen angewiesen. – VV. 17f.: Der Sinn dieser Stelle ist „außerordentlich umstritten" (Oepke, auch Mußner). Ist der Vordersatz irreal aufzufassen? Meint „Sünder" dasselbe wie in V. 5, oder ist daran gedacht, daß der Glaube am faktischen Sündersein nichts ändert? Oder sagt man „uns" nur fälschlich nach, wir seien Sünder? Nach Oepke und Schlier erkennt, wer nach Glaubensgerechtigkeit trachtet, sich selbst in der Tat als Sünder, weiß sich also den Heidensündern gleichgestellt. Aber das ist hier nicht der Punkt, auf den es ankommt. Indem Petrus, an einem Tisch mit Heidenchristen, auf einmal ein schlechtes Gewissen bekommt, stempelt er die neugewonnene Freiheit in Christus zur Sünde und macht er Christus zum Sündendiener. Eine Ungeheuerlichkeit (μὴ γένοιτο)! V. 18, genau parallel, bestätigt die Deutung. Bei „niederreißen" denkt man an die Trennwand von Eph. 2,14. Petrus hat, als er sich „zurückzog und absonderte" (V. 12), zu erkennen gegeben, daß er den Standpunkt des „sola fide" als Übertretung ansieht. So nun auch Oepke: „Nachträgliches Wiederinkraftsetzen des Gesetzes bedeutet nichts Geringeres, als daß Petrus sich mit seinem Christenglauben in Widerspruch setzt, diesen Glauben nachträglich zu einem Unrecht stempelt." – V. 19: „Durch das Gesetz" (man könnte erwarten: durch die Taufe) – deshalb nämlich, weil es mich, den Sünder, verurteilte, so daß ich kein Recht auf Leben mehr hatte. „Dem Gesetz" (Dat. incommodi) – denn es hat nun keine Ansprüche mehr zu stellen, seit ich ihm weggestorben bin (Röm. 6,7.10; 7,2–6; vgl. auch Kol. 2,12). Um für Gott (Dat. commodi) leben zu können, muß man dem Gesetz gestorben sein (Röm. 6,11; 7,4; 14,7ff.; 2. Kor. 5,15). Das Gesetz steht, da wir Sünder sind, im Dienst der Verderbensmächte (bes. 4,8ff.). – V. 20 rhythmisch zu lesen (ohne Komma hinter „ich lebe"). Der Christ ist mit seinem Herrn gestorben. Sein neues Leben ist eigentlich nicht seines, sondern das seines Herrn. Ähnlich Kol. 3,3f. (vgl. Oepke zu Gal. 4,19). Gedacht ist im Schema der beiden Äonen; der kommende Äon ragt in den alten herein. Das Leben „im Fleisch" ist, trotz des Gestorbenseins, nicht zu Ende (man muß also auf zwei Ebenen denken), es wird im Glauben an Christus ständig transzendiert. – V. 21 faßt zusammen. Man kann sich ein emphatisches „Nein" vorangestellt denken. Ein Kompromiß würde tatsächlich die Gnade Gottes außer Geltung setzen, und Christus hätte seinen Kreuzestod sinnlos erlitten.

Was hier verhandelt wird, ist unseren Gemeinden fremd. Eine in ihrem Bereich etwa anzustellende Meinungserforschung – von einem „Glaubensexamen" wollen wir lieber nicht sprechen – würde deprimierende Ergebnisse erbringen. In der theologischen Fachliteratur sind „Rechtfertigung", „Glaubensgerechtigkeit", „Gesetz und Evangelium" vielbehandelte Themen. Wir wissen alle, daß die hier gemeinte Sache enorm wichtig sein muß, und können doch meist nur sehr unvollkommen sagen, wieso. Der zunächst etwas doktrinär wirkende Wortlaut des Textes mag Prediger und Gemeinde entmutigen. Dies ist um so gefährlicher, als wir hier tatsächlich im Zentrum stehen. Bekommt man von unsern Kanzeln wirklich das Evangelium zu hören?

Das Evangelium des Sonntags (Luk. 18,9–14) könnte zur Veranschaulichung helfen. Zudem erleichtert es das Verständnis des Textes, daß seine Aussagen auf einen kirchengeschichtlichen Vorgang in der Urchristenheit bezogen sind, der uns zwar die Mühe bereitet, die mit historischer Vermittlung verbunden ist, jedoch ebenfalls – sogar noch viel unmittelbarer – die dogmatischen Aussagen anschaulich macht. Ein wenig leid tut einem

derjenige, der in diesem Falle die Kosten trägt: Petrus. Er wird scharf attakiert. Er ist unklar in der Sache, die Paulus aufs schärfste durchschaut hat. Wer will über Petrus den
Stab brechen? Wer legt die Hand dafür ins Feuer, daß ihm selbst dergleichen nie widerfahren könnte? Jüdisches Werkdenken liegt uns allen so tief im Blut, daß wir keinen Anlaß haben, uns über den zu erheben, der hier einer falschen Theologie überführt wird.
Seine taktische Lage übrigens ist uns gegenüber schlecht, da er sich vor uns nicht verteidigen kann. Seine sachliche Position freilich ist schwach. Daß dergleichen im Neuen Testament vorkommt, ist ein Trost. Es ist schwer, sich zu neuen Erkenntnissen durchzuringen,
noch dazu dann, wenn sie so tief einschneiden wie das Evangelium von Christus. Aber
auch Irrungen und Niederlagen kann der Herr der Kirche benutzen, um uns weiterzuführen. Der Zwischenfall von Antiochien hat etwas ans Licht gebracht, was die Gemeinde Jesu zu aller Zeit nötig hat. Wir dürfen uns der hier vorliegenden Veranschaulichung
für unsere Predigt bedienen.
Sola fide! Als Luther – er bespricht es in seinem Sendbrief vom Dolmetschen – in
Röm. 3,28 das „allein" dem Wortlaut zufügte, ging er, strenggenommen, über die Kompetenzen des Übersetzers, nicht aber über die des Exegeten hinaus. In unserm Abschnitt
geht es genau um das „allein". Daß man aus Gnaden selig wird, das hätte Petrus auch in
der Phase seines abwegigen Verhaltens, ja das hätten sogar die Galater (und, wie wir sahen, die Qumranleute) nicht bestritten. Es geht um die Ausschließlichkeit der Gnade und
um die Konsequenzen der sie verkündigenden Predigt. Dreimal ist allein in V. 16 (mit
nur geringer Variation im Sprachlichen) vom „Glauben an Christus" die Rede. Dieser
Glaube begründet unsere Rettung und unsere Freiheit. Man könnte zusammenfassen:
Nur an Christus glauben – das genügt. Darum: (1) *Mut zum Glauben!* (2) *Gemeinschaft
im Glauben.* (3) *Leben aus Glauben.*

I.

Kephas und Barnabas befinden sich in Antiochien. Das Apostelkonzil hat stattgefunden
(VV. 1–10). Dabei sind Bereiche der missionarischen Wirksamkeit abgesteckt worden
(V. 9). Diese Verabredung schließt aber eine Einigung darüber ein, daß es bei der „Wahrheit des Evangeliums" bleiben muß (V. 5), weshalb Paulus und Titus (die Neste-LA als
richtig vorausgesetzt; Spätere haben daran herumkorrigiert) – im Unterschied zum späteren Verhalten des Petrus (V. 12) – „auch nicht für eine Stunde" den „Scheinbrüdern"
nachgegeben haben, die ihrer Freiheit nachspionierten (V. 4). Es müßte dabei auch einem
Petrus klargeworden sein, was hier auf dem Spiele stand. Es ging ja nicht etwa darum, ob
man beim Eintritt in die Kirche Jesu Christi Heidnisches abtun und mit alten bösen Gewohnheiten brechen solle oder nicht; hierüber läßt das Neue Testament keinen Zweifel
(1. Kor. 6,9–11; Kol. 3,5ff.; Eph. 4,17ff.; 5,1ff.; 1. Petr. 1,14; 2,1 u. ö.). Es handelte sich
hier, in Antiochia, um die Frage, was *zum Heile nötig* ist! Anders gesagt: Fraglich war nicht, ob wir in irgendeiner Ordnung leben sollen oder ohne alle Ordnung; *alles*
Leben vollzieht sich in Ordnungen. Es hat auch niemand behauptet, man dürfe unter
keinen Umständen so leben, wie nun einmal Judenchristen leben; wird Paulus den Juden
ein Jude, so kann er es sogar selbst tun (Apg. 18,18; 21,24). Es hieße ja die Dinge auf den
Kopf stellen, wenn man statt jüdischer Lebensart nunmehr heidnische oder doch wenigstens heidenchristliche Lebensart für heilsnotwendig erklärte. Judenchristliche Lebensweise ist innerhalb der Gemeinde Jesu gerade dann, allerdings auch nur dann vertretbar,
wenn von ihr sogar auch der Schein des Heilsnotwendigen abgetan, d. h. aber: nur, wenn
sie zum Adiaphoron geworden ist. Lukas hat dies nicht so schlecht getroffen, wie mancher ihm nachsagt: Nachdem klargestellt ist, daß „die Herzen gereinigt" werden „durch

den Glauben", noch deutlicher: daß Juden- wie Heidenchristen „durch die Gnade des
Herrn Jesus gerettet werden", kann man sich unbefangen darüber unterhalten, was aus
dem Mosegesetz auch den Heiden zu halten dienlich ist (Apg. 15,9.11.20.29). In dem Augenblick aber, da „etliche von Jakobus" kommen (Gal. 2,12) und Petrus, Barnabas und
„die anderen Juden" umfallen und damit zu erkennen geben, daß sie die Freiheit nicht
mehr haben, die aus dem „sola fide" kommt, sind aus den Adiaphora heilsnotwendige
Dinge geworden. Das heißt aber: jetzt wird der Anschein erweckt, nein, schlimmer: jetzt
muß man schließen, daß Christus allein unser Heil nicht schafft, sein rettendes Handeln
also ergänzungsbedürftig ist. Dann heißt es: Christus *und* das Gesetz, die Gnade *und* die
fromme Leistung, der Glaube *und* die Werke. Dann mag, was Christus tut, so heils-
zuverlässig sein, wie es will: weil mein Anteil hinzukommen muß und ich, der Sünder,
ein notorisch unzuverlässiger und ungeschickter „Mitspieler" Christi bin, würde jetzt
alles, was Christus gut gemacht hat, wieder verdorben sein. Wo man – sei es in der Predigt, sei es in der Praxis – das „sola fide" nicht stehen läßt, da ist es aus mit der Heilsge-
wißheit, auch mit der freien Unbefangenheit im Lebensstil. Für Paulus ist damit der status confessionis gegeben, die Situation also, in der der Christ gefordert ist, seinen Glauben
zu bekennen; und zwar so zu bekennen, daß er sich einer evangeliumswidrigen Zumutung
widersetzt. Wir können dies aus FC X schön studieren. Die Entscheidungssituation wird
nicht vom Glaubenden herbeigeführt; indem einer glaubt, ist für ihn entschieden, was zu
entscheiden ist. Die andere Seite vielmehr zwingt dem Glaubenden die Notwendigkeit der
Unterscheidung und Entscheidung, notfalls der Scheidung auf. Sofern sie etwas außer
oder neben Christus für heilsnotwendig erklärt oder als heilsnotwendig behandelt, muß
der Glaubende widerstehen, und zwar genau an dem Punkte, der von der anderen Seite
zum Schibboleth gemacht wird.
Vielleicht hat Petrus nicht gewußt, wie ihm geschah, als Paulus ihm in Antiochia mit solchen Reden „ins Angesicht widerstand" (V. 11). Er könnte vielleicht doch der Verabredung in Jerusalem besten Glaubens zugestimmt haben, ohne daß ihm die Tragweite einer
solchen Entscheidung klar war. Hatte er wirklich die Frage nicht bis zum letzten durch-
dacht, dann mochte er wohl einer Beeinflussung durch Judaisten leicht erliegen. Ernster
wäre die Lage, wenn Petrus wider besseres Wissen einer Einschüchterung, das hieße aber:
einer Terrorisierung des Gewissens, gewichen wäre. Am schlimmsten freilich müßte es
sein, wenn dem Petrus selbst das „sola fide" im Kern fraglich geworden wäre. In letzterem Falle mußte Paulus um des Petrus willen, – in jedem Falle aber mußte er um der
ganzen Gemeinde willen widerstehen.
Er tut es bei aller Schärfe auf feine Art. Er schließt sich in dem „wir" mit Petrus zusammen. Weißt du eigentlich, welche Glaubensentscheidung „wir" vollzogen haben, als wir
zum Glauben an Christus kamen? Wir kamen aus dem Judentum. Wir dachten und lebten vom Gesetz her. So, wie wir erzogen worden sind – man darf nicht das ganze Alte
Testament so verstehen –, hing, wie einer vor Gott dastand, von der Korrektheit seines
Toragehorsams ab. (In biblischer Sprache: Gerechtigkeit beruhte auf der Erfüllung des
Gesetzes.) Bei dieser Korrektheit ist nicht nur an das Rituelle zu denken, sondern auch an
ein gesetzesgerechtes Verhalten im Alltag. Das Gesetz sagt: auf dein Wohlverhalten, auf
deine frommen Werke, auf deine Untadeligkeit (ohne „Strafpunkte") kommt es an, du
mußt es bei Gott selbst geschafft haben. Wohl wahr: das Gesetz selbst ist göttliche Wohltat, und du stehst als Jude auf dem Boden des Gottesbundes und der göttlichen Erwählung. Aber nur die Gerechten haben bei Gott etwas zu erhoffen.
Hingegen das Evangelium: Die Sünder sind Gott willkommen. Um Christi willen sind
auch, vielleicht soll man sagen: gerade sie die „Gerechten". Warum ist das so? Das Gesetz scheidet nicht deshalb als Heilsweg aus, weil wir mit ihm – leider – nicht zustande

kommen, also hinter dem vom Gesetz erforderten Pensum weit zurückbleiben. Es scheidet darum aus, weil es von vornherein nicht Heilsweg sein sollte (3,10.19), es auch niemals hätte werden können (2,16: „niemand *soll* auf Grund von Gesetzeswerken gerechtfertigt werden" – vgl. Bltm., ThNT, § 27,2). Auf Gnade sind wir nicht deshalb angewiesen, weil wir auf dem Wege des Gesetzes nicht weit genug vorankommen, sondern weil dieser Weg als solcher nicht zum Heil führt, selbst wenn es gelänge, ihn bis ans Ziel zu gehen. Man kann in der Gerechtigkeit des Gesetzes „untadelig" sein und wird doch, einmal unters Kreuz gestellt, das, was „Gewinn" schien, für „Schaden" halten; nicht bloß für einen leider nur partiellen Erfolg, sondern für Schaden und für – Schlimmeres (Phil. 3,6–8). „Der Weg der Gesetzeswerke und der Weg der Gnade und des Glaubens sind Gegensätze, die sich ausschließen (Gal.2,15–21; Röm. 4,4f.14–16; 6,14; 11,5f.)" (Bltm. a.a.O.). Wer aus dem Aut-Aut ein Et-Et macht wie die Judaisten, verdirbt alles. – Der Pilot, der im Start auf der Piste schon zu rasender Geschwindigkeit gelangt, dann jedoch unschlüssig ist, ob er das Höhensteuer hochziehen soll oder nicht, führt notwendig die Katastrophe herbei; er darf nicht *fahren* wollen, wo er doch *fliegen* muß. Dem angefochtenen Menschen hilft nur die bedingungslose Gnade, und dem (noch) nicht angefochtenen Menschen wird die Illusion der bedingten Gnade zum Verhängnis. Beides will Gott nicht: er will nicht den bedauernswerten Menschen, der den Anforderungen seines Lebens nie gerecht wird und sich daran zerreibt; aber er will auch nicht den anderen, der ein perfektes Leben schafft, ständig seine Erfolge und seine Überlegenheit demonstriert und sogar noch den lieben Gott zu seinem Schuldner macht. Wir werden durch den Glauben an Christus gerecht. Indem Petrus es am Mut zum Glauben fehlen ließ und ein bestimmtes nomistisches Wohlverhalten neben Christi Werk stellte, verleugnete und entwertete er das Evangelium im ganzen. Wenn bloßer Glaube an Christus – ohne des Gesetzes Werke – Sünde ist, dann könnte Christus nur ein Diener der Sünde sein. „Das sei ferne!"

2

Es hat sich in Antiochien gezeigt, was ein Irrtum oder auch nur eine Unklarheit in dieser Sache bedeuten muß: die Gemeinschaft im Glauben wird zerstört. Die ekklesiologische Seite der Sache kommt in den Versen unseres Abschnitts nicht ausdrücklich zur Sprache; aber der Zusammenhang muß in diese Richtung weisen. So hat also der Eiferer Paulus die Kirche zerspalten? Im Gegenteil: Petrus „zog sich zurück und sonderte sich ab", als die Judaisten in Antiochia auftauchten (V. 12); die beiden Imperfekta lassen erkennen, daß das Fehlverhalten des Petrus nicht nur Sache eines ihn überfordernden Augenblicks, sondern von Dauer war (was sich auf unsern Versuch, mildernde Umstände ausfindig zu machen, erschwerend auswirken muß). Die bis dahin gehaltene und bewahrte Tischgemeinschaft (συνήσϑιεν ebenfalls Imperf.) war damit gebrochen. Tischgemeinschaft meint aber Abendmahlsgemeinschaft (die Frage, ob die gewöhnliche Mahlzeit und das Sakrament damals noch verbunden waren, ist hier ohne Bedeutung). Man sieht, wie weitreichende Folgen das Sowohl-Als-auch der Haltung des Petrus hat: er sondert sich ab. In Abänderung des Paulus-Satzes (1. Kor. 10,17) müßte man sagen: „So sind wir vielen *nicht mehr* ein Leib." Die Kirche ist auseinandergebrochen. Was ist daran schuld? Das Festhalten am – trennenden – Gesetz: das die Tischgemeinschaft mit Sündern und Heiden verbot (Mark. 2,15f.; Luk. 7,34; 15,2; 19,7; vgl. Dan. 1,8).
Es könnte sein, wir schlagen vor, ein anderes, ein besseres „Gesetz" einzuführen; eines also, das die Menschen nicht auseinanderreißt, sondern zusammenführt. Die Deutung der Lehre Jesu im Sinne einer neuen sozialethischen Verhaltensweise zielt ja in diese Rich-

tung. Aber das wäre zu wenig grundsätzlich gedacht. Selbstverständlich wird sich jeder für den unbedingten Willen zur Gemeinschaft unter den Menschen und zum Einstehen für Benachteiligte, Bedrängte und Geächtete stark machen – und wenn er's nicht tut, versäumt er es wider bessere Einsicht. Nur kommen wir auch dabei nicht über unsern eigenen Schatten hinweg: wir sind Sünder, und das heißt ja nicht bloß: moralische Versager. Das Gesetz ist gut – *wir* sind nicht gut. Solange das so ist, werden wir das Gesetz für uns – gegen den andern – ausnützen wie der Pharisäer im Gleichnis und damit doppelt schuldig werden. Der Glaube an den Menschen und seine Eigengerechtigkeit reißt Gräben zwischen den Menschen auf. Sich selbst glaubt der Nomist bei Gott lieb Kind, er kann ja auf seine Meriten verweisen. Wir kennen uns selbst: der alte Adam ist ein unverbesserlicher Pharisäer. Die Erfahrung des Alltags belegt dies entwaffnend.

Keine Vorbedingungen für den Empfang der Gaben Jesu! Unsere Predigt kann dies nicht deutlich genug ausführen. Ob wir evangelisch predigen, wird sich an dieser Ausschließlichkeit zeigen. Wir haben denen, die nichts „mitbringen" – bei Licht besehen sind das *alle* – , das Angebot der geschenkten Gerechtigkeit Christi zu machen, ohne Bedingungen und Einschränkungen. Also nicht: werdet zuerst wie wir – und dann kommt! Wer kommt, ist willkommen. Die Weltanschauung macht's nicht, auch nicht Bildung, Erziehung, Rasse und Herkommen, Kleidung oder Manieren. Gleich, wer sie sind: die sich innerlich leer fühlen oder übersatt; Leute des Erfolgs wie Versager; die es zu etwas gebracht haben oder solche mit verpfuschtem Leben und mit den vielen vergeblichen Neuansätzen und Aufschwüngen; Outsider, die in kein Schema passen, wie auch unauffällige Normalbürger. Jesus will sie alle – die Gewissensfrage an uns ist, ob *wir* sie wollen, d. h.: ob wir mit dem „sola gratia" Ernst machen und sie auch wirklich aufnehmen – nicht geduldet, nicht herablassend, sondern in der Solidarität der gerechtfertigten Sünder. – Wir haben soeben in der Aufzählung das Pendel meist nach beiden Seiten ausschwingen lassen. Warum jeweils *beide* Sorten Mensch? Weil nicht nur der Versager Sünder ist, sondern auch der Erfolgsmensch, nicht nur der Ausgerutschte, sondern auch der mit dem „geordneten" Leben. Es darf uns, umgekehrt, auch nicht passieren, daß wir die „Zöllner" aufnehmen, aber die „Pharisäer" nicht, weil wir meinen, das Zöllnersein sei eine Art natürlicher Disposition für Gottes Reich. Die Kanonisierung des Versagens und Scheiterns – im vordergründigen Sinne – darf nicht dazu führen, daß wir eine neue (negative) Form der Werkerei proklamieren. Also nicht: du mußt erst zu Boden geworfen sein, ehe du kommen darfst. Das wäre wiederum Nomismus, nicht weniger gefährlich als die Gesetzlichkeit in klassischer Gestalt.

Man sieht, wie schnell das Problem: Juden – Heiden sich in die Fragenkomplexe unseres eigenen täglichen Lebens umsetzt. Wir wollen es noch an einem Lebensbereich aufzeigen: dem kirchlichen. Unsere Kirchlichkeit nimmt so leicht werkerische Züge an. Man wird nicht gerechtfertigt durch Frommsein. Allzuleicht gewinnen bestimmte fromme Praktiken und Lebensweisen unterderhand den Charakter des Heilsnotwendigen. Es könnte sein, ich „ziehe mich zurück und sondere mich ab", weil der andere ein Christ anderen „Stils" ist. (Übrigens: „absondern" = פרשׁ, davon kommt der „Pharisäer".) Weltoffen – auf Einkehr bedacht – konservativ – progressiv – bekehrt – wie es scheint, *nicht* bekehrt – liturgisch gerichtet – missionarisch (usw.): weh, wenn wir unsere Weise, Christ zu sein, den anderen als heilsnotwendig aufnötigen – oder uns, wenn sie nicht mitziehen, distanzieren. Heilsnotwendig ist Christus, der in seinem Wort und mit seinen Sakramenten zu uns kommt und uns durch das, was *er* tut, zu seinem Leibe macht. Christus verbindet. Ohne Christus kein Heil – ohne Wort und Sakrament kein Christus – ohne die Kirche kein Wort und kein Sakrament. Aber nichts davon interessiert als „fromme Leistung", sondern nur als Christi Werk und Gabe.

3.

Die Gedanken des Textes nehmen zum Schluß noch eine für das Verständnis des Ganzen wichtige Wendung. Wir deuten sie an mit dem Stichwort: Leben aus Glauben. Der Judaismus scheint sein stärkstes Argument darin zu haben, daß das „sola fide" mißdeutet werden kann, als sei damit – Hauptsache du glaubst – ein Leben in Ungehorsam, Unordnung und Gottlosigkeit gedeckt und freigegeben (Röm. 6,1). „Zechen auf Christi Kreide" (Luther)? Man täusche sich nicht: auch Paulus kennt den Fall, daß die Gemeinde jemanden das συνεσϑίειν aufkündigen oder es doch wenigstens zeitweise suspendieren muß – dann, wenn jemand den Herrn nicht liebhat (1. Kor. 16,22 – gemeint ist nach Conzelmann „das kultisch-rechtliche, negative Verhältnis zum Herrn", die Nicht-Zugehörigkeit zu ihm) oder wenn unbereute schwere Sünde vorliegt (1. Kor. 5,11). Leben aus dem Glauben ist nicht ein Leben in Zuchtlosigkeit und Lässigkeit, schon gar nicht in massiver Sünde. Sagen wir es lieber positiv, worauf es im Evangelium abgesehen ist: „daß ich für Gott lebe" (V. 19). Wie kommt es dazu?
Es ist ein fundamentaler Irrtum, zu meinen, Gott komme dadurch in meinem Leben zu seinem Recht (das nennt die Bibel „Gerechtigkeit"), daß ich mir mit mehr oder weniger großer Anstrengung, mit mehr oder weniger Erfolg, meine Eigengerechtigkeit aufbaue, die ich ihm dann in der Form einer spezifizierten Rechnung präsentiere. Das Schlimmste ist dabei nicht einmal, daß ich beim Aufstellen dieser Rechnung mogele. Das Schlimmste ist, daß ich damit Gott zu meinem Schuldner mache (Rechnung zahlbar binnen 14 Tagen – Gerichtsstand ist . . .). Es ist heidnisch, Gott in die eigene Hand bekommen zu wollen. Hier liegt zugleich die Hybris des Nomismus. Solange ich darauf aus bin, Geschuldetes einzufordern, ist Gott nicht mehr Gott. „Für Gott leben" – das müßte anders aussehen.
Allerdings muß, wenn es dazu kommen soll, ein Wunder geschehen. Paulus bezeugt, daß dieses Wunder in der Tat geschehen ist, und beschreibt es, soweit man es überhaupt beschreiben kann. „Ich bin durchs Gesetz dem Gesetz gestorben" (V. 19). Radikaler kann man nicht reden. Paulus hat sich also nicht einen neuen Lebensstil angewöhnt – etwa statt des jüdischen einen anderen. Das wäre nur eine gradweise, nicht eine das Ganze des Lebens umfassende Veränderung. Statt jüdisch etwa stoisch oder gnostisch-asketisch oder gnostisch-libertinistisch oder meinetwegen kantianisch oder existentialistisch oder wie auch immer? „Ich bin mit Christus gekreuzigt" (V. 19). Ich bin aus dem Geflecht nomistischer Regeln und Verpflichtungen, aus dem mechanischen Zwang gesetzlichen Lebens, mehr noch: aus der Tyrannei des Gesetzes heraus. Das Gesetz ist zwar noch da – aber *ich* bin weg! Ich lebe nämlich nicht mehr (der revidierte Text 1975 hat endlich aus dem zerhackten Satz ein Ganzes gemacht). Ein neuer Anfang ist geschehen. Mein Leben lebt jetzt Christus (vgl. Kol. 3, 1–4). Der neue eschatologische Mensch ist in der Taufe geschaffen worden. Er trägt unverwechselbar meinen Namen. Ich sehe ihn nicht. Aber indem ich an Christus glaube, nehme ich zugleich die Tatsache meines neuen Lebens ernst.
Klingt das zu phantastisch? Paulus weiß, daß er noch „im Fleische" lebt (V. 20b). Sagt er, er sei gestorben, so greift er über das Empirische hinaus (noch einmal: Kol. 3,3f.). Im Glauben transzendiere ich den status quo nunc, erfasse ich meine Zukunft, die in der geheimnisvollen Anwesenheit und Einwohnung Christi schon Gegenwart ist. Nichts bindet uns so sehr an Gott wie dies, daß „das Alte vergangen und Neues entstanden" ist (2. Kor. 5,17). Man könnte sogar – trotz der grundsätzlichen Verborgenheit des neuen Lebens – ein wenig von diesem Neuen anschaulich machen, indem man sich fragt, wie viele unserer Lieblosigkeiten, wieviel an Überheblichkeit, Ehrgeiz, Menschenverachtung usw. davon kommt, daß wir noch immer heimlich nach dem Gesetz und seiner Gerechtigkeit schielen. Dagegen – welche Freiheit!: sich nicht mehr zur Geltung bringen, sich

nicht mehr verteidigen, den anderen nicht mehr ausstechen, den eigenen Standpunkt nicht mehr so humorlos durchpauken müssen – statt dessen: Vergebung begehren, empfangen und gewähren! Christus lebt in mir. Ich brauche nichts weiter zu tun als seine Anwesenheit ganz ernst zu nehmen und mich wie ein Kind darüber zu freuen, daß er mich trotz allem liebt.

12. Sonntag nach Trinitatis. Apg. 3,1–10

Die Erzählung von der Heilung des Lahmen, die ursprünglich für sich allein umgelaufen sein dürfte (Haenchen z. St.) – und zwar in der Abgrenzung der Perikope –, steht bei Lukas in einem Zusammenhang, der bis 4,31 reicht. Die Nachgeschichte kann hier außer Betracht bleiben, nicht aber die anschließende Petrusrede, die nach Lukas das Ereignis erst in die rechte Beleuchtung rückt. Wir sollten nicht über VV. 1–26 predigen, aber über VV. 1–10 in der Deutung, die VV. 12ff. dafür erbringen.

V. 1: Johannes bleibt in der Geschichte Statist. Ist er nachträglich eingeführt, etwa als „zweiter Mann" nach Luk. 10,1? Weiteres nachher. ἀνέβαινον Impf. der Gewohnheit? des sich vollziehenden Vorgangs? Neunte Stunde: Gebetzeit um 15 Uhr (D fügt τὸ δειλινόν erläuternd ein), nach Dan. 6,11; 9,21 Zeit des Abendtamidopfers, vgl. auch Luk. 23,44. – V. 2: „und" ist semitischer Erzählstil (palästin. Quelle?). Das „schöne Tor" ist nicht sicher auszumachen; man denkt an das Tor des Nikanor, auch das korinthische eherne Tor genannt. Der Mann ist von Geburt an gelähmt, nach 4,22 über 40 Jahre. Wieder Imperfekta: so Tag für Tag. „Almosen" ist das (nur leicht veränderte) griechische Wort ἐλεημοσύνη; die klingende Münze wird nach der Gesinnung benannt, aus der sie gegeben werden soll. – V. 3: τὸ ἱερόν ist der Gesamtkomplex der Tempelgebäude. – V. 4: wieder scheint Johannes nur hinzugefügt. (Daß man nicht zwei Menschen anblicken kann, so Bauernfeind, ist spitzfindig.) – V. 5: ἐπεῖχεν (ergänze: τὸν νοῦν oder τοὺς ὀφθαλμούς) wieder im Imperfekt: „anschauliche Schilderung" (Haenchen). – V. 6: Goldmünzen hätte der Bettler sowieso nicht erwartet; die Aussage ist ganz ins Grundsätzliche erhoben. Was Petrus hat, ist „die Vollmacht, mit dem Jesusnamen zu heilen" (Haenchen), in dem, wie bei jedem Namen, das Wesen der Person, also auch, wenn er sie hat, seine Macht ausgedrückt ist, vgl. 3,14; 4,10. – V. 7: πιάζειν = anfassen, fassen, ergreifen (dasselbe Wort auch für verhaften) – berühren wäre zu schwach. – V. 8: Man sollte den Vers nicht „überladen" nennen (Haenchen); die Fülle der Verben ist erzählerisch gewollt (man braucht es sich nur laut – im Tonfall erstaunter Freude – vorzulesen). Daß dieser Mann nicht nur „aufspringt", sondern „Luftsprünge macht wie ein Hirsch", ist Erfüllung von Jes. 35,6. Beschädigte, die als „Gezeichnete" galten, durften den Tempel bzw. sein Inneres normalerweise nicht betreten (Genaueres bei J. Jeremias, Jerusalem zur Zeit Jesu, IIA, S. 34f.). Nun darf der Mann, als Geheilter, hinein; „mit ihnen": vielleicht ein Hinweis darauf, daß damit Gemeinschaft vor Gott hergestellt ist. – VV. 9f.: der in Heilungsgeschichten übliche „Chorschluß". Das θάμβος ist heilige Scheu.

V. 11 (nicht mehr zur Predigtperikope gehörig): Daß der Geheilte sich, trotz VV. 7f., an Petrus und Johannes „festhält", könnte als eine Minderung des Wunders verstanden werden; beachtlich, wenn die Überlieferung einen solchen der Wundertopik widersprechenden Einzelzug aufbewahrt! Oder soll nur gesagt sein, daß der Mann sich – wir würden sagen: wie eine Klette – an die Apostel hält? Dann würde damit angedeutet sein, daß er sich zur christlichen Gemeinde rechnet (in der Halle Salomos versammelten sich nach 5,12 die Christen). Aus der Rede sind zum Verständnis von VV. 1–10 besonders die VV. 12.16.20.26 zu beachten.

Was Lukas veranlaßt hat, sich für dieses Traditionsstück – wie immer es auf ihn gekommen sein mag – zu interessieren, dürfte die Tatsache sein, daß hier Gültiges und Bleibendes über das Wirken des Auferstandenen in seiner Kirche und durch seine Kirche deutlich wird. Sicher hat Lukas auch über die Anfänge der Gemeinde Jesu berichten wollen. Er versteht sich als Historiker. Aber die Historie ist – als Kirchengeschichte – transparent für die Aktivitäten des erhöhten Herrn. Nicht eigene Kraft und Frömmigkeit hat das Wunder vollbracht. Wer wissen will, was sich hier ereignet hat, muß zur Kenntnis nehmen, daß der Gott der Väter seinen „Knecht" *Jesus* verherrlicht hat, den „Heiligen und Gerechten", den

„ihr" umgebracht habt. Aber Gott hat ihn auferweckt, und „durch den Glauben an seinen Namen hat diesen hier, den ihr seht und kennt, sein Name stark" und gesund gemacht (VV. 12–16). Der erhöhte Christus wirkt in seiner Kirche.

Das ekklesiologische Interesse des Lukas könnte uns auch die Einführung des – in der ganzen Geschichte stumm bleibenden – Johannes verständlich machen. Er tritt ja wiederholt zusammen mit Petrus auf (4,1.13.19; 8,14). Denkt man daran, daß Lukas deutlich innere Beziehungen zum vierten Evangelium hat und wagt man es, dieses in irgendeinem Zusammenhang mit dem Zebedaiden zu sehen, so könnte die Einbeziehung des Johannes so etwas wie ein Bekenntnis zur Einheit der Kirche sein – sagen wir: der petrinischen und der johanneischen Kirche (wie denn auch die Beziehungen des Lukas zur dritten „Säule", zu Jakobus, unverkennbar sind). Wen diese kleinen Beobachtungen nicht überzeugen, der lasse sie getrost fallen. Es bleibt dann immer noch die Erkenntnis, daß Lukas auch mit dieser Perikope Wesentliches und Bleibendes über die Kirche hat aussagen wollen, wir also ihre Botschaft als auch an uns gerichtet verstehen dürfen.

„Silber und Gold habe ich nicht." Hier spricht die Kirche der „Armen" (Luk. 4,18;6,20; Gal. 2,10; Jak. 2,5). Damit ist nicht nur die mehr oder weniger zufällige wirtschaftliche Situation der Urgemeinde angesprochen, sondern etwas, was – von Rechts wegen – für die Kirche überhaupt gilt. Es wäre ein verlockender, von vielen auch immer wieder vertretener Gedanke, daß die Kirche dem Elend der Welt durch Einsatz weltlicher, besonders auch wirtschaftlicher Mittel entgegenzuwirken habe. Wir haben begriffen, daß ihm mit „Almosen" nicht beizukommen ist, – so wenig wir die einzelne spontane Tat der „Barmherzigkeit" auch künftig vermissen bzw. verweigern wollen. Aber „Silber und Gold": man könnte es doch wirklich im großen Stile einsetzen. Und wer Geld sagt, sagt Wirtschaft und Produktion und Prosperität. Sollte die christliche Liebe sich nicht „institutionalisieren" und die Welt verwandeln? – Petrus bekennt, daß er das nicht kann; er hat nicht einmal die Silberdrachme, die der Bettler sich vielleicht erhofft. Muß er, wenn er helfen will, sich mit weniger begnügen? Oder hat er mehr zu bieten? Wir sind als Kirche Christi „die Armen, aber die doch viele reich machen" (2. Kor. 6,10) – in anderer Weise reich, als die meisten dies wünschen, aber doch so, daß, wer es annimmt, zuletzt „springt" und „Gott lobt" (V. 8).

Worum es im Text geht, könnte man vielleicht unter die Überschrift bringen: *Liebesdienst in der Macht des Namens Jesu:* (1) *Zuwendung,* (2) *Heilung,* (3) *Aufnahme.*

I.

Die Geschichte fängt sehr undramatisch an. Petrus und Johannes wollen zur Gebetsstunde in den Tempel gehen. Fromme Gewöhnung, von vielen von uns unterschätzt. Lukas meint: Die Kirche betet – regelmäßig, wie es der Herr selbst getan hat (Mark. 1,35 u. ö.) und wie es die Seinen tun (auf Gebetszeiten deuten: Apg. 2,15; 10,9; 12,12; 16,25 – vgl. Leiturgia III, S. 121). Feste Gebetsordnung hilft dazu, daß unser Beten nicht versandet. „Spät oder zur Mitternacht oder um den Hahnenschrei oder frühmorgens" will Jesus seine Leute wachend finden (Mark. 13,35) – das sind die üblichen Gebetsstunden.

Am Tempeltor begegnen die beiden dem Elend der Welt. Man könnte sagen: auch dies nichts Ungewöhnliches. Der Gelähmte hat einen traurigen Lebensinhalt: er muß die Vorübergehenden um die kleine Münze portionierter „Barmherzigkeit" bitten. Daß er das muß, ist wahrscheinlich schlimmer als sein körperliches Leiden als solches. Allerdings findet man damals dabei nicht sehr viel. Es gibt keine öffentlichen Einrichtungen, die für Behinderte sorgen. Dafür hat die „öffentliche Meinung", ja, mehr als das: dafür hat Gottes Gesetz in seiner rabbinischen Auslegung das Almosengeben zum verdienstlichen Werk erklärt; wer etwas gibt, tut nicht nur dem Gelähmten, sondern – im Blick aufs ewige Heil – sogar sich

selbst einen Gefallen. So hat das Almosengeben und -empfangen – ja, auch dies – einen gewissen festen Platz in Gottes Ordnung! Das hebräische Wort für Almosen ist צְדָקָה. Dennoch: so günstig der Platz ist, auf den ihm nahestehende Menschen den Behinderten abge-
setzt haben, daß ihm der Tempel selbst verschlossen ist (s. o.), macht sein Los erst recht
bitter. Menschen mit Gebrechen waren aus Gottes Nähe verbannt (vgl. Grundmann zu
Matth. 21,14). Ein Leben ohne Hoffnung.

Daß die beiden Männer, die er anspricht, ihm das erbetene Almosen verweigern, muß ihn
nicht nur enttäuschen, sondern auch verwundern. Sie scheinen gar nicht darauf aus zu sein,
sich einen kleinen Anrechtsschein auf den Himmel zu lösen. Ob sie so arm sind, wie sie behaupten? „Hab selber nichts", hat schon mancher gesagt. – Aber es ist inzwischen etwas anderes geschehen. Petrus – samt Johannes – blickt ihn an und fordert ihn auf, sie anzuschauen. Wir sagten in unserer Schlagzeile: Zuwendung. Was ist damit gemeint?

Es gehört zu den erfreulichen Zeichen unserer Zeit, daß unsere Gesellschaft eine neue Einstellung zu den Behinderten gefunden hat oder mindestens sucht. Nicht nur, daß wir uns
ihnen verpflichtet wissen. Es kann sehr leicht sein, durch den Sozialbeitrag oder durch eine
regelmäßige Spende für die Innere Mission die diesbezüglichen Verpflichtungen abzugelten.
Nötig ist mehr. Der behinderte Mensch leidet nicht nur an seinem Gebrechen, sondern –
und zwar noch viel schmerzlicher – an den sozialen Folgen bzw. Begleitumständen seiner
Behinderung. Er muß auf vieles verzichten – in Beruf und persönlichem Leben. Auch das
würde er tragen – und *wie* es zumeist ertragen wird, nötigt uns große Achtung ab. Was wirklich weh tut, ist etwas anderes. Behinderte werden oft nicht als vollwertige Menschen angesehen und darum an den Rand des Blickfeldes geschoben. Die diabolische Formel vom „le-
bensunwerten Leben" ist unter uns mit Recht verpönt, aber im Schattenreich des Unbewußten geistert sie noch. Was die Nazis seinerzeit nur besonders zynisch formulierten, hat
ja eine lange, lange Geschichte. Man empfindet die Problematik oft ganz unmittelbar: wir
Gesunden sind den Behinderten gegenüber oft so beschämend befangen; vielleicht wissen
wir nicht, wie mit ihnen reden; vielleicht meinen wir, man dürfte sie nicht ansprechen wie
normale Menschen. Dabei täte ihnen nichts wohler, als daß wir sie – ohne ihr Leiden
schamhaft zu verleugnen – annehmen als Menschen wie alle andern, nicht „barmherzig",
nicht aus irgendeiner Überlegenheit heraus sie bedauernd, sondern ganz normal. Sie wollen
ja – und das ist ihr gutes Recht – *mitten drin* sein in der Gemeinschaft der Menschen, und
was sie zu tragen haben, darf nicht Makel sein.

Am Rand des Bildfeldes? Petrus sieht den Gelähmten an und fordert ihn auf, zu ihm aufzu-
blicken. Warum? Der Mann dürfte es gewöhnt sein, daß die Passanten ihn wirklich nur am
Rande sehen – dann das Geldstück in die Mütze und sodann, kaum schaut der Mann auf,
kaum erwacht er aus seiner hoffnungslosen Stumpfheit, ein mechanisches „Danke" – und
die Almosengeber sind schon wieder woanders – mit vielem anderen beschäftigt, nur nicht
mit diesem Mann, der in der Szenerie des Lebens eigentlich nur – stört. – Und dieser Petrus
nun: „Sieh uns an! Wir können dir zwar nichts in die Mütze geben, aber was wir haben, das
geben wir dir!" Man überliest es so leicht, aber es steht doch sehr betont im Text: die beiden
Apostel nehmen persönliche Verbindung mit dem Mann auf. Wo haben sie das bloß gelernt? Der Mann ist ihnen wichtig! Hunderte gehen vorbei, jede Stunde. Sie aber wenden
sich dem Gelähmten persönlich zu, richten ihr Augenmerk und ihr ganzes Interesse auf ihn.
Man müßte nicht Christ sein, um sich so zu verhalten. Aber wenn man fragt, warum die beiden Apostel sich von ihrer Umwelt so abheben, wird man wohl antworten dürfen: weil sie,
seit Christus auferstanden ist, nicht mehr in dem Horizont der Hoffnungslosigkeit leben,
der nicht nur das Schicksal des Behinderten kennzeichnet, sondern auch die Hilflosigkeit
und Verlegenheit, mit der seine Umwelt sich an diesem Störenden und Beunruhigenden
vorbeidrückt. Über dieser Szene am Tempeltor steht der Name des auferstandenen Chri-

stus. Seitdem ist das Achselzucken nicht mehr das Ende unserer Weisheit. – Und darüber hinaus: Wo der Name Christi genannt ist, da ist der einzelne Mensch, wer immer er sei, kostbar. Jesus ist gekommen, Verlorenes zu suchen. Daß bresthafte Menschen aus Gottes Nähe verbannt seien, damit hat der Gelähmte sich leider fast 40 Jahre lang abfinden müssen. Jetzt erlebt er: dieser „Name" wird auch über ihm gesprochen, in Jesus Christus hat er Zugang zu Gott. (Wir beschweren uns jetzt nicht mehr mit der Frage, wie weit die Christologie des Gelähmten entwickelt war. Petrus wird noch aussprechen, wer Jesus ist. Und Lukas schreibt für Menschen seiner Zeit, die die Tragweite des hier Erzählten begreifen können.)

Die Zuwendung geht der Heilung voraus. Sie ist mehr als bloß Anlauf. Hier geschieht, was der Behinderte mutmaßlich sein Leben lang immer wieder hat vermissen müssen: er wird als Mensch ernst genommen. Hier ist Jesus Christus selbst wirksam. Petrus weist auf ihn als auf den Auferstandenen (V. 15). Man kann mit Jesus rechnen – nicht im Sinne eines Kalküls, sondern im Sinne des gewagten Vertrauens auf einen, der, weil er auferstanden ist, als das Gewisseste des Gewissen gelten kann.

2.

Auch was von der *Heilung* gesagt ist – dem auffälligsten, am stärksten in die Augen springenden Element der Perikope –, soll im Sinne des Lukas im Blick auf die Kirche als ganze gelesen und gehört werden. Die Sache wird dadurch für uns nicht einfacher. Wem die Wunder Not bereiten, der wird sich gern mit der Feststellung begnügen, daß nun einmal aus der ersten Zeit der Kirche solche wunderbaren Ereignisse erzählt werden, daß dies jedoch der Mentalität der Menschen von damals entspreche und in unserer Predigt besser umgangen werden sollte. Wer anderer Meinung ist, steht vor der Frage, wo und wie die Macht des Namens Jesu unter uns wirksam wird, speziell: ob wir die Heilung des Lahmen noch so predigen können, daß beschädigte, behinderte Menschen sich dadurch nicht mehr bedrängt, vielleicht gar verhöhnt fühlen, sondern Trost und Hoffnung gewinnen.

Natürlich weiß Lukas, daß es auch nach Jesu Auferstehung eine Unzahl kranker und behinderter Menschen gibt und daß die Kirche nicht über die Wundermacht verfügt, „im Namen Jesu Christi von Nazareth" allen Menschen zur Gesundheit zu verhelfen, die sich danach sehnen. Von „Verfügen" dürfte man auch in unserer Geschichte nicht reden. Ein Zauberwort ist dieser Name nicht. Die Petruspredigt spricht vom „Glauben an seinen Namen" (V. 16) – Magie und Glaube schließen einander aus. „Der Glaube, der durch ihn (Christus) gewirkt ist, hat diesem gegeben diese Gesundheit vor euer aller Augen" (ebd.). Gerade der Glaube weiß, daß er Gott nichts abzwingen kann, sondern nur von dem lebt, was Gott in seiner Freiheit und völlig ungeschuldet ihm gewährt. Und der Glaube weiß, daß Gottes Tun unserm natürlichen Auge nicht offenliegt, sondern Gottes Gutes, das er uns tut, tief in sein Gegenteil hinein verborgen ist. „Wir müssen durch viele Trübsale ins Reich Gottes gehen" (14,22). Unser Bestes empfangen wir nicht im zeitlichen Leben, sondern in der Vollendung, zu der es hier noch nicht kommen kann. Ja, gerade der Tod dient Gott dazu, uns für das Neue frei zu machen. Wo Sterben ist, ist auch Krankheit und leibliche Not. Hier ist nichts zu beschönigen. „Laß dir an meiner Gnade genügen . . ." (2. Kor. 12,9).

Die biblischen Wunder haben den Sinn des Zeichens. Sie signalisieren das Eschaton. Der Gott, der seine verlorene Welt zurückgewinnen will, findet sich mit dem, was uns quält, nicht ab. Die Welt soll heil werden. Was Jesus tut, ist Hinweis auf dieses Kommende: „Blinde sehen, Lahme gehen, Aussätzige werden rein, Taube hören, Tote stehen auf, Armen wird das Evangelium gepredigt" (Luk. 7,22). Und die Erfahrung derer, die er ausgesandt hat: „Es sind uns auch die bösen Geister untertan in deinem Namen" (Luk. 10,17 – das bedeutet: es sind Machttaten geschehen). Man muß sagen: verschwindend wenige, auf das Elend der ganzen Welt gesehen. Aber eben: Ereignisse von zeichenhafter Bedeutung! – Man wird nicht sagen dürfen, sie geschähen heute nicht mehr. Wir rechnen – anders, als die Menschen damals – mit geschlossenen kausalen Abläufen, und wir ordnen selbstverständlich Fälle wie den von Apg. 3 in das Ganze der Ordnung der Natur ein. Sowohl somatische als auch psychische Faktoren setzen wir sowohl bei der Ätiologie als auch bei therapeutischer Bemühung um Menschen solchen Schicksals ein. Nehmen wir auf die natürlichen Abläufe Einfluß, soweit unser Wissen und unsere Macht reicht, so werden wir es Gott nicht verwehren, daß er mit seinem Wissen und seiner – das Ganze durchdringenden und steuernden – Macht auf die Dinge der Welt Einfluß nimmt. Wir halten uns nicht an Mirakel, aber wir glauben daran, daß Gott auf dem Instrument Welt spielt, was er will. Er gibt noch heute Zeichen seines heilenden Wirkens, die der Glaube (V. 16) wahrnimmt. Gott gibt zu erkennen, daß er, wenn unser Heil sich vollendet, uns auch Heilung zugedacht hat.

Noch einmal: „Durch den Glauben an seinen Namen hat diesen hier, den ihr seht und kennt, sein Name stark gemacht; und der Glaube, der durch ihn gewirkt ist, hat diesem gegeben diese Gesundheit vor euer aller Augen." Wir werden zum Glauben an den Namen Jesu Christi ermutigt. Glaube ist nicht bloß eine weltanschauliche Einstellung oder eine Theorie über Gott. Der Glaube hält sich an Gottes Zusagen und nimmt sie ernster als alle ihnen entgegenstehenden Fakten. Der „Name" Jesu Christi *ist* die göttliche Zusage. Wir sind gefragt, was wir im Ernst dem Herrn zutrauen: wie konkret wir beten, was wir von ihm zu erhoffen wagen, wieviel wir in unserm Alltag tatsächlich seiner Regie unterstellen, ob wir also wirklich damit rechnen, daß unser Leben in seiner Hand ist. – Dabei weiß der Glaube, daß das uns zugedachte Gute sich durchaus nicht immer in dieser Welt verwirklichen muß. Im Gegenteil. Daß einer in diesem Leben wieder auf die Beine kommt, rettet ihn nicht vom Vergehenmüssen, und wenn einer von den Toten auferweckt würde, so könnte das nur bedeuten, daß er, wohl oder übel, noch ein weiteres Mal sterben muß – denn so ist es nun einmal in dieser Welt. Die eigentliche Hilfe und Rettung liegt tatsächlich in der „Gnade", die uns „genügen" sollte (2. Kor. 12,9), denn unsere leiblichen Schäden und Gebrechen sind keinesfalls unser größtes Problem! Gott muß *mehr* an uns tun, wenn uns geholfen werden soll. „So tut nun Buße und bekehrt euch, daß eure Sünden getilgt werden, auf daß da komme die Zeit der Erquickung (= des großen „Aufatmens") von dem Angesicht des Herrn und er *sende* den, der euch zuvor zum Christus bestimmt ist" (V. 20). Die Genesung muß *umfassender* sein, als wir es uns immer vorstellen. Es ist nur sachgemäß, daß wir vorerst auf die Zeichen gewiesen werden, letztlich aber auf das totale eschatische Neuwerden, wenn „alles widerhergestellt wird" (V. 21) und „die Lahmen springen wie ein Hirsch" (Jes. 35,6).

Und inzwischen? Der Geheilte „hält sich" an Petrus und Johannes „fest" (V. 11) – nein: er hält „sie" fest, aber das braucht im Effekt nichts anderes zu bedeuten. Die Menschen, denen besondere Last auferlegt ist, haben ein Recht auf unsern Beistand. Geheilt oder nicht: es soll ihnen immer im Maß des uns Möglichen geholfen werden. Daß das geschieht, gehört nach Lukas zum Wesen der Kirche. Dabei steht auch die partielle Hilfe im Zeichen des eschatologischen Ausblicks. Auch sie wird Signal, Hinweis auf das Kommende. Sicher will sie auch das derzeitige Los des leidenden Menschen erleichtern. Aber sie ist umschlossen von der großen Hoffnung auf dieses letzte große „Aufatmen". Also nicht: mitfühlende Begleitung auf dem Weg in letzte Hoffnungslosigkeit. Sondern: Hilfe im Rahmen des jetzt Möglichen als zeichenhafter Hinweis auf die große Hilfe, die uns „zeitlich und ewig gesund" werden läßt (EKG 346,8). In jedem Leidenden und Behinderten – auch in dem psychisch Geschädigten – schon heute den kommenden heilen Menschen sehen: das ist das Vorzeichen christlicher Diakonie, zugleich die Ermutigung, in Fällen, die, menschlich gesehen, aussichtslos sind, die noch verborgenen Absichten und

Pläne Gottes mit diesen Menschen nicht zu vergessen und darum auch ihre scheinbar trostlose Lage im Licht ewiger Hoffnung zu sehen.

3.

Wir müssen zuletzt noch einmal besonders auf V. 8 sehen. Der Geheilte betritt den Tempel – wir sahen, daß dies ein völliges Novum in seinem Leben ist – und lobt Gott. Wir finden ihn am Ende – nach V. 11 – in der Halle Salomos, wo die Christen versammelt sind (s. o.). Die Geschichte hat also nicht nur ihre allgemein-menschliche, ihre medizinische und ihre eschatologische Seite, sondern auch eine ekklesiologische Bedeutung. Der Mann hätte nicht das Heil gefunden, wenn er nicht Aufnahme gefunden hätte im Volke Gottes, in der Gemeinde, die unter dem „Namen" Jesu Christi versammelt ist, außer dem kein Heil ist (4,12).

Man kann natürlich das Erscheinen des Geheilten im Tempel einfach als ein Stück fromme Sitte der alttestamentlichen Gemeinde sehen. Wer besondere Hilfen und Machterweise Gottes erfahren hat, kommt ins Heiligtum, bringt Gott sein Dankopfer dar (was zu erwähnen Lukas sich nicht veranlaßt sieht) und betet seinen Dankpsalm. Daß wir Heutigen auch an dieser Stelle den frommen Brauch abgebaut haben und es dem Ermessen des einzelnen Christen überlassen, ob er nach besonderen Liebeserweisen Gottes vor seinem Angesicht erscheinen und ihn loben oder aber – wie in den meisten Fällen – die Wohltaten Gottes unerwähnt auf sich beruhen lassen will: dies ist eines der zahlreichen Merkmale unserer geistlichen Verlotterung. In Apg. 3 ist es dem Geheilten selbstverständlich, daß er Gott lobt. Ja, in seinem Falle gilt das Lob dem „Gott Abrahams und Isaaks und Jakobs", der „seinen Knecht *Jesus* verherrlicht" hat – und, man überlese das nicht, *dessen* „Name" war es, der den Gelähmten „stark gemacht" hat (VV. 13.16). Es ist kein Zufall, daß wir den Geheilten zusammen mit Petrus und Johannes in dem Bereich des Tempels antreffen, in dem sich die Gemeinde der Christusgläubigen zusammenfindet.

Der Geheilte findet *Aufnahme* in der Gemeinde Jesu. Von Taufe ist nicht die Rede; man muß nicht immer vollständig sein. Man stelle es sich vor: bisher war der Mann, der sein schweres körperliches Leiden zu tragen hatte, zudem noch von der Gemeinde ausgeschlossen, die bei Gott Zutritt hat und „die schönen Gottesdienste des Herrn" feiert (Ps. 27,4). Wer da nicht Zutritt hat, ist auch von Gott zurückgestoßen. Er galt als Gestrafter (vgl. Joh. 9,2).

Wie anders man auf dem Boden der christlichen Gemeinde denkt, wäre fast noch schöner zum Ausdruck gekommen, wenn Petrus und Johannes den Mann zur Halle Salomos geführt hätten, noch bevor es zur Heilung gekommen wäre. Das wäre eine Demonstration gewesen: zum Vater Jesu Christi dürfen *alle* kommen. Gott ist sogar denen am allernächsten, die ihn am nötigsten brauchen. Es wäre ein schönes „Zeichen" gewesen, wenn die Gemeinde diesen Menschen noch als Behinderten ostentativ in ihrer Mitte *aufgenommen* hätte, wie es denn auch bei uns gut wäre, wenn Menschen solchen Schicksals bei uns wirklich zu Hause wären ohne „Sonderstatus", als Glied der Gemeinde wie jedes andere.

Jedoch liegt, was wir eben vermißten, grundsätzlich schon darin, daß über dem Mann der Name Jesu genannt ist und er an diesen Namen glaubt. Der Name enthält in sich die Wirklichkeit. Nicht die Apostel haben die Heilungstat vollbracht (V. 12). *Jesus* ist in das Leben dieses kranken Menschen eingetreten und hat sich seiner angenommen. So wird der Mann, nun ein Geheilter, künftig seinen Platz in Jesu Gemeinde haben, die diesen heilschaffenden „Namen" bekennt. In dieser Gemeinde wird Gott gelobt. Schon zu ihr gehören kann eine Weise des Gotteslobs sein. Der Mann sollte nicht nur auf die Beine kommen, sondern auch seinen Herrn finden.

13. Sonntag nach Trinitatis. 1. Mose 4,1–16a

Jahwistisches Stück. Die VV. 1–2 bieten Genealogie, so freilich, daß V. 2 zugleich Exposition ist zum Folgenden: VV. 3–16 sind die Erzählung, in deren Mitte die Gestalt Kains steht (Abel ist nur der Betroffene). Das Gewicht ruht auf den Redeteilen, die Handlung wird nur knapp erzählt. Parallelen zu Kap. 3 sind auffällig. Dort Mann und Frau, hier Bruder und Bruder (s. u.). In beiden Fällen die Warnung, die Wo-Frage, die Ausflucht, der Schuldspruch, die Verfluchung (in Kap. 3: der Schlange, in Kap. 4: des schuldig gewordenen Menschen).
V. 1: Die zweite Vershälfte ist schwierig. קָנָה (worin wir eine Anspielung auf den Namen Kain hören sollen) bedeutet in seinem ugaritischen Äquivalent „schaffen" (vgl. 14,19.22). Cassuto: „Die Frau rühmt sich ihrer schöpferischen Macht" (zit. b. Westermann z. St.) אֵת bedeutet sonst nie „mit Hilfe von"; vielleicht heißt es „(so gut) wie". Die Entstehung neuen Lebens kennt die Frau ja bisher nur als Jahwes Werk. Sie hat es fertiggebracht, daß das Leben (vgl. 2,17) weitergeht! Geboren ist der (künftige) „Mann", der es abermals weitergeben wird (Joh. 1,13). – V. 2: הֶבֶל bedeutet „Hauch", „Nichts" – „eine düstere Anspielung auf das Folgende" (von Rad). Kain ist betont vorausgestellt: „Kain hingegen". – V. 3: Die Zeitbestimmung läßt darauf schließen, daß etwas vorausgegangen ist (was, können wir nicht mehr rekonstruieren). – V. 4: Auch bei Abel ist adversativ vorangestellt. מִנְחָה: Gabe als Anerkennung des Gebers, als Dank für die Gaben und Versicherung für weitere Gaben (Wstm., S. 402). Der Text beschreibt das Übliche (kein „Einsetzungsbericht"). – VV. 4b. 5a: Nimmt Gott die Gabe an, so liegt darin, daß er auch ferner geben will. Die Nichtannahme bedeutet in der Folge Benachteiligung auf dem Felde. Das Problem ist die „Erfahrung eines Zurückgesetztwerdens von Gott" (Wstm., S. 404). (Es ist abwegig, tiefgründige Prädestinationsgedanken einzutragen.) – V. 5b: Ungleichheit bewirkt Konflikte.
Bei den VV. 6f. ist, wie Wstm. bekennt, eine überzeugende Erklärung bisher nicht gelungen. Delitzsch wohl richtig: „göttliche Warnung, die ihn zur Besinnung und Selbstprüfung zu bringen sucht". Westermann erwägt, ob an einen Schwellendämon gedacht ist; möglich, daß ursprünglich Kain vor dem Totengeist des Erschlagenen gewarnt wurde. Diese Deutung ist natürlich im heutigen Text dick übermalt. Bei bösen Gedanken „fällt" das Angesicht, der Blick „herunter", bei guten ist „Aufheben", man kann frei um sich schauen. חַטָּאת ist Femininum; man liest am besten das erste und zieht das ת zum Verb (תִּרְבַּץ). – In V. 8 fehlt im hebr. Text, was Kain zu Abel gesagt hat; die Übersetzungen füllen auf (s. Apparat). (Ein absolutes אמר gibt es nicht.) Die Untat wird nur ganz summarisch berichtet. – V. 9: Kain antwortet mit einem frechen Witz: Das Achtgeben wäre doch gerade Sache des Hirten! –V. 10: צעק das „Zetergeschrei", also der Hilferuf eines, dem Unrecht und Gewalt geschieht, nach Rechtsschutz. דָּם immer im Plural, wenn es gewaltsam vergossenes Blut ist.
V. 11: Nun wird wirklich der Mensch – *dieser* Mensch! – verflucht – weg von dieser Erde, die Bruderblut getrunken hat. – V. 12: Wortspiel נָע וָנָד (Anspielung auf das Land Nod, V. 16): nicht, weil das Gewissen ihm keine Ruhe läßt, sondern weil die Erde infolge des Fluchs ihm den Ertrag versagt. – V. 13: עָוֹן bedeutet beides: Sünde und Strafe. Sie ist größer, als daß Kain sie „tragen" kann. „Ein Aufschrei des Entsetzens" (von Rad). – V. 14: Als ein Verfluchter ist er vogelfrei. – VV. 15f.: Das Zeichen (Tätowierung?) deutet auf ein „Schutzverhältnis" zwischen Jahwe und dem Schuldigen.

Die Keniter, Jahweverehrer wie die Israeliten, doch nicht einbezogen in den Bund der zwölf Stämme und, obwohl am Rande des Kulturlandes lebend, nicht zur Seßhaftigkeit gelangt, „unstet und ruhelos": das ist der Tatbestand, der das Rohmaterial zu unserer Perikope geliefert hat. Indes ist bei Einbeziehung dieses Stoffes – in dem die Auslegung lange Zeit das Eigentliche dieser Perikope gesehen hat – in die jahwistische Urgeschichte das Interesse ein ganz anderes geworden. Der genealogische Eingang der Perikope verknüpft Kap. 4 mit Kap. 3. Hier wie dort geht es um die „Anfänge" der Menschheitsgeschichte. Anfänge – nicht im zeitlichen Sinne. Die alte Fangfrage, woher denn Kain sein Weib genommen habe (V. 17) ist von einer schlechtberatenen Apologetik immer wieder tierisch ernst genommen worden; sie wird gegenstandslos, wenn man begreift, daß der Jahwist „Urgeschichte" erzählt: Menschheitliches von Anfang an, jedoch so, daß es in dem, was heute ist und geschieht, noch immer präsent ist. Adam und Eva sind *wir*, auch Kain und Abel. Es hat einmal einen Film gegeben: „Die Mörder sind unter uns". Man möchte abwandeln – indem man wiederum menschheitlich denkt: Kain ist unter uns, auch Abel. Kain geht über die Erde, den Bruder mordend und dafür nun unter der Strafe des unsteten, flüchtigen Lebens stehend. Abel liegt auf der Erde; sie hat vieltausendfach sein Blut getrunken, das immerfort zum Himmel schreit.

Westermann stellt schön heraus, daß die Kapp. 2 und 3 einerseits und 4 andererseits „Urbeziehungen" der Menschen darstellen: Mann und Weib – Bruder und Bruder. „‚Der Mensch', das ist nicht nur Adam und Eva; ‚der Mensch' ist auch Kain und Abel" (S. 432 des Kommentars). Das Phänomen der *Gesellschaft* ist im Blick. Der „Bruder" ist der Mensch, den man neben sich hat. In der Unterscheidung von Ackerbauer und Hirt stellt sich die (beginnende) Arbeitsteilung dar. In einer wohlgeordneten und gut funktionierenden Gesellschaft wirkt sie sich förderlich und verbindend aus. In ihrer Gestörtheit durch die Sünde bedingt sie Gegensätze. Die Perikope zeigt die Brüder in Rivalität, Konkurrenz, Streit und Feindschaft (Wstm., S. 390). Die Menschheit ist, wie jede Nummer der Tagespresse zeigt, noch lange nicht so weit, daß sie das Kainitische überwunden hat. In Kriegen tritt Kain vieltausendfach multipliziert auf, bei Terrorakten in kleiner Zahl. Die Perikope lehrt uns, daß das Recht des Mitmenschen nicht erst da verletzt ist, wo Blut fließt. Abel ist überhaupt der niedergehaltene, ausgebeutete, entrechtete, mißhandelte und beleidigte Mensch; die unmittelbare Zerstörung seines Lebens ist immer nur der (leider noch immer viel zu häufige) Grenzfall. Die Perikope lehrt uns auf die Wurzeln der Sünde sehen. – Und das Leben geht doch weiter! Gott macht nicht Schluß mit der mörderischen Menschheit. Er hat noch Besseres mit ihr vor und läßt sie unter dem Fluch nicht vergehen. Gerade wenn man die Geschichte – so, wie sie gemeint ist: – *menschheitlich* versteht, muß sie uns tief bewegen und im Gewissen treffen.

Gott fragt den Mörder: „Wo ist dein Bruder Abel?" Gott weiß es, Kain weiß es, wir wissen es. Was wir nicht so sicher wissen und was auch nie ein für allemal beantwortet werden kann, sondern nur von Fall zu Fall im Gespräch mit dem eigenen Gewissen, ist die Frage, wo *Kain* ist – der Bruder, der an seinem Bruder schuldig wird. Man könnte diese Frage thematisch aufnehmen: *Wo ist Kain –* (1) *der Schuldige,* (2) *der Gefährdete,* (3) *der Bewahrte?*

I.

„Kain, der seinen Bruder tötete, ist der Prototyp des Mörders. Denn alle menschlichen Wesen sind Brüder, und wer immer Menschenblut vergießt, vergießt das Blut seines Bruders" (U. Cassuto nach Wstm. S. 388). Was in diesen beiden Sätzen fast wie ein logischer Bruch aussieht, ist in Wirklichkeit eine wichtige Aussage. Nicht daß er tötet, macht Kain zum Mörder – die Schwalbe, die ein Insekt im Flug erhascht, ist keine Mörderin – , sondern daß er sich am Leben seines Mitmenschen vergreift. Alle Menschen sind, von der Schöpfung her, Brüder, gehören zusammen, sollten miteinander und füreinander leben.

Dem fünften Gebot gegenüber fühlen wir uns meist einigermaßen unangreifbar. Ich bin nicht der Mörder meines Bruders. Ich verabscheue den Mord, überhaupt die Gewalt. Ich bin froh, daß ich auch mit meinem Auto noch keinem Menschen Schaden zugefügt habe. Diesmal brauche ich beim Hören der Rede Gottes kein ungutes Gefühl zu haben.

Aber es muß mir doch zu schaffen machen, wieviel Blut die Erde von Kains Händen empfangen hat (V. 11). Die Weltgeschichte ist mit Blut geschrieben. Und an ihr sind ja in erdrückender Mehrzahl eben solche Menschen beteiligt, die denken wie ich. Wie das? Es muß wohl an den übergreifenden gesellschaftlichen Gegebenheiten liegen; gelingt es, sie –

weltweit – in Ordnung zu bringen, wird Kain aussterben. Wer wäre nicht froh, wenn er dessen gewiß sein dürfte – wenn nicht für heute und morgen, dann doch für absehbare Zeit? Die Hamartiologie der Bibel indes sieht – wie immer es mit der Menschheit im Ganzen weitergehen mag – in dem Kains-Phänomen eine Gewissensfrage. „Wo ist dein Bruder Abel?" Ich kann nicht mehr einfach auf die großen „Kains" hinweisen, seit ich in der Schule Jesu gelernt habe: schon wer seinem Bruder zürnt oder ihn verächtlich macht, handelt gegen das 5. Gebot. Jesus gräbt die Wurzeln auf. Er fragt nach dem Zustand meines Herzens und nach dem menschlichen Klima, in dem das Böse gedeihen kann. Leider tragen wir alle dazu bei, wenn auch nur in geringen Partikelchen oder Impulsen; viele – an sich harmlose – Wassertröpfchen machen die reißende Flut. Vielleicht wird mein Mitmensch in höherem oder geringerem Grade zum Kain, weil ich – durch Nichtstun oder Nichthinsehen – ein Unrecht habe stabilisieren helfen, das ihn zur Weißglut bringt. Ich müßte mehr Gutes in die Welt hineinbringen. Nicht so, daß ich dem Bruder meinen Willen aufzwinge, vielleicht unter der Devise: „Recht muß doch Recht bleiben", vielleicht mit der Vorstellung, man müsse ihn zu seinem Glück (wie ich es mir vorstelle) zwingen – man denke an Dostojewskis „Großinquisitor" – , und dann, wenn sein Widerstand gebrochen sein wird, dann wird Ruhe sein! Nur: so wird nicht Ruhe; denn der meine Gewalt leidet, wird sich damit nicht abfinden, und wenn ich ihn ganz stumm machen würde, dann wäre ich erst recht zum Kain geworden. Jesus: „Ihr sollt dem Übel nicht widerstehen" (Matth. 5,39). „Denn das ist die Botschaft, die ihr gehört habt von Anfang, daß wir uns untereinander lieben sollen, nicht wie Kain, der von dem Argen war und erwürgte seinen Bruder" (1. Joh. 3,11f.). Billiger wird's nicht gehen.

Wie war es denn damals, „auf dem Felde"? Die zwei Brüder waren verschieden. Das müßte sie weder trennen noch gar gegeneinander aufbringen. Jeder bringt seinem Gott die Dankes- und Bittgabe dar, die aus dem Ertrag seiner täglichen Arbeit stammt. Aber Gott stellt sich unterschiedlich zu den beiden Opfern. Warum? Aus V. 7 hat man den Grund erfahren wollen: Kain war eben nicht fromm. Der Text begründet die ungleiche Annahme des Opfers nicht. Gott „sieht" nur die Gaben verschieden „an", und das bedeutet – nach der Do-ut-des-Vorstellung – , daß Kain im Ertrag des nächsten Jahres benachteiligt sein wird. So ist das nun mal in der Welt: die Glücksumstände sind verschieden verteilt. Eigentlich müßte jeder genug zum Leben haben. Aber der Vorteil des andern wurmt einen. Kainitisches Denken erzeugt eine eiskalte Lebensanschauung. Günstigeres Klima – mehr Bodenschätze (Kohle, Eisen, Mangan, Erdöl) – größerer Wohlstand: die Brüderlichkeit der Menschen zerbricht an den „Interessen", am Egoismus des Bevorzugten, am Neid des Benachteiligten. Kain macht die Erfahrung, von Gott zurückgesetzt zu werden (Wstm., S. 404). Ungleichheit bewirkt Konflikte. Wir sind gewiß einstimmig der Meinung, daß wir die Ungleichheit im Los der Völker nicht hingehen lassen dürfen – man denke an das himmelschreiende Elend vieler Völker auf der südlichen Erdhalbkugel. Bei Kain liegt es, wie wir sahen, anders. Er war noch nicht in Jesu Schule. Das kann man ihm nicht anlasten. Er hat aber sein „Interesse" über die Menschlichkeit gestellt. Und das noch unter den Augen Gottes – denn dem galt ja sein Opfer. „Da fing es ihm an zu lodern, und sein Gesicht fiel nieder", vertrotzt und verbittert. So hat es angefangen.

Wir sähen die Dinge falsch, wenn wir meinten, es sei der zynische Wille zum Bösen, die gemeine Freude am Verderben des anderen der Ausgangspunkt. Wir haben uns selbst genau auf die Finger und ins Herz zu sehen, und wir sollten auch, wo das horrible Verbrechen geschieht, nicht vorschnell urteilen. Die Gemeinheiten und Untaten in der Menschheitsgeschichte haben – im kleinen und großen Maßstab des Geschehens – meist Motive, die die Täter als ehrenwert verteidigen. Es ist eine wirklichkeitsfremde Simplifikation, wenn jemand meint, die scheußliche Gewalttat eines Menschen am andern und die Kata-

strophe des großen Blutvergießens unter den Völkern kämen immer daher, daß jeweils der eine sich vornähme, am andern zum Verbrecher zu werden. – Hier: Der grimmige Zorn entsteht daran, daß einer seine Interessen als Ansprüche gegenüber Gott ansieht. Das Pünktchen auf das i: es kommt zum Konflikt auf dem Boden der *Religion.* Im vorigen Kapitel hieß es: „Die Frau, die *du* mir zugesellt hast . . ." Es fehlt in unserm Kapitel nicht viel, und Kain würde sagen: Du bist schuld.
Aber Kain weiß, daß er Unrecht getan hat. „Wo ist dein Bruder Abel?" Wäre er sich seiner Schuld nicht bewußt, würde er jetzt die Wahrheit sagen. Statt dessen heuchelt er. „Kann einer, wenn er Hirt ist, nicht einmal auf sich selbst aufpassen?" Das ist unerhört scharf beobachtet. Der im Gewissen Getroffene spielt den Überlegenen und tarnt sich hinter seiner eigenen Frechheit. So schlagfertig sind wir, wenn wir unrecht haben! – Aber Gott hat das Blut schreien gehört. Die Leiche ist vergraben; „der sagt nichts mehr". „Vergossenes Blut (aber) läßt sich nicht zuschaufeln, es schreit zum Himmel empor und erhebt . . . vor dem Herrn des Lebens seine Klage" (von Rad). Es wird gut sein, daß wir nicht zu schnell über diese „altertümliche" Anschauung von dem zeternden, hilfeschreienden Blut hinweggehen. Wir vergessen zu leicht, daß vor Gott die Welt sich wohl anders ausnimmt als im Bereich unserer Sinneserfahrung. Die Umgebrachten sind stumm. Die Erde deckt sie zu. Das Leben geht weiter, reden können nur noch die, die „davongekommen" sind, und – die am Tode der anderen Schuldigen! Es scheint sich alles beruhigt zu haben, wenn der Tote begraben ist. Aber Gott hört das Schreien. Vielleicht hört er den brüllenden Aufschrei des zu Tode Getroffenen und die Todesschreie der ungezählten Zerrissenen und Vergasten immerzu.
Wie ein Schrei des Entsetzens und der Entrüstung klingt nun Gottes eigene Frage V. 10a. Den Mörder trifft Gottes Fluch. Die blutgetränkte Erde kann ihren Ertrag nicht mehr erbringen, als wäre nichts geschehen. Kain bleibt nichts weiter übrig als das Kulturland und damit das Land des Segens, das ihm zum Fluchland geworden ist, zu verlassen. Ein Berufswechsel nur und ein Wechsel der Lebensform? Kain empfindet die über ihn verhängte Strafe als untragbar schwer. Ist Nomadenleben so unerträglich? Das Entscheidende sagt V. 14: der Mörder kann nicht unter Gottes Augen bleiben. Kain ist aus der Nähe Gottes verbannt. Die stark archaisch anmutende altisraelitische Ansicht, daß Gott in Kanaan wohne, alles fremde Land also nicht mehr sein Machtbereich sei, muß hier transparent werden: Wo Gott nicht ist, gibt es kein bewahrendes Gesetz. In der Wüstenei ist jeder des andern Feind. (Man darf nicht einwenden, auch die Steppe kenne ihre Gesetze; der Text redet theologisch und daher ganz prinzipiell und radikal.) Der Verfluchte ist schutzlos. – Was würde aus uns, wenn Gottes Fluch sein letztes Wort über die kainitische Menschheit wäre?

2.

Wir haben soeben die Geschichte fast bis zu ihrem Ende erzählt. Dabei haben wir die VV. 6f. einstweilen ausgelassen. Nicht, weil dieser Passus exegetisch ungelöste Probleme enthält. So, wie der Text jetzt dasteht, kann man ihm schon einen Sinn abgewinnen, und es wäre theologisch nicht zu rechtfertigen, wollten wir meinen, daß nur jeweils die älteste – uns jetzt kaum mehr erreichbare – Schicht der Überlieferung die Qualität göttlichen Wortes haben könne. Kain hat seine Untat begangen, obwohl Gott ihn zuvor gewarnt hat. In der Lage, daß die Untat nicht – im schlimmen Falle: *noch* nicht – geschehen ist, war ja jeder, dem das 5. Gebot in irgendeinem Sinne zum Problem geworden ist.
Für uns drängt sich das Problem generell darin auf, daß wir zur Arbeit, ja zum Kampf für den Frieden der Welt gefordert sind. Warnt uns die Stimme Gottes, dann in der heutigen

Weltlage so, daß wir hier vordringlich gefordert sind. Jeder einzelne Mord, jeder Terror-akt, sogar jeder auf Leichtsinn zurückzuführende Verkehrsunfall löst Entsetzen aus, auch bei Gott. Aber die Verhütung des Krieges ist Aufgabe Nr. 1. Es gibt darüber unter uns keine Meinungsverschiedenheiten. Schwer zu beantworten ist die Frage, ob sich aus dem, was die Perikope will, für uns – besonders angesichts des waffentechnischen Standes der Menschheit – die Forderung ergibt, den Dienst mit der Waffe zu verweigern, indem man statt dessen einen anderen Dienst am Ganzen der Gesellschaft leistet. Eine solche Ent-scheidung wird von den jungen Menschen, die es vorzugsweise angeht, meist damit be-gründet, daß das Schlimmste nur dann verhütet werden kann, wenn man dem Friedens-gebot Jesu ohne Wenn und Aber Folge leistet, vielleicht in der Hoffnung, daß, wenn viele oder gar alle so handeln, der Krieg abgeschafft ist. Vom Neuen Testament her ist m. E. eine solche Haltung nicht hinreichend zu begründen. Es gibt, gerade weil die Welt sündig ist, keinen Staat ohne Machtausübung. Auch der liberalste Staat könnte es sich nicht lei-sten, infolge einer erdrückenden Überzahl von Wehrdienstverweigerern auf seine bewaff-nete Macht zu verzichten. Dies entspricht auch der neutestamentlichen Auffassung vom Amt der Obrigkeit. Zudem dürfte es unrealistisch sein, zu meinen, daß in der Welt, so wie sie nun einmal ist, Waffenlosigkeit den Frieden sichert. Unser Engagement für den Frieden hat an anderer Stelle einzusetzen. Dazu würde ich es rechnen, wenn ein Wehr-dienstverweigerer seine Entscheidung und, wenn es sein muß, auch sein leidendes Einste-hen für diese Entscheidung als ein *Zeichen* versteht, mit dem er die Umwelt auf unser aller Friedensverpflichtung aufmerksam macht, weil er meint, daß andere Mittel zu schwach sind. In der Tat, wir müssen bereit sein, die ganze Kraft der Herzen dafür einzusetzen, daß die Menschheit im Frieden zusammenleben kann, und wir müssen im Sinne des vorhin an-geführten Jesuswortes (Matth. 5,39, vgl. V. 44) zu Verzicht und Opfer bereit sein.

Gottes warnendes Wort sollte Kain veranlaßt haben, sich und seinen inneren Zustand zu überprüfen. Die Verantwortung für das Wohl und das Leben des Mitmenschen verlangt selbstkritisches Nachdenken. Wo Menschenblut fließt um des bloßen Gewinns willen – Kriminalromane bilden hier leider schreckliche Wirklichkeit ab –, kann Gottes Warnung nichts fruchten; da sind die Dinge eiskalt durchkalkuliert, einschließlich des Risikos. Nicht viel, aber vielleicht doch einen Schein besser könnte es da stehen, wo ein „großer" Kain – die Hand an den Hebeln der staatlichen Macht – durch ein klares Wort aus seinem Ruhm- und Machtrausch aufgescheucht wird; Gott weiß, wie gering die Chancen sind. Im Terror der Straße äußern sich oft Traumata der eigenen Biographie oder – so etwa in Nordirland – Verschuldungen der Geschichte. In allem wirksam: Klassengegen-sätze. Gott hat wenig Erfolg mit seinen Warnungen. Bei Kain war es ebenso. Der Text kennzeichnet sein Tun als Affekthandlung, wobei Gottes Gewissensanrede offensichtlich den Affekt nicht hat abbauen können. Innerer Überdruck – irgendwann platzt der Kessel. Ist der kritische Punkt überschritten, kommt jedes Wort zu spät. Nicht die Explosion be-lastet den Täter, sondern daß er den Kessel aufgeheizt hat. „Ist's nicht so?" – ich appel-liere an deine Einsicht: „Wenn du gut bist, kannst du den Blick frei erheben" – aber sieh nur, wie du verbittert und verbissen dein Gesicht nach unten hast fallen lassen! Das ist Alarmstufe 3! Deine Einstellung macht es! Immerzu Schlimmes über den Mitmenschen denken – klar, daß es dann eines Tages „kracht". Bring deine Gedanken über dich und deine Nächsten in Ordnung. – Und mißtraue dir bzw. der dir auflauernden Sünde. Die Sünde – noch im Neuen Testament wie eine persönliche Macht vorgestellt – lauert vor der Tür wie eine hungrige und darum aggressive Bestie. Wenn du unwillig, mit aller Welt und Gott zerfallen und negativ eingestellt bist: dann halt die Tür fest zu! – Kain ist *der* Gefährdete. Er sollte das wissen. Zu schnell ist die Tat geschehen, er kann sie nicht unge-schehen machen.

3.

Damit wären wir wieder kurz vor dem Ende der Geschichte. Wo ist Kain? Nicht weit jedenfalls. Mitten in den gegenwärtigen Weltproblemen und in vielen Schicksalen und sogar in den bösen Wurzeln, die man im eigenen Herzen entdeckt. Aber Kain lebt! Die Geschichte endet erstaunlich. Wir finden ihn als den *Bewahrten.* Überhaupt: die kainitische Menschheit, die schon soviel Blut vergossen hat, lebt, und wenn es nach Gott geht und sie sich nicht selbst umbringt, *soll* sie leben.

Wir sahen: der Fluch ist hart. Handelt es sich auch in diesem Text um „Urgeschichte", dann werden wir Merkmale dessen, was hier zu lesen ist, in unserer eigenen Welt und unserm Leben wiederfinden. Wahrhaftig: die Bedrohung des Menschen durch den Menschen macht uns zu schaffen. An den Folgen menschlicher Untaten, besonders der Kriege, leiden Völker und Erdteile. Vergangenheit ist Last. Nicht nur, weil Abel nicht wieder ins Leben zurückgeholt werden kann, sondern weil Vergangenes uns so bedrückt, daß wir's schwer haben, wieder zueinander zu finden. Vermutlich brauchten wir nur Zeuge bei irgendeiner beliebigen Abrüstungskonferenz zu sein, um wahrzunehmen, wie es hinderlich ist, daß keiner dem andern traut.

Aber Kain empfängt Gnade. Es soll also nicht dabei bleiben, daß Kain gänzlich von Gott getrennt und seinem Wirken entzogen ist. Das Kainszeichen, das ihn nicht etwa brandmarken und damit preisgeben, sondern schützen soll, wird auch in der Wüste respektiert werden. Es ist also doch nicht so, wie altisraelitisches Denken meint: Gottes Macht reiche nicht über Kanaan hinaus. Keiner ist so weit von Gott entfernt, daß nicht auch sein Leben durch Gottes „Schutzzeichen" bewahrt würde. Ja, man hat den Eindruck, daß Gott in dem „siebenfältig" (V. 15) den Rechtsschutz Kains unerhört verstärkt. Durch ein überstrenges Vergeltungsgesetz schützt Gott die kainitische Menschheit – eine Aussage, die der heimliche oder offene Antinomismus unserer Theologie (s. o.) unterschätzt oder gar übersieht. Dieses Gesetz schafft allerdings Kains Schuld nicht aus der Welt. Kain kann weiterleben – das ist alles. V. 16a: das ist ein beklemmender, grauenvoller Ausgang. Abels Blut schreit am Ende der Geschichte noch immer. Und in wie vielen Fällen ist seitdem Abels Blut geflossen! Geflossen ist auch *Jesu* Blut, „das da besser redet denn das Abels" (Hebr. 12,24). Jesu Blut zetert nicht und verklagt nicht, sondern es schreit für uns nach Gottes Barmherzigkeit (EKG 269,4). Gott wurde Kains Bruder. Das Verbanntsein von Gott weg hat der andere „Abel" mit Kain und für Kain auf sich genommen. Seitdem ist das Land „Nod" (V. 16) nicht mehr die Hölle des Getrenntseins von Gott. Seitdem braucht Kain sich nicht mehr zu verbergen (V. 14). Er kann sein Angesicht wieder aufheben (V. 7). Gott schenkt ihm auch den Bruder wieder. Dieses „Abels" Opfer hat Gott gleichfalls gnädig angesehen (V. 4), und das genügt für uns alle.

14. Sonntag nach Trinitatis. 1. Thess. 1,2–10

Die nach der Sitte jeden Brief einleitende Danksagung wird in 2,19 und 3,9 wieder aufgenommen, beherrscht also den ganzen ersten Hauptteil des Briefes. Unter dramatischen Umständen hat Paulus Thessalonike verlassen müssen (Apg. 17,1–9). In seiner Sorge um den Glaubensstand der jungen Gemeinde hat er Timotheus nach Thessalonike gesandt, und dieser ist mit guter Nachricht zurückgekommen (3,5–8).
V. 2: Der Dank geschieht „allezeit" (vgl. Eph. 5,20; Phil. 1,4; Kol. 1,3; Philem. 4; 2. Thess. 1,3.11), ist also eine Dominante des gesamten Denkens und Fühlens; er bezieht sich auf „euch alle" – Paulus hat die Tendenz zum Umfassenden (1,7.8; 3,6; 4,10; 5,14). – V. 3: μνημονεύειν meint das betende Eintreten für jemanden (so in jüdischen Synagogeninschriften, vgl. P. Stuhlmacher, Das paulin. Evg. I,

1968, S. 104, A.2). Die Trias Glaube, Liebe, Hoffnung ist wahrscheinlich vorpaulinisch und auch nach Paulus oft verwendet (5,8; Gal. 5,5f.; 1. Kor. 13,13; Kol. 1,4f.; 1.Petr. 1,21f.; Hebr. 10,22–24). (5,8 zeigt, daß sich Paulus beim Schreiben unwillkürlich das dritte Glied aufdrängt, obwohl der Zusammenhang es gar nicht verlangt.) Das ὑμῶν gehört zu allen drei Gliedern der Formel; wahrscheinlich gilt dasselbe auch von dem nachfolgenden Genitiv τοῦ κυρίου ἡμῶν Ἰησοῦ Χριστοῦ und von der „Ortsbestimmung" ἔμπροσϑεν κτλ.: alles, was Paulus zu nennen hat, kommt von Christus und besteht vor dem Angesicht Gottes. – V. 4: Erwählung vgl. Röm. 8,28–30; 9,15f.; Eph. 1,4. Wie V. 5 zeigt, ereignete sich die Erwählung in dem an die Thessalonicher ergehenden Ruf, also so, daß wir auch um sie „wissen" können (nicht eine uns verborgene ewige Entscheidung Gottes). – V. 5: vgl. 2,1ff., wo der Gedankengang, bis ins Formale, ganz ähnlich ist. Man kann, man muß aber nicht an Wunder denken. Beglaubigung der Predigt durch den Geist, vgl. 1. Kor. 2,4f. πληροφορία könnte man, ganz wörtlich, mit „Inhaltsträchtigkeit" wiedergeben; gemeint ist das Gegenteil vom leeren Wort. ἐν ὑμῖν δι' ὑμᾶς: das Spiel mit Präpositionen ist rhetorischer Brauch (vgl. 3,6; Röm. 8,3; 2. Kor. 1,11; 7,12; 8,7), man darf keine sachlichen Feinheiten herausholen wollen. – V. 6: „Nachahmer" vgl. 1. Kor. 4,16; 11,1; Phil. 3,17; 1. Thess. 2,14; 2. Thess. 3,7.9. Was damit gemeint ist, s. u. Es sieht aus wie eine plötzliche Selbstkorrektur (vgl. 1. Kor. 15,10), wenn Paulus hinzufügt: „und des Herrn", als fiele ihm ein, daß eigentlich keiner von uns Nachahmung erwarten kann (vgl. 1. Kor. 11,1; zur Sache auch Röm. 15,1–3; Eph. 5,1). – V. 7: Die Thessalonicher selbst ahmen in ihrem Schicksal die Gemeinden Judäas nach (2,14) und werden nun zum „Typos" für die Christen Mazedoniens und Achajas (in diese beiden Provinzen war Gesamtgriechenland unter römischer Herrschaft eingeteilt). – V. 8: Durch das, was die Gemeinde ist und tut, strahlt sie die Sache Christi missionarisch aus. Undeutlich ist, was mit λαλεῖν gemeint ist: Erübrigt es sich jetzt, daß Paulus überhaupt noch „predigt" – oder, daß er über die Thessalonicher und ihren Glauben „berichtet"? Der Fortgang in V. 9, wo ἀπαγγέλλειν = erzählen, spricht für das letztere. – V. 9: Das, wovon in 2,13ff. noch des weiteren zu reden sein wird, spricht für sich selbst. Grundbegriffe der Missionspredigt (urchristlicher Katechumenat): Abkehr von den vielen Göttern zum lebendigen und wahren Gott, dem wir zu dienen haben. – V. 10: Warten auf Jesus, Gottes Sohn (die christologische Formel bereits hier), den Auferstandenen, der uns vom kommenden Zorngericht erretten wird (vgl. 5,9; Röm. 1,18 u. ö.). Das hört sich an wie eine Glaubensformel (bzw. ein Stück daraus).

Das Thema des Sonntags ist die *Dankbarkeit*. Sie hat in unserm Brief weiten Raum. Wären die Bücher des Neuen Testaments nach der Zeit ihrer Entstehung angeordnet, dann begänne, wenigstens nach herkömmlicher Auffassung, das Neue Testament mit unserm Text, also mit dem Zeugnis der Dankbarkeit. (Es wäre nicht anders, wenn wir mit H.–M. Schenke Einleitung, S. 71] unsern Brief literarkritisch aufteilten und den älteren der beiden Briefe mit 2,13; 2,1–12 beginnen ließen.) Man könnte dieses Zeugnis einfach biographisch erklären: Unter dramatischen Umständen war des Paulus und seiner Mitarbeiter Wirksamkeit in Philippi zu Ende gegangen (2.2; Apg. 16,39). „Unter viel Kampf" hatte Paulus in Thessalonich das Evangelium verkündigt (2,2; Apg. 17,1–9). Inzwischen hatte er in Athen gepredigt; der Abgang dort war nicht gerade triumphal verlaufen (Apg. 17,32f.). Die Arbeit in Korinth, von wo aus unser Brief geschrieben ist, war schwierig (1. Kor. 2,3; Apg. 18,9f.). Es nähme nicht wunder, wenn ein Missionar nach solchen Erfahrungen mürbe würde. Die Sorge um eine Gemeinde wie die in Thessalonich ist begreiflich. Am liebsten selbst sofort hinreisen! Paulus hat es wiederholt versucht, vergeblich (2,17f.). Nun ist inzwischen Timotheus dort gewesen. Die von ihm mitgebrachten Informationen lösen den Dank aus. (Schenke rechnet auch letzteres dem älteren Brief zu; wegen der Ähnlichkeit der Thematik können wir dies im Blick auf die Predigt dahingestellt sein lassen.)
Wer Gott dankt, verfolgt im Glauben sein verborgenes Wirken und bringt ihm gegenüber zum Ausdruck, daß er sich dessen bewußt ist, was Gott in ungeschuldeter Güte und Freundlichkeit ihm, dem Dankenden, zuliebe getan hat. Wenn Paulus sich lediglich der Briefsitte verpflichtet gefühlt hätte, dann hätte er es kürzer machen können. Aber er ver-

sucht, dem Walten und Wirken Gottes auf der Spur zu bleiben. »Allezeit« dankt er, und in seinen Gebeten erwähnt er die Thessalonicher – und nicht nur sie – ausdrücklich und regelmäßig. Der Fortgang der Sache des Evangeliums gehört in die tägliche Fürbitte des Apostels wie der Gemeinde. Denn die Ausbreitung des Evangeliums ist letztlich nicht unser, der Menschen, Werk, sondern Gottes eigene Sache. Der Text lehrt uns, alles, was in Thessalonich Anlaß zur Freude ist, auf Gott zurückzuführen. Danken heißt geradezu: erkennen und anerkennen, daß *er* es getan hat. Zugleich erkennt man daran, *wofür* Paulus dankt, was in einer Gemeinde wichtig ist. Es könnte sein, daß nicht alles, was wir in einer Gemeinde für Kennzeichen ihres Lebens halten, dazugehört; und umgekehrt könnte dies und jenes, was wir vernachlässigen, in den Vordergrund gerückt werden. Erneuert wird die Kirche immer nur aus dem, was sie im Anfang ins Leben gerufen hat, denn sie lebt aus Gottes Wirken.

Wir haben Gott zu danken, denn er selbst ist die treibende Kraft, (1) *wo die Boten wirken,* (2) *wo die Gemeinde glaubt,* (3) *wo die Welt aufhorcht.*

I.

Sprechen wir zuerst vom Dienst der *Boten.* Paulus, Silas und Timotheus stehen hinter diesem Brief (1,1). Alle drei sind bei den Thessalonichern gewesen. Ihre Verkündigung wurde gesegnet. Wir haben uns und der Gemeinde deutlich zu machen, warum Paulus dies so hervorhebt.

Man könnte an die besonderen Umstände denken, unter denen sich diese Verkündigung vollzogen hat. Drei Missionare – in einer wildfremden Stadt – bekämpft, verdächtigt, verleumdet (s. o.): wer darf hier auf Erfolg hoffen? Wir hätten das eigentlich Aufregende an der Sache damit noch nicht begriffen. Nicht nur unter ungünstigen, sondern auch unter günstigen äußeren Bedingungen ist der Missionserfolg ein Wunder. Ich kann nicht aus eigener Vernunft noch Kraft an Jesus Christus glauben oder zu ihm kommen. Niemand kann von sich aus seiner Predigt die zündende Kraft geben, und wenn er meint, er könne es, dann sehe er zu, daß er die Menschen nicht (unbeabsichtigt) mit etwas anderem gewinnt als mit dem Evangelium. Natürlich gibt es eine homiletische Methodenlehre, wie es denn auch eine Missions-„Strategie" gibt. Unser Überlegen und Zubereiten kann sich nur auf die äußeren Bedingungen des Hörens – einschließlich der Klarheit, Verständlichkeit, Lebensnähe, Anschaulichkeit usw. – beziehen. Aber Glauben erzeugen kann niemand. Kein Prediger kann anders auf die Kanzel treten als so, daß er es auf das Wunder Gottes ankommen läßt.

Man kann sich das schon so klarmachen, daß man einmal die Hauptpunkte der Missionspredigt, wie sie sich in VV. 9f. darstellen, durchgeht. Abkehr von den Götzen – dienend tätige Hinkehr zum lebendigen und wahren Gott: welcher Heide, der im Glauben an seine Götter groß geworden ist, soll einem dies abkaufen? mit welchen Argumenten kann hier ein Widerstrebender überzeugt werden? wie soll man sich einem, der diesen „lebendigen und wahren Gott" nicht gelten läßt, verständlich machen, wo man doch nichts, buchstäblich nichts – weniger also als der heidnische Priester – in den Händen hat? Die Sache wird noch ernster, wenn den Hörern zugemutet wird, sie sollen sich auf den „künftigen Zorn" gefaßt machen, von dem ein Prediger des Evangeliums wie Paulus immerhin mit Ernst geredet hat (Röm. 1,18; 2,5.8; 12,19; Eph. 5,6). Das Evangelium besagt ja nicht, daß das vom Täufer angekündigte Zornesgericht (Matth. 3,7 ganz ähnlich wie hier: künftiger Zorn) ausfällt, sondern daß wir durch Christus „aus dem Zorn herausgerettet" werden. Wer läßt sich dergleichen schon sagen? Die Sache wird nicht einfacher, wenn man sich klarmacht, wer der ist, der die Rettung bringt. 1. Kor. 2,1ff. schaut auf die Zeit der sog. zweiten Reise zurück, in der Paulus über den paradoxen Charakter der Kreuzespredigt besonders viel nachgedacht haben muß. Kreuz, Auferstehung, Erwartung des Gottessohnes vom Himmel: kann man damit auf Verständnis und Annahme rechnen? Die knappen Andeutungen über die Missionspredigt geben noch nicht einmal soviel her, daß man die ganze Anstößigkeit des Evangeliums daraus erkennt. Wie geschieht denn die Rettung vom Zorn? Damit, daß aller Eigenruhm, die Geltung des bewährten, gereiften, disziplinierten, tugendgeübten, gottbeflissenen Menschen vor Gott zunichte wird. Tatsächlich: *das* ist die Rettung, die Paulus meint; sie besteht in dem „Christus für uns". Wer soll so etwas annehmen?

Alle Predigt ist Wagnis. Unausgewiesen, schutzlos, ohne imponierende Parolen, ohne durchschlagende Argumente kommen die Boten Christi zu den Menschen, ganz darauf angewiesen, daß Gott tut, wozu sie selbst prinzipiell außerstande sind. Denn es geht im Kern nicht um neue Einsichten, sondern um den neuen Menschen. Das ist das Vorzeichen, unter dem alle Predigt steht.

Aber Gott sei Dank: er war selbst die treibende Kraft, wo die Boten wirkten. Er hat den Beweis des Geistes und der Kraft selbst geführt (1. Kor. 2,4). „Unsere Predigt kam zu euch nicht allein im Wort, sondern auch in der Kraft und im heiligen Geist und in der inhaltlichen Gefülltheit, die das Gegenteil des Leerlaufs ist" (V. 5 – s. o.). Es ist also in Thessalonich das Wunder geschehen, auf das jede Predigt rechnen muß: „daß ihr das Wort göttlicher Predigt, als ihr es von uns empfingt, nicht aufnahmt als Menschenwort, sondern, wie es das in Wahrheit ist, als Gottes Wort" (2,13). Wir sind unlängst, bei Jer. 1, schon auf dieses Wort aufmerksam geworden. Die Predigt armseliger Menschen – Gottes Wort! Entweder man nennt das Wunder, oder man weiß nicht, was man sagt. Man bedenke doch: mit „Gottes Wort" meinen wir nicht die zum Lehrsatz gewordene unfehlbare Wahrheit „über" Gott; wir meinen die lebendige *Anrede* Gottes an uns, in der Gott mit uns Kontakt aufnimmt und uns auf du und du anspricht. Zu viele Predigten sind Rede „über" den Text, Darstellung von dogmatischen Sachverhalten, Erörterung von Fragen, die mit Gott zu tun haben. Gott selbst will unter uns zu Worte kommen. Wer weniger sein will als „Botschafter für Christus" (2. Kor. 5,20), predigt überhaupt nicht. Das haben die Thessalonicher begriffen.

Vielleicht sind wir geneigt, in *unserer* Gemeinde mit solchem Dank, wie der Text ihn laut werden läßt, sparsam zu sein. Wie steht es mit der Wirksamkeit des Wortes? Versagt sich Gott? Macht er unsere Rede kraftlos, läßt er sie kraftlos bleiben? Natürlich fragen wir uns, ob es an uns liegt. Ist das Wort des sendenden Herrn in dem des Botschafters wiederzuerkennen? Stehe ich, der Prediger, mit meiner Person, mit meiner Art, mich zu geben und die mir anvertraute Sache an den Mann zu bringen, bei allem vorhandenen guten Willen meinem Herrn im Wege? Tut uns eine „homiletische Akupunktur" not (Buchtitel von Werner Jetter, Göttingen 1976)? Fragen dieser Art sind immer zu stellen. Nur: hier im Text stehen sie nicht zur Verhandlung. Nicht, daß wir in anderer Lage wären als Paulus. Auch er kennt den Mißerfolg. Das Neue Testament weiß nicht nur von einem pneumatischen Frühling. Aber es weiß von dem Gott, der mit seinem Geist und seiner Kraft da ist und an und mit untauglichen Menschen seine Wunder tut. Uns sollen die Augen dafür aufgehen, daß das so ist. Nicht, indem wir spektakuläre Vorgänge konstatieren oder danach Ausschau halten. Gott tut's im Verborgenen. Man hört auf Kanzeln nicht selten Klagen (in der Tonart von Jes. 53,1 – wem wäre solche Anfechtung fremd?). Man sollte mehr Dank vernehmen. Wir Prediger wollen gemeinsam mit der Gemeinde entdecken, was Gott an uns tut.

2.

Was jetzt zu sagen sein wird, liegt dicht neben dem soeben Ausgeführten. Denn alles, was wahrzunehmen ist, *wo die Gemeinde glaubt,* ergibt sich ja aus dem Wort, das in Thessalonich wirksam geworden ist. Es hat praktische Gründe, daß wir das Ineinander in ein Nacheinander auflösen.

Daß sein Evangelium in Thessalonich Fuß gefaßt hat und daß dort eine Gemeinde entstanden ist, verdankt Paulus und jeder andere, den es angeht, Gott allein. Der Text spricht von „Erwählung" und weist damit auf die allem menschlichen Zugriff entzogene, von uns her auf keinerlei Weise herbeizuführende, von uns in ihrem Warum und Wieso nicht einmal nachträglich zu verstehende Initiative des gnädigen Gottes. Nicht, um uns zu eigenmächtigen Spekulationen anzuregen, steht das Wort ἐκλογή da, wohl aber, um unsern Dank zu provozieren für Gottes Gnadenwirken, das aus keiner Gegebenheit auf unserer Seite abzuleiten ist. „Brüder, von Gott geliebt" – das ist dieselbe Sache. Nicht den vielen Göttern dienen, sondern dem *einen* (V. 9), das könnte eine rein theoretische Angelegenheit sein. Da aber, wo einer im Glauben erfährt, daß Gott sich ihm persönlich zugewendet und ihm seine Liebe geschenkt hat, ist etwas Neues entstanden: da ist einer aus der aussichtslosen Lage vor dem Tribunal Gottes „herausgerissen" (V. 10) und lebt als ein Befreiter in der beglückenden Gemeinschaft mit Gott, die Christus schenkt.

Immerzu muß Paulus daran denken, daß man in Thessalonich *Glaube, Liebe* und *Hoffnung* finden kann. Drei „Dimensionen" des Christenstandes: gehalten von „oben" (Glaube), verbunden mit dem, was „neben" uns ist (Liebe), gerichtet auf das, was „vorn" ist (Hoffnung). *Glaube:* fröhliches Zutrauen zu dem Herrn, der *für* uns ist und bei dem darum alles, was wir sind, tun, leiden und hoffen, wohl aufgehoben ist, trotz allem, was vor Gott und Menschen gegen uns spricht; einfach weil er kraft seines Erlösungswerkes zu uns steht. In Thessalonich gibt es Menschen, die diesen Boden unter den Füßen haben und damit effektiv (ἔργον) *leben*! – *Liebe:* gelebte, tätige Verbundenheit mit den Menschen, die uns jeweils anvertraut sind und die wir so ernst nehmen sollten, wie Christus *uns* ernst genommen hat; wir überlesen nicht das Wort κόπος (Mühe), das uns darauf hinweist: Liebe ist nicht bloß freundliche Gesinnung, sondern entschlossenes dienendes Zupacken. In Thessalonich gibt es Menschen, die in solchem anstrengenden Dienst der Liebe stehen. – *Hoffnung:* das Denken, Reden und Tun, auch das Sich-Freuen vom Zukünftigen her und auf das Zukünftige hin, das Christus für uns bereit hat, und darum auch ein Ausharren in dem, was jetzt zu bestehen ist („Geduld"). Auch das findet man in Thessalonich. – Gott sei Dank: man findet das alles auch unter uns. Das Wort hat Menschen ergriffen und in Bewegung gebracht.

Noch ein wenig fester müssen wir zufassen. Die drei Worte: Glaube, Liebe, Hoffnung sind christologisch bestimmt; sie meinen Christi Eigenstes, das er uns mitteilt (wir sahen: der Genitiv gehört zu allen drei Worten). Und: das so gekennzeichnete Leben spielt sich „vor Gott, unserm Vater", also unter seinen Augen ab. Nicht, daß es dadurch unwirklich würde; man bedenke: *Werk* des Glaubens, *Anstrengung* der Liebe, *Beharrlichkeit* der Hoffnung. Aber es besteht auch wiederum nicht in menschlichen Bravourtaten. Eigentlich „gehört" alles dem Herrn Jesus Christus, und es wäre so, wie es ist und geschieht, ohne Gott nicht möglich. Wird es doch in der Coram-Deo-Situation gelebt – das Unterscheidende der christlichen Existenz. Gott ist die treibende Kraft. Darum: kein genießerischer Stimmungsglaube, sondern ein tätiger, „geschäftiger" Glaube. Also keine tändelnde und parfümierte Liebe, sondern eine, die die Mühe nicht scheut. Also keine träumende, Luftschlösser bauende und darin schwelgende Hoffnung, sondern eine solche, die „drunterbleibt", wenn es etwas zu schleppen gilt, und die weiß, warum sie durchhält. Man sieht: es ist gut, bei jedem einzelnen Wort zu verharren. Paulus ist weit davon entfernt, uns mit Binsenweisheiten zu langweilen. Wir werden an dem, was hier gesagt ist, so schnell nicht auslernen. Wichtiger jedoch: wir werden, wenn uns nur die Augen dafür aufgegangen sind, staunend feststellen, daß es, obwohl wir alle nur Menschen sind, dies unter uns *gibt*! Was hat sich da ereignet! Gott ist die treibende Kraft. Man kann ihm nur danken.

Wir lesen noch ein paar Zeilen weiter. „Ihr seid unserm Beispiel gefolgt" (μιμηταὶ ἡμῶν ἐγενήθητε, V. 6). Was soll das heißen? Hat Paulus den Thessalonichern das Christsein so vorgelebt, daß sie gewissermaßen an seinem Ist-Zustand ablesen können, was Gott gefällt? Einen Augenblick lang könnte es so scheinen (2,10). Aber Michaelis wird recht haben (ThWNT IV, S. 668ff.): es geht – auch bei dem Wort τύπος (V. 7) – nicht so sehr um das Muster, das nachgebildet, sondern um das Vorbild, dem gefolgt werden soll, so „daß μιμεῖσθαι die Anerkennung einer Autorität einschließt", wie sich übrigens auch „aus der Parallelität zu der 3,6 genannten παράδοσις (ergibt), die ebenfalls befolgt sein will" (a. a. O., S. 669). Ähnliches zeigt Phil. 3,17: was noch nicht ergriffen ist, kann man nicht „imitieren", aber man kann mit dem Apostel zusammen sich aufs Ziel zubewegen. Man mag auch an 1. Kor. 4,16 denken. Wir werden alle keine Christusse, aber wir unterstehen der Autorität Christi (unsere Stelle: καὶ τοῦ κυρίου, ferner 1. Kor. 11,1). Daß der Apostel ermahnen und befehlen darf, kommt ja nur daher, daß Christus durch ihn mahnt. In diesem Sinne gilt: „der μιμητής jemandes sein bedeutet: sich nach dem Gebot jemandes richten, jemandem gehorsam sein" (a. a. O., S. 672). Es trifft nicht ganz unsere modische Geschmacksrichtung, aber es steht nun mal da: Paulus dankt Gott dafür, daß in Thessalonich Menschen sind, die sich – nicht um seiner Person, wohl aber um seines Amtes willen – nach ihm richten. „Gehorcht euren Leitern" (Hebr. 13,7). So haben die Christen in Thessalonich „das Wort angenommen" (V. 6). Paulus denkt nicht daran, seine Amtsautorität eigensüchtig auszunutzen. Er wäre ja selbst kein „Nachahmer" Christi, wenn er regierte, wie Jesus es eben gerade *nicht* gewollt hat (Mark. 10,42). „Wir haben nicht Ehre gesucht vor den Leuten, weder von euch noch von anderen, ob wir uns wohl hätten wichtig machen können als Christi Apostel" (2,6f.) So hoch auch Paulus vom Amte denkt, wir brauchen ihn nicht zu beargwöhnen: er übt es nicht zu seinem Vorteil und zur eigenen Aufwertung aus. Um so dankbarer ist er, daß die Gemeinde auf ihn hört. Sie hat es getan „unter vielen Trübsalen mit der Freude des heiligen Geistes" (V. 6 – Luther liest mit B noch ein καί). Der Ausdruck ist wieder sehr gedrängt. Noch einmal: was ist in Thessalonich passiert? Die Gemeinde ist schwer unter Druck (ϑλῖψις) geraten, aber das trägt sie – mit Freude! Woher die Freude? Sie ist die Wundergabe des Geistes Gottes! Man kann sagen: wer so weit ist, den verwundet nichts mehr.

Wir werden uns wiederum fragen, ob ein solcher von allen Wechselfällen der äußeren Situation unabhängiger, weil ganz auf Christus gerichteter Glaube auch bei uns vorhanden ist. Wir werden nüchtern urteilen. Aber wir sollten nicht übersehen, was Gott an seiner Gemeinde auch heute tut. Es ist viel mehr vorhanden, als unser Kleinglaube meint. Vielleicht würden wir hellsichtiger, wenn wir uns im Danken übten. Gott hat sich nicht zurückgezogen. Was er tut, gilt es zu entdecken.

3.

Gott ist selbst die treibende Kraft, *wo die Welt aufhorcht.* „Die Welt" – wir haben hier, dem Text gegenüber, den Akzent ein wenig verschoben. V. 7 redet zunächst von den „Gläubigen" in den Provinzen Griechenlands (man sieht: es hat zwischen den Gemeinden, trotz mühsamen Reiseverkehrs, allerlei Kommunikation gegeben). V. 8 allerdings spricht allgemeiner. Wie dem auch sei: was sich in Thessalonich ereignet, ist Tagesgespräch an allen Orten in Mazedonien und Achaja. „An allen Orten"? „Wer wollte der Liebe ein starkes Wort verübeln?" (Oepke z. St.). Paulus denkt überhaupt in großen Räumen bzw. in Provinzen (Gal. 1,21; Röm. 15,19.23f.). Natürlich weiß er, wie klein die von ihm gegründeten Gemeinden vorerst sind. Aber er glaubt an die Expansionskraft des Evangeliums. Und er weiß, daß es einen stellvertretenden Priesterdienst der – ob auch kleinen – Gemeinde für die ganze Welt gibt; *jede* Gemeinde ist von Bedeutung für das Ganze der – weltweiten – Kirche, ja, für die Welt. So behauptet Paulus im Ernst, er habe, wenn nur ein paar Gemeinden da sind, die ganzen Länder „mit dem Evangelium angefüllt" (Röm. 15,19), und den „Duft" der Gotteserkenntnis „an allen Orten" (2. Kor. 2,14 – gerade in diesem Zusammenhang fällt auch der Name Mazedonien) ausgebreitet.

Die Gemeinde Christi ist die Stadt auf dem Berge: sie kann nicht verborgen bleiben (Matth. 5,14). Paulus braucht, wohin er auch kommt, von der Erweckung in Thessalonich nicht zu berichten – man weiß es schon (V. 8 Ende). Man weiß, wie es dort angefangen hat (V. 9), man weiß wohl auch den Fortgang der Dinge. Merkwürdig: „Der Herr" war Vorbild für Paulus (V. 6; 1. Kor. 11,1) – dem Paulus gegenüber wurden die Thessalonicher zu „Nachahmern" – nun „spuren" ihnen gegenüber die „Gläubigen" in Mazedonien und Achaja (V. 7). Eine Kettenreaktion des Glaubensgehorsams!

Wenn in einer Gemeinde etwas passiert, dann bedarf es, wie es scheint, gar keiner besonderen missionarischen Aktionen. Wir werden erschrecken. Wenn nichts von uns ausgeht, wenn sich nichts entzündet, dann wird bei uns etwas faul sein. Nichts anderes wird unsere Gemeinde gesund und lebendig machen als das, wovon dieser Text spricht. Findet das Neuwerden in unserer Mitte statt, dann werden wir gewiß auch unserer Umwelt interessant. Glaube, Liebe, Hoffnung, Gehorsam, in Bedrängnis Freude – und dies alles aus der Gewißheit: Gott selbst hat mit uns geredet und redet noch immer mit uns. Dies ist es, wovon man in Mazedonien und Achaja spricht. Man wird *nicht* von uns sprechen, wenn wir geistlich Ausverkauf veranstalten. Wenn wir die in den VV. 9f. skizzierte Wendung nicht vollziehen, wird die Welt *nicht* aufhorchen. Aber sie wird es, wenn wir das Risiko eingehen, mit *diesem* Evangelium vor sie zu treten und uns auf den Beweis zu verlassen, der hier zieht. Diesen Beweis führen nicht wir, aber Gott führt ihn. Fangen wir heute an, für weniges zu danken, werden wir morgen schon für mehr zu danken haben.

15. Sonntag nach Trinitatis. Gal. 5,25–26; 6,1–3.7–10

Zur Abgrenzung: F. Mußner rechnet V. 25 zum Vorangehenden (ab V. 16), sieht aber doch im Folgenden die Darlegung dessen, „was es bedeutet, ‚im Einklang mit dem Geist zu leben'" (S. 396). Daß nach 6,3 eine Auslassung kommt, will mir (bis auf den entbehrlichen V. 6) nicht zusagen. Daß die zurechtweisende Hilfe am anderen von harter Selbstkritik (6,4) begleitet sein muß, ist sachlich wichtig, und der geistvolle Kontrapunkt zu 6,2, nämlich 6,5, darf nicht verlorengehen. Ich würde darum nur V. 6 aussparen.

Kap. 5: In V. 25 Satzbau wie ein Satteldach (Antanaklasis). Der Ertrag des Vorhergehenden ist Voraussetzung für das Folgende (Oepke). στοιχεῖν eigtl. = in einer Reihe marschieren, in den Spuren jemandes bleiben (Röm. 4,12), sich an jemanden oder etwas halten (Gal. 6,16; Phil. 3,16), übertragen (so Mußner:) im Einklang mit etwas sein. – V. 26: κενόδοξος, im NT nur hier, = „voll eitler (unbegründeter) Ruhmsucht", also geltungssüchtig, eitel. Die beiden Partizipien hängen davon ab; was sie beschreiben, also als Ausdruck oder Wirkung des Geltungsstrebens angesehen werden, denn dieses „provoziert" den andern und beneidet ihn. Der geistliche Mensch ist sachlich.

Kap. 6: Der Zusammenhang mit dem Vorangehenden darf durch die Kapitelgrenze und die andringende Anrede nicht außer Blick geraten. V. 1: προλαμβάνεσθαι kann bedeuten: von der Sünde unversehens überrascht werden oder bei der Sünde überraschend betroffen werden. Der Text scheint das Peinliche der Situation im Auge zu haben, also an das zweite zu denken. Gerade in solcher Lage wird es darauf ankommen, daß, wer Zeuge wird, sich als geistlichen Menschen weiß. „Sanftmut" gehört nach 5,22 zu den „Früchten des Geistes". Wer sich hütet, daß er selbst nicht in Versuchung gerät, wird auch wissen, daß ihm selbst Gleiches oder Ähnliches jederzeit zustoßen könnte. – V. 2: Der asyndetische Anschluß deutet auf gedanklichen Zusammenhang mit dem Vorangehenden (Mußner z. St.): V. 1 ist also im Auge zu behalten. Die „Lasten" dürften die Sünde sein (Paulus meidet den in der Kirche geläufigen Ausdruck). Sünden halten wir einander nicht richtend vor; wir tragen sie gemeinsam und bringen gerade so einander zurecht. Imperativ + καί + Futur: kondizionales Verhältnis. „Gesetz Christi" – ein bewußt paradox formulierter Ausdruck (ähnlich: Röm. 8,2; 3,27; 1. Kor. 9,21; vielleicht auch Jak. 1,25; 2,12). Er meint mehr als eine neue Verhaltensanweisung, nähmlich das Verhalten, das dem Sein-in-Christus zugehört. – V. 3: Das γάρ weist auf Begründung! Simon Magus hält sich für etwas Großes (Apg. 8,9); Paulus weiß, daß er nichts ist (2. Kor. 12,11). Kirche der gerechtfertigten Sünder. κενοδοξία (5,26) ist Selbstbetrug. – V. 4: „strenge Prüfung des eigenen Werkes vor dem Gewissen" (Mußner) – vgl. Matth. 7,3. Es ist Falschspielerei, sich des eigenen Wertes durch Vergleich mit dem anderen zu versichern; in solchem Falle hat man sein καύχημα „auf den anderen hin"; es müßte aber sozusagen auf eigenen Füßen stehen. – V. 5: Der Satz erklärt sich m.E. am leichtesten, wenn man ihn für ein Sprichwort ansieht. Es weist auf die Eigenverantwortlichkeit im künftigen (Futur!) Gericht. Hier: jeder trägt die Last des anderen mit (V. 2). Dort: jeder muß sein Bündel selbst tragen.

V. 7: „Irrt euch nicht!" gehört zur Formelsprache der Diatribe. μυκτηρίζειν = die Nase rümpfen, verächtlich behandeln, verspotten. „Gott wird verspottet, wenn man sich des πνεῦμα . . . zwar rühmt, . . . es aber nicht zur Wirkung kommen läßt, sondern sich ihm verschließt und widersetzt" (Schlier). Oepke sogar: μ. heißt nicht „die Nase rümpfen", sd. „mit breitem Gesicht lachen". Ernte ist stehendes Bild fürs Gericht. – V. 8: Wir „säen" – fragt sich nur, worauf. Auf unsere fleischliche Eigenmächtigkeit? Oder auf das uns gegebene Leben aus Gott? φθορά ist bei Paulus „nicht einfach das Erlöschen der physischen Existenz, sondern das ewige Versinken im Hades, ein hoffnungsloses Todesgeschick" (ThWBNT I, S. 395). Ewiges Leben ist unzerstörbare Gottesgemeinschaft, „Vollendung der gesamten Existenz" (Oepke). – V. 9: ist die Chance zum Gutestun, in dem es nicht nachzulassen gilt. – V. 10: μάλιστα zielt nicht auf Verengung der Nächstenliebe zur Bruderliebe, deutet aber auf die Priorität. Ist (wie vielleicht auch schon in V. 6) an die Kollekte für Jerusalem (2,10) gedacht? Wahrscheinlich ist der Vers allgemeiner zu verstehen.

Man kann sich einen paulinischen Gemeindebrief ohne Paränese nicht denken. Spricht der Apostel zur Gemeinde, dann wird er sie auch „in Christus" „vermahnen". Man braucht also nicht nach aktuellen Anlässen zu fragen, wenn man herausbekommen will, warum Paulus seinem Kampfbrief diese Sätze anfügt. Vor allem wird man nicht darauf aus sein, die einzelnen Mahnungen auf spezielle Unarten und Verirrungen der galatischen Irrlehrer zu beziehen. Was hier steht, gilt für alle Christen; für die homiletische Nutzung der Perikope ein günstiger Umstand. Man kann wohl noch einen Schritt weiter gehen. M. Doerne (Ep., S. 207ff.) weist darauf hin, daß der Text den Menschen „bei sich zu Hause" antreffe; hier, „im Leben miteinander empfangen wir zugleich mit der Erprobung des wirklichen Menschen auch die Gelegenheit zu wahrem Menschsein, das heißt zur Liebe" (S. 208), freilich einer Liebe, „die ihr Maß und ihre Wegrichtung von Jesus Christus erhält, der in seinen Erdentagen der Zöllner und Sünder Geselle hieß und der eigens für die Sünder gestorben ist (Röm. 5,8)" (S. 209).

Damit ist schon auf einen Tatbestand hingedeutet, der über dem Allgemeininteresse an der Paränese nicht vergessen werden darf. Paulus ist ja seit 5,1 beim Thema der Freiheit. Hat er sich mit einer nomistisch verdorbenen Theologie auseinandergesetzt, so muß er nun zeigen, welche lebensgestaltende Kraft das Evangelium hat. Die Freiheit ist uns ja nicht dazu geschenkt, daß wir dem Raum geben, was „von unten" ist, dem Fleisch (5,13). Wir leben im Geist, so also, daß Gott selbst in uns ist und wir in Gott sind. „Fleisch" – das ist der auf sich gestellte, auf sich selbst angewiesene, das heißt aber: der auch in seinen höchsten Leistungen gottentfremdete, gottabgekehrte, also sündige Mensch, auch

da, ja gerade da, wo er sich als der religiöse Mensch zu behaupten sucht. Der geistliche Mensch hat seine selbsterrungenen Vorzüge vor dem Angesicht Gottes preisgeben gelernt. Er meint nicht mehr, vor Gott „etwas zu sein" (6,3). Er lebt davon, daß Christus sich – als der Sterbende und Auferstandene – für ihn eingesetzt hat und einsetzt. Von da aus baut sich sein ganzes Leben auf. Man kann beides, „fleischliches" und „geistliches" Leben, nicht miteinander verbinden (Röm. 8,5f). Wir müssen wählen. Grundsätzlich *haben* wir gewählt: „Wenn wir im Geist leben, ..." Nur, es wird im Text mit seinen andringenden Mahnungen deutlich, daß diese Ein-für-allemal-Entscheidung immer aufs neue „nachvollzogen" werden muß. Dies ist ja der Sinn des Wortes στοιχεῖν. Da ist eine „Spur" festgelegt – nicht im gesetzlichen Sinne, als sollten wir erneut in die Unfreiheit eines uns gängelnden Gesetzes verbannt werden. Aber die Tatsache, daß wir den Geist haben, verlangt ein entschlossenes Sich-Einstellen auf diese unser Leben bestimmen wollende Gottesnähe, in der das alte Leben mit seinem falschen Stolz und seiner Eigenmächtigkeit, mit der verkehrten Selbsteinschätzung und den trügerischen Hoffnungen abgetan und ein neues Leben begonnen ist. Jede der beiden Existenzweisen, zwischen denen wir zu wählen haben, hat ihre Konsequenzen hinsichtlich unserer ewigen Zukunft. Das Vergehenmüssen in der Heillosigkeit – oder das ewige Leben in der Gemeinschaft mit Gott (6,8). Wir müssen uns entschließen, welcherlei Ackerboden wir bestellen, ob wir auf das „Fleisch" – die auf sich gestellte sündige Menschlichkeit – oder auf den „Geist" – das uns in der Kindschaft geschenkte neue Gottesleben (Röm. 8,14) – „säen" wollen (ebd.).
Wir gehen von der Grundbedeutung des Verbums στοιχεῖν aus, wenn wir formulieren: *Entschlossen die Spur des Heiligen Geistes halten!* (1) *Verzichtet auf eigenen Ruhm!* (2) *Tragt gemeinsam die Lasten!* (3) *Nützt die gegebenen Chancen!*

I.

Was wir als Christen *sind*, will entschlossen *ergriffen* sein. Unser neues Sein ist nicht naturhafter Zwang. Wir können noch immer sündigen – aber wir müssen nicht. Wir leben wohl „im" Fleisch, aber „nach" dem Fleisch brauchen wir nicht mehr zu leben (2. Kor. 10,3). „Wandelt im Geist" (5,16)! „Wandelt"; d. h. führt euer Leben „in Christus" (Kol. 2,6): in der neuen Möglichkeit des Lebens, die sich daraus ergibt, daß Gott um Christi willen uns bejaht, uns unser neues Ansehen, die neue Geltung, das Kindesrecht und damit das unzerstörbare Leben gibt (6,8). Wir sagen: „wandeln", sein Leben führen. So 5,16; Röm. 8,4. „Im Geist wandeln" – dabei ist „ins Auge gefaßt, was den Grund und die Art des Wandels ausmacht". Beim Wandel „nach dem Geist" geht es um „das Wonach des Lebensvollzuges im Sinne der maßgebenden Norm"; „der Wandel im Geist ist ein Geführtwerden durch den Geist" (Schlier zu 5,16). στοιχεῖν ist ursprünglich ein militärisches Wort, es meint das Einhalten der Marschordnung; wir übertragen: „Spur halten". Man kann vom Geist auch als von der Triebkraft unseres Lebens sprechen (Röm. 8,14). Hier ist mehr an die Disziplin gedacht, mit der man die Richtung einhält, an die „Konsequenz" im eigentlichsten Sinne des Wortes.
Warum ist es so wichtig, sich daran erinnern zu lassen? Die Kritiker des Evangeliums meinen immer wieder, wer nicht an das eigene Vermögen des Menschen appelliere und ihn ansporne, zu tun, „was in ihm ist", verführe ihn zu einem lässigen, entschlußlosen Sich-Verlassen auf die Gnade, die alles tut. Sittlich fruchtbar und wirksam sei nur die Ethik, die vom Glauben an das Gute im Menschen ausgeht. In *welchem* Menschen?, muß man sofort fragen. In dem Sünder, der es mit Gott, mit den anderen und mit sich selbst verdorben hat? Der nicht nur, bei intakter Grundsubstanz, hier und da einige Mängel aufweist, sondern im Zentrum seiner Person von Gott abgewandt ist? Man bedenke doch:

das Gesetz ergeht an *diesen* Menschen! Was nützt hier der Appell? – Umgekehrt: Niemand sagt ja, der Mensch könne und solle nichts tun. Die neutestamentliche Paränese ruft uns zum Tun auf, auch in unserm Text! Nur, sie spricht nicht den *unversöhnten,* sondern den *versöhnten* Menschen an. Nicht den alten Menschen, der „es verdorben hat", sondern den gerechtfertigten, entlasteten, von Gott anerkannten und geliebten Menschen, also den Menschen – nicht des Fleisches, sondern – des *Geistes.* Freilich: dazu, daß er das ist, hat der Mensch nichts tun können. Ist die Brücke über den Abgrund zerstört, nützt es nichts, zu rufen: Komm doch herüber! Aber wir sind ja gar nicht mehr da, wo wir waren, wir sind ja schon auf der anderen Seite: Menschen des Geistes. *Hier,* wo der Geist regiert, sollen wir „säen"! Hier, in der Nähe und im Frieden Gottes! Das ist das „Gelände", in dem wir uns befinden und in dem nun auch zu leben wir uns entschließen sollen.

Nachdem Paulus von den Früchten des Geistes geredet hat – „Früchte" entstehen nicht dadurch, daß man auf den Baum einredet, sondern durch die dem Baume innewohnende Wachstumskraft – (5,22), macht er an einigen Beispielen klar, was das im einzelnen heißen könnte: die Spur des Geistes halten.

Leben im Geist ist Leben aus der *Rechtfertigung.* Ein Lehrbuchsatz, der Leben gewinnen könnte, wenn wir Paulus zuhören. Was die Gemeinschaft mit unseren Mitmenschen, „zu Hause" also und unter den Nächten unseres Alltages, zerstört, ist „das leere" – unbegründete und darum unangebrachte – „Aussein auf Ruhm", also unser Geltungsstreben und unsere Eitelkeit. Wenn es ein Instrument – vergleichbar dem Geigerzähler – gäbe, das immer dann reagiert, wenn ein Mensch etwas tut, sagt, vielleicht auch leidet, um sein Ansehen vor den Menschen zu steigern und sich ins helle Rampenlicht zu bringen! Zum Glück gibt es diesen Apparat nicht; vermutlich würden wir alle einen großen Bogen um ihn machen. Die Merkmale der κενοδοξία sind zahlreich und verschieden. Man hört gern sein Lob. Man spielt sich nach vorn. Man betreibt, was „Punkte" einbringt. Man achtet darauf, daß das Vollbrachte anderen nicht verborgen bleibt. Man läßt sich hofieren. Man hat immer recht. Die einen bewundern, sind einen die liebsten Freunde, die anderen meidet man. Man brilliert mit seinen Gaben. Man ist empfindlich, wenn jemand schwache Stellen entdeckt. Man ist schlechter Laune, wenn einmal der Erfolg ausgeblieben ist. Es wurmt einen, wenn's mit der Karriere nichts geworden ist. (Es wäre nicht schwer, Beobachtungen dieser Art – an anderen und an sich selbst – fortzusetzen.)

Nun wäre es sicher ganz falsch, zu behaupten, dies müsse man sich eben abgewöhnen. Es ist ja das spezifisch Menschliche, daß man sich bei dem Satz, man sei nun einmal so, nicht beruhigen kann, sondern tatsächlich auf seine Geltung, sein Ansehen, auf Anerkennung und Achtung seitens der anderen Wert legen muß. Noch einen Schritt weiter: nicht nur vor Menschen, sondern auch vor Gott brauchen wir unser „Ansehen" (vgl. Röm. 3,23), die Bestätigung: du bist deiner Bestimmung „gerecht" geworden, du wirst mit Recht anerkannt und bejaht. Niemand von uns kann ohnedies leben. Nicht das ist unser Schade, daß wir darauf aus sind, Doxa zu gewinnen, sondern daß wir sie an falscher Stelle und auf falsche Weise suchen. Es gibt nur *eine* „stichhaltige" – das wäre das Gegenteil von κενός – Anerkennung unserer Person: die von Gott kommende und uns durch das Eintreten Jesu Christi für uns zuteilgewordene neue Geltung. Gott sieht, wenn ich vor ihm stehe, auf den neben (oder hinter oder vor) mir stehenden Christus und sagt zu mir: „Du bist mir kostbar und lieb, du gefällst mir, und ich habe meine Freude an dir." So sehr ehrt uns Gott!

Nur, weil wir dies dauernd vergessen, kommt es zu den zahllosen kleinen oder großen, jedenfalls unangebrachten Aktionen unseres Selbstwertstrebens und der eitlen Reklame für uns selbst. Unangebracht: denn wir hängen damit einer Illusion nach. „Wenn sich jemand dünken läßt, er sei etwas, obwohl er doch nichts ist, der betrügt sich selbst" (6,3).

Wir wollen das Kind nicht mit dem Bade ausschütten: Es gibt auch eine iustitia civilis und, ihr zugeordnet, eine Skala von Wertungen im zwischenmenschlichen Bereich, die man nicht einfach abtun soll. Einer hat es durch Fleiß und Hingabe zu etwas gebracht – dies soll ihm nicht streitig gemacht werden, und wir werden nicht verlangen, daß er sich aus lauter geheuchelter Demut zum Versager stempelt. Nur, die iustitia civilis gilt eben nur in ihrem Bereich; ist Gott – mit *seinen* Maßstäben und *seiner* Gerechtigkeit – erst einmal im Blick, dann werden die Werte der „zivilen" Skala unbedeutend. Positiv geredet: Hat Gott mir versichert, daß ich ihm kostbar bin, dann brauche ich nicht mehr nach dem (vielleicht widerwillig gespendeten) Beifall der Menschen zu gieren. Der κενόδοξος, wenn er Christ ist, benimmt sich wie ein Pfennigfuchser, wo er doch soeben das große Los gewonnen hat. *Vor Gott* wären wir in der Tat „nichts", wenn Christus nicht wäre. Aber Christus *ist* ja, und zwar *für uns*. Höher können wir nicht erhoben werden.

Das nichtige Geltungsstreben hat übrigens üble soziale Folgen. Es wirkt „herausfordernd" und läßt „Neid" entstehen. (5,26). Es bringt uns unvermeidlich zum Mitmenschen in eine ungute Konkurrenz. Es entsteht ein Wettlauf um die Geltung. Ich will höher stehen als du. Es macht mir zu schaffen, daß du mich ausgestochen hast (mit den Zensuren in der Schule; als es um den Job ging; als wir nacheinander im Theater nach der Aufführung vor den Vorhang traten usw.). Der Geltungsdrang bringt uns gegeneinander auf. – Nein, das alles hat mit dem Heiligen Geist nichts zu tun. Auf seiner Spur bleiben! Da hat man seinen Wert als Geschenk empfangen. Ganz anders übrigens, als wenn man „auf das Fleisch sät": *die* Geltung, die man durch Christus empfängt, hat man nicht *gegen* den anderen, sondern immer nur *für* ihn. Er und ich, wir empfangen ja dieselbe Würde: Gottes geliebte Kinder zu sein. Wir können nicht genug darüber nachdenken, was das heißt. Indem wir's tun, werden wir die Spur des Heiligen Geistes halten.

2.

Ob dies wirklich geschieht, wird sich daran bewähren müssen, wie es unter uns zugeht, wenn einer von uns schuldig wird. Paulus faßt den Fall ins Auge, daß diese Schuld nicht bloß behauptet oder gar vermutet und vielleicht als Fama in der Gemeinde kolportiert wird, sondern zutage liegt, weil der Betreffende bei der „Übertretung" ertappt wurde. Es soll also bei dem von Paulus gewählten Beispiel nicht um einen Fall gehen, bei dem die Schuldfrage strittig ist und man zugunsten des Übertreters den Tatbestand zu diskutieren und vielleicht Entlastendes vorzubringen imstande wäre. Nein: ein eindeutiger Fall: der Betreffende ist überführt.

Da fällt zunächst auf, daß man sich dieses Menschen annimmt. Was geschehen ist, wird also nicht mit vorgehaltener Hand in der Gemeinde weitergesagt und durchgehechelt. Man läßt es auch nicht auf sich beruhen. Wir haben uns in unsern Massengemeinden im allgemeinen damit abgefunden, daß das „christliche Leben" Privatsache sei und keiner dem anderen hereinzureden habe, es sei denn, er werde ausdrücklich darum angegangen. Wie es scheint, sind wir nicht bereit, die Chance der kleiner werdenden Gemeinden dazu zu nützen, daß christliches Leben eine Sache des gemeinsamen Lebens werde. Gewisse – etwa aus der Literatur bekannte – Schreckbilder einer gesetzlich gehandhabten Kirchenzucht mögen uns davon abhalten, in der Sorge um den betroffenen Menschen – denn darum geht es – zu tun, was unsere brüderliche Pflicht ist. Ein weites Feld; wir können hier nur andeuten.

Der Ton liegt in 6,1 auf der Wendung: „im Geist der Sanftmut". *Daß* man sich um den Betreffenden (τὸν τοιοῦτον) bemüht, braucht nicht erörtert zu werden; auf das *Wie* kommt es an. Es könnte sein, daß sich die „eitle Ruhmsucht" gerade in einem solchen Falle verhängnisvoll auswirkt. Man hat einen Menschen in einer schwachen Stunde „betroffen". Peinlich für ihn; das Böse sucht das Dunkel, will nicht erkannt sein. Von Geßler sagt Hedwig zu Wilhelm Tell: „Daß du ihn schwach gesehn, vergibt er nie" (III,1). Auch wenn einer nicht Geßler ist: im Schuldigsein entdeckt zu werden, tut weh. Ein solcher braucht besonders viel Liebe. Aber nun eben nicht eine Liebe, die sich barmherzig zu ihm herabneigt, von der Position des Überlegenen aus. Der Sichere, Unangefochtene, der mit der reinen Weste, die „gefestigte Persönlichkeit", der makellose Heilige – diese alle können nicht Seelsorger sein. Dem Sünder zurechthelfen kann nur der Sünder. Und der einzige Seelsorger, der *nicht* Sünder war, hat sich, um uns zu dienen, unter uns Sünder gemischt (Matth. 3,15), ja, ist für uns zur Sünde geworden (2.Kor.5,21); er hätte uns sonst nicht helfen können. Daß ihm „so was" nicht hätte zustoßen können, darf der Seelsorger weder sagen noch denken. Er befände sich damit ja auch in einem gefährlichen Irrtum. Denn er könnte ja nicht nur in Sünde fallen – vielleicht in die gleiche – , sondern er *ist* Sünder, nur eben auf *seine* Weise. Die Mahnung: „sieh auf dich selbst, . . ." kann sehr wohl so gemeint sein, daß der Seelsorger achtgeben muß, in dieser Sache nicht zum Komplizen zu werden, denn gerade in engagierter Seelsorge können leicht Sicherungen durchbrennen. Das Mitschuldig*werden* sei vermieden. Aber das Mitschuldig*sein* – auf andere Weise, in anderer Sache – sollte nicht geleugnet werden. Läßt sich jemand dünken, er sei etwas, so betrügt er sich selbst.

Gerade der Umgang mit dem schuldig gewordenen Menschen verführt zu ungeistlichem Hochmut. Jesus: „Richtet nicht, auf daß ihr nicht gerichtet werdet" (Matth. 7,1). Der sarkische Mensch, dem es auf seine eigene Integrität und Überlegenheit ankommen muß, genießt es heimlich, den anderen schwach zu sehen. Wenn alles relativ ist, so kommt einem in diesem Falle der Einbruch des anderen zupasse. Dann hat man seinen „Ruhm" – und zwar „am andern" (6,4). Auf diesem dunklen Hintergrund leuchtet man selbst um so eindrucksvoller! Nur: vor Gott zählt das nicht. Ihn interessieren unsere zwischenmenschlichen Niveauunterschiede überhaupt nicht. Er weiß von einem jeden, was er vermocht hätte und was nun draus geworden ist. Daß der andere mir unterlegen ist (*wenn* es denn so ist!), bringt mich vor Gott nicht die kleinste Stufe nach oben. Denn vor Gott gilt das Sprichwort: „Ein jeder hat sein eigenes Bündel zu schleppen" (6,5). Man prüfe also sein eigenes Werk (6,4). Unbestechliche Selbstkritik kann hier nur helfen, gerade für die Seelsorge. Sollte etwa die Solidarität der Sünder in der seelsorgerlichen Bemühung des einen um den anderen nur methodischer Kniff sein, dann ist alles verdorben. Geheuchelte Solidarität im Schuldigsein ist Hochmut zweiten Grades. Da wäre also die Spur des Heiligen Geistes *nicht* gehalten. Nur eines macht uns tauglich, ein neues Leben im Gehorsam der Liebe und der Brüderlichkeit zu führen: daß wir nicht mehr „auf das Fleisch säen", also in der Denk- und Lebensart des Gesetzesmenschen „wandeln", sondern „auf den Geist", d. h. aber: aus der Gnade des Gottes leben, der einen, der „nichts ist" (6,3), um Christi willen angenommen und auf den neuen Weg gebracht hat. Gerade die gerechtfertigten Sünder sind die Menschen mit dem neuen Leben.

Damit haben wir uns dem Satz genähert, der am tiefsten ausspricht, wie Seelsorge in der Gemeinde zu geschehen hat. „Einer trage des andern Last." Ein Mensch ist in seiner Schwachheit angetroffen worden (6,1), und ein anderer versucht, ihn wieder zurechtzubringen. Wie? Indem er die Last des Schuldiggewordenen zur eigenen macht. „Das werden wir jetzt *mit*einander tragen, ja, ich will es *für dich* tragen. Ich habe dir nichts vorzuwerfen – wie dürfte ich? – ; du sollst wissen, daß deine Sache *meine* Sache ist."

Das ist „das Gesetz Christi". Gesetz? Das Wort hat einen ganz neuen Sinn bekommen. Der Herr hat sich auf unsern Platz gestellt, dorthin, wo wir Sünder sind. Er trägt unsere Last. Sündern kann man nicht anders helfen. Der „von einem Fehl Übereilte" – nun übersetzen wir doch auch einmal *so* – kann aufatmen: der ihn „ertappt" hat – das wäre nun wieder die alte Übersetzung –, ist nicht gekommen, um ihn „fertigzumachen", sondern um ihm zu helfen, indem er priesterlich für ihn eintritt. Wir hätten falsch verstanden, wenn wir darin eine Bagatellisierung der geschehenen Sünde sähen. Wer „auf das Fleisch sät", kann in solcher Lage nur *einen* Ausweg suchen: beweisen, daß es „so schlimm ja gar nicht gewesen ist". Der geistliche Mensch weiß: Es *war* schlimm. Christus hatte wirklich eine „Last" zu tragen, als er „unsere Sünden an seinem Leibe auf das Holz hinauftrug" (1. Petr. 2,24). Aber die Last ist aufgenommen und weggeschleppt. Das führt Christen nicht nur zusammen, sondern das ermöglicht es ihnen auch, einander zu Helfern zu werden.

3.

Die Spur des Geistes halten, das hieße zuletzt ganz schlicht: Gutes tun, unermüdlich, genauer sogar: im Gutestun nicht müde werden. Offenbar ist gemeint, daß das Nicht-Nachlassen das spezifisch Geistliche dabei ist. Zu bestimmten Aufschwüngen und kurzdauernden Spitzenleistungen sind wir als natürliche Menschen gewiß auch imstande. Hier geht es ums Durchhalten, um die Ausdauer, um die Unbeirrbarkeit im Gutestun. Nicht Strohfeuer, sondern Dauerbrand.

Es geht um die Entschlossenheit im „Säen"; man muß nur wissen, auf welchem „Boden" man sät. Das Entweder-Oder ist, wie schon ausgeführt, in V. 8 klar beschrieben. Gesetze gibt es nicht nur in der Natur, sondern auch auf dem „Feld" der Beziehungen zwischen Gott und Mensch. Man darf das nicht leicht nehmen. Um das Verlorene zu retten, hat Gott sich nichts erspart (vgl. etwa 3,13; 4,4f.). Dies kann uns nur in höchstem Maße verpflichten. Daß „das mit dem lieben Gott" sich von allein und selbstverständlich zu unseren Gunsten regelt, ist ein Aberglaube. Gott läßt es nicht hingehen, wenn wir ihn verspotten („feixend", wie man aus dem Verb herauslesen kann, s. o.). „Fleischlich" oder „geistlich": das kommt zuletzt *nicht* auf dasselbe hinaus.

Auf der Spur des Geistes laufen, das hieße: im Gutestun nicht ermüden. Was hat die Unermüdlichkeit mit dem Geist zu tun? Der Text spricht in den Bildern von Saat und Ernte. Feststehende Bilder insofern, als „Ernte" auf jeden Fall Hinweis auf Gottes Gericht ist. Fast sieht es so aus, als schwenke Paulus jetzt wieder auf gesetzliches Denken ein. Auf dem Boden des Fleisches trifft die Denkweise des Gesetzes auch zu. Auf dem des Geistes sehen die Dinge anders aus. Nicht, daß Christen dem Gericht nicht standzuhalten hätten (2. Kor. 5,10 u. a.). Aber die Ernte wird anders sein. Wer entschlossen die Spur des Geistes hält, lebt heute schon auf der Linie, die ins „ewige Leben" ausläuft. Saat und Ernte hängen miteinander zusammen: Gesätes hat gekeimt und ist aufgegangen und gereift – nun wird die Frucht (5,22) eingebracht. Leben im Heiligen Geist ist Anbruch des Kommenden. Das Kommende ist Entfaltung des Gegenwärtigen. Geschieht „Gutes" (VV. 9f.) in der eschatologischen Perspektive, dann hat es sein Bestes immer vor sich. Christenleben ist auf Zukunft angelegt. Wer nichts vor sich sieht, muß müde werden, irgendwann. Wer die Spur des Geistes hält, ja „im Geist" lebt, denkt an Ernte von Früchten, lebt also in einem Crescendo der Hoffnung. Wir wissen, wie oft uns der Atem ausgeht. Wir leben ja noch „im Fleisch", aber eben „im Glauben an den Sohn Gottes, der mich (uns) geliebt hat und sich selbst dargegeben" (2,20). Wir transzendieren im Glauben immerzu das Vorfindliche. Aber wir wissen ja zugleich: das, *wohin* wir transzendieren, das ist und hat Zukunft, die mit dem Empfang des Geistes angebrochen ist.

Unsere Schlagzeile spricht von „gegebenen Chancen". Damit ist gemeint, daß wir „noch Zeit haben" zum „Gutestun", und zwar – das Betätigungsfeld ist weit, und uns sind keine

Grenzen gesetzt – „an jedermann, allermeist aber an den Glaubensgenossen". Die Liebe
wendet sich immer dem Nächstliegenden zu; der „Nächste" kann heute der, morgen ein
anderer sein. Wir sind das Gute grundsätzlich allen Menschen schuldig.

Solange wir Zeit haben: es wäre gesetzlich gedacht, wenn wir daraus nichts anderes ver-
nähmen, als daß die Uhr abläuft und wir uns dazuhalten müssen, die Saat in die Erde zu
bringen. Wir sollen uns schon dazuhalten, die Zeit will genutzt sein. Aber alles, was wir
tun, wird zur Tat der Hoffnung. Wir hätten Paulus falsch verstanden, wenn wir den Vorausblick auf die kommende Ernte eudämonistisch deuteten. Gott ist nicht Mittel für unsere Zwecke. Aber wir sind ja vom Sohne Gottes geliebt (noch einmal: 2,20) und Gottes
Kinder (4,6). Weil das so ist, kann uns nur Gutes zugedacht sein. Halten wir die Spur des
Geistes, so wird, was wir „säen", zu einer wunderbaren „Ernte" heranreifen. Nicht nach-
lassen!, mahnt Paulus; ihr wißt doch, was draus werden soll.

16. Sonntag nach Trinitatis. Apg. 12,1–11 (12–17)

Das Kapitel ist eine Einheit, „in vollendeter Symmetrie aufgebaut" (Haenchen); an den Rändern
zwei Herodesgeschichten, dazwischen das Kernstück: die Befreiung des Petrus und das Wiedersehen
mit der Gemeinde. VV. 1–4 sind nur Auftakt: Herodes tötet den Jakobus. VV. 20–23: Herodes
selbst stirbt eines elenden Todes (Gattung: De mortibus persecutorum). Das Kapitel hat offensichtlich (wie auch die Parallele 5,17–42) apologetische Tendenz, doch s. u. Die Befreiungsgeschichte –
meisterhaft erzählt – dürfte einer judenchristlichen Quelle entstammen (Haenchen, S. 337). Sie ist ein
Gegenstück zu hellenistischen Befreiungslegenden. Daß PTO die Perikope auf die VV. 1–11 verkürzt
hat, bedeutet einen bedauerlichen Verlust. Die Aufregung unter den Soldaten und die Ahndung des
Wachvergehens können wir uns sparen (VV. 18f.), doch die Resonanz der Befreiung des Petrus in der
Gemeinde sollten wir uns nicht entgehen lassen. Daher der obige Abgrenzungsvorschlag.

V. 1: Wer die „etlichen" sind, bleibt offen. Bei mündlicher Überlieferung des Stoffes verschwimmt
das Bild an den Rändern. Herodes Agrippa I. ist im Jahre 44 plötzlich gestorben (VV. 21–23; Jose-
phus Ant. XIX, 8,2); damit dürfte auch – V. 2 – der Tod des Zebedaiden Jakobus datiert sein, an-
scheinend eine Hinrichtung ohne Prozeß (wie Mark. 6,17ff.). – V. 3: Tage der ungesäuerten Brote
sind 14.–21. Nisan (Exod. 12,6–15; vgl. Mark. 14,1). – V. 4: Je vier Wachen, die alle drei Stunden abgelöst werden. „Dem Volke vorführen": das Volk hatte normalerweise nichts zu entscheiden; wohl
gewollter Anklang an die Passionsgeschichte. – V. 6: Ist Petrus sofort zu Anfang der Azyma-Tage
verhaftet worden, dann dauerte die Haft sieben Tage. Befreiung in der letzten Nacht vor der Entscheidung über Leben und Tod: Spannung! – V. 7: Die Befreiung geht ganz auf Gott zurück. οἴκημα
euphemistisch für Gefängniszelle, also vielleicht scherzhaft: „schien in die gute Stube". πατάσσω: der
Engel geht ein bißchen unsanft mit Petrus um (Haenchen: „daß ihn der wortkarge Engel in die Seite
stoßen muß, doch wohl mit dem Fuß"). – V. 10: Insgesamt vier Wunder: die Ketten fallen ab, der
erste Posten merkt nichts, der zweite merkt nichts, die eiserne Tür nach draußen geht von selbst auf.
Petrus meint zu träumen (V. 9).

V. 13: „ein stattliches Anwesen, das ein an der Straße gelegenes Torgebäude (πυλών) besitzt, von dem
aus man über einen Hof zum eigentlichen Wohngebäude kommt" (Haenchen z. ST.). Rhode: häufi-
ger Sklavinnenname („Röschen"). – V. 14: lustig erzählt, wie die Sklavin in kopfloser Freude das
Nächstliegende versäumt und Petrus weiter klopfen muß (V. 16). – V. 15: „Du spinnst!" Das Wunder ist so groß, daß die Gemeinde es nicht wahrhaben will, obwohl sie darum gebetet hat! – V. 16:
Der Schutzengel wird als Doppelgänger des Menschen vorgestellt. – V. 17: Hs. D läßt Petrus ins
Haus eintreten – vorausgesetzt ist dies in der gesamten Überlieferung. Deutlich Zutat des Lukas:
Jakobus, der Bruder des Herrn (er und sein Kreis sind dem Lukas auch sonst wichtig), wird im Vor-
übergehen eingeführt (vgl. 1. Kor. 15,7; Apg. 1,14; 15,13; Gal. 2,9). Daß Petrus an einen anderen Ort
geht, bedeutet wohl nicht nur, daß er sich weiterer Gefährdung entzieht, sondern vor allem, daß
seine Befreiung „im Interesse des Dienstes" geschehen ist; die Agp. ist ein Missionsbuch. Petrus auf
Missionsreisen unterwegs: 1. Kor. 9,5, indirekt: 1. Petr.

Was die zünftige Exegese über die Arbeitsweise und die theologischen Absichten des Lukas ermittelt, könnte einem die Lust, über einen solchen Text zu predigen, austreiben. Daß Lukas über das Martyrium des Jakobus, des ersten Blutzeugen aus dem Kreis der Zwölf, mehr gewußt, das meiste aber unterdrückt habe, um eine optimistische Apologetik zu treiben und den ermutigenden Eindruck der Wunderlegende nicht zu trüben, ergibt sich daraus, daß man die einzelnen Bestandteile des Kapitels mit dem Zentimetermaß mißt. Das Martyrium des Jakobus ist nur Hintergrund; es wird erzählt, um deutlich zu machen, was dem Petrus sicher gewesen wäre, wenn der Engel den Petrus nicht im letzten Augenblick aus dem Gefängnis geholt hätte. Der Aufbau des Kapitels läßt die Absicht erkennen – eine Absicht, die unsere Verkündigung nicht aufnehmen könnte.

Nun wäre es freilich methodisch verantwortungslos gehandelt, wenn wir Texte wie diesen vom homiletischen Bedürfnis oder – seriöser gedacht – vom Gesamt des neutestamentlichen Zeugnisses her auslegten. Der Text muß verstanden werden, wie er dasteht; er darf nicht Gesichtspunkten unterworfen werden, die ihm fremd sind. Daß das Kapitel so aufgebaut ist, wie dargelegt, soll nicht bestritten sein. Nur dürfte das Augenmaß im Formalen nicht das einzige Kriterium für Beurteilung und Verständnis des Textes sein. Die schriftstellerischen Künste des Lukas in Ehren. Wir werden auch nicht verkennen, daß Lukas seinen Stoff auf den Verstehenshorizont seiner Leser hin gestaltet, und da dürfte das apologetische Interesse – einschließlich der Absicht, der Gemeinde im Jahrzehnt der Domitian-Pressionen Mut zu machen – verständlich sein, und dabei wird auch eine naive Wundergläubigkeit mit im Spiel gewesen sein. Die Befreiungserzählung mag den Verfasser der Apostelgeschichte von daher interessiert haben; er hat sie, wie der unlukanische Stil zeigt (Ausnahmen die Hinzufügungen V. 12 und V. 15c), so stehen lassen, wie sie lautete. Aber er hat sie vorn und am Schluß umfaßt sein lassen von den beiden Herodesnachrichten, die ihn wiederum um des *Jakobus* willen interessieren mußten. Nur, weil er zeigen wollte, in welcher Gefahr sich Petrus befand? Dafür bedurfte es solchen Aufwandes nicht. Daß die VV. 1–4 und 20–23 so knapp gefaßt sind, dürfte wieder an der verwendeten Quelle liegen. Mit nichts ist zu beweisen, daß Lukas über das Martyrium des Jakobus mehr gewußt haben muß. Denkt man an die Quellenarbeit des Lukas, dann besagt die Tatsache, daß die Nachricht V. 2 aus ganzen sieben Worten besteht, überhaupt nichts. Man sollte nicht nur messen, sondern auch wägen. Mag auch die im Vorspann und Nachwort verwendete Herodesgeschichte eine apologetische Absicht haben – „seht, so läßt Gott einen zugrunde gehen, der sich an Jüngern Jesu vergreift" – und mag diese Pointe wirklich unter der Würde von Christuszeugen sein: so, wie die knappe Nachricht V. 2 der Befreiungsgeschichte vorangestellt ist, hat sie ihr eigenes Gewicht.

Wenn das richtig gesehen ist, würde die behutsame Art des Lukas, mit seinen Quellen umzugehen, uns nicht dazu verführen dürfen, seine kerygmatische Absicht zu verkennen. Wir sahen schon früher: Lukas will wohl *berichten*, aber er berichtet für die Kirche *seiner Zeit*, die er im Glauben stärken und der er zum rechten Selbstverständnis helfen will. Es ist, so gesehen, bedeutsam, daß er die Petrusgeschichte nicht rein netto erzählt, sondern sie in den genannten Rahmen stellt. Der eine stirbt – im Dienst. Der andere wird befreit – zum Dienst. Das Leben der Gemeinde geht weiter. Man könnte ein wenig zuspitzen: für den einen Jakobus, der nun fehlt, hat der Herr noch einen anderen Jakobus zur Verfügung (V. 17), und für Petrus tut sich ein neues Tätigkeitsfeld auf (ebd.).

Wenn wir die VV. 1–17 zugrunde legen (die schön erzählte Geschichte liest sich gut vor), könnte die Predigt so aufgebaut sein: *Gott gibt nicht auf.* (1) *Er kann das Leben fordern.* (2) *Er kann die Freiheit geben.* (3) *Er will die Gemeinde mehren.*

I.

Wie an zahlreichen Stellen der Apostelgeschichte deutlich wird, gehört es zum Wesen der Kirche, daß sie Widerstand von seiten der sie umgebenden Welt, daß sie Druck und Verfolgung leidet. Sie sucht das nicht. Im Gegenteil: darin ist Lukas zu Recht ein Apologet, daß er immer wieder klarmacht (z. B. bei Verhörsszenen), auf christlicher Seite werde der Konflikt in keiner Weise gewollt. Von Paulus konnte Lukas es lernen: „Ist es möglich, soviel an euch ist, so habt mit allen Menschen Frieden" (Röm.12,18). Auch ein Herodes Agrippa I., obwohl eine zwielichtige Gestalt, hätte hier nichts zu befürchten brauchen. Der Text dürfte Zutreffendes aufbewahrt haben, wenn er sagt, Herodes habe Christen verhaften lassen, weil er „gut Wetter" bei den Juden wollte. Er war „darauf aus, sich den Juden in jeder Hinsicht gefällig zu erweisen. War er in Jerusalem, gab er sich gesetzestreu, unterstützte die Pharisäer und förderte den Tempelkult. In diesen Zusammenhang gehört auch die Verfolgung der jungen christlichen Gemeinde, der in dieser Zeit der Zebedaide Jakobus zum Opfer fiel" (Leipoldt/Grundmann, Umwelt I, S. 165). – An „etliche, die zur Gemeinde gehörten", habe Herodes „die Hand gelegt", heißt es V.1. Es kann den einen oder den anderen treffen. Die Gemeinde muß auf Pressionen gefaßt sein.

Ist Lukas über das, was im Jahre 44 (Haenchen S. 53f.) in Jerusalem geschehen ist, hinreichend unterrichtet? Man hat Mark. 10,38f. als *vaticinium ex eventu* aufgefaßt und daraus geschlossen, die Zebedaiden könnten den Märtyrertod nur gemeinsam erlitten haben. Das hieße: V.2 wäre unvollständig, die Nachricht vom gleichzeitigen Tode des Johannes sei der Legende vom langlebigen Johannes zuliebe unterdrückt worden. Sooft die These vom gemeinsamen Ende der Zebedaiden wiederholt worden ist, sie beruht auf einigen fraglichen Voraussetzungen. Einmal: in Mark. 10,38f. steht nicht: „zugleich". Sodann: wenn schon das „Zugleich" dem Sinne nach anzunehmen wäre, so wäre damit noch nicht gesagt, daß Jesu Wort sich erfüllt haben müßte. Es gibt unerfüllte Voraussagen Jesu, die die Überlieferung nicht ausgesiebt hat. Weiter: „Taufe" (Mark. 10,38) weist noch eindeutiger auf den Tod als „Kelch"; gerade die Taufe aber ist in der Matthäusparallele (Urtext, s. Apparat!) weggelassen; ja, Lukas bringt die ganze Zebedaidenperikope nicht, während er das Wort von *Jesu* Todestaufe überliefert (12,50). Endlich: Zur Zeit des Apostelkonzils ist Johannes noch am Leben (Gal. 2,9). Jesu Voraussage hat sich also in dem hier Berichteten erst zur Hälfte erfüllt.

So ungleich Jakobus und Petrus in der literarischen Gestalt unseres Kapitels auch zu stehen kommen und so sehr dem Lukas, seiner missionarisch-apologetischen Konzeption nach, das „grüne Licht" für das Evangelium beherrschendes Anliegen ist: es wäre nicht in seinem Sinne, den Tod des Jakobus lediglich als Folie für das Folgende anzusehen. Lukas weiß, „daß wir durch viel Trübsal müssen in das Reich Gottes gehen" (14,22). Er hat ausführlich von Stephanus berichtet (Kap. 7), nur summarisch von der „großen Verfolgung", die sich an seinen Tod anschließt (8,1). Er deutet auf den schweren Weg, den der eben bekehrte Paulus vor sich hat (9,16) und läßt erkennen, daß Paulus auf das Schwerste gefaßt sein muß (20,23.25.38; 27,23f.). Die Kürze dessen, was Lukas hier „aus einem historischen Werk entnommen" haben dürfte (Haenchen, S. 95), darf uns also nicht täuschen.

Merkwürdige Gegenmelodie zum Spruch der Woche (2.Tim. 1,10): wo das Leben und das unvergängliche Wesen in der Welt um sich greifen soll, da muß auch Leben eingesetzt und geopfert werden. Der Herr selbst hat den Kelch getrunken und die Taufe auf sich genommen (s. o.). Nun geht der erste aus dem Kreise der Zwölf in der Spur seines Herrn. Jesu Aufforderung: „Folge mir nach!" – „alsbald rief er sie", heißt es bei der Berufung der Zebedaiden (Mark. 1,19f.Par.) – bekam hier einen sehr unmittelbaren Sinn. Wer Mark. 10,39 vernommen hatte, mußte dem ins Auge sehen. Wer das durchhält, glaubt.

Empörend ist es eigentlich, daß ein Mann wie Herodes Agrippa über die Diener des Höchsten aller Herren solche Macht hat. Bei den Römern „lieb Kind", zum König von Roms Gnaden erhoben, noch einmal über alle Länder gesetzt, über die sein Großvater, Herodes „der Große", gebot, ein Opportunist, der sich an der Gemeinde Jesu vergreift, weil er – wir sahen es – gute Stimmung bei den Juden braucht, um sich halten zu können: das ist der Mörder des Jakobus. Daß er sich später feierlich kostümiert, sich göttliche Verehrung gefallen läßt, wird ihm, wenn seine Stunde schlägt, Gottes Zorngericht eintragen (VV. 21–23). Aber noch sieht Gott zu. Wir hätten zu kurz geworfen, wenn wir meinten, Gott müsse solche Geschehnisse doch verhindern. Er *könnte* – das zeigt die Petrusgeschichte –, aber er *muß* nicht. Der „Kelch" und die „Taufe" gehören nun einmal in seinen Heilsplan. So sehr kann Gott seine Leute preisgeben, daß hernach über das Sterben dieses Zeugen nichts weiter berichtet werden kann als dies, daß er in einem Kerker verschwunden und umgebracht worden ist, ohne Verfahren – erst recht ohne das Eingreifen eines Engels.

Seitdem sind Ungezählte diesen schweren Weg gegangen. Die Rechnung der Verfolger hat nicht gestimmt: das Blut der Märtyrer wurde zum Samen für die Kirche. Der Brand sollte ausgetreten werden, aber er breitete sich desto mehr aus. Gott gibt nicht auf. Es liegt nahe, in allem, was für Jesu Sache gelitten wird, eine Beglaubigung eben dieser Sache zu sehen. Brächte Jesus den Seinen nur Vorteile und Vergünstigungen, dann müßte alles Christsein unter dem Verdacht der Eigennützigkeit stehen. Die Weltförmigkeit der Kirche und ihre opportunistische Liaison mit der Welt („Thron und Altar") hat sie darum für viele unglaubwürdig gemacht. Umgekehrt, die Kirche hat es, wo sie um ihr Wesen wußte, immer wieder als eine Gelegenheit zum Zeugnis angesehen, wenn sie leiden mußte. Den Blutzeugen darf man glauben, daß die am ersten nach dem Reiche Gottes und nach seiner Gerechtigkeit trachten. – Aber es geht um mehr als um die Glaubwürdigkeit. Im Leiden um Gottes willen ereignet sich die geheimnisvolle Konformität mit Christus. Das zitierte Jesuswort läßt es erkennen (Mark.10,38f.). „Wir tragen das Sterben des Herrn Jesu an unserm Leibe" (2.Kor.4,10); Paulus sah darin nicht nur die Entwertung des Sarkischen zugunsten der neuen pneumatischen Wirklichkeit, er hat, indem er das so allgemein aussprach, auch den Zeugentod einkalkuliert. Die Gemeinde soll des Jakobus und aller, die ihm gefolgt sind, aufmerksam gedenken. Der Text leitet uns dazu an. Der nicht aufzuhaltende Gott kann Menschen, wenn er sie dazu braucht, den schweren Weg gehen heißen. Keinen der Märtyrer zwischen 1933 und 1945 war es an der Wiege gesungen, daß er es seinem Herrn und aller Welt zeigen müßte, wieviel ihm Gott gilt. Keiner auch von uns wird mit einem solchen Gedanken spielen. Aber es kann sein, der eine oder andere wird so geführt. Er soll dann wissen, daß Gott nicht etwa des Geschehens nicht mehr mächtig ist, sondern daß er auch dadurch seine Sache vorantreibt. Christi Herrschaft ist verborgen. Sie realisiert sich „unter dem Gegenteil": im Untergang der Sieg. Der Glaube sagt ja dazu.

2.

Die Petrusgeschichte, die von V. 3 ab erzählt ist, macht zunächst deutlich, daß es jeden anderen ebenso treffen kann. Der Fall Jakobus war für Herodes Agrippa die Generalprobe. Daß der Machthaber, wollte er die lästige Sekte ausrotten, sich aller ihrer führenden Leute mit einem Mal hätte bemächtigen sollen, hätte vielleicht taktischer Klugheit entsprochen (Haenchen). Ging es ihm aber gar nicht um den Glauben, sondern nur um die Gunst der Juden, hätte auch das Nacheinander Sinn. Nun also ist Petrus dran. Die Tage der süßen Brote sind sowieso mit Erinnerung geladen. Man denkt an Jesu Kreuz.

So, wie Petrus bewacht ist, ist an ein Entkommen nicht zu denken. Petrus kann eigentlich nur auf die Stunde warten, in der sie ihn aus der Zelle holen werden – zum letzten Gang. Für die Gemeinde könnte sich die Lage so darstellen, als werde die Front nun, Zug um Zug, aufgerollt. Diesmal hat es den Mann getroffen, der in der Gemeinde die leitende Stelle innehat. Jakobus, der Bruder des Herrn, der künftig die Gemeinde in Jerusalem führen wird, ist schon in die Lücke eingerückt (V. 17c). Ergreifend zu sehen, wie die Gemeinde das einzige tut, was ihr zu tun bleibt: sie betet pausenlos (V. 5). Es war der Christenheit in Verfolgungszeiten immer selbstverständlich: „Gedenket der Gebundenen als die Mitgebundenen und derer, die Trübsal leiden als solche, die auch noch im Leibe leben" (Hebr. 13,3 – das Wort bedürfte, gerade um des Parallelismus willen, genauer Auslegung). Man hat den Eindruck: es ist ein kämpferisches Beten, trotz allem, was über die (zumindest durchlöcherte) Erhörungsgewißheit nachher noch zu sagen sein wird. Auf alle Fälle sollen wir Zusammenhänge sehen zwischen dem, was hier die Gemeinde, und dem, was dort – wenn die Zeit da ist – der Engel tut. Im Kosmos Gottes gibt es ein Zusammenspiel der Kräfte; unsere Gebete bringen im Herzen Gottes etwas in Bewegung und bewegen damit auch seinen Arm und die ihm zur Verfügung stehenden Kräfte.

Was sich an Petrus ereignet, ist reines Wunder. Nichts hat Petrus selbst dazu getan. Er hat geschlafen. In der Nacht vor der mit Sicherheit zu erwartenden Hinrichtung so schlafen – man könnte Gott nicht schöner loben. Aber man darf es vielleicht den Exegeten glauben, daß ein Mann wie Lukas und überhaupt ein Mensch jener Zeit so weit nicht gedacht habe; Lukas wollte nur sagen, daß Petrus zu seiner Befreiung selbst nichts getan habe. Der Engel, der es bei der ganzen Befreiungsszene nur zu drei knappen Befehlen bringt, weckt den schlafenden Petrus unsanft. „Los – steht auf!" Die Ketten fallen ab. Die Wachen sind kein Hindernis. Das eiserne Tor steht offen. Petrus ist frei. Wie im Traum hat er das alles erlebt. Dann weicht die Benommenheit. Der Engel ist verschwunden.

So, wie die Geschichte hier erzählt ist, hat sie eindeutig mirakulösen Charakter. Kein Erdbeben, das die Türen aufspringen läßt wie in Philippi (16,26 – uns. Ausl. zu Kantate). Auch sonst kein Hinweis darauf, daß Gott sich natürlicher Mittel bedient habe. Die Legende hat das Ereignis vergoldet. Wir sollten dies nicht abstreiten. Wir sollten auch nicht die Details der Erzählung zu retten versuchen durch parapsychologische oder ähnlich geartete Erklärungen. Petrus vorübergehend zur neuen Leiblichkeit des Auferstehungsäons verwandelt, in der man durch verschlossene Türen geht? Wir wollen mit dem, der den Hergang so deutet, nicht streiten. Wer von uns weiß mit Sicherheit, was es „gibt" und was nicht? Wir sollten uns aber daran genügen lassen, festzustellen, daß für Gott keine Situation ausweglos ist und daß er – wie, wissen wir nicht – Petrus zu befreien gewußt hat. Daß Petrus im Zuge dieser Verfolgung verhaftet war, wird niemand bezweifeln; daß er danach wieder im apostolischen Dienst steht, ist vielfältig bezeugt. Dazwischen liegt die Befreiung, deren Hergang ihm selber – nach dem Zeugnis des Textes – im Dunkel eines traumähnlichen Zustandes verhüllt gewesen ist (V. 9). Gott allein weiß, welchen Engel er für diese Rettungsaktion eingesetzt hat.

Der Fortgang der Sache Jesu Christi ist in vielen Phasen der Kirchengeschichte nicht anders gewesen als hier: Die Kirche ist nicht vor Schwierigkeiten und Pressionen bewahrt, sondern durch sie hindurch und aus ihnen heraus gerettet worden. „In Aporien – aber so, daß wir darin nicht stecken bleiben" (2. Kor. 4,8; man vergleiche die ganze Stelle und die ähnliche 2. Kor. 6,4–10, Invokavit). Wunderbare Erfahrungen: man weiß nicht weiter, aber Gott macht Luft. Die Kirche lebt von den überraschenden Deblockierungen, die Gott bewirkt hat, von Fall zu Fall, nicht selten so, daß man immer nur eine kleine Strecke sah bis zum nächsten Hindernis. Dies hat Petrus erfahren.

3.

Die Szene in Marias Haus (VV. 12–17) entspricht dem, was man in anderen Wundergeschichten den „Chorschluß" nennt: die Zeugen des Wunders lassen das Geschehene noch einmal in seiner Bedeutung erkennen durch die Resonanz, die es bei ihnen findet. PTO hat gemeint: entbehrlich; es ist richtig, daß dieser (erste) Schluß im Gang der Handlung nicht viel Neues hinzubringt. Er ist aber so anschaulich und fesselnd erzählt, daß man ihn nicht gern entbehrt, und er läßt überdies noch besser erkennen, worauf alles in Gottes Regie hinauswill.

Petrus ist, er weiß nicht wie, ins Freie getreten, und der Engel hat ihn verlassen. Die Befreiung ist in der Nacht geschehen (V. 6). Als Petrus, eben erst zu sich kommend, durch die Straßen von Jerusalem geht, ist es noch dunkel. Da merkt er, wo er ist: er steht vor Marias Haus.

Lukas hat sonst keine genaue Vorstellung von der Geographie Palästinas (Conzelmann, Die Mitte der Zeit, S. 31, A. 1). Hier scheint es anders zu sein. Für die Sache ist es unerheblich, ob der Verfasser der Apostelgeschichte oder sein Gewährsmann für die Ortskenntnis geradesteht. Der Verfasser des Itinerars ist mit in Jerusalem gewesen (21,15); von daher könnte die Lokalkenntnis stammen. Wenn der in Kol. 4,10.14; Philem. 24; 2. Tim. 4,11 erwähnte Lukas in irgendeinem Sinne hinter der in unserm Buche gesammelten Tradition steht, dann kennt er den Sohn dieses Hauses, Johannes Markus. Nicht verwunderlich, wenn ihm sogar der Name der Hausmagd geläufig ist. Es bedürfte auch gar nicht der im 4. Jahrhundert aufkommenden kirchlichen Tradition, um auf den Gedanken zu kommen, daß in diesem Hause das Abendmahl in der Nacht des Verrats stattgefunden haben könne; die Lektüre von Mark. 14,12ff.51f. bringt uns von selbst auf diese Vermutung. Was liegt auch näher, als daß Christen sich in einem befreundeten und durch solche lebendige Erinnerung ausgezeichneten Hause versammeln, noch dazu in kritischer Zeit und – auch dieses Detail könnte mehr als Zufall sein – in den Tagen der ungesäuerten Brote (V. 3)? Solche Beobachtungen werden freilich nur dem etwas sagen, der der Meinung ist, der Verfasser der Apostelgeschichte habe tatsächlich Materialien zur Verfügung, in denen – wie immer „gefiltert" – altes Überlieferungsgut steckt.

So sehen wir also Petrus nachts vor dem Torgebäude dieses Hauses stehen, in dem er die Gemeinde versammelt weiß. Der „Chorschluß" (s. o.) sieht allerdings seltsam aus: er besteht in der Kopflosigkeit der Sklavin Rhode, in dem Verdacht der Gemeinde, sie sei „nicht ganz da", in dem Entsetzen, als man Petrus leibhaftig vor sich sieht. Haben sie nicht um das gebetet, was jetzt eingetreten ist? Müßten sie nicht, wenn sie zuversichtlich gebetet haben, auf das Erscheinen des Petrus geradezu gewartet haben? Wäre das nicht die Erhörungsgewißheit, die man von der Urgemeinde erwartet? Es ist für uns geradezu erleichternd, zu sehen, daß auch die ersten Christen *bangend* gebetet haben und nicht mit der unerschütterlichen Gewißheit, Gott werde auf das Gebet unmittelbar eingehen. Sie beten – und können es nicht fassen, daß sie schon erhört sind! Wie echt, wie zurückhaltend, wie ehrlich! Es gibt in der Bibel schöne Zeugnisse für die Gewißheit, daß Gott Gebete erhört. Heute werden die getröstet, die zaghaft, tastend beten, auf Erhörung kaum zu hoffen wagen und dennoch Gott in den Ohren liegen. Gott erhört auch unsere kleinmütigen, ungewissen, schüchternen Gebete und handelt über Bitten und Verstehen. Es ist nicht wahr, daß Gott nur soviel an uns täte, wie unser Glaube zu fassen und ihm abzunehmen bereit ist. Das ist ein guter Trost.

Die Szene schließt auffälligerweise damit, daß Petrus nach seinem Bericht lautlos abtritt: „er zog an einen anderen Ort". Ist Rom gemeint, wie katholische Exegeten vermuten? Wird der Name des Ortes verschwiegen, damit die heidnische Obrigkeit in Rom nicht auf den dort anwesenden Apostel aufmerksam wird? Man soll gegen diese Vermutung nicht einwenden, die Apostelgeschichte müsse dann zu Lebzeiten des Petrus geschrieben sein (O. Cullmann, Petrus, Berlin 1961, S. 41); es genügt, anzunehmen, daß die Lukas vorliegende *Quelle* diese Vorsicht habe walten lassen, also so hohen Alters sei (wobei es offen bleiben muß, welcher „Ort" gemeint ist). Aber wir sollten uns nicht an derlei Vermutungen hängen. Wir vermerken nur, daß Petrus seine Tätigkeit von Jerusalem wegverlegt hat, wahrscheinlich auf Missionsreisen gegangen ist. Das bedeutet einen Wechsel in der Leitung der Gemeinde in Jerusalem. Hat Petrus sich weiterer Gefahr entziehen wollen? Wenn ja, so sollte man ihm dies nicht als Feigheit auslegen. Er hätte dann irgendwo untertauchen und sich ins Privatleben zurückziehen müssen. Der Schluß der Perikope führt auf ganz andere Einsichten. Petrus wird weiterhin gebraucht. Seine Befreiung ist nicht ein Vorgang privaten Charakters. Petrus wird jetzt erst recht Bote Jesu sein, als Missionar wird er *die Gemeinde mehren*. In der Geschichte des Reiches Gottes war der Tod des Jakobus nötig – Jesus hat es längst gewußt und gesagt. Nötig war aber auch die Befreiung des Petrus. Gott faßt seine Entschlüsse nach *seiner* Einsicht. In beidem sehen wir seine Hand: im Martyrium des einen und in der Befreiung des anderen. Es geht um die Aufgabe. Petrus ist aus der Bewährung nicht entlassen. Er wird, wenn es Zeit ist, auch noch „gegürtet" und „geführt" werden, „wohin er nicht will" (Joh.21,18). Noch will Gott ihn hier einsetzen. Er ist jedesmal weiser und größer, als wir es fassen, mag er dem einen das Opfer zumuten und dem andern es (vorläufig) ersparen. Er will in allem geehrt und angebetet sein.

17. Sonntag nach Trinitatis. Jes. 49,1–6

J. Begrich sieht in unserm Stück die Form des individuellen Dankliedes nachgeahmt: Aufruf zum liturgischen Akt der תּוֹדָה, Erzählung der Ereignisse vor Eintritt der Not, Schilderung der Not und der Errettung. G. von Rad und C. Westermann sprechen von einem prophetischen Selbstbericht („Konfession") mit drei Phasen des Geschehens: Erwählung, Berufung, Ausrüstung – Verzagen – neuer Auftrag; die Einschnitte sind durch das ו adversativum in den VV. 4 und 5 bezeichnet.

Dieses (zweite) Gottesknechtlied erinnert an das erste (42,1–4). Die „Lieder" bilden eine eigene Schicht im Deutjes.-Buch (vgl. das zu 50,4–9/Palmsonntag Gesagte). Wer der Knecht ist, bleibt unerweisbar. Ein König? Ein Prophet? Deuterojesaja selbst? Ein Frommer? Das Volk? Zum Ganzen der Ebed-Jahwe-Lieder vgl. bes. G. von Rad, ThAT II, S. 270ff. und W. Zimmerli in ThWNT V, S. 664ff.

V. 1: Von vornherein ist im Blick, womit die Perikope ausklingt: die Fernsten, an die der Auftrag des Ebed sich richtet. „Inseln": wo die Erde zu Ende ist und am Rande „zerbröckelt"; „Völker von ferne" steht dazu (komplementär) parallel. Vgl. Jer. 1,4 (uns. Ausl. zum 9. S. n. Trin.); Gal. 1,15. Die Berufung ist ganz Gottes Sache, greift über alles biographisch Erfaßbare hinaus. – V. 2: Ausrüstung mit durchdringender und weitreichender Kraft (Schwert und Pfeil). Dazu kommt des Beauftragten Geborgenheit in Gott (es ist wohl nicht an eine Periode des „Untertauchens" zu denken), vgl. Ps. 17,8; 27,5; 31,21; 64,3. – V. 3: Obwohl „Israel" handschriftlich sehr gut bezeugt ist (die LXX-Hs. Kennikot, in der es fehlt, kommt dagegen nicht auf), dürfte es Interpretament sein; die älteste uns zugängliche, freilich verfehlte Antwort auf die Frage, wer der Ebed sei. Die Gründe für diese Auffassung stellt Wstm. im ATD zusammen. Nach VV. 5f. hat der „Knecht" eine Aufgabe an Israel, also *ist* er nicht Israel. Gott will durch ihn sich verherrlichen. – V. 4:ו mit vorangestelltem Subjekt: adversativer Sinn. Die Erfahrung des Ebed scheint dem Auftrag zu widersprechen. – V. 4: Ähnlich wie im Danklied, vgl. Ps. 31,23, die Schilderung der Not, aber auch des Suchens nach Halt bei Gott. יָגַע = anstrengend, mühevoll arbeiten, so daß man davon müde wird (beides steckt im Wortsinn). אַךְ kann Adverb der Beteuerung sein, aber auch adversativen Sinn haben. Wie das „Recht" des Ebed (seine „Legitimation") bei Jahwe liegt, so auch seine פְּעֻלָּה, was „Lohn" bedeuten kann, aber auch das „Tun", man könnte (unschön, aber treffend) übersetzen: seine Effektivität. – V. 5: Wieder das gegen sätzliche ו. Die Lage ist „jetzt" „ganz anders". In der zweiten Zeile wird statt לֹא mit mehreren Hss. und Übersetzungen לוֹ zu lesen sein (so auch der rev. Luthertext). In V. 5c steht וֵאלֹהַי dem Verb voran, ist also betont : „und Gott *selbst*" ... – V. 6: (Zu) gering ist es ...: das „zu" liegt in dem vergleichenden מִן am Beginn des nächsten Wortes. In V. 6b wird man entweder mit dem Qere נְצוּרֵי יִשְׂרָאֵל lesen (was freilich verschiedenen Sinn haben kann: die Behüteten, Bewachten, Belagerten, Belauerten), oder man liest mit LXX פְּזוּרֵי י׳ (die Zerstreuten, so auch der rev. Luthertext). Der Ebed soll Licht und Heil nicht nur verkündigen oder bringen, sondern *sein*. Dazu hat Jahwe ihn „gegeben".

Wie immer man die Apg. 8,34 formulierte Schlüsselfrage für die Ebed-Jahwe-Lieder beantwortet, es wird etwas herauskommen, was für die Gemeinde Gottes zu allen Zeiten aktuell und maßgebend ist. Eine Gestalt der Exilszeit spricht, wahrscheinlich Deuterojesaja selbst. Aber was sich hier darstellt, ist mehr als ein individuelles Schicksal, schon gar nicht das Produkt des spielenden Zufalls. In der Gestalt des „Gottesknechtes" ereignet und realisiert sich Notwendiges, weil Gottgewolltes. Und dies wiederum nicht in dem Sinne, daß Gott der Welt ein allgemeingültiges Gesetz eingeschaffen hätte, dem jedermann, also auch der Prophet, unterworfen wäre. Will man schon von einem „Gesetz" sprechen, dann wird es „das Gesetz Christi" sein, nach dem der „Knecht" die Züge und Merkmale seines „Herrn" an sich trägt (Matth. 10,25). Es handelt sich, wenn man so will, beim „Gottesknecht" um antizipierte Christusnachfolge, also um gelebtes Christuszeugnis und betätigten Christusdienst, lange bevor der Prägende und Maßgebende in dieser Welt ist. Wir tun gut daran, zunächst den Propheten selbst in diesem Text dargestellt zu finden, aber doch in ihm die τρόποι des Herrn zu erkennen. „Die Aussagen der Lieder transzendieren doch auf Schritt und Tritt das Biographische ebenso wie alles im geschichtlichen Raum Mögliche. Das Bild von dem Gottesknecht ... gehört ... in den Bereich der äußersten Wunder, die sich Jahwe vorbehalten hat" (von Rad, ThAT II, S. 272).
Ist damit die kollektive Deutung – eben die von dem Interpolator V. 3 angebrachte –, also die Deutung auf Israel abgetan? Vgl. den Palmarum-Text. Der Ebed = Israel, dies wäre, wie wir sahen, in unmittelbarem Sinne nicht zu halten. Der „Knecht" soll Jakob zu Gott zurückbringen und Israel zu ihm sammeln; das Volk ist also Gegenstand seines Bemühens, nicht das im Text handelnde Subjekt. Und doch wird man auch die Weltaufgabe des Gottesvolkes, heute also: der Kirche, in diesem Text dargestellt finden. Aus demselben Grunde, der uns veranlaßte, den Ebed und Christus aufeinander zu beziehen. Christus tut sein Werk in den Seinen – letztlich also im Ganzen der Kirche. Die „Kirche" war damals nach Babylonien verbannt; sie wartete auf den Tag Gottes. Die Kirche heute lebt in der Fülle der Zeiten, ohne daß sie aufhören könnte zu warten. Daher auch der Hinweis auf die Situation der Anfechtung, von der sofort noch die Rede sein muß. Sie ändert nichts an der Weltweite des Auftrags, der dem „Knecht" und damit dem Ganzen der Kirche gegeben ist. Evangelium und Epistel des Sonntags weisen beide auf ihn hin. Unsere Perikope korrespondiert ihnen in schöner Weise.
Man kann den Text verschieden angehen. Ich verweise auf meine bisherigen Auslegungen („Morgenstern", S. 51ff.; „Kreatur", S. 236ff.; „Vorhang", S. 88ff.). Wir wollen es diesmal so versuchen: *Das weltweite Christusheil* – (1) *obwohl alles dagegenspricht,* (2) *weil Gott dafürspricht,* (3) *damit Gott verherrlicht werde.*

I.

Sprechen wir vom *Christus*heil, dann denken wir gesamt-biblisch; Deuterojesaja konnte Christus noch nicht kennen. Kühne Aussage: das „Heil" – für alle Welt – ist der Ebed selbst; er dürfte es nicht von sich aus behaupten – Gott selbst hat es ihm zugesprochen, daß er diese Weltbedeutung haben soll (V. 6). Was die Reichweite seines Auftrages und seiner פְּעֻלָּה, also seiner Wirksamkeit und Wirkung (V. 4 – s. o.) angeht, so haben wir mit „Weltbedeutung" nicht zuviel behauptet. „Bis an die Enden der Erde", lesen wir (V. 6); so weit erstreckt sich der der Kirche von ihrem Herrn erteilte Missionsauftrag (Apg.1,8). Aller Welt das Heil *verkündigen,* das möchte uns noch anstehen. Aller Welt Heil *sein*: das überschreitet menschliche Kompetenzen. Hier wird die Gestalt des Ebed durchsichtig für den, der in seiner Person das „Licht" ist (Joh. 8,12) und dessen Jesusname das „Heil" (יְשׁוּעָה) als Programm enthält. „Der Herr ist mein Licht und mein Heil" (Ps. 27,1). Was der Ebed für die Heiden sein soll, ist eigentlich Gott selber. Der Ebed kann nur Platzhalter sein für den, der das realisieren wird, wovon hier die Rede ist.
Gleichwohl, von Anfang an werden die „Inseln" und die fernen Völker angesprochen und auf die Sendung des Gottesknechts aufmerksam gemacht. Das ist in mehrfacher Hinsicht erstaunlich. Einmal deshalb, weil Israel anfangs zwar an den einen – d. h. aber einheitlich, ungespaltenen – Jahwe glaubt, aber die Existenz anderer Götter in anderen Völkern nicht bestreitet. Der eine Gott als Schöpfer aller Welt in seiner absoluten Konkurrenzlosigkeit (45,18): das dürfte für viele ein Durchbruch zu ganz neuer Gotteserkenntnis gewesen sein. – Sodann ist zu bedenken, daß die Ausweitung des Auftrags des Ebed ins Ökumenische – Licht der Heiden, Heil bis ans Ende der Welt – eine Entgrenzung bedeutet, die Israel als das Volk der gnädigen Wahl Gottes als etwas Unerhörtes empfinden muß. Mag Gott der Gott der ganzen Welt sein – damit ist ja noch lange nicht gesagt, daß alle Menschen sich in der Gemeinschaft befinden müßten, die zwischen Israel und seinem Gott besteht. Wer im Schema einer natürlichen Theologie denkt, wird sich daran stoßen; er wird meinen, es gehöre sich für Gott einfach so, daß er der Gott aller Menschen ist. Die Bibel weiß es anders. Sie weiß, daß Gemeinschaft zwischen Gott und uns nur von Gott selbst hergestellt werden kann und daß Gott sich uns Abgefallenen nicht schuldig ist. Von Recht und Billigkeit kann man hier nicht reden, und die – unserm Rechtsempfinden entsprechende – Gleichberechtigung und Gleichbehandlung aller ist, wenn sie von Gott praktiziert wird, Gnade und weiter nichts. Es ist etwas Erstaunliches, daß Gott die bisher geltende Limitierung seines Heils aufhebt und die Völker in sein Handeln einbezieht. Das alte Evangelium des Sonntags macht das Wagnis dieses Schritts in ergreifender Weise deutlich. – Unerhört ist, was der Ebed sagt, aber noch aus anderen Gründen. Der Auftrag unter dem er steht ist schlechterdings unrealisierbar. Man muß sich klarmachen, was der biblische Mensch empfindet, wenn er von den „Inseln" spricht oder hört. Die „Inseln", mit denen – wie wir sagten – die (als Scheibe gedachte) Welt an ihren Rändern zerbröckelt, sind für den Israeliten vom Geheimnis des Unerreichbaren zugleich aber damit des Fernsten und Letzten umwittert (dahinter kommt das Meer, das – als die הַהֹם – geradezu etwas Schöpfungswidriges und -feindliches darstellt, Hiob 38,11). Dabei spielen die Inseln im Denken Deuterojesajas eine große Rolle (40,15; 41,1.5; 42,4.10.12; 51,5). Hier wird der ökumenische Anspruch der biblischen Offenbarung auf einen alle Maße des Realisierbaren überschreitenden Ausdruck gebracht. Gott will die ganze Welt. Sie gehört ihm ja eigentlich von ihrem Ursprung her; nun soll sie, aus dem Abfall heraus, wieder sein Eigentum werden. Damit ist etwas angemeldet, was im Sinne eines Kurzzeitprogramms absurd wäre. Ja, ein Programm in unserm Sinne kann es überhaupt nicht sein. Deuterojesaja kündigt die eschatologische Wende an (vgl. etwa 40,6.10).

Ankündigung ist immer mehr als nur Vorhersage. Im Wort hebt das Heil zu geschehen an. „Ich aber sprach: Um Nichtiges habe ich mich geplagt. An Leeres (Wüstes, תֹּהוּ) und Nebuloses (Nichtiges, Dunst, הֶבֶל) habe ich meine Kraft vergeudet" (V. 4). Begrich meint, bei Deuterojesaja eine schwere Glaubenskrise wahrnehmen zu können; der Prophet hat den baldigen Anbruch des Heils für alle Welt erwartet, und passiert ist nichts oder fast nichts. Wie immer sich das Offenbarungshandeln Gottes im Erleben des Propheten niedergeschlagen haben mag: es vollzieht sich immer so, daß fast alles *dagegenspricht*. Wer nur das (im objektiven Sinne) Handgreifliche gelten lassen will und darum auch von Gott so etwas wie eine (subjektiv verstandene) Handgreiflichkeit erwartet, muß Gott und sein Heil verfehlen. Gott wirkt „im Widerspiel" (Luther), unter dem Anschein des Gegenteils. Darum wird der Glaube immer ein Dennoch-Glaube sein. So auch beim Ebed. Daß er die Anfechtung kennt, bestätigt nur das Gesagte. Man mache sich doch klar, was das bedeutet, daß einer verkündigt: „aller Welt Enden sehen das Heil unseres Gottes" (52,10), und er selbst wird mit seinen Brüdern und Glaubensgenossen von der Weltmacht Babel noch immer festgehalten, unfrei, verbannt. Man sieht dasselbe, noch eindrücklicher, am Urbild des Ebed, an Christus, dem Gekreuzigten. Bemißt man die „Heilsamkeit" dessen, was geschieht, qualitativ nach seiner in die Augen springenden Effektivität und quantitativ nach der Resonanz und Zustimmung, die sie bei den vielen findet, dann ist die Sache des Ebed, die ja die Sache Christi ist, alles andere als aussichtsreich. Wir wüßten zahlreiche Gründe, die für das Evangelium sprechen, aber sie sind stichhaltig nur als Argumente des Glaubens. „Aber wer glaubt dem, was unter uns verkündet wurde, und wem ist der Arm des Herrn offenbart?" (53,1) – die Epistel des Sonntags nimmt diese Erfahrung des Ebed auf. Gott entwickelt, was er vorhat, nicht aus dem Bestehenden – „alles Fleisch ist Gras" (40,6) –, sondern er setzt neu an und schafft „ein Neues" (43,19); das „Neue" wäre nicht neu, wenn wir es aus den Erkenntnismöglichkeiten und -bedingungen der alten Welt und unseres alten Lebens wahrnehmen wollten. Der Ebed hat, wie nach ihm – und „vor ihm" (Joh. 8,58) – Christus, und es hat auch die Kirche dieses Christus keine Stützen in den Dingen und Kräften der Welt. Darum bleibt es bis zum Tage Christi dabei, daß die, die die Sache Gottes betreiben, Anfechtungen ausgesetzt sind (V. 4). Wer unter vergeblicher Mühe leidet, soll wissen, daß dies zum „Gesetz Christi" gehört. Er soll sich darum nicht wundern, daß er auf scheinbar verlorenem Posten steht. Wohlgemerkt: die Anfechtung ist mit solcher Einsicht nicht behoben. Sie kann uns schwer zusetzen. Aber die Einwände der Welt gegen Gottes Vorhaben, die ja zugleich die Einwände unseres eigenen Herzens sind, haben nicht das letzte Wort. „Ich hingegen habe gesagt . . ." – „Aber nun hat Jahwe gesprochen . . ." Es wird bei uns nicht anders sein.

2.

Daß der Prophet für seine Aussage die Form des Dankliedes gewählt hat (s. o.), ist für deren Verständnis von Bedeutung. Hier wird nicht geklagt, sondern gedankt. Die Allerfernsten – sie ahnen noch gar nichts von dem, was sich hier tut – werden aufgerufen, in den Dank einzustimmen. Denn nichts anderes bedeuten ja der Ruf zum aufmerksamen Hören und die Erzählung davon, was dem Ebed in Anfechtung und Tröstung und Hilfe widerfahren ist. „Hört mir zu!" – ihr seid Mitbetroffene, meine Sache ist eure Sache. Mir ist geholfen worden! So mißlich auch die äußere Lage sein mag (Exil), so schwer einem auch das vergebliche Sich-Mühen wird: meine Sache steht gut, sie ist aufs beste begründet. Gott *spricht dafür!*

Damit ist der archimedische Punkt, der Standort außerhalb, auf dem man stehen kann, gewonnen. In der Anfechtung verliert man ihn unter den Füßen; indem man wieder

festen Boden gewinnt, wird sie überwunden. Der feste Boden wird dem „Knecht" da gegeben, wo Gott selbst aktiv geworden ist und wird. Es lohnt sich, im hebräischen Text die
Merkmale besonderer Betonung aufzuspüren, an denen dieses „Aber Jahwe...", „Gott
selbst..." erkennbar wird; wir haben eingangs darauf hingewiesen. Auf etwas anderes als
auf Gott kann sich der Ebed nicht berufen. Aber von Gott kommt der Auftrag, die Ausrüstung und die Legitimation (EKG 207,7.8).

Daß der Ebed seinen Auftrag erfüllt, ist einfach Sache des Gehorsams. Das Heil für alle
Welt, bis in ihre fernsten Bereiche: so hat es Gott gewollt. Hier fragt man nicht: möglich
oder unmöglich?, praktikabel oder phantastisch?, erfolgversprechend oder aussichtslos?,
hier hat man einfach zu gehorchen.

Der Gottesknecht weiß, daß Jahwe in diesem Sinne über ihn verfügt hat, noch ehe er geboren wurde (vgl. Jer. 1,4ff., 9. S. n. Trin.). Schärfer kann nicht ausgedrückt werden, daß
die Sendung, von der hier die Rede ist, nicht als etwas von uns selbst Ausgedachtes und
Hervorgebrachtes verstanden werden kann. Unser Wollen? Unsere Liebhaberei?, um
nicht zu sagen: unser Spleen? Gottes Befehl! „Ich muß", sagt Paulus (1.Kor. 9,16); auch
er ist, wie Jeremia (1,5), sich dessen bewußt, daß die Hand dieses Herrn auf ihm gelegen
hat, ehe sein Leben begonnen hatte (Gal. 1,15). Es ist nicht in das Belieben des Boten gestellt, ob er Gottes Heil ausbreiten will oder nicht. Und wenn alles dagegen spräche, er
müßte es tun – zur Zeit oder zur Unzeit (2.Tim. 4,2). So ist über den Ebed eine Bestimmung getroffen, die aus keinem gegebenen Tatbestand ableitbar, sondern begründet ist in
Gottes alles Irdisch-Zeitliche umgreifenden Willen.

Auch die Ausrüstung, mit der der Knecht in die Heils- und Glaubensgeschichte der Welt
eintritt, stammt von Gott. V.2 spricht von Waffen, selbstverständlich im übertragenen
Sinne bzw. im Sinne des Vergleichs. V. 2 enthält parallele Aussagen mit dreifacher Entsprechung: hier der „Mund" des Knechts, dort er selbst, seine Person; hier die „Waffe"
für die Nähe, dort die weitreichende Waffe für die Ferne; hier der Schutz unter der
bergenden Hand Gottes, dort in dem verwahrenden und verbergenden Köcher. Redet der
Gottesknecht von sich, dann meint er damit sein Wirken mit dem Munde, also das von
ihm gepredigte *Wort*. Wer von dessen Kraft nichts weiß, kann sich nur verschätzen. Das
Wort macht Geschichte, weil es selbst Geschichte *ist*. Durch den Boten redet Gott selbst
mit seinen Menschen. Im Wort stellt er Gemeinschaft zwischen sich und uns her. Daß
das Wort Waffe ist – mit Nah- und Fernwirkung –, wird in der Bibel an verschiedenen
Stellen vermerkt (Jer. 23,29; Matth. 10,34; Eph. 6,17; Hebr. 4,12): es kann in der Tat „zuschlagen" und „durchbohren". Aber doch nicht, weil es grausam zerstören und vernichten wollte, sondern weil es retten, also Heil schaffen will. Kann sein, es trifft uns hart: es
kämpft gegen das Böse in uns und gegen den Bösen, der sich daran freut. Aber wir vergessen nicht, daß der Grundton der Botschaft Deuterojesajas lautet: „Tröstet mein Volk".
Es ist das „heilsam Wort", das „auf den Plan" treten will (EKG 117,4). Damit ist der
Knecht ausgerüstet. Der Kraft dieses Wortes darf er vertrauen. Es kommt, einmal ausgesandt, nicht leer zu Gott zurück, sondern es wird tun, was ihm gefällt, und ihm wird gelingen, wozu er es sendet (55,11).

Ein weiterer Hinweis auf den festen Punkt „außerhalb" findet sich in V. 4b. Fragt man
den Gottesknecht, wie er dazu komme, im Namen Gottes weltweites Heil zu verkündigen, ja, indem er es verkündigt, zu *sein:* so antwortet er damit, daß er seine „Legitimation", seine „Autorisierung", sein „Befugtsein" in *Gott* habe. Das ist bei allen Boten Gottes so: sie können sich nur auf ihr Gesandtsein und ihre Beauftragung durch Gott berufen, sozusagen auf ihre Ordination. Darüber hinaus bedeutet מִשְׁפָּט auch dies, daß Jahwe
seinem Boten im Vollzug seines Botendienstes beisteht und sich hinter ihn stellt, ja auch
wohl, daß er ihm, wo nötig, heraushilft. Der Ebed braucht sich nicht selbst zu verteidi-

gen; Gott verteidigt seinen Boten und hilft ihm zu seinem „Recht". – Dazu kommt, daß der Ebed seinen „Lohn" bei seinem Gott hat, oder aber – wenn man bedenkt, daß das betr. hebräische Wort sich vom Verbum „tun" herleitet – daß sein „Wirken" und damit auch seine „Wirkung" ganz bei Gott liegt. Von daher erklärt es sich wohl, daß einer als Verbannter in Babylonien festgehalten ist und sich doch auf der Bühne und dem Schauplatz der weiten Welt wissen kann. Es ist ja nicht *seine* Sache, die der Ebed treibt, sondern die Sache Gottes. Er „wirkt" nur die „Werke" dessen, der ihn „gesandt" hat (Joh. 9,4). Er braucht sich nicht zu sorgen, was aus seinem Tun wird. Hauptsache, er ist nicht ungehorsam und weicht nicht zurück (50,5). Gott wird schon wissen, was er daraus macht und wie er es macht. – Wir sind mit dem allem weit weg von der ungläubigen Haltung, in der wir über den Gehorsam hinaus der Sache Gottes auf unsere Weise nachhelfen und sie mit unseren eigenen Mitteln und Tricks voranbringen wollen. Beinahe klingt es wie ein Selbstvorwurf: Wie konnte ich nur (immer wieder) meinen, ich verschwende meine Kraft an Seifenblasen! Gott selbst steht für mich ein, er sorgt für die Effektivität meines Tuns! Ich hätte das nie vergessen dürfen.

Wir können es uns ersparen, dies alles christologisch noch einmal durchzuspielen. Jesus hat sich selbst im Ebed wiedererkannt. Zweifellos wird man sagen müssen: Hier ist mehr als – Deuterojesaja! Die Sendung des Sohnes durch den Vater ist noch etwas anderes als die „Ordination" eines Gottesboten. Jesus ist noch in anderem Sinne „das Wort" und „das Heil" als der Ebed. Aber es ließe sich eine jede der Aussagen über den Gott, der *für* den Gottesknecht *spricht* – unsere Schlagzeile! –, durch Worte Jesu oder auch durch das Christusbekenntnis der Gemeinde für Jesus Christus verdeutlichen. Und – abgeleitetermaßen – für die Kirche! Gottes Wahl und Sendung, die Ausrüstung mit den „Waffen" des Wortes, die Legitimation und Rechtsgarantie, die Gott selbst ihr gewährt, und die Garantie dafür, „daß eure Arbeit nicht vergeblich ist in dem Herrn" (1.Kor. 15,58): in dem allem zeigt sich, wie Gott selbst seine Sache durch den Ebed führt. Und dies wirkt nun zurück auf den Boten selbst: er weiß sich vor Jahwe wert geachtet, und er darf gewiß sein, daß Gott selbst seine Stärke ist.

3.

Wie wir sahen, ist die Ausweitung des von Gott bewirkten Heils auf alle Völker und Menschen für alttestamentliches Denken keine Selbstverständlichkeit. Sie ist es, wie das Evangelium dieses Tages zeigt, nicht einmal für Jesus selbst. Wir haben damit zu rechnen, daß – nun freilich aus anderem Grunde – der universale Anspruch Jesu Christi von vielen bestritten wird und auch der Predigtgemeinde zumindest Gegenstand kritischen Fragens ist. Wie kommt es eigentlich dazu, daß ein Prophet wie der Ebed an eine solche weltweite Rolle denkt, die ihm selbst zufällt, oder auch einem Kommenden, dessen Vorausdarstellung er ist? Wir werden viele Menschen finden, die den fernen Völkern auf den „Inseln" gern ihre Gottesvorstellung und ihren Kult oder „Weg" des geheiligten Lebens lassen möchten und in weltweiter Heilsverkündigung im Sinne biblischer Offenbarung eine Unterschätzung fremder Religionen und eine ungerechtfertigte Verabsolutierung der eigenen „Religion" sehen. Es fällt sogar auf den Ebed und auf Jesus Christus – trotz Jes. 53 und trotz des Kreuzes – der Verdacht, hier regiere ein weltweit orientiertes Geltungsstreben und erzeuge einen Anspruch, den unser (pluralistisches) Denken nicht hinnehmen kann.

Die Predigt wird diese Frage nicht in wenigen Minuten behandeln können; auch wir würden uns in diesen Zeilen damit übernehmen. Wir stellen die Frage nur, um auf ihrem Hintergrund zu sehen, woran dem Text liegt. Es geht nicht um Unterwerfung und Überfremdung, sondern um „Rettung" (יְשׁוּעָה). Es geht nicht darum, daß der Ebed sich durchsetzt, sondern darum, daß allen Völkern geholfen wird. Wir könnten die Aufgabe der Mission getrost auf sich beruhen lassen, wenn es nicht um „Rettung" ginge. Wieso es tatsächlich darum geht, versteht freilich nur der, der gemerkt hat, was es mit einem unbereinigten Verhältnis zwischen Gott und uns auf sich haben müßte. Tiefe Gedanken über Gott können viele auf der Welt denken. Es kommt darauf an, daß wir den Einen finden, dem wir gehören und der uns konkret als unser „Heil" *begegnen* will. Gedanken über Gott? Nein: Gott selbst.

Man kann dieselbe Sache auch von anderer Seite her sehen. „Du bist mein Knecht", sagt Gott, „durch den ich mich verherrlichen will" (V. 3). Es geht um Gottes Gottheit! Man ziehe die johanneischen Stellen über Gottes Verherrlichung durch Jesus und Jesu Verherrlichung durch den Vater hinzu. Man wird dann sehen, wie die Christusbotschaft und das erste Gebot zusammengehören. – Daß die Welt gerettet wird, eben darin besteht die Verherrlichung Gottes. Anders gesagt: Daß Gott sich nicht gegen uns, sondern für uns, zu unseren Gunsten und zu unserer Rettung durchsetzt, das ist das Evangelium.

Der Text spricht von der Heimbringung und Wiederaufrichtung des Gottesvolkes, neutestamentlich gesprochen: der Kirche. „Die Stämme Jakobs": hinter dieser Formulierung verbirgt sich die gewisse Erwartung eines unglaublichen Wunders. Seit 721 sind zehn von den zwölf Stämmen untergegangen und verschollen. Israel ist in die ganze Welt verstreut. Nun stellt Gott sein Volk wieder her. Dies ist die eine Aufgabe des Ebed. Wir verstehen die Stelle nur dann richtig, wenn wir sie nicht politisch, sondern ekklesiologisch verstehen. Armselige, zerrissene, in die Welt hinein zerstreute, schuldig gewordene und darum mit Recht geschlagene „Kirche" – Gott will sie wieder erheben und zurechtbringen.

Aber der Text greift – wir sahen: bereits in seinen ersten Worten – viel weiter aus, und dies ist die Bestätigung für unsere ekklesiologische Deutung. Die Verbannten mochten darauf gewartet haben, daß das Blatt sich wendet und Gott Israels Sonderstellung in Glanz und Glorie wiederherstellt, und wenn sie es nicht erwartet haben, so werden sie der Meinung gewesen sein, dies wäre ihr Gott ihnen eigentlich schuldig. Rehabilitierung Israels? Nein: Heil für *alle Welt*! Zum Beispiel auch für Babel! Aber räumlich weit darüber hinaus: bis an die äußersten Ränder der Erde. Eine Kirche, die sich damit zufrieden gäbe, selbst selig zu sein, die anderen also aufgäbe, oder gar eine Kirche, die auf ihr Vorrecht pochte und sich noch auf den Tag freute, an dem sie „Ninive" untergehen sehen würde: eine solche Kirche hätte nicht nur ihren Gott nicht verstanden, sondern das Evangelium preisgegeben. Daß wir den Text nicht mißverstehen: die Welt ist nicht „automatisch" gerettet – das Heil wird *geschichtlich* verwirklicht und ausgebreitet, in der Gestalt des „Knechts", der selber das Heil *ist*! Es muß wirklich zur Verherrlichung Gottes kommen (V. 3), d. h. dazu, daß Gott in seinem Gottsein wieder anerkannt wird. Aber dies geschieht in dem wunderbaren Angebot, das Gott der Welt in seinem „Knechte" macht. Die Syrophönikierin (Evangelium des Sonntags) steht für die vielen, die Christus ebenso nötig haben wie wir. Gott selbst will, daß niemand verlorengehe.

18. Sonntag nach Trinitatis. Jak. 2,1–13

Nach dem in lockeren Assoziationen gefaßten 1. Kapitel folgen nun drei thematisch einheitliche Abschnitte (2,1–13; 2,14–26; 3,1–12), die im Diatribestil (M. Dibelius) gehalten sind, wobei der erste noch eher an eine Predigt erinnert, jedenfalls eine Mischform darstellt. In der Stichwort-Anknüpfung ist er Kap. 1 verwandt. Dem paränetischen V. 1 folgt in VV. 2f. ein Beispiel (nicht aus dem Leben der Gemeinde genommen, sondern in plakathafter Übertreibung konstruiert) mit Folgerungen in

Frageform (VV. 4f.). Mit Fragen wird der Leser auch in VV. 5b–7 in die Erörterungen einbezogen. Von V. 8 ab grundsätzliche Aussagen über das Gesetz unter dem Gesichtspunkt des Themas: Ansehung der Person. Das Gebot der Nächstenliebe wird auf das Verhalten zum Armen angewandt. V. 1: Der revidierte Luthertext glättet schön, verwischt aber die Paradoxie des untragbaren Beieinanders von Bevorzugung bestimmter Menschen und Christusglauben. Προσωπολημψία (bzw. das entsprechende Verbum) knüpft an das atl. πρόσωπον λαμβάνειν an (Lev. 19,15; Deut. 10,17 u. ö.; Luk. 20,21), bei Paulus Röm. 2,11 (vgl. Kol. 3,25; Eph. 6,9). Der Christusausdruck wirkt überfüllt; das etwas nachklappende τῆς δόξης könnte hinzugefügt sein, um zu betonen: Doxa gebührt keinem Menschen, sondern nur dem Herrn. – V. 2: Der besprochene „Fall" will übertreibend veranschaulichen. Ob der Reiche zur Gemeinde gehört oder nicht, darf man bei der Art des Beispiels nicht fragen. Er zieht in der „Versammlung" (das Wort ist in der frühen Christenheit für die Gemeindeversammlung belegt) die Blicke auf sich – V. 3 –, darf sich „schön" setzen, also auf bevorzugtem Platz, während der Arme stehen soll oder „mir" – ich sitze! –,,,zu Füßen", also auf dem Boden sitzen soll („er soll natürlich nicht unter die Fußbank kriechen", M. Dibelius). – V. 4 ist umstritten. Das Medium von διαχρίνειν bildet normalerweise den Aorist passivisch; hier liegt also die Schwierigkeit nicht. Aber in der Bedeutung. M. Dibelius schlägt vor: „Habt ihr dann nicht Unterscheidungen vorgenommen?" oder „Habt ihr euch dann nicht untereinander geschieden?" Ich gebe zu erwägen: „Seid ihr da nicht mit euch selbst uneins geworden?" (vgl. die Paradoxie in V. 1), „Richter mit bösen Gedanken?" V. 5: τῷ κόσμῳ (abweichende LAA sind Erleichterungen) ist Dativus commodi: „die für die Welt (= in den Augen der Welt) nur arme Leute sind" oder Dativ der Beziehung: „die in den Dingen der Welt arm sind". Über die Armenfrömmigkeit im Urchristentum s. u. – V. 6: Jetzt wird, was das Beispiel vergröbert und darum distanziert sagte, zur unmittelbaren Anklage: „Ihr habt dem Armen (kollektiv gemeint) die Ehre genommen." Kritik an den Reichen wie in prophetischer Predigt. Man kann an Zwischenfälle denken, wie Lukas sie Apg. 16,19; 19,24 schildert, an das Los der Sklaven (1. Petr. 2,10) oder der Lohnarbeiter (Jak. 5,4). Für eine allgemeine Christenverfolgung zeigt der Brief keinen Anhalt. Gedacht ist im Schema der Armenfrömmigkeit: die Reichen verfolgen die Armen um ihres Glaubens willen (Luk. 6,22; 21,12). – V. 7: Ist über dem Israeliten der Name Jahwes genannt (Deut. 28,10; Jes. 43,7; Jer. 14,9; Amos 9,12 u. ö.), so über dem Christen – bei der Taufe – der Name Jesu.
V. 8: „Königlich" wird entweder das ganze Gesetz genannt – es zeigt den fordernden Willen Gottes als des Königs" (ThWNT I, S. 593) – oder speziell das Gebot der Nächstenliebe (Lev. 19,18), weil es „königlichen Rang unter den anderen Geboten hat" (Mußner z. St., vgl. Mark. 12,31 [altes Evangelium!]; Röm. 13,9). Nächstenliebe aber ist Liebe zum Armen (Spr. 14,21). – V. 9: vgl. V. 1. – V. 10: Das Gesetz ist ein unteilbares Ganzes (Mußner). (Der Gedanke Gal. 5,3 ist von der zu bewahrenden Freiheit her gedacht, geht also in ganz andere Richtung.) – V. 12: „Gesetz der Freiheit" schon 1,25, vgl. L. Goppelt, ThNT 2, S. 533ff.: es ist „die imperativische Seite des Wortes, das den Gehorsam nicht nur fordert, sondern zugleich wirkt" und darum „wesenhaft mit Freiheit zusammengehört" (vgl. 1,18.21 und Jer. 31,31ff.). – V. 13 entspricht der Lehre Jesu (Matth. 5,7; 18,29.34; 25,45f.; Luk. 6,36). Zu V. 13b vgl. 1.Joh. 4,17f.

Die Liebe zum Nächsten, nach Jesu Wort (altes Evangelium) unlöslich mit der Liebe zu Gott verbunden, stellt sich in diesem Text dar als eine bestimmte Weise, mit dem „Armen" umzugehen, d. h. aber: mit dem gesellschaftlichen Benachteiligten und Geringgeachteten, wie er in der Urchristenheit nicht nur mitunter vorkam, sondern in der christlichen Gemeinde sich in der Mehrzahl befand. Den Armen hat Jesus das Evangelium gebracht (Matth. 11,5), sie hat er selig gepriesen (Luk. 6,20). Gott hat sie vornehmlich „erwählt" (V. 5); was hier von den judenchristlichen Gemeinden gesagt ist, bezeugt Paulus gleichermaßen für Korinth (1. Kor. 1,26). Vielleicht war „die Armen" sogar die Selbstbezeichnung der Jerusalemer Urgemeinde (Gal. 2,10; vgl. Röm. 15,26); es wäre damit auf alttestamentliche Tradition zurückgegriffen (Jes. 41,17; 49,13), wo „arm" und „fromm" fast synonym sein konnten (Ps. 86,1f.; 132,15f.). Wir finden Jesus an den Tischen der „kleinen Leute" (Matth. 18,10), der Verachteten und Beiseitegeschobenen. Dies mußte auch für seine Gemeinde maßgebend sein.

Aber damit wären wir noch nicht bei dem, worauf es dem Text ankommt. Arme unter sich: das steht hier nicht zur Verhandlung. Der Text kämpft gegen die unterschiedliche Einschätzung und Behandlung von arm und reich, gegen die Verachtung der einen und die Liebedienerei gegenüber den anderen. Ein Teilproblem, muß man sagen; zudem, wie es aussieht, nur ein innergemeindliches. Die Herstellung einer gerechten Gesellschaftsordnung ist noch lange nicht im Blick, trotz der scharfen Worte, die Jakobus gegen die Reichen spricht (2,6f.; 5,1–6). „Mit keinem Wort sind die Verhältnisse des Großbetriebs und die Nöte des städtischen Proletariats angedeutet. Vollends ist jede Bekundung eines revolutionären Aktivismus vermieden … Von Gottes Gerechtigkeit, nicht von der Menschen Aufruhr, wird Sühne allen Frevels erwartet, den die Reichen begingen" (M. Dibelius im Komm. S. 43). Es fehlen einfach gesellschaftskritische Erkenntnisse und Einsichten, und es fehlt das Wissen um die Gesetzmäßigkeiten gesellschaftlicher Prozesse. Wir werden es dem Urchristentum nicht anlasten, daß es noch nicht sieht, was wir heute sehen und wissen. Wir werden zugleich uns klarzumachen haben, daß selbst, wenn diese Einsichten vorlägen, die Gemeinde Jesu nicht den Auftrag hat, in das Ordnungsgefüge der Welt einzugreifen und das Reich Gottes auf weltliche Weise zu verwirklichen. Erwartete man solches, dann hätte Jesus versagt, und das gesamte Urchristentum ebenfalls. Auch für Jakobus gilt: „Nicht Menschen werden die Welt wandeln, sondern das Gottesreich wird vom Himmel kommen, die Gottesreichs-Predigt ist nicht revolutionär, weil sie apokalyptisch ist" (Dibelius, S. 41).

Also hat sich die Kirche einem legitimistischen, konservativen, reaktionären Denken zu verschreiben? Grundfalsch! Wir tragen schwer daran, daß die Lehre von den zwei Regimenten immer wieder so ausgelegt worden ist. Die Kirche ist nicht zuständig für die politisch-gesellschaftliche Umgestaltung der Welt, denn sie hat eine eschatologische Botschaft. Sie ist aber aus demselben Grunde nicht befugt, der Welt im Namen Jesu Christi das Gesetz des Beharrens, der Starrheit – und das dürfte heißen: der Rückständigkeit oder gar Rückläufigkeit zu predigen. Die gesellschaftlichen Ordnungen sind „weltlich Ding". Das heißt nicht etwa: „gottlos Ding". In ihnen ist Gott als der Schöpfer und Erhalter wirksam. Aber sie gehören zum zeitlichen Leben, vom Eschaton her gedacht: zum vergehenden „Schema" der Welt (1. Kor. 7,31). Hier stehen Christen und Nichtchristen auf gleicher Ebene, Seite an Seite. Hier wird konsequent *weltlich* gehandelt (CA XVI). Ist die Weltgeschichte nach Luthers bekanntem Wort „Gottes Turnier und Reiterei, da sich's untereinander sticht und bricht" und einer den andern aus dem Sattel hebt: dann sind nicht nur Herrschaftswechsel, sondern auch gesellschaftliche Veränderungen eingerechnet. Ein konservativer Legitimismus folgt *nicht* aus der Zweireichelehre. Darum hätte sich die Christenheit, in deren Bibel unser Text steht, den gerechten Forderungen der Benachteiligten, Abhängigen, Ausgebeuteten nicht so hartnäckig widersetzen und sich nicht, wie so oft geschehen, zur Stütze der „Reichen" machen dürfen. (Es ist beschämend, daß dieser Text erst durch PTO in die homiletische Praxis der Kirche eingeführt wird.) Redet der Text aus den eben dargelegten Gründen auch nicht unmittelbar zum Thema einer neuen, gerechten Gesellschaftsordnung, so schärft er doch das Gewissen und zeigt an bestimmten Punkten auf, wo es bei uns zum Umdenken kommen muß. Wer recht hört, wird Folgerungen zu ziehen wissen auch in dem Bereich, auf den sich das Evangelium nicht unmittelbar beziehen kann.

Auf diesem – notwendigerweise skizzenhaft dargestellten – Hintergrunde können wir nun den Text abhören. Etwa so: *Das königliche Gesetz: der Arme hat das erste Recht auf unsere Liebe.* (1) *Gott will nicht das Ansehen der Person.* (2) *Gott ergreift Partei für den Armen.* (3) *Gott will den ganzen Gehorsam.* Aufgrund dieser – von der Sprache des Textes allzu abhängigen und auch umständlichen – Gliederung wird man deren griffigere

Fassung auch sofort verstehen: *Nächstenliebe im Ernstfall:* (1) *unparteiisch,* (2) *parteilich,* (3) *ganzheitlich.*

I.

Es wäre abwegig, sich aufgrund der VV. 2f. ein Bild darüber machen zu wollen, wie es in den Gemeinden (Palästinas?), an die Jakobus schreibt, zugegangen sein möchte. M. Dibelius macht ausführlich klar, daß es zu den Stileigentümlichkeiten der Diatribe gehört, das, was man sagen will, an einem beliebigen, möglichst krassen Beispiel zu verdeutlichen. Freilich, das Beispiel verfängt nur, wenn es von einer Sache spricht, die in irgendeiner Weise den Adressaten vertraut ist, mag auch der karikiert dargestellte Fall sich so nicht ereignet haben.

Die Gemeinde hat sich Jesu Wort vom Nadelöhr (Mark. 10,25) gut gemerkt – sicher nicht nur wegen seiner übertreibenden Einprägsamkeit, sondern auch, weil ihre soziale Zusammensetzung (V. 5b) immer wieder die Frage aufstehen ließ, warum dies wohl so sei. Reiche finden in der Regel nicht zu Jesus. Man braucht nicht nur etwa daran zu denken, daß der urgemeindliche Liebeskommunismus (Apg. 2,44f.; 4,32–35) sie von vornherein zu den Verlierern machte (während die Armen nur gewinnen konnten). Es ist eine bekannte Sache, daß der Wohlstand Gott leicht vergessen läßt (Deut. 6,10–13) und der Reichtum leicht zum Götzen wird (Matth. 6,19.24). Wir sagten eben: in der Regel. Man kann in Jerusalem ein Haus besitzen – wir sahen zu Apg. 12,12ff. (16. S. n. Trin.), daß es stattlich gebaut sein kann – und doch zur Gemeinde gehören; der Armenfreund Lukas scheut sich nicht, auf Hochangesehene eigens hinzuweisen (Luk. 1,1; Apg. 1,1; 8,27), und wenn Paulus in bezug auf die korinthische Gemeinde feststellt: „nicht viel Weise nach dem Fleisch, nicht viele Maßgebende, nicht viele Leute hoher Herkunft", so liegt darin: *einige* eben *doch!* Es müßte seltsam zugegangen sein, wenn man sich nicht etwas darauf zugute getan hätte, gerade auch solche dabeizuhaben, und wenn nicht eine gewisse servile Mentalität der im bürgerlichen Leben Niedergehaltenen zur προσωπολημψία führen würde. Das Beispiel beschreibt es eindrucksvoll: der Goldberingte und prächtig Gekleidete betritt die Versammlung und – sprechendes δέ in V. 3! – aller Augen wenden sich ihm zu. Schlimmer noch: er bekommt einen bevorzugten Platz. Schlimmer noch: dem Armen sagt man, er möge stehen oder sich neben dem Sitz, den man selbst einnimmt, auf den Boden hocken. Der Angesehene scheint es übrigens so gewöhnt zu sein, daß man ihn nach vorn holt (Matth. 23,6; Mark. 12,39; Luk. 11,43; 20,46).

Eine Überprüfung unserer innerkirchlichen Praxis scheint geboten. Was Jakobus bekämpft, hängt uns von ehedem noch immer an. Die Meinung des Jakobus bekommen wir am besten in den Griff, wenn wir uns einmal bewußt „westlich" ausdrücken: Es könnte sein, daß man die größten Kirchensteuerzahler für die wichtigsten und honorigsten Gemeindeglieder hält. Aber es ist dabei nicht nur an die finanzielle Ergiebigkeit zu denken. Reichtum ist für viele eine Prestigesache. Wie ist er gekleidet? Wie wohnt er? Was für einen Wagen fährt er? Was kann einer auch sonst „sich leisten"? Es ist von dem allem nicht weit zur bürgerlichen Ehrenstellung überhaupt. Ein „wichtiger" Mann? Eine Koryphäe! (Laßt uns die Frauen nicht vergessen:) Eine bedeutende, einflußreiche, schöne, faszinierende, geistvolle Frau! „Ansehen der Person", moniert Jakobus; er kann sich dafür auf gute biblische Tradition berufen. Die christliche Kirche hat es vielfach überhört. Ich bin nicht dafür, die Fürsten- und Adelslogen oder das Ratsgestühl aus unseren Kirchen zu entfernen. Es könnte sein, daß wir mit solcher Barbarei nur unsere eigenen Sünden zudecken. Mit ein bißchen Bilderstürmerei ist hier auch nichts getan, und „Bewältigung der Vergangenheit" wäre das noch nicht; sie besteht nämlich nicht darin, daß man Geschichte ignoriert oder auszuradieren versucht.

Versucht man, den Text auch auf zartere Töne abzuhorchen, dann fällt auf, daß er auf die *Ehre* des Armen bedacht ist. Das (bewußt dick auftragende) Beispiel läßt es schon deutlich erkennen. „Für dich einen Stehplatz" – oder: „Hier, neben meinem Stuhl ist am Boden noch Gelegenheit zum Sitzen". – Szene aus einem sozialkritischen Film (er spielt um 1900): Eine Reiche fährt eine Arbeiterin an: „Denken Sie nicht, daß Sie etwas sind!" – Man beachte, daß die Not des Armen keineswegs nur im Mangel, im Nicht-Besitzen besteht. „Ihr habt den Armen verunehrt" (V. 6). Der Mensch kann ohne sein Ansehen nicht leben. Es ist leichter, Hunger zu leiden, als daß einem Ehre und Ansehen vorenthalten wird. (Dies der Grund, warum die Frage nach der „Rechtfertigung" – nach der Doxa bei Gott [Röm. 3,23] – von so hohem Rang ist.) Wir wollen wahrhaftig die Not des ausgepowerten Proletariers unter den unmenschlichen Bedingungen eines omnipotenten Kapitalismus nicht geringachten: zum Sterben noch immer zuviel, zum Leben aber zuwenig. Aber man muß zu den Sünden des Kapitalismus nicht zuletzt dies rechnen, daß er den Abhängigen seine Ehre vorenthalten hat. Der Proletarier hat um seine Ehre gekämpft und sie sich erstritten. Wir Christen hätten dafür viel früher – mindestens seit Jak. 2 – ein Gespür haben müssen.

Nun kommt aber, wenn der Text gegen das „Ansehen der Person" kämpft, noch etwas spezifisch Christliches hinzu. Nicht bloß: jeder Mensch braucht seine Ehre – ihr dürft sie ihm nicht zugunsten anderer schmälern oder gar vorenthalten. Erst recht nicht bloß: alle Menschen sind gleich – wie ein lediglich quantitierendes Schablonendenken meint. Sondern das ist das Eigentliche an dem Gedankengang, daß Personenkult und Menschenverachtung sich nicht mit dem Glauben an Jesus Christus, den Herrn der Herrlichkeit vertragen (V. 1). Man wünschte, es gelänge, diesen sprachlich harten Vers 1 angemessen und zugleich verständlich wiederzugeben. Wir können nur umschreiben. „Ihr könnt nicht an unsern Herrn Jesus Christus – den Herrn der Herrlichkeit – glauben, indem ihr gleichzeitig immerzu (damit geben wir den Plural von προσωπολ. wieder) auf Menschen und ihre vermeintlichen Vorzüge schaut!" Wenn ihr es *doch* tut: „seid ihr da nicht mit euch selbst uneins geworden, Urteile fällend mit bösen Gedanken?" (V. 4). Ansehen der Person und Christusglaube: das ist wie Feuer und Wasser. Nicht nur, weil Jesus „sozial gesinnt" war, sondern weil jeder von uns seine Doxa allein von ihm, dem Doxa-Christus, empfängt! Es steckt in unserm Respekt vor den Hochgestellten, den Erfolgsmenschen, den Prominenten eine falsche Menschengläubigkeit, ein in die Irre gehender Glaube an die Rechtfertigung aus den Werken des Fleisches. „Wie könnt ihr glauben, die ihr Ehre voneinander nehmt?" (Joh. 5,44). Liebedienerei gegenüber „Großen" und Prominenten ist immer auch ein Versuch, sich selbst an ihnen aufzuwerten (nur zu gern läßt man im Gespräch einfließen, daß man sich mit dem prominenten Menschen duzt – die Wiedergabe direkter Rede eignet sich dazu vorzüglich). Tatsächlich: im „Ansehen der Person" wird Christus und die durch ihn uns gnädig widerfahrene Aufwertung geleugnet. Und dies auf Kosten des einfachen Menschen, der in seinem Winkel steht oder neben mir am Boden sitzt! Ich habe, scheint es, ganz vergessen, daß Christus gerade zu *ihm* steht und durch seine Gnade ihn nicht weniger „aufgewertet" hat als mich. „Ansehen der Person" ist ein Denken in den Kategorien der Werkgerechtigkeit und damit der Heillosigkeit.

Nächstenliebe im Ernstfall, sagten wir. Was an unserer Nächstenliebe ist, wird sich daran zeigen, wie wir mit *dem* Menschen umgehen, der uns gerade *nicht* fasziniert und der unsern Blick *nicht* auf sich lenkt und von dessen Beachtung wir selbst keinen Gewinn haben. Unsere Liebe wird sich im Ernstfall dem zuwenden, der von Jesus geliebt und angenommen ist, also z. B. dem verachteten, übersehenen und so oft gedemütigten „Armen". Es gibt ihn in vielerlei Gestalt und Variation.

2.

Nun haben wir umzuschalten. Erst heißt es: kein „Ansehen der Person". Jetzt: doch Ansehen der Person! Weshalb? Weil Gott nun in der Tat Partei nimmt für den Armen. Wir haben das Wort „parteilich" aufgenommen, das im politisch-gesellschaftlichen Raum im Sinne der klassenbewußten Stellungnahme eingeführt ist und darum nicht schlecht hierherpaßt. Darin, daß diese zweite Überlegung der ersten zu widersprechen scheint, kommt die Spannung zum Ausdruck, die im Text selbst liegt. Aus dem Grundsatz: kein Ansehen der Person! könnte man ja den allgemeinen Satz ableiten, daß vor Gott alle gleich sind; aber wir sahen: einer abstrakten Gleichmacherei redet Jakobus nicht das Wort. Bei Gott hat keiner einen Vorrang durch das, was er selbst darstellt und zu bieten hat. Aber Gott wendet sich dem besonders zu, der ihn am nötigsten hat. Darum hat er gerade die Armen erwählt (V. 5), die Amme-ha-arez, die „kleinen Leute", die Geringgeachteten. In ihrer Mitte finden wir Jesus. Er ist selbst ein solcher Armer. Paulus hat dies ganz grundsätzlich verstanden (2. Kor. 8,9). In den Häusern der Könige finden wir weder den Täufer noch Jesus (Matth. 11,8). Er, der nicht weiß, wo er sein Haupt hinlegt, ist den Armen ein Armer geworden. Er will zu ihnen gehören. Auf ihrer Seite steht er. Jakobus und Lukas haben dies am deutlichsten aufgenommen und zum Ausdruck gebracht.

Daß man den Reichen keine Ehrenplätze anweist, wird nun nicht mehr – wie eben vorhin – damit begründet, daß, wo kein Ansehen der Person ist, es auch keine äußeren Privilegien geben kann, sondern – man höre! – damit daß die Reichen diese Ehrenplätze nicht verdienen! Jakobus übt harte Kritik an den Reichen – nicht als einzelnen, sondern als Klasse. Sie führen sich als „Herren" auf und „halten" euch „nieder" – beides liegt in dem Wort καταδυναστεύειν (eine Wortbildung ganz ähnlich dem von Jesus gebrauchten κατακυριεύειν), das schon in der LXX den gewalttätigen Umgang mit Armen, Witwen und Waisen bezeichnet (Belege bei Mußner z. St.). Reichtum gibt Macht, und Macht wird in sündiger Weise ausgenützt. Der Arme ist abhängig, der Reiche läßt es ihn spüren. In 5,4 ist von vorenthaltenem Lohn die Rede; der Skandal schreit zu Gott. 5,6 spricht sogar vom Mord am Gerechten, und damit ist wieder der Arme gemeint. Bei 2,6 könnte man an Klassenjustiz denken oder auch daran, daß die Reichen es sind, die die christliche Gemeinde der Armen der Verfolgung aussetzen, worauf auch V. 7 deuten würde. – Da betritt also so ein Reicher die „Versammlung" der Christen, und ihm wird der Ehrenplatz angewiesen. Jakobus dagegen: Habt ihr denn völlig vergessen, daß das einer von „denen" ist?

Hier ist uns nicht wohl. Was im weltlichen Bereich ausgetragen, also durchgekämpft werden muß, darf ja die Gemeinde nicht spalten. Von dem Reichen, der zu Jesus stoßen will – gewöhnlich „der reiche Jüngling" genannt –, schreibt Markus: „Jesus sah ihn an und liebte ihn" (10,21). Will Jakobus die Reichen von vornherein exkommunizieren? Er klagt sie an – wie die Propheten. Er sagt ihnen Schlimmes voraus (5,1ff.). Aber sollen sie von der Möglichkeit der Umkehr zu Gott ausgeschlossen sein? Wir verstehen die Leidenschaft des Jakobus. Aber er hat wirklich vergessen, daß Gesetz und Evangelium, also auch Gottes Reich zur Linken und zur Rechten, nicht vereinerlei werden dürfen.

Also ziehen wir das unter I) Gesagte zurück? Keineswegs! Einmal: Gott ist parteilich in seiner Androhung des Gerichts. Die moderne Welt bietet erschreckende Beispiele für die Kaltherzigkeit, mit der unzählbare Menschen einem rigorosen Profitstreben geopfert werden, unter der Macht des „Wolfsgesetzes". Der Mammon ist wirklich ein Götze. – Sodann: Die eschatologische Erwartung des „Reiches" (V. 5), in dessen Aufrichtung das Schicksal der Armen sich wendet, darf uns nicht daran hindern, schon in diesem Äon das Menschenmögliche zur Befreiung und Rettung der „Armen" zu tun. Wie dies zu gesche-

hen hat, dafür hat die Predigt der Kirche kein Rezept. Weltlich Ding ist nicht
ihre Sache. Aber daß Gott denen geholfen haben will, die am Leben am schwersten zu
tragen haben und die von anderen in Abhängigkeit gehalten und ausgenutzt werden, dies
ist biblisches Zeugnis. Gott ist immer auf der Seite derer, die um Hilfe schreien. So will
Jakobus verstanden sein.

3.

Gott will den ganzen Gehorsam – Gottes „königliches Gesetz" verpflichtet und bindet
uns „ganzheitlich". Was soll damit gesagt sein?
Jakobus ist durch die Liebedienerei dem Reichen/den Reichen gegenüber offensichtlich
stärker beunruhigt, als wir uns das nach unseren (auch kirchlichen) Lebensgewohnheiten
vorstellen können. Jakobus schreit für den entehrten, zu kurz gekommenen, geschundenen Menschen. Hier wird für ihn das Liebesgebot konkret. Er kann, er darf sich hier
nicht abfinden und zufriedengeben. Er hat die Sorge, daß, was ihn hier beunruhigt, in
einer unauffälligen Normalchristlichkeit untergeht. Man kann nicht allgemein von Nächstenliebe reden, und in Gemeinde und Welt bleibt der „Arme" zurückgesetzt, geschädigt
und verachtet.
Was Jakobus über das Gesetz in seiner Ganzheitlichkeit sagt, muß einen beunruhigen.
Fast könnte man meinen, wir werden in nomistische Werkerei zurückversetzt. Hunderte
von Geboten – wer eines verletzt, ist an ihnen allen schuldig. So? Wir sollten nicht auf
„die Summe der Satzungen" aus sein (Goppelt, a. a. O., S. 536). Denn „die Gebote des
Dekalogs werden hier im Grunde *nicht* als *Bestandteile des Gesetzes*, sondern als *Beispiele für den unteilbaren Anspruch Gottes* zitiert" (ebd.). Das „königliche Gesetz" ist das
Liebesgebot, auf das Jesus im alten Evangelium des Sonntags hinweist; es ist „königlich"
genannt, weil es in der „Königsherrschaft Gottes", in der βασιλεία, verwirklicht wird.
So lehrt auch Jesus. Was „zu den Alten gesagt" ist, macht's noch nicht; Gott will uns
ganz. Er will das Herz, die Mitte der Person. Er will in unseren Gedanken und in unserm
Wollen und Begehren regieren. Hat er uns in der Mitte, dann hat er uns ganz.
Von da aus kann sich V. 10 erschließen. Wir führen normalerweise ein geordnetes Leben.
Christliches Wohlverhalten – wer wird uns ernstlich etwas vorzuwerfen haben? Das Er-
staunliche ist nur, daß das viele, was irgendwo – im Nebenhaus, in der Familie oder
Freundschaft, in der christlichen Gemeinde – den Menschen das Herz schwer macht und
sie leiden läßt, sich trotz unserer christlichen Korrektheit ereignet, in dem Lebenskreis, in
dem lauter solche brave Christen leben wie wir. Man schaue noch einmal in die Gemeinde des Jakobus: Wenn der „Fall", das „Beispiel" also, angeführt wird, dann doch,
weil Vergleichbares dort zu finden ist oder wenigstens zu finden sein könnte. Man
bedenke: lauter gute Christen, gottesfürchtig, fromm, mit guten christlichen Manieren
und ernsthaftem christlichen Wollen. Nur – dann passiert (möglicherweise) eben dieser
„Fall". Soll man sagen: *ein* schwacher Punkt in einem sonst intakten Ganzen? Nein, das
Ganze ist in Frage gestellt, mehr noch: verletzt. Denn es wird an einem solchen Punkte –
der arme Mann oder die gebrechliche Oma muß hinter dem illustren und hofierten
Neuangekommenen zurückstehen – deutlich: hier stimmt das Ganze nicht. Es fehlt an
der Liebe (V. 8), an der Barmherzigkeit (V. 13). Die Liebe muß sich im „Ernstfall" bewähren. Werde ich auf diesen Boden treten, wo die Barmherzigkeit gilt: *Gottes* Barmherzigkeit mit uns allen, *meine* Barmherzigkeit mit dem, der sie braucht?

Michaelistag. Apg. 5,17–21 (22–27a) 27b–29

Zur Abgrenzung: Für Lukas würde die Perikope mit V. 42 enden: erst die Geißelung (V. 40) und die Fortsetzung der Predigt trotz Bedrohung (V. 42) bringt die Geschichte ans Ziel. Die VV. 22–27a beziehen sich auf die wunderbare Befreiung (V. 19), von der man wiederholt gesagt hat, sie sei im Ganzen der Erzählung ein Fremdkörper (Haenchen S. 215). In der Tat: in dem Verhör VV. 27f. spielt der „Ausbruch" (so hätte das Synedrium den Tatbestand sehen müssen) keine Rolle. Nur: läßt man VV. 22–27a deswegen aus, müssen auch VV. 19–21a fortbleiben. Im Sinne des Lukas wäre dies sicher nicht, ganz abgesehen davon, daß dann die Perikope für Michaelis ungeeignet wäre. Daß wir erst vor kurzem über die auffällige Parallele 12,3ff. gepredigt haben (16. S. n. Trin.), in dieser Reihe IV zudem das etwas entferntere Seitenstück 16,23ff. zu Kantate schon auf dem Plan stand, läßt die Ansetzung der Perikope für diesen Jahrgang als Mißgriff erscheinen. Helfen wir uns, indem wir auch hier auf das Besondere achten.

V. 17: Der Hohepriester ist nicht genannt (18–37: Joseph Kaiphas). αἵρεσις hat noch nicht den Sinn von Sekte, sondern bedeutet einfach „Schule" (ThWNT I, S. 181) oder (religiöse) Gruppe. ἡ οὖσα αἵρεσις = die dortige religiöse Gruppe (wie 13,1, vgl. dazu Bauer, WB zu εἰμί unter V.). Sadduzäer: Priester- und Laienadel. – V. 18: „die Hände draufwerfen" = verhaften, wie 4,3; 12,1. – V. 19: „Engel des Herrn" = מַלְאַךְ יהוה, in Apg. häufig. Die Türen gehen auf; es handelt sich nicht um ein Gehen durch verschlossene Türen. – V. 20: ἵστασθαι = auftreten, um eine Rede zu halten. ζωή = σωτηρία, beide Worte werden im Syrischen mit demselben Wort wiedergegeben, vgl. 13,26. – V. 21: nach „lehrten" wechselt die Szene. Das Synedrium *ist* die γερουσία; Lukas ist mit den Verhältnissen nicht hinreichend vertraut. Nun soll der Prozeß durchgeführt werden. – VV. 22–24: Belustigte Erzählweise. Besonders der Tempeloberst (vgl. 16,27) ist als gewissenhafter Beamter von dem rätselhaften Ausbruch betroffen. – V. 26: Die ursprüngliche LA von D kann sich nicht vorstellen, daß es bei der abermaligen Verhaftung ohne Gewalt abgegangen sein soll. „Die Angst vor der Menge zeigt, wie beliebt die Christen sind" (Haenchen) – der apologetische Zug im Werk des Lukas wird wieder einmal erkennbar. Vgl. Matth. 26,5. – V. 27: An das Verbot 4,18 haben sich die Apostel nicht gehalten. – V. 28: Das Verbot, an Petrus und Johannes ergangen, hat allen gegolten παραγγελία = Anordnung, Befehl, der amtliche Charakter des Verbots wird durch die figura etymologica unterstrichen („wir haben euch aufs strengste geboten, nicht unter Nennung dieses „Namens" – Bauer, WB zu ἐπί unter II,3 – „zu lehren"). Der Hohepriester vermeidet es, den Jesusnamen zu nennen. – V. 29 ähnlich wie 4,19. Die Perikope schließt mit der clausula Petri. Die kerygmatische Aufgabe am Michaelistage erlaubt es, hier abzubrechen, obwohl der Ausgang des Prozesses eigentlich zum erzählten Geschehen gehört.

Der Michaelistag lenkt unsern Blick darauf, daß es auch da, wo nichts weiter geschieht, als daß „alle Worte dieses Lebens" unter die Menschen kommen (V. 20), nicht ohne Kampf abgeht. Das Wort Gottes ist auch „Lehre" (V. 28), aber es ist nicht Theorie. Das Wort Gottes tut, was es sagt. Dies gibt sogar der Hohepriester zu. „Ihr wollt dieses Menschen Blut über uns bringen" (V. 28) – wie eigentlich? Wollen die Zwölf ein Gegensynedrium gründen? Wollen sie durch gewaltsame Aktionen den Tod ihres Herrn rächen? Keine Rede davon. Sie verkündigen die Christusbotschaft, weiter nichts. Aber eben darin fallen Entscheidungen. Und zwar nicht bloß darüber, welches im Kräftespiel der Geschichte nun wohl die bestimmende Macht sein werde, die Synagoge oder die Kirche. Es geht in der großen Auseinandersetzung um viel Tieferes. Gott entreißt den unsichtbaren Mächten des Verderbens die von ihm geliebte Welt. Würde lediglich darum gekämpft, welche „Religion" künftig dominiert, dann wäre nicht nur jeder Tropfen vergossenes Blut, dann wären sogar kleinere Aufregungen – wie die in Apg. 5 – überflüssig und vom Übel. Aber: Michael kämpft mit dem Drachen (Offb. 12). „Sünde, Tod und Teufel", sagt die kirchliche Sprache formelhaft und versucht damit die Mächte zu benennen, die den „Worten dieses Lebens" ihren Widerstand entgegensetzen. Wir wären jedenfalls auf falscher Fährte, wenn wir bloß die mehr oder weniger harmlosen sichtbaren Gegner Jesu Christi im Visier hätten: hier den Hohenpriester und das Synedrium, ein ander-

mal die römischen Behörden, den sich selbst vergottenden Kaiser, Kulte, die sich im Laufe der Geschichte Christus entgegengestellt haben. In, mit und unter den geschichtlich
fixierbaren Auseinandersetzungen vollzieht sich der unsichtbare Kampf zwischen Gott
und dem „altbösen Feind". „Wir haben nicht mit Fleisch und Blut zu kämpfen"
(Eph. 6,12).
Nun wird uns aber doch dieser Kampf an einer Begebenheit aus der frühesten Kirchengeschichte anschaulich gemacht. Inwieweit wir in unserer Perikope auf historischem Boden
stehen, wird sich schwer ausmachen lassen. Wir sollten uns alle doktrinäre Starrheit abgewöhnen. Das Evangelium steht und fällt nicht mit der historischen Faktizität jeder einzelnen Szene, die uns berichtet wird. Freilich sollte man aus diesem Satz nicht die Theorie machen, daß Gott überhaupt nichts habe geschehen lassen und daß es auf ganz
anderes ankomme als auf das in der Bibel so häufige ἐγένετο. Aber ob es sich hier und da
um Dubletten, Motiv-Übertragurgen u. ä. handelt, ob eine Szene in einen nicht ursprünglichen Zusammenhang geraten ist o. ä., das sollte uns nicht unruhig machen. Wird Traditionsgut jahrzehntelang mündlich weitergegeben, dann muß es zu dergleichen kommen.
Man wird jedoch die Kommentatoren fragen müssen, ob wirklich so vieles, wie sie behaupten, einfach aus den schriftstellerischen Bedürfnissen heraus ersonnen und fabuliert
ist (Lukas wollte ... und so brauchte er, mußte er, durfte er nicht usw.), oder ob nicht
gerade darum manches uns soviel Mühe macht, weil ein Sammler und Gestalter wie Lukas vorhandenes Material aufnimmt, ohne die Details in schriftstellerischer Freiheit sauber aufeinander abzustimmen. So könnten gerade Unstimmigkeiten zu Merkmalen des
Alten, vielleicht zu Kriterien der Echtheit werden.
In dem, was man sich aus den ersten Tagen der christlichen Gemeinde in den folgenden
Jahrzehnten zu berichten wußte, wird immer wieder die Erfahrung des Glaubens deutlich, die man selbst machte und bekannte: in dem uns aufgegebenen Kampf sind wir
nicht allein. Das zeigt sich hier in dem Kampf um die Freiheit der Verkündigung, von
dem der Text berichtet. Diese Freiheit wird ja durch Gewalt und durch Verbot in Frage
gestellt. In dieser Lage erfährt und behauptet die Jüngerschaft die Überlegenheit Gottes.
Gott hat den Vorrang – (1) bei der Kraftprobe, (2) in der Gehorsamspflicht.

I.

Die Geschichte von der wunderbaren Befreiung ist so etwas wie eine Kraftprobe. Man
darf das nicht falsch verstehen. „Es soll nicht durch Heer oder Kraft, sondern durch
meinen Geist geschehen, spricht der Herr Zebaoth" (Sach. 4,6). Gott hat es in keiner
Weise darauf angelegt, durch Einsatz quasi-physischer Gewalt mit dem Synedrium, das
sich dem Evangelium widersetzt, die Kräfte zu messen. Wenn die Weisheit Gamaliels
(VV. 38f.) gleich zu Anfang auch die Weisheit des Hohen Rates gewesen wäre, dann wäre
es zu der Auseinandersetzung in Jerusalem gar nicht gekommen. Gamaliels Weisheit ist
nicht *die* Formel. Am Abend des Karfreitag wäre man mit ihr todsicher zu einem falschen Resultat gekommen, denn dieser Abend war eben noch nicht aller Tage Abend.
Aber man sollte, was wachsen will, wachsen lassen. Sieht man Gefährliches aufkeimen,
dann bleibt immer noch das Argument. In der Auseinandersetzung mit dem Gekreuzigten haben es die, die mit Argumenten fechten, sogar unerhört leicht. Den Juden ein Ärgernis, den Griechen eine Torheit. Vielleicht aber haben der Sanhedrin und die Sadduzäer doch gemerkt, daß in der Christuspredigt noch etwas drinsteckt, was mit Argumenten nicht abzuwürgen ist. Man denke an V. 14: in der Sache Jesu steckt doch wohl eine
Kraft, von der die Widersacher sich nichts träumen lassen. Der Zustrom zur Gemeinde
löst ihre Eifersucht aus. Sie hätten die Möglichkeit einer Anti-Mission. Wenn man mit

gleichen Waffen und unter gleichen Bedingungen kämpfte, so wäre das eine noble Art, der Gemeinde Jesu beizukommen. Das Synedrium wählt eine unnoble Art (V. 18): man läßt die Apostel im Gefängnis verschwinden. So wird nun aus dem Vorgang eine Kraftprobe.

Wir sind uns dessen bewußt, daß wir soeben modern gedacht haben. Der Hohe Rat hat keineswegs nur gegenüber der Bewegung Jesu als Ketzergericht funktioniert. Wir kennen noch sehr genau die im Prozeß gegen die Ketzer (מִינִים) angewandten Grundsätze und Praktiken. Sie spielen auch für die Deutung der Einzelheiten von Kap. 4 und 5 eine Rolle (vgl. J. Jeremias, ZNW 1937, S. 208ff. – das Ergebnis bei Haenchen, S. 212f. zusammengefaßt). Leider hat sich in der Einrichtung der Inquisition, aber auch auf protestantischem Boden, eine analoge Art, mit dem Irrtum fertig zu werden, noch lange gehalten. Niemand könnte sich Jesus als Inquisitor vorstellen, und auch der Eiferer Paulus hat sich im Kampf um die Reinheit der Predigt nur des Wortes bedient (1. Kor. 4,21 ist ein Scherz). Gerade darin aber zeigt sich: Jesus und seine Apostel denken insofern „modern", als sie es ausschließlich auf den Beweis des Geistes und der Kraft ankommen lassen (1. Kor. 2,4) und jegliche Art Repressalien verschmähen. Unsere Kirche ist noch heute – innerlich und äußerlich – belastet durch die Zwangsbekehrungen, durch die Christus immer wieder beleidigt und vor der Welt unglaubwürdig gemacht worden ist. Anwendung von Zwang ist immer das Eingeständnis, daß man an die innere Gewalt der eigenen Sache nicht glaubt. Christus will wehrlos zu uns kommen – und uns gerade so das Herz abgewinnen.

Nun findet aber doch eine Kraftprobe statt. Nur – worin die Kraft Gottes besteht, vermag niemand zu sagen. „Der *Engel* des Herrn tat in der Nacht die Türen des Gefängnisses auf und führte sie heraus." Engel heißt „Bote". Gott hat jemanden geschickt. Wir können die Engel nicht beschreiben. Die christliche Kunst hat unsere Engelvorstellung geprägt und es uns Heutigen vielleicht gerade damit schwer gemacht, von Engeln zu sprechen. Sie erscheinen in der Bibel immer da, wo die geheimnisvolle, unbeschreibbare Wirklichkeit Gottes unsere Raum-Zeit-Welt in besonderer Weise berührt, man könnte auch sagen: wo das Eschaton aufblitzt. Die Bibel redet von den Engeln in erstaunlicher Unbefangenheit. Sie leugnet nicht, wie manche von uns, die Wirklichkeit „über" oder „außer" uns oder „jenseits" von uns (alle räumlichen Vorstellungen sind Notbehelf). Sie kann aber auch davon reden, daß Gott Winde und Flammen zu seinen Engeln macht (Ps. 104,4; Hebr. 1,7). Man stürze sich nicht kopfüber auf das zuletzt Gesagte, um das Befreiungswunder zu rationalisieren. Der Bibel liegt die Frage nach dem Naturgemäßen wie nach dem Naturwidrigen in dieser Hinsicht gleichermaßen fern. Sie bekennt nur, daß es keine Situation gibt, der Gott nicht mächtig ist. Wie er es macht, wen oder was er einsetzt, um uns zu Hilfe zu kommen, dies sollten wir respektvoll offenlassen.

Der Text erzählt von den Engeln wie im Vorübergehen. Nicht, weil er – wie vielleicht wir – sich aus Engeln nicht viel macht, sondern weil in dieser Nichtbetonung gerade die gültige Sachaussage über die Engel liegt. Man sollte also nicht meinen, der Text biete eine zu schmale angelologische Grundlage für die Predigt am Michaelisfest. Eben darauf kommt es an: der Dienst der Engel geschieht unauffällig. Sie sind Diener und Werkzeuge *Gottes*. Gott ist es, der bei der im Text erzählten Kraftprobe seinen Vorrang beweist. Wenn er will, daß seine Apostel unterwegs sind, dann sorgt er eben dafür, daß im rechten Augenblick die Gefängnistüren offen sind. Der Text verliert darüber kaum Worte. Aber daran ist er interessiert, daß die Apostel so schnell wie möglich wieder auf ihren Posten kommen: „Macht euch auf den Weg und stellt euch hin und sagt im Tempel dem Volk alle Worte dieses Lebens" (V. 20). Die Verkündigung geht weiter – dies allein ist wichtig.

Das schließt freilich nicht aus, daß wir uns mit Lukas darüber freuen, wie Gott das wieder einmal „hingekriegt" hat. Lukas *genießt* es geradezu! Da tritt also am andern

Morgen – nicht ahnend, was inzwischen geschehen ist – das Synedrium zusammen. Genauer: Hoherpriester – Hoher Rat – das ganze Ältestenkollegium. Die Häufung ist gewollt (wenn auch sachlich unscharf – s. o.). Lukas macht es sehr feierlich – oder: es ist tatsächlich sehr solenn zugegangen. Der Prozeß soll beginnen. Man wartet darauf, daß die Angeklagten aus dem Gefängnis herausgeholt und dem höchsten Gericht Israels vorgeführt werden. Die Sessel des Richterkollegiums sind besetzt. Aber – die Diener kommen ohne die Angeklagten zurück. Köstlich, wie die für die Verwahrung der Gefangenen Verantwortlichen unaufgefordert beteuern, sie hätten es, was Sicherheitsmaßnahmen angeht, an nichts fehlen lassen. Wie nun? Tempelhauptmann und Synedrium „wußten überhaupt nicht mehr weiter" (δι-ηπόρουν) und fragten sich nur – übrigens keine sehr erleuchtete, sondern eine ihre Verblüffung und Fassungslosigkeit verratende Frage – , „was daraus wohl werden wolle". – Damit noch nicht genug. In die Szene, die sich in einer Komödie nicht übel ausnähme, platzt einer mit der Nachricht: „Die sind im Tempel und lehren das Volk." Hat man Worte? Genau das hatte durch die Verhaftung verhindert werden sollen; genau um dessentwillen haben die Leute vor kurzem hier im gleichen Raum gestanden und sind verhört, verwarnt, ja bedroht worden (4,17.21 – nach Jeremias die nach der Strafprozeßordnung notwendige „Verwarnung", ohne die es später zu einer Verurteilung nicht kommen kann). Und damit noch nicht genug. Die Verantwortlichen machen sich klar, daß man bei der nun allerdings unverzüglich vorzunehmenden neuerlichen Verhaftung äußerst behutsam vorgehen, alles Aufsehen vermeiden muß und ja das Volk nicht provozieren darf – es könnte unversehens dazu kommen, daß die Apostel zwar nicht verhaftet werden, wohl aber das entsandte Kommando – gesteinigt wird. Ich sehe Lukas beim Niederschreiben schmunzeln.

So ist die Kraftprobe ausgegangen. Gott hat niemandem Gewalt getan. Aber er hat dafür gesorgt, daß die Missions- und Kirchengeschichte weitergeht. Es muß nicht immer so laufen. Aber bei Gott ist „alles drin". Bis zu dem Wort „ungehindert", mit dem das Buch abschließt, hat Lukas immer wieder zu erzählen vermocht, wie Gott seine Sache führt. Gott ist stets am längeren Hebelarm. Er führt seine Gemeinde nicht auf einer Triumphstraße. In unserm Falle wird der Ketzerprozeß mit einem nach den jüdischen Ketztergesetzen ungewöhnlich milden Urteil enden – Ketzer werden normalerweise mit dem Tode bestraft – : es kommt zur synagogalen Prügelstrafe – „vierzig Schläge weniger einen" (2. Kor. 11,24; Mark. 13,9) – , die immerhin so hart ist, daß man achtgeben muß, damit sie nicht unterderhand zur Hinrichtung wird. Die Apostel aber „gingen fröhlich von des Rates Angesicht, daß sie gewürdigt worden waren, für ‚den Namen' Schmach zu tragen" (V. 41). Auch solche Leiden gehören hinein in die Geschichte der Siege Gottes. Und: unsere Verlegenheiten sind seine Gelegenheiten. Es ist keine Situation so verfahren, daß Gott nicht noch etwas draus machen könnte. Es ist gut, daß wir von Lukas angeleitet werden, dies herzhaft zu verkündigen.

2.

Wir hätten aber die hier gemeinte Sache nur von außen gesehen, wenn wir nicht wahrnähmen, daß es Gott auf mehr ankommt als darauf, daß er im wortwörtlichen Sinne immer den „Ausweg" weiß. Die Befreiung der Apostel allein bringt noch niemandem das „Leben"; sie ist nur die Beseitigung eines Hindernisses. Die Engel sind „dienende Geister" (Hebr. 1,14) – Gott braucht auch Hilfsarbeiter. Die Sache selbst aber kommt zu uns durch sein Wort. Was wäre V. 19 ohne V. 20?

Der Hohepriester hat schon begriffen, an welcher Stelle die Entscheidung fällt: „Ihr habt Jerusalem erfüllt mit eurer Lehre und wollt dieses Menschen Blut über uns bringen"

(V. 28). Wie es damit steht, daß die Spitzen der Jerusalemer Hierarchie das Gericht über sich kommen sehen, davon haben wir vorhin schon gesprochen. Die Schuld liegt in der Tat – was das unmittelbare Aktivwerden auf Jesu Tod hin angeht – auf ihnen: „. . . welchen ihr an das Holz gehängt und getötet habt" (V. 30). Aber Gott hat Christus erhöht, um Israel Buße und Vergebung der Sünden zu geben (V. 31). Das sind die „Worte des Lebens" (V. 20). Erschütternd, wie die Szene weitergeht: „Da sie das hörten, ging's ihnen durchs Herz" – wie 2,37 bei denen, die daraufhin umkehrten. Aber: „sie dachten sie zu töten". Innerlich überwunden – und dann doch trotzig, hart und abweisend.

Man könnte beinahe sagen, Petrus habe sich eigentlich durch diese wenigen Sätze vor den Richtern im Sinne des Synedriums erneut schuldig gemacht. Er hat nicht widerrufen, sondern die ihm aufgetragene Botschaft verkündigt. Fragt man sich, wie es überhaupt möglich war, daß die erneute Verhaftung so still, d. h. aber ohne jeden Widerstand der Zwölf, vor sich gehen konnte, so gibt es wohl zwei Antworten: Christen wehren sich nicht mit Gewalt, und: Christen wissen, daß auch die forensische Situation Gelegenheit zum Zeugnis ist (Luk. 12,11; 21,12f.). Dahinter mag die heilige Sorglosigkeit stehen, die durch die soeben erlebte Befreiung bestärkt worden sein dürfte (wobei wir annehmen, daß der Zusammenhang ursprünglich ist, s. o.). Damit sind wir aber genau an der Stelle, auf die in der Gerichtsszene alles zuläuft – und hier geht es um Grundsätzliches – : Petrus und seine Brüder sind keine Aufrührer. Sie erzeugen nicht Unordnung. Sie üben nicht Gewalt. Sie haben nicht einmal eine andere „Religion". Sie stehen auf dem Boden der Schriften des Alten Testaments. Man findet sie regelmäßig im Tempel – nicht nur, wenn sie das Volk ansprechen wollen (V. 20), sondern auch sonst, nämlich in der Halle Salomos (V. 12). Das Synedrium brauchte keine Sorgen zu haben. Aber – und hier liegt das Unterscheidende – den Aposteln ist die Verkündigung der Christusbotschaft befohlen (1,8). Da gibt es keine Diskussion. Man muß die Worte des Hohenpriesters (V. 28) und die feste, ruhige Antwort der Apostel (V. 29) in ihrer lapidaren Kürze einmal laut im Zusammenhang lesen.

„Man muß Gott mehr gehorchen als den Menschen." Wie hört sich die Antwort auf seiten des Synedriums an? Der Jerusalemer Hochadel könnte, von seinem Standpunkt aus, entgegnen: wir sind ja das von Gott eingesetzte oberste Organ in Israel; wer uns hört, hört Gott. – Und auf der anderen Seite? Hier wird nun deutlich, daß durch Christi Kreuz und Auferstehung tatsächlich eine neue Situation entstanden ist. Gott ist da, wo Jesus Christus ist. Die jüdische Behörde gibt dies nicht zu. Zwar geht es ihnen durchs Herz, sie könnten begreifen. Aber es ist schwer, aus der historisch gewordenen Ordnung, auf die man bisher vertraut hat, auszubrechen und das vermeintlich bergende Gesetz zu verlassen; man müßte ja damit auch eingestehen, daß man total falsch gelegen hat. (Paulus hat es, von Christus überwältigt, über sich gebracht, dies einzugestehen, Phil. 3,4–9.) Sie meinen, Gott zu dienen, und wehren sich gegen den wirklichen, d. h. gegen den in Jesus Christus auf sie zukommenden Gott. So bleibt der Fluch über ihnen, den sie selbst auf sich herabbeschworen haben (V. 28b; Matth. 27,25).

So stehen nun zwei Ansprüche gegeneinander. Wie auch immer es sich mit der Macht verhalte, der Petrus und die Apostel gegenüberstehen, und welche Konsequenzen sich aus ihrer Einstellung ergeben mögen: Gottes Befehl kann durch kein menschliches Verbot aufgehoben werden, gleich, woher es komme. Die clausula Petri kann voreilig, unbesonnen zitiert werden. Wie, wenn es mein Starrsinn wäre, wofür ich mich auf Gottes Befehl berufe? Aber die Gewissenseinsicht des Petrus kann auch feige, opportunistisch verleugnet und mißachtet werden. Ob wir das Evangelium verkündigen oder nicht, ist keine Frage, über die noch zu diskutieren wäre. „Predige das Wort, stehe dazu, es sei zur Zeit oder zur Unzeit" (2. Tim. 4,2). „Wehe mir, wenn ich das Evangelium nicht predigte!" (1. Kor.

9,16). Aus verschiedenen Gründen könnten wir versucht sein, in der Gehorsamspflicht Gott den Vorrang streitig zu machen: innere Gründe, äußere Gründe. Gott ist in jedem Falle die höhere Instanz. Der Erzengel heißt „Michael" – „wer ist wie Gott? Kann sein, der Kampf, der hier auszufechten ist, spielt sich in unserm eigenen Gewissen ab. Es läuft zuletzt alles darauf hinaus, ob Gott uns verlorene Menschen wiederkriegt. Es kann nur so geschehen, daß Christus in uns und durch uns zu Wort und Geltung kommt. Wir können den höchsten Befehl vor der Welt nicht anders begründen als so, daß wir ihm *folgen*. Petrus weiß, daß er sich auf einem schweren Weg befindet. Wie anders aber soll die Welt erfahren, wo „das Leben" ist?

Erntedankfest. 1. Tim. 4,4–5

Über den antignostischen Charakter der Pastoralbriefe herrscht heute weitgehende Einigkeit (W. Schmithals in: Gnosis und NT, ed. K.–W. Tröger, 1973, S. 373). Wie schon 1,6ff. ist auch der Abschnitt 4,1ff. gegen gnostische Verirrung gerichtet. In der Forderung grundsätzlicher Ehelosigkeit und in der Enthaltung von bestimmten Speisen (βρωμάτων V. 3 ohne Artikel; daß nicht alle Nahrungsaufnahme verboten war, versteht sich von selbst) – so V. 3 – spricht sich ein schöpfungsfremdes Denken aus. Da das ὅτι, mit dem die Perikope beginnt, das Vorangehende begründet, ist dieses als Hintergrund mitzusehen. Daß diese Begründung sich zugleich auf die Ehe bezieht, sei angemerkt, ohne daß damit die kasuelle Zuspitzung des Textverständnisses gestört werden soll. (Eine Ehepredigt über diese beiden Verse könnten wir mit gleichem Recht ein andermal halten.)
G. Holtz verbindet in seinem Kommentar auch diesen Text mit der Feier des Herrenmahls, sieht aber deutlich, daß „der Gedankengang ... sich von der christlichen Mahlfeier zur alttestamentlichen Frömmigkeit" wendet (zu V. 4). Mir scheint, daß auf letzterem der Ton liegt.
V. 4: Der Satz in seiner Grundsätzlichkeit widerspricht radikal dem gnostischen Weltverständnis; er sagt in der damaligen Lage durchaus nichts Selbstverständliches. Für den Griechen liegen καλός und ἀγαθός dicht beieinander (vgl. das Substantiv καλοκαγαθία). Die Pastoralbriefe bevorzugen das Wort καλός (24mal; sonst bei Paulus nur 16mal), es dürfte „der durch die Gedanken stoischer Ethik geformten Vulgärsprache entnommen" sein und meint in ethischem Gebrauch „gut, tüchtig, ordentlich, recht" (ThWNT III, S. 552). Gen. 1,31 (LXX): Gott sah an πάντα, ὅσα ἐποίησεν, καὶ ἰδοὺ καλὰ λίαν. Das Wort ἀπόβλητος (vgl. Röm. 11,15: ἀποβολή) stammt wahrscheinlich aus der Opfersprache: (von der Gottheit) „verworfen"; ein direkter Bezug zum Opfergeschehen ist daraus nicht abzuleiten. „Mit Danksagung empfangen": es dürfte einfach an das Dankgebet bei Tisch gedacht sein (Röm. 14,6; 1. Kor. 10,30). – V. 5: „geheiligt" eigtl. „Gott übereignet", so daß es ihm zugehört. „Das Natürliche ist für mich nicht durch sich selbst heilig" (Holtz z. St.). „In der spätpaulinischen Literatur, wie im Epheserbrief (Eph. 5,26: ἁγιάσῃ καθαρίσας) und in den Pastoralbriefen (1. Tim. 4,5; 2. Tim. 2,21), tritt der Heiligungsbegriff in die Nähe des Reinheitsbegriffes, was ganz jüdisch empfunden ist (vgl. Eph. 1,4; Kol. 1,22)" (ThWNT I, S. 114). J. Jeremias (im NTD z. St.) erinnert an Apg. 10,9–16: „Was Gott für rein erklärt hat, das halte du nicht für unrein." Bei dem „Wort Gottes" könnte auch einfach an Gen. 1,28–31 gedacht sein (Holtz): Gott hat dem Menschen die Früchte der Erde zur Speise gegeben. Dreimal wird in den VV. 3–5 auf das Tischgebet verwiesen. Der Traktat Berakot ist diesem Thema gewidmet. „Es ist dem Menschen verboten, irgend etwas von dieser Welt ohne Benediktion zu genießen" (babylonisch Berakot 35a). Gott wird gepriesen, „der das Brot aus der Erde hervorgehen läßt", „der die Frucht des Weinstocks schafft" (ebd.). ἔντευξις (vgl. 2,1) eigentlich „das Vorstelligwerden" vor Gott, also wohl einfach das Gebet; der Genitiv θεοῦ („vor Gott", „zu Gott") dürfte auch zu ἔντευξις zu ziehen sein (Holtz).
Die Gnostiker, gegen deren Welt- und Lebensauffassung unser Text sich wendet, könnten kein Erntedankfest feiern. Für sie ist die geschaffene Welt das Nicht-sein-Sollende, das Gefängnis der aus dem Himmel stammenden Seelen, die stinkende Höhle, in der sie festgehalten werden, viel zu lange schon. Leibhaftes Leben ist nur dazu da, daß es zugrunde geht, und der Gnostiker tut, was er kann, um es seinerseits zugrunde zu richten. Dem dient entweder die harte Askese – oder ein der Selbstvernichtung dienender hemmungs-

loser Libertinismus. Unser Text setzt sich mit der asketischen Haltung der Gnostiker auseinander. Man verstehe recht: hier dient Askese nicht dazu, daß man die Freiheit trai-
niert, sondern hier verneint sie geschaffenes Leben. Man meidet Speisen (V. 3) – der Not
gehorchend natürlich nur bestimmte Speisen, denn ganz ohne Nahrung kann der Mensch
nicht sein; aber man hat allem Körperlichen gegenüber ein schlechtes Gewissen, im
Grunde haßt man es. Ein frohes Erntedankfest – wie es etwa in Israel gefeiert wurde und
wie die christliche Gemeinde es begeht – würde gnostischer Welt- und Lebensdeutung
widersprechen.

Ist das deutlich, dann wird man sagen müssen, daß der Text bei uns offene Türen ein-
rennt. Wir lassen es uneingeschränkt gelten, daß die Nahrung zum Leben gehört, ja, wir
genießen gern, was ein gut gedeckter Tisch bietet. Haben wir Bedenken, dann beziehen
sie sich auf die Bekömmlichkeit dessen, was wir genießen, und oft bedauern wir nur, daß
ein – sich als nötig erweisendes – Kalorienbewußtsein unserer kulinarischen Weltfreudig-
keit bestimmte Grenzen setzt. Ein bißchen Askese ist uns dienlich. Aber das wäre dann
nicht die Askese des die Schöpfung verachtenden und verabscheuenden Gnostikers, sondern die eines Menschen, der die Gewalt über sich gewinnen und behalten will und –
wenn er gesund und beweglich bleiben will – muß, und überdies: es steht uns sehr
schlecht an zu völlern, während ungezählte Menschen dem Hunger preisgegeben sind. Es
sollte eine Solidarität des Fastens, mindestens der Mäßigung geben – bedrückend nur, daß
wir es nicht fertigkriegen, die Brotschnitte, auf die wir verzichten, an den Menschen gelangen zu lassen, der sie so bitternötig braucht. (Daß die Menschheit, die im Technischen
eine atemberaubende Intelligenz entwickelt, an dieser Stelle so schmählich versagt, darf
unser Gewissen nicht ruhen lassen und wird auch besonders am Erntedankfest zu bedenken sein.)

Wenn unsere Lage eine so andere ist und wir über die Schöpfung so anders denken, als
unser Text es voraussetzt, dann wird es eines hohen Maßes an Umsetzung bedürfen, um,
was der Text will, für uns zur Geltung zu bringen. Wir müssen nicht zur Unbefangenheit
gegenüber der Schöpfung Gottes bzw. gegenüber den Dingen dieser Welt aufgerufen werden. Wir müssen wie die Gnostiker lernen, „Welt" wirklich als „Schöpfung" zu begreifen. Die Gnosis hat – bei aller Seltsamkeit ihres mythologischen Denkens – etwas gedacht
und gemeint, was, unter anderen Denkvoraussetzungen, auch das Denken der Neuzeit bestimmt: die Welt ist jeder Göttlichkeit beraubt. „Es ist damit eine für den Ausgang der
Antike charakteristische Beurteilung der Welt extrem entwickelt worden, die für die Zukunft von größter Bedeutung werden sollte: nach dem Absterben der mythologischen
Weltinterpretation wird nun die Welt in ihrer ‚puren indifferenten Dinghaftigkeit' zurückbleiben und ist einer rein profanen wissenschaftlichen Betrachtung und Technisie-
rung freigegeben" (Bultmann, Das Urchristentum im Rahmen der antiken Religionen,
[3]1963, S. 181f., das darin Zitierte nach Hans Jonas). Der Glaube in uns wehrt sich nicht
gegen wissenschaftliche Weltbetrachtung; aber der Unglaube in uns übersieht und übergeht immer wieder das Sein unserer Welt und unseres Lebens aus dem Wort und Willen
Gottes, des Schöpfers. Was also feiern wir: Erntefest oder Erntedankfest? Stellen wir beruhigt fest, daß unser Leben wieder einmal für ein Jahr gesichert ist, oder empfinden wir,
darüber hinaus, daß darin das Ja unseres Gottes zu seiner Schöpfung liegt? Wenn uns erneut deutlich wird, was die Ernte mit dem großzügigen Schenken und geduldigen Erhalten Gottes zu tun hat, dann werden wir, was wir täglich genießen, mit neuen Augen ansehen, und wir werden anders damit umgehen. Überschreiben wir so: *Unser Dank* – (1) *für
die gute Gabe,* (2) *für die ungeschuldete Gabe,* (3) *für die geheiligte Gabe.*

I.

Dank für die gute Gabe: dies ist nicht bloß in dem vordergründig-alltäglichen Sinn zu nehmen, in dem wir etwas, was uns angeboten wird, loben; es liegt vielmehr in beidem, in „gut" und in „Gabe", eine wesentliche Sachaussage.

„Alles, was Gott geschaffen hat, ist gut." Daß Christen von ihrer „himmlischen Berufung" wissen, bedeutet keineswegs, daß sie zum Irdisch-Kreatürlichen kein Verhältnis hätten oder gar beim Genuß der täglichen Nahrung ein schlechtes Gewissen haben müßten. Bei den Menschen der Bibel wird fröhlich gegessen und getrunken. Jesus selbst hat offensichtlich weltoffen gelebt; man hat ihn „Fresser und Weinsäufer" gescholten (Matth. 11,19) – wir brauchen ihn gegen die in dieser Charakterisierung liegende Bosheit nicht in Schutz zu nehmen. Er weiß wohl, daß das Leben mehr ist als die Speise (Matth. 6,25) und daß gefüllte Scheunen das Eigentliche und Letzte nicht garantieren können (Luk. 12,20f. – altes Evangelium). Aber wir finden ihn oft beim Gastmahl (Luk. 14 sind geradezu Gastmahlgeschichten gesammelt), und wenn er uns das Reich Gottes als „königliche Hochzeit" schildert, dann läßt er es uns genüßlich erleben, wie es aus der Küche nach Braten riecht (Matth. 22,4); redet er auch im Gleichnis – niemand wird es lesen, wie man einen Reiseprospekt liest –, so spricht doch aus dem Gleichnis selbst die unbefangene Weltfreude. Gott macht die Spatzen satt – wieviel mehr *uns*!

Daß alle Kreatur Gottes gut ist, ist indessen ein gewagter Satz. Es ist gut, daß wir die Gnosis im Hintergrund sehen. Auch wenn wir uns ihrem Denken nicht anschließen: das Seufzen und Stöhnen, die Angst und die Sehnsucht müssen wir aus ihrem Denken schon heraushören und ernst nehmen. Die diesmal auf dem Altar aufgebauten Feld- und Gartenfrüchte gut zu nennen, wird niemandem schwer fallen. Der biblische Satz lautet aber: Alles Geschaffene ist gut. In dieser Allgemeinheit kann er nicht als problemlos einsichtige Allerweltswahrheit vertreten werden, sondern nur als ein Glaubenssatz, der gegen eine Menge Wahrnehmungen und Erfahrungen durchgehalten werden muß. Man könnte versuchen – und man *hat* es bekanntlich versucht –, zu unterscheiden: Alles, was Gott geschafffen hat ist gut; nur hat der Mensch viel Böses in die Welt eingebracht. Das Gute von Gott, das Böse vom Menschen. Das wird im Prinzip richtig sein. Nur wird man nicht alle Sinnlosigkeiten und Widersprüche des Lebens nach diesem Schema aufrechnen können. Zudem ist zu bedenken, daß „gut" nicht automatisch das sein kann, was uns Menschen angenehm ist. Daß Gott es gut mit uns meint, kann nur in einem Glauben durchgehalten werden, der, wenn nötig, sich *gegen* Gott *zu* Gott flüchtet. Denn der Satz, daß alles Geschaffene gut ist, ist nicht ein Satz einer theoretischen Weltanschauung. Er beruht auf der persönlichen Begegnung Gottes mit uns. Daß Gott alles ansah, was er gemacht hatte, und siehe, es war sehr gut: das ist der Satz eines kühnen Glaubens, der Gottes Wohltaten auch noch in den Entstellungen und Verderbungen erkennt, die die Geschichte des großen Abfalls mit allen ihren Implikationen in die Welt eingebracht hat. Die Kreatur „ängstet", „sehnt sich", „harrt": Schöpfungsglaube ist nur im Ganzen des christlichen Glaubens und Hoffens durchzuhalten. Die Gnosis hat Richtiges gesehen, nur: sie hat den Glauben an Gott, den Schöpfer nicht gehabt und hat darum nicht entdeckt, wo unsere Welt ihr Woher und ihr Wohin hat. Der Schöpfer und der Erlöser ist ein und derselbe Gott. „Die Erde ist des Herrn und was darinnen ist" (Ps. 24,1). Gott will die Welt. Er will auch unser Leben. Unsere Zeit steht in seinen Händen – mißt sie uns zu. Aber in dieser Zeitlichkeit, in ihrem Rahmen also, ist und bleibt Gott – trotz allem, was uns sonst in der Welt erschreckt und ängstet, plagt und quält – der Schöpfer, der uns sein Gutes gibt und uns nicht darben läßt. Wir empfangen, indem er es bei uns wieder hat wachsen und reifen lassen, seine schaffende, erhaltende, uns erfreuende Liebe.

Dem Wort „Gabe" – im Bisherigen schon immer mitgesetzt – müssen wir noch
besondere Aufmerksamkeit zuwenden. Der Satz, daß uns in Gottes Schöpfung Gottes
„Gutes" widerfährt, könnte ja damit angefochten werden, daß man noch weiter zurück-
fragt: Ob gute Schöpfung oder nicht – ist unsere Welt *überhaupt* Gottes Schöpfung, sind
die Dinge, von denen wir leben, *überhaupt* seine Gaben?

Die Gnosis hat in beidem negativ geurteilt: Die Welt ist schlecht, und sie ist nicht Gottes
Schöpfung. Wollten wir das zweite aufgreifen, dann hätten wir es, indem wir ernten, nicht
mit Gott zu tun, sondern mit Welt, mit Natur. Sie wäre wertneutral; hier ist es sinnlos, zu
sagen: gut oder böse. Die Natur „gibt" auch nichts; sie bringt nur Früchte hervor, ohne
zu bedenken, wem sie damit eine Freude macht. Vernichten oder schmälern Dürre, Näs-
se, Hagel oder andere Widrigkeiten die Ernte, so wird man der Natur in diesem Falle
ebensowenig grollen können, wie man ihr dankt, wenn es gut geht. Beim *Menschen* hätten wir uns zu bedanken, der im Rahmen des natürlichen Geschehens und mit den von
der Natur selbst bereitgestellten Mitteln das, wovon wir leben, „produziert". Die christliche Gemeinde wird über ihrem Dank an Gott den Dank an die Menschen hoffentlich
nicht vergessen, die – in den hinter uns liegenden Wochen mit großem Aufwand an Kraft
und Ausdauer – die nötige Arbeit geleistet haben. Es wäre in der Tat keine gute Art, Gott
zu ehren, wollte man die Menschen dabei übersehen. Nur: auch menschliche Kraft und
menschliches Können sind, vom Glauben an Gott den Schöpfer her gesehen, „Gabe".
Von Gott kommt alles. Gott wirkt nicht ohne seine Kreaturen, sondern in ihnen und
durch sie. Der Bauer, der Mann auf dem Mähdrescher oder der Kartoffelrodemaschine
wird, wenn er Gott entdeckt hat, also gläubig ist, sich selbst zugleich als Werkzeug und
Empfänger des Gottessegens verstehen.

Gabe: wir haben es also nicht nur mit Dingen zu tun, an denen wir uns zu schaffen
machen, sondern mit einem Geber, dem heute unser Dank gilt. Erntedank ist nur eine
Variation der Gottesehrung; im Geschehen von Saat und Ernte wird uns das Schaffen
und Erhalten nur besonders anschaulich. Gott ist der Schöpfer auch in jedem Schlag
meines Herzens und in jedem meiner Atemzüge. Er ist es in den biologischen Vorgängen
der gesamten Natur (Beispiel: das Entstehen des Sauerstoffs in den Pflanzen), in den chemischen Reaktionen, in physikalischen Tatbeständen wie Gravitation oder Wärmevor-
gängen. Sind wir – selbst jeder ein Stück Natur – einfach einer in sich selbst bestehenden
und funktionierenden, von niemandem bedachten und gesteuerten Natur mit ihren blinden Gesetzmäßigkeiten unterworfen, einem blinden Geschehen, zwar nachdenkbar (Gesetzmäßigkeiten, in denen die Natur verfaßt ist), doch von niemandem vorbedacht, in
Ordnung, aber von niemandem geordnet, voller Geschehen, aber von niemandem gesteuert – außer von uns selbst, soweit wir's können? Der Christ sieht hinter der Kreatur
den Kreator, hinter der Gabe den Geber. Die Kreaturen sind, wie Luther uns gelehrt hat,
nur seine „Larven" (WA 17/II,192), der Welt Lauf ist „Gottes Mummerei, darunter er
sich verbirgt und in der Welt so wunderlich regiert und rumort" (WA 15,373). Wir haben
es zuletzt in allem mit *ihm* zu tun. Darum unser Dank für die gute Gabe.

2.

Der Text schränkt ein. Gut, also nicht verwerflich, ist, was wir mit *Danksagung*
empfangen. Darüber wäre jetzt besonders nachzudenken.

Es stellt sich also doch die Frage: Was von den Dingen der Welt – Essen und Trinken
sind nur ein Sektor unter anderen – darf ich unbefangen als Gottes gute Schöpfungsgabe
entgegennehmen? Wenn, wie wir sahen, in der Welt Geschaffenes und Sündiges auf eine
oft schwer zu durchschauende Weise miteinander vermischt sind: was darf ich mir zu

eigen machen, was nicht? – Der Text stellt keine Liste auf, die in der einen Spalte das Gute, in der anderen das Verwerfliche enthält. Wer gesetzlich denkt, würde dies erwarten. Aber der Text denkt anders, gibt Freiheit, weckt Eigenverantwortung. Alles ist gut, wofür man Gott dankt.

Diese Faustregel ist von so allgemeiner Gültigkeit, daß wir über das Erntedankfestthema weit hinausgeführt werden. Wir entsinnen uns: daß wir den Text speziell auf „Speisen" (V. 3) bezogen, war eine bewußt vorgenommene Verengung. Das in V. 4b gegebene Kriterium taugt für unser gesamtes Leben. Man kann abends vor dem Einschlafen den ganzen Tag danach durchmustern. Wofür kann ich danken, wofür nicht? Der Tag könnte Szenen enthalten haben, von denen wir nicht wünschen, daß Gott sie mit angesehen haben möchte, geschweige denn, daß wir ihm dafür danken können. Und es könnte sich manches zugetragen haben, was nach dem „Gesetz" der bürgerlichen oder auch herkömmlich-kirchlichen Moral dubiös scheint, aber wenn wir Gott danken können, es also aus seinen Händen empfangen haben, sind wir mit ihm im Einverständnis. Die Faustregel mag allzu dehnbar scheinen, und sie setzt in der Tat voraus, daß man mit Gott im Gespräch ist. Es könnte sonst sein, daß man gutgläubig oder leichtfertig das Begehren des eigenen Herzens in den Willen Gottes hineinprojiziert und „danke" sagt, wo man in Wirklichkeit eigenmächtig und gottwidrig gehandelt hat. Dennoch: wo wir Gott mißachtet und Menschen geschädigt oder ihnen weh getan haben, wird uns in der Regel kein Dank möglich sein, und in solchem Falle schlägt der Zeiger im Gewissen zumeist merklich aus. Wer dankt, läßt sich von Gott etwas schenken bzw. weiß, daß Gott ihn beschenkt hat, und wer sich von Gott beschenken läßt, der glaubt. „Was aber nicht aus dem Glauben geht, das ist Sünde" (Röm. 14,23).

So wird das vorliegende Kriterium auch auf Essen und Trinken anzuwenden sein. Die Ernte ist gesichert und eingebracht. Gott will uns das Leben erhalten. Dafür danken wir. Die Dankbarkeit schließt den rechten Umgang mit den Gaben Gottes ein. „Verwerflich" werden die Dinge der von Gott geschaffenen Welt ja nur dadurch, daß wir gottwidrig damit *umgehen*. Es bleibt also dabei: alles, was Gott geschaffen hat, ist gut. Aber das Gute wird „verwerflich", wenn wir's mißbrauchen. Beispiel: Essen und Trinken dient der Erhaltung unseres Lebens und unserer Kraft, „Fressen und Saufen" (Röm. 13,13) jedoch verderben Gesundheit und Leben. Ich bin es, der das Gute böse macht, indem ich es gottwidrig gebrauche. Zum Beispiel (K 202) dann, wenn ich mich satt esse, während ich meinen Bruder darben sehe (1. Joh. 3,17). Es dürfte nicht passieren, daß jemand in solchem Falle guten Gewissens danken kann. Das Erntedankfest kann nicht begangen werden, ohne daß das Menschenmögliche geschieht für die Hungernden in der Welt.

Der Text begnügt sich nun freilich nicht damit, daß er vom Dankenkönnen spricht; er erwartet das wirkliche, faktische Danken. „Sie wußten, daß ein Gott ist, und haben ihn nicht gepriesen als einen Gott noch ihm *gedankt*" (Röm. 1,21) – nach Paulus die Ursünde, deren wir alle schuldig sind. Gott gibt, und wir nehmen es stumpf und stumm in Gebrauch, als müßte es so sein. Wir sprechen in der Schlagzeile von der *ungeschuldeten* Gabe. Der Text spricht davon nicht ausdrücklich; was damit gemeint ist, liegt in „Danksagung". Für das, was ich verlangen kann, brauche ich mich nicht zu bedanken. Wer „danke" sagt, bringt damit zum Ausdruck, daß er auf das Empfangene kein Recht hatte, es vielmehr bekommen hat, weil der andere, der Geber, ihm etwas zuliebe getan hat. Sage ich „danke", dann gebe ich zu erkennen: ich hab es gemerkt, du meinst es gut mit mir, du hättest es nicht gemußt.

Am Erntedankfest bekennen wir, daß Gott uns *beschenkt* hat. Der Glaube versteht die ganze Existenz als Geschenk, und dazu gehört auch alles, was um uns herum ist und was uns zuwächst. Gott müßte nicht. Er will. Nach allem, was er mit der Menschenkreatur erlebt hat, könnte er seine Hand zurückziehen. Er könnte den Wechsel von Saat und Ernte, Frost und Hitze, Sommer und Winter, Tag und Nacht (Gen. 8,22) anhalten und die Welt stillstehen lassen; er tut und will es nicht. In unserer Undankbarkeit halten wir Gott uns für verpflichtet, empfangen Segnungen und Gaben in stumpfer Gleichgültigkeit, klagen Gott noch an, wenn er es einmal karg macht. Gewährte uns Gott nur das, wofür er unsern Dank bekommt, es wäre längst um uns geschehen. Nach V. 4 wird das reaktionslose Annehmen und Einheimsen zur Sünde, zum „Verwerflichen". Gen. 8,21 zeigt, daß Gott vom bösen Dichten und Trachten des menschlichen Herzens weiß und dennoch die Erde erhalten will. Jede Ernte, ja, jede Mahlzeit ist ein Alltagswunder Gottes. Wir sollten es wahrnehmen, und unser Leben sollte zum betätigten Dank werden.

3.

Unser Dank – für die geheiligte Gabe. Wir müssen jetzt nachzubuchstabieren suchen, was V. 5 aussagt. Bedarf die Gabe Gottes der Heiligung, wenn sie doch aus seinen Händen kommt? Oder anders: Gehören die Dinge, die auf den Tisch kommen, nicht zum weltlichen, natürlichen Leben? Wieso bedarf es hier der Heiligung?
Unser ganzes Leben bedarf der Heiligung. Dazu gehören auch Essen und Trinken. Das ganze Leben des Christen wird für Gott gelebt. „Von" Gott sind alle Dinge, sie sollen auch „zu" Gott sein. Das letztere geschieht nicht automatisch. In der gefallenen, von Gott abtrünnig gewordenen Welt ist es zwar bei dem „von ihm" geblieben – wie sollte die Welt ohne ihren Schöpfer auch nur einen Tag existieren können? Aber daß sie wieder „für" ihn und „zu" ihm „hin" lebt, das kann sich nicht anders vollziehen als im Glauben, und der Glaube wieder kommt aus dem Wort. So wird auch unser Essen und Trinken – wie alles andere in unserm Leben – geheiligt durch das Wort Gottes und Gebet.
Der Text veranlaßt uns, mit der Gemeinde über das Tischgebet zu sprechen. „Nicht weniger als dreimal (VV. 3.4.5) wird in unserm Text ausdrücklich auf das Tischgebet verwiesen als die Voraussetzung für den rechten Gebrauch der Mittel, die Gott zum Leben gegeben hat. Das Tischgebet war ein wertvolles Erbteil jüdischer Sitte, mit dem es die älteste Christenheit genauer nahm als ein entartetes späteres Geschlecht" (J. Jeremias z. St.). Wir müssen nüchtern sein. Wir können auch in christlichen Familien nicht mehr mit fester Gebetssitte rechnen. Daß – bei unterschiedlichen Arbeitszeiten – die Familie vielfach nicht mehr gleichzeitig am Tisch zu finden ist, dürfte den Verfall gefördert haben. Entwöhnung ist ein starkes Faktum. Ein Neubeginn erfordert viel Mut. Das Generationsproblem erschwert jeden Versuch bis zur Unmöglichkeit. Junge Ehepaare, die zur Gestaltung ihres Lebens frei wären, kennen die Sitte des Tischgebets oft vom Elternhaus her nicht. Mit dem allem soll der Sachstand nicht vollständig erfaßt, sondern nur davor gewarnt sein, daß der Prediger mit unrealistischen Forderungen jeglichen Erfolg vereitelt. Es bedarf hier großer seelsorgerlicher und pädagogischer Weisheit. Aber kapitulieren sollten wir nicht. In Hauskreisen, bei Rüstzeiten und Gemeindetagen sind Chancen zum Neuanfang gegeben. Der Mahnung zum Gebet bedurften schon die ersten Christen; unsere Predigt sollte – bei allem Verständnis für Erschwernisse – nicht zimperlich sein. Man sage es deutlich: Wer auf Sitte, d. h. feste Ordnung verzichtet, verzichtet meist überhaupt, begibt sich zumindest einer großen Hilfe zu christlicher Lebensführung.
Gemeint ist natürlich nicht der Leerlauf einer Gebetsmühle. Der Text weiß, daß, sollen „die Speisen, die Gott erschaffen hat", „mit Danksagung empfangen werden" – „Gläubige" da sein müssen, „die die Wahrheit erkennen" (V. 3). Die Sitte hat nur da Sinn, wo sie von Glaubenserkenntnis getragen wird oder aber – wenn wir Kinder am Tisch haben – auf Glaubenserkenntnis hin geübt wird. Dazu freilich predigen wir, daß es dazu komme.

Predigten wir unverbindlich und damit in den Wind, dann kämen wir an dieser Stelle nicht weiter. Aber man kann gar nicht unverbindlich predigen; täte man es doch, so predigte man überhaupt nicht.

Indem wir Gottes Tischgäste sind, kommen wir mit ihm selbst in Kontakt. Indem er der Geber ist, sind wir es sowieso. Indem wir bewußt empfangen, was er gibt, wird der Stromkreis, der uns mit Gott verbindet, geschlossen. Wir reden viel von Mahlgemeinschaft. Sie verbindet uns nicht nur untereinander, sondern vor allem mit Gott. Ein Geschenk, das ich empfange, hat einen Sachwert und einen Gebrauchswert, aber auch – und das erst macht es mir kostbar – einen persönlichen Wert: der es mir übergab, wollte mir damit ein Stück von sich selbst geben und seine Verbundenheit mit mir bezeugen. Gott schenkt uns in der Gabe seine Vaterliebe.

Kirchweihtag. Jos. 24,14–16

Nach der Abschiedsrede Kap. 23 folgt nun ein weiteres Finale. Dort die Frage, *wie* man Jahwe dienen müsse, um das Land zu behalten; hier die – viel fundamentalere – Frage, *welchem Gott* Israel künftig dienen will. Die für die Perikope ausgewählten Verse treffen damit tatsächlich die Thematik des Kapitels (doch s. u.). Alter Stoff, deuteronomistisch bearbeitet. Der „Landtag" in Sichem – dem Zentralheiligtum der Josephstämme Ephraim und Manasse, Ort des Bundeserneuerungsfestes (Deut. 27f.). – dürfte den Anschluß der nicht in Ägypten gewesenen Stämme an die im Sinaibund vereinigten gebracht und so Israel zum Zwölfstämmevolk gemacht haben (M. Noth, Das System der zwölf Stämme Israels, 1930). Alt sind die Züge, die in der Pentateuchüberlieferung nicht vorkommen (VV. 7a. 10b), deuteronomistisch auf jeden Fall die Ex-eventu-Zutaten aufgrund der Erfahrungen des Exils (VV. 19f.). – Der Prediger wird sich das ganze Kapitel vergegenwärtigen müssen.

V. 14: Es ist altertümliche Auffassung, daß jedes Land seinen Gott hat und man dem Gott bzw. den Göttern dient, die für das Land zuständig sind, in dem man sich befindet. So haben die Väter (V. 2) jenseits des Euphrat „anderen Göttern" gedient. Auch in Ägypten Teilnahme an heidnischem Kult. Es ist אֶת־הָאֱלֹהִים (die Götter) zu lesen, LXX: die Götter der Fremde. תָּמִם ist hier (abstraktes) Substantiv: Redlichkeit (wie Richt. 9,16.19; Ps. 15,2; 84,12). Jahwe ist nicht landgebunden, er ist der Gott der Geschichte. Die Frage ist, ob Israel bei der Einwanderung ins Kulturland dieses Wissen festhalten oder sich den (wiederum ortsfesten) Baalim ergeben wird. – V. 15: Josua denkt nicht daran, den Stämmen die Entscheidung für Jahwe aufzuzwingen. Aber fallen muß die Entscheidung, wie immer sie ausfällt. Dabei wird deutlich, daß der Dienst an Göttern des – vor ihnen liegenden – Kulturlandes formal dem Rückfall in den Dienst mesopotamischer Gottheiten gleich wäre. Josua spricht für sich und seinen Stamm (das meint „Haus") und geht damit in der Entscheidung voran. Wieder haben wir אֶת־הָאֱלֹהִים zu lesen (LXX: den Göttern eurer Väter) und das in der Überlieferung gut gestützte בְּעֵבֶר. – V. 16: חָלִילָה (von einem Adjektiv, das „unheilig, fern von Gott" bezeichnet), das paulinische μὴ γένοιτο, also Ausruf des Abscheus und der Abwehr.

Die Beziehung dieser Perikope auf den Tag der Kirchweihe springt nicht sofort in die Augen. Der Text verlangt die Entscheidung für den wahren Gott, d. h. den Gott Israels. Man kann natürlich fragen, worum es in der Kirche, d. h. diesmal: im Gotteshaus, gehen soll, wenn nicht um Gott selbst? In der Tat, wir lägen schlecht, wenn uns das Gotteshaus aus einem anderen Grunde wichtig wäre als aus dem einen: daß es hier um den wahren Gott geht, der mit den Göttern nicht verwechselt sein will. Und dennoch muß uns auch das Haus als solches wichtig sein, wenn es die Stätte ist, an der Gott sich von uns finden läßt. Wir haben Gott nie „netto", also in Luthers Sprache: als den Deus nudus (WA 40 II, 386 u. ö.), vielmehr „fließen alle Worte der Schrift vom offenbaren Gott her, den du an bestimmtem Ort greifen und haben kannst, angebunden an die Worte (ebd.); Gott „hat sich eingehüllt in die Werke (seines heilsgeschichtlichen Handelns) und in bestimmte Gestalten, wie er sich heute einhüllt in die Taufe, die Absolution usw." (WA 42,10). So spielt ja auch der Landtag in einem bestimmten Heiligtum, nämlich in Sichem. So wäre der Be-

zug hergestellt: Gott, ja – aber eben: Gott in der Kirche, im Heiligtum, wo die alte Tere-
binthe steht und der Stein, den Josua aufgerichtet hat (VV. 26f.).
Deutlicher und überzeugender wird das, was wir eben gesagt haben, wenn wir das Kapitel
als ganzes ins Auge fassen. PTO hat recht daran getan, nur die drei Kernverse auszuwäh-
len; die Verlesung des ganzen Kapitels vertrüge keine Gemeinde. Indes wird der Prediger
den Zusammenhang mitsehen müssen, und er wird durch (auswählendes) Erzählen die
drei Verse der Perikope auch vor der Gemeinde in das Ganze des Kapitels einzubauen
haben. Nimmt man die VV. 14–16 bloß für sich, dann sagen sie gar nicht, was sie sagen
wollen, und unsere Auslegung und homiletische Aktualisierung verfällt der Willkür. So
wird auch die vorzuschlagende Gliederung wohl bei dem einsetzen, was die VV. 14–16
wollen, aber sie wird zugleich einbeziehen, was das Kapitel über das Wieso und das
Woher der hier zu treffenden Entscheidung sagt. Also etwa: *Hier ist Gott!* (1) *Er
erwartet die Glaubensentscheidung.* (2) *Er gibt die Glaubenserfahrung.* (3) *Er gewährt die
Glaubensbindung.*

1.

Das Gotteshaus ist natürlich nicht um seiner selbst willen wichtig, sondern deshalb, weil
Gott hier sein Volk um sich sammelt und selbst für sein Volk gegenwärtig ist. Unsere
Kirchen würden viel zu eng, wenn wir alle diese schlichte Glaubenseinsicht begriffen
hätten. Es leuchtet nicht vielen ein: *dieser* Gott in *dieser* Gemeinde an *diesem* Ort.
Weniger konkret ist es den meisten lieber: Gott – wer darf ihn nennen? Ist es nicht eine
unerlaubte Simplifizierung, den Unfaßbaren – vielleicht gar: das Unfaßbare – in Jahwe
oder in Jesus Christus finden zu wollen? Ein nebuloser Gott, unsagbar, unerreichbar,
scheint wahrer als der an bestimmtem Ort zu fassende. – Es ist Wahres an solchem Denken. Wie auch immer wir uns Gott vorstellen und von ihm reden: was wir sagen, ist unangemessen, und die Bibel selbst redet von seinem unerschließbaren Geheimnis. Nur
muß man wissen, daß, wer Gott ernst nimmt, unter dieser Verborgenheit Gottes *leidet*. Es
könnte jedoch sein, wir lassen Gott gern im Unbestimmten, weil wir aus unserer Kenntnis Gottes, würde sie uns zuteil, Folgerungen ziehen und künftig vor seinem Angesicht
verbindlich leben müßten. Es wäre, wenn wir Gott kennten, eine Glaubensentscheidung
nötig. Man müßte aus der Unverbindlichkeit heraus. Es wäre nichts mehr mit der „Religion ohne Entscheidung", die nach H. O. Wölbers Buch das Kennzeichen der volkskirch-
lichen Durchschnittsfrömmigkeit ist.
„So fürchtet nun den Herrn und dient ihm treulich und rechtschaffen!" Dies ist zugleich
eine Absage an die Götter der Väter, an die Götter Ägyptens, auch an die Götter der
Amoriter, in deren Land man gekommen ist. Mindestens bis V. 13 hat Gott selbst gesprochen (die Ich-Rede Gottes ist nur in V. 7 für einen Augenblick verlassen).
V. 14 nimmt wohl Josua das Wort (mit Sicherheit am Ende von V. 15). Sie müssen sich
entscheiden. Man kann die Gottesfrage nicht offenlassen.
Es wird noch zu bedenken sein, wieso man sich, wenn es um Gott und die Götter geht,
überhaupt entscheiden *kann*. Wir haben zunächst davon zu reden, daß man sich entscheiden *muß*. Es ist nicht gleichgültig, an welchen Gott man glaubt. Man kann sich – nach
Josua und den vielen anderen biblischen Zeugen, ja nach Jesu eigenem Wort – nicht
damit beruhigen, daß alle Heiden ja letztlich denselben Gott *meinen* und ihn sich nur –
wer wüßte hier auch Gültiges zu sagen? – verschieden *denken*. Man kann es nicht mehr,
seit Gott sich *offenbart* hat. Man kann es nicht, seit man weiß, wie anders Jahwe ist als
die anderen Götter. Man kann die Gottesfrage nicht mehr offenlassen.
Wir können jetzt getrost die Frage beiseite lassen, ob in der hier vorausgesetzten histori-

schen Situation die Frage wirklich so stand, wie Josua sie stellt. Für die Josephstämme, die nicht mit in Ägypten gewesen und also auch am Sinaibund nicht beteiligt sind, ist der Anschluß an das Jahwevolk Sache freier Entscheidung, während für die vom Sinai Herkommenden die Frage: Jahwe oder nicht? den Sinn hat: Abfall oder Bleiben bei Jahwe? Die Darstellung geht davon aus, daß alle zwölf Stämme denselben Weg gegangen sind, im Ahn von „jenseits des Stromes" an, bis hierher. Die Freiheit, die Josua in V. 15 den anderen „Häusern" gibt, hätte eigentlich nur er samt seinem Hause. – So, wie wir den Text lesen, betrifft er gleichermaßen ganz Israel. Wird Israel an seinem Gott festhalten?
Die Gefahr des Abfalls scheint in diesem Augenblick so groß wie bisher noch nie. Zunächst einfach deshalb, weil man zwischen Kanaanäern wohnt. Wie, wenn zu jedem Lande ein bestimmter Gott gehört? Lebt Israel nun nicht im Machtbereich der Baalim? Ist man nun nicht auf deren Schutz und Gaben angewiesen? Gibt der Ortsbaal nicht die Fruchtbarkeit auf dem Felde und im Garten, im Weinberg und sogar im eigenen Hause? Israel hat durch Jahrhunderte hindurch unerhörte Anstrengungen machen müssen, sich vor dem Aufgehen im heidnischen Wesen zu bewahren. Von daher erklärt sich die Strenge, mit der jede Berührung mit Heidnischem als Verunreinigung verpönt war. – Nun kommt in unserer Szene verschärfend hinzu, daß Israel selbst tatsächlich aus dem Heidentum kommt (V. 2). Abraham war, ehe Jahwe ihn rief, Heide. Der Mensch ist überhaupt von Natur aus Heide. Er fürchtet die Götter, die in dem Stück Land beheimatet sind, in dem er wohnt, und die damit fraglos „von unten her" sind, nicht mehr als ein Stück Welt. Heidentum: Erhebung irdischer Größen und Mächte zu göttlicher Würde – man dient dem Geschöpf statt dem Schöpfer (Röm. 1,25). Man sage doch nicht, daß wir Christen diese Versuchung ein für allemal hinter uns haben. Der Ortsbaal ist nicht selten unter dem Namen Jahwes verehrt worden. Man kann sich Christ nennen, und in Wirklichkeit nimmt Irdisches die Stelle der höchsten Autorität ein, dessen also, worauf einer sich verläßt und woran er sein Herz hängt (Luthers Ausl. des 1. Gebots im Großen Katechismus). Der Gott „von unten her" ist immer Baal – also der Gott, der menschlichen Wünschen und Neigungen entgegenkommt, der freundlich zu allem ja sagt, was wir uns ohne ihn ausgedacht haben, der uns nicht beunruhigt, sondern uns erlaubt, zu bleiben, wie wir sind. Das Geheimnis der Theologie ist die Anthropologie, sagt Feuerbach, und die marxistische Religionskritik nimmt das auf: eure Religion ist nichts anderes als eine Ideologie, mit der ihr eure ganz egoistischen, durchaus menschlichen Interessen (Klassenherrschaft) stützt. Wir haben diese Kritik sehr ernst zu nehmen. Sie trifft zu für alle Götzen, für die Götter „von unten her". Und wir stecken alle im Heidentum viel tiefer drin, als wir meinen. Reformation muß darum ein dauernder Prozeß sein; nicht, daß *Gott* in seinem Tun und Reden anders werden müßte, sondern *wir* müssen uns nach Gott und seinem Tun und Reden ständig aufs neue ändern: in ständiger Abkehr vom selbstgemachten Gott zum lebendigen, von den den natürlichen Menschen bestätigenden Götzen zu dem Gott, der in Jesus Christus den Sünder rechtfertigt und erneuert.
Ist das einmal begriffen, dann ist deutlich, warum man der Entscheidung in der Gottesfrage nicht ausweichen und warum man sie auch nicht auf unbestimmte Zeit anstehen lassen kann. Die religiöse Überhöhung und Dämonisierung des Geschaffenen ist nicht nur der Wahrheit des sich offenbarenden, auf uns zukommenden Gottes zuwider, sie ist auch gefährlich und verhängnisvoll. Gibt Josua die Entscheidung frei (V. 15), dann nicht, weil er sich nun doch noch zur Beliebigkeit in den Dingen der Religion bekennt, sondern darum, weil man gerade hier die Menschen nicht nötigen oder unter Druck setzen kann; Glaubensentscheidungen bedürfen der Freiheit. Aber damit werden sie nicht etwa verharmlost. Josua geht mit seiner Entscheidung voran. Alles Bekennen im Volke Gottes ist ein solches Vorangehen – in der Hoffnung, daß sich Menschen finden, die sich an-

schließen. Daß es „die Kirche im Dorfe" gibt, ist noch keine zuverlässige Gewähr dafür, daß wir nicht falschen Göttern zufallen. Aber wir haben die Zusage, daß der Geist uns in alle Wahrheit leiten wird (Joh. 16,13). Wie gut: ich bin mit meinem Glauben, Unglauben und Irrglauben nicht mir selbst überlassen. Die Kirche bekennt: „Ich aber und mein Haus . . ." Wer begriffen hat, was es mit diesem Bekenntnis auf sich hat, wird einstimmen – und wird darum auch, wenn die Gemeinde ihr Credo vor aller Welt spricht, nicht abseits stehen. Zur Entscheidung gehört Mut; Josua macht sich, indem er bekennt, nicht von anderen abhängig. Wer „ich *aber*" sagt, läßt es darauf ankommen, daß er in der Minderheit bleibt. Aber er sagt es, wenn er weiß, warum.

2.

Daß Josua die Bekenntnisentscheidung fordern kann und daß er sie selbst fällt, ist nicht ein Akt der Willkür. Für den Außerhalbstehenden mag es sich so darstellen. Da man über Gott sowieso nichts Sicheres wissen kann, meint er, hängt der Glaube zumeist davon ab, wohin der Zufall der Geburt einen geworfen hat (Lessing, Nathan); vielleicht ist es auch eine ganz subjektive Einstellung, die den einen hierhin, den anderen dorthin zieht; vielleicht entscheiden bestimmte Erlebnisse, die gerade *dieser* Mensch hat, ohne daß dies für andere von irgendeiner Bedeutung sein könnte.
Die Bibel sieht es ganz anders. „Nicht ihr habt mich erwählt, sondern ich habe euch erwählt" (Joh. 15,16). Gott wählt. *Unser* Wählen – V. 15 ist das Wort gebraucht – ist ein solches, „auf das der Mensch, so gewiß es sein eigenes Wählen ist, immer nur als auf ein schon geschehenes zurückblicken kann" (Barth, KD I/2, S. 386) – nämlich auf ein von *Gott* her geschehenes Wählen. Israel versteht sich so; daß es Gottes Volk ist, geht auf Gottes eigene Initiative zurück, auf die Freiheit seiner Liebe, in der er dies Volk gerufen, geführt, mit sich verbunden hat. Für die im Text geschilderte Situation heißt das: Die zu treffende Entscheidung lautet nicht: welcher Gott gefällt euch am besten?, sondern: Wollt ihr dem Gott, dem ihr nicht weniger als alles verdankt und der euch in seine Gemeinschaft gerufen und sich in der Berith verbindlich zu euch bekannt hat, dienen – oder wollt ihr von ihm abfallen? Und es ist ja klar, daß der Abfall nicht eine ebenso gute, mit ebensolchem Recht zu wählende Möglichkeit ist wie das Dienen. Abfall – das bedeutet: hier wird geleugnet und zurückgewiesen, was Gott den Seinen Gutes getan hat.
Hinter dem, was Josua den Stämmen abverlangt, steht die große Gottesrede VV. 2ff. „So hat Jahwe gesprochen." Unser Bekenntnis ist nicht in die Luft hinein entworfene religiöse Lehrmeinung: ich stelle mir Gott so und so vor. Das Bekenntnis beruht auf den „großen Taten Gottes". Es sagt im „magnus consensus" der glaubenden Kirche und darum verbindlich aus, „was Gott an uns gewendet hat und seine süße Wundertat". Man kann es an diesem Text schön studieren. Lauter Selbstaussagen Gottes über das, was er seinem Volk getan hat. Man tut gut, sich die verbalen Aussagen der Reihe nach vor Augen zu führen (VV. 3ff.): „Ich nahm – ich machte zahlreich – ich gab – ich sandte – ich führte heraus – ich brachte euch – ich habe sie in eure Hand gegeben – ich tilgte – ich rettete – nochmals: ich gab." Tatsachen, die niemand mehr ungeschehen machen kann. Ihr wäret nicht hier, wenn ich, euer Gott, dies nicht alles getan hätte! Das Glaubensbekenntnis der Kirche ist in dem Maße aller Willkür und Beliebigkeit entnommen, wie diese Taten Gottes unserm Bekennen vorgegeben sind. So ist also auch unser Wählen nichts weiter als ein Erkennen und Anerkennen dessen, was Gott für uns getan hat. Glaubenserfahrung des Volkes Gottes – gemeinsam ausgesagt in dem Willen, diesem Gott nun zu „dienen".
Von da aus läßt sich darstellen, was uns das Gotteshaus bedeutet. Das, worauf es ankommt, gilt natürlich auch ohne dieses Haus, und man kann die „großen Taten Gottes"

überall verkündigen. Aber wenn dieses Haus seine Bestimmung von daher hat, daß hier die Heilsmittel Gottes gebraucht, also angeboten, ausgeteilt und angenommen werden, dann handelt es sich ja um das Geschehen, in dem Gottes Heilswirken durch die Zeiten uns nicht nur zur Kenntnis kommt, sondern auch gegenwärtig wird. Jetzt sagen wir es bewußt präsentisch: „So spricht der Herr." Indem er uns heute anredet – auf du und du –, bringt er zugleich alles mit, was er, den Menschen zugute, seit den Tagen der Väter getan hat. Wären wir auf „Religion" aus, also auf das Frommsein, in dem der Mensch sein Eigenes praktiziert – wie er seine handwerkliche oder künstlerische Begabung betätigt –, dann brauchten wir den Ort nicht, an dem Gottes Taten verkündigt werden. Wir wären mit uns selbst allein und produzierten unsere religiösen Gedanken und Gefühle, Vorstellungen und Hoffnungen. Natürliche Religion kann sich daran genügen lassen, in die Tiefen des frommen Menschenherzens hineinzulauschen oder in dem, was uns umgibt, die Merkmale der Wirkung Gottes aufzusuchen. Wo man aber weiß, wie tief wir durch unsere Sünde von Gott getrennt, wie sehr wir ihm entfremdet sind, wie gefährlich es uns sein müßte, Gott, wenn er es geschehen ließe, unverhüllt zu begegnen: da wird man froh sein, daß es die Stelle gibt, an der man erfahren kann, wie Gott sich in seinem – verhüllten, indirekten, nur durch Gottes Geist zu entziffernden – Offenbarungshandeln uns gegeben hat. Hier ist Gott!, sagten wir. Damit meinten wir das „So spricht der Herr", die auf uns gerichtete Präsenz Gottes in der von ihm angeredeten Gemeinde. Warum also dieses Gotteshaus? Weil der Gott, der im Geheimnis, unerreichbar, überall gegenwärtig ist, *hier zu finden ist,* wo er durch Predigt und Sakramente selbst zu Wort und Wirkung kommt. So ruft und wählt er uns, und darauf beruht dann die Entscheidung des Glaubens und Bekennens.

3.

Muß, was hier beschrieben ist, im Gotteshaus geschehen? Eine dogmatische Notwendigkeit besteht dafür nicht. Jedes Haus kann zum Gotteshaus werden, wenn Gott durch sein Wort und durch seine Sakramente Gemeinde entstehen und bestehen läßt und als ihr Gott bei ihr ist. Ist dem aber einmal so, daß Gott in seinen Gnadenmitteln mit uns Verbindung aufnimmt, und verwalten und brauchen wir diese Gnadenmittel – zweckmäßigerweise – immer an demselben Ort, dann wird dieser Ort uns um ihretwillen bzw. um des in ihnen wirksamen Gottes willen nicht nur lieb und vertraut, sondern auch heilig sein.

Der Landtag findet in Sichem statt, an einem Ort mit großer Tradition (Gen. 12,6; 33,18–20; 35,1–4; Deut. 11,26–32; 27; Jos. 8,30–35; 23,1–16). Daß an Sichem die Namen Abraham, Jakob (Brunnen), Joseph (Grab), Mose, Josua haften, zeigt die große Bedeutung des Ortes. Feiern wir Kirchweih, dann ist uns ebenfalls ein Ort wichtig. Nicht, daß er an sich selbst heilig wäre; heilig ist er um des hier in seinen Gnadenmitteln gegenwärtigen Gottes willen. „Herr, ich habe lieb die Stätte deines Hauses und den Ort, da deine Ehre wohnt" (Ps. 26,8). Von Glaubensbindung wollten wir reden: wie Gott sich selbst an sein Wort und die Sakramente bindet, so will er uns durch sie an sich binden. Die Bibel hält nichts von einer Spiritualität, die aus flüchtigen inneren Erfahrungen lebt, einmal hierhin, einmal dorthin greift und sich bewegen und umhertreiben läßt von jeglichem Wind der Lehre (Eph. 4,14). Gott „wohnt" an bestimmter Stelle – und zwar in Jesus Christus (Joh. 1,14), der unser „Bethel" ist (Joh. 1,51) und von dessen „Wohnen" unter uns sich das ableitet, was uns in Gottes Haus zieht.

Es sei jetzt nicht erörtert, was man in alttestamentlicher Zeit von dem Stein gehalten hat, den Josua errichtet (V. 26). Der Text sagt: „er soll Zeuge sein unter uns, denn er hat gehört alle Worte des Herrn, die er mit uns geredet hat, und soll ein Zeuge unter euch sein, daß ihr euren Gott nicht verleugnet" (V. 27). Er *ist* nicht das Wort Gottes, er hat es nur „gehört" und wird so für Israel zum Hinweis. – Wir wenden das auf das Gotteshaus an. Es dient nicht nur der Verkündigung, es bezeugt auch auf seine Weise geschehene Verkündigung. Die Architektur enthält Aussage. Die Bildwerke sprechen. Die Proportionen, der Lichteinfall und die Farbgebung, auch der Klang der Orgel *sagen* etwas. Und wenn das alles nicht wäre: in diesem Gotteshaus haben die Väter gehört und geglaubt, sie sind dem in den Sakramenten gegenwärtigen Herrn begegnet, sie haben in guten und schweren Zeiten gebetet und gehofft, und sie haben Gott gedankt. Was haben die hier vermauerten Steine mit angesehen an Lebens- und Glaubensgeschichte! Josua weiß, daß man geistliche Erfahrungen – wie die vom Bekenntnis- und Bundesgeschehen in Sichem – festhalten und unser Gedenken an sie binden soll. Der Kirchweihtag sollte der Gemeinde Anlaß sein, das, was ihr Gotteshaus sagt und bezeugt (oder doch bezeugen *könnte,* wenn die Steine sprächen), ins Bewußtsein zu heben. (Wir schaffen das nicht alles in einer Predigt, aber die Gemeinde hat ja noch andere Formen des Miteinander, die solcher Bewußtmachung Raum bieten.)

In den drei Versen kommt achtmal das Wort „dienen" vor. Darin steckt die Bedeutung der Abhängigkeit – wie beim Sklaven. Aber wir dienen Gott nicht wie Sklaven, wir sind Kinder (Gal. 4,7; Röm. 8,14–16). Dennoch: wir wollen Gott zur Verfügung stehen, für ihn da sein; zunächst indem wir vor ihm erscheinen, uns mit Seele und Leib vor seinem Angesicht wissen, uns zu ihm bekennen (s. o.), dann aber auch im Alltag für ihn da sind (Röm. 12,1). „Gehorchen und dienen" gehören zusammen (Hiob 36,11). Glaubensbindung – unser Stichwort – schließt dies ein: Gott soll uns für seine Sache gebrauchen, er soll sich auf uns verlassen können.

Nun aber die große Überraschung: Derselbe Josua, der zum Jahwedienst aufruft und in der Selbstverpflichtung dazu vorangeht, streicht, was er eben gesagt hat, allem Anschein nach durch: „Ihr könnt dem Herrn nicht dienen" (V. 19) – ihr seid im Begriff, Unerschwingliches zu versprechen. Es wird schon so sein, daß sich hier im alten Text spätere Erfahrungen eingeblendet finden, wohl aus der Exilszeit. Wir wären schlecht beraten, wenn wir es bei dieser historischen Feststellung bewenden ließen, als spräche hier eine andere Zeit, die anderer Meinung war, weil sie andere – leider trübe – Erfahrungen hat machen müssen. Der dem Text die letzte, uns vorliegende Gestalt gab, war offensichtlich der Meinung, daß sich hier nicht zwei verschiedene Einsichten gegenseitig verdrängen oder ablösen, sondern daß beides festgehalten werden muß: Ihr sollt dem Herrn dienen – ihr könnt dem Herrn gar nicht dienen.

Das, was in diesem Gotteshause geschieht, ist zugleich das Gebotene und Gottgewollte – und das Unerschwingliche. Sofern wir diese harte Spannung noch nicht empfunden haben, sollten wir sie uns diesmal bewußt machen. Mitten im „Dienst" ereignet sich immer auch der Abfall. Im Stehen vor Gott das Abgewandtsein von ihm. Im Glauben der Unglaube. In der Hingabe des Herzens zugleich der verlogene Leerlauf. Unter der frommen Gebärde zugleich die unfromme Tendenz unseres Herzens. Es ist leider etwas dran an der Kritik der Außenstehenden, die die Doppelbödigkeit unseres Frommseins empfinden und darum hart mit uns ins Gericht gehen. Es liegt nur allzu nahe, daß man von außen her unseren Gottesdienst als etwas Zwielichtiges und Verlogenes ansieht, sogar, daß wir „drinnen" an der Kirche leiden – und an uns selbst. „Ihr seid Zeugen gegen euch selbst" (V. 22) – von V. 19 her muß man dieses „gegen" leider sehr wörtlich nehmen. Was soll dann aller Kult? Was soll überhaupt unser Bekenntnis zu Gott und die von uns „gewählte" und behauptete Zugehörigkeit zu Gott?

Das ist die Antwort, daß Gott in seiner Gnade trotz allem an uns festhält. „Sollte ihre

Untreue die Treue Gottes aufheben?" (Röm. 3,3). Gott bleibt der „eifrige" Gott, wie Josua ohne Abstriche voraussagt (VV. 19ff.). Wäre er es nicht, hätte sich der Karfreitag erübrigt. Aber Gott nimmt um Christi willen und „in" Christus unsern unvollkommenen, halbherzigen, widerspruchsvollen, ja, wir müssen leider sagen: unehrlichen, auf alle Fälle: kritikwürdigen Dienst an. Was andere an der Kirche scharfsinnig beobachten, ist ja unser eigenes „Leiden an der Kirche" und an uns selbst. Aber Gott rechtfertigt die Gottlosen – also uns. Das ist das eigentliche und größte Wunder Gottes an uns, das sich in unserm Gotteshause immer wieder ereignet. Wir haben durch Christus den Zugang zu der Gnade, in der wir stehen (Röm. 5,2).

19. Sonntag nach Trinitatis. Jak. 5,13–16

Aus der „Spruchreihe mit wechselnden Themen" (M. Dibelius), die wir in VV. 7–20 vor uns haben und in die sich V. 12 seiner besonderen Thematik wegen am wenigsten einfügt, bekommen wir es in der Perikope mit Sprüchen zu tun, die unter den Stichworten $\dot{\alpha}\sigma\vartheta\acute{\epsilon}\nu\epsilon\iota\alpha$ und $\dot{\alpha}\mu\alpha\rho\tau\acute{\iota}\alpha$ stehen; wie ein Eingang dazu wirkt V. 13, der die „mißliche Lage" und die „erfreuliche Lage" anspricht (F. Mußner z. St.). V. 16 nimmt sich – korrespondierend mit V. 13 – aus wie ein kleiner Abgesang. Nestle versteht in VV. 13f. den ersten Versteil als Frage. Mußner legt (wie vor ihm Dibelius) Wert darauf, daß es sich um Aussagesätze handelt, auf die asyndetisch die Anweisung zum Verhalten folgt; so will es der Diatribe-Stil. (Das nachfolgende Eliasbeispiel unterstreicht nur, welche Kraft das Gebet hat; es gehört zwar zum Vorangehenden, würde aber die Predigt nur belasten.)
V. 13: $\varkappa\alpha\varkappa o\pi\alpha\vartheta\epsilon\tilde{\iota}\nu$ = ein (persönliches) Unglück erleiden, wobei Michaelis und Mußner weniger an die Notlage als solche denken, mehr an die innere Belastung, die sie mit sich bringt. Der Blick auf das Nachfolgende gibt solcher Eingrenzung m. E. nicht recht. $\epsilon\dot{\nu}\vartheta\nu\mu\epsilon\tilde{\iota}\nu$ = guten Mutes, guter Dinge sein, das leibliche Wohlbefinden eingeschlossen. Bei Psalmen dürfte an das Danklied des einzelnen, den berichtenden Lobpsalm zu denken sein. Beides, Leid und Freude, sollen unter Gottes Augen und im Blick auf ihn durchlebt werden. – V. 14: Das in V. 13a Angesprochene wird nun auf die Krankheit hin spezialisiert. „Die Ältesten der Gemeinde": „deutlich sind hier Amtsträger der Gemeinde (beachte den Artikel!) und nicht nur charismatisch begabte Greise gemeint; ebenso deutlich ist, daß sie kraft ihres Amtes als die mit der Gabe des wirkungskräftigen Gebetes Ausgestatteten gelten" (G. Bornkamm, ThWNT VI, S. 664 – so auch Michaelis, v. Campenhausen, M. Dibelius, Mußner – anders A. Schlatter). Die urchristliche Charismenerfahrung gilt hier als institutionell gebunden. „Presbyter" sind natürlich nicht Mitglieder des Gemeindekirchenrates (Kirchenvorstands), sondern Amtsträger im klassischen Sinne, wie man u. a. aus Gleichsetzungen wie Apg. 20,17.28 (Älteste sind Bischöfe, die zu weiden haben) und Tit. 1,5.7 (Ältester = Bischof) erkennen kann. Ölsalbung (vgl. Mark. 6,13) kennt die alte Welt als medizinisches, als magisch-exorzistisches, auch als quasi-sakramentales Mittel, letzteres bei Gnostikern (Öltaufe), in der Kirche vielfach auch als ein die Taufe begleitenden Akt. Im Text wird man mit einer medizinisch-exorzistischen Intention zu rechnen haben; die Verbindung von beidem entspricht antikem Denken. „Im Namen des Herrn" meint nicht nur: im Auftrag des Herrn, sondern: in der Kraft seines Namens (vgl. Apg. 3,6 – uns. Ausl. am 12. S. n. Trin.). „Kraft" und „Name" sind geradezu Parallelbegriffe, vgl. Apg. 4,7 und 4,10. – V. 15: Das Bewirkende ist das Gebet, die Anwendung des Öls hat nur begleitende Bedeutung. $\varkappa\dot{\alpha}\mu\nu\epsilon\iota\nu$ = ermatten, auch matt sein, krank sein. Die Frage ist, ob $\sigma\dot{\omega}\zeta\epsilon\iota\nu$ und $\dot{\epsilon}\gamma\epsilon\acute{\iota}\rho\epsilon\iota\nu$ zeitlichen oder eschatologischen Sinn haben, ob also das Futur sich auf dieses oder jenes Leben bezieht. In 1,21; 2,14; 4,12; 5,20 ist $\sigma\dot{\omega}\zeta\epsilon\iota\nu$ deutlich eschatologisch gebraucht, doch braucht an unserer Stelle nicht ausschließlich ans ewige Heil gedacht zu sein, also bei $\dot{\epsilon}\gamma\epsilon\acute{\iota}\rho\epsilon\iota\nu$ nicht nur an die Auferweckung. Der Herr kann einen „gesund machen" und wieder „auf die Beine stellen"(vgl. Mark. 1,31; 9,27; Apg. 3,7). Es könnte sein, daß absichtlich beide Ebenen ins Auge gefaßt sind. Beachte das Perfektum $\pi\epsilon\pi oiη\varkappa\dot{\omega}\varsigma$: was er getan hat, belastet ihn noch heute, aber ihm wird vergeben. – V. 16: Ist das Sündenbekenntnis in VV. 14f. stillschweigend vorausgesetzt? Auf alle Fälle ist, trotz des deutlichen Rückbezugs auf V. 15 ($\ddot{o}\pi\omega\varsigma$ $iα\vartheta\tilde{η}\tau\epsilon$), den Dibelius gern als Zutat ansehen möchte, mit „einander" und „füreinander" der Kreis weiter geschlagen. „Geheilt werden" auf die Sündenvergebung zu deuten, besteht kein Anlaß.

Zum alten Evangelium des Sonntags (nach PTO Mark. 2,12, zuvor Matth. 9,1–8) gibt dieses Zeugnis urchristlichen Gemeindelebens einen eindrucksvollen Kommentar. Man denke an den Schlußvers der Matthäusfassung: was für Befugnisse hat Gott „den Menschen" gegeben! Die Perikope vom Gichtbrüchigen weist bereits auf die Tatsache, daß Christus seine Vollmacht vermittels des Dienstes seiner Leute auch fernerhin wahrnimmt. *Heilung und Vergebung* hat man über unsere Verse geschrieben. Wir sind bei dem auch in der Perikope vom Gelähmten anvisierten Thema: Zusammenhang von Krankheit und Sünde, Heilung und Vergebung, bei einer Sache, über die mit der Gemeinde zu reden eine dringliche Aufgabe ist.

Die Bibel ist weit davon entfernt, die Leibhaftigkeit des Menschen für irreal zu erklären und damit die Krankheit für den Ausdruck einer falschen geistigen Einstellung, insbesondere verkehrter Vorstellungen vom Menschen zu halten. Der idealistische Monismus, wie die Scientisten ihn vertreten, ist der Bibel fremd. Der „liebe Arzt" von Kol. 4,14 hat in der christlichen Gemeinde seinen festen Platz, und ein guter medizinischer Rat wird nicht verachtet (1. Tim. 5,23). Sirach 38 ist im Neuen Testament nicht zitiert, sollte aber nicht vergessen sein (trotz Mark. 5,26). Die chemischen und physikalischen, mikrobiologischen und histologischen Untersuchungsmethoden und Befunde spiegeln Wirklichkeit wider, die zu erforschen uns aufgegeben ist.

Andererseits lehrt uns die Bibel, daß Krankheit und Personleben aufs engste zusammengehören. Nicht nur so, daß sich die Krankheit auf den inneren Menschen auswirkt, sondern auch im umgekehrten Sinne. Th. Bovet – um nur ihn statt vieler anderer zu nennen – behauptet, „daß jede Krankheit, auch ein Furunkel oder ein Beinbruch, ein Anliegen der Ganzperson ist und deshalb auch die Seele in Mitleidenschaft zieht und umgekehrt vom Seelenzustand mitbeeinflußt wird" (Lebendige Seelsorge, [2]1954, S. 139). „Jede Krankheit hängt wohl irgendwie mit der Sünde zusammen, mit dem Abgeschnittensein von Gott" (ebd.). Man muß sich nur hüten, den Zusammenhang von Ursache und Wirkung empirisch im einzelnen Falle aufweisen zu wollen und ihn auf eine handliche Formel zu bringen. Aber es gilt: wie alle Dinge, so haben auch Gesundheit und Krankheit mit Gott zu tun. Genauer: das Physische hat mit Gott zu tun wie das Psychische, wie denn auch das Leibhafte und Personale untereinander zusammenhängen. Dies ist der Hintergrund für das, worauf der Predigttext hinweisen will. *Heilung und Vergebung – beides will Gott geben. Wir dürfen* (1) *Gesundheit erbitten,* (2) *Sünde bekennen.*

I.

Der Text hat es, aufs Ganze gesehen, mit den ἀσϑενοῦντες, den zur Zeit „schwachen" Gliedern der Gemeinde, zu tun. Die christliche Ermahnung ist meist darauf aus, den Gesunden und Starken die Fürsorge für die Schwachen wichtig zu machen. Solche Ermahnung muß sein. Zu leicht vernachlässigen wir die Leidenden. Sie kosten Zeit, sie machen Mühe, sie sind oft nicht leicht zu behandeln, es fällt uns schwer, erleben zu müssen, wie wenig wir tun können, wo wir doch so sehr auf runde Erfolge aus sind. Dazu kommen Schwierigkeiten, die mehr im Hintergrund liegen: Es wird uns leichter, uns mit den Fröhlichen zu freuen , als mit den Leidenden zu leiden. Vielleicht bestimmt uns auch eine instinktive Abscheu vor dem Schwachen, weil nun einmal alle Kreatur einen Urtrieb zum Starken hat und weil in uns ein leidenschaftlicher Wille zum Leben ist, der sich nicht gern durch Schwaches an die Hinfälligkeit des Geschöpflichen erinnern läßt. Aber wir wären ja arme Leute, wenn es für uns nur den Bios gäbe. Wir sind zur Liebe geschaffen. Unser Leben ist ebensoviel wert, wie es Liebe ausstrahlt. Die uns am nötigsten brauchen, bei denen möchte uns Christus am liebsten sehen. Er braucht Mitarbeiter in der Diakonie der Kirche. Er sucht nach solchen, die, ohne beruflich dort festgelegt zu sein, Zeit, Kraft und Liebe für Leidende haben.

In unserm Text ist der Standort jedoch überwiegend beim leidenden Menschen genommen. Es könnte ja sein, daß es nicht bei denen, die es können, am Willen zum Helfen fehlt, wohl aber bei dem, zu dem sie gehen sollten und auch wollten, an Bereitschaft, sich helfen zu lassen. Kann sein, er will die Hilfe nur deshalb nicht, weil er die anderen schonen will. Vielleicht bestimmt ihn auch ein gewisser Stolz, es allein zu schaffen. Daß mich bloß niemand schwach sieht! Daß bloß niemand in meine Traurigkeit, Verzagtheit, Angst und Trostlosigkeit hineinschaut! Oder noch grundsätzlicher: Ich glaube nicht an den Gott, der auf mich sähe, sich meiner erbarmen und mir zu Hilfe kommen könnte!

Die Predigt soll den Gliedern der Gemeinde – ihnen allen! – Mut machen, Seelsorge in Anspruch zu nehmen, ja, sie geradezu zu verlangen. Daß man die schwierigsten Dinge im Leben mit sich allein abzumachen habe, ist Irrglaube. Nachgehende Seelsorge soll sich bemühen, bei dem, dem sie dienen will, die Scheu vor der Selbstmitteilung und vor dem Sich-Helfenlassen zu überwinden. Hoffentlich verliert einer, der gern möchte, nicht allen Mut, weil er „Seelsorge" nur – „von oben herab" erlebt.

Jesus war unermüdlich unterwegs, um den Kranken und Elenden beizustehen und zu helfen. Nun schickt er seine Leute. Anders noch: indem seine Leute gehen, will er selbst unterwegs sein. Sein „Name" wird genannt – damit ist er selbst da. Es gibt Menschen, denen er den besonderen Auftrag gegeben hat, für ihn zu den Menschen zu gehen. Es ist gut, wenn die Gemeinde es weiß, daß der Hirte der Gemeinde geradezu den Auftrag zu „poimenischem" Handeln hat. Man darf ihn rufen, er wird Zeit haben. Und wenn er von sich aus käme? Wer um die Aufgabe des Amtes weiß, wird seelsorgerliches Bemühen nicht als zudringliche Einmischung in allerpersönlichste Angelegenheiten ansehen, sondern als Wahrnehmung einer speziellen Amtspflicht, deutlicher: eines Befehls Jesu. „Weidet die Herde Gottes, die euch befohlen ist, nach Gottes Willen" (1. Petr. 5,2). Es ist gut, daß es auch eine amtliche „Zuständigkeit" für den seelsorgerlichen Dienst gibt. Das kann und soll nicht heißen, daß wir uns nicht gegenseitig, im Dienst aller an allen, Zuspruch schulden (s. u.). Aber es bedarf des geordneten Hirtendienstes. Eine Gemeinde, die noch weiß, was es damit auf sich hat, ist freier, sich diesen Dienst gefallen zu lassen. Die unter uns grassierende Abneigung gegen das Amt der Kirche ist von mancherlei Entartung und Mißgestalt des Amtes her verständlich. Aber es geschähe Schaden an der Gemeinde, wenn sie nicht mehr erführe, was Christus ihr durch die Einsetzung seiner Dienstleute (hier: Presbyter) an Gutem zugedacht hat.

Helfen und sich helfen lassen – zunächst beim Beten. „Leidet jemand unter euch, der bete." „Betet füreinander." Wir werden zunächst ganz allgemein zum Gebet aufgerufen, übrigens nicht nur, wenn es schlecht geht. Der „Psalmengesang" sollte in guten Tagen nicht vergessen werden. Wahrscheinlich ist hier speziell an das gottesdienstliche Psalmgebet gedacht, dessen Wiedergewinnung gewiß nicht das A und O aller kirchlichen Erneuerung ist, mit dessen Verlust wir uns jedoch nicht abfinden dürften. Für die meisten von uns wird der Hinweis auf die Lieder unseres Gesangbuches die rechte Auslegung von V. 13b sein; wir sollen – in guten und schweren Tagen – uns diese Hilfe nicht entgehen lassen, und die Predigt sollte sich nicht scheuen, praktische Hinweise zum Gebrauch dieser Gebets- und Meditationshilfe zu geben.

Nun spricht aber der Text noch – und sogar mit größerem Gewicht – von einer besonderen Weise des Betens. VV. 14f. ist für die römisch-katholische Kirche die Grundlage für das Sakrament der Krankenölung. Wir brauchen die Fragen, die wir als Evangelische hier zu stellen haben, jetzt nicht zu erörtern. Bleiben wir bei dem, was der Text sagt. Die Verwendung von Öl wird der Gemeinde am meisten auffallen und sie vielleicht befremden;

andere – biblizistisch Gerichtete – könnten hier ein Defizit unserer kirchlichen Praxis feststellen und inder Einführung der Ölung große neue Möglichkeiten erblicken. Was ist davon zu halten? Wahrscheinlich würden wir ein sakramentales Verständnis der Ölung noch viel zu stark suggerieren und ihm Vorschub leisten, wenn wir es, absichernd, bei dem Satz bewenden ließen: Salböl allein tut's freilich nicht. Dies ergibt sich auf alle Fälle aus dem Text; aber es wird noch mehr zu sagen sein. Wahrscheinlich bedeutet das Öl in unserm Zusammenhang nicht mehr als der Brei aus Erde und Speichel in Joh. 9,6 oder das – medizinisch durchaus probate – Feigenpflaster in 2. Kön. 20,7. Wir haben heute andere Medikamente – indem die Diakonie der Kirche sie anwendet, tut sie, was die Presbyter der judenchristlichen Gemeinden seinerzeit gemeint und gewollt haben – selbstverständlich innerhalb des Horizonts ihrer medizinischen Anschauungen, die noch nicht die unseren sein konnten. Daß es damals die Amtsträger der Kirche waren, die den Kranken mit Öl salbten, darf für uns kein Gesetz sein. Für uns sind zuerst der Arzt und das medizinische Personal zuständig, womit der pflegerische Dienst zu Hause nicht ausgeschlossen sein soll. Der Pfarrer hat sich der Kurpfuscherei zu enthalten. Aber es ist gut, daß unser Text uns vor dem Irrtum bewahrt, als mache das Gebet die Leibsorge überflüssig.

Nun gilt es, um so entschlossener die Mahnung zur Fürbitte und zum Gebet aufzunehmen. Krankheitszeiten können Zeiten der Intensivierung des Gebetslebens sein, beim Kranken selber. Jetzt hat er Zeit – viel mehr, als ihm lieb ist. Jetzt kann er im Gespräch mit Gott Fragen durchdenken, zu denen ihm sein unruhiges Leben sonst nicht Zeit ließ. Jetzt kann er von Gott bewußt erbitten, was er sonst gedankenlos und nichtsahnend bloß entgegengenommen, vielleicht muß man sogar sagen: einkassiert hat. Jetzt kann er, statt sich immer über sein Kranksein aufzuregen, sinnvolle „Arbeit des Herzens" tun (M. Doerne): nicht nur für sich, sondern (erst recht) für andere. Es wird dem Kranken guttun, nicht nur an seine eigene Not zu denken.

Aber nun tritt in unserem Text die „amtliche Kirche" auf. Schrecklich, wenn man zu ihr kein anderes Verhältnis hat als zu den (übrigens hochnötigen und unseres Dankes würdigen) Mitarbeitern der Bestattungsanstalt. Vielleicht ist der Pfarrer – er tritt im Text übrigens in der Mehrzahl auf – schon deshalb wichtig, weil ein Kranker im Gebet gewissermaßen mitgenommen, geführt, angeschleppt werden muß, sei es, daß er das Beten noch nie richtig gelernt, sei es, daß er es wieder verlernt hat und aller Gewöhnung ermangelt, sei es, daß er zur Zeit in Anfechtungen ist, die es bei ihm zum Gebet nicht kommen lassen, sei es, daß er so schwach ist, daß er Gebete wohl hören, sich davon auch tragen lassen, selbst aber nicht mehr zustande bringen kann. Gleich, wie Gott über ihn beschlossen hat: ob er wieder gesund werden, ob er noch lange liegen, ob er bald heimgehen wird – er braucht die Verbindung mit Gott.

Vom Gebet der „Ältesten" heißt es: σώσει τὸν κάμνοντα – es „macht gesund"? „macht heil"? „macht selig"? „rettet"? Der Ausdruck schillert. Vielleicht soll es so sein. Die ersten Christen hielten die Erhaltung des zeitlichen Lebens nicht für das Allerdringlichste. Nicht, weil sie es verachtet hätten. Sie haben nur gewußt, es gibt – jenseits der Frage, ob man die Krankheit übersteht – eine noch viel aufregendere, weil über viel mehr entscheidende Frage: im Frieden mit Gott oder nicht, bei Gott zu Hause oder nicht, „gerettet" oder „verloren"? Es ist, von daher gesehen, gar nicht seltsam, daß die hier gebrauchten Worte auf zwei verschiedene Ebenen deuten. – Wir sollten aber auf keinen Fall die geistlich-eschatologische Deutung von vornherein als *die* Deutung ansehen. „Betet füreinander, damit ihr *geheilt* werdet" (V. 16). Wir können die Heilung Gott nicht abnötigen. Daß „unser äußerlicher Mensch verfällt" (2. Kor. 4,16), kann – als Kehrseite der Erneuerung des „inneren", des geistlichen Menschen – Gnadenerweis Gottes sein. Zuletzt gilt

auf alle Fälle: „Was du säst, wird nicht lebendig, es sterbe denn" (1. Kor. 15,36). Jedenfalls macht, wenn es so sein soll, „der Dorn im Fleisch" die Gnade nicht zunichte
(2. Kor. 12,7–9). Aber wir dürfen um unsere Gesundung beten. Erfahrungen, die man
selbst damit gemacht hat, sind nicht zur Promulgation geeignet und würden auch den
nicht überzeugen, der Gott dergleichen nicht zutraut. Ich bin überzeugt: wir würden mehr
erleben, wenn wir mehr wagten und glaubten. Gott will uns Mut machen zum „Gebet des
Glaubens". „Des Gerechten Gebet vermag viel, wenn es ernstlich ist", wenn es „Kraft
hat".

Ob die so erbetene Hilfe und Heilung auf natürliche Weise, also von unserer Einsicht und
Erfahrung her, erklärt werden kann oder nicht, ist eine belanglose Frage. Der Glaube
interessiert sich dafür nicht, weil es ihm gleichgültig ist, welcher seiner unbegrenzten
Möglichkeiten Gott, der Stifter der Gesetzmäßigkeiten in seiner Schöpfung, sich jeweils
bedient. Was an dem Kranken passiert, geschieht jedenfalls innerhalb des Macht- und
Fürsorgebereichs Gottes. Uns wird darum Mut gemacht, uns in Gebet und Fürbitte an
Gott zu wenden.

2.

Aber nun hängen Heilung und Vergebung aufs engste miteinander zusammen; der Text
zeigt die Verschränkung deutlich. Beides will Gott geben. Wir dürfen Sünde bekennen.
Dürfen? Wer tut es schon gern? Wir täten uns selbst einen Gefallen, wenn wir die diesbe-
zügliche Scheu und das Unbehagen überwänden. Uns soll nichts abverlangt, uns soll
etwas ermöglicht und zuliebe getan werden. Man kann Sünde bekennen und damit – abladen.

Wir werden aufgefordert, „einander" die Sünden zu bekennen. Das heißt zunächst:
unsere „Sünden" bzw. „Übertretungen" (so u. a. die Koine-Gruppe) sollten wir nicht für
uns behalten, sondern aussprechen. Es bedarf hier eines kräftigen, ermutigenden Anstoßes. Niemand spricht gern von seinen schwachen Stunden oder von einem korrupten
Dauerzustand seines Herzens, von verpaßten Gelegenheiten, von dem, was ihn vor Gott
und Menschen belastet. Diese Scheu hat etwas Gutes: wir schämen uns unserer Verkehrtheit und unseres Versagens. Wer sich darin gefiele, sie zur Schau zu stellen, sollte sich
lieber auf die Zunge beißen! Umgekehrt: auch wenn es ein bißchen weh tut, sollte man
am rechten Ort und in der rechten Situation das vielleicht längst fällige Wort sprechen.
Zunächst auf alle Fälle so, daß wir mit demjenigen Menschen sprechen, an dem wir
schuldig geworden sind. Man sollte beschwerende Zerwürfnisse nicht unbereinigt lassen.
Unberäumtes – auch von kleinerem Ausmaß – belastet das Gemeinschaftsleben mehr, als
wir oft denken. Wenn es schon Dinge gibt, die die Zeit von allein heilt, so dürfen wir uns
jedenfalls nicht darauf verlassen. Unberäumte Schuld verhärtet beide, den Betroffenen
wie den Schuldigen. Der heimliche oder offene Stellungskrieg bringt neue Schärfen und
Verbitterungen. Wird Schuld nicht ausgeräumt, bleibt nur die Selbstverteidigung. Ob gewollt oder ungewollt: was man auch tut, ist von dem Verlangen bestimmt, nachzuweisen,
daß man im Rechte war. So wird das zwischenmenschliche Verhältnis unsachlich, bekommt Schärfen, wird von – ichzentrierten – Tendenzen belastet, die nur stören können.
Und im Blick auf den, der Schuld hat, gilt, was im Ps. 32,3 steht. Bis ins Leibliche
hinein wirkt uneingestandene und darum auch unvergebene Schuld zersetzend. Vergessen können wir nicht – das weiß die Psychologie. So verkriecht sich das heimliche Wissen um Schuld in irgendeinen Winkel unseres Wesens. Dort bleibt es nicht untätig. Meine schlechte Laune, die Unlust und Mutlosigkeit, das unfreie Reagieren anderen Menschen gegenüber, die Kommunikationsarmut, bestimmte Träume, die sich in zahllosen

Variationen wiederholen, eine auffällige Gereiztheit, wenn es um bestimmte Dinge geht, mit denen wir nicht fertig sind, auch körperliche Störungen, teils sehr massiver Art: all dies und gewiß noch manches andere hat hier seinen Ursprung. Vielleicht dient die Zeit der Krankheit dazu, Inventur zu machen.

Wüßten wir nur genauer, wie V. 16 und VV. 14f. zusammenhängen! Der Text läßt nicht deutlich erkennen, wie sich das wechselseitige Bekenntnis in V. 16 zu der von den Presbytern der Gemeinde, also ihren Amtsträgern, verwalteten Sündenvergebung verhält. Ungenau ist die Ausdrucksweise des Textes auf alle Fälle. V. 16 könnte eine – wir meinten vorhin: abschließende – Verallgemeinerung sein; dann würde dieser Vers nichts anderes besagen wollen, als was in präziser Weise vorher gesagt ist, vielleicht nur insofern über V. 15 hinausführen, als das dort nicht erwähnte Sündenbekenntnis noch nachgetragen wird. Macht man sich die – im Vergleich zu Paulus –schlichte, manchmal geradezu wirkende Denk- und Argumentationsweise des Jakobusbriefes klar, dann wird man sich nicht wundern, wenn dergleichen geschieht. – Oder aber V. 16 hat mit dem Vorhergehenden wenig zu tun und der Zusammenhang wäre nur ganz locker: dann entstünde die Frage, wie sich die von den Ältesten zusammen mit Fürbitte und Salbung vollzogene Absolution und das Reziprokbekenntnis – ich bekenne dir meine Sünde, du die deine mir – zueinander verhalten. Koinzidieren werden sie nicht, schon deshalb, weil das von Jesus als Möglichkeit ins Auge gefaßte Behalten der Sünde auch kirchenzuchtliche, also gesamtgemeindliche Konsequenzen nach sich ziehen könnte (Matth. 18,15–18; 1. Kor. 5,5.13; 2. Thess. 3,6). Aber ergänzen könnten sich Schlüsselamt und Seelsorge aller an allen. So scheint es ja in den Schmalkaldischen Artikeln zu stehen: das mutuum colloquium und die consolatio fratrum steht, besonders aufgezählt, neben der Verwaltung der Schlüssel. Wir wollen die Frage nach dem Beichtiger jetzt nicht nebenher verhandeln. Worauf es im Text ankommt, ist dies, daß wir willig werden, uns gerade hier helfen zu lassen. Es könnten uns Steine vom Herzen fallen. „Die Vergebung der Sünden ist längst über mir aufgerichtet und liegt für mich bereit. Sie muß nun aber auch zu mir hindurchdringen und mich ergreifen" (E. Thurneysen, Die Lehre von der Seelsorge, 1948,S. 257). Die Gnadenmittel teilen das für uns Bereitliegende aus, bringen es zu uns. Es wird nicht damit getan sein, daß ich mir irgendeinen Satz von der Grenzenlosigkeit und Bedingungslosigkeit des Gnadenangebotes Gottes einpräge und mir hinfort über keine meiner Verfehlungen mehr Gedanken mache. Sündenvergebung ist nicht eine allgemeine Wahrheit, sondern jeweils konkretes Geschehen. Also wird es darauf ankommen, daß das, was um Christi willen im Sinne des Angebots für alle gilt, in meinem Leben nun vollzogen und daß davon Gebrauch gemacht wird. Die Gnadenmittel – in diesem Falle die Absolution – realisieren von Fall zu Fall, was uns allen zugedacht ist. Wir sollten Beichte und Absolution und das wechselseitige Seelsorgegespräch wiederentdecken und wieder praktizieren. Der Prediger tut gut, der Gemeinde konkrete Angebote zu machen (Beichtgelegenheit, Herbeirufen des Pfarrers in Krankheitsfällen und bei ähnlichen Anlässen), und die Predigt sollte auch Hilfen dafür geben, wie ein Christ dem andern beistehen kann. Es dürfte vieles in unserer Gemeinde neu werden, wenn wir – zur Sache kommen.

20. Sonntag nach Trinitatis. 1. Kor. 7,29–31

Kap. 7 antwortet auf eine der von einer Delegation (1,16 f.) überbrachten Anfragen der korinthischen Gemeinde (vgl. 7,1; 8,1; 12,1). Nachdem Paulus sich in den Kapp. 5; 6 mit libertinistischen Erscheinungen hat auseinandersetzen müssen, hat er es nun mit einer asketischen Richtung zu tun. „Die Frage der Korinther muß gelautet haben: Ist Geschlechtsverkehr (überhaupt) erlaubt?" (Czlm. zu V. 1). Es mag Meinung der Fragesteller sein, „daß selbst eine rechtmäßige Ehe den Menschen von den Christus zu erweisenden Pflichten abziehe" (Fascher im Kommentar S. 179). In unserm Abschnitt ist, ähnlich wie in den VV. 17–24, die Fragestellung ins Grundsätzliche ausgeweitet. Die Eschatologie ist „unmittelbare Auslegung des Existierens" (Czlm. z. St.). Schon die VV. 26 und 28 haben auf die „anstehenden" Bedrängnisse hingewiesen; ἀνάγκη und θλῖψις sind gleichbedeutend und spielen im apokalyptischen Zukunftsbild eine erhebliche Rolle.

V. 29: Die Einleitungsformel deutet auf den Neueinsatz des Gedankens. „Die Zeit ist (nur noch) kurz", eigtl. „zusammengedrängt", was sicher auch eine Qualitätsaussage ist: so dicht vor dem Letzten will jeder Tag wichtig genommen sein. τὸ λοιπόν kann heißen: im übrigen, außerdem, weiterhin, endlich, aber auch: hinfort, für die Zukunft (wie τοῦ λοιποῦ); letzteres würde bedeuten, daß der Eintritt der Endzeit die nunmehr zu besprechende Umstellung der Existenz erfordert. Die Aufzählung beginnt mit dem Thema des Kapitels: Ehe, wird aber in V. 30 sofort – Weinen und Freude – ins Allgemeine gewendet: sogar die Gemütsbewegungen stehen unter der hier erörterten eschatologischen Spannung, dann aber auch der Umgang mit Besitz und Geld, endlich die Stellung zur Welt überhaupt, wobei der Unterschied der beiden Verben χράομαι und καταχράομαι wohl nicht so weit gespannt ist wie „brauchen – mißbrauchen", sondern nur wie „nutzen – benutzen" (so Bauer, WB). „Das sachliche Verständnis hängt an dem ὡς μή" (Czlm.). Man denkt zunächst an das stoische Ideal der Ataraxie: innere Distanzierung vom äußeren Schicksal, man läßt die Dinge gar nicht an sich heran. Jedoch „der nicht-stoische Charakter des Weltverhältnisses erscheint erst im weiteren Zusammenhang: Paulus rät nicht, sich in das sichere und freie Innere zurückzuziehen, sondern im Betroffensein die Freiheit durchzuhalten" (Czlm.). Die Stoa denkt metaphysisch, Paulus eschatologisch. Was das bedeutet, muß die folgende Besinnung zu erbringen suchen.

V. 31: σχῆμα = Gestalt, nach Czlm. „hier nicht die Form, sondern das Wesen, also: die Welt selbst" (z. St.), nach Bauer (WB): „die Welt in ihrer eigentümlichen Erscheinung", ich würde lieber sagen: „in ihrer derzeitigen Verfassung" (vgl. Phil. 2,7; 3,21). Über Parusieerwartung und Naherwartung vgl. L. Goppelt, ThNT 2, S. 485 f.

Dieser für das christliche Existenzverständnis wichtige, in der neueren Theologie immer wieder zitierte Text war in den sechs Reihen von OP nicht enthalten; es ist sehr zu begrüßen, daß er durch PTO in unsere homiletische Praxis Eingang gefunden hat. Freilich wird der hörenden Gemeinde damit viel zugemutet, selbstverständlich auch dem Prediger. Man stößt immer wieder einmal auf einen Menschen in unserer Gemeinde, für den christlicher Glaube nicht viel mehr auszusagen hat, als daß es einen Gott gibt, der für die Seinen sorgt und darauf achtgibt, daß ihnen nichts Böses zustößt. In diesen Horizont ist dieser Text – wie so viele andere – natürlich nicht einzupassen. Auch wenn man eine oder zwei Stufen höher schaltete und sich zur Notwendigkeit und Wirklichkeit der Sündenvergebung bekennen wollte, wäre damit noch nicht der Raum gewonnen, in den das hier Gesagte paßte. Der Text spricht von der „eschatologischen Existenz" (Bultmann) in der Spannung zwischen dem, was ist, und dem, was – bisher noch von keinem Auge gesichtet – kommen wird. Er ist verständlich nur im Rahmen des neutestamentlichen Zeitbewußtseins (V. 29a; Röm. 13,11). Die Verfassung, in der unsere Welt sich gegenwärtig befindet, ist im Vergehen (V. 31), es kommt nicht nur Neues, wie es im Rahmen unserer Welt und ihrer Entwicklung möglich und vielleicht nötig ist, es kommt das ganz Neue, das wir bestenfalls stückweise und nur wie im Spiegel und im rätselhaften Wort wahrnehmen und aussagen können (13,12). In diesem Hoffnungs- und Erwartungshorizont wird in unserm Text gedacht, und wer in ihn nicht eintreten wollte oder könnte, würde ihn nicht verstehen.

Schon die Fragestellung der Korinther, auf die Paulus hier eingeht, ist unseren Gemeinden weithin fremd. Nachdem wir – mit Ausnahme der Diakonissen – den Verzicht auf die Ehe und auch das Fasten den Katholiken überlassen haben, scheint uns in der Durchschnittsethik unserer Gemeinden Askese kaum mehr der Diskussion wert. Wir leben in einer gar nicht mehr hinterfragten, in einer selbstverständlichen, naiven Weltoffenheit und zitieren höchstens den Satz des Paulus: „alles ist euer", ohne freilich auf den Zusammenhang zu achten (3,22). Lebt jemand enthaltsam – unverheiratet oder auch innerhalb der Ehe – , dann lediglich, weil es ihm schicksalhaft auferlegt wurde, nicht aber, indem er diese Lebensart wählt oder, wenn er sie nicht gewählt hat, auch darin eine „Gabe" (V. 7) und damit eine Chance sieht. Im Durchschnitt ist unsere Frömmigkeit sehr weltimmanent und – im Sinne des Lebensstils – bürgerlich. Vielleicht sehen wir die Gedanken des Paulus an als die eines Sonderlings, den man allenfalls aus seiner Zeit, vielleicht auch nur aus seiner persönlichsten Mentalität heraus begreifen, auf den man aber als Mensch unserer Zeit weder hören kann noch zu hören braucht. Es wird großer Anstrengung bedürfen, die Gültigkeit und Verbindlichkeit dessen, was hier gesagt ist, in der Predigt deutlich zu machen.

Zu den sachlichen Schwierigkeiten kommen methodische. Stärker als bei anderen Texten, scheint mir, will das hier Gesagte als *ein* Gedanke begriffen sein, der sich eher in der Figur eines Kreises bzw. konzentrischer Ringe als im Nacheinander einer Gedankenabfolge darstellen läßt. Fast möchte auch ein Befürworter der thematisch gegliederten Predigt von seinem Dreier- oder Zweierschema abgehen; nur: dem Nacheinander unseres – diskursiven – Denkens würde er auch damit nicht entgehen. Vielleicht hilft es, wenn man sich das im Text Ausgeführte *zweipolig* denkt: dann würde zuerst der eine Pol ins Auge zu fassen sein, ohne daß doch der andere außer Sicht wäre; in einem zweiten Teil würde man sich unter gleicher Bedingung dem andern Pol zuwenden; und am Schluß wäre zu bedenken, was das Ganze austrägt und praktisch bedeutet. Setzen wir also so an: *Der Christ sieht seinem Herrn entgegen –* (1) *in der Verpflichtung für die Welt,* (2) *im Abstand von der Welt,* (3) *im Freisein von der Welt.*

I.

„Frauen haben" (und wenn wir Frauen sind: Männer haben), „kaufen", „die Welt gebrauchen", auch „weinen" und „sich freuen": Christen sind mitten drin im Leben der Welt. Greift Paulus über das in diesem Kapitel zur Verhandlung stehende Ehethema hinaus, dann in dem Sinne, daß er mit den angeführten Beispielen *alle* Lebensbereiche meint. Der Christ lebt, wie immer er sein Leben führen mag (und da gibt es Unterschiede, VV. 1.7.17–24), in der Welt, nicht in einem ausgesparten Raum jenseits oder abseits von ihr. Schreibt Paulus „Frauen *haben*", dann meint er nicht: äußerlich zwar zusammengehören, aber die Ehe gar nicht praktizieren, sondern er meint wirkliche, volle eheliche Gemeinschaft (VV. 3–5), und zwar mit gutem Gewissen, als eine vollgültige Weise christlicher Lebensführung. Spricht Paulus vom „Kaufen", dann meint er Teilhabe am Wirtschaftsleben, denkt an erworbenen Besitz, wenn man so will: an „Aufbau" im eigenen Haushalt und – man kann die Linie ruhig so ausziehen – im Ganzen der Gesellschaft. Volles weltliches Leben, indem man „von der Welt Gebrauch macht" (V. 31a), nicht sie „räumt" (5,10). Und die Beteiligung am Leben der Welt ist nicht bloß ein Anteilhaben an den äußeren Dingen und Abläufen, sondern vollzieht sich auch im Personleben, bis in die Emotionen hinein („weinen, sich freuen"). Der Christ steht nicht abseits. Er tut nicht so, als ginge ihn das alles, was das normale Leben ausmacht, nichts an. Der Christ lebt mitten in der Welt.

Freilich, er weiß, daß deren Uhr abläuft. Wir achten auf den anderen „Pol". Der christliche Glaube denkt eschatologisch. Er meint nicht etwa nur, daß das Evangelium so etwas
ist wie das Schmieröl, das die Weltmaschine im Laufen hält. Das Evangelium sagt die
neue, die kommende Welt an. Wenn man will, kann man auch sagen: eine neue „Verfassung" (σχῆμα) der alten Welt, aber nicht so, daß sich das Neue aus den Gegebenheiten
und Möglichkeiten des Alten entwickelt, sondern so, daß eine „Verwandlung", ein
μετα-σχηματίζειν (Phil. 3,21) stattfindet, durch den Abbruch hindurch (15,36). Wir warten
auf Gottes neue Welt. Die Auferstehung Jesu Christi ist das Initialgeschehen; nicht nur
wir sollen die Unverweslichkeit in Gottes unmittelbarer Nähe und Gemeinschaft „erben", sondern die ganze Kreatur Gottes hat eine eschatische Zukunft (Röm. 8,18ff.). Wir
warten eines neuen Himmels und einer neuen Erde (2. Petr. 3,13 und Parallelen). Das gegenwärtige „Schema" der Welt vergeht. Die alte Welt steht auf der Abbruchliste wie ein
baufälliges Haus.
Unser Widerstand gegen solches Denken kommt aus verschiedenen Richtungen. Vor
jedem einzelnen Argument dagegen mag stehen, daß wir ein anderes – ein viel positiveres
– Weltgefühl haben. Weltbejahung, Lebensbejahung. Hoffnungen für die Welt, so wie sie
ist. Chancen für ihre Zukunft. Wir möchten dies geltend machen trotz der Zukunftspro-
bleme, die die Menschheit in zunehmendem Maße vor sich sieht und deren Eskalation
apokalyptische Perspektiven beschwört. Wir werden uns nicht der Schwarzseherei ergeben, sondern in dem, was uns Sorge bereitet, Herausforderungen sehen, den Problemen
mit ganzer Entschlossenheit zu Leibe zu gehen. Um eine Formel aus dem Text zu nehmen: „von der Welt Gebrauch machen", das schließt solchen Mut zur Zukunft eben
dieser Welt ein.
Freilich können wir uns, auch bei allem Lebensmut, der Realität des παράγειν (V. 31)
nicht entziehen. Schon für unser individuelles Leben. „Es fähret schnell dahin" (Ps.
90,10). Wir pflegen den Gedanken an den Tod zu verdrängen; den Tod selbst schaffen wir
damit nicht aus der Welt, nicht einmal die innere Auseinandersetzung unseres tiefsten
Herzens mit dem Sterbenmüssen. Und die Menschheit als ganze? Wenn man die Zeit seit
der Entstehung unseres Planetensystems auf ein Zifferblatt mit 24 Stunden auftrüge, dann
würde die bisherige Menschheitsgeschichte davon nur die allerletzten Sekunden umfassen. Wie viele noch? Παράγει! Die Frage, wie es mit der Vergänglichkeit des gesamten
Kosmos steht, können wir für diesmal auf sich beruhen lassen; unser Text gibt uns auf,
von der menschlichen – christlichen – Existenz zu reden. – Urchristliches Zeitbewußtsein
ist nun aber – und das fällt hier noch viel stärker ins Gewicht – von der Parusieerwartung
bestimmt. Ein Irrtum der Urchristenheit? Ja, wenn man daran denkt, daß auch ein Paulus mit dem Kommen Christi und, damit verbunden, mit dem Hereinbrechen der eschatologischen Katastrophe für sehr bald gerechnet hat. Nein, wenn man sich klarmacht,
daß für die meisten der Menschen das unmittelbare Ansichtigwerden der Doxa des
Herrn, also seine Parusie, an der Todesgrenze geschieht. Daß beides praktisch auf das
Gleiche hinausläuft, hat Paulus im ältesten Brief des Neuen Testaments, dem eschatologisch „heißesten", bereits behauptet (1. Thess. 4,15). Doch, doch: die Uhr tickt – und
läuft ab. Auch wenn unser Weltdasein noch Jahrzehnte währt: es geht auf sein Ende zu.
„Die Zeit ist kurz", zusammengedrängt. Der Glaube wartet auf das Eschaton nicht wie
auf etwas Fernes, noch lange nicht Aktuelles, nicht also wie auf etwas, was man beruhigt
der Zukunft überlassen kann. Der Glaube rechnet mit Jesu Kommen in jedem Augenblick. Der Glaube weiß von kommenden „Nöten" und „Bedrängnissen" (VV. 26.28),
aber die gehören nur zum Vorspiel. Der Glaube freut sich auf das Kommende, auf den
Kommenden. Er bittet: „Komm, Herr Jesu!"
Nun aber kommt es eben darauf an, daß aus diesem gespannten Ausgerichtetsein auf das

Eschaton keineswegs ein Desinteressement an den Dingen der Welt folgt. Man kann es am Zeitverständnis ablesen. „Gedrängte Zeit" – d. h.: der einzelne Tag, die einzelne Stunde werden kostbar. Sie werden vor der Horizontlinie des Letzten gelebt. Von jeder Stunde weiß man, daß sie nicht wiederkommt, also auszuschöpfen ist. Was knapp ist, schätzt man desto mehr. Besonders dann, wenn man weiß, daß das Zeitliche über das Ewige entscheidet. – Aber auch im Sachlichen wird der Christ die Welt ernst nehmen. Die Welt ist das Feld unserer Bewährung als Christen. *Hier* sollen wir Christus und den Menschen dienen. Ist die Welt auch vergänglich, so ist sie doch *Gottes* Welt. Die Menschen, mit denen und an denen wir arbeiten, sind Gottes Geschöpfe. Ist, was jetzt ist, im großen Plan Gottes auch ein Zustand (auch so könnte man σχῆμα wiedergeben), der vergeht: auch die gegenwärtige Phase der Geschichte Gottes mit uns Menschen ist *seine* Geschichte. Wo anders könnten wir ihm denn dienen, wenn nicht in dieser Welt? Wohlgemerkt: das gilt auch unter der Einsicht, daß die sündige – Welt so, wie sie ist, nicht bleiben kann, obwohl sie wiederum – bei allen Veränderungen, die in der Spielbreite des Sarkischen möglich sind – tatsächlich in vielem so bleiben wird, wie sie ist und wir mit unserm christlichen Leben nicht warten können, bis das Unerfreuliche und Belastende aus der Welt verschwunden sein wird (VV. 18ff.). Der Christ, der aus der Rechtfertigung lebt und ein „Freigelassener des Herrn" ist (V. 22), kann und wird sein Leben für Christus auch in der von der Sünde gezeichneten und entstellten Welt leben. Ja, er wird es gerade dann können, wenn er weiß, daß diese Weltgestalt vergeht. Es ist nicht Inkonsequenz, wenn man unter dem „sursum corda" (Kol. 3,2) mit ganzer Anteilnahme beim Irdischen ist.

2.

Jetzt müssen wir umpolen. Weil der Christ seinem Herrn entgegensieht, lebt er im Abstand von der Welt. „Haben, als hätte man nicht " ist eine noch feinere Formulierung; sie dürfte schlagwortartig schwer nachzuahmen sein. Jawohl, wir „haben", aber es ist ein distanziertes, eine von der „gehabten" Sache losgelöstes, auch jederzeit widerrufliches Haben, ein Haben bis auf weiteres.
Die Haltung der Weltdistanz ist eine ganz andere als die der Gnostiker. „Hat" ein Gnostiker – denn ohne alles Haben lebt kein Mensch –, dann immer mit verletztem Gewissen, mit Abscheu – oder (libertinistische Variante) mit dem Elan der Verzweiflung und im Mutwillen der Selbstzerstörung. Natur ist dem Gnostiker Unart, das Unflätige, Verächtliche. Paulus ist ganz anderer Meinung. Seine Distanz kommt nicht daher, daß er die Schöpfung verachtet, sondern daß er ganz seinem kommenden Herrn zugewandt sein will.
Die Distanz ist auch eine andere als die des Stoikers. Der Stoiker will von den Dingen der Welt „unerschüttert" und „unverwirrt" bleiben (ἀταραξία), daher zieht er sich in den Innenraum seines geistigen Lebens zurück und übt sich, was die äußeren Dinge des Lebens angeht, in der Distanz, d. h. aber: im Verzicht, in der Enthaltung. Paulus wieder ganz anders. Er streckt sich nach dem Kommenden, nach Christus. Seine Haltung ist vom Eschaton bestimmt.
Einen kleinen, nicht jedoch dominanten Zug von Schöpfungsfremdheit entdeckt man freilich. „Wegen der Unzuchtssünden soll ein jeder seine eigene Frau haben"; „wenn sie sich nicht enthalten können, laß sie heiraten; denn es ist besser zu heiraten als zu brennen" (VV. 2.9.). Ehe – das geringere Übel? Ehe – nur ein Zugeständnis an die (negativ zu beurteilende) Triebhaftigkeit des Menschen? Die Bibel, auch Paulus selbst, weiß an anderen Stellen Besseres über die Ehe zu sagen (altes Evangelium, auch die alte Epistel, dazu

Eph. 5,22ff.). Auch in unserm Kapitel ist der Ton überwiegend positiver. Indem man V. 6 συγγνώμη mit „Zugeständnis", „Konzession" übersetzt, klingt als Nebenton mit: *eigentlich* sollte es anders sein (Fascher bleibt bei der Übersetzung „Ansicht" – vgl. auch das Simplex γνώμη in V. 25). Das aber ist ja gerade die Stärke der paulinischen Haltung: Die Entscheidung, die er – nach der „Gabe", die gerade ihm gegeben ist (andere haben andere Gaben, V. 7) – getroffen hat, kann und darf für andere kein Gesetz sein. Geschlechtliche Askese ist kein Heilsweg. Selig sein kann man so oder auch anders. Paulus hält es hier genauso wie bei der Götzenopferfrage und in der Auseinandersetzung zwischen Starken und Schwachen. Man könnte in genauer Parallele zu Röm. 14,17 den Satz bilden: Das Reich Gottes ist nicht Enthaltsamkeit oder Ehe, sondern Gerechtigkeit und Friede und Freude im heiligen Geist.

Was also läßt Paulus dann doch dem ledigen Stande den Vorzug geben? Er denkt an die „anstehende Not" und die „leibliche Trübsal" (VV. 26.28). „Ich möchte euch gerne schonen" (V. 28). „Ich möchte, daß ihr ohne Sorge seid" (V. 32). Wer immerzu an Weib und Kind denken muß, trägt an den apokalyptischen Bedrängnissen schwerer als der Ledige. – Und noch etwas: Es könnte schon sein, daß – auch in ruhigen, glücklichen Zeiten – die Gebundenheit ans irdische Glück einen daran hindert, seinem Herrn entgegenzusehen (VV. 32ff.). Man ist dann leicht „geteilten Herzens" (V. 33). – Also doch ein neues Gesetz? „Das sage ich zu eurem eigenen Besten, nicht um euch eine Schlinge überzuwerfen"; ihr sollt unverhindert dem Herrn dienen können (V. 35).

Nein, die Regel wird sogar dies sein, daß Christen verheiratet sind, ihre Ehe auch wirklich *leben* und auch sonst in der Welt und ihren mancherlei Bezügen stehen. Aber eben: unter dem ὡς μή. Was ist damit gemeint? Sicher nicht die Halbherzigkeit – wir hörten eben, daß Paulus ihr gerade wehren wollte. Sicher nicht die Gebrochenheit des Gewissens oder der Rückzug in eine „bessere" Innerlichkeit. Christen stehen schon *ganz* in der Welt, aber das Ganze ihres christlichen Lebens steht in einer anderen Beleuchtung. Das Ganze des zeitlichen Lebens, so ernst es zu nehmen ist, ist ein Vorletztes. Es wird durch das Letzte abgelöst werden. Es bekommt – wie sagt man heute gern (meist vergessend, daß der Ausdruck im Dezimalsystem seinen „Sitz im Leben" hat)? – einen anderen Stellenwert.

Man kann also durch eine bestimmte Weise, in dieser Welt zu leben, nicht mehr „gerechtfertigt" werden. Es sei jetzt nicht erörtert, was alles darin beschlossen ist. – Man kann, wenn man von dem Unterschied zwischen Vorletztem und Letztem weiß, nicht mehr alles Vertrauen auf das Vorletzte setzen. Man kann sich ihm also nicht so hingeben, als käme von da alles Heil. Man kann also im Vorletzten nicht mehr das Letzte sehen. Die Dinge der Welt bekommen Interimscharakter. Sie verlieren auch, sofern sie uns belasten, den verzweifelten Charakter des Unabänderlichen und Unüberholbaren. Näherhin:

Eine Ehe führen unter dem Vorzeichen des ὡς μή würde nicht etwa bedeuten, daß man *keine* Ehe führt, auch nicht, daß man sie halbherzig führt, wohl aber daß man sie zu den zeitlichen Dingen rechnet. „In der Auferstehung werden sie weder freien noch sich freien lassen, sondern sie sind gleichwie die Engel im Himmel" (Matth. 22,30) – was nicht bedeutet, daß Eheleute in der Vollendung weniger miteinander verbunden sein müßten als (bestenfalls) jetzt; wahrscheinlich gehören wir „in Gott" vollkommener zueinander als im zeitlichen Leben. Die Ehe gehört zum Vergehenden. Es bekommt übrigens einer Ehe nicht gut, wenn sie so geführt wird, daß die beiden Menschen einander völlig verfallen sind. Distanz ist der ehelichen Gemeinschaft dienlich (vgl. V. 5: „eine Zeitlang"). Mangel an Distanz macht jeden innerehelichen Störfaktor zu Gift. Das „Haben" ist nur gesund, wenn in ihm das Verzichtenkönnen mitgesetzt ist.

Kaufen – *ὡς μή*? Gewiß, wir dürfen und sollen kaufen. Wer kauft, reichert das Leben mit Gütern an. Es müssen nicht alle so arm sein wie Paulus. Er selbst müßte es auch nicht sein. „Ich kann niedrig sein und kann hoch sein; mir ist ja alles und jedes vertraut; ich kann beides: satt sein und hungern, beides: übrig haben und Mangel leiden" (Phil. 4,12). Das ist die in unserm Text gemeinte Einstellung. Es liegt in dem „als ob nicht" die Distanz, die sowohl das Haben wie auch das Entbehren und Verlieren einschließt. Kaufen, als besäße man es nicht! Würde es einem wieder genommen: laß fahren dahin – es müßte uns nicht allzu weh tun. Bedauern muß man die, die im Verlieren untröstlich sind. Reich sind mitten in der Armut, die sagen können: es wird auch *so* gehen.

Man darf als Christ „von der Welt Gebrauch machen". Aber wer auf den kommenden Herrn sieht, für den steht und fällt das Glück nicht im Erfolg des „Weltgebrauchs". Ist die Welt das Letzte, werden wir ihr gegenüber unfrei. Paulus unterscheidet *χράομαι* und *καταχράομαι*; das *κατα* macht aus etwas Akzeptablem etwas zu Verurteilendes (vgl. *κατατομή* Phil. 3,2 mit *περιτομή* – mit *κατα* geht's „abwärts"). Weltverfallenheit macht uns nicht etwa welttüchtig, sondern verführt uns zu falschem Umgang mit der Welt. Der Christ wird von seinem Herrn auf den „Standort außerhalb" gestellt.

Weinen, als weinte man nicht; sich freuen, als freute man sich nicht: wie das? Der Christ wird an aller Traurigkeit und Freude der anderen teilhaben und auch selbst traurig sein und sich freuen. Er wird sich dessen nicht schämen. Er gehört nicht zu den Leuten, die nichts erschüttert. Aber auch die Traurigkeit der Welt und ihre Freude gehören zum Vergehenden. Im Weinen weiß der Christ um einen letzten, stichhaltigen Trost, und die irdische Freude wird überholt und überboten durch die letzte Freude, die uns niemand nehmen kann.

3.

Wozu aber dieses Leben in der Spannung zwischen dem, was ist, und dem, was kommt? Was soll damit gewonnen sein?

Wir haben mit dem Verdacht zu rechnen, diese eschatologische Existenz mache uns quasi schizophren, bremse unsere Weltaktivität und erweise sich, allen braven Beteuerungen zum Trotz, als verkapptes Hinterweltlertum. Der Verdacht kann sich in ganz massiver Weise äußern: Ihr Christen seid mit euren Gedanken immer woanders, nämlich im Unwirklichen; die Welt braucht Menschen, die – wie sagt man gern? – mit beiden Beinen auf ihrem Boden stehen. Oder noch anders: Wer nicht „rückhaltlos" – schreckliches Wort! – bei der Sache ist, ist ein ständiger Unsicherheitsfaktor und für ernsthaftes Bemühen um die Welt unbrauchbar. Der Verdacht kann sich auch zurückhaltender äußern: Volles Glück – z. B. in der Ehe – kann es nur in bedenkenloser Hingabe geben, ohne Wenn und Aber, und wenn die Seligkeit ehelichen Glücks sich doch als vergänglich erwiese, nun, dann wäre eben dieses andere, dieses ganz aufs Weltliche bezogene „Als-ob" wenigstens für den Mai des Lebens die (leider einzige) Voraussetzung des Glücks. Oder um ans „Kaufen", also ans Ökonomische zu denken: Laßt uns ruhig unser unersättliches Glücksverlangen, meinetwegen auch unsere überspannten Hoffnungen, so werden wir wenigstens im Teilerfolg glücklich sein. Eure eschatologische Existenz lähmt uns nur.

Paulus würde, wenn wir so argumentieren, sich mißverstanden fühlen. Es macht der Welt nicht Abbruch, wenn man sie nüchtern einschätzt. Utopische Gedanken können wohl zeitweise stimulierend wirken, aber die Enttäuschung wirkt beim Mißerfolg um so lähmender. Wir wollten mit *fundierten* Hoffnungen leben. Was wir unter den Bedingungen dieser Welt unter nüchterner Beachtung der in ihr liegenden Gesetzmäßigkeiten schaffen können, sollen wir tun. Gott, der Schöpfer, will das. Aber wenn wir unser eigenes Bemühen als „heil"-schaffend ausgäben, dann würden wir andere und uns selbst betrügen. Über die Chancen des „Fleisches" (Joh. 3,6a) kommen wir nicht hinaus. In dieser Welt kann man nur Weltliches wollen.

Paulus verkündigt die Freiheit eines Christenmenschen, in der auch Weltliches – in seinen Grenzen – mit ganzer Hingabe und Liebe getan werden kann. Wir machen uns nur unfrei, wenn wir unsere eigenen „Heilande" sein wollen. Wir müßten eine Umklammerung sprengen, deren wir nicht mächtig sind. Der Christ sieht seinem Herrn entgegen. Es sei zuletzt ein Passus aus Bultmanns „Theologie" zitiert (griechische Zitate seien verdeutscht – § 40,2): „Mit der Freiheit vom Tode ist die Freiheit von der Welt und ihren Mächten gegeben. Der Glaubende ist von der Angst des auf sich selbst vertrauenden, über die Welt verfügenden und ihr verfallenden Menschen befreit. Er kennt nur die eine Sorge, wie er dem Herrn gefalle (1. Kor. 7,32), nur das eine Streben, dem Herrn wohlgefällig zu sein (2. Kor. 5,9). Frei von der Sorge der Welt, die an das Vergehende bindet, frei von der Traurigkeit der Welt, die den Tod erwirkt (2. Kor. 7,10), steht er der Welt frei gegenüber als einer, der sich mit den Fröhlichen freut und mit den Weinenden weint (Röm. 12,15), der am Handel und Wandel der Welt teilnimmt, aber in der Distanz des ‚Als-ob-nicht'" – und dann folgt unsere Textstelle.

21. Sonntag nach Trinitatis. Jer. 29,1.4–7.10–14

Der Brief Jeremias, von PTO in glücklicher Weise auf seine wesentlichen Bestandteile reduziert, düfte zur Barucherzählung gehören; er schließt an Kap. 28 an und enthält – von PTO weggelassen – ebenfalls Elemente der Auseinandersetzung mit den falschen Propheten. Wann und aus welchem Anlaß die Gesandtschaft (V. 3) nach Babel gesandt wurde, läßt sich nicht genau sagen. Die Hoffnungen der Deportierten sind nur verständlich kurz nach der ersten Wegführung, also nach 597.

V. 1: דִּבְרֵי הַסֵּפֶר übersetzt Rudolph schön mit „der Wortlaut des Briefes" (Weiser dagegen: „die Geschichte von dem Brief", er will das peinliche Nachspiel VV. 24ff. mit einbegreifen). Mit יֶתֶר (= Rest?) haben die LXX nichts anzufangen gewußt; wir wissen auch nicht, warum von den Ältesten nur ein Rest angesprochen wird; das Wort bedeutet aber auch „Vorzug", es könnten die Vornehmsten der Ältesten angesprochen sein. – V. 4: Die syrische Übersetzung ersetzt הִגְלֵיתִי durch הָגְלְתָה; die LA des masoretischen Textes finde ich nicht, wie Rudolph, „unpassend", sie besagt, daß auch in der Wegführung seiner Leute Gott der Handelnde ist. – Über VV. 5f. s. u. – V. 7: Die LXX (dort 36,7) lesen statt הָעִיר: τῆς γῆς, also הָאָרֶץ, was der Sache nach auf dasselbe hinauskommt; in einem so zentralistisch regierten Lande ist „Babel" sowieso „Babylonien". Freilich paßt dann בַּעֲדָה nur zu אֶרֶץ; dennoch setzen die LXX בַּעֲדָם voraus, analog im folgenden שְׁלוֹמָם. Rudolph übersetzt: „Müht euch um das Wohl des Landes."

V. 10: 70 Jahre sind eine runde Zahl; 27,7 spricht Jeremia von drei Generationen. Jeremia hat, was den Ablauf angeht, einigermaßen recht behalten, ziemlich genau sogar, wenn man vom Fall Ninives (612) oder vom Regierungsantritt Nebukadnezars (605) ausgeht. – V. 11: Das betonte „ich" ist wohl nicht einmal mit „ich selbst" hinreichend wiedergegeben. Man müßte umschreiben: „Ihr versteht euer Schicksal nicht, aber ich weiß die Gedanken, die ich, nur ich" – wiederum Betonung – „über euch habe." Luther nimmt „Zukunft und Hoffnung" als Hendiadyoin: „das Ende, des ihr wartet". – V. 12: וַהֲלַכְתֶּם wirkt überfüllt, fehlt auch beim Syrer, vielleicht dittographische Entstellung des folgenden Wortes. – V. 14: Die griechische und lateinische Übersetzung setzt וְנִרְאֵיתִי voraus: „ich werde mich sehen lassen", also „erscheinen". Statt שְׁבִיתְכֶם lies das Qere: שְׁבוּתְכֶם: „eure Gefangenschaft". Was hinter נְאֻם יְהֹוָה steht, könnte spätere Zutat sein, in der das hier Verheißene auf die Diaspora in allen Ländern ausgedehnt wird. Freilich kann Jeremia auch an die 721 weggeführten Nordstämme denken (Kap. 31, vgl. uns. Ausl. zu Exaudi), doch würde dies wohl eine explizitere Darlegung verlangen. Man sollte den Predigttext bei „spricht der Herr" enden lassen.

Für die hier Angeredeten ist die Diasporasituation der Gemeinde Gottes etwas völlig Neues, eine schicksalhafte Wendung, die, wie es scheint, innerlich noch in keiner Weise bewältigt ist. Natürlich war die Deportation nach Babylonien ein schwerer Schock. Schwerer übrigens, als man bei sonstigen Deportationen in der Geschichte anzunehmen hat; bedeutet doch nach der damaligen Denk- und Glaubensweise der Verlust der von Gott verheißenden Heimat und das Verbanntsein in ein Land, wo Jahwe nicht wohnt, mehr als das Herausgerissensein aus Altvertrautem und Liebgewordenem. Nicht zu verkennen auch, daß man das, was einem da widerfahren ist, als Gottesgericht zu verstehen hat. Gott ist nicht nur weit weg, also unerreichbar, sondern er ist zugleich *gegen* die Betroffenen. Wir werden uns vorzuführen haben, wie die Verbannten sich in solcher Lage zurechtfinden.

Wir sind nicht deportiert und exiliert. Es wäre töricht, biblische Texte, als wäre die in ihnen vorausgesetzte Situation die unsere, unbesehen auf uns zu übertragen. Prophetenwort ergeht auch immer in eine bestimmte Stunde hinein. Freilich sind an dem, was damals geschehen ist, möglicherweise Erfahrungen zu machen, die uns angehen. Was sich im Schicksal der Gola als exzeptionell darstellt, ist der Extremfall eines Sachverhalts, mit dem die Gemeinde Gottes grundsätzlich immer zu tun hat. Die Kirche ist in die Welt hinein „verstreut". Ihre Diasporasituation ist nicht Ausnahmefall, sondern bis zum Tage Christi das Normale. Die Verschmelzung von Kirche und Welt in der sog. konstantinischen Ära konnte über diesen Sachverhalt hinwegtäuschen, ja *hat* uns auch darüber hinweggetäuscht. Daß wir nicht mehr in einer societas christiana leben, will manchem von uns bis zur Stunde schwer in den Kopf, aber wir sollten uns klarmachen, daß die Minoritätslage der Kirche, ihr Umgebensein von einer nichtchristlichen Umwelt, nichts Befremdliches ist. Man denke an Stellen wie Phil. 3,20; 1. Petr. 2,11; Hebr. 13,14. Die Auslegung soll darauf bedacht sein, zu zeigen, wieso das, was man „eschatologische Existenz" genannt hat, uns zwar in Spannung zur Welt überhaupt bringt, aber uns der Welt auch wieder nicht entfremdet, sondern verpflichtet. Was mancherlei Sektierer mit Abscheu „Babel" nennen – und was sich nach der Apokalypse tatsächlich auch als „Babel" im qualifizierten Sinne zeigen kann –, ist die Welt , in der wir zu leben haben und in die Gott selbst uns eingewiesen hat. Wir werden vor der Gefahr gewarnt, an der „Erde" schuldig zu werden, indem wir damit hadern, daß wir nicht im „Himmel" sind. Die mit dem Titel dieses Buches gegebene Parole wäre verführerisch, wenn wir uns so aus der Welt herausgerufen fühlten, daß wir das „hic et nunc" versäumen. Gerade da, wo das Eschaton ernst genommen wird, stellen sich leicht Fehlhaltungen ein. Man kann das am Text studieren. Nun behauptet die Gola zwar nicht: „unsere Heimat ist im Himmel"; insofern besteht zwischen der Textsituation und der unseren wiederum Ungleichheit. Aber man sehnt sich krank nach Jerusalem. Wie ist das zu bewältigen?

Die Predigt wird der Gemeinde die Situation zu schildern haben, in der die 597 nach Babel Deportierten sich befinden. Man sieht aus unserm Text: Sie werden nicht in Konzentrationslagern oder gar Kerkern festgehalten, sondern sie haben Land bekommen, auf dem sie sich ansiedeln sollen. Sie haben sogar eine eigene Verfassung, sonst könnte nicht von den „Ältesten" die Rede sein (V. 1). Sie befinden sich in einer merkwürdig zerrissenen inneren Lage; es muß davon sofort noch gesprochen werden. Jeremia schreibt in Jerusalem; sein Brief ist im Gepäck von Männern mitgegangen, die von Zedekia einen Auftrag an Nebukadnezar hatten (V. 3). Wovon handelt der Brief?

Leben im Hier und Heute – wie sieht das aus? (1) *Sich einrichten auf die gegebenen Tatsachen.* (2) *Sich einsetzen für die uns umgebende Welt.* (3) *Sich einstellen auf das uns zugedachte Heil.*

I.

Der Brief setzt voraus, daß sich die Verbannten in einem seltsamen Zustand der Zerrissenheit befinden: zwischen einer schweren inneren Gelähmtheit und einer hochgespannten Hoffnung. *Lähmung:* denn sie können es nicht fassen, daß Gott sie – Glieder des auserwählten Volkes – ins Heidenland hat abführen lasssen. Sie haben Heimweh wie alle Menschen in solcher Lage. Die schwerste Not dürfte die sein, daß sie in heidnischem, d. h. in unreinem Lande leben müssen. Sie sind von den Gottesdiensten des heiligen Volkes ausgeschlossen (man kann sich das an Ps. 42,3–5 und Ps. 137 veranschaulichen); denn es ist für den Durchschnittsisraeliten damals ein Unding, abseits von der Tempelgemeinde Gottesdienst zu haben (die Synagogengemeinde wird sich wohl erst infolge der Notwendigkeiten und Einsichten des Exils, und zwar in der nachexilischen Zeit gebildet haben). In unreinem Lande leben müssen! (Man lese die Drohung des Propheten Amos an den Oberpriester von Bethel, Amazia: unter all dem Furchtbaren, das über ihn und die Seinen kommt, ist, wie ein letzter, schrecklicher Schlag, auch dies zu nennen: du sollst in unreinem Lande sterben, Amos 7,17.) – Daneben die hochgespannte *Hoffnung.* Gott kann, wenn er seine Ehre und Glaubwürdigkeit nicht aufs Spiel setzen will, die Seinen nicht für immer, nicht einmal für längere Zeit, den Heiden preisgeben. Es muß, es wird in Kürze der Augenblick gekommen sein, in dem dieses babylonische Intermezzo sein Ende findet.

Dem widersteht Jeremia. Alle Zeit ist Gottes Zeit, will er sagen. Man soll, in welcher Lage man auch immer sich befinde, die gegenwärtige Stunde als Gottes Stunde erkennen und wahrnehmen, annehmen und auskaufen. Wir dürfen es uns so vorstellen, daß für die in dem Brief Angeredeten damals, als Nebukadnezar sie zusammenholen, aneinander anbinden und nach Babel abmarschieren ließ, die Lebenslinie unterbrochen worden ist, jetzt, in der Gefangenschaft, also aussetzt oder höchstens punktiert weiterläuft, bis sie – ach, sicher sehr bald – nach Rückkehr in die Heimat weiter ausgezogen wird. Dazwischen: leere Zeit – wie wenn einer auf den nächsten Zug wartet, einen höchst unerwünschten Krankenhausaufenthalt hinter sich bringt oder gar eine Haft verbüßt. Wartezeit, ohne Sinn und Gehalt, nur unter dem Gesichtspunkt zu beurteilen, daß sie *vergeht*; also wegzuwünschen und im Leben unter Verlust zu verbuchen. Jeremia lehrt es seine Briefleser *ganz anders.* Die Zeit der Verbannung gehört mit zum Leben. Sie will sinnvoll gefüllt, ihre Möglichkeiten sollen ausgeschöpft werden. Das Leben geht weiter!

Damit ist zunächst dem Irrtum widersprochen, „Babel" werde eine kurze Episode sein. In was für Illusionen kann das Menschenherz sich verfangen! Man bewegt Wünsche im Herzen und glaubt zuletzt, es handle sich um Wirkliches. Welche Rolle haben – lebenfristend und dann um so tiefere Enttäuschungen auslösend – die „Parolen" in Gefangenschaftslagern aller Zeiten gespielt! An was für morsche, dünne Strohhalme klammert sich der Unglückliche! Jeremia nährt dergleichen nicht. Baut Häuser! Ein Haus ist schnell errichtet, meinetwegen. Pflanzt Gärten und eßt ihre Früchte! Bis ein Baum Früchte trägt, vergehen Jahre! Und wenn es an Gründung von Familien geht und man schon an die Verheiratung von Kindern und Kindeskindern denkt: dann ist in Generationen gedacht. „Mehrt euch, damit ihr nicht weniger werdet!" Da wird der Wille zum Leben geweckt – auf weite Sicht. Jeremia will, daß die Verbannten sich auf die gegebenen Tatsachen einrichten. Das Leben, wie es ist, *annehmen.* Das soll nicht heißen: alles so lassen, wie es ist. Das *Nicht*-Annehmen macht passiv. Das Annehmen aktiviert. Da entstehen Häuser und Gärten, da wachsen Kinder heran. Alle Zeit ist Gottes Zeit!

Aller Ort ist Gottes Ort. Diese Einsicht ist im Text ein bißchen versteckt und muß freigelegt werden. Die Lähmung der Verbannten erklärt sich auch daraus, daß sie der Meinung sind: bis hierher reicht Gottes Arm nicht. Religion aber durchzog damals das ganze Leben: Saat und Ernte, auch der Hausbau war mit Opfern und heiligen Abgaben verbunden (Rudolph). Hier, im fremden Lande, konnte man Gott nicht gehörig dienen. Auch aus diesem Grunde Stillstand. Jeremia erörtert solche Bedenken und Hemmungen gar nicht. Daß Gott auch in diesem Lande ist, erkennt man aus diesem Brief nur daran, daß man zu ihm beten kann (V. 12). Auf alles andere muß – und kann man verzichten. Dahinter steht die Gewißheit, daß Gott Schöpfer und Herr aller Welt ist – eine Einsicht, die Israel gerade im Exil in bisher nicht dagewesener Klarheit zuteil wurde (Deuterojesaja). – Das heißt nun wieder: es gibt keine Stelle in der Welt, an der man von Gott verlassen wäre. Auch hier also: nicht resignieren, sondern zufassen, sich entschließen, aktiv werden!

Was wir am Beispiel der Exilierten durchgenommen und gelegentlich durch analoge Situationen illustriert haben, gilt nun für die Gemeinde Gottes als ganze in ihrem normalen Weltalltag. Sie steht unter der „himmlischen Berufung". Sie wartet auf das Kommende. Sie ist – wie die Thessalonicherbriefe zeigen – in der Gefahr, in der hochgespannten Zukunftshoffnung die Gegenwart zu versäumen. – Ist sie wirklich in dieser Gefahr? Vielleicht hat die heutige Gemeinde den Jeremiabrief nicht nötig. Nicht im Warteraum der Zukunft zu sterben, sind wir genug ermahnt. Fast hat man den Eindruck, daß die Christenheit sich in weltlichen Aktivitäten eher übernimmt, als daß sie zu intensiv mit ihrer Zukunftshoffnung beschäftigt wäre, ja man erlebt es nicht selten, daß der Wirksamkeit im Heute zuliebe „das Ende, des ihr wartet" (V. 11) theologisch weggedeutet wird. Daß wir ganz klar sind: Jeremia deutet dieses „Ende" nicht weg. Er spricht von der Heimkehr; wir haben dies ins Neutestamentliche zu übersetzen. Die Eschatologie wird nicht gestrichen, und sie wird auch nicht „umgeklappt", also in die Horizontale gebracht. Also nicht: wenn ihr nur glaubt, wird „Babel" zu „Jerusalem". Aber daran liegt dem Propheten, daß, wer „Jerusalem" sagt, sich in „Babylonien" nicht auf die faule Haut legt, als ob nicht auch diese siebzig Jahre – der Herr verzieht mit seinem Kommen – *Gott* gehörten, der will, daß wir *leben*. „Kaufet die Zeit aus" (Eph. 5,16). In der großen Geschichte Gottes sind die Zeiten, die wir leicht nur als Wartezeiten ansehen, gewichtig und kostbar. Wir haben den Auftrag, etwas draus zu machen! Gott will es. Und was wir nur als Negatives, Vorbeizuwünschendes ansehen, könnte uns lieb werden. Ein Haus in Babylonien, ein Garten mit fruchtschweren Bäumen, Familien, die froh zusammenleben – alles, weil Gott es so gefügt und gewollt hat und erwartet, daß wir es annehmen.

2.

Bisher war von Babylonien nur so die Rede, daß es der neue Schauplatz für das Leben der Exilierten ist, für drei Generationen wenigstens. Was von dem Leben im Hier und Heute gesagt ist, bezog sich auf die Gemeinschaft der Verbannten selbst. „Babel" war nur Kulisse. Wenn die Leser des Briefes dieses Bisherige aufgenomen haben, ist schon viel geschehen. Aber Jeremia mutet ihnen noch viel mehr zu. „Sucht der Stadt Bestes", oder, anders übersetzt: „müht euch um das Wohl des Landes, in das ich (!) euch hinweggeführt habe". Da wird die Umwelt in die Verantwortung der Exilierten einbezogen. Sie sind gar nicht nur unter sich, und sie sollen sich auch nicht in ihren eigenen Lebensbereich zurückziehen und nach draußen hin dicht machen. Sie haben eine Weltverantwortung. In diesem Falle eine besonders harte Zumutung: das Babel Nebukadnezars war für sie der Zwingherr, der ihnen ein hartes Schicksal bereitet hatte. Der Stadt oder des Landes Bestes zu suchen: das setzt voraus, daß da Haß und Groll abgebaut wird, Ressentiments und Rachegelüste. Aber auch wenn man von der besonderen Situation der Verbannten absieht:

wo auch immer die Gemeinde Gottes in die Welt hinein verstreut wohnt, sie soll nicht ohne die Welt leben, erst recht nicht gegen die Welt, sondern für sie und mit ihr. An „der Stadt" oder „dem Lande" hat die Gemeinde ja teil, das Schicksal ihrer Umwelt ist ihr Schicksal (V. 7 Ende). Die Kirche lebt in der Welt – nicht in ausgesparten weltfreien Enklaven, sondern ist selbst „Welt", nur eben mit dem ontischen Plus, das ihr in der Präsenz des dreieinigen Gottes und seines Wirkens gegeben ist.

Wir werden also die sektiererisch-negative Einstellung zu „Babel"; sollte sie bei uns vorhanden sein, aufzugeben haben. Nicht: je schlechter es der Welt geht, desto besser sind die Chancen für die Kirche. Sondern: sucht der Stadt Bestes. Wir werden dabei Sätze wie Röm. 12,2 nicht aus den Augen verlieren. Christen sind anders als ihre Umgebung, sofern ihr Christsein nicht bloß in Worten besteht. Sie wissen etwas, was die Welt nicht weiß noch wissen kann. Sie kennen die Dynamis Gottes, die rettet (Röm. 1,16). Sie haben eine Hoffnung, die nicht zuschanden werden läßt. Aber dies alles soll sie nicht veranlassen, sich dünkelhaft von der Welt zu distanzieren. Im Gegenteil: wenn jemand weiß, daß es keinen Grund gibt, sich über irgend jemanden zu erheben, dann müßten es die Christen sein. Und sie sollten ihren Gott kennen, der will, daß alle Völker gesegnet werden.

Gemeinde in der Diaspora: Jesus nennt sie Salz der Erde und Licht für die Welt. Jeremia macht ihr das Gebet für die Umwelt zur Pflicht. Was bedeutet es für Babel, daß es die Gola auf seinem Territorium hat! Man darf sich die Zahl der Deportierten nicht hoch vorstellen: der König Jojachin mit seiner Familie, die Handwerker aus Jerusalem, die waffentragende Oberschicht des Landes, natürlich auch die obersten Beamten (vgl. M. Noth, Geschichte Israels, S. 255). Aber auf die Zahl kommt es nicht an. Sie haben eine große Bedeutung für Babel. Sie sollen für Babel zu Jahwe beten (V. 7). Sich einsetzen für die sie umgebende Welt: das ist die priesterliche Aufgabe der Gemeinde Gottes im Hier und Heute. Kein Haß, kein Mißtrauen, dafür das stellvertretende Gebet für die Welt. Wer soll sich sonst für die Welt bei Gott verwenden, wenn nicht die Christen? Abraham sollte uns nicht aus den Sinn gehen, der mit Gott um Sodom feilschte: 50 Gerechte, 40, 30, 20, 10 Gerechte. Wir Christen handeln getrost noch weiter herunter: auf den *einen* Gerechten weisen wir, um dessentwillen Gott alle verschonen will, die an ihn glauben. Gott will nicht Babels Untergang. Und er hat aufgeatmet, als er Ninive durchhatte. Daß Gott in Christus „für uns" ist, kann sich nur so auswirken, daß wir wiederum für die uns umgebende Welt einstehen. Das Gebet der Gemeinde ist Dienst! Es wird noch viel geschehen müssen, bis wir, die Christenheit, nicht nur die Bedeutung dieser „Arbeit" einsehen, sondern auch die Offenheit für die nichtchristliche Welt gewinnen, die sich in solcher Fürbitte ausdrückt.

Der Stadt „Bestes" ist ihr „Heil" (שָׁלוֹם). Wir werden das Wort in seiner Weiträumigkeit zu verstehen haben. Man hat an Wohlergehen, Gesundheit, Glück, ungestörtes Zusammenleben zu denken, an Frieden, Ruhe, gewaltloses Miteinander der Völker, und an den Frieden zwischen Gott und den Menschen, die Versöhnung der Welt mit ihrem Gott. Die Gemeinde hat viel zu beten. Sie tut es nicht auf eigene Faust, sondern weil sie dazu aufgefordert und ermächtigt ist.

3.

Es könnte sein, daß für die Verbannten vor dem bisher Gesagten noch ein grauer Vorhang hängt. Es klingt alles so positiv, ja, Gott erwartet von uns eine positive Einstellung zum eigenen Geschick und zu der uns umgebenden Welt. Und dabei ist doch, was Jerusalem erlitten hat, ein Strafakt Gottes, vom Propheten selbst immer wieder als solcher angekündigt und nun, da es geschehen ist, nur zähneknirschend hinzunehmen. Gottes hartes

Gericht! – Unsere Schlagzeile dagegen lautet: Sich einstellen auf das uns zugedachte *Heil.* Es bedeutet eine ungeheure, wunderbare Wendung in dem, was Jeremia in Gottes Auftrag verkündigt. Gott gibt zu erkennen, daß er Gedanken des Heils und nicht des Unheils hat. Dies ist auf verschiedene Ebenen zu durchdenken.

Zunächst: Gottes Wort steht hier deutlich gegen den Augenschein. Die Verbannten können, was über sie hereingebrochen ist, nur als Unheil verstehen, und wenn Jeremia recht gehabt hat, dann als Gericht, d. h. aber: als Gottes harte Strafverfügung. Der Text stellt dies auch nicht in Abrede. Zweimal steht da: „*ich* habe euch wegführen lassen" (VV. 4.7 – die vorgeschlagene Emendierung schien uns darum nicht angebracht). Es geht nicht an, aus dem Gang der Geschichte, wie Gott ihn bestimmt, unmittelbar seine Absichten und seine Meinung erkennen zu wollen. Über uns verhängtes Leid ist kein Merkmal dafür, daß Gott gegen uns steht, ja, Christen werden sich sogar der Trübsale rühmen, weil Gott gerade darin seine Heilsgedanken verwirklicht. Sodann: auch wenn es mit dem Gericht ernst gemeint ist, auch wenn Gott hart zufaßt und nicht nur zum Schein straft, kann er Gutes im Sinn haben. Wir haben uns dem verborgenen Walten Gottes zu beugen und halten uns an sein explizites Wort.

Gottes „eigentliches Werk" ist sein Heilshandeln; sein Richten und Strafen ist, so ernst es gemeint ist, nur sein „fremdes Werk" (Luther). Gott steht zu seinen Zusagen. Muß einer, wie Jeremia, jahrzehntelang Unheilsprophet sein: Gott kann, ohne sich selbst zu verleugnen, seinen Heilswillen dominieren lassen. Kann sein, wir sehen nur Finsternis. Aber „ich, ich weiß sehr wohl, was für Gedanken ich habe" (es sei noch einmal an den hebräischen Text erinnert). Unsere Untreue kann Gottes Treue nicht aufheben (Röm. 3,3).

Die Diasporasituation der Kirche ist ein Interim. Die Zusage der Heimkehr hat für die neutestamentliche Gemeinde streng eschatologischen Sinn. Das schließt nicht aus, daß das irdische Schicksal der Verbannten zum „Vorbild", zur „Vorausdarstellung" dessen wird, was Gott mit uns vorhat. Siebzig Jahre: eine runde Zahl. Niemand konnte daraus einen gültigen Termin entnehmen. Aber nach drei Generationen ist der Tag der Heimkehr gekommen. Die Christenheit wartet darauf, daß ihr Herr sein Reich in Doxa vollendet. Sie hofft darauf, daß sie nicht ohne die Welt, sondern *mit* ihr vollendet wird.

Endlich: Der Gott, der Gedanken des Heils hat, ist schon heute für seine Gemeinde zugänglich und will sich finden lassen, auch im babylonischen, also heidnischen Lande. Wo Gott das zusagt, *ist* schon Friede und Heil. Die Gemeinde Gottes hat darin ihre Seligkeit, daß sie kommen darf und bei Gott Zugang hat. Er verspricht nicht nur „etwas", sondern sich selbst.

22. Sonntag nach Trinitatis. Röm. 7,14–25a

Die Form des Ich-Bekenntnisses darf nicht individuell auf Paulus, also nicht psychologisch-biographisch ausgelegt werden, sondern ist theologisch-grundsätzlich zu verstehen. Der Zusammenhang mindestens von 7,1 an ist zu beachten. Wir sind dem Gesetz weggestorben (7,1–6). War das Gesetz selbst Sünde? Nein, die Sünde ließ mich am Gesetz sterben (7,7–13). V. 14: Es wird nicht οἶδα μέν zu lesen sein (so Hofmann, Zahn, Barth), denn ein μέν müßte dem Sinne nach hinter νόμος stehen; zu οἴδαμεν, das an Bekanntes erinnern will, vgl. 2,2; 3,19; 8,22.28; 1. Kor. 8,1.4; 2. Kor. 5,1.16. Über das Gesetz vgl. die VV. 7.12.16. πεπραμένος – wie ein Sklave. Beachtet sei, daß von nun an überwiegend im Präsens geredet ist. – V. 15: „Ich merke gar nicht, was mein Tun erbringt" – denn die Sünde betrügt mich (V. 11), trägt mir den Tod ein (V. 13). – V. 16: „Selbst in diesem objektiven Zwiespalt zwischen Wollen und Vollbringen liegt das Eingeständnis, daß das Gesetz gut ist" (Michel z. St.). Es geht nicht um zwei Seelen in meiner Brust, sondern um den Widerspruch zwischen dem, was ich – im Einverständnis mit dem Gesetz – will, und dem, was dann (weil die Sünde mich regiert) wirklich geschieht. – V. 17: οὐκέτι nicht zeitlich, sondern sachlich

bzw. logisch zu verstehen. Das der Sarx verfallene zweite Ich erscheint als ein fremdes (Bltm., ThNT, S. 201). Die Sünde „haust" in mir, sie ist „von draußen jetzt hineingekommen in das Ich ... Ich bin nun nichts mehr als Behausung und Werkstatt der Sünde" (G. Bornkamm, Sünde, Gesetz und Tod, in: Das Ende des Gesetzes. Paulusstudien, München 1963, S. 64).
V. 18: Die Parenthese „d. i. in meinem Fleische" macht deutlich, daß hier nicht der Christ als „neue Kreatur", sondern der alte Mensch in seiner gottwidrigen Verfassung gemeint ist. „Die Sphäre der Sarx ist keineswegs nur die des Trieblebens, der sinnlichen Leidenschaften, sondern ebenso die der moralischen und religiösen Bemühungen des Menschen" (Bltm., a. a. O., S. 239). Paulus „hat die Starken, nicht die Schwachen angegriffen" (Ksm. z. St.). παράκειται (vgl. V. 21): „ist mir zur Hand"; das Verb gehört auch zum Schluß des Verses („finde ich nicht" nur in jüngeren Hss.). – V. 20: vgl. V. 17; das hier handelnde Ich ist nicht das selbst-wollende, sondern „ein vergewaltigtes Ich" (O. Kuss z. St.). –V. 21: Das „Gesetz", das Paulus in sich „vorfindet", ist hier nicht das mosaische, sondern eine „Gesetzmäßigkeit" im Sinne einer unentrinnbaren Notwendigkeit. Die Worte τῷ ϑέλοντι ἐμοὶ ποιεῖν τὸ ϰαλόν gehören in den ὅτι-Satz, sie sind der Betonung wegen vorangenommen. Ebenso unmittelbar, wie in V. 18 das Wollen „bereitliegt", so hier das Böse beim Tun. – V. 22: συνήδομαι eigtl. „ich freue mich mit . . .", „stimme freudig zu"; die Übereinstimmung ist keineswegs eine erzwungene. Der ἔσω ἄνϑρωπος ist nicht etwa der „innerliche" im Unterschied zum leibhaften Menschen, sondern der eschatische, der pneumatische Mensch, die „neue Kreatur". – V. 23: „Vernunft" (hier nicht formal-ontologisch verstanden im Sinne der Fähigkeit, sich im klaren Willen dem Guten *oder* Bösen zuzuwenden, sondern im Sinne seiner ontischen Zugewandtheit zum Guten, die freilich personal realisiert sein will) und „Glieder" werden hier in der Sprache des Leib-Seele-Dualismus einander entgegengesetzt; diese Sprache ist bloß Notbehelf (s. u.). – V. 24: „Ich geplagter, unglücklicher Mensch!" (Nom. statt Vokativ). „Todesleib" deswegen, weil er eigentlich schon tot ist (7,4–6, vgl. 6,6). – V. 25: Textüberlieferung schwankt, sachlich ohne Belang. Vor V. 25a steht dem Sinne nach unausgesprochen der Gedanke an Christi Heilswerk.

Die immer wieder gestellte Frage, welcher Mensch es eigentlich ist, der in diesen Versen bekenntnishaft seine Lage beschreibt, muß selbstverständlich auch den Prediger beschäftigen. Man könnte versuchen, die Frage nach dem Ich in Röm. 7 ans Ende der Auslegung zu stellen, zunächst also sie zu suspendieren und sich ihr gegenüber die größtmögliche Unbefangenheit zu bewahren, bis der Text selbst ausgeredet hat. Jedoch dürfte dies undurchführbar sein. Wir verstehen den Text nur, *indem* wir die Antwort auf die Frage nach dem Ich vernehmen; Auslegung und Antwort auf diese Frage sind eins.
Das gilt auch im Blick auf die Predigt. Sie wird Christen anzusprechen haben. Sind *wir* dieser „unglückselige Mensch", der hier aufschreit? Ist Christus etwa dazu gekommen, uns in die hier beschriebene Situation des Zwiespalts zu bringen, in der man nur um Hilfe rufen kann? – Versuchen wir es andersherum: Wir hätten also den Nichtchristen, den Noch-nicht-Christen vor uns, sagen wir – um an Paulus zu exemplifizieren – den Mann *vor* dem Damaskusereignis. Ist dieser der hier sich aussprechende und darstellende Mensch, also ein an seiner Situation sich reibender, mit ihr nicht fertig werdender, an ihr verzweifelnder Mensch? Wir predigten wahrhaftig erbärmlich, wenn wir so täten, als liefen außerhalb der Gemeinde Christi lauter Menschen herum, die so unruhig, so mit sich unzufrieden, so zerrissen, so verzweifelt sind wie der, der in diesem Text spricht. Man vergesse nicht: was Paulus rückblickend über seinen „Wandel vormals im Judentum" (Gal. 1,13) berichtet, klingt nicht danach, als habe er sich als ein gebrochener Mann gefühlt; im Gegenteil: was er damals trieb, verbuchte er als „Gewinn" (Phil. 3,7). Man muß wissen, daß wir, jeder in seinem Bereich, nicht anders urteilen. Eine Verkündigung, die allen Menschen andichtet, sie befänden sich sozusagen im heulenden Elend des unerlösten Menschen, könnte nur lächerlich und peinlich wirken und würde uns von niemandem abgekauft werden. Sie entspräche übrigens mitnichten dem, was hier gemeint ist.
So ist also der hier geschilderte, sagen wir lieber: der sich aussprechende Mensch, weder der Christ noch der Nichtchrist? Wer dann? Man möchte versucht sein zu sagen: der

Mensch in einer Ausnahmesituation. Das hieße: bei den meisten verläuft das Leben – trotz aller nicht ausbleibenden Pannen, Verirrungen und Verfehlungen – normaler, weniger dramatisch. Aber *einige* – Paulus dürfte zu ihnen gehören – haben es schwer. Man denkt an den Luther der Klosterjahre, auch an Kierkegaard. Fälle für den Nervenarzt? – Wir hätten Paulus total mißverstanden, wenn wir so dächten: sub sua persona quasi generalem agit causam (Ambrosiaster, zit. n. G. Bornkamm, a. a. O., S. 59). „Der confessio-Charakter der paulinischen Sätze nimmt dem, was er über Gesetz, Sünde und Tod sagt, nicht seine sachliche Stringenz, ersetzt also nicht die sachliche Argumentation durch eine Ausbreitung zufälliger, individueller Erfahrungen" (G. Bornkamm, a. a. O., S. 54). Es geht im Text um den „sarkischen" Menschen („. . . in mir, d. i. in meinem Fleische"). Um es sofort deutlich genug zu sagen: dieser ist nicht einfach der Mensch, der mit seinen „Lüsten" in besonders starkem Maße von seinem Drüsensystem abhängig ist; das wäre eine entstellende, irreführende Auslegung unseres Kapitels, auch wenn sich, einem behelfsweise verwandten platonischen bzw. gnostischen Sprachgebrauch folgend, hier Begriffe wie σῶμα und μέλη einstellen (vgl. Bltm., ThNT, S. 200). σάρξ geht für Paulus gar nicht auf das, was der Mensch materiell ist, sondern auf „die Sphäre, innerhalb deren er sich bewegt, die den Horizont, die Möglichkeit seines Tuns und Erleidens absteckt", auf den „Raum" seines von Gott gelösten, darum eigenmächtigen, im Niederen wie im Höchsten um sich selbst kreisenden Menschseins (Bltm., S. 236 und 239ff.). Es geht also in der Tat um den von Christus noch nicht zurückgeholten bzw. noch nicht zum Glauben an Christus gekommenen Menschen, der wir von Hause aus alle sind. „In dem ἐγώ von Röm. 7,7ff. bekommt Adam von Röm. 5,12ff. seinen Mund"(G. Bornkamm, a. a. O., S. 59). Man muß nur wissen, daß hier nicht seine Bewußtseinslage beschrieben ist – nach dieser befragt, würde er sich ganz anders äußern –, sondern die ihm unbewußte *transsubjektive Situation,* die erst vom Glaubenden – wie beim Reiter überm Bodensee – wahrgenommen wird; nicht so wahrgenommen wird, daß er, der Glaubende, andere Phänomene vor sich hätte als der Nichtglaubende, sondern so, daß diese Phänomene einen anderen Hintergrund bekommen, in neuem Licht bzw. Schatten erscheinen. Erst im Licht des Evangeliums entdecke ich, woraus ich gerettet bin. Bin? – ῥύσεται (V. 24) ist Futur. „Nicht, . . . daß hier vom sicheren Ufer des Glaubens zurückgedacht wird an den Sturm und die Gespenster, die dem Glaubenden auf seiner Fahrt bis zu diesem Ufer begegnet sind . . . Vielmehr *bleibt* die Vergangenheit und Verlorenheit des Unerlösten in einem sehr bestimmten Sinne Gegenwart auch für den Christen, nämlich als vergebene und überwundene" (G. Bornkamm, S. 68f.), vielleicht sogar noch in einem anderen Sinne (s. u.).
Vielleicht kann man die Aussagen dieses spannungsreichen und dramatischen Textes folgendermaßen raffen: *Der unselige und der selige Widerstreit in meinem Leben: Ich bin* (1) *gespalten,* (2) *gefangen,* (3) *erlöst.*

I.

Paulus hat für das, was darzulegen ist, die Ich-Form gewählt. Wir sahen: nicht deshalb, weil das zu Sagende nur von ihm, Paulus, gälte. Warum dann? Weil dieser Sachverhalt nicht von außen, von neutralem Standpunkt aus, begriffen werden kann. Die Predigt sollte das klar aussprechen. Der Nichtchrist muß sich, wie am Wort vom Kreuz, so auch am christlichen Menschenbild und Existenzverständnis stoßen. Ihm wird der Aufschrei von V. 24 widerlich sein. Es könnte ja auf den ersten Blick auch so aussehen, als ob der hier sich aussprechende Mensch seine Würde verleugnete. Hat Paulus denn keinen Sinn für Leistung, Erfolg, für das Tätige im Menschen? Und ob er keinen Sinn dafür hätte!

„Wenn ein anderer sich dünken läßt, er könne sich auf Fleisch verlassen, so könnte ich es viel mehr: der ich ... nach der Gerechtigkeit im Gesetz unsträflich (= ohne Tadel) gewesen" bin (Phil. 3,4.6); „da viele sich rühmen nach dem Fleisch, will ich mich auch rühmen" – und dann kann Paulus seine Leistungen aufzählen (2. Kor. 11,18). Ihm ist wirklich kein „Pessimismus zuzuschreiben, welcher für die gute Tat und die Aufforderung dazu im Menschlichen keinen Raum läßt" (Ksm. z. St.). Des Apostels ganzes Leben unter dem Gesetz wäre geeignet gewesen, ihm den höchsten Respekt aller zu sichern, die ihn kannten. Er hat alle Punkte gewonnen, die in diesem Spiel zu gewinnen waren. Erst wenn man sich das vor Augen hält, wird deutlich, was es heißt, daß er einsehen mußte: der vermeintliche Gewinn war in Wirklichkeit Schaden (Phil. 3,7). Seine Korrektheit im Gesetz bedeutete keineswegs, daß er kein Sünder gewesen wäre; er war sogar, wie man 1. Tim. 1,15 lesen kann, der Sünder par excellence. Hat Gottes Gesetz, das zu halten er sich so eifrig bemühte, ihn etwa gar zur Sünde verführt? Es hat ihn die Sünde *erkennen* gelehrt oder, wie man auch übersetzen kann: durchs Gesetz hat er mit der Sünde *Bekanntschaft gemacht* (7,8; 4,15; 5,20; Gal. 3,19). Man könnte schon auf den ungeheuerlichen Gedanken kommen, Gottes Gesetz habe uns zu Sündern gemacht. Von V. 7 an steht diese Frage im Raum, eine lästerliche Frage. Die Antwort ist eindeutig: Gottes Gesetz ist heilig, gerecht und gut, es ist uns zum Leben gegeben, es ist geistlicher Art, es stammt aus dem „Raum" der Wirklichkeit Gottes. Woher dann seine vernichtende Wirkung?

An mir liegt es. Ich bin der Mensch im Widerspruch, der zerspaltene Mensch. Wieso? Meine Lage wäre harmlos, wenn der in mir waltende Widerspruch – im Unterschied zum „ausgeklügelten Buch" – lediglich ein Mangel an Konsequenz im Denken wäre; dem wäre durch Studium und Einübung der Logik abzuhelfen. Die Lage wäre auch dann noch relativ harmlos, wenn ich nur „zwei Seelen, ach, in meiner Brust" wüßte, die sich voneinander trennen wollen; ich könnte bei dem hier stattfindenden Tauziehen zweier einander grundsätzlich gleichgeordneter Kräfte versuchen, den Zug zum Guten zu verstärken. Solcherlei Widerspruch, der grundsätzlich überwindbar ist, ist uns geläufig. Man kann mit jedem Menschen darüber reden, weil jeder diesen Tatbestand kennt. In allem strebenden Sich-Bemühen, in aller Pädagogik, im Bereich der Rechtspflege usw. operieren wir mit dieser Ansicht der Dinge, und dies mit Recht. Im Bereich der iustitia civilis ist hier allerlei zu gewinnen. Wir hätten die Hamartiologie des Paulus falsch verstanden, wenn wir meinten, er lehre die Finsternis, in der alle Katzen grau sind (Ksm.).

In Röm. 7 sind widereinander Wollen und Tun – nicht bloß Wollen und Wollen. Immer wieder versichert Paulus, im Wollen gebe er dem Gesetz recht, und er stimme dem Gesetz fröhlich zu. Aber: „was bei meinem Tun herauskommt, verstehe ich nicht. Denn was ich will, das tue ich nicht, vielmehr tue ich das, was ich hasse" (V. 15). Darf man versuchen es ein wenig zu veranschaulichen? Man könnte Beispiele dafür finden, daß der Erfolg unseres Bemühens hinter dem Gewollten zurückbleibt. Aber damit träfen wir das von Paulus Gemeinte kaum. Ich wollte viel schaffen – aber meine Trägheit war stärker. Ich wollte ruhig und beherrscht sein – aber mein Jähzorn ist mit mir durchgegangen. Ich wollte meine Freiheit im Verzicht wahren – aber dann war doch das Begehren stärker. Gewiß kennt Paulus auch Situationen dieser Art. Aber gefährlicher ist anderes. Ich wollte meinem Mitmenschen etwas zuliebe tun – und als ich es tat, klatschte ich mir heimlich Beifall. Ich wollte uneigennützig sein – aber da meldete sich wieder mein eitles Ich. Ich wollte Gott ehren – aber ich genoß mein Frommsein. Es kam immer etwas anderes heraus, als ich gewollt hatte: nämlich das καύχημα des auf sich selbst gestellten, sich selbst verwirklichenden, Gottes nicht mehr bedürftigen und darum aufrührerischen nicht mehr Gottes Geschöpf sein wollenden Menschen.

Aber der Zwiespalt zerreißt mich noch tiefer. Er besteht, wie wir sahen, nicht bloß in der Divergenz zweier Willen. Er besteht auch nicht bloß in der Inkongruenz, ja im Auseinanderklaffen von Wollen und Tun. Er besteht darin, daß in mir außer dem Gesetz Gottes gern zustimmenden Ich noch ein zweites Ich sein Wesen treibt. „Wenn ich aber tue, was ich nicht will, so tue nicht ich es, sondern die Sünde, die in mir wohnt" (V. 17). Die Sünde – ein zweites Subjekt in mir, und zwar das, aus dem meine Taten kommen. Ich will – sie handelt. Sie gewinnt nicht nur je und dann das Spiel, so daß ich mich damit trösten könnte, daß ich noch immer das Gesetz des Handelns an mich reißen kann. Auf der moralischen Ebene würde das gelten. Aber mit Moral ist dem, worum es hier geht, nicht beizukommen. Ich bin gar nicht mehr Herr im Hause. Die lästige Untermieterin (ἐνοικοῦσα) bestimmt und regiert; „dies ‚Wohnen' wird zu einem Bild für die Herrschaft im Menschen" (Michel). Mein klares – wohlgemerkt: zustimmendes – Wissen um Gottes Gesetz zeugt nun gegen mich. Ich kann ja die bei mir einquartierte Sünde nicht verantwortlich machen und mir damit Entlastung verschaffen. Daß sie hat Fuß fassen können, ist meine Schuld. Aber nun wohnt sie mal da! Ich kann, indem ich mich kritisch von ihr unterscheide, nur gegen mich selbst zeugen. Eigentlich wollte ich nicht sündigen – aber faktisch habe ich dann eben doch gewollt! Nein, an Gottes Gesetz lag es nicht, daß ich sündigte; dem Gesetz kann ich nur recht geben. Aber weil das Gesetz mir, dem *Sünder,* gilt, darum deckt es meine Sünde auf, reizt es mich noch mehr zur Sünde, macht es, daß meine Eigenmächtigkeit, mein hartnäckiger Stolz, der Trotz, es selbst zu schaffen, sich noch verstärken. Kühles, klares Wasser tut wohl; wenn ich es jedoch in gebrannten Kalk schütte, werde ich mich dran verbrühen. „Das Gebot gereichte mir zum Tode, das mir doch zum Leben gegeben war" (V. 10). Ich bin der zerspaltene Mensch, indem ich in diesem Widerstreit stehe.

2.

Man könnte sagen: Dann brich doch aus aus diesem Zwiespalt, ergreif doch klar für Gott Partei, und wirf die Sünde, die sich so tyrannisch in deiner Behausung breitmacht, hinaus! Nur, das ist leicht gesagt und schwer getan. In dem hier besprochenen Widerstreit bin ich „gefangen", sogar – paradoxerweise – in zweifacher Hinsicht: „Als Gefangener der Sünde" bleibe ich „zugleich Gottes Gefangener, der das Recht Gottes in seinem Gesetz sogar freudig bestätigen muß" (Bkm., S. 66). Oder, mit einem leicht abgewandelten Bild: ich bin unter die Sünde verkauft (V. 14), wie ein Sklave, der über sich selbst nicht verfügen kann.
Wieder werden wir das Mißverständnis abwehren, als werde uns mit dem Hinweis auf das „servum arbitrium" unser Subjektsein und unsere Verantwortlichkeit im landläufigen moralischen Sinne abgesprochen. Auch die Heiden kennen *und tun* – in ebendiesem Sinne – das Gesetz (2,14). Aber wenn „Fleisch" die von Gott abgewandte, sich Gott gegenüber eigenmächtig behauptende, ihre Geschöpflichkeit verleugnende, Gott die Herrenehre streitig machende Art meines Wesens ist: dann komme ich eben mit allen meinen moralischen und auch frommen Bemühungen aus dem Circulus vitiosus der sarkischen Existenz nicht heraus. Johanneisch gesprochen: „Was vom Fleisch geboren wird, das ist Fleisch" (3,6). „Ich aber bin fleischlich" (V. 14 unseres Textes). Ein Sünder kann nur Sünde tun – „auch in dem besten Leben" (EKG 195,2).
Die von Paulus verwendete Terminologie könnte das Mißverständnis provozieren, daß in unserm Wesen doch so etwas wie ein Anknüpfungspunkt oder gar eine Ausgangsbasis für unsere durchgreifende Erneuerung vorhanden ist. *Da* die „Glieder" – aber *hier* doch „der

innere Mensch" mit seiner „Vernunft" (revidierter Text: Gemüte). Wir erinnern an das
eingangs zum Begriff σάρξ Gesagte. Ich bin, indem ich mich von mir selbst unterscheiden
kann, aus dem Zirkel nicht heraus. Dies Unterscheiden ist meine Unruhe, aber nicht die
Möglichkeit des Ausbrechens. Im Gegenteil: daß ich auch als der natürliche Mensch
mich nicht mit meinem gegenwärtigen Zustand abfinden kann, ist Größe und Elend zugleich. „Ich sehe aber eine andere Gesetzmäßigkeit in meinen Gliedern, die dem Norm-
wissen meiner Vernunft widerstreitet und mich *gefangenhält* in dem Zwang (auch das
kann νόμος bedeuten) der Sünde, der in meinen Gliedern vorhanden ist" (V. 23). Ich kann
mir da richtig zusehen, wie alles in schrecklicher Folgerichtigkeit abläuft. Daß die Leiblichkeit hier sehr stark im Blick ist, sollte – bei aller Abwehr des platonisierenden Miß-
verständnisses – nicht übersehen werden. Der Mensch ist ein Ganzes. Das hier konsta-
tierte Widereinander spielt sich nicht zwischen den Teilen ab, sondern zwischen dem sittlich urteilenden Total-Ich und der sich widersetzenden Totalität meines anschaulichen
Menschen. Was ich auch anfange, immer wieder kommt Gott darin nicht zu seinem
Recht. Was ich „zustande kriege" (κατεργάζομαι), sind – bei aller Kühnheit meiner An-
läufe, bei allem Pathos, mit dem ich meine neue Fündlein und Rezepte propagiere, bei
aller Zähigkeit, mit der ich den neuen, den gottgemäßen Standort zu gewinnen suche,
immer nur Variationen des Alten. Warum das so ist? Wir haben in zwei Richtungen zu
blicken. Die Sünde übt Herrschaft aus. Es ist ein Irrtum, zu meinen, mit meinen Entscheidungen für oder gegen die Sünde stünde ich – ohne Vorbelastung, ohne Vergangenheit, ohne Hypotheken – am Nullpunkt. Ich befinde mich immer in einem Dienstverhältnis. Das Böse, dem ich einmal den kleinen Finger gegeben habe, hat meine ganze Hand
genommen. Und warum löse ich dieses Dienstverhältnis nicht? Gerade weil ich von Gottes Gesetz als schuldig überführt bin und darum den Heimweg zu Gott gar nicht frei
habe. Das ist die andere Blickrichtung. Der Apostat, das davongelaufene Kind, das dem
Schöpfer ausgebrochene Geschöpf kann nicht, als wäre nichts geschehen, zu Gott gehen
und sagen: Da bin ich wieder! Das ist die Ausweglosigkeit unserer Lage!

3.

Aber es gibt nicht nur einen unseligen, sondern auch einen seligen Widerstreit in unserm
Leben: wir sind *erlöst*. Alles, was über die verzweifelte Situation des Sünders – solange er
es ist, kennt er diese seine Situation nicht einmal! – zu sagen war, ist ja nur Hintergrund
für das, was nun, am Ende des Kapitels, in geradezu eruptiver Weise ans Licht kommt.
„Wer wird mich erlösen . . .? Ich danke Gott durch Jesus Christus, unsern Herrn." Was
Gegenstand des Dankes im einzelnen ist, wird nicht gesagt – braucht nicht gesagt zu werden nach allem, was in den bisherigen Kapiteln des Römerbriefes bereits ausgeführt ist.
Nur einer, der das χάρις τῷ θεῷ zu sprechen vermag, ist überhaupt in der Lage, seine sarkische Vergangenheit so rücksichtslos zu diagnostizieren und preiszugeben; jeder andere –
wenn er seine Lage schon kennte – müßte sich gegen das hier Gesagte zur Wehr setzen
und sich verteidigen. Tatsächlich verteidigen wir uns selbst immer wieder, jedesmal,
wenn uns unsere in dem „Dank sei Gott" gemeinte neue Lage aus dem Sinn kommt. Wir
können uns den alten Widerstreit gar nicht eingestehen, solange dieser nicht – insgesamt –
hineingezogen ist in den viel größeren Widerstreit, der im Kommen und Wirken Christi
ausgetragen wird. Im Gleichnis gesprochen: Eine Laterne kann in stockdunkler Nacht
einen Schein werfen, der auf begrenztem Raum ein Hell-Dunkel entstehen läßt; wenn die
Sonne aufgeht, wird dieses Hell-Dunkel verschlungen von der Erhellung des Ganzen. Das
Licht der Laterne ist nicht ein Stück vom Sonnenlicht, so daß man von einem kontinuier-
lichem Übergang vom Laternenlicht zum Licht des Morgens reden dürfte. So ist das Ge-

setz nicht ein Quentlein anbrechender Gnade, ehe diese wie eine Lichtflut zu uns kommt; es ist, indem es abrechnet und richtet, der Gnade entgegen. Aber auch das Gesetz gibt, auf seine Weise, der Sünde kontra – aus der der Gnade genau entgegengesetzten Richtung. Christus, wenn er nun kommt, schlägt sich nicht auf die Seite des Gesetzes, um mich erst recht zu verdammen, sondern er macht das ganze bisherige Widereinander gegenstandslos. Wodurch?

Man könnte verschiedene Antworten geben – eine jede würde freilich Jesus und sein Werk zum Gegenstand haben. In Röm. 7 ist davon die Rede, daß wir „erlöst" werden „von diesem Todesleibe". Wir haben 7,1–6 zu vergleichen. „Herausgerissen" werden wir aus dem „Raum" der Sarx, in dem die Sünde „haust" und in dem Gott – bis auf Christus – sein Herrenrecht durchs Gesetz geltend gemacht und als Richter und Vergelter durchgesetzt hat. Die merkwürdige Verbindung aber, die Gesetz und Sünde eingegangen sind (7,7ff.), ist nun für mich auf eine überraschende Weise unwirksam geworden: ich bin durch die ganz andere Verbindung, die Christus seinerseits mit mir eingegangen ist, dem Gesetz weggestorben (7,6). Wir *sind* gar nicht mehr in der Sphäre der Sarx. Wir sind bereits in Jesus Christus in das himmlische Wesen versetzt (Eph. 2,6). Wir sind mit Christus gestorben und auferstanden (Röm. 6,3ff.). Der Aufschrei von V. 24 geschieht wie im Augenblick des Erwachens aus einem bösen Traum – nur: es war diesmal eben nicht ein Traum, sondern Wirklichkeit, die wir nun jedoch hinter uns haben.

Paulus kann und muß sorgfältig unterscheiden: das Ich, das Gott aufatmend dankt (V. 25a), ist eben ein anderes als das deutlich als sarkisch gekennzeichnete Ich der vorangehenden Verse (14.17.18.20). Ich stehe schon ganz woanders als der Mensch des schrecklichen Zwiespalts. Ich *bin* ein anderer. Es heißt in V. 17: οὐκέτι ἐγώ – und damit wird eine Unterscheidung vollzogen, zu einem anderen Ufer hinübergeschaut, obwohl noch innerhalb des relativen Gegensatzes des Lebens unter dem Gesetz. Auch in Gal. 2,20 lesen wir: οὐκέτι ἐγώ; da hat Paulus den anderen, den ungleich tieferen Graben hinter sich. Der neue Mensch ist entstanden. Christus lebt das Leben dieses neuen Menschen (Kol. 3,3). So ist er neue Kreatur (2. Kor. 5,17), der eschatologische Mensch, der bereits auferstanden ist, wenn auch noch verborgenermaßen (Kol. 3,1ff.). Der alte Mensch und dieser neue wollen sauber voneinander unterschieden sein (2. Kor. 12,1–5). Man sage nicht, der neue Mensch sei lediglich etwas Gedachtes; das Eschaton ist bereits verborgene Realität. Es ist so real, daß wir heute schon handfeste Konsequenzen aus unserm neuen Leben zu ziehen haben, bis ins Leibliche hinein (6,11ff.).

Und trotzdem ist das Futurum ῥύσεται sinnvoll. Wir brauchen das sarkische Leben, in dem wir uns immer noch befinden (Gal. 2,20b), nicht mehr tragisch zu nehmen – es läuft aus. Zu Ende gegangen ist es freilich noch nicht. Das 8. Kapitel wird noch einmal von „des Leibes Erlösung" sprechen (V. 23). „Ich aber bin fleischlich" – das ist nicht einfach vorbei. Das Neue ist vorerst noch im Alten verborgen. Darum sind auch für den Christen die Anfechtungen nicht vorbei. Röm. 7 liegt hinter mir, sofern ich im Glauben auf dem Boden meines Seins-in-Christus stehe. Röm. 7 ist aber noch immer meine Situation, sofern ich der alte Mensch bin und aus dem Glauben falle, mich und meine Existenz also im Sinne des Sarkischen verstehe. Wer behauptet, daß dieses Herausfallen aus der Glaubensexistenz nicht oder nur höchst selten, in besonderen Anfechtungen, geschehe, hat nicht viel Glaubenserfahrung. Ich bin simul iustus et peccator. Indem ich glaube, vollziehe ich den „transitus" „hinüber vom Nichts zur Fülle, von dem, was er (der Christ) in sich selber ist und hat, zu dem, was in Christus gilt" (W. Joest, Gesetz und Freiheit, Göttingen ³1961, S. 61), „eine ständig von unten nach oben oszillierende Bewegung" (ebd., S. 62). Sofern ich noch der alte Mensch bin, ist Röm. 7 nicht einfach vergangen. Aber daß Christus den *großen* Widerstreit auf sich genommen und ausgefochten hat, läßt, indem ich glaube, Röm. 7 in jedem Augenblick zur Vergangenheit werden. Ich rufe noch manchmal: „Wer wird mich erlösen . . .?" Aber der Erlöser ist schon da. Der äußerliche Mensch verfällt, aber der innerliche (jetzt ist eindeutig der eschatische Mensch gemeint) wird von Tag zu Tage erneuert, weil wir mit dem Auferstandenen verbunden sind und auferstehen werden (2. Kor. 4,14.16).

23. Sonntag nach Trinitatis. Röm. 13,1–7

„Röm. 13" findet sich innerhalb der Paränese (ab 12,1), die vom Leben aus dem Glauben zunächst in der Gemeinde (12,3–8), sodann in der Beziehung zum Nächsten (12,14–21; 13,8–10), endlich in den weltlichen Ordnungen spricht (13,8–10 könnte man auch, als Gegenüber zu 12,1–2, „summarisch" verstehen). Die Verse 1 und 5 sind die Thesen, die jeweils im folgenden begründet bzw. expliziert werden.

V. 1: $\pi\tilde{\alpha}\sigma\alpha \; \psi\upsilon\chi\acute{\eta}$ = כָּל נֶפֶשׁ = jedermann. $\dot{\varepsilon}\xi o\upsilon\sigma\acute{\iota}\alpha$ wird von einigen auf Engelmächte gedeutet, die nach Eph. 1,10.22f. Kol. 1,17f; 2,10 Christus unterworfen sind; das sonst für sie gebrauchte Wort sei nicht zufällig auch hier verwendet; gemeint sei der konzentrisch um die Christusgemeinde gelegte weitere Kreis der Bürgergemeinde, in dem Christus durch die Engel regiert (so mit Variationen im einzelnen K. L. Schmidt, K. Barth, G. Dehn, O. Cullmann, vgl. ThLZ 1954. Sp. 321ff.). Der klassische Paulus sieht in den $\dot{\varepsilon}\xi o\upsilon\sigma\acute{\iota}\alpha\iota$ vor der Parusie feindliche Mächte, erst die Deuteropaulinen (bzw. der späte Paulus) sehen sie jetzt schon unterworfen (Ksm. im Kommentar). Es dürfte sich bei den „Gewalten" um konkrete Träger öffentlicher Macht handeln (Michel, Ksm. u. a.); nur diese verfügen über das Schwert (V. 4), nur an diese zahlt man Steuern (V. 6). Sie sind uns „vorgesetzt" (Phil. 2,3; 3,8; 4,7; 1. Petr. 2,13), ihnen sollen wir uns unterordnen ($\dot{\upsilon}\pi o\tau\acute{\alpha}\sigma\sigma\varepsilon\sigma\vartheta\alpha\iota$, zu dem in V. 2 das $\dot{\alpha}\nu\tau\iota\tau\acute{\alpha}\sigma\sigma\varepsilon\sigma\vartheta\alpha\iota$ kontrastiert). Der Stamm $\tau\alpha\gamma$ spielt in unserm Abschnitt eine große Rolle. $\alpha\iota \; \delta\grave{\varepsilon} \; o\ddot{\upsilon}\sigma\alpha\iota$: die tatsächlich vorhandenen. Gott verleiht Herrschaft (Dan. 2,21.37f; 4,14.29). – V. 2: Das „Urteil" ist nicht das des irdischen, sondern das des ewigen Richters. – V. 3: Man würde statt der guten oder bösen *Taten* den *Guttäter* bzw. Übeltäter erwarten (ein Teil der Überlieferung hat in diesem Sinne geändert). Übergang zum Du-Stil. – V. 4: Schwert ist Zeichen richterlicher Vollmacht, aber eben auch Machtmittel, über das der Staat „nicht grundlos", d. h. nicht ohne Gottes Anordnung verfügt, und zwar als $\dot{\varepsilon}\varkappa\delta\iota\varkappa o\varsigma$ (Hersteller des Rechts, als solcher „Rächer", grundsätzlich Wahrer, Hüter des Rechts, vgl. 1. Thess. 4,6) „in Richtung auf den Zorn" (scil. Gottes), der dem Rechtsbrecher gilt. – V. 5: $\dot{\alpha}\nu\acute{\alpha}\gamma\varkappa\eta$ ist hier die logische Folgerung; vgl. die abweichende LA bes. der westlichen Texte, die, der anderen Form wegen, nicht einfach als Angleichung an V. 1 angesehen werden kann. Angemessener Gegenbegriff zu $\sigma\upsilon\nu\varepsilon\acute{\iota}\delta\eta\sigma\iota\varsigma$ wäre $\varphi\acute{o}\beta o\varsigma$, nicht $\dot{o}\rho\gamma\acute{\eta}$, die Gegenstand bzw. Grund der Furcht wäre. – V. 6: Die Richtigkeit des Dargelegten wird spiegelbildlich durch die von den Lesern geübte Praxis ($\tau\varepsilon\lambda\varepsilon\tilde{\iota}\tau\varepsilon$ ist Indikativ) bestätigt. „Liturg" ist ursprünglich der, der der Polis Dienste leistet; der profane Ursinn des Wortes ist hier zugrunde gelegt, freilich so, daß der Begriff eine bestimmte autoritative Amtlichkeit und Feierlichkeit andeutet. $\pi\rho o\sigma\varkappa\alpha\rho\tau\varepsilon\rho\varepsilon\tilde{\iota}\nu$ eigtl. = an einer Sache beharrlich dranbleiben, mit der Richtungsgabe: unnachgiebig darauf ausgerichtet sein und darauf bestehen. – V. 7: Dieser Satz klingt – ohne daß dies zu beweisen wäre (Ksm.) – wie eine Anspielung auf Matth. 22,21, bes. das (allerdings für diesen Sachverhalt gängige) $\dot{\alpha}\pi\acute{o}\delta o\tau\varepsilon$ und das Spiel mit gleichen Wörtern. Mit $\varphi\acute{o}\beta o\varsigma$ und bes. $\tau\iota\mu\acute{\eta}$ gesteht Paulus mehr zu, als die Beamten verlangen können (Michel).

Hoffentlich kann die Gemeinde auch die Predigt über *diesen* Text als „gute Nachricht" vernehmen. Die Gefahr liegt nahe, daß wir ihr keine Predigt halten, sondern einen Vortrag, vielleicht mit dem Thema: Das christliche Verständnis des Staates. Damit wäre freilich nicht nur unsere Verkündigungsaufgabe, sondern auch die Absicht des Textes verfehlt. Weder Paulus noch das übrige Neue Testament entwickeln eine Staatslehre. Es ist aufgefallen, daß Gedanken wie die des Textes sich sowohl in der spätjüdischen wie auch in der hellenistischen Umwelt finden; es wird freilich noch zu bedenken sein, was es bedeutet, daß diese Gedanken hier im Rahmen urchristlicher Paränese und damit im Zusammenhang des Ganzen der christlichen Botschaft stehn.
Eine weitere Gefahr liegt darin, daß wir einen Text wie diesen (vgl. auch das alte Evange-

lium dieses Sonntags, Matth. 22,15–22, ferner besonders Joh. 19,11; Tit. 3,1; 1. Petr. 2,13–17; Offb. 13) nicht unbefangen lesen, sondern sofort – man denke an D. Bonhoeffer – an die Frage des Widerstandsrechts oder – im Sinne W. von Humboldts – an die nach den Grenzen des Staates denken. Daß diese Fragen da, wo sie am Platze sind, verhandelt werden, wird nach den von unserm Jahrhundert gemachten Erfahrungen niemand für müßig halten. Aber dieser Text will uns – es mag uns gefallen oder nicht – in eine ganz andere Richtung weisen. Wir hätten zu kurz geschossen, wenn wir aus V. 2 einfach die Regel folgerten: alles gutheißen, alles bestehen lassen, Legitimismus um jeden Preis. Wir werden sehen, daß die Frage hier ganz anders steht, als wir sie gemeinhin stellen.

Das Wort „untertan" könnte manchen abstoßen, denn im Unterschied zur Zeit des Paulus oder auch zu Luthers Zeit sind wir nicht mehr „Untertanen", sondern Bürger. Der Text scheint schon von daher überholt. Haben wir das Verbum ὑποτάσσεσϑαι mit „untertan sein" überhaupt richtig wiedergegeben? Stellen wie Eph. 5,21.24; 6,1; Kol. 3,18; 1. Petr. 3,5 weisen auf zwischenmenschliche Beziehungen, in denen jedenfalls der Kadavergehorsam nicht am Platz ist. Andererseits bedeutet das Verbum – mehrfach wechselweise mit ὑπακούειν gebraucht – eben nicht, wie man gern wollte, bloß „sich einfügen" oder gar „sich mitverantwortlich wissen", sondern: sich unterstellen, d. h. aber: sich den geltenden Gesetzen unterwerfen und den von befugter Stelle gegebenen Weisungen folgen. Man täusche sich doch nicht: Auch wenn der den Zuschnitt und den Weg des Ganzen bestimmende Wille auf demokratische Weise Gestalt gewonnen hat, hat sich – und darauf kommt es hier an – der Staatsbürger der so zustande gekommenen Ordnung zu fügen. Wo es Terroristen und Anarchisten gibt, fehlt es an dieser Einsicht. Wer nicht bereit ist, die gemeinsame Ordnung über sich – notfalls auch gegen sich – gelten zu lassen, ist unfähig zum Leben im Ganzen und müßte dann konsequenterweise auch auf alle Wohltaten verzichten, die die „segensreiche" Ordnung (Schillers Glocke) bietet. Wir werden uns – wohl wissend, daß und warum wir uns heute anders ausdrücken – allein vom Wortlaut von V. 1 nicht verprellen lassen.

Der Prediger ist der Gemeinde ein klares Wort darüber schuldig, wie sich ein Christ zu den lebendigen geschichtlichen Ordnungen – die beiden eben gebrauchten Attribute sind nicht etwa epitheta ornantia, sondern enthalten sachliche Aussagen – in Staat und Gesellschaft zu stellen habe. Wir sprechen von Staat und Gesellschaft, denn „Röm. 13" handelt nicht nur vom Staat, sondern zugleich von jeglicher Ordnung des alltäglichen Lebens, in die wir eingegliedert sind. Daß sich unser Blick vornehmlich auf die „Obrigkeit" im engsten Sinne richtet, soll damit nicht abgewehrt sein.

Wir sollten genau darauf achten, daß wir unsern Standort nicht an anderer Stelle nehmen als Paulus. Wie Paulus keine Staatslehre vorzutragen hat, so auch kein politisches Programm. Das Reich Gottes ist nicht Essen und Trinken – d. h. vom Zusammenhang her: es ist kein System von Maximen (Röm. 14,17) – , und es ist ebensowenig eine bestimmte Weise, Politik zu machen oder einen Betrieb zu organisieren. Politik ist „weltlich Ding", auch wenn Christen in ihr tätig sind, und es ist nicht Aufgabe der christlichen Predigt, das Weltgeschehen klerikal zu steuern oder mit einer vermeintlich christlichen Ideologie zu „untermauern". Die Predigt vom Reich Gottes bzw. Jesu Christi (Joh. 18,36) hat eine ganz andere Aufgabe.

Um so erstaunlicher, daß hier mit solchem Ernst und mit einem so unbefangenen Ja über die weltlichen Ordnungen gesprochen wird. Unsere Stelle kann nur im Kontext der gesamten paulinischen Theologie begriffen werden, trotz der übernommenen gängigen Gedanken und Formeln. Manches, was wir vielleicht gern hören möchten, sagt sie nicht; und sie sagt anderes, auf das wir vielleicht nicht gefaßt sind. Fassen wir so zusammen:

Die weltliche Ordnung, mit den Augen des Glaubens gesehen: (1) *Gottes vorläufige Ord-*
nung, (2) *Gottes wohltätige Ordnung,* (3) *Gottes ehrwürdige Ordnung.*

I.

Das Wort „vorläufig" steht nicht im Text, nicht einmal die etwa mit diesem Wort zusam-
menhängende Sache. Aber die Sache beherrscht die Umgebung des Textes, ja die ganze
Theologie des Paulus, die eschatologisch bestimmt ist und auch das Tun des Christen im
eschatologischen Horizont sieht (vgl. E. Ksm., Grundsätzliches zur Interpretation von
Röm. 13, EVuB I, S. 205, und entsprechend im Kommentar). Der Text spricht nicht
eschatologisch; sein Wortlaut könnte zumeist aus Dokumenten der Umwelt ebenso erhoben werden. Man hat sogar gemeint, Paulus könne Röm. 13 gar nicht geschrieben haben
(sehr dezidiert: E. Barnikol, Römer 13, in: Studien zum Neuen Testament und zur Patri-
stik, E. Klostermann zum 90. Geburtstag, Berlin 1961, S. 65ff.). Es verwundert schon, daß
einer sich derartig ins Gegebene einfügt, der die Welt so sehr von Sünde und Verderbensmächten beherrscht sieht wie Paulus (Röm. 8,38; 1. Kor. 2,6.8; Gal. 4,3.9; 2. Kor. 4,4, vgl.
Bltm., ThNT, S. 258). Und es verwundert, daß einer die Ordnungen der Welt so ernst
nimmt, der den Tag Christi für ganz nah hält (VV. 11ff.; 1. Kor.7,29ff.). Erstaunlich auch,
daß einer die Rechtspflege der Obrigkeit so hoch bewertet, der es doch unwürdig findet,
daß Christen vor heidnischen Gerichten miteinander prozessieren (1. Kor. 6,1ff.). „Stellt
euch nicht dieser Welt gleich", lesen wir 12,2; wie kann man sich dann so in die Ordnung
der Welt einfügen? Man vergleiche doch: „Vergeltet niemand Böses mit Bösem" (12,17) –
aber die Obrigkeit trägt das Schwert nicht umsonst (13,4). „Rächt euch selber nicht ...,
gebt Raum dem Zorne Gottes" (12,19) – aber die Obrigkeit soll als Rächerin auftreten zur
Strafe über den, der Böses tut (13,4). „Überwinde das Böse mit Gutem!" (12,21) – doch
vor der Obrigkeit soll der Böse Furcht haben. Sind das nicht zwei verschiedene Welten,
die man nur so streng wie möglich voneinander sondern kann? – Wir arbeiten diese Unvereinbarkeit heraus, weil erst auf diesem Hintergrunde die Aussage des Textes gehörig
zum Leuchten kommt. Derselbe Paulus, der in Röm. 12 in der Linie der Bergpredigt
denkt, sagt ein klares Ja zur weltlichen Ordnung.
Es ist das Ja zu dem auch in der gefallenen Welt fortgehenden Werk Gottes, des Schöpfers. Paulus sieht die Welt mit den Augen des Glaubens. Er sieht sie keineswegs als hoffnungslos gottverlassene Welt an, mit der, der sie erschuf, nichts mehr zu tun haben wollte
und aus der man nur zu fliehen hätte wie Lot aus Sodom Die Welt ist und bleibt *Gottes*
Welt. „Die Erde ist des Herrn und was darinnen ist, der Erdkreis und die darauf wohnen"
(Ps. 24,1). Paulus ist kein pessimistischer Manichäer. Alles, was Paulus die Menschen
ihren Mitmenschen hat antun sehen, alles auch, was er selbst von Menschen erfahren und
erlitten hat (z. B. 1, Kor. 4,9ff.; 2. Kor. 11,23ff.), kann ihn daran nicht irremachen, daß
Gott seine Welt nicht preisgegeben hat, sondern in ihr wirkt, ja auch von seinen Christen
erwartet, daß sie als neugeborene und begnadete Menschen in dieser Welt ihre tägliche
Pflicht tun.
Wir können jetzt nicht alle hierhergehörigen Fragen durchnehmen. Es kommt nur darauf
an, den theologischen Ort zu markieren, an dem in der Botschaft des Paulus dieses Ja zur
weltlichen Ordnung steht. Wie dieses Ja zu praktizieren ist, davon nachher. Zunächst:
was Paulus über die weltlichen Ordnungen selbst sagt. Recht, Vergeltung, Rache,
Schwert, Lohn und Strafe je nach Verdienst: das sind die Merkmale des *Gesetzes.* Gott
sei Dank, daß das Gesetz nicht Gottes letztes Wort an uns ist, sondern das vorletzte. Heil
und Rettung kommen nicht durchs Gesetz, sondern durch Vergebung, Versöhnung, Neuschöpfung. Aber dafür dürfen wir Gott danken, daß er sein Gesetz als die *vorläufige* Ord-

nung gegeben hat, uns und allen anderen Menschen: für die Zeit zwischen Sündenfall und Parusie, in der das Böse, das Zerstörende, Auflösende, Verwirrende, Lebenshindernde zwar nicht einfach ausgerottet, entwurzelt und weggefegt, aber doch eingedämmt, kurzgehalten, am Überhandnehmen gehindert wird. Von Gottes wegen führt die Obrigkeit das Schwert, d. h. sie wehrt das Böse ab, indem sie die ihr verliehene Macht gebraucht. So allein kann die Welt, wie sie nun einmal bis zur Stunde ist, vor dem Chaos bewahrt werden. Daß wir von „Staatsmacht" sprechen, ist von daher legitim. Gott hat es einstweilen so geordnet, daß dem Unrecht, der zerstörerischen Gewalt wiederum mit Gewalt begegnet wird (Gen. 9,5f.). Es ist klar, daß Machtgebrauch immer erhöhte Verantwortlichkeit bedeutet. Je größer das Machtpotential ist, über das Regierende verfügen (relativ gering bei Vater und Mutter, größer schon beim Meister oder Werkleiter, zunehmend beim Richter, beim Polizeichef, bei Regierung und Staatsspitze), desto schwerer ihr Amt; desto größer also, wenn das Amt recht verwaltet wird, der Gewissensernst, wenn Macht eingesetzt werden muß, um Schlimmeres zu verhüten.

Es wird bei allem Machtgebrauch gerade in dem, der sein obrigkeitliches Amt ernst nimmt, ein Wissen darum vorhanden sein, daß es sich um Notmaßnahmen handelt. Was wäre das für ein Richter, dem der Freispruch nicht leichter fiele als ein hartes Urteil? Und wer könnte sich, wenn es um gut und böse geht, damit begnügen, daß das Böse einstweilen gewaltsam unschädlich gemacht ist? In dem langen Zellengang einer Strafvollzugsanstalt meldet sich gewissermaßen von einer Tür zur anderen die stumme, aber drängende Frage nach dem neuen Menschen. Sie meldet sich nicht nur dort, sondern überall.

Weltliche Ordnung „mit den Augen des Glaubens gesehen": dieser Zusatz ist jetzt entscheidend. Paulus denkt im eschatologischen Horizont. „Unser Politeuma ist im Himmel" (Phil. 3,20 – alte Epistel). „Fleisch und Blut können das Reich Gottes nicht ererben" (1. Kor. 15,50). Hinter solchen Sätzen steht die Glaubenseinsicht, daß es unmöglich ist, das Endgültige aus dem Vorläufigen bruchlos zu entwickeln (Joh. 3,6). Kein Reich dieser Welt ist das Reich Gottes, keines wird es werden (Dan. 2,44). „Das Vorläufige wird hier nicht zum Endgültigen, das Irdische nicht glorifiziert . . ." „Die politische Gewalt gehört . . . ganz und ausschließlich zu jenem Bereich des Vorläufigen, in welchem es auch Essen und Trinken, Ehe und Sklaverei gibt, und wird so wie diese anderen Verrichtungen und Verhältnisse Gegenstand der Paränese. Denn das Vorläufige ist für den Christen nicht belanglos. Gerade im Alltag, der dadurch bestimmt wird, hat er Gott zu dienen" (Ksm., a.a.O., S. 220 und 211). Man sieht: von Vorläufigkeit reden wir aus keinem anderen Grunde als aus dem, daß wir auf die Welt warten, die mit Jesu Auferstehung angebrochen ist. Bis zu Jesu großem Tage werden die Ordnungen dieser Welt – in sich wandelnden Formen – *bleiben*. Die Welt hat sie nötig. Gott will sie. „Es ist keine Obrigkeit, die nicht von Gott wäre" (V. 1). Diesen hohen Rang weiß der Glaube gerade dem Vorläufigen gegeben. Kein Staat, auch keine weltliche Ordnung, vermag die Frage zu lösen, die zuletzt alle anderen Fragen mitentscheidet: Wie kommt es zur Versöhnung zwischen Gott und seiner abtrünnigen Welt? Aber dazu ist weltliche Ordnung da, daß der Raum freigehalten wird für das Leben und seinen Fortbestand. Das ist *viel*! Abgesehen von dem uns umgebenden bzw. vor uns liegenden Eschaton (1. Petr. 1,4) ist das sogar *alles* – weil ja die neue Kreatur, auch unter den Bedingungen des zeitlichen Lebens, bereits zum Kommenden gehört. Wo man auf das *Heil* wartet, da wird freilich das *Wohl* zum Vorletzten. Wo man aber das Vorletzte als Satzung Gottes versteht, da bedeutet die Tatsache, daß es zuletzt von Gottes neuer Schöpfung abgelöst, überholt und antiquiert sein wird, keine Herabsetzung. Im Gegenteil: wer in den weltlichen Ordnungen Gottes Satzung erkennt, wird sich auch durch Enttäuschungen nicht beirren und entmutigen lassen. *Hier* will Gott unsern Dienst.

2.

Gottes *wohltätige* Ordnung. Wir sind mit dem bisher Gesagten bereits auf dem Wege zu dieser zweiten Überlegung. Wir hören eine gute, tröstliche Botschaft: Alle Obrigkeit ist von Gott „gesetzt". In den meisten Fällen werden es die Träger irdischer Macht nicht wissen, daß sie im Dienste Gottes stehen. Aber es ist so. Gottes Werk der nicht ablassenden Weltschöpfung und Welterhaltung vollzieht sich verborgenermaßen unter dem Wirken der unser Leben bestimmenden und gestaltenden Geschichtsmächte. Der Text redet nicht nur von dem, was wir, die Christen, in der Welt zu tun haben. Er redet, ehe er von *unserm* Tun spricht, tatsächlich davon, wie *Gott* in der Welt wirksam ist. In großer Geduld erhält und betreut Gott die Welt, die sich von ihm abgewendet hat. Er gibt sie nicht auf.

Man hat gemeint, das positive Urteil des Paulus über den Staat erkläre sich daraus, daß zur Zeit der Abfassung des Römerbriefes die Politik Neros unter Senecas Einfluß gestanden habe. Es mag daran richtig sein, daß Paulus seinen Lesern, hätte er sie in einer anderen Lage gewußt, einige Sätze *mehr* geschrieben haben würde. Aber daß er das hier Gesagte nicht gesagt oder zurückgenommen hätte, ist unvorstellbar. Das ist ja gerade die Pointe der Sache: Röm. 13 ist nicht ein auf empirischen Feststellungen beruhendes Werturteil über einen bestimmten Staat oder bestimmte andere Ordnungsmächte, sondern Aussage des *Glaubens*, die auch dann gälte, wenn Seneca inzwischen in Ungnade gefallen wäre. Man lese doch noch einmal Wort für Wort: „Jedermann unterstelle sich den über ihn gesetzten Trägern irdischer Regierungsgewalt. Denn es gibt keine solche Gewalt, die nicht von Gott wäre, und die jeweils im Amt befindlichen (Regierenden) sind von Gott eingesetzt." Keine Bedingung, keine Einschränkung, keine Rückversicherung. Man muß Paulus nur richtig verstehen! Seine Einstellung zur Obrigkeit besteht nicht in einem kritiklosen, blinden Vertrauen auf die die weltliche Macht innehabenden Menschen, sondern in dem unerschütterlichen Vertrauen auf Gott, der sie eingesetzt hat und auf alle Fälle für sein Vorhaben benutzt. Es geht dabei nicht darum, wie die der Obrigkeit von seiten der Christen entgegengebrachte Gesinnung und Verpflichtung bei den Trägern weltlicher Macht angesehen und eingeschätzt wird; es geht darum, daß die Christen wissen, wo und wie Gott sie haben will. Wer seinen Dienst in den Ordnungen tut, befindet sich damit in eben dem Bereich, in dem Gott selbst der Welt und damit uns allen sein Gutes erweist. Wir sind in der sich weltlich verstehenden Welt nicht auf einem Terrain, von dem Gott sich zurückgezogen hätte und auf dem angetroffen zu werden uns beschämen müßte. Im Gegenteil: es wäre unchristlich, sich *nicht* einzufügen oder sich gar zu widersetzen, ja, es würde uns, wenn wir die gute Ordnung negierten, das Urteil Gottes eintragen (V. 2). Wir haben die Welt nicht zu räumen, auch wenn es eine nichtchristliche Welt ist (1. Kor. 5,10), sondern in ihr zu dienen.

Jede weltliche Ordnungsmacht ist Gottes Dienerin. Gott läßt sich von ihr dienen, bedient sich ihrer. Auch dies ist aus dem Glauben gesprochen. Jedermann weiß, daß V. 3 nicht einfach ein empirischer Satz ist. Soll man der Diasporasynagoge, die so gesprochen hat, und soll man dem Paulus, der es ihr nachspricht, den Vorwurf machen, hier walte ein „Zweckoptimismus" (Ksm., S. 218)? Ob Paulus nicht Realist genug gewesen ist, die zu seiner Zeit herrschenden Obrigkeit – Cäsaren und Prokuratoren, Militärs und Sklavenhalter, Gerichtsbüttel und Zolleinnehmer usw. – so zu sehen, wie sie sind? Sollte er Röm. 5,12 und ähnliche Zeugnisse seines Denkens über den Menschen vergessen haben? Der Glaube glaubt grundsätzlich ohne bzw. gegen den Augenschein. „Er will uns allzeit ernähren, Leib und Seel auch wohl bewahren; allem Unfall will er wehren, kein Leid soll uns widerfahren": sind das etwa empirische Sätze? Der Glaube weiß, daß Gott auch das

Fehlsame und Verkehrte benutzen kann, ja, daß er das Rechte und Gute zuletzt auch immer wieder zur Geltung bringt, wenngleich Menschen ihm dabei im Wege stehen. Aus der Botschaft der alttestamentlichen Propheten konnte schon die Generation des Paulus ablesen: eine Obrigkeit, die die gesellschaftlich Benachteiligten schindet, ausbeutet und verarmen läßt, hebt sich selber auf. Die „Rächerin zur Strafe über den, der Böses tut", verfällt, wenn sie selbst das Böse tut, der Rache Gottes. Gott läßt sich die Dinge nicht aus der Hand nehmen.

Aber wir sollten nicht immerzu auf die Punkte stieren, an denen der Augenschein unsern Text widerlegt oder zu widerlegen scheint. Gewiß: Staats- und Gesellschaftskritik ist nötig, und wir sind nicht das Salz der Erde, wenn wir, wie leider viel zu oft geschehen, kritiklos hinnehmen oder gar noch stützen, was dem Willen Gottes zuwider ist. Sagen wir es unverblümt: Die Kirche hat den Arbeiter schwer enttäuscht und hat an ihm viel gutzumachen. In der Tat, es war nicht alles „Wohltat", was sich „Ordnung" nannte. Und doch sollten wir sehen, daß Gottes Schöpfergüte sich auch gegen menschliche Verkehrtheit durchgesetzt hat. Die Ordnungen, in denen unser Leben verfaßt ist, sind Wohltaten Gottes. Gott hält Bosheit in Schranken, indem er sie straft. Nicht auszudenken, was wohl wäre, wenn es nicht die Staatsorgane gäbe, die für Ordnung und Recht sorgen. Man stelle sich vor, wir müßten auch nur *einen* Monat ohne Gesetze und ohne die die Gesetze garantierende Macht („Schwert", V. 4), ohne geregelte Versorgung mit Nahrung, Wasser, Energie, ohne Bau- und Gesundheitsbehörden, ohne die Einrichtungen des Verkehrswesens, ohne ein geordnetes Zahlungssystem (usw.) leben: unsere Sünde würde sofort den Krieg aller gegen alle entfesseln. Wir sollten weniger problematisieren, dafür aber dankbarer sein.

3.

Gottes *ehrwürdige* Ordnung. Die letzten Verse führen uns an eine interessante Nahtstelle – im literarischen wie im sachlichen Sinne. V. 8 – er gehört nicht mehr zur Perikope – wird an VV. 6f. anknüpfen und doch weit über das hinausführen, worum es dort zunächst geht. Machen wir es uns Schritt für Schritt klar. Paulus spricht von Steuern und Zoll. „Ihr zahlt das" – man darf daraus schließen, daß ihr grundsätzlich auf dem Boden der weltlichen Ordnung steht. Oder doch nicht? Es könnte sein, ihr kommt euren diesbezüglichen Verpflichtungen nur nach, weil es nicht anders geht. Von den προσκαρτεροῦντες ist die Rede – der Zusammenhang gibt dem hier gewählten Wort noch eine besondere Spitze. Steuern, Abgaben, Finanzamt – verständlicherweise nicht das allerbeliebteste Thema, gewiß auch zu des Paulus Zeiten. Das Imperium Romanum hatte, was Steuereintreibungen anging, bekanntermaßen keine sehr feinfühligen Gepflogenheiten (man denke z. B. an das, was wir über den Zensus in Luk. 2 wissen), und die Eintreibung des Zolls war nach Ausweis der Evangelien etwas Widerliches und Verhaßtes. Wer gerecht urteilt, muß zugeben, daß wir es besser haben. Vielleicht darf man das eben zitierte Partizip so wiedergeben: „die euch aufs Leder knien", nämlich indem sie Steuern kassieren. Dazu wäre nun ganz schlicht zu sagen: „So gebt nun jedermann, was ihr schuldig seid." (Wir müssen den Übergangsvers vorübergehend mit einbeziehen.) Im Bereich der iustitia civilis gibt es eine Korrektheit, die durchaus erschwinglich ist und an der ihr es nicht fehlen lassen sollt (V. 8a). Freilich, diese Korrektheit ist nicht alles, was Gott erwartet. Ihr braucht niemanden etwas schuldig zu bleiben – nur an *einer* Stelle werdet ihr es immer: in der Liebe. Hier gibt es grundsätzlich kein erfülltes oder gar übererfülltes Soll. Ja, man muß wissen, daß alles, was der Staat, der Betrieb, die gesellschaftliche Organisation verlangen können, eben noch nicht alles ist, was der *Herr* von uns erwartet. Christenleben kann sich in dem, was die weltlichen Ordnungen enthalten, nicht genügen lassen. Gott will – und gibt – mehr.

Die Obrigkeit muß sich daran genügen lassen, daß die Bürger ihre staatsbürgerlichen Pflichten erfüllen und die Gesetze halten. Und wenn sie es nur tun, weil sie nicht straffällig werden wollen (V. 5), so müßte die Obrigkeit sich bescheiden. Kein Richter bestraft mich für einen Diebstahl, den ich vielleicht gern begangen hätte, aber dann doch aus Angst vor den Folgen unterlassen habe. Kein Steuerprüfer wird – wenn die Buchführung stimmt, die Gesetze beachtet sind und die Quittungen vorliegen – mich belangen, bloß weil ich bei der Überweisung geknurrt habe. Aber Gott darf von mir mehr verlangen. Die, wenn's beispielsweise um die Steuern geht, eine so unangenehme Beharrlichkeit an den Tag legen (s. o.), sind „Gottes Liturgen" (V. 6b). Wir vergessen nicht, daß das Wort profanen Ursprung hat; aber daß es etwas solenn klingt, ist nicht zu überhören, und wenn das Achtunggebietende schon nicht in dem Wort λειτουργός läge, dann mindestens in dem hinzugefügten ϑεοῦ! Damit bekommt die Sache noch einmal ihren Ernst. Was schulden wir den Trägern irdischer Macht und Ordnung? Steuer – Zoll – Respekt – Ehrfurcht (V. 7). Welch überraschende Wendung in dieser Aufzählung! Mündet das Ganze nun doch in eine byzantinische Unterwürfigkeit ein, die wir eingangs meinten ablehnen zu sollen? „Seid untertan aller menschlichen Ordnung *um des Herrn willen*" (1. Petr. 2,13). Oder mit den Worten unserer Stelle: „nicht allein um der Strafe willen, sondern auch um des Gewissens willen" (V. 5). Keine Instanz staatlicher Machtausübung kann uns *die* Verpflichtung an der Welt und ihren Ordnungen auferlegen, die sich aus der Bindung des *Gewissens* ergibt. Diese Bindung kommt allerdings daher, daß wir *Gott* kennen. Darin liegt ein letztes inneres Muß, das uns nicht erlaubt, jeweils den bequemsten Weg zu gehen. Gründet unsere Weltverpflichtung in der Gewissensbindung, dann ist sie auch von daher normiert. Für den, der nicht oberflächlich urteilt, bedeutet dies die Pflicht zu noch größerer Treue.

24. Sonntag nach Trinitatis. Hes. 37,1–14

VV. 1–10 bieten einen „dramatisch ausgestalteten Visionsbericht", dem in VV. 11–14 ein Disputationswort folgt (Zimmerli). Der Prophet „sieht" nicht nur, er wird am Visionsgeschehen beteiligt. V. 1: Schwergewichtiges Perfektum (wie 40,1; dort vorher eine – hier verlorengegangene? – ausführliche Zeitangabe). Der Prophet spürt Jahwes „Hand". Wahrscheinlich, daß Jahwes Geist ihn leibhaft in die „Ebene" (3,22f.) entführt. Das betonende הִיא hebt das (Erschreckend–)Überraschende des Anblicks hervor. – V. 2: Man würde Imperf. cons. erwarten (kommt bei Hes. häufiger vor, s. Zimmerli z. St.). – V. 3: Man weiß in Israel noch nichts von einer allgemeinen Totenerweckung, aber niemand weiß auch, was Gott alles möglich ist. – V. 4: Erst scheint es, die Gebeine sind nur Objekte, „über" die der Spruch ergeht, aber dann werden sie mit dem „Aufmerksamkeitsruf" angesprochen. – V. 5: betontes „ich". Vgl. Gen. 2,7. – V. 6: גִּיד = Sehne (Gen. 32,33; Jes. 48,4 u. ö.), קרם = überziehen. In dem „Erweiswort" meldet sich Jahwe als das göttlich handelnde Subjekt. – V. 7: Das כְּ hat zweierlei Bedeutung: „gleichzeitig" mit meiner prophetischen Rede – und: ihr „entsprechend" (Ges. unter 5). Die Skeletteile rücken raschelnd zusammen. קוֹל und רעשׁ meinen dasselbe, LXX läßt קוֹל z. T. weg. Die „Gebeine" sind im Hebr. fem., korrekt müßte es וַתִּקְרַבְנָה heißen (vgl. aber Jes. 49,11). – V. 8: Das dichotomische Menschenbild läßt die Wiederherstellung in zwei Phasen vor sich gehen (analog Gen. 2,7). Das belebende Element ist aber nicht die נְשָׁמָה, sondern die רוּחַ, an der es bislang noch fehlt. – V. 9: Es ist nicht an den Geist Jahwes gedacht, sondern allgemein an den „Lebensgeist", der von allen Himmelrichtungen gleichzeitig bläst (נפח = blasen), also nicht einfach als meteorologisches Phänomen zu verstehen ist. Erst hier ist davon die Rede, daß es sich um „Getötete", also wohl Erschlagene handelt, doch könnte der Wechsel des Ausdrucks sich einfach von daher erklären, daß es sich nicht mehr nur um Skelette, sondern um Leiber handelt. – V. 10: „Heer" bedeutet nichts anderes als „Menge".

Jetzt erst die Deutung. V. 11: Die nach Babel Verbannten könnten ihre Lage tatsächlich so charakterisiert haben: „Vertrocknet sind unsere Gebeine, zunichte ist unsere Hoffnung, wir sind abgehauen (wie Gras oder Holz)", Ausdruck der völligen Hoffnungslosigkeit. „Das ganze Haus Israel": es ist nicht nur an die Verbannten, sondern an die (schon längst nicht mehr bestehende) Ganzheit des Zwölfstämmevolkes gedacht. VV. 12.13a sind wieder „Erweiswort": im Heilshandeln gibt Jahwe sich selbst zu erkennen. Aus den Gräbern herausführen: eine Ausweitung und Verallgemeinerung des in der Vision Geschauten, jedenfalls eine neue sprachliche Variation (die „Gebeine" waren ja gerade nicht bestattet!). Heimführung ins „Land": die Hoffnung verwirklicht sich auf dieser Erde, Israels Heilshoffnung verwirklicht sich in der Landnahme endgültig. – V. 14: Israel wird den Geist Jahwes empfangen und dadurch leben; diesmal also deutlich: „mein Geist".

Was sich nach Matth. 9,18–26 (altes Evangelium) in der Enge des Jairus-Hauses an dem verstorbenen (oder im Koma liegenden? – vgl. V. 24) Mädchen abspielt, ein erster Hinweis auf Jesu Macht über den Tod, das wird uns in diesem Text für das Ganze des Gottesvolkes versprochen: Gott findet sich mit dem Tod nicht ab, er kann, will und wird das Leben schaffen. Jesus Christus ist „der Überwinder des Todes" (Thema des Sonntags nach Spieker). Jesus Christus verwirklicht, was Hesekiel geschaut hat.
Unser historisch-exegetisches Gewissen erhebt Einspruch. Es handelt sich in diesem Text um eine Vision mit Gleichnisbedeutung. Die Deutung V. 11 sagt es unmißverständlich: es geht um die „Auferstehung" Israels im Sinne einer Erneuerung seines Lebens als Volk. Es ist also nicht daran gedacht, daß Verstorbene zu neuem Leben aufstehen. Die Gräber in VV. 12f. sind Bild für das hoffnungslose Dasein in der Verbannung. Gottes Volk wird zu neuem geschichtlichen Leben erstehen. Dies meint der Text. Er spricht nicht vom großen Tag der Auferstehung der Toten. Wollte man seinen spezifisch *christlichen* Sinn – in Verlängerung der hier angelegten heilsgeschichtlichen Linien – aufzeigen, dann müßte man wohl eine Pfingstpredigt halten. Daß Gott seine Kirche erneuern will, würde dem, was hier gemeint ist, entschieden näherliegen als der Vorausblick auf die Auferstehung.
Es muß deutlich gesagt werden, daß der Glaube an die Auferstehung dem klassischen Jahweglauben fremd ist. Wie sollte es auch anders sein? Ist Christus der „Erstling unter denen, die da schlafen" (1. Kor. 15,20), dann ist vor ihm noch keiner auferstanden, und es wäre verfehlt, eine Auferstehungshoffnung für uns alle irgendwo anders anbinden zu wollen als eben an der Tatsache seines Auferstandenseins. Damit ist nicht gesagt, daß das Alte Testament im Sinne der Verheißung von der Überwindung des Todes prinzipiell nicht reden dürfte; aber es ist andererseits verständlich, daß es dies faktisch nicht tut. Nur an wenigen Stellen ist es wie ein erstes Dämmern: es zeigt sich in zarten Umrissen eine in der festen und lebendigen Gottesgemeinschaft gegründete Hoffnung auf Überwindung des Todes: Ps. 17,15; 73,26; Hiob 19,25ff.; Jes. 25,8; Dan. 12,2f.
Und trotzdem ist der Text durchsichtig für das, was die christliche Gemeinde hofft. Zimmerli weist auf eindrucksvolle Zeugnisse christlicher Kunst, in denen Hes. 37 im Sinne der Auferstehungshoffnung gedeutet ist (im Kommentar S. 898ff.), ja, sogar die Synagoge schon hört danach den Text eschatologisch (Synagoge von Dura-Europos). Wir werden es uns damit freilich nicht zu leicht machen dürfen. Auszugehen haben wir zweifellos von der Feststellung, daß der Text „mit den beiden unter sich verschiedenen Bildern von der Wiederbelebung der unbegraben daliegenden Totengebeine und von der Öffnung der Gräber und dem Herausholen der dort Begrabenen zu neuem Leben das Geschehen der Wiederherstellung und der neuen Sammlung des politisch untergegangenen Gesamtisrael aussagen will. An eine Erweckung von Einzelmenschen aus dem Tode „ist" nicht „gedacht" (Zimmerli, a. a. O., S. 900). Nur wenn dies unser Ausgangspunkt bleibt, dürfen wir im Sinne christlicher Auferstehungshoffnung weiterdenken, und wenn wir das tun, bedarf es dafür gründlicher Rechenschaft.

Unter dieser Voraussetzung soll folgender Ansatz gewagt werden: *Unser Gott läßt es nicht beim Todesverhängnis. Er schafft* (1) *Zukunft,* (2) *Leben,* (3) *Auferstehung.*

I.

Hesekiel hat eine Vision. Dies ist der Sinn der Worte: Jahwes Hand kam über mich (1,3; 3,22; 8,1; 40,1). Vielleicht muß man es sich so vorstellen, daß Gottes Hand das Tageslicht verdunkelt (Exod. 33,22), vielleicht empfindet der Prophet auch, daß eine Last sich auf ihn legt. Der Prophet, den wir uns anfangs zu Hause denken müssen, wird vom Geist Gottes hinausgeführt – ob nur in der Vision oder auch leiblicherweise, so daß er die Vision tatsächlich auf deren Schauplatz erlebt, bleibt unsicher. – Die Talebene am Kebarfluß (1,1), bei (dem babylonischen) Tel-Abib (3,15) liegt voller Totengebein. Wie die Menschen umgekommen sind, ist nicht gesagt; V. 9 spricht von Erschlagenen, aber wir sahen, daß man dies nicht pressen darf. Sie müssen schon lange dort liegen: nur noch Gebein, alles andere ist verwest, von Geiern gefressen; die Skelette in der Sonne und Hitze vertrocknet. „Er führte mich allenthalben dahindurch", wörtlich: er ließ mich ringsumher über sie hinwegsteigen (עבר heißt zwar auch vorübergehen, jedoch scheint mir der Ursinn viel plastischer). Was dieses Hinübersteigen ringsumher bedeutet! Der Prophet bewegt sich mitten im klappernden Tod, der ihn unverhüllt anfletscht, – ein Ort des Grauens. Übrigens – der Prophet stammt aus priesterlichen Kreisen und hat dies sicher nicht vergessen – eine Stätte, an der man unrein wird. Das waren einmal Menschen! Hier wird die Unwiderruflichkeit des Todes unmittelbar erfahren.

Auf Gottes Frage (V. 3) kann es nach allem, was wir von unseren Erfahrungen aus zu sagen vermögen, nur ein rundes Nein geben. Freilich, Hesekiel gibt die Frage gewissermaßen an Gott zurück. „Du weißt es." Darin liegt beides: ich, das Menschenkind (VV. 3.9.11), sehe hier nur Unmöglichkeit; aber wie wollten wir das Vermögen Gottes nach unseren Einsichten und Erfahrungen bemessen wollen! Noch mehr: der Allmacht Gottes darf man alles zutrauen. Und dennoch, es steht mehr hinter der Frage Gottes als das Abwägen zwischen Möglich und Unmöglich. Verbirgt sich hinter dem Tod dieser zu Tode gekommenen Menschen ein Gerichtshandeln Gottes, dann hängt mit der Erfahrung der Irreversibilität des Todes auch die der Endgültigkeit des göttlichen Gerichts zusammen. Und man vergesse nicht: *jeder* Tod ist Gericht (Ps. 90,7.11 f.; Röm. 6,23). Doch davon später.

Nun wird der Prophet in das Geschehen einzugreifen aufgefordert. Aus dem Sprecher menschlicher Ohnmacht wird er unversehens zum Sprecher göttlicher Vollmacht (Zimmerli). Er soll über die Gebeine und – ankündigend – zu den Gebeinen Gottes eigenes Wort sprechen (Botenformel). Wenn, was hier befohlen wird, Sinn hat, geschieht hier schon ein erstes Wunder. Gebeine sollen – hören! Gott kündigt ihnen den Lebensgeist an, der in sie kommen soll, und ihre volle leibliche Gestalt soll wiederhergestellt werden. (V. 5 ist Nominalsatz – gewissermaßen das Programm; V. 6 bringt dann die Realisierung in Verbalsätzen. So erklärt sich das zweimalige Kommen des „Lebensgeistes".) Wenn die Gebeine wirklich hören, so vollzieht sich in diesem Hören ihre Restituierung. Das Wunder geschieht. Der Prophet spricht, und da entsteht ein Rappeln und Klappern in den Knochen, und sie rücken zusammen, eins zum andern. Und „siehe" – es ist ein alle Aufmerksamkeit in Anspruch nehmendes Geschehen – : aus den Skeletten werden anatomisch vollständige Menschen. Nur: noch ist kein Leben in ihnen. Die spannende Erzählung „zerdehnt" den Vorgang. Man könnte einwenden: wer einmal „gehört" hat, ist schon kein Toter mehr; aber so pingelig sollen wir nicht fragen. Es geht hier zu wie bei der ersten Schöpfung: dem vollständigen, aber noch unlebendigen Gebilde wird das Leben eingehaucht. Der Prophet soll es ankündigen, und als er es ausspricht, geschieht es. Sein Wort ist ja Gottes Wort, und was Gott spricht, geschieht. Die zum Leben Erweckten richten sich auf, eine große Zahl von Menschen.

Die folgenden Verse geben die Deutung. Die Gebeine sind das ganze Haus Israel – einschließlich der aus der Geschichte ausgeschiedenen nordisraelitischen Stämme (37,15ff.). An das ganze Volk richtet sich die Weissagung: an solche, die nicht mehr sind oder doch – sofern sie zur Gola gehören – keine Hoffnung mehr haben und sich nur noch für tot, ausgelöscht, ja verwest halten können (V. 11b). Wir verstehen, daß die verzweifelte Resignation sich im Bilde des unwiderruflichen Todes darstellt. Was die Generation Israels, die den Zusammenbruch Judas 587 erlitten hat, empfunden haben mag, wird unserm Jahrhundert in schrecklicher Weise – man muß sagen: um ein Vielfaches verstärkt – anschaulich in Israels Schicksal in den dreißiger und vierziger Jahren. Untergang – hoffnungslos. – Was uns als christliche Gemeinde interessiert, ist dies, daß das „Volk Gottes" ja zugleich die „Kirche" ist. Nicht irgendein beliebiges Volk ist dem Untergang verfallen, sondern das Volk, das nach Gottes Willen und Plan den Retter und damit die Rettung der Welt hervorbringen sollte. Die Gemeinde Gottes in der Welt – sie stellt sich nach dem Text dar als ein Leichenfeld.

Aber Gott schafft seinem Volk Zukunft, auch wenn menschlicherweise nichts mehr zu hoffen ist. Das Unmögliche ist möglich, wenn Gott will. Er tut die Gräber auf. (Daß das Bildmaterial wechselt bzw. gleitet, darf uns nicht stören.) Die Hadespforten werden die Kirchen Gottes nicht überwältigen (Matth. 16,18). Gott steht zu seiner Kirche. „Euch, mein Volk", heißt es zweimal; Gott bekennt sich zu dem mit Israel geschlossenen Bunde. Er redet es und tut es auch (V. 14). Sie sollen erfahren, daß er Jahwe ist. Gott gibt seine Gottheit nicht preis – er steht zu seinen Zusagen. Sie konzentrieren sich für alttestamentliches Denken in der Landverheißung (VV. 12–14), wie sie den Vätern gegeben ist (Gen. 12,7; 15,7; Exod. 3,17 u. v. a.). Für die neutestamentliche Gemeinde hat diese Zusage einen neuen, nämlich eschatologischen Sinn bekommen (1. Petr. 1,4; Hebr. 4,9). Die Zukunft, die Gott seiner Gemeinde schafft, ist die *ewige* Zukunft, „das Erbteil der Heiligen im Licht" (Kol. 1,12). Doch damit sind wir über das, was Hesekiel gemeint hat, schon hinaus. Wir werden uns zu fragen haben, ob wir berechtigt sind, die Linien in der hier angedeuteten Weise auszuziehen.

2.

Daß Gott es nicht beim Todesverhängnis läßt und Leben schafft, stellte sich uns bisher als Bildrede dar. Ein Baum, der wirklich tot ist, kann keine neuen Triebe hervorbringen. Die Zukunftsverheißung an das Gottesvolk hatte eben doch – so hart das Bild vom Totengebein ist – zur Voraussetzung, daß da noch etwas da war, das aufleben konnte, Keim einer neuen Zukunftsentwicklung. Oder verbirgt sich hinter der geradezu brutalen Aussage von der Vernichtung Israels doch noch ein tieferes Wissen?

Wenn wir an den Tod denken, dann nehmen wir ihn zumeist als eine Naturtatsache. Der Mensch stirbt, weil die Natur es so will. Der Mensch altert, Gewebe degeneriert, Funktionen werden gestört oder fallen aus. Auch die Verwesung, deren Ergebnis in dem Totenfeld zu Beginn unseres Kapitels sich eindrucksvoll darstellt, ist ein Naturvorgang. Rings um uns her lauter Werden und Vergehen – warum sollten wir, die Gewordenen, nicht auch vergehen und dies ruhig hinnehmen wie ein Baum, der morsch wird und stirbt?

Aber der Tod hat noch eine andere Seite. Er ist verdient. In ihm trifft uns Gottes Gericht.

(Wir haben vorhin schon darauf hingedeutet.) Daher kommt es, daß wir uns mit dem Todesverhängnis nicht abfinden. Der Tod ist unser Feind – der letzte der Feinde, mit denen
wir es in dieser Welt zu tun haben (1. Kor. 15,26). Der Tod hat neben dem Naturhaften
auch eine juridische Seite. Wir sterben nicht nur am Schlaganfall oder an der Arterioskle-
rose oder am Krebs, sondern wir sterben – in dem allem und über dem allem – an Gottes
Zorn. Das macht den Tod so bitter, so verletzend, so beleidigend. Wäre dem nicht so,
dann könnte man sich ruhig schlafen legen: „Ich habe Lust, abzuscheiden und bei Christus zu sein" (Phil. 1,23), und es ist tatsächlich das Vorrecht des Christen, so zu sterben
(so schwer auch beim Christen das leibhafte Sterben sein kann).
Auf unsern Text bezogen, heißt das: Das Totengebein ist das, was als Ergebnis eines
schauerlichen Gottesgerichts nachbleibt. Der Text spricht davon nicht. Man müßte Hese-
kiels ganzes Buch durchstudieren. Israel ist, seit Gott es erwählte, ein Volk der besonderen Gottesnähe gewesen. Gott hat es wie ein verwahrlostes und dem Verderben preisgege-
benes Findelkind aufgelesen und gepflegt, daß es heranwachsen und er sich mit ihm zu
einer Art Ehe verbinden konnte – aber Israel war seinem Gott untreu (Kap. 16). Immer
wieder geht es bei Hesekiel ums erste Gebot: so etwa in der Geschichte von den beiden
untreuen Frauen (Kap. 23), in denen das Nordreich und das Südreich dargestellt sind.
Oder man denke an Kap. 22, wo die Sünden aufgezählt werden: Blutvergießen und Men-
schenschinderei, Unterdrückung der sozial Schwachen, Ehebruch und Blutschande, Aus-
beutung des Nächsten (um jetzt nur die Sünden gegen das 5., 6. und 7. Gebot aufzuzählen). Gottes Volk ist wie Rebholz – es taugt nur zum Verbrennen, und es wird dem
Feuer zum Fraß gegeben (Kap. 15). Gott ist enttäuscht. Er gibt die Einwohner Jerusalems
dahin und richtet sein Angesicht gegen sie und will ihr Land zur Wüstenei machen, weil
sie die Treue gebrochen haben (15,6–8). Was sich 587 ereignet hat, ist verdientes Gericht.
Erst auf diesem Hintergrund wird deutlich, was es heißt, daß Gott Israel zu neuem Leben
erwecken will. Hier wird ein Todesurteil rückgängig gemacht. Die Gnade Gottes überwindet und überbietet den Zorn. Zu dem Volk, das Gott dem Feuerfraß preisgegeben hat,
sagt er wieder: „Mein Volk". Eine Geschichte zwischen Gott und Volk, die abgebrochen
war, wird neu begonnen. Die Verheißungen von einst werden wieder in Kraft und Geltung gesetzt. Gott fängt mit Israel in Gnaden neu an.
Was aber hat das mit Auferweckung zu tun? Wieso läßt Gott es nicht beim Todesverhängnis? Wir müssen uns auch an dieser Stelle abermals Zurückhaltung auferlegen, um
nicht doch noch das, was an den Totengebeinen geschieht, als das große eschatische Geschehen der Auferstehung auszugeben, auch nicht etwa im Sinne der Verheißung. Aber
das müssen wir sagen: Leben oder nicht leben – das ist in jedem Falle von dem Urteil abhängig, das Gott über uns spricht. Es ist in der Bibel vielfältig bezeugt: Zieht man Gottes
Zorn auf sich, dann verspielt man damit sein Leben. Auf alle Fälle das „Leben" im qualifizierten Sinne; denn Menschsein, wie Gott es uns bestimmt und zugedacht hat, ist nach
biblischem Verständnis immer ein Leben „vor Gottes Angesicht", in der Verantwortung
vor ihm, in der Gemeinschaft mit ihm. Aber auch im Sinne der äußeren Existenz ist
Leben davon abhängig, daß Gott unser Dasein anerkennen, daß er es „lebenswert" finden
kann. Die seine Schöpfung verderben, muß Gott auslöschen, vernichten, vertilgen. „Das
Ende kommt", kündigt der Prophet schon im 8. Jahrhundert an (Amos 8,2). Es muß
nicht immer sofort geschehen; Gott kann Geduld walten lassen und seine Termine gnädig
hinausschieben. Aber nun *ist* das Ende für Israel gekommen (V. 11). Das Urteil ist vollstreckt.
Aber da: die Wende; das Unwahrscheinliche, ja geradezu Unausdenkbare geschieht. Das
schon vollstreckte Vernichtungsurteil wird aufgehoben. Israel soll wieder leben. Aus allen
Richtungen bläst der Lebenshauch Gottes. Gott erneuert das Leben des Gottesvolkes.

Vollstreckt wird nun – die Begnadigung. Also nicht bloß: das Leben geht weiter; sondern: Gott nimmt euch wieder an, nennt euch „mein Volk", und *darum* könnt ihr *leben*. Was Gott bejaht, das läßt er *leben*! Und nun nur noch *eine* Gewindedrehung weiter: Was so lebensunwert war, daß Gott es bereits vernichtet hat – wie man an den verblichenen Knochen sehen kann: endgültig, total – , das wird erneut ins Dasein gerufen. Man muß sagen: voraussetzungslos. „Da ist nichts von Anknüpfung an ein irgendwie doch noch vorhandenes Verdienst des Gottesvolkes zu sehen. Aus seiner freien Willigkeit schenkt Gott den zum Tode verdammten Seinen sein Leben" (Zimmerli).

3.

Und nun sagen wir doch: Gott schafft *Auferstehung*. Nicht, daß der Text davon ausdrücklich spräche. Aber er ist wie eine Knospe, in der schon angelegt ist, was sich zur Blüte entfalten will, und man muß schon sagen: wie eine Knospe, die eben am Aufplatzen ist. Nachdem wir bisher mit Fleiß den Abstand zwischen der Hesekiel-Vision und dem christlichen Auferstehungskerygma eingehalten haben, dürfen wir nun das Gemeinsame sehen und sagen.

Gott läßt leben, was er bejaht. Wie, wenn alles, was unser Leben „lebensunwert" macht, also unsere Sünde und das aus ihr erwachsene Konto an Schuld, ein für allemal weggenommen ist? Wie, wenn nichts mehr gegen uns spricht? Sind wir nicht mehr in unseren Sünden, dann ist uns auch die Auferweckung verbürgt (1. Kor. 5,20ff.). Nicht nur so, daß die Kirche, also Gottes Volk, weiterlebt, – ich aber muß sterben; sondern so, daß auch ich einzelner ein Freigesprochener bin. Gerade Hesekiel hat ja darauf hingewiesen, daß jeder von uns sein Personleben vor Gott selbst zu verantworten hat und sein Schicksal nicht vom Schuldkonto anderer her deuten soll (saure Trauben – stumpfe Zähne). „Jeder, der sündigt, soll sterben . . ." Aber wer „ein Gerechter" ist, „der soll das Leben behalten" (18,2.4.9). Wer vom Wort Gottes getroffen ist, weiß sich – obzwar immer Glied des Ganzen – doch als einzelner. Die Knospe will aufspringen: Mir sind alle meine Sünden vergeben. Nichts spricht mehr gegen mich. Nichts kann mich darum von der Liebe Gottes scheiden, die in Christus Jesus ist. Auch nicht der Tod. Was Gott liebhat, das läßt er nicht untergehen. Wie Christus um unserer Sünde willen gestorben und um unserer Gerechtigkeit willen auferweckt ist (Röm. 4,25), so hängt nun unser Angenommensein bei Gott mit unserer Auferweckung zusammen. Wir sind Gott kostbar. „Mein Volk!" Wir werden darum unverlierbar unseren Platz bei ihm haben.

„In der Auferweckung des Mannes, dessen Kreuzesaufschrift ihn als den König seines Volkes auswies, ist die neutestamentliche Gemeinde dieser Wirklichkeit, die mehr ist als ein göttlicher Plan, begegnet und hat die Gültigkeit des Lebensversprechens Gottes über seinem Volke erfahren – gewiß in einer neuen, überraschend verwandelten Art. Aber doch zugleich so, daß sie, was vom Propheten seinem Volke verheißen war, in seiner tiefsten Intention, weltweit gültig gemacht, zum Ausdruck hat kommen sehen" (Zimmerli). Tote erwachen zu neuem Leben. Längst Verschollene und Verlorene finden wieder ihren Platz im neuen Gottesvolk. Der Geist Gottes fährt in sie, Anbruch des neuen Lebens. Die Auferweckten finden in die unverlierbare Heimat, zum „Erbteil der Heiligen im Licht". Verwirklicht wird, was Hes. 37 steht, zuletzt nirgendwo anders als „in Christus".

Reformationstag. Gal. 5,1–6

Der Abschnitt reicht eigentlich bis V. 12, aber VV. 1–6 enthalten das Grundsätzliche; so ist die Umgrenzung der Perikope sinnvoll. „Zusammenfassender Anruf" (Schlier).
V. 1: Textüberlieferung unsicher. Ein Teil der Hss. verbindet „Freiheit" mit dem Folgenden, ein anderer mit dem Vorangehenden; dem ägyptischen Text (so Nestle) gebührt der Vorzug. τῇ ἐλευθερίᾳ ist Dativ der Bestimmung (Oepke) bzw. des Zieles (Mußner); figura etymologica, eindrucksvoll in ihrer Unverbundenheit. στήκειν ist ein von ἕστηκα abgeleitetes Präsens; auch dieses Wort ist absolut gebraucht (es ist also nicht gesagt, *worin* die Galater „stehen" sollen) – „steht fest, dort, wo ihr steht, und laßt euch ... nicht verdrängen" (Mußner). ἐνέχεσθαι = in etwas gehalten werden, eingespannt sein in etwas. Das „Sklavenjoch" sind das Gesetz und die Stoicheia, die (gesetzlich verstandenen) schicksalhaften kosmischen Notwendigkeiten (personal vorgestellt), vgl. 4,9. – V. 2: Paulus setzt hier das Gewicht seiner Autorität ein (2. Kor. 10,1), vielleicht gerade als einer, der aus der Ordnung der Beschneidung kommt. Von Beschneidung war in dem Brief bisher (außer der Andeutung 2,3) nicht die Rede; aber sie gehört nun einmal zum jüdischen Gesetz, ja, sie verpflichtet darauf. Sie ist bisher in Galatien nicht eingeführt (ἐάν mit Konj.: futurisch). – V. 3: πάλιν ist unbetont, will also nicht besagen, daß Paulus vor den Galatern schon davon gesprochen hat. „Nicht die Tatsache des Beschnittenseins trennt von Christus ..., wohl aber die Annahme der Beschneidung in statu confessionis" (Oepke z. St.). Die Judenchristen werden faktisch nach dem Gesetz gelebt haben; nötig wäre es nicht gewesen. Der Heidenchrist aber, der sich beschneiden läßt, bekennt damit: Christus allein genügt nicht. Beschneidung verpflichtet zum ganzen Gesetz, das ist jüdische Anschauung (ThWNT VI, S. 739). – V. 4: vgl. das zu V. 3 Gesagte. καταργεῖσθαι ἀπό τινος = „aus der Verbindung mit jemandem oder mit etwas gelöst werden, nichts mehr zu schaffen haben mit ..." oder frei wie bei Oepke: „das Band zerschneiden, das mit Christus verband". δικαιοῦσθε ist Praesens de conatu. – V. 5: Während Röm. 5,1 (u. ö.) das punktuell verstandene (Aor.) Gerechtfertigtwerden bereits einen gegenwärtigen Zustand begründet hat, ist die Rechtfertigung hier futurisch aufgefaßt. Der Geist ist die von Gott her kommende „Wirkursache des eschatologischen Heils" (Mußner), der Glaube die der Gesetzlichkeit entgegengesetzte Einstellung des Menschen. – V. 6: „In Christus (Jesus)" vgl. 3,26–28; 1. Kor. 12,13. Durch die Taufe sind die Christen geradezu räumlich in die Wirklichkeit des auferstandenen Christus aufgenommen und eingeschlossen, d. h. aber zugleich: in die Kirche (als eschatologische Größe). Man kann geradezu von einem „Heilsbereich" sprechen (Mußner). Beschneidung würde bedeuten, daß man sich wieder im Gesetzesäon ansiedelt, also den „Raum" Christi verläßt. Vgl. 3,28; 6,15; 1. Kor. 7,19: alles, was Menschen einander überlegen oder unterlegen macht, spielt bei Christus keine Rolle mehr. ἐνεργουμένη ist nicht (wie in der patristischen und älteren katholischen Exegese) passiv zu fassen („fides caritate formata"), sondern, wie jetzt allgemein anerkannt, medial (Röm. 7,5; 2. Kor. 1,6; 1. Thess. 2,13; 2. Thess. 2,7; Jak. 5,16). Mußner deutet das Participium coniunctum konditional und fügt der Bedingung noch ein „nur" hinzu; dem ist zu widerstehen. Der Glaube „wirkt durch Liebe" – dies kann vom Glauben einfach erwartet werden.

Wir haben diesen Text am Reformationstag zu predigen. Der Kasus könnte unser Textverständnis in unguter Weise beeinflussen (vgl. E. Winkler, Die Reformationspredigt, Berlin 1967). Sollte der Prediger die judaistischen Irrlehrer in Galatien kurzerhand mit unsern römisch-katholischen Brüdern identifizieren, dann jedenfalls wäre das Unglück passiert. In der Kontroverstheologie – welches auch immer das Feld sein mag, auf dem sie getrieben wird – verfallen wir so schrecklich leicht der Sünde gegen das achte Gebot. Es kann jedenfalls in dieser Predigt nicht darum gehen, daß wir – zum wievielten Male? – nachweisen, daß wir Wittenberger gegen die Römischen recht haben. Es wird vielmehr alles daran gelegen sein, daß wir, über alle vorgefundenen Gräben hinweg, *miteinander* zu besserem Hören auf die Botschaft von der Freiheit des Glaubens kommen.
Wir werden dabei nicht vergessen, daß die Klarheit über das Sola fide in unseren „evangelischen" Gemeinden alles andere als eine Selbstverständlichkeit ist. So verstehen wir auch die Leidenschaft so schwer, mit der im Galaterbrief, besonders auch in diesem Abschnitt, gefochten wird. Das Heil steht auf dem Spiel! Man könnte über Gesetz und Evan-

gelium, über das Sklavenjoch und die Freiheit viel sorgloser und darum gemäßigter und gelassener reden, wenn es nicht um unser Sein oder Nichtsein vor Gott ginge. Sein oder Nichtsein? In der protestantischen Durchschnittsmentalität ist die Lage viel harmloser. Der liebe Gott drückt sowieso ein bis zwei Augen zu und läßt alles durchgehen, und daß das Evangelium sich an Menschen wendet, die – extra Christum – verloren und den Verderbensmächten versklavt sind, das haben wir zwar einst gelernt, doch längst vergessen. Wieso etwas retten wollen, wenn nichts in Gefahr ist? Wir können die Gewissenskämpfe des Mönchs Martin Luther nicht in uns reproduzieren; müßte jeder Christ erst durch diese „Mühle", so wäre dies ein neues – Gesetz. Über unsere Lage vor Gott entscheidet auch nicht unser subjektives – psychologisch darstellbares – Erleben; worum es hier geht, ist unserm natürlichen Erkennen verborgen. In den Konsequenzen freilich zeigt sich dann, worauf wir wirklich vertrauen. Worauf dürfen und sollen wir denn vertrauen? Diese Frage hat nur *der* verstanden, der gelernt hat, streng nach dem zu fragen, was *heilsnotwendig* ist, und dies heißt: wer in dieser Sache das Entweder-Oder begriffen hat. Es ist nicht so, daß unsere Situation vor Gott – nach der Regel: „doppelt genäht hält besser" – auf dem Werk Christi *und* auf unserm eigenen religiös-sittlichen Ist-Zustand begründet sein dürfte. Der Glaube, der nach zusätzlichen Stützen sucht, hebt sich selber auf. Niemand sage, er habe diesen Irrtum ein für allemal hinter sich. Die von Paulus mit den Galatern verhandelte Sache ist – in variierter Gestalt – immer wieder „dran". Die hier verkündigte und ausgerufene Freiheit ist immer in Gefahr, verlorenzugehen. Der Durchbruch in der Glaubenserkenntnis, den uns die Reformation gebracht hat, muß darum immer neu vollzogen werden, sozusagen in jedem Augenblick. Daß die Kirche einer „ständigen Reformation" bedarf, wird oft zitiert – und es ist zu fürchten: beinahe ebensooft mißverstanden. Die Kirche braucht nicht eine andere Botschaft, nicht neue Schwerpunkte in ihrer Arbeit, nicht andere Richtungen und Ziele; sie bedarf dessen, daß sie vom Vertrauen auf das Eigene ständig loskommt, indem sie das Heil nur bei Christus sucht und findet. Luther hat den Kampf des Gewissens jahrelang ausfechten müssen; in dem ihm auferlegten Anfechtungen bis ans Ende seines Lebens. Die befreiende Entdeckung ist ihm nicht nur als dem einzelnen, der sie nötig hatte, auch nicht nur *der* Kirche, die auf ihn als Lehrer hört, zugute geschehen, sondern der Christenheit überhaupt. Die Reformation ist ein ökumenisches Ereignis; sie ist Sache der ganzen Christenheit. Wir feiern am Reformationstag nicht die Spaltung der Kirche, sondern das, was sie eint.

Was aber eint? Wir fassen zusammen: *Feststehen in der Freiheit – das heißt:* (1) *nichts als glauben,* (2) *zuversichtlich glauben,* (3) *tätig glauben.*

I.

Die durch Christus uns widerfahrene *Befreiung* will angenommen und durchgehalten sein. Wir haben das Evangelium der Freiheit zu predigen. Diesmal nicht einer Freiheit, die wir uns nehmen könnten, wenn wir sie nicht hätten, sondern einer solchen, die man nur empfangen kann. Wir *haben* sie empfangen. Wieso?

Der sündige Mensch hat Gott zum Gegner und befindet sich deshalb in einem der Sklaverei gleichzusetzenden Abhängigkeitsverhältnis zu den vom Neuen Testament immer wieder genannten Mächten des Verderbens: Gesetz, Sünde, Elementarmächte, finstere Gewalten. Wir wären auf dem Holzwege, wenn wir dabei an allerlei finsteren Spuk dächten, den wir durch eine Reinigung unseres Denkens im Sinne der Aufklärung aus der Welt schaffen können. Selbstverständlich soll dies geschehen; unsere Predigt soll nicht dem Aberglauben Vorschub leisten, sondern ihn abbauen helfen. Aber damit sind die von Paulus gemeinten Dinge nicht erledigt.

Stellen wir uns einen Augenblick lang vor, es gäbe Christus nicht, und denken wir uns einen Menschen, der – wenn nicht früher, dann gewiß später – sein gottfernes, gottwidriges und darum schuldhaftes Leben vor Gott verantworten muß. Wenn Gott sich ihm gegenüber so verhält, wie er sich Gott gegenüber verhalten hat, dann ist dies sein Ruin. Er sieht seiner Verurteilung entgegen – Luther: „zur Höllen muß ich sinken" (EKG 239, 3). Der von uns eben „gedachte" Mensch ist der wirkliche Mensch. Er ist es gerade dann, wenn man an die hohe Bestimmung denkt, für die er erschaffen ist: Mensch *Gottes* zu sein. Sollten wir uns in diesem Augenblick gegen die Schwarzseherei wehren, die in der christlichen Hamartiologie zu stecken scheint, dann könnten wir uns ein paar Fragen denken, die Gott an uns richtet: Was bin ich, dein Gott, dir wert? Was vermöchtest du mir zuliebe, mir zur Freude und zum Ruhm, einzusetzen? Was habt ihr Menschen aus meiner Welt gemacht? Wie geht ihr miteinander um? Wen habt ihr am liebsten: mich, eure Mitmenschen – oder euch selbst? Wie weit pflegt ihr zu gehen, wenn euer liebes Ich benachteiligt, herabgesetzt, der Kritik unterworfen, in Frage gestellt, entlarvt, bloßgestellt (usw.) wird? Du sagst: die *anderen* haben die Welt in Unordnung gebracht, sie gehören bestraft? Wie, wenn dir nachzuweisen wäre, daß der Schuldiggewordene, über den du dich empörst, nur deshalb so ist, wie er ist, weil er in einer Atmosphäre, in einem Klima leben muß, das du durch deine Mentalität, durch dein Verhalten, durch dein Versagen miterzeugt hast? Du hast Mißtrauen gesät, und die Saat ist aufgegangen. Du hast Wahrheit kaschiert oder verbogen, und nun läuft die Unwahrheit durch die Welt. Du hast Menschen enttäuscht, und nun sind sie verbittert und erwarten auch von anderen nichts Gutes mehr. – Wir haben die greulichen, entsetzlichen, himmelschreienden Dinge, die Gott ebenfalls mit ansehen muß, gar nicht genannt.

In dem „du" dieser Sätze habe ich längst „mich" erkannt. Und nun behalten wir noch ein wenig die Fiktion bei, es gäbe Christus nicht. Dann müßte ich versuchen, mich mit dem Gesetz aus meiner vor Gott aussichtslosen Lage herauszumanövrieren. Das Gesetz könnte das sein, mit dem Paulus aufgewachsen ist und das er studiert hat. Lauter Zäune und Fußangeln! Wenn das ewige Heil am Perfektsein hängt! Wir könnten uns ebensogut ein modernes Gesetz denken. An meiner christlichen Korrektheit hängt mein Heil! Wie steht es mit der Wahrhaftigkeit, der Uneigennützigkeit, der Lauterkeit, der Sauberkeit und Treue, der Demut, mit Leidensbereitschaft und Hingabe, Dankbarkeit und Vertrauen (usw.)? Ich kenne mich. Ich rede von Liebe und bin mir so schrecklich wichtig. Ich gebe mich mutig und bin feige. Ich mache mir und meinen Mitmenschen vor, ich verstünde den anderen in seinen Anliegen und Schwierigkeiten, aber ich bin viel zu sehr mit mir selbst beschäftigt, als daß ich es könnte. –Aber nun muß ich doch das Steuer herumreißen. Es geht ja um meinen Stand bei Gott und darum um mein Leben im umfassendsten Sinne! In der Tat: es geht ums Ganze! Jetzt bekommt mein Denken, Reden, Tun und Lassen erst recht einen egoistischen Zug. Ich muß ja, koste es, was es will, das Spiel gewinnen. In allem, was ich tue, ist nun –Absicht, Berechnung! Vor Gott und –weil ich mich gern rückversichere – vorsichtshalber auch bei Menschen muß ich gut dastehen. Ich wienere an meinem Image. Erlange ich Beifall bei Menschen, wird Gott wohl auch nicht umhinkönnen! Eigentlich widerlich: alle meine guten Taten bekommen diesen egoistischen werkerischen Beigeschmack. Die linke Hand weiß sehr wohl, was die rechte getan hat. Käme ich bloß da heraus! Könnte ich doch endlich unbefangen sein! –Schlimmer noch: ich muß nicht nur meine Gesetzlichkeit kultivieren, so daß mein ganzes Verhalten den Charakter der Selbstverteidigung bekommt und des Punktesammelns. Ich bin auch gewissen äußeren Zwangsläufigkeiten unterworfen – Paulus würde da von στοιχεῖα reden (4,3.9). Will ich bestehen, muß ich mich den Gepflogenheiten der Welt anpassen, die mein Leben mit einer quasi-naturgesetzlichen Unentrinnbarkeit bestimmen. Es gibt nicht nur ein servum arbitrium, sondern auch ein servum officium.

Genug von dem allem. Es sollte nur der wunderbare Satz vorbereitet werden: *Zur Freiheit hat Christus uns befreit!* Ich muß mich nicht mehr mit nervöser Anstrengung aus dem immer schlimmer werdenden Gefitze meiner Sündigkeit zu befreien suchen. Ich muß nicht immer egoistischer werden, je schlechter meine Sache steht. Christus hält zu mir, und ich brauche ihm nichts zu bringen. Ich brauche es mir nur gefallen zu lassen, daß er für mich einsteht, und anzunehmen, was er mir zusagt und gibt. Dies aber hieße: *glauben.* Nichts als glauben, sagten wir in unserer Schlagzeile. Der ganze Krampf des perfekten Christseins, von dem ich eben noch meinte, dies sei heilsnotwendig, löst sich. Wohl wahr: Christus kennt mich. Aber er hält trotzdem an mir fest. Ohne Wenn und Aber. Er lobt nicht meine Sünde, er verkleinert sie nicht einmal. Aber er vergibt sie. Ich warte auf meine Verurteilung? *Er* hat sich für mich verurteilen lassen (3,13). Meine Zellentür geht auf, mir droht nichts mehr. Ich bin mit Gott im Frieden – und dies ist meine Freiheit. Ich bin noch, der ich bin, meine Mitmenschen schütteln manchmal den Kopf über mich. Das perfekte Christenleben – wenn es denn in einem bestimmten Normverhalten bestünde – gelingt mir nicht, aber es braucht mir auch nicht mehr zu gelingen. Ich bin ein freier Mensch. Gott ist *für* mich, und die mich einengenden, in bestimmte ausgefahrene Gleise nötigenden unsichtbaren Mächte ("Gleise", weil στοιχεῖν eigentlich svw. "spuren" bedeutet) vermögen nichts an mir. Niemand kann mich mehr bei Gott anschwärzen oder verklagen. Christus hat mich befreit. Ich brauche ihm nur zu glauben.

(Daß wir im Voranstehenden die Lehrbuchsprache z. T. verlassen haben, hilft hoffentlich ein Stück weiter. In korrekter und seriöser Terminologie ist über die gemeinte Sache schon oft genug geschrieben worden.)

2.

Zuversichtlich glauben. Man kann die Polemik des Apostels, übrigens auch die Predigt der Reformation gut und gern verstehen als den Aufruf zu zuversichtlichem Glauben. Auch unsere Predigt soll nicht streiten, sondern zum Glauben ermutigen.

Freilich schließt dies ein Entweder-Oder ein. Es kann nicht heißen: Christus *und . . .,* sondern es muß heißen Christus *allein.* Wer sich noch nach anderen Stützen für sein Heil umsieht, der weiß gar nicht, was man Christus zutrauen darf, ja, der wird, indem er das Christusheil für ungenügend hält, Christus in Wirklichkeit verlieren.

Diejenigen, die die Galater überreden wollten, die Beschneidung einzuführen und damit den Christusglauben als eine bruchlose Fortsetzung alttestamentlicher Frömmigkeit anzusehen, haben offensichtlich nicht gesagt: laßt Christus fallen. Sie werden versucht haben, den Galatern einzureden, das Christsein bleibe unvollständig, wenn in ihm nicht Gottes Gesetz respektiert und befolgt werde. Wer sich beschneiden läßt, nimmt damit das Bundeszeichen des alttestamentlichen Gottesvolkes an. Indem Christus, so meinte man, das Gesetz erfüllt hat, hat er es in seinem ganzen Umfang erst recht verpflichtend gemacht. Paulus macht die Galater darauf aufmerksam, daß sie mit der Beschneidung tatsächlich eine solche Totalverpflichtung eingehen (V. 3). Und dies offensichtlich unter dem Gesichtspunkt der Heilsnotwendigkeit. Es klingt ja auch so überzeugend: wer zu Gott gehören will, der muß auch seinen Willen tun; Christusglaube und Gesetzesgehorsam müssen sich *addieren.* Sollte es nicht so sein: Christus ist dazu gekommen, um uns zu Menschen zu machen, die den Willen Gottes tun, und die darum, *weil* sie den Willen Gottes tun, am Ende vor Gott bestehen werden? So stünde also unser Heil bei Gott auf *zwei* Säulen: auf dem Glauben an Christus und auf dem, was wir – versteht sich: nicht ohne Christi Hilfe – vollbracht und bei Gott vorzuweisen haben. Nur so, meint man, sei dem sittlichreligiösen Ernst Rechnung getragen, der sich für ein Christenleben ziemt. Man könnte auch sagen, nur so werde sich das Christsein als etwas praktisch Wirksames erweisen, und darauf komme doch wohl zuletzt alles an.

Es fänden sich sehr schnell eine große Zahl von Belegen dafür, daß Christus selbst – übrigens auch Paulus – am Tun des Willens Gottes gelegen ist. Darüber ist auch nicht zu streiten. Die Frage lautet ja nicht, ob Christus unsere guten Werke will, sondern das ist die Frage, welches der „geometrische Ort" ist, an den sie zu stehen kommen. Direkt gefragt: Was ist *zum Heile notwendig?* Ist neben dem Christusglauben auch die Einhaltung des Gesetzes heilsnotwendig? Hat dann nur noch *der* bei Gott etwas zu hoffen, der unter den Einfluß Christi mit seiner Sünde real fertig geworden ist, also nicht bloß auf die Gerechtigkeit wartet, die man hoffen muß (V. 5), sondern seine heute schon verwirklichte Gerechtigkeit bei Gott vorzeigen kann? Muß ich also Gott mein frommes Herz bringen können und die – durch Christus bewirkte, aber immerhin von mir zu leistende – Korrektheit der Lebensführung? Also nicht: Gott, sei mir Sünder gnädig!, sondern: Ich danke dir, daß ich bin, so wie ich bin? Nicht: sterben und auferstehen, sondern: am Leben bleiben und mit Hilfe der Gnade ausgebessert werden? Nicht die Eigenmächtigkeiten und den Selbstruhm preisgeben, sondern: mit Christi Hilfe zuletzt doch noch als ein solcher bei Gott anlangen, der des Gnadenfreispruchs gar nicht mehr bedarf, weil inzwischen die Gnade ihn in einen verwandelt hat, den Gott so nehmen kann, wie er ist?

Es könnte sein, hinter der galatischen Lehre – Christus *und* das Gesetz – steht eine geheime *Angst:* Christi Eintreten für die Sünder reicht nicht aus. Das Evangelium von der freien Gnade ist zu gewagt. Daß das Werk Christi für mich nicht genug sein soll, sondern der Ergänzung durch meine aktive Gesetzeserfüllung bedarf, das ist ja eine Irrlehre, die gerade aus der Sorge um das Heil kommt, dieser also irgendwie abhelfen will. In Wirklichkeit führt sie gerade in die *Anfechtung* hinein. Dies war Luthers Erfahrung. Denn eben diese Irrlehre hatte er – recht verstehend oder mißverstehend? – als die Lehre seiner Kirche vernommen. So hoch auch die Gnade im Kurs stand, zuletzt fand er sich immer wieder auf die Finalität seines Christenstandes gewiesen: Tu, was Gott gebietet, *damit* du bei ihm angenommen seist. Das aber ist das Stehen unter dem Gesetz, das Paulus so leidenschaftlich abwehrt. Wird die Gnadenzusage an die Bedingung gebunden, daß Werke vorweisbar werden, dann ist es mit der Heilszuversicht vorbei. Aus drei Gründen: Muß ich darum besorgt sein, Gott im Gericht die Effektivität seiner Gnadeninvestition nachzuweisen, dann werde ich auf alle Nöte zurückgeworfen, die wir in Teil 1 unserer Auslegung anschaulich gemacht haben. Meines Heils *gewiß* bin ich nur, wenn es auf Christus allein beruht. Sodann: Werde ich auf die Werke gewiesen, dann erwarte ich nicht nur durch Pneuma aus Glauben die *erhoffte* Gerechtigkeit (so wörtlich V. 5), sondern ich muß die *gegenwärtige* Gerechtigkeit feststellen können – für mich, wie ich nun einmal bin, Quelle immer neuer Anfechtungen. Und ein drittes: Es ist gefährlich, am Ende nun doch auf mich als einen Faktor im Heilsprozeß zu schauen, auf mich als ein handelndes Subjekt im rettenden Geschehen. Zu schnell stellt sich die Vorstellung ein, als ob die Gnade nur dazu da wäre, mich selbst auf die Beine zu bringen. Als ob Christi Versöhnungs- und Vergebungswerk bloß dazu geschehe, die offengebliebenen Beträge in der Bilanz meiner Eigengerechtigkeit zu decken! Als ob es grundsätzlich doch zuletzt auf mich und nicht auf ihn ankäme! Als ob nicht das Bemühen um Eigen*gerechtigkeit* eben sündige Eigen*mächtigkeit* wäre! Als ob nicht alles gerade daran läge, daß wir den Mut gewinnen, uns selber aufzugeben und in Christi Arme zu springen! Als ob nicht gerade dadurch, daß Christus für uns geradesteht und wir uns auf niemanden und nichts anderes verlassen als auf ihn, das *Herr* und *Schöpfer*sein Gottes wiederhergestellt würde! Als ob er uns nicht in *allem* trüge! Er bietet uns das Kindesrecht beim Vater und die aus dem großen Freispruch zu gewinnende Unbefangenheit ohne jede Bedingung an. Kein Wenn und Aber. Keine Klauseln. Keine für diesen Gnadenstand konstitutiven Verpflichtungen. Wir dürfen wirklich *zuversichtlich glauben.*

3.

Feststehen in der Freiheit – d. h.: *tätig* glauben. „Denn in Christus gilt weder Beschneidung noch Unbeschnittenheit, sondern der durch die Liebe wirkende Glaube" (V. 6).
Man könnte meinen, mit dem Partizipium ἐνεργουμένη nehme Paulus alles zurück, was er gegen die Befürworter der Beschneidung und der Wiederauferrichtung des Gesetzes vorgebracht hat. Also doch: Werke tun! Also doch: Bewährung im tätigen Leben! Also doch: Erfüllung des Willens und Gebotes Gottes! Es wäre nicht überraschend, wenn die Judaisten erklärten, dies und nichts anderes sei ihr eigentliches Anliegen. Setzen sie damit an der richtigen Stelle an, wir wären mit ihnen einig. Nichts anderes dürfte letzten Endes auch das Rechtfertigungsdekret von Trient meinen (Sess. VI, Cap. 7, Denz. 800), wenn es sich auf unsere Stelle beruft, in ihr also sein Anliegen begründet sieht. Es ist erfreulich, daß der Dissensus in der Rechtfertigungslehre im Laufe der Zeit mehr und mehr abgebaut werden konnte. (Die Mußnersche Interpretation von V. 6 – s. o. – ist selbstverständlich nicht der ganzen röm.-kath. Kirche anzulasten.)
Selbstverständlich will Paulus, daß es zu gelebtem christlichen Gehorsam kommt. Der Glaube ist in der Liebe wirksam. *Wie* es zu diesem Gehorsam *kommt, das* ist die Frage. Es kommt jedenfalls *nicht* dazu, indem das Gesetz wieder aufgerichtet wird, sondern nur so, daß es abgetan bleibt, ohne Wenn und Aber.
Man kann dies leicht mißverstehen. V. 6 macht deutlich: die Beschnittenheit (und die mit ihr automatisch gegebene Verpflichtung auf das Gesetz) gilt nichts, aber die Unbeschnittenheit (samt einer etwa aus ihr sich ergebenden antinomistischen Liberalität) gilt selbstverständlich auch nichts. Es wäre allerdings eine greuliche Verkehrung der Freiheitsbotschaft, wenn wir anfingen, uns den Himmel statt durch Gesetzestreue auf einmal durch Gesetzwidrigkeit zu verdienen! Es gibt ein Kokettieren mit der Freiheit, mit dem eine neue Form von Selbstgerechtigkeit aufgerichtet wird; alle Selbstgerechtigkeit aber ist Sklaverei. Daß wir doch den springenden Punkt nicht verfehlen: Heilsnotwendig ist nichts, was *wir* zustande bringen. Indem wir glauben, haben wir die Frage nach unserm Heil eindeutig *im Rücken.* Wer meint, man müsse den von uns zu leistenden Gehorsam in den ordo salutis einbauen, verdirbt alles, gerade auch den rechten Gehorsam. Gehorsam ist nämlich nicht da, wo man sich einer fremden Norm unterworfen sieht; denn „wo ich auf Nötigung handle, da bin ich meinem eigenen Tun heimlich entgegen" (W. Joest, Gesetz und Freiheit, S. 22). Gehorsam ist, wie wir sahen, auch nicht da, wo man darauf bedacht sein muß, im Tun sein eigenes Ansehen, seine Geltung, die „Gerechtigkeit" zu gewinnen. Gehorsam ist auch nicht da, wo die persönliche Verbundenheit mit dem, dem man gehorchen soll, verstellt ist durch ein System von Regeln und Vorschriften. Nichts ist dem Gehorsam dienlicher als dies, daß wir, aller Sorge um unser Heil enthoben, uns ganz dem Menschen zuwenden, der auf unsere Liebe Anspruch hat. Die Werke *erwerben* uns nicht unsern Gnadenstand, sondern sie *erwachsen* aus ihm. Aus unserer Stelle hat Luther abgelesen, „was ein ganzes christliches Leben sein solle, nämlich Glaube und Liebe: Glaube gegen Gott, der Christum ergreift und Vergebung der Sünde kriegt ohne alle Werke; danach Liebe gegen den Nächsten, welche – als des Glaubens Frucht – beweist, daß der Glaube recht und nicht falsch, sondern tätig und lebendig ist. Darum er (Paulus) nicht sagt, daß die *Liebe* tätig, sondern der *Glaube* tätig sei: daß der Glaube die Liebe übe und tätig mache und nicht die Liebe den Glauben . . ." (WA 38,227; Cl. 4,268).

Drittletzter Sonntag des Kirchenjahres. Hiob 14,1–6

Innerhalb des zweiten Redeganges (12,1 bis 20,29) befinden wir uns in der (insgesamt) vierten Rede Hiobs. Die beiden Abschnitte VV. 1–3 und VV. 4–6 handeln beide vom Todesschicksal des Menschen (G. Fohrer im Kommentar), wobei Hiobs individuelles Todesschicksal hier zur Klage über die Vergänglichkeit des Menschen überhaupt ausgeweitet ist.

V. 1: „Vom Weibe geboren" ist Ausdruck für die Schwachheit (15,14; 25,4; Sir. 10,18, so auch in Qumran-Texten). Knappe Sprache mit eindrucksvollem Gegensatz: „kurz an Tagen, satt an Unruhe bzw. Ungemach". – V. 2: Der Vergleich mit der Blume auch Ps. 90,6; Jes. 40,6–8; Ps. 103,15f. Der sengende Ostwind kann die Frühjahrsblumen in Kürze verdorren lassen. Die צ in den beiden ersten Worten des Verses könnten das zischende Geräusch der Sichel nachahmen (Fohrer). מלל ist Nebenform zu מול. Der fliehende „Schatten" schon 8,9; er kommt nicht zum Stehen. – V. 3: Die Übersetzungen lesen אֹתוֹ; Weiser hält indes das אֹתִי des masoretischen Textes für ursprünglich. – V. 4: eigentlich: „Wer wird Reines vom Unreinen geben?" Die Frage drückt den Wunsch aus (Ges.-K., § 151), also: „Brächte doch einer Reines aus dem Unreinen hervor!" Oder מִי יִתֵּן einfach zur Wunschpartikel erstarrt. – V. 5: Der Satz am Ende des Verses – „du hast sein Ziel gesetzt, er wird es nicht überschreiten" (lies: חֻקּוֹ) – ist nach Fohrer erläuternde Glosse und sollte gestrichen werden (der Prediger könnte Gründe haben, sich diese Erläuterung gefallen zu lassen). – V. 6: Wie der Text dasteht, stützt er die Lutherübersetzung: „damit er Ruhe habe" (ו copulativum leitet finale Aussage ein, Ges.-K., § 165a). Seit Budde liest man gern וַחֲדָל = „und höre auf" (ihn zu belästigen) – „damit er wie ein Tagelöhner seines Tages froh werde".

Außer den Kommentaren sei Barths biblischer Hiob-Exkurs in KD IV/3, S. 443ff. und 459ff. empfohlen.

Der Prediger, der sich der Aufgabe bewußt ist, Bote und Zeuge des *Evangeliums* zu sein, wird mit diesem Text Not haben, und zwar dann, wenn er ihn nichts anderes sagen läßt, als er wirklich sagt. Was sagt der Text wirklich?

Hiob klagt über die Vergänglichkeit des Menschenlebens: „kurz an Tagen und satt an Unruhe". Der Mensch ist wie die dahinwelkende (oder auch „abgemähte") Blume oder wie der flüchtige Schatten, den man nicht zum Stehen bringen kann. Zu diesem Los des Vergehenmüssens kommt aber noch eine weitere Plage: Gott späht noch in dieses flüchtige Leben hinein, spürt dem kurzlebigen Geschöpf nach und läßt es vor sein Gericht kommen – in den Unglücksschlägen, die Hiob erlitten hat und die überhaupt die Menschen leiden müssen. Zugegeben: verdientermaßen – wie könnte man sonst von „Gericht" reden? Aber auch wieder schicksalhaft und damit unentrinnbar. Denn man kann ja nicht erwarten, daß von unreinen Menschen ein Reiner kommt, der es verdienen würde, dem Todesgeschick entnommen zu sein. Wenn es schon so ist, daß des Menschen Tage festgesetzt sind und die Zahl seiner Monde bei Gott steht, dann sollte Gott sein Geschöpf in seinem kurzen Leben wenigstens in Ruhe lassen, sollte also wegsehen, sich nicht um den Menschen kümmern, damit er – ach, nur wie ein Tagelöhner gewissermaßen von der Hand in den Mund lebend – in seinem kurzen Leben wenigstens ein bißchen glücklich sein kann!

Sieht man einmal von der Sprache des Dichters ab und setzt man an die Stellen, an denen der Text Gott meint, das Schicksal, so dürfte mit dem, was hier zu lesen ist, die Lebens- und Todesauffassung nicht weniger unserer Mitmenschen getroffen sein. Das bißchen Leben – wenn man dabei wenigstens ungestört bleiben und sein bescheidenes Quantum Glück genießen könnte! Diese Auffassung wäre wahrhaftig noch nicht ins Christliche verwandelt, wenn wir statt des von uns eingeführten Schicksals nun doch wieder Gott sagten. Man stelle sich vor: „Wenn du, Gott, doch wenigstens aus meinem Leben *raus* wärst!" „Wenn du mich doch endlich zufrieden ließest, damit ich meine wenigen Tage einigermaßen friedlich zubringen kann!" – *Dies* als Text für unsere Predigt? Ja, wenn die Predigt die Aufgabe hätte, in distanzierter Weise gewisse literarische Zeugnisse aus alten Zeiten abzuhorchen oder wie Exponate in einem Museum zu betrachten, die davon Kenntnis geben, wie – und oft: wie anders – Menschen von ehedem waren, lebten, dachten, sich aussprachen. Ja auch, wenn Predigt die Aufgabe hätte, Interpret des Selbstverständnisses heutiger Menschen zu sein, das hieße aber: sie bei dem zu lassen, was sie sind und denken, und nur ins Bewußtsein zu heben, was sie von sich und ihrem Leben halten. Nein aber, wenn Predigt die Aufgabe hat, den in Jesus Christus auf uns zukommenden Gott „zur Sprache zu bringen", womit nicht gesagt sein soll, daß wir über ihn reden, sondern daß er selbst zu uns redet. Hiob will von Gott in Ruhe gelassen sein – von seinen Voraussetzungen aus verständlich. Aber in christlicher Verkündigung soll es gerade anders gehen: Gott will hinein in unser sich gegen ihn verschließenwollendes Herz, und damit geschieht genau das Gegenteil von dem, was Hiob und auch der säkular eingestellte Mensch heute sich wünscht. Also doch: der lästige Aufpasser? der ewige Störenfried? der unerbittliche Richter? Der Gott, der uns unser kleines Leben noch vollends verpatzt?

Wir müssen uns klar darüber sein, daß wir unsern Text nur dann predigen können, wenn wir ihn entschlossen transzendieren. Der Text enthält diesmal nicht die Botschaft. Er kommt aus der Situation, *in die hinein* die Botschaft auszurichten ist. Nicht, daß man den Text nicht ernst zu nehmen hätte. Es ist ja an ihm soviel Wahres, mindestens Verständliches, aber darüber hinaus Zutreffendes, unsere äußere und innere Situation stichhaltig Beschreibendes und insofern uns Angehendes! Was der säkulare Mensch denkt, wird – mehr oder weniger heimlich und verstohlen – auch in Christenherzen gedacht. Zu Recht oder zu Unrecht? Wenn Karl Barth in Hiob, dem leidenden Gerechten, einen Typos Christi sieht – übrigens in Anlehnung an Wilhelm Vischers kleines Buch: „Hiob, ein Zeuge Jesu Christi" (1933 und 1947) –, dann deshalb, weil Jesus Christus in ebendiese hier sich selbst artikulierende Existenz des vergehenden und noch dazu von Gott bedrängten Menschen eingegangen ist, nicht, um darin zu bleiben und uns darin zu lassen – ein Unglücklicher *mehr* –, sondern uns herauszuholen, gerade indem er das hier Gesagte nicht etwa wegdisputiert, sondern auf sich nimmt. Dann aber kann, post Christum, nur so über den Text gepredigt werden, daß wir den Standort bewußt „in Christus" nehmen, „in" dem beides wahr ist: die Hiobssituation – und ihre Überwindung. Schon im Hiobbuch selber wird, was hier steht, zwar nicht negiert, aber überboten oder, wenn man so will, ausgehebelt; der Hiob von Kap. 41 spricht anders als der von Kap. 14. Erst recht haben wir, zu denen Jesus Christus gekommen ist und kommt, anders zu reden. Setzen wir darum so an:.*Der Hiob, der seinen Christus gefunden hat*: (1) *vergänglich, aber zum Leben bestimmt*, (2) *durchschaut, aber geliebt*, (3) *unrein, aber freigesprochen*.

I.

Wie unbeholfen und fassungslos wir unserer eigenen Vergänglichkeit gegenüber sind, erkennt man leicht daran, daß wir zwar wissen, was wir zu erwarten und worauf wir uns einzurichten haben, aber den Gedanken daran immer wegschieben. Daß wir sterben müssen, davon wird nicht geredet; je näher der Tod in Sicht kommt, desto weniger. Über den Tod im allgemeinen kann man noch eher sprechen. Darf man auch über *meinen* Tod sprechen? Oder ist das taktlos, vielleicht gar unbarmherzig?

Das Buch Hiob spricht von unserer Vergänglichkeit an vielen Stellen unverblümt. Der Mensch ist „kurzlebig" (V. 1). „Meine Tage sind schneller als Läufer, sie fliehen, ehe sie Glück geschaut, sie gleiten vorüber wie Schiffe von Rohr" (9,25f.). Sie „fliegen schneller als ein Weberschifflein, sie schwinden dahin ohne Hoffnung" (7,6). „Dem Tode willst du mich zuführen, dem Hause, da sich alle Lebendigen einfinden" (30,23). Dahin geht die

Fahrt: „ins Land der Finsternis und des Dunkels, ins Land so düster wie die schwarze Nacht" (10,12f. – die Zusammenstellung nach Barth, a. a. O., S. 462).

Es bedarf nicht poetischer Bilder, um uns die Lage klarzumachen. Der Tod ereignet sich selten vor aller Augen. Gestorben wird meist in Krankenhäusern, und zwar in Einzelzimmern. Gerade wo menschliches Leben so sehr dem Verfall ausgesetzt ist, daß es sich dem Tode nähert, wird es verborgen. Und trotzdem umgibt uns die Hinfälligkeit alles Lebendigen. Das Haar ergraut. Die Haltung und der Gang verraten den Prozeß des Alterns. Aus Fältchen werden Falten. Noch hilft die Altersbrille, vielleicht ist ein Hörapparat nötig. Aus harmlosen Merkmalen des Verfallsprozesses werden allmählich gravierendere. Wir tun, was wir können, diesen Prozeß aufzuhalten oder zu verlangsamen. Aber der Mensch ist wie eine Blume und wie ein Schatten. Eines Tages ist es auch für uns so weit.

Muß uns das wirklich befremden? Alle Kreaturen haben ein befristetes Leben. Nach Goethes bekanntem Wort ist der Tod der Kunstgriff der Natur, viel Leben zu haben. Ist Vergänglichkeit nicht mit der Zeitlichkeit gegeben? Gerade menschliches Leben gibt es nur in der Zeit, sofern alles Werden und Geschehen, alles Sich-Entschließen, Wollen und Tun – also gerade das spezifisch Menschliche an uns – das Nacheinander in der Zeit voraussetzt. Warum ist es so schwer, darein einzuwilligen, daß uns die Tage zugemessen werden und die Zahl der Monate, die wir zu leben haben, bei Gott steht? Sicher spielt hier der animalische Lebenswille eine Rolle, den Gott seiner lebendigen Schöpfung mitgegeben hat, damit überhaupt Leben bestehe. Aber es kommt anderes hinzu. Wollte ich das Werden und Vergehen in meinem Leben mit Heraklits Formel fassen, daß alles im Fluß ist, so hätte ich die eine Seite der Sache wohl beschrieben, die andere aber unterschlagen: daß es in allem Wechsel ein Bleibendes gibt, das meinen Namen trägt und darauf angelegt ist, sich durchzuhalten und nicht ausgelöscht zu werden, gerade auch dann, wenn wir uns eingestehen müssen, daß wir (noch) nicht sind, was wir sein sollen. Ich brauche noch Zeit, meine Bestimmung zu verwirklichen! Ich bin noch nicht der, als den Gott mich gedacht hat. Soll mein Leben schon so bald zu Ende sein? Die „Unruhe", von der der Text spricht, ist sicher eine Unruhe von außen her; aber zugleich sind wir noch von einer anderen Unruhe getrieben. Uns beunruhigt auch nicht nur das Ungewisse des Todes. Wir wissen, daß wir auf mehr angelegt sind, als wir bestenfalls realisieren. Deshalb wehren wir uns gegen die Zeichen des Alterns und der Vergänglichkeit.

Hiob hat nun nicht nur *den* Tod, sondern *seinen* Tod vor Augen. Der Tod im allgemeinen würde ihn nicht beunruhigen; das Nichtsein, hat er gemeint, wäre besser gewesen als das Sein (3,11ff.). Aber nun ist er am ganzen Körper mit bösen Geschwüren bedeckt, die an ihm fressen (2,7). Jedem von uns wird es so gehen, daß er das Sterbenmüssen als die von ihm zu bewältigende Aufgabe erkennen und annehmen muß. Mancher mag darin – in schwerer Krankheit oder Todesgefahr anderer Art – seine „Generalprobe" schon hinter sich haben. Allen Ernstes: das Sterben gehört zu den großen Aufgaben unseres Lebens, vielleicht ist es die größte: Gott darin ehren, daß wir anerkennen: er hat unsere Zeit in seinen Händen, und daß wir ihm unser letztes Vertrauen schenken, indem wir uns gehorsam in seine Hand fallen lassen.

Hiob kann das – noch – nicht. Keiner kann es von Hause aus. Wir sollen uns nicht immerzu mit Todesgedanken quälen. Aber wir sollen das Sterbenmüssen mit einbauen in unser Lebenskonzept. Dazu gehört, daß der Tod – soweit wir das können – vorgedacht und im Glauben bewältigt wird. Aber wie soll das geschehen? Bin ich Hiob – vielleicht der Hiob mit seiner Hoffnungslosigkeit –, dann wird es darauf ankommen, daß ich meinen Christus finde. Wir brauchen jetzt nicht die Frage zu ventilieren, wie wohl der in unserm Text redende Hiob ihn gefunden haben möchte. Halten wir fest: Hiob bin *ich* – der Mensch, der über sein Leben und Sterben vielleicht nicht viel anders denkt, als der

Text es ausspricht. Ich habe mir einzugestehen, daß ich *vergänglich* bin. Aber ich erfahre zugleich, daß ich *zum Leben bestimmt* bin. Dies ist noch nicht aus einem Text wie 19,25–27 herauszuholen, wenn auch hier und da im Alten Testament ein paar Lichter aufblitzen, die die Auferstehung Jesu Christi ankündigen. Wir scheuen uns nicht, an dieser Stelle entschlossen neutestamentlich zu sprechen. Erst mit der Auferweckung Jesu Christi wird der neue Horizont geschaffen, in dem auch unser Tod überwunden wird.

Der Text deutet es an – davon nachher sofort noch mehr –, daß das Todesschicksal und die Frage nach unserm Daseinsrecht vor Gott miteinander zusammenhängen. Der Tod ist nicht einfach Naturtatsache – das ist er *auch*, aber damit ist sein „Stachel" noch nicht wahrgenommen. Wir sind als Sünder dem Gericht Gottes verfallen. Wir sterben nicht bloß an Altersschwäche oder am Herzinfarkt. „Das macht dein Zorn, daß wir so vergehen" (Ps. 90,7). Sollen wir vom Tod errettet werden, muß zwischen Gott und uns etwas geschehen, das unser Leben auf eine ganz neue Grundlage stellt: Die Gesamtbereinigung zwischen Gott und seiner abtrünnigen Welt, also auch zwischen Gott und mir. Hier hat Christus sein Werk getan. Hiob kann es noch nicht wissen, daß dies kommen wird. Wir wissen es. Nichts kann uns scheiden von der Liebe Gottes – auch nicht der Tod.

Hört nun das Vergehenmüssen auf? Durchaus nicht. Im Gegenteil, es muß sein. „Was du säst, wird nicht lebendig, es sterbe denn" (1. Kor. 15,36). Ein Paulus z. B. sieht, wie der äußerliche Mensch, der er ja auch noch ist, verfällt und er mitten im Leben immerzu in den Tod gegeben wird (2. Kor. 4,16.11). Auferstehung ist ja nicht Verlängerung oder Wiederherstellung des alten Lebens, sondern eschatologisches Leben, das Christus ans Licht gebracht hat. Wir sehen, wenn wir an den Auferstandenen und, kraft der Verbundenheit mit ihm, auch an unsere eigene Auferstehung glauben, die Merkmale des Verfalls mit anderen Augen an. Sie erzeugen nicht mehr das lähmende Gefühl der Hoffnungslosigkeit oder gar die Panik kurz vor dem Absturz ins Bodenlose. Wir können sie – bei allem Seufzen und Stöhnen – sogar liebgewinnen und uns der Trübsale rühmen – weil Hoffnung nicht zuschanden werden läßt (Röm. 5,2–5).

2.

Hiob beteuert in seinen Reden viele Male seine Unschuld. Und hier kommt es heraus, daß er es doch anders ansieht. Er sieht sich von Gott vors Gericht gezogen. Sein Unglück kommt nicht von ungefähr. Gott hat ihn gesehen, ja, er sieht ihm dauernd zu. Das ist Hiob lästig. Wenn Gott doch endlich wegsähe und ihn, wenn er nun schon ein so kurzes, hinfälliges Leben hat, wenigstens in Ruhe ließe!

Unter „Tiefgeschürftes" hat Eugen Roth – kannte er Hiob 14? – in lockerer, heiterer Form die Erfahrung beschrieben, die wir im Gewissen machen:

> Ein Mensch, der recht sich überlegt,
> Daß Gott ihn anschaut unentwegt,
> Fühlt mit der Zeit in Herz und Magen
> Ein ausgesprochnes Unbehagen
> Und bittet schließlich Ihn voll Grauen,
> Nur fünf Minuten wegzuschauen.
> Er wollte unbewacht, allein
> Inzwischen brav und artig sein.
> Doch Gott, davon nicht überzeugt,
> Ihn ewig unbeirrt beäugt.

Bei Hiob dürfte ein fester Nexus zwischen diesem Beobachtetwerden und den Unglücksschlägen bestehen, die er ausstehen muß. Nach der Theorie der Vergeltung, die alttestamentliches Denken vielfach vertritt (von Rad, ThAT I, S. 382), ist Leid Strafe für Schuld, und zwar für individuelle Schuld, so daß der Unglückliche sich immerzu fragen muß, wie sein Los mit dem zusammenhängt, worin er selbst gefrevelt hat. Wir brauchen uns an dieser Stelle mit der Frage nicht aufzuhalten. Genug, Hiob wünschte, Gott möchte über ihm nicht das Auge öffnen, sondern wegblicken und von ihm ablassen, damit er Ruhe hätte. Das bißchen Leben – wenn Gott einen wenigstens dies noch ließe, so daß man's für sich hat!

„Herr, neige deine Ohren und höre doch! Herr, tu deine Augen auf und sieh doch!" (Jes. 37,17). So bittet der Fromme, und der Glaube bekennt zuversichtlich: „Deine Augen stehen offen über allen Wegen der Menschenkinder" (Jer. 32,19). Der Sänger des 139. Psalms weiß sich allerseits von Gott umgeben. Zu unserm Besten? Oder so, daß es uns unerträglich wird?

Bewegend, wie ernst Hiob Gott nimmt. Er sieht seine Augen ständig auf sich gerichtet. Und Gottes Augen sehen kritisch. Wir täten manches nicht, was wir tun, wenn wir nicht im innersten Zentrum unseres Herzens soundso oft meinten: Gott sieht es nicht – ja, es gibt gar keinen Gott, der es sehen könnte. Und wir sagten vieles nicht, wenn wir nicht irgendwo im Innern so gottlos wären, daß wir meinen: Gott hört's nicht – was geht es ihn auch an? – Freilich: daß Hiob sich dem Blick Gottes so ausgesetzt weiß, ohne „Deckung", ungeschützt: das ist ihm lästig. Rührend, wie er, der Unglückliche, meint, er könne in all dem Elend, in dem er sich befindet, aus seinem kleinen Leben noch etwas machen, wenn Gott endlich – wegsähe. Sähe Gott weg, dann würde er auch sein Versagen und Schuldigwerden nicht bemerken, und dann gäbe es auch in seinem Schicksal keine entsprechenden Weiterungen. Mit Gottes Wirklichkeit wird bei Hiob gerechnet – in einer uns beschämenden Weise –, aber Zutrauen zu Gott und Liebe sind nicht da. Hiob sieht sich nur als von Gott geschlagen an. Es gibt für ihn nur eines, was er wünschen möchte: Gott loswerden!

Wir würden nach allem, was wir bei Jesus gelernt haben, genau das Gegenteil für nötig halten. Daß Gott nur ja seine Augen über uns offen habe! Daß Gott nur ja in unser Leben hineinkomme! Es ist ja ein geradezu unmögliches, heilloses Verlangen, Gott möge sein Geschöpf sich selbst überlassen. – Und doch werden wir sofort eingestehen, daß Hiobs Begehren in einer ergreifenden Weise echt ist. Machen wir nämlich wirklich Ernst damit, daß sich unser ganzes Leben unter Gottes Augen abspielt, dann wird es schwanken zwischen einer gesetzlichen Beengtheit und Beflissenheit, oder aber, wir werden die nicht loszuwerdende Nähe Gottes als bedrängend empfinden. Den 139. Psalm ganz ernst nehmen, das könnte eine geistliche Strapaze sein.

Aber nein: wir sind auf falschem Wege. Solange Gott noch unser Aufpasser und Richter ist, ist Gottes Nähe in der Tat unerträglich. Anders, wenn unser Verhältnis zu Gott grundlegend verändert ist. Es ist wahr: wir sind durchschaut. Aber es ist ebenso wahr: wir sind geliebt. Der uns so umgibt, ist nicht unser „Beschatter", sondern unser Vater und Helfer. Es ist seit Hiobs Klage und Anklage etwas geschehen: Versöhnung. Hiob hat seinen Christus gefunden. Wieder sagen wir: Hiob bin ich. Bekennen wir von Gott: „in ihm leben, weben und sind wir", dann meinen wir den Gott, der ohne Vorbehalte *unser* Gott ist, und wenn er uns nicht aus den Augen läßt, dann deshalb, weil er *liebt*. „. . . da bin ich mitten unter ihnen" (Matth. 18,20). Der in Christus gegenwärtige Gott, der uns von allen Seiten umgibt, ist *für* uns.

3.

Was Hiob in V. 4 sagt, sagt er zu seiner Entschuldigung. Er weiß, er ist nicht rein. Aber wie sollte er auch rein sein können? Gott zieht einen vor sein Gericht, der gar nicht anders kann als unrein sein. Gott ist ungerecht. Er müßte mildernde Umstände anerkennen. Ja, er müßte wissen, daß man unter diesen Umständen Schuld zwar konstatieren, aber eben nicht zurechnen kann.

Fohrer wird recht haben, wenn er – im Unterschied zu Weiser – Wert darauf legt, daß wir hier noch keine Erbsündenlehre vor uns haben, wie sie etwa in CA II formuliert ist. Hiob argumentiert im Zusammenhang seines Schicksals. Sein Unglück, letztlich: seine Todverfallenheit lassen ihn als einen besonders hart Gestraften in der großen Menge von lauter Strafwürdigen erscheinen. Wollte man verlangen, daß er, gerade er, sich von den anderen abhöbe, dann kann man nur fragen: Wie sollte das zugehen?

In V. 4 ist der Perikopentext besonders dünnwandig zum Christusereignis hin. „Auch nicht einer", hatte Hiob selbst geantwortet. *Doch* einer, sagen wir. Von den Unreinen? Wir müßten jetzt versuchen, vom Geheimnis der Person Jesu Christi zu sprechen. Das soll jetzt nicht geschehen. Nur soviel: Der vom Himmel gekommen ist, hat sich tatsächlich unter die Unreinen gemischt, damit Hiob und seinesgleichen – *rein* seien. Hiob hat seinen Christus gefunden! Hiob darf sich künftig von ihm herleiten, aus seiner Güte leben, „in Christus" sein, gestaltet nach seinem Bilde. Wir werden dies auf der Kanzel nicht als ein Gedankenspiel vortragen, sondern als ein Angebot an „Hiob". Hiob ist freigesprochen, rein erklärt, und wenn das von Gott kommt, dann *ist* er es auch.

Vorletzter Sonntag des Kirchenjahres. Offb. 2,8–11

Die sieben Sendschreiben (Kapp. 2f.), bewußt, wenn auch nicht sklavisch, analog gestaltet, gehören im Verbund zur Apokalypse, sind also nicht einzeln an die Gemeinden gesandt worden. Ehe der Apokalyptiker sagt, was kommt, spricht er – bzw. sein Herr durch ihn – in das hinein, *was ist* (1,19); er verkündigt, mahnt, warnt, tröstet. Im vorliegenden Sendschreiben keinerlei Tadel, nur Trost und Stärkung für das Kommende.
V. 8: Die Diskussion um die Bedeutung des Wortes „Engel" kann hier nicht geführt werden. Sind Propheten (Hagg. 1,13) und Priester (Mal. 2,7) so bezeichnet worden, ja auch Synagogenvorsteher, so wird Str.-B. (III, S. 790ff.) recht haben: „Die Bezeichnung der Gemeindeleiter in Apk. 1,20 als ἄγγελοι hat auf Grund des jüdischen Sprachgebrauchs von מַלְאָךְ und שָׁלִיחַ gerade nichts Auffallendes." Man vergesse nicht: 15 Jahre später ist nach den Ignatianen in Kleinasien der ausgewachsene „Bischof" vorhanden. Der Gemeindeleiter empfängt den Brief des Apokalyptikers und verliest ihn in der Gemeinde (1,3). Smyrna, lebendige Stadt: Handel, Tempel, Theater, gerade Straßen (Hadorn). Die Botenformel ist christologisch stark gefüllt; alle Sendschreiben entnehmen die Christusbezeichnungen der Initialvision 1,12–20, hier: VV. 17f. Tod und (Auferstehungs-) Leben sind bereits durch diese Eingangsformel im Blick. – V. 9: Was dem Vorsteher gesagt ist, gilt natürlich von der ganzen Gemeinde. Der lebendige Christus kennt die Lage seiner Gemeinde. Sie fühlt sich bedrängt und arm, aber sie soll wissen, daß sie reich ist (2. Kor. 6,10; Jak. 2,5 u. ö.). Schmähungen durch Juden. Vgl. Apg. 17,6; Joh. 8,44: „Ihr habt den Teufel zum Vater." (Die inneren Gemeinsamkeiten zwischen Apokalypse und viertem Evangelium sind trotz des ganz verschiedenen literarischen Genus und der damit gegebenen Denk- und Redeweise zahlreich und unverkennbar.) Die christliche Gemeinde ist das wahre Israel. – V. 10: Hinter den über die Gemeinde kommenden Bedrängnissen steht der Teufel. Die Zehn ist eine runde Zahl (Gen. 31,7; Hiob 19,3) für eine kleine Zeit (Gen. 24,55 – Urtext – ; Dan. 1,12.14). Der Teufel versucht; Gott erprobt. Treu „bis zum Tode" – es heißt nicht: „in den Tod hinein", obwohl dies sachlich nicht zu bestreiten wäre; die Aussage ist aber gemessener als das häufig falsche Zitat. „Leben" ist Gen. epexegeticus zu „Kranz": er besteht in dem dem Treugebliebenen gewährten „Leben" (einer der zentralen Begriffe des vierten Evangeliums, s. o.). Das Bild vom Kranz ist dem

NT geläufig (s. Konkordanz). – V. 11: Weckformel wie in allen Sendschreiben und in der Predigt Jesu (Matth. 11,15; 13,9). – V. 11: Der Ausdruck „zweiter Tod" stammt aus jüdischer Theologie. Das allen Menschen beschiedene Sterben ist der „erste Tod", die Überantwortung zur ewigen Verdammnis der „zweite". Wer „siegt", also die bevorstehende Erprobung des Glaubens „besteht", wird dabei keinen Schaden leiden.

Glaubensgehorsam bewährt sich nicht nur im Tun, sondern – wenn es sein muß – auch im Leiden, und er besteht nicht nur in der Hingabe an den Mitmenschen und in diakonischer Haltung und Praxis, sondern auch in der Treue zum Herrn der Kirche selbst. Das alte Evangelium dieses Sonntags wird ja vielfach so verstanden, als komme es tatsächlich nur auf dieses erste an: Dienst an den Menschen; und man beruft sich nicht ohne Grund darauf, daß die „Gesegneten meines Vaters" (Matth. 25,34) gar nicht wissen, *wem* sie eigentlich gedient haben, als sie den Menschen zur Verfügung standen und zu Hilfe kamen, die ihrer bedurften. Wir werden, was damit gesagt ist, auch keineswegs abstreiten oder auch nur vernachlässigen dürfen und wollen. Aber man muß sehen, daß es das andere eben *auch* gibt. Hier, in diesem Sendschreiben, bleibt der erhöhte Herr keineswegs im Hintergrund. Der Apokalyptiker Johannes läßt keinen Zweifel daran, wer hier spricht. Urchristliche Prophetie ist in dem „So hat der Herr gesprochen" keineswegs zaghafter als die alttestamentliche. Im Gegenteil: mit der unerkennbaren Erinnerung an die Eingangsvision ist nicht nur auf das Woher dieser prophetischen Mitteilung verwiesen, sondern es sind zugleich inhaltliche Aussagen gemacht. Da die Sendschreiben – variierend – die Selbstaussagen des erhöhten Christus in die (abgewandelte) Botenformel aufnehmen, greifen sie mit unverkennbarer Absicht auf die Christuserfahrung der Gesamtkirche zurück und machen in der jeweiligen Situation deutlich, was es bedeutet, daß die Kirche im Dienste *dieses* Herrn steht. Dies ist um so wichtiger, als die Kirche in der Zeit Domitians von dem Glanz irdischer Machtentfaltung leicht geblendet und verschüchtert werden, also unter deren Eindruck vergessen kann, in wessen Dienst sie steht. Das Schaubild, das die armselige, geschmähte Christengemeinde inmitten der pulsierenden, reichen, glanzvollen Stadt Smyrna bietet, steht ja in einer gewissen Korrespondenz zu dem – soweit Menschenaugen sehen – armen, machtlosen, ebenfalls geschmähten und verfolgten, ja umgebrachten Jesus Christus, dem sie dienen. Aber man höre: er *war* tot, aber er ist lebendig geworden, und er ist der Erste (Joh. 1,1 – wieder eine Beziehung!) und wird der Letzte sein. Hier ist also Christusglaube wirklich „explizit" geworden, und man soll den sich offenbarenden Christus über dem unsichtbaren, verborgenen Christus nicht überhören.

So hat es denn der Glaube auch nicht nur mit Wirklichkeiten dieser Raum-Zeit-Welt zu tun, sondern der Blick geht in den „Himmel" hinein. Daß für die Alten die Vorstellung vom „Himmel" als dem Raum Gottes noch von einem Denken in Stockwerken geprägt war, soll uns Heutige zu nichts verpflichten. „Raum Gottes" hat für uns einen anderen, sagen wir ruhig paradox: einen „unräumlichen" Sinn. Sind wir uns darüber klar, dann dürfen wir auch ohne Gewissensbisse die Symbolworte „oben" und „unten" verwenden. „Oben" die sieben Sterne, „unten" die sieben Leuchter (1,20): himmlische und irdische Gemeinde stehen einander gegenüber, nein: sie bilden die *eine* Kirche um Gottes Thron. Daß in 1,20 die „Engel" zur oberen Welt gerechnet werden, könnte unsere vorhin gegebene Deutung umwerfen. Ich meine aber nicht, daß dies zwingend wäre. Heißt einer der Gemeindeleiter „Zosimos" oder „Zotikos" oder „Vitalis", dann hat er den Namen, daß er lebt, aber er ist tot (3,1) – ein hartes Urteil über diesen Christenmenschen. Jedoch demselben Mann wird gesagt: „Werde wach und stärke, was im Begriff ist zu sterben" (3,2). Wie kann er das? Was sein Amt ausmacht, was er also – selbst „tot" – in seinem Dienst einsetzen kann, kommt in der Tat, wie alles, was er im Amte tut, „von oben", und in seiner Amtsfunktion steht er (wie die Sterne den Leuchtern, s. o.) der Gemeinde *gegenüber.* „Wer euch hört, hört Mich" (Luk. 10,16). „Das sagt der Erste und der Letzte." Der erhöhte Herr wendet sich durch seine „Boten" an seine Gemeinde. Was will er ihr sagen? *Im Leiden bewährt die Gemeinde ihre Treue zum Herrn.* (1) *Er weiß es.* (2) *Er erwartet es.* (3) *Er lohnt es.*

1.

Die „kirchliche Lage" in Smyrna ist trübe. Die Gemeinde ist in „Bedrängnis" (V. 9). Die Gesamtszene ist durch Domitians Religionspolitik und die göttlichen Ansprüche des Kaisers bestimmt. Johannes selbst ist „um des Wortes Gottes willen" auf die Insel Patmos verbannt. Die Gemeinde muß ihren Glauben unter Schwierigkeiten bewähren. Eine unselige Rolle spielen in diesem Zusammenhang die Juden. Das vierte Evangelium sieht Jesus in harter Auseinandersetzung mit ihnen; da es die Jesusbotschaft grundsätzlich in die aktuellen Fragestellungen hinein übersetzt und in die andersgläubige Welt hineinspricht, muß man, was es in Auseinandersetzung mit den Juden vorbringt, in ähnlichen Zusammenhängen sehen. Die Juden „lästern" die Gemeinde (V. 9). Die Christen sind ihnen eben Ketzer, Abtrünnige, als solche verhaßt. Es mag sein, daß solche Verunglimpfung sich auch auf die Beziehungen zur heidnischen Umwelt störend auswirken. Dabei fechten die Juden von taktisch günstiger Position aus: das Judentum war *religio licita*, genoß also einen gewissen Rechtsschutz. Geraten die Christen mit dem römischen Staat in Konflikt – des Kaiserkultes wegen – , dann sind sie ohne solche Deckung, ja, die Juden werden ein Interesse daran haben, den Ketzern ihre Position nicht zu erleichtern, sondern zu erschweren. Denkt man jüdisch, dann wird man in den Christen Gesetzesbrecher sehen, mehr noch: Gesetzesleugner, denn ihr Abweichen vom Gesetz geschieht ja nicht aus Schwäche, sondern aus Grundsatz. Die Christen wissen, warum sie so stehen müssen. Ja, sie sehen in ihrer Haltung sogar die legitime Fortsetzung dessen, was Israel im Alten Bunde gegeben und verheißen ist. Sie, die Christen, sind das wahre Israel. Hier die Kirche Gottes – dort die „Synagoge des Satans". Der Konflikt dürfte hart gewesen sein. – „Bedrängnis" also von zwei Seiten. Und in dem allem noch: die „Armut", im reichen Smyrna doppelt bedrückend (Hadorn). Arm fanden wir die Judenchristen im Jakobusbrief (18. S. n. Trin.); arm haben wir uns die Mehrzahl der Christen in Korinth zu denken (1. Kor. 1,26ff. 1. S. n. Epiph.); arm ist auch diese Gemeinde.
Die Kirche ist immer wieder veranlaßt, ihre Lage zu überdenken, in Krisen- und Notzeiten besonders. Selbstverständlich hat alles auch seine weltliche Seite. Man kann nach Ursachen und Faktoren suchen, die für die Situation der Gemeinde verantwortlich zu machen sind. Domitians Macht, die Popularität heidnischen Denkens und heidnischer Praktiken, die Affinität heidnischen Wesens zum Begehren und Hoffen, zu den Ängsten und Wonnen des natürlichen Menschen, die Leichtgläubigkeit der Leute, ihre Leichtverführbarkeit (die Lukas in Apg. 19,23–40 gerade für Kleinasien anschaulich beschreibt), die Mehrheitsverhältnisse in einer Stadt wie Smyrna, dazu die Nachstellungen und Schmähungen der Juden: man kann die Lage der Gemeinde sorgfältig analysieren, ihre – geringen – Chancen ausrechnen, deprimiert zusammenhocken und feststellen, daß man nicht viel tun kann.
Und da meldet sich der Herr, der selbst tot war und nun lebt: „Ich weiß deine Trübsal und deine Armut." Ich kenne deine Situation genau. Auch das mit den Juden weiß ich. Ihr sollt nicht denken, daß ihr vergessen seid, abgehängt, ausgeblendet. Immer wieder steht in den Sendschreiben: „Ich weiß . . ." Der Herr der Kirche hat ein unüberbietbar genaues Bild von seinen Gemeinden. Das könnte uns unangenehm sein (vgl. den voran-

gehenden Text); unsere Schwächen hat er genau registriert. Es kann auch – und soll hier auf alle Fälle – ungemein tröstlich sein. Der Herr fühlt, denkt, leidet mit uns mit. Wir glauben ja nicht an einen toten Christus, der nur in unseren Erinnerungen weiterlebte und in den Impulsen, die wir von ihm bekommen haben und im eigenen Tun fortpflanzen; wäre es so, dann wären wir auf uns selbst gestellt. Wir haben es auch nicht mit einem zwar lebendigen, aber leider abwesenden Christus zu tun, der nicht auf uns achtete und uns im Stich ließe. Alles, was über uns kommt, weiß er. Und da er der Pantokrator ist (1,8), ist dieses sein Wissen nicht bloß ein Informiertsein, sondern ein Beteiligtsein, ja, letztlich Sache seiner allumfassenden Regie.

Kurzschlüssiges Denken würde jetzt dazwischenfahren: Wenn er es weiß und noch dazu die Macht hat, dann hat er auch die Pflicht, die Lage seiner Kirche zu wenden. Zugegeben: uns sind in den Jahren 1933–1945 Gedanken solcher Art immer wieder gekommen; in solchen Augenblicken hatten wir vergessen, daß wir die Kirche des Gekreuzigten sind. Was die Gemeinde in Smyrna durchzustehen hat, kommt über sie nicht ohne Christus. Aber der Herr „weiß" die Drangsal, die Armut, das Verletztsein unter den Schmähungen. Er weiß es, also ist er auch dabei. Sein Wissen ist ein Mitgehen. Wir werden, was hier gesagt ist, nicht nur auf die ekklesiale Situation der Christen beziehen. Für den, der im Glauben mit Christus verbunden ist, werden alle Leiden, Ängste und Bedrängnisse zu *Christus*leiden, ausgestanden also in der Nachfolge des Gekreuzigten. „Ich weiß": das bedeutet, daß keiner etwas zu leiden hat „aus Versehen", ohne Grund und Sinn. Christus kennt auch die Grenze unserer Belastbarkeit. Ihm entgeht nicht, wie schwer wir an etwas tragen. Indem er es weiß – und uns wissen läßt, daß er es weiß –, entnimmt er uns der schrecklichen Einsamkeit, in die uns gerade das Leiden führt. Wir sind nicht vergessen, abgehängt, uns selbst überlassen. (Wir kehren zur Gemeindesituation in Smyrna zurück:) Die hier versammelten Menschen sind, indem Jesus sagt „ich weiß", aus ihrer Isolierung heraus. Sie müssen die Dinge nicht mehr allein abmachen und bewältigen. Dies „ich weiß" ist die Präsenz Christi in ihrem, der Smyrnenser, gemeindlichen Sosein. Fordert Domitian die Christen heraus, dann fordert er damit ihren Herrn heraus. Schmähen die Juden die Christen, dann schmähen sie ihn. Die Dinge gehen an Christus nicht vorbei. Er weiß, was geschieht.

Umgekehrt: die Gemeinde „kommuniziert" mit ihm. Im Leiden bewährt sie ihre Treue zu ihm. Läßt sie sich an dem „ich weiß" genügen, dann versucht sie nicht auszubrechen. Liebe zwischen Menschen wird da erst richtig groß und schön, wo sie einander auch Opfer zu bringen bereit sind – und nicht nur Nutznießer gemeinsamen Glücks. Eine triumphale Kirche würde mutmaßlich mehr und mehr darauf verfallen, daß sie an ihrem Herrn *vorbeilebt*. Man kann ja seinen Namen im Munde führen und großartige Dinge unternehmen – aber man ist weit weg von ihm. Er führt seine Kirche in Situationen, in denen sie sich darin übt, ihm die Treue zu halten. Und wenn sie es tut: er weiß es. Man sage nicht, es sei ja alles umsonst, was ausgestanden wird. Nichts geht verloren, weil Christus es weiß.

2.

Die Apokalypse ist das Zeugnis der frühen Märtyrerkirche. Die Sendschreiben kennen zwar bisher nur einen, der als „treuer Zeuge" Jesu Christi sein Leben gegeben hat, Antipas (2,13). Aber daß es noch zu großen „Trübsalen" kommen wird, das ergibt sich nicht nur aus einzelnen Hinweisen in der Offenbarung des Johannes, sondern aus ihrem ganzen Konzept. Die Vollendeten, die Johannes sieht, kommen aus der großen Trübsal (7,14); Johannes, der Verbannte, weiß sich als Teilhaber an der Trübsal und als Mitgenosse im

Ausharren bei Jesus (1,9). Das ganze große Finale der Menschheitsgeschichte, wie die Apokalypse es vor sich sieht, erhält seine Farben aus der Auseinandersetzung zwischen dem sich vergottenden Domitian und der Gemeinde, die Christus als den König aller Könige bekennt. „Trübsale" sind nicht nur zufällige Störungen in einem normalerweise unangefochtenen Leben der christlichen Gemeinde, sie fallen unter „das, was geschehen muß" (ἃ δεῖ γενέσϑαι, 1,1). Für dieses Kommende soll nach dem Willen des hier redenden Herrn die Gemeinde gerüstet sein. „Fürchte dich nicht vor dem, was dir an Leiden bevorsteht" (V. 10). Im Leiden bewährt die Gemeinde ihre Treue zum Herrn, und dieser Herr *erwartet* das.

Hinter dem, was die Gemeinde auszustehen haben wird, steht der διάβολος. Die Menschen, die die Christen in Not bringen – z. B. indem sie von ihnen das Kaiseropfer verlangen – , sind die Akteure auf der Bühne; der Regisseur bleibt unsichtbar im Hintergrund. Man denkt nicht im Sinne des Textes, wenn man im Teufel nur eine Spukgestalt sieht, halb zum Fürchten, halb lächerlich, den Menschen Auge in Auge gegenübertretend wie Mephistopheles im Faust. Der Teufel ist der verborgene „Fürst der Welt" (Joh. 14,30), nach dem mythologischen Weltbild zwar nicht in unserm Sinne „jenseitig" – denn dieses Weltbild kennt im strengen Sinne gar keine Transzendenz, sondern nur zueinander in additivem Verhältnis stehende Teilbereiche tatsächlich addierbarer Wirklichkeiten – , aber doch nicht zur Weltkreatur gehörig. Wir müssen ihn – sofern wir ihn noch nicht theologisch abgeschafft haben und zu dem vom Menschen Hervorgebrachten rechnen – als die sich Gott entgegensetzende überindividuelle, die Menschen von Gott weg auf seine Seite ziehende, sie mit ihrer Schuld quälende und erpressende, dabei stets im Hintergrund bleibende Supermacht des Bösen ansehen. Ins Reich der Fabel verweisen sollte man ihn m. E. nicht, wo er sich so viel einfallen läßt, Menschen und Völker gegeneinander aufzuhetzen, die Atmosphäre weltweit zu vergiften, Menschen auf ihr Böses zu fixieren, so daß sie ihm mit schrecklicher Folgerichtigkeit hörig sein müssen. Die auf die Gemeinde von Smyrna zukommenden Verfolgungen gehen gar nicht bloß auf Einfälle einiger notorisch bösartiger, ihre Macht genießender, am Leide anderer sich freuender Menschen zurück. Hier walten höhere Notwendigkeiten. Sieht der Teufel das Reich Christi kommen, gibt er Alarm und wiegelt die Menschen auf. (Wir sahen: auch die Juden, sofern sie Christus verfolgen, werden im Zusammenhang dieser hintergründigen Aufstandsbewegung gegen den kommenden Gott verstanden, V. 9.) Man merkt: der Teufel wird nervös, er gerät in Zeitdruck (12,12). Er wehrt sich bis aufs letzte gegen diesen das „Reich" einnehmenden Christus (12,10; 19,6). In diesem Zusammenhang sind die „Trübsale" zu sehen, auf die die Gemeinden der Apokalypse sich gefaßt zu machen haben. Und ihnen wird gesagt: „Fürchte dich nicht...!"

Der Text spricht von Gefängnis, nicht vom Zeugentod. Er dramatisiert nicht. Er sagt auch deutlich: das geht vorüber. „Zehn Tage" sind nicht wörtlich zu nehmen; sie stehen, wie die genannten Belege zeigen, für die „kleine Zeit" (20,3; Ps. 37,10; Jes. 54,7). Ihr sollt nur „auf die Probe gestellt" werden: mal sehen, wie lange euer Glaube durchhält (V. 10). Der Mensch wehrt sich gegen solche Belastungsproben: möglichst davon überhaupt verschont bleiben, und wenn's doch sein muß, dann so schnell wie möglich hindurch! Wir brauchen – wiederum – nicht nur an Verfolgungssituationen zu denken. Alle Leiden, die Christen auferlegt werden, sind solche Teste: „Was gilt's? Er wird dir ins Angesicht absagen!" (Hiob 1,11). Sieht man dieselbe Versuchung im Zusammenhang mit Gott – als etwas, was nicht ohne seinen Willen geschieht – , dann wird die Strecke der Trübsale für uns zur Gelegenheit, Gott unsern Gehorsam, unser Vertrauen und unsere Ehrerbietung zu zeigen. Durch die Art, in der wir Leiden tragen, können wir Gott Ehre erweisen – und überraschend: sobald wir im Glauben diese Einstellung gewonnen haben, tun sie nicht mehr so weh! – (Zurück zur Gemeinde in Smyrna:) Zeiten leidenden Bekennens erlauben den Christen, ihrem Herrn zu zeigen, was er ihnen wert ist. Wird das Leiden zum „Zeugnis" (z. B. 6,9), dann beglaubigen sie, was sie glauben, auch vor der Welt. Jesus erwartet das.

„Treu bis zum Tod." Möchte uns das nicht zu leicht von den Lippen gehen. Gemeint ist also einfach das Durchhalten in der Treue zu Christus, ganz gleich, welches Todes einer einmal sterben wird. Treue hält aus, bleibt dran, läßt sich nicht beirren, ist verläßlich, beruht auf innerster Verbundenheit. Sie wird sich in verschiedensten Lebenssituationen zu bewähren haben, zuletzt auch im Tode selbst. – Was hier steht, bekommt für uns Farbe und Anschaulichkeit durch den Märtyrerbischof Polykarp von Smyrna. Als er im Jahre 155 vor seinen Richtern steht, bekennt er: „86 Jahre diene ich Christus, und er hat mir nichts zuleide getan. Wie kann ich meinen König lästern, der mich erlöst hat?" Dann ist Polykarp also seit dem Jahre 69 Christ gewesen; wenn die Apokalypse um 95 geschrieben ist, war Polykarp schon 26 Jahre Christ, vielleicht schon Bischof (doch s. o.). Vielleicht – zu beweisen ist es nicht – war er sogar der „Bote", der den Brief in der Gemeinde zu verlesen hatte; vielleicht hat er ihn vorlesen hören. (Daß Polykarp schon um 95 in Smyrna war, ist ebenfalls nicht zu beweisen; nur ist es in damaligen Verhältnissen wahrscheinlicher als in unserer „mobilen Gesellschaft".) Da die Apokalypse überliefert worden ist, wird er, der aus Kleinasien stammte, sie bestimmt gekannt haben. Treue bis zum Tod: das war die Erwartung, die sein Herr (auch) in ihn gesetzt hat. Mit einem Dankgebet, heißt es, habe er den Scheiterhaufen bestiegen. – Zu groß, fürchte ich, für uns Kleingläubige. Wir wollen uns mit Beteuerungen (Mark. 14,29) nicht übernehmen. Aber wer nicht darauf aus ist, Christus die Treue zu halten, sondern im Unverbindlichen stecken bleibt, der weiß noch nicht, was ihm zugedacht ist.

3.

Die im Leiden bewährte Glaubenstreue wird vom Herrn *belohnt*. Wir wagen, der Kürze halber, diesen Ausdruck (22,12). Er wird, auch im Neuen Testament, häufiger gebraucht, als unsere protestantische Rechtfertigungstheologie es gern sieht. In der Tat, es wäre alles verdorben, wenn wir, was Christus uns geben will, als etwas Verdientes ansähen, als Selbsterarbeitetes und Selbsterworbenes, dann erst recht, wenn wir vor unserm Herrn Ansprüche geltend machen wollten und die uns auferlegten Leiden durchstünden im Spekulieren auf entsprechende Belohnung am Ziel des Weges. Ist frommscheinende Eigensucht sowieso der Kern unserer sündigen Grundverfassung, so soll uns Christus, indem er uns davon losmacht, doch nicht erst recht dazu verführen. Märtyrertum – auf welcher Stufe und in welcher Dichte auch immer – wird widerlich, wenn es berechnend ist.

Wenn der Herr „lohnt" (22,12), dann lohnt er „umsonst" (22,17), also „geschenkweise". Aber das will er auch tun. Dem bis zum Tode Treuen verspricht er den „Kranz des Lebens". Die Vollendeten werden mit einer Strahlenkrone geschmückt (3,11; 4,4.10; 12,1; 14,14). „Die jüdische Gemeinschaft von Qumran erwartete, daß am Ende die Kinder der Wahrheit ‚ewige Freude im ewigen Leben genießen und eine Krone der Herrlichkeit mitsamt einem Ehrenkleid im ewigen Licht empfangen werden' (1 QS IV,7f.)" (Lohse z. St.). Der „Kranz" ist – das *Leben*. Man muß den johanneischen Vollsinn dieses Wortes hören. Schon von der Apokalypse her, die vom Lebenswasser (21,6), vom Lebensbaum (2,7; 22,19) spricht. Erst recht im Sinne des Evangeliums, wo das Leben, weit über den Bios hinaus, in der Fülle der Gottesgemeinschaft in Christus gesehen wird. Der Kranz, der dem Sieger (V. 11: ὁ νικῶν) verliehen wird (1. Kor. 9,24; Phil. 3,14), ist nicht etwas Äußeres, sondern das Leben selbst. „Ich bin ... das Leben", sagt Jesus (Joh. 14,6; 11,25). Aus

dieser personalen Verbundenheit mit Jesus kann das Leid den Glaubenden nicht herausreißen, und diese Gemeinschaft soll nach bestandenem Kampf vollkommen werden.
Nichts anderes meint im Grunde auch die Errettung vom „zweiten Tod". Wir haben,
wenn wir ans Sterben denken, meist nur den „ersten Tod" im Auge: das Ende des Erden-
daseins, den Zusammenbruch der körperlichen Funktionen, den Zerfall des Leibes. Das
ist, so sehr uns auch manchmal davor graut, nur die natürliche Seite des Sterbenmüssens.
Der Tod hat noch eine ernstere Dimension. „Wer vom ewigen Richter der Verdammnis
überantwortet wird, erleidet in Wahrheit den Tod, ein zweites, endgültiges Sterben"
(Hadorn). Christus verheißt den „Siegern", daß sie davon verschont bleiben. Sie stehen ja
auf der Seite ihres Herrn, dessen großes Heilswerk darin besteht, die Verlorenen anzunehmen und ihnen seine Gerechtigkeit (Paulus), sein Leben (Johannes) zu schenken. „Fürchte dich nicht!" – die Ermutigung bekommt jetzt einen noch viel tieferen Sinn. Schmähungen, Drangsale, Gefängnisse, wenn es sein muß: der Zeugentod – das alles sind nicht die
gefährlichsten und belastendsten Tatbestände unseres Lebens. Die *letzte Entscheidung*
über uns ist „das Problem". Jesus dazu: Fürchtet euch nicht; für den, der bei mir ist und
bleibt, ist alles gewonnen.

Bußtag. Offb. 3,14–22

Der gleiche Aufbau der Sendschreiben hindert nicht die Verschiedenheit des Gehalts; hier wird nicht
in Schablonen gedacht, vielmehr wird die Eigenart der einzelnen Gemeinden scharf gesehen. – Laodicea: wohlhabende Handwerks- und Handelsstadt, „ein Bankzentrum, in dem Cicero Geld zu wech-
seln empfiehlt (ad Fam. III 5, ad Attic. V. 15)" (Lohmeyer z. St.), außerdem der Sitz einer ärztlichen
Akademie, „deren Medizinen und Salben im ganzen römischen Reich verbreitet waren" (ebd.). Nach
einem Erdbeben (60/61 n. Chr.) aus völliger Zerstörung neu aufgebaut – „ohne Hilfsmaßnahmen unserseits", betont Tacitus. – Die christliche Gemeinde ist in der Zeit des Paulus gegründet (Kol. 2,1;
4,13–17), sie hat also Erdbeben und Wiederaufbau selbst miterlebt. Der nach Laodicea gerichtete
Paulusbrief ist verloren, wenn er nicht, wie manche annehmen, unser Epheserbrief ist. Den Kolosserbrief kennen die Laodicener aus eigener Lektüre (Kol. 4,15f.); die letzten Worte von V. 14 in unserm
Text sind mit Kol. 1,15 verwandt und könnten eine Anspielung darstellen.
Die Selbstprädikation des Herrn in V. 14 greift 1,5 auf und gibt noch die alttestamentliche Herkunft
dieses Titels an: Christus ist nach Jes. 65,16 der „Gott des Amen", was Symmachos noch wörtlich
wiedergibt (τὸν ϑεὸν ἀμήν), die LXX jedoch – wie erläuternd auch das Sendschreiben – übersetzt: τὸν
ϑεὸν ἀληϑινόν. „Ursprung der Schöpfung Gottes" hätte keinen Anhalt in Kap. 1 (außer: „der Erste",
V. 17), wohl aber in Kol. 1,15; auch Joh. 1,3ff.; Hebr. 1,2). – VV. 15f: Es ist müßig, zu fragen, ob die
Lauheit auf mangelnder Erwärmung oder schon erfolgter Abkühlung beruht. Es geht um den
gegenwärtigen Zustand, wie immer er entstanden sei. – V. 17: vgl. Hos. 12,9. Interessant der Doppelausdruck: „reich" und „zu Reichtum gelangt" (schönes sprechendes Perfekt!), auch der Artikel, der
für alle fünf Adjektive gilt: gerade du bist „der" Elende und Erbärmliche und Arme und Blinde und
Nackte. (Die letzten drei Adjektive könnten die ersten beiden Ausdrücke begründen; sie werden ja
auch in V. 18 noch besonders angesprochen.) – V. 18: deutliche Anspielung auf die Spezialitäten von
Laodicea. Das Verbum kaufen wie Jes. 55,1. Geläutertes Gold spielt auf die Banken an (vgl. auch
Ps. 17,31; 1. Petr. 1,7). Die Augensalbe stammt aus der medizinischen Akademie, sie wird von Gale-
nus gerühmt. In Laodicea wurden auch schwarze Wollstoffe hergestellt. In V. 17 hieß es: arm, blind
und bloß. Gegen die Armut hilft das lautere Gold, gegen die Blindheit die Augensalbe, gegen die Blöße die weißen Kleider; die Reihenfolge ist also nicht parallel. – V. 19: vgl. Spr. 3,12; Hebr. 12,6 (eine
der vielen Stellen, an denen sich Hebr. mit dem johanneischen Schrifttum berührt). In παιδεύειν liegt
nicht notwendig die harte Züchtigung, sondern einfach das Erziehen und Zurechtweisen. – V. 20:
Nach Lohmeyer vereinen sich hier johanneischer Klang mit synoptischer Innigkeit und Bildhaftig-
keit (z. St.). Der freundschaftliche Ton ist unverkennbar. Tischgemeinschaft: Zeichen der Verbundenheit. – V. 21: Überwinderspruch vgl. Luk. 22,29; Matth. 19,28; 20,21; 1. Kor. 6,3. Zu Königen
gemacht: Offb. 1,6; vgl. 1, Kor. 4,8. – V. 22: Weckformel ähnlich wie bei Jesus selbst.

Buße ist, recht verstanden, immer etwas ganz Persönliches. Ich soll mich wieder zum Herrn wenden; kein anderer kann es für mich tun. Aber wir können uns gegenseitig dazu ermuntern, nachdem der erhöhte Herr uns selbst dazu ermuntert hat. Der Buß- und Bettag gibt der Gemeinde Jesu Christi auf, mit den eigenen Sünden auch die des ganzen Volkes vor Gott zu bringen; gibt es doch – unbeschadet der Unvertretbarkeit, von der eben die Rede war – auch eine priesterliche Stellvertretung. Nur, daß dabei nicht vergessen werde: die Sünde der Welt ist immer zugleich die unsere, der Christen, Sünde. Bußtag ist darum auch immer zuerst unsere eigenste Sache.

„Sei nun eifrig und tue Buße!" (V. 19). Wir sollten nicht übersehen, daß diese Aufforderung des erhöhten Herrn Nachdruck bekommt durch den Hinweis auf die eschatische Stunde. Der Herr kommt bald (22,20). Die Zeit ist nahe (1,3). Schon steht der wiederkommende Christus vor der Tür (3,20). Es wäre nicht angebracht, daß wir, was damit gesagt ist, als Fehlerwartung der ersten Christenheit abtun. In jeder Stunde klopft das Eschaton, der Eschatos an die Tür. Es ist wohl wahr: wir rechnen von unserm Weltverständnis her damit, daß die physikalische Zeit weiterläuft. Dennoch ist uns apokalyptisches Zeitverständnis nicht fremd. Und wie lange uns als einzelnen noch Zeit gegeben ist, wissen wir nicht. Uns soll nicht bange gemacht werden. Das Klopfen an der Tür ist das unseres besten Freundes. Aber eben, weil er kommt, kommt es für uns darauf an, für ihn bereit und offen zu sein. Wir können uns damit nicht Zeit lassen. Wir haben – eben noch – Raum zur Buße; keiner weiß, wie lange. Wir reden damit nicht von einem Grenzaspekt unseres Lebens. Das ganze Leben soll qualifiziert sein durch die Hinkehr zu Christus.

Nun denken wir bei Buße – ich muß mich ändern (lassen) – an das Anderswerden im Verhalten: dieses Böse lassen, jenes Gute endlich anfangen und damit durchhalten! Sicher wird es auch aufgrund dieses Textes zu solcher Veränderung kommen sollen. Nur hat der Text dabei seinen ganz eigenen Akzent. An uns geschieht etwas. „Die ich lieb habe" – das wäre das erste, das es nicht zu übersehen gilt. Der Text ist eine Aktion der Liebe des Herrn. Sodann: „die überführe und erziehe ich". Überführen: da wird etwas aufgedeckt, ans Licht gezogen, erkennbar gemacht, was bisher unentdeckt war. Und das Erziehen ist Zurechtweisung, bei Jesus sicher nicht in der Härte des Gesetzes, sondern im Sinne eines Voranhelfens. Einfach und schmerzlos wird es freilich auch dabei nicht abgehen. Der Text zeigt es sofort deutlich: die Laodicener sind über sich selbst in allerlei Illusionen befangen; sie sehen sich nicht, wie sie sind. Bußtag? Bei anderen wird er angebracht sein, bei uns, bei mir, erübrigt er sich. „Ich bin reich und habe genug und brauche nichts." Von mir aus kann das Leben so weiterlaufen. Jesus ist anderer Meinung. Es steht schlimm um die Laodicener. Jesus muß es ihnen aufdecken.

Buße als Entdeckung: (1) Ernst machen, (2) Wertvolles kaufen, (3) Christus einlassen. Die Predigt wird zeigen müssen, wieso es in allen drei Sektoren des Textes letztlich um ein Entdecken geht. Wer entdeckt hat, wird dann wohl von allein zufassen.

I.

Man wird die Selbstaussagen des himmlischen Christus nicht als ornamentale Zutaten, sondern als Aussagen zur Sache anzusehen haben. Ist „der Amen" wirklich ein Rückgriff auf Jes. 65, dann ist Christus hier wieder einmal in seiner vollen Gottheit gesehen. Der Amen-Gott ist der „treue Gott", mit dessen Namen man sich segnet und bei dessen Namen man schwört (Jes. 65,16a). Er ist das Amen – die Bestätigung seines Wortes – in Person. Gott macht Ernst, wenn er etwas zusagt, er ist nicht halbherzig und wetterwendisch. Man kann sich auf ihn verlassen. Gerade in Jesus Christus hat Gott sich festgelegt; alle Gottesverheißungen sind in seiner Person Ja und Amen geworden (2. Kor. 1,19f.).

Dem steht nun – leider – auf menschlicher Seite die Unverbindlichkeit gegenüber. Christ sein? Ja, schon; nur, es darf nicht zu viele Konsequenzen haben. Man ist in „Laodicea" nicht dagegen. Aber richtig *dafür* ist man auch nicht. Man ist weder kalt noch warm. Ein gefährlicher Zustand. Christus hat es mit denen, die leidenschaftlich nein sagen, leichter als mit desinteressierten, unansprechbaren, gedankenlosen, stumpfsinnigen, denkfaulen, verschlafenen, auf alle Fälle aber unentschiedenen Leuten. Wer aus echtem eigenen Nachdenken und aufgrund ernsthafter Beschäftigung mit der Sache nein sagt, der ist – auch mit diesem Nein – irgendwie drangeblieben. Er meint, er könne nicht Christ sein; Christus wird ihm nicht zusetzen, auch wenn er über ihn und seinen Weg betrübt ist. Christus will aufrichtige, freie Entscheidungen. „Wollt ihr auch weggehen?" Wenn es nicht anders sein kann: bitte! Aber ihr wißt hoffentlich, warum ihr euch so oder so entscheidet. Was uns als Kirche in dieser entscheidungsreichen Zeit zur Gefahr wird, ist nicht die Tatsache, daß wir einer atheistischen Weltanschauung standzuhalten haben. Das Gefährliche ist, daß wir bei aller „Christlichkeit" Gott gar nicht an uns heranlassen, vielmehr so tun, als sei hier nichts mehr zu bereinigen und zu entscheiden und als gäbe es im übrigen für uns so viel Wichtigeres zu tun, daß man sich mit dem Glauben nicht zu sehr aufhalten kann. Christsein – ei, warum nicht? Die Tradition will es so. Man braucht sich doch dabei in keiner Hinsicht in die Unkosten zu stürzen. Der liebe Gott – ein frommer Mann; lassen wir ihn das sein und bleiben, und behalten wir uns selbst alles Weitere vor. Die kirchlichen Fassaden können alle stehenbleiben. Es lebt sich ganz gut hinter ihnen. Man bekommt kein schlechtes Gewissen dabei.

Aber da meldet sich Christus. Nicht ein gedachter Traditions-, Begriffs- oder Lehrbuch-Gott, sondern der auf uns zukommende, der an unserer Tür klopfende, der uns direkt anredende Gott. Übrigens: der Ursprung aller Schöpfung – niemand denke, es sei in sein Belieben gestellt, ob er überhaupt mit diesem Christus zu tun haben und sich auf ihn einlassen wolle. Unsere Zugehörigkeit zu Christus ist nicht eine Sache unserer Wahl – bei aller Freiheit, die Christus uns läßt – , noch viel weniger Sache unseres persönlichen Geschmacks. Ich habe mir Vater und Mutter nicht ausgesucht, von denen mein Leben gekommen ist. Ich kann mir den „Ursprung aller Schöpfung" ebensowenig aussuchen. Ich kann mir die Sonne nicht wählen, die mich bescheinen soll; ich kann höchstens gedankenlos unter der Sonne, ohne die ich nicht lebte, dahindösen. – Nein, ich darf diesen Gott, der in Christus *mein* Gott sein will, nicht einen frommen Mann sein lassen – ich muß mich ihm stellen. Er will es so. Er nagelt uns alle fest – gerade dadurch, daß er *sich* hat festnageln lassen. So, wie er auf uns zukommt, können wir uns nicht entziehen; wir müssen ja sagen oder nein. Man kann mit Gott kein unernstes Spiel treiben.

Kalt oder heiß? Leider: lau. Nicht dagegen, aber auch nicht richtig dafür. Christ dem Namen nach, aber ohne Engagement. Christus empfindet Ekel. So was spuckt er aus. Wie lauwarmes Wasser. Man erschrickt. So widerlich ist dem Herrn die mangelnde Intensität unseres Christseins? Und: wer müßte sich nicht der Lauheit anklagen? Die diese Predigt hören, wollen nicht lau sein, sie wären sonst nicht da. Andererseits: eben deshalb sind sie da, weil sie der Buße bedürfen und sich am Bußtag der Anrede ihres Herr stellen wollen. Oder fällt auch der Gottesdienstbesuch am Bußtag unter das lauwarme Gewohnte? Versucht sich die Lauheit hier ein Alibi zu verschaffen? Fehlt es an der Entschiedenheit der Bekehrten? Mancher von uns wäre hier bei „seinem" Thema. In der Tat: die volkskirchliche „Man"-Christlichkeit, soweit sie noch vorhanden ist, darf nicht der Normalpegel sein. Der Herr wartet auf mein Aufmerken, Aufbrechen, auf meinen Entschluß, auf mein Anderswerden. Nur, daß dies nicht in einem Bekehrungsfanatismus ausarte – es könnte sein, daß wir damit auf ein sehr untaugliches Remedium zur Bekämpfung der Lauheit verfallen. Denn aufs *Gesetz* hat der Herr es nicht abgesehen. Hier sind gar nicht Anstrengungen zu machen; es gälte nur, auf Christus einzugehen, für ihn offen zu sein – wir kommen darauf zurück – , sich ihm auszusetzen. Es wird uns dann von ganz allein „mitreißen". Insofern wäre es schon gut, wir hätten ein weniges von der Begeisterung, mit der die 50 000 das Länderspiel verfolgen; vielleicht auch etwas von der Hingabe, mit der jemand an seiner Datsche baut, – und möglichst etwas von dem staunenden Beglücktsein, wenn jemand den anderen, den geliebten Menschen, entdeckt und sich ihm versprochen hat.

Die Lauheit bekämpfen wir nicht dadurch, daß wir uns künstlich zum Kochen bringen. Die Buße besteht hier tatsächlich in einer *Entdeckung*. Zunächst in bezug auf Christus: was alles will er mir sein und schenken! Und dann in bezug auf uns selbst: wie wenig sind wir für ihn aufgeschlossen, wie wenig haben wir uns von ihm bisher in Bewegung bringen lassen. Wir täuschen uns über uns selbst. Wir halten uns für gute Christen und – langweilen uns, wenn Christus uns in seinem Evangelium anredet. Wir meinen, richtig zu liegen, aber wir haben uns der Helligkeit und Wärme seiner Liebe noch gar nicht ausgesetzt. Christus ist ständig um uns bemüht, aber er findet Leute, die immer nur halb hinhören. Das Schlimmste: sie meinen, das sei in Ordnung so; allzuviel könne der liebe Gott von uns ja nicht erwarten, wenn wir nur anständige, achtbare Menschen sind. Bleibt es bei dieser Einstellung, dann stößt alles, was Jesus mit uns vorhat, ins Leere.

Buße bestünde in der Entdeckung: Gott – den Gott-in-Christus – findet man nicht anders, als indem man Ernst macht. Wir halten uns gemeinhin für ernsthafte Christen und müssen entdecken, daß wir lau sind, in unserem Denken, Tun und Sein dem nicht angemessen, was Christus an uns tut. „Die ich liebhabe, die *ent-decke* ich, und die weise ich zurecht."

2.

Das „Aufdecken" geht weiter. Man könnte auch sagen: das Aufräumen mit Illusionen. Christus stößt in Laodicea auf ein gefährliches Wohlstandsdenken und auf eine diesem Denken entsprechende Selbstzufriedenheit. „Ich bin reich und bin – schönes Ergebnis diesbezüglicher Bemühungen – zu Wohlstand gelangt" (was in der Parenthese steht, geht einfach aus der Perfektform hervor). Christus kann sich da nicht mitfreuen. Warum nicht?

Daß „die Religion" bei wachsendem Wohlstand und zunehmender Sicherheit des Lebens bei den Leuten an Interesse verliert, das ist einfach ein Erfahrungssatz. Natürlich steckt darin eine verhängnisvolle Täuschung. Daß wir mit steigendem Monatseinkommen den lieben Gott für immer entbehrlicher halten, ist eine ebenso große Dummheit wie die Meinung, daß Gott, wenn er nicht überflüssig werden soll, ein Interesse daran haben müßte, uns möglichst kurz zu halten. Der Fehler liegt in beiden Fällen darin, daß Gottes Aufgabe lediglich im Kompensieren gesehen wird; er ist der Gott, der Trostpreise verteilt. Dabei ist auch in Laodicea nicht eine Drachme verdient worden, ohne daß Gott an dem Geschäft beteiligt war. Ob die Produzenten und Handelsleute das wußten oder nicht, ob sie ehrliche oder unrechte Geschäfte trieben: sie hatten es mit dem – segnenden oder richtenden – Gott zu tun, von dem alle Dinge sind (V. 14c) und der die Heiden wohl ihre eigenen Wege gehen läßt, in dem sie aber leben, weben und sind (Apg. 14,16; 17,28). Es ist ein Irrtum, den Wohlstand in ein Alternativverhältnis zu Gott zu setzen, als könne man nur *eines* haben: den Reichtum Abrahams (Gen. 13,2) *oder* seinen Glauben (Gen. 15,6).

Es ist freilich ebenfalls ein Irrtum zu meinen, das Menschsein erschöpfe sich in der mehr oder weniger aufwendigen Fristung, Sicherung und Ausgestaltung des Lebens. Nach Jesu Wort hat sich derjenige verkalkuliert, „der sich Schätze sammelt und ist nicht reich in Gott" (Luk. 12,21). Wie stand es hiermit in Laodicea, und wie steht es damit in „Laodicea"?

Man ist dort wohlhabend und wunschlos glücklich. „Du sprichst: Ich bin reich und habe gar satt und bedarf nichts." Eine gefährliche Sattheit, verbunden mit einer geistigen und geistlichen Indolenz. Nebenher: man kann sich nur wundern, daß eine christliche Gemeinde der ersten Zeit, übrigens einer Zeit, in der über benachbarte Gemeinden die ersten Verfolgungen dahingehen (2,10.13; 3,10; 6,9f.; 7,14 u. ö.), so selbstzufrieden, so unerschüttert, so weltförmig sein kann. Die bourgeoise Sattheit will nichts von Solidarität wissen, ja sie bemerkt offenbar gar nicht, was um sie her geschieht. – Aber wenn dem *nicht* so wäre, wenn also nicht wenige Tagreisen weiter die Brüder und Schwestern unter so harte Erprobungen ihres Glaubens gestellt wären: wie stichhaltig ist dieses Bekenntnis zur eigenen Saturiertheit?

Bei euch blüht das Bankwesen, und man kann Währungen konvertieren? Ihr seid darauf sehr stolz? Ich rate euch: kauft euch reines, geläutertes, wertbeständiges Gold, und das gibt es bei mir, nur bei mir. – Bei euch werden die berühmten Wollstoffe hergestellt, die sich auf den Märkten der Welt großer Beliebtheit erfreuen? Ich rate euch: kauft euch weiße Kleider – bei mir. Bei mir gibt es auch Augensalbe. Ihr wendet ein, gerade bei euch werde solche Salbe bereitet, die sich Leute aus aller Welt dort holen? Ihr braucht sie von *mir*. – Wir machen uns zwischenherein klar, daß hier, im Ansatz, eines der charakteristisch-jeohanneischen Denkmodelle vorliegt. Joh. 4: Du schöpfst Wasser? Das Wasser, das den Durst wirklich stillt, bekommst du von *mir* (ähnlich Joh. 7,37–39). Joh. 6: Ihr seid auf Brot aus und sucht die Wiederholung und Abwandlung des Mannawunders? Das Brot des Lebens bin *ich*. Joh. 2 und 15: Euch zieht Dionysos an, weil er euch die Freude gibt? Den guten Wein gebe *ich*, ja, ich bin selbst der Weinstock. Joh. 11: Ihr fragt nach der Auferstehung und dem Leben? Beides bin *ich* in Person. – Das alles, was die Laodicener haben und worauf sie so stolz sind, soll ihnen nicht genommen sein. Es steht nicht da: Du hast zuviel. Vielmehr: Du hast zuwenig! „Kaufe!" Ihr seid mit all dem, was ihr da habt, an der Oberfläche des Lebens. Der Mensch lebt nicht von diesen Dingen allein. Man kann – und die Gefahr ist groß – in allem Reichtum sein Menschliches verlieren. Mehr noch: Wenn es wahr ist, daß der Mensch Gottes Geschöpf und Ebenbild ist, geschaffen also zur persönlichen Gemeinschaft mit Gott, zur Verbundenheit mit ihm, zu Rede und Antwort zwischen Gott und ihm, zum Dienst für Gott, zur Verherrlichung und Rühmung Gottes, dann ist es sehr die Frage, inwieweit bei eurem Wohlstandsdenken das Eigentlich-Menschliche – untergegangen ist.

Ihr sagt: wir sind reich – aber ihr seid arm. Das Gegenteil vom Tatbestand in Smyrna (2,9), bei Paulus (2. Kor. 6,10b, vgl. 8,9), bei Jakobus (2,5). Bei euch zählt der Kontostand und die Jahresbilanz, das Wirtschaftswachstum und im eigenen Unternehmen der Gewinn. Natürlich: das gehört zum Leben, und es soll nicht geringgeachtet sein. Nur: das Leben ist mehr. „Reich" sein – „in Gott". Wie ist der Kontostand *da*? – „Sind wir etwa blind?", könnten die Leute von Laodicea fragen – genau wie Jesu Gegner Joh. 9,40 (wieder eine der Gemeinsamkeiten). Jesus: Ihr braucht meine Augensalbe, damit euch die Augen aufgehen („entdecken"!). Ihr seht in eurer Weltbefangenheit nicht die Wirklichkeit Gottes und eure Lage „vor" ihm. Man kann sich für einen Realisten halten und Wesentliches an der Wirklichkeit einfach übersehen. – Und nackt? Wo doch bei uns die schönen Stoffe gemacht werden, die die begüterte Kundschaft aus aller Herren Ländern bei uns einkauft, und wir selber gefallen uns in ihrem modischen Schwarz (Hadorn z St.) Jesus: Ihr braucht weiße Kleider – Merkmale der Reinheit, auch der himmlischen Herrlichkeit und Freude (3,4f; 4,4; 6,11; 7,9. 13; 19,14). Um es noch genauer zu sagen: darauf wird es ankommen, daß die Kleider gewaschen und hell gemacht sind „im Blut des Lammes", um es in der (paradoxen) Sprache der Apokalypse zu sagen (7,14).

Ist Buße – nach unserm Text – zunächst eine Sache des Entdeckens, dann käme es darauf an, daß uns aufgeht, wo es bei uns fehlt und wie alle Üppigkeit und aller Überfluß sich herausstellen können als ein Leben im Defizit und in roten Zahlen. Freilich: diese Feststellung geht einher mit dem Angebot: „Kaufe!" Und wie es zugeht, wenn man bei Gott, bei *diesem* Gott, „kauft", das mag man z. B. aus Jes. 55,1 und Offb. 22,17 ablesen. Der Herr deckt unsere wahre Lage nur deshalb auf, weil er – „liebhat" (V. 19).

3.

Der Schluß des Sendschreibens führt uns deutlich an die Grenze zum Eschaton. Nicht, um die Gemeinde zu schrecken, sondern um sie zu ermutigen und zu locken.
Die Verheißung V. 21 sollten wir wieder so verstehen wie die Zusagen in der vorangehenden Perikope. Es wäre dem Evangelium zuwider, wenn wir auf das spekulieren wollten, was dabei für uns herausspringt, noch dazu dann, wenn Jesus von unserer Teilhabe an seiner Herrschaft spricht (vgl. die oben zu V. 21 genannten Stellen). Man denke an die Perikope von den Zebedaiden (Mark. 10,35–45); auch sie redet davon, daß die Seinen – nach Gottes, des Vaters, Entscheid – zu seiner Rechten und Linken sitzen, aber sie macht nicht nur deutlich, daß es durch Leiden geht, sondern auch, daß sich *diese* Herrschaft von der der Mächtigen dieser Welt erheblich unterscheidet. Wir sollten alle selbstischen Gedanken weit hinter uns lassen. Aber wir sollten den ermunternden Ton in Jesu Rede hören.
Erst recht freundlich und einladend klingt nun, was der vor der Tür stehende Herr von sich sagt. Er wird kommen (1,7). Das wird bald geschehen. Schon steht er vor der Tür und klopft. Wir müssen den Text aus der Naherwartung heraus verstehen. Jesus kommt am Tage der Parusie: das hören wir meist mit dem Unterton: „also noch lange nicht" (Matth. 24,48). Wir verfehlen damit, worauf es ankommt. Futurische und präsentische Eschatologie voneinander zu unterscheiden, hat nur dann einen Sinn, wenn man sie zugleich aufs engste aufeinander bezogen sieht. Wer sagt, der Herr komme *bald*, der soll ihn *gleichzeitig* vor der Tür stehend sehen und klopfen hören. Und wer ihn heute einläßt, der soll wissen, daß der Herr unsere ganze Zukunft mitbringt, nur noch verborgen und lediglich für den Glauben entdeckbar. Sehnsüchtig rufen der Geist und die Brautgemeinde: Komm! (22,17); aber sie schauen in den Himmel und sammeln sich mit aller Kreatur im Himmel und auf Erden im Gottesdienst um den, der auf dem Thron sitzt (5,13).
Und nun soll man sich erst einmal wundern, daß der Herr so freundlich klopft und ruft an der Tür der Gemeinde von Laodicea, – an der Tür gerade *dieser* Gemeinde. Sein Widerwille gegen ihre Lauheit hat einen starken Ausdruck gefunden (V. 16). Ihre geistliche Bilanz sah verzweifelt aus (V. 17). Diese dürfte in der Gemeinde, der diese Bußtagspredigt zu halten ist, nicht sehr viel anders beschaffen sein. Aber der Herr klopft. Nicht, um an der gottesdienstlichen Stätte in heißem Zorn den Leuchter umzuwerfen (2,5) – auch das könnte er wohl – , sondern um mit uns das Mahl zu halten. Die Tischgemeinschaft zu erneuern, die er einst mit den Seinen gehabt hat? Oder das himmlische Mahl zu halten, in dem sich die Seligkeit der vollendeten Gemeinschaft mit dem dreieinigen Gott verwirklicht? Oder die Sakramentsfeier zu begehen, die das wandernde Gottesvolk hält, „bis er kommt" (1. Kor. 11,26)? Reißen wir wieder nicht auseinander, was zusammengehört. Der Herr will bei uns Zutritt bekommen. Verfehlen wir beim Predigen unsere Aufgabe nicht, dann ist die Predigt sein Klopfen. Christus wartet darauf, daß wir ihn *einlassen*. Mehr nicht. Daß dies geschieht, setzt wieder die Entdeckung voraus: er steht vor der Tür und will herein. Wenn er eintritt, dann nicht als Fordernder. Er setzt sich mit uns an den Tisch – und der Tisch ist immer *seiner*. Er verbindet uns mit sich und dadurch auch untereinander. Die zweiseitige Verbindung ist auffällig betont: „ich mit ihm – er mit

mir" (V. 20). Das wird auch immer das erste sein. Wir haben einen Herrn, dem so sehr an uns gelegen ist, obwohl wir „Laodicea" sind. Wenn das keine Entdeckung ist!

Letzter Sonntag des Kirchenjahres. Jes. 65,17–19 (20–22) 23–25

Die Perikope (Wstm. läßt sie, wohlbegründet, mit V. 16b beginnen) enthält Heilsbotschaft und darf daher zum echten Bestand der Tritojesajatexte gerechnet werden. Duhm: „Schilderung der herrlichen Zukunft." Das Heil ist diesseitig gedacht, ausgenommen die VV. 17 und 25, weshalb man diese beiden Verse als Erweiterungen ansieht; „auch dann aber, wenn diese Sätze zur ursprünglichen Verkündigung Tritojesajas gehören sollten, sind sie für diese nicht bezeichnend" (Wstm., ATD, S. 239), sie „zeigen den Einfluß der beginnenden Apokalyptik" (ebd., S. 245). VV. 17–19a: Ankündigung, VV. 19b–25 Schilderung des neuen Heils.
V. 16b: „Vergessen sind die früheren Nöte" vgl. 43,18 f.; „denn sie sind vor meinen Augen verborgen" = für Gott gibt es sie nicht mehr. – V. 17: ברא das wunderbare Schaffen Gottes wie Gen. 1,1, vgl. Jes. 40,28; 41,20 u. ö. Partizip: „ich bin im Begriff zu schaffen". Wstm. versteht die Adjektive für „neu" prädikativ (die alte Welt neu schaffen), die Apokalyptik (Offb. 21,1; 2. Petr. 3,13) denkt an totale Neuschöpfung aus dem Nichts. – V. 18: Wstm. möchte V. 18a (es bleibt bei den Imperativen – gegen BHK) vor V. 16 b stellen; so ergibt sich für VV. 17f. ein Parallelismus, in dem Jerusalem Himmel und Erde korrespondiert. Dann heißt es auch: „Ich will Jerusalem in Jubel (um)schaffen." Den Widerspruch zwischen den so unterschiedlich großen Wirkbereichen der Neuschöpfung (Welt – Jerusalem) könnte die Erweiterungsthese stützen; freilich wäre damit der Parallelismus ebenfalls dazugemacht. – V. 19: Gott selbst freut sich, vgl. 62,5.
V. 20: Der Tod bleibt hiernach auch in der Heilszeit, nur kommt es nicht vor, daß Leben verfrüht zu Ende geht. Anders Jes. 25,8 und (natürlich) das NT, indem es von Auferstehung zur Unverweslichkeit spricht. Der letzte Satz von V. 20 meint: „Wenn es einmal vorkommt, daß einer die hundert Jahre nicht erreicht, dann muß dies einen besonderen Grund haben" (Wstm., nach Buhl und Köhler, gegen Duhm). – VV. 21f.: So schon 62,8–9. Hier wird aus der Erfahrung vieler Kriegsschicksale gesprochen; dies wird nicht mehr sein. V. 23a gehört noch in diesen Abschnitt. Wenn man die Klammerverse ausspart, dann auch diesen Halbvers.
V. 23b: „Nachkommenschaft der Gesegneten Jahwes": der den Vätern zugleich für ihre Nachkommen gegebene Segen wirkt sich jetzt aus. Mehrere Generationen leben zusammen. – V. 24: Die Beziehung zwischen Gott und Menschen wird neu: im „Heilsein des dialogischen Verhältnisses" (Wstm.). Vgl. 58,9. Der Vers „wäre ein guter Abschluß" (Wstm., s. o.). Apokalyptisches Denken nimmt in V. 25 Jes. 11,6–9 auf und sieht den Zustand der Erneuerung bzw. Neuschaffung in kosmischer Weite. „Und die Schlange, Staub ist ihr Brot" ist Glosse – freilich eine verständige Glosse: der Fluch Gen. 3,14 wird bekräftigt, das Böse wird in der neuen Welt niedergehalten sein.
Es empfiehlt sich, die in () stehenden Verse nur zur Erläuterung in der Predigt zu verwenden. Sie könnten von der kerygmatischen Aussage ablenken.

Am Ewigkeitssonntag geht es um die christliche Hoffnung. Glaube und Hoffnung liegen dicht beieinander, werden zuweilen geradezu wechselweise gebraucht. Fragt die christliche Gemeinde an diesem Tage: Wie wird's sein?, dann muß das nicht eine Frage der Neugier sein. Der Glaube fragt mit Recht nach der Herrlichkeit, die an uns soll offenbar werden (Röm. 8,18). Der Glaube streckt sich nach vorn; man hat ihn „zukunftssüchtig" genannt – ein bißchen überschwenglich, aber in der Absicht richtig. Denn was der Glaube jetzt hat, wartet auf seine Enthüllung und Vollendung. Gott ist mit dem, was er tut, noch lange nicht am Ende. „Siehe – ich bin im Begriff zu schaffen..." Menschenleben und Welt sind nicht zu ihrem Endzustand erstarrt. Wir gehen in eine Zukunft voller Überraschungen, denn Gott hat Neues im Sinn. Die Prophetie schaut in diese Zukunft.
Was uns hier gesagt wird, steht fraglos unter dem Verdacht, Niederschlag nur zu verständlicher, jedoch unbegründeter Wunschträume zu sein. Die Prognostik gibt sich, als Wissenschaft von der Zukunft, Rechenschaft über ihre Methoden, und sie ist wachsam, daß sie nicht mit Postulaten, sondern mit vorauszusehenden, aus gegenwärtigen Tatbe-

ständen abzuleitenden echten Zukunftsaussagen arbeitet; Wünsche sind für sie schon gar nicht diskutabel. Klar, daß man vieles, was wir in dem vorliegenden Text lesen, von vielen schrecklichen Erlebnissen und Erfahrungen der Menschen her deuten und als Ausdruck der Sehnsucht begreifen kann, dies möchte alles einmal überwunden sein. Wir teilen solche Sehnsucht. Der „Ewigkeitssonntag" oder „Sonntag vom Jüngsten Tage" ist für viele noch immer der „Totensonntag"; wir brauchen uns dagegen nicht zu wehren, sondern werden das darin zum Ausdruck kommende Anliegen aufzunehmen haben. Menschen, „die ihre Tage nicht erfüllen", „Säuglinge von nur wenigen Tagen": darin drückt sich beispielhaft Leid aus, das nach Überwindung schreit. In seinem Grundbestand antwortet der Text: man wird am Ende nur noch „alt und lebenssatt" sterben, nachdem man sein Leben in der Freude an Kindern und Kindeskindern verbracht hat (V. 23 Ende). Eine nüchterne und in gewisser Hinsicht „gesunde" Auskunft. Aber der Tod greift uns härter an. Bleibt es bei dem hier Gesagten? – Der Text spricht davon, daß das Weinen und das Schreien nach Hilfe ein Ende haben wird. Auch hier stehen Leidenserfahrungen vieler Jahrhunderte dahinter. Gott verändert die Welt. Das menschliche Miteinander wird so anders werden, daß „kein Leid und kein Geschrei" mehr sein wird (Offb. 21,4 – Epistel). Wie soll es dazu kommen? Daß sich in einem solchen Prophetenwort Wünsche vergegenständlichen, ist zu befürchten.

Wir werden uns zu überlegen haben, wo wir für das Zeugnis unserer Hoffnung den Ausgangspunkt nehmen. Sähen wir den Text nur historisch, dann wären uns bestimmte Grenzen gesetzt. „Das von Tritojesaja angekündigte Heil ist durchaus diesseitig; d. h. die große Wende zum Heil führt einen Zustand herauf, der innerhalb der Grenzen geschichtlicher Existenz bleibt. Der Schauplatz der Wende ist das geschichtliche Jerusalem" (Wstm., a. a. O., S. 238). Wir sahen: bereits die Apokalyptik hat mit den VV. 17 und 23 ihre Lichter aufgesetzt. Die neutestamentliche Botschaft nimmt ihre Denkkategorien auf und gibt ihnen von der Auferstehung Jesu Christi her neuen Gehalt. Das eschatische Heil kann sich nicht anders verwirklichen als durch den Bruch hindurch, den der uns von allen Seiten umgebende Tod – nicht nur in seiner biologischen Tatsächlichkeit, sondern auch in seiner theologischen Tiefe gesehen – bewirkt. „Das Erste" muß vergehen (Offb. 21,4). Wir sterben, früher oder später. „Himmel und Erde werden vergehen" (Mark. 13,31). „Was du säst, wird nicht lebendig, es sterbe denn" (1. Kor. 15,36), denn „Fleisch und Blut können das Reich Gottes nicht ererben" (1. Kor. 15,50). Dies ist sozusagen der Filter, durch den die Aussagen des Textes durchmüssen. Wahrscheinlich werden wir vom Neuen Testament her in unseren Zukunftsaussagen etwas zurückhaltender sein als der Text. Aber sein Realismus wird uns nicht scheu machen. Denn Gott meint in seiner Liebe und in allem, was er vorhat, die *wirkliche* Welt, und er will – auf seine Weise – ihren *wirklichen* Nöten abhelfen.

Gott schafft alles neu. Er will (1) *das neue Leben der Menschen,* (1) *die neue Gestalt der Welt,* (3) *die neue Gemeinschaft mit ihm.*

I.

Wie wird's sein? Fragen wir ruhig so, auch wenn wir wissen, daß unsere Erkenntnis bruchstückhaft und – notwendigerweise – letztlich unangemessen ist. Was wir an Christus haben, erlaubt gewisse Zukunftsaussagen und gibt dem, was hier steht, Deckung.

Gott selbst sagt: „Freut euch und jubelt unaufhörlich über das, was ich schaffe!" Fröhlichkeit und Jubel ohne Unterlaß. Ein heiteres Leben, wie es uns vielleicht in den glücklichsten Tagen geschenkt worden ist, aber nicht mehr bedroht und gestört. Wie soll es dazu kommen?

Es ist nicht zu verkennen, daß vieles von dem, was hier steht, nicht erst in der Neuschöpfung der Welt realisiert wird, sondern schon in der „ersten" Schöpfung. Christliche Hoffnung soll uns nicht blind machen für das, was in der Entwicklung der Menschheit tatsächlich vorankommt. Medizinische Wissenschaft schiebt den Tod hinaus. Das ist einfach eine Erkenntnis der Statistik. Wir alle lassen uns solches Vorankommen gern gefallen. Ein Stück von der Sehnsucht, mit dem Tode fertig zu werden, wird damit erfüllt. Wir sollten nicht sofort mit einem „christlichen" Einspruch dazwischenfahren, sondern dankbar erkennen, daß Gott, der Schöpfer, schon in unserer irdisch-geschichtlichen Welt den zerstörenden Mächten Dämme baut. Wir verhehlen uns nicht, daß die von Gott uns freundlich gewährten Erfolge auch wieder neue Probleme schaffen: soziale, ökonomische, ökologische Schwierigkeiten. Probleme sind dazu da, angegangen zu werden: Was wird aus den Alten? Wer versorgt sie? Wie wirkt sich ihr Bleiben auf die beunruhigenden Zahlen der Weltbevölkerung aus? Wie auf die Ernährungs- und Rohstoffprobleme? Wann wird die Erde für uns zu klein sein? Unaufhörlicher Jubel? Reine Freude am Dasein? Es hat alles Ding zwei Seiten.

Wir rücken weiter. Daß die Menschen genießen, was sie erarbeitet haben (VV. 21–23a), ist für unser gesellschaftspolitisches Denken zum Kernsatz geworden. Tatsächlich: was hier für die neue Erde angekündigt ist, hat sich im Rahmen des Menschenmöglichen weithin erfüllt – leider (noch) nicht überall in der Welt. Auch in der die sozialen Verhältnisse ändernden bzw. ändernwollenden revolutionären Leidenschaft wirkt der lebenschaffende und lebenerhaltende Gott, und es ist am Tage: er bedient sich dafür keineswegs bloß der Christen. Christen sollten trotz aller hier noch bestehenden Probleme froh sein, daß es so ist. Daß es auch hier nicht nur Jubel gibt, wissen nicht nur die Christen, sondern auch die Nichtchristen.

Wir rücken wieder weiter: „Kein Ton des Weinens und keiner von Zetergeschrei" – dahinter stehen vor allem die schrecklichen Kriegserlebnisse (Kinder – geboren „für den Schrecken"). Wir verkennen hoffentlich nicht, was es bedeutet, daß wir nach 1945 über ein Dritteljahrhundert in unserem Lande Frieden hatten. Auch hier hat menschliches Bemühen – unter den bewahrenden Händen des Schöpfers – Früchte getragen. Trotzdem: wie Jubel ist uns nicht, wenn wir wissen, was in der Welt „gespielt wird".

Das neue Leben der Menschen, das der Text meint, beruht darauf, daß Gott alles neu schafft (Offb. 21,5 – Epistel). Der Text gebraucht das Wort ברא aus dem ersten Satz der Bibel. Christliche Hoffnung erwartet eine integrale Erneuerung der Welt. Wir sollten nicht lange darüber diskutieren, ob dieses Neuschaffen aus dem Nichts geschieht – ohne Anknüpfung – oder ob es sich um die radikale und durchgreifende, also auch die Sünden- und Todesgrenze überschreitende Umschaffung der Welt und der Menschen handelt. Für beides würde gelten: „Ich mache alles neu." Denn in jedem Falle gilt Joh. 3,6 (vgl. die oben genannten Stellen zum gleichen Sachverhalt) Wer sich kennt, weiß, daß wir auf der Ebene des Menschlichen allerlei vermögen, aber über unsern Schatten – den Schatten des Sünders – kommen wir nicht hinweg. Man soll auch nicht sagen, soweit wir Christen sind, seien wir tatsächlich darübergesprungen. Gott muß auch „Jerusalem" umschaffen, und es muß Eingreifendes geschehen, daß er, Gott, selbst über seine Gemeinde jubeln und sich über sein Volk freuen kann. (VV. 18b. 19a). Auch wir, die wir des Geistes Erstlingsgabe haben, seufzen nach unserer Zukunft (Röm. 8,23). Wer nicht ganz blind ist, weiß, daß er nicht nur über andere seufzt, sondern daß auch über ihn geseufzt wird. Unser Leben läuft mit viel Reibung, auch in der Kirche. Es bedarf noch eines in seiner Tragweite kaum zu ermessenden „Qualitätssprunges" in unserm eigenen Wesen und – folgeweise – auch in unserm menschlichen Miteinander, bis man sagen kann, die alten Nöte seien vergessen und verschwunden vor unseren Augen (V. 16 b), so daß man des

Früheren nicht mehr gedenkt und die bösen Dinge von einst nicht mehr „aufsteigen zum Herzen" (V. 17b). Wie, wenn einmal alles, was uns bedrückt und unruhig macht, hinter uns liegt – nicht mehr nur wie ein böser Traum (an den man sich immer noch erinnert), sondern wie etwas, was war, begraben ist und nicht mehr aufsteht.

So weit geht Gott, wenn er uns neu schafft. Die „neue Kreatur" ist nicht einfach der renovierte alte Mensch, sondern der neue Mensch, den Gott in der Taufe hat erstehen lassen und der, jetzt noch unsichtbar und Geheimnis für uns selbst, mit dem wiederkommenden Christus offenbar werden soll (Kol. 3,1 ff.). Sowenig findet Gott sich ab mit dem, was ist, daß er mit uns noch einmal ganz von vorn angefangen hat und dies in dem eschatischen Leben vollends realisiert. Und nun muß, wenn wir mit unserer Hoffnung bei der Auferstehung Jesu Christi einsetzen, deutlich gesagt werden, daß uns ein unzerstörbares, nicht mehr der Verwesung unterworfenes Leben zugedacht ist (1. Kor. 15,42ff.). Hier wird also der Horizont des alttestamentlichen Textes klar überschritten; es wäre unrecht, wenn der Prediger sich um der Texttreue willen im Sichtkreis der Zeit vor Jesu Auferstehung gefangenhalten ließe. Das aber sollten wir dann um so entschlossener aus diesem Text aufnehmen, daß unser künftiges neues Menschenleben ein Leben im Miteinander sein wird. Das Neue Testament sieht uns als künftige *Gemeinde*, als das vollendete *Gottesvolk*. Wenn etwas, was unter dem Wirken des Geistes Christi heute schon *ist*, auch künftig sein wird und also „nimmer aufhört", dann ist es die *Liebe* (1. Kor. 13,8.13). Die Liebe wird uns bei Gott vollends zusammenführen und ohne Trübung und Störung miteinander verbinden. Denn Gott ist selbst die Liebe und gibt in Christus sich selbst zum Geschenk. Muß er heute noch über uns oft betrübt und enttäuscht sein: dann wird er über „Jerusalem" jubeln – Gott selbst! – und sich über sein Volk freuen.

2.

Gott schafft alles neu – er will die neue Gestalt der Welt. Die gegenwärtige „Verfassung der Welt" vergeht, lasen wir unlängst (1. Kor. 7,31 – 20. S. n. Trin.). Gott findet sich mit ihr nicht ab. Er hat anderes vor. „Siehe, ich bin im Begriff, Himmel und Erde neu zu schaffen." Nicht bloß zu verändern, neu zu organisieren, anders zu regieren; sondern: neu zu schaffen.

Wir geben uns zunächst darüber Rechenschaft, daß es uns von unserm naturwissenschaftlichen Weltbild her schwer in den Kopf will, daß die alte Welt ein Ende haben und Platz sein soll für eine neue. Natürlich muß es, wenn man von dieser Position aus denkt, Schwierigkeiten geben. Sie verstärken sich noch dadurch, daß die Alten in ihrer mythologischen Denkweise hier überhaupt kein Problem sahen und sich auch so ausdrückten, wie das ihrem Erkenntnishorizont entsprach, uns also für unser heutiges Denken keine Hilfen mitgaben. Es wird gut sein, sich klarzumachen, daß eschatologisches Denken sich in die weltbildhaften Vorstellungen, wie wir sie alle teilen, weder einpassen kann noch will noch darf. Das mit der Auferstehung Jesu Christi inaugurierte „neue Sein" kann an Phänomenen unserer Welt weder gemessen noch von ihnen hergeleitet werden. Hier hat das „Ganz-Andere" begonnen. Ist dem so, dann kann ich die Auferstehung Jesu Christi in mein natürliches Erkennen nicht einpassen; ich kann aber aus demselben Grunde gegen das Neue, das Gott in der Auferweckung seines Sohnes begonnen hat, nicht Einspruch erheben. Ich könnte das nur, wenn dieses Neue eine Größe bzw. ein Sachverhalt dieser meiner Welt wäre. Wir brauchen uns an dieser Stelle keine Stolperdrähte zu spannen.

Warum aber legt die Bibel überhaupt so großen Wert darauf, daß christliche Hoffnung eine Hoffnung auf eine neue *Welt* ist? Es hat eine Art Christlichkeit gegeben, für die alles, was das Evangelium sagte, lediglich auf das Gott-Ich-Verhältnis bezogen war. Oder anders: „Die Seele und ihr Gott." Die anderen Menschen kamen noch vor, weil „die Seele" mit ihnen zu tun hatte. Für den Kosmos aber schien Gott gar keinen Sinn und darum nichts *im* Sinn zu haben. Die Welt – lediglich Schauplatz unseres personalen Seins, nur Hintergrund, letztlich unwirklich. Daß solches akosmistisches Denken mit der Bibel keineswegs zu rechtfertigen war, hätte man schon immer sehen und wissen können. Ihr erster Satz bezieht sich auf „Himmel und Erde"; längst ehe es den Menschen gibt, sind sie da. Und der biblische Mensch weiß, was Luther in seinem Katechismussatz – schon die Kinder lernten ihn – so ausgedrückt hat: Ich glaube, daß mich Gott geschaffen hat samt allen Kreaturen. Wir leben in Natur und Welt nicht in kühler Distanz, sondern sind in ihr Leben einbezogen, haben an ihm teil. Wir haben in der Welt eine besondere Verantwortung. Daß wir die Welt uns untertan machen sollen, haben wir viel zu selbstbewußt und naturfeindlich zitiert. Jetzt merken wir allmählich, daß die uns gegebene Verfügungsgewalt über unsere Mitgeschöpfe uns eine große Verpflichtung zur Fürsorge für sie auferlegt. Was machen wir alles mit der Welt und Natur, daß sie so unter uns leiden muß! Die hierhergehörigen Tatbestände werden soviel diskutiert, daß sich hier Einzelheiten erübrigen. Worauf es jetzt ankommt, ist unsere Einstellung zur Welt, d. h. aber: zu allen unseren nichtmenschlichen – tierischen, pflanzlichen, mineralischen – Mitgeschöpfen. Franz von Assisi sah in ihnen Geschwister und redete sie so an. Uns würde ein Lebensgefühl des innersten Verbundenseins mit aller Kreatur ziemen. Wir sind, als die „Beherrscher", zum Schicksal der außermenschlichen Schöpfung geworden (Röm. 8,20). Sie leidet und sehnt sich mit uns nach der Erlösung (Röm. 8,22). Und „siehe: Ich schaffe neu den Himmel und die Erde" – und alles, was darinnen ist.

Wie die neue Welt aussehen wird, das können wir nicht wissen. Sprachen wir vorhin vom „Ganz-Anderen", so nehmen wir uns jetzt selbst beim Wort. Nur Veränderung: das würde bedeuten, daß die Gesetzmäßigkeiten, Strukturen und Lebensgewohnheiten der bisherigen Welt bestehen bleiben. Dazu würde auch gehören, daß eine Kreatur auf Kosten der anderen lebt und darum eines des andern Feind ist. Seit Jes. 11 weiß man im Volke Gottes, daß Gott sich auch damit nicht zufriedengibt. Eins auf Kosten des anderen? Es wird nicht anders sein, solange wir am Leben dieser alten Erde teilhaben. Je enger es in der Welt wird, desto mehr Konflikte ergeben sich aus dieser Gesetzmäßigkeit. Nehmen wir V. 25 wörtlich oder übertragen, nämlich als Hinweis darauf, daß nirgendwo mehr ein Geschöpf das Lebensopfer des andern braucht, um existieren zu können: auf alle Fälle kündigt sich darin Gottes Wille zum total Neuen an. Gott will eine auch unter sich versöhnte Kreatur. „Freude die Fülle und selige Stille", schreibt Paul Gerhardt; er meint damit den großen kosmischen Frieden, den Gott uns und unseren Mitgeschöpfen zugedacht hat.

Damit ist eine große Hoffnung für die Welt proklamiert. Sie gründet in der Auferstehung Jesu Christi. Nikolaus Herman hat in die Osterfreude „die Sonn, die Erde, all Kreatur" einbezogen gesehen: im auferstandenen Christus entdeckt sie ihre eigene Zukunft und freut sich ihrer. Wir sollten, indem wir auf den neuen Himmel und die neue Erde hoffen, nicht etwa auf die Zukunft verschieben, was aus solcher Hoffnung für *heute* folgt. Die ganze Welt „atmet Auferstehung". Ist uns erst gewiß geworden, daß Gott der Welt eine neue Zukunft zugedacht hat, dann werden wir nicht nur uns untereinander, sondern auch unsere Mitkreaturen mit neuen Augen ansehen. Totale Neuheit – schon; aber neuer *Himmel* und neue *Erde*: unsere jetzige Welt hat, auch wenn es durch den Todesbruch hindurchgeht, Zukunft. Was wird Gott aus dem allem noch machen! Was wird sein, wenn die Kreatur nicht mehr der Vergänglichkeit unterworfen sein wird (Röm. 8,20)! Wie wird das klingen, wenn das Gotteslob, das wir aus der Natur jetzt nur mit feinstem Gespür heraushören, deutlich, unüberhörbar und ungebrochen sein wird! Noch höre ich vor meinem Fenster den Singvogel den Warnton geben, weil die Katze umherschleicht. Das wird einmal nicht mehr sein.

3.

Wenn Gott alles neu schafft, dann entsteht auch eine neue Gemeinschaft mit ihm. Was soll damit gesagt sein?

Wir dürfen heute schon zu Gott „Vater" sagen; wir sind von höchster Autorität dazu ermächtigt. Das Werk Jesu Christi: den Zugang zum Vater zu schaffen (Röm. 5,2; Eph. 2,18; Hebr. 10,20). Gleichwohl: solange wir „Gott" noch nicht „schauen" (Matth. 5,8; 2. Kor. 5,7; 1. Joh. 3,2), die Gemeinschaft mit ihm nur eine – durch Wort und Sakrament – vermittelte ist, stehen wir noch vor einer Barriere. Wir sind mit Gott im Frieden. Keine Angst: die Schlange muß nach wie vor Erde fressen (V. 25); der sie niederhaltende Fluch ist in Kraft, und das wird in Gottes neuer Welt erst recht der Fall sein. Aber unser Glaube wird oft noch auf harte Proben gestellt. Gott ist noch unsichtbar, geheimnisvoll, uns oft entzogen, sofern wir an ihm irre werden und Anfechtungen zu bestehen haben. Daß das noch immer so ist, spricht nicht gegen den Frieden, den wir mit Gott haben; wir müssen uns nur oft durch die diesem Frieden scheinbar widersprechenden Tatsachen durchglauben. Das kann nicht anders sein, solange die Wirklichkeit Gottes für uns noch unterm Kreuz verborgen ist. Der Glaube leidet unter dem Noch-nicht. Es soll nicht dabei bleiben.

Die neue Gemeinschaft mit Gott – dem dreieinigen Gott – ist das Eigentliche des ewigen Lebens. Wir sein Volk und er mit uns (Offb. 21,3). Da laufen alle von der Schrift aufgezeigten Linien der Gottesgemeinschaft zusammen: Erwählung, Bund, das Reich, die Gerechtigkeit, das Leben. Wir werden uns an Gott nicht satt sehen. Blicken wir ihm ins Herz, haben wir teil an der unnennbaren Zahl seiner Gedanken, seiner Taten, an seiner uns zugewandten Liebe. Gott wird dann unmittelbar für uns zugänglich sein. – Und dazu nun noch einmal der Satz, daß er über „Jerusalem", also seine Gemeinde, jubelt und sich über sein Volk freut. Keine Vorbehalte mehr, keine Trübungen. Gehen wir zu weit mit dieser Hoffnung? Sie ist stichhaltig in Jesus Christus – in dem, was er sagt, tut, leidet, in seiner Gegenwart bei uns und seinem Einstehen für uns. Der Text sagt nicht zuviel, wenn wir ihn „in Christus" lesen.

Wie ungestört und ungehindert das Einvernehmen zwischen Gott und uns sein wird, steht in dem ergreifenden Vers 24. Gott weiß schon immer, was wir nötig haben, bevor wir ihn bitten (Matth. 6,8). Bitten wir in Jesu Namen, dann sind wir durch Jesus mit Gott so eins, daß wir der Erhörung gewiß sein dürfen. Es ist freilich nicht zu leugnen, daß in der Unterwegs-Situation, in der wir uns noch immer befinden, die Erhörung nicht selten auszubleiben scheint. Kommunikationsstörungen zwischen Gott und uns? Es kann so aussehen. Es wird in der Vollendung ganz anders sein. Das Einvernehmen zwischen Gott und uns ist vollkommen. „Bevor sie rufen, antworte ich; noch sind sie am Reden, da erhöre ich schon." Enger kann unsere Verbundenheit mit Gott nicht sein.

Register

1. Texte nach dem Kirchenjahr

2. Texte nach der Ordnung der Bibel